BBMG 金隅集团

北京金隅集团股份有限公司历经60多年沧桑巨变，从北京市建材工业局逐步演变和成长壮大，集团始终坚持和加强党的全面领导，把方向、管大局、保落实，锐意改革，开拓创新，经过企业化、集团化、股份化、证券化、整体上市等重大改革改制，从原有生产砖瓦灰砂石等基础建材的地方工业局，发展成为以“新型绿色环保建材制造、贸易及服务，房地产开发经营、物业管理”为主业的市属大型国有控股产业集团和A+H整体上市公司，位列2019年中国企业500强第183位。

金隅集团积极服务首都“四个中心”建设，主动服务北京城市规划、疏解非首都功能，参与北京奥运会、北京城市副中心、北京冬奥会等国家重点工程和重大基础设施建设；先后重组河北冀东集团，控股天津建材集团，率先实现建材行业京津冀协同发展；依托京津冀，集团开拓进取，各产业板块强劲增长、协同发展，主营业务已延伸至全国23个省市区及

境外多个城市。集团先后荣获“中国绿色建筑装饰产业示范基地”“中国绿色建筑精品生产（采购）基地”“全国企业文化示范基地”“国际企业文化核心竞争力十强”“中华环境奖”“全国五一劳动奖状”“北京十大影响力企业”“北京影响力京津冀协同发展大奖”等殊荣。

金隅集团将在北京市委市政府和市国资委的坚强领导下，以习近平新时代中国特色社会主义思想为指导，大力弘扬以“想干事、会干事、干成事、不出事、好共事”的干事文化、“八个特别”的人文精神、“共融、共享、共赢、共荣”的发展理念和“三重一争”的金隅精神为核心的优秀金隅文化，坚持新发展理念，坚持稳中求进工作总基调，迎接挑战、抢抓机遇、稳中求进、顺势而为、实干兴企、志在一流，发挥产业链优势，强化核心竞争力，推动高质量发展，向着打造国际一流产业集团、进入世界500强的宏伟目标接续奋斗。

公司坚持自主发展和开放合作并进，拥有两个“国家级企业技术中心”，拥有专利超过1万余项，自主品牌商用车销售规模位居行业第一。同时与日本日产和本田、法国PSA等国际整车汽车企业以及10多家国际零部件企业开展了全方位合作。

面向未来，公司深刻把握和引领汽车产业轻量化、电动化、智能化、网联化、共享化的趋势，大力推进绿能战略和智能战略，积极提供一体化的智慧出行方案和智慧物流解决方案，致力于成为为用户提供全方位优质汽车产品和服务的卓越企业，不断满足消费者日益增长的美好汽车生活需要，为建设汽车强国贡献更大力量。

UGANG
ING

快速发展资源综合利用产业

建材产品销往京津冀鲁长三角

持续发展矿产主业

水厂铁矿采矿场

高效发展铁路运输物流产业

自有铁路200多公里

优质发展相关产业

捆带业务

华能伊敏煤电有限责任公司

华能伊敏煤电有限责任公司是国内首家煤电一体化企业，是中国华能集团公司全资企业，位于内蒙古自治区呼伦贝尔市鄂温克族自治旗境内，占地 99.28 平方公里，由华能呼伦贝尔能源开发有限公司管理，下设伊敏电厂、伊敏露天矿等七个基层单位和一个具有独立法人资格、以多种经营和劳务输出为主的集体企业。公司主营煤炭、电力生产及销售，目前发电装机 340 万千瓦，煤炭年产能 2700 万吨，总资产 181.36 亿元。

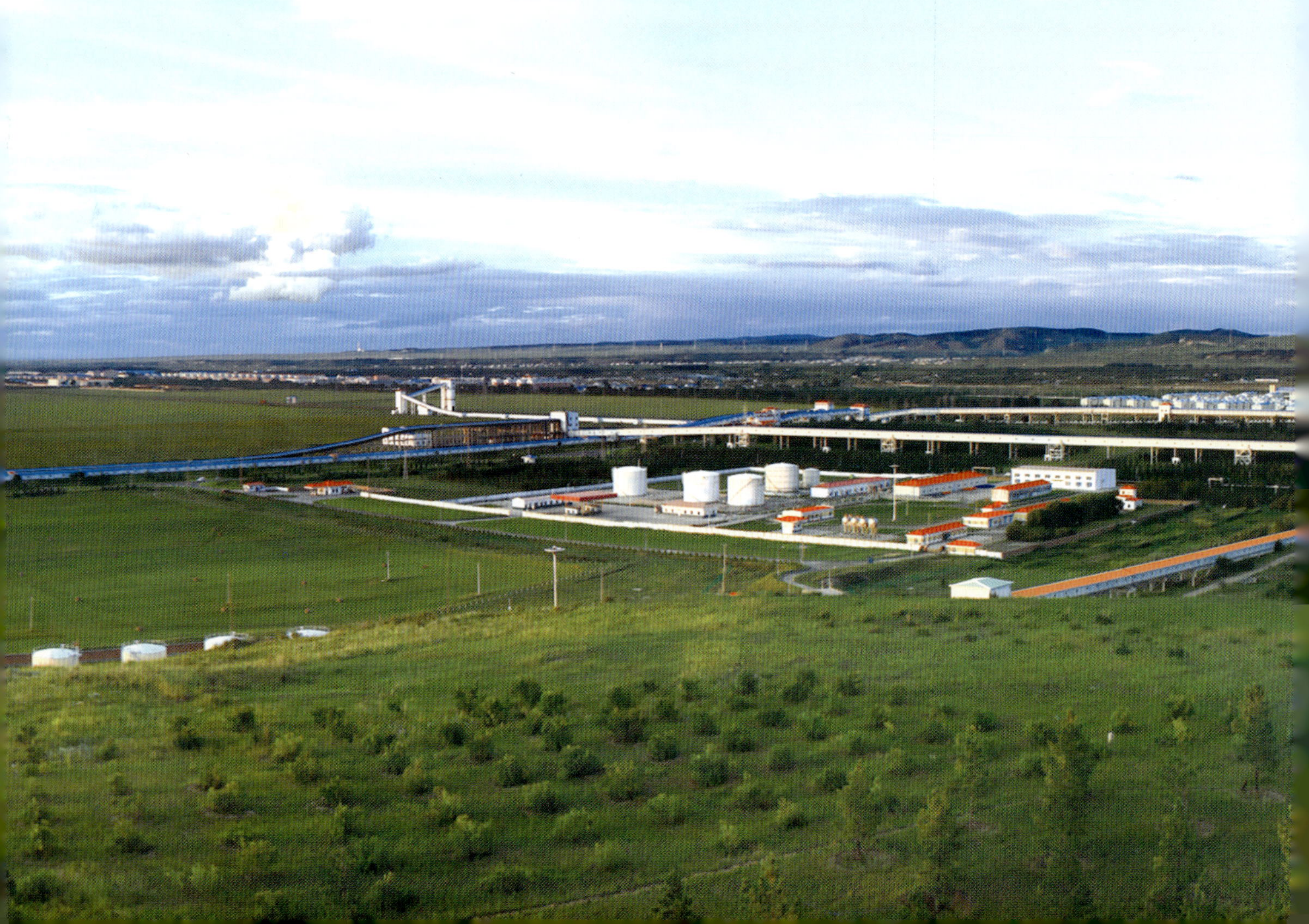

华能伊敏煤电公司努力践行华能“三色”使命，按照习总书记视察伊敏时的提出的“三个相结合”重要指示要求，努力履行央企“三个责任”，逐步形成了秉承中国华能“三色”基因，立足得天独厚的资源优势，大力发展煤电一体化循环经济，以电带煤，以煤保电，煤电并举，成功打造了资源节约、环境友好的“伊敏模式”，成为行业的“先行者”和“领跑者”，在北疆少数民族地区创立了中央企业科学发展的典范。

山东电力工程咨询院有限公司

企业介绍

山东电力工程咨询院有限公司（以下简称“山东院”）成立于 1958 年，隶属于国家电力投资集团有限公司，具有 62 年的深厚历史底蕴和文化积淀。

山东院是国内唯一同时拥有国内外 1000MW 火电 EPC、三代核电常规岛 EPC、交直流特高压业绩的工程公司，参与了三代核电“国和一号”、国家重型燃机两个国家重大专项任务，连续 4 年入选美国 ENR · 中国工程设计企业 60 强、连续 3 年入选中国承包商 80 强，被评为“中国企业文化建设示范基地”“改革开放 40 年中国企业文化四十标杆单位”“新中国成立 70 年企业文化建设典范案例”等。

山东院拥有行业**最高**工程设计综合甲级资质

拥有一支以国家和行业大师为引领、各类人才齐全、梯次结构合理的专家团队

员工总数	全国、行业及省级勘察设计大师	国家各级各类注册师	人才数量和质量
1677 人	**14** 人	**545** 人	**行业领先**

拥有 **2** 个国家级技术中心，**4** 个省级技术中心

山东院具备为电力工程建设和运营提供全过程、全生命周期服务的能力。业务板块包括火电、电网、新能源、核电常规岛及 BOP、综合智慧能源、相关业务等 6 大板块。业务领域涵盖规划、咨询、勘察、设计、EPC 总承包、寿期服务、科技研发、投资运营 8 大领域。业务范围遍布全球六大洲、40 多个国家和地区，其中“一带一路”成员国 22 个。目前正在印尼、巴西等国家开展多个 EPC 项目。

中国建筑第七工程局有限公司

CHINA CONSTRUCTION SEVENTH ENGINEERING DIVISION. CORP. LTD

中建七局是隶属于世界500强第21位中国建筑集团有限公司的骨干成员企业集团，是中国建筑旗下首家和河南省建筑行业唯一“三特三甲”资质企业，连续三年取得联合资信、中诚信主体信用“AAA”企业评级，是国家高新技术企业。现注册资本60亿元，在岗员工两万余人。

中建七局承建了一大批经典工程、民生工程，累计获得鲁班（国优、詹天佑）奖100余项、省部级以上科学技术（进步）奖150项、发明专利1005项。2019年，中建七局新签合同额超3000亿元，完成产值超1000亿元，连续六年稳居河南省百强企业前4强、建筑行业综合实力第1位，带动上下游就业20余万人，为全国脱贫攻坚持续做出贡献。

空间电子信息技术研究院

空间电子信息技术研究院是我国空间飞行器有效载荷和卫星应用电子系统与设备研制的核心单位，在卫星通信、卫星导航、雷达遥感与探测、激光通信、高速数传、卫星测控、星间链路、空间天线技术及产品领域占据技术优势，是国内最强、具有国际竞争力的空间飞行器有效载荷研制和产业化基地。在50多年的发展历程中，空间电子信息技术研究院伴随着中国航天事业的发展经历了从无到有、从小到大、从弱到强的发展历程。研究院一代代航天人圆满完成了以“两弹一星”、“三抓”任务、载人航天工程、北斗导航工程、探月工程等为代表的一系列国家重大工程任务的同时，也参与孕育和发展了独具特色的航天精神，包括了航天传统精神、“两弹一星”精神、载人航天精神、北斗精神和探月精神。研究院是航天精神的重要发源地、忠诚践行者和弘扬者。

近年来，研究院先后推出了航天精神文化书籍《薪火相传》、制作了航天精神文化主题微电影《荣誉之战》、制作了反映企业发展历程的纪录片《开拓天疆》、制作了新版的企业宣传片和宣传册、打造了航天精神教育基地，这些文化产品和设施的制作和建设有力地提升了精神文化对企业发展的凝聚力和影响力。研究院以聚沙成塔的坚韧，发挥航天精神和文化的铸形塑魂功能，不断提升航天精神文化对企业发展的引领和带动作用，为研究院的快速发展铸造了软实力。研究院是全国文明单位、集团公司首批企业文化建设示范单位、全国五一劳动奖状获得者。

研究院制作的系列文化产品

研究院被命名为全国文明单位

研究院依托112大院打造航天精神教育基地

研究院举行型号出征仪式提升员工责任感

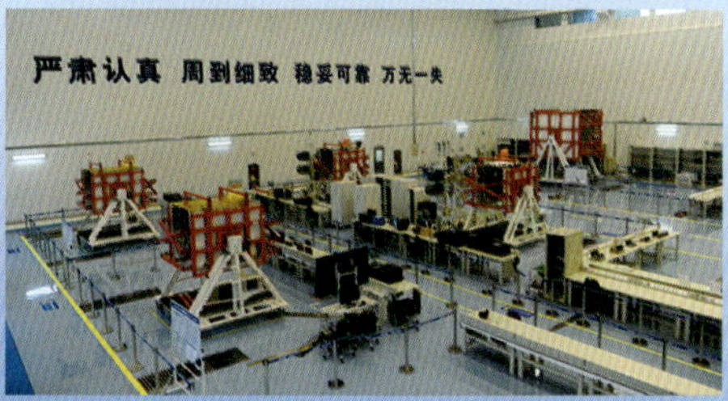

研究院现代化的有效载荷总装和集成测试大厅

中国企业文化年鉴

袁宝华题

ZHONGGUO QIYE WENHUA NIANJIAN

2019—2020

中 国 企 业 文 化 研 究 会 主编

红 旗 出 版 社

图书在版编目（CIP）数据

中国企业文化年鉴．2019—2020/中国企业文化研究会主编．
—北京：红旗出版社，2020.9
ISBN 978－7－5051－5245－8
Ⅰ．①中…　Ⅱ．①中…　Ⅲ．①企业文化－中国－2017－2018－年鉴　Ⅳ．①F279.23－54
中国版本图书馆CIP数据核字(2020)第162173号

书　　名　中国企业文化年鉴·2019—2020
主　　编　中国企业文化研究会

出 品 人	唐中祥	责任编辑	张明林
总 监 制	褚定华	封面设计	刘雪萍
出版发行	红旗出版社	地　　址	北京市沙滩北街2号
邮政编码	100727	编 辑 部	010－57274597
E－mail	hongdubolianshenng@sina.com	发 行 部	010－57270296
印　　刷	唐山才智印刷有限公司		
开　　本	880毫米×1230毫米	1/16	
字　　数	1600千字	印　　张	51
版　　次	2020年11月北京第1版	印　　次	2020年11月河北第1次印刷
ISBN 978－7－5051－5245－8		定　　价	380.00元

欢迎品牌畅销图书项目合作　联系电话：010－57270270
凡购本书，如有缺页、倒页、脱页，本社发行部负责调换

《中国企业文化年鉴》
编辑委员会

吴　东：北京金隅集团党委副书记

张雨良：开滦集团党委副书记

张培合：陕西省企业文化建设协会会长

周　静：中国建筑工程总公司政工部副主任

周永章：成都企业文化协会常务副会长

郑　炜：天津市企业文化研究会会长

赵文生：中国农业银行宣传部部长、企业文化部总经理

荆玉成：国家电力投资集团公司党群工作部主任

徐耀强：中国华电集团有限公司党组办公室副主任（正局级）

高立胜：沈阳市企业文化研究会会长

黄禄生：珠海企业文化协会执行会长

康楣生：山西省企业文化研究会理事长

舒家鑫：中国华能集团党建部副主任

谢玉先：鞍钢集团宣传部（企业文化部）部长

濮　旭：中国金融思想政治工作研究会秘书长

序言
立足未来与世界建设新时代企业文化

中国企业文化研究会理事长、教授　**孟凡驰**

文化自强，铸就了70年工业基础。

新中国建立后，中国在一穷二白的基础上，从贫穷走向富强。在这个过程中，红色文化和传统文化引导我们一步步走向文化自觉，培育了众多的企业精神。这些企业精神逐渐上升为一种民族精神、中华民族的意志，推动了中国整体的发展，推动了民族的进步。企业精神、企业文化在基层所发挥的作用，在基层的创造和发展，为我们国家的精神文明、物质文明、国家的兴旺发达做出了贡献。

在和平年代，支撑国家发展最重要的领域是企业，它是国家财富创造的核心领域，集中了最先进最优秀的人才、技术和设备，引领了社会文化的发展。如，独立自主、自力更生、艰苦奋斗精神，建立了中国的工业基础；不怕艰难、一往直前精神，开创了新中国建设的速度；主人翁精神，如爱厂如家、为国家奉献终身的鞍钢王崇伦、孟泰，为国家节约资金的太钢李双良等，用一砖一瓦建起了新中国强大的工业体系；“两参一改三结合”的鞍钢宪法精神，其体现出的管理理念走在了世界前列；勇于争先、挑战极限精神，使中国有了“两弹一星”，有了高铁，有了青藏铁路，有了珠港澳大桥。中国的企业文化、企业精神创造了我们这个时代的文明，它还将继续引领中国企业的发展，为中国的文明做贡献。

那么，未来企业文化建设的任务和方向是什么？

近几年，我们进行了企业文化的个案调查，也做过几次数据性的抽样调查。从大体上看，有理论指导、有充分理性思考、成就显著、方法多样的企业大概占10%左右，其中国有企业占比更大一些；刚刚开始文化建设，处于文化半自觉状态的企业占20%；文化处在自发状态的企业占60%～70%。文化建设和文化管理应用比较深刻、比较自觉、比较显著、个性非常鲜明、企业家的文化意识深刻的企业为数不多，像吉利控股集团、万向节集团、正泰集团、南极机械公司、黑松林公司、北雁商城等；多数中小型的民营企业，对文化的认识还处在一种粗放甚至蒙昧状态；还有一些国有企业始终认为文化并不重要，所以对文化建设重视程度不够。目前，一批文化建设进行了几年而且有一定经验的企业到了一个新的历史转折关口，文化面临着转型和重新塑造的问题。不少企业感到文化遇到了一个瓶颈：从初创型的文化到企业转型升级时的文化，文化怎样跟进？因此，无论是企业文化建设有一定成就的企业，还是没有建设文化的企业，无论是企业文化处于一种自发或半自觉状态，还是处于自觉状态的企业，都面临着新的任务，企业文化建设和普及任重道远。

第一，企业的终极思考不可或缺。所谓终极思考，简单说，就是企业为什么存在？为什么经营企业？企业发展的最终目的是什么？它解决根本性理念层面的问题，决定着企业发展过程中的价值导向，决定着企业员工是否在个人价值取向上和企业价值导向上协调一致。

我们不少企业家认为最管用、最实际、最直接、最有力的是技术手段，认为在技术层面上的制度、技术、管理、流程、资金等等是最重要的；觉得文化是虚的，因而不去做或不愿去做，这是本末倒置。譬如我们思考为什么要建设幸福企业？这种方法不是一种物质手段、一种驾驭人的方略，而是一种终极思考。又如，你怎么看待人？人到底是目的还是工具？这个问题决定了你对员工、对合作者、对客户的一种合作态度。如果你要把人看作工具，是达成你目标的一种手段，是你实现自我利益棋盘上的一枚棋子，仅是为你自我目的服务，抑或是你成功的工具，那你就不会诚心诚意尊重员工，不会去建立事业共同体。如果你把人看作目的，你对员工、对客户、对社会就有不一样的态度：你就会以人为中心，落实以人为本，让一切文化创造源泉充分涌流；为了人的发展，为了职工的幸福，你就知道怎么样正确对待和处理员工与企业之间的矛盾、企业利益与社会责任之间的矛盾。这个根本问题不考虑清楚，就会没有方向，没有一个准秤。以人为中心，就会知道如何正确树立企业的宗旨和哲学。

员工选择一家企业，就等于选择了一种生活方式，选择不同的企业就选择了不同的生活方式。所以我们怎么样对员工负责，根本上决定于你怎么看人。因此，你会研究劳动过程中人性化和生产效率的结合方式，会探寻体制制度对人性是尊重、释放还是压抑、贬损，会考虑体制带给人是自由创造还是束缚。制度制定、体制制定在这个过程当中，也暗含着对人的基本假设。企业家的境界和优劣，一个最大的差异就在根本问题的终极思考上。有些企业家从来不进行哲学上的思辨和追问，这些根本性的思考，他们往往非常不感兴趣，而这恰恰正是经营企业的根本。

“万物并育而不相害，道并行而不相悖”。在经营发展中，企业讲求和合共生，美美与共，竞合共赢，企业共同发展、共同繁荣。如果把别人都看成你的工具，看作你达成目的的手段，就会实行你死我活的竞争，你就会主张置对手于死地。竞合共赢是现代的经营思想和方式，在中国传统文化中，此种理念付之阙如，这个方面是我们需要填补的。所以，对于人的思考，对于终极目的的思考，企业家不要认为它是虚空无用的。道家有云，道是看不见摸不着的，但它是有形万物之本，所谓“道生一、一生二、二生三、三生万物”。

第二，源流之辨。在企业整体的发展各要素当中，文化是源，它决定了一切制度、组织、物质、技术、流程。比如，企业制定的制度是积极的、向上的，还是被动的、消极的、机械的，都取决于制度制定人员的文化理念以及具备什么样的文化素质。所以在企业诸多要素中，文化为源，制度、组织、物质、技术为流。就文化本身来说，企业文化是一种流，源自于传统文化、民族文化和世界文化。如果我们要做一个世界型的、开放型的外向型企业，就要注意和兼顾这三个方面的源。我们现在很多的企业文化内容，都能够在传统文化中巡绎到根本和源头。

责任文化。从古至今中国就不缺责任担当精神，在春秋时代有个历史事件——弦高犒师（《左传·僖公三十三年》）。郑国有一位商人，贩牛为生。有一次，他经商出门，看到秦兵来偷袭郑国（潜师而来），他当机立断，一方面急派人回去报告郑国国君，另一方面他就带了 4 张牛皮、12 头牛到秦国兵营，跟秦军统帅说，我们国君听闻您到我们郑国来，让我先带些礼物来犒劳军队。我们国君说，只要您在这儿驻扎，我们就会给您提供物资帮助。您要是开拔，我们就给您军粮，过几天我们国君就来迎接您。秦军一听，这还偷袭什么，人家早知道我们来了，只好顺手灭滑国而归。后来，郑国国君要给弦高奖赏，他坚辞不受并说，这是为了我的国家，是我的责任。到了清末，外国侵略中国，有晋商捐款救济国家；抗战时期，有卢作孚先生指挥的宜昌大撤退；新中国成立初期，有创建新中国的奉献精神；改革开放时代，有伟大的抗震救灾精神；新时期，有中建八局作为主要力量实施的利比亚万人大撤退，等等。责任文化在中国历史上一脉相承。

精益文化。中国春秋时代，《礼记·月令》当中就有“物勒工名，以考其诚，工有不当，必行其罪，以究其情”的记载。当时的国家制度有个规定，凡是手工业者做的产品必须把生产者名字、监督者名字、生产日期都要刻在上面。刻上的目的是什么？就是为了“以考其诚”，是不是做假，是否粗制滥造，如果有就要追究，而且要给予惩罚。这就是我们最早所见到的精益文化的制度规定，一种文化理念的提倡。到了清代，同仁堂的“炮制虽繁必不敢省人工，品味虽贵必不敢减物力”，这些精益文化的体现均有我们的历史文化渊源。

文化兴企。用文化来经营企业，渊源很长，理论观点很多，比如“经世致用”“道济天下”反映中国古人关于“经济”的观点，企业必须能够造福人类，必须能够提供大众福祉，必须有理念经营，才叫道济天下。厂的繁体字“廠”，“厂”下边是一个“尚”和一个“文”字，尚文为厂。在经营企业的过程中，不仅要追求利润，还要把文化、把文明情怀放在崇高地位，这才是真正完美意义上的工厂，这就叫尚文为厂。

第三，文明和文化。文化，是动态发展的过程，它有反复性、不确定性，它是个量变的过程。文明，是文化进化到某种程度和水平的标志，这种标志、形态具有稳定性、确定性，它是一个质变的成果形态。今天，我们建设企业文化，用文化管理企业，目的是为了达到企业文明的目标。从范围上看，文化概念大于文明，文化是一个大圆，它可分为三部分：优质文化、中性文化、劣质文化。其中优质文化，我们可以称为文明，中性文化也可以聊作文明，但是劣质文化是不能称为文明的，比如我们过去的封建意识、封建思想。

文化是文明实现的方法和过程，文明是文化的目的、境界和结果。要想实现企业文明，必须通过文化的方式才能达到。从整体宏观的战略意识上可以讲企业文明建设，但实施起来要通过文化渠道和路径来实现。因为文明本身是一种成果而不是方式，就像血压计，刻度相当于文明，水银柱相当于文化。文化到什么程度、什么刻度，就标志到达什么程度的文明，文明是靠文化来实现的。

第四，文化自发、文化自觉和文化群体无意识。有企业就有企业文化，但是企业文化形态各有不同。文化自发，是文化处于放任蒙昧状态，先进和落后杂糅，没有组织文化主张，主导价值观缺位，企业发展和员工生活无方向，各行其是，这就是文化的自发状态。它的理念行为和价值追求都有，但是非常分散，不集中。文化自觉，是系统的企业文化建设，企业有明确的理念系统，员工认同程度高，内化程度深，文化建设范围广泛。文化群体无意识，是全体员工都知道文化是什么，也知道文化的主张，能够脱口而出，而且还能讲解；是行动上不约而同，使文化形成一种习惯。

企业文化建设者对自身企业文化处在哪一个境界要清楚。现在大多数企业都在文化自发和文化自觉这两个层面，极个别企业能够达到群体无意识状态。文化建设卓有成效的企业，大多处在文化自觉向文化群体无意识的过渡当中。

第五，变与不变，慢变与快变。变与不变、慢变与快变都是辩证关系。文化作用的规律是不变的，它以文化人，以人为本，把人作为管理的核心，把文化的这种软性管理作为基本方法。文化基因不是不变，而是变化慢。文化基因需要不断打造，不断吸收各种文化因素，不断累积新的元素，才能不断强大。企业文化的内容因时而变，环境变了，任务变了，企业性质变了，文化内容也要变。企业文化也有春夏秋冬的循环规律：春季阶段，文化蓬蓬勃勃，但是比较生涩；到了夏季，文化旺盛生长，而且能够充分发挥作用；到了秋季，文化既有收获也有总结，而且也慢慢地处在一种固化萧瑟、枯燥状态或者一种乏味、不适应状态；文化之冬来了以后，文化必须要改革、转型、升级，否则就会死亡。

第六，企业文化建设和企业文化管理。企业文化建设包括审计、提炼、培训、意志内化、形象外化、载体建设和评估，最后形成手册，形成规划、指导意见和实施办法。企业文化管理是指形成的文化体系充分地应用在经营、管理、产品和战略发展等业务中，形成企业的经济文化、经营文化和管理文化。

企业文化最终不能离开业务存在，不能离开企业的经济性质存在。它不同于社会文化、校园文化和医院文化之处，就在于它是企业的微观文化，要为企业经济发展服务，要能够促进企业的经济进步，为国家提供更多的物质财富。在实践过程中，文化建设与文化管理应是双线交叉并进的过程，有的企业文化建设过程同时也是一个管理过程，其中包括培训、讨论、意识内化都要联系到企业经营实际、管理实际进行。

第七，结构协调和文化协调。有些企业的董事长和总经理、行政干部、经营干部不太重视企业文化，认为企业文化属于意识形态，跟生产经营没关系。产生这种模糊观念的原因在于他们对企业文化的经济作用和管理职能理解偏颇。德国慕尼黑大学教授海能认为，企业文化要作为一种企业的经济学来研究。企业管理过程包括两类协调方式：结构协调，指的是规章制度的外在手段刚性管理；文化协调，指的是价值观认同的内在文化柔性管理。这两大协调的管理方式缺一不可。

在当今世界，结构协调与文化协调哪个更能起根本作用？从企业交易成本看，交易成本中有边际替换原则，即组织规模越大，内部管理交易成本就会越高，需要协调的活动数量会越大，协调的因素也会越复杂。随着交易类型的增加且复杂，内部协调将会出现边际递减效应。如果用文化来管理，用企业价值观和企业精神来引导，能够使员工对企业愿景有共同的认同，能够在思想上行动上保持高度一致，从而消除高度形式化的组织管理带来的低效问题。

企业不能采用人盯人式的管理，要用文化管理才能管住魂，要给行政管理干部和生产经营管理干部讲清楚企业文化的经济学效应，让他们懂得边际替换效应、边际递减效应，使他们认识到跟经济发展融为一体的文化是能够促进经济发展的，他们对文化建设的积极性就会高涨起来。

第八，大数据、人工智能与文化发展。数字化人工智能如果没有一种先进文化的引领，没有高尚的伦理道德，那么这个技术的大发展会带来非常恐怖的结果。技术很高，道德水平很低，文化就会劣质化泛滥；智慧很发达但情商很低，或是能力很强但企业价值观认同点特别低，就会形成组织和成员间的隔膜，甚至把发达的技术和智慧用错方向，给企业造成伤害甚至灾难。

数据化和网络化使信息的公开性加大、隐秘性降低、保密难度加大，我们因此更应思考文化价值和经营伦理的作用。从我们日常生活和组织发展来讲，现在的大数据和网络化发展以后，几乎没有隐私，一切信息袒露在大数据下。在这种局面发展过程中，我们需要高尚的文化、高品质的文化，文化是科学和人文的桥梁。

世界变化是快速多样的，我们面临的形势是复杂的。在这种情况下，怎么建立适应这个巨大新时空的企业文化，是我们面临的一项重要任务。

目 录

特载篇

高层声音

理论视野(以姓氏笔画为序)

企业家谈企业文化(以姓氏笔画为序)

实践篇

前沿思考(以姓氏笔画为序)

观点荟萃（以姓氏笔画为序）

企业文化建设示范基地、示范单位巡礼（以企业名称首字笔画为序）

企业文化传播媒体建设（以企业名称首字笔画为序）

企业文化经验案例（以企业名称首字笔画为序）

综合篇

规划与纲要

会议交流

他山之石——国外企业文化建设借鉴

中国企业文化建设大事记

特载篇

·高层声音·

坚持马克思主义在意识形态领域指导地位的根本制度

黄坤明

一

坚持以什么思想理论为指导，是文化建设的首要问题，关系到政党的性质、国家的方向，关系到民族的命脉、人心的凝聚。社会主义先进文化之所以先进，就在于它以马克思主义这一先进理论为指导。马克思主义以科学的世界观和方法论揭示了人类社会发展规律，在历史和人民的选择中成为我们立党立国的根本指导思想，成为指引我们不断夺取革命、建设、改革胜利的强大思想武器。可以说，坚持马克思主义在意识形态领域指导地位的根本制度是历史的结论、现实的必然，意义重大而深远。

（一）坚持马克思主义在意识形态领域指导地位的根本制度，是恪守党的本质属性、巩固党的团结统一的必然要求

中国共产党是由马克思主义孕育催生、用马克思主义武装锤炼出来的政党，从诞生的第一天起就把马克思主义郑重地写在自己的旗帜上。正是因为选择了马克思主义，我们党才掌握了认识世界、改造世界的锐利思想武器，科学地认识时代、认识世界、认识中国，从而成为最先进的政治力量，在近代以后中国政治舞台上脱颖而出；正是因为毫不动摇地坚持和发展马克思主义，我们党与时代共前进、与人民共命运，才能够始终走在时代前列、历经百年风雨依然风华正茂。对马克思主义的坚定信仰，决定了我们党的性质和宗旨、目标和方向、政策和主张，也成为一代代共产党人的政治灵魂、精神支柱和最鲜明的身份标识。历史深刻表明，党的初心使命源于马克思主义科学理论的指引和召唤，党的团结统一首先在于指导思想上的团结和统一，党的先进性纯洁性基础在于思想理论上的先进和纯洁。新的时代条件下，坚持马克思主义在意识形态领域指导地位的根本制度，就是要坚持思想建党、理论强党，使全党坚守初心、坚定信仰，更加自觉地高举马克思主义伟大旗帜，一以贯之地保持思想上的统一、政治上的团结、行动上的一致，不断焕发新的强大生命力和战斗力，始终成为时代的先锋、民族的脊梁。

（二）坚持马克思主义在意识形态领域指导地位的根本制度，是坚持正确发展道路、实现国家长治久安的必然要求

思想引领方向，方向决定道路。在长期的奋斗历程中，我们正是始终坚持马克思主义指导思想，始终坚持把马克思主义基本原理同中国具体实际相结合，才找到了正确的新民主主义革命道路、社会主义革命和建设道路、中国特色社会主义道路，从而建立并不断发展壮大社会主义中国。找到一条正确道路、建立一个国家政权不容易，坚持住这条道路、巩固好这个政权更不容易。历史经验表明，国家动荡、政权更迭往往始于思想领域的混乱、指导思想的动摇。苏联解体、东欧剧变，以及近年来一些国家发生的“颜色革命”，就是前车之鉴。这警示我们，政治上的坚定源理论上的清醒，只有高度自觉、始终不渝坚持以马克思主义为指导，才能保证道路不偏向、江山不变色，保证国本永固、事业常青。新的时代条件下，坚持马克思主义在意识形态领域指导地位的根本制度，就是要保持思想定力、政治定力，坚定道路自信、理论自信、制度自信、文化自信，既不走封闭僵化的老路，也不走改旗易帜的邪路，坚定不移走中国特色社会

主义道路，确保我们国家始终沿着社会主义方向阔步前进、蓬勃发展。

（三）坚持马克思主义在意识形态领域指导地位的根本制度，是筑牢全体人民共同思想基础、凝聚团结奋进强大精神力量的必然要求

共同的思想基础，是与共同的奋斗目标紧密结合在一起的，是一个国家、一个社会团结一致向前进的根本保证。有了共同的思想基础，就能万众一心、成就共同的目标和事业，反之就会一盘散沙、各行其是、一事无成。回顾我国革命、建设、改革的伟大历程，正是因为有马克思主义这个共同的思想基础，才凝聚起全国各族人民的意志和力量，不断克服前进道路上各种艰难险阻、从胜利走向新的胜利。当今世界正经历百年未有之大变局，我国正处于实现中华民族伟大复兴关键时期，既面临着大有可为的历史机遇，也面临着前所未有的风险挑战，统一思想、坚定信心、凝聚力量的任务更加凸显。同时，社会思想观念日益多样，社会价值取向日趋多元，各种社会思潮纷繁复杂，在多元中立主导、在多样中谋共识的要求更加迫切。

新的时代条件下，坚持马克思主义在意识形态领域指导地位的根本制度，就是要坚定主心骨、把准定盘星，牢牢坚持实现共同目标的方向，夯实共同的思想基础，拉紧共同的精神纽带，促进全体人民在思想上精神上紧紧团结在一起，更好汇集起攻坚克难、开拓前行的磅礴伟力。

（四）坚持马克思主义在意识形态领域指导地位的根本制度，是保证我国文化建设正确方向、更好担负起新时代使命任务的必然要求

马克思主义是指导党和人民事业的理论基础，也是我国文化发展的根本指针。只有旗帜鲜明坚持马克思主义指导地位，中国特色社会主义文化才能固本开新、永葆生机，否则就会失去灵魂、迷失方向。我国文化建设长期实践表明，对马克思主义指导地位坚持得好、把握得牢，就能形成文化繁荣兴盛的生动局面，推动党和人民事业发展；坚持得不好，发生动摇和偏差，就必然造成思想文化上的混乱，给党和人民事业带来损害。现在，我国文化领域正在发生广泛而深刻的变革，社会文化生态更加复杂，马克思主义、非马克思主义甚至反马克思主义的思想观点同时存在，先进的和落后的相互交织，积极的和消极的相互影响，民族的和外来的相互碰撞，坚持以马克思主义统领多样化文化发展的重要性日益突出。新的时代条件下，坚持马克思主义在意识形态领域指导地位的根本制度，就是要坚定文化自信、增强文化自觉，牢牢把握社会主义先进文化前进方向，紧紧围绕举旗帜、聚民心、育新人、兴文化、展形象的使命任务，大力发展面向现代化、面向世界、面向未来的、民族的科学的大众的社会主义文化，更好构筑中国精神、中国价值、中国力量。马克思主义是发展的、开放的科学理论，其最鲜明的理论品格是与时俱进、开拓创新，其强大生命力、凝聚力、引领力也来自与时俱进、开拓创新。

二

长期以来，马克思主义在我国意识形态领域的指导地位，之所以能够在坚持中不断巩固、在巩固中更好坚持，根本就在于我们党始终把马克思主义基本原理同中国具体实际相结合，不断推进实践基础上的理论创新，形成了马克思主义中国化一系列重大理论成果，为党和人民事业发展提供了既一脉相承又与时俱进的科学理论指导，为增进全党全国各族人民的团结统一提供了坚实思想基础。

习近平新时代中国特色社会主义思想是马克思主义中国化最新成果，是当代中国马克思主义、21 世纪马克思主义。在新时代，坚持和巩固马克思主义指导地位，最重要的就是坚持和巩固习近平新时代中国特色社会主义思想指导地位。这一思想，坚持运用马克思主义立场观点方法，以新时代的全新视野深化了对共产党执政规律、社会主义建设规律、人类社会发展规律的认识，以新时代的全新思想理念回答了坚持和发展什么样的中国特色社会主义、怎样坚持和发展中国特色社会主义，为发展马克思主义作出了原创性贡献，为推进伟大社会革命和党的自我革命、实现强党强国和民族复兴提供了科学行动指南，为党和人民提供了强大精神能量。在这一思想的指引下，我们党带领人民准确把握历史新方位、时代新特征、发展新

规律、实践新要求，统揽伟大斗争、伟大工程、伟大事业、伟大梦想，解决了许多长期想解决而没有解决的难题，办成了许多过去想办而没有办成的大事，推动党和国家事业全面开创新局面，实现了从赶上时代到引领时代的伟大跨越。实践已经证明并将继续证明，只有这一思想而没有别的什么思想能够引领当代中国发展进步、指引人民创造美好生活，只有这一思想而没有别的什么思想能够凝聚近14亿中国人民的意志、汇集全体中华儿女的力量。

坚持马克思主义在意识形态领域指导地位的根本制度，第一位的要求就是推动全党全社会全面贯彻落实习近平新时代中国特色社会主义思想。要按照学懂、弄通、做实的要求，深入推进习近平新时代中国特色社会主义思想学习教育，引导人们在新的广度和深度上深刻认识这一思想的历史地位和重大意义，深刻理解这一思想的精神实质、丰富内涵、核心要义、实践要求，深刻体悟贯穿其中的人民至上、历史自觉、实事求是、问题导向、战略思维、斗争精神等鲜明品格。

要推动广大干部群众把学习领会习近平新时代中国特色社会主义思想同学习马克思列宁主义、毛泽东思想、中国特色社会主义理论体系贯通起来，同学习党史、新中国史、改革开放史、社会主义发展史结合起来，同新时代坚持和发展中国特色社会主义的伟大实践联系起来，准确把握这一思想的理论逻辑、历史逻辑、实践逻辑。

要大力弘扬马克思主义学风，引导人们紧密联系思想和工作实际，真正把习近平新时代中国特色社会主义思想转化为增强“四个意识”、坚定“四个自信”、做到“两个维护”的实际行动，转化为做好工作的理念思路、举措办法和科学方法。推动全面贯彻落实习近平新时代中国特色社会主义思想，必须健全用党的创新理论武装全党、教育人民工作体系。要紧密结合“不忘初心、牢记使命”主题教育，在完善学习教育、研究阐释、宣传普及等方面制度机制上下更大功夫，不断提升工作科学化、规范化水平，推动学习宣传贯彻党的创新理论不断往深里走、往实里走、往心里走。要完善党委（党组）理论学习中心组等各层级学习制度，坚持以“关键少数”带动绝大多数、以党员干部带动普通群众，突出抓好领导干部学习，推动各级领导干部读原著、学原文、悟原理，全面系统学、及时跟进学、深入思考学、联系实际学，自觉做到学思用贯通、知信行统一。要建设和用好网络学习平台，充分发挥“学习强国”学习平台的聚合和引领作用，不断丰富和创新学习内容形式，努力提供更便捷、更高效、更适用的学习服务。

理论研究越深入、越透彻，掌握理论、运用理论就越自觉。要大力推进习近平新时代中国特色社会主义思想研究中心建设，整合资源、创新载体，集中优势力量进行重点攻关，着力推出更多有说服力、有穿透力的研究成果。要持续推进科学理论大众化，广泛有效开展宣传普及，适应对象化、分众化、差异化趋势，建立健全精准传播、有效覆盖的工作机制，积极推进新时代文明实践中心和县级融媒体中心建设，更好推动党的创新理论进基层进群众。

三

坚持马克思主义在意识形态领域指导地位的根本制度，是中国特色社会主义制度的重要支撑，是坚持和加强党对宣传文化事业全面领导的本质要求，是发展社会主义先进文化的有力保障。要增强政治自觉和思想自觉，强化制度意识、抓好制度执行，切实把这一根本制度体现到坚持正确的政治方向、舆论导向、价值取向上，落实到工作理念、思路、举措上，努力在守正创新中推动社会主义文化繁荣兴盛。

（一）切实把马克思主义指导地位贯穿到文化建设各方面

坚持马克思主义在意识形态领域指导地位的根本制度，是具体的、现实的，不是抽象的、空洞的，文化领域的一切工作和活动都要紧紧围绕这一根本制度来展开、来推进。无论是理论武装还是新闻宣传，无论是文艺创作生产还是文化体制改革，无论是精神文明创建还是网络建设管理，都要高扬马克思主义旗帜，不断巩固马克思主义指导地位，坚定宣传科学理论、传播先进文化、弘扬主流价值，确保我国文化建设始终沿着正确方向前进。前不久，党中央印发的《中国共产党宣传工作条例》，是坚持和落实马克思主义在意识形态领域指导地位这一根本制度的重要体现和重要保障。要认真贯彻、抓好落实，努力推动建设具有强大凝聚力和引领力的社会主义意识形态，建设具有强大生命力和创造力的社会主义精神文明，建设具有强大感召力和影响力的中华文化软实力。

（二）深入实施马克思主义理论研究和建设工程

马克思主义理论研究和建设工程，是坚持和巩固马克思主义在意识形态领域指导地位的基础工程、战略工程。要总结运用工程实施以来取得的成功经验，准确把握新时代新要求，不断把工程工作引向深入，切实把坚持以马克思主义为指导全面落实到思想理论建设、哲学社会科学研究、教育教学各方面。要在加强经典著作编译和研究的基础上，不断深化对党的基本理论、基本路线、基本方略的研究，深化对中国特色社会主义道路、理论、制度、文化的研究，为理论创新创造提供学理支撑。要坚持用中国理论阐释中国实践，用中国实践发展中国理论，强化问题意识和问题导向，以我们正在做的事情为中心，加大对重大理论问题、重大现实问题、重大实践经验研究总结的力度，不断增强理论解释力、话语说服力、实践推动力。

加快构建中国特色哲学社会科学，繁荣发展中国学术理论，努力建设以马克思主义为指导的学科体系、学术体系、话语体系。推动马克思主义中国化最新成果进教材、进课堂、进师生头脑，使科学理论全面融入教育教学之中。

（三）加强和改进学校思想政治教育

青少年正处于人生成长的“拔节孕穗期”，能不能引导他们树立对马克思主义的信仰，直接关系培养合格的社会主义建设者和接班人。要坚持社会主义办学方向，落实立德树人根本任务，建立全员、全程、全方位育人体制机制，用科学理论培养人，用正确思想引导人，用主流价值涵育人，帮助广大青少年扣好人生第一粒扣子，品学兼优地健康成长，更好担当起民族复兴的大任。思政课是搞好学校思想政治教育的关键所在，要深入推进思政课改革创新，在大中小学循序渐进、螺旋上升地开设思政课，编写好思政课教材，发挥好思政课教师的重要作用，不断增强思政课的思想性、理论性和亲和力、针对性。要实施高校思政课创优行动，建设一支专职为主、专兼结合、数量充足、素质优良的思政课教师队伍，培育一批优质教学资源，推出一批内容准确、思想深刻、形式活泼的优质示范课堂，带动思政课质量和水平的全面提升。以高校重点马克思主义学院建设为牵引，建设好马克思主义理论学科，强化理论人才培养，打造学习研究宣传科学理论的坚强阵地。

（四）落实意识形态工作责任制

建立意识形态工作责任制，是加强党对意识形态工作全面领导的重大举措，也是坚持马克思主义在意识形态领域指导地位这一根本制度的重要体现。要坚持党管宣传、党管意识形态、党管媒体不动摇，压紧压实做好意识形态工作的政治责任、领导责任，把意识形态工作领导权牢牢掌握在党的手中，不断增强意识形态领域的主导权和话语权。阵地是意识形态工作的基本依托，要完善阵地建设和管理制度，落实好主管主办和属地管理原则，做到守土有责、守土负责、守土尽责，决不允许搞法外之地、舆论飞地。要注意区分政治原则问题、思想认识问题、学术观点问题，坚持具体问题具体分析，是什么问题就解决什么问题，既不能把小事说大、搞“泛政治化”，也不能把大事说小、搞“去意识形态化”。无论处理什么问题，都要最大限度调动各方面积极性、化解消极因素，都要有利于坚持和加强党的领导、有利于凝聚党心民心、有利于维护改革发展稳定大局。要坚持立破并举，发扬斗争精神，敢于斗争，善于斗争，旗帜鲜明反对和抵制各种错误观点，理直气壮批驳挑战政治底线的错误言论，切实维护政治安全、文化安全、意识形态安全。

（本文摘自《人民日报》2019 年 11 月 20 日，作者系中共中央政治局委员、中宣部部长）

精神文明建设　建的是信仰信念信心

李　强

为谱写新时代上海改革发展新篇章凝聚强大精神力量，在文化建设中需要把握“气”的特性——凝魂聚气、弘扬正气，进一步把广大干部群众的精气神鼓起来；要持续深入用新中国伟大成就鼓舞士气；要坚持不懈用社会主义核心价值观淳化风气。要潜移默化用更多更好的精神食粮涵养心气；把握“水”的特性；要突出一个“润”字，让精神文明建设融入中心工作；要突出一个“泽”字，让精神文明建设始终为民惠民；要突出一个“活”字，让精神文明建设充满生机活力，要坚持以习近平新时代中国特色社会主义思想为指导，锲而不舍、一以贯之抓好精神文明建设，使之贯穿融入到上海各项事业发展之中，更好地凝魂聚气、鼓舞士气、淳化风气、涵养心气。

精神文明建设，建的是信仰、信念、信心，关乎每个人的精气神，决定着城市软实力。要把握精神文明建设“气”的特性，凝魂聚气、弘扬正气，进一步把广大干部群众的精气神鼓起来。要深入学习宣传贯彻习近平新时代中国特色社会主义思想，以大学习、大培训推动学懂弄通做实，以常态化、制度化促进入脑入心入魂。要全面贯彻落实习近平总书记考察上海重要讲话精神，找准切入点、结合点、着力点，使之转化为一项项具体的任务举措，确保党中央确定的战略部署在上海落地生根。

要持续深入用新中国伟大成就鼓舞士气。以国际重大纪念日为契机，精心组织主题宣传、成就宣传、典型宣传，激发家国情怀，凝聚奋进力量。要通过精心组织上海解放70周年庆祝活动，大力弘扬“海纳百川、追求卓越、开明睿智、大气谦和”的城市精神和“开放、创新、包容”的城市品格。要坚持不懈用社会主义核心价值观淳化风气。着力在“长”“常”二字上下更大功夫，长期抓、长效抓，坚持宣传教育、示范引领、实践养成相统一，融入日常、抓在经常，从细处着眼、从细节入手。既要面向全社会广泛抓，也要聚焦重点人群，领导干部、公众人物、先进模范要做好表率、当好示范。青少年阶段是人生的“拔节孕穗期”，要引导青少年扣好人生第一粒扣子。要潜移默化用更多更好的精神食粮涵养心气。推出更多群众喜爱的精品力作，让文化元素嵌入人民生活的方方面面。要大力推动学习型城市建设，使每一个人获得思想的滋养、遇见更好的自己，使城市有根有魂。

要把握精神文明建设“水”的特性，上善若水、润物无声，使之贯穿于上海改革开放和现代化建设全过程、各方面。要突出一个“润”字，让精神文明建设融入中心工作。要围绕习近平总书记交给上海的三项新的重大任务和五方面要求，找准各自定位，抓好工作谋划，为中心工作加油鼓劲、助力添彩。要把精神文明建设融入第二届进博会的服务保障，进一步提升市民文明素质和城市文明程度。要抓好形势政策引导，及时回应社会关切。要突出一个“泽”字，让精神文明建设始终为民惠民。坚持创建为民、创建靠民，多办群众关心、基层需要、社会关注的好事实事，激发群众自觉自愿参与的主动性和创造性。坚持抓好基层、打好基础，把更多自主权放到区、街镇，把更多项目放到农村、社区，把更多目光投向背街小巷。深入推进新时代文明实践中心建设，打造有内容有特色、给群众带来实惠的活动品牌。要突出一个“活”字，让精神文明建设充满生机活力。注重守正创新，丰富内容载体，改进方式方法。要把网络文明建设摆在突出位置，大力倡导文明办网、文明上网、文明用网。善用云计算、大数据、人工智能等信息革命成果，加强精准宣传、个性化传播，把精神文明工作做到人的心坎上。为此，各级党委和政府要担负好精神文明建设主体责任，文明委各成员单位要履职尽责，形成合力。精神文明战线的同志要提高政治能力、增强工作本领，全市上下携手努力，把新时代上海精神文明建设提高到新的更高水平。

（本文摘自《解放日报》2019年4月11日，记者谈燕报道，略有删节，作者系中共中央政治局委员、上海市委书记）

把握新时代文化脉搏　促进企业高质量发展

王忠禹

我国广大企业认真贯彻习近平新时代中国特色社会主义思想，积极践行新发展理念，坚定不移推动高质量发展，在转型升级实践中培育了优秀的企业文化，引领支撑企业发展质量稳步提升，新旧动能加快转换，涌现出一大批企业文化建设典型，集中展现了中国企业的精神风貌，有力诠释了社会主义核心价值观在企业经营发展中的生动实践，丰富了社会主义先进企业文化的新内涵。在新的历史条件下，“把握新时代文化脉搏，促进企业高质量发展”，就是要牢固树立文化自信，认真总结我国企业文化建设的成功经验，推动企业实现更高质量、更高水平的发展。

坚持文化自信，勇于担当作为

习近平总书记指出：“坚定中国特色社会主义道路自信、理论自信、制度自信，说到底是要坚定文化自信，文化自信是更基础、更广泛、更深厚的自信，是更基本、更深沉、更持久的力量”。文化自信不会凭空产生，而是根源于坚定的理想信念、生长于高远的使命追求、凝结于自觉的责任担当。企业坚持文化自信，就是勇于承担时代赋予的使命和责任，塑造贡献社会、造福人民、关爱职工、保护环境、诚实守信的企业文化，在服务经济社会发展、科技进步、民生改善的过程中，体现自身价值，实现可持续发展。新中国成立以来，特别是改革开放以来，我国企业之所以能够快速发展壮大，取得巨大的发展成就，其中一个重要原因，就是把自身发展的具体目标融入国家和民族的伟大梦想，在经营环境风云变幻的洗礼中初心不改，淬炼了铁人精神、两弹一星精神、载人航天精神、高铁精神等，为企业发展攻坚克难提供了强力支撑。中国运载火箭技术研究院心怀“建设航天强国”的“航天梦”，用航天“三大精神”激发奋斗力量。中国石化建立了“公众开放日”沟通平台，以“创新、绿色、民生”的企业形象赢得了社会尊重和公众点赞。鲁能集团、娃哈哈集团把党建与企业文化建设纳入同一工作体系协同推进，扎实开展理想信念教育。“不忘初心，方得始终”。企业面对复杂的市场环境，要坚定文化自信，牢记创业初心，勇于担当作为，始终保持高度的战略定力和正确的发展方向。

坚持改革创新，提高供给质量

创新是引领发展的第一动力，从根本上决定着国家的综合实力和国际竞争力。拥有一批世界领先的优质企业，是发达国家的重要标志，也是国际产业竞争博弈的关键所在。党的十八大以来，我国创新驱动发展战略大力实施，成果丰硕，天宫、蛟龙、天眼、悟空、墨子、大飞机等重大科技成果相继问世，一些重要领域已跻身世界前列，创新实力得到明显提升。但是，同建设创新型国家和世界科技强国的目标相比，我们还存在着诸多问题。我国企业仍存在大量低端低效环节，2018 年我国高技术制造业增加值仅占规模以上工业增加值的 13.9%；从创新能力看，科技创新对企业发展的支撑不足，2017 年我国规模以上制造业企业研发投入强度仅为 1.14%；欧盟最新的工业研发投资报告显示，全球研发投入前 50 的企业中，我国仅有华为一家上榜。培育优质企业，提高供给质量，既是我国参与国际竞争、适应国内消费升级的迫切需要，也是建成社会主义现代化强国的必然要求。

企业提高供给质量，是一场产业结构、体制机制、制度体系的深刻变革，这就首先需要打开解放思想这个总开关，拿出改革创新的勇气和魄力，敢于破除阻碍改革发展的制度藩篱，善于用新思路解决新问题。改革创新精神是一种伟大的时代精神，发展先进文化要充分体现时代精神。企业坚持改革创新，就是树立与时俱进、锐意进取、勤于探索、勇于实践的精神风貌，聚焦创新驱动，弘扬科学家精神、工匠精神、企业家精神，营造良好的创新创业环境，发展新技术、新业态、新模式，形成新的增长动能和发展路径。格力电器“掌握核心科技”的自主创新文化，吉林化纤以“五种精神”为基础的创新文化，小米集团“真诚·热爱”“以用户为中心”的米粉文化，徐工集团的“大器文化”，中航工业西飞的“两客一匠”精神，都是新时代企业改革创新的优秀成果，为广大企业提供了示范借鉴。

坚持以人为本，厚植优秀文化

人是生产力中最活跃的要素，是企业的第一资源。企业实现高质量发展，关键在人。企业文化不是抽象的口号，而是深刻的理性认知和具体的实践行动，它只有转化为企业中广大员工的情感认同和行为习惯，体现为共同的愿望、信心和意志，才会具有强大的生命力，成为企业发展取之不尽、用之不竭的力量源泉。企业坚持以人为本，就是把人的发展作为企业发展的着力点，注重把握员工需求，创新企业文化建设方式方法，深化企业文化宣传教育，使优秀文化有机融入企业经营管理的各方面，扎根于人才培养、使用、激励、保障的全过程，引导员工把正确的文化认知、自觉的文化养成、积极的文化实践紧密结合起来，将其渗透到员工点点滴滴的作风中、干事创业的激情里，持续增强员工的获得感、幸福感和安全感。南方电网通过“幸福南网”移动平台传播南网文化，大岠集团长期开展“家”文化建设，营造了员工的精神家园。中国石油将融媒体先进技术融入廉洁文化建设，五粮液集团用廉洁文化为“二次创业”保驾护航，涵养了风清气正的工作风尚。国网江苏电力把集团核心价值观转化为具体的行为信条，华能糯扎渡水电厂把集团文化转化为人才文化等分支文化建设，确保企业文化落地深植员工行为。

坚持开放包容，实现融合发展

开放是企业提升国际竞争力的必然要求。实践表明，世界一流企业无一不是在全球激烈竞争中通过优胜劣汰形成的。尽管当前国际上保护主义、单边主义抬头，但经济全球化和产业分工协作是不可逆转的大趋势。我国企业实现高质量发展，重要途径就是紧紧把握经济全球化、共建“一带一路”带来的发展新机遇，大力实施“走出去”战略，积极探索同各国、各种产业形态、各类所有制深度合作、融合发展的路径与模式，加快培育国际合作和竞争新优势。在这过程中，不管是企业并购、跨国经营，还是产业合作，都不是简单的资本、技术和市场的结合，而是各方价值观念的交流、碰撞与融合。企业是否具有开放的文化思维和包容的文化气度，很大程度上决定了企业融合发展的能力、广度和深度。

企业坚持开放包容，就是在合作中秉持共享机遇、共谋发展的基本原则，既坚守根本又尊重不同地域、企业和所有制的文化多样性，以世界眼光和战略思维兼收并蓄、博采众长，寻找利益与理念的契合点，培育共同的情感、理想和精神，推动建立紧密的行动共同体、利益共同体、命运共同体，实现各方和谐共处、合作共赢。中国兵器集团北方公司作为兵器行业国际化经营的主力军，在国际化经营过程中，落实“共商、共建、共享、共赢”理念，推动文化融合和跨文化管理，实现了从“走出去”向“融进去”的转变。国家电投在合并重组过程中系统创建“和文化”，南京钢铁集团在混合所有制改革以后大力培育“合创文化”，怡亚通公司以“共赢文化”指导构建供应链商业生态圈，推动企业实现了融合发展。

建国70多年的成就，离不开我国广大企业的贡献。中国特色社会主义进入新时代，广大企业要自觉肩负起推动经济高质量发展的重任，继续保持艰苦奋斗精神，努力提高企业文化软实力，勇当经济发展的领跑者、社会和谐的维护者、优秀文化的传承者，以企业发展的新气象和新作为，在全面建成小康社会、实现“两个一百年”奋斗目标的征程上再创新的辉煌。

（本文摘自《企业管理》2019年第9期，略有删节，作者系原全国政协副主席、中国企业联合会、中国企业家协会会长）

开拓进取　奋发有为
开创新时代中国企业文化建设新局面

胡　平

一、工作回顾

2004年以来，中国企业文化研究会秉持“努力团结所有致力于企业文化事业的理论和实践工作者，引领中国企业文化科学发展”的使命，遵循“方向正确、学术领先、行为规范”的宗旨和“规范化、程序化、精细化”的工作准则，积极开展各种活动。宣传普及企业文化理论，总结推广企业文化建设的先进经验，为形成中国特色企业文化理论提供实践依据；深入研究企业文化重点难点问题，以阶段性的研究成果指导企业文化建设实践；积极开展企业文化培训，为企业文化建设培养专业人才；大力开展企业文化策划咨询，为企业文化建设提供学术技术支持；组织境内外企业文化交流，扩大企业文化的吸引力和影响力等等。为推进中国企业文化建设探索创新，取得了成绩。

（一）积极推动中国企业文化建设的理论研究和建设实践

开展企业文化理论性和应用性研究是中国企业文化研究会的核心业务。十几年来，研究会坚持各项工作以研究为中心的办会理念，紧密结合企业实际，围绕不同时期企业文化建设重点工作和热点难点问题开展多层次、多角度的调查研究、理论研讨和实践探索，为推动中国企业文化建设的科学发展提供理论指导、实践依据和典型示范。

积极推动中国特色社会主义企业文化建设理论体系和建设路径的探索——中国企业文化研究会在成立之日就提出我们所要建设的是具有中国特色的社会主义企业文化。为此，我们进行了诸多方面的研究和探索，与全国理论界、企业界一道，探索具有中国特色社会主义企业文化建设道路，初步形成了具有中国特色的企业文化理论体系，三十年来我们提出了一系列企业文化理论观点，完成了国家社科规划中的第一项企业文化课题，发布和结项了一批课题，出版了一系列著作，推动了企业文化建设由自发转为自觉，由自信走向自强，为全面提高中国企业的文化竞争力和企业软实力做出了重要贡献。

积极推动唤起企业主要负责人和领导群体高度的文化自觉，提高企业的文化领导力——倡导企业主要负责人和领导者群体要具有强烈、自觉的文化担当、文化责任，提升文化构建能力和创新实践能力。要像担当政治、经济、社会、生态责任那样，自觉担当起企业文化建设创新的责任、企业优秀历史文化传承的责任、企业文化资产保值增值的责任。

积极推动以价值理念为核心的企业文化体系构建，形成并不断巩固全体职工为企业科学发展团结奋斗的共同思想基础，建设企业职工的精神家园——倡导在企业文化建设中一定要牢牢把握企业文化的本质和企业文化建设的主要任务，围绕构建价值理念体系开展工作，包括明确使命、规划愿景、提炼企业精神、确立核心价值观和提出与企业管理职能相匹配的相关经营管理理念。强调企业价值理念体系的构建要以企业历史文化为基础，以现实问题为导向，以未来发展战略为依据，要有广为流传的故事和确实有威信的典型人物支撑，要把构建企业文化体系作为文化建设的内容依据。

积极推动遵循企业文化的管理属性，以企业先进文化建设促进企业管理升级，实施有效的文化管理——我们主张，企业要以企业核心价值观支撑和引领企业的发展战略，成为企业发展的精神动力和灵魂。以企业核心价值观为统领，调整企业的组织结构、配置企业的人力资源、完善企业的管理制度、再造企业的管理流程、优化企业形象、打造企业品牌、丰富职工的精神文化生活、考核企业业绩。

积极推动加强集团文化建设，打造世界一流企业。倡导企业集团要在所属企业个性文化基础上，建立具有战略性、主导性、整合性、包容性的共性文化，为各成员企业的文化建设提供指导、规范和发展的空间——对内，规范企业集团所属企业和所有员工的行为；对外，展示企业集团的竞争力和整体形象。为加快培育形成一批拥有自主知识产权和知名品牌、具有国际竞争力的世界一流企业提供文化支撑。

积极推动与企业专项管理职能相对应的专项文化建设——倡导企业每一个职能管理和业务部门都要承担与自身业务和管理职能相匹配的专项文化建设任务，如创新文化、安全文化、质量文化、诚信文化、营销文化、服务文化、品牌文化、项目文化、合规文化、廉洁文化、人力资源管理文化、风险管理文化、保密文化、责任文化等。通过专项文化建设，推进企业价值理念的转化、具体化。以核心价值观为指导完善形成一套企业内部价值链各环节和人力资源管理各方面的工作标准和行为规范，不断提高企业现代化、专业化、信息化管理水平。

积极推动加强企业基层特色文化建设——基层特色文化是相对于专项文化、企业集团（总公司）所属各层级企业的文化，如公司文化、厂矿文化、院所文化、场站文化、项目文化、班组文化等。基层特色文化是在集团（总公司）文化基础上形成的具有本企业、本单位特点的文化，是所属企业在遵循、服从、体现集团主导价值观和文化本质的前提下，根据自身在集团中的定位、核心业务等对本组织的使命、愿景、价值观和经营管理理念细化、具体化，创造性地进行富有活力的丰富多彩的个性文化建设。强调基层特色文化建设要突出“特”性，从价值理念体系的构建到文化建设项目的设计，从视觉识别系统的导入到广告、形象的宣传，都应力求实现“本企业化”。

积极推动民营企业和中小企业文化建设——民营企业、中小企业是促进经济社会又好又快发展的重要力量，在繁荣城乡经济、增加财政收入、扩大社会就业、保障和改善民生、促进科技创新、优化经济结构等方面，发挥着不可替代的作用。倡导民营企业、中小企业在落实国家有关政策措施，创新体制机制，改善发展环境的同时要发挥工作机制灵活、个性突出、具有活力的优势，以企业家文化和工匠文化为重点，以优秀传统文化推动民营企业和中小企业文化建设与创新，进一步提高自身素质，加快提升创新发展能力，扎实推进结构调整，提高基础管理水平，实现持续健康快速发展。

积极推动企业建立文化传承机制和文化载体，积极推进企业优秀历史文化传承——倡导准确记载企业历史，编写好厂史、厂志、大事记。抓好厂史教育，使新职工了解企业历史、光荣传统、优良作风、英雄模范事迹。搞好厂史纪念活动，深化厂史事件、人物的研究，搞好纪念场馆建设，使之作为教育基地。厂史遗址及有关文史资料是中华民族物质和非物质文化遗产的重要组成部分，必须对其进行精心抢救和保护，使企业的优良文化资产得以代代相传并保值增值。

积极推动企业开展群众性文化活动，推动企业优质文化产品创造——通过开展丰富多彩的群众性文化活动，激发引导群众在企业文化建设中的自我表现、自我教育、自我服务。充分利用文化体育场所等各种企业文化设施，发挥摄影、书法、美术、文学、体育等各种业余文化社团的作用，组织开展丰富多彩、群众喜闻乐见、健康向上的业余文体活动，陶冶职工情操，提高职工文化素养。强调企业文化产品是文化产品的重要组成部分。要适时发展文化创意产业，强化企业品牌的传播力、影响力。建立培育树立企业精神教育基地、企业文化建设示范基地，建立企业主题博物馆、纪念馆、典型遗址、公共休憩空间、文化创意园等工业文化旅游产品，形成更多的优质文化产品，打造既有较高文化境界，又有较深文化意味和较浓文化情趣的文化品牌，满足企业职工基本的、多样化、多层次、多方面、日益增长的文化需求。

积极推动企业文化融合和国际化经营中的跨文化管理——倡导企业在改制重组过程中，把来自不同成员单位各具差异性的个性文化，通过充分沟通、交流、吸收、借鉴、融合、创新，逐步建设成统一的更高层次的企业文化。倡导在“一带一路”建设和国际化经营中要加强文化融合和跨文化管理。“走出去”的企业要将自己的文化与世界各国各地区各民族的文化有机融合。识别文化差异，发展文化认同，进行跨文化培训，达成跨文化理解，形成一种既坚持自己的核心价值观，又体现与各种异质文化融合，具有灵活性与有效性，适应所在国企业的“本土文化”，从而开放自己，包容别人，为我所用，共享共赢。

积极推动学习型企业建设——企业要保持可持续发展的优势，就要比竞争对手具有更强的学习能力。提出企业开展学习型组织创建活动，要培育适宜组织学习和创新的文化氛围，树立学习型企业标杆，建立学习型企业的文化价值观念和行为规范体系。建设软硬兼备的知识管理系统，系统梳理知识，形成知识数据库，提升集体智慧。搭建知识平台，促进知识共享，完善知识体系，实现持续改善。建立团队学习机制，打造高绩效的学习型团队。建设全面创新管理体系，推进自主创新。培育全员创新理念，建立创新管理系统，加强创新成果的推广与应用。建设知识管理和创新驱动系统，不断增强企业的整体学习力、文化创新力。

积极推进企业融媒体传播和“互联网+”企业文化建设行动——倡导企业要紧跟时代步伐，适应融媒体时代“动静结合、深浅互补、全时在线、即时传输、实时终端、交互联动”的特点和规律，兼容并蓄、融会贯通地运用不同介质，以最小的运营成本达到最大的传播效果。积极探索进行融媒体语境下企业文化与品牌传播创新，“讲好中国企业故事”。用企业文化大数据量身定制，为基层单位和员工提供个性化的文化服务。建设全方位覆盖、多终端访问、跨平台多通道发布的企业文化信息网状结构平台，让员工可以通过多媒体终端和电视接入，参与企业文化建设活动，享受一站式文化服务。

积极推动建立并完善企业文化建设考核评价体系——企业文化建设的过程是一个实现调研、诊断、决策、规划、实施、监督、评价等PDCA闭环管理并不断提高的过程。一个阶段的建设过程结束后，需要对成绩和效果进行相应的评价，从中吸取经验和教训，为下阶段的文化创新、文化管理循环提供依据，打好基础，不断提高企业文化建设的水平。评价体系的建立坚持导向性，体现科学性，具有操作性。中国企业文化研究会在多年的实践中不断总结探索，正在深入研究，力求提出一套切实可行、普遍适用的评价体系。

积极推动企业文化建设的组织领导体系的建立和完善——倡导在企业内部，企业党组织要加强对企业文化建设的领导，总体上把握本单位企业文化建设的方向和时代脉搏，使企业文化建设发展与中国社会主义先进文化的繁荣发展相协调，与社会主义核心价值体系相一致。企业主要领导是企业文化建设的第一负责人，负责全面推进企业文化战略的实施。企业文化建设主管部门要充分发挥协调指导作用，职能管理部门各负其责，密切配合，形成推动企业文化建设的合力。在企业外部，逐步形成各级党和政府主管部门宏观指导，企业党组织、决策层、经理层自觉推进，全体职工共同参与，学术、科研单位、高等院校提供理论支撑，社团、中介机构进行咨询服务、技术指导的企业文化建设格局，营造全社会共同推进企业文化建设的良好氛围。

（二）在中国企业文化建设中发挥独特的服务作用

中国企业文化研究会不断加强以服务为核心的社团文化建设，努力增强服务意识、拓宽服务内容、创新服务手段、提高服务质量，在推进中国企业文化建设方面发挥着桥梁纽带和智囊团的作用。

*一是努力为党和政府部门的有关工作提供服务。*2005年，根据广大企业和企业文化建设工作者的诉求，向劳动和社会保障部递交了《新职业建议书》，提出了“企业文化师”新职业的立项申请并获批准。同年，劳动和社会保障部在人民大会堂向社会发布了“企业文化师”在内的第三批新职业。我会参加了《企业文化师国家职业标准》（草案）和培训教材起草工作，与有关机构合作，承担了“企业文化师国家职业资格认证培训”工作。2014－2015年，国家安全生产监督管理总局委托中国企业文化研究会进行《中国企业安全文化建设研究》、《中国企业安全文化建设模式研究》的课题研究。课题研究工作借助中国企业文化研究会的专家资源和广大企业平台，广泛收集数据信息，运用科学分析方法，进行中国企业安全文化建设情况调研，征集中国企业安全文化建设的典型案例和安全生产新纪录，推荐安全文化建设示范单位，举行专题研讨，按时提交课题报告，并筹备召开学习贯彻新《安全生产法》暨全国企业安全文化建设推进会和“贯彻落实《安全生产法》暨2015年度安全文化建设推进会”。课题报告阐述了中国企业安全文化建设研究背景，对中国企业

安全文化建设理论进行了阐述，分析了中国企业安全文化建设现状，总结了中国企业安全文化建设基本经验，并在此基础上提炼出中国企业安全文化建设模式，中国企业安全文化建设典型案例，提出中国企业安全文化建设战略构想，包括中国企业安全文化建设总体思路、工作指引、评价工具模型和示范单位选树原则、指标等等。通过课题研究工作的推动和一系列成果的形成，持续提升了全国安全文化建设水平，切实发挥了安全文化对安全生产工作的引领和推动作用，促进了全国安全生产形势持续向好发展。这已成为政府管理部门借助社会组织力量，以安全文化引领安全管理的一个范例。

二是为会员单位和广大企业的文化建设提供全面服务。定期举办“中外企业文化峰会”、“百人学术论坛”、“中国民营企业文化论坛”、“走向人文管理高层论坛”、“中国企业文化传媒年会”。多次组织国际企业文化考察交流活动，召开“中澳企业文化北京报告会”。通过多种形式的文化活动，为会员单位和广大企业搭建丰富的、高端的、跨地区、跨行业，可以传递信息、交流经验、发布成果、表彰先进、展示形象、传播品牌的大平台。发布了《中国企业文化建设“十二五”规划建议》、《中国企业文化建设“十三五”指导意见》、《关于加强品牌文化建设的指导意见》等文件，为会员单位和广大企业的文化建设提出了指导意见。同时，中国企业文化研究会的专家和咨询团队，为会员单位和广大企业的企业文化体系建设和项目建设提供经常性的策划咨询服务。

三是为企业文化建设工作者服务。中国企业文化研究会为努力培养一支具有清醒的政治头脑、浓厚的企业文化专业底蕴、丰富的企业工作经验、较强的策划组织能力、求真务实的作风并对企业职工充满激情的企业文化建设工作者队伍，专门聘请了一批国内外知名专家、学者，举办了数百场各种类型讲习班、培训班、座谈会、报告会，并多次开展了宣传演讲、调查研究、策划指导、推广经验、专项培训等活动。同时，编辑出版企业文化系列丛书、《中国企业文化大辞典》、《中国企业文化年鉴》、《中国企业文化》（会刊）和数百部企业文化相关著作，供企业文化建设工作者学习借鉴。中国企业文化研究会还定期表彰了一大批企业文化建设领军人物、先进工作者，对其为企业文化建设做出的贡献进行奖励。

（三）不断提高能力建设和自身管理水平

一是加强社团文化建设。进一步完善了中国企业文化研究会理念。明确了“努力团结所有致力于企业文化事业的理论和实践工作者，引领中国企业文化科学发展”的使命，“中国最具影响力的企业文化机构”的愿景，“事业为本、团队至上”的价值观，“忠诚信义”的职业道德，“规范化、程序化、精细化”的工作准则和“现代、优雅、充满活力的团队；专业、高效、真诚无限的服务”的形象标准。以社团文化建设统领研究会的各项工作，定期进行内部培训和头脑风暴活动，不断提高员工素质，增强凝聚力，提高研究会的活力。

二是加强制度建设。根据民政部等有关部门的要求，对标本会的文化理念，梳理和完善了《中国企业文化研究会工作条例》《财务管理制度》《“全国企业文化建设示范基地”管理办法》《关于加强咨询设计策划工作管理的规定》《关于工作人员聘用管理的规定》《关于我会各级管理人员责任追究的规定》《收发文件的管理办法》《会议会务规范化管理规定》等工作制度和管理办法，确保各项工作规范化、程序化、精细化运作。

三是加强宣传阵地和载体建设。努力办好会刊《中国企业文化》。会刊是研究会的宣传阵地，是研究会及会员单位展示成果、交流经验的平台，是对外宣传的重要窗口，是研究会与会员单位和社会各界加强联系的桥梁和纽带，会刊承担着信息传播、观点发布、经验交流的重要任务，常规性地报道我会组织的重大活动，刊载企业文化建设优秀论文和先进经验，介绍我国企业文化发展趋势和动向。编辑发行《中国企业文化年鉴》。年鉴是我会客观记录中国企业文化事业发展的重要载体，是国内唯一一部全国性企业文化史鉴，具有存史、资政、教化功能。自2004年创刊，年鉴已连续出版八卷，被国家图书馆馆藏。利用新媒体传播企业文化，开通中国企业文化研究会官网（www. ccci. org. cn）和中国企业文化研究网（www. cccses. org），及时发布企业文化研究观点、会员动态以及咨询服务等。研究会官方微信公众号、企业文化圈公众号以及企文观察室微信公众号等是研究会及各部门运用的新媒体。“两网”和新媒体不断发布信息、分享业内经验，促进了“互联网”+时代企业文化传播。此外，各部门还编发了《企文观察》、《企业文化资讯》、《企业文化咨询内参》、《企业文化管理评论》、《品牌文化简报》等企业文化内刊。

四是加强秘书处团队建设，研究会日常工作协调有序。秘书处以高度的事业心和责任感认真履行职责，不断健全工作制度，明确工作人员岗位职责，以服务会员单位为根本宗旨，不断增强服务意识，改进工作方法，提高办事效率和工作质量。紧紧依靠会员单位开展工作，把工作重心放到基层，建立有效的沟通渠道，研究改进开展活动的方式方法，丰富了研究会活动的形式，增强了工作效果。同时，注意及时发现、总结会员单位创造的新鲜经验、涌现的先进典型，并加以宣传推广，受到了会员单位的普遍欢迎。

研究会成绩的取得是党和国家领导及有关部门的关怀和指导的结果，是与科研单位、高等院校等专家学者的支持和帮助，与会员单位和广大企业、企业家信赖、支持、广泛参与、共同努力分不开的，凝聚了全国企业广大党建思想文化工作者的辛勤汗水、心血和智慧，我代表中国企业文化研究会向他们表示崇高的敬意和衷心的感谢！向所有关心、投身企业文化建设的朋友们、同志们表示诚挚的问候！

在总结成绩的同时，我们也清醒地看到工作中存在的差距和不足。如：研究会自身建设与形势的发展、企业的需求还不相适应，业务领域需进一步拓展，工作内容需进一步充实，研究能力、服务本领需进一步提高等等。这些问题须引起高度重视，在今后工作中注重加强。

二、工作建议

当前，中国特色社会主义进入了新时代，中国企业文化建设也步入了新时代。我们要坚持以习近平新时代中国特色社会主义思想为指导，增强政治意识、大局意识、核心意识、看齐意识，紧紧围绕学习宣传贯彻党的十九大精神这条主线，扎扎实实推进企业文化建设，以文化强企助推文化强国，为在新的历史起点上进行伟大斗争、建设伟大工程、推进伟大事业、实现伟大梦想提供强大精神力量和有力的文化支撑。

（一）以党的十九大精神为指导，明确企业文化建设的新思路

一是明确企业文化建设的新使命。党的十九大提出了新时代文化建设的目标，就是坚持中国特色社会主义文化发展道路，激发全民族文化创新创造活力，建设社会主义文化强国。这为新时代的企业文化建设提出了新的使命和发展方向。社会主义文化强国需要社会主义文化强企做支撑。中国企业、中国企业家和中国企业员工要承载这庄严的历史使命，不忘初心、追求卓越的光荣与梦想，以优秀的企业文化昭示中华文化在阔步走向世界进程中讲述中国企业故事、彰显中国企业精神、弘扬中国价值的自信和底气。

二是满足企业文化建设的新需求。中国特色社会主义新时代的主要矛盾已转化为人民日益增长的美好生活需要和不平衡不充分的发展之间的矛盾。这意味着当代中国人的需求在发生深刻变化，已经由主要满足物质需求，转化为主要满足精神需求。文化建设的核心就是满足人的精神需求。满足文化需求是满足人民日益增长的美好生活需要的重要内容。企业文化建设如何满足人的需求，包括员工的需求、企业家的需求、客户的需求、消费者的需求等等，是企业文化理论研究和建设实践要面对的重大问题。我们必须认清新形势、形成新思路、制定新战略、拿出新举措。

三是要有企业文化建设的新作为。随着我国经济由高速增长阶段进入高质量发展阶段，文化因素将越来越多地渗透到经济生产之中，通过不断提高物质产品的品质和附加值，为经济发展、企业转型升级、培育世界一流企业注入新的发展理念和精神动力。在此过程中，企业文化要不断为企业转型升级拓展新路径、注入新动能，要进一步坚定文化自信，提高企业的文化领导力。弘扬优秀企业家精神，营造企业家健康成长、干事创业的企业文化；注重企业优秀历史文化的传承，丰富完善与社会主义核心价值观相一致的企业价值理念体系，使其转化为职工的情感认同和行为习惯，夯实团结奋斗的共同思想基础；在以核心价值观为指导，形成一套企业内部价值链各环节和人力资源管理各方面的工作标准和行为规范，不断提高企业现代化、专业化、信息化管理水平；要弘扬劳模精神和工匠精神，建设知识型、技能型、创新型职工队伍；积极推动企业

开展群众性文化活动，推动企业优质文化产品创造，满足企业职工日益增长的精神文化需求。

（二）以问题为导向，深入搞好企业文化建设重大课题研究

要进一步树立以研究为中心的办会理念，坚持各项业务都围绕研究工作展开。要进一步明确研究方向，坚持以问题为导向，紧紧围绕企业改革发展，突出企业文化建设全局性、战略性、前瞻性问题研究，突出热点、难点、重点问题研究。要进一步完善研究工作和立项课题的管理体制和运行机制，扩大和健全研究的组织网络，营造有利于研究的环境氛围，建立开放的研究体系，加强与社会有关高校、社科研究机构、社团、媒体的信息沟通、成果交流。要提高研究能力，包括调研能力、资料收集分析能力、发现问题能力、课题表述能力、思维创新能力、新技术、新方法、新工具的运用能力。要建立研究会管理人员的选拔聘用机制，选拔聘用热爱研究工作并具有一定研究能力的人员从事研究会各项工作。要切实加强研究队伍建设，用研究活动推动人才成长，用人才成长促进研究深入，培养和造就一支专兼职结合、素质全面、精干高效的研究队伍。按照“经验丰富、成绩突出、研究能力强、有一定影响力”的标准，从企业中选拔一批具有较高理论水平与丰富实践经验的同志作为研究会专家委员，充分发挥他们的作用；同时注意联系一批专业造诣深、社会知名度高的专家学者参与和指导研究会工作。通过有效整合高层次人才资源，形成多方参与、联合攻关的研究态势，不断提高研究工作水平。充分发挥会员单位资源丰厚、企业文化建设成果突出的优势，加强联系和交流的力度。努力形成信息通畅、联合攻关、成果共享的工作态势。对于某些重大课题，试行联办制，即成立不同行业、不同规模、不同层面企业的联合课题组进行研究；选定部分研究基础好、人员配备强、工作有特色的会员单位作为研究会的重点研究基地，承担重点研究课题和工作任务，打造精品成果。加强对重大会议、重要活动的策划和组织协调，要围绕研究工作开展活动，没有活动就没有影响力、凝聚力，要力争使每项活动都具有鲜明的目的性、周密的计划性、严密的操作性和较好的社会效益。要做好《“一带一路”建设中企业跨文化管理和文化融合研究》《企业文化建设评价研究》两个重点课题的结题工作，以课题研究成果为广大企业提供参考借鉴。

（三）以增强本领为重点，提高为企业文化建设服务的水平

习近平总书记在中国文联十大、中国作协九大开幕式讲话中，对文联、作协工作提出了“深化改革”、“加强引领”、“加强联络”、“加强本领”、“加强沟通”的要求，这对中国企业文化研究会同样具有重要指导的意义。我们要在增强本领，加强能力建设方面下功夫，不断提高宣传普及能力、传播推广能力、理论研究能力、咨询策划能力、培养专业人才的能力，作为推进中国企业文化建设的重要力量，不断增强社会影响力。要进一步增强服务意识、拓宽服务手段、提高服务质量、服务能力，根据不同服务对象的成长需求，发展需求，提高需求，有针对性地提供服务和帮助。一是将收集的信息、取得的研究成果及会员单位的诉求呈送党和政府有关部门，为工作决策提供参考依据，为主流意识形态提供有力支撑。二是加强对会员单位和基层企业的指导服务，提供更多、更好的传递信息、交流经验、发布成果、展示形象、参加培训的机会和平台。三是力所能及地为从事企业党建、宣传、思想、文化工作的同志提供咨询和服务。通过不断提高能力建设和自身管理水平，把中国企业文化研究会建设成为能力突出、管理规范、功能到位、作用明显、充满生机和活力的优秀社团，为推进中国特色社会主义企业文化建设做出更大的贡献！

（作者系原国务院特区办主任、原商业部部长、中国企业文化研究会名誉理事长，本文是作者在中国企业文化研究会第六次会员大会上的工作报告）

坚持正确的文化观

雒树刚

文化观就是以什么样的立场、观点、方法来认识文化问题、研究文化问题、解决文化问题。我们说正确的文化观，就是坚持用马克思主义的立场、观点、方法来认识文化问题、研究文化问题、解决文化问题。具体体现在以下几个方面。

正确认识文化之本

文化之本，就是理论指导。文化从本质上说属于意识形态，属于上层建筑领域。习近平总书记指出："对文艺来讲，思想和价值观念是灵魂，一切表现形式都是表达一定思想和价值观念的载体。离开了一定思想和价值观念，再丰富多样的表现形式也是苍白无力的。文艺的性质决定了它必须以反映时代精神为神圣使命。"这一段论述，讲到两个重要观点。一是文化的核心是思想和价值观念，没有离开思想和价值观念的所谓纯客观的文化，思想和价值观念始终在支撑着文化、引领着文化。二是有什么样的思想和价值观念就有什么样的文化，文化领域始终有一个用什么样的思想和价值观念来指导的问题，这是一个不容回避的问题。习近平总书记把文化与理论指导的内在联系深刻揭示出来，把文化的核心要素与表现形式的关系深刻揭示出来。马克思主义十分强调文化的思想和价值观念问题，十分强调理论对于文化的指导。马克思主义认为，社会生产包括物质生产和精神生产两大类；社会生产力包括三种生产力，即物的生产力、人的生产力和精神的生产力。精神生产、精神生产力，决定于物质生产，但又对物质生产和人的发展产生强大反作用。这种精神生产、精神生产力，就体现在文化之中，通过文化发挥其强大的反作用。

马克思主义认为，文化即人化。人是社会的人，而不是自然的人。社会人的本质是：人是一定的经济、社会和文化的产物，是社会关系的总和。人来自于一定文化环境，并通过文化不断提升人的类本质。文化的本质和功能是为实现人的自由而全面发展。正是通过文化的力量，实现从"自然人"到"社会人"到"自由人"的提升。恩格斯说："文化上的每一个进步，都是迈向自由的一步。"

文化能有这么大作用，就在于文化承载着思想和价值观念。承载着思想和价值观念的文化作用于人，使人成为全面发展的人、成为摆脱物的奴役恢复自由状态的人。马克思主义为文化提供了强大的思想和价值。正如列宁所指出："只有马克思主义的世界观才正确地反映了革命无产阶级的利益、观点和文化。"这是因为马克思主义"并没有抛弃资产阶级时代最宝贵的成就，相反却吸收和改造了两千多年来人类思想和文化发展中一切有价值的东西"。只有坚持以马克思主义为指导，坚持马克思主义的文化观，文化才有正确的思想和价值观念，文化才有强大的思想和价值辐射力、感召力。坚持用马克思主义指导文化，在今天的中国，就要坚持用习近平新时代中国特色社会主义思想指导文化。习近平新时代中国特色社会主义思想，贯穿了辩证唯物主义和历史唯物主义，贯穿了马克思主义的立场、观点、方法，贯穿了马克思主义的世界观和方法论，为我们研究当代中国、当今世界提供了有力的思想武器，为我们研究当代中国文化提供了伟大的认识工具。

习近平新时代中国特色社会主义思想，深刻阐明了当代中国的文化自信、文化理想、文化道路、文化强国一系列重大问题；深刻回答了当代中国建设什么样的社会主义文化、怎样建设社会主义文化这个基本问题；深刻论述了经济发展与文化繁荣之间、社会进步与文化繁荣之间、人的全面发展与文化繁荣之间一系列重大关系问题。习近平新时代中国特色社会主义思想把马克思主义的文化观提高到一个新境界，提升到一个新高度。理论的作用在于由表及里、由浅入深，能够拨开乱象见真谛、拨开云雾见红日。现在，文化现象林林总总、对错杂陈、正反交织、好坏并存，有的泥沙俱下、鱼目混珠。面对错综复杂的文化现象，只有具有理论思维才能具有一双慧眼，才能保持一个清醒头脑，才能“不为浮云遮望眼”。坚持以习近平新时代中国特色社会主义思想分析文化现象，能够透过现象看本质，能够分清主流和支流，能够把握住趋势和走向，能够保持应有的文化定力。

文化的理论指导，在于理论转化为文化的深刻思想内容和深刻价值观念。核心价值观是一个民族赖以维系的精神纽带，是一个国家共同的思想道德基础。如果没有共同的核心价值观，一个民族、一个国家就会魂无定所、行无所归。有了强烈的价值观引领，文化才能起到引领风尚的作用，才能起到文以载道、以文化人的作用。中国特色社会主义文化，以当代中国马克思主义为指导，贯穿着社会主义核心价值观。社会主义核心价值观，是当代中国精神的集中表达，是凝聚中国力量的思想道德基础。现在，在文化建设中，比较突出的一个问题是，一些人观念没有善恶，行为没有底线，不讲对错，不问是非，不知美丑，不辨香臭，泛物质化、泛娱乐化。这些现象的存在，根子在于价值观的缺失。

社会主义文化，就是要立精神支柱、举精神之旗、建精神家园，使社会主义核心价值观像空气一样，无处不在、无时不有，百姓日用而不知，又不可须臾离开。要把社会主义核心价值观生动活泼、活灵活现地体现在文艺创作之中，讲格调、讲品位、讲责任，自觉抵制不分是非、颠倒黑白的错误倾向，自觉摒弃低俗庸俗媚俗的低级趣味，自觉反对拜金主义、极端个人主义。要用栩栩如生的作品形象告诉人们什么是应该肯定和赞扬的，什么是必须反对和否定的，做到春风化雨、润物无声。要把真善美作为永恒追求，传递向上向善的价值观，引导人们增强道德判断力和道德荣誉感，向往和追求讲道德、尊道德、守道德的生活。

正确认识文化之根

文化之根，就是人民。文化的核心问题是解决好为什么人的问题。为什么人的问题是文化建设的根本性、原则性问题。我们的文化建设为谁服务，是为绝大多数人服务还是为少数人服务，这是必须搞清楚的问题。马克思主义始终强调文化的主体是人民，文化必须服务人民。马克思主义认为，历史活动是人民群众的事业，人民群众是历史的决定性力量。人民群众是物质财富的创造主体，也是精神财富的创造主体。在这个过程中，人民群众既是创造者，又是受益者，人民群众是文化的最终决定力量。列宁在 1905 年提出文艺为人民服务，即：无产阶级文学“不是为饱食终日的贵妇人服务，不是为了百无聊赖、胖得发愁的‘一万个上层分子’服务，而是为千千万万劳动人民，为这些国家的精华、国家的力量、国家的未来服务”。列宁还指出：“艺术是属于人民的。它必须在广大劳动群众的底层有其最深厚的根基。它必须为这些群众所了解和爱好。它必须结合这些群众的感情、思想和意志，并提高他们。它必须在群众中间唤起艺术家，并使他们得到发展。”毛泽东指出：“为什么人的问题，是一个根本的问题，原则的问题。”邓小平说：“我们的文艺属于人民”，“由谁来教育文艺工作者，给他们以营养呢？马克思主义的回答只能是：人民。人民是文艺工作者的母亲。一切进步文艺工作者的艺术生命，就在于他们同人民之间的血肉联系。忘记、忽略或是割断这种联系，艺术生命就会枯竭。人民需要艺术，艺术更需要人民。”江泽民要求广大文艺工作者“在人民的历史创造中进行艺术的创造，在人民的进步中造就艺术的进步”。胡锦涛强调：“只有把人民放在心中最高位置，永远同人民在一起，坚持以人民为中心的创作导向，艺术之树才能常青。”这说明，我们党在文艺这个根本问题上，态度是一贯的。

毛泽东在延安时指出：“什么是我们的问题的中心呢？我以为，我们的问题基本上是一个为群众的问题和一个如何为群众的问题。不解决这两个问题，或这两个问题解决得不适当，就会使得我们的文艺工作者和自己的环境、任务不协调，就使得我们的文艺工作者从外部从内部碰到一连串的问题。”毛泽东还指出，在我们从事文学艺术工作的同志中，为什么人的问题似乎是已经解决了，不需要再讲的了。其实不然。很多同志对这个问题并没有得到明确的解决。今天，我们仍然存在毛泽东指出的问题。解决为什么人的问题，是个常做常新的问题。

习近平总书记反复强调人民是文艺的根本问题。他指出，社会主义文艺，从本质上讲，就是人民的文艺。他指出，人民既是历史的创造者、也是历史的见证者，既是历史的“剧中人”、也是历史的“剧作者”。一切优秀文艺工作者的艺术生命都源于人民，一切优秀文艺创作都为了人民。文艺要反映好人民心声，就要坚持为人民服务、为社会主义服务这个根本方向。这是党对文艺战线提出的一项基本要求，也是决定我国文艺事业前途命运的关键。要解决好“为了谁、依靠谁、我是谁”这个问题。那种以为人民不懂得文艺，以为大众是“下里巴人”，以为面向群众创作不上档次，这些观念都是不正确的。人民需要文艺，文艺需要人民。人民的需要是文艺存在的根本价值所在。能不能搞出优秀作品，最根本的决定于是否能为人民抒写、为人民抒情、为人民抒怀。人民是文艺创作的源头活水，一旦离开人民，文艺就会变成无根的浮萍、无病的呻吟、无魂的躯壳。文艺只有顺应人民意愿、反映人民关切，才能充满活力。一切有抱负、有追求的文艺工作者都应该追随人民的脚步，让自己的心永远随着人民的心而跳动。

习近平总书记鲜明提出，要坚持以人民为中心。他强调：“只有牢固树立马克思主义文艺观，真正做到了以人民为中心，文艺才能发挥最大正能量。”以人民为中心，一是要把满足人民精神文化需求作为文化工作的出发点和落脚点。随着人民生活水平不断提高，人民对文化产品的质量、品位、风格等的要求也更高了。文化建设要把握人民的需求，创作生产出人民喜闻乐见的优秀作品，让人民精神文化生活不断迈上新台阶。二是要把人民作为文化表现的主体。要始终把人民的冷暖、人民的幸福放在心中，观照人民的生活、命运、情感，表达人民的心愿、心情、心声，把人民的喜怒哀乐倾注在自己的笔端，讴歌奋斗人生，刻画最美人物，反映人民生产生活的伟大实践，反映人民喜怒哀乐的真情实感，立志创作出在人民中传之久远的精品力作。三是把人民作为文化审美的鉴赏家和评判者。马克思说：“人民历来就是作家‘够资格’和‘不够资格’的唯一判断者。”毛泽东深刻地论述了这个问题。他说：“我们是辩证唯物主义的动机和效果的统一论者。检验一个作家的主观愿望即其动机是否正确，是否善良，不是看他的宣言，而是看他的行为（主要是作品）在社会大众中产生的效果。”四是把为人民服务作为文化工作者的天职。习近平总书记指出：“党的根本宗旨是全心全意为人民服务，文艺的根本宗旨也是为人民创作。”为人民服务，应是文化工作者的天职。文化工作者要热爱人民，爱得真挚、爱得彻底、爱得持久。如果不爱人民，那就谈不上为人民创作。要把文化理想融入党和人民事业之中，做到胸中有大义、心里有人民、肩头有责任、笔下有乾坤，自觉与人民同呼吸、共命运、心连心，欢乐着人民的欢乐，忧患着人民的忧患，做人民的孺子牛。

正确认识文化之源

文化之源，就是生活。马克思说，劳动创造了美。马克思主义认为，我们只能从人化的自然社会生活中去寻找美。美和美感都是社会实践的产物。在人类的实践活动中，物质生产和精神生产是同时进行的，在满足肉体的需要时，又能引起人们精神上的愉悦。所以，艺术的产生和物质活动密切相关。如狩猎前后大跳集体舞，目的显然是为了猎取食物，但也是和艺术活动结合着的。

马克思主义认为，社会生活的需要在先，审美的艺术活动在后。艺术是会生活在作家头脑中反映的产物，社会现实生活是艺术创作的土壤，艺术是它的必然升华物。列宁强调，作家要植根于人民群众生活和斗争之中，用真实艺术形象和艺术典型，描绘出无与伦比的社会生活的图画。毛泽东强调：“一切种类的文学艺术的源泉究竟是从何而来的呢？作为观念形态的文艺作品，都是一定的社会生活在人类头脑中的反映的产物。革命的文艺，则是人民生活在革命作家头脑中的反映的产物。人民生活中本来存在着文学艺术原料的矿藏，这是自然形态的东西，是粗糙的东西，但也是最生动、最丰富、最基本的东西；在这点上说，它们使一切文学艺术相形见绌，它们是一切文学艺术的取之不尽、用之不竭的唯一的源泉。这是唯一的源泉，因为只能有这样的源泉，此外不能有第二个源泉。”“中国的革命的文学家艺术家，有出息的文学家艺术家，必须到群众中去，必须长期地无条件地全心全意地到工农兵群众中去，到火热的斗争中去，到唯一的最广大最丰富的源泉中去，观察、体验、研究、分析一切人，一切阶级，一切群众，一切生动的生活形式和斗争形式，一切文学和艺术的原始材料，然后才有可能进入创作过程。否则你的劳动就没有对象，你就只能做鲁迅在他的遗嘱里所谆谆嘱咐他的儿子万不可做的那种空头文学家，或空头艺术家。”毛泽东这段话讲得透彻、深刻、令人信服。邓小平曾指出：“自觉地在人民的生活中汲取题材、主题、情节、语言、诗情和画意，用人民创造历史的奋发精神来哺育自己，这就是我们社会主义文艺事业兴旺发达的根本道路。”脱离人民、脱离生活的艺术，矫揉造作、无病呻吟的作品，不可能有感召力，也不可能有生命力。只有虚心向人民群众学习，向生活学习，从人民的伟大实践和丰富多彩的生活中汲取营养，不断进行生活和艺术的积累，才会有美的发现和美的创造，才能为人民提供最好的精神食粮。

习近平总书记深刻论述了文化源于生活的道理。他指出：人民生活中本来就存在着文学艺术原料的矿藏，人民生活是一切文学艺术取之不尽、用之不竭的创作源泉。不能以自己的个人感受代替人民的感受，而是要虚心向人民学习、向生活学习，从人民的伟大实践和丰富多彩的生活中汲取营养，不断进行生活和艺术的积累，不断进行美的发现和美的创造。人民不是抽象的符号，而是一个一个具体的人的集合，每个人都有血有肉、有情感、有爱恨、有梦想，都有内心的冲突和忧伤。真实的人物是千姿百态的，要用心用情了解各种各样的人物，从人民的实践和多彩的生活中汲取营养。他指出：艺术可以放飞想象的翅膀，但一定要脚踩坚实的大地。社会是一本大书，只有真正读懂、读透了这本大书，才能创作出优秀作品。读懂社会、读透社会，决定着艺术创作的视野广度、精神力度、思想深度。广大文艺工作者要努力上好社会这所大学校，读好社会这本大书。文艺创作方法有一百条、一千条，但最根本、最关键、最牢靠的办法是扎根人民、扎根生活。生活是文学艺术的唯一源泉，文艺要反映生活，但文艺不能机械反映生活。著名作家茅盾说过：文艺作品不仅是一面镜子反映生活，而须是一把斧头创造生活。国学大师王国维曾说，深入生活，固有深情；高于生活，固有高致。文艺作品中反映出来的生活可以而且应该比普通的实际生活更高，更强烈，更有集中性，更典型，更理想，因此就更带普遍性。

毛泽东指出：文艺要把日常的现象集中起来，把其中的矛盾和斗争典型化，造成文学作品或艺术作品，就能使人民群众惊醒起来，感奋起来，推动人民群众走向团结和斗争，实行改造自己的环境。他说：“人民生活中的文学艺术的原料，经过革命作家的创造性的劳动而形成观念形态上的为人民大众的文学艺术。”“如果没有这样的文艺，那末这个任务就不能完成，或不能有力地迅速地完成。”

习近平总书记指出：走进生活、贴近人民，是艺术创作的基本态度；以高于生活的标准来提炼生活，是艺术创作的基本能力。文艺工作者既要有这样的态度，也要有这样的能力。文艺反映社会，不是通过概念对社会进行抽象，而是通过文字、颜色、声音、情感、情节、画面、图像等进行艺术再现。因此，社会的色彩有多么斑斓，文艺作品的色彩就应该有多么斑斓；社会的情境有多么丰富，文艺作品的情境就应该有多么丰富；社会的韵味有多么淳厚，文艺作品的韵味就应该有多么淳厚。作为文化工作者，要对生活素材进行判断，要提高阅读生活的能力，从真实的生活出发，从平凡中发现伟大，从质朴中发现崇高，从而深刻提炼生活、生动表达生活、全景展现生活，创作出既有生活底蕴又有艺术高度的优秀作品。

正确认识文化之质

文化之质，就是文化产品的质量。衡量一个时代的文化成就最终要看作品。文化精品反映着一个国家、一个民族的文化创造能力和水平。在中华民族发展史上，每一个历史时期，都留下了无数不朽的作品，从诗经、楚辞、汉赋，到唐诗、宋词、元曲、明清小说等，共同铸就了灿烂的中国文化历史星河。中华民族精神，既体现在中国人民的奋斗历程和奋斗业绩中，体现在中国人民的精神生活和精神世界中，也反映在几千年来中华民族产生的一切优秀作品中，反映在我国一切文学家、艺术家的杰出创造活动中。

精品之所以“精”，就在于其思想精深、艺术精湛、制作精良；就在于思想、艺术性、观赏性相统一；就在于为人民群众所喜爱，接地气、传得开、留得下；就在于能够深入人民精神世界，触及人的灵魂，引起人民思想共鸣；就在于能够传播当代中国价值观念，体现中华文化精神，反映中国人审美追求；就在于含有隽永的美、永恒的情、浩荡的气；就在于有思想的穿透力、审美的洞察力、形式的创造力。一句话，精品就是无愧于我们这个伟大时代、无愧于我们这个伟大国家、

无愧于我们这个大民族的优秀作品。文化的精品，要实现正确的思想内容与精美的艺术形式的高度统一，二者是缺一不可，否则不可能成为精品。思想价值是第一位的，但缺少艺术表现力的正确的思想价值是无法让群众接受的。毛泽东曾深刻地论述了这个问题。他说："我们的要求则是政治和艺术的统一，内容和形式的统一，革命的政治内容和尽可能完美的艺术形式的统一。缺乏艺术性的艺术品，无论政治上怎样进步，也是没有力量的。因此，我们既反对政治观点错误的艺术品，也反对只有正确的政治观点而没有艺术力量的所谓标语口号式的倾向。"好的文艺作品，应该是寓教于乐、润物无声，像蓝天上的阳光、春季里的清风一样，不知不觉地启迪思想、温润心灵、陶冶人生。创作文化精品，是时代赋予文化工作者的使命。我国文化供给的主要矛盾已经不是缺不缺、够不够的问题，而是好不好、精不精的问题。总的说，现在文化产品的创作生产，存在着有数量缺质量、有"高原"缺"高峰"的现象。一方面，随着我国人民物质文化生活水平的不断提高，对文化产品的质量要求越来越高。对文化产品的需求越来越呈现出个性化、多样化的特点，越来越追求文化产品的深度、精度。另一方面，在文化产品创作生产中，还存在大量的粗制滥造、胡编乱造、抄袭模仿、千篇一律的问题，存在着机械化生产、快餐式消费的问题。这就使文化产品的质量问题成为全社会十分关注的一个问题。

习近平总书记提出，把提高质量作为文艺作品的生命线。他强调，我国文艺不仅要有体量的增长，更要创造质量的标杆。他说："实现中华民族伟大复兴，是一场震古烁今的伟大事业，需要坚忍不拔的伟大精神，也需要振奋人心的伟大作品。""文艺工作者应该牢记，创作是自己的中心任务，作品是自己的立身之本，要静下心来、精益求精搞创作，把最好的精神食粮奉献给人民。"他说："要努力创作同我们这个文明古国、我们这个蓬勃发展的国家相匹配的优秀作品。""要把提高作品的精神高度、文化内涵、艺术价值作为追求，让目光再广大一些、再深远一些，向着人类最先进的方面注目，向着人类精神世界的最深处探寻，同时直面当下中国人民的生存现实，创造出丰富多样的中国故事、中国形象、中国旋律，为世界贡献特殊的声响和色彩、展现特殊的诗情和意境。""中国人民不仅将为人类贡献新的发展模式、发展道路，而且将把自己在文化创新创造中取得的成果奉献给世界。"要创作优秀文艺作品，就要提高文化的原创能力。原创能力就是创新的能力。优秀作品反映着一个国家、一个民族文化创新创造的能力。抄袭模仿、简单重复，出不来精品，搞不出力作。创新是文化的生命。经典之作都是原创的，都是在创新创造中诞生的。文艺创作是观念和手段相结合、内容和形式相融合的深度创新，是各种艺术要素和技术要素的集成，是胸怀和创意的对接。文艺创作是随着时代生活创新的过程、是艺术个性不断绽放的创新过程。历史和现实都证明，中华民族有着强大的文化创造力。"诗文随世运，无日不趋新。"就是中华文化强大原创能力的表达。与时俱进、自强不息，是中华民族的鲜明禀赋，也是我国文化不断繁荣发展的强大动力。中华文化既需要薪火相传、代代守护，也需要与时俱进、推陈出新。正是既坚守本根又不断与时俱进，才使中华民族保持了坚定的民族自信和强大的修复能力。

现在，文艺创作中出现的问题，同创新能力不足有关系。要把创新精神贯穿文化创作生产全过程，提倡不同观点和学派充分讨论，提倡体裁、题材、形式、手段充分发展，推动观念、内容、风格、流派切磋互鉴，在历史进步中推动文化的进步，在理论和实践创新中推动文化和艺术的创新，在人民的创新创造中推动文化的创新创造。

正确认识文化之基

文化之基，就是文化人才队伍。一个时代的精神大厦，需要有一批文艺人才队伍来支撑。古往今来，世界各民族无一例外受到其在各个历史发展阶段上产生的文艺精品和文化巨匠的深刻影响。在欧洲文艺复兴运

动中，但丁、彼特拉克、薄伽丘、达·芬奇、拉斐尔、米开朗琪罗、蒙田、塞万提斯、莎士比亚等文化巨人，发出了新时代的呼声，开启了人们的心灵。在谈到文艺复兴运动时，恩格斯说，这“是一个需要巨人而且产生了巨人在思维能力、热情和性格方面，在多才、多艺和学识渊博方面的巨人的时代”。我国五千年文化史上，留下了一串串文化大师的名字。他们每一个人都是一座文化的丰碑，每一个人都是一个中国文化符号，每一个人都是一个时代的文化标记。从老子、孔子、庄子、孟子、墨子、孙子、韩非子、屈原、王羲之、李白、杜甫、苏轼、辛弃疾、关汉卿、曹雪芹，到鲁迅、郭沫若、茅盾、巴金、老舍、曹禺，到聂耳、冼星海、梅兰芳、齐白石、徐悲鸿……五千年中华文化史产生了灿若星辰的文化大师，留下了浩如烟海的文化精品，不仅为中华民族提供了丰厚滋养，而且为世界文明贡献了华彩篇章。

文化界是思想活跃的地方，也是创造力充沛的地方，济济名士，英才辈出。我国文化事业要实现繁荣发展，就必须培养人才、发现人才、珍惜人才、凝聚人才。拥有了优秀人才队伍，打造精品力作就有了充足底气，筑就文化高峰就积蓄了“洪荒之力”。离开了优秀人才队伍，精品创作只能是纸上谈兵，文化高峰终究是空中楼阁。

当前，文艺创作中缺少“高峰”现象，一个重要因素是人才“短板”，缺“高人”、缺能人、缺传人。只有把文化人才队伍建设摆在更加突出的重要位置，努力造就既有神工巨又有工巧匠，既门类齐全、又结构合理的宏大人才队伍，充分激发人才伟力，才能担当起筑就文化高峰的光荣使命。在中国特色社会主义新时代，要坚定文化自信、建设社会主义文化强国，必须培养造就一支宏大的文化队伍，培养造就一大批名家大师，培育一大批文化领军人才。

可称得上文化名家大师者，概括地说，就是德艺双馨，既是崇高道德的示范者，又是精湛艺术的代表者。德，就是品德。伟大的文化展现伟大的灵魂，伟大的文化来自伟大的灵魂。文化是铸造灵魂的工程，文化工作者是灵魂的工程师。文化要塑造人心，创作者首先要塑造自己。歌德说过：如果想写出雄伟的风格，他也首先就要有雄伟的人格。习近平总书记指出：文化工作者“不仅要在文艺创作上追求卓越，而且要在思想道德修养上追求卓越”，“除了要有好的专业素养之外，还要有高尚的人格修为，有‘铁肩担道义’的社会责任感”。文化工作者要做真善美的追求者和传播者，把崇高的价值、美好的情感融入自己的作品，引导人们向高尚的道德聚拢。文化工作者要有崇高的社会责任感和职业精神。在发展社会主义市场经济条件下，要处理好义利关系，认真严肃地考虑作品的社会效果，讲品位，重艺德，为历史存正气，为世人弘美德，为自身留清名。要自觉抵制不分是非、颠倒黑白的错误倾向，自觉摒弃低俗、庸俗、媚俗的低级趣味，自觉反对拜金主义、享乐主义、极端个人主义的腐朽思想。艺，就是艺术造诣。古往今来，文化巨制无不是厚积薄发的结晶。凡是传世之作、千古名篇，必然是笃定恒心、倾注心血的作品。我国古人“吟安一个字，捻断数茎须。”“两句三年得，一吟双泪流。”曹雪芹写《红楼梦》“披阅十载，增删五次”。正是有了这种孜孜以求、精益求精的精神，好的文艺作品才能打造出来。文化是艰苦的创造性劳动，来不得半点虚假。习近平总书记说：“我曾与同几位艺术家交谈，问当前文艺最突出的问题是什么，他们不约而同地说是浮躁”，他说，“那些叫得响、传得开、留得住的文艺精品，都是远离浮躁、不求功利得来的，都是呕心沥血铸就的。”“人类文艺发展史表明，急功近利，竭泽而渔，粗制滥造，不仅是对文艺的一种伤害，也是对社会精神生活的一种伤害。”文化工作者要志存高远，要有“板凳坐得十年冷”的艺术定力，有“语不惊人死不休”的执着追求。要以充沛的激情、生动的笔触、优美的旋律、感人的形象创作生产出扛鼎之作、传世之作、不朽之作。

总之，养德和修艺是分不开的。德不优者不能怀远，才不大者不能博见。文化工作者就是要把崇德尚艺作为一生的功课，把为人、做事、从艺统一起来，提高学养、涵养、修养，努力追求真才学、好德行、高品位，做到德艺双馨。

（本文摘自《毛泽东的研究》2019年第3期，作者系全国政协文化文史和学习委员会副主任）

以高度文化自信守护中华民族文化根脉

刘家义

2013 年习近平总书记在山东曲阜视察时，发出大力弘扬中华优秀传统文化的号召，提出推动中华优秀传统文化创造性转化、创新性发展的重大方针。2014 年总书记作出重要批示，勉励人们“用好齐鲁文化资源丰富的优势，加强对中华优秀传统文化的挖掘和阐发”。2018 年全国“两会”期间，习近平总书记在参加省界讨论时提出“传承红色基因，深入挖掘优秀传统农耕文化蕴含的思想观念、人文精神、道德规范”要求。这些嘱托，为彰显山东文化自信的示范区、辐射区，以高度文化自信守护中华民族的文化根脉，为中华文明焕发新的生机活力提供了遵循。

文化自信植根于中华优秀传统文化

中华优秀传统文化是中华民族的文化根脉，积淀着中华民族最深沉的精神追求，包含着中华民族最根本的精神基因，代表着中华民族独特的精神标识。习近平总书记说，“中国有坚定的道路自信、理论自信、制度自信，其本质是建立在5000 多年文明传承基础上的文化自信”，“文化自信，是更基础、更广泛、更深厚的自信，是更基本、更深沉、更持久的力量”。讲文化自信，国人有充分理由和充足底气。有学者指出，“历史上与中国文化若先若后之古代文化，如埃及、巴比伦、印度、波斯、希腊等，或已夭折，或已转易，或失其独立自主之民族生命。唯中国能以其自创之文化绵永其独立之民族生命，至于今日岿然独存”。中华文化数千年一脉相承，具有强大的生命力，不但勇于创新创造，而且拥有顽强的自我修复能力和非凡的吸纳包容品格。作为炎黄子孙，我们应从内心深处强烈认同民族文化承载的价值理念，增强坚持文化自信的自觉、坚定文化自信的自豪。

山东文化资源富集、圣哲辈出，孔子故里和儒家文化是山东在文化资源和文化建设上独有的优势。泰山脚下、黄河岸边这片齐鲁热土，还诞生了墨子、孙子以及墨家文化、工匠文化、兵家文化，涌现出书圣、算圣、医圣、农圣、工圣等众多名家智者。在革命战争年代，齐鲁大地更是革命文化的重要源泉，军民水乳交融、生死与共铸就的沂蒙精神感天动地。中华优秀传统文化和革命文化，正是我们文化自信的底气所在。

儒学是中国传统文化的主干，长期居于主导地位。习近平总书记指出，“研究孔子、研究儒学，是认识中国人的民族特性、认识当今中国人精神世界历史来由的一个重要途径”。世界儒学看中国，中国儒学看山东。为此，山东实施“儒学人家”计划、“大师引进工程”，面向海内外选聘儒学大师；实施学术研究工程，推进全球“汉籍合璧”工程、《十三经注疏》等古籍整理工程及“孔府档案学”研究；办世界儒学大会，加快建立具有全球主导力的世界儒学中心，使我国在东亚儒家文化圈中居于主动，在世界儒学传播和研究中始终保持充分话语权。

坚定文化自信，要以马克思主义为指导，抵制各种错误倾向。关键是落实总书记强调的“四个讲清楚”，即讲清楚每个国家和民族的历史传统、文化积淀、基本国情不同，其发展道路必然有着自己的特色；讲清楚中华文化积淀着中华民族最深沉的精神追求，是中华民族生生不息、发展壮大的丰厚滋养；讲清楚中华优秀传统文化是中华民族的突出优势，是我们最深厚的文化软实力；讲清楚中国特色社会主义植根于中华文化沃土、反映中国人民意愿、适应中国和时代发展进步要求，有着深厚历史渊源和广泛现实基础。这就需要国人坚守文化本根，反对历史虚无主义，以客观科学礼敬态度对待民族传统文化，传承中华文脉；坚持推陈出新，反对食古不化；坚守文化理想，反对急功近利；坚持开放包容，反对唯我独尊、妄自菲薄；坚持与时俱进，适应现实生活需要，不断进行创新发展。

文化自信传承于红色基因

中华民族从站起来、富起来到强起来，经历了无数坎坷，创造了无数奇迹，要让后代牢记，永远不可迷失方向和道路，就要不忘初心，传承红色基因。山东革命文化资源丰富，是文化自信的坚实底蕴。一处处遗址、一件件实物可感可信，是弘扬沂蒙精神的生动教科书。大力弘扬沂蒙精神，正是山东传承红色基因的直接任务。沂蒙精神诞生于沂蒙老区，发展于齐鲁大地，是山东人民一代代传承的优秀传统文化在革命、建设、改革实践中的升华，是中国共产党精神谱系的重要组成部分，孕育于“文化自信”的胚胎里，成长于“文化自信”的土壤中，是广大干部群众砥砺前进的强大精神动力，是文化自信的重要支撑。

2013 年 11 月，习近平总书记在山东视察时指出，军民水乳交融、生死与共铸就的沂蒙精神，与延安精神、井冈山精神、西柏坡精神一样，是党和国家的宝贵精神财富，这深刻揭示了党同人民、军队与老百姓同心同向、血肉相连的关系，是对马克思主义政党为了谁、相信谁、依靠谁，对党的初心使命，对人民群众为什么坚定跟共产党走、党为什么能永远立于不败之地，对什么是忠诚担当、无私奉献，对如何保持党的先进性纯洁性、永远充满生机与活力等重大理论和实践问题作出深刻回答，为不断发扬光大沂蒙精神提供了实践依据。

山东注重把弘扬沂蒙精神作为增强“四个意识”、坚定“四个自信”、做到“两个维护”的现实检验，出台《关于大力弘扬沂蒙精神的意见》，对弘扬沂蒙精神作出全面部署，从深化研究阐发、创新宣传普及、推进教育传承、融入党的建设、加强组织保障等方面作出具体安排，聚焦习近平总书记对山东提出的目标定位审视工作，在全省持续开展革命遗址普查工作，出台红色文化研学旅游实施方案，从全省层面整合重组红色资源，推出丰富、管用的红色旅游产品体系；主办“水乳交融 生死与共”沂蒙精神与新时代党群关系高层次理论研讨会。省社科规划项目中专门设立“沂蒙精神研究”项目，每年列出一批重点选题；充分利用现代传播手段和载体进行红色文化的教育和传播，沂蒙精神网上 VR 全景党性教育平台、胶东抗战第一枪纪念馆网上展馆纷纷上线运行；运用文学、戏剧、音乐、舞蹈等喜闻乐见的形式讲好红色故事，让红色精神润物无声，对传承红色基因进行再部署、再落实。

传承红色基因，青少年是重中之重。培养担当民族复兴大任的时代新人，要从青少年抓起。引领他们传承中华民族的精神血脉，濡染中华文化的生命底色，是传承民族文化根脉的百年大计。致力于打造中华优秀传统文化教育的“山东样本”，组织编写《中国优秀传统文化》教材，率先在小学、初中和普通高中 3 个学段全面开设传统文化课程，纳入地方必修课管理，将传统文化融入国民教育全过程。全省建成 240 多个省级和 900 多个市、县级关心下一代教育基地，不断线地组织开展“传承红色基因，争做时代新人”主题教育活动，让老干部、老战士、老专家、老教师、老模范“五老”当好传承红色基因的“好园丁”，举办巡回宣讲，让红色文化直抵人心。

在培根铸魂中彰显文化自信

中华优秀传统文化的思想精华和道德精髓，是涵养社会主义核心价值观的重要源泉。用传统美德涵养社会主义核心价值观，是彰显文化自信的具体表现。山东是中华礼仪之邦的发祥地之一，崇德向善的“管鲍之交”、“子路负米”、“鸡黍之约”、“孔融让梨”等美德故事俯拾皆是。只要坚持“两创”方针，就能用中华优秀传统文化之光照亮现代心灵，达到以文化人、培根铸魂的目标，从而进一步增强文化自信。如：曲阜市小雪街道武家村的新时代文明实践站引人注目的“家风墙”展示的村里文明家庭、家风家训、十佳孝星等就是山东推进中华传统美德创造性转化、创新性发展的一个缩影。

“政者正也，子帅以正，孰敢不正。”政德是社会道德的风向标，对道德建设具有引领作用，其中，领导干部是关键少数。从丰厚的中华优秀传统道德资源中汲取营养，是政德建设的重要途径。山东依据“立政德就要明大德、守公德、严私德”的要求，立足孔孟故里独特的文化资源，将优秀传统文化融入党员干部教育培训中，创新形成课堂教学、现场教学、体验教学、礼乐教学等“四位一体”的教学模式，打造出独具特色的“干部政德教育基地”，在加强干部政德修养、增强干部文化自信和完善干部教育培训体系方面进行了有益探索。

“义利兼顾，以义为先”是传统儒商的一贯主张。从“三致千金三散千金”的陶朱公，到“至诚至上，货真价实，言不二价，童叟无欺”的孟洛川，再到怒砸冰箱的张瑞敏，这种追求一脉相承。山东普遍建立“诚信红黑榜”，褒扬守信，惩戒失信；举办儒商大会，大力弘扬仁义、诚信、创新、和合、规矩、担当的新儒商精神。

“文质彬彬，然后君子。”用中华优秀传统文化春风化雨、成风化俗，在全社会形成良风美俗，是文明进步的基础性工程。面向城乡，实施“四德工程”，全省城乡建成“善行义举四德榜”。面向基层，推进新时代文明实践中心建设，着力打造思想引领、道德教化、文化传承一体化的城乡基层综合平台。面向家庭，加强家风建设，开展“五好家庭”、“最美家庭讲家风”创建活动，以家风带民风，以民风助乡风。

在文明交流互鉴中增强文化自信

以开展世界不同文明对话为主题，以弘扬中华优秀文化、促进中外交流、推动建设人类命运共同体为宗旨，山东致力于打造具有的国际思想文化、不同文明间的对话交流平台，以高度的中华文化自信为基础，践行总书记关于构建人类命运共同体和文明交流互鉴理念、近年来，山东已举办5届“世界思想哲学论坛”，并在纽约、巴黎、曼谷等地举办分论坛，实施了一系列能够增强中华文化国际认同的重要举措。围绕“和而不同与和谐世界”、“传统文化与生态文明”、“文明的相融与人类命运共同体”等时代主题，先后开展了儒家文明与基督文明、犹太文明、印度文明、巴哈伊文明等多个世界文明对话，引起国际社会广泛热议。

“各美其美，美人之美，美美与共，天下大同。”在纪念孔子诞辰2565周年国际学术研讨会上，习近平总书记指出，文明因交流而多彩，文明因互鉴而丰富，文明交流互鉴是推动人类文明进步和世界和平发展的重要动力。以儒家思想为主干的中华优秀传统文化，具有广阔的国际对话空间。儒家思想蕴藏着解决当今世界面临难题的重要启示，它源起中国，却能远渡重洋传播全球，早已成为人类文明的重要组成部分。我们不仅有文明对话的底气和自信，而且在交流互鉴中进一步增强了这样的底气和自信。实践启迪人们：在举办对话交流活动中，紧紧依托高端平台主动设置议题，能够更好引领舆论，强化中国声音，进而形成文明对话高地。

“万物并育而不相害，道并行而不相悖。”开放包容既是文化自信的表现，更是文化繁荣的动力。战国时期位于山东临淄的稷下学宫，能够推动形成中国学术思想史上百家争鸣局面，很重要的原因就在于它的开放性和包容性。今天，更应树立全球视野，加大“请进来”力度，加快“走出去”步伐。多年来，山东在不同国家和地区开展“山东文化周”、“孔子文化周”、“孔子文化展”等系列活动，打造提升“孔子故乡·中国山东”品牌。推动了中国优秀传统文化“走”起来，提升跨文化沟通能力，扩大了国际传播力、影响力。

“亲戚越走越近，朋友越交越深。”山东融入国家倡议、挖掘齐鲁文化优势，开展“齐鲁文化丝路行”活动，与“一带一路”沿线国家建立政府间交流合作机制，着力把山东建成“一带一路”国际人文合作交流中心和重要基地。抓住各种节庆节点，采取灵活生动的形式，努力创新传播手段，讲有温度有质感的中国故事；借助上合组织青岛峰会向世界展示山东的国际级平台，精心打造《有朋自远方来》灯光焰火艺术表演，设计制作《齐鲁文化精粹》等14类多语种版本外宣图书，推出《孔子故乡·中国山东》形象片、鲁剧《琅琊榜》、《父母爱情》、《温州一家人》等在海外收视热潮宣传，加大了中华文化的推介力度。利用科幻大片《流浪地球》、《疯狂的外星人》在青岛东方影都影视产业园拍摄的契机，积极探索如何做大文化的产业属性和经济功能，努力在提升能级上实现新突破，让中国优秀传统文化“兴”起来，增强交流互鉴实力。近两年，山东着力把文化创意产业列为全省新旧动能转换“十强”重点产业，设立100亿元文化产业投资母基金，重点规划了曲阜优秀传统文化传承发展示范区、齐文化传承创新示范区，以及大运河文化带、齐长城文化带、山东海疆历史文化带、“尼山圣境”等重大工程建成开放，“中国教师博物馆”等一批重点文化项目正加快建设，为山东省文化产业提供了“新引擎”。

潮平两岸阔，风正一帆悬。中华文化走进繁荣兴盛的新时代。在这波澜壮阔的历史进程中，山东人将不忘本来、吸收外来、面向未来，增勇气、强底气、壮豪气，奋力奏响社会主义先进文化的新乐章！

（本文摘自《求是》2019年第11期，作者系中共山东省委书记）

解读《关于进一步弘扬科学家精神加强作风和学风建设的意见》

王志刚

2019年6月14日，中办、国办印发《关于进一步弘扬科学家精神加强作风和学风建设的意见》（以下简称《意见》），激励和引导广大科技工作者追求真理、勇攀高峰，树立科技界广泛认可、共同遵循的价值理念，加快培育促进科技事业健康发展的强大精神动力，在全社会营造尊重科学、尊重人才的良好氛围。《意见》对弘扬科学家精神加强作风学风建设作出全面部署，从4个方面提出了若干重点措施：一是自觉践行、大力弘扬新时代科学家精神，提出要大力弘扬胸怀祖国、服务人民的爱国精神，勇攀高峰、敢为人先的创新精神，追求真理、严谨治学的求实精神，淡泊名利、潜心研究的奉献精神，集智攻关、团结协作的协同精神，甘为人梯、奖掖后学的育人精神。二是加强作风学风建设，营造风清气正的科研环境。要求崇尚学术民主、坚守诚信底线、反对浮夸浮躁投机取巧、反对科研领域“圈子”文化。三是转变政府职能，构建良好科研生态。明确深化科技管理体制机制改革、正确发挥评价引导作用、大力减轻科研人员负担等要求。四是加强宣传，营造尊重人才、尊崇创新的舆论环境。强调要大力宣传科学家精神，创新宣传方式，加强宣传阵地建设。《意见》提出，力争一年内转变作风改进学风的各项治理措施得到全面落实，3年内取得作风学风实质性改观，科技创新生态不断优化，学术道德建设得到显著加强，新时代科学家精神得到大力弘扬，在全社会形成尊重知识、崇尚创新、尊重人才、热爱科学、献身科学的浓厚氛围，为建设世界科技强国汇聚磅礴力量。为更好地理解和把握好新时代科学家精神，正确评价当前的科研作风学风现状，认真落实《意见》推出的加强作风学风建设的重大举措，围绕《意见》热点问题回答媒体专访。

关于当前的科研作风学风状况、《意见》出台的背景

优良的作风和学风是做好科技工作的“生命线”，是建设创新型国家和世界科技强国的根基，决定科技事业的成败。党中央国务院始终高度重视科研作风学风建设。科技部始终把作风学风建设摆在事关科技工作全局的重要位置，会同有关部门在制度建设、工作机制、教育引导、监督惩戒等方面加大力度，推动我国科研作风学风建设取得积极成效。同时，我们也要清醒地看到，学术不端、浮夸浮躁、急功近利等不良倾向依然存在，如果任其蔓延，科技创新的良好生态就会受到侵蚀。此次出台的《意见》，是指导科研作风学风建设的纲领性文件。《意见》以习近平新时代中国特色社会主义思想为指导，坚持正向引领，突出问题导向，着眼长效机制，使新时代科学家精神得到大力弘扬，在全社会形成尊重知识、崇尚创新、尊重人才、热爱科学、献身科学的浓厚氛围。

如何理解科学家精神的时代意义和深刻内涵

我国科学家是充满理想和献身精神、具有优良传统的群体。长期以来，一代又一代科技工作者以国家富强、民族振兴、人民幸福为己任，铸就了“两弹一星”“载人航天”等光照千秋的精神丰碑，涌现出钱学森、于敏、黄大年、南仁东等光辉典范，成为伟大民族精神的传承者、践行者和塑造者。进入新时代，更需要对我国科技界的优秀传统和宝贵精神不断凝练升华，筑牢科技界共同的价值观念和思想基础。《意见》以爱国、创新、求实、奉献、协同、育人为核心，对新时代科学家精神作了全新的阐释，既传承精神血脉，又

蕴涵时代特点，将引导广大科技工作者接力精神火炬，奋进新的长征，以更加昂扬的精神状态和奋斗姿态，投身建设世界科技强国。

《意见》在出实招硬招方面的考虑

《意见》对新时代加强科研作风学风建设作出全面部署，提出了一系列措施，着力引领广大科技人员在科技强国的时代责任中坚守初心、勇担使命。《意见》坚持激励与约束并重，明确倡导什么、反对什么，态度鲜明、措施务实。比如，每名未退休院士受聘的院士工作站不超过1个，退休院士不超过3个，院士在每个工作站全职工作时间每年不少于3个月；科研人员同期主持和主要参与的国家科技计划项目（课题）数原则上不得超过2项，高校、科研院所领导人员和企业负责人同期主持的不得超过1项；科研人员公布突破性科技成果和重大科研进展应当经所在单位同意；在各种评审活动中“打招呼”“走关系”的，一经发现，立即取消资格等。培育形成良好的作风学风，必须坚持科学规律，反对主观臆断；坚持严谨求实，反对虚浮夸大；坚持诚信为本，反对弄虚作假；坚持敬业报国，反对功利主义。要让科技界多一些理性的人、知道敬畏的人、规规矩矩的人，少一些为了个人名利丧失底线、罔顾规矩的人。

如何理解、把握《意见》提出的加强作风学风建设的基本原则

科研作风学风建设涉及各个方面，是一项长期任务，必须以刚性的制度规定和严格的制度执行，确保作风学风建设规范化、常态化、长效化。《意见》的发布对鼓励科研人员潜心研究、笃志学问、勇攀科学高峰，加快建设创新型国家和世界科技强国具有重要意义。一是坚持党的领导，引导广大科技工作者牢固树立“四个意识”，坚定“四个自信”，做到“两个维护”，在践行社会主义核心价值观中走在前列。二是突出价值引领，大力宣传科学家榜样典范，弘扬科学家精神，引领全社会尊重科学、投身科学，凝聚起建设世界科技强国的强大动力。三是深化改革创新，进一步深化科技体制机制改革，大胆突破不符合科技创新规律和人才成长规律的制度藩篱，激发全社会创新创造活力。四是坚持久久为功，狠抓落实落地，为科技工作者潜心科研、拼搏创新提供良好政策保障和舆论环境。

科技部门将采取具体举措抓好意见的落实

一分部署九分落实，出台《意见》只是开端。加强科研作风学风建设，需要政府、大学、科研机构、科学共同体、科技人员和社会各界的积极参与、共同发力。科技部将会同各有关部门，把作风学风建设不断引向深入，把意见各项要求真正落地生根。一是强化服务。进一步减少对科研活动的微观管理和直接干预，切实把工作重点转到制定政策、创造环境、为科研人员和企业提供优质高效服务上。二是强化引导。建立以信任为前提、诚信为底线、评价为导向的政策体系和激励机制，实行科研机构中长期绩效评价制度，加大对优秀科研人员和创新团队稳定支持力度。三是强化减负。深入实施减表、精简牌子、检查瘦身等7项具体行动，进一步提升科技人员的获得感、满意度。四是强化督促。会同有关部门分解工作任务、加强跟踪督办、做好总结评估，齐抓共管、形成合力，确保各项举措落到实处。

（本文摘自《中国科技产业》2019.7综合报道，作者系科学技术部部长）

践行工匠精神　放飞航天梦想

高凤林

关于工匠精神的内涵

工匠精神不仅可以帮我们增加严谨、重视技能、形成专注的习惯，以此生产出更好的产品，还能作用于人本身，让个人在高度工业化和商业化的社会中找到自我认同。据《京华时报》报道，习近平总书记在中国科技大学视察时，殷切期望现代年轻人在学校要心无旁骛，学成文武艺。同时，也要求中科大科技人员再接再厉，创造新的天地，多培养优秀人才，报效祖国和人民，报效中华民族。习总书记言下之意，就是希望广大师生和科研人员，要大力发扬“工匠精神”，将精益求精、严谨、耐心、专注、坚持、敬业等精神，内化为个人的内在素质。各行各业、各条战线上的劳动者都要秉持“工匠精神”，耐住寂寞、经住诱惑，不达目的、绝不放弃，推动我们的工作标准、质量、水平不断上层次，一步一个脚印、一年一个台阶，努力实现建设经济强国的奋斗目标。

如何培育工匠精神

*一是要把培育工匠精神与培育劳动精神和劳模精神结合起来。*工匠精神的核心是精益求精，追求极致。依据党提出的劳动精神的核心是劳动及劳动者最伟大，劳模精神的核心就是强调主人翁地位及进取、拼搏和团队精神。我个人认为前劳动者、主人翁是前提，而工匠精神是结果，是物化的最高境界——即最好的目标和结果。

2015 年 4 月 28 日，习近平总书记《在庆祝“五一”国际劳动节暨表彰全国劳动模范和先进工作者大会上的讲话》（以下简称《讲话》）中，代表党中央首次提出了“劳动精神”这个概念，并在通篇讲话中多次进行强调。“劳动精神”的提出，是新时期党中央对我国广大劳动者的伟大实践所作出的高度凝练和本质概括，是对马克思主义劳动观的再丰富、再创新、再发展，具有鲜明的中国特色，是全体劳动者实现中国梦巨大的精神财富。深入研究和理解“劳动精神”的重要内涵，对于营造劳动光荣、劳动伟大的时代风尚，增强适应经济发展新常态下的内生动力，按照“四个全面”战略布局全面推进党的各项事业，都具有十分重大的理论意义和实践意义。

*二是要把工匠精神与国家的发展战略结合起来。*中国制造业转型升级迫切需要工匠精神。随着中国经济的崛起，人们物质生活水平的提高，中国人的消费结构发生了根本性的变化。“物美价廉”已无法满足人们的需求，人们更在乎的是产品的附加值，包括创意、技术含金量、人文关怀等。而由于中国的制造业结构不均衡，以工匠精神为特色的中高端制造业不足，消费市场在很长时间内被欧美、日韩等国垄断，美国等发达国家也提出了“再工业化”、“重振制造业”等战略构想，这对劳动密集和资源密集的中国制造业是严峻的挑战。所以，工匠精神更要体现在为实现国家战略的担当上。

当前，中国正处于经济结构转型关键时期。自 2015 年 5 月国务院印发《中国制造 2025》、部署全面推进实施制造强国战略、实施制造强国战略行动纲领以来，制造业在国民经济的主体地位、科技创新的主战场地位、以及立国之本、兴国之器、强国之基的战略地位更加凸显。然而，中国要实现从制造大国迈向制造强国的宏伟目标，除了科技上要追赶，文化上同样要跟上。在工业发达的欧美国家，工匠精神既是一种信仰，也是一个国家生生不息的源泉。德国通过“法律、标准、质量认证”三位一体的质量管理体系，促进了德国制造质量的蜕变；日本在上世纪60年代实施“质量救国”战略，促使日本制造打开了全球市场。显而易见，培育工匠精神是当前我国之制造业转型的必备条件。工匠精神不单代表着一种生产理念，它也是中国制造业的转型方向。强调弘扬和培育“工匠精神”，是因为我们着实需要“大国工匠”，使认真、敬业、执着、创新成为更多人的职业追求，促进企业精益求精、提高质量，带动中国从制造大国走向制造强国。

伴随现代工业化的大生产与劳动创造的多元化，专业分工越来越多样、明晰。从国家层面提出的工匠精神，不是对某一个行业或者某一种产品的倡导，而是对全民族、对各行各业各领域的一种倡导。

三是要坚持推动以产品为导向的全社会创新、创造制度的建立。受北京市人民政府、国家国防科工局、中央军委装备发展部、中国航天科技集团的推荐，我获得了第二届中国质量奖唯一个人奖，在人民大会堂的颁奖大会上的发言时，我讲到航天质量理念：质量是政治、质量是生命、质量是效益（当然中国航天不仅有先进的管理理念，而且有以践行先进零缺陷管理双归零管理工具和管理方法），经考证与德国和日本等工业发达国家的工匠理念趋同，他们从小学就进行“做事”以国家和民族为前提的理念教育。在会后的记者见面会上应记者的要求表达的几个意思，一是质量为根本，诚信是基础。要诚实做人、诚信做事，人的品质决定产品质量。二是加强科技投入，创新是前提。努力甩掉中国产品物美价廉的标签，做的物优价优（这就要求在创品牌的过程中要有我们自己的更多的原创和独创——也就是自主创新）。三是发扬工匠精神，精益产品质量。不要把工匠及工匠精神当概念炒，要脚踏实地的践行。从操作人员到操作能手再到具备较高知识和能力水平的能够独挡一面的成熟的操作工匠是要有一个渐进发展和提高的过程的。

弘扬工匠精神的途径

大国工匠的称谓源自我国传统的，现代的重大工程项目、掌握高超加工技术的核心操作人员，工匠也是掌握科技知识的主体力量。

大国工匠的标准应该具有较高的内涵—道德、人品、觉悟、技术，而不是炒作出来的。工匠的层级问题，初、中、高科学制定，《对话节目》世赛获奖选手曾感悟：比赛只是单纯的几项技巧，和大规模的复杂的产品化技术投入和长期实践经验和知识和积累不能同日而语；

社会上不乏有浮躁现象，有个别教育家和记者也有浮躁心理，但工匠劳动者的成长可借鉴科学家的成长历程，但重在实践，哪个科学家是从学校直接培养出来的。

大国工匠的社会责任是标杆、旗帜、引领、担当。首先应该自身过硬、综合技术本领高强，如有可能，应该是具有国际水准的，有做人所未作，想人所未想的具体事迹支撑，其次，不满足于让我做，我能够认真的、高质量的完成了就行了，而是永不满足，不懈追求。

大国工匠的培养应以应用教育培养为基础，经过长期实践磨励或历练，成为具有真才实学的、品德高尚的、作用突出的技能人员。我时刻牢记师父关于技能人才发展的四段论：一是通过艰苦的基础训练能干好；二是通过分析理解知道为什么能干好；三是经过科学的逻辑思维能说出来；四是通过广泛的求证变成真理写出来。

弘扬工匠精神的途径。一是宣传其广泛性，是全民族的精神，民族的脊梁。二是抓好高端典型，这里边要抓住技术技能的表现特点，第一方面是技巧性的，第二方面是方法性的，第三方面能将方法加技巧凝练出解决问题的方案，高端典型大部分都是以这种形式出现，也是“智造”的核心。这方面与外科医生或是音乐家有些类似，单打一式的宣传技巧往往过多描述，类比的简单化，如：钢锄的厚度、纸一样的薄度、头发丝的精度等，不容易被其他专业人员认可容易产生曲解和简单化，造成对工匠内涵的漠视。三是要强调工匠作用的宣传，在企业、工程、事物的发展过程中对工匠所起的作用进行客观的评价、展示和评估。四是要宣传领导人的开明、豁达，任人为贤的时代责任。而不是片面理解，这一点很难做到，什么样的经历说什么样的话，所以当领导的一定要经历广博。德国的企业领导都是在各个岗位历练过的。五是要多层次推出各级工匠标杆，让大家看得见、摸得到，从小到大，从弱到强。我自己也是从最基础着手一步步的做起来的，个人理解什么事物都有个过程，有发展阶段的，但要体现智造的核心是知识与实践的高度融合。我常讲的一句话：没有理论支撑的技能做不到高端，反过来，没有技能支撑的理论难以克服认识的局限性，也走不长远，生产中的很多实例都是如此。六是要理清概念，分析与其它各类典型异同点，如与劳模精神的区别，慎防泛泛而谈，冲淡主题。

党的十八大明确提出的实施创新驱动发展战略，是立足全局、面向未来的重大战略，是加快转变经济发展方式、破解经济发展深层次矛盾和问题、增强经济发展内生动力和活力的根本措施。十八届五中全会提出："坚持创新发展，必须把创新摆在国家发展全局的核心位置，不断推进理论创新、制度创新、科技创新、文化创新等各方面创新，让创新贯穿党和国家一切工作，让创新在全社会蔚然成风。"2015 年两会上，李克强总理在政府工作报告中指出要把"大众创业、万众创新"打造成推动中国经济继续前行的"双引擎"之一。这都为我们放飞梦想，主动作为，争当大国工匠提供了遵循，也相信在创新发展的氛围中，更多的大国工匠将应运而生。

（作者系中华全国总工会兼职副主席、中国航天科技集团有限公司第一研究院 211 厂 14 车间高凤林班组组长，此文系作者在中国企业文化研究会 2019 全国班组管理论坛上的发言，有删节）

全面深化改革背景下物质与精神关系的把握及企业文化建设

范恒山

文化是企业的底气与精神，是企业的核心竞争力的重要表现。企业文化虽有自身的特质，但根基是国家文化。国家文化建设的状况直接影响着企业文化的状况，十九大报告强调，要坚持中国特色社会主义文化的发展道路，激发全民族文化创新和创造的活力，建设社会主义文化强国。也只有在这个基础上培育和创新我们的企业文化，增强企业活力和竞争力，才叫有源之水，有本之木。

在全面深化改革中处理好物质与精神的关系

回顾我们过去走过的路不难发现，在一个实现基本利益为导向的市场经济发展过程中，对先进文化和时代精神的追求很容易遭到忽视。过去几十年来，一方面体现市场经济要求的文化观念、文化形态、文化模式等迅速发展，另一方面，一些体现中华优秀传统文化和社会主义先进文化的理念操守，没有在有些人或者在全体人中有效地坚持，从而带来一些问题，所以我们必须从深层视角分析问题。

市场经济是分类的，在市场经济条件下，如果唯钱是图，或者是唯物质主义，就会带来很多问题。换句话说，资本疯狂逐利会带来一系列问题。马克思《资本论》中提到，“资本来到人世间，从头到脚，每个毛孔都滴过血和肮脏的东西。”他还引用过这样一句话，“资本害怕没有利润或利润太少，就像自然界害怕真空一样，一旦有适当的利润，资本就大胆起来”。在市场经济条件下，虽然我们追求最大限度的物质利益，具有正当性合理性，但是这种追求是有约束和前提的，市场经济并不是无原则不约束的追求金钱的经济。市场经济必须以利润为中心，以期实现最大的利益，这是市场经济的一个本质规律，但是这种追求不是不择一切手段，否则它就会出现疯狂的情况。

市场经济前提应该是遵守法律和规章、是以秉持社会道德和公共价值为基础，没有这两个前提的追求，必然是制假售假、坑蒙诈骗、不择手段、无视后果、行贿受贿、腐败堕落、尔虞我诈、勾心斗角，最后必然是经济下滑，社会混乱，道德沦丧，文化衰落。这些问题实际上我们在一定程度上感受到。

曾轰动全国的长春长生生物科技股份有限公司，因违法违规生产狂犬病疫苗被国家药品监督管理局和吉林省食品药品监督管理局依法做出行政处罚决定，没收违法所得，并处违法生产销售货值金额三倍的罚款。这里面缺失的是没有优良的企业精神。如果企业讲诚信，不追求短期的辉煌，就不会招致这种后果。狂犬病疫苗涉及到千万人的生命，特别是儿童的生命，如此重要的一种药品，厂家居然敢冒天下之大不韪，可以制假贩假，简直是疯狂。

所以在推进社会主义市场经济的改革中，物质和精神的关系处理是否得当，不仅决定着改革的质量和效率，而且决定着改革的方向和命运，失去正确的精神品质的市场经济，必然是一个坏的市场经济，最终会给国家和社会带来灾难，也必将为人民所抛弃。

党的十九大报告特别强调，要坚持中华文化立场，立足当代中国现实，结合当今时代的条件，推动社会主义精神文明和物质文明的协调发展，有了这个基础，企业文化的培育建设也就有了原则和方向。

现代市场经济是物质精神的统一体

社会主义市场经济必须体现物质和精神的高度融合。现代市场经济并不是原始的市场经济，或者本质的市场经济，包括西方的市场经济，它都不是唯钱是图的市场经济，它是具有把物质和精神融为一体的市场经济，所以它叫做现代市场经济。

现代市场经济有两个重要的特点：第一，具有比较完备的法制，成熟的法制基础，它是以适当的法律法规，对于市场经济体制关系以及活动加以确定引导，促进规范保护和制约，使之有序运行和覆盖发展。法制促使人们对利润和金钱的追求使用正当的手段，以公平的方式进行，法制约束各种危害公共道德和社会共同价值理念的行为发生蔓延，这是非常重要的。第二，现代市场经济是信用经济，或者说是诚实守信的经济。市场交易产生结算和承诺，而结算与承诺形成契约，而契约要求践约，这是一连串的，所以市场经济应该是信用经济，没有信誉，没有信用就难以形成信誉和品牌，经济发展也难以向高质量迈进。所以说，法制和信用构成了现代市场经济两个内在规定，从制度和道德两个层面相辅相成的维护着市场经济的有序有效运转，凸显出现代市场经济的精神特质。因此，现代市场经济本身就是一种物质和精神高度统一的经济形态。

作为市场经济，社会主义市场经济当然也必须追求物质利益，寻求利益的最大化；而作为现代市场经济，在社会主义市场条件下，应该秉持法制和信用来追求自立。社会主义市场经济应该比现代欧美的市场经济，更体现它的优点，更应该发挥自己悠久的文化优势和先进制度的优势，在构建高水平的精神文明基础上，最大限度的发展物质文明，其内涵为：

一是源自于我们中华民族几千年文明所孕育的中华优秀传统文化，积淀了我们中华民族最深层的精神追求，是当代中国发展的突出优势。这些精神包括：天下兴亡、匹夫有责的担当意识，崇德向善、见贤思齐的思想认识，还有儒家提出的“仁义礼智信”，君子爱财取之有道，不要把市场经济追求等同于不择手段追求等。二是源自于各国在发展市场经济中创造的一般规则和做法，这是我们人类共同创造的文明成果。比如：法制观念、信用体系、契约制动；还有今天在研究的我国自贸区，在研究我们负面清单管理的时候，所常说的“法无禁止皆可为，法无授权不可为”等这种管理和调控的原则。这是世界文明所创造的成果，也包括中华文明。它是代表全世界共同遵守的东西，要融入到我们的市场经济的规则之中。三是我们党领导人民在革命建设改革中创造的革命文化和社会主义先进文化。这就是我们在艰苦卓绝的伟大实践中，探索形成的独具特色的文化。如：为人民服务的思想，坚持以人民为中心的发展理念，“两参一改三结合”的管理方式，实事求是的原则等，不仅中国继承发扬，连外国都在学习。日本作为一个资本主义国家，长期学习我们的“两参一改三结合”，所以我们的社会主义市场经济，就应该把这些融合在一起，体现在我们的制度里，进而形成超越欧美市场经济的更加成熟更加先进的一个经济系统。我们要把这些古今中外的文化思想观念规制守则整合交易优化提升，推动社会主义精神文明建设，使它成为推动社会主义物质文明迅速发展的强大精神力量。

当前存在的主要问题以及我们精神文明建设的方向

在市场经济运行的过程中，出现了许多违反人伦常理，突破道德底线，破坏经济发展秩序，危及人民生命财产安全的行为，引起了广大人民群众的不满。

一是共同信仰和核心价值观的缺失，导致是非不辨，好坏不分，好人难做。当然这里面有各种原因，有教育的原因，有为一己私利进行的自我否定，有西方的别有用心的误导，有少数利益集团的煽风点火等等。但不管什么原因，存在的情况否定了多年形成的核心价值观。这个核心价值观是中华五千年的文明史，甚至是世界发展的人类共同创造的文明成果。比如说民主法制丢弃了、否定了或者是没有真正的进入脑海中。现在一谈主义，有的人觉得很反感，觉得这是几千年以后的事情，没有那种信念。又如：否定我们的民族英雄，前几年有人说岳飞、文天祥不是民族英雄，是民族分裂分子。这是不正常的现象。二是一切向钱看，导致丧失人伦和道德底线。一些人不惜牺牲人民生命安全制造有毒食品、搞假冒伪劣的药品和粗制滥造的产品，可以在汽车上殴打司机，抢夺司机的方向盘，最后导致人间灾难。我们原来说杀人偿命、欠债还钱，现在的情况是，杀人不偿命，欠债不还钱。现实中搞扶贫，扶贫工作队员很辛苦，到地方跟他们同吃共同劳动，而有的人要么是靠着墙根晒太阳，等着别人送小康，要么是嫌人家救济不够；原来送油送米挺高兴的，后来要送钱；现在送钱也不够了，又有人提出了苛刻的要求，这都表明了一种不正常现象。三是不积极不公正的司法与行政处罚导致的民间自裁行为。像昆山事件，虽然后来定位是合法自卫，但引发的一系列问题需要我们进行反思。我们要用法治，用我们有为的行政去解决问题。比如说黑社会，为什么就打不绝呢？这些问题都是我们在推进社会主义市场经济建设中必须解决的问题。不是有钱就行，中国不仅仅是一个繁荣富强的国家，还应该是一个具有高度文明的国家，这才是我们民族的复兴。过去人们争着做好事，现在生怕做好事。现在做好事的时候反被殴打，被碰瓷，所以市场经济一定要把精神文明的建设放在重要位置。

首先，要提高思想认识，不能把市场经济看作是单纯追求利润的经济，更不能看作是不择手段的追求利润的经济。否则政府官员以追求利益为中心，医院的医生以追求金钱为中心，人民的教师以追求经济利益为中心，社会就乱了。市场追求利润是在遵守公正规则和公共道德的基础上进行的。不要把以经济建设为中心，等同于一切以赚钱为中心，不能不分领域搞泛市场化。我们的改革一定要建立一个公正的、法治的、有信用的、有道德的市场，绝不是唯钱是图而不顾一切的市场经济，这一点很重要。第二，要健全市场法治。经过40多年的努力，以及重要的市场法律法规相继制定颁布，市场经济运行发展有了基本的法律规范，确实也存在执行不力的问题。要以保护产权，履行契约，促进市场统一，维护平等交换，保障公平竞争为基本导向，进一步完善相关的法律法规。同时，采取建立责任机制等有力措施，实现及时执法、严格执法和公正执法。通过健全法制来加快提升全社会的文明程度。第三，要加强教育引导。把课堂教育和各种形式的社会教育有机结合起来，把市场经济的正确观念和中华优秀传统文化、社会主义先进文化深入人心，融入到社会生产生活的各个方面，通过教育引导推进公民思想道德建设，使广大群众自觉培养和积极践行社会主义核心价值观，不断提高思想觉悟、道德水准和文明素养，严守市场经济规则和道德价值标准，推动我们的市场经济朝效率公正健康的方向发展。

积极推进企业文化建设

国家文化建设的大方向明确了，企业文化建设就有了原则和方向。首先，明确企业文化是体现企业能够给企业带来利益增长动力的文化，它应当是体现社会化大生产和市场经济要求，能给企业带来较高活力和效率。企业体制不仅仅是经济现象，也是文化现象体。企业文化既是一定时代环境下国家文化的反映，又是自身体制专业等特质的体现，它的本质是塑造符合历史底蕴、民族特质、时代特色、行业特点的精神品质。它的本质是塑造精神品质。第二，核心精神品质，主要有五个方面。一是爱国精神。企业不只是赚钱，更要爱国。甚至在美国，所有美国企业都要服从美国政府，荷兰、意大利也一样。爱国是企业的本分，是作为一个国家企业的本分，无论是国家企业，公有企业还是私有企业，爱国是职责也是底线，这是一种天然的感情。二是契约精神。诚实守信，这是市场经济的本质，也是一个企业的基本品格。所谓契约精神就是签订合同后你就得有诚信，这就叫诚实守信。要向消费者负责，向社会负责，向合作者负责。所谓一诺千金，所谓君子一言，驷马难追，所谓一口唾沫一颗钉，都是建立在契约精神基础上的。三是责任精神。德国的制造业特别是精密制造始终历久不衰，占据世界排名前列，这与德国人的责任有关。我们有通信专家，有制造业专家，比如靠什么研发一个产品？靠创意，靠设计，靠材料，靠工艺，靠模具，这些都需要，但还要有企业的责任。如果没有责任，就会制造出一堆废品，甚至制造一个假冒伪劣产品出来。德国制造业的工人“把每一件产品都看作是自己生下的一个孩子，不对别人负责，不对企业的老板负责，要对自己的信誉负责。”所以，当一个产品说是某某制造的时候，实际就是说品质信用的特征。四是工匠精神。它包括爱岗敬业、精益求精、精神专注、牺牲奉献、创新提升等等。五是创新精神。创新应该是企业的本能，创新也是企业的生命，创新就是生产力。明确了企业的核心魅力和文化的核心魅力，还要强化教育引导，把企业核心的文化理念和价值观，融聚到企业生产经营的各个层面，通过完善企业制度、文化积累，将好的文化观念、文化形态、文化行为化为企业职工的情感认同和行为习惯。

（本文是作者在“中外企业文化2018深圳峰会”上的发言，有删节，作者系著名经济学家、发改委原副秘书长）

迈向“两个一百年”的中国企业文化

毛一翔

我国建国70多年来，中国企业的企业文化建设发展经历了波澜壮阔，跌宕起伏，奔腾向前的不平凡的历程。“当家作主、爱厂如家、团结协作、多拉快跑、开展社会主义劳动竞赛、‘宁肯少活二十年也要拿下大油田’、争当劳摸等都是不同年代的文化印记。涌现出的王进喜、时传祥、倪志福、李瑞环为代表的劳动英雄，谱写出了一大批像大庆精神、石圪节精神、孟泰精神、鞍钢宪法般的企业文化。

改革开放以来，破除阻碍生产力发展的桎梏藩蓠，人们对大胆闯、大胆试、尊重科学、尊重人才、深圳速度、鲁布革精神、温州义乌的小商品创业、“不找市长找市场”等文化符号记忆犹新。

进入新时代以来，开放包容走出去、互联共享、自主创新是这个时代中国企业的最强音，自主创业成为这个时代年经人的时尚，也是中国企业蓬勃发展的源泉。马云、柳传志、任正非成为人们追捧的名星，高铁精神、航天精神、航母舰载机精神、预警机精神、青藏铁路建设者精神等是这个时代的文化标识。与之相联系的中国企业的企业文化始终与时代同步伐，积极吸收借鉴创造了新的精神文化样式，与时俱进，守正创新，引领着中国企业健康发展。

文化是现实的反映，又是未来的先导。党的十九届四中全会指出，坚持共同的理想信念、价值理念、道德观念，弘扬中华优秀传统文化、革命文化、社会主义先进文化，促进全体人民在思想上精神上紧紧团结在一起，是我国国家制度和国家治理体系具有多方面的显著优势之一；提出要坚持和完善繁荣发展社会主义先进文化的制度，巩固全体人民团结奋斗的共同思想基础。这为中国企业文化建设和发展指明了方向提出了要求。当今世界正经历百年未有之大变局，我国正处于实现中华民族伟大复兴关键时期。面向“两个一百年”，中国企业的企业文化应当更加自觉、更加开放、更加坚定。

我们应更加自觉地坚持党的领导，为实现民族的伟大复兴努力奋斗。中国共产党是中国人民和中华民族的主心骨，是实现中华民族伟大复兴的伟大事业的坚强领导核心。坚持和加强党的领导，是中国企业健康发展的根本保证，也是中国企业文化的核心要素。我们企业过去取得的一切成就都是在党的领导下取得的，我们企业未来的健康发展也离不开党的坚强领导，我们所有的企业都要牢固地树立坚持党的领导、自觉接受党的领导的政治意识，自觉在思想上政治上行动上同以习近平同志为核心的党中央保持高度一致，增强“四个意识”，坚定“四个自信”，做到“两个维护”，坚持和完善社会主义基本经济制度，推动经济高质量发展，为实现中华民族的伟大复兴提供雄厚的物质保障和社会基础。

我们应该更加突出以人民为中心的思想，坚持职工主体地位。人民当家作主是社会主义民主政治的核心要义。党的十九届四中全会重申了“国家的一切权力属于人民。要全心全意依靠工人阶级，健全以职工代表大会为基本形式的企事业单位民主管理制度，探索企业职工参与管理的有效方式”。这些都是社会主义民主政治对企业文明的要求，体现了社会主义企业的本质属性，也是我们中国企业文化建设的根本要求。我们应当更加自觉地坚持以人民为中心的思想，坚持职工主体地位，充分发挥经营者的首创精神和职工的主人翁精神，将企业的发展与人的发展统一起来，将激发企业家精神、尊重科技创新与发挥职工主人翁精神统一起来，营造劳动光荣的社会风尚和精益求精的敬业风气。

我们应该更加尊重科学、尊重人才、尊重创造。当今人类社会的发展离不开科学发明、技术进步。科学技术是第一生产力，科学技术以不以人们意志为转移的强大动力推动着人类社会的进步。当今世界，谁拥有了先进的科学技术，谁就拥有了未来的先机。经过新中国 70 多年的建设，我们已经拥有了一大批具有世界先进水平的科学技术，我们的文化基因中尊重科学、尊重人才的元素也更加深厚，技术兴则企业兴，企业强则国家强，面向“两个一百年”，我们的企业不仅在文化意识方面增强尊重科学、尊重人才、尊重创造的意识，而且在体制、机制、激励手段等方面为科学发明、科技进步、人才辈出创造条件。

我们应更加开放包容，海纳百川，自强不息。经济全球化是世界经济发展的大趋势，资源在不同国家间流动，产业在跨国间形成，你中有我、我中有你，已经成为企业活动的常态。随着中国开放的大门越开越大，中国企业与外国企业合作交流的机会和规模也将越来越大。面向世界，面向未来，我们应该秉持更加开阔的胸襟，更加开放包容的心态，与各国企业协商合作，平等互惠，合作共赢，共同创造人类美好的未来。

我们应更加体现社会主义公平正义的价值追求。公平正义是中国特色社会主义的内在要求，是我们党追求的一个十分崇高的价值目标。习近平总书记在多个场合强调：“我们要随时随刻倾听人民呼声、回应人民期待，保证人民平等参与、平等发展权利，维护社会公平正义，在学有所教、劳有所得、病有所医、老有所养、住有所居上持续取得新进展，不断实现好、维护好、发展好最广大人民根本利益，使发展成果更多更公平惠及全体人民，在经济社会不断发展的基础上，朝着共同富裕方向稳步前进。”社会主义的企业应该更好地体现社会公平正义原则和按劳分配原则，完善按要素分配的体制机制。营造公平就业制度环境，构建和谐劳动关系，创造权利平等、机会平等、规则平等的环境，使人人都有通过辛勤劳动实现自身发展的机会，实现好、维护好、发展好干部职工的合法权益，更好地体现社会主义精神。

我们应更加关心职工健康幸福。为中国人民谋幸福，为中华民族谋复兴，是中国共产党人的初心和使命。带领人民创造美好生活，是我们党始终不渝的奋斗目标。进入新时代，我国社会的主要矛盾已转化为人民日益增长的美好生活需要和不平衡不充分发展之间的矛盾。在打造具有国际竞争力的世界一流企业、实现高质量发展进程中，我们应让企业的发展成果更多地惠及企业职工，鼓励干部职工通过诚实劳动、不懈奋斗来创造美好生活，让企业职工在共建共享发展中有更多获得感、幸福感，促进人的全面发展，实现共同富裕。

（本文是作者在“中外企业文化 2019 合肥峰会”上的发言，作者系国务院国有资产监督管理委员会新闻中心原主任）

坚持文化自信 发展工业文化
推动制造业高质量发展

罗 民

在推动制造业高质量发展的关键之年，我们既面临着爬坡上坎、转型升级的艰巨任务，也面临着错综复杂的内外部环境所带来的严峻挑战，这些都对工业经济发展提出了新的更高要求。

文化自信对工业文明发展起到了重要推动作用

人类文明是一个加速前进的过程。我们渡过了漫长的原始文明，又经历了数千年的农耕文明，进入工业文明之后，却在短短二百多年时间内，创造了以往任何文明所不可比拟的物质财富。世界搭乘着工业这辆快速列车向着更富裕、更文明、更“宜居”的方向前进。

在农耕社会，人们多数“靠天吃饭”，自给自足，做事不够精细，也没有很强的时间观念。进入工业社会，机器生产和流水线，教化人们守纪守时、互相协作、精准高效；工厂之间、企业之间的合作与交易，更加注重质量口碑，也更加需要契约精神；技术发展极大地解放了生产力，整个社会更加崇尚科学精神和创新精神。由此，人类社会逐步孕育形成新的、具有独特性的文化内涵。可以说，工业文化是在工业化进程中衍生、积淀和升华的，又影响着人们的思维模式、社会行为及价值取向。世界强国的兴衰史一再证明，一个大国的发展进程，既是经济等硬实力提高的进程，也是思想文化等软实力提高的进程，更是物质文化和精神文化比翼双飞的结果。相比较而言，物质文化比精神文化更容易传播与接受，也承担着潜在的、重要的文化输出和渗透的功能。比如，可乐、耐克、奔驰、宝马等等产品输出，在一定程度上影响着个体或群体的价值观念与生活方式，进而潜移默化地影响整个社会的文化。随着世界变得越来越小，我们看到工业强国的文化更多地被关注和接受，谁的技术先进，谁的国力强盛，它的文化更容易被接受，它的文化就更加自信。实际上，工业革命之后，世界文化的中心从欧洲向美国的转移过程，正是随着国家经济实力特别是工业实力的洲际转移而转移的。

文化自信在我国工业领域具有深厚基础

习近平总书记强调，“一个国家、一个民族的强盛，总是以文化兴盛为支撑的，中华民族伟大复兴需要以中华文化发展繁荣为条件”。我们强调继承好、发展好自身文化，重要的是保持对自身文化理想、文化价值的高度信心，保持对自身文化生命力、创造力的高度信心，这是由文化自信在我国工业领域具有深厚的基础决定的。

首先，工业领域的文化自信根植于中华民族文化之中。70 多年前，我国工业是从旧中国一穷二白的基础上起步的，期间更面临着西方国家的经济封锁和苏联撤走专家等等巨大困难，在最艰苦的岁月里，全国人民上下一心、克服种种困难，建立起相对完整的工业体系，首先源于我们对中华民族文化和中华民族特质的彰显。我们的民族有四个频率最高的形容词，“勤劳、善良、勇敢、智慧”，这种民族特质是熔铸于民族血脉和灵魂之中的，它体现在工业战线上，体现在工人阶级身上，就是“勤劳、奉献、勇于开拓、善于学习”。经过 70 多年的丰富发展，孕育形成了工业各领域各战线“自力更生、艰苦奋斗、无私奉献、爱国敬业”的精神宝藏。这也是我国工业 70 年辉煌成就的文化基础。其次，工业领域的文化自信传承自党的红色基因。我国工业化的伟大实践，是在党的坚强领导下进行的，它天然融入了革命的红色基因。我们的大庆精神、两弹一星精神、载人航天精神等工业精神实际上是一脉相传，脱胎于这种红色基因，是我们党在长期革命和建设实践中培育发展起来的优良传统和价值追求，在工业领域中的集中体现，也是文化自信的重要源泉。比如，我们的劳模精神就是一种极具社会主义特色的工业精神，这是许多西方国家工业文化中所不具备的。正是我国工业文化中这种特有的、独一无二的特质，支撑着我国国防、军工、石油等等许多重要而特殊行业的从业人员，志存高远、艰苦创业，取得了举世瞩目的伟大成就。再次，工业领域的文化自信来源于我国工业化的伟大实践。真正的文化自信需要建立在物质文化的基础之上。经过70多年特别是改革开放40多年来的不懈努力，我们走完了发达国家几百年走过的道路，成功走出了一条中国特色的新型工业化道路。中国工业有力地支撑了国民经济的持续健康发展，促进了人民生活质量的改善和提升，为中华民族从站起来、富起来到强起来发挥了重要作用。如今，我国已经跃升为世界第一制造业大国和网络大国，更成为了世界上唯一一个拥有联合国产业分类中所列全部工业门类的国家。在世界500多种主要工业产品当中，我们有220多种工业产品的产量位居全球第一。中国工业发展已经成为驱动全球工业增长的重要引擎，深刻改变了世界经济发展的格局，为人类社会贡献了快速推进工业化的中国智慧和中国方案。

但是，由于制造业具有高度的“迂回性”，近年来尽管出现了以5G、大数据、区块链为代表的一批颠覆性技术，但是制造业领域的大多数技术进步还是属于连续性创新，并且在产业链中所有环节都需要相互匹配的技术创新。因此，在工业化初期，技术的复制与模仿在一定程度上能够实现后发优势。随着工业化程度的不断加深，单纯的技术复制与模仿必将处处受制于人，很难有“站在同一起跑线上”的机会。只有我们自己真正在技术领域“强起来”，才会有更加平等、更加安全的发展机会和空间。当然，这个过程不可能是一蹴而就的，制造业本身就是个比耐心、比意志、比耐力的马拉松式竞争领域，需要强大的文化信念作为支撑，需要先进的工业文化作为指引。

坚持文化自信，发展工业文化，推动制造业高质量发展

近年来，工信部深入贯彻落实党中央国务院的决策部署，围绕制造强国和网络强国建设，以发展工业文化和提高工业软实力主线，大力推进工业文化建设。一是强化政策指导。研究印发《关于推进工业文化发展的指导意见》《国家工业遗产管理暂行办法》，完善顶层设计，抓好重点任务，推动工业文化加快发展。二是开展理论研究。出版《档案见证新中国工业》，以翔实的史料再现了党领导新中国工业发展的伟大实践、伟大成就和伟大精神。2016年出版了《工业文化》专著，为我国工业文化建设奠定坚实的理论基础。组织开展相关课题研究。编制出版工业文化系列丛书。三是加强工业遗产保护利用。在全国范围内开展了三批国家工业遗产认定工作，已发布两批共53项国家工业遗产，第三批将于年底前发布。四是推动工业文化业态发展。组织成立工业遗产联盟、全国工业博物馆联盟、全国工业旅游联盟。持续开展“中国优秀工业设计奖”评选、国家工业设计中心认定。支持举办“世界工业设计大会”，指导举办“中国工业设计展览会”。五是强化质量品牌工作。构建了覆盖消费品、装备、原材料三大行业的质量政策体系，颁布了《关于促进制造业产品和服务质量提升的实施意见》，大力推进工业产品质量提升。六是加大宣传推广力度。会同国家档案局举办新中国工业档案文献巡展活动。举办中国工业文化高峰论坛等活动。筹备拍摄工业文化题材电视剧、纪录片。推动相关学校开设工业文化课程，推进工业文化进校园。

总体上，通过各方面的共同努力，我国工业文化建设经过长期的探索实践之后，近年来取得了实质性进展，进入了快速发展的新阶段，理论体系基本建立，发展理念达成共识，产业生态已经形成，精神影响逐步增强，工业文化赋能助力制造强国建设的效果不断显现。

古语有云，“以文化之，乃成于大”，工业文化的力量润物无声、柔中见刚、水滴石穿，它是助燃剂，更是动力源。我们希望社会各界越来越多关注、参与到工业文化建设中来。企业是工业经济的细胞，企业文化是工业文化的重要基础。加快发展工业文化必须依靠更多企业的大力支持和积极参与，为培育新时代企业文化、弘扬优秀工业文化，提升中国工业软实力，加快建设制造强国而共同努力！

（本文是作者在“中外企业文化2019合肥峰会”上的讲话，略有删节，作者系国家工业和信息化部工业文化发展中心主任）

坚持新发展理念　开拓工业文化发展的新局面

钱　航

改革开放40多年来，我国工业发展取得了举世瞩目的成就，已经成为世界五大制造国之一，2011年中国成为了世界第一大制造国以来，一直稳居世界第一的位置。在深入推进我国制造强国建设的关键时期，探讨企业文化建设的新任务、新内容、新方法，意义重大。

工业是强国之本，文化是民族之魂

文化的发展对工业化进程和产业变革具有基础性、长期性和决定性的影响。党的十九大做出了加快建设制造强国，加快发展新兴制造业，以及坚定文化自信，推动社会主义文化繁荣兴盛的决策部署。工业文化是工业与物质文化、精神文化和制度文化的组合，是中国特色社会主义文化的重要组成部分，是在工业文明中的重要体现，是中国工业的魂和根，广大企业是推动工业文化演进和发展的主体，也是传承和发扬优秀工业文化的主体。企业文化是工业文化在企业层面的具体体现，也是工业文化的重要源泉，广大企业在发展壮大中孕育了各具特色的企业文化，也深刻影响和引领了各自企业的价值方向，比如说吉利的奋斗者文化、海尔的追求卓越等，不仅为企业的持续发展提供了可靠的动力资源，也为中国工业文化的创造性转换和创新性发展提供了肥沃的土壤。

弘扬我国工业精神，夯实工业文化基础

工业和信息化部高度重视工业文化建设。早在2006年，就与财政部联合印发了《关于推进工业文化发展的指导意见》，明确了促进我国工业文化发展的基本原则、发展目标，提出了发扬我国工业精神，夯实工业文化的基础，开展工业文化的产业，加大工业文化推广力度，塑造国家工业新形象等重点任务，其中明确提出要选出一批行业和企业文化标杆，支持各地、各行业、各企业围绕企业文化举办多层次、多领域的交流活动。文件发布以后，工业和信息化部围绕重点任务，加强政策宣传，营造有利于工业文化发展的良好环境，支持大国重器、大国工匠等重大电视片的拍摄，同时我们也抓工作体系建设，会同地方的工信主管部门、行业协会、特色企业形成上下联动的、企业积极参与的工作体制。同时也抓实践先进，把舆论层面放在保护国家工业遗产项目上，其中的工业遗产项目，目前已认定了两批，共53项国家工业遗产，取得了良好的社会效应。

丰富工业文化内涵，提升制造业软实力

面对世界正在进行新一轮的世界技术革命和产业变革的大趋势，全球治理体系和国际秩序也在发生深刻的变化，当前的中国制造业也正由高速增长阶段转向高质量发展阶段，企业面临的竞争也不再仅仅是产品和技术层面的竞争，更重要的是文化层面的竞争，因此，就需要我们高度的历史责任感，以积极的文化策略参与竞争。

*一是构筑新时代中国工业精神，为制造强国建设提供强大的精神动力。*我国在推进工业文化的实践中孕育了铁人精神、两弹一星、三线建设等一系列工业文化先进典型，形成了自力更生、艰苦奋斗、无私奉献、爱国敬业等具有中国特色的工业精神，涌现了一大批彰显工业文化力量的优秀单位和模范个人。新时

代赋予新使命，新形势提出新要求，在当前深入推进制造强国的关键时期，我们必须认真贯彻落实党的十九大关于深化供给侧结构性改革的决策部署，进一步激发和保护企业家精神，鼓励更多的社会资源投身创新创业，建设知识型、技能型、创新型的劳动者大军，大力弘扬劳模精神和工匠精神，营造劳动光荣的社会风尚和精益求精的敬业风气，践行创新精神，倡导诚信精神，为建设制造强国提供强大的后方支持。

二是要找准定位，不断丰富企业文化内涵，为推动经济高质量发展服务。中国经济已从高速增长阶段转向高强发展阶段，对制造业供给能力水平提出了更高的要求，企业文化建设要兼着企业发展实际，从促进丰富产品内涵，提升产品质量、塑造中国品牌，体现产品人文关怀，加强产业社会责任建设等多方面发力，形成工作体系，多管齐下，有效推进。要不断提高企业创新能力，推动技术创新，推进企业管理创新，长期精耕细作，走专一特新的发展道路，在发展中丰富工业文化内涵，让优秀的企业文化引领实现高产业发展。

三是要讲好中国工业故事，塑造国家工业形象。国家工业形象是国家形象的重要组成部分，是工业文化建设成果的直接体现，随着“一带一路”倡议的深化，企业文化建设必须要为塑造我国工业诚信、质优、创新、绿色的新形象服务，不断丰富我国制造业的文化内涵，进一步提高对外交流水平，提高中国制造的美誉度，要围绕中国制造的新成绩，提高宣传推广力度，展现真实、立体、全方面的工业新形象。

一个国家、一个民族的繁荣富强，不仅要有经济的硬实力，还要有文化的软实力，我们将坚持新发展理念，以加快建设制造强国和网络强国为目标，开拓工业文化发展的新局面。推动我国由制造大国向网络强国转变，

（本文是作者在“中外企业文化2018深圳峰会”上的发言，作者系工业和信息化部产业政策司副司长）

企业走出去　跨文化冲突的解决方案

邢厚媛

我们说中国进入了新时代，新时代很重要的一点是企业要全面开放。企业要走出去，是全面开放新格局的重要规划。我们能够感受到，我们是构建人类命运共同体的实验人。面对全球化的形势，我们能够感受到自己的实力，所以走出去是企业应对全球化，赢得全球化的必然选择、必由之路。中央确定了要培育一批具有世界水平的跨国公司，而专业化是企业的第一次生命，国际化则是企业的第二次生命。

世界水平的跨国公司不仅仅有一系列的经营之道，还要有盛誉之道和企业文化之道，就是我们所说的软实力。而在企业走出去之后，面对跨文化的一系列冲突，需要有能力驾驭复杂的局面，需要有能力提供有效的解决问题的方案，实现有效的科学文化力，这是目前我们评价企业走出去成功与否的一个方面，也是需要我们讨论的话题。

中国企业走出去的整体发展趋势

第一，进入新世纪以来，中国企业的对外投资实现了快速发展，这个发展的态势在2003年全国建立对外投资制度之后，有一个直线上升的趋势，尤其以2008年全球金融危机，国际市场发生巨大变化，国际产业重组的速度加快，大量的国际有效资产缩水的时候，中国企业加快海外并购和孵化。所以，当年我们的对外投资数量实现了翻番的增长，然后一路高歌冲到了2016年的1961.5亿美元。而2017年受政策调控，党中央国务院部署，包括我们商务部和发改委在内的几个部委做了一些政策调整，对于那些与国民经济发展关联度低，在海外经营风险巨大，对一些经营不善的企业和行业进行了对外投资的管控，到2017年对外直接投资有所下降，达到了1582亿美元。

在这样一个快速增长的过程中，中国已经从2015年开始成为世界第二大对外投资国，我们的对外投资的存量在2017年已经排到世界第二。改革开放前30年我们是引进来，现在我们要走出去。在党的十九大精神推动下，以“一带一路”建设为引领，以走出去、引进来为并举并重，形成全面开放新格局。

第二，我们的投资去向。目前亚洲占了将近70%，拉美占了9%，欧洲占12%，可以说五大洲180多个经济体全都有中国企业，覆盖率非常高。中国企业走出去所覆盖的行业非常广，主要是以公司的形态，然后是制造业、批发零售、金融、房地产等等。

在对外投资中，跨国并购已经成为中国企业走出去的主要方式，比重也非常高，并购的金额及交易额也很大。当然还有一种形态就是境外经贸合作区，我们在世界上的几十个国家建立了100多个境外经贸合作区，企业走出去的方式越来越丰富，越来越广泛。我们在制造业的并购占了2017年比重的一半以上。还有我们传统的采矿业、电器、水的生产和供应、餐饮等等，制造业现在成为中国制造“2025”的一个重要方向，我们要到海外去并购高端的服务品牌，高端的研发技术。

很多人说，我们走出去的企业是交了学费很多，有一些学者用耸人听闻的语言来评价我们企业在海外的发展，其实是片面的。企业在海外尽管有风险，但还是有盈利的，并且经营的平均利润水平要高于国内同期同样规模企业的盈利面。而且，走出去的大格局，造就了中国跨国经营企业的快速成长，到2017年底，在商务部和发改委备案的海外企业近4万家，分布在189个国家和地区，原始投资的累计金额是1.8亿美元，而境外企业控制的资产总额突破了6万亿美元。

这样的快速增长，是中国企业国际化成长的一个特色路径，我们背靠一个庞大的中国市场，我们有门类齐全的工业基础，我们有世界第一的制造能力，我们有世界第一的消费人口，我们处于一个这样的发展阶段，所以这些跨国经营企业在海外才能够那么快速的发展。

我们进入世界500强的企业连续14年实现了增长，2017年105家内地企业进入世界500强，而这些企业基本上都是跨国经营企业。进入联合国世界投资报告两个100强名单的跨国公司的名单也在不断增加，进入世界全球非金融类企业100强的中国公司2017年有4家，而进入发展中国家企业100强的中国内地企业有24家，这是世界承认的。

中国企业走出去面临的文化冲突

走向全球的中国跨国大企业的经营过程当中，我们取得了很多成就，但是我们毫无疑问经历了比较艰难困苦的跨文化冲突。这些跨文化冲突的表现和原因是：

第一，企业文化不仅仅是这个企业独有的历史传统、价值理念、企业精神、道德规范，还包括管理制度和品牌。实际上企业文化会在企业的整个生产经营当中得到体现，包括你的服务、你的制度等。在这个过程中，我们走向世界必然会面临全方位的跨文化差异。

我们有很多企业成功的跨越了跨文化的冲突，但总体而言，走出去企业面临的跨文化冲突。

第一层面是境外企业中，中外员工之间的语言、文化、宗教信仰、生活习惯等等，这些差异经常会造成一些冲突，这是员工层面。

第二层面是我们企业走出去之后会在一个陌生的市场范围和社会环境中开展经营，必然会面临一些法律上、规则上、营商环境上，甚至是潜规则方面的摩擦，比较直接的反应在合规上。如，在中美贸易摩擦当中，拿中兴通讯这样的骨干企业开刀，开刀的理由是中兴通讯在国际贸易中违反了美国的对外贸易法，用了美国的商品和零配件，中兴通讯产品占到对伊朗出口的25%以上，所以违反了美国的经济制裁法，遭受了制裁。

第三层面是中国企业跨国并购的整合过程中，两种企业文化之间的冲突。这个冲突激烈程度比其它层面的冲突更严重。如果企业有过跨国冲突的经历，就一定深知这种整合难度最艰难的地方其实不在技术，不在资金，而在文化层面上。

产生这些文化冲突有外部原因，也有内部原因。外部原因主要还是金融危机爆发以来，各个国家的失业压力巨大，导致了排外、排华倾向的增加，所以它会带来一些跨文化的冲击，这是外方挑起的。

第二，一些国家的法律法规多变，我们的企业不太适应。

第三，东道国不了解中国的社会和文化，更不了解中国企业是做什么的，所以对我们的期望值有点高。非洲就是典型的例子，甚至包括南太平洋的一些地方。还有，中国企业的文化是不远交：一方面我们驾驭跨文化风险的能力和经验不足，最主要的是对东道国的经济社会法律不够了解，所以经常交学费，甚至犯低级错误。个别企业无视东道国的社会文化、法律法规和宗教信仰，挑战人家的底线，受到惩处。另一方面，我们已经走出去的企业和国内同行的竞争关系和当地企业的竞争关系，甚至和来自第三国企业之间的竞争关系持续恶化，根本原因是我们自己在全球化发展中没有升级，原地踏步，这种平面的冲突越来越激烈。总结起来就是我们战略国际化跨文化冲突的能力严重缺失，造成的后果可想而知。如，触犯法律：我们有的企业违反人家的环境法，导致企业收购后停工，不能生产。还有的违反劳工法，个别民营企业不能履行当地的最低工资标准，然后导致群体事件，甚至人员伤亡。还有知识产权的保护，我们也有惨痛的教训。有我们违反人家的法律，也有人家触犯我们的法律。

特别是近年来的商业贿赂问题。中国人一直觉得自己是礼仪之邦，官不打送礼的，但实际上全球范围的反商业贿赂已经成为大的格局，并且各个国家主要的一些经济体都有法律。中国又加入了联合国的反腐败公约，所以我们在这些问题上犯低级错误，应该得到警醒。

第四，中国企业的海外跨文化障碍，导致了一系列的突发事件，使我们的政府没有时间能及早应诉。由于文化障碍延误了海外应诉的时间，到后来我们有人被抓进监狱，有企业进入黑名单。另外，中国企业太封闭，融入不到当地的社会。我们缺少这种去驾驭全球化的人才，使得我们的海外可持续发展面临严峻的挑战。

提供几个解决问题的参考方案

第一，要遵循跨国文化管理的一般规律。解决这些问题是有一般规律可循的，国际上公认的现代跨国公司，是从上个世纪70年代初已经出现。我们不讲东印度公司，那是殖民侵略。而现代意义上的跨国公司，推进跨文化管理的一般规律是：一是正视跨文化差异的客观性和现实性；二是要研究东道国的营商环境的特殊性，和自己本国的差异性在哪；三是要确定跨文化管理的战略框架、管理制度以及路径。这是企业管理的重要内容，还有要抓好双方员工跨文化的教育，包括双向的教育，语言的培训以及模拟场景区别等。

第二，要找准跨文化交流的关键点。其实一大堆问题的产生是相互不了解，要解决不了解的问题就要沟通，从相识到相知到相通到相信到最后相融。咱们解决沟通方法有很多，不同国家，不同地区，不同企业都有一套交流方法。

第三，要善用非政府组织和工会。其实这是我们中国企业在海外遇到的非常大的难题，因为在国内我们没有非政府组织，而且我们经常被告知远离国际上的一些有恶意的不怀善意的非政府组织。实际上非政府组织用好了，尤其是用好国际上很多中立的非政府组织，或是我们国家也正在诞生一些爱国的非政府组织，他们是解决跨文化的润滑剂，我们要多接触，善利用。另外是工会，工会是挑起很多文化冲突的重要因素，是导火索，要学会跟工会打交道。

第四，要妥善进行危机公关，这是制胜的关键。我们要学会跟媒体打交道，要有一套策略。我们还要进行企业社会责任的相应投入，企业社会责任是一种战略性的投资，需要我们不断地进行创新，打造软实力，这关乎企业的成败，关乎第二次生命能不能走出去。

最重要的一点，要执行国家的大政方针，商务部等多部委曾联合发布过中国境外企业文化建设的若干意见，有很详细的要求。如：互利共赢、公平竞争、以德兴业、规范自己的行为等。所以走向世界的中国企业小胜以制，大胜以德，而要常胜，要和谐，要合作，要共赢。

（本文是作者在“中外企业文化2018深圳峰会”上的发言，作者系商务部中国服务外包研究中心副主任）

培育中国特质企业家精神的文化动力

王成荣　刘若凝　林锋

企业家不只是“胆子大，敢冒险”的人

企业家绝不是像人们所说的只是“胆子大，敢冒险”，这只是最浅显的认知。事实上，企业家不仅仅是经营管理企业的高手，而且每个企业家都是一个思想家，甚至是哲学家。每个企业家都不简单，都充满了智慧。像日本有四大经营之神：松下幸之助、盛田昭夫、本田宗一郎、稻盛和夫，一个个都是思想家，哲学家。本田宗一郎说：“思想比金钱更多地主宰着世界，好的思想可以产生金钱。”思想比金钱更重要，这句话本身就充满哲理。从这些人身上可以看出，企业家显然不只是“胆子大、敢冒险”那么简单。所以要理解企业家，就必须回归到企业家的概念本源上去。

企业家的概念的本源

“企业家”一词最早出现在16世纪，是从法文中来的，其原意是指“冒险事业的经营者或组织者”，即指挥军事远征的人。所以这根本不是一个经济概念，而是一个军事概念。后来到了18世纪，企业家和这个群体的冒险精神开始被更多认识，有些经济学家开始把企业家与经济行为联系起来，这与当时英国工业革命是分不开的。1815年，法国经济学家让·巴蒂斯特·萨伊第一次将企业家列入经济发展的要素之一：土地、劳动、资本、企业家。萨伊认为，企业家是冒险家，是把土地、劳动、资本这三个生产要素结合在一起进行活动的第四个生产要素，他承担着可能破产的风险。企业家面对的是“不确定性”，他是在进行“创造性破坏”，是实现生产要素重新组合的人。企业家是“不墨守成规、不死循经济循环轨道的，常常是创造性地变更其轨道的”人。

1942年，经济学家熊彼特进一步提出：企业家是“创新的灵魂”。所谓创新就是企业家对新产品、新市场、新的生产方式、新组织的开拓以及新的原材料来源的控制调配。管理学家德鲁克这样定义：企业家是革新者，是勇于承担风险、有目的地寻找革新源泉、善于捕捉变化、并把变化作为可供开发利用机会的人。

当企业家作为一个群体、甚至是一个阶层出现后，企业家精神就开始形成了。这样一个群体的特质，这样一个群体的精神风格和行事方式，被更多人认识，也成为了商业社会中最稀有的资源。和其他生产要素比较：土地是可以买到的，劳动是可以交换的，资本是可以筹集的，只有企业家是可遇而不可求的。因此，企业家群体一度成为社会精英，成为最稀有资源。既然企业家是生产要素，因此必然遵循供求规律，而他们的稀缺性就决定了市场价格非常高昂，从几百万美元到几千万美元的身价，直到今天，真正的大企业家在市场上都是身价以亿万美元来衡量的。

企业家具有的特质

最早的企业家可以分为两类：一类是创业者，他们通过自己的创新劳动和智慧创造企业，像美国沃尔玛的创始人萨姆·沃尔顿以及日本松下的创始人松下幸之助等人，都是创业型的企业家。后来，企业家成

为了生产要素，可以在市场上进行买卖，从而产生了职业企业家，也就是CEO，而企业家的精神特质基本都是一样的。具体地说：

一是天赋，包括眼光、胆量。天赋是造就企业家的第一决定性因素。天赋与潜能的重要，是说有了天赋只需要一个激发、提升和养成而已。现实中很多商界大佬都是天生的创业者、企业家，受教育程度只能提高他们的修养、知识，激发他们的潜能，企业家天赋和特质是课堂里很难培养出来的；二是相关知识与经验的积累。企业家经商办企业既需要丰富的经济学、市场学、社会学、文化学、心理学甚至政治学、哲学等知识，以及高超的技术技能，要靠实践磨练，靠正反两个方面的经验与教训的启迪；三是市场经济的洗礼造就的冒险与创新精神。市场经济讲的是自由竞争，是你死我活，这是一个蜕变的过程、优胜劣汰的过程，也是一个精神升华的过程；四是执着。认定的事情一定坚持做下去，既然要做某一件事情就一定千方百计要做成功，决不轻言放弃；五是组织能力、感召力，或者叫领导力。企业家绝不是单打独斗的人，他们是“冒险事业的经营者和组织者”，他们所带领的是一个团队，他们绝不是一个孤胆英雄的形象，为了一个目标，就要发挥每个人最大能力的本领；六是特别守信用。在企业家心中，信用比生命重要。企业家在当初组织远征军出征的时候，不管远征到哪里，在各种不同的复杂环境中，在和所经之处的部落以及当地人交易中，唯一能依靠的就是信用。七是社会责任感。企业做大了，就会生出社会责任感。企业家是资本的所有者或经营者。资本当然是要追逐利润的，但是要追逐利润，获得利润最大化，就必须考虑最大程度有利于社会，造福社会乃至整个人类。这七种精神特质是企业家必不可少的，也是企业家能够成为了商业社会最可宝贵的精神品质。

企业家应该拥有的财富观

所有的企业家，一方面受资本驱动，另一方面受创新冲动的驱动，企业家作为财富的创造者和拥有者，他们大都有着做一番大事业来证明自己价值的想法。当然一开始也许并不是这样，有些企业家可能就是从农村一步步走出来的。最初可能想的只是为了家里人的生活好一点，日子好过一点；有了一点钱，希望带动村子里的百姓富裕起来。但是随着企业越做越大，一项项物质需求不断得到满足，钱已经不是问题了，这时，对他们来说，财富已经只是一个数字了，这时候的他们，需要的是将事业做大，通过做大事业来得到社会的认可，也就是自我实现。人往高处走，他们本能地一路拼搏爬到了高处，然后是高处不胜寒。因为到最后，企业家已经不是自己了，而成为了资本的化身。在普通人看来，挣那么多钱干什么？多少是个够？他们应该有自己的财富观。可是对企业家来说，他们已经被资本牵着走。如用一不太恰当的比喻，资本是一条猎犬，而且是嗅觉灵敏的猎犬，哪里有好的实现利润最大化的环境，就往哪里去。而企业家是牵着猎犬的人，他自己是没有选择的。又如：2019年一直在沸沸扬扬的一个说法：“不要让李嘉诚跑了”，李嘉诚在大陆不停地抛售地产、套现，然后投资欧洲，很多人不理解，批判李嘉诚。这件事情要从两个角度看：一是从爱国的角度，希望李嘉诚的资本可以留在国内，继续支持国内经济建设。但是大陆的营商环境已经和当初发生了很大的变化，是否还要继续留下来？李嘉诚会有自己的判断。二是资本自己会有选择，马克思对资本有过最好的描述：资本有10%的利润就保证到处被使用；有20%的利润就活跃起来；有50%的利润就会铤而走险；有100%的利润就敢践踏一切人间法律；有300%的利润就敢犯任何罪行，甚至冒被绞首的危险。资本不会只呆在一个地方，资本没有国界，资本只选择利润最大化的环境去冒险。对于企业家来说，始终被资本牵着走，不能全怪企业家。

企业家精神在哪里产生，文化渊源就在哪里

先有企业家，后有企业家精神。企业家的出现是由当时的历史环境决定的，但是企业家精神的形成却受的是文化影响。企业家作为一个特殊群体，企业家精神有什么鲜明特色，文化渊源就在哪里。

企业家和企业家精神产生于西方，而在西方文化中，一个重要的文化影响就是基督教文化。马克斯·

韦伯新教理论认为，人天生就是有罪的，人生就是一个祈求赎罪的过程，每个人都带着罪恶来到人间，所以必须通过自己的劳动来赎罪。你劳动得越多，赎罪越多，死后越有可能上天堂，成为“上帝的选民”。为了被上帝选中，就必须尽可能多地劳动，多劳动自然就创造更多的财富。要指出的是，新教徒有教养，但可不是温文尔雅的，这些人在周一到周五在市场上激烈地厮杀，你死我活地竞争，一到周末就去教堂里听布道，唱赞美诗，忏悔，这是他们成就事业、开拓事业的动力。另一方面，虽然创造了巨大的财富，可是他们并不肆意地挥霍，因为上帝给了你获得财富的权利，却没有给你浪费财富的权利，这叫“禁欲主义”，所以那些大企业家，他们的生活都非常简朴，节约，所想的是更多的有益消费者，回报社会。这和一些暴发户的企业家截然不同，一有钱就拼命炫富，买私人飞机，买游艇，建造豪华别墅。而世界上一些著名企业家，他们所展示的是很高的修养，是内在的绅士，是精神的富足。像比尔·盖茨、巴菲特，这些人的追求都是创造财富，推动社会进步，反哺社会，将大部分的钱都用在了做慈善事业上。生活俭朴方面的典型，一个是沃尔玛的创始人老沃尔顿，每次理发，都是在镇子旁边广场的理发店，每次只花5美元；再一个是宜家的老板坎普拉德，那么大的一个企业家，自己装修房子，还要拿着自己开办的IKEA的促销海报去买便宜货。那么他们有那么多的钱干什么？这往往是我们很难理解的。在这些人身上，某种信仰和社会责任不是外加的，而是内在的。这就是文化给予他们的滋养，是文化造就了他们的精神。

西方的基督教文化给企业家和企业家精神注入了文化动力。中国的文化是否能造就中国的企业家？中国的企业家和西方企业家是不同的概念。在我们的国有企业中，不叫企业家，叫企业领导人。因为国有企业的领导是有行政级别的，他们很多是国家任命的官员，而不是创业的企业家。上个世纪五六十年代公私合营的时候，我们是有一批真正的企业家的，后来就消失了。现在国有企业的企业家，只能算是第二类型也就是职业性的企业家。所以，我们说真正靠市场环境产生，经历过风雨而成长起来的企业家，主要是指的民营企业家群体。这个群体靠着自己的企业家天赋，靠着中国人特有的吃苦耐劳，勤奋拼搏，不断壮大，成长。尽管他们是在中国特殊的市场经济环境里，面对的是不完全的自由竞争，在极其复杂的营商环境里，他们必须要比西方的企业家付出更多的努力，要挣脱更多的束缚，这是不利的一面；但是有利的是，他们在这样一个特殊环境里，磨练出了和政府打交道的能力，借助外力的能力非常强，这是一种畸形的企业家精神，以搞好关系网，搞好和政府的关系为重心，投机心理比较重，而不是在市场经济的竞争中苦练内功。中国这样一个特殊的企业家群体，他们应具有怎样的企业家精神呢？我们现在提出，要在2020年建设成为创新型国家，我们的企业家又能起什么样的作用呢？其实，我们要建设创新型国家，最需要的是三种人才：政治家、科学家和企业家。明智的政治家，引领创新的科学家，能够整合市场资源的企业家，这都是非常稀缺的人才。其中我认为最缺的还是企业家。因为在创新方面，国家作为一个重点战略，投入很大，但是仅仅依靠中国科学院能完成创新吗？也许会有很多的科学技术出来，可是如何转化？谁来转化？依靠国家来转化，转化率很低，效益也无法实现最大化。真正可以依靠的人其实是企业家，企业家就是市场资源配置的主体，他的核心能力就是创新。国家的创新体制和投资重心应该放在企业家身上，发扬他们的创新精神。让企业家站在最前沿，来组织高效创新，来通过市场资源配置实现效益最大化。当然，这个企业家群体不仅仅是指民营企业家群体，在国有企业在内部，也应该下大力气培养企业家群体，产生企业家精神。中央企业是国民经济的命脉，集中了国家资源和一流的人才，中央企业的老总可以是官员，但是下面开发市场、海外开拓的具体负责人，都应该成为企业家，这样就会更加有竞争力。

中国特质的企业家，原本就有自己的文化动力

企业家和企业家精神的文化动力，大的方面来说可以有三种：一种是政治动力，一种是宗教与文化动力，还有就是职业动力。政治动力，我觉得在国有企业的企业家那里表现得更加多一些，政治信仰、国家意识、民族情怀。现在国有企业普遍在加紧党建文化建设，这是一个积极的举动和重要的保障。很多国有企业的企业家，政治文化就是他们最大的动力。再就是宗教与文化动力，我们多数人没有明确的宗教信

仰，更主要的是文化动力。这些文化动力主要是中国优秀传统文化和社会主义文化提供的。一部分民营企业家，可能会有自己的宗教信仰。可以说所有的企业家都是具有职业信仰的。职业信仰，就是执着、义无反顾地做企业，以办企业为乐趣，以创新做出产品为乐趣，激情永远在心中，这在他们的内心世界是排第一位的。通过办企业来自我实现，在这个过程中形成了企业家精神和气质。

说到中国文化，我们“学而优则仕和商而优则仕”的文化延续几千年，就是我们的企业家在做大做强以后，都想谋个一官半职；不少民营企业家都想成为人大代表、政协委员，某某省工商联的副主席等，这么做一是出于保护自己企业的需要，二是为了光宗耀祖，骨子里还是“官本位”思想作祟。所以，马克斯·韦伯在《儒教与道教》一书中，推演出中国文化和企业家精神是背离的结论，认为在中国文化的土壤里不能产生企业家和企业家精神。

中国文化的主脉，从根本上讲是儒家文化，不管哪一朝哪一代，不管在喜欢的时候尊孔，还是不喜欢的时候反孔，以孔夫子为代表的儒家那一套对中国的影响的确是巨大的。韦伯没有来过中国，但是他研究中国，但《儒教和道教》对中国文化看得相当透彻。他认为中国为什么产生不了企业家精神？第一个大的障碍就是儒家的伦理纲常，因为儒家是讲等级秩序的，“君君臣臣父父子子”，“三纲五常”，伦理秩序是非常严格的。可是市场经济讲的是什么？是平等，不管是皇帝还是乞丐，在交易的时候都是平等的，不管多么小的公司，都可以和大企业坐下来谈合作，签订平等的条约。如果按儒家文化显然做不到这一点。第二个是儒家鄙视经济利益，认为金钱是道德沦丧的根源，将个人追逐金钱的欲望看做是洪水猛兽。孔子说：“君子喻于义，小人喻于利。”君子是不言利的，只有小人才言利，结果这一思想压抑了中国人财富创造的追求。当一个人离开世界的时候，看的是你当了多大的官，而不是他给这个世界创造了多少财富。在韦伯看来，儒家文化和市场经济格格不入，主要表现为功利与反功利、竞争与反竞争、保守与变革、人治与法制、崇古（述而不作）与创新、等级与平等等方面，这些都是不利于现代企业家精神的完善与发展的。这和西方不一样，他们创立一个品牌，成就一番事业，地位不亚于国家总统。总之，韦伯认为中国文化无法给企业家提供这种文化动力，所以作为一个阶层归依的企业家精神就无法形成。

中国文化历来有同化、融合其他文化的特点，在企业家精神方面是这样。中国文化有自己的一些缺陷，但是更有自己的长处。中国文化所以几千年不断绝，首先是自己的根脉深厚，再就是善于吸收外来文化，然后转化为自己的东西，最终创造出新的文化来。

企业家精神也是如此，产生于西方，但是其基因并非不可改变。在自然界，可以通过“杂交”来改变基因。在文化方面，我们也可以改造企业家精神的基因，与中国文化相结合，创造出中国特质企业家的文化动力，从而为中国企业家注入中国文化的精神和气质。

具体来说，一是中国文化的人本思想。儒家是高举人本思想的大旗的。市场经济在启动的最初阶段，也许是暴力的，血腥的，只是追求利润。但是市场经济发展到高级阶段以后，对企业来说，一定会考虑一赚钱的目的最终目的还是为了“人”，其经营行为也是为了顾客，为了股东，为了社会；二是中国文化的理想人格追求。中国人历来强调自我修养及道德上的自我完善。坚持“己所不欲，勿施于人”，才能以自身高尚的道德准则和人格魅力在商战中处理好各种商务关系，并且管好自己的企业；三是社会责任意识。中国人受儒家仁爱思想影响很深，以民为重、以社稷为重、“天下为公”、“行天下之大道”的社会责任意识深入人心。今天，以回馈社会为荣的企业家也数不胜数，和西方企业家比起来社会责任意识一点都不差；四是团队意识与和谐思想。中国的文化，有人说就是“家天下”文化，这其实是突出了一个思想，就是“和为贵”。强调家族利益、团体利益，强调团体重于个人。中国文化中的和谐思想和团体主义意识，能为企业家精神赋予更高尚的伦理道德特质；五是天人合一精神。中国文化并不认为人是自然的征服者，改造者，而始终认为人和自然是一体的，是密不可分的。在“创新、协调、绿色、开放、共享”新的发展理念引领下，对“尊重自然、顺应自然、保护自然的”生态文明理念正在全社会形成共识，这和西方企业对待自然的态度是不同的。到了现代，西方企业也非常注重环境保护，但那还是为了经济利益，把保护自然当作工具而不是目的，人和自然往往对立的。

此外，中国文化中还有很多优秀的基因，如：厚德载物、宽恕谦敬、勇于奉献、勤俭节制、自强不息、舍生取义等精神品格，这些都是中国企业家和企业家精神取之不尽、用之不竭的文化资源和精神宝藏。这些资源和宝藏整理发掘，发扬光大，用于实践，创造继承，不仅有利于克服市场经济发育阶段的拜金主义、利己主义、享乐主义，而且对于医治今天西方国家高级市场经济阶段的企业家极端的个人主义、贪得无厌的赚钱冲动、紧张冲突的心理以及繁琐的法律诉讼程序等“综合病”，也能起到缓解乃至治疗作用，这是我们开出的“中国药方”，也应当是我们的文化自信。

（作者王成荣系中国企业文化研究会学术委员、北京财贸职业学院原校长、二级教授，管理学博士，首都经贸大学博士生导师；刘若凝为《企业文化》杂志社社长兼主编；林峰为《企业文化》杂志社副主编）

文化产业化与产业文化化

王曙光

文化产业的繁荣必定是在经济发展到一定高度之后的必然结果，此时国民的文化消费开始迅猛增加，高层次的文化产品需求必然助推文化产业的兴起，促进文化的产业化与规模化。而与文化产业同时勃兴的，是国民对本民族文化的觉醒意识与自信心。

“文化产业化”是我们把各个文化产业都要扶持起来，使它形成一个产业，形成商业化的可持续的发展机制。很多好的文化，很多宝贵的传统技艺，因为没有产业化，没有可持续的商业机制，面临着绝迹的危险，所以要“文化产业化”，要运用产业和商业手段使这种文化传统和技艺“活”起来。这是对文化传统的“活”保护，而不是“死”保护。

“产业文化化”就是把各个产业都要视作一个文化来进行发展，使得这种产业有背后的文化实力做支撑。如：餐饮业、房地产、金融业、制造业和农业，实际上都跟中国的文化传统密不可分，要把传统文化的符号和理念融入到每一个产业当中，实现每一个产业的文化化，使每一种产业都融入了浓郁的中华文化基因，从而具有了独特的市场竞争力，这比文化产业化更加重要。

一个国家的文化产业的发展阶段与其综合国力（其中最主要的是经济影响力）的发展阶段密不可分。在一个国家综合国力尚处于非常幼稚的发展阶段的时候，国民和政府的关注点在于如何解决就业、温饱、经济增长速度等亟待解决的实际困难，在发展的初级阶段，国民的基本物质生活都难以保障，遑论文化产业发展？文化产业的繁荣必定是在经济发展到一定高度之后的必然结果，此时国民的文化消费开始迅猛增加，高层次的文化产品需求必然助推文化产业的兴起，促进文化的产业化与规模化。而与文化产业同时勃兴的是国民对本民族文化的觉醒意识与自信心。一国文化产业越是发达繁荣，国民对于本国的文化传统的挖掘与利用越是深入，而越是深入探究本民族的文化传统并使之产业化，国民对于本国的文化传统（包括可视的文化遗留和不可视的文化意识）越是珍惜和自豪。环顾全球，不论是文化产业超级发达的美国，还是文化产业已经崛起的日韩等国，无不体现出这种文化自信与文化产业发展相互助推的特征。在一个对自己本民族文化缺乏自信、缺乏理解的同情和热爱的国家，是不可能指望其文化产业达到大发展大繁荣的。

随着中国综合国力尤其是全球经济影响力的迅猛提升，我国文化产业的发展也进入了一个黄金时代，文化产业的机制创新层出不穷，文化产业在经济增长的地位越来越突出。毋庸置疑，文化产业是经济增长的有机组成部分，在文化产业与经济增长的双向推动关系中，人们们应该更加重视文化产业对经济增长的助推作用。一个地区或城市文化产业的繁荣，往往为这个地区或城市打造出非常具有吸引力的文化品牌，其创造的强劲消费需求（包括旅游消费、文化产品消费、房地产消费等）对于促进整个地区或城市的经济增长至关重要。从这个角度看，文化产业不仅是拉动经济增长的有效引擎，而且更重要的是，文化产业对于改善我国畸形的工业产业结构（高污染、高能耗、低附加值）有意义重大，发展文化产业对于带动就业、促进区域经济可持续发展和产业结构转型都具有不可估量的价值。我国文化产业还处在初级的发展阶段，还有很多消极因素制约着我国文化产业的发展。

首先，我们对本民族的文化元素的理解、挖掘、珍视的力度还很不够，这导致我们坐守一座有着丰富文化资源的“金山”而四处乞讨。我们的动漫产业、影视产业、文化旅游业等等的发展繁荣程度，取决于我们在何种程度上理解和挖掘了我们的传统文化，如果我们对本民族的文化传统不能有深刻的理解、系统地认知和发自内心的珍视，我们就很难在动漫产业、影视产业和文化旅游业中充分利用这些极有商业价值的文化元素，因为如果不懂自己的文化，不知道它的商业价值在哪里，也就不懂如何开发这些产业的价值。我们的动漫设计师、影视产业从业者、文化旅游从业者，可能在硬件和技术上可以和任何国家的同仁媲美，但是我们的缺陷主要在对本国文化的理解上，我们往往输在对本国文化的情感和态度上，如：在中国的文化传统中，像花木兰这样有价值的文化元素成千万，我们的动漫技术也很好，但拍不出《花木兰》。我国台湾地区的农业产业和文创产业密切结合，造就了高附加值的台湾农业产业和文化旅游业，其基础是对文化传统的深刻的理解与同情。韩国的文化旅游业的快速发展与韩国人对自己的文化的自信与热爱密不可分，每一个文化传统的符号都被珍惜、都被充分利用、都充分地实现了商业化。

其次，中国的文化产业发展还处在非常分散、碎片化的状态，缺乏文化产业的积聚效应、规模效应、协同效应，产业链的构建严重滞后。一个完整的文化产业生态建设，需要规范系统的法律体系支撑，需要政府明确的财政税收体系支撑，需要有效的融资机制支撑，同时也需要文化产业内部产业链的构建和协同发展。而在以上这四个环节，我国目前还基本处于探索阶段，亟待完善。

再次，我们对于“产业文化化”重视不够。事实上，文化产业存在着狭义和广义之分。狭义的文化产业是指为社会公众提供文化产品的生产活动的集合，包括以文化为核心内容，为直接满足人们的精神需要而进行的创作、制造、传播、展示等文化产品生产活动，以及为实现文化产品生产所必需的辅助生产活动和作为文化产品实物载体的文化用品的生产活动等。但是，广义的文化产业应该被视为所有产业的文化价值的提升手段。从这样的认知出发，文化产业就不是一个孤立的产业，而是一个可以与工业制造业、房地产业、农业产业、教育产业、旅游业等一、二、三产业有机结合，从而为所有产业提供高附加值的泛产业形态。微观到一个工业制造品的创意设计，中观到一个农业产业园区的文化设计，宏观到一个城市的产业品牌和城市品牌的系统设计，都是将文化产业与所有其他产业发生有机整合，目的是要在所有产业上增加它的文化价值，增加它的产业附加值。如：奔驰不是一个简单的技术集合，而是凝结了德意志民族的精神文化元素；迪斯尼也不仅是一个简单的娱乐产业，而是凝结了美利坚民族的精神文化元素。这些文化创意元素的巧妙利用和深度挖掘，提升了农业、工业制造业和其他第三产业的文化含量，甚至提升了一个地区和国家的文化品格和对外知名度。如果把思路扩展到“产业文化化”，我们就真正实现了文化产业与经济增长的高度融合，一个充满活力的文化产业生态系统就可能构建起来。

（本文摘自《企业文化》，作者系北京大学经济学院教授、博导、北京大学产业与文化研究所常务副所长）

北京工业文化的嬗变

文　魁

北京工业文化是北京城市文化的重要组成部分。新中国成立70多年来，伴随着首都城市工业化进程，北京工业从初步形成、不断成长，走向完整化与体系化。随之生成的北京工业文化也历经了逐步丰富、持续升华的嬗变过程。北京工业文化不但引领、促进着城市的进步，而且始终是这座城市发展生生不息的动力源和不可替代的软实力。当我们在新时代向着新的目标进军时，北京工业文化值得我们认真进行脉络梳理、理论概括、内涵发掘和发扬光大。

影响超越工业领域

北京工业文化是随着北京作为新中国首都的确立而逐步形成的。北京虽然有着3000年的建城史和800年的建都史，但新中国成立前工业基础非常薄弱，基本上是一座消费城市。新中国成立后，北京为实现“消费城市向生产城市的转变”，强调现代化工业基地建设，经过4个“五年计划”持续优先发展重工业，形成了比较完整的工业体系。北京工业文化就是在这个时期形成的。北京工业体系从无到有、从小到大、由弱走强，逐步形成了一个成龙配套、内在关联的完整工业系统。这个工业系统凝聚了北京工业人的心血和汗水，不但形成了北京强大工业基础的物质文化，强有力地支撑了城市基础设施和公共事业的快速发展，为繁荣经济、保障供给、人民就业、财政收入作出了巨大的历史贡献，同时也创造了从工业体制、管理制度、组织形式、生产方式、工艺流程到技术革新、技术革命等制度文化。

北京工业文化的衍生，是伴随着北京工业结构的调整展开的。进入20世纪80年代，根据中央对首都建设方针的重要指示，北京进行了大规模“退二进三”的经济结构调整。北京的产业结构从以重工业为主导的“二、三、一”产业格局，进入了以金融、信息服务为主导的“三、二、一”产业格局不断优化的演变进程。而这一演变进程又恰逢改革开放和经济转型时期，因此，北京工业文化也经历了一次凤凰涅槃。这一时期，北京工业文化不但在物质文化上积极抓住世界新技术革命的契机，大力发展以现代服务业、生产性服务业为主的第三产业，保持全国领先；在制度文化上，更是经历了扩大企业自主权，责权利相结合的承包制、股份制改革以及企业集团化改制和战略重组等一系列制度创新；特别在精神文化层面，逐步树立了适应市场经济的竞争文化、优胜劣汰文化和资源优化配置文化。

北京工业文化虽然生成于北京工业领域，却影响和渗透在北京城市发展方面，在工业领域之外的许多领域发挥着深刻的文化功能。如恢复高考后，为解决积压10年的学子入学问题，北京工业提供了大量的校舍条件，支持大学办分校；医疗卫生、教育教学的改革创新吸收了北京工业文化的新理念、新构想。此外，北京工业领域还为政府和其他行业输送了大量具有北京工业文化素质的干部和人才。因此，北京工业文化是一种超越工业领域、有着广泛影响的文化。

受首都位势的影响

北京工业文化从生成到衍生，经历了非常深刻的演化，生生不息、顽强成长，表现了旺盛的生命力，有着自己独特的品质。北京工业文化的特质，首先离不开首都位势的深刻影响，主要体现在讲大局的政治文化上。无论新中国成立初期重工业的大干快上，还是转型升级的改革创新，始终都是按照党中央的战略部署和战略决策行事，坚定不移、勇于担当、攻坚克难、势在必得。首都位势，还表现在首都国家级科学技术制高点和紧跟时代变化信息中心对城市工业化进程的影响上，培育了北京工业文化独特的优势。春江水暖鸭先知，北京总是能够较早地捕捉到科学技术进步的信息，从而形成了开阔视野、追寻进步、不断学习的工业文化。北京工业文化的特质，为时代所造就。北京工业历经了新中国成立和改革开放两个伟大时代变迁，北京工业文化积淀了时代所赋予的品格。如，自力更生文化、白手起家文化、企业重组文化、人力资源开发文化、企业家文化、工匠文化、人工智能文化等。

北京工业文化的特征，还是京城传统工商业讲信誉、重质量文化的传承。北京在新中国成立之初虽然现代化工业基础薄弱，但古都皇家文化和市井民生都积淀了丰富、宝贵的文化，如“老字号”文化，也是北京工业文化的重要组成部分，对北京工业文化的特质起着深刻的塑魂作用。

新时代　新升华　新面貌

党的十八大以来，北京城市发展进入新时代，北京工业文化也开始进入进一步升华的新通道。随着《北京城市总体规划（2016—2035）》得到中央的批复，北京工业面临着又一次重大的调整。一方面，要疏解包括传统工业在内的非首都功能，对接京津冀协同发展的国家战略，在更广阔的空间谋划首都发展；另一方面，以资源环境承载能力为刚性约束条件，在市域内瘦身健体，减量发展，构建“高精尖”经济结构，着力发展都市型农业、高技术产业、现代服务业、文化创意产业等新兴、高端产业，培育“互联网+”新业态。这样一个工业发展战略的推进，必然引发北京工业文化新时代的升华。

北京工业文化的升华主要表现有三：第一，在传统工业的疏解过程中，生成一种新的“辐射带动文化”。北京工业发展的观念不再是“一亩三分地”的思维，而是在更大的地域谋划，以更宽阔的胸怀，迎接大北京区域工业的新发展。第二，在构建“高精尖”经济结构过程中，生成一种新的“攀高升级文化”。北京工业发展的观念不再是追求“大而全”的产业格局，而是占领高端，形成引领新优势。第三，在城市总规划定发展边界的刚性约束下，北京工业文化生成一种新的“红线约束文化”和“绿色发展文化”。

虽然过去那些机器轰鸣的厂房、车间已经变身为活力四射的文化创意园区，但北京的工业遗存和博物馆依然向后人述说着曾经的辉煌、传颂着不朽的精神。北京工业文化在新时代以其新的面貌发扬光大，北京工业人是永远令人自豪的名称。

（本文摘自中国社会科学网－中国社会科学报2019年5月10日，作者系中国企业文化研究会学术委员、北京市政府顾问、首都经贸大学原校长）

转型期的文化焦虑与企业文化创新

邓荣霖

转型期的文化焦虑表现及其原因分析

转型期文化焦虑表现在诸多方面，从企业角度来讲的文化焦虑表现为：第一个是产业重组。企业在产业重组，企业并购过程中，被重组的企业、被兼并的企业以及兼并企业，它们在文化上都有差异。也就是说，无论是兼并方还是被兼并方，都不适应双方原来的文化，这样就会产生冲突。在产业重组中，没有解决企业兼并重组的文化问题，这就产生了文化焦虑。第二个是产能过剩。所谓转型，突出的问题就是要解决产能过剩。过去，产能过剩依靠政府的行政手段来调整。但是，现在通过市场的方式来进行。在解决产能过剩的过程中，有些手段就要退出历史舞台。原来所谓高速度的产业，就出现下降了，这就是“新常态”。原来高速的文化，现在产能过剩了，要调整，要转移，文化就不适应了。适应高速度的文化，但它不适应产能过剩调整下来，包括要解决环境污染、生态文明的问题。这就发生了文化的冲突。第三个是创业、就业和职业当中的困难和焦虑。现在国家层面已经高度重视创业，但是在创业过程中也要解决很多文化的问题，例如，就业、职业生涯的设计都有文化的冲突、文化的焦虑。之所以导致这个差距，其本质上还是观念上的问题。

企业转型的压力表现在文化的焦虑上，是一种对文化焦虑的表现。从企业文化建设角度分析文化焦虑产生的原因：第一，企业内部原因：我们的企业文化建设到了新阶段。过去，企业文化建设在高速度下、政府扶持、优惠政策下，现在碰到了转型、调整、产能过剩，创业、就业等，企业内部就有压力，原来的那一套企业文化实践、企业文化理念就不适应了。第二，社会原因：转型期的文化焦虑。首先，市场竞争越来越激烈，导致社会一些不规范的行为，如：认真研发新产品，按规则来做，但不赚钱。那些违背市场竞争的、不讲诚信的、假冒伪劣，倒赚了钱。按着经济学来讲，叫做“劣币驱除良币”。这就是说，现在诚信出问题了，好的企业赚不到钱，真正的研发好产品需要花时间和精力，结果赚不到钱。歪门邪道、坑蒙拐骗赚到钱了。但对其打击又不够。

除了市场本身以外，企业文化的焦虑，实际上是全民社会焦虑的一种反映和延伸。社会焦虑、全民焦虑、集体焦虑，包括新冠肺炎疫情引发的健康焦虑和市场变化，然后影响到企业、延伸到企业。所谓焦虑，就是说，现在企业在国内市场竞争中，精神不定，心神不安，心态紧张。企业人想好好干，又担心赚不到钱，处于矛盾的心态，焦虑的心态。所以，这个心态，不仅是企业，也是集体，也是社会，也是全民的文化冲突，也引发一些失业问题，贫富差距，两极分化，滋生劳资纠纷，事故频发。所以，处于高速发展竞争当中的那种旧常态要过渡到新常态，它就引起焦虑。社会转型，体制转型，各种矛盾交错在一起，转型时期新的规则体系没有建立，旧的体制没有退出历史舞台，各种风险共生。这些焦虑，加重了人们不切实际的高期望值的心态，我把它叫做“透支未来”。现在，都在透支未来，对自然生态环境的破坏，社会规则的践踏，失控的群体行为时有发生。在这种情况下，人们对社会不满的情绪就会逐渐增加，很多情绪到企业去发泄。所以，今天企业转型期的文化焦虑是社会焦虑的一种延伸和表现。所以，解决这类问题，需要从企业内部和社会双管齐下，解决问题。

关于转型期的文化冲突，不仅在中国存在，在国外也存在。但是，不同的是中国现在是一个世界性的加工厂，在国际上没有自己的主导产业。国外不同，美国在发展的过程中，也出现过产业的调整、变化。如：美国上个世纪80年代，美国制造业被认为是夕阳产业，美国制造业向外扩张，包括工厂转移到中国，美国国内就发展金融业、房地产业、第三产业。但后来的实践证明，到80年代末期90年代初期，美国制造业的国际竞争力严重弱化，汽车、钢铁国际上的竞争大幅度下降，导致美国2008年暴发金融危机。美国在2008年金融危机后，重新发现制造业的重要作用。所以，2010年美国提出的再工业化，就突破了这个危机。再工业化，就是说它们把高端的IT产业及其制造行业，包括新能源装备、大飞机发挥优势。再如德国，实际上曾经也有过这样的调整。德国其实在制造业超过了美国，德国现在提出4.0。它1.0是机械化，2.0是电气化，3.0是自动化，4.0是智能化。德国有一套文化的基础。我们还没认识到与德国、美国的差距，国外也有过转型期的文化焦虑，但是他们很快地解决了这个问题，我们现在正处于解决此问题的过程中。

危机文化是企业文化创新的方向

企业文化是社会文化的亚文化。我们研究企业文化，要与社会文化连在一起。中国现在的企业文化建设出现了拐点，如何应对和解决企业文化的焦虑，就是企业文化创新。企业文化创新的方向，最重要的工作要确立危机文化的创新理念。但是，在中国讲危机，远比国外难。讲优越性，谁都讲，但一讲到危机，就要回避了。而现在转型期的文化焦虑，恰恰要逼到我们提出危机文化的概念出来，要确立和实践危机文化。从学理上看，企业文化是价值观的表现。那么，企业价值观有什么特点？总的说来，企业价值观主要有几个特点：

第一，有用性。讲企业价值观，要立足企业角度来研究企业文化。企业有自主权，有独立性，有价值，来确立它的危机文化。这个有用性，就是企业未来的生存与发展。今天，企业转型期碰到生存与发展的风险，企业要确立新型的价值观、新型的企业文化，这就是企业文化创新。过去，我们有创新文化，今天要强调文化创新。企业文化的价值观要创新，要发生变化，这个创新要围绕着有用性。

第二，可衡性。要可衡量，既是定性的，又是定量的。这个衡量，最主要的是性价比，就是说它要占领这个行业价值链的高端。现在处于中低端，实际上低端是大量的，中端是少量的，高端几乎没有。可衡量，不是抽象的口号、标语，要为企业带来更多、和最大化的价值。

第三，持续性。有的企业文化是短命的，甚至换一个老总，换一个书记，换一个企业文化，没有持续性。企业文化要从时间上来检验，国外的企业文化，像杜邦公司200多年，换了十代股东、十五代董事、十八代总裁，还坚持它的文化。所以，企业文化具有可持续性。我们有的企业领导之间有不同的看法，没有形成一个完整的企业文化。企业文化建设还不适应调整期、转型期的需要。从时间上来说，企业文化理念、价值观，应该有可持续性。所谓持续性，就是长期偏好的行为方式。企业文化是一种行为，一种习惯，员工发自内心的行为。长期性，就是持久性。

第四，组织性。企业文化是全体员工认同的凝聚力。企业是一个组织，企业文化是组织的文化。从空间来说，它是全体员工认同的。

可以用这四个标准来检验现在转型期的企业文化创新。不管什么情况下，企业的理念、规则、机制、习惯，必须在长期中站住脚。危机是最好的企业检验器，企业在顺利的时候可以过关，当碰到困难的时候就倒下去了，这样的企业文化应该说不是真正的企业文化。企业文化主要看能不能适应企业生存与发展，任何时期都要生存与发展。所以，企业文化最终还是要在市场中来检验。而市场检验，在顺利的时候，产品卖出去的时候，谁都讲成功。现在产品卖不出去，产能过剩了，成本太高了，倒闭了，企业文化就要受到检验。既然危机是检验企业文化的最好试剂，企业文化就不能缺乏危机因素，要增加通过定性、定量、时间、空间都能检验，且任何时期都能检验的元素。

针对转型期企业文化是个好课题，在中国企业文化建设上是具有划时代的标志。过去的企业文化，适应高速度的形势，现在出现了危机。在危机的时候，对企业文化的凝聚力、牢固性、生命力是最直接、最实际的检验。如果你的企业文化经历了危机、经历了转型期而不衰，还能显示企业文化的凝聚力、牢固性、生命力。危机是对企业生命力的拷问，是对企业文化能不能延续的最好检验。所以，企业文化创新的方向是危机文化。

所谓危机就是企业能够对它的产品、它的生意、它的市场造成潜在的破坏。发生突发性、不稳定性的实践，做出一个比较和确认，在危机的时候，能够来处理问题。许多企业认为危机好像是突然的风险，危机来了就措手不及，进而产生文化焦虑。有些企业回避、躲避危机，甚至用过去欺骗政府的手段去欺骗市场，企图降低危机的损失，实际上没有解决危机，没有克服危机。危机的存在不可怕，可怕的是我们在危机面前没有看到它的实质。危机的实质，既有危险、危害，也有机遇。所以，危机文化最主要的是能看到危机中的机遇，危机中的机会，有效地把握转型中的化解风险。危机，不能简单的说是坏事还是好事，因为既是坏事，又是好事。坏事打乱了你原来的秩序，好事是让你建立新的秩序。所以，危机并不可怕。其实，企业随时都会面临亏损、倒闭，这本身就是危机。市场，客观存在着危机，危机对企业是客观存在的，关键是认识要到位。

现在的问题是，在文化焦虑面前需要去消除焦虑。要以危机为契机，把危机和企业文化连在一起，要有危机文化精神。转型期企业考虑的问题，不能简单停留在原来产业顺利状态下，而应考虑如何化解新的危机。所以，危机文化，要化压力为动力，化风险为机遇，积极进取，勇敢前行。危机文化，迫使企业不断的整合资源，创造价值，摆脱危机中不利的局面，创造未来生存的主动权。

企业要永远积极的、主动的应对面对危机。在转型的时候，企业要保持信心，把危机作为学习的机会，从中吸取教训，把坏事变成好事。危机给企业带来压力和风险，也带来了难得的发展机遇。我们要把各方面转型的压力转化为危机文化，进一步提升企业。从总体上说，现在是中国企业文化建设的最佳时期，而在转型期，只要有危机文化，就能使中国企业生存与发展下去。

中国的企业文化建设处于一个新的起点转折时期。企业文化有明显的路径依赖，企业文化也有惯性，以往习惯于原来的旧常态的企业文化，不适应新常态的企业文化。这新常态企业文化就需要危机文化。旧常态文化有各种各样的文化，但不能适应现在转型的需要，不能应对未来的发展。现在，企业面临着产业大洗牌、世界大洗牌，要有这种紧迫感、危机感。转型期的文化创新，最主要的是确立危机文化，这是一个转折点。企业文化没有终点，只有起点。企业文化建设是一个循序渐进不断的总结、提炼的过程。现在需要认识、总结提炼转型期企业危机文化，使中国的企业能在世界上站稳脚。企业文化核心理念的形成是一个从客观到主观，从感性到理性，不断的提炼、提升的过程。核心理念，核就是代表规律，心代表感悟，理代表思维，念代表执行。可以说，危机文化是现阶段企业文化的最高境界。企业确立了危机文化，文化才有生命力。到达不了危机文化，就很难应付转型期的文化焦虑。要确立危机文化，就要认识到自己与世界是有差距的。危机文化是企业文化在市场经济关系的体现。企业文化的产生和发展就是来源于市场经济，来源于新生事物的发展。危机意识是新生事物的基本理念，基本的价值观。

企业文化创新与业务创新、制度创新的结合

研究企业文化，不能就文化研究文化，而是需要注意“企业文化”这四个字，企业是主体，要落实到企业。企业是利益合约，是心理契约，是文化的载体。因此，企业文化建设、企业文化创新，不能离开企业的业务创新和制度创新。如果不能实现企业经营的目标，就没有真正的企业文化。在这里提危机文化，就是企业要生存与发展。所以，企业文化创新，危机文化的确立，一定要落实到企业的业务创新和制度创新中，不能离开企业的业务创新和制度创新，抽象地去讲企业文化。在新的历史起点，企业的业务创新，要着眼于以下几个方面：

第一，市场创新。最主要的是企业要找到自己的市场。当前中国的制造业大多数处于低端、中端，高

端的寥寥无几。危机文化要使中国的制造企业在国际市场竞争上占有高端的价值、价值链。市场创新，要创造利润高附加值的价值链高端，不能离开市场创新来讲企业的危机文化。

第二，科技创新。科技创新是个大概念，其中最主要的内容之一是企业的研发创新。当前中国的研发比率很低，有的企业几乎没什么研发。

第三，人才创新。“人才”在英文里“人”是“human being”，“才”是“talent”。“人才”这个词在中国理解不一样。实际上，现在强调的“人才”是人中之才，不是人与才的并列。从危机文化透析“人才”，更要强调“人”。人才，是人中之才，才中之人。企业文化的实质，就是化人，就是人化。现在根本的问题是人的素质不适应市场的需要，企业文化建设的目标是塑造市场竞争中高素质的人。这个人要具有才能：一是过去的能力，二是现在承担的能力，三是未来的潜能。现在提到危机文化更要强调发挥人的潜能，所以招聘人就要利用人的潜能。现在招聘人看的是过去的业绩。而危机着重讲未来，讲能不能把企业的潜能挖掘出来。

如何看企业文化创新与制度创新？二者的功能不一样。企业文化是软的，企业制度是硬的。企业文化创新要与业务创新、制度创新结合。企业创新要软硬结合，双管齐下，切忌片面、刮风、孤立。文化是引导人性善的一面，制度是抑制人性恶的一面。文化是内在的，制度是外在的。所以，我们相信文化，相信制度。人是在文化中生存、在制度中成长的。企业制度创新方向，就是要建立现代企业制度，包括产权制度要改革，组织制度要完善，管理制度要创新，才可以度过危机。

（作者系中国企业文化研究会学术委员、中国人民大学商学院教授、博士生导师）

经营的“六道智慧”

布玉兰　齐善鸿　滕海丽

《道德经》中的“道”涵盖了修身、治国、用兵、养生之道。其中的领导智慧、为人原则和处世方式等对现代企业管理有重要的借鉴意义。而现代企业在管理中都必须遵循一些基本的管理原则和行为方式，并且只有具备大道特征的管理学才能适应当代的发展趋势。我们从《道德经》核心价值体系——“道”出发，探讨企业经营的“六道智慧”。

企业天道：功遂身退，天之道

鲁迅在《鲁迅全集》中把道家置于儒家和墨家之前，地位之高源于其在中国文化史中最早提出以“天道”为核心的文化体系和价值模式。《道德经》中的“天道”是“道法自然”，即客观自然规律。企业的天道是企业选择的产业、产品、商业模式、企业文化和企业使命等要符合客观大道规律。企业家要按照“道”来行事，“功遂身退，天之道”中的“退”，即功业完成要急流勇退来顺应规律，马云在事业顶峰时辞去阿里巴巴董事长。表现出了急流勇退的智慧。企业发展亦然，尤其是新创企业的发展不能急于求成，要稳中求胜，正如“天之道，不争而善胜，不言而善应，不召而自来，繟然而善谋”，企业的发展也要追求这种不争斗却善于获胜，没有言语却总能获得回应，无须召唤却能自动到来，从从容容却能筹划妥当的境界。企业作为经济组织要“损有余而补不足”，时刻促进企业更新升级。企业作为社会组织要有“常与善人”和“利而不害”的社会责任感，为社会创造价值。顺应天道的企业的经营目标是面向人类，而不仅仅是占领一个行业的细分市场。马云、比尔·盖茨和乔布斯都是伟大的企业家，他们经营企业和开发产品是面向人类并改变世界的，这就是顺应天道。人悟了道就与天地万物全部沟通，企业悟了道就会产生价值的唯一性和不可替代性。天道体系具有自我优化、自我超越的核心程序，企业的天道亦是如此，有着自我优化和自我超越的管理系统。例如，企业家任正非时刻保持危机意识并不断突破自己的基本认识，唯有如此，才能避免危机，这就是企业天道。

企业人道：孰能有余以奉天下，唯有道者

天道是客观自然规律不能掌握，而人道正如“天道远，人道迩，非所及也，何以知之?”（《左传·昭公十八年》）所描述的，是存在于社会人事中容易掌握的。但是，人作为企业发展中最重要的要素，是具有主观能动性的，即具有人性。人性即天性，天性即道性。故企业人道必须建立在对人性的正确认识上。“人之道，损不足以奉有余”说的是在人类社会法则中，剥夺“不足”的人去俸给“有余”的人，文中又讲“孰能有余以奉天下，唯有道者”，也就是具有道性的人才能顺应天道，才是人本性的体现。企业经营要认识人性，抓住人心，于内要经营员工的心，于外要得到客户的心，唯有此企业内部经营才能顺畅，外部收益才能持续“圣人之道，为而不争”，这是圣道，也是人道，是人修行的方向。人道的最高原则就是“为”而不“争”，也就是成就人和服务人。即以一切为了人、依赖人、成就人、服务人的全面成长为终极目标，这个终极目标是企业发展的核心条件。这里的成就人和服务人，不仅仅是要成就和服务组织内部的员工，还要成就和服务组织外部的利益相关者。企业要以本企业为核心，为利益相关者增加综合价值，这是合作共事和人道形成的基础。企业实现终极目标的前提是企业自身的发展，企业的发展要考虑现

在和未来、物质和精神、个人和集体的利益。企业人道贵在坚持，唯有此才能谋得企业长期可持续发展。企业人道的最终形态是每个人都变成一名修行者，学习别人的优秀，感恩别人的恩情，识别自身的负能量，让企业成为全员修行的道场。

企业心道：圣人常无心，以百姓心为心

心道就是心理契约，“心”的问题就是要观察起心动念、价值方向和逻辑模式有没有错误、残缺和扭曲。企业心道就是企业的经营理念、价值方向要符合自然规律。企业领导者该如何领导呢？“圣人常无心，以百姓心为心。”领导者不能一人独大，要广泛听取下属的心声，站到员工的队伍中，和员工共进退，这是“经营人心”的战略。最好的领导状态便是员工对领导者要超越“侮之”“畏之”“亲之誉之”的阶段，而达到“下之有之”的境界。即下属仅知道领导者的存在，甚至不知道他的存在，达到全员各司其职而不需要时刻被监督的自觉状态。

心学大儒王阳明的“无善无恶心之体；有善有恶意之动。知善知恶致良知，为善去恶是格物”是说心要向善，唯有向善才是正道。在员工层面，绝大多数的员工在企业中处于谋生阶段，做好分内的事情便是善的体现。在企业家层面，越来越多的企业家认识到了企业的社会使命不仅仅是创造经济效益，还要投身慈善事业为社会的进步贡献力量。就像李嘉诚、马云、稻盛和夫等，他们怀着伟大理想，创造了伟大的企业，为经济发展带来了巨大效益，又通过不同的方式回馈社会。但不是每个人都有如此高的觉悟，老子的“上士闻道，勤而行之；中士闻道，若存若亡；下士闻之，大笑之。”就是在说明人生而不同，每个人都成为圣人是不可能的，但是要努力向圣人靠近。做人要有符合“心道”的原则，做企业不能仅符合“钱道”，更要有符合“心道”的管理原则和方法。

企业众道：善者吾善之，不善者吾亦善之

企业的众道是集体契约。人是具有主体性的社会人，每个人都不同，那由不同的人构成的组织便会存在价值观不一样等问题，企业众道就是解决因价值观不同给企业发展带来的问题。集体契约是建立在互相包容和信任的基础上的，通过“善者吾善之，不善者吾亦善之”“信者吾信之，不信者吾亦信之”，培养大家的“德善”和“德信”。在这种良善和诚信的基础上形成的集体契约是最具牢固性的。企业作为有严格规章制度的正式组织，不能随时随地地改变已形成的

集体契约。如果集体契约不再适合企业某阶段的发展，需要通过企业规范化的流程重新协商、完善和升级。面对问题，企业成员要谦卑，通过协商、妥协、寻找共同点的方式，在无法完全达成一致时求同存异，最终形成最能体现集体意志的契约。集体契约是由协商、争论、民主集中投票等方式达成的共识。一旦完成契约，包括企业领导在内的每个人都是契约的客体，都必须接受其制约。企业每个层级的成员都做好自己应该做的，上级帮助下属成长，并接受下属监督，全员阶段性学习外部的经验教训并接受外部专业机构的专业性诊断，使企业始终处于良性运转中。

企业术道：“无为”“不争”“自然”“贵贱”和“自胜”

术，是人遵行自然规律的做事方式，也是人的进取、防御之道。企业的“术”就是顺应“道”的企业管理原则和方法。企业天道的“术”是成就社会责任，企业人道的“术”是成就下属。企业经营要不断吸纳、否定、改进、调整、提升，通过把握企业天道的“术”和人道的“术”建立企业符合客观自然规律的管理原则和方法，形成企业的核心竞争力。《道德经》的“无为”“不争”“自然”“贵贱”和“自胜”等思想都可以指导企业管理，转化为具体的管理方式。“术道”强调内容和形式的统一。“术”离不开“道”，是“道”的具体落地。同样，企业的管理原理和方法也必须落地。真“道”需要关键上的落地检验，企业发展是否符合“道”，是要通过“术”来检验。“术”要载“道”，比如企业文化的建

设，如果企业文化不能落实到企业管理的方方面面，就是空中楼阁，没有实际价值。若落地就是要有精确到刻度的“术”，这就需要悟道，悟道是一直用修行的思维做事。面对企业纷繁的事情，解决问题的方式要获得大家的认可，并且还能增强大家工作的积极性，就需要对人心精确到刻度的把握。管理就是一场修行，中国企业所需要的是一个基于中国文化背景和思维方式的管理方法，一个中国化的“道与术”统一管理思想和理论。

企业胜道：胜人者有力，自胜者强

对现实中的企业而言，求胜是其本能。公司“胜”的内涵是资本和文化对社会的使命以及对公众利益认知的挑战。阿里巴巴很好地诠释了企业胜道，支付宝挑战了金融支付体系，触动了原有体系的利益，却能顽强地存活并在一定程度上改变了人们的生活方式。原因是支付宝的经营方式是符合“道”的，这就是马云的胜道，企业要胜出必须用智慧缔造企业的竞争优势。但是企业要“胜”仅保持竞争优势，不被竞争对手超越就可以吗？“胜人者有力，自胜者强”指出“胜”的关键还是“自胜”，战胜别人可以证明有力量，但是战胜自己才是

真正的强者。所以，“自胜”才是管理的强大之源。探讨企业胜道需要考虑几个层面，第一，企业的存在要有独到的价值，有不可替代性；第二，让企业的每个人都成为胜者；第三，企业要让对社会利益格局起决定性的群体成为胜者，如政府、客户；第四，企业内部以及企业利益相关者都要形成一种对胜者文化的认同和崇拜；第五，企业的每个人要努力从俗人中胜出，成为一个信徒、奉献者；第六，企业必须明确、坚定地用自胜这条程序运行一切。只有不断地突破才能获得永续发展。

《道德经》是一本很好的管理哲学全书，其内容是“无为而治”，思想方法是“柔弱胜刚强”，基本内涵是“以人为本”，其以独特思维视角和方式形成的人本思想对构建符合中国实际的管理科学和发展现代管理有积极的借鉴作用。所以，现代企业应该积极汲取《道德经》的智慧，构建符合大道规律的管理原则和方法，以便在激烈的竞争中立于不败之地。

（本文摘自《企业管理》2019年第1期，作者系南开大学教授、学者）

提升新时代企业文化的主导性　基础性功能

华　锐

新时代中国企业文化的功能提升，是指深刻把握新时代中国企业文化的本质内涵和崭新特征，创造性开展企业文化理论创新、体系构建、结构优化和载体创新，在原有的企业文化功能基础上进行整合创新，发掘和打造具有新时代中国企业文化本质特征、符合新时代中国企业需要的企业文化新功能。

习近平总书记在2018年8月召开的全国宣传思想工作会议上再次强调“坚持文化自信是更基础、更广泛、更深厚的自信，是更基本、更深沉、更持久的力量”。这是习近平总书记第一次更深刻地阐述了文化的作用意义和功能要求，同时，也给新时代中国企业文化的功能提升进一步指明了方向，赋予了新时代中国企业文化功能提升的本质和意义，即新时代中国企业文化的功能再造。

企业文化的功能就是企业文化发挥的作用与效能

企业文化的功能既满足于企业的现实需求，又作用于企业潜在或未来的需求。企业文化的功能具有双重性，先进和优秀的企业文化功能对企业发展具有积极的作用，落后和不良的企业文化功能对企业发展具有阻碍和破坏作用。企业文化的功能影响和作用于企业是全面的、深刻的，对企业成败的关系极大。优秀的企业之所以优秀，是因为优秀企业文化的功能得到了充分的发挥。从以往的企业文化功能体系来看，主要有导向功能、凝聚功能、激励功能、约束功能、整合功能、形象塑造及品牌展示功能等，但当前，我们应该根据习近平总书记的要求，在企业文化原有的功能基础上，创造性地实施新时代中国企业文化的功能提升。

主导性功能提升

新时代中国企业文化的主导性功能提升，是企业文化核心功能的提升，不同于以往企业文化的导向性功能，是更加具有主体性、主动性、主导性、主控性的企业文化功能，主要体现在对企业发展方向上的主导性，对企业价值体系构建及价值关系处理方面的主导性，对企业全局统筹、全局发展、全局管理方面的主导性。重点在以下三个方面进行功能性提升。

*一是在“灵魂”主导方面进行功能提升。*所谓“灵魂”主导，就是企业文化在企业的最高地位和不可替代的作用的主导，在企业的总体架构或价值系统中处于首要位置，起到主要引导和关键性决策作用，是企业文化生成和发展的首要条件。其中，企业核心价值观是企业文化“灵魂”主导性功能生成的决定因素，企业发展的现实需要是企业文化“灵魂”主导性功能生成的直接因素，企业家和企业领导人团队的信仰追求是企业文化“灵魂”主导性功能生成的基础因素，企业的价值博弈活动和实践创造企业文化“灵魂”主导性功能生成的重要因素。尤其是对于国有企业来讲，坚持党的领导、加强党的建设是国有企业“灵魂”中的“灵魂”，以坚持党的领导、加强党的建设主导企业文化建设，把坚持党的领导、加强党的建设企业文化“化”。

*二是在目标主导方面进行功能提升。*目标主导是企业文化主导性功能的本质要求，具体体现为企业愿景对企业发展的引领作用。首先，以企业愿景为指引，整合企业资源，制定措施规范，使企业形成一个有着统一目标的行动整体；其次，以企业愿景为企业前进坐标，提升企业决策的正确性和有效性；第三，以

企业愿景的叙述和描绘，为企业和员工提供明确的指南，减少误会和矛盾，增强企业文化建设准确性和可操作性。

三是在价值主导方面进行功能提升。价值主导是对企业整个价值体系的主导，具体体现为企业的核心价值观，并以此形成的企业和员工判断是非、处理事务的根标准和必须遵循的行为准则，以及在此础上构建的企业核心价值体系，主导企业正确处理客户、员工、社会、股东及合作伙伴之间的利益关系，尤其是决定着企业能否承担应有的社会责任，如何正确处理企业经济效益与社会效益的关系，确保企业健康可持续发展。

基础性功能提升

新时代中国企业文化的基础性功能提升，是企业文化基本功能的提升，在企业文化所有功能中处于基础地位，对其它功能的发挥起着制约和决定作用，主要体现在作用于企业文化生成的基础———企业核心价值观。因此，要实施新时代中国企业文化的功能提升，就必须首先从企业核心价值观这个基础性功能进行提升。

企业核心价值观是企业价值主张、价值追求、价值创造、价值分享的源泉，是企业构成企业价值体系的核心坐标，是企业一切行为的基本价值准则和信条。习近平总书记曾指出：“核心价值观是一个民族赖以维系的精神纽带，是一个国家共同的思想道德基础”。“一个国家的文化软实力，从根本上说，取决于其核心价值观的生命力、凝聚力、感召力。”因此，因此，进入新时代的中国企业，必须以习近平新时代中国特色社会主义思想为指导，以社会主义核心价值观引领，构建具有新时代特征的企业核心价值观，着力提升企业文化的基础性功能。

首先，要建立正确的企业核心价值观，并以此为支点构建企业整体的价值体系，正确处理企业与国家、员工、客户、股东、社会及利益相关者的关系，积极做到以国为重、以人为本，讲求诚信、遵纪守法，注重质量、热心服务，敢于创新、追求卓越，这是提升企业文化基础性功能的前提。

其次，要秉承真实的企业核心价值观。没有真实的企业核心价值观，就没有真实的企业文化，更没有企业文化的功能和作用。秉承真实的企业核心价值观最重要的是不能说一套、做一套，其关键在于企业的第一把手及核心领导团队的身体力行、率先垂范，其重点是在一切工作中对企业核心价值观的践行和至高无上的坚守。

第三，要注重核心价值观的认知和践行。要按照习近平总书记关于“核心价值观的养成绝非一日之功，要坚持由易到难、由近及远，努力把核心价值观的要求变成日常的行为准则，进而形成自觉奉行的信念理念”的要求，通过教育引导、舆论宣传、实践熏陶、日常养成、制度保障等，使企业核心价值观内化为企业与员工的精神追求，外化为企业与员工的自觉行动。

第四，要对企业核心价值观进行考核评价。企业文化从某种意义上讲就是价值观管理。因此，必须要把企业核心价值观制度化、行为化、可视化，把对企业核心价值观的考核评价作为衡量企业文化基础性功能提升的一把“尺子”，明确企业价值主次和轻重的排列次序，校准企业的价值取向和价值追求目标，规范企业和员工的价值追求和行为方式，突出企业有益的价值创造，这是企业文化基础性功能提升的必须。

（本文摘自《当代电力文化》2019 年第 4 期，作者系中国企业文化研究会原常务副理事长）

文化·企业文化·中华文化

李万来

文化到底是什么？尽管学者们有千百种见解，我认为，文化就是习惯、生存方式和历史留下的印记。

文化就是习惯。吐痰本身不是文化，是一种生理现象，但痰吐在什么地方就是文化了。上电梯、乘公交车、扔废弃物、汽车按喇叭、着装、甚至一个微笑、一声问候以及一个人的整体气质……都能体现出文化。

一个人的文化水准，应该是指他的人文素养、道德追求，理性良知、自由意志，情趣爱好、做人态度、处事原则、文明程度、爱人之心……知识入脑、文化入心。

学历只能代表一个人掌握的科技知识，带有阶段性的结论。有知识的人不一定有文化。反之，有文化的人也不一定有知识，一个目不识丁的人，可以有大智慧、大见识、大风格让人尊敬，活出生命的意义，反而有些人读了一堆书具有高学历却可能受到全社会指责唾弃。当下很多机构简单粗暴地把学历和知识等同于文化程度是不负责任的做法，也意味着对文化的误读和无知。

古人创造“文化”二字，本意就不是指“技能”“专业知识”，“文化”是指用思想、文章、礼乐等来改变人，使人通过教化改变气质、转恶为善、转迷为悟、转凡为圣。

文化的本质是“以文化人”。今天，我们还应该区分两个不同的概念：培训和教育不同点就在于：培训指的是业务、专业、法规、技能、流程等方面提升人的工作能力，而教育则是以文化人，教会人如何做君子的学问。

文化就是生存方式。所谓生存方式，就是如何“活法”。当你走进一个家庭、走进一个企业，走进任何一个组织，或者是走进一个城市、一个国家，稍加观察或体验，你总会感到有不同之处，他们年复一年地生存下来，都有自己特定的“活法”，各种不同的“活法”，他们都能说出存在的理由。

许多企业的领导在每年例行走访员工家庭时，会感到不同的生活习惯和生存方式，是因为不同的家庭文化，带来不同的生活质量和幸福指数。在国内人们去不同的城市都能给人们留下不同的感受和印象。比如在深圳和成都，人们会体验到在两座城市生活的人们，有截然不同的生活哲学和“活法”，前者快节奏、竞争压力大，后者却是慢节奏，人们追求轻松的工作和休闲生活方式。当然，不同的文化、存在不同的因果关系。甚至到国外几十个国家，同样觉得每个国家都在生活方式、行为方式上存在差异，人们都会有一种新鲜感。

当然，不同的城市、国家的生存方式，行为模式，很难用“好”或“不好”来评价，但可以肯定的是，他们有不同的文化。人们只是看到生存方式、行为模式的表面，却没有看到背后的生存哲学（理念）。

仔细研究，人们就会得出结论：文化，它是一种包含精神、价值和生活方式的生态共同体，它是通过长期积累和导向而形成的集体人格，也可以说：文化，是在一个组织里，大家认可，视为当然，做人做事的准则。

文化也是历史留下的印记。孔望山原本是连云港的一座小山，它是偶然一次地球运动隆起的一块大石头，是一种自然现象，不属于文化范畴。但是，二千多年前，孔子来到这座山上观海，从此这座山的名字就叫孔望山了，就开始有文化内涵了。孔子离世二千多年了，但他的思想、他的价值追求、他的著作，却永远留给中华儿女传承下去，甚至全球都在研究孔子文化，孔子文化源远流长。我们每个人都可以去创造历史，都可以给历史留下印记，人们留下的物质财富可能很快消失，而文化可以让后人永远留存，只是不知道人们有无比较强的文化意念。

归根到底，文化是可以活在人们心中的，能支配和引导人们言行的东西，也是支撑人们为什么活着和如何活着的东西，它可以支撑起人们的精神空间，成为引导人们不断向前的动力源泉。

企业文化（组织文化）

任何组织都存在自己的组织文化，小到一个家庭，大至一个城市、一个国家。中国历史上百年企业和现代优秀企业的成功都是得益于中华文化。

1865 年创建的全聚德，创始人起这个名字就是告诉同仁和消费者，“全聚德”——全而无缺，聚而不散，仁德至上；已有百年历史的北京同济医院，核心价值观就四个字——功、勤、慈、和；创建于 1874 年的杭州胡庆余堂，创办者胡雪岩开业那天，亲手题写“戒欺”两字为核心价值观。形成“戒欺”的百年文化。这些长寿企业、医院，在他们核心价值观——组织文化里，都融入中华优秀传统文化的“五常”——仁、义、礼、智、信。

张瑞敏在总结自己管理经验时说：“《老子》帮助我确立企业经营发展的大局观，《论语》培育我威武不能屈、贫贱不能移、刚健有为浩然正气，《孙子兵法》帮我形成具体的管理方法和企业竞争谋略。”

任何组织文化的最终目的，都是为了凝聚人、教化人、激励人、成就人，让组织走正道、造福人类、给人带来幸福。

中华优秀传统文化与现代企业文化融合

我在与企业实践相伴的 60 多年中，无论是充当被管理者、管理者，管理研究者角色，无论在国内、国外大学里接触更多的都是西方管理学，在探索中却越来越感觉“水土不服”。谈了十几年的“执行力”（西方学者提出许多理论）很多企业搞了十几年提升执行力的培训和活动，大都不满意，后在研究“黑松林文化”中的“心力管理”豁然开朗，明白了两点：其一，员工如果都用心去做事，执行力能提高；其二，管理二字的真正解读是：管 = 管好自己，理 = 理顺关系。

二千多年前，孔子就有忠告，管理是“先有司、赦小过、举贤才”其意就是管人的人首先要管好自己，对部下要宽容，不要求全责备，企业要用贤人不能用小人。一部《论语》有一百多处谈到君子的标准，两千多年前的论述，今天看，大部分都是可以借鉴的，如“君子喻于义、小人喻于利”“君子和而不同、小人同而不和”这些做人标准仍然是对的。

《论语》中使用“仁”的概念达 109 次，仁的核心是尊重人、爱人。“以孝治天下”是中国两千多年来帝治社会的治国纲领，而且还可发现，凡是注意孝治的朝代，均能相对长久、强盛、稳定。周天子建立长达 800 年的大周天下，就是以“孝”治国的 800 年，汉武帝将《孝经》作为国家教材，把孝和忠君直接相连，大汉王朝绵延四百余年，太平天国——洪秀全废除孝道，最终未坐稳江山。

今天，可喜的是“孝道”再次用来治国、治理企业。而我认为：中国企业文化最缺中国文化，是指中国企业文化少了根基，缺少灵魂的东西。著名的管理大师德鲁克早有论断：“管理运用本民族的文化越多效果越好”“管理不能依赖进口”。只要你是中国人，身上定有中华文化之基因，都是受益者，这是先天注定，但是后天环境可能使这种基因演变。我本人是受中华文化影响颇深，特别是传统医药中做人的道理，影响了我一生。1958 年，在我 16 岁时就被授予当地的“社会主义建设积极分子”。

《弟子规》“出则悌”一章中写道：“兄道友、弟道恭、兄弟睦、孝在中”，我本人 60 年知行合一，与胞弟们相依为命 60 余年，深有幸福之感；孔子曰“吾十有五而于志学、三十而立、四十而不惑、五十而知天命、六十而耳顺、七十而从心所欲不逾矩。”对本人一生具有重要的指导规划作用，受益终身，也切身体悟了“修身、齐家、治国、平天下”的德行修为，如：“15 治于学”积累知识，在专业上发展成为一个药学专家和今天的学者；“50 知天命”，投身企业文化事业 20 余年，虽然失去丰厚经济待遇，却走向幸福人生；坚持 30 岁之前修自己之功，40 岁修自己的智慧，50 岁去实现人生使命和价值，70 岁从心所欲走向事业高端，实现人生梦想。

中华优秀传统文化让本人、家人、后代受益终身。人生道路紧要处常常只有几步，实际上就是一种“选择”。一切选择，都是由选择者的价值观决定。有一件事情你选择错了，再奋斗、再努力，也有遗憾，那就是做人的文化，一切从做人开始。人做对了，这个世界就对了，这就是中华优秀传统文化的精髓。

（作者系中国企业文化研究会副理事长、连云港市企业文化学会原会长）

重视构建话语体系的路径思考

李德顺

哲学社会科学包括文、史、哲、经、政、法、社等众多学科，其中每一个学科要形成中国特色的学说和话语体系，都是一个不小的工程。而要在整个哲学社科领域里，全面形成统一的话语体系，更是一个“其大无外”的文化工程。中国特色哲学社会科学话语体系的构建，主要是指形成与我们的中国特色社会主义事业相应的、各个学科自己的学说及其话语体系。就是说，从“横向”上看，经济学、哲学、历史学、社会学等各学科之间，其专业话语可以是不同的，各自有其层次概念体系，唯以实事求是、科学严谨为要。从“纵向”上看，哲学社会科学的各个领域，都要努力形成自己的理论系统，为中国特色社会主义事业提供思想基础、理论支撑、观念引导和方法武装。因此各学科之间的专业话语，又是可以方向一致，在不同层次上互相响应、互相配套的。党中央提出构建话语体系的问题已经好几年了，需要着实解决“中国有好故事还要有好话语”的问题。从总体上看，我们的学术思考远离于世界历史的进程，我们的意识形态的话语也远远落后于党中央的战略意识。这种落后，表现为学术界的分化严重，而凝聚理论共识的动力却不足。

一方面，很多精力都是用来“跟着说”。一种“跟着说”，是跟着中央说。中央说什么就说什么，只是把中央的提法放大一下，声音喊得响一下，意义强调一下，并不去做战略性、前瞻性的研究。政策不等于理论。每当中央有了重大决策和政策表述以后，怎样给它做理论提升和系统化的工作，怎样在实践中深化和完善，却总是跟不上。因为不能提出什么对实践有所预见、有所启发、有建设性的问题，这叫“只有宣传，没有研究”。将理论研究等同于宣传教育，其话语表达必然是“口径上下一般粗”“热点一阵又一阵”，形不成深浅梯次、张弛有致、理路一贯的系统化格局和鲜明韵味。另一种“跟着说”，则是跟着古人或洋人的书本说。一头扎进书斋或故纸堆，唯“经典”是举，“趋史避论”，实际上也起到了作用。“话语异化”，即用古旧的或西式话语，挤压当代中国特色社会主义的问题和话语空间。例如马哲界近年出现了一个奇怪的“热点”：把马克思的思想和话语分成两部分：一部分是马克思以前的，都要划归给康德、黑格尔或别人的体系；另一部分是马克思以后的，则用列宁和斯大林的理论与实践来代表。这样一来，马克思主义本身的理论体系何在？马克思主义哲学中国化的形态何在？几乎就没有什么可说的话语空间了，还谈什么中国特色社会主义的哲学话语体系？

另一方面，总体上是落后，理论落后于实践。从话语表达来看，多而杂，改革开放以来哲学理论、哲学话语等变化很多，但却很难看到成体系的话语表达。我们的新提法很多，但是稳定性、理论的逻辑性差，这是理论研究和理论宣传工作不到位所带来的。在自觉不自觉地一味“跟着说”的情况下，由于“跟谁”和“跟什么”是比较多样而杂乱的，导致我们有些理论和宣传话语，出现了“五不”现象，使得什么是历史实践中形成的、既有中国特色又是社会主义的新鲜话语，不仅很难出台，即使出台了也特征不明显、内涵不到位、魅力不显著。仅就概念和话语来说，所谓的“五不”是指：有些话语“来历不明”、有些话语“形式不够新”、有些话语“内容不充实”、有些话语“层次不够高”、凝练话语的“公共平台不够牢固”。

*一是有些话语“来历不明”。*如，在我们的主流媒体和学术研究中使用的“价值”和“价值观”概念，是原封不动地使用了西方的传统含义，没有用中国学者自己研制的马克思主义价值理论概念。

在西方，价值是 value；价值观是 values，是个复数。就是说，在西方的语言中，价值和价值观是“一与多”的关系：价值是一般本质，价值观是多样现象；无论价值、价值观，首先都是意念的、主观的东西。而在我们的研究中，把社会存在和社会意识的关系应用到这两个概念上，价值是指客观的社会关系状况，而价值观念是意识形态，是思想观念。它俩是第一性和第二性的关系。我们从第一次提出“社会主义核心价值体系”开始，讲的是“价值体系”，下面说的全是思想观念，没有与我们改革的本质（改变社会关系、生产关系结构）这个客观的社会行动结合起来。用价值观代替价值体系，现实的根基和意义就被掩盖了。

二是有些话语“形式不够新”。能够反映新时代新精神的概念是什么？要以新的研究成果为指向，而不是硬要装进旧的框子里去，甚至“以旧代新”。比如自从我们确立了“人民主体地位”这个原则以后，怎样阐释“主体”和主体性，就有了新的内容。但有人却一味强调说“主体性”概念已经过时了，现在说海德格尔的“此在”才有新意。任何存在都有其“此在”和“彼在”，它与人的“主体性”相比，到底哪个更准确、科学、合理，本来是不言而喻的。此外，试图用“天下”代替“世界”，用“大同”代表共产主义，用国际阶级斗争解释“构建人类命运共同体”，用儒家道德解释“为人民服务”，等等，也是并不科学的“以旧代新”。正因为如此，即便是关于同样指向的概念，他们不首先关注什么是马克思主义的、富有当代中国特色内涵的话语，却满嘴都是西方或古代的现成词句。在这点上缺乏自觉的追求，不仅达不到马克思主义的新高度，也很难跟上人类文明的新发展。

三是有些话语“内容不充实”。我们有一些好的思想和理论成果，却只有结论和口号，没有理论结构，没有系统论证，也不注意相关的积累。比如我们党的十八届四中全会决议提出，要用中国特色社会主义法治理论体系指导法治中国建设。那么，“中国特色社会主义法治理论体系”是什么？中国特色社会主义法治，肯定是融汇当代“中、西、马”思想成果和历史经验的产物。但是细想起来，传统的“中华法系”有很成套的东西，西方法治的理论和实践也很成系统了。那么，马克思主义到底怎么说法和法律的呢？过去的“维辛斯基法学”在理论和实践上都很失败，以至于让有些人误以为，马克思主义的本意就是不要法治的，当然不是。因为当下我们党就是以马克思主义为指导，坚持不懈地在实施“依法治国，建设社会主义法治国家”。那么究竟怎样系统地阐述马克思主义的法治理论？这个问题显然是不能回避的，并且随着实践的展开已经刻不容缓了。不能设想，没有一个充实的马克思主义的法治理论体系来指导，怎么可能构建出中国特色社会主义法治体系？

四是有些话语“层次不够高”。我们现在的新话语其实不少，如经济、政治、道德、文化、社会、生态等层面，创新的内容很多、很细，但有时拢不到一起，形不成强有力的核心理念和思维逻辑。原因可能是，没有在哲学的高度上把它们用一以贯之的本质表达加以融会贯通，以使它们形成层次鲜明的一体逻辑。相反，有时倒像是“东一榔头，西一棒槌”，“此亦一是非，彼亦一是非”，既缺少空间覆盖的整体全面性，也缺少时间持续的“一以贯之”清晰线索，体现不出我们应有的高度。如，如何看待民主与法治？我们能够识别出不适合于我们的西方模式的种种特征，并旗帜鲜明地拒绝体现其导向的话语范畴，这是完全正确的。但是，如何在更高的层次上形成我们自己的正面概念，以阐明自己的思想，并展示其中的话语优势和魅力？不能说了很多“不要怎样”之后，却表达不出“应该怎样”的勇气和智慧。如，对“民主”的理解：我们的社会主义民主，正是立足于最高层次的理解和当代创新的“民主”概念。“民主”这个概念最初的实际含义，仅是指“多数决定”的原则。但多数人并不一定总是正确。如：古希腊实行民主，就杀死了苏格拉底。一直到二战期间，希特勒搞的“多数人暴政”，更使西方很多人怀疑民主、排斥民主。但是二战以后，人们在共同总结这个历史经验的基础上，通过的联合国《公民权利和政治权利国际公约》，给民主增加了一条原则，叫“保护少数”。这样，现代的民主概念，在其最高层次的概念规定中，就是已经具有三条基本原则的完整体系了。第一原则是“多数决定”；第二原则是“保护少数”；第三原则是“程序化”，也就是法制化。含义完整的民主三原则，代表了民主建设的新的高度。我国的社会

主义民主建设，从实现“人民当家作主”开始，到“全面推进依法治国”，走的正是符合民主逻辑的一条道路，追求的正是最充分意义上的民主。如果我们不能充分地说到做到，并以鲜明的话语和逻辑把它阐述出来，那就表明，我们的认识还没有达到相应的高度。

五是凝练话语的“公共平台不够牢固”。这是现在亟待解决的一个体制性问题。有了好故事，要把它讲好，还需要有一套机制，犹如汇集、澄清理论的话语平台，或者展示精彩戏剧的舞台，能够像一个个大的熔炉和锻造车间一样，把我们生活中形成的各个学科、各种各样新鲜的话语汇集起来，展示出来，并在比较中分辨高低优劣美丑，取其精华凝练提升，日积月累，才能构建起当代中国特色哲学社会科学话语体系。没有这样的一种公共机制，就难以实现相应的构建目标。但我们在这方面的注意力和自觉性都还显得不够充分。例如哲学社会科学的学科设置，目前就显得有些乱，甚至乱到了有一些学术研究找不着自己位置的地步。现在时兴设一级学科，但设置的目的似乎不是促进学科融合，而是加深学科分化。由于学科分化严重，彼此没有共同的问题，也就没有共同的话语，就只能是各搞各的，互相之间不往来，彼此隔绝得很厉害。学科壁垒必然造成学科萎缩，人才枯竭。在各个学科内学说学派已经多元多样的前提下，还要加上学科分化带来的话语分工和学术利益的分化，结果必然给构建共同话语体系造成更大的困难。我们就曾遇到过：“马克思主义一级学科”单独设立了以后，加进了特别的行政管理和经费支持。但“马克思主义哲学”却遇到困难了：“马克思主义哲学”算“马克思主义”还是算“哲学”？有些地方把它算“哲学”，不算“马克思主义”；但有的地方要求它归入“马克思主义”，于是把“哲学”都留给了“中国哲学”和“西方哲学”，不再有马克思主义。这些行政化的体制和机制，造成学科结构的分解和隔绝，非常不利于汇聚多学科的经验和智慧，在很大程度上阻碍一个互相理解、互相呼应、互相支持、互相促进的、完整的哲学社会科学话语体系的形成。有的学科说的话在另一个学科里面就不存在，理论研究成果之间不能相互支持、难以有效关照。所以，我们非常需要建立起一个机制和平台，不仅研究者个人努力，更需要国家管理部门统筹考虑，现在最应该抓的还是公共平台，体制、机制、政策性的融合、熔炼、提升，通过这些平台，使真好的话语能够传播开来，经过大家反复推敲琢磨，形成真正的时代话语体系。

（本文摘自《中共中央党校学报》2018年第6期，作者系中国企业文化研究会学术委员、中国政法大学终身教授，法治文化专业博导）

“现代性”的文化解读

邹广文 张九童

现代性是一个错综复杂而又歧义丛生的概念。马克思主义哲学从多个维度实现了对资本主义现代性的价值批判与文化重构。现代性在历史实践中彰显出其世界性和民族性的双重意蕴，多元现代性的历史出场成为当今世界的价值主题。只有对有关现代性的这些议题进行多层思考，我们才能把握现代化实践和现代性精神所孕育的文化张力，更好地在现代化实践中优化现代性这一“未完成的设计”。

一、现代性历史实践的多重话语

在历史的检视中，众多思想家从不同视角给出了关于现代性的多维规定性。伴随着现代化实践日新月异，关于“何谓现代性”的追问也愈演愈烈。为了从现代化实践中梳理现代性的丰富内涵，我们有必要从对现代性界说最具代表性的“四重规定性”角度对现代性历史话语进行文化梳理。

（一）现代性的时间规定性

卡林内斯库认为：“只有在一种特定时间意识，即线性不可逆的、无法阻止地流逝的历史性时间意识的框架中，现代性这个概念才能被构想出来。”从哲学层面看，传统社会的时间是循环式的，人们实践生活的重复性界定了传统社会的时间意识。而现代性表征着一种不可逆的时间存在方式，它支撑着人们在现代社会生活的流动性和变异性。现代性的时间规定性注重现代时间意识与传统的差异性，“文艺复兴是一个新的历史周期的开始，它完成了在意识形态上与时间的一种革命性结盟”。这里看到了现代性带来的意识形态层面的价值飞跃，这种飞跃促使现代社会具有同传统社会相比的历史进步性，作为历史时间意识的现代性标志着与传统的“断裂”，为我们提供了一种新的看待和评价世界的方式。这种现代性的时间规定性以现代主义的视角审视时间飞逝与历史变迁，超越了传统社会循环式的历史意识；同时看到了这种线性历史时间意识根本区别于传统的价值意识。但这种观点没有从时间的连续性和非连续性相统一的层面上审视时间维度的现代性，过分强调了现代性在时间上的非连续性或者说“历史断裂性”，忽视“历史连续性”，没能妥善处理现代与传统的关系。人类历史演变过程中的任何一个时间区域都曾经属于‘现代’，而任何一个曾经被称为‘现代’的时间区域都将成为‘往古’或者‘过去’。”这无形中取消了现代性的特指性和历史特质，实际上成为对现代性时间规定性的误读。

（二）现代性的制度规定性

英国学者吉登斯认为，现代性有四重制度性维度：“工业主义（自然的改变）、资本主义（在竞争性劳动和产品市场情境下的资本积累）、军事力量（在战争工业化情境下对暴力工具的控制）、监督机器（对信息和社会督导的控制）。”吉登斯勾勒出在近代欧洲建立的并具有世界历史性影响的现代制度模式，发现了现代社会制度层面与传统社会的本质区别。然而，吉登斯的探讨用现代化进程中的若干制度性元素表征现代性整体，难免以偏概全。如果把“资本主义”当作现代性的本质特征，就等于把“现代性”视为资本主义的专属品，剥夺了其他制度形态的国家实现现代性的可能性。现代性的制度规定性还混淆了现代性与现代化的关系，把现代性从哲学层面的反思性概念理解为社会学层面的实体性概念，实际上降低了现代性的存在位格，抽离了现代性的反思性文化本质。

（三）现代性的精神气质规定性

德国学者舍勒认为，现代性不能仅从社会—经济结构层面认识，更要从人的心性体验结构层面把握，现代性本质上是人的内在心性体验结构精神气质上的转变，是人的深层价值秩序的重构。其中，资本主义心性结构所表现出的精神气质取代封建神学精神气质，成为现代性精神谱系中占主导地位的精神气质，实现了人的心性结构中新的价值构序，即人对感官价值和实用价值的追求日益大于对神圣价值、精神价值和生命价值的追求，这是传统的“神义论”向现代的“人义论”转变在心性结构和精神气质层面的表现。舍勒看到了资本主义现代性给社会多数成员造成的消极精神气质“怨愤”，认为：资本主义社会触发了人们对财富和地位的追逐欲望，每个人在竞争机制下都处于不满足状态，但每个人的能力、财富、地位和名望皆存在高低差异，当获得度低的人与获得度高的人进行价值比较时，就会产生一种嫉妒心理。现实社会机制又迫使其不得不服膺于社会地位高于自己的人，就会造成其内在的欲望追求、高傲的心理状态与外在实然的社会地位间的矛盾，这种因欲望难以满足而又不得不隐忍屈服于现实的心性状态就是“怨愤”。现代性的精神气质规定性看到了现代社会对人的心性结构的改变与重构，把现代性的审视重心由社会转向人本身，揭示了现代性对人的文化世界的塑造价值。

但是，这种悲观层面、经验式的现代性体验不能准确表达人们对现代社会的真实感受和价值期许，难以诠释现代化进程中人类复杂的整体生命意识。要想真正实现现代性精神气质的重构，必须要反思怨愤情感宣泄背后的生产关系和社会关系的非合理性建构，找到摆脱怨愤情绪的实践基座。

（四）现代性的理性主体规定性

法国思想家福柯认为，现代性危机的根源就是主体的理性，正是理性的法庭将“疯癫”裁定为非正常，抑制了人的非理性的发展，于是他在启蒙理性宣告“上帝死了”之后又喊出了“人死了”的口号，扛起反现代性的后现代主义大旗。与福柯反现代性的旨趣不同，哈贝马斯对主体性和理性的反思不是要抛弃理性，而是要在修正理性的工具化运用和独断论设计的基础上重构交往主体理性。哈贝马斯认为，黑格尔在历史上首次界定了现代性的主体规定性：第一，个人主义：在现代世界中，所有独特的个体都自命不凡；第二，批判的权利现代世界的原则要求，每个人都应认可的东西，应表明它自身是合理的：第三，行为自由：在现代，我们才愿意对自己的所作所为负责；第四，唯心主义哲学自身，哲学把握自我意识的理念乃是现代的事业。规定性既强调个体主体原则和行动自由原则，又推崇理性的批判权利。随着工具理性的蔓延和个体主体性的膨胀，造成了人与自然、人与人关系的紧张状态，现代性也日渐走向其倡导的自由、平等、民主的反面，人们开始在质疑中否弃启蒙运动所倡导的理性-主体逻辑。哈贝马斯认为，现代性危机在于理性的工具化、私人化、独断化运用和主体的自我独白，给社会带来的异化现实和精神空场，造成了生活世界的殖民化。哈贝马斯和福柯都从不同角度解析了现代性赖以存在的“理性—主体”，但他们都忽视了理性—主体赖以生成的实践基础，不触动现代性矛盾的资本主义根源，不从现代化实践中把握现代性的文化逻辑，都难以从根本上克服现代性危机。

综合上述四种主流现代性话语我们发现，这些思想家虽然都在不同侧面触及现代性的意涵，但都没有把现代性置于世界现代化的实践进程及其发展趋向上加以考量，没有很好地回答现代性与现代化的关系，因而在把握现代性的文化反思性内核上程度不同地存在着片面性。

我们只有立基于马克思实践发生论，在现代化与现代性关系框架下解读现代性，才能深刻把握其实践逻辑及其内涵。

二、现代性：人类现代化实践的内在精神

现代化是指自人类工业革命以来，以工业化为推动力，而从传统农业社会向现代工业社会的全球性跃迁过程，这一过程促使工业主义渗透到经济、政治、文化、思想各个领域。在一定意义上说，“现代化”与“现代性”如影随形。自从近代以来现代化在西方拉开序幕，人类对现代化的反思即“现代性”也已

开启。但现代性与现代化是密切关联又分属于不同层次的概念，不能混为一谈，也不能将二者逻辑相互颠倒。现代化是一个社会学概念，它表征着对世界各国、各民族由农业文明跨入工业文明的历史进程的客观描述；现代性则是一个哲学反思性概念，它标注了一个国家和民族在推进现代化实践过程中形成的价值特质，表征着现代化实践的内在文化机理和精神诠释，形成了对于现代化的思想检讨和价值尺度。因此，我们有必要从现代化与现代性的关联性上，来把握现代性的本质内涵。

现代化是现代性的实践基础。现代性孕育了现代化的内在精神。如果说人类的现代化是一种实践推进的话，那么对现代性的考就体现了人们的文化觉醒。现代性是人类对现代社会生活的自我觉解，表征着人类的理性觉、行动自觉及对理性本身的价值估判，是对现代化实践所创构的文化世界的反思性重构，现代性标注现代社会同传统社会决裂而获得价值跃迁的方式，是一个为未来而生存的时代，一个向未来的“新”敞开的时代。正如黑格尔所说：“我们这个时代是一个新时期的降生和过渡的时代。

人的精神已经跟他旧日的生活与观念世界决裂，使旧日的一切葬入过去而着手进行他的自我改造成长着的精神也是慢慢地静悄悄地向着它新的形态发展，一块一块地拆除了它旧有的世界结构。”这里描绘的就是人类最初的现代性图。但是，在现代化的实践进程中，由于理性的独断、权力的滥用、资本的侵蚀，使得人与自然、人与人之间的矛盾日渐凸显，现代性也日益产生扭曲和变异，以致现代化所要创构的文化世界的人文价值被不断遮蔽。正是在这种时代需求面前，现代性开始从文化层面展开对现代化的价值反思和文化重构。这种现代性哲学话语的凸显深刻影响着现代化的实现方式和价值追求，形成了现代化独有的实践品格和文化表达。现代性也构成了现代化实践的评价尺度。作为对现代化实践创构的文化世界的反思，现代性具有评价现代化的功能。现代性意味着人们对历史发展的评价由“是否符合神的旨意”向“是否能促进社会和人自身的发展”转变，因此对现代化的文化反思必然形成人文评价的尺度。这个评价尺度具体包含理性尺度——指对现代化所带来的生产力发展以及社会发展客观意义的衡量尺度；价值尺度——指从人的生存和发展的角度对现代化进程所创构的文化世界的属人性的衡量尺度。

现代化的发展理应是社会发展（理性尺度）和人的发展（价值尺度）的统一，只有呈现出此二者和谐有序的现代性，这个现代化才是值得肯定的；一旦二者无法实现统一，即社会发展（理性尺度）和人的发展（价值尺度）之间在速度、水平、程度上出现偏差，就意味着这个现代化所孕育的现代性精神需要调适；当社会发展（理性尺度）和人的发展（价值尺度）出现二律背反，即社会发展的理性尺度得到不断的积极确认，但人的发展的价值尺度却越来越饱受质疑，当社会的发展进步伴随人的发展退步时，就表明这种现代化所创构的现代性是不健康的，这种现代化的价值合理性就需要进行新审视，其现代性文化精神就需要进行超越性重构。因此，现代性不仅是现代化的产物，它一经生成，就蕴含着对现代化的文化理想和价值取向的反思评价结构，这种反思和评价伴随现代化发展的整个历史过程，推动现代化价值合理性的不断跃迁。从现代化与现代性的互动关系来看，任何国家都不能只顾现代化而拒绝塑造现代性；也不能因为现代性对现代化的反思性评价而质疑现代化本身的合理性，而是需要在现代性与现代化的良性互动中推动社会和人的发展。

三、现代性重建的文化逻辑：马克思的现代性理想

在现代性问题上，马克思既是现代性的捍卫者，又是现代性的批判者，以至于支持现代性和力主超越现代性的思想家都能从马克思哲学中找到合法性论证。马克思可谓人类历史上彻底的现代主义者，他是热衷于赞美与传统社会的决裂：“封建的所有制关系，就不再适应已经发展的生产力了。这种关系已经在阻碍生产而不是促进生产了。它变成了束缚生产的桎梏。它必须被炸毁，它已经被炸毁了。”同时，马克思又看到了资本主义现代性的价值悖论，一生都在追求超越资本主义现代性的新现代”建构，即共产主义的现代性。因此，准确把握马克思的现代性思想，关键在于弄清楚马克思在何种意义上肯定现代性？又是在何种意义上批判现代性？马克思又是如何实现对现代性本身的价值重构而实践彻底的现代性承诺？这就

需要探寻马克思现代性思想的深层文化逻辑。众所周知，人类现代化的进程发端于文艺复兴和启蒙运动所带来的思想解放。

启蒙运动冲破神学之罗网，确立起了人的理性的至上权威。康德说："要有勇气运用你自己的理性，这就是启蒙运动的口号。"启蒙理性成为西方现代性生成发展的内在动能在理性的支配下，人们冲破封建羁绊和宗教束缚，自主运用科学技术，大力开拓世界市场，创造出前所未有的物质财富。马克思对资产阶级借助启蒙理性所完成的现代性壮举给予了充分褒扬："资产阶级在它不到一百年的阶级统治中所创造生产力，比过去一切世代创造的全部生产力还要多，还要大。"由此可见，马克思并不是批判启蒙理性本身而走向非理性，而是批判资本主义对理性的工具化运用。恩格斯也说，由"'理性的胜利'建立起来的社会制度和政治制度是一幅令人极度失望的讽刺画"，它的讽喻之意在于，理性的胜利所宣誓的自由、平等的新社会诉求资本家的贪婪与自私吞噬殆尽，理性的自我发展却走向自我毁灭。马克思看到了资本主义现代性理性尺度和价值尺度二律背反的文化逻辑，他不是批判现代性本身，而是批判现代性资本主义运用造成的价值合理性危机，旨在实现对资本逻辑的扬弃。在马克思生活的时代，尽管资本主义的社会矛盾尚未充分展开，但资本逻辑已然成为宰制现代性的文化逻辑。这具体表现在：其一，资本逻辑以资本增殖为第一目的。"资本的自行增殖：剩余价值的创造是资本家的决定性的、占统治地位和包罗一切的目的。"任何人和事物都应成为服从资本增殖的手段。为了实现资本增殖和利润最大化，不惜用摧残生命的劳动实现其生命的维持。其二，资本逻辑以资本私有为经济基础。资本私有制是资本逻辑的核心，它决定了资本逻辑发展始终蕴含着两个难以克服的悖论：一是资本发展方式的悖论。资本扩张的本性唯有在社会化大生产中方能得以满足，但资本社会扩张却不得不被局限于资本私有制的狭隘形式中，资本私有化与生产社会化相伴而生，资本逻辑的私有制基础与资本发展的世界历史性诉求难以调和。二是人的发展悖论。一方面形成对人的"物役"。私有制下物的世界的增殖和人的世界的贬值成正比，人的发展受制于物的发展，本应成为人的自我确证方式的劳动成为否定自己的手段。另一方面形成"人役"，私有制使拥有资本的少数人拥有绝对自由，而一无所有的人只拥有出卖自己从事异化劳动的自由，多数人生命价值的牺牲成为少数人利益满足的前提条。其三，资本逻辑是以资本权力为控制手段。资本是一种特殊的权力意志，"资本是资产阶级社会的支配一切的经济权力"。凭借这种经济权力，资本派生出政治、文化及社会治理权力，形成了现代资本权力系统，成为资产阶级控制社会的手段。其四，资本逻辑以资本人格为合法社会人格。资本家是资本的人格化，是资本主义现代性的合法社会人格，任何其他社会角色都要服膺于这个人格，"人与人之间除了赤裸裸的利害关系，除了冷酷无情的'现金交易'，就再没有其他别的联系了"。资本逻辑垄断了社会关系，资本人格与其他人格的利益交换关系表面上成为实现社会整合的合法化关系，实质上却引发了社会的分裂。显然，以资本逻辑创构出的现代性文化世界造成了人与资本地位的普遍颠倒，导致人的社会生活的普遍异化。现代性问题的根本症结不在于现代性本身，而在于现代性是在资本主义世界体系中展开的。因此马克思认为，需要打碎资本主义现代性的迷梦，批判资本主义现代性的价值合理性，以共产主义运动重建人本现代性，超越资本主义现代性的私有文化逻辑进路，在医治资本逻辑生成的"文化病理学"中实现对现代性的文化重构，实现对人类现代性价值合理性的自觉追求。

第一，扬弃异化，重建主体文化。"文化上的每一个进步，都是迈向自由的一步"，人是文化存在物，人的文化创造的价值旨趣就在于实现人的自由，"人类的特性恰恰就是自由的、自觉的活动"。人在这种活动中实现对自身主体性的确。主体性是现代性的核心，现代性精神的重要方面就在于对主体文化的建构。然而，资本逻辑对资本主体性的强化和对人的主体性贬抑，使得整个社会生活处于全面异化现实中，主体的对象物在发展过程中成为否定主体的力量与主体对立，主体文化在资本主义制度下表现为全方位的价值沦落与文化失衡，现代性因此呈现出了深层的文化反拨性逻辑。例如在对人与自然关系的理解上，马克思旨在通过共产主义来扬弃资本主义现代性的病态天人文化逻辑。马克思认为，人的理性的增长伴随着理性的异化，在资本利润最大化的驱使下，"在决定对待自然的方式时，人的欲望及其满足是唯一值得考虑的东西……人们不必顾及自然的生命及其内在价值”。人的主体性确证是以破坏自然为前提的，现代性进步始终伴随着作为人类无机身体的自然界的蜕化。这表面上张扬了人的主体性，但实质上是“人类主体性”的丧失，因为这里的主体地位必须依靠所谓的“强力”才能维持，结果将人与自然共生的本然逻辑异化为人和自然的对立，反映出人的自主调控能力不足和对自然控制能力的削弱。马克思旨在通过共产主义来建构人的主体文化“这种共产主义，作为完成了的自然主义，等于人道主义；而作为完成了的人道主义，等于自然主义，它是人和自然界之间、人和人之间的矛盾的真正解决。”在人与人的关系上，马克思旨在通过塑造生活世界的公共文化理想来扬弃资本主义现代性的私人异化逻辑。在私有制条件下，人处于劳动的“非自”状态，致使本应成为确证人的主体性的劳动成为一种异己的力量同人对立，“在资产阶级社会里，资本具有独立性和个性，而活动着的个人却没有独立性和个性”。马克思认为启蒙理性发生了双重蜕变：一是人本身由价值理性存在蜕变为纯粹的工具理性存在，成为确证资本主体性的“客体”，主体文化发生了根本性颠倒，“我们的一切发展进步，似乎结果是使物质力量成为有智慧的生命，而人的生命则化为愚钝的物质力量”；二是大众理性蜕变为精英理性，少数人运用资本造成多数人的生存异化，使多数人由主体沦落为由资本操控的工具。资本主义现代性凭借资本逻辑的力量，把人变成资本的附庸，以客体文化的片面塑造迫使启蒙理性本身走向自己的反面。马克思通过对客体文化的扬弃而实现对资本主义现代性下颠倒的主体文化的复位，使人重新成为能动的主体性力量。马克思的现代性重建在于把“消灭私有制”写在自己的新现代性的旗帜上，否定资本的私人占有和资本对人的本质力量的压制，要在合理的社会制度安排下把资本变成全体社会成员都能拥有和驾驭的社会财产，把资本的所有权和支配权归还给人民大众，“这并不是把个人财产变成社会财产，这里所改变的只是财产的社会性质，它将失掉它的阶级性质”。每个人既能重新成为物的占有者，又能成为自身生命本质的占有者，扬弃异化生活世界中扭曲的客体文化，在塑造生活世界的公共合理性中实现主体文化的积极建构。

第二，扬弃个体本位文化，重建现代性的价值文化基础。在文化哲学的一般意义层面，现代性文化批判的核心在于推翻背后支撑它存续的价值文化基础，只要这一价值文化基础失去合理性，这种现代性也就失去了存在的合法性。马克思现代性重建的文化逻辑就在于对资本主义现代性价值文化基础的批判与重塑。资本主义现代性的价值文化基础是个人本位基础上的主体自由。但是，在资本主义现代性的实践中，个人主体性彰显始终无法摆脱“物的依赖性”基础。个人为了谋取物的价值的最大化，往往不惜一切代价，置他人尊严和社会利益于不顾。马克思认识到，必须扬弃市民社会的“个人本位”原则；以共同体为价值本位才能重建现代性的价值文化基础，才能真正赋予个人自由发展的条件。具体说，一是共同体本位秉承保护类群价值的文化理想。这里的共同体不是资本主义现代性的抽象共同体，而是扬弃了一切资本片面性的真实共同体，是作为新唯物主义的立脚点的“人类社会或社会化的人类”。共产主义所追求的现代性就是要克服私人生存实践和私有制，以深远的人类学视野追求类群价值的文化理想，重塑现代生活世界的公共合理性；二是共同体要坚持个人自由全面发展的文化追求。

以个人主义为文化基因的资本主义现代性只能带来个体的自我异化，造成个体之间的冲突与对抗，使共同体成为外在于个体的抽象力量。马克思指出：“只有在共同体中，个人才能获得全面发展其才能的手段，也就是说，只有在共同体中才可能有个人自由”。因此，马克思主张对共同体的最高追求是“自由人的联合体”，这个联合体既扬弃了个人与共同体的抽象对立，“以个体发展助推共同体进步、以共同体进步促进个体发展”成为其不断发展的文化价值机理；也扬弃了抽象共同体中个体对虚假主体性的片面占有，旨在把人的劳动和人的世界还给人本身，使人真正成为支配物的世界的主体性存在，在自觉得劳动中追求个人的自由。每个人对自由的追求不仅没有抵牾，反而互为条件；不仅没有使个体走向片面，反而成为个体扬弃自身片面性的前提。马克思将这种现代性的最高文化理想表述为：“代替那存在着阶级和阶级对立的资产阶级旧社会的，将是这样一个联合体，在那里，每个人的自由发展是一切人自由发展的条件。”这种现代性的价值文化基础彰显出了个体与共同体高度统一的文化基因，彰显了对每个主体自由发展的人文关怀，从而实现了对个体本位价值文化基础的超越和现代社会文化合理性的重建。

第三，扬弃资本主义现代性的民主平等观，重建现代性的政治文化理想。民主和平等是现代社会主体性原则在政治生活中的核心体现。

平等是民主的基础，表明人民摆脱等级束缚而获得平等地位；民主是平等的必然要求，表征人民在平等基础上实现政治生活的自我决定的价值愿景。民主和平等是现代性的核心文化理想，也一度是资产阶级反对封建神学专制和建构资本主义现代性的强大武器，它将人从等级森严的封建窠臼与宗教蒙昧中解放出来。然而，在资本逻辑的挤压下，资本主义现代性的平等与民主逐渐褪去普遍性的光鲜外衣，成为资本和资本拥有者的专利。平等是现代性的内在诉求，资本逻辑孕育了现代市场的等价交换原则，“平等和自由不仅在交换价值为基础的交换中受到尊重，而且交换价值的交换是一切平等和自由的生产的、现实的基础”。资本主义现代性为交换领域披上平等外衣，就是为了掩藏生产领域生成的剥削关系带来的实质不平等。资本主义私有制使少数人把生产资料据为己有，剥夺了其他人的财富创造机会，实际上是把封建“人身依附”转化为“资本依附”，这种资本占有的不平等使资本主义现代性的平等只能是资产阶级内部的平等，而非真正的社会平等。由于人的政治生活受物质生活的深层制约，资产者对政治的影响力远远大于普通公众，“民主”演化成有钱人的权利游戏和有权人的金钱游戏。“资产阶级口头上标榜是民主阶级，而实际上并不想成为民主阶级，它承认原则的正确性，但是从来不在实践中实现这种原则。”这种形式与内容的二元对立，使扭曲的平等文化和民主文化笼罩于现代政治生活。马克思现代性的政治文化理想则是通过无产阶级专政实现真正的人民民主。马克思指出：“在民主制中，国家制度本身只表现为一种规定，即人民的自我规定。”人民的自我规定即民主是国家矢志不移的政治文化理想。马克思希望在公有制基础上实现经济和政治的真实平等，把民主归还于所有人。马克思预见到现代政治的发展趋向就是人民民主化，希望在打破“官—民”二元分立中重建“人民—人民公仆”的现代政治文化景观，追求真实平等与真实民主相统一的现代政治文化理想。

四、民族文化自觉与多元现代性的文化选择

马克思终其一生都试图在批判资本主义基础上实现人类对共产主义的自觉追求，扬弃资本主义现代性的扭曲文化逻辑而重建现代性文化的合理性价值。然而，历史与现实的发展使人们不得不承认资本主义为主导的现代化尚有未完全释放的生产力和社会活力，资本主义现代性仍是当今世界主导性的现代文化逻辑。但是，我们也应该看到，在二战后特别是冷战结束之后，越来越多的民族国家日益发现了其所追随的西方现代性价值的种种局限性，进而开始根据本民族的历史传统、文化特质、现实需要来自主选择本国的现代化发展道路，逐步探索符合本民族发展需要的独特民族现代性。这不啻说是对现代的普遍性本质和民族性特质的深度体认。现代性的普遍性有两层含义：一是现代性表达了全人类对传统社会发展理念的积极扬弃，体现了人类文明的整体跃迁，现代性理应成为世界各国普遍的文化追求，现代性文化精神理应成为全人类共同的精神财富，现代性话语理应成为人类公共的文明表达话语；二是现代性所彰显的人类文明成果应为人类共享，生活在地球上的所有人有平等分享现代文明成果和接受现代精神滋养的权利。这就意味着，在追求现代化的过程中，都必须自觉遵循和运用现代化实践所得出的一般规律；我们在对现代性的反思中，也必须深度把握现代性精神所形成的一般机理，不能因为现代化进程中的不尽如人意而盲目拒斥现代性，更不能墨守传统性或片面追求后现代性。现代性的民族性特质是指由于各民族历史传统文化特质、价值追求的差异性，人们在追求现代化过程中会形成符合其民族需要的现代性文化逻辑，并以独特的现代性文化特质促进本民族的现代化进程。民族现代性是现代性普遍价值机理与民族文化有机结合而形成的民族现代性话语，只能以本民族的历史传承和时代需要来检视其价值与文化的合理性。现代性的普遍性是事物的一般性，现代性的民族性是事物的特殊性。作为世界各国现代化实践中民族文化自觉与文化选择的产物，各民族的现代性既呈现统一性又呈现多元性。由于各民族历史传统和文化特质的差异性，现代性本来

就不可能定于一尊，多元现代性本来就是人类文明多样性的展示形式和展开方式。

近现代以来，由于西方欧美国家在政治经济发展中占据了领先地位，就理所当然地把自己奉为人类文明序列的顶端，试图以西方现代性的价值优先性引领和同化世界其他民族的现代性。西方现代性以资本逻辑为核心，西方世界对其他民族现代性的同化过程就成为西方国家资本侵略与武力殖民的过程，本质上就是资本的全球性扩张。正如马克思所说：“它迫使一切民族—如果它们不想灭亡的话—采用资产阶级的生产方式；它迫使它们在自己那里推行所谓的文明，即变成资产者。一句话，它按照自己的面貌为自己创造出一个世界。”这样一来，就使得其他民族不得不走上效仿西方国家的现代化之路。与西方国家自主扬弃传统走上现代化之路不同，资本逻辑的世界化和军事扩张的国际化使得其他民族在走上现代化道路时，根本没有充分的民族历史自决和民族文化自觉，而是被迫卷入资本主义的世界体系，成为实现资本全球增殖的工具。这就无形中形成了一个以资本逻辑为动力机制、以西方国家为核心的“中心—边缘”式的国际关系结构。在这个结构中，西方国家无疑成为中心国家，而其他国家就成了边缘化国。所谓“中心—边缘”，表示的不是地理空间上的远近之别，而是一种价值地位上的不平等，边缘国家对中心国家具有被动的依附性。马克思曾指出：“它使未开化和半开化的国家从属于文明的国家，使农民的民族从属于资产阶级的民族，使东方从属于西方。”不容否认，这种不平等的“中心—边缘”结构至今依然未被完全消解，反而随着资本主义现代化所未释放的生产力而日益固化，这种固化也使得西方世界对其文化优先性始终深信不疑、心生傲慢。其实，西方国家所推崇的现代性是唯我独尊的一元化现代性，是充满掠夺本性的现代性。由于后发展国家学习西方、追求现代性文明再造的历史活动往往是在抵御西方侵略的背景中展开的，因此在文化心理层面常常呈现出诸多复杂性：西方国家既是破坏其安宁家园的民族仇敌，又是其摆脱落后挨打、实现现代性跨越的学习榜样。因此，西方国家对这些民族的现代性同化，往往成为这些国家探索民族现代性的起点；西方国家对其民族文化弱化甚至否定，往往成为这些国家实现民族文化自觉的前兆。在这个传统向现代跃迁、封闭向开放转型的历史大变局中，一些国家片面否定本民族的文化传统，放弃本民族现代性发展的文化逻辑，在西方现代性面前放弃了对本民族文化独立身份的确认，沦为西方中心国家的边缘附属国。但越来越多的后发展国家在长期的历史实践和文化选择中，在历经西方现代性同化的过程中实现了对这种被动性的超越，即：对西方现代性的历史省思和对民族现代性的深度自觉，并逐渐走出了一条符合自身历史传承、民族特点和文化特质的现代化道路，实现了对本民族现代性身份的积极确认，从而为摆脱乃至最终打破“中心—边缘”的现代化结构、重塑人类现代性文明秩序做出独特的贡献。事实上，尽管西方现代性仍然具有一定的发展活力，但西方现代性本身却正在遭受愈演愈烈的文化合理性危机。经济危机、政治混乱、文化失范及形形色色的践踏别国主权行为，使得西方现代性越来越饱受质疑和批判。当如何超越西方现代性进而谋求自身发展成为必然选项时，多元民族现代性就成为一种自然的文化选择。

然而民族现代性不是凭空生长出来的，它首先必须参照人类现代性的普遍性规律。既要辩证审视西方现代性的成败，又要考量自身的民族文化特质；既要同时承受传统民粹思潮、西方现代性思潮、后现代思潮的多重文化冲击，又要开拓符合自身文化特质的民族现代性之路；既要证成现代性在本国尚处于“未竟事业”的价值合理性，又要拿出切实有效的发展大思路、大谋略来释放新现代性的生命力。在人类现代性的历史选择中，中国现代性的异军突起已成为民族文化自觉与民族现代性有机结合的典范。曾几何时，我们在对西方文明的盲目崇拜中，开始对自身传统文化嗤之以鼻。无论是文化自负还是文化自卑，都没有实现真正的民族文化自觉。在学习、模仿西方的历史进程中，随着马克思主义在中国的传播和运用，中国开始找到民族现代性的价值定位和现实实践道路，逐步扬弃对西方器物、制度和文化的简单模仿，而是在马克思主义中国化实践中走出了一条中国特色的现代化道路，逐渐孕育出日益超越西方现代性的中国现代性文化精神。在这个过程中，中国人开始反思和发展自己的优秀传统文化、革命文化以及社会主义先进文化，引导国民实现深度文化自觉、文化自信和文化自强，形成了独具特色的中国现代性文化气质。诚如习近平所指出的：“当代中国的伟大社会变革，不是简单延续我国历史文化的母版，不是简单套用马克思主义经典作家设想的模板，不是其他国家社会主义实践的再版，也不是国外现代化发展的翻版。”这就深刻指明了中国现代性的文化旨趣，即中国现代性是在对儒学式现代性、苏联式现代性、西方式现代性的历史扬弃与合理借鉴基础上生成的，中国现代性的成功探索必将为世界各民族多元现代性发展提供可借鉴的文化智慧。现代化是当代人类社会深信不疑的价值诉求。但是在人类实现现代化的道路中，我们只有不断实现对现代化内在精神——现代性的深度文化自觉，实现对现代性价值合理性的文化重构，并做出符合本民族特点的现代性文化选择，才能使现代性这一“未竟的设计”释放出源源不断的生机与活力。

（本文摘自《社会科学战线》2019 年第 6 期，有删节，作者邹广文系中国企业文化研究会学术委员、清华大学马克思主义学院教授，博士生导师；作者张九童系哲学博士，清华大学马克思主义学院博士后，南京特殊教育学院副教授）

中华优秀传统文化是构建企业文化的基础

张培合

许多企业家都在不同场所标榜自己的企业文化建设工作有多么好，自己的企业有多么强大，自己的企业文化有多么优秀。可是，没过几年这些企业在市场上被淘汰，有的企业已销声匿迹；甚至还有一部分企业家和企业高管，因违法犯罪而锒铛入狱；有的企业家已经跑路；有的企图外逃。这些现象警示人们从问题导向探究其原因。

有些企业家不懂企业文化

经过认真分析研究这些失败企业的案例不难看出，有的企业家不懂何为企业文化，就他们的所作所为和做派，他们甚至连企业家也称不上，充其量也就是一个暴发户或者土豪。他们塑造企业文化，或者建设企业文化仅仅停留在嘴上，在企业文化建设上大搞形式主义，有些把企业文化只挂在墙上而永远没有落地，更谈不上落实在行动中。

有些企业家口头上说如何重视企业文化建设工作，而心里根本就没有当回事；许多企业家只知道拼命地聚敛财富，盲目地扩张规模，却忽略让参与企业建设和经营的全员享受企业发展的成果；有些企业家秉持霸道的经营管理作风，缺乏基本的“仁、义、礼、智、信，温、良、恭、俭、让”的品行和修养，他自己和亲属大肆挥霍，过着纸醉金迷、声色犬马的生活，而员工却过的比较清贫。更为恶劣的是有些企业主视员工和部下如奴婢，连起码的尊重也谈不上，这样的企业家外强中干，必然走向死胡同；有些企业家靠投机钻营牟到了暴利，就以为他真的成了企业家，于是乎满足于现状、不思进取、抱残守缺、墨守成规，还想继续把投机钻营的盈利模式如法炮制下去，其结果可想而知。

有些企业家确实靠辛勤努力、聪敏才智创造了辉煌的业绩，也为社会做出了一定的贡献，可随着企业的发展，他慢慢地陷入了自我陶醉妄自尊大不可自拔，崇尚皇权思想，亲小人远贤良，而且管不住自己盲目扩张的欲望，最终断送了自己的企业，也断送了自己的前程；有些企业家藐视企业战略的制定，靠拍脑门决策，根本不讲科学决策和民主决策，把别人好的意见当儿戏，而且喜欢听信假话和空话，喜欢使用一些拍马溜须和谄媚之辈，还把这认为是特有的企业文化，这样的企业暂时可能得以维持，但不可持续。

企业文化离不开中国传统文化

企业文化的内涵包括文化观念、价值观念、道德规范、行为准则、企业精神、历史传统、企业制度、文化环境、企业产品等。其中价值观，是企业文化的核心。要做到价值观的认同，就必须建立良好的文化道德体系，而文化道德体系的建设又离不开博大精深的中国传统文化。文化是价值观的外在表现，道德是价值观的行为规范，道德借文化以推广，文化因道德而繁荣。优秀文化一定有高尚的道德作灵魂，凡事是否公平、是否合理、是否符合全员利益、社会利益，是判断道德高低的标准。在中国做企业，在中国企业里建设和塑造优秀的企业文化，离开了博大精深的中国文化，就成了无源之水，无本之木。

中华文化五千年绵绵不绝的原因就在于中华文化是世界最符合人性的文化，不论是道家的“天地好生、顺其自然、上善若水、厚德载物、君子有所为有所不为”的观念，儒家的“君子达人、中庸之道、忠孝仁义信、修齐治平”思想，还是佛家心性理论中的“普度众生，甘下地狱”情怀，都指向一个方向：

利己利人，义利兼顾，和合相依。

正因为儒、释、道的思想道德内核基本一致，所以它们在中国思想文化中熔为一炉，成为中华文化的主脉。尽管这套文化体系中还夹杂着糟粕、杂质，但其中的优秀伦理同世界其他文化体系比较，仍然可以傲视人寰、睥睨群学，成为世界道德楷模。中国历代各朝，凡是用这套文化体系作指导，寿命就长，往往可达几百年，浓墨著春秋；凡是摈弃这套文化系统，寿命就短，各领风骚三五年，惨淡若云烟。

同时，儒、释、道文化系统具有世界上独一无二的道德高度，而且它在数千年中已经固化成了民族品格，所以我们在历史上所有文化冲突中才不仅未尝败绩，还兼收并蓄丰富了自己，并且将中华文化传播得很远，覆盖了除印度、西亚外的亚洲版图，还对东南亚文化形成和发展产生了上千年的积极影响。这是中华文化较早辐射世界的真实写照。

名企的本质是“文化价值”

鲁迅说，中华民族历史上从来就不缺乏为民请命、为国赴死、为法献身、舍生取义的人，这些人都是从民族文化积淀中孕育出来的。几乎是和中华文化同时开始孕育和发展的埃及、巴比伦、印度文化早就被深埋于历史的尘埃之中了，希腊文明留下许多神话传说后黯然失色，罗马帝国建立起一座座城堡和领地后也土崩瓦解，马其顿、拜占庭、奥斯曼等帝国更是过眼云烟，而中华文化道德因子深深融入了民族血液，所以中华民族才五千年后依然蒸蒸日上，在今天世界地球村，文化真正堪称王者的，非中华道德文化莫属，而企业兴隆也盖源于此。

陕西是一片文化厚土，在企业文化建设方面也更有优势。如：西凤集团，正是依靠文化自觉、文化自信打造了独有的品牌价值。西凤酒产于宝鸡凤翔，这正是中国优秀传统文化重要发源地之一。可以说，西凤酒的文化理念就是来源于中国优秀传统文化。“西凤集团人”认为产品的竞争就是文化的竞争，所以在理念文化、制度文化、行为文化、物质文化上下大功夫，“西凤”讲仁义规矩，不制假贩假，高度注重品质和品牌形象，员工以在西凤集团工作为荣，所以企业越做越强，成为中国八大名酒之文化自信的引领者。在历届中国名酒价值论坛上，诸位专家论述：如果化验成分，“酒”都是水和酒精的混合物，然而，名酒的本质就是“文化价值”。

（作者系西北大学中国文化研究中心秘书长、陕西省社会科学院研究员、陕西省企业文化建设协会会长）

超成长系统理论对当代管理学的系统性突破

周建波

超成长系统理论在管理学领域的最大贡献，是从系统动力学的视角，以现代企业发展运营学的新形态，向人们呈现了一种新的思维范式、学科范式和研究范式，实现了企业的边界、主体、本体、外体和变革五大运营与管理系统的内在耦合，建构了一种“大一统”的当代管理学元范式和元理论。

突破规模边界思维的局限性，从功能边界的视野揭示了企业三大边界形态及其本质内涵和形成机制

经典的交易费用理论所诠释的企业边界，是单纯规模经济的考量，早期的分工理论、产权理论以及后续的能力理论、成本理论等都局限于单一因素的分析，至于动态边界说、漂移说、模糊说、甚至无边界说等都无形中步入了不确定性和不可知论的泥沼。以功能边界为视野的企业边界三态说，按照企业的输出、转换和输入三大功能，提出了相应的职能边界、规模边界和运营边界三大形态，系统厘清了企业边界。其中，职能边界以生产经营体为内涵和外延，在功能上是一种经济性、社会性或人本性的价值需求（输出）系统，由企业性质（包括经济属性和社会属性）所决定，反映着企业社会性价值需求和社会性制度供给之间的边际关系，其最大最小最优界面由契约调节机制决定；规模边界以经营一体化为内涵和外延，在功能上是一种专业化或外部化的效率需求（转换）系统，由企业产权、包括企业物权和企业股权所决定，反映着企业内部化效率需求与外部化市场供给之间的边际关系，其最大最小最优界面由价格调节机制决定；运营边界以利益相关体为内涵和外延，在功能上是一种市场性、资源性或环境性的分享需求（输入）系统，由企业能力（包括其核心能力和一般能力）所决定，反映着企业竞合性分享需求与竞合性资源供给之间的边际关系，其最大最小最优界面由禀赋调节机制决定。该理论还进一步从三阶动力系统不同连锁组态的层面，揭示了三种边界不同组合形态的动力学基因，如“开放型、内向型、均衡型、激进型、机会型”等五种动力基因链，分别造就了“社会型、保守型、生态型、公益型、寄生型”五种最基本的企业边界类型。企业边界三态说，深化了对企业的性质、形态、职能和地位的认知，揭示了企业边界形成与变化的基因、机理和机制，为建立内外和谐统一的企业边界化运营与管理体系奠定了理论基础。

突破人性假设理论的局限性，从人生假设的视野揭示了人的进取性及其本性结构和行为机制

国内外管理理论对人性的诠释，基本上都是沿用了经济学的人性假设思维平台，由此形成了相应的管理理论、价值判断和政策体系。经典的经济人假设，后续演进的社会人、自我实现人、复杂人、文化人等丰富多彩的各种人性假设，先天地筑就了人的属性态与生活态、管理者与被管理者之间的鸿沟。与传统人性假设不同的是，人生假设中的人性涵括了投资方、经营方、管理方和生产方等企业所有成员及其构成形态，变被管理者的人性假设为所有成员——包括不同个体和团体的人性假设，进而走向了人性的互动整体和现实。提出了人生中的人性就是进取性、人生假设就是进取人假设的基本观念，构建了人性与人生的内在联系，抽象的人和现实的人的内在统一，强调在生动现实的人生假设中去重新发现人性和更全面地把握人性。其中，最核心的思想、最新颖的观点，是揭示了进取人或企业主体化运营的本性结构有三维或三

组，即经济人和社会人的统一、自由人和契约人的统一、感性人和理性人的统一，人的三维二元本性结构的揭示，凝聚了人生取向、人生方式和人生态度的内在统一。以人的本性结构为思想基石，进取人假设进一步系统化地概括和解析了“利益追求、优势潜能、机会条件和情绪情感”四种行为机制，“情治、道治和法治”三大政策杠杆，以及“自主性、能动性和创造性”三大目标体系，实现了进取人在动因、过程、作用和目标整个因果反馈网络上的内在统一。基于人生假设的进取人假设，还逐级演绎出了企业主体运营中的动力特性和作用方式、动力模式和管理特性、动力疾患和防治路径、最高愿景和管理方法等一系列基本理论和应用理论，从而开创性地建构了企业主体化运营与管理的整个理论体系。

突破要素结构理论的局限性，从能量结构的视野揭示了企业运营的聚势性及其本性结构和行为机制

统观国内外的管理理论，无论是职能理论、战略理论，还是运营理论、发展理论，基本上都是以静态的生产要素为基础和对象而逐步建立和发展起来的，但要素结构的魔力与迷恋，也带来了许多问题和困惑，如，要素构成的不确定带来的概念性迷茫，要素衍生的发散化带来的本体性迷失。以能量结构为视野的聚势运营原理，则深入解析了生产要素与作用结果之间各种能量的多样化组合、复杂化过程和序列化机制。指出企业的能量结构是以“投资、技术、营销、体制、管理和文化”六大聚势体为基本组元的一种交汇性分布形式，六大聚势体分别聚合着不同层级的主体因素、外体因素及其相应的各种生产要素，作为役使性的序参量，直接推动着和决定着企业的生产、运营与发展。其中，最核心的思想、最新颖的观点，是揭示了聚势运营或企业本体化运营的本性结构有四维或四组，即资本性和人本性的统一、多体性和整体性的统一、强劲性和稳定性的统一、外源性和内生性的统一，凝聚了价值取向、运营秩序、生命活力和生存条件的内在统一。以企业的本性结构为思想基础，聚势运营原理进一步系统化地概括和解析了“诱发激活、同化整合、极化带动、分化扩张、异化转型、融合创新”六种行为机制，“役量、役质、役局”三大政策杠杆，以及“效率、效益和效能”三大目标体系，实现了聚势运营在动因、过程、作用和目标整个因果反馈网络上的内在统一。基于能量结构的聚势运营原理，还逐级演绎出企业本体运营中的动力特性和作用方式、动力模式和经营特性、动力疾患和防治路径、最高愿景和管理方法等一系列基本理论和应用理论，从而开创性地建构了企业本体化运营与管理的整个理论体系。

突破资源空间理论的局限性，从共生空间的视野揭示了企业外部竞合的超循环性及其本性结构和行为机制

国内外企业外部环境与运营理论，如交易费用、竞争战略、供应链、价值链、网络组织、竞合博弈、商业生态、客户关系、公共关系、社会镶嵌、外部动力、环境分析等各种主流和非主流理论，存在着严重的碎片化问题，且都无从揭示推动企业运营与成长的外部动力如何形成、演变和作用这一基本问题。以共生空间为视野的超循环竞合理论，则完整性地揭示了企业与外部环境竞合共生的结构及其生成与作用的内在机制。指出企业与外部环境的整体存在形式，是生产竞合、商业竞合、公共竞合和生态竞合分别圈层性地镶嵌在产业循环、区域循环、社会循环和自然循环中的一种超循环竞合共生结构。其中，最核心的思想、最新颖的观点，是揭示了超循环竞合或企业外体化运营的本性结构有三维或三组，即互动性和旋升性的统一、逐利性和增殖性的统一、扩张性和演进性的统一，凝聚了结构存在、功能存在和趋向存在的统一。以企业外部运营的本性结构为思想基础，超循环竞合理论进一步系统化地概括和解析了“竞争分享，合作互惠，公关协同，学习响应”四种行为机制，“借力、借势、借机”三大政策杠杆，以及“适应性、增益性、突破性”三大目标体系，实现了超循环竞合在动因、过程、作用和目标整个因果反馈网络上的内在统一。基于共生空间的超循环竞合理论，还逐级演绎出企业外体运营中的动力特性和作用方式、动力模式和运营特性、动力疾患和防治路径、最高愿景和管理方法等一系列基本理论和应用理论，从而构筑了

企业外体化运营与管理的整个理论体系。

突破组织创新理论的局限性，从系统再组织的视野揭示了企业递阶变革的机制和道路

国内外有关企业变革与创新的研究，较为集中地涉及了技术与流程、人员与文化、战略与策略以及组织结构等四类要素，以及作业、管理、理念或公司、业务、功能三大层次，其他还涉及了产品和服务、市场与环境等元素，分类的角度和层次、因素的选择和依据不尽相同，缺乏系统化的基础理论的支撑。以系统再组织为视野的递阶变革学说，全方位地揭示了企业变革在局部与整体、目的与方式有机统一的完整机制和道路。在本质上，递阶变革是以 Y 动力系统自组织为基础的一种再组织行为，其目的是对自组织过程中各种偏离预定目标或理想状态的态势进行战略性或战术性评估和干预，以使自组织过程由低序走向高序，更具能动性和完美性；在内涵和道路上，是通过功能变革、基因变革和组元变革，实现三大总系动力之间、六种分系动力之间以及各种动力组元之间强弱势能或地位关系的对比变化，以调整和改变企业功能性的价值属性、基因性的发展形态和组元性的生命过程，并由此构成了企业强势永续的不同周期和不竭动力，也颠覆了传统企业生命周期理论由生到死、由盛到衰的仿生观和宿命论；在核心能力和力量源泉上，递阶变革依托的是超越常态智慧或基本智慧的集成智慧或最高智慧，特别是对发现智慧和创新智慧、对集体智慧和人工智能的综合性发挥和运用，其认识论基础是对三阶动力的形态系统偶联特性、行为系统内聚特性和作用系统依存特性三组关联特性的智慧性分析。显然，递阶变革学说，开创了企业变革的新观念、新视角、新内容和新方法，体现了战略变革和策略变革的内在依存和有机结合。基于系统再组织的递阶变革之“慧”，逐级演绎出了功能变革、基因变革和组元变革的不同前提、对象、载体和依据，不同道路、方式、目标和效果等基本理论和应用理论，从而开创性地建构了企业再组织运营与管理的整个理论体系。

超成长系统理论破解了“学术丛林”状态的困局，使得各路企业理论和方法如同“万鸟归林”一般，有了一个共同的家园。就学术研究而言，元范式和元理论的建构，有利于不同的理论范式和学说流派在这一系统平台中定位自身，发现各自的地位、价值、局限和不足，平等而有效地开展交流与对话，完善和发展相应的思想体系，进而促进管理学理论与范式的进一步深化、融合和发展；就学科建设而言，元范式和元理论的建构，为企业管理、工商管理、人力资源管理、管理科学与工程等管理学专业，组织行为学、战略和战术管理学、运营管理和公司治理等专业课程，绘就了一门具有基础课意义的纲要蓝本；就理论应用而言，元范式和元理论的建构，为企业成长理论乃至一般社会组织成长理论研究工作者定性定量地开展相关研究与交流，打造了一个由抽象到具象的系统平台，也为企业运营管理以及企业咨询诊断工作者从事相关决策与分析，提供了一个由理论到应用的综合框架。

（本文摘自《广西财经学院学报》2019 年第 2 期，略有删节，作者系中国企业文化研究会学术委员、北京大学经济学院教授，博士生导师）

改革开放四十年企业文化的价值和未来的发展

孟凡驰

改革开放40年来，中国经济创造了人类发展史上前所未有的奇迹，令世界瞩目，而支撑经济腾飞的核心力量是观念的变革和文化的激荡。因此，在改革开放40周年这个历史节点，回顾四十年改革精神，展望新时代企业文化非常有意义。

企业文化就其本质而言，是企业组织的管理文化、经济文化和经营文化，其核心任务有两个，其一是用文化的规律管理企业，凝聚员工意志，形成高度的文化认同和强大的组织力量以达成企业目标；其二是将文化元素融入企业产品和经营之中，提高产品的文化含量和文化品位，使产品和经营有更强劲的竞争力和更广阔的市场，促进企业不断进步。对企业而言，企业文化建设的目的是实现文化管理，全面升华企业产品和人品，使人才“钢材”共进步，使企业活力不断。对社会而言，企业文化的职责是不断创新亚文化，成为社会文化生长点和不竭的源泉，从而不断丰富社会文化，促进社会文明的繁荣与进步。

一、企业文化理论研究和实践对中国企业发展的意义

（一）企业文化将中国企业管理引领推进到一个新时代

企业文化是一种适应时代应用而生的管理思想和管理方式，企业文化的核心是以人为本、方式是以文化人、用文化管理企业。从世界范围来看，企业管理经历了五个发展阶段。第一阶段是经验性管理阶段，师傅带徒弟，父母带子女，作坊式经营，管理方式比较简单；第二阶段是泰罗式管理，也称为古典科学管理模式；第三阶段是行为科学，人际关系管理阶段；第四阶段是上世纪六七十年代流行于世界的理性主义管理时代；第五个阶段，就是从上世纪80年代开始的文化管理时代，从管理发展史看，文化管理是世界性的管理新时代的到来。就中国的管理而言，在新中国成立之前，我们的企业管理很不成熟，基础比较差，没有经过欧洲那样长期的工业化过程。因此我们整体的管理基础、管理技术、制度建设还处于非常落后的状态。解放以后新中国建立，我们基本实行的是计划经济条件下的行政管理方式，也不是严格意义上的现代化的符合市场经济的管理方式。到了80年代，企业文化管理方式兴起以后，中国的管理虽然比较落后，但时代已发展到文化管理时代，历史无情地把我们拉到与发达国家同一个起跑线上，共同面对文化管理新形势。国际化市场趋势促使中国的管理上升到一个新的管理时代，与世界管理能够并驾齐驱。由于我们大量缺乏管理的基础和理论，必要的工业化过程没有经历过，使得我们很多企业很惶惑。但是我们国人的勤奋使我们克服了很多困难，努力使自己跟上时代，很快适应了文化管理的形势。现代的企业文化建设，将我们中国管理从比较粗放的管理模式逐步提升到现代化管理时代。

有企业就有文化，但最早用文化管理企业是日本创立的方式。日本企业把文化的规律、特点应用于管理之中，提升了管理效率，凝聚了队伍，振奋了人心，确立了企业文化在管理中的地位。日本的企业文化、企业精神逐渐成为日本国的精神，使日本经济迅速腾飞起来。80年代初，美国专家在分析日本经济飞速发展的原因时得出一个结论，日本经济腾飞不在于制度、机制、技术、流程、财务等硬件因素，这些因素美国、日本、德国都是相差无几的，都是处在先进行列。日本能够后来居上，主要缘于管理思想、管理方式的变革，创立了最新的管理方式即文化管理。美国总结出来以后，就形成了企业文化理论。中国在80年代初接受了这一个理论，使中国的企业管理跟上了时代步伐。

（二）建立了企业信仰体系，为企业员工确立发展灵魂和行为动力，形成企业强大的凝聚力

一个民族没有信仰，就没有灵魂，人民就没有力量，国家没有希望。企业如果没有信仰体系，就没有底线，没有原则，员工发展没有方向。企业的信仰体系对员工的价值追求至为重要。信仰体现在企业文化当中，主要是企业理念。国家民族信仰的确立有宗教和主义两种形势。在中国如果用宗教塑造信仰，过去、现在和将来都会很难。它不像基督教、伊斯兰教，一个权威宗教统帅一个民族的灵魂。中国道教、佛教、儒教等比较分散，没有一种宗教形成权威地位。我们中国人信仰宗教，多数人没有理解宗教信仰的真谛，很多人的宗教观是基于功利化的。中国用社会主义、共产主义来塑造信仰，力量非常强大，效果也非常好。当今我们所面临的这个时代，由于文化的多元化、国际的开放性特点，用主义塑造信仰遇到很大障碍。企业文化建设成为国家民族信仰确立的有效途径和方式。因为企业信仰的塑造是国家信仰的根基，未来中国精神的真正建立依赖于中国企业文化精神的成熟。中国文化大厦的形成很大程度上依靠企业文化的牢固和丰富，在塑造民族信仰体系方面，企业文化功不可没。

（三）使中国企业文化建设的内容系统化科学化

我国社会主义文化形成于企业精神。新中国建立以后形成的大庆精神、铁人精神和两参一改三结合等，还有最近几年的高铁精神、航天精神等等。但是这些内容只是企业文化的核心，是企业文化体系中的一部分，相对企业文化理念、制度规范和物质三个层次而言，这些就显得企业文化比较分散单一。企业文化理论传入后，大多数企业文化体系不断健全，科学化、逻辑化，内容的层次也清晰起来。全面系统的企业文化建设，使企业职工精神状态饱满，企业发展后劲倍增、充满活力。

（四）提高了对人的主体地位的重视，建立了以人为本的思维方式

在中国的传统文化中，强调人的重要性的理论观点还是比较多的，但很少真正把它落在实处，甚至有些实践和理论观点背道而驰。理论上人本重要，而在实践中还是官本重要。以人为本是企业文化提倡以后才真正更多地落到实处。文化是人的本质规定性，它规定了人作为人的基本特征，文化即人化。在贯彻以人为本的过程中，既关心本公司职工，也关心客户，关心每一个人的成长和需求，帮助每一个员工设计职业生涯，我们要能够做到这种程度才是真正以人为本。在企业文化管理方式传入之前，我们的企业多数是把人看成是简单生理人、物理人，没有看成文化人，没有把人看成是具有价值追求的文化主体人。运用这种方式以后，化解了人际关系中的很多矛盾，也避免了很多剧烈冲突的爆发，成为人们普遍接受的管理方式。

（五）启发了企业家的文化觉醒，激发了企业家使命意识和文化担当精神

企业文化打开了企业家全新的事业视野，使一大批企业家惊喜地发现文化思维原来如此奇妙。经过他们的积极实践，努力把物质商业上升为新时代文化商业。

企业家为什么活着？为什么办企业？这些终极追问，事业价值的思考，在纯物质化公司是得不到体现的，重视企业文化建设才能思考这些问题。这些问题考虑的越深，企业家才会站位越高，胸怀才越宽广。日本的著名企业家松下幸之助讲过一个故事。有一个眼镜公司的董事长找他推荐眼镜，详细介绍他们公司的眼镜如何好？他说，请您不要误解我只是为利益而推销，您作为世界知名企业家，接触很多国外企业家、政界要人。您戴的眼镜如果不是日本最好的产品，不仅与您的身份不匹配，而且与我们国家生产眼镜技术水平不匹配。如果你把这样的眼镜戴出来，会让人觉得日本造不出好眼镜。松下幸之助听后欣然接受了他的建议。他说这样的企业家不仅追求物质利益，还有更高的追求，他们在关注国家民族的形象。这与松下公司“自来水哲学”的使命意识非常相似。松下幸之助认为：社会矛盾冲突根源就是物质不够发达，才出现了那么多盗窃、抢劫等。正如中国古语讲的“仓廪实而知礼节，衣食足而知荣辱”。企业的责任是“把大众需要的东西，变得像自来水一样便宜。”这才是企业家的天职。在这个经营观念背后有非常深厚的文化哲学。日本企业家稻盛和夫讲“敬天爱人利他”。企业家在考虑谋利时，谋天下之利而不是一己之利，谋长久之利而不是眼前之利，那么这个企业家考虑问题的眼界、心胸就大不一样了。再比如日本秋山

木工的案例。秋山木工是由日本秋山利辉先生创立的企业，他为了把年轻的学徒培养成一流的工匠，制定了长达八年的人才培养制度。一年学员、四年学徒、三年工匠，八年后自立，可去可留。有人问他，你自己八年时间去培养员工，八年后不利用他们成熟技能为自己挣钱，却让他们再自主选择企业，这不亏大了。他说，我的任务就是培养能够造福社会的人。我不能把他们当作私有的财产。既然经营企业，就要讲百年不败。既要百年不败就需要有高尚境界和追求的员工，没有这样员工达不到百年不败。他在日常管理中，非常注重员工孝心的培养，注重团结合作意识的培养，注重员工心性的管理。这才是伟大的企业家，他有社会担当，有促进民族发展的责任意识，有经营遵循的崇高精神。文化决定心胸，心胸决定格局，格局决定企业成败。

（六）提高了企业改革重组的水平

文化本质融合保证组织体制整合的最终成功。改革四十年中，企业的重组改革在不断深化推进，在这一过程当中，体制和机制等形式上改革是相对容易的，尤其是国有企业的重组，两家企业合到一起挂一个新牌子重组便完成了。但是能不能真正做到一加一大于二，达到预期的规模效应，关键在于文化融合。如果文化价值观没有高度的认同，重组后的企业仍然是你们我们而不是咱们，各自文化惯性之下的路径依赖，使员工行为达不到自觉一致。这样的组合是形式上组合。目前国内企业重组，文化不能够包容造成的破坏屡见不鲜。在今后的企业发展中，重组并购会很多，文化融合是重组成功的前提和本质要件。

（七）为中国企业走出去，实现跨文化经营提供了根本的解决方案

在开放的国际化中，企业世界性的交流合作最大的冲突是文化。中国企业无论是走出去还是请进来，遇到的最大障碍都是文化差异。中国人在技术层面、制度层面、体制层面、物质层面、人力资源管理和财务管理等方面遇到的困难都会在互联网时代的作用下，通过勤奋和努力来解决。改革开放这些年我们在技术、环境和设备上跟发达国家差距越来越小。可是我们很多企业走出去以后文化冲突解决不了。这些文化障碍冲突，表现为宗教信仰、法律法规、风俗习惯、思维方式、甚至于潜规则等。这些文化差异时刻障碍企业走出去的步伐。比如中国文化讲“己所不欲勿施于人”。实际上由于价值观的不同，在合作中己所欲也要勿施予人。你不要认为好的东西放别人身上，他就会感到高兴。比如中国有家企业在穆斯林国家评劳动模范。结果通知一下发，当地的职工抵触情绪很大。他们讲，安拉告诉我们人人讲平等、平均，给个别人待遇高我们不干。再比如中国前些年有一家企业从德国引进一批设备，一名德国工程师负责安装调试，顺利开工后，在庆祝仪式上德国工程师需要发言，中国工程师指导他说，开头要讲在领导关心指导下顺利开工。德国工程师说，我们开车成功与领导没有关系呀。中国工程师告诉他，我们国家就是这个习惯，凡是重大事件都要这样讲。不久，中国员工不按照规范操作，结果设备发生故障。在事故分析会上，领导又来了，德国工程师发言说，在领导关心指导下我们发生了事故。使领导很难堪。中国工程师埋怨他不应该这样说，他分辩到，不是你说重大事件都要这样说吗？这就是文化差异导致的。

二、企业文化理论研究和实践对中国社会进步的意义

（一）企业文化筑牢了中国文化根基，丰富了中国文化内涵

一个民族文化，是一代一代人逐渐积累创造的。处在世纪之交这几十年之间，我们这一代人对中华民族的文化应该做出什么样贡献？我认为要使中华文化在目前能够得到丰富发展创新，根基在企业文化。社会有各类亚文化，如行政文化、校园文化、军营文化、医院文化等等，但是哪一种亚文化都不如企业文化力量更强大。因为一个国家一个民族在和平时期发展的主导力量主要是企业。企业聚集了最多最有价值的资源，聚集了最新的技术设备和优秀人才，企业文化的发展程度，决定了国家文化水平。日本企业家认为，日本的企业精神已经发展为日本国的精神。中华民族的文化高度和文明水平，也要依靠企业文化的活力。企业文化如果建设好，它能够筑牢社会的价值防线，它是社会主义核心价值观在基层组织作用的载体和途径。

（二）为中国文化走向社会底层寻绎到了有效的方法

文化怎样武装基层的民众，这是一个长久重要的社会课题。在传统社会里，文化研究被认为是一个高精尖的领域，文化创造活动局限在少数社会精英群体，局限在学者范围内，是象牙塔里的事业。1980 年代的文化高潮中，社会精英群体意气风发地掀起五四运动以来的又一轮文化争论，但社会基层波澜不惊。这种不能对基层产生作用的文化争论，其社会意义也受到很大限制。企业文化作为一种实战性的管理思想，能在企业管理中直接应用，能促使经济不断发展，促进企业精神不断升华，促使价值观不断得到确立认同，文化才真正搅动了底层一池春水，企业精神物质两个方面都得到提升，员工幸福指数提高。鲁迅先生写的小说《药》，为什么华老栓在革命烈士为解救大众牺牲后，他还拿着馒头蘸他们的血吃。这是文化愚昧，他不理解革命者是为他们在献身在流血。文化不被基层民众所理解接纳，即使它再好，它也只能使文化布道者叹息无奈。企业文化能通过其特有的方式，使得“旧时王谢堂前燕，飞入寻常百姓家”。

（三）文化的经济价值和现代化功用得以充分证明

在人们的传统观念中，文化是用来抚慰人的心灵、陶冶人的情操、愉悦人们的精神生活的，它跟现代化管理是无关的，对现代化没有作用，对经济发展也没有作用。企业文化通过生产、经营、产品和战略等直接作用于企业，用文化推动经济发展，用实践告诉人们，文化不仅升华精神文明，也具有实在的经济价值，文化的经济作用和现代化功用之鱼与熊掌可以兼得。

（四）构筑了经济文化之间的发展桥梁，使经济与文化立体融合发展

在中国传统社会，经济文化二者是分离的，人们很少关注到文化对经济的发展作用，这二者之间很少对话。企业文化是应用型的理论，实战型的理论，是介于抽象、基础文化理论和企业实践之间的一种理论。很有效地把国家的大文化和企业微观经济实践结合起来，通过与经营、管理、产品、战略相融合，把文化应用到这些企业的实际工作中，能够使经济和文化自然融合在一起，这就解决了经济和文化之间的隔阂，搭起一座桥梁，促进经济发展品质的提升，实现经济文化一体化发展。

（五）企业文化成为企业文明实现最有效的方法

就工作对象而言，企业文化无非解决两个问题，一个是人的精神需求问题，一个是经营管理的问题，这和企业精神文明物质文明的总体目标是契合的。

企业文明建设这么多年，很多企业效果不是很明显，其中一个重要的原因是没有厘清文明与文化的关系。企业文明目标的实现，必须通过文化建设活动。文明和文化关系是这样的，文明是一个社会或组织发展水平达到一定阶段的标志性成果，比如社会发展分为原始社会文明、奴隶社会文明、封建社会文明、资本主义社会文明、社会主义社会文明、共产主义社会文明等等。文化是一个动态的活动方式。因此不要把标志当作方法来用，而应该通过文化建设的方式来实现文明。文化是个持续动态的过程，通过量变达到质变后就形成一个新文明，再通过文化建设达到一个更高的文明，因此我们说企业文化建设为企业文明实现找到了一个有效的方式。我们四十年来的改革开放实现物质发达、经济繁荣，但是我们的富裕程度和文明程度形成了一个比较大的距离。究其原因在于在经济发展过程中，很多企业只把自己定位为一个物质生产者，而忽视了企业文化的建设。所以在企业发展当中就出现了物化程度较高，而文明程度比较低的畸形状态，这是不可持续发展的经济形态。我们希望通过企业文化建设提高企业和社会的文明程度，使文明与富强并驾齐驱。

三、新时代企业文化走势与展望

企业文化内容的更新丰富因时代而变，企业文化的重塑是一项永远在路上的事业，文化管理时代刚刚开始。

趋势之一：企业文化软实力地位进一步上升。我们将进入软实力地位不断上升的时代，企业文化将扮演越来越重要的角色。软实力在国际上受到普遍重视，中国也提出了软实力规划设想，近几年以来还制定

了很多措施。但是我们要注意到，在中国，有少数比较优秀的企业建立了完善的企业文化体系，认识和实践很自觉，方法也很成熟；多数企业，认识到企业文化的价值，但建设方法还不是很成熟、比较薄弱。也有部分企业对企业文化认识还处在一种蒙昧原始状态，其文化尚处在自发阶段。文化是企业第一软实力，文化不成熟会导致政治不成熟经济不成熟。文化不彰，企业就无法提升经营品位，难以国际化，难以创一流。

*趋势之二：以人为本的共识和实践将不断深化。*我们处在一个智慧集约化时代，以人为本认识和实践在不断加深。智慧集约化，是和劳动力密集型时代相对而言，知识、信息、互联网的空前发达为其主要特征。人们所掌握的知识和信息在爆炸式增长，其速度和体量超过以往任何时代。更多的草根民众被新知识新信息武装，激发了创造性冲动和欲望。和旧时代相比，文化创新的力量呈现群体性下移的趋势，因此我们国家提出“大众创业，万众创新”。在智慧集约的时代，文化创造不再局限在少数精英的群体当中，而是渗入到社会基层群体中。在融媒体时代，每个人都是信息传播者和文化传播者，信息化技术成为放大人本文化功效的杠杆，文化传播的速度、价值认同的效率被大大提升。以人为本尊重每一个职工的价值创造愿望，成为未来社会发展的重大命题。

*趋势之三：企业主导价值观的一元性和员工个体价值取向多元化的协调将成为更重要的任务。*我们处在一个价值多元化时代，由于知识信息量的加大，知识信息专业化内容不同，人们对知识和信息加工处理的方法不同，使人们对事物的观察分析角度不同，人的价值评价，价值取向日益多样化，非黑即白的简单思维已经不适应当下和未来社会了。个人价值取向多样性与企业发展导向的一元化，必须高度结合，才能形成团队合力，达成企业目标。在价值取向多元化的社会，对同一个问题见仁见智，这是一种不可改变的社会现实，也是不能逆转的历史趋势。企业作为一个团队，代表其方向战略的主流价值观，是容不得分散而模糊的。企业主导价值观的一元性和个人价值取向多元化，不可避免地会产生冲突。怎样协调这种文化矛盾，达到高度文化认同，让个人的职业追求和企业的发展能够协调起来。这将是一个解决文化障碍的长久命题。

*趋势之四：提升产品文化含量适应体验经济时代。*我们正在体验经历的经济时代，改变了传统的商业模式。一个国家从温饱到物质繁荣的变化，必定促使人们消费方式的改变，消费欲望的不断升级。人们对产品服务使用价值的追求到对产品服务文化价值追求，是一个时代的变化。文化体现在企业管理过程中，战略由企业文化引领，制度模式由文化理念决定，产品的文化价值体现为高度文化含量。所谓文化含量，一是使用功能多元化；二是产品色彩丰富；三是产品造型独特；四是产品和服务无限追求人性化、个性化，让客户体验舒适。最近，中国有个著名的冰箱企业，过去处于冰箱业的前位行列，现在陷入非常艰难的境地，分析来分析去，问题的根源就是文化不能够与时俱进。企业产品迭代创新的速度太慢，现在冰箱都是四开门，使用功能多样化，外观设计流线型，而他们多少年没有改进。文化理念、审美方式与对人们文化变化把握等方面的落后，导致这个冰箱企业的窘境。众多案例启示我们：产品要加强文化含量的提升，服务要追求全新的文化感受，客户在享受你产品和服务的时候，感受到一种新奇的文化体验，和传统的满足物质需求不一样，管理更讲文化，经营更强调文化个性。

*趋势之五：企业文化升级换代适应快速变化时代。*我们处在快速变化的时代，企业未来发展不确定性因素增多。企业面临各种形式的不断重组发展，如果企业文化融合重构水平高，企业重组后就会迅速形成市场竞争力，避免重组的失败。所以要强调企业文化管理适时升级换代。企业文化理论传入中国，唤醒了中国企业家的文化自觉，企业文化实践已近四十年时间，不少企业的文化体系比较健全。但是随着时代的发展和环境的变化，它要不断更新，不断的升级。比如竞争理念，中国企业从计划经济的反对竞争到市场经济的强调竞争，再到今天的“竞合共赢”新理念，时代在发展，文化也在更新。今后的竞争应是“物并生而不相害，道并行而不相悖”。无竞争则无活力，无合作则无发展，时代需要树立这样的文化理念。

趋势之六：企业文化在中国走向世界的过程中将成为关键性因素。面临跨国经营格局不断变革的时代，随着“一带一路”国家战略的实施，国际交流合作将成为更多的企业常态性工作。要加大跨文化研究和文化理论文化技术上的准备。跨文化交流合作和文化融合，是决定中国企业国际化事业成败的关键因素。中国的企业文化伴随并推动中国企业走向世界，是中国文化成为世界主流文化的标志。企业文化在国际交往中，是一种大众化的强制性行为。因为它附加在产品和服务中被使用和享受，哪个国家的产品好、经营好、服务好，客户就从这个国家产品经营服务中体验并接受他的文化。由于企业文化和产品服务融为一体，传播过程中体现为柔的形式，潜移默化，更易于被受众所接纳。中国在非洲国家的一个公司，当地员工发完工资就去消费，没有储蓄的概念。后来在中国企业员工的影响下，知道开源节流，细水长流，欣然接受了中国这种文化。日常的朝夕相处，职工间的文化交流，产品的使用都能体验、传播文化。企业文化担负着让国家文化走出去，把中国文化传向世界的责任，企业文化成为关键软实力载体。

我们的企业应该在四十年改革开放基础上，进一步推进企业文化建设，促进企业更大进步，促进国家民族文化的繁荣，实现中华民族复兴的中国梦。

（本文选自作者于中外企业文化2018深圳峰会总结报告，作者系中国企业文化研究会理事长、教授）

企业文化的逻辑

——以国家电力投资集团有限公司实践为例

荆玉成

关于企业文化建设，具体问题有许多，归结起来核心问题有两个：一个是企业文化的原点在哪里，从哪里出发？一个是企业文化的逻辑是什么？原点找到了，我们按什么逻辑来推进。这两个方面内容放在一起，我称它为企业文化建设的大逻辑。我2007年到中央企业工作，参与中央骨干企业国家核电的企业文化建设，用八年时间打造“三和文化”。2015年国家核电与中电投集团重组整合，建立今天的国家电投，我和同事们一起，又构架了“和文化”。

2019年8月5日，中国企业联合会在全国企业文化年会上，我们国家电投企业文化建设的这十余年成果，被授予全国企业文化优秀成果特等奖，是目前国内企业文化的最高荣誉。此前2018年12月，我们还获得中电联“电力创新大奖”，也是全国电力行业企业文化最高荣誉。结合以往实践，谈谈企业文化建设的逻辑。

第一个维度，企业文化是从企业家胸膛里长出来的。经常有员工或者从事企业文化的朋友问我，企业文化是不是就是文化部门几个人琢磨出来了，或者说是不是请咨询机构，然后做两三个月的企业文化调查就出来的。实践我们总结出：企业文化是从企业家的胸膛里长出来的。问题是，我们从事企业文化工作的同事们干什么呢？主要干三件事：第一件是对企业家思想进行记录，第二件是对企业家思想进行梳理，第三件是对企业家思想进行提炼。我把从事企业文化工作的同志叫“企业文化工人”，就相当于公园里的“园丁”，主要负责给树木浇浇水、松松土、觅觅虫、施施肥，这是我们企业文化工作者该干的事情。真正的思想源泉是从企业家的胸膛里长出来的，是从企业家的头脑中生发出来的。在中电投集团与国家核电重组整合过程中，我们把当时“一把手”十年来所有言论做了整理和统计，据此梳理出核心价值观——“创新创造，持续奋斗，和谐共生”。这是他作为企业家在十年时间里说的最多“高频词”，最后概括出这三句话，核心价值观是按一定逻辑归纳总结出来的，而不是我们躲在屋子里面硬造出来的。企业文化是从企业家胸膛里长出来的，企业的天花板就是企业家的天花板，或者说企业家的天花板就是企业的天花板，企业家的胸怀、格局、境界和修为，决定了一个企业的未来和高度，决定了一个企业能走多远。如：2019年4月、5月和6月，任正非三次接受中外媒体的采访，你会恍然大悟，为什么连美国政府出面都打不垮华为？任正非十年前就预测到了这一天迟早会来，双方一定会在山顶上相遇，从那时起任正非就卧薪尝胆、着手准备，华为的“备胎计划”就是具体战略举措。2015年春天，我到华为学习企业文化，感受最深的是，任正非深受毛泽东治国理政思想，包括我们党的许多优良传统的影响。比如说批评和自我批评，我们现在党内开民主生活会，其中一个重要法宝就是党内充分开展批评和自我批评，任正非把它用到企业治理当中，叫“自我批判”，华为以此来自我革命、自我革新，用得恰到好处。

企业文化是从企业家胸膛里长出来的，新时代归结起来有五个基本特征：一是企业家的天赋神性在企业治理中越来越凸显；二是企业家的群团特性越来越凸显；三是企业家的价值追求与人类价值，包括社会价值、国家价值、政党价值的追求接近融合越来越凸显；四是企业家对人力资本的关注和重视上升为企业第一资源，尊重人、理解人、关心人越来越凸显；五是企业家治理企业的方法论日趋逼近现代管理的本质特征，运用逻辑、量化、闭环和工具越来越凸显。

第二个维度，核心价值观和logo是企业文化建设的原点。企业文化建设到底从哪里出发？毫无疑问首先是将企业家的思想进行梳理总结，接下来要干的事情是什么？就是确定核心价值观和企业logo。如：2007年的国家核电是从零起步的一个骨干央企，主要是从西屋公司引进、消化、吸收、再创新AP1000三代核电技术。我们和用八了年时间打造了“三和文化”。其核心价值观有三句话，概括为三个“和”。第一个“和”是核电的“核”，叫“以核为先”；第二个“和”是合作的“合”，叫“以合为贵”；第三个“和”是传统文化的“和”字，叫“以和为本”。“以核为先、以合为贵、以和为本”这三句话，就是国家核电的核心价值观。八年后的2015年，国家核电和中电投集团重组整合，我和同事们梳理构建了目前国家电投的“和文化”。通过这两家中央骨干企业文化的实际运作，我们总结出一条基本规律，就是企业文化建设应有两个原点：一个是核心价值观，一个是企业logo。这两个原点最核心的基点是核心价值观，整个企业文化建设有了核心价值观，才有了出发点，否则找不到终点。这告诉我们，研究企业文化首先要研究它的内在逻辑关系，研究它出发的原点在哪里。核心价值观定了以后，就开始按照核心价值观内在逻辑来设计企业logo。比如，国家电投“创新创造、持续奋斗、和谐共生”核心价值观确定后，开始按核心价值观要素来设计集团公司的logo。值得注意的是，核心价值观这个原点的定位，不是一天两天就能定下来的。2015年5月中央正式确定我们这两户央企重组，并明确新的领导班子，实际上企业文化工作早在2014年11月份就开始着手研究；2015年3月，在重组这件事内部基本敲定后，团队就开始着手组织设计logo了。我们的logo设计当时是邀请正邦、东道两家国内最大的平面设计公司，点对点来设计的，原则、前提条件之前就已经定下来。从3月份开始一共设计了70个方案，然后按评选办法从中选出了三个，提供给集团公司领导班子决策。国家电投“绿动未来”logo，就是按以下三条原则甄选出来的：一是集中反映国家电投的核心价值观，这是logo设计的基点；二是主要看新logo黑白稿应用得好不好，识别性强不强；三是把logo放在国内能源企业和世界能源企业范围看，处在一个什么样的位置，有没有时代性，能不能从这一堆logo中跳出来，让你眼前一亮。

企业Logo大家都非常清楚，首先要有识别性，一眼就能记住了，这叫识别性；第二，就是尽量不要有负向思维，不能有破坏因素。比如原来中电投的企业logo，是由其英文缩写CPI三个字母构成，一个蓝色的企业logo，确实简洁、生动、易记，有领导曾说，我们的logo真好。他说为什么呢？第一是CPI，代表物价指数，与人民群众息息相关；第二是一百分，多正能量啊；第三个是无穷大，给人以无穷的想象空间。后来有一天，坐出租车，司机与我说起这件事，师傅说你那logo看上去像车轮前面有个挡板，他又说还像一个手铐加一根电棍，这就是破坏性思维。国家电投现在的“绿动未来”logo好在什么地方？主要也有两条：第一，现在我们的logo是三维立体的，这是世界范围内logo发展的趋势，比如BP的logo，但也有它的问题，主要是把三维立体的效果呈现出来很费劲，实现成本要高一些。第二，绿和红是互补色，也就是一个冷色一个暖色，对比非常强烈。原来我们五大发电集团的logo，不是蓝就是绿，国家电投这个红绿属于撞色，能让人有一种激动感和兴奋感，用色比较大胆。一个颜色用好了，能让人产生饥饿感，产生安静，产生兴奋。在整个企业文化建设中，核心价值观确定后，才能往下推演logo，推演出管理理念、人才理念、安全理念等等；logo确定后，才能推演出企业性格色彩，然后再考虑企业环境文化等等。

第三个维度，企业文化一定长在传统文化基岩上。比如，我们建核电站，选一个厂址就需要十年左右时间。即：要选一块条件非常好的基岩：第一，基岩不能处在地震带；第二，那块基岩不能有裂纹，要一整块；第三，基岩一定要长在地壳上，与地壳相连。具备了这三个条件，才能在这块基岩上进行前期的工作，包括征地、征海、预核准，才能进行“五通一平”，包括通水、通电、通气、通暖、通路和土地平整。我这十余年的体验，就是企业文化一定要“种”在传统文化的基岩上。我们构架的“三和文化”“和文化”，首先都是“种”在中国传统文化“和”文化的基岩上。任正非强调企业的生态链，让所有跟华为合作的企业都有饭吃，他用了一句李冰治水的名言：“深淘滩，低作堰”来表达，本质上讲，任正非讲得就是传统文化“和”的思想。习近平总书记讲，中国“和”文化源远流长，蕴涵着天人合一的宇宙观，协和万邦的国际观，和而不同的社会观，人心和善的道德观。总书记概括的关于“和”文化的这“四个观”，它也是中国传统文化的精髓。文化的最高境界就是要达到一个极致的平衡，就是“和”的诉求，就是拿捏得恰到好处。自己跟自己要恰到好处，人跟人、企业跟企业之间要恰到好处，人跟自然之间要恰到好处，这是中国传统文化中最核心的价值观，也是我们企业文化建设大逻辑的重要根基。

企业文化“种”在中国传统文化的基岩上以后，企业文化的包容性和格局就得以凸显，因为有博大精深的传统文化的滋养不是简单地讲企业文化那几大方面、那几句话，而是有数千年博大精深的中国传统文化给你做坚强后盾。

第四个维度，话语即权力。企业文化体系尤其是企业文化理念体系确定后，企业文化的传播就显得十分重要，这是一个很关键的环节，就是怎样让员工接受，最终如何落地的问题。这里最大的前提就是企业文化部门要有话语权。法国哲学家福柯说：“话语即权利”，他说“这个世界归根到底是语言的世界，谁拥有了话语权谁就能主导这个世界”。他的核心思想是讲：说话是一种权力，价值传播要有平台、载体，要有一个说话的场，要把说话这种权力具体化。2007 年 5 月 22 日国家核电成立，9 月党组决定要办一份纸质媒体。《和》杂志一出来员工们就格外喜欢，有的拿回家全家阅读，有的每期都留存下来珍藏。有关部委领导也给予高度评价，给他们留下深刻记忆。时至今日很多人都如获至宝。这本杂志一个月一期，版数从 64P 变成 128P，在员工中影响较大。《和》杂志的么特点第一个就是读图，而且都是大图。英国艺术批评家约翰·伯格说，“历史上没有任何一种形态的社会，曾经出现过这么集中的影像、这么密集的视觉信息。”这个时代不是读文字的时代，是读图的时代，是数字化的时代。杂志也是一样，翻开第一页，封二就是一张大图，大自然的山水画卷，你看到这张画面，仿佛能闻到山上的花香，听到树上的鸟鸣，听到山风的呼啸声和潺潺的溪水声。杂志从第一期开始，封二打开永远是青山绿水，封三打开永远是大面积的向日葵。第二个特点不登“领导”讲话。打开目录后第一篇叫“董事长言”，是固定栏目。2018 年初我们老董事长退休，就把这 127 篇“董事长言”，加上若干照片，编成一本集子，这是一份他退休时最珍贵的礼物。第三个特点就是传播企业文化。因为这样的定位，杂志很少刊登新闻类、技术类、业务类方面的文章，主要在传播企业文化上发力，重点刊登传统文化、企业文化和员工文学艺术作品。我们体会，传统工业企业，一定要有与员工思想、情感、生活粘着度高的柔性化的内容，去平衡、消解传统工业化的坚硬，让这个企业更柔性、更可亲、更现代。从 2019 年元旦开始，我们又创刊了一份八版的周报，叫《国家电投报》，总计刊登了 600 多个二三级单位的典型做法，推出 500 多位先进人物事迹。报纸主打企业内部新闻，《和》杂志主打企业文化，这两个纸质媒体作为企业文化传播的大舞台相互唱和。此外，还有 9 种现代媒体，我们清醒地认识到，企业文化传播落地，一定要有自己说话的载体和舞台，这是我们应有的权力。

第五个维度，流量即群众路线。2016 年许知远办了一个直播访谈节目《十三邀》。最新一期采访陈志武，播放量是 2899. 3 万，4 月 2 日采访牟其中，播放量是 3525. 9 万，目前《十三邀》总播放量已经超 7 亿。窦文涛的《圆桌派》，三年来总播放量超 6 亿。也就是说，数字媒体时代，流量成为一个最重要的衡量指标。与流量相伴而生的是粉丝，粉丝也是有级别的。比如罗振宇 2015 年就宣布，他的跨年演讲《时间的朋友》要连办 20 年，并且推出了 99 张定价 4 万元的 20 年联票，和 300 张定价 3 万 6 的 19 年联票，当然这些票早已被一抢而光。那么，买这些票的粉丝不是一般的粉丝，也不是 VIP 粉丝，而是 VVIP 粉，通常叫超粉。我们从事企业文化工作，如何把“客户”，即我们的干部职工吸引来，变成粉丝甚至超级客户，这是我们的本事。第一是搭建平台。把广大干部员工吸引到线上来、到平台上来，大家在一个平台上拥有一个共同感兴趣的话题。第二点是互相交流。利用互联网独有的打破时空隔阂的魅力，实现员工平等的相互的自由的沟通交流。第三点是平台 + 交互 + 直播，就构成了企业文化传播、落地的一种新模式。

2015年我们重组后，每年搞一次“国家电投好声音”，向13万员工征集原创歌曲、演唱及比赛的活动，每年要历时3－4个月时间，最后演变成“由一首歌到一项文化工程”。2018年第二届国家电投“好声音”，四场区域赛直播，每场有15万人次收看，总决赛直播有43万人次收看，五场比赛共有过百万人次收看，这样的效果是传统礼堂演出无法想象的。今年为应对疫情带来的不确定性，2月28日我们创办了“云上沙龙”，就集团公司经营管理的重大问题，让全体员工参与讨论，每期一个主题，目前已开展了9期。最近三期在线人数都在2万人次以上，留言1万余条，有效观点建议2000条。我体会直播的本质是流量，流量一定意义上讲等同于群众路线。我们搞企业文化工作，是不是能够全覆盖，关键要看流量，拥有了流量就拥有了群众。流量就像春天的风一样，吹到哪里，企业文化的花就会开到哪里，企业文化就会在哪里落地生根。

第六个维度，价值观同样可以考核。当初国家核电和美国西屋公司合作开发AP1000三代核电，我们经常到西屋公司出差。到美国出差时，我们特意去考察了美国的企业文化，包括IBM、GE、洛克希德·马丁，也包括西屋公司，去了以后发现美国企业文化体系很完整，其中一个共性特点是文化完全可以考核。价值观确定后，它要制定一个行为准则，可以有十条八条，是一个中观的东西；行为准则再往下，再具体制定行为规范，可能也有十条左右，就变成了微观的东西。就这样从宏观、抽象的价值观，落到了具体、微观的行为规范，就可以具体考核了。每年年初的时候，从行为规范入手纳入绩效考核，具体做法是从这十条行为规范里选七条或八条，再根据员工个人愿望，加一两条自选动作，你的上级主管认定后就开始执行。员工每天的工作、每天的行为有没有失当的地方，价值创造如何，你的上级主管是非常清楚的，你本人也是非常清楚的。这一切人力资源部不需要管，它直接出政策和运用考核结果就可以了。第二个，就是企业文化工作一定要考核。我们从2016年到2019年，连续四年开展党建工作量化考核，每年都把企业文化工作纳入其中。过去我们的考核多以定性为主，大家都感觉自己工作做得比较好，这是一般规律和心态。2016年起党建工作实行定量考核，突出三个方面：第一是重点，第二是分类，第三是定量。所谓重点，就是考核不搞360度，不搞面面俱到，主要考核几个重点。2016年第一年考核，我们确定了5项考核重点和三级考核指标，考核结果出来后，有些分数低的单位看到分数心里不服气，认为分数打低了，我们事先告诉大家，允许来复查找分，就如同高考一样可以查分。有的单位一来一看自己的考核清单，清清楚楚自己的问题在哪里，哪里扣了分。没有考核，就没有管理，考核不是为了淘汰，不是为了考核而考核，而是为了传递责任、推进工作。华为的顾问吴春波说，华为文化不是弘扬出来的，是考核出来的。

第七个维度，文化即生活。我们中国人有一种思维惯性，觉得文化就是文化，经济就是经济，把文化与经济割裂开来。比如，我们到一个城市去，一定要去书店、美术馆、博物馆去打打卡，那叫文化。我们日常生活中，不以为然地将文化矮化、狭隘化，把文化和生活割裂开，将企业文化与经济活动割裂开，与企业经营管理割裂开，与企业战略规划割裂开来，但生活实际并不是这样的。海德格尔说，“现代的基本现象的一个重要体现就是文化被崇高化和神圣化，人类活动被当作文化来理解和贯彻，而文化被认为是人类实现最高价值的途径，没文化就没文明，文化成了欧洲启蒙运动以来人类最大的精神追求”。我个人认为，文化就是所有人类遗迹的总和。文化与生活是一体的，企业文化与企业经营管理是一体的。视角回归到企业文化的实践，一个深刻体会是企业家精神、治企理念与战略、规划、管理、经营，包括企业行为越来越合而为一，越来越变为一种企业存在的形式，企业家的经营哲学，越来越变为一种现实存在和现实生活。简言之，企业文化等同于战略、规划、管理、经营、行为，是这一切的总和。当你走进一个企业，我们会切身体会到企业文化变得越来越清晰，企业的一言一行，企业的色彩、味道、声音、样貌、生产形态和产品、服务，企业的制度、流程、规划、战略等等，企业的一切已然构成了企业文化。也就是说，随着第四次工业革命的到来，企业文化的内涵与企业生活的实际将合而为一。我在《原力觉醒》这本书里称其为文化即战略，文化即管理，文化即生活。在新时代，已有的企业文化理论框架已经不完全适应，企业文化已不再单纯是那几个方面理念了，用理念识别系统、视觉识别系统、听觉识别系统、行为识别系统等来描述新时代的企业文化内涵和框架，显然已经力不从心。时代已经变了，企业文化已从科学管理、人本管理、文化管理发展为今天的思想治理。战略、管理、经营、制度、流程、行为，企业治理的观念、价值、方法、工具等，这一切也就构成了新时代企业文化的全部内涵。这个企业文化的新时代，就是思想治理时代。我最终的结论就是思想治理时代，企业文化就是企业生活本身。

当前，世界处于百年未有之大变局，世界充满不确定性，但无论未来如何发展，有一条铁律是明确的：只有时代的企业文化，才有时代的企业；只有时代的企业，才能创造出时代的企业文化。

（作者系中国企业文化研究会专家委员、国家电力投资集团有限公司企业文化总监、党建部主任）

社会网络视角下的中国企业跨国并购文化整合

徐艳梅　苗呈浩　王宗水

并购是现代商业活动的主要形式。但大量的实证研究表明，大多数并购没有实现并购的协同效应。缺乏有效的整合是大多数并购失败的主要原因。其中，文化整合是实现并购整合的重要方式。跨国并购中，并购企业与被并购企业面临着国家和企业两个层面的文化差异。文化差异不仅会带来并购方与被并购方的文化冲突，还会影响并购后企业的财务效果与协同效应。因此，实施文化整合是促进并购成功的关键因素。

2014 年中国投资输出首次超过投资输入，进入了资本净输出的“新常态”。而跨国并购是中国企业走出去的主要方式。中国企业的跨国并购对象主要来自于美欧、日韩等地域的发达国家。然而，中国企业跨国并购的道路却并不是一帆风顺，如：明基并购西门子手机业务、上汽并购韩国双龙、TCL 并购汤姆逊、吉利收购沃尔沃等一系列中国企业的对外并购事件基本以失败而告终。中国企业跨国并购中存在的主要问题在于其处于逆势文化整合环境中。目前，西方文化在全球仍处于主导地位，而来自东方的中国，在价值观、道德理念和行为方式等方面都处于相对弱势地位。中国企业在并购西方企业过程中，必然会面临逆势文化整合环境问题。与此同时，尽管国外学者，尤其是西方学者针对西方企业跨国并购文化整合问题的研究已经相对全面和完善，但其研究是基于顺势文化整合环境。西方学者提出的跨国并购文化整合模式和举措在一定程度上并不适用于中国企业对来自发达国家企业的并购整合，其提出的跨国并购文化整合理论应用于中国企业对外并购过程时存在适配性问题。因此，针对中国学者关于中国企业跨国并购文化整合开展的相关研究工作进行系统、全面地梳理，并探索性地提出中国企业跨国并购文化整合模型，就成了具有一定理论和现实意义的研究课题。

一、相关文献综述

（一）跨国并购中的文化整合

跨国并购文化整合研究的兴起源于并购中文化冲突升级给并购带来的不利影响。关于跨国并购文化整合的研究主要集中在文化整合概念、整合模式和举措等方面。

企业并购的文化整合研究起源于上世纪 80 年代，文化整合可理解为解决两个并购企业直接接触时产生矛盾的过程。贝里（Berr，1980）指出文化整合的三个特点：一是两个独立文化群体的接触；二是接触、冲突、适应三个典型的阶段；三是发生于个体和集体两个层面。奈哈迈德（Nahavandi，1988）将社会学和人类学中“文化适应”的概念引入到企业组织的研究中，指出文化整合的目的在于解决并购后的文化冲突。后续国外学者关于企业并购文化整合的研究大多沿用了贝里（Berry，1980）、奈哈迈德和马利克扎德（Nahavandi & Malekzadeh，1988）的研究，或在此基础上进行了修正。比如，李建华（1999）认为文化整合是将不同的文化质通过分拆、增强、减弱、合并等方式融合成一种新的文化质的过程。顾卫平和薛求知（2004）根据契约观和资源观指出“跨国并购文化整合，是对东道国被并购企业原有的心理契约进行继承与修改，以最大限度地减少文化差异造成的文化冲突，从而在跨国公司中形成多元性和整体性的统一，增加文化差异带来的文化价值，进而增强跨国公司的全球竞争优势”。

庄恩平和唐文文（2008）则认为“文化整合就是在两个文化背景完全不同的两个企业之间找到‘公

约数'，实现统一的人事安排、酬薪设计、行为规范、企业理念及文化设计"，苏敬勤和孙华鹏（2013）将企业文化整合定义为"并购企业对目标企业采取一系列文化整合措施，两者相互影响、相互融合达到整体协调、认同一致的过程"．无论是国外学者还是国内学者，大多是根据过程观对文化整合概念进行界定的。我们亦采用过程观的观点，认为文化整合是通过分拆、增强、减弱、合并等方式，在精神、制度、物质层面进行适应性调整以实现不同文化质融合成一种新的文化质的过程。

跨国并购中，文化差异和文化冲突成为影响文化整合的重要因素。常见的文化冲突和文化差异主要存在于两个层面，一是国家文化差异，主要受到地域、民族等因素的影响；二是企业文化差异，主要包括经营理念、价值观、领导风格、管理制度等方面。由于不同跨国并购的并购方与被并购方间存在着不同程度的文化差异和文化冲突，文化整合模式的选择才成为跨国并购文化整合研究的重要内容。

尽管学者们关于文化整合模式的分类标准不同，但有关文化整合模式的分类结果大多趋于一致，基本沿用了贝里（Berry，1980）的分类结果，即将跨国并购企业文化整合模式分为融合、同化、分离和消亡四种模式。文化整合举措研究则主要包含在前三者的研究当中，常见的文化整合举措有文化审慎调查、文化整合团队、文化整合模式选择、沟通、跨文化培训等。

（二）中国学者关于跨国并购文化整合的研究

中国学者关于跨国并购文化整合的研究起源于上世纪90年代末。由于此时的西方学者关于跨国并购文化整合的研究相对全面、完善，中国学者关于并购中文化整合概念基本一致，大多数沿用了贝里（Berry，1980）的概念。因此，中国学者将研究的关注点放在了跨国并购文化整合模式和举措等方面。

中国学者关于跨国并购文化整合模式的研究基本沿用了西方学者二维度分类法。尽管中国学者提出的分类标准与西方学者有所差别，但其提出的文化整合模式分类结果却大多与西方学者相同，基本可以分为融合、同化、分离和消亡四种模式。

在有关跨国并购文化整合研究的过程中，中国学者关于文化整合举措的研究则相较于前两者更为新颖和多样。首先，文化审慎调查、文化整合团队构建和文化整合模式选择是跨国并购中文化整合的基本举措。除此之外，沟通和跨文化培训成为跨国并购中文化整合的重要举措。沟通，主要指上级与下级之间、并购企业与被并购企业员工之间的交流与联系；跨文化培训主要包括跨文化沟通、语言学习培训、冲突与危机处理等方面。在以上举措的基础上，稳定的人力资源政策也被认为是开展跨国并购文化整合的有效举措。唐炎钊（2008）认为跨国并购后制定合理的薪酬水平和薪酬结构对于并购后的文化整合具有重要作用。与此同时，非正式组织和文化网络平台的构建对于促进和增强并购企业与被并购企业员工间的交流和联系也尤为重要。而跨国并购中文化整合的最终目的则是实现价值观整合，而愿景规划是实现价值观整合的重要举措。

然而，中国学者对跨国并购文化整合举措持有不同观点。例如，部分学者较为关注跨国并购文化整合中文化审慎调查、文化整合团队构建和文化整合模式选择，而对于并购后的价值观整合、共同愿景规划则不太看重。这部分学者主要基于中国文化与西方文化差异较大，在实现价值观的整合方面存在不可实现性这一思路做出的判断。而有些学者则认为价值观整合是实施跨国并购文化整合的根本性举措，因此重视在跨国并购中实现价值观的整合。正是由于学术界存在以上观点差异，针对中国学者有关中国企业跨国并购文化整合的研究进行系统、全面的梳理，并探索性地提出中国企业跨国并购实施文化整合的概念模型，将十分必要。

二、研究设计

（一）数据的收集

本文研究数据来源于中国知网数据库和万方数据库，选取1998—2015年中国社会科学引文数据库中的文献数据，以中国企业跨国并购和文化整合为题词、标题、摘要及关键词，四个条件的关系为"或"

的关系，时间节点为2015年12月31日。筛选程序如下：首先，阅读所有文章的题目、摘要及部分文献的主要内容进行初步的内容相关性判定，选取中国学者针对中国企业跨国并购文化整合进行研究的文章，剔除与本文研究主题不相关的文章。然后，对剩下的文献进行被引频次分析，选取被引频次较高的文献作为研究样本，2000—2010年的文献被引频次必须在10次以上，主要考虑到进入本世纪后中国企业跨国并购数量和规模增长迅速，跨国并购文化整合研究文献较多；2000年以前及近五年（即2011—2015年）的文献由于发表时间较短，引用次数相对较低，不以被引次数作为标准，但要满足下述条件：该文献作者在相关领域有较高的知名度，或该文献的主要观点与本文的研究主题密切相关，或该文献发表于国家自然科学基金委员会管理科学部认定的30种重要期刊中。以上筛选原则根据国内外相关专家研究制定。总共收集到38篇核心文献。

（二）观点条目选取

通过对收集到的文献阅读和整理，共提取到13个观点条目：价值观、文化慎审调查、沟通管理结构、文化整合、模式选择、跨文化培训、文化整合团队、共同愿景、人事制度、环境与氛围、薪酬制度、非正式组织、文化网络平台等。

（三）数据分析

共现分析：共现分析是指通过单词或短语共同出现的频次来探寻所研究主体之间的联系。共现分析以关键词的共现矩阵为输入，通过共现系数的计算来比较不同关键词之间的关系。本文采用Ochiia系数研究不同关键词之间的关系。

通过共现分析，研究发现价值观、共同愿景、管理结构、沟通、跨文化培训、文化审慎调查、文化整合团队、文化整合模式等方面是学者较为赞同的实施跨国并购文化整合举措的重点所在。而非正式组织、文化网络平台、人事制度和环境与氛围并不被多数学者所认同。然而，这并不意味着这些举措在企业跨国并购文化整合中不重要。其所起到的作用如何，仍需进一步的实践检验。

社会网络分析：在确定共现矩阵以后，通过Pajek软件构建观点条目之间的关系链接网络，并且计算观点条目网络节点的中心性。采用Pajek软件绘制文化整合研究网络发现，价值观、沟通、管理结构、文化慎审调查、文化整合团队、文化整合模式选择、跨文化培训、共同愿景处于绝对优势的地位，这说明：多数学者认同以上提及的措施，有利于进行跨国并购的文化整合。人事制度、薪酬制度、环境与氛围、非正式组织和文化网络平台等，多数学者对它们的关注较低，其与前文讨论的结论相一致。

三、研究结论与展望

（一）研究结论

研究创新性地利用共现分析和社会网络分析对中国学者提出的中国企业跨国并购文化整合的举措进行了分析，通过共现矩阵和中心性分析了各种文化整合举措间的相互关系和主次情况，研究发现中国企业跨国并购文化整合中常用的举措主要有13种。其中，文化整合团队的构建、并购前的文化审慎调查以及文化整合模式的选择作为跨国并购文化整合的基本举措，贯穿于并购整合的整个过程中。跨国并购中文化整合的最终目的是实现价值观整合。价值观作为人的思想和行为的内在动因，对于指导人的行为方式和行为习惯具有重要作用。然而，价值观作为人的内在思想，不易发生改变。只有通过外在层面的改变才会对其产生影响。因此，愿景规划、跨文化培训、积极有效的沟通、管理结构的变革成为促进文化整合的核心手段和举措。其中，薪酬制度和人事制度的变革对于管理结构的改变具有重要作用，其在一定程度上是促进文化整合的辅助手段；办公场所等环境的改变、和谐融洽氛围的创建、建设业余者爱好俱乐部等非正式组织、构建文化网络平台等举措对于促进上下级与员工之间、员工与员工之间的沟通与交流具有重要作用。这些措施作为辅助手段，能够更好地促进并购的文化整合。

通过上述分析，项目组基于中国企业跨国并购文化整合基本情况及相关学术研究，提出中国企业跨国并购的文化整合模型，其主要有四部分构成。其中，文化整合团队、文化审慎调查、文化整合模式选择作为跨国并购文化整合的基础层；愿景规划、沟通、跨文化培训和管理结构变革作为跨国并购文化整合的核心层；薪酬制度、人事制度、环境与氛围、非正式组织、文化网络平台作为跨国并购文化整合的辅助层；价值观的整合作为跨国并购的目标层。各项措施之间相辅相成，对于跨国并购的文化整合具有重要的现实意义和作用。

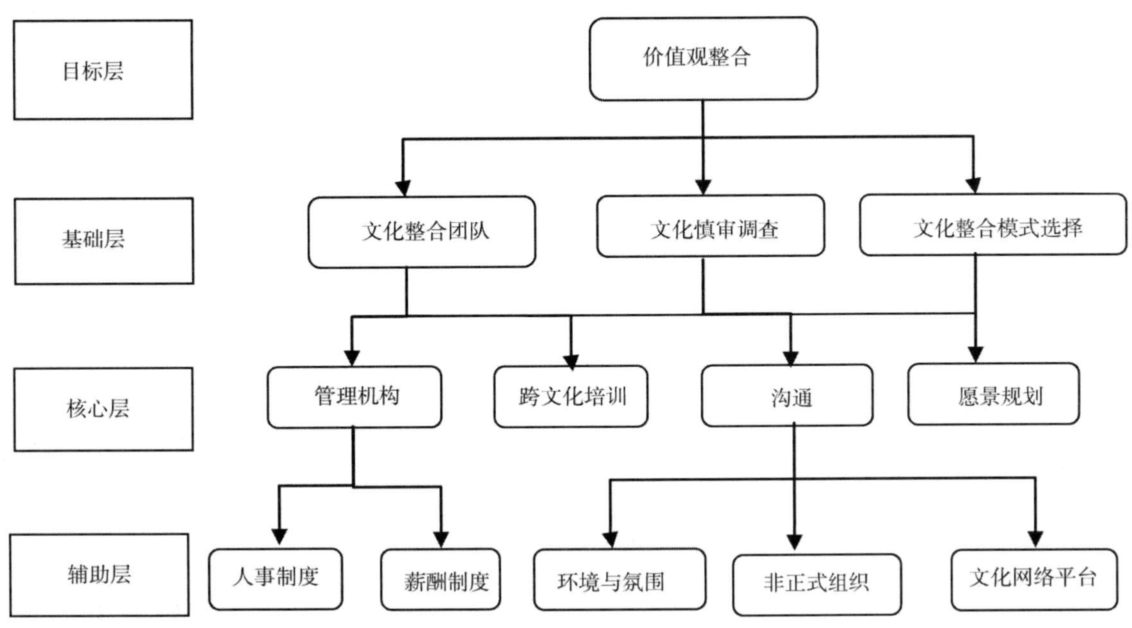

与此同时，研究将提出的模型与唐炎钊等（2008）提出的“陀螺”式动态模型进行了异同点的比较，如下表。

维度	“陀螺”式动态模型	本文模型
建模依据	传统管理学理论	社会网络分析理论和传统管理学理论
分析方法	定性分析	定性分析和定量分析
构建形式	动态旋转模型	层次分析模型
构成要素	价值观、愿景引领、制度约束、利益刺激、跨文化培训、宣传教育、信任、行为模式	价值观、共同愿景、人事制度、薪酬制度、跨文化培训、沟通、文化网络平台、管理结构、非正式组织、环境与氛围、文化审慎调查、文化整合模式选择、文化整合团队运作
运作机理	价值观和行为规范在文化整合中发挥作用	各构成要素的关系紧密程度和相对重要性

在建模过程中，除了采用传统的管理学理论，还参照了社会网络分析相关理论。与“陀螺式”动态旋转模型仅采用定性分析不同，本文模型结合了定性和定量两种分析方式。文章也正是通过定量分析，确定了模型构成要素之间的关系紧密程度和相对重要性。但本文所建模型在一定程度上缺乏“陀螺”式模型的动态性，因而不能够体现出文化整合的过程性，这也是该模型需要进一步改进和提升的地方。

（作者：徐艳梅系中国企业文化研究会学术委员、中国科学院大学经济与管理学院教授、博士生导师；苗呈浩系中国科学院大学经济与管理学院硕士研究生；王宗水系北京信息科技大学讲师）

企业“文化治理”的内在必然性

徐耀强

“文化治理”一词最早源于西方学者葛兰西、福柯、本尼特，以及台湾学者王志弘等的文化研究理论，是指通过一套相对稳定、具有连贯性的文化政策、思想价值和行为规范体系参与社会组织管理与治理的一种方式。在企业，企业文化越来越成为企业永续发展的文化支撑、成为企业管理的高级形态、成为企业员工的精神依归。因此，基于企业文化建设的文化治理，在企业有其内在必然性。

企业发展：需要“文化逻辑”

“把企业做强做大做实做优。”这是当下许多企业家常常挂在口边的一句话。其实，人们在说这句话时有一个隐含的逻辑前提，这就是从经济学的视角来关照企业。显然，这是理所当然的。因为资本的属性就是要实现企业价值最大化或企业利润最大化。但是，是不是有了这样一个视角，就可以把企业做强做大做实做优呢？显然不是！比方说，前几年我们都知道的三鹿奶粉事件就是明证。从经济学的视角来看，三鹿奶粉当年做到了中国乳品业的前三名，但它作为一个企业公民，却缺失了文化学这个维度。由于缺少道德，缺少诚信，所以，即便它做得很大，结果三鹿奶粉问题曝光之后它就倒闭了。

这给予人们一个深刻的启示：做企业仅有“经济逻辑”是不够的，还必须具有“文化逻辑”。这就是人们常常强调“百年企业做文化”的原因。事实上，在现代经济中，文化因素越来越重要，经济与文化越来越融为一体，文化“软实力”的特征越来越突出。

例如，在20世纪60年代初，加纳和韩国当时的经济水平非常相似，人均国民生产总值大致相等。它们在经济构成方面，初级产品、制造业和服务业所占的比例彼此相近；绝大部分的出口是初级产品，韩国当时仅生产为数不多的若干工业制成品。它们接受的经济援助水平也差不多相等。30年后，韩国成了一个工业巨人，经济名列世界第14位，一跃成为了“亚洲四小龙”之一。而加纳却没有发生这样的变化，它的人均国民生产总值仅相当于韩国的1/14。发展快慢相差如此悬殊，能作何解释呢？无疑，这当中有多种因素，然而在美国著名学者塞谬尔·亨廷顿考察了这一现象后认为，文化应是一个最重要的原因。在文化上，韩国人特别珍视节俭、投资、勤奋、教育、组织和纪律的价值理念，而加纳人的价值观则有所不同。简而言之，导致两国的差距，是文化这个变量在起作用。著名学者约翰·科特在《企业文化与经营业绩》一书中也曾指出，“就企业相关经营业绩来说，企业的基本经营思想、企业精神和企业目标远远比技术资源或经济资源、企业结构、发明创造及随机决策要重要得多。当然，所有这些因素都极大地影响着企业经营的业绩。但我认为，它们无一不是源自企业员工对企业基本价值观念的信仰程度，同时源自它们在实际经营中贯彻这些观念的可信程度。”事实上，文化也是生产力，文化体现竞争力，抓企业文化建设是更高层次的抓发展。

企业管理：需要“文化指引”

管理学大师德鲁克在《管理学》一书中明确地把管理与文化联系起来。他认为，管理不只是一门学科，还应是一种文化，有它自己的价值观、信仰、工具和语言。管理是一种社会职能，它是伴随着文化的发展而发展的一种现象。

二战之后，日本创造了令人惊叹的经济奇迹，美国一批学者在深入的调查研究后发现，日美管理的根本差异在于对管理因素的认识有所不同。美国管理强调制度、技术、设备等“硬”因素，而日本管理注重诸如目标、信念、价值等“软”因素，并且他们最终得出结论：文化的“软”因素是管理的核心因素，也是管理成败的关键因素。日本经济腾飞的真正奥秘就在于企业管理过程灌注其中的企业文化。

企业文化理论的兴起，可以说是对以理性主义为基石的“科学管理”的一次超越。企业文化的本质在于塑造一种心理契约，使员工将个人价值的发挥、心理因素的整合与企业发展紧密相扣，从而对企业长期经营业绩起到潜移默化却又至关重要的作用。企业文化管理的核心就是“人本管理”或谓“心本管理”；从本质上看，企业文化就是通过共建共享组织价值观的方法，而实现对企业人的价值观管理。

正如彼得．德鲁克所说：“管理，作为一门学科，作为一门实践，它涉及人与社会的价值观。”事实上，企业文化具有两重属性：一是它的文化性，二是它的管理性。企业文化的文化属性自不待言，因为它不仅是要为我们所谓的传统意义上的管理提供动力源泉，而且要为这种传统管理提供“价值指引”。从某种意义上讲，企业文化就是关于一个企业经营管理经验的总结，是一个企业的管理思想和管理模式的集中体现，也就是一个企业的“经营之道”。文化管理是企业管理的最高境界，成功的企业离不开先进的企业文化的引导和支撑。与“硬”管理相比，文化这种“软”管理最大的优势就在于，制度执行中的信息非对称性决定了“制度总会有打盹的时候”，这就显得文化力量的非同小可。如果说，“制度是器”的话，那么文化就是弥散在企业内部的“无所不在的空气”。

企业员工：需要“文化抚慰”

在当下这个世界，不变的法则，就是“变”。如果一定要给它安上一组描述其特征的关键词的话，这就是：多元，多样、多变。

改革开放40多年来，中国经济社会发生的翻天覆地变化，既有科技、装备等物质层面的，又有体制、机制等制度层面的，更有精神、价值等文化层面的。在发展社会主义市场经济过程中，我国社会经济成分、组织形式、就业方式、分配方式和利益关系日趋多样化。与之相伴随，各种社会思潮空前活跃，人们思想的独立性、选择性、多变性和差异性不断增强，思想观念、道德意识、价值取向越来越多样化。同时，世界范围内多元文化相互激荡，各种社会思潮争相交锋。

特别是在市场化、工业化、现代化、全球化这股大潮的冲击下，我们已有的“意义庄园”七零八落般地被消解了，而新生的价值尚未确立，从而陷入了恰如德国大哲海德格尔所预言的现代人的那种“烦”与“畏”的人生境地。随之，“精神空虚”或者“意义荒芜”就开始了滋生、疯长。现代人生最大的困惑常常是犹豫、彷徨、无奈、自责、沮丧，而失败、挫折、痛苦、伤心、焦虑。

究其根源就在于现代社会的本质。现代社会展示给我们的图景往往是，出现的领域越来越多面，呈现的内容越来越繁杂，带来的诱惑亦越来越多样。我们时常深感到自身的有限，深感到自我的渺小，深感到生活的无奈，深感到身心的疲惫。于是，我们常常发出法国艺术家高更般的追问：我是谁？我从哪里来的？我要到哪里去？

正如文化批评家诺思洛普·弗莱所言：“人不像动物那样直接与赤裸裸地生活在自然之中，而是生活在他从自然中建构出来的封套里，这个封套通常被叫做文化或文明。”而文化的核心就是价值问题，也就是有关意义世界的建构。事实上，精神家园是人的精神归宿和价值依托。人不同于动物之处就在于不仅追求物质生活的满足，而且需要精神归属和心灵安顿，而且越是在变革时期越是如此。

显然，对企业人的“意义世界”构建，它抚慰的是全体企业人的“精神灵魂”。企业文化关照的就是员工的价值迷思：“发展为了谁？”“发展依靠谁？”“如何来发展？”它解答的是企业人的“元问题”，也就是企业人关于终极价值的追问，安顿的是企业人的“精神家园”。在这样的情境下，它抚慰、满足的是企业人关于心灵慰藉的需要、关于意义体验的意愿、关于价值实现的渴求。

（作者系中国企业文化研究会专家委员、中国华电集团有限公司党组办公室副主任）

一流的企业文化支撑世界一流企业建设

唐任伍

中国要发展，综合国力在世界上要有竞争力，仅仅看GDP总量是不够的，最重要的是要看这个国家有没有尽可能多的世界一流企业。企业是市场的主体，是国民经济的细胞、社会生产和流通的直接承担者、推动社会经济技术进步的主要力量，可以说，没有一大批世界一流企业作支撑，中国要成为世界强国只是一句空话。2020年新冠肺炎疫情爆发后，正是因为有一大批一流企业提供源源不绝的抗疫物质作保障，中国才赢得了这场新中国成立以来传播速度最快、感染范围最广、防控难度最大的新冠肺炎阻击战的胜利。活生生的事实证明：党的十九大关于建设世界一流企业的论断是非常英明和及时的。而建设世界一流企业，需要一流的企业文化作支撑；没有一流的企业文化，建设世界一流企业也只是一句空话。

建设世界一流企业需要一流的标准文化

世界一流企业是一个国家强盛的标志，很多国家都将建设世界一流企业作为国家战略，大力扶持。判断一个企业是不是世界一流企业的标准是什么，这是认识世界一流企业的首要问题。传统的观点主要从可量化的经济指标上来解释世界一流企业，以“盈利能力、营运能力、债务风险、增长能力”作为标准来衡量是不是世界一流企业，简单地说，就是“盈利能力、营运能力、增长能力”强，“债务风险”程度低的企业，就是世界一流企业。另一种衡量世界一流企业的标准就是看是否是“标准和规则的制定者”。国际上有一种流行的说法：“一流企业卖标准、二流企业卖品牌、三流企业卖产品”。这就是说，只有那些制定标准和规则的企业，才能够处于行业领导地位，成为被跟随或追逐的世界一流企业。显然，上述两种关于“世界一流企业”的衡量标准都有一定的道理，但仍然有以偏概全之嫌，没有反映出现代科技革命形势下“新时代”“世界一流企业”的本质。其实，在世界处于百年未有之大变局、科学技术高度发展的今天，5G、大数据、人工智能、区块链、量子科学等现代科技，彻底改变了人们对世界一流企业的认知，因此，衡量世界一流企业的标准，不能简单地像衡量世界500强那样，单纯地用可量化的“产值”来判断，而是需要定量与定性相结合，来反映世界一流企业的时代变化。

一流的企业要有一流的标准文化。世界一流企业的标准文化包括：

第一，以“产值”和“营收”为核心内容的企业“盈利能力”，这是规模上的指标，因为没有规模就没有盈利能力，在赢者通吃的世界市场上就缺乏竞争力。大凡世界一流企业，其表现出来的特征规模大、产值搞，一般都是世界级的“巨无霸”，在激烈的竞争中是无法被别的企业吞并、兼并的“大象”，而绝不是一般的被称之为“好掉头”的小帆船。它清晰地告诉人们，要“做强”做成“世界一流”，首先要“做大”。这是世界一流企业的第一个指标企业“盈利能力”。

第二，以“标准”和“规则”为核心内容的“标准贡献能力”，这就是说这个企业为这个行业、这个领域贡献了多少为大家所遵守的“标准”和“规则”，也就是该企业掌控“标准”和“规则”的能力。因为这个行业或产品的“标准”和“规则”是这个企业制定的、贡献的，就意味着这个企业占领了该行业、该产品的制高点。这是世界一流企业“做强”的重要表现。

第三，以强大的“韧性”和“耐力”为核心内容的“抗风险能力”。世界是瞬息万变的，市场是冷酷无情的，很多企业一时期很大很强，但一旦遇到不可知的风险就即刻土崩瓦解，破产倒闭，缺乏“韧性”，所以，这样的企业成不了“世界一流企业”。当今时代，社会的发展和科学技术水平的提高本身是一把双刃剑，在造福人类的同时也会引发各种不可预知的风险，有自然灾害风险、生物风险、金融风险乃至战争风险，世界一流企业不但能通过自己的智囊提前预知各种可能出现的风险，防患于未然，更重要的是在风险发生以后，能够处变不惊、沉着应对，保障自身的市场不堵塞、供应链不断裂、产业链安全稳定，风险过后能够很快恢复、快速循环，真正体现出世界一流企业的“韧性”特质。这是世界一流企业的“抗风险能力”。

第四，以“原始创新”和“有效专利”为核心内容的“引领趋势能力”。世界潮流浩浩荡荡，顺之者昌，逆之者亡。因此，今天世界上的企业，趋势大于优势，谁顺应潮流引领“趋势”，谁就抢占先机、掌握企业的生命线。趋势是由科技引领的，这就要求企业能够把准世界潮流，在引领“趋势”的科技领域具有强大的原始创新能力和产生专利的能力。“世界一流企业”一定某一行业中领头的标杆和旗手，是能够一呼百应的趋势引领者和标准制定者，而不是跟班和追随者。这是世界一流企业的“引领趋势能力”。

如果将新时代世界一流企业的标准概括为“盈利能力”“标准贡献能力”“抗风险能力”和“引领趋势能力”，涵盖一个企业“大”“强”“稳”“引”四个层面。这一标准的设置，适应了新时代世界大变局和科学技术发展对企业提出的新要求，具有时代性、发展性和科学性，是人们判断一个企业是否成为世界一流企业的标准和磨刀石。

中国在建设世界一流企业文化上做了什么

按照世界一流企业的标准来衡量，中国自加入 WTO 以来，就瞄准具有国际竞争力的世界一流企业这个“靶”，与世界上那些老牌的一流企业同台竞技，当面打擂，历经精心培育，持续打造，成绩斐然，涌现了一批敢于和世界上一流企业亮剑的企业，诸如航天科技、中国石油、华为、阿里巴巴、腾讯、中兴、大疆、比亚迪、宁德时代、中车集团、格力等，都是各有特色，独领风骚。2019 年世界 500 强企业中，来自中国的企业就达 129 家，从数字上历史性地首次超过美国 121 家。尽管 500 强企业不一定称得上就是世界一流企业，但至少可以说中国企业的规模在不断“做大”，初步实现了本文作者设定的世界一流企业“盈利能力”的指标，正在向“做强”迈进。

关于“标准贡献能力”，中国企业越来越深知标准对于企业发展的重要性，做标准就是主导制定行业的游戏规则，做标准的企业必须是这个行业的标杆和领头羊，必须在这个行业具有很大的领先优势，才能具有制定游戏规则的实力、权威和影响力。因此，作为标准制定的企业主体日渐活跃。5G 标准是全球产业界共同参与制定的统一国际标准，以华为为代表的中国企业，在全球 20 多家企业的 5G 标准必要专利声明中占比超过 30%，位居首位。新能源是引领未来科技创新的核心领域，以南都电源为代表的中国企业以引领行业技术发展为核心使命，主持或参与国际标准和国家标准制定的就达 40 余项。中国铁塔公司自成立以来，牵头制定行业标准 20 项，发布企业标准 66 项，重点围绕铁塔、配套设施和共享室开展了技术创新和标准化。

专利是标准贡献能力的重要内容，是世界一流企业的标识。据国家知识产权局的数据显示，2019 年我国发明专利申请量达 140.1 万件，授权发明专利达 45.3 万件，其中发明专利授权量排名前 3 位的国内（不含港澳台）企业依次为：华为技术有限公司 4510 件、中国石油化工股份有限公司 2883 件、OPPO 广东移动通信有限公司 2614 件，京东方 2393 件，腾讯 2146 件，vivo2019 年发明专利授权量都达到了 1388 项。这是中国企业迈向世界一流的标志。

在“抗风险能力”上，中国有一批企业经受住了 2008 年国际金融危机等考验，锤炼出了一定的韧性和抗击风险的能力，诸如联想、中国铁建、国家电网、电信等，可以说是愈挫愈勇，逆势增长，彰显出了世界一流企业的潜质。党的十八大以来，中国企业创新、绿色发展的势头不可阻挡，美国为了遏制中国的发展，将包括华为、中兴、海康威视、大华股份、科大讯飞、美亚柏科、旷视科技、商汤科技、依图科技和颐信科技等一大批人工智能、安防技术领域的高科技企业列入实体清单，尤其是美国举全国之力出手打击华为的供应链，并禁止科技巨头谷歌、高通、苹果等断供华为，撤销华为的安卓系统使用许可，停止对华为的硬件、软件和技术服务的转让。但华为以长远的战略眼光，在长期高研发投入的基础上，即使伤痕累累的至暗时刻也永不言弃，丝毫不为美国的制裁所动摇，展现出强大的抗压抗风险能力，陆续推出了鸿蒙系统、麒麟处理器，开发了HMS生态系统，克服了美国制裁在5G系统、芯片等领域带来的难题，提升了华为公司的抗风险能力，彰显了世界一流企业的气派。

在“引领趋势能力”上，中国的一批企业也是跃跃欲试、敢为人先，取得了骄人的成绩。华为的5G技术走到了世界的前列，成为5G趋势的引领者；百度重新定义地图行业标准，基于强大的自采能力以及领先的处理技术，引领地图行业发展趋势；阿里巴巴、腾讯、京东等几大主体电子商务企业，形成了一个全社会、全方位的电子商务发展服务平台，引领全球电子商务发展趋势；互联网巨头腾讯推出的微信，以独特的创新理念和以用户为本的发展模式，引领互联网时代社交发展趋势；阿里巴巴引领新零售和电子商务、网络金融等领域的发展趋势；科大讯飞以世界领先的人工智能技术，引领语音合成的世界发展趋势；中国量子科学实验卫星（QUESS）的发射，引领全球量子通信技术的发展趋势。中国的一大批企业奋发有为，加大原始创新能力，准确把握科技发展方向，站在世界发展前端，成为行业发展的领头羊和趋势的引领者。

中国建设世界一流企业文化还要做什么

世界正面临百年未有之大变局，尤其是2020年突然而至的新冠病毒肺炎疫情对世界发展带来的前所未有的冲击下，又面临着美国挑起的贸易战、科技战，在无比开阔的智能世界中、国际赛道上，中国企业进入了强手如林、群雄逐鹿的鏖战中，崛起为峰，倒下则万劫不复。因此，中国企业必须清晰地了解自身的优势和劣势，知道自己与世界一流企业的差距有多大，然后以自主创新、科技研发作支撑，瞄准行业发展的前端和尖端，锻造出自身的核心竞争力，化危为机，奋起直追，向世界一流企业冲击，打造出中国企业自身的高科技、高端制造、高端芯片，才能冲破美国对中国企业设下的十面埋伏。

一是提升标准贡献能力。标准是自主创新的制高点，谁掌握了标准制定的话语权，谁就掌握了市场竞争的主动权。创建世界一流企业，实施世界一流企业标准是关键。只有把实施国际先进标准作为切入点，加快从达到标准、符合标准向制定标准迈进，从以企业标准为主向扩大实施国际标准升级，特别是把技术创新与标准化建设紧密结合起来，加快推进技术创新成果向国际标准转化，提高标准技术含量，才能成为能够制定和提供标准与规则的世界一流企业。我国虽然有少数企业在产品和技术方面达到了世界一流企业水平，但大部分企业缺乏国际化和世界一流企业的标准意识，在标准的国际话语权方面大多处于失语、缺位状态，离世界一流企业标准要求还有距离，能够真正成为行业标准和规则贡献者的世界一流企业寥寥无几。在ISO的160多个成员国中，少数发达国家制定的国际标准占了标准总数的95%。我国虽然是ISO六个常任理事国之一，制定的标准数量不到总数的1%，提交ISO、IEC并正式发布的国际标准占比仅有1.58%。可见，中国企业整体上离世界一流企业标准的差距还很大，用世界一流企业标准建设世界一流企业还任重道远，健全技术创新与标准化互动支撑机制、深度参与国际标准化组织活动及标准制定还有很多工作要做，中国企业加强与ISO、OGP、API、CEN等国际标准化组织合作，鼓励标准化专家和承担有转标要求的科研项目人员，参与并承担国际标准化活动和各类标准的制定，扩大中国企业在国际标准领域的影响力和话语权，推动中国企业以自主知识产权技术为基础，制定国际标准，带动技术、设备、产品、服务出口，尤其是加强双语标准制定工作，推动与“一带一路”沿线国家和地区之间的标准互认等。

二是提升盈利能力。从中国企业发展的实践结果看，尽管进入世界500强的企业数量上大幅增加，但在效率与效益上与欧美国家大企业的巨大差距并没有取得实质性的改善。2019中国企业500强的净资产利润率为9.65%，比当年世界500强低了2.68个百分点，比美国企业500强低了5.51个百分点，与美国进入500强的企业的盈利能力差距还很大。在人均净利润方面，中国企业500强也同样远低于世界500强与美国500强。盈利能力的差距，在很大程度上抑制了中国建设世界一流企业的进程。导致中国企业盈利能力巨大差距的原因，主要是企业创新能力薄弱、国际品牌塑造能力不足，使得中国企业的产品与服务附加价值偏低，竞争实力偏弱，从而强化了中国企业的低端锁定和循环，导致中国企业无力推进向高质量发展转型的相关战略，无法向世界一流企业迈进。

三是补齐核心技术、基础材料的关键短板。中国企业建设世界一流企业的关键短板是尚不掌握核心技术和基础材料，在光刻机、光刻胶、芯片、操作系统等诸多领域都存在受制于人。全球顶尖精密仪器前25强基本上被美日德垄断，激光显示的投影机核心成像器件被美国和日本所把持，工业机器人三大核心技术基本掌握在日本企业手中。在高端机床、火箭、大飞机、发动机等尖端领域，虽然部分零件实现了国产，但生产零件的设备却受制于技术，95%依赖进口。材料也是制约我国制造业企业转型升级和迈向世界一流的突出短板和薄弱环节，中国科技被卡脖子的领域一大半都是材料问题，全球总共有约130种关键核心材料，其中32%我国完全空白，另有52%依赖进口，中国企业处于十分不利的地位。随着中国企业迈向世界一流企业的步伐越快，欧美国家的焦虑与猜忌也就越严重，未来基于核心技术而对我国企业采取打压措施的事件会进一步增加。因此，补齐核心技术、基础材料的短板是中国建设世界一流企业的关键。

四是提高引领行业发展趋势的能力。建设世界一流企业，需要企业具有勇立潮头、开风气之先的精神和勇气。这就需要有一批具有独到眼光、善于找准机会、把握行业趋势的企业家，通过原始创新的技术，成为推动本行业全球发展、高质量发展的领军企业。在这方面，诸如华为在5G领域、中兴在通讯领域、大疆在民用无人机领域、比亚迪在电动汽车领域、宁德时代在汽车电池领域、中车集团在轨道交通领域、格力在空调技术领域一样，不仅引领趋势，而且具有行业发展的话语权，从而跻身是解决一流企业行列。

建设世界一流企业，中国企业既不能妄自菲薄，也不应妄自尊大，既要看到取得的成绩也要看到存在的差距，正视差距并直面挑战，在建设世界一流的道路上不断攻坚克难。当然，在企业自身加快向高质量发展转型的同时，中国政府也要积极采取有为措施，为企业进入世界一流创造更好环境、提供更有利条件，包括持续减税降费，深化供给侧结构性改革，推进“放管服”改革，提供有助于推动企业增加研发投入的税收优惠政策等，为中国建设世界一流企业保驾护航。

（作者系中国企业文化研究会学术委员、北京师范大学教授，博士生导师）

国有企业党建引领企业文化的思考和实践

康楣生

国有企业是中国特色社会主义的重要物质基础和政治基础，是我们党执政兴国的重要支柱和依靠力量。习近平总书记指出：“坚持党对国有企业的领导是重大政治原则，必须一以贯之；建立现代企业制度是国有企业改革的方向，必须一以贯之。”如何以卓有成效的党建工作引领、推进企业文化建设，以先进的企业文化提升企业管理水平，实现党的政治优势与现代企业制度的机制优势深度融合、能量聚合，是当前国有企业迫切需要解决的一个重要问题。

现代企业制度的基本特征之一是管理科学，加强国有企业党的建设和完善现代企业制度具有高度契合度，都是为了提高管理效能，增强执行力；而企业文化管理作为先进的管理方式，是要通过更加柔性的方式实现管理目标。在企业具体执行层面，企业文化工作往往放在党口的宣传部门，虽然这不等于把两者混为一体，但在实际操作中，各有侧重，需要明确二者的关系，在把握党建与企业文化的同一性上，首要的是要处理好管理理论与中国特色的执政体系相匹配、党的建设诸多任务与企业文化建设相协调、党建对企业文化建设的引领等关系。

党建是战略　文化是战术

战略在企业中是把方向、管导向的。具体到国有企业，就是要通过加强党的建设，把思想统一到习近平中国特色社会主义思想上来，发挥企业党组织的领导核心和政治核心作用，保证党和国家方针政策、重大部署在国有企业的贯彻执行，以高素质的干部职工队伍，提高企业效益，增强企业竞争力，实现国有资本保值增值，这也是中国国有企业区别于其它任何企业的一个突出的竞争力。当然，国有企业还应该有自己的具体发展战略，如主业拓展、人才规划、盈利渠道、品牌建设等，但这些具体战略首先要服从党和国家的大战略、大政策。

战术是实现战略目标的方法和路径，是从属于战略的，它体现在企业的有效管理中。企业文化的作用就是通过确立共同的愿景、树立共有价值观、挖掘传承升华合理文化、树立上下一致的行为规范，用文化的力量激发每个员工的内在自觉性，去高效完成企业的战略目标，以适应不断变化的市场和用户，及时调整产品和营销策略。而实现这个目标，就需要决策层、操作层的共同努力，就需要通过管理来实现，而这种文化管理是理念的“道”与载体的“器”的结合。

战略和战术都属于管理范畴，战略更注重长远稳定的方向性问题，战术则是在战略引领下更具灵活、技巧性问题。我们党在建立初期就提出通过武装夺取政权，建立社会主义国家的目标，这是战略，而采用农村包围城市的方式就是战术。抗战初期，毛主席提出了打持久战的战略思想，同时又有打游击战的战术思想。企业也是这样，既要有靠党建引领的长远稳定的发展目标，保证方向正确，又要有靠企业文化推进的灵活适用的经营手段，保证运行有效。

党建是国家治理现代化的根本保障企业文化是企业发展的重要选择

我们中华民族从站起来、富起来到强起来，其根本原因就是始终有党的坚强领导。对于国有企业来说，要遵守党和国家的总要求，如党的建设、产业发展、环保节能、安全生产、诚信经营等法律法规，这些是硬规矩，要不折不扣执行，来不得半点含糊。尤其在党的建设上，要按照习近平总书记强调的党对国有企业的领导是政治领导、思想领导、组织领导的有机统一，发挥领导核心和政治核心作用，实现把方向、管大局、保落实的目标。

在企业内部，还要制定经营管理、生产流程、效能效率、质量服务等一系列行为规范的规章制度，这些制定也是必须执行的。但实践中，每个员工每一刻的行为都要牢记这些规章制度也实属不易，小的违反在所难免，如果单靠考核奖惩，一方面加大管理成本，另一方面容易挫伤员工的自尊，使员工完全成为被管理者，难以调动其主动作为的积极性。因此在企业制度执行中还应有一些柔性的成分，这便是企业文化的作用所在。企业文化就是要把企业的发展目标与员工的个人追求紧密相连，通过引导、学习等柔性方式，把硬性的制度融入员工心里，在意识上追求制度规范的高度自觉，进而养成良好的行为习惯，把企业的事当成自己的事来做，树立真正的主人翁精神，发挥每个员工的最大潜能，实现最有效的管理，这也是现代企业选择企业文化管理的现实意义。

党建与企业文化的融合需要一个渐进的过程

文化在内涵上是有的特定的属性，而在方法运用上是相通的。党建文化是客观存在的，如党的十八大大以来，反腐力度加大，并取得了压倒性的成就，同时，也提出了从不敢腐到不能腐、不想腐一体推进的“三不”机制，这既是反腐败斗争的战略，也是从严治党的文化。习近平总书记提出的一系列治党方略中，其中包含着更多的文化引领的内容。眼下的提法是讲从严、讲执行的阶段，把硬性规定逐步转化为党员的自觉行动后，逐步实现党建文化的水到渠成。海尔完善成熟的企业文化体系，也是从不许随地大小便这样简单的硬性制度开始的。企业文化建设需要经历由制度约束到文化自觉这样一个漫长的过程，党建文化的提出和党建与企业文化的融合也需要这样的过程。

因此，在党建引领企业文化的操作层面，要把党建作为企业文化的思想保障，发挥好把方向、管大局、保落实的作用；要把企业文化作为企业党建的抓手，通过潜移默化的培育，把思想政治工作与生产经营相契合，激发党建工作在企业的活力；要使二者相融共进，实现党建与生产经营的深度融合，引导企业文化向更高层次发展。

国有企业要树立起抓企业文化也是抓党建的鲜明导向

习近平总书记《在全国国有企业党的建设工作会议上的讲话》，是我们以企业党建引领企业文化建设的基本遵循。2019 年，山西省企业文化研究会协助山西省国资委党委制定了《关于实施党建 + 企业文化工程推进省属国有企业高质量发展的指导意见》，提出把党建要求纳入企业文化，把企业文化纳入党建考核，阵地共建、同步推进等要求，建立以党组织宣传优势宣贯企业文化，实施了以优秀党员、先进人物人格化的典型凝聚员工共识和信仰，培育具有红色基因和企业文化理念的合格员工、国有企业党建转化为企业文化成果等机制尝试。明确了“党的建设是一项宏大的系统工程，在国有企业包括党委作用发挥、公司治理结构、干部和职工队伍建设、基层组织建设、思想政治工作等，是抓宏观工作”；而企业文化则是努力寻求更适合实际的管理方式，它与国企党建本质属性不同，把二者放在一起讨论探索，一是国有企业既要坚持党的领导，加强党的建设，又要完善现代企业制度，从这个意义上讲，目标是一致的。二是在国有企业中，企业文化设在党委宣传部门，是由文化的意识形态性质决定的，二者的工作内容有交集，特别是思想政治工作和行为习惯的塑造，一起抓能以强有力的党建工作引领推动企业文化工作，更能提高工作效率，使党建工作有了得力的抓手、依托和平台，利于实现党建与生产经营管理的深度融合，从而使企业文化得以向更高层次提升。

（作者系中国企业文化研究会副理事长、山西省企业文化研究会理事长）

世界一流企业与文化软实力

葛树荣

世界一流企业的讨论

“世界一流企业”，对应英文为世界级企业。学术上，接近的概念是“卓越企业”国内外不同学者、机构关于“世界一流企业”和“卓越企业”定义各有不同。其中，形成较高共识的观点有：

首先，“世界一流企业”是一个时间范畴。正如清代赵翼诗句所言：“满眼生机转化钧，天工人巧日争新……江山代有才人出，各领风骚数百年。”不同时代，有不同时代的“世界一流企业”，就是世界500强排行榜，每年也都有不同。

其次，“世界一流企业”是一个空间范畴。“世界一流企业”一定是以世界为舞台。其营业收入主要来自国际市场，其供应链是全球布局，其人力资源等经营要素都达到了全球化。“世界一流企业”的衡量，有三大本质维度——技术－质量、经营能力、社会责任。

“世界一流”，体现在产品的技术－质量上，就是技术创新能力，拥有核心技术和专利的水平、工艺能力等，并最终表现为产品质量水平，即满足客户需要的程度、客户满意的程度。顶尖的“世界一流企业”，其核心技术一定是同行望尘莫及的。如：京瓷开创了大规模集成电路技术（LSI）及其量产应用之先河；华为的5G技术和相关产品质量稳居世界第一。

第二个维度，是经营能力，主要体现在效益（净资产利润率、税前利润率）、规模（营业额、产销量）和可持续（规模与效益在30～50年时间内保持稳定增长），并有自己的经营模式或理论体系。特别需要注意的是，规模世界第一，未必是“世界一流企业”。“世界一流企业”的核心标准是在“技术质量”维度上创造价值的能力。

京瓷曾位列世界500强，重视单位时间附加值、坚守筋肉坚实的经营原则，创建50多年来历经多次经济危机却没有赤字，平均利润率保持在10%以上，并具有自己的经营哲学、管理会计、阿米巴等经营模式及理论体系。创始人稻盛和夫用同样经营手法缔造的KDDI在2017年、2018年位列世界500强。2010年稻盛和夫所主持破产重建的日航一年后盈利1884亿日元，创造当年全球727家航空公司中最高利润率17%。这是典型的一流经营能力。

第三个维度，企业社会责任，是前两个维度的大方向，要在关爱员工、环保与可持续发展、商业道德与诚信、促进当地社区发展等方面，按照ISO26000、GRI等国际标准建立并履行社会责任管理体系、发布社会责任报告。京瓷、华为都将社会责任融入企业使命、发展战略和日常经营管理，将自身发展服务于人类福祉和社会进步，同时也保证了企业自身的健康与持续发展。

世界一流企业的文化软实力

通过研究一些代表性的“世界一流企业”，尤其是京瓷和华为，发现其硬功夫后面隐含了如下支撑性的文化要素，即文化软实力。

强大的企业家精神。大阪企业家博物馆陈列了松下电器创始人松下幸之助、发明方便面的日清食品创业者安藤百福等105位大阪地区的企业家。据此，可理解为：企业家≠企业创业者，他们是创造从来没有的商品、服务、技术或商业模式，而为社会发展、改善人们的生活水平做出贡献的人。

企业家精神，以企业家为发端和载体并渗透到全体员工，进而成为企业文化，在“世界一流企业”那里主要体现为：极其强烈的事业心和使命感、极其强烈的创新意识、极其坚强的信念意志力。稻盛和夫和任正非，都为其企业注入了如此这般的企业家精神和优秀品格。

大义名分的企业使命。所谓企业使命，是企业的存在意义。大义名分的使命可以激发员工内心的真善美和创造力，恰如德鲁克所言“管理的本质在于激发人的善意和潜能”。“世界一流企业”的使命，自然蕴含一流的大义名分。京瓷、华为使命分别是：“追求全体员工物质与精神两方面幸福的同时，为人类和社会的进步与发展做出贡献。”“把数字世界带入每个人、每个家庭、每个组织，构建万物互联的智能世界……推动世界进步。”将使命作为深入内心的信念，是推动企业克服困难、持续发展的强大动力。同时，使命引领战略，并落实为具体的经营行为。华为根据联合国《2030年可持续发展议程》列出的17个可持续发展目标，选出了与ICT行业相关度最高的3个目标（优质教育73%，良好健康与福祉71%，产业、创新和基础设施65%）作为发展方向并承担责任。如此大义名分，符合社会需求，也促进了企业自身的发展。2018年，华为为英国经济贡献了17亿英镑，华为公司目前在英国提供了逾2.6万个就业岗位，在做出贡献的同时，也赢得了市场。华为在世界各地都是如此。这就是“世界一流企业”的格局与作为。

融入血液的世界第一愿景。很多“世界一流企业”都是从路边小厂起步的，全凭心中强烈的愿望而发展壮大。据稻盛和夫回忆：“京瓷从创业开始就提出：‘首先是西京区第一，接着是京都第一，再接下来是日本第一、世界第一。’不断描绘这个梦想，并持续付出相应的努力，这才有了今天的京瓷。”任正非在华为创业第五年就提出：“20年后，世界通讯市场三分天下，华为必有其一。”“成为世界级领先企业”载入了1998年颁布的《华为基本法》第一章第一条。稻盛与任正非都具有两级兼备的均衡人格，理想远大又专注现实，善于用愿景激励员工、引领企业发展。当这种强烈到融入血液的愿望被全体员工认同时，就具备了极高的能量，成为切实的软实力，并沉淀为追求卓越的文化基因。“追求卓越”则是“世界一流企业”的本质特征。

极致的客户至上主义。“世界一流企业”无一例外在满足客户需求上努力做到极致。是否做到“极致”，是能否入流的分水岭。正如稻盛所言：“取悦客户是经商之本。必须凭借先进的技术，在交货期、质量、价格、新产品开发等所有环节上，全方位地满足客户的需求。”与之同频的是任正非的客户至上理念：“为客户服务是华为存在的唯一理由；质量好、服务好、运作成本低，优先满足客户需求。”这种“极致的客户至上主义”是推动企业运营质量全面提升的引擎，也必然连带产生高度重视技术和质量的文化。

高度专注的技术质量执着。企业的价值在于“为顾客创造价值”，而产品是价值的载体，技术是价值的灵魂，质量是价值的衡量，利润是价值的回报。“世界一流企业”必有一流的技术和质量，这是硬功夫、硬实力。其背后对应的软实力，便是近乎偏执的、不走捷径、高度专注地追求技术和质量。质量是满足顾客需求的保障。而技术是质量的基础，新技术是新产品的前提。“世界一流企业”必然是以一流的技术支撑一流的质量和竞争优势，如京瓷的LSI（大规模集成电路）技术和华为5G技术。该文化基因，首先是创始人骨子里自带的，正如稻盛和任正非。其次，是公司创业初期为了生存而不得已或自觉追求，会逐渐沉淀为公司文化。同时，它是与客户至上主义关联并存的文化。

彻底的效益意识。“世界一流企业”不仅在“生产产品的技术质量”上是世界一流，还表现在“经营企业的技术与质量”上同样是世界一流，集中体现在净资产利润率和税前利润率。这在京瓷主要体现为：一是销售最大化、经费最小化；二是提高核算意识；三是定价即经营；四是贯彻健全资产原则。其经营技术是单位时间附加值核算体系及阿米巴经营制度。在华为，则是严格的成本控制和严密的“预算－统计－审计”铁三角。据任正非内部讲话，华为用MRPⅡ管理软件，将业务流程程式化，实现管理网络化、数据化，进而强化公司在经营计划（预算）、经营统计分析与经营（经济）审计上的综合管理。

坚定的诚信底线。“世界一流企业”必有一流的诚信，此“一流”体现为“坚定”，并将诚信视为不可突破的底线。GE 公司价值观的基石，就是“不妥协的诚信”（Unyielding Integrity），并编制了伦理守则——《诚信精神与政策——我们的承诺》。时任 CEO 的杰克·韦尔奇在其序言结尾处指出：“能够在全球一流公司工作，我们深感荣幸。我们必须时刻不忘巩固和加强 GE 一百多年来的成功基础——不妥协地信守诚信原则。”京瓷哲学，则以“作为人何为正确”为原点，并在经营中贯彻到底。任正非重视全体员工的诚信教育，并指出“华为十几年来铸就的成就只有两个字——诚信。”

持续不懈的奋斗热情。“世界一流企业”之所以成为“世界一流企业”，必有其“一流”的付出，那就是持续不懈的奋斗激情。这在华为是其“持续艰苦奋斗”的主流文化，在京瓷表现为“付出不亚于任何人的努力”及“自我燃烧”的文化性格。一个人、一个企业，即使初始能力平平，只要持续付出一流的努力，就会获得一流的成功。这便是稻盛和夫著名的成功方程式：企业的成功＝员工品格×□员工热情×□企业能力。稻盛来日航的第一年对员工进行了哲学教育，端正了态度、点燃了热情，第二年才导入阿米巴，提升企业能力。随同稻盛重建日航的助手大田嘉仁认为，该方程式顺理成章地解释了日航重生的奇迹。

中美贸易战正酣时，任正非接受央视采访被问及“华为是不是已经到了最危险最危难的时候”？任正非坚定地回答“公司全体振奋，整个战斗力在蒸蒸日上，应该是在最佳状态”，这种坚定中蕴含着“奋斗的华为不会死”的原因及其成为“世界一流企业”的文化密码。

“世界一流企业”文化的启示

对比“世界一流企业”文化特点，剖析中国企业，特别是央企，可发现三大主要差距，并获相应启示：

企业家精神不够强大。典型的“世界一流企业”的企业家，如比尔·盖茨、乔布斯、稻盛和夫、任正非，都是白手起家干起来的，其身上的企业家精神，自然强大而富有个性，并且他们长期执掌企业，威信极高，即使引退多年或半隐退，其身上的企业家精神仍然能够传承。86 岁的稻盛、75 岁的任正非，正是如此。对比之下，我国央企领导人的产生方法，主要是调任、任命，并且有一定的调整频率和年轻化趋势。这就难于形成连贯一致、浓厚而有个性的企业家精神。

目前很多中国企业经营者，基本具备了上述企业家精神的三个要素，但在这三方面都没有达到“一流”的极限阈值，因此不具备这种“世界一流企业”的基本文化品格。所以首先要努力具备这三个因素，然后全力提升强度，直至一流。尤其需要激发“持续不懈的奋斗激情”，而既有成绩和优越条件导致的惰怠，会成为障碍。

主业技术创新不够执着。技术是创造价值的源泉，掌握核心技术才能跻身世界一流。急功近利、浮躁，或由于体制上的考核期限，相当数量的国企央企，很难像华为那样“聚焦在主航道，抵制一切诱惑；坚持不走捷径，拒绝机会主义，踏踏实实，长期投入，厚积薄发”。尽管很多央企已进入世界 500 强名单，但研发强度（研发费用占营业收入比率）远低于榜单上其他企业，创造价值能力不强。直到 2018 年央企研发投入占销售收入比例才纳入考核。日本百年企业文化密码之一就是“拒绝短期快速增长”。因此，需要弘扬工匠精神，聚焦主业并加大战略性投入。

效益意识不够清晰。所谓效益意识的底线是“成本意识”，将人工成本除以工作时间，每分钟产生费用，就像出租车的计费器不停地跳动。于是看到无所事事的员工，你会火冒三丈。将所有材料物品换算成金钱，就会看到满地黄金。我们实力雄厚的央企尤其需要重视以节俭为本的成本意识，需要以三张财务报表（损益表、负债表、现金流量表）为基础的数字化经营，在数字基础上研究“销售最大化、费用最小化”，即“看着仪表盘开飞机”并建立严密的管理会计体系和审计制度。正是由于稻盛和夫的效益心法，华为及其他企业具备了效益意识，才跻身到“世界一流企业”。而“世界一流企业”可见可学，也期待我国企业尽快以“世界一流软实力”之道，进入“世界一流企业”之路。

（本文之摘自《企业文明》2019 年第 7 期，作者系青岛大学商学院副教授）

网络舆论的社会治理：问题与进路

喻国明

随着人工智能技术的发展，互联网的传播范式急剧变化，网络舆论现象日趋复杂，网络舆论的社会治理也面临着严峻考验。越来越多的案例显示出传统治理模式在新的舆论格局中的不适应，亟需以新的思路、新的眼光来看待当前网络舆论中的问题，探寻可行的解决路径。

以复杂性范式面对网络舆论

网络舆论是一种复杂的社会生态现象，它由诸多社会因素连接而成，这些社会因素之间相互联系构成一个整体，牵一发而动全身。因此，在网络舆论治理过程中，不能以局部思维来看问题，认为把一个点治理了，问题就解决了，实际上其会引起一些连锁反应。如今的网络已不仅仅是内容传播的渠道与手段，其已经成为社会生活的基础架构，在此基础上进行网络舆论的治理，不应单纯地从内容角度去思考，而应该运用复杂性范式来看待。如果今天仍将其当成内容媒介来治理，仅追求将内容治理成预期的模式，那么对于建筑其上的政治、经济、文化和社会生活而言，可能付出的代价会超过获得的收益。因此，务必要以复杂性范式来对待网络现象。所谓复杂性范式，就是应尊重其中的一些特定的连接规则。比如，用户在网上发布一则信息，这则信息只是部分事实，用户保留了符合自己心意的内容，而把不符合自己心意的内容裁剪掉。如果是在点对面传播的大众传播时代，这条信息的传播的确会对人们的社会认知产生较强的误导，在只有单一一种话语时，的确会产生巨大负面影响。然而，网络时代并非如此。多元是网络时代的显著特点。众多的点从不同角度对同一事实或道理进行聚焦，在这种聚焦中会产生无影灯效应，彼此之间相互印证、纠错、延伸、补充，任何一盏灯是否亮，灯下是否有阴影并非最重要的，只要灯从不同角度照射，结构合理，角度丰富多元，最终的呈现结果可能反而比单独一个信源更为真实、准确和深刻。这就是网络时代的新特点。我们不应简单地对一个表达要求过高，对网络的言论尺度和表达事实的标准尺度也应尽可能往下探，如此可以让更多的主体参与到社会信息彼此之间的汇冲、互动和交流过程中，从中找到社会最大公约数，找到社会的共识所在。由于社会公共事务涉及方方面面，让越来越多的公众参与到社会公共生活当中来，这是一个社会公共生活健康稳定持续发展的必要条件。如果用一种高标准来规定这种信息的汇流，若只有极少数人参与这样的讨论，那么社会共识即使达成，也难以代表真正意义上的社会公众对一个问题的认知与认同。普通公众并非专门受过培训的记者，其并不能把事实与观点进行某种程度的剥离，做出客观、准确、精准、翔实的表达，公众在网上更多时候是一种情绪性的宣泄和表达。如果将所有的这类信息都屏蔽在网络舆论表达之外，那么虽然网络空间清朗了，但是个体的情绪舒畅以及建立在共识基础上的健康活泼与可持续的网络生态可能与预期相去甚远。仅凭一己标准、一己眼光，未必能穷尽天下的真理，有时候个体会存在失误和局限性，因此不应对自己的价值观、观点立场抱有无限信任。在有自信的同时也应有宽容的心态，这或许是形成好的舆情供给端的一种策略，因为只有友好的、健康的供给端，舆论的生成才是健康的。

用开放整合协同的方式实现有效治理

在智能传播时代，作为舆情治理者、研究者，面对的问题是极其复杂的，这种复杂性不仅在于对象的复杂性，也包括手段的复杂性。如今，对于传统人文社科研究者而言，区块链、5G、大数据、云计算、人工智能等都是新科技领域里陌生的、未知的知识与工具，同时也是必须要面对和掌握的工具和手段。如果用一万个小时定律来解决这一问题，投入大量时间去学习，然后再投入到工作中，时间成本太高，而且陌生工具、手段、概念层出不穷，逐一学习吸收再运用，效率太低，学习速度难以跟上工作需要。对于实际工作而言，学习是有必要的，然而更重要的是应当用开放协作的方式来解决问题。目前，在媒体实践中存在一种误区，认为每一个人都应做到全知全能，记者要做

全能记者，什么都会，不但要会写稿子，还要会编片子、做网红，这种要求实际上是一种无限的要求，其包含着对专业的不尊重，因为任何一个专业都应有高度、有门槛，并非可以轻易跨越。经过一万个小时的学习或许可以从外行变成内行，然而这种内行可能是二流三流甚至不入流的内行。实际上，高质量的专业能力组合应当是用开放整合、社会协同协调的方式形成新的舆情生产力、传播生产力和社会管理力，这才是解决问题的根本路径。比如，某些问题对一个传统的社会科学研究者而言很复杂，而对于计算机专业的研究者而言可能异常简单。在这种情况下，彼此间的协同协作就会产生很高的效率，达到1+1>2的效果。如：一个大学教授，打车到自己学校门口，下车后才发现匆忙之间把自己的电脑包落在了出租车后座上，里面有重要文件，他既无出租车票，也记不起车牌号。此时他突然看见另一辆出租车疾驰而来，他拦住了这辆车支付车费让其帮忙追上前面那辆车。结果这位师傅拿起对讲机，联系前面的出租车司机，让其回来把电脑包还给这位教授。由此可见，有时候，对一个人来说几乎要失控的事情，对对方而言可能尽在掌握，这便是合作的好处。面对陌生的领域，陌生的研究工具和治理手段，更要倡导这种开放式的整合状态，只有这样才能实现对复杂社会舆情现象的有效治理、高质量的治理。

留有“不作为空间”

要做好治理，就要有不作为不治理的空间。其实有时候不治理也是一种治理。以指导学生为例，对一个课题而言，导师亲自做的质量肯定高于学生，然而如果所有工作都由导师亲力亲为，一方面导师可能会疲于奔命，另一方面，学生也会失去锻炼成长的机会。因此，要相信学生是有潜力、有智慧的，只要给他机会，他就能够成长，将一些工作分配给博士、硕士去完成，给他们指明方向，让他们单独完成任务，可能第一个课题学生只能做到80分，第二个就能做到85分，第三个课题就可以做到90分甚至是95分，以后再做课题可能会做得比导师还好。要解决好整个社会舆情的治理问题，需要理清哪些方面是需要让它自己在自组织、自我生成的过程中自行解决，哪些方面是需要去干预、管理的，这可能是当前舆情治理的一个重要方面。当一个事情可以不管却又被管理的时候，不但会造成管理效率低、资源浪费等问题，有时也可能出现越管越乱，甚至化友为敌的状况，将本来可以争取到的力量推到自己的对立面。如，历史上的秦朝是强大统一的中央帝国，其社会治理采用郡县制这一特别刚性的方式进行管理，然而这种刚性、全面、无一遗漏的管理方式很快崩溃了。陈胜吴广之所以起义，就是因为他们去服劳役时路遇下雨等复杂情况，无法按期到达服劳役的地点，按照秦律当斩，在此情形下，去与反结果都是死，不如造反。这便是刚性管理，把本来属于自己的臣民逼到对立面，因而大秦帝国在很短时间内，在这种刚性管理中脆弱溃败。汉朝统治者总结秦朝短暂而亡的历史时，提出“皇权不下县，县下皆自治”的社会管理规范，这是在庞大复杂情况下的一种管理智慧的形象性说法，一直影响着后代的封建统治者。所谓“皇权不下县”，就是指封建中央集权这一管理中心，只管理到县一级，县以下的部分，由既有的村规民约、公序良俗、宗族祠堂等规矩去管理。尽管县以下的管理可能不尽相同，甚至有些看起来很残酷，但是符合当时当地的实际情况，封建中央管理机构可以免除巨大的管理负担，集中精力管理其应该管，又管得好的事情，同时又给整个中国的乡土社会一个巨大的自组织、自处理空间，使中国社会的发展有一个深厚的有自由度的灰色空间，如此，社会的柔韧性特别好。在全世界的文明发展史中，只有中国的封建社会延续两千多年，这是一个独特的现象，它可以用长盛不衰来概括，其他地方的封建社会最多三五百年，没有很长的时间延续。而中国社

会之所以能够有长盛不衰的历史表现有很多原因，这种治理模式实际上是值得借鉴和思考的。实际上，不止是古代，现代的中国社会发展亦是如此。

整个中国的改革开放就是从小岗村的农民自主决策为起点的。万里同志当时向中央汇报工作时，提出要相信农民自己懂得会种什么、要种什么、不要种什么，给他们自主权，给他们决策的空间。这就是中国整个社会改革开放的起始点，从放权开始。由此推之，在今天中国社会舆情治理当中，需要区分哪些领域是需深入管理的关键领域，哪些领域是可以在自组织过程中自行解决的，这是智能媒体时代进行舆情管理时应当予以高度关注的课题，解决了这一课题，则管理效率和舆论生态将会有良性表现。

（本文摘自《传媒》2019.6‘下’，作者系中国企业文化研究会学术委员、教育部长江学者特聘教授、北京师范大学新闻传播学院执行院长）

加强科技伦理践行科技向善

马化腾

近年来，以新一代信息技术和生物技术为代表的新技术的广泛应用，一方面释放了巨大的创新潜力，推动着经济社会加速发展，另一方面也带来了一些风险隐患和负面影响，引发了各界广泛关注。对此，习近平总书记提出将“新技术应用及其影响”作为一项重点工作深入研究，并指出要围绕人工智能、基因编辑、医疗诊断、自动驾驶、无人机、服务机器人等领域，加快推进相关立法工作。深入研究新技术应用及其影响，已经成为摆在全人类面前的重大课题。

一、科技伦理的重要性

随着科技应用的加速发展和广泛普及，基因编辑婴儿、数据和算法滥用等违背科技伦理的情况时有出现，凸显了科技伦理的重要性。应对和解决这些问题，需要我们对科技伦理的关键问题在认识上有共识，行为上有共振，才能发挥好科技伦理对科技创新的调节作用，促使科技活动朝着更加有利于人类和人类社会的方向发展。

第一，国家创新驱动发展战略离不开科技伦理。创新是引领发展的第一动力，也是国家命运所系。但历史经验表明，如果缺乏科技伦理的必要约束，一些科技创新可能导致广泛的负面影响甚至灾难性后果。因此，在国家力量和国际竞争高度依赖科技创新的今天，必须有成熟的科技伦理作为保障，才能确保国家创新驱动发展战略符合国家民族长远发展所需。

第二，数字中国建设离不开科技伦理。我国正全面进入数字社会，着力促进人民的数字福祉，构建包容、可信赖、可持续的数字经济社会，也需要以科技伦理为基础。数字技术在带来众多便利的同时，也带来信息过载、数据安全、网络沉迷等问题，互联网企业必须秉承“科技向善”理念，积极通过技术手段和科技伦理规范来解决这些问题。

第三，数字时代的商业竞争离不开科技伦理。数字时代的商业竞争日趋复杂，滥用技术手段从事恶意竞争的行为不断出现。而法律的“他律”往往是滞后的，更多需要仰仗伦理的“自律”，促使市场主体自觉承担科技伦理责任，减少对技术的恶意滥用并消解其负面作用。

二、当前存在的问题

（一）行为上缺乏自律，利用科技手段过度追求私利，忽视社会福利的情形日益突出

科技创新应服务于更好地解决人民日益增长的美好生活需求和不平衡不充分的发展之间的矛盾。例如，通过人工智能与农业、医疗、环保等的结合，更好地解决当前困扰人们的食物、能源和健康等问题，这是科技发展应用的正确方向和题中之义。然而在实践中，一些企业和科研人员过度追求私利，在社会效益上照顾不足。此前的基因编辑婴儿事件，涉事者实施国家明令禁止的以生殖为目的的人类胚胎基因编辑活动，在国内外引发了强烈的谴责。在互联网领域，一些企业在隐私保护和数据利用方面也缺乏自律，侵害用户权益的事件时有发生。

（二）制度上存在空白，亟需制定保障科技创新安全运用的制度规则

当前我国科技行业的伦理实现机制还不完善，缺少健全的伦理审查、自律规范、行业标准等机制的约束，新技术存在被滥用的风险。例如，利用人工智能非法窃取个人信息，进行网络攻击；非法侵入、操控自动驾驶汽车、机器人等智能设备设施；摧毁人工智能系统数据或注入大量欺骗性数据以达成非法目的。面对这些风险挑战，我国当前缺少法律、伦理方面的制度规则。例如，我国有关基因编辑的法律规范和伦理准则还很不完善，尚未进行专门的规范；针对大数据、人工智能的制度规则也基本是一片空白。

（三）认识上缺乏共识，科技伦理教育宣传不足，新技术科普工作有待加强

我国在科学、技术、工程和数学等专业中尚未全面移动支付虽然更加便捷、环保，但同时却也为电信诈骗、侵犯隐私提供了可趁之机。推行科技伦理教育，各级各类教育中也缺少数字素养教育，导致我国科技从业者和社会公众对于科技伦理和数字素养的认识与知识储备严重不足。例如对于未成年人的健康上网问题，目前企业采取了各类技术防控措施，并提供了家长可深度介入的管理工具如“成长守护平台”等，但如果全社会的数字素养能进一步提升，则有助于问题更好的解决。另外，社会层面的新技术科普工作不到位，加上夸大言论、“抓眼球”的媒体报道等因素，一定程度上增强了普通大众对于人工智能等新技术的焦虑和恐慌，不利于新技术健康发展。

三、主要建议

为保障新技术的安全应用和健康发展，发掘新技术巨大的“向善”潜力，建议在全社会、全行业积极倡导“科技向善”“负责任创新”“创新与伦理并重”等理念，加强科技伦理建设，探索建立健全与新技术应用发展相适应的制度规则。

（一）加强科技伦理的制度化建设

在国家层面，建议针对相关新技术制定伦理准则，对新技术应用进行引导和规范。通过数据伦理准则，明确数据利用的目标，约束其利用方式，促进数据正向利用，抵制数据滥用；通过人工智能伦理准则，明确人工智能应用的伦理框架，包括伦理底线、伦理目标以及评估机制等；通过基因编辑等生物技术伦理准则，明确其伦理界限、目标以及伦理审查等。行业主管部门应采取与行业主体、学术团体、社会公众等多利益相关方合作的方式，制定相关伦理准则，并支持行业自律，包括建立伦理审查、成立自律组织、制定行业标准等。同时，在国际层面，积极推动新技术领域的全球治理，参与国际标准、规则的制定，包括推动建立人工智能研发与应用的全球共同伦理框架，确保人工智能真正造福于全人类和全世界的发展。

（二）加快研究新兴技术领域的法律规则问题

数据规则方面，应进一步完善数据治理的顶层设计，坚持促进数据利用与保障数据安全并重的原则，建立数据收集、利用与保护的基本规则秩序，防范并打击数据滥用行为。人工智能规则方面，一是为相关人工智能应用建立安全标准，明确人工智能应用相关的法律责任规则，保障公共安全和个人合法权益。二是深入研究如何规制数据、人工智能相关的新型犯罪。三是为自动驾驶、无人机、医疗诊断、自主智能机器人等领域的人工智能应用探索制定恰当合理的规则，建立新的监管框架。基因编辑等生物技术的规则方面，加快制定针对基因编辑等生物技术研发与应用的管理办法，明确基因编辑的伦理界限和法律要求，对以生殖为目的的人类基因编辑进行严格管制。

（三）加强科技伦理的教育宣传并鼓励全社会践行“科技向善”理念

一是建立完善的科技伦理教育机制，在教育培训体系中加快普及科技伦理教育，使科技从业者接受科技伦理的熏陶，从“他律”走向“自律”，秉持向上向善之心，追求科技服务于人类福祉改进。二是搭建科技创新与伦理之间高效对话机制和沟通平台，加强新技术科普，为新技术发展营造理性务实、积极健康

的社会氛围。三是制定并在教育培训体系中全面落实全民数字素养培养计划，并鼓励全社会、全行业践行科技向善理念，充分发掘新技术巨大的“向善”潜力，促进经济社会健康、可持续发展。四是鼓励、支持新技术的的跨学科研究。新技术应用带来的风险挑战不可能单靠技术手段来解决，需要从国家安全、社会治理、就业结构、法律制度、伦理道德等多个维度，系统深入研究新技术应用及其影响，制定合理可行的应对措施确保新技术的正面效应。

（本文摘自《可持续发展经济导刊》2019年第3期，作者系腾讯公司董事会主席兼首席执行官）

我对企业文化建设的认知

于利峰

文化，就词的释意来说，文就是“记录，表达和评述”，化就是“分析、理解和包容”。文化的特点是有历史，有内容，有故事。文化大致可以表述为：广泛的知识并能将之活学活用；内心的精神和修养。广义的文化，是人类在社会历史实践过程中所创造的物质财富和精神财富的总和；狭义的文化指社会的意识形态以及与之相适应的制度和组织机构；它包括物质文化、制度文化和心理文化三个方面。

关于企业文化的概念说法诸多，其中之一是：企业绝大多数干部员工真正信奉并切实践行的理想、价值标准和行为准则。广义的企业文化是指企业所创造的具有自身特点的物质文化和精神文化；狭义的企业文化是企业所形成的具有自身个性的经营宗旨、价值观念和道德行为准则的综合，无论国企还是非公企都要注重企业文化建设。在实践中，我们不断深化着对自身企业文化建设特色的理解，并注重发挥其独特的效用。

党建红引领

共产党军队是指挥官喊“跟我冲”、国民党军队是“给我上”还外带着踹一脚，这就是区别，这就是差距。紧跟党、不动摇，这是企业发展保障、企业进步动力。

企业党组织教育引导员工，发挥着政治导向作用、组织保障作用、凝聚推动作用。党建文化与企业文化相互统一、互融共促，津西党委深识党建在企业文化建设精神层面的指导引领不可替代性。企业的企业精神、企业价值观、企业愿景、企业使命等理念文化涵盖的文化建设都彰显着政治引领、作风建设；企业文化工作处处都体现党委牵头、行政参与、工会组织、团委先锋。在“党建筑基百年津西”党建主旨思想的引领下，津西企业文化致力“凝聚钢铁意志打造百年津西”愿景建设，“为社会创造财富、为股东创造回报、为客户创造价值、为员工创造前途作为使命”建设企业文化。一是强化组织领导，完善企业文化建设制度，不断加强思想建设、组织建设、制度建设、作风建设，实现行有规范、做有准则；二是加强文化育人，先后组织“凝心力”、“熔炼团队”企业文化研习营，由中国企业文化联合会对津西中层以上干部和优秀员工代表进行脱产式培训，邀请专家进行企业文化专项培训和拓展训练，；三是着力改善员工的生产生活环境。注重解决员工关心的就餐、饮水、住宿、行路、存车等关系切身利益的热点、难点问题。四是津西“五险两金”解民忧。（“两金”中的“一金”指津西自己的特病大病特困互助基金”）。2019 年，为 102 名特困员工及家属发放救助金 42.47 万元，现已累计救助员工 1448 人次，发放救助金 418.69 万元。

中国心筑梦

一个企业的企业文化是企业战略制定与实施的旗帜，引导战略发展、支持战略推进；津西企业战略、发展目标及信条、准则都彰显企业责任、社会公益。2020 年疫情期间津西共累计捐款 2012.42 万元，其中党员通过上级组织部门捐款 12 万元。勇担社会责任，回报社会，津西捐资助教，累计捐赠近亿元教育公益基金，总累计投入教育、抗灾、交通和优抚公益捐款近 3 亿元。津西发展始终秉持党建红、钢城绿、津西蓝理念，产业报国本色常在。

填补空白，引领产业转型。津西实施的钢板桩及超大H型钢产品升级项目，符合我国钢铁产业结构调整政策要求，得到省、市各级党委政府的高度支持和认可，是近两年全省唯一被列为“战略性新兴产业”项目的钢铁项目。津西在现有生产线覆盖80%钢板桩产品规格的基础上，引进国际领先的热轧工艺技术，建设国际一流全自动生产线，生产代表世界先进水平的最大规格达到900毫米的U型钢板桩、850毫米的Z型钢板桩和1100毫米的超大规格H型钢，从而满足国内外市场对型钢产品大型化的需求。

该项目的成功实施，不仅填补国内Z型钢板桩和超大H型钢市场空白，而且在国际上也处于领先水平，部分产品还填补国际空白。可以说，津西打造世界型钢生产基地已见雏形。

依托优势提高产品品质。技术领先：该项目在热轧型钢技术领域、精整技术领域拥有多项世界第一和国际专利，共同组建的津西钢板桩产品研发团队，使该项目的生产及研发技术一举迈入国际先进行列；产品高端：不仅满足了国内对型钢产品大型化的市场需求，而且产品尺寸实现了对国际主流规格的突破和超越；生产高效：该项目自动化程度和轧制效率远远高出其他同类企业，国际同等规模生产线也只有该项目50%的生产能力；规模最大：随着该项目的投产，津西填补了世界钢板桩的部分空白，可成为世界型钢生产基地。

国学基凝聚

津西“艰苦奋斗的创业精神、拼搏进取的团队精神、自强不息的创新精神”以仁、义、理、智、信为基跟，津西品牌文化建设注重以劳模、工匠为重点打造精神品牌；基层特色文化建设不单单在产品、更在津西人人品锻造；从企业历史、模范事迹、纪念活动多层次多方面多角度为员工提供文化需求。

民族文化的支撑，有了理念文化、制度文化基础，执行文化一蹴而就。

用文化吸引人才。津西的生活丰富多彩，公司每年都会举办丰富的文体、书画、棋类活动，如：“绿色钢城，情系津西”的员工子女书画作品征集活动、“重走长征路，登顶景忠山”、三八妇女节绿色环保活动、在活动过程中融入与企业文化有关的有奖问答等。已连续举办过九届为员工牵线搭桥的“津西之约”，十一届青年歌手大赛。

注重中国传统文化的传承，在企业文化中融入中国文化，将文化融入到生活当中，在津西处处可见。它摸不着，却已经扎根于津西员工的工作和生活中，时刻牵动着津西人的魂；它听不清，却蔓延到社会的每个角落，像冬日里的阳光，及时地照耀着寒冷的大地。

培训是员工最大的福利。企业提倡终身学习，系统思考。把培训放在工会而不是人力资源部是津西的一大特色。建企初期，员工的整体素质不高，韩敬远主席及时提出“培训是员工最大的福利”的理念并付诸实践，现如今培训仍是津西员工福利中最大的主题。帮助员工提升技能不单是出钱能够解决的，还需要时间和精力等成本，同时公司需要着眼于未来，才能培养出有文化素养有忠诚度的“铁杆”员工。

正所谓授之以鱼不如授之以渔。帮提升技能，这样员工才能永远有饭吃。津西的培训方向以提高员工普通的技能为切入点，先从低岗多能和多专的方向发展。在此基础上再进行能手和工匠的选拔、评比。来自炼钢二厂的吴立保获得了钢铁行业大赛能手的称号，他也是河北省的党代表、河北省的优秀共产党员、全国五一劳动奖章获得者。

企业文化不能是一成不变的、是与时俱进的，是动态的，是发展的。企业文化是企业的性格、气质，是全体员工的共同拥有的价值观、行为准则、道德标准等。将奋斗精神、创新激情固化成为一种精神状态、思维模式、价值取向、文化导向。坚持文化导向与战略方向相互融合，管理者当好文化先行官。

（作者系河北津西钢铁集团股份有限公司董事长）

正道：徐工的大器文化

王 民

坚守徐工大器文化的内核

徐工大器文化的根本内核是：对党忠诚，为国争光。徐工从战火硝烟中走来，历史溯源于许世友将军麾下1943年创建的鲁南第八兵工厂，逐步成长为30年中国第一、跻身世界工程机械第6位的装备制造国家队。习近平总书记2017年12月12日视察徐工，李克强总理2019年7月召集的经济形势分析座谈会上听取徐工的工作汇报，总书记、总理都对徐工以匠心正道和“一根筋”坚守取得的高质量发展业绩给予充分肯定。第一，徐工是个有根、有魂、有情怀的企业。徐工的根就是对党忠诚、为国争光和传承红色基因，徐工的魂就是恪守“担大任、行大道、成大器”的大器文化，徐工的情怀就是矢志实现全球产业珠峰登顶的产业报国情怀。第二，徐工是个有红色基因与政治优势的企业。77年厚重积淀的纯正红色基因对于徐工干部职工的影响很大，使每一名干部、职工都具有国家兴亡、匹夫有责的沉重使命感，面对再多的艰难困苦都始终毫不动摇、勇往直前，这是徐工独有的政治优势。第三，徐工有灵魂、有血性的钢铁般队伍是企业最宝贵的财富。人是靠思想站立的，队伍是靠灵魂支撑的，珠峰登顶的核心是建设锻造一支有灵魂、有血性的钢铁般队伍，这支23000多人的队伍平均年龄仅34岁，其中有5000名共产党员、6000多名工程师，高级工以上人员在高技能人才中占比达54%，这支钢铁般队伍是我们传承红色基因、发扬光荣传统、锤炼大器文化，不断从胜利走向新的胜利的根本保证。习总书记视察徐工与我握手时，我坚定地说：“请总书记放心，徐工永远对党忠诚、为国争光。”总书记说：“我是信任的。”

秉承三大理念精神，努力冲刺世界工程机械珠峰登顶

徐工大器文化中有三个关键的理念精神内核：第一，高端、高附加值、高可靠性、大吨位的“三高一大”产品战略。本世纪初，徐工提出这一战略。徐工每个产业板块，都有这样的“对标全球主要对手的赶超计划”，并进一步提出“技术领先、用不毁”把产品做成工艺品的金标准。超级移动起重机创新工程让徐工两次站上国家工业领域最高奖中国工业大奖的领奖台，这离不开我们强力推进的“三高一大”和徐工金标准为引领的创新强投入。习总书记在宁煤考察过全球第一吊徐工4000吨履带起重机，这是对徐工超级移动起重机创新工程的极大褒奖。第2台“全球第一吊”4000吨履带吊实现销售，全球最大吨位1600吨全地面起重机供不应求，原本依赖从德美进口的百吨级以上大型起重机基本退出中国市场；神州第一挖700吨的大型挖掘机使我国成为世界上第四个具备700吨以上大型挖掘机研发制造的国家，一单拿下的300吨矿用挖掘机、110吨矿卡等大型露天矿业机械近十亿元海外订单交付客户，350马力大型矿用平地机批量交付必和必拓等国际矿山大客户，改变了这个工程机械皇冠上明珠产业德美日少数几家企业垄断格局。

第二，有质量、有效益、有规模、可持续的“三有一可”高质量发展理念。徐工自2011年起曾经历行业连续五年断崖式下滑，国内工程机械市场急剧萎缩，低谷时市场容量不到高点年份的三成。面对低迷形势，徐工沉着应对，但坚决不涉足房地产、金融等领域“赚快钱”，而是坚持“三有一可”的高质量发展理念，冰火淬炼，让徐工得以保持定力和专注。在最艰难的2015年，领导班子带头降薪22%以上。即

使经营面临巨大挑战，徐工多年前定下的铁规依然不变：每年拿出销售收入的5%用于研发。2019年上半年，徐工营收超700亿元，同比增长近30%；利润同比增长165%。聚焦主业，苦练内功，终于迎来爆发式增长，这是实现全球产业珠峰登顶必须经受的浴火重生与凤凰涅磐。

第三，一根筋、一种激情、一份清醒的勇毅坚韧奋斗精神。23000多名徐工人耐得住寂寞、经得起诱惑与竞争挑战、熬得住行业低谷与风雨艰辛，心无旁骛主攻主业，一根筋地做强工程机械核心，才有了徐工的今天。时代所赋予徐工人创业创新创造激情，尤其赋予徐工的企业家精神就是军人精神，始终充满战斗精神并在决战决胜中身先士卒、冲锋在前，带领企业不断打胜仗。对徐工人来说，一份清醒永远重要永远保持，因为永保一份清醒，无论行业低谷中的磨砺淬炼，还是行业上行时的拼搏奋战，每一名徐工人都始终胸怀对党忠诚、为国争光的产业抱负，排除一切障碍、碾压一切困难地砥砺奋进。一根筋精神、一种激情、一份清醒，是徐工大器文化也是徐工世界一流品牌价值主张的核心精髓，是支撑徐工以新的奋斗努力攀登全球工程机械最高峰的根本基石。

打造具有全球竞争力的世界一流企业

习总书记视察时指示，徐工要设计好进入世界行业前五、前三如何支撑和发展。面向未来，围绕徐工进入世界行业前五、前三战略目标，徐工持续努力打造出五个世界一流：第一，世界一流技术。突破登顶最后10%技术难题，落地高端、高技术含量、高可靠性、大吨位“三高一大”技术创新战略。树雄心立壮志突破核心零部件国产化，打破国外制约，不受制于人。第二，世界一流运营。不简单追求规模增长，产品达到“技术领先、用不毁”金标准，制造实现数字化网络化智能化，成本低、效率高、社会贡献强，效益位居行业前列。第三，世界一流机制。国家已将徐工列入国企改革“双百企业”试点，将在省市部署支持下，加快完成徐工有限公司层面混改，打造新机制迸发新活力，迎接发展挑战。第四，世界一流品牌。目前徐工在欧美高端市场出口占比还比较小，主要出口还在“一带一路”沿线国家，徐工将坚定推进国际化区域布局与并购合作，坚决打入美国等高端市场，努力实现国际化收入占比50%目标。第五，世界一流人才与文化。聚天下英才而用之，持续打造提升以“担大任、行大道、成大器”为核心价值观的徐工大器文化。徐工将永远不忘初心，砥砺奋进，以“一根筋精神、一种激情、一份清醒”凝心聚力、决战决胜，真正夯实世界前五前三高质量发展基础，真正创造出工程机械行业的新的更大奇迹，真正为国争光、为民族争气，以新的高质量发展业绩向时代交上优质答卷！

（作者系徐工集团党委书记、董事长，《企业文化》供稿）

实施"五大工程"锻造强劲引擎党建引领百年徐矿高质量发展

冯兴振

徐州矿务集团有限公司（简称徐矿集团）是有着138年历史的国际化特大型能源企业，是中国民族工业的启蒙、煤炭工业改革的先锋。

产业涉及煤炭、电力、煤化工和能源服务外包、矿业工程、煤矿装备等能源及关联领域．面对产能结构调整之大局，徐矿集团坚持把党的建设摆在各项工作的首位、作为企业发展的"总引擎"，全面实施党的建设"强基工程"、思想工作"铸魂工程"、深化改革"战略工程"、优化结构"人才工程"、党风廉政建设"护航工程"，把党的政治领导力、思想引领力、群众组织力、社会号召力转化为推动企业高质量发展的核心竞争力，实现了从"稳下来"向"走出来"的重大转变，正在从"好起来"向"强起来"稳步迈进。

一、拧紧"总开关"，以"强基工程"统领高质量发展

党建工作是国有企业思想引领的"总开关"，是搞好国有企业最大的政治优势。面对去产能、调结构的改革深化，集团坚持加强党对企业各项工作的全面领导，把发挥各级党组织的领导核心和战斗堡垒作用放在首位，深入学习贯彻习近平新时代中国特色社会主义思想，认真落实省委、省政府对徐矿集团的重要指示精神，把对党的忠诚转化为对信念的坚定、对事业的追求；通过传承红色基因激发正能量、加强党的建设凝聚正能量、坚持正确导向传递正能量，引导干部职工从学习领会习近平新时代中国特色社会主义思想中获取破解改革发展难题的答案，做到"学思用贯通、知信行统一"。

（一）解放思想聚合力，把稳奋进之舵

思想是行动的先导，思想境界决定发展格局。集团党委在干部职工中广泛开展以"学习新思想、改革再出发、开放迈新步、发展高质量"为主题的"解放思想大讨论，破除与新时代要求、高质量发展不相适应的思想观念，推动改革再深入、实践再创新、工作再落实，有力促进了企业从"稳下来""走出来"向"好起来""强起来"的高质量发展。一是创出老工业基地的转型样本，解决产业如何接续问题；二是创出关闭矿井的重生样本，解决人员如何安置问题；三是创出衰老矿区的生态修复样本，解决生态如何治理问题。被国家发展改革委选入"老工业基地调整改造及转型升级典型经验"。

（二）凝心聚力抓基层，筑牢发展之基

集团党委坚持加强企业基层党组织建设不放松，确保企业发展到哪里，党的建设就跟进到哪里、党支部的战斗堡垒作用就体现在哪里。针对企业转型发展的新变化，坚持新建项目同时建立基层党组织、调整基层单位同时调整基层党组织、配备行政人员同时配备党务人员的"三同时"原则，把党支部建到产业链条、创业项目、服务外包、井下头面等生产经营一线，实现"战斗堡垒"全覆盖。完善三级党组织机构，选优配强党支部书记；认真贯彻落实《党支部工作条例》，严格落实"三会一课"、组织生活会、谈心谈话、民主评议党员等制度；建立支部工作经常性督查指导机制，推进支部建设规范化、制度化；抓好党员日常教育管理，建立"徐矿智慧党建云"平台，"徐矿先锋号"成为引领党员学习教育的新载体；注重在生产经营一线员工和青年员工中发展党员，"把骨干发展为党员、把党员培养为骨干"。

二、把好“总阀门”，以“铸魂工程”引领高质量发展

党建是国有企业舆论宣传的“总阀门”。集团党委牢牢把握“稳下来、走出来、好起来、强起来”的宣传总基调，坚持正面引导、正面宣传、正面解读，充分肯定成绩、辩证认识形势、明确肩负的使命，通过讲好徐矿故事、传播徐矿声音、凝聚徐矿力量，动员集团全体员工为高质量地建设国际化特大型能源集团努力奋斗。

（一）学习新思想，以“五满”理念引导人

满怀对党的忠诚举党建旗帜、解思想扣子、指发展路子、明未来方向，牢牢掌握意识形态的主动权；用满满的正能量聚人心，讲好徐矿故事、树好徐矿形象；用“满眼都是人才”的理念培育新人，形成善于发现人才、真正尊重人才、大力培育人才的良好氛围；将满腔的家国情怀融入企业文化，把“全体徐矿人都能过上好日子”作为使命追求，让“百年徐矿、业兴家旺”理念根植人心；用“满眼都是资源”的理念描绘发展蓝图，让四万名徐矿人信心满怀地投身到企业转型发展实践中来。

（二）建设“家”文化，以为民情怀感染人

牢固树立以员工为中心的发展思想，创新开展“家”文化建设，视企业为家、视员工为亲人，紧紧依靠全体员工共同经营徐矿这个“大家”；让发展成果惠及全体员工，照顾好每个“小家”；在发展“大家”和惠及“小家”的基础上报效国家，让广大员工在共建“徐矿美好大家庭”过程中拥有更多的获得感、幸福感、安全感。

（三）传递正能量，以优良业绩鼓舞人

充分利用各类媒体平台，围绕徐矿集团创新转型、资源盘活、绿色开采、塌陷区治理、精准扶贫等成果，策划一批精品栏目、刊发一批精品稿件、组织一批深度报道，在人民网、新华网、《人民日报》《新华日报》“学习强国”、国务院国资委网站等主流媒体平台高频次传递徐矿新声音、新做法、新成就，全面反映集团转型升级所取得的发展成效，凝聚了人心鼓舞了斗志、提振了士气，使全集团上下同心共筑“徐矿梦”的热情空前高涨。

三、牵牢“总抓手”，以“战略工程”支撑高质量发展

党建是国有企业改革发展的“总抓手”，党建兴则国企兴、党建强则国企强。集团新领导班子在党建引领下，心往一处想、劲往一处使，很快稳定了大局、凝聚了人心、实现了扭亏转盈，企业发展势头强劲、经营持续向好、管理水平明显提升，驶入了高质量发展的“快车道”。

（一）发挥优势，“一体两翼”明路径

集团新任领导班子带着转型发展9大课题，组织300多名中层干部深入一线调研，征求到各类意见建议1422条，结合专家意见，总结形成《徐矿集团转型发展意见》，找到一条符合国家产业政策、结合企业实际、顺应员工意愿的以煤电化产业为主体、以盘活存量资源和开发无形资源为两翼的“一体两翼”转型发展路径。

（二）打破定势，“五血疗法”抓经营

通过综合采取创效“造血”、创业“补血”、扭亏“止血”、融资“活血”、防控“抑血”的“五血疗法”，使得企业恢复了元气、增强了底气、激发锐气，实现困境突围、转型重生：集团两年来实现经营利润59亿元，上缴税费57亿元。

（三）激活潜力，“六大基地”绘蓝图

集团坚持回归主业、聚焦优势战略，通过统筹布局“六大能源基地”绘就百年徐矿再创新的百年辉煌蓝图。在新疆，建成年产750万吨的全疆最大井工煤矿——徐矿集团天山矿业公司俄霍布拉克煤矿；在陕西，徐矿集团建成中国首个第四代矿井——郭家河煤矿；在山西，徐矿集团携手山西焦煤集团打通了

“晋焦入苏”主渠道；在内蒙古，徐矿集团投资的装机容量596万千瓦电厂和年产4700万吨煤矿项目；在江苏，徐矿集团参股建设沿海输气管道项目，并与协鑫集团在风电领域开展深入合作；在“一带一路”沿线国家和地区，徐矿集团已开发煤电服务外包项目29个，吸纳7500多从业员工。

四、打造“总驱动”，以“人才工程”驱动高质量发展

党建是国有企业人才工作的“总驱动”。集团党委坚持“党管人才”原则，探索建立统筹规划、协调发展的新时期人才工作机制。

（一）搭建平台，抓好人才培养

集团出台了《关于建设人才基地的指导意见》，相续建立了张双楼煤矿、郭家河煤业公司、天山矿业公司、华美热电公司、徐矿发电公司、长青能化公司六大人才培训基地；通过选派优秀干部到政府、省属企业挂职锻炼等方式，丰富干部阅历，提高其管理水平；通过实施“师带徒”制度、举办技术比武大赛等，培育更多的“行业工匠”和“劳动模范”。

（二）严管厚爱，抓好“关键少数”

坚决贯彻落实新时代党的组织路线，选人用人注重政治标准，政治不过硬德行有问题、廉洁不过关的人坚决不用；注重强化集团各级领导班子的整体功能，围绕企业改革发展和核心主业，“一企一策”合理搭配领导班子；注重选用经过重大工程、急难险重任务历练的优秀骨干，着力解决干部队伍专业趋同、经历相仿等问题；注重

加强干部日常监督管理，通过管好关键人、管到关键处、管住关键事、管在关键时，做到教育引导有力度、组织关怀有温度、纪律约束有硬度。

（三）优化结构，抓好新生力量

认真贯彻落实江苏省委“789”青年干部培养计划和集团公司“5145”年轻干部培养工程，实施徐矿集团新时代“1111”人才工程；加强工人队伍建设着力培养更多的“技能大师”和“徐矿工匠”；着眼于企业长远发展，重点培养一批德才兼备、具有发展潜力的优秀年轻干部，有计划地选派到重要建设基地、市场开拓前沿、经营困难企业和重大专项工程中历练成长，确保徐矿事业后继有人。

五、夯实“总保障”，以“护航工程”助推高质量发展

党建是国有企业行稳致远的“总保障”。集团党委通过开展领导班子带头“走访转”，了解基层员工所需所盼；通过建立现代企业制度，完善公司治理结构；通过开展“三讲教育”，营造企业清风。

（一）“走访转”了解基层员工所需所盼

集团各级领导班子成员走近一线员工，倾听基层声音，了解员工群众的所需所盼和影响企业发展的症结、瓶颈；机关干部走近基层，拉近了机关与基层的距离，有利于打造高效率服务型机关；党员干部走近困难群体，送去组织的关怀，确保员工住得上房、看得起病、困难家庭孩子上得起学，切实做到“在通往幸福的康庄大道上一个都不掉队”。

（二）创新“现代治理”体制机制

集团通过落实“党建进章程”、党委书记和董事长“一肩挑”，党组织嵌入公司治理结构和党组织研究讨论作为企业重大事项决策前置程序，把党的领导融入公司治理各环节，使全面加强党的领导在制度上有规定、程序上有保障、实践中有落实。坚持党委“把方向、管大局、保落实”与董事会“战略管理、科学决策、防控风险”相结合，形成坚持党的领导和公司法人治理有机统一；坚持党管干部原则与市场化选人用人机制有机统一，加快形成各司其职、各负其责、协调运转、有效制衡的公司治理机制。

（三）“三讲教育”营造“徐矿清风”

集团通过扎实开展“讲大局、讲责任、讲规矩”活动，有效解决了过去长期存在的“不讲大局讲圈

子、不讲责任讲惯例、不讲规矩讲关系”问题，让大家知道什么能干、什么不能干。通过实施制度“废改立”，强化创新意识，改掉不合时宜的旧规矩、老习惯，建立起有利于推动企业转型发展的新规矩、新制度。坚持用党规党纪约束党员干部的行为，用制度强化管理、用规则规范议事，在党员干部队伍中形成严格按规矩管人、管事、管权的良好习惯。突出教育在先、警示在先、预防在先，实行巡视、巡察全覆盖，持之以恒正风肃纪、坚定不移反腐惩贪，严肃落实中央八项规定精神和“两个责任”，使得集团上下党风、企风为之一新。

（本文摘自《企业管理》2019 年第 11 期，作者系徐州矿务集团有限公司党委书记、董事长）

在西方市场讲好华为故事

任正非

要解决在西方遇到的问题，首先要充分了解西方的价值观。

公共关系纲要主要是解决与西方的沟通问题。亚非拉发展中国家很容易接受我们的观点，日韩也还好一点，欧美很难。如果我们和西方价值观不一样，就难走进西方。他们会认为我们是在进攻，他们一定会把墙越筑越厚、越筑越高，我们的困难就越来越大。实事求是讲，他们几千年形成的文明，不是我们小小的公司改造得了的。我们这些年，都是采取中国的思维方式去理解世界的格局、去揣测对方的意图。要对世界有充分的了解，必须站在西方的观念上理解西方。电视片《大国崛起》讲了一些道理，我们研究各国强盛的原因，要站在对方角度，去解释文明的兴衰。几百年前，英国人把世界各地很多艺术品、杜鹃花等等运回国，站在我们的角度，这是掠夺。但英国人认为，他们不惜漂洋过海，冒着生死风浪，把一些艺术品甚至整个神庙，用木船运到英国，好好保存下来。例如，津巴布韦维多利亚大瀑布，是戴维·利文斯敦发现的，他把它献给英国女王，并坚守在那儿几十年，防止有人开发破坏，想想在百年前的蛮荒时代，要忍受多少痛苦，至少没有婚姻的幸福小康；把稀世珍宝献给女王，如果从不同的角度去理解他们的行为，永远没有共同语言，也就不可能间接找到解决问题的模式。

中国改革开放，邓小平挖了一块洼地，低税制让外资进来，最后外国人相信了，然后涌进来。看看现在中国社会的进步，谁会相信，三四十年前，我们还濒于饥饿、经济几乎崩溃的状态呢？美国今天也在挖一个洼地，减轻产业负担，土地肥沃了，有可能是美国百年振兴的根基。如果下一任总统不改变现在的税收政策，而是到处去找友好，与谁都握手，就把投资吸引过去，加上人工智能的应用，有可能崛起。我们的公共关系工作现在不需要再去强调身份证明，现在要解决的商业大环境的问题，就是要充分认识西方价值观，把华为价值观中和西方一致的部分讲清楚，在一定程度上形成共识。

当然，我们有自己的价值观，我们并不完全接受西方的政治价值观，在市场经济、技术、用人方面，哪些是不能碰的，我们不接触就行了。我们坚持自己的自信，并不一定要示弱。

学点哲学、历史、社会学、心理学，从人类文明的结晶中汲取智慧。公共关系纲要中，哲学、历史、社会学和心理学等都需要放进来，这些人类文明的结晶，会带着我们找到解决世界问题的钥匙。在两千多年前西方出现的苏格拉底、柏拉图时代，中国也有孔子、孟子，但中国没有出过柏拉图。大家也假设过，如果出了一个“柏拉图”，中国又会怎么样呢？孔、孟提倡“修身养性，齐家治国，平天下”都是向内收敛的；而西方哲学主张往外开放，开放了两千年，西方就称霸了世界。中华文明收敛的五千年中，国家没有分裂，孔孟之道儒家文化有相关性；但中国的西面、南面是高山，北面是沙漠，东面是大海，形成了一个小的封闭环境，这样的地理环境与思想形成可能有很大关系。我们想想，毕达哥拉斯原理、欧几里得几何是研究勾股定理中的原理、意义和探索，他们的研究是为什么，是朝向源头，是道的问题；我们的九章算术也是在研究勾股定理，是研究怎么用，怎么解决问题，是向内核发展，是术的问题。我们向下，西方向上，那么就成了一个价值的分水岭，我们就没发现微积分，没有微积分就没有工业的基础。所以西方工业比我们发达。

一千多年前的欧洲还处于中世纪黑暗，GDP 每年增长不到 1‰，公元始的一千年内经济翻了一番。中国一千多年前的唐宋文明已经非常发达，清明上河图不是凭空创造出来的。中国后来衰落，欧洲崛起，莎士比亚会对欧洲文艺复兴产生了大作用；拜伦的《唐璜》触及到欧洲的思想解放，冲开了宗教的禁锢；还有米开朗基罗的雕塑，是文艺复兴，实际上，人本质上就是裸体的，厚厚的衣服穿上的是封建和宗教。文艺复兴，就是恢复到原始自然的本来面目，这就是解放思想。莎士比亚的戏剧、米开朗基罗的雕塑开启了文艺复兴，也就开启了欧洲的强盛之路。三百多年前俄罗斯彼得大帝派遣使团前往西欧学习先进技术，自己化名彼得·米哈伊洛夫下士随团出访，去做木工。修船造船，回国后就兴办工厂，发展科研，改革军事。叶卡捷琳娜二世执政期间，大量引进了西方的哲学、艺术、绘画等。俄罗斯绘画是写实的，写实和工业化是有关系的。中国绘画是写意的，写意可能和今天的人工智能、虚拟游戏有关系，但问题是，没有造就中国三百年前的强大。一百多年前，美国马汉提出的海权论，推进了美国海军的彻底转型，使美国成为世界上最强大的海洋国家。而我们从汉武大帝开始，就一直在征西，我们忽略了海洋。当然，两千多年来为了守住边疆，我们的祖先牺牲了多少人。那时候去新疆戍边，其后果是永生永世不能再见妻儿，即使放探亲假，你也回不来，士兵靠步行走过沙漠的可能性能不大？而且未必能马革裹尸还。我们看到前人的艰辛与伟大，也看到了我们的短视与不足。当我们不面向海洋，全球化就晚了几百年。我们到了当代才重视海洋。文明发展的历史能帮我们找到解决世界问题的钥匙。我们从今天看昨天，容易找到轨迹，而当事人就迷，想不清楚。比如人种的繁殖和传播，据说智人起源于非洲，一百万年前走出非洲，迁移到欧亚大陆跨大洋大洲，一定有人是划独木舟漂洋过海，想想海浪多大，有多少人葬身海底呀！可能一万条独木舟都不能有一条抵达。我曾经乘过17万吨的游轮过赤道，遇到风浪，只能一直平躺在床上，思绪万千，朦胧中充满对先人无限的崇敬。所以，要我们加强哲学、历史、社会学的学习，如果原著消化不了，看完抓得住重点，不如去看纪实片、讲座之类的视频，虽然不代表原著，但是学者把他自己的理解讲清啦，多看几个学者，就明白了。也可以多看看西方有代表性的节目、演讲、辩论等，洞察西方最新的思想发展、思辨要点和社会心理变迁。再者，对同一个事件，中、西方媒体报道的方向、观点及引用事实与数据都可能是不同的，只有经常浏览西方文章，我们才能理解这种差异，拉近东、西方思维上的距离，把信息沟通好，把问题处理好。公共关系每年也可以招聘一些在西方留学的政治学、社会学、心理学、历史学的博士、硕士，就像财经体系一样，放到非洲等艰苦地区进行锤炼。两三年后就开始循环，10年以后，队伍的长期迭代就基本解决了。

我们还没有被西方某些客户认同，是因为我们做得还不够好

华为过去30多年的发展，不仅得益于中国改革开放的环境，也受益于全球化的产业环境。上世纪90年代之前，全球电子工业是以日本为中心，七八十年代，日本电子产品风靡全世界，但它用的是模拟电路，当时运算放大器的生产很难，成品率很低，成本高。90年代美国数字技术兴起，开启新一轮电子工业革命，全球化电子工业开始起飞。中国改革开放恰好跟上了这个时代，但俄罗斯进行的不是电子工业革命，而是政治革命，错过了这个产业周期，就被边缘化出去了。我们这只小麻雀正好出窝，一步步跟随，刚好每一步都踩在鼓点上，直到今天我们才刚刚走到了起跑线。正是因为我们的出身是民营企业，才使得我们更加努力，我们才会更加有希望。尽管我们不被个别西方国家认同，但不要埋怨，因为我们做得还不够好。有人说，“百年基础研究的红利基本消耗完了，现在是存量竞争”，我不认同。这个时代，正从管道转向平台化；平台逐步云化；私有云、小公有云逐步成为一个全球化大云；云开始逐步的智能，到万物智能，这中间需要多少理论突破呀！基础研究突破所带来的红利并没有消耗完，而是正处于结构性深化之中。即使改造存量，也不是用鲁班师傅的方法。亚马逊模式对世界的颠覆太厉害了，他们在科技汇聚上的能力是很强的。再比如NASA的改革，马斯克发射了一个重载火箭，这么大推力的火箭，这些都不是我们能比拟的。所以，我们要宽容探索创新的科学家。存量改造永远是最重大的机会，但只有突破了才有改造存量的可能性。中国的高铁、轮船做得好，所谓核心技术都在别人手里，但我们不停地造造造，外国就造不出来了，因为我们的核心技术是总体集成，总体集成本身也是核心能力。高铁与普铁是有根本区别的，

普铁速度慢，是轨道基座建在土地上的，用道砟来调平；高铁的轨道基座是建在岩石上的，桩打下去几十米，容不得半点波动。高铁工业的发展模式，就是走合作共赢的道路，一个技术只有一个国家掌握的时代已经一去不复返了。造大轮船，主要靠焊工。华尔街有几个人愿意脱了西服做焊工？钢板焊工、钳工是中国造船的基本力量。现在是我们的小镇美女上飞机，小镇男儿去做焊工，我们有足够的男儿，经过训练我们就有做大轮船的集成力量，这也是核心能力！各有所长，互补互助。我们这么多年都是跟随战术，就是要研发站起来，在战略机会点上要领先。我们对客户需求的理解不能狭窄，不要以为客户说出来的是需求，其实客户需求是一种逻辑学和哲学，是人性的持续激活与成长，是人类文明发展的必然趋势，客户面临的现实问题是客户需求，面向未来的科技创新也是客户需求，只是更长远一点。过去，公司的人才结构是“金字塔”，将来应该呈“倒三角”，我们把确定的工作实现智能化和自动化，下面三角形变小，我们腾出这个口来，从世界前沿招聘更多的博士、硕士，更高端的科学家、专家进入我们公司。我们给 Polar 码之父颁奖，就是要让全世界看到华为对科学家的尊重。美国不认同我们，我们就把 5G 做得更好，争取更多的西方客户和我们合作。

未来公共关系的价值观与战略纲领是“合作共赢”，要建立一个开放的思想架构

合作共赢是公司的大思想，实现过程是困难的，要允许部门不听话，慢慢会转过来的，这就是华为。第一，公共关系要把华为的价值观讲清楚，大帽子一定是合作共赢，要以高屋建瓴的方式建立世界的平衡和合作共赢的格局。如果没有这个纲领，那就容易被理解为要颠覆世界，世界就会排斥我们。领先者，可以只顾自己；领导者，就要顾及他人。这么多年来我们都想领导行业，但我们还做不了领导者。那我们就要实现战略领先，利他和合作共赢，与西方的价值诉求是一致的，公共关系一定要强调和平共处。

公共关系要建立一个领导世界的模型，营造领导者的环境，和技术、市场口可以走不同的价值观道路。公共关系走的是合作共赢、领袖姿态的道路；技术和市场口要领先，走的是竞争道路，走的也许是不同的道路，慢慢协调，公共关系是多帮助，不是多指责。如果是走相同的道路，正反馈容易让公司走向极端。公共关系对公司应该是负反馈，要约束公司的一些左的、右的极端行为，避免走偏。公共关系要做华为价值观传播使者，我们现在的重要任务之一就是怎样从所在国当地的本土文化出发，用本地语言来讲华为的故事、本地贡献等。日本企业进入德国时，在波恩、杜塞尔多夫等城市种了很多樱花树，受到欢迎，几十年过去了，都成了当地著名景点。第二，公共关系以前主要是对外的一块盾牌，以后不仅是对外的盾牌，也是对内思想转变的催化剂，对内、对外都要开放。学学打太极拳，少一点少林寺，别咄咄逼人，可以自黑，不可以自夸。我看过《远方的家》，一个师傅轻轻柔柔的太极舞动，脚下的沙土陷下去一对浅坑，可见内功之大。华为员工要多练内功，内功的强大才是真正的强大，扛住外部压力要靠内功。公共关系与心声社区要多推动，思想的修炼不是一天能完成的。现在社会过分夸大了华为，这是有害的，别让我们的年轻人，以为公司真的成功了，而麻痹起来。当前我们还缺乏对西方世界（权力结构、文化与冲突、价值观、社会心理等）的深刻理解和认识。在西方占据强势话语权和世界主流价值观地位的背景下，我们只有站在西方的立场上理解西方价值观，基于西方的思维方式进行对话，才能有效沟通，才有可能找到解决问题的办法。公司不能低估全球权力格局的动态变化，不能盲目自信，就像一百多年前义和团那样。要将外部环境的压力变成倒逼我们业务创新与管理改进的动力。借鉴世界和中国发展历史，只有不断解放思想、开放进取、自我变革，才能不断强大，公司走向封闭收敛是没有出路的。外部环境虽然逐步变坏，但未来世界数字化、智能化和云化的空间很大，我们只要在技术上创新求真，踏实干出尖端成果，组织有活力，员工有干劲，公司还有生存与发展的基础和能力，对此要充满信心。

（本文摘自《中国经济周刊》2018 年 12 月 17 日，有删节，作者系华为技术有限公司主要创始人兼总裁）

用心创新用新正心

刘永好

在以短缺为特征的中国市场经济上半场，我们着力在产品上，在成本、品质、制造及供应的稳定性，脚踏实地埋头拉车使我们顺风顺水。但是环境必然会变化，产品过剩时代来临，经济转速调整，过往增长模式的负因子也需要消化，给实体经济尤其是传统产业从业者带来巨大的冲击和迷惘：会不会温水生煮了青蛙；会不会金融钳制了实业；会不会大水漫灌了初心？得益于天时地利人和，新希望集团形成了一定的规模，也是众人眼中的大型企业了。但越是大型企业越要警惕，决策慢、效率低、懈怠、浪费、贪腐等毛病最容易在大企业中滋生。如果企业失去活力，如果企业的势能不能转化为动能，大型企业就是这些毛病的温床。作为创业者作为当家人，我们必须把警报器的按铃随时揣在身上。我们看前行中的险滩暗礁，更要抬头看路、看市场、看领头者。我走访了国内外很多企业家朋友，也与我们的员工和客户做了很多交流，我深刻体悟到：一个企业的真正能力，在于它是否能从社会变革和市场演进中汲取活力；一个企业的真正使命，在于它是否能为社会进步和市场升级输出活力。

建设，是企业运营的第一开关。必须从我做起，激发自己的心力，从而根本性、长远性地激发企业的活力。事实上，企业发展中的曲折，是我们最深刻而宝贵的课程。2011 年我们销售超过 800 亿，按照当时每年 20% 的增速，我们满怀信心以为 2012 年必将跨入千亿行列，不料我们连续三年如泥潭陷步，过去买地建厂招人就能扩张盈利的“好日子”似乎不见了。我们意识到只有更大力度的革新才能延续“好日子”。我们转换新机制、布局新赛道、探索新科技、担当新责任、任用新青年，终于以“五新”企业的姿态重新跨入了快行线。

新机制

在机制创新方面，我们要以小企业的精神做大企业的事情，打了一套组合拳。我们相信脑袋越小身体越灵巧，我们坚持一个很小的总部，至今只有 120 人文化简单作风高效。我们相信能人身上的“小宇宙”，全面推行合伙人制度，和合伙人达成经营共识，共创价值、共担风险、共享成功，我们认为让管理者成为股东分享公司成长的价值最为重要。目前全集团有 400 多个合伙人，有 100 多家合伙制企业。对于合伙人，我们不仅赋“能”，赋品牌能、资源能、金融能、管理能、信息能；还赋“势”，更赋“神”，相信他们，支持他们，帮助他们快速奔跑。我们也相信竞争是活力之源，内部竞争也有同样的功效，我们推行红军蓝军对抗，同时用红黄牌机制促进了各个团队之间的“比学赶帮超”，没有名次高低，就没有更高更快更强。对于机制，关键是要放得开，让合伙人放手大干。我们常鼓励年轻创业的合伙人，不惧怕失败了，必须去闯一闯，争取成功!

新赛道

奔跑需要赛道，赛道既在脚下，更在眼里。消费升级和大数据人工智能的大趋势让新赛道不断涌现，传统企业也有成为“独角兽”的春天。新希望孵化以“实业 + 资本 + 互联网”为核心的草根知本集团，投资了乳业、调味品、营养保健品、冷链物流、宠物食品等细分领域。国家的三大攻坚战也为我们打开新赛道：2C 的新希望金融科技和新网银行，以及 2B 的新希望金服，均用智慧化的能力应对金融风险做出了积极的尝试，同时为年轻人、家庭农场主和小微企业提供了低成本、高效率、多频次的数字普惠金融服务；希望绿品公司定位在“产区升级、产户发展、产品创新”上，为优质农产品插上品牌的翅膀，提高

农民收益；以环境治理为抓手，整合赋能上市公司，

通过智慧水务、整治山水林田湖草、制造新型环保设备、建设大型生态环境项目，为青山绿水建设作出贡献，也为推动乡村一二三产业融合发展，打造生态文明田园综合体做出积极的贡献。

新科技

对于创新，对于科技，我们不是“追风者”，我们是实干派。我们的产业与生物科技及信息科技具有密不可分的血肉联系：集团在美国成立了波士顿研究院，在国内成立了五大产业技术研究院；即将到来的大数据和5G时代在重新定义我们的业务，我们的智慧养殖、高效防疫、智能环保统筹兼顾的“新好”养猪模式正向全国推广；近几年，我们的畜禽育种和营养等系列科研成果先后获得6个国家科技进步二等奖；我们的数字金融开发成就了全线上运营的中国版“格莱珉银行”；我们为建设智慧城乡的一揽子解决方案正在形成。我们的新科技讲究“长宽高”，“长”在应用、转化和增值；“宽”在跨界，发挥交叉学科的优势；“高”在方法论和高技术引进。

新责任

民营企业是改革开放的受益者，更是民族复兴的参与者，投身精准扶贫和乡村振兴战略，是新希望集团履行社会责任的重要支点。自1994年倡导光彩事业起步以来，从造血式投资，到“公司＋农户”的产业拉动，再到公益培训和技术帮扶，遍布中国农村的新希望人想在前头、干到实处。2018年初新希望主动推出“绿领计划”，用5年时间培训和帮助10万乡村技术员和绿领新农民，至今已帮助和培训了23000多人，并与农业农村部有关司局一起培训、表彰、奖励了数百名乡村双创优秀农民、乡村优秀信息员和优秀家庭农场主。同时，

集团2000多名中层干部定点结对帮扶对象和扶贫项目也在培苗结果。新希望和众多的民营企业一起，锻造了义利兼顾的中华企业价值观。

新青年

打造“五新”企业我们需要一个优秀的群体——新青年。年轻人身上没有包袱，胸中装着小马达，有奋斗的动力和诉求，他们对新经济、新消费的认识更为深刻，是推动企业变革和创新的天赐力量。集团欣赏拥有“五好”态度和精神的年轻人：好学新事物；好听不同意见；好问不懂知识；好奇新科技应用；好想新主意，新希望敞开大门欢迎这样的年轻人。我们推出人才培养的百千万计划，即每三年招培100名青年合伙人、1000名管理培训生、10000名大学毕业生。六年两轮成效显著，全集团现有3400多名管理干部平均年龄30岁，相当数量的佼佼者已经成为公司创新业务的领军者。他们的格局、眼界、收入远超同龄人。经验丰富的老同志成为年轻人最好的老师，而充满活力的年轻人也为老同志打开了更为广阔的安身立命的空间。我们解锁了优秀企业的密码，毫不犹豫地持续重奖年轻人。我们认为：新希望是为仁人志士搭建的舞台。对于诚信、勤奋而又有梦想和才能的年轻人，多给早给机会，让这里成为他（她）启航的港湾、起飞的机场，成为点火台和发射塔。“养育人，创财富，促进社会文明进步”，解析好转型的大课题，就要了解大气候，把好大脉搏，坚持埋头拉车、抬头看路、仰头看天三结合的行动方略。我们靠“五新”走向快行线，还要靠“五新”跻身世界级企业。

今天，第一代的民营企业都在交班的进程中，传承不是家族传承，而是事业平台的传承；传承不是权力传承，而是企业家精神的传承；传承不是对一个人的传承，而是对年轻一代优秀集体的传承；传承不是一个人经验的传承，而是第一代企业家作为水珠映照出这个时代的精彩辉宏，那背后的视野、格局和智慧的传承。衷心祝福今天的年轻人，我们也将以一颗还年轻的心，和新青年们一起奔跑，一起成功欢泪同飞，一起放飞新的希望！

（本文摘自《商业文化》2019年第7期，作者系新希望集团有限公司董事长，全国政协经济委员会副主任）

构建协同文化　提升企业复合竞争力

刘永康

协以求同，同以成事。在一个组织中，只有组织内的各职能部门和全体成员，向着同一个目标，相互支持、配合协调，同向发力、同频共振，才能产生正向叠加的集成放大效应，形成强大的复合竞争力。交运集团（以下简称青岛交运）经过十余年的改革创新发展，组织架构和产业布局已经发生了根本性变革，当前正在从“大型交通产业集团”向“高品质城市综合服务运营商”转型，逐步构建起多元产业生态圈式发展的民生类产业体系。在这一发展过程中构建协同文化，既是破解过去发展难题的有效方法，更是改革发展进入新阶段的必然要求。企业的高质量发展，只有以共治协商、分工协调、整体协作来实现主体同心同德、产业同力同为、发展同向同行，才能实现以协同性提升企业的民生服务能力和整体竞争能力。

一、理清“协同文化”的内涵和价值

就协同的内涵而言，“协”涵盖协商、协作、协调，是形式是手段；“同”包括同心同德、同力同为、同向同行，是目的是目标。从企业发展看，建设协同文化是交运集团企业治理体系化、治理能力现代化的内在要求，也是有效形成复合竞争、快速充分回应市场的现实需要。具体作用为：

（一）可以有效破解单兵作战、合力不够问题

时下，青岛交运已经由过去的单一型企业走向集团化，由单一的客运货运业务走向多元化的民生领域。在这种新业态下，企业上下纵向和横向间，还不同程度地存在“各自为战”“单线作战”“单兵作战”现象，这势必影响个体获益、整体加强、共同发展。所以，青岛交运将通过协同文化建设，将下属企业和职能部门在横向、纵向上都有机结合起来，变“单打一”为“多打一”，形成协同作战，真正实现既精准补位、密切配合，又相得益彰、高效推进。

（二）可以有效吻合市场需求、民生需求复合化趋势

“人民群众对美好生活的向往是我们党奋斗的目标”，也是青岛交运对接市场转型升级的方向。当前，企业正在对接市场需求和民生需求，从单一性走向复合性、从分散化走向一站式服务供给，在这一转变过程中，各业务单元间的协同就显得尤为重要。例如，协同班线客运、公交客运、站场经营、新能源应用等经营板块和智慧交通、规划设计等研发部门，不仅需要创新推出了“城区、城乡、城际、镇村”大公交产业，还要在此基础上拓展出了专业校车和定制客运市场。这种生产与供给在时间、空间、主体和手段多元化上的有效协同，强力助推企业更好地满足和适应这种一站式服务的未来发展趋势。

二、建设协同文化的内容与重点

以目标协同、主体协同、产业协同和产业与空间协同，实现协同效能效率效益最大化。建设协同文化，必须要抓住协同的内容和重点，要搞清楚协同什么、以什么进行协同、在什么层面开展协同。

（一）提高目标的协同性

“成为高品质城市综合服务运营商”是交运集团的愿景，也是企业发展目标所向。对此，青岛交运注重增强共识，每一个部门、单位和个人都要找准自身在这一目标下的定位，从而形成有效协同。同时，也

要基于企业辐射青岛全域并向全国延伸的经营布局特征，形成企业发展核心区、城市战略拓展区，以实现目标在空间上的有效对接协同，最终实现企业在“高品质”“城市服务”“运营商”等价值、理念与方向的高效融合。

（二）提高主体的协同性

青岛交运的主体种类多样且数量较多，“点多线长面广”的特性突出，这就要求我们的各个主体要协同成事、互利互促，无论是个人还是职能部门、经营单元，虽然在不同时刻、不同场景存在主配角差异，但在集团的总体框架下，就必须彼此配合、彼此成就。

（三）提高产业的协同性

从理论上看，现在的多元产业更多是产业融合以及融合后的产业再分化形成的新产业、新业态和新模式。青岛交运作为多元化发展的企业，在推进上述产业发展的同时将更多关注产业之间的融合与创新，探索更多的产业协同、产业协作和产业融合，把服务民生领域的开拓、服务民生措施的创新、服务民生业态的新模式融合于集团转型的战略目标而推进产业协同，形成强大的矩阵效应。

（四）提高企业与空间的协同性

从实践看，所有的企业都不能脱离物理空间进行发展，企业与空间的协同可以让企业就地找寻到发展的潜力空间。所以，青岛交运将以覆盖青岛全域的经营场所为核心载体，让企业与所在区域实现多层次、多领域、多元化的有机协同和有效协同，通过多方在发展上的共赢，最终实现集团产业协同效率的有效提高、协同效能的快速提升和协同效益的充分共享。

三、建设协同文化的思路与途径

以“五协五同”实现以协促同，提高协同性、提升竞争力。提高协同性，必须要抓准提高协同性价值、内容与重点的实现思路和途径。对于正致力于深耕民生领域的青岛交运而言，率先构建并完善协同文化，将为业内企业以协促同实现复合竞争力的提升贡献可借鉴的路径。具体而言：

（一）以主体协商，实现企业不同主体间的同心发展

要以协商来创新协同理念、培育协同文化、构建协同机制来促进民生与社会事业高质量发展，以协商之“水”涵养民生与社会事业发展的“生态体系”，逐步实现打造具有一流竞争力的复合类民生国企的目的。青岛从强化全集团对企业愿景与使命的认同与践行、增强个体的参与感、获得感和幸福感入手，打造以协同为特质的企业文化，建成以协商治理为特征的现代企业治理体系。

（二）以产业协作，实现企业不同产业间的同向发展

着眼于运游融合协同发展，抓住“新基建”的有利契机，构建以“公路旅游港”为核心的旅游集散体系，链接“交通网”与“旅游网”，推动全域旅游发展。着力搭建“米图出行”“米图生活”平台，发展出行、商贸、配送、公寓、生鲜、餐饮等一体化的民生服务项目。试点发展大数据时代的公铁、空巴联程联运，做实做优高铁无轨站，实现从线下融合到线上互通。

（三）以企业与区域协同，实现企业与经济社会的同步发展

伴随着集团正在与总部所在的市北区开展多元化、多领域的企业区域协同发展探索，在党建引领城市基层治理方面实施广泛合作、深度融合。青岛交运把民生产业全面嵌入市北区的940个网格，参与建设智慧社区、社区大食堂和居家养老服务等，携手打造网格治理新模式，构建网格共治新机制，营造网格共享新生态。

（四）以企业与城市协同，实现企业与城市战略的同力发展

城市发展是企业发展的最大支撑。青岛交运积极融入城市发展主战略，加强与“15个攻势”的协同推进。与“国企改革攻势”协同，聚焦主责主业，有序推动企业混合所有制改革。与“突破平度莱西攻势”协同，加快两市的城际客运公交化改造。与“交通基础设施建设攻势”协同，加快布局区域交通市

场。与“国际时尚城攻势”协同，做优研学游、红色游、历史文化游等特色旅游品牌。与“城市品质改善提升攻势”协同，打造垃圾分类与环卫市场化一体发展的“青岛模式”，创建“医养结合”的康养服务新模式。与“国际贸易金融创新攻势”协同，开拓二手车平行进出口业务。

（五）以党的领导与生产经营相协同，实现经济与党建同频发展

将企业党的建设与生产经营、改革发展中心任务同谋划、同部署、同推进、同考核。加强集团各级领导班子的团结协同，正确处理分工与协同的关系，切实做到协同前提下的科学分工。集团各职能部门和下属企业牢固树立“一盘棋”思想，破除部门壁垒和信息孤岛，把握协同的内在机理，紧紧围绕集团改革发展的整体目标和生产经营中心任务，构建运行高效的协同机制，增强党员领导干部和全体员工协同工作的内在动力，确保提升协同效能。

（作者系交运集团（青岛）党委书记、董事长）

将社会主义核心价值观融入企业文化建设

刘增荣

一、凝练“明珠”文化，引领企业发展

华能伊敏煤电有限责任公司（以下简称伊敏煤电公司或公司）作为华能集团骨干企业、全国首家煤电一体化企业，秉承华能集团“三色”企业使命，把社会主义核心价值观融入企业核心价值观、融入企业生产经营全过程，构建独具特色的“伊敏模式”：煤电一体化循环经济，逐步形成了以社会主义核心价值观为核心，以践行“三色”企业使命为特征，提炼出以树行业典范、塑草原明珠、铸绿色品牌、创一流企业为内涵，个性鲜明、富有明珠喻意的“明珠”文化理念。

（一）在企业文化顶层设计中诠释核心价值观

公司在企业文化体系建设伊始，便将社会主义核心价值观有机的融入了企业文化“顶层设计”。一是确定了企业文化建设以中国特色社会主义理论、“中国梦”为指导思想，以社会主义核心价值观“24字”为主线，深入提炼企业价值观和企业精神。二是围绕“建立一套适应企业发展战略要求、体现员工根本愿景、展示企业品牌形象、激励凝聚员工力量、助升企业综合实力文化体系”的目标，确立了“融合认同、协调统一，服务经营、引领发展，统筹兼顾、相互拉动，与时俱进、勇于创新，以人为本、全员参与”的企业文化建设原则。三是建立完善的企业文化建设制度规范，有权有责、权责结合，把企业文化建设纳入各级党组织的绩效考核，形成了党政工团齐抓共建，广大职工共同推进的良好氛围。经过总结、概括、提炼多年文化积淀、汲取华能集团“三色文化”精髓、借鉴国内先进企业文化理念的基础上，公司形成了与社会主义核心价值观顺势而为，同“三色”使命与愿景一脉相承，符合企业实际、适应发展要求、体现员工意愿的企业“明珠”文化。

（二）在企业管理制度建设中固化核心价值观

制度文化是“明珠”文化结构的中坚和桥梁，是约束企业和员工的行为规范。公司将社会主义核心价值观作为制度文化的内涵融于企业文化，固化于企业制度，使企业制度体系显映出社会主义核心价值观的本质要求。公司以“三重一大”决策制度实施细则、党委工作议事规则、总经理办公会议制度、企业内控管理手册、廉洁风险管控制度等为基本形式的集体决策与监督制度涵盖了公司生产经营、改革发展的各个方面；公司把促进发展作为第一要务，把企业价值理念融入企业管理制度，与企业中心工作相结合，渗透于生产经营管理各个环节，以服务求加强，以融入促发展，建立并不断完善体现公平正义、保障管理执行、运行协调高效的各项规章制度及规范、标准等278项。一方面，作为制度文化，影响和代表着明珠文化发展的总趋势；另一方面，明珠文化的升华与创新，又决定着制度文化建设的个性化方向。

二、将“明珠文化”全方位融入核心价值观

（一）在企业生产管理中融合核心价值观

生产经营是企业发展的中心工作，更是企业“明珠”文化的直观反映，社会主义核心价值观只有融入企业的生产经营管理，才能在企业层面落地生根。公司一方面紧密围绕公司战略部署，积极利用社会主义核心价值观教育广大干部员工，树立正确的价值观，凝聚精神，鼓舞士气，围绕安全生产、市场营销、

节能环保、技术攻关、设备管理、风险管理和内控建设等中心工作，把职工群众的工作热情和干劲激发起来，切实引导和凝聚到推进四项绩效目标任务上来。另一方面，还要用社会主义核心价值观指导约束企业的各项经营管理活动，保证企业的经营管理合法合规、符合广大员工的利益、符合社会主义的基本制度、符合社会的发展要求。

（二）在企业思想政治工作中凝炼核心价值观

伊敏煤电公司在职工政治思想教育工作中营造“明珠”文化氛围，凝聚共识，促进发展，激发斗志。把面临的外部严峻形势向广大职工讲清楚、内部问题讲明白，对比先进企业，找出差距，动员职工与企业同心协力，奋力前行。注重创新宣传形式，积极宣传先进典型，弘扬道德榜样。创建呼伦贝尔市首家党建手机宣传 APP 客户端，努力推广企业员工降本增效、生产经营、技术改造工作的新思路和好做法，鼓励职工勤于思考钻研、乐于“小改小革”，苦练技能，控制成本。充分发挥先进典型的引导和示范作用，在广大员工中形成了敬业爱岗、创新进取的良好氛围。

（三）在企业精神文明创建中融入核心价值观

精神文明建设是企业“明珠”文化的重要内容，公司以深入贯彻落实《公民道德建设实施纲要》为重点，把群众性精神文明创建活动作为培育社会主义核心价值的重要渠道，启动了以“六创六树”为内容的文明创建活动，引导人们知荣辱、讲文明，守礼仪、做表率，倡导百善孝先、诚信为重，把社会主义核心价值观落到实处。根据《全国文明单位测评体系》标准，启动公司“道德讲堂”建设工程，形成了“授课讲堂、舆论讲堂、活动讲堂”三位一体的活动阵容。

（四）在企业各项党建工作中突出核心价值观

公司要求党员干部做好表率，在“爱国、敬业、诚信、友善”的个人层面发挥模范带头作用，达到上行下效的强大示范效应。“喊破嗓子、不如甩开膀子”，党员干部时时处处以身作则，正人先正己，身正令才行。升华和创新学习型党组织创建成果，坚持分类指导、注重特色、重点突破，以“六型党组织”创建为载体，以“五亮行动”为实践平台，努力为“党员示范行动”开辟新渠道，拓展新空间，注重“创先争优”活动长效机制的升华与创新，把共产党员培养成为解难题、攻堡垒的中坚力量，塑造成道德建设的标兵。通过开展党员亮身份、承诺践诺活动、党员示范岗、党员责任区、党员品牌工程等举措在各项工作中体现党员的先锋作用。

（五）在企业模范典型选树中践行核心价值观

先进典型和模范榜样是“明珠”文化的积淀绽放。公司党委深知培育和践行社会主义核心价值观，需要实际证明和示范引导，发挥典型引领作用，以范示人。一方面要求各级管理人员率先示范，加强世界观改造，坚持理想信念，弘扬新风正气，树立良好形象，增强核心价值观的公信，促进企业员工核心价值观的养成，为践行核心价值观做出表率，为广大员工的价值行为做出榜样。一方面广泛开展了先进典型评选活动，树立敬业爱岗、诚实守信、尊老爱幼等方面的先进典型，营造学先进、争先进氛围。通过典型示范引导和辐射带动，让广大员工学有榜样，行有方向，赶有目标，激励广大员工积极践行社会主义核心价值观，促进企业又好又快发展。

三、实践出真知，见成效

（一）明珠文化铸煤电一体之魂

煤电一体是“伊敏模式”的核心要素，明珠文化的形成铸就了煤电一体化的魂魄。经过 20 多年的积极探索，充分证明了煤电一体化是在市场经济条件下，提高资源利用效率、突破行业壁垒、省却运输环节、降低燃料成本的最成功的实践，代表了能源产业结构调整的正确方向，引领了一大批煤电联营或一体化项目建成投产，目前，作为新一轮立标杆、树旗帜的领军企业，伊敏能源基地建设战略规划已经出台。这是为国家经济发展、社会进步、民族团结和人民生活水平的提高而履行央企使命的集中体现，是“为中国特色社会主义服务的‘红色’公司”企业使命的生动实践。

（二）明珠文化蕴环境友好之髓

环境友好是“伊敏模式”的关键要素，蕴涵了明珠文化的精髓。由于不用建设储灰场地，输煤除灰全部通过封闭式皮带走廊来输送，在工艺流程上实现了清洁生产。截止2015年，伊敏露天矿累计投入环境恢复治理资金7000多万元，完成排土场复垦面积727.86公顷，绿化面积695.98公顷，在土地开发整理区域，精心打造了樟子松林、多生灌木、生态牧草等植被恢复“三大示范区”，树立起“在开发中保护，在保护中开发”绿色丰碑，植被恢复后的生态环境为草原明珠构筑起一道绚丽的风景。伊敏电厂6台机组均安装了高效静电除尘器，4台机组实现脱硫脱硝。除尘效率、脱硫效率、脱硝效率分别达到99.6%、90%和70%以上，大气污染物排放效率在全国处于领先水平，污染气体在线监测实现全覆盖。建立起一整套污水及中水处理系统并实现中水回用发电厂，生活和工业污水处理达标率100%。

（三）明珠文化立循环经济之本

循环经济是“伊敏模式”的本质要素，“明珠”文化最鲜明的亮点就是高效循环。在工艺流程上，实现了电、煤、水、灰、土、热的循环利用。电厂为煤炭生产直接供电；煤矿为电力生产直供燃料；煤矿地下疏干水用作机组发电冷却水；发电产生的灰渣提取铁粉、制作建筑材料及销售粉煤灰，剩余残渣与采煤剥离物混合返排到煤矿采空区，煤矿剥离的表层腐殖土收集起来单独存放，在排土场达到设计标高后覆盖腐殖土，种草植树，作为再生资源为排土场再披新绿；生活和工业污水经污水处理系统处理，全部达标并引入电厂冷却水系统再利用；发电余热送入生产行政区域及当地居民生活区用于采暖供热。这种资源高效循环利用，不仅极大地降低了生产成本、保护了生态环境，而且为减轻国家经济增长对资源供给的压力，全面建设环境友好型、资源节约型社会做出了突出贡献。践行“坚持与时俱进、学习创新、面向世界的‘蓝色’公司”的企业使命，突显了伊敏煤电公司强劲生命力和领先地位，公司被评为内蒙古自治区“循环经济示范企业”。

（四）明珠文化赋和谐团队之韵

公司坚守一流的企业必须拥有优秀的企业文化的信念，将社会主义核心价值观全面融入企业文化，用文化优势催生竞争优势、效益优势和发展优势，引领发展战略、改善经营管理、推动技术创新、提升员工素质、塑造企业形象。在严峻的市场形势下，2015年完成发电量156.11亿千瓦时，原煤产量1981万吨，实现营业收入45.2亿元，实现利润6.68亿元。公司荣获“全国五·一劳动奖状”“全国文明单位”、“全国民族团结进步先进模范集体”、“电力行业企业文化顶层设计及基层践行优秀单位”等诸多殊荣。公司创建的“明珠”企业文化荣获“全国电力行业企业文化优秀成果”一等奖，公司拍摄的微电影和专题片连续荣获全国职工微电影大赛特别奖、中组部影视展播二等奖、“中电传媒杯”电力行业影视大赛一等奖。干部职工精神风貌和道德素养得到了提升，职工王志远、周曙光被评为呼伦贝尔市十大道德模范，员工刘龙梅入选“感动电力”人物评选，公司好人好事层出不穷，崇德向善、爱岗敬业已蔚然成风。

（作者系华能伊敏煤电公司党委书记）

“小”银行“大”文化
——用文化建设引领村镇银行稳健发展

李小雷

村镇银行是我国经济发展到一定阶段的时代产物，是金融行业助力经济发展的毛细血管，开封新东方村镇银行（以下简称新东方村镇银行）深知现代银行管理需要优秀的企业文化做引领，从业者立足实际，以敏锐的洞察力，独特的视角，着力推进新东方村镇银行企业文化理念的宣贯和文化体系的打造，使之成为提升竞争实力、促进科学稳健发展的强大支撑，推动开封新东方村镇银行逐渐成长为最具有活力、最具有潜力、最具有品牌影响力的村镇银行。

一、客户为尊，强化责任文化建设

作为一家新型农村金融机构，新东方村镇银行始终把企业文化建设放在重要位置。面对经济发展的新形势、新特点、新挑战，面对金融行业竞争日益激烈的市场环境，新东方村镇银行不畏艰难，抱着“咬定青山不放松”的干劲，秉持“服务当地经济、服务‘三农’发展、服务小微企业、服务城乡居民”的市场定位，立足“四个聚焦”，提升“四种能力”，积极推进金融服务下沉，打通金融服务的最后“一公里”，积极争当服务小微企业的实干者；逐步完善制度建设、规范内控管理、创新金融服务方式，全面提升精细化管理水平，进一步提出“以党的建设高质量，推动发展的高质量”工作方针，有力地保证了新东方村镇银行快速稳健发展，短短的8年时间，全行资产规模从零一跃到现今的50亿元左右，位居当地各家金融机构前列。

（一）让金融更温暖，以大爱文化为核心助力区域经济发展

新东方村镇银行的愿景就是要提升农村金融服务的可得性，提高农村金融的服务质量，让金融助力国家乡村振兴政策。

新东方村镇银行坚持转型发展主线，践行“让金融更有爱、让乡村更美好、让生活更美好”的使命，加快普惠金融服务站建设，结合乡村振兴策略，普惠金融业务能力不断提升，持续开展“百村推进”整村授信工程，推出网格化评级授信营销机制，制定规定动作，完善制度流程，加强与乡镇、村支“两委”的联系与合作，主动践行普惠金融，稳步推进整村授信工作。同时深化小微金融，确保两增两控。重点打造乡村小微贷产品，相继推出“春耕贷”等特色品牌，帮助农户解决生产所需的贷款。继续围绕农业产业链、新型农业经营主体、优质小微企业营销做文章，专门开辟绿色通道，手续从简、审批提速，有力地推进当地农村经济发展。

新东方村镇银行还把投入公益活动当成银行内在需求和彰显村行社会责任感的重要体现。全行开展多种形式的公益活动，兴起公益热，向社会奉献爱心。一是连续八年积极参加政府“金秋助学”资助贫困生活动，资助低保家庭学生完成学业；通过设立“大学生回乡创业贷款”，为毕业大学生提供创业实践平台，鼓励大学生创业创新；二是参与公益慈善事业发展，探索多种形式回馈社会，尤其是在疫情期间，向当地红+会捐款53万元，捐赠30辆环卫车，800套环卫工装，助力打赢防控阻击战；三是积极参与各项扶贫项目，协办祥符区每年“春风行动助力脱贫”专场招聘会，提供几千个就业岗位，助力脱贫攻坚工作；四是每年开展“暖冬扶贫”走进各个乡镇，为众多贫困户送去慰问和关爱。统一组织志愿者走进当

地乡镇敬老院慰问活动，为老人们送上食品和高品质肉类等慰问品，给老人带来了欢乐；以责任担当的精神品格和扶危济困的实际行动凸显村行大爱，凝聚强行，建设正能量。

（二）以创新文化为动力，促进各项金融业务快速发展

金融行业作为时代前沿行业要直面时代给予的挑战，紧抓时代机遇，全力打造新型智慧银行，将常规化程序化的工作从手工时代解放出来，在有限的物理网点内，新东方村镇银行的电子银行替代率已经高达82%。各个部门建立以科技部门＋业务部门的业务创新模式，建立科技部门＋管理部门的管理创新模式，降低人力成本，让人力发挥应当发挥的作用，以科技支撑全面推动各模块创新。

（三）让金融更贴心，以服务文化为手段持续提升金融服务质量

为了提升企业形象，更好地立足竞争市场，新东方村镇银行围绕创建星级网点的规范服务管理工作，始终坚持高标准、严要求，健全制度，完善措施、外塑形象、内强素质，创建精品企业文化，践行合规经营理念，打造一流服务品牌，营造并培育服务文化氛围，展现新东方村镇银行的卓越形象，总行营业部、祥符支行、陈留支行三个网点荣获开封市银行业网点文明规范服务“四星级”网点荣誉称号。

二、员工为本，强化理念文化建设

（一）实施人才强企战略，激发人才活力

高素质的员工队伍既是推动企业健康和谐、又好又快发展的基础，又是企业建设的落脚点。在面临新形势、新要求的情况下，开封新东方村镇银行能与时俱进，深入开展了“打造学习型企业，创建学习型班子，争做学习型员工，全面提高企业的核心竞争力”等活动，持续提高员工的创新能力。同时结合工作和岗位实际开启开封新东方村镇银行员工幸福指数提升工程，提升员工归属感幸福感。大力提倡人才强企战略，将员工素质完全融入到企业又好又快、和谐发展当中，充分调动了广大员工的工作积极性，为全行的快速稳健发展做出了积极的努力。

（二）积极开展文体活动，丰富员工文化生活

适时组织开展文体、教育和联谊活动，及时丰富员工的文化生活。每逢重大节日都要积极组织员工开展各种文体比赛活动。通过这些活动的开展，陶冶员工的情操，鼓舞人心，激人奋进，体现集体的力量和智慧，增强集体荣誉感和凝聚力。同时，推动精神文明建设，创造一个良好的文化生活氛围，充分调动广大员工的积极性，有效促进全行各项任务的顺利完成。

三、创新为魂，强化品牌文化建设

品牌是优秀银行的立行之本，企业形象靠品牌来树立，品牌靠企业形象来提升。开封新东方村镇银行以打造一流的村镇银行为目标，树立品牌创造价值的理念，强化品牌营销意识，创新品牌建设手段，多维度打造多层次、广覆盖、立体式的品牌营销传播格局，把品牌文化建设落到实处。近年来，新东方村镇银行先后获得“河南省青年文明号”、连续三年荣获“诚信开封2018开封百姓口碑榜”品质服务上榜单位、2017年“支持地方建设突出贡献奖”、2018年“开封市社会扶贫工作突出贡献奖”等荣誉称号，彰显新东方村镇银行在祥符区的经营实力和品牌地位。

（一）以新型传播渠道提升品牌关注度

在新媒体发展日新月异的大环境下，新东方村镇银行积极鼓励全行探索品牌建设的新方法、新途径，跟上媒体更新步伐，创新开展以微信、微博、抖音等为平台的自媒体建设，通过完善传播形式、丰富传播内容、提升传播层次，增强粉丝与公众平台的粘性，将官微打造成关注度高、传播力强的信息发布和文化交流平台。

（二）加强金融产品创新，用产品进一步丰富品牌

开封新东方村镇银行坚持紧贴“三农”及小微企业市场发展，针对“三农”和小微经济体“小、多、

散、弱、活”的自然属性以及“短、小、频、急、活”的融资需求特征，银行从战略、组织、机制、产品、服务和渠道等方面入手，充分发挥自身优势，采取“量身定做”的方式，创新推出了“大棚贷”、“公务贷”、“粮满仓”等众多贷款产品。同时以科技支撑推出新e宝收单业务，实现了微信、支付宝手机银行支付三合一，为商户提供收款便利，降低经营成本，截止目前用户已经突破20624户。更进一步推出新e宝流水贷款，为商户融资提供便利，实现了信用+信贷的授信模式。进一步解决了小企业融资难的问题。

新东方村镇银行自创建以来，始终秉承“兴一方经济、富一方百姓、创一方诚信、促一方和谐”的宗旨，始终坚持“立足区域、服务社区、支农支小”的市场定位，最终历练出以金融大爱企业文化为核心，以合规文化为重点，以创新文化为动力，以服务文化为手段的“责任、激情、团队、创新、诚信、共赢”的企业核心价值观，形成了以“携手共担当、超越在路上、奉献在远方”的企业精神，以“员工为本、客户为尊、合规自律、创新驱动”的经营管理理念，培育和养成了“把职业当事业、把发展当使命、把权利当责任、把质量当生命、成果见证付出、生命演绎辉煌”的行训等一系列具有新时代特色鲜明的企业文化。

（作者系开封新东方村镇银行董事长）

人工智能面临的问题 挑战与伦理

李彦宏

作为新一轮科技革命和产业变革的重要驱动力，人工智能已上升为国家战略。当前，人工智能还处在发展初期，但在某些领域已经接近甚至超过了人的能力，展现出巨大的变革力量。我们需要从社会、政府和公众的角度来考虑在人工智能这个技术的发展道路上什么是应该做的，什么是不应该做的，什么是好的，什么是坏的，我们及早地把它做一些规范，做一些预判，尽量避免人工智能向不好的方向发展。比如：怎么能够避免大量的失业，怎么能够保证数据的安全，怎么能够不被黑客所攻击等等，这些问题我觉得需要及早地从一个全局的范围来进行考虑。

人工智能行业中存在的问题和挑战

人工智能这个领域肯定是有泡沫的，而且泡沫还不小，这是很正常的事。因为任何一个新的趋势到来的时候大家都会感兴趣，一拥而上。无论是投资也好，创业也好，或者是大的公司研发方向的调整，都会向着这个新的趋势去走，所以，可能会产生一些泡沫，包括一些创业公司估值非常高，融资额度很大。这种大的公司，不管适不适合去做人工智能，也都在讲人工智能，也把很

多研发资源都投入到人工智能上。之所以说这是一个自然的过程，是因为只有大家都一起上的时候，才能够推动这个产业迅速地走向成熟。而走向成熟，或者是走向理性的过程，也是一个优胜劣汰的过程，那些不适应市场需求，跟不上时代步伐的公司会逐步地被淘汰掉，剩下的一定是一些少数的公司。这些剩下的公司就会发展得很好，越变越大，它们的技术，它们的产品就会被市场所接受，这是一个很自然的、健康的过程。因为只有把公众的兴趣调动起来，才可能有那么多资金投进来，很多技术不可能那么快被开发出来。

现实中有两种担心，有些对技术发展速度比较乐观的人开始担心，人工智能一旦有了意志的话，会不会对人产生控制的能力，人工智能会超越人、控制人。其实，这个担心其实是没必要的，我们离人工智能这一步其实还非常非常远，我的判断是永远达不到，既然非常远就不需要担心。另一个极端是觉得人工智能其实现在能做的有意义的事情还不够多，这个市场还处在早期的阶段，所以对它不够重视，也是危险的。因为我们看到人工智能对于人类社会的这种推动作用是全方位的，不仅仅是对消费者在各个层面的推动作用，如：信息自动个性化的推荐，视频的理解等。更多的是在生产端，如：我们的生产制造，生产出来的钢板有没有瑕疵，组装 iPhon 的时候，每一个零件是不是合格等等，人工智能确实在这一方面是可以大规模提升生产效率。如果一些企业不能够及早地意识到人工智能在这一方面能够起到的作用，是有可能被淘汰的。所以，我们既不能悲观地认为人工智能技术还在早期的阶段，不需要现在去做很多准备，也没必要把它夸大成有一天人类就面临灭亡的危险了。

AI 伦理、人工智能对现有法律体系产生的挑战及相关建议

相关 AI 的立法本身不应该太超前，很多时候确实是新事物刚刚出现，让它稍微跑一段然后再总结经验，找到规律再来立法。

就是在不同的领域，它可能涉及的立法也不一样的，比如：像无人驾驶，那么在过去就没有相关的法

律，我们往五环上一跑，有人就说违法了。但是这个事情出来后，北京市政府很重视，市长马上就召集交委开会，说明要解决相关问题，现在百度已经拿到了许多张自动驾驶测试车证，有了相应的法律来保障这种有序创新。又如：医疗方面，我们也希望做相关的立法，统一电子病历格式，必须要有什么样的字段，有什么样的内容，不同的医院、不同的机构之间进行交换，要有保护患者的隐私的规章，不能把什么样的信息透露给什么人等等；再如：在环保领域、金融领域，各个领域它可能都会遇到一些新的问题，我应该去分析这些问题，找到规律，然后通过相应的立法方式解决相应的问题。

AI应该做的是让它去帮助人

AI发展出来一个超能力、真正控制人类也是不大现实的。但是跟所有其他技术一样，如果我们不注意去控制它的话，就会出问题的，就好像碰到高压线会被电死，并不是说电比人更聪明，而是这个技术在发展的过程当中，它是有可能出事故的。在这一方面，我们要做相应的预案，要去做防备的措施，不要让它跑偏了。所谓跑偏了，是说如果AI的能力出现了会伤害人的地方，那我们要赶紧往回拉一拉，要对它进行控制。如果AI在某些方面，对人的这种正常的活动产生了负面的影响，那我们也要去规范它。

中国目前有一个颇有影响力的深度学习框架，而且我们不断地谋求降低门槛，让大家去更好地使用。现在学术界用这种深度学习框架用得比较多，在工业界、商界用得还不够多。我们自己也搞了黄浦学院，教这些企业里面从事深度学习工作的技术人员，教他们怎么更好的上手去运用学习的能力，为他们的企业去创造价值。所以，百度这种平台的能力，现在使用的人越来越多了，很多手机，包括华为手机，它的语音助手背后都是百度提供的，每天也有很多人都在通过各种各样不同的硬件形式来使用这种人工智能提供的能力。

从本质上说，人们能够利于百度平台的能力，更多的是一种价值观。我们每一条产品线，不光是百度整个公司我们自己有这种使命、愿景、价值观、战略。该用的地方就是要去服务人，帮助人们做一些人们想做的事情。比如：好多医疗上的案例表明，很多住院的病人出问题是，就是他在病房里面摔倒没有被人发现，如果我们放一些摄像头，用AI的能力，就干这一件事，就能监控病人的情况。类似于这样的应用场景，我们要多去挖掘，从AI伦理的角度，让它去服务人，帮助人。所以未来的AI主要的目的不是去替代人，而是帮助人，把人想做的工作做得更好，做得更高效，也让百度在人工智能行业的发展成果和优势得到释放。

（本文摘自《互联网经济》2019.4期，作者系百度董事长兼首席执行官）

“三精管理”模式

宋志平

在企业管理中，日本企业的工法式管理，像5S、TQC、零库存等能给人的启示更多，即把管理做成一定的模式，再对标复制。中国建材集团是以制造业为主、经过大规模重组而发展起来的产业集团。过去集团管理基础比较薄弱，后来相继开展了“三五整合”“八大工法”“六星企业”等管理活动，2018年，根据这些年企业的管理实践，又概括出了“三精管理”模式。

“三精管理”的内容包括组织精健化、管理精细化和经营精益化，是一套企业管理模式，可以认为是一套大工法。

一、组织精健化

企业自发成长的过程往往是盲目成长的过程。我在“插队”时做过农业技术员，那时候学会了剪枝，剪枝的主要目的是剪掉一些疯长的树枝，确保果树多结果。其实企业也一样，在整个发展过程中，也要不停地“剪枝”，来确保企业的经济效益和稳健成长。而在组织精健化中，治理规范化、职能层级化、平台专业化、机构精干化比较重要。

（一）治理规范化

企业是营利组织，所有者投资形成企业，但所有者只对企业负有出资的有限责任，企业有独立的法人财产权，并以此担负债务债权等民事责任。因此企业是根据《公司法》来规范运作的，有股东会、董事会、经理层，通过规范治理达到把所有权和经营权分离、决策权和执行权分离，进而形成有效的公司治理。明确股东会、董事会、经理层的责权利是现代公司治理的核心。一些公司一天到晚“打乱仗”，就是因为责任不清。有的股东认为企业是自己出资的，就去操纵董事会，掏空公司资产；有的董事会形同虚设，起不到决策机构的作用；有的经理层经营管理不力，这些都是企业失败的重要原因。因此，企业治理是根上的事，是企业规范化运行的基础，拥有规范的治理结构、高瞻远瞩的董事会和精干高效的管理团队是企业经营发展的根基。企业内部机制也是公司治理的重要内容，所谓机制，就是企业效益和所有者、经营者、劳动者的利益关系。以前比较重视股东利益，今后的改革目标是建设股东、经营者、劳动者共享的企业平台。

（二）职能层级化

企业的层级应该由职能而定，一般来说，我们是按照投资决策中心、利润中心、成本中心来进行层级划分的。比如中国建材集团是决策中心，南方水泥是利润中心，而南方水泥所属的每个工厂是成本中心。集团母公司是决策中心，所有投资决策都要由这个层面来决定，下边的企业规模再大都不应该有投资决策权。所谓企业管理混乱，往往乱在行权、投资上，前者是企业没有一个权力中心，都在发号施令；后者是总部投资失控，层层都在投资，管好行权和投资是做企业的原则。利润中心主要是做市场开拓、产品定价和集采集销。而作为成本中心的工厂，则主要是加强管理、提高质量、降低成本。如果按照这样去做，企业的层级应该是三级，大的集团投资公司要下设上市公司，这样的企业可以分为四级。现在不少企业的层级超过五级，也有个别的超过十级，这种局面必须改变。

（三）平台专业化

这是指利润平台，比如像中国建材所属南方水泥、北新建材、中国巨石等，这些平台原则上都要专业化，南方水泥只做水泥、北新建材只做石膏板、中国巨石只做玻璃纤维，而不是成立一个南方建材，让它同时做水泥、石膏板、玻璃纤维。只有这样，这些专业平台才能有市场竞争力。所以，中国建材培养了一批专业化队伍，其中不少都成了行业隐形冠军。

（四）机构精干化

在企业经营过程中，有种自发的倾向就是机构不断增多和人员不断扩张，这样企业就很容易得“大企业病”。笔者把“大企业病”总结为六大特征，即机构臃肿、人浮于事、效率低下、士气低沉、投资失控、管理混乱，企业一旦得了“大企业病”就很难恢复。中国建材顺利实施了两材合并后，集团总部职能部门从27个压缩为10个，总部人员由275名减为150名，二级企业由33家合并为13家，企业层级由原来的7级压缩为4级，减掉原五六级企业近500家，同时减少大量冗员，使企业真正做到了“瘦身健体”。

二、管理精细化

我国企业管理热潮始于改革开放后的上世纪的八、九十年代，精细化管理也是这个管理热潮留给我们的重要经验。在精细管理中，我们要始终围绕成本和质量这两个基本点。即使是今天，不管企业有多高的技术，如果忘记这两个基本点，仍然会失败。有关管理精细化的内容。中国建材集团强调：管理数字化、成本对标化、质量贯标化、“两金”最少化。

（一）管理数字化

企业绩效是用数字表示的，要了解企业现状首先必须了解这些数字，要改进企业管理也要紧盯这些数字，而衡量企业业绩还要用数字说话。笔者有感企业各级干部不大习惯用数字思考问题，大多是靠定性来思考问题，总认为那些枯燥的数字是财务人员的事。但数字是管理工具，不掌握数字就无法管理。因此这十几年来，我们要求各级负责人必须用数字说话。在中国建材的月度会上，都是由几十位经理人员先报自己企业的关键经营数字KPI，这些数字有时候也会随着经营任务的侧重不同有所变动，但一般是企业里最基本的数字。中国建材现在每个月要求报“5+10”KPI，即：价格、成本、单位销售费用、单位管理费用、销量+应收账款、其他应收款、预付账款、存货、货币资金、有息负债、资本开支、资本负债率、压减法人个数、员工人数。这些KPI，有的是企业经营情况、有的是财务指标、有的是当期管理任务。让大家牢记这些基本KPI，一方面是让干部们把握了解自己企业的经营状态和目标完成情况，同时也倒逼他们用数字进行管理。做企业，要能准确回答“是”还是“不是”，“是”究竟“是多少”，不能总是“大概”“也许”“大概齐”。

（二）成本对标化

我们常用对标法进行成本控制。因为在成本控制上总有做得最好的，大家和它对标就会清楚地看到自己的不足，反复对标就能提高自己的水平，这是一种数量化管理方法，很有效。在水泥厂，我们开展“六对标”，即对煤耗、电耗、油耗、球耗、砖耗、吨修理费这六项成本指标进行对标，在每个工厂的控制室，都列有各项先进指标、平均指标、自己企业指标对照表让大家一目了然地看到差距和目标。当然，企业间还有经营指标的对标，比如库存、应收账款等，这些也是企业压低成本的内容。

（三）质量贯标化

我们是从学习日本企业的TQC和PDCA循环开始提升质量管理水平的，当然这些也是日本向美国学来的，不过日本企业坚持得很认真，直到现在还在坚持做，已有半个世纪。我们到1990年代，普遍进行了ISO9000质量体系认证，中国建材所属企业也都完成了认证。到2004年，我国企业开始引入美国的PEM，PEM是一套起源于美国对企业的卓越绩效评价模式，它不是质量标准，而是衡量质量管理和企业绩效的综合评价标准，包括领导、战略、客户、知识、责任、过程、绩效等七个维度的评价，是当前美国等发达国家衡量企业提高企业质量管理和绩效水平的重要标准。中国建材所属北新建材 2018 年通过了这个标准的认证，2019 年获得“中国质量奖”。我们坚持“质量一贯好，服务一贯好”，提出“质量上上，价格中上”的经营方针；到中国建材提出了“优质、优技、优服、优价、优利”的“五优”经营路线，质量优是“五优”的前提。质量工作是长期、细致的工作，不仅要有责任心，还要全员参与；不仅要做好 TQC 和 TQM，还要做好 ISO9000 和 PEM 的认证和贯标。我们认为，质量活动是一个系统工程，只有贯彻系统的质量标准才能做好。

（四）“两金”最少化

资金是企业血液，必须快速流动起来，资金情况反映了企业经营管理状况。在企业经营方面，企业的资产负债表、损益表和现金流量表至关重要，而现金流量表又是重中之重。要维持好的现金流量，除了有好的产品价格和市场外，控制好“两金”占用也很重要。在企业管理中，企业领导人对“两金”占用必须心里有数，而压缩“两金”占用也是企业精细管理的重要内容。“两金”是企业库存资金和应收账款的简称，企业经营过程中常常由于市场等各种问题造成大量积压产品和原材料库存，占用大量资金。日本丰田公司的零库存管理模式值得我们学习，丰田汽车厂里各种零配件只有两小时的库存量，而产成品汽车也是按订单生产。所以，中国建材不允许水泥厂购买过多的煤炭，也不允许库存太多的熟料，要求其贮量不超过一个星期，如果市场不旺，宁肯停下来，也不要生产大量存货。应收账款也是一样，企业要尽量坚持“一手交钱、一手交货”的零应收款，像北新建材这些年的应收款几乎为零，也有几个片区的水泥厂没有应收账款。“两金”不仅占用了大量资金，还产生了一定的财务费用，同时应收账款还会带来相当大的资金风险。在一些企业，损益表看起来不错，但如果看现金流量表会发现现金入不敷出，一个重要原因就是存在大量库存和应收账款。形成大量“两金”和市场有一定关系，但主要与企业负责人对于市场把控和企业精细管理不够，以及企业销售人员销售理念及不称职有关。

三、经营精益化

管理精细化主要是降低成本、提高质量，而经营精益化主要是做好选择、提高效益。管理是眼睛向内，处理好人机物料，正确地做事；而经营是眼睛向外，面对不确定的环境，做正确的事。如果把经营也作为管理的一项内容，那就是经营更加重视绩效管理。经营精益化是指，即使经营活动是面对不确定进行的选择，也要稳扎稳打，不能盲目选择。

（一）业务归核化

企业都要有主业，要围绕主业形成核心业务，非核心业务原则上都应该去掉。任何企业都不是无所不能的。我们主张要专业化，主张中小企业采用“窄而深”的业务模式，打造行业隐形冠军；像大型企业，业务也尽量不超过三个，力争在每个业务中都能做到行业前三名。如果企业业务分散，像个“大杂烩”，自己说不清自己是做什么的，说不清自己有什么核心专长，这样的企业肯定做不长久，因为任何企业的能力、物力、财力都是有限的。创新有效化。今天是创新的时代，但创新又是有风险的事情，我们总是讲“不创新等死，创新找死”。企业是营利组织，不是兴趣小组，对企业而言，赚了钱的技术才是好技术，不赚钱的技术不是好技术。像以前摩托罗拉投资铱星电话应该说这个技术是很好的，但投入大、运行成本高，几乎拖垮了摩托罗拉。企业创新活动一定要在自己熟悉的业务中进行，一定要选择合适的机遇和合适的创新模式，还要量入为出。企业创新也不一定都要选高科技，中科技、低科技、零科技都可以创新，像淘宝等平台就是没有太多科技含量的商业模式创新。高科技意味着高投入高风险，周期也长，不是一般企业能投得起的。我们赞成那种和自己业务相关的集成创新，像中国建材的电子薄玻璃、风机发电叶片等，这些产品市场需要，中国建材又有一定基础，通过集成创新，很快获得成功并取得效益，这就是有效创新。但有些创新却是高难度的，比如石墨烯的制作，石墨烯是指单原子层碳材料，觉得以我们目前的能力很难做出来，所以中国建材把目标放在高纯石墨粉的制备上，并取得成功，反观那些“吹泡”的石墨烯企业倒了不少。其实，传统产业中需要创新的业务不少，像北新做石膏板，工人们发明了一种新的发泡工艺，每年节约成本2亿元；像最新的智能化水泥生产线，对减少用工、节约吨熟料煤耗是很大的经济效益！所以，企业的创新要紧紧围绕企业的需要和发展进行，最终要为企业产生良好的效益。

（二）市场细分化

现在我国大多数行业都产能过剩，面对这种压力，不少企业希望转行，但转行也是不容易的，因为产能不过剩的行业不多，企业进入一个完全不熟悉的行业风险也很大。以前VOLVO公司觉得汽车行业竞争压力大，就去开航空发动机业务，结果新业务不成功，汽车业务也做得更差了。其实，没有落后的产业，只有落后的技术和落后的企业。对大多企业来讲，应该是转型不转行，在一个竞争激烈的行业，通过市场细分、开发新产品，也会有效益逆势而升的企业。大家常说法国面包好吃，但法国人的面粉有100多种，同样，日本人做的特种水泥也有100多种。像北新建材做石膏板，开发出了净醛石膏板、相变石膏板、万能石膏板等，不光赢得了市场，还取得了很好的经济效益。所以用市场细分、产品多样化就可以在产能过剩的行业里找到自己的生存空间。

（三）定价合理化

产品价格是企业的生命线，必须认真对待。不少人认为产品价格是由市场决定的，企业只能适应。但事实是，市场价格往往是由卖方进行恶性竞争形成的不合理低价。在产品过剩和行业下行情况下，企业之间常大打价格战，结果价格大幅下降，全行业亏损，没有一个胜利者。过去，管理教科书里学到的“量本利”一直指导着我们，常规理解就是多销售可以降低单位产品的固定成本，进而取得利润；但“量本利”也告诉我们，如果售价低于盈亏平衡点，销得越多亏损越多。况且，由于竞争者也报复性降价，会使企业雪上加霜。所以在产能过剩和行业下行情况下，企业理性的做法是适当减量，而不是大幅降价。中国建材提出了“价本利”经营方针，用稳价保量降本，甚至稳价减量降本。我们主张在市场竞争中，提倡“优质优价”，也就是“质量上上、价格中上”的经营方针，不进行恶性价格竞争。也正是因为秉持这种经营理念，不仅使中国建材在行业产能过剩和下行压力下能够取得良好效益，而且使整个行业得以健康运行。

（本文摘自《企业管理》略有删节，作者系中国上市公司协会会长，中国企业改革与发展研究会会长）

让社会主义核心价值观在企业落地生根

张天任

党的十九大作出重大判断，“中国特色社会主义进入了新时代”。一个企业想要有发展、有突破，就要时刻抓住时代脉搏，时刻与国家发展方向相一致。坚持以习近平新时代中国特色社会主义思想为指引，将社会主义核心价值观与企业实际相结合，将社会主义核心价值观在企业落地生根，在每一个天能人心中开花结果，是企业文化建设的常新课题。

构建共同精神家园

一个成功的企业不仅要重视创造财富的价值，而且要重视企业员工对统一的价值观的认同，形成企业文化共识，通过独特的企业文化来吸引人才，凝聚人心，从而打造全体员工的共同精神家园。

作为我国新能源动力电池领域首屈一指的领军企业的天能集团，从创立到现在，已走过32年风雨历程。天能集团前身是一家村办企业，由于经营不善，全面亏损，1988年我们承包了当时亏损的小厂。32年来，天能集团经过不断努力、锐意进取，从一个年产值不足10万，职工不足30人的村办小厂发展成为现在年经营业绩超900亿、职工近20000人的现代化国际上市集团公司，在浙、苏、皖、豫四省建有8大生产基地，拥有25家全资子公司、3家境外公司。创业的路是漫长的，有着数不清的坎坷，有着讲不完的动人故事，正是这些动人的创业故事孕育了独具特色的企业文化。一路走来，天能人充分展现了“艰苦奋斗”的精神，是一部丰富的“创业文化”。

随着企业发展规模的日益扩大，效益越来越好，员工人数越来越多，我们充分认识到了建设好企业文化的重要性，也深刻体会到，必须依靠企业文化的力量来规范、引导、约束员工的行为。

“天能是一所学校，天能是一支军队，天能是一个家庭。”这是天能企业文化的中心内容，天能将按照文化、品牌、战略三个层次，紧密结合企业管理执行系统，着力构建符合企业特点、具有时代特色、富有竞争力和创新活力的企业文化，用思想的力量凝聚人心，构建全体天能人共同的精神家园。天能把创建学习型企业当作企业文化建设的突破口，成立“天能大学”和“天能党校”等学习平台，制定公司创建学习型企业的实施方案，通过实施科技创新、管理创新、文化创新等具体的创新活动，激发广大员工干事、创业的工作热情，为实现公司的战略目标，营造和谐的生产经营氛围，提供巨大的精神动力。

用文化凝聚天能人

企业文化是企业所有团队成员共享并传承的一套价值观、使命及思维方式。所有成功的企业必然都有先进的企业文化作支撑，没有卓越的企业价值观、企业精神和企业哲学信仰，再高明的企业经营目标也无法实现。回顾天能发展历程，天能集团一直以来非常重视企业文化建设，善于用精神动力凝聚大批员工队伍和尖端科技人才。2013年，天能集团成为浙江省企业文化建设示范基地，2014年成为全国企业文化示范基地。天能集团对企业文化经过梳理，形成了“责任为魂、创新共赢”的理念升级版，制定了成为全球新能源方案解决商的宏伟愿景。

企业文化建设是一个系统工程，也是企业战略发展的首要任务，企业文化建设必须贯穿于员工们的每一个工作环节，要实现员工对天能文化的认同，进而自觉践行。天能员工拥有不断创新的激情、强大的执行力和责任心的善意，这些特质对于一个企业来说，毫无疑问都会成为向前发展的动力源泉。我们编写了《天能宪章》，成为天能未来发展方向和天能人日常管理的行为指南。

在企业快速发展过程中，天能形成“责任”和“创新”为主要内容的“动力文化”。天能集团一直重视把员工的理想、信念、价值观统一于企业的共同价值取向和整体观念上，既吸引各方英才纷纷加入，又凝聚天能全体同仁共同奋斗，促进了员工对企业的认同感、荣誉感和使命感。十八大以来，天能集团更加自觉地探索企业文化建设引领企业发展的新模式，坚持践行“两山”发展理念，坚持走绿色发展的道路，更加丰富了“动力文化”的精神气质，凸显“变革”、“共享”，打造“红色动力”党建品牌，全面体现了社会主义核心价值观在天能变革发展中的具体实践。

增强企业综合竞争力

党的十九大对新时代文化建设与发展做出重要战略部署，提出具体要求，这些重要论述也是推进新时代企业文化建设的方向引领。实践证明，以学习创新为理念，以人为本为宗旨，服务社会为己任的优秀企业文化不仅是企业发展的强大动力，也是打造百年企业的重要支撑。优秀的企业文化是企业长盛不衰的基因，对提升企业核心竞争力，促进企业科学全面发展具有不可替代的重要作用。

天能集团在实践中形成的“动力文化”理念，已成为每个天能人的核心价值观，强有力地推动了企业又好又快发展。未来企业的竞争是文化的竞争，谁能走在企业发展的最前面，发展的前景就会更美好。天能集团尊重人才、培养人才，用企业价值观规范员工行为，打造共同精神家园，为员工提供个人成长的空间，提供充分施展才华的舞台。天能集团支持鼓励员工去实现更高的期望和具有挑战性的目标。天能提倡“人要有信念，有担当，要有成就感和共同的物质享受，要有天能大家庭的爱，享受成功”。

天能集团的企业文化昭示了创新、共享、责任和奋进的理念。天能集团的企业文化实践，已经形成了深厚的文化积淀和先进文化。天能集团带领全体员工把企业精神、价值观、经营理念等融入到公司管理的每个环节，提升文化管理，服务实业发展，正在向着成为“全球领先的绿色能源方案解决商”的战略目标迈进，天能将为我国绿色能源产业发展提供更新、更大的“动力”。

（作者系全国人大代表、天能集团董事长，《中国企业文化》供稿）

践行“三个转变”打造一流品牌

张宗言

2014年习近平总书记在视察中国中铁装备集团时，提出要“推动中国制造向中国创造转变、中国速度向中国质量转变、中国产品向中国品牌转变”，由此诞生了中国品牌日（5月10日）。习总书记在中国中铁作出“三个转变”重要指示，既是对中国中铁的信任，也是交给中国中铁的责任。党的十九届四中全会要求“增强国有经济竞争力、创新力、控制力、影响力、抗风险能力”，这与“三个转变”相融相通，都是总书记对经济高质量发展的深入阐释和具体拓展，体现了品牌建设对高质量发展的重要性。六年来，中国中铁始终以“三个转变”为目标，坚持把创新和质量内化于品牌中，积极创造、传播、维护中国品牌形象，切实把总书记的重要指示转化为品牌建设的生动实践。

坚持品质提升，用匠心铸就“金字招牌”

质量是品牌的生命线。中国中铁牢固树立“精心设计，绘制时代蓝图；科学施工，构筑精品工程”理念，全面开展管理实验室活动，从基础管理入手，严把质量关，逐步形成了覆盖各层级和各业务板块的质量管理体系，不断提升建筑品质，丰富品牌内涵。每一项精品工程背后都蕴含着专业精神、工匠精神。作为一家百年老店，中国中铁传承125年的匠心是品牌的灵魂所在。在传承中，中国中铁培养了“共和国双百人物、最美奋斗者”窦铁成，“全国总工会副主席、最美奋斗者”巨晓林等一大批先进典型，成为企业品牌的最佳代言人。目前，公司累计荣获国家质量领域最高奖——中国质量奖及提名奖3项，中国建设工程鲁班奖184项。

坚持创新发展，以科技增加品牌价值

十九届四中全会提出要加快建设现代化经济体系，完善科技创新体制机制是其中重要一环。作为国家首批创新型企业，中国中铁拥有“高铁建造技术”“盾构掘进技术”“桥梁结构健康与安全”三个国家实验室和16个国家认定的企业技术中心，并取得了一大批具有自主知识产权的核心技术。特别是系统掌握了不同地质结构、不同气候环境、不同轨道类型等多种条件下的高速铁路建造技术，铸就了“中国高铁”的金色品牌。中国中铁共荣获国家科技进步奖和发明奖115项，包括5项特等奖和16项一等奖；荣获詹天佑奖114项。中国中铁在近五年实践的基础上，还研究制定了《关于进一步贯彻落实习近平总书记“三个转变”重要指示精神推动企业创新发展的意见》，明确提出要在20个重点领域取得科技创新的突破，打造世界一流品牌。

坚持全球合作，让世界共享中国品牌

习总书记强调，“共建‘一带一路’，关键是互联互通。基础设施是互联互通的基石。”中国中铁积极参与“一带一路”建设，通过实施雅万高铁、中老铁路、亚吉铁路、孟加拉帕德玛大桥及铁路连接线、匈塞铁路、莫喀高铁等重点项目，打造“中国铁路”“中国大桥”“中国隧道”“中国装备”“中国方案”“中国标准”等一系列国家品牌。中国中铁积极推动中国技术标准国际化，与国际机构、跨国公司实施联合开发，为海外客户提供定制化服务，开创互利共赢的国际合作新模式。同时，中国中铁充分履行企业社会责任，帮助项目所在国解决了许多重大民生问题；每年为当地提供4万多个就业岗位，以实际行动把习总书记构建人类命运共同体的思想落到实处。

“三个转变”重要指示为中国品牌发展开启了新征程，为中国企业高质量发展指明了方向。在实现民族复兴的伟大征途中，中国中铁将坚定不移地践行好“三个转变”重要指示精神，为中国品牌走向世界增光添彩！

（作者系中国中铁党委书记、董事长）

吉利汽车跨文化并购之路

张爱群

凭借党和国家的改革开放政策，1997 年，吉利集团创始人李书福在一没有资金优势、二没有技术优势、三没有人才优势的情况下，闯进了汽车行业。承蒙社会各界的关心关注，吉利从小到大，由弱到强发展起来。

吉利的创新创业的过程以及造车之路波折起伏、并不平坦。历经初创时期的一穷二白和懵懂无知、第一次转型时期的壮士断腕和拨云见日，以及国际并购以后的资源整合和理念突破。正如李书福所说，“真正的创业者是永远不会放弃自己心中的梦想。”他的梦想就是要让中国的汽车跑遍全世界。正是吉利人“认准一个方向，坚定一个信念，凝聚一股力量，提炼一种精神，完成一个使命”的文化理念，支撑着吉利在强者如林，千变万化的世界汽车市场竞争中占据了一席之地。面对多变的国际政治环境和国内市场负增长的竞争态势，2018 年，吉利控股集团下属的吉利和沃尔沃两大品牌实现了逆势上扬，实现营业收入 3285 亿元，净利润 203 亿元，上交国家税收 388 亿元，创历史新高。吉利控股集团连续 8 年进入世界 500 强，在全球汽车销量排名榜上名列第 13 位，跨文化并购成就了吉利跨越式的发展。

挑战抓住了就是机遇

2008 年全球金融危机，李书福在北京人民大会堂举办的一次论坛上掷地有声地说：世界汽车工业正在发生一场深刻的变化；中国面临百年难逢的发展机遇；人才、技术、市场、资本本身对中国经济发展形成了空前利好；全球金融危机的本质就是创造了全球产业重组的商机；中国汽车工业崛起的历史机遇就在眼前。吉利抓住了这个机遇，实现了多次重大的海外并购。

一是收购了英国锰铜。这是一家具有百年历史、世界著名的伦敦出租车公司，吉利现在拥有它 100% 的股权。2015 年，吉利投资 3 亿英镑，为伦敦电动汽车公司在考文垂建立了一座高技术、现代化的全新工厂和研发中心，用于研发、生产下一代低排放和超低排放的伦敦电动车。2017 年，全新的伦敦电动汽车 TX5 面世，该车采用沃尔沃汽车的轻量化技术，减重 900 公斤，实现了轻量化、电动化和智能化的市场需求。英伦汽车工业注入了中国力量之后，再一次焕发了生机。

二是收购了瑞典的沃尔沃汽车公司。2010 年 3 月 28 日，吉利与福特签订了收购沃尔沃汽车 100% 股权的协议，仅以 18 亿美金就拥有了沃尔沃汽车八大宝贵资产。吉利也因此成了中国汽车行业首家跨国公司。收购沃尔沃对吉利乃至中国汽车工业都具有里程碑的意义。

当时吉利还很弱小，生产汽车才 13 年，而沃尔沃已经有 83 年的历史。吉利要冒着蛇吞象的风险收购沃尔沃，李书福说，中国的汽车品牌要成为世界知名品牌没有几十年、上百年是做不到的。中国汽车品牌的企业都在尝试用各种方法缩短这个差距，但是他认为唯一的正道就是收购一家世界最著名的汽车品牌 100% 的股权，倾尽全力把这个品牌发展好，来带动中国汽车品牌的发展。

并购以后，吉利就按着吉利是大众化品牌，沃尔沃是豪华品牌，两个兄弟携手共同参与全球汽车市场竞争的经营思想，在全球招聘 CEO、CFO 组成新的经营管理团队，成立股东会和豪华阵容的董事会，对经营管理团队明确了经营发展的方向、年度经营目标、年度 KPI 考核指标以及长期、中期、短期的激励政策；实行了尊重相对独立主权，放虎归山，充分授权沃尔沃经营管理团队进行自主管理。第二年出现了奇迹，沃尔沃不仅扭亏为盈，而且产销两旺，瑞典国王亲自到杭州感谢李书福，表达了瑞典政府对更加全球化的沃尔沃的高度重视和坚决支持。比利时皇室最高荣誉“利奥波德骑士勋章”也授予了李书福，表彰他收购沃尔沃后对比利时的贡献。

三是收购了马来西亚宝腾。2017 年吉利与马来西亚多元重工（DRB）公司正式签订合同；收购了宝腾汽车 49.9% 的股权，英国路特斯 51% 的股权，但是吉利有 100% 的经营权；收购了宝腾和路特斯，开启了中国汽车品牌向国外输出技术、输出产品、输出人才、输出标准的先河。吉利以博越车为基础的首款新车保腾 X70 在吉隆坡正式上市后供不应求。2019 年在马来西亚整体汽车市场萎缩 5% 的情况下，宝腾逆势上扬，1 月到 9 月市场占有率达到了 20.2%，创下 66 个月的新高。

四是成为德国戴姆勒公司的第一大股东。2018 年，吉利收购了戴姆勒公司 9.69% 具有表决权的股份，成为其第一大股东；收购戴姆勒公司不是为了跟他合作建工厂，而是要助他成为世界出行服务和电动技术方面的佼佼者。2018 年 10 月吉利跟戴姆勒成立了一家高端的出行公司，2019 年 3 月又跟戴姆勒合资成立了一个致力于打造全球领先的高端电动车、智能汽车品牌，这就是电动版 Smart 汽车，它是戴姆勒旗下的一个 17 年的品牌，合作方认为李书福能成功运营沃尔沃、宝腾，肯定也能让 Smart 这个品牌再次灵动起来。

现如今，吉利旗下已经有五大板块，吉利汽车、沃尔沃汽车、吉利商用车、科技集团、文化教育产业，全球员工总数达到 12 万人，其中外籍员工 5 万人，来自于 40 多个国家和地区。

跨文化融合铸就了吉利全球型企业的基因

今天的吉利已经是一家全球性公司，吉利对于分布在全球各地的所属公司进行管理，更多依靠的是吉利的文化信念，是企业的价值观。

全球化的企业必须实行本土化的管理。吉利在收购了沃尔沃以后，就在海南三亚专门成立一个全球型企业文化研究中心，对跨文化融合展开了深入研究。全球型公司淡化或者打破了原有国家、民族、宗教信仰、语言和局部的文化特征，逐渐形成一个全新的企业文化和价值理念，其核心就是尊重、适应、包容、融合，最终的目标是达到合作共赢和实现企业在全球市场上的成功。

李书福对什么是全球性企业文化进行了特色诠释：“全球性企业文化是跨越国界、跨越民族、跨越宗教信仰，放之四海皆准，受欢迎的企业形态，这种文化有利于人类文明进步、幸福快乐，有利于企业创新创造以及全球适应能力的发展”。具体表现在用户满意度高、员工自豪感强、企业创新能力强、管理层成就感大、文化适应性广、企业整体全面可持续发展。这种文化凸显开放、兼容、远见卓识等特色，积极地承担企业公民责任，勇于挑战科技高峰，勇于探索商业文明，充分体现了依法、平等、公平、透明、相互尊重的企业治理的理念。

吉利收购沃尔沃以后，之所以能够成功运营，就是按照企业治理思路进行的。沃尔沃以人为尊的企业宗旨，对人的尊重是沃尔沃所有核心价值观的来源和基础。秉承对每一位消费者的尊重，来研发生产产品、提供服务，并致力于让人们感受到与众不同，为人们生活的更美好、更幸福、更简单进行不断的创新。吉利的愿景是，“让世界充满吉利”，这是对人类未来的美好祝福，也是全体吉利人努力奋斗的方向。吉利愿景内涵有两重含义：一是希望吉利汽车和先进技术享誉世界，走遍全球；二是表达了普天之下皆吉利的良好祝愿。吉利和沃尔沃两家的愿景完全一致。沃尔沃的企业使命是制造最安全、最环保、最节能的好车；吉利也是制造最安全、最环保、最节能的好车，因而才能走遍全世界。吉利和沃尔沃的价值观完全一样，所以两家企业融合起来非常便捷。吉利还倡导“人人是学生，人人是老师”的学习文化，坚持尊重人、成就人、幸福人的人力资源之道，实施“元动力”文化工程，共建快乐工作、快乐生活的和谐劳动关系。沃尔沃倡导“保持好奇、共同创造、成就非凡”的文化，跟吉利的员工关爱文化完全一致。吉利现在倡导的奋斗者文化、问题文化、对标文化、合规文化四大文化，已经得到吉利海内外所有员工的高度认同和积极践行。

吉利和沃尔沃只有相互尊重、相互包容、相互理解，才能协同创新，合作共赢。费孝通先生曾说："各美其美、美人之美、美美与共、天下大同。"运用到吉利，各美其美就是吉利虽造车13年，但吉利有低成本之美；沃尔沃造车83年，有高技术之美，吉利沃尔沃两家要在一起把自己的美都发挥好。美人之美，就是相互欣赏，吉利欣赏沃尔沃高技术，沃尔沃欣赏吉利的低成本，现在沃尔沃汽车跟吉利汽车联合采购已经超过80%，沃尔沃汽车的价格在三、四十万以上，它的零部件采购价格80%跟吉利是一致的，所以沃尔沃才有了更大的盈利空间和发展后劲。美美与共，实现天下大同。吉利的目标是要打造强势的中国品牌，进军世界汽车行业十强，成为极具国际影响力、全球竞争力、受人尊敬的世界500强企业。

（本文是作者在中外企业文化2019合肥峰会上的发言，作者系吉利控股集团资深副总裁）

重新思考“定战略　搭班子　带队伍”

周鸿祎

从我们提出大安全战略后，关于360政企安全业务的讨论就日益增多，有支持的，有理解的，也有质疑的，还有些迫不及待放冷枪的，一时间，子弹乱飞。我们做政企安全这件事是一人捅破窗户纸，千军万马闯独木桥。如：很多专家出解读我们为什么现在要做TOB（针对公司购买的产品）？其实，我们不是“重返政企市场”，360一直没有离开过政企市场，追溯历史，360政企战略1.0版本实际上在2006年就开始了，那时我们做了一个“网管版”的360安全卫士，它是360面对企业用户最早的一个尝试，直到现在，网管版还有很高的用户比例，2011年后，360免费安全在TOC市场上取得领导地位后，就已经在思考进入企业市场。做企业完全不谈钱是不现实的，但如果做企业只看钱，就有可能比较短视，成就不了一家伟大的公司。我们希望做一个受人尊重的企业，所以战略上一定要看得长远。

行业导师柳传志曾讲过做企业要“定战略、搭班子、带队伍”。前些年我们总是一心扑在产品上，在战术上进行提升，想方设法地去做用户体验，做产品的细节，比较忽视定战略、搭班子、带队伍，现在，我们比较多的精力花在定战略、搭班子、带队伍上。这是我要补的课，并重新理解360正在做的事。

战略是做出来的

战略最重要的是决定做什么，不做什么。对于小企业来说，定战略相对简单，因为小企业资源有限，试错成本很低，只要不断地试错就可以摸清，但是企业发展到一定规模，手里有很多人、很多钱，就不能用完全试错的方式去试战略，而是要对未来的趋势有清晰的判断，不能变成“战略就是拍脑”。360做政企安全很明确的一句话是，我们不是一家卖货的公司，而是一家给党政军企提供高端网络安全服务的公司. 今天在合规目录上很多都很挣钱，但360不做，也不眼红这个市场，我们和同行基本上不竞争，360就是要集中精力干好一件事：希望能够通过帮助企业客户建立自身的安全大脑，培养他们自己的安全专家，以赋能的方式让大家都拥有强大的防守能力。

对于360来说，我们既没有做防火墙也没有卖各种各样的产品，这十年我们所做的就是在应对从小到大、各种各样的网络攻击，现在已经开始追踪各个国家的网络武器，只不过360又把这些能力重新提炼，变成收费的咨询服务。所以，当有人问我思考战略下了多少功夫、花了多长时间，实际上是“百日打柴一日烧360已经做了10年的事，花10年做出了这个战略，不是忽然想出来的，而是有意识地提炼出来、形成共识也的确花了很长时间。今天360的战略不像原来小公司那么简单了。我们很善于做小公司，但是不能再把小公司做战略的方法复制到今天万人规模的企业，这不是一个层级的问题。因此，我们也正在组建新的战略投资部，有安全研究院、安全智库等等。智库不仅给企业提供安全方面的建议，还会给政府等提供建议。再比如：安全市场部门，市场不再仅仅是谈合作，也需要把很多事件拿回来做分析，感知外界合作环境的变化有很多合作。

搭班子就是如何选用预留团队

特别是如何搭建今天的360已经不再是单枪匹马个人逞英雄的阶段，而是进入了集团军作战的阶段。马云搭班子搭得很好，所以他也有资格把阿里巴巴交给别人管理，我们还在培养和选拔人才、选拔新的梯队。过去我们相关方面的工作做得不够。360 做政企安全已经做了十年，也遇到了队伍年龄、家庭、身体等问题。这就为我提供了一个视角：互联网新的发展阶段，公司需要融入新鲜的血液，包括在内部培养年轻人来接班。公司每个业务上都要找到 CEO。这个 CEO 不仅需要能够理解公司的战略，还要能够把公司的战略推行下去，而且他还要有很强的领导力、凝聚力，能把技术、销售、市场等各方面的人团结在一起。做好 TOB 没有技术肯定不行，但是光有技术，客户也不见得买单，对政企用户来说，更重要的是如何把你的技术能力变成一种产品，去满足客户的需求。任正非曾说："把指挥权交给离炮火声最近的人"。而离炮火声最近应该是做售前、做销售一线的人：这就说明要做好 TOB，离一线很近的销售非常重要；当然，中段衔接承上启下的产品策划、产品设计也重要；同样，后台的技术、研发、各种安全能力也重要。就像火箭上天，错了哪个环节都不行。一号位就是那些能保证所有环节顺利运行的人，要有合作精神，能让大家很好地协作，并非只是一个聪明能干的人。在公司内部，我们也有合伙人，这不是投资人所说的那个"合伙人"，合伙人在没有通过验证前，我们叫班委，寓意就是能够组织一个集体的协作"搭班子"。

带队伍要靠企业文化

用什么方式带队伍？那就是文化，这也是内部协作的前提，基于共同的理念，大家彼此认同，我们就是要团结起来去做一件伟大的事情。企业小的时候，一号位的做事风格会影响到企业里的人，慢慢就形成了文化，但是后来企业大了，靠一号位无法影响所有人，企业文化就变成了企业里每个人怎么想、怎么说话、怎么做事。特别是在技术公司里，我们也需要的是他们有自己的聪明才智和判断力公司文化重要的是给大家形成一种规范，让大家在遇到问题的时候知道应该如何去做价值判断。原来公司的文化更多偏向如何做事，比如创新、用户至上等等，但现在我们感觉在文化上还要弥补协作等。有些人取得一些成就后，就容易变得比较自我、比较膨张，这种心态不仅会影响学习能力、创造能力，还会影响协作能力。找到一些做事能干的人，无论是做产品还是做销售，都不是难事，最难的是当很多人在一起团结协作的时候。如果公司内协作性解决不好，公司的管理就会增加隐性成本。所以，我们希望在 360 大家就像在足球场上一样，能够认可对方的价值，能够互相主动补位，把 360 做的更强更好！

（本文摘自《中国企业家》2019 年第 10 期，记者刘哲铭，李薇采访，周鸿祎系 360 集团董事长兼 CEO）

“五位一体”的党建文化推进企业发展

宗庆后

娃哈哈集团由创建初的3个人发展到3万人，从一家校办企业经销部发展成为遍布全国80余个生产基地，1800余家分公司的中国优秀食品饮料企业，源于党的正确领导，源于中国改革开放的政策。娃哈哈的成长发展充分证明了我们党提出的“四个自信”有厚实的实践基础，同时也认识到，企业要走可持续发展道路，就必须持续关注企业文化的建设，有效推进企业文化的创新。

娃哈哈集团是浙江省最早建立党组织的民营企业之一，目前，已在全国各生产基地建立了230个基层党群组织，配强配齐各级党群干部近500人，并配套建设了党群服务中心，真正实现了党群组织与工作的双覆盖，确立了党对娃哈哈集团的绝对领导。

经过三十多年的实践，娃哈哈集团将党建工作作为企业文化建设的核心，融入社会主义核心价值观，融入“励精图治、艰苦奋斗、勇于开拓、自强不息”的企业精神，融入“凝聚小家、发展大家、报效国家”的经营理念，将娃哈哈的党、政、工、团、纪融为一体，形成了一套具有娃哈哈特色的“五位一体”大党建文化体系。

文化效益有力，推进员工队伍的信仰体系建设

“五位一体”大党建，致力于构建员工的信仰体系，培养员工爱家、爱企、爱国的情怀。娃哈哈集团坚持用红色文化教育员工，要心怀感恩，坚决听党话、跟党走；坚持用“家”文化凝聚员工，用亲情与关爱去感召员工积极为企业发展作贡献；坚持用奋斗文化激励员工，让他们通过自己的勤奋努力去创造财富，将自己的梦想融入企业的发展，融入实现中华民族伟大复兴的中国梦。

经济效益，有力推进公司管理创新和稳定发展

“五位一体”大党建，形成了党群工作以服务企业发展为核心的工作理念，娃哈哈集团通过“我是党员、从我做起，看我行动”，“我为销售作贡献”等载体活动，持续提高党员干部带头作表率的责任意识和担当意识。在“以赛带训、比学赶超”的氛围中，娃哈哈集团有一大批优秀员工涌现出来，其中有30多人次荣获省、市、区级优秀共产党员、劳动模范及技能竞赛大奖，20多人次入选全国、省、市、区级职业技能带头人、有10多人次获得省、市、区级工匠称号，成为推动公司管理创新、技术攻坚、持续健康发展的中坚力量。

社会效益，有力促进企业和谐劳动关系建设

在“大党建”的企业文化建设中，员工的凝聚力和向心力有了很大提升。企业把每个员工都当作自己的家庭成员一样看待。面对高房价，娃哈哈集团想方设法为员工解决住房问题。通过福利分房、发放补贴、自建廉租房等形式，解决杭州2000余名员工的住房，在外地分公司我们也普遍建廉租房和员工宿舍，在杭州又开工建设1000多套廉租房，全部解决在杭新员工的住房问题。如今，公司每年给员工加工资。为了员工成长成才，集团不但设立顺畅的成长通道，每年还拿出数百万元作为培训经费，让员工通过学习不断地提升自己的素质与能力，在企业发展中实现自己的价值。正因为员工的生活、工作等各方面都得到

了关心，共享了企业发展成果，所以我们的员工队伍稳定，流动率低，精神风貌好，对企业忠诚度高，成为娃哈哈事业腾飞的重要保证和依靠。

生态效益，有力推进企业社会责任的建设

娃哈哈集团在自身获得快速发展的同时，牢记“先富带后富”的社会责任，先后在中西部“老少边穷”地区的17个省市投资86亿元建立了71家分公司，累计上交税金95亿元，有力拉动了当地经济和社会的发展，成为扶贫开发成功的实践者和引领者。在专注于精准扶贫的同时，娃哈哈也积极投身公益慈善事业，捐资助学、扶危济困，累计慈善捐赠5.65亿元。

实施“五位一体”的大党建文化体系的深刻体会

一是只有始终坚持服务大局、围绕中心，把党群文化工作主动融入到企业发展的大局中去谋划和推动，与企业发展同频共振，与社会进步合拍共鸣，才能增强先进性，在服务大局中彰显作为和地位。

二是只有始终坚持以职工为本、紧贴民心，将职工群众对美好生活的向往，作为我们的奋斗目标，才能增强群众性，真正赢得职工群众的信赖和支持。

三是只有始终坚持解放思想、改革创新，努力推进党群文化工作向全面提质型转变，向全方位服务型转变，向主动有为型转变，才能增强创新性，不断开拓企业文化建设工作的新局面。

未来，娃哈哈集团将继续立足于饮料主业，不断进行产品升级，持续为老百姓提供更多、更好的产品，把饮料产品从“安全”向“健康”方向发展，以实际行动落实“健康中国”战略。同时，积极响应中国制造2025，寻求向高新技术产业发展，特别是向高端装备制造业等领域进军，为把我国从制造业大国向制造业强国迈进贡献自己的力量。

（本文摘自《中外企业文化》2019年第10期，作者系杭州娃哈哈集团有限公司董事长兼总经理）

中国梦必须要有自信

曹德旺

经常有记者问我“中国的工业要提振，该怎么做”？我坚定地回答：应该培养自信的时候，首先要对政府有信心，要相信政府在做工作，要勇于站出来解决我们国家所面临的难题。

美国70年代推工业化，2008年金融危机以后奥巴马提出来恢复制造业大国，过去美国大学毕业的年轻人很少人去制造业，都跑到华尔街、硅谷。今天的美国年轻人还是不想到工业企业去做，中国如果向美国学习，也像他们那样做，十几年后我们的第二代、第三代就会失去优势。自信也是在拷问“个人与国家的关系”问题的理解和处理上。企业是没有国界的，企业家是有国界的，真正的企业家不会移民，而且单纯为了钱也做不了大事。作为中国人，为了员工利益，我立志将福耀做成中国汽车的代名词，从国外回来，个人可能从小老板打拼变成个“人物”了，将来可能是历史人物，但必须为自己的历史负责、为国家负责。真正的企业家是一个很高尚的称谓，不会移民。

人怎样才能有自信，这是我经常思考的问题，我也一直在研究怎么样把自己变得更加自信。小时候，父辈教诲我们“草没有心不会发芽，因此人必须要有良心，心越多越好，有多少心便可以做多少事”。因此我常用良心、感恩之心、感激之心、孝心、忠心、慈悲心等20多颗心来对待自己。现在别人说我跑了什么的，我感到惊讶，当然也很无奈。福耀汽车玻璃在全球九个国家都有企业，遍布中国15个省、美国15个州。1995年我开始在美国投资，通用、奔驰等全世界的知名品牌汽车厂都来我这里建厂。我认为这一切都是我们国家给予的，没有改革开放政策就没有我今天的成就。因此，自信首先要有感恩与感激之心。

我很感激我们国家的改革开放政策。福耀玻璃集团是福建第一家承包制乡镇企业，在成功之后赚了很多钱，但这些钱不能全拿回家，而要大部分捐献给社会。现在社会上不断有人问福耀玻璃集团到底捐了多少钱？我敢说超过80亿人民币，我还在家乡建造了公园、公路、综合科技楼……。

为了培养自信心，我的战略第一条规定为“健康体魄”，第二条为正规交税，这也是我一直以来的坚持。从我创业第一天到今天为止，有据可查的交税统计为127亿，因此只要福耀玻璃集团提出一些问题，各地政府都能给予我们大力的帮助和支持。福耀玻璃集团今天拥有的这一切都是国家给予的，我们深爱着自己的国家，我是怀揣着一颗感恩与感激之心去做这些慈善事业。现在根据管理需要，我们在希腊跟基金会合作。2011年成立了曹氏基金会。既然国家信任我、对我委以重任，我就要不辱使命、不辞劳苦、不负众望地将这个慈善事业做好，让它完全公开化、透明化。我也是企业家，一个有信仰的企业家，这是我的责任所在。必须要为国家的发展作一些贡献，这是我的信仰，任何一个成功的企业家都不能没有信仰。

自信还必须拥有良好的心愿、正确的追求和宽阔的胸怀，同时以自我完善为目的。海纳百川是我们中华民族几千年沉淀下来的文化，我们要将它弘扬和继承下去。当你保持报国为民的心态，就会激发你的自信。我认为海归兄弟姐妹们应该围绕着这样的思路去帮助中国品牌和企业“走出去”。我曾经写过一本书《心若菩提》，记载了自己的创业过程和心路历程，里面是真名实姓的表述，希望能给年轻一代提供一些可借鉴的东西，同时也报答我们的国家。我在很多场合讲话从不隐瞒我的观点，因为我爱我的国家，如同“子不嫌母丑，狗不嫌家贫”。虽然生意没有国界，但作为企业家必须为国家负责。我们的事业重心毫无疑问是在国内，因为福耀玻璃的总部在中国。福耀玻璃在中国拥有一家最好的上市公司，每年有两位数的增长，去年才在香港挂牌。我在国外的投资只是很小一部分，事实上，在美国工厂开通的同时，福耀天津的项目也开通运营，在苏州工业园区也有规划。当然，从企业发展的角度，我们要塑造一个跨国集团。我们是做制造业的，制造业追求增长，需要对固定资产投资，将商品不断降价。建设中国、发展中国、保卫中国以及实现伟大的中国梦，是每一位中华儿女的责任，因此，我们整个策划方案是投资与生产同步，一方面要追求生产有一定增长率，让股东满意；另一方面要不断进行投资，作为全球最大的汽车玻璃制造商，我们必须在全世界进行生产。

（本文摘自《人民论坛》2017 年第 1 期，并结合 2018 年 12 月“开讲啦”栏目内容略有删节，作者系福耀玻璃集团创始人、董事长）

用文化力凝聚思想力　提升企业综合竞争力

戴继双

习近平总书记指出：人民有信仰，民族才有希望，国家才有力量。企业发展亦是如此。企业文化作为企业信奉和倡导并在实践中真正实行的价值理念，在提高企业员工综合素质和思想道德水平方面起到了重要的作用。同时，随着市场竞争的日益激烈，它在企业生产经营管理中的重要地位也越发凸显。

在沈阳鼓风机集团股份有限公司（简称：沈鼓或沈鼓集团）八十余年的发展历程中，不仅为国家创造了大量物质财富，更持续打造出过硬的企业发展“软实力”，精心培育特色鲜明的沈鼓文化，将企业内部各种力量统一于共同的指导思想和经营哲学之下，汇聚到“全球能源化工动力装备的领跑者”的共同愿景中。以企业文化力凝聚员工思想，通过二者的合力打造出沈鼓的核心竞争力，促进企业实现可持续发展，实现“智造强芯装备世界”的企业使命。

杰出而成功的企业都有强有力的企业文化。沈鼓企业文化建设始于1983年，是辽沈地区最早开展企业文化建设的工业企业。在近四十年的文化积淀和传承中，逐步培育出日臻完善、独具特色的企业文化体系。同时，立足于全球经济一体化的时代背景和企业战略重组、加速发展的现实要求，沈鼓以发展的眼光和战略性思维建立起包含战略、理念、视觉、行为四个子系统的沈鼓CI体系架构，使沈鼓文化贯穿到企业生产经营全过程，成为一面振奋全体员工精神的旗帜。沈鼓集团秉承“成就客户，专注品质，持续创新，追求卓越”的核心价值观，企业各项工作取得了显著成效，实现了企业与员工的共同发展。

用心成就客户

经过多年的发展实践，沈鼓深刻认识到只有成就客户才能实现企业价值。在日常经营中，要求每个单位、每个员工都要“眼睛盯着市场、心里装着客户”，认真倾听客户心声，精准理解客户需求，深入关注客户体验，持续为客户提供最优解决方案，通过帮助客户成功来实现自我成功。据不完全统计，沈鼓平均每年能收到来自中石油管道有限公司、中石油新疆输油气分公司等客户发来的表扬信和送来的锦旗近百余封（面），充分体现了客户对沈鼓产品和服务的认可与肯定。

始终专注品质

品质是沈鼓产品和服务的生命，也是企业做出的庄严承诺。因此，每一个沈鼓人都自觉将质量装在心里，落实到细节上，将全面质量管理思想融入到经营管理的全过程，确保产品品质零缺陷、服务品质零距离、管理品质零漏洞。近年来，通过践行“人人都是管理者”“牢固树立精品意识”等活动，有效完善了企业过程控制措施，保持了质量管理的连续性。沈鼓出品的离心压缩机、往复压缩机、电站用泵、石化泵等产品连续多次被评为“辽宁省名牌产品”。

形成全员联动

沈鼓将员工作为践行诚信文化的主体，制定《沈鼓人基本公约》。从担责任、守底线、重承诺、善协作、求卓越等5个方面约束员工职业行为。同时，还制定了基本行为要求“十二条令”，作为进一步提升全员道德素质、职业修养和技能水平的规范，切实增强了全体员工的质量意识、守信意识和责任意识。

企业文化集中体现着企业经营管理者的核心主张，对企业和员工形成了引导性作用，直接作用其组织行为。沈鼓企业文化建设的目的就是要培养员工追求文明、崇尚进步、秉持健康道德、践行公共准则和行为规范。我们通过对 CI 体系的多年实践，逐渐使全员形成了良好的思维习惯、言行习惯、待人接物习惯、敬畏制度和遵守流程习惯等人生不可或缺的修养、学习、工作和生活习惯。在一定程度上，增强了员工社会公德意识，提高了个人品德修养，全面提升了员工综合素质。

企业文化使企业成员在统一的思想指导下，对企业目标、核心价值观、企业道德等观念形成一种共同的认同感和作为企业成员的使命感。沈鼓企业文化以诚信、敬业、感恩为切入点，深入开展了四届“感动沈鼓”十佳人物和“最美雁阵”十佳集体评选活动；以孝道为切入点，开展了两届“孝老敬亲”十佳人物评选活动；以传统文化为切入点，编印了《四书精粹》，组织了“道德讲堂”等一系列道德修身活动；以廉政建设为切入点，培育廉洁文化。同时，成立沈鼓文学艺术界联合会，举办常规性的大型文艺汇演、交响音乐会、职工艺术博览会、运动会等主题活动。通过一系列企业文化活动的开展，使企业成员通过亲身感受，凝聚和调动起自身对本岗位的自豪感、对企业的依赖感与归属感。

研究表明，激励因素的核心是被激励对象的自我激励。如果组织内的每个成员都能达到心理上自我激励的满足，必将使精神上得到鼓舞，同时为了使自身价值的进一步发挥而瞄准下一个目标，并以饱满的经历和旺盛的斗志为之行动，最终达到企业利益的最大化。

沈鼓一方面大力培育劳模文化，积极倡导劳动光荣、劳动伟大的理念，让员工以成为劳模为荣。几十年来，企业先后涌现出全国劳模和五一劳动奖章获得者 23 人次，市级以上劳模 304 人次，一批劳模已经成为享誉全国的先进典型。另一方面，积极响应国家扶贫攻坚号召，选派干部开展驻村帮扶，积极推动乡村振兴发展。先后开展了扶贫帮困、义务献血、关爱农民工子女行动等一系列公益活动。以青年志愿者为主干力量开展形式多样的志愿活动，积极参加省、市组织的各类公益活动。目前，沈鼓集团志愿者人数超过 3000 人。企业全员正是通过这些外部刺激，使自身始终保持着一种高昂的工作激情，从而激发起自身主观能动性，形成了发奋进取的群体效应。

随着经济全球化进程的不断推进，企业文化建设已成为全球性问题，并逐渐纳入到企业管理当中。沈鼓坚信：良好的企业文化氛围能够使沈鼓员工的行为整齐划一，增强企业核心竞争力、全体员工凝聚出良好的企业文化形态。同时，也有助于企业形成以人为本、合作共赢的内生动力，最终使沈鼓集团达到生产效率高，品牌效应广的最佳结果。

沈鼓企业文化的实质在于塑造这种企业综合价值的共性与个性化价值的统一，沈鼓战将略目标、管理层的思维模式和员工的价值观念这三者进行有机融合，实现了沈鼓企业核心价值观与全体员工自我价值追求的相互统一、企业价值的最大化，使沈鼓企业文化顺理成章地转化为沈鼓集团在市场浪潮中始终立于不败之地的核心竞争力。

企业文化作为沈鼓生产经营中不可或缺的引擎动力，以其凝聚全员思想力的巨大作用，召唤起沈鼓强大的内生动力，助力于企业发展。沈鼓集团通过持续不断地打造这种文化合力，使企业综合实力显著提高。企业先后获得中国工业大奖、全国文明单位、全国先进基层党组织、全国企业文化建设先进单位等荣誉称号。

（作者系十三届全国人大代表，沈鼓集团党委书记、董事长）

实践篇

药企发展中深化企业文化建设的实践与探索

王开月

企业文化建设与企业发展息息相关，而企业文化是企业的永恒主题，是推动企业发展的不竭动力。企业是一个大家庭，每一位员工就是要用自己的情感和智慧营造出富有浓郁人情味的和谐、高效的集体氛围，充分发挥每位员工的情智潜能，让每位员工在为企业的兴旺发达甘愿奉献自己的力量的同时，自身得到最优化发展。上药新亚独特的发展历史及文化建设对同行有借鉴意义。

一、上药新亚深化企业文化建设的背景

上海上药新亚药业有限公司是由原上海第四制药厂、上海新亚药厂、上海第三制药厂于2002年重组整合而成。虽说三企重组已有十多年，但企业重组之后，原有企业形成的文化，对现有的发展带来了一定的影响，如何深化重组后新亚的文化建设，对上药新亚实现抗生素市场激烈竞争环境下的恢复性增长，具有更现实的意义。

（一）尊重历史，传承先进文化

具有150年历史的原上海第四制药厂，它的前身是建于1866年的科发药厂，是上海开埠以来最早的西药厂，从1866年科发大药房算起，已历经150年的文化传承；上海新亚药厂是中国民族医药工业的先驱，具有90多年的历史；上海先锋药厂也有65年的发展历程，是新中国成立后创办的第一家制药企业，是中国抗生素的摇篮。这些企业都凝聚了深厚的文化底蕴，积累了丰富的优秀文化传统，创造了全国无数个第一，但也留下了不少必须扬弃历史包袱，需要继承、创新、与时俱进。要实现三企重组的稳步和谐发展，更需要深化文化整合和文化引领，只有通过塑造重组后的上药新亚发展的企业文化，形成统一的企业文化的战略协同，才能确保三企的真正重组整合，实现1 +1 +1 >3。

（二）地域优势

上海地处中国的发达地区，上药新亚又地处上海张江世贸区，上药新亚药业又是中国抗生素摇篮，随着医药市场的激烈竞争，要力争发展成为国内高品质抗感染药物的主流企业，打造成为上海医药旗下专注于抗感染药物的“金名片”，如果没有文化的提升，就很难应对激烈的抗生素市场挑战。因此，必须深化上药新亚文化的建设，用全新的理念服务于企业文化和品牌文化，坚持以人为本和不断注入文化的活力来进一步提升企业的核心竞争力。

二、上药新亚深化企业文化建设的探索实践

上药新亚旗下三大品牌“亚字”、“三花”和“四星”牌产品涵盖抗感染药物的所有门类，是目前国内品牌最齐全、最丰富、最有特色的抗生素生产企业，也繁衍出了一条集研发、原料、制剂、销售于一体的完整产业链。

重组整合后的上药新亚，深刻认识到企业文化建设是上药新亚发展的旗帜、方向和灵魂作用，是新亚员工的行动指南，也体现企业的社会责任。要推进上药新亚文化再造，就是把企业愿景、发展使命、核心

价值观、员工的行为规范等文化理念，融入到新亚的发展战略规划、目标措施等实践中。随着上药新亚“创新、诚信、合作、包容、责任”企业核心价值观的形成，同时通过近年来理念系统的提炼、宣贯落实、建设指引、持续提升等扎实的举措推进，上药新亚企业文化建设构成了多样形式，取得了一定成效。因此，进一步助推和深化企业文化落地，开创行为价值增值的征程，为实现上药新亚持续发展、夯实基础至关重要。

（一）持续提升上药新亚文化建设，积极推动文化的落地

近年来，上药新亚有序地推进文化与战略、文化与经营管理、文化与员工思想的紧密结合，通过制定实施员工行为规范，修订员工手册等，塑造、引领员工行为，把员工个人目标与组织目标联系在一起，最大限度地激发员工的积极性和创新精神，积极推进行为文化建设，要求干部带头，起到垂先示范作用，探讨建立文化评估体系，通过企业文化论坛等形式推动企业文化建设向前迈进。

（二）在助推上药新亚文化落地工作中，注重文化与企业重点工作有机结合

一是注重上药新亚文化落地与生产经营、夯实企业基础有机结合。凭借上药新亚在实现恢复性增长和逐步回归抗生素摇篮主体地位的提升，经营业绩也有了明显提升。上药新亚以“赢在市场”为导向，不断传递正能量，以雁式团队为目标，深化营销和产业变革，进一步转变营销模式，建成面向市场、快速反应、对外接轨的营销平台，打造产品持续发展的核心要素竞争力；优化组织架构，发挥了产业的聚宝盆作用，夯实上药新亚持续发展的基石；调整管控模式，强势推进以企业核心价值观为主要内容的主流文化。几方合力，形成共同推动变革的氛围，将个人的智慧转化成团队的合理，为上药新亚持续发展而不懈努力。

二是注重上药新亚文化落地与管理再造相结合。上药新亚依托核心价值观，进行管理再造，进一步简化了流程、优化组织、精简机构，提升了工作效率；进一步完善和梳理管理制度，使制度建设与企业文化落地相匹配；结合行为规范的实施，将理念转化为具体的行为要求。在互联网发展时代，公司注重人才管理，通过修订干部管理办法，用多形式选拔、聘任干部，优化干部队伍，启用年轻后备干部，用轮岗、挂职锻炼等方式加强人才培养及使用，为想做事、能做事的人提供没有天花板的舞台；实行干部任期制、述职考核，运用公司和各生产厂职代会载体，对各级领导实施干部绩效述职和民主评议，评议结果与评聘结合，与末位淘汰制相结合，保持干部队伍活力，做到能上能下，突出用心、负责、担当，以服务意识服从发展大局。在干部管理和培养中，注重廉政建设和作风建设，实施警示教育和新履职干部诫勉谈话制度。

三是注重上药新亚文化落地与努力打造学习型雁式团队，和加强团队建设、提升员工素质有机结合。在助推企业文化落地中，实施“业绩导向”机制，加强领导力建设，组成全面配合、高效协同的团队，各层管理者做到以身作则、率先垂范，有大局观，打破小格局、小团队，拥抱改革，以发展的视野来形成大的格局思想，在变革中创造、铸就自己的职业梦想。按照标准进行考核及奖惩，进一步激发团队的创造力，提升团队的凝聚力。不断深化员工关爱机制，正向员工激励举措，做好帮困送温暖、帮困助学、爱心点心、健康牛奶、一日捐献爱心等活动，搭建形式多样、寓教于乐的活动载体，深化星级班组、劳动竞赛、金点子合理化建议和劳模、先进典范引领作用，努力营造和谐发展的企业氛围。

四是注重上药新亚文化落地与品牌建设相结合。三花、四星、亚字牌商标是上海市著名商标，品牌建设的关键是产品的品质，因此，上药新亚将打造品牌作为文化战略落实，运用一切手段和载体抓好品牌内涵和对外进行品牌的宣传、传播，开展好各项公益活动，取得明显成效。

五是注重上药新亚文化落地与崇尚产品质量相结合。质量是企业永恒追求的主题。随着新版 GMP 的实施，对制药企业的生产过程和操作人员提出了更高的要求，上药新亚崇尚产品质量有机结合，形成企业内良好的质量文化，逐步建立和完善并推行科学的质量理念，采取各种方式，不断学习新的质量管理知识，严格质量管理规范，坚持以质量为核心深化管理制度，完善激励和约束机制，用制度规范人们的质量行为，在全体员工中形成良好的质量价值观和质量氛围。

六是注重上药新亚文化落地与党建工作有机结合。在企业文化的落地中，最大限度地发挥党的政治优势，不断强化全体员工的企业文化素养，帮助和引导员工正确认识和实践文化理念，转化为自觉的工作行为，努力构建工作目标一体化、工作实施一体化、工作考核一体化的组织平台，以企业文化建设和落地为载体，实现党建和党群工作与企业经济工作更为紧密的融合；以“创先争优”活动为主题，全力建设服务型党组织，在各个基层党组织开展党员示范岗和“一个党员，一面旗帜”党建品牌活动，使各基层党支部的工作都有着力点，真正起到凝聚团队，促进工作的效果。

七是注重上药新亚文化落地与加强职代会建设有机结合。在助推企业文化落地工作中，规范职代会运作和加强职代会制度建设，充分发挥职工的主人翁地位作用，对创建和谐企业将起到积极作用，进一步完善厂务公开、工资集体协商、民主评议干部制度等，充分运用职代会载体，发挥职工主力军作用和职工代表引领作用，不断传递正能量，共同实现经营稳定和员工队伍的稳定，形成大新亚统一体文化。

三、共谋发展

上药新亚正处在立足新起点，谋求新发展、实现恢复性增长的关键时期，正处在“三三三＋一”发展战略实施关键之年，在上药新亚文化建设深化中，紧紧围绕经营工作目标，在管理创新、品种结构、存量资产、产品品质等方面实现整体提升是文化建设的必然要求。为此，就要以恢复性增长成果为基础，净利润增长为抓手，强化运营质量，以精简管理层级，实现下沉式服务，加强核心职能目标为导向，以建设学习型雁式团队，合理打造高效的团队运行模式，为企业转型发展注入强大活力；要与时俱进、聚焦重点、破解难题，要营造亮点，从实际出发，有声有色地用扎实有效的思想政治工作来推进和深化上药新亚文化建设，不断适应形势的需求；要着力构建、共建共享惠民机制，让员工充分享受到企业改革发展成果，进一步加强员工对企业的归属感、荣誉感和责任感；要在努力推进和深化上药新亚文化建设的软实力上动脑筋。一是以新亚品牌文化、质量文化、安全文化等为重点，不断夯实基础，为上药新亚“三三三＋一”新目标添砖加瓦；二是要形成自有特色，引领行业企业文化建设，在继承、摒弃、扬长避短中，借鉴同行业先进文化的基础上，彰显出特色；三是把住“中国抗生素摇篮”龙头，以公司新一轮三年发展规划为新起点，新机遇，不断努力、不断创新，百尺竿头更进一步，形成上药新亚上下企业文化立体化，全面打造上药新亚发展的新格局、新气象，使上药新亚文化的软实力不断上新台阶。上药新亚文化建设必将为中国抗生素事业基业长青，重振和再铸抗生素雄风绽放出辉煌。

（作者系上海上药新亚药业有限公司党委副书记）

地域文化在坚定文化自信中的重要功能

王　婷

地域文化既是中华优秀传统文化的符号，又是中国革命文化的象征，更是社会主义先进文化的基因，对于培育以中华优秀传统文化为根、以革命文化为基、以社会主义先进文化为魂的中国特色社会主义文化自信具有重要意义。新时代坚定文化自信、推动中国特色社会主义文化建设需要充分发挥地域文化的特色优势。

中华优秀传统文化的符号

在中国传统文化发展的过程中，地域文化扮演了符号性的角色，各地世世代代形成和积累的地域文化展现出独有的精神魅力。正是地域文化的熠熠生辉汇聚形成了中国传统文化的璀璨光芒，共同构筑了中华民族的精神命脉。深入挖掘地域文化的鲜活内涵和个性魅力，实质上是推进中华优秀传统文化创造性转化、创新性发展的重要引擎，为夯实文化自信的根基提供强大动力。

如：作为中国传统文化之精华的齐鲁文化，诞生于黄河流域，由齐国实用主义的政治文化、朴素辩证的兵家文化与鲁国的儒家文化融汇而成。齐鲁文化所彰显的厚德仁民的人道精神、自强不息的刚健精神、崇礼尚义的救世精神、崇尚气节的爱国精神蕴含了中国传统文化的精髓，构成了把握中国传统文化深层内核的文化枢纽。

又如：形成于春秋时期的吴越文化，是隶属于长江中下游地区的地域文化。江南水乡的地理环境，塑造了江浙人开拓进取、经世致用、冷静机敏、外柔内刚的人文传统。在这一文化传统的滋养下，吴越地区自古工商业发达、经济繁荣。东晋南朝以后，受到士族文化的熏陶，吴越文化中逐渐注入了“重文轻武”的特质，将士族精神与经世致用的实干思想结合起来，成为中国传统文化中精致典雅的代表。

再如：海派文化是中国传统文化谱系中最具兼容性的地域文化，是在东西方文化、古代与现代文化的碰撞融合中形成的。1843 年上海开埠以后，伴随着中外商贸的频繁往来、内地移民的大量迁人，各种文化也相继登岸。尤其是江南文化、中原文化和西方现代文明激荡融合，共同促成了海派文化兼容并蓄、多元共生的特点，实现了中华文明与现代世界的融合发展，有力推动了中华优秀传统文化拓展与革新。

革命文化的象征

地域文化是革命文化生长的基础，培植了革命文化的红色基因。地域性是中国共产党领导革命的一个重要特征。根据地是中国共产党领导人民军队开展武装斗争的阵地，根据地产生的文化具有浓厚的地域色彩，正是这些地域文化为革命文化的孕育输送了源源不断的营养和智慧。

建党初期形成的“红船精神”孕育于经济发达文化先进的浙江嘉兴。基于嘉兴特殊的地理位置及其对外开放的历史，自古就形成了“开拓创新、拼搏进取、崇文重学、求真务实”的文化传统，具体表现为嘉兴发达的地方教育事业、自由活跃的文化风气、敢为人先的创新精神等，十月革命后嘉兴成为全国研究和传播马克思主义最为活跃的地区之一。这种地域文化在中国革命的特殊历史时期与革命精神交相辉映，共同铸就了以“开天辟地、敢为人先的首创精神，坚定理想、百折不挠的奋斗精神，立党为公、忠诚为民的奉献精神”为内涵的“红船精神”，成为建党精神的象征。

井冈山革命根据地是中国共产党领导建立的第一个红色革命根据地。中国共产党人将马列主义与中国革命相结合的革命实践，激活了江西地域文化中的革命因子，其坚持家国情怀的爱国传统、甘贫苦节的文化品质以及坚忍不拔的主体韧性，构成了井冈山根据地革命文化的地域基因，孕育了星火燎原的井冈山精神，锻造了中国共产党人坚定的革命信念。

延安精神诞生于作为中华民族和华夏文化重要发祥地之一的陕西大地上，其地域文化深深蕴藏着农耕文明的精髓——生生不息的生存意志。正是在这种精神脉动的涵养下，面对着危险恶劣的生存环境，党中央在领导根据地建设的过程中自力更生、艰苦奋斗，建立抗日民族统一战线，不断发展壮大，形成了奋发向上的顽强生命力和百折不挠的开拓进取精神，为夺取革命胜利奠定了重要的精神依托。

成长于战争年代的沂蒙精神，是山东党政军民在沂蒙这片热土上共同缔造的以“生死与共、水乳交融”为特质的革命文化。沂蒙人民具有忠孝仁义、公而忘私、乐于奉献、不计回报等中国精神的人文关怀情结，涌现出了“沂蒙六姐妹”“沂蒙母亲”“沂蒙红嫂”等英模人物，党和人民建立起的水乳交融的党群关系，成为推动中国革命不断前进的重要法宝。

社会主义先进文化的基因

社会主义先进文化在中国革命、建设、改革开放不同时期中的内涵是不同的，只有与具体的省情、市情、县情结合起来，深入挖掘地域文化的精神实质，才能准确把握社会主义先进文化的丰富内涵。也正是在地域文化的滋养中，社会主义先进文化不断彰显出中国特色社会主义的制度优势，成为社会主义意识形态的本质体现。

20 世纪 60 年代，以王进喜为代表的大庆石油工人秉承着“为国分忧、为民族争气”的爱国精神，喊出“宁肯少活 20 年，拼命也要拿下大油田”的豪迈誓言，以“革命加拼命”的气概投身于油田的开发建设。在此过程中彰显的为国争光的爱国主义精神、艰苦奋斗的创业精神、“三老四严”的求实精神、不怕牺牲的奉献精神，共同汇聚形成了“大庆精神”“铁人精神”，凝结着社会主义先进文化的精髓，体现了社会主义先进文化的发展方向。

20 世纪 70 年代末、80 年代初，经济特区成为建设中国特色社会主义事业的重要力量。一系列推动改革开放和社会主义现代化建设的新观念率先提出，“空谈误国，实干兴邦”“敢为天下先”的特区精神，展现了勇于探索、大胆实践、奋发拼搏、不断创新的文化品格，引导和推动了中国改革开放的历史进程，谱写出社会主义先进文化的华丽篇章。

弘扬地域文化，增强文化自信的魅力

新时代弘扬地域文化必须建立在新时代的坐标上，发挥其在坚定文化自信中的重要功能。

凸显地域文化的特色。地域文化绵延数千年，有其独特的价值体系，潜移默化影响着不同地域人们的思想方式、行为习惯乃至自我认同。在文化沟通交流中，我们要保持对地域文化的自信、耐力、定力。坚持百花齐放、百家争鸣的文化发展方针，在理性的文化自觉中构建各具特色的地域文化体系，在维持文化联系的同时保持地域文化的特色，积极培育适应时代需要、富有创造力的主体文化是新时代弘扬地域文化、增强文化自信的根本方向。

强化人民主体地位。人民群众是创造文化、发展文化、评估文化的主体，人民群众对地域文化的建设过程其实也是人民群众自我创造、自我发展、自我完善从而不断产生文化自信的过程。因此，要在地域文化建设中凸显人民主体性，通过各种文化载体、渠道凝聚人民，激发人民的文化创造力，使地域文化具有源源不断的生命力。

顺应时代潮流。文化是时代发展的产物，具有不同时代、不同地域的烙印。新时代中国特色社会主义是中国特色社会主义文化发展的新阶段，也是推进地域文化进步的重大历史机遇。只有在历史进步中、在追随时代中，去粗取精、去伪存真，取其精华、去其糟粕，反对一切违背时代潮流的文化形态，以时代精神激活地域文化的生命力、挖掘地域文化的软实力，地域文化才能真正实现创造性转化和创新性发展，更好构筑中国精神、中国价值、中国力量，让中华文明绽放新的光彩。

（摘自《红旗文稿》2019 年第 22 期，作者系江苏省中国特色社会主义理论体系研究中心特聘研究员）

用先进文化汇聚企业前行的力量

王宽新

党的十九大报告指出，“没有高度的文化自信，没有文化的繁荣兴盛，就没有中华民族伟大复兴。”建设社会主义文化强国，央企必须积极作为、勇担责任。习近平总书记强调要“培育具有全球竞争力的世界一流企业”。一流的企业要有一流的企业文化，发展先进企业文化、广泛凝聚干部职工力量，是企业长盛不衰的深厚支撑。

一、凝聚宏远“铁三角”特色企业文化

航空工业集团公司“一心、两融、三力、五化”新发展战略，特别把“打造先进文化力”提升到了战略高度，这是发挥党的政治优势，建设高素质员工队伍、增强企业核心竞争力的一项重要举措。航空工业宏远始终高举“忠诚奉献　逐梦蓝天”的“航空报国”旗帜，聚焦主责主业，不断赋予“锻造精品　锤炼人品　打铁必须自身硬”的“铁三角”特色企业文化新的时代内涵。

企业文化具有延续性，需要不断适应环境，吐故纳新。一方面企业文化建设必须传承，不能割裂历史而失去根基；另一方面，企业文化建设必须创新，要与时俱进，发挥引领作用。近年来，我们把精品文化、人品文化、当代智慧铁军的硬文化与新时期航空工业集团新战略、新环境、新要求有机结合，用文化力汇聚企业前行的力量。

二、深化“铁三角”特色企业文化实践

（一）深化“锻造”精益管理、节能降耗、提质增效、安全生产的“精品”文化

宏远坚持“市场观、用户观”，不断强化技术创新和管理创新，持续为用户提供高端锻件精品解决方案。通过开展“质量”、“安全”月活动、AOS管理，推进SQIP项目、绿色航空达标、安全生产标准化达标等，逐步打造精益管理文化。宏远锻件助力大客“C919”和大型水陆两用飞机“AG600”成功首飞，交付了一大批行业标志性产品。相继荣获“商飞C919大型客机首飞先进集体”、“中国航发西航锻件供应商最佳进步奖”、“咸阳市技术交易先进单位”等多项荣誉，得到了重要用户以及中国商用飞机、发动机公司的较高评价。

在精品文化的引领下，宏远进一步巩固了“专、精、新”高端锻件市场的领军地位。公司在国际和民用市场持续提升宏远品牌战略，荣获赛峰起落架亚洲最佳表现供应商奖，获得了法国米歇尔·道蒂公司授予的“20年战略合作伙伴荣誉”奖牌；在法国图卢兹空客总部摘得亚洲及全球最佳表现供应商、SQIP项目最佳表现奖等多项殊荣。空客高层表示：宏远的锻件技术和质量代表了中国锻件的水平。

（二）深化“锤炼”对党忠诚、实事求是、担当作为、事业为上的“人品”文化

宏远坚持“德才兼备　以德为先”、“始终聚焦公司战略目标”的选人用人导向和“德、能、勤、绩、廉”的考核导向，把“人品”放在首位，匡正选人用人风气。按照国有企业领导干部“对党忠诚、兴起有为、治企有方、清正廉洁”二十字标准，修订了“中层干部管理办法、“中层干部年度考核办法”等，进一步明确了新时代企业坚持德才兼备、以德为先，坚持事业为上、公道正派，唯贤是举、忠诚干净担当的选人用人、管理考核导向。制定了《员工行为规范》，从制度层面明确要求，从日常管理中考核，不断

提高员工素养。坚持每年进行“S”级员工评选、劳动模范评选、每月一星评选、优秀共产党员、团员等评选。在广播、电视、报纸、园区网、微信平台等媒体开展“时代楷模”、“劳模风采”、“党旗飘飘”、“我身边的敬业榜样”等专栏，宣传先进典型，弘扬正能，突出“重业绩、凭贡献、有作为、敢担当、善创新”的导向。在选人用人、制度和思想的引领下，宏远广大党员干部带头发挥先锋模范作用，创造优秀业绩，带动身边的职工群众，在科研生产、经营管理实践中保持优良作风，强力推进了各阶段目标任务完成。

（三）深化“打铁”的职工队伍、装备实力、核心技术的“硬”文化

一是硬队伍。新时代，宏远坚持传承和发扬劳模工匠精神，按照“员工与企业共同发展，实现双赢”的原则，盘活人力资源，进一步畅通管理类、专业技术类、技能类职工发展通道，培养和储备更多的作风过硬、技能过硬、综合素质过硬的知识型、技能型、创新型人才，为锻造“大国重器”建设一支优秀的当代智慧“铁军”队伍。

二是硬装备。“工欲善其事，必先利其器。”宏远在原有专业锻造设备群的基础上，引进、升级了一批具有国内外先进水平的锻造加工设备，技术创新能力迈上了一个新台阶。精密锻造生产线的建成投运，实现了“精锻速度”，初现“智能制造”。在西安新区已全面投产的国内160MN等温锻油压设备，为国内多种型号航空装备配套提供大型精密模锻件。世界最大200MN电动螺旋压力产品正式下线，拉动中国锻造进入精锻3.0时代。这些都为推动航空锻造产业转型升级，创建“世界知名航空锻件优秀供应商”奠定了坚实基础。

三是硬技术。公司把握科技发展方向和管理最新理念，积极谋划重大科研和工程项目，对锻造行业最前沿的特种成型、等温锻、超塑模锻、精密锻造、大型锻造、大型模具制造以及数字模拟仿真技术开展深入研究，正在积极争创省级和国家级技术中心，努力将“打铁必须自身硬”的文化力转变为企业能力建设的现实生产力，提速高质量发展。

三、深植经验见效益

企业文化建设的实践启示我们，企业文化力实质是作为意识形态领域对企业发展的作用力，具体表现有引领力、导向力、激励力和辐射力。企业文化力作用方向若与企业发展要求一致，将会推动企业发展。

（一）党建引领，政治建设走在前

我们以坚持党建领航，把加强党的领导与完善公司治理结构逐步统一起来，将党组织的职责权限、机构设置、运行机制、基础保障写入公司章程，明确党组织在决策、执行、监督各环节的权责和工作方式。党委每年制定切合企业发展实际的工作举措，2016年提出“转机制、强管理、降成本、增效益”的工作思路，2017年制定“外抓市场 内提效率 改革创新 转型发展”的工作方针，2018年企业围绕“市场导向、技术创新、队伍优化、调整提升”专门梳理了加快新区建设、巩固拓展市场等几大类的多项目标任务，2019年实施“党建领航 市场牵引 同频共振 精益提升 价值创造”战略方针，2020年，持续深化任务分解和工作抓手，提出了“党建领航看作用、市场牵引看客户、同频共振看作风、精益提升看班组、价值创造看增效”的“五看”，开展“报国·航空”主题文化建设，推动文化建设与经营战略实践相辅相成，以思想引领力形成引领良性循环。

（二）文化导向，齐心协力谋发展

公司党委始终坚持问题、目标和结果导向，坚持运用重点市场和重点用户定期发布的“供应商绩效评价结果”以及上级考核要求，倒逼内部管理提升，把工作成效实实在在地体现在用户满意度以及生产经营指标中，把践行企业文化转化为解放思想，迎难而上，破解瓶颈，持续改进的主动行动。公司党政领导坚持在每月干部大会宣讲形势任务教育，统一思想，聚焦目标，弘扬正气，让干事创业的正能量充满宏远的每个角落。党旗、团旗、突击队旗在型号攻坚主战场高高飘扬，在醒目位置悬挂“祖国终将选择那

些忠诚于祖国的人，祖国终将记住那些奉献于祖国的人”、“锻造精品 锤炼人品 打铁必须自身硬”等文化宣传标语，开展“强化意识 铸就忠诚 担当作为 抓实支部”主题活动，营造“创新·航空”文化建设氛围。各系统更新管理理念，优化流程，推动均衡生产，AOS、信息化、法治建设、安全保密等工作协调推进。广大干部职工群策群力，人心思干，围绕保障重点型号任务按计划保质保量完成，想实招、出实绩，以主人翁意识和团队精神，以团队凝聚力推动企业发展。

（三）文化激励，上下同欲勇担当

航空工业宏远领导班子坚持职工主体地位，践行全心全意为职工群众服务的根本宗旨，把职工对美好生活的向往作为奋斗目标，依靠职工创造优良业绩。我们以“风采·航空”为载体，广泛发掘宣传立足岗位、敢于担当、有效解决问题、推动工作前进和企业改革发展的人物事迹，为他们大声喝彩、大力鼓劲，营造人人争做“明星员工”、人人传播正能量、人人付出正能量的氛围，激发员工的价值认同感。同时，深化职工人文关怀，落实劳动保护、劳动安全卫生、女职工特殊保护等方面法律法规，定期组织职工体检。为职工送生日蛋糕，为新婚员工送祝福，每逢重大节日和高温天气，公司领导班子成员都深入职工、深入一线，开展走访慰问，倾听员工意见建议，汲取智慧营养，在领导干部与一线职工的互动中凝聚干事担当的强大力量。

（四）文化辐射，社会责任暖人心

宏远认真贯彻执行上级党组织关于脱贫攻坚的统一部署，公司与陕西省三原县嵯峨乡天井岸、槐树坡村结对帮扶，投入7.8万余元实施“路灯安装”项目，为村民照亮了“致富路”。2019年，根据航空工业集团公司和陕西省国防科技工业系统脱贫攻坚推进会精神，投入45万余元开展了对口帮扶消费扶贫工作，为脱贫攻坚助力。2020年上半年，公司投入21余万元，完成了对定点扶贫县的农产品消费扶贫任务，目前正在与对口扶贫地联系，持续开展帮扶工作，以实际行动彰显宏远人的航空大爱。公司贯彻绿色发展理念，改造环保设施，改善生产生活环境，持续推动节能减排，努力建设资源节约型、环境友好型企业。成立了“吴大观”志愿服务队，开展“青春携手乐重阳”、“学雷锋精神为民服务”、“航空科普进校园”等志愿服务；定期组织环保、安全检查和慰问关怀；举办地企青年交友联谊；开展无偿献血活动等，用实际行动践行“责任·航空”，形成了一定的社会影响力。

企业文化力可以在经济建设中起先导作用，在思想建设中起感召作用，在人才建设中起催化作用等。我们要充分发挥企业文化建设对打造先进文化力的基础作用，不断赋予宏远“铁三角”特色企业文化新的时代内涵，通过文化励志铸魂，化战略为行动，变行动为价值，让先进文化力成为推动新时代宏远高质量发展的更为基本、更为深沉、更为持久的力量。

（作者系航空工业陕西宏远航空锻造有限责任公司党委书记、董事长）

企业文化与家庭文化建设同生共长

石新英

文化是凝结在物质之中又游离于物质之外的，是人们之间进行交流的普遍认可的能够传承的意识形态。企业文化对企业的管理和发展具有重大的推动作用。家庭文化是每个家庭成员的思维习惯、行为习惯相互碰撞、磨合、传承和发展形成的一种对整个家庭有着重要影响力的环境和氛围。企业文化和家庭文化都是社会的细胞，企业是若干家庭成员组成的，企业文化和家庭文化有着密不可分的关系。

一、企业文化和家庭文化共同点

（一）体现形式相同

企业文化表现为精神文化、物质文化和制度文化。其中精神文化体现为企业的行为规范、价值观念、职工素质和优良传统等；物质文化体现为企业的厂容、厂貌、产品造型、外观、质量等；制度文化体现为企业规章制度、操作规范等。家庭的精神文化体现为待人接物的礼仪、价值观、审美情趣、思维方式等；家庭文化的物质文化主要体现为家庭的房屋装饰、成员服饰等；家庭的制度文化体现为规范和约束家庭生活行为的某些规矩，如口头家规、正式家规、基本准则等。三种层次的文化彼此交叉融为一体，影响和支持着企业和家庭的经营和生活方式。

（二）主要特征相同

每个家庭和企业都是一个独立的组织，都有其独特的文化积淀，都具有比较鲜明的个性和特色，即独特性。企业是在一定的时间、空间条件下产生、生存和发展的，是创业者和几代人传承下来的，而家庭是由夫妻关系产生的，和子女共同存活下去的，因此，两者都具有继承性。企业要与环境协调和适应，因此，企业文化必然与政治环境、经济环境、文化环境等相融合。组建一个新的家庭是两个家庭文化的融合，更要与时代的政治、经济和文化等环境相融合。两种文化都具有相容性。企业文化是一个有机的整体，企业的发展和社会的发展、员工的发展密不可分，而家庭文化更是要目标一致才能实现幸福、美满、和谐，两者都具有目标性。

（三）主要内容相近

企业文化的主要内容有经营哲学、价值观、企业精神、企业道德、企业使命等，每个家庭或者家族的文化也包含这些内容，只是家庭文化一般是无形地存在于每个家庭成员的思想意识中，很少用文字体现，企业发展到一定阶段就会将积淀的企业文化形成文字记录，以便于所有员工秉承和传承。

二、优秀的企业文化促进家庭文化的和谐健康

（一）企业文化是家庭文化建设的前提和保证

企业最牢固、最有活力的基础是企业文化，而作为分化人群的最基本单位的员工家庭正是企业文化的反映者。企业的价值观、企业精神等文化要靠员工的言行体现出来，优秀的企业文化有着强大的凝聚力，能将企业中每个家庭的每位职工粘合在一起，通过各种形式的文化活动、激励政策，将互帮互助、奋发进取的价值观念逐渐渗透到每个员工家庭中去，甚至潜移默化地影响员工的亲朋好友。

（二）企业文化促进家庭文化的进步

企业文化产生在企业中，是优秀企业家精神的传承和发展，企业总是在激烈的竞争中发展自己，这就必然促进企业文化迅速升级，其发展速度总体比家庭文化的进步要快，这样企业文化高于家庭文化的因子将促进员工家庭文化的进步。如：企业重视知识文化水平的提升，企业员工在自我提升的同时也会鼓励子女考取名牌大学，进行研究生和博士的深造，会要求夫妻学历、职称的晋升。企业的担当文化会影响员工在社会交往中的担当精神，为社会贡献力量。企业的诚信精神也会影响到员工日常交往中的诚信行为。

三、良好的家庭文化推动企业高质量发展

企业文化是家庭文化的前提和保障，同时家庭文化也是企业文化建设不可或缺的组成部分，是企业文化建设的基础。家庭素养低，观念陈旧，要形成优秀的企业文化就有一定的难度，如家庭文化素养高，事业心强、团体意识强、创新拼搏，那么形成统一的价值观、培养优秀的企业精神就有了一定的基础。

（一）健康的家庭文化是企业健康发展的基础

员工是企业的细胞，是构成企业的有机组成部分。家庭文化是否健康是企业健康发展的一个重要基础。随着改革开放的不断深入和互联网信息的快速传播，人们的思想观念受到各种信息的冲击，特别是一些道德失范、唯利是图、诚信缺失等社会丑恶现象对家庭文化建设产生了不良的消极影响，从而对企业经营、产品质量、安全生产等带来极大的隐患。而积极、创新、诚信、幸福的家庭文化也能够产生强大的震撼力，置身于这个氛围中的员工会将这种精神运用到自己的工作中，为企业的发展起到积极的促进作用。

（二）优秀的家庭文化能为企业发展提供动力

企业的可持续发展要靠全体职工的积极性，要依靠员工身后强有力的家庭力量的支持。中华民族运用家训教诫家人的历史悠久，如诸葛亮《诫子书》、颜之推《颜氏家训》、包拯《包拯家训》以及河北卫视热播的聚焦家风传承、展现家风内涵《中华好家风》。家风就是家庭文化。不同的家庭有着不同的文化形态和生活方式。健康高尚的家庭文化能滋润和维系健康文明的企业，能带动企业的发展。一个提倡诚信文化家庭的成员，不会投机取巧，不会将不合格品放行；一个提倡担当文化家庭的成员，不会面对工作中的难题、难关的退缩；一个提倡学习文化家庭的成员，会一直带领同事在成长的道路上不断攀爬。

家庭文化是构建企业文化的重要因素，建设企业文化必须注重家庭文化，良好的家庭文化可以促进企业文化的发展，从而推动企业高质量发展。在任何时期，企业文化和家庭文化建设都是相互依存、共同发展、不可或缺的共生体。

（本文摘自《中小企业管理与科技》下旬2019年12期，作者系衡水中铁建工程橡胶有限责任公司企业文化研究人员）

聚焦媒体融合发展　打造银行业大品牌

帅　师

当今，媒体传播格局发生深刻变革，原来的条线分明、板块分割的格局已经不适合新时代传播规律，因此打通新闻宣传、声誉风险管理、品牌管理、企业文化传播之间的隔膜，构建银行业大品牌格局已成为大势所趋。

融媒体建设是品牌传播的基础

媒体融合发展是提升舆论引导能力的必由之路。媒体融合发展是发生在传媒领域的一场重大而深刻的变革。原来的办一张报纸、印一份杂志就算搞好内宣的途径已经一去不复返。新时代，信息传播的最大特点就是融媒体的崛起。可以说，谁能抢占融媒体的制高点，用好融媒体的利器，谁就能在品牌传播、市场拓展和事业发展中占据要津、掌握主动。新闻媒体积极运用新媒体创新传播方式，除了传统媒体平台，网站、客户端、微博、微信等资讯入口不断完善，“媒介”边界逐渐模糊。在传媒格局深度调整的大趋势下，加快推进融合发展成为提升舆论引导能力的必由之路。

媒体融合发展是推动全行工作发展的迫切需要。新闻宣传也是生产力。近年来，交行品牌、新闻、企业文化工作突破传统观念，以全新的思维和理念，科学、有效地开发和运用宣传资源，坚持“虚功实做”“敢画龙、会点睛”，形成了以“文化交行”为基础、以“报、刊”为两翼、以“一网四端”为支撑的宣传新格局，有力地服务了全行业务发展和员工面貌提升。

在舆论生态和媒体业态发生深刻变革的形势下，作为中央金融企业的党委宣传部门，应当主动适应变化，加快推动传统媒体和新兴媒体融合发展，继续做大宣传平台、提升宣传能力。在媒体融合的大背景下，交行的新闻舆论工作迫切需要与时俱进，创新理念、内容、体裁、形式、方法、手段、业态、体制、机制，增强针对性和实效性；适应分众化、差异化传播趋势，加快构建舆论引导新格局；推动融合发展，主动借助新媒体传播优势。我们需要在注重原则性、系统性、创造性、预见性中大力推动媒体融合发展，实现传统媒体和新媒体的优势互补，牢牢掌握新闻舆论工作的主动权。

媒体融合发展是拥抱变革、引领思想的关键举措。银行业面临的内外部环境都在不断发生变化，尤其是人们的思想观念日趋活跃，如何方便地为员工、客户、股东、监管、社会提供鲜活、真实、有益的精神养分，唤醒、激发、引燃人们心底的精气神，汇聚成建设“职业家园”和“成长家园”的不竭动力，宣传工作首当其冲。媒体融合发展正是银行应势而为、抓住机遇、主动求变的关键之举。我们将在充分借鉴同行同业经验基础上，巩固自身优势，开启融媒体发展新征程，以技术创新、内容创新、传播创新引领潮流，为交行的深化改革、转型发展、从严治党提供强大的精神支撑。

以内容和渠道建设推进媒体融合发展

媒体融合发展已成为大势所趋。作为中国银行业的一家百年老店，交通银行致力于通过内容创新和渠道建设，推进媒体融合发展。在具体推进过程中，制定了“以微传播为载体，搭建媒体融合‘中央厨房’，通过‘大集中小分散’的形式，打造银行业大品牌”的发展思路。

一是提高质量，“内容为王”。无论是传统媒体还是新媒体，“内容为王”始终是新闻宣传的核心。要

“以高尚的精神塑造人，以优秀的作品鼓舞人”，就必须重视新闻宣传的质量，其根本就在于提升宣传的内容的吸引力。在这方面，交行积极响应中宣部提出的“走基层、转文风、改作风”的要求，派出员工赴甘肃天祝、山西浑源、河北张北开展金融扶贫蹲点调研，通过与扶贫干部与扶贫对象同吃同住同劳动，掌握第一手信息，撰写相关人物报道与蹲点日记和扶贫手记。其中人物通讯《舍不得，所以舍得——记交通银行驻甘肃天祝藏族自治县扶贫干部王文华》在《甘肃日报》整版刊发。新闻述评《履行三大责任，推进精准扶贫——交通银行定点帮扶15年来成果丰硕》在《人民日报》上刊登，取得了较为良好的宣传效果。

二是做好“微传播”，以小见大。我们所提出的“微”不仅是形式，也是内容。形式上就是要多借助微博、微信、微视频、微电影、微动漫等形式载体，方便受众利用碎片化时间进行微阅读。形式决定内容，我们在传播内容中注重从微视角入手，从员工、客户等利益相关方身边的小事入手，以小见大，从树木之中见森林，反映出交行深化改革、转型发展的精神面貌。

三是打造“中央厨房”，做好“大集中小分散”。融媒体的“中央厨房”是信息生产的源头和中心，要打造好“中央厨房”，做好新闻信息这道菜，首先要正确处理好“统”与“分”的关系，通过组织架构的重造，形成“一次采集、多次生成、多种产品、多媒体传播”的工作格局，实现传统媒体“融为一体，合而为一”的成效。以交行内部宣传为例，以前报刊网微等各种媒体载体属于“铁路警察，各管一段”。2016年初，交通银行开启融媒体建设，将分属在三个处室的媒体聚焦到一个部门。通过媒体资源的大集中，实现了媒体资源的共享。在集中的同时，也针对不同媒体的属性，做好宣传的侧重与主题的分散。例如，以微信为代表的新媒体虽具有传播速度快，扩散性强的特点，但其具有碎片化、浅阅读的特点，可推送实效性强但篇幅较短的新闻信息；报纸、期刊具有较高权威性，易保存的特点，可刊发具有一定理论深度、篇幅较长的稿件。通过两年的磨合与发展，逐渐形成了微信做速度、报纸做权威、杂志做深度、官网做传播的多元综合传播形式，实现了融媒体协同发展。

四是明确主次，打造宣传矩阵。为了构建全行大品牌宣传矩阵，交通银行确立以总行为中心，分支机构和直营机构为网络的宣传矩阵。总行党委宣传部是全行大品牌宣传的核心层，负责全行大品牌宣传统筹、重大选题策划、采编力量指挥，由其对重要信息产品进行组织、编撰、审核，统一“配送”至各省直分行及子公司，各分支机构和直营机构在完成自身宣传任务的同时，也要积极响应总行的相关宣传要求，遵守新闻纪律，按照“一个交行，一个声音”要求，调动自身媒体资源，合力发声，形成宣传矩阵。

以大数据、云计算等技术推动融媒体2.0发展

当前，媒体发展已进入互联时代，“终端随人走、信息围人转”成为品牌传播的新态势。可以预见，随着5G、人工智能、可穿戴技术的不断演进，传播的融媒体将向以大数据、云计算为载体的融媒体2.0跃升和发展。创新超越是交行的文化基因，也是交行融媒体发展的必由之路。未来，交行将主动拥抱融媒体发展，推动融媒体跃升。

一是提高融媒体传播技术的应用，提升品牌传播质效。在今后一段时间，我们将把大数据、云计算等技术充分运用到全媒体平台构建之中，普遍采用移动直播、H5应用等技术，并尝试在机器人写稿、无人机采集、虚拟现实等技术应用中实现突破。新闻宣传是银行业品牌建设的重要内容，与其他行业不同，银行业新闻宣传，尤其是年报、季报的新闻宣传有着数据多、专业术语、数据精确度要求高的特点，点错一个小数点往往会带来“失之毫厘，差之千里”的后果。为此，交行将尝试着利用机器人写稿系统，整合相关数据，撰写新闻稿，并通过微信、邮件等智能系统向记者传输。

二是充分利用虚拟现实、3D、H5等技术，丰富表现载体，增强信息呈现的质量和冲击力。目前，企业的品牌信息传递仍严重依赖文字和图片，但这已经远远不能满足于新时代媒体发展的新需求，我们将密切关注5G传输、全息投影，增强现实、物联网、可穿戴设备等前沿技术的发展动态，积极谋划和布局未

来品牌传播的终端，实现品牌广告的精准投放，实现品牌传播的“魔弹效应”和“皮下注射效应”。

三是要利用“云计算”技术，提升品牌传播效应。在品牌传播业界有一句话，“一半以上的广告投放属于无效投放，但我们不知道哪一半是无效的，哪一半是有效的。”新时代，这种粗放式的广告投放模式面临巨大挑战，交行将充分利用“云计算”技术，按照广告发布主题和目标受众，通过大数据分析，精准选择与之适应和搭配的媒体形式实现广告效应的最大化。

推动媒体融合发展是银行业面临的一项系统工程。新时代，交行将继续以塑造民族金融品牌传承者、改革创新先行者、稳健经营践行者的品牌形象为己任，以打造中国最佳财富管理银行为目标，坚持以微传播为载体，搭建媒体融合“中央厨房”，通过“大集中小分散”的形式，打造银行业的大品牌，让广大客户与全社会感知蕴藉于“百年交行——您的财富管理银行”背后的品牌价值。

（本文摘自《中国企业文化》，作者系中国企业文化研究会专家委员、作者单位交通银行股份有限公司党委宣传部）

发挥融媒体传播优势　打造企业文化创新品牌

田丽平

习近平总书记曾强调：推动媒体融合向纵深发展，巩固全党全国人民共同思想基础。随着“微时代”“微文化”等概念进入人们的生活，融媒体也给新时期企业文化工作带来了前所未有的机遇。企业传统媒体和新兴媒体融合发展，推进企业文化与品牌传播创新，打造新时代真正具有传播力的企业品牌传媒，培育真正具有传播力的品牌企业，不断提高企业品牌的传播力、影响力，是行业思想政治工作研究会的重要职责，也是一个新的课题。

一、充分认识融媒体对电子信息行业企业文化建设的重要意义

（一）运用融媒体加强电子信息行业是时代的必然选择

目前，以网络为依托的新媒体已经成为各类信息交流的集散地，手机的智能化、网络化、便携化让上网变得更加方便快捷，一部手机在手，天下信息我有，人们不仅对信息的需求不仅要时效性，更要多元化，对诉求的表达和反馈也同样迫切。面对如此形势，电子信息行业的企业文化宣传如果继续默守陈规，无疑是画地为牢。作为军工电子国家队和信息化建设的主力军，就是要在企业文化建设上积极探索、学习新媒体的使用方法，借助网络信息平台树立企业品牌形象，培育出独具特色的优秀企业文化，推动企业文化在新媒体时代强势打造核心竞争力。

（二）运用融媒体加强电子信息行业是自身发展的必然趋势

当年的“酒香不怕巷子深”，在今天的社会未必可行。新时代，人们对信息的需求已达到前所未有的程度，几分钟内便可以知晓全球各地的新闻消息。人们获取信息的方式已经越来越方便、快捷，一个企业要想发展，必须要有好的文化品牌，文化品牌是企业的一张亮丽名片可以赋能信息产业树立良好的品牌形象，让更多人记住、了解并认可。新媒体平台的出现使信息产业可以全方位的展示自己，让员工及大众更快更全面的了解所在企业，而军工电子行业更是要率先建构新媒体。

二、创新思路，运用融媒体开展电子信息行业企业文化工作

企业文化建设借助于融媒体进行传播，将会使主旋律更加响亮，正能量更加强劲，文化自信得到彰显，企业的文化软实力和文化影响力大幅提升。同时，能使企业文化建设与党的建设、思想政治工作很好的融为一体，从而把党建工作的政治优势转化为凝心聚力的企业文化优势。

（一）理念创新

新时代只有打破传统的工作思维定势，跳出传统的“纸上谈文化”工作模式，才能使文化建设跟上时代的发展。为此，我们致力于信息化企业文化的新路径，以“共享 e 站”为平台，打造“共享发布”新品牌，依托全系统的会员单位，利用“电子政研共享 e 站”微信群，把握“共建共享”的原则，从品牌栏目入手，积极倡导多样化的宣传模式，打造一个集视觉与听觉，线上交流与线下互动，理论学习与实践探索并存的共享新品牌。发掘微信的传播功能，密切联系基层各会员单位，及时传达十九大以来的政策方略、推送有关学习资料、宣传党建思想企业文化及弘扬先进典型等，有效地将全国电子系统的各会员单位组织联系在一起，为全系统企业文化工作提供了一个便捷高效的学习交流平台。电子政研系统有许多军

工行业，融媒体不仅仅定义了一种媒介，更开启了一个时代。传统观念中的军工企业“只做不说”或是“多做少说”的刻板印象，在新媒体的冲击下必然发生转变。而设法让我们的企业文化做得既“随风潜入夜，润物细无声”，又达到“灌输”的最终目的，使文化做到潜移默化、入脑入心，新媒体就成了首选的工具载体。

理念指导行动。如：各会员单位将文化品牌意识融入企业经营发展，运用新的传播平台，拓展自有媒体宣传平台，打造出文化精品。各单位推出的“感动·转变”等主题文化年活动，结合互联网+发展趋势，开设“天奥微视点”微信公众号，作为对外宣传的主阵地，激发员工的责任感和担当精神；43所积极推动核心理念“可视化”，开展“初心·使命”主题系列活动，开设“文化故事”专栏，营造践行“政治文化”、“担当文化”、“协同文化”的浓厚氛围。总会探索建立了企业文化建设与党建工作的融合机制，部署各会员单位利用“十一”、“七一”及所庆、厂庆等重大节庆日，举办形式多样、丰富多彩的系列主题活动，突出企业核心价值理念的灌输，统一员工的意志，提振员工的士气，焕发员工的精神面貌，增强团队意识，提高企业的凝聚力。

（二）方式创新

电子政研会紧扣“互联网+”时代发展新趋势，在行业内持续不断的推进各会员单位充分运用“互联网+”新媒体新手段，结合信息化和工业化深度融合这篇大文章，做好融媒体企业文化建设的品牌创新。各会员单位运用视频、动画、音频、快讯、滚动新闻等新的融媒体传播形式传播品牌形象。38所构建了“一报、一刊、一窗、一网、一台”五位一体的文化传播窗口，其中作为一刊的《携手》是该所文化窗口的最大亮点，感召了更多更好的海外高层次人才及国内有识之士，加盟该所投身于保障国防安全的伟大使命中来。“大联合、大采编、大稿件、大声势，讲好电科故事，传递电科声音”，是中国电科媒体联盟强势宣传文化建设的重要传播策略，树立了积极向上的企业形象，增强了文化品牌推广的吸引力和影响力。

（三）内容创新

新媒体时代只有将企业文化建设做得形式多元化、内容有情有味，才能达到文化于心的效果。因此在内容上注重精良多彩、独具匠心。从接收信息的程度上讲是积极主动地，这是我们做好企业文化的有利因素。基层会员单位在实践中创造了丰硕成果和新经验。如：29所打造文化大讲堂，身边人讲述身边事。所党委举办文化大讲堂，每年邀请十大杰出员工讲述践行核心价值观的故事，引导全所员工学身边的榜样，创一流业绩。围绕中国电科文化深植落地，以市场、研发、服务等不同岗位的员工思想和行为共识，诠释853精神的时代内涵，使核心价值理念深入人心。塑造卡通动漫代言，解读战略文化。创造性地塑造出动漫形象“小威”作为解读战略和文化的代言人，借鉴简笔绘本、二维动画的载体形式，用“他们”的语言传达“我们”的诉求。开展创新空间建设，构建人文场域，将环境建设作为文化建设新的抓手，为员工营造一个精神气质上更加开放、包容、科技、绿色，文化体验上更加人性、亲和、协作、共赢的环境，为创新活动开展营造文化氛围、构筑环境基础。

电子信息行业所属的国防军工行业居多，肩负的使命很重，致力于聚焦民品产业、军民融合领域一批重点项目和产品，通过多种途径加大宣传推广力度，提升文化品牌价值，扩大品牌影响力，培育和践行社会主义核心价值观。发挥社会主义核心价值观对精神文化产品创作生产传播的引领作用，转化为人们的情感认同和行为习惯，深入挖掘中华优秀传统文化蕴含的思想观念、人文精神、道德规范，结合时代要求继承创新，让中华文化展现出永久魅力和时代风采。

三、创新载体形式，打造具有电子特色的企业文化品牌

打造文化品牌。党的十九大报告指出，文化是一个国家、一个民族的灵魂。文化兴国运兴，文化强民族强。对企业来讲，文化建设既是党的建设中的“重要工作”，也是推进企业健康持续发展的“铸魂工

程”。电子政研会在系统内倡树秉持共创、共享、共赢的发展理念，不断打造具有时代特征、行业特色、电子特点的品牌。先后培育了具有行业知名度和社会美誉度的上海华鑫置业的“五彩”品牌文化；愿干事能干事干成事的中国电子科技集团公司光电研究院创业文化；全面建设获得感幸福感不断提升的中国网安企业和谐文化。品牌既代表外在形象，也体现综合实力，更结聚着核心竞争力。而通过强化文化认同、增加福利待遇、开展文体活动更利于提升员工的归宿感、获得感和幸福感。企业文化认同是员工归宿感的基础，他们用关爱浓厚归宿感；用实事增强获得感；用活动提升幸福感；用文化建设推动企业品牌升级。

推进品牌建设。以《电子政工研究》杂志为融媒统领，各会员单位坚持上下一盘棋，着力传播资源归集使用及全媒体布局，有效助推企业文化建设。以《电子政工研究》和《学习参考资料》这两个刊物作为电子政研会的思想文化舆论平台和宣传阵地，将基层党建和企业文化建设理论研究成果和实践经验，定期刊登，及时宣传推广，通过各种渠道在各传播渠道密集展示企业文化推进与成效，以效果说话、服人，加强外宣力度，特别是以天宫、神舟、预警机等国家重点武器装备与重大工程交付使用为契机，系统呈现企业文化助推生产经营的工作成就，提升了中国电科作为统一整体的社会知名度与美誉度。多年来，电子政研会会积极参加中国企业文化研究会举办的“峰会”和文化论坛及评优等活动，采取多种形式开展特色活动，在运用新媒体手段宣传推广企业文化建设经验成果，涌现出一批批优秀期刊和先进集体及个人并受到上级表彰。

不断打造特色阵地，积极搭建多元文化宣传阵地平台。在庆祝中华人民共和国成立 70 周年阅兵式上，中国电科 54 所研制的 7 型装备参加阅兵，三型“硬核”通信装备参加阅兵。阅兵式现场，仰望天空，一架雄鹰般的预警机在数架歼击机的护卫下，拉着绚丽的彩带，分秒不差地飞过天安门广场，这是中国预警机空警 -2000 又一次飞越天安门的高光时刻。国庆阅兵全面展示了 70 年来国防和军队建设的伟大成就、突出反映了人民军队改革重塑时代风采、汇聚推进民族文化自信的内涵意蕴。电科院党委充分发挥“报、刊、网、屏、微”体系化宣传平台优势，积极策划宣传了一批以王小谟院士为代表的先进典型，助推文化从理念到行为的落地。各会员单位通过整合运用联盟资源背景和平台优势，建立媒体信息数据库，发布新闻信息，传播品牌形象，融媒体充分利用新的传播技术，对外展示形象，传播电子行业人勇于担当，践行国家使命责任，献身国防科技事业的大情怀，已经成为电子企业（军工）文化建设的一大“品牌工程”和一代代电科人不可磨灭的文化印记。

（作者系中国电子政研会副会长）

先进典型选树和宣传的工作模式研究

付　玉

中国海油在先进典型选树和宣传工作中探索规律，积累经验，构建“三三四”工作模型，提升工作科学化、常态化、制度化水平，有效推进了公司文化建设，为国有企业先进典型选树和宣传工作提供了参考。

一、“三结合”工作原则

习近平总书记高度重视“辩证思维”，在十八届中央政治局第二十次集体学习时指出，“辩证唯物主义是中国共产党人的世界观和方法论”，“必须不断接受马克思主义哲学智慧的滋养，更加自觉地坚持和运用辩证唯物主义世界观和方法论”。先进典型选树和宣传工作需要运用辩证思维，抓住关键、找准重点、总结规律。

（一）政治性与文化性相结合

毛泽东同志曾说：“典型本身就是一种政治力量。”回望历史，抓典型教育是我们党思想政治教育的重要手段，是党凝聚人心的重要法宝。我国自古就有国家表彰的历史传统。近年来，党和国家重申和出台了一系列表彰先进的政策和文件，通过大力表彰、选树和宣传各行各业先进典型，为组织和动员人民实现“两为两谋”的奋斗目标不断唱响主旋律。习近平总书记更是关心和重视典型宣传，在多个场合强调“一个有希望的民族不能没有英雄，一个有前途的国家不能没有先锋”等理念，倡导“天下艰难际，时势造英雄”等马克思主义英雄观教育。国有企业，坚持党的领导、加强党的建设，是“根”和“魂”，是独特的政治优势。先进典型选树和宣传作为党开展政治工作的重要途径，其政治属性不言而喻，为此，将其作为一项重要的政治工作，旗帜鲜明、立场坚定，要求先进典型必备过硬的政治素质，坚持选树先进典型的政治标准，规定“理想信念、政治表现、职业追求、业务标准、工作业绩、情怀品德、群众威信”等几个带根本性的指标，并将政治素质作为第一核心条件，政治不过关，绝不能成为选树和宣传的典型。同时要在此基础上明确民族、企业倡导的文化导向、精神特质，明确先进典型选树和宣传的初心是文化引领，选树和宣传的典型精神就是要倡导的文化理念和价值取向。.

（二）时代性与历史性相结合

不同发展时期，有不同的时代要求和提倡的精神。在党领导人民在革命、建设、改革的各个时期，先进典型都承载着时代的主流精神诉求和价值取向。国家能源行业历来将先进典型选树和宣传作为弘扬优良传统和强化思想政治工作的重要举措。特别是石油行业，具有诞生榜样的肥沃土壤。早在上世纪60年代就产生过“铁人”王进喜等一批人们耳熟能详、享誉全球的先进典型，“石油精神”也是中华民族最宝贵的民族精神之一。新时代，先进典型选树和宣传就是要坚持时代需要和历史传承，因时而谋，应势而动，顺势而为。在传承和发扬老一辈石油人精神的同时，选树和宣传符合新时代需求的典型代表。

（三）先进性与群众性相结合

习近平总书记指出：“中华民族是崇尚英雄、成就英雄、英雄辈出的民族，和平年代同样需要英雄情怀。”“榜样是看得见的哲理，典型是触得到的标杆”。先进典型是党中央和行业企业推选的优秀代表，是代表民族文化、诠释民族精神、彰显企业最核心精神和最优秀文化的典型代表，充分反映国家和企业倡导的价值取向，先进性是“典型”的基本属性。但“先进”只有从群众中来的先进典型，具有深厚的群众基础，体现群众意愿，反映群众要求，才能成为大家学习的榜样，使大家认可，产生共鸣，从而有效发挥示范引导作用。

在选树和宣传过程中，一是选树程序中要让干部群众公认，广泛听取群众的意见，让群众推荐、评价典型，做到公平、公开、公正，让群众信服；二是着重深入挖掘先进典型事迹中对干部职工有强烈号召力和感染力的闪光点，让干部职工从身边凡人小事中看到不平凡的精神境界，近距离感受到榜样的人格魅力，激起情感共鸣和心灵的撞击，在干部职工心目中树立起高大、美好的形象，成为广大干部职工心中的学习楷模和精神动力。三是要实事求是，树立先进典型，主要看他的思想、行为是否具有代表性，是否能成为大家学习的榜样，不能指望典型人物是完人，也没有必要人为地随意拔高、过度包装甚至虚构所谓的先进事迹，否则会失去典型的真实性，损害党和企业形象。

二、“三层级”管控模式

充分发挥组织作用，是中国共产党提升执政能力的重要体现，也是将国有企业政治优势转化为组织效能的具体实践。

（一）注重顶层设计，率先垂范

面对石油行业充满挑战的严峻市场形势，中国海油党组以战略思维考量、布局工作，将先进典型选树和宣传作为坚持党的领导，加强党的建设，发挥国有企业独特优势的具体举措。一是提高政治站位，凸显央企政治担当。我国海洋石油工业是伴随着改革开放发展壮大的，起步比西方发达国家晚半个多世纪，在发展之初全方位落后于国际同行，海油人以“敢为天下先”的“英雄气”用30年走完了西方国家的百余年发展历程。在新时代，中国海油自觉将先进典型选树和宣传定位为“出思想、出英才、出先进、出劳模、出工匠的政治责任”，让榜样引领成为党建和文化建设常态，充分认识先进典型选树和宣传对加强党的建设、发挥国有企业政治优势的政治意义，是大力传承和持续弘扬石油精神的时代要求，是促进中国海油企业文化建设的实践途径，也是彰显新时代海洋石油工人风貌的重要载体。二是集团党组高度重视，传递党组声音和价值导向。中国海油自1982年成立以来，涌现出了大批战风斗浪、奋勇拼搏、爱岗敬业、无私奉献的优秀人物和集体，新中国“最美奋斗者”“海上铁人”郝振山，十九大代表、全国海洋人物、全国三八红旗手李清平，全国劳模、中央企业劳模徐长贵，“大国工匠”楚金勇等等，每一次集团公司级及以上级别的评优选先都作为公司“三重一大”事项，经党组会充分讨论、酝酿、审核推荐人选。三是建立科学的评优选先机制，做好顶层规划。中国海油组织的内部最高级别奖项即为海洋石油工业劳动模范和先进集体的评选，为此，集团党组审议签发了《中国海洋石油集团有限公司劳动模范和先进集体评选表彰管理办法》，明确规定评选条件、办法、评程序、工作机构和职责、表彰和奖励劳动模范的管理等实施细则。集团各专业类奖项参考劳模评选管理办法，制定相应管理细则。为抓好先进典型选树和宣传工作科学化、制度化、常态化有序推进提供了保证。

（二）强化中层协调，组织推进

中国海油依托中层职能部门，具体贯彻落实顶层工作部署，将集团先进典型选树和宣传的各项规划通过有序组织，当好教练、做好指导，实现创造性转化、创新性发展，使得中国海油先进典型的规模、层次不断扩大，广泛代表性更加凸显，实现由“明星”向“群星”过渡的良好局面。一是以开展主题报告会为载体，大力弘扬石油精神。2014至2020年，连续多年开展“最美一线海油人”“家园、梦想”“交响海油梦”“见证初心、能源报国——中国海油最美奋斗者先进典型报告会”等主题巡讲活动，通过“身边人身边事”激励人、鼓舞人，生动诠释石油精神，深挖海油核心价值理念，海油故事的精神高度、文化内涵和传播价值充分彰显。报告会得到石油大学特别邀请，在高校师生间引起强烈反响，彰显了当代石油工人的精神风采。二是积极组织参与重大评优选先活动。2019年，推荐郝振山成功当选新中国“最美奋斗者”荣誉称号，成为70年来全国各地区各行业各领域涌现出来的300名英雄模范人物（集体）中的一员，树立新时代海油标杆。中国海油自2010年起，连续10年参评“全国十大海洋人物”，每年都有候选人成功当选，对树立中国海油积极践行海洋强国战略发挥了积极作用。多年来，中国海油当选全国劳模、中央企业劳模、全国五一劳动奖章、全国三八红旗手等省部级及以上荣誉近300人。三是加强宣传力度，营造文化氛围。中国海油坚持重大典型、基层先进典型两手抓，先后宣传了“LNG开拓者”屈长龙、海洋人物牛成民、十九大代表李清平、“怒海神钻”“南海二号”钻井平台等饱受社会赞誉的重大典型。同时，将镜头笔触对准一线，开设“点赞新时代奋进海油人”、“一线正能量”、“最美一线人”、“出彩海油人”等栏目和人物专版，视频“30S看一线”“身边的美好”等，用身边人讲身边事，弘扬正能量，激励员工爱岗敬业。

（三）依靠基层聚力，落地执行

马克思主义者认为：“历史活动是群众的事业，随着历史活动的深入，必将是群众队伍的扩大”，“民众是真正的英雄和新生活的创造者”。先进典型选树和宣传的土壤在基层，活力在基层。一是认真执行，贯彻落实集团公司中高层工作规划。中国海油各所属单位积极按照集团公司先进典型选树和宣传工作部署要求，制定分解工作细节，及时为集团公司及以上级别评优选先工作提供候选人材料；积极配合集团公司，形成上下联动宣传格局，将企业要树立和宣传的典型事迹、崇高精神传递到基层一线。二是主动作为，积极开展符合基层企业特色的先进典型选树和宣传工作。中海油能源发展有限公司（简称海油发展）自2010年开始举办“年度人物评选活动”，并逐步固化成海油发展的一个文化传统。它以“身边人、身边事，树立榜样；小人物、大精神，弘扬文化”为理念，两年评选一届，让承载着公司价值理念的普通基层员工成为企业的“英雄”，每一届年度人物的评选基本上每个海油发展人都参与其中。普通员工在参与过程中，能够看到榜样，找到自己的位置和价值，进一步加深了对公司企业文化的认同。三是基层练兵，提升挖掘、宣传先进典型事迹亮点的宣传能力。南海西部油田持续激发基层党组织和通讯员主动投身宣传工作的积极性，结合公司实际创新设计了以激发通讯员积极性为初衷的“段位制”管理机制，提出通讯员“角色晋升”的概念。该制度以发稿量积分作为评判标准，通过“高、中、低”三级共九个段位的逐级评段授名，使通讯员的内隐能力外显，成为个人身份标识并与个人相关待遇及职业发展直接挂钩，深度激活通讯员写稿的内生动力，实现了“要我宣传”到“我要宣传”的逆转。“段位制”的顺利运行，对培养各层级先进典型故事的记录者、讲述者都起到了推动作用。

三、“四步走”工作环节

先进典型选树和宣传是一项系统工程，涉及到多个环节。中国海油在多年实践基础上，探索工作规律性，将先进典型选树和宣传工作环节归纳为“四步法”。

（一）育，有意识“培养”典型，有的放矢

一是提前“育苗”。先进典型需要肥沃的土壤和辛勤地浇灌，促进其成长成才。要根据时代需要和企业实际，提前制定培养目标和计划，有针对性地撒种育苗。比如要树立勇挑重担，拼搏奋斗的一线工人典型，就要在一线中寻找政治过硬、爱岗敬业、敢闯敢拼的突出员工，有意识将一些急难险重的任务交给他，不要出于“保护”怕其出错，而要给其压担子，经受磨砺，通过实实在在地干，夯实“优秀”“先进”的事迹基础。有意识地培育典型，有储备，有资源，利于在适当时候力推典型，避免临时抱佛脚，矮子里拔将军。二是持续“养苗”。打造典型不是“一阵风”，需要持续性，让典型成长“节节高”。特别优秀的典型要经历一步一个脚印、千锤百炼的历练过程。有的人在成为全国典型之前也得到过很多荣誉，如中央企业劳动模范、集团公司先进工作者等，在培育过程中不能因为已取得的荣誉就把培育工作“到此为止”，而要给典型转岗或者“保护”，坚守培育初心，使培育的典型有扎实的群众基层，逐步成长为叫得响的个层级典型。

（二）选，在培育的种子库里挑选最合适的优秀代表打造为宣传和学习的典型

一是要坚持三项工作原则，选取最具引领力、感召力和凝聚力，最符合时代和公司发展需求，最贴近群众、易于被大众接受和认可的优秀人物（集体）代表。二是要针对推选奖项和要求，甄选符合评选标准的优秀代表。比如由自然资源部组织的全国海洋人物评选，其要求是要在推选年度内在全国有影响力的与海洋活动相关的优秀人物，在选取典型代表时就会侧重于与海上勘探开发研究等与上游业务相关的人物，炼化等下游产业的优秀典型即使事迹非常亮眼，也很难获此荣誉，很难在此领域成为先进典型。三是要点面结合，分层次推选。国家级、省部级、行业级、集团公司级、所属单位级，各层级的优秀人物在推选时要区别对待。比如高级别的典型是各级党委围绕中心工作选树的先进典型，对全局性工作具有普遍指导意义，其宣传周期往往较长。而基层先进典型是基于一定范围的优秀人物代表，宣传的时间周期可能不长，但对小范围的即时工作可能更容易发挥示范作用。为此，要针对不同层级选取合适的典型代表，在对比中见精神，在结合上见行动，引导培养基层典型进一步学习提高，通过选树基层典型补充高级别典型覆盖不到的场域。

（三）树，将挑选出的典型通过各种方式宣传出去，将“旗帜”立起来，让群众看到、认可

习近平总书记强调，“要深入开展宣传学习活动，创新形式、注重实效，把道德模范的榜样力量转化为亿万群众的生动实践。”《新时代公民道德建设实施纲要》明确指出，广泛宣传先进典型的先进事迹和突出贡献，树立鲜明时代价值取向，彰显社会道德高度。看到听到，才有心动行动。树典型是一个“技术活”，是最需要创新的环节。最重要的是抓住两个切入点：一是特点切入要巧，典型宣传要在坚持实事求是的基础上挖掘亮点。所谓“文无定法，贵在不落俗套”，避免典型出现“脸谱化”特征、榜样失去作为“人”的光彩、失去真实性，使受众产生质疑和逆反心理，减弱其作为先进典型的社会示范作用，可能造成宣传效果低于预期。二是宣传切入要新。在资讯快餐时代，信息传播需要以极简方式第一时间吸引眼球，提高可视性，增加阅读量和传播量。要坚持守正创新的融媒体传播方式，在运用以往传统纸媒载体基础上，增加新媒体传播途径。同时，在宣传方式上尽量多采用视频、图片等直观介入的传播方式，充分发挥不同宣传载体、宣传方式的联动作用，形成合力，提高传播的广度和深度。

（四）学，引导群众学习榜样、汲取力量，形成崇德向善、见贤思齐的良好文化氛围

树立先进典型的意义之一就是要最大限度地发挥榜样引领作用，发挥旗帜作用，从而达到以点带面、以学促进的效果。一是向先进典型学习，最关键的是要学精神、学品质、学方法。比如，学习典型的勤政爱民、艰苦奋斗的创业精神；廉洁奉公、清正无私的革命本色；心里装着群众，凡事想着群众，工作依靠群众，一切为了群众’的为民情怀”等。先进典型事迹是外在表现，其核心驱动力是内在精神，要抓住典型最具“先进性”的“精神品质”，以先进的精神力量涵养提升人的精神境界。二是要将学习先进典型与加强国有企业党的政治建设相融相促。通过“三会一课”、党支部活动、民主生活会等学用结合，突出党性锻炼。其次要在充分宣传的基础上，采取多种形式营造学习先进的浓厚氛围，如中国海油连续多年开展的主题报告会，很好地宣传了代表海油先进和优秀文化的典型人物，广大干部员工通过观看报告会，将受到的精神洗礼与感动转化为实际行动，落实到本职工作。最后要配合相应的制度建设，比如中国海油出台的员工手册、员工违纪处理办法、绩效考核等制度，通过公司章程和规定将公司提倡的文化和精神融入行为规范和奖惩机制中，让员工不但可以以榜样为指引，还可以以制度为约束，将学习先进真正做到入脑入心，落实到具体行动中。

（本文系国资委“先进典型选助力企业文化建设”课题阶段性成果，作者单位：中国海洋石油集团宣传工作部）

打造高铁服务文化　让旅客体验美好出行

白　铭

北京局集团公司地处首都和全国铁路网中心，是以客货运输为主的特大型国有企业，现有京津城际、京沪高铁、石太客专、京石客专、津秦高铁、津霸客专、石济客专7条高铁线路，动车组228组。公司秉持“以人民为中心”的发展思想，着力打造理念、制度、素质、典型、环境“五位一体”服务文化体系，助推高铁服务质量不断迈上新台阶。

打造“五位一体”为基本框架的高铁服务文化体系

首先，突出引领、促进认同，建设“让人民群众满意”为核心的理念文化体系。服务理念是高铁服务文化的灵魂，对职工的服务行为具有重要的引领作用。公司广泛征集和提炼源自高铁服务工作实践，贴近旅客、贴近市场的高铁服务信条、服务格言，形成了“报效祖国、忠于职守、艰苦奋斗、永当先锋”的京铁精神，提炼了“让旅客出行体验更美好”的高铁服务理念，和“把高铁和旅客安全作为政治红线和职业底线”的高铁安全理念。征集形成了以“路徽”和“天坛”为主要造型，体现行业特征和首都元素的企业LOGO；组织创作并唱响以高铁服务理念为特征的《京铁之歌》，拍摄集团公司“企业形象宣传”片和“企业文化建设成果”片，制作服务文化手册，编辑“企业文化故事”等文集；通过多媒体手段与传统宣贯方法相融合，使“交通强国、铁路先行”“高标准、严要求、快一档”等先进的文化理念逐步转化为职工的思想认同和行动自觉。

其次，科学优化、严爱相济，建设“作业标准化、管理规范化”为重点的制度文化体系。针对高速铁路安全高可靠、服务高质量的新要求，突出文化的“柔性”与制度的“刚性”，把高铁服务文化建设与各项规章制度、工作标准、业务流程、考评体系有机结合、融为一体。明确高铁旅客乘降安全、非正常行车安全、消防安全、反恐防暴安全、食品安全等“高铁服务十大关键”，建立以标准化作业、设备管理、环境打造、应急管理为主要内容的“高铁服务流程”。制定《干部履责说明书》、《优质服务作业指导书》，让每名干部职工清楚自身职责、服务标准，引导职工养成自觉高标作业的行为习惯。

再次，提高技能、适应高铁，建设“打造高素质职工队伍”为目标的素质文化体系。职工素质决定高铁服务质量。公司以思想道德、服务技能建设为重点，创新教育内容、方式、机制，加强动车组司机、高铁技术管理人员和服务知识的培训，搭建高铁职工争先创优平台，广泛开展“大学习、大练兵、大比武”活动，把职工的技术业务水平与奖励晋级和选拔任用挂钩，提高广大干部职工对高铁新技术、高铁新设备、高铁维修管理方式的认知水平和养护能力。大力选树宣传了高铁技术比武状元、技术能手、创新标兵、安全标兵等各类先进典型3000余名。积极创新高铁人才选拔机制，实行高铁服务岗位资格准入认证和失格退出机制，职工的考试合格率和持证上岗率达到100%。修订《关于改进改善客运工作，完善劳动用工管理的措施》，激发和带动一线职工创先争优、提高服务技能的积极性。

第四，着眼立得住、叫得响，建设“增强典型引领力、企业影响力”为标志的典型文化体系。先进典型和品牌是展示高铁文化和形象的最好名片。公司紧密结合实际，精心培育打造具有京铁特色的高铁服务品牌。嵌入高铁元素，精心设计品牌名称、品牌内容、品牌标识。评选“最美京铁人”“新时代·京铁榜样”，推出具有鲜明特色的服务措施、服务方法，打造了北京站“素萍服务组”、北京西站“036”、北京南站“润秋服务组”、天津站“高铁玫瑰服务组”、天津西站“高铁雷锋班”、石家庄站“馨桥”爱心服务区等高铁服务“品牌”集群。充分利用北京铁道报、京铁手机报、企业号、官方微博微信、职工网上家园等集团公司全媒体，并协调路外媒体，大力宣传高铁服务新举措、服务新典型，讲好高铁服务故事，塑造高铁良好形象。

第五，注重氛围和谐、格调鲜明，建设“营造高品位服务环境”为追求的环境文化体系。优质的服务环境能让旅客出行赏心悦目。公司从服务设施的设计、制造及技术改造等源头抓起，更多地融合地域、传统等文化元素，为旅客提供温馨舒适的乘车环境。在职工作业场所揭、挂服务承诺，设置和规范服务标识，建设文化长廊，增强环境对职工的影响力。强化高铁生活线、文化线和卫生保障线建设，广泛开展读书、写作、书法、歌舞、文艺表演、体育比赛等文体活动，陶冶职工情操，用文化塑造人。

注重系统推进高铁服务文化体系落地

抓好精心谋划。集团拥有中国第一条时速350公里高铁线路和第一个高铁车站。从高铁开通伊始，公司就立足新时代，按照“文化铸魂、文化育人、文化兴企”的总体思路，确立以高铁文化建设为引领，打造一流高铁服务水平的战略，制定《关于加强高铁文化建设的通知》，实施“三年文化引领工程”和“十三五”企业文化建设规划，将高铁服务文化作为企业文化建设的重中之重，明确了“线路图”“时间表”，有计划、有步骤、有重点地推进高铁服务文化建设。

开展示范创建。公司把示范创建作为高铁服务文化建设的主要载体，确保高铁服务文化建设学有目标、层层推进、保持活力。按照有年度规划、有系统理念、有制度规范、有优秀队伍、有优质环境的“五有”创建基本要求，命名表彰文化建设“优秀单位”、“示范车间”，“特色服务法”，打造了高铁服务“九朵金花”“康之旅”“京津城际”等高铁服务“品牌”集群，以点带面提升了高铁服务文化建设的整体质量。形成推进合力。强化文化领导力，成立高铁服务文化建设领导小组，统筹抓好高铁服务文化建设工作，形成了党政主要领导挂帅，分管领导专业负责，客运部门、业务部门、综合部门、公安部门参与创建的“大格局”。强化文化引领力，每年下发企业文化建设推进计划，召开高铁服务文化建设现场会，展示建设成果，交流成功经验，推广特色做法。强化文化保障力，加大资金、人员投入力度，构建了横向到边、纵向到底的高铁服务文化建设保障体系。

彰显高铁服务文化建设成果

公司以满足旅客的出行需要为目标，坚持“平安、有序、温馨”三个出行常态化，搭建站车免费Wi-Fi，开常行旅客“绿色通道”，整体升级候车环境、乘车环境。通过官方微博、微信公众号及时发布出行资讯和服务信息，回应旅客货主的关切，开展联动服务，为社会公众构建全方位、一条龙的信息服务网络，为旅客提供更加便捷舒适的服务体验。通过建设声讯提示、引导标识、分流通道等系统，为旅客提供“听、视、行”自助化的进出站、乘降车便捷服务。通过优化站房设计、公交接驳，努力实现铁路与其他交通工具“零距离”换乘，提升了高铁服务品质。

通过推进理念、制度、素质、典型、环境“五位一体”的高铁文化建设体系，在示范基础上，命名表彰各类高铁服务文化群体和个人，高铁服务文化体系日臻完善。集团公司整体工作水平得到了新提升，安全生产持续稳定，公司制改革顺利推进，经营效益连创新高，职工生产生活条件日益改善，为提升高铁服务品质提供了文化支撑，一些二级单位也形成了具有自身特色的高铁服务文化理念，彰显了中国高铁龙头的京津特色，促进了企业发展。

（作者系中国铁路北京局集团有限公司党委副书记、副董事长）

打造健康文明　昂扬向上　全员参与的职工文化

乔　东

习近平总书记在同中华全国总工会新一届领导班子成员集体谈话时强调：“打造健康文明、昂扬向上、全员参与的职工文化”。要实现职工文化建设目标，明确职工文化发展中存在的主要问题，加强政策规划和方向引导，是做好群众工作的积极选择。

一、打造健康文明、昂扬向上、全员参与的职工文化的意义

（一）全心全意依靠工人阶级的需要

习近平总书记早在2015年庆祝“五一”国际劳动节暨表彰全国劳动模范和先进工作者大会上强调，那种无视我国工人阶级成长进步的观点，那种无视我国工人阶级主力军作用的观点，那种以为科技进步条件下工人阶级越来越无足轻重的观点，都是错误的、有害的。不论时代怎样变迁，不论社会怎样变化，我们党全心全意依靠工人阶级的根本方针都不能忘记、不能淡化，我国工人阶级地位和作用都不容动摇、不容忽视。但是，现实中一些地方和一些企业，严重忽视工人阶级的经济地位和政治地位，无视甚至否定工人阶级的主人翁地位和主力军作用。在建设社会主义现代化强国的新时代，只有抓好职工文化建设，全面展现工人阶级的伟大品格，充分调动其积极性、主动性和创造性，才会将全心全意依靠工人阶级的方针落到实处。

（二）大力弘扬劳模精神、劳动精神和工匠精神的需要

大力弘扬劳模精神、劳动精神和工匠精神是党和国家提出的重大战略和政治任务，并先后写进党和国家的重要政策文件。除了党的十九大报告提出“弘扬劳模精神和工匠精神”外，《中共中央关于加强和改进党的群团工作的意见》还提出，引导广大职工弘扬劳模精神、劳动精神、工人阶级伟大品格，增强主人翁意识，打造健康文明、昂扬向上的职工文化。中共中央、国务院印发的《新时期产业工人队伍建设改革方案》进一步指出，大力弘扬劳模精神、劳动精神、工匠精神，引导产业工人爱岗敬业、甘于奉献，培育健康文明、昂扬向上的职工文化。可见，新时代职工文化建设的核心任务就是通过大力弘扬劳模精神、劳动精神和工匠精神，从而全面提升我国职工队伍的整体素质，为建设社会主义现代化强国提供高素质的劳动者大军。

（三）自觉践行党的群众路线的需要

习近平总书记在党的十九大报告中指出，人民是历史的创造者，是决定党和国家前途命运的根本力量。必须坚持人民主体地位，坚持立党为公、执政为民，践行全心全意为人民服务的根本宗旨，把党的群众路线贯彻到治国理政全部活动之中，把人民对美好生活的向往作为奋斗目标，依靠人民创造历史伟业。同理，要培育具有全球竞争力的世界一流企业，也必须践行党的群众路线，坚持职工主体地位，开展职工民主管理，全面激发广大职工群众的劳动热情和创造活力，广泛开展职工劳动竞赛活动，发掘和培育具有全球竞争力的大国工匠，依靠职工创造企业伟业。新时代职工文化展现的就是广大职工群众的先进思想理念和劳动智慧以及健康文明、昂扬向上、全员参与的精神风貌，是自觉践行党的群众路线的具体表现。

二、当前职工文化发展存在的突出问题

在习近平总书记关于职工文化重要讲话精神以及党和国家的相关政策指引下，职工文化受到社会各界

的关注度越来越高。很多媒体报道，职工文化建设已经陆续在全国各地铺开，很多地方和企业也纷纷组织开展了各具特色的职工文化活动，有的还定为职工文化年。但是，由于对新时代职工文化的理解差异，职工文化建设的质量和效果也千差万别，出现了一些不容忽视的突出问题。这些问题如果不及时有效解决，将影响新时代职工文化建设的健康持续发展，从而影响职工队伍整体素质乃至企业竞争力的提升。

（一）一些企业对职工文化建设重视不够，支持力度有限

一些地方和企业没有从战略高度认识到新时代职工文化建设的重要性，没有看到新时代职工文化在提高职工群众积极性、主动性和创造性以及全面提升职工队伍整体素质方面的重要作用，根源在于只是把职工文化看作是工会或者群团组织的事情。认识上的偏差直接导致对新时代职工文化缺乏足够的重视，支持力度不够，全员效应不足。在支持力度方面，一些地方和企业没有把新时代职工文化建设当作党政一把手工程来抓，没有纳入企业发展战略，有的只是把职工文化当作生产经营的“点缀”。在全员效应方面，由于没有党政一把手的支持，使得全员参与的职工文化形同虚设、流于形式，在职工群众中的影响特别是教育效果就大打折扣。

（二）对职工文化与企业文化的理解出现偏差

职工文化提升的是职工的素质，为企业提供发展动力；企业文化提高的是管理的水平，为企业指明发展方向。职工文化的灵魂是劳模精神、劳动精神和工匠精神，展现的是劳动者的智慧和职工队伍整体素质。企业文化的灵魂是企业家精神，体现了企业的战略定位和管理者的整体素质。劳动关系是职工与企业的关系，也是职工文化与企业文化的关系，二者同心其利断金。但是，现实中一些地方和企业把职工文化当作企业文化的一部分，甚至直接把职工文化等同于企业文化，否定职工文化的独立性和独特价值。这些认识和做法，与无视工人阶级在管理实践中的主体地位和主力军作用是无异的。

（三）把职工文化等同于职工文体活动

职工文化是包括职工思想信仰、职工行为习惯、职工整体精神风貌在内的文化体系。职工文体活动是展示职工文学、职工艺术、职工体育、职工娱乐等职工文体特长的各种职工活动。职工文化是内容，职工文体活动是形式，形式要为内容服务。职工文体活动不能为了活动而活动，不能为了娱乐而娱乐，重点要宣传和传播先进职工文化的主旋律，展现职工群众健康文明、昂扬向上、全员参与的精神风貌。但是，展示先进职工文化的形式除了职工文体活动，还有选树先进职工典型、职工劳动竞赛、班组建设、职工书屋等更加丰富的形式。

三、打造健康文明、昂扬向上、全员参与的职工文化要加强政策规划和路径引导

打造健康文明、昂扬向上、全员参与的职工文化需要加强政策规划和路径引导，思想重视、认识到位、方向明确、措施得当、效果明显，从而发挥新时代职工文化在弘扬劳模精神、劳动精神和工匠精神以及全面提升职工队伍整体素质方面的战略价值。

（一）在政策规划上为职工文化建设提供方向引领

职工文化建设在全面提升职工队伍整体素质方面有着独特的战略价值。党和国家相关部门应该适时出台职工文化的专门政策文件，为职工文化建设实践提供明确的政策指导和方向引领。现实中，尽管很多地方和企业都开展了各式各样的职工文化活动，也试图将职工文化建设有效落地。但是，由于在政策上缺乏系统明确的指导和引领，所以职工文化建设做起来就缺乏足够的“底气”。这就需要相关部门将分散在党和国家相关政策文件中有关职工文化的内容有机整合，形成系统化的职工文化专门政策文件，从而将习近平总书记关于职工文化的重要讲话精神落到实处。

（二）在战略布局上将职工文化纳入与企业文化同等的战略地位

在40多年的改革开放进程中，我国几乎所有企业设置了专门的企业文化部门及其企业文化岗位，配

备了专业的企业文化人才。企业文化建设工作在很多企业都列入了党政一把手工程。但职工文化的地位在现实中却“尴尬”的多。有的地方和企业把职工文化工作当作企业文化工作的附属，可有可无。一流的企业文化通过提升管理水平可以打造一流的企业。而一流的职工文化通过提升职工素质也可以打造一流的企业。在我国大力培育大国工匠的时代背景下，职工文化有着更加重要的战略价值。为此，职工文化也要纳入到与企业文化一样的战略位置，都要成为党政一把手工程。尤其在党建工作日益重要的形势下，作为职工思想政治工作的有力抓手，职工文化建设更有着特殊的地位和作用。

（三）在活动形式上丰富传播先进职工文化的载体

新时代职工文化的核心是文化，要达到以文化人、提升职工素养的目的。这就需要走出把职工文化等同于职工文体活动的误区，开阔思路，加强创新，在职工文化活动的形式和载体方面做的更加丰富。作为传播先进职工文化的传统项目和常规项目，职工文体活动自身也要不断创新，尤其要运用新媒体、自媒体等新技术手段，提高职工文体活动在丰富职工群众精神文化生活以及全面提升职工队伍素养方面的效果和效应，既体现娱乐性又不失教育性。除此之外，传播先进职工文化的形式和载体，还要深入到班组建设、职工书屋、职工创新工作室、职工劳动技能比赛、先进职工选树等更加丰富的活动中去，从而全方位提升职工队伍的整体素质。

（四）在管理实践中凸显新时代职工文化的管理价值

管理实践中有两个管理主体，一个是管理者，一个是被管理者也就是广大职工群众。这两个管理主体缺一不可，否则管理实践就不会发生。而职工的主体地位和主力军作用在我国管理实践中有着特殊的政治意义和战略价值。譬如，职工民主管理已经写进我国很多法律法规中，工人阶级主人翁地位和主力军作用也多次出现在党和国家领导人的讲话以及相关重量级政策文件中。新时代职工文化的管理价值就在于发挥职工的主体地位和主力军作用，是职工民主管理落地的有效途径。职工文化管理是党的群众路线在管理实践中的具有应用。从这个意义上讲，职工文化管理是土生土长的中国本土化的管理理论和实践。作为社会主义国家的企业，各级各类企业都应该将职工文化管理作为最重要的一项战略加以重视。

（五）在重点环节上加大学先进做先进的力度

新时代职工文化的核心是弘扬劳模精神、劳动精神和工匠精神，尤其发挥劳模和先进职工在教育和引领职工群众方面的重要作用。榜样的力量是无穷的。职工文化管理的重点环节是开展学先进做先进的活动。因此，新时代职工文化建设要加大学先进做先进的力度，激发每一位职工内在的劳动热情和创造活力。新时代职工文化弘扬劳模精神、劳动精神和工匠的目的各有侧重。让每一位职工学习劳模的先进事迹和先进思想是弘扬劳模精神的目的，让每一位职工在劳动中体现自身的价值和实现人生的梦想是弘扬劳动精神的目的，让每一位职工在工作中精益求精，不断超越自己，做最好的自己，是弘扬工匠精神的目的。

（六）在制度体系上形成完善的职工文化管理系统

新时代职工文化管理有着科学完善的管理体系，要在制度体系上深入挖掘，真正发挥职工文化在提升职工队伍整体素质方面的作用。职工文化管理一般要经过寻人、提魂、塑行、展风貌。寻人等四个环节，就是寻找先进职工典型；发掘先进职工群体身上的先进事迹和先进思想；用先进职工的先进事迹和先进思想教化、感化和同化职工群众，达到以文化人的目的；通过职工文体活动、职工劳动竞赛、职工书屋等形式展示职工群众健康文明、昂扬向上、全员参与的精神风貌。其中，提魂是职工文化的核心环节。在这个环节，要把职工文化体系中的精神文化内容提炼出来，形成职工文化手册。其中主要包括职工责任、职工理想、职工信念、职工精神、职工形象等内容。这样就与企业文化体系的内容形成对照，主要包括企业使命、企业愿景、企业价值观、企业精神、企业形象等。职工文化体系提升职工素质，企业文化体系提高管理水平，二者相得益彰、相辅相成，为做大做强企业提供文化保障。

（本文摘自人民网－理论频道 2019 年 4 月 25 日，作者系中国劳动关系学院教授）

节点自治：让员工成为自己的方向盘

刘鹏凯

作为发展中企业，黑松林公司主动颠覆整改，自我提升性能，自我加速，破旧立新，在心力管理的基本前提下，尝试“节点自治”的管理方法，让员工与管理者在同一条高速公路的不同车道上协同前行，分车道行驶，重点控制出入口，同时通过制定行车规则，设置有警示作用的交通路牌、标线和特殊防撞墙、防范网，既满足“客运汽车”（员工）的高速行驶，又强化“货运卡车”（管理者）载重的职责，让每一个员工都成为自己的方向盘，实现“人人用心给力，事事落实管控；人人心中有目标，千斤担子大家挑”的管理效果。

自我破题——从“乡镇公路”到“高速公路”

20 世纪 30 年代，德国全面发动第二次世界大战，为实施闪电战略，修建了 3900 公里多车道立体交叉高速公路。高速公路一经出现就发挥了巨大作用，当时法军统帅认为，德军最快需要三天抵达进攻地点，而德军凭借高速公路的快捷交通，仅一天就赶到前线，并绕道至马奇诺防线之后，法军倾刻瓦解。其实，管理亦如此，无论是技术创新还是管理创新，无论是战争时代，还是互联网时代，改变现状都需要像修建高速公路那样，集中智慧，打破定势，打翻惯性，实现再造，强调速度，决胜于千里之外。

界定一个组织是否进行了创新，一个重要的依据是能否对支配的资源进行有效的优化，确保企业运营健康，效益良好。实践证明：要让员工认识到自我优化、变革的重要性，必须让员工由单纯的被管理者转变为参与者、管理者，在此基础上的“创新”才是现实的、有效的。

如：黑松林公司生产车间原先灌装作业的流程是：先领料，后灌装，再检验，最后成品入库。这种传统的方式随着生产规模扩大，已无法在提高效率上发挥优势，反而还会产生一些副作用。因此，公司将领料这一工序从开工后第一件事，变为收工前最后一件事，就是变上班后领料为下班前领料，让员工一到班就能进入工作状态，大大缩短了上班后领料的辅助时间，提高了作业效率。

同时，公司还尝试让员工参与管理，将常规灌装的包装桶、纸箱等辅助材料改由操作工来管理，不专设监管岗位，而是通过“库存耗用流转卡”“生产通知单”控制耗用。这样一来，操作工“当家作主”，承担了仓库管理员的部分职责，现有的仓库管理员则转型为仓库物资管理员，每天只需对相关流转卡和库存物资进行核对稽查，将常规的以管物为主改变为以组织、协调、控制、服务为主，管物又管人。采用这种管理方法后，生产操作中的领退料程序省去了，既发挥了员工的潜能、增强了员工自我管理能力，又简化了工作流程，真正实现了“少增人、多功能、满负荷、高效率、争一流”的生产运营宗旨。

2014 年以来，公司开始尝试依据化工企业生产与工艺流程，打破边界，根据技术等级划分类型，将原有与生产相关的部门进行颠覆式“再造”。优化 6 个平行节点，每“节点”设 1 名节点管理员（简称“点长”），明确推行“点长负责制”。各节点对所承担的工作任务实现“三自一包”，三自即：“自我管理、自主考核、自己当家”；一包：包任务、质量、消耗、安全、环保、节能、7S。点长为各节点第一责任人，得到充分授权，他们可以自主灵活运用“以单定产”“计时计件工资制”等管理工具，将各自所负责的节点做到管理效能相对最大化。

实施节点自治的前提是信任，管理者充分信任员工的能力和动机，节点成员充分信任点长，建立爱的关系，爱的管理，让员工从工作中找到归属。在确保企业原各项管理规章制度不变的基础上，公司对生产第一线的管理进行改革，撤销原有生产科室、车间班组，重视每一位员工，搭建平台，设定目标，赋予大家角色和责任。为了确保工作中的有效协作，公司采用高速公路“全封闭、半封闭或开放式”形式，设立生产管理委员会，生产任务如需两个或两个以上节点协同完成，或单个节点发生应急情况，由管委会主任统一调度，诸如：遇到可预测的天气变化等，在工安全作流程容许的范围内让夜间值班人员帮助备料等，这样既能提高效率，又不影响白天生产，快速反应，马上行动，实现生产流程优化的效果。

以节点自治取代层级，设立平台型组织，是说服、启迪、引导的过程，这就像在上世纪80年代多数国人还无法理解高速公路那样，需耐烦，不怕费劲，让每一个员工从认识到认知，从认知到认同，从认同到释放价值，变被动管理为自我管理，让员工基于自己的知识、技能与经验，自己把握、自己计划、自己判断、自己决策、自己负责，自己的事自己做主，用目标、愿景引领员工，重新找回工作中的内在价值，使员工在工作中感受到被尊重、被鼓励，在爱的氛围中愿意为公司共同信奉的价值去付出时间和智慧，进而获得乐趣和满足，使管理变得简单有效。

行善不在大小，行动才是关键。实践中，只要我们用心把管理的感觉和管理表达的通道打通，像设计高速公路一样，采用跨线立交那样，消除横向阻碍，员工的潜能就会自然流露，自行表现。心力管理从“解决问题，提高素质”入手，在人心上用功夫，心力上开发，不断深入、精细地激活个人和组织，这不仅是实行科学管理的必要条件，也为超越自我逐步实现自我管理打下了坚实的基础。

自我锤炼——从被动成长到自驱动成长

心力管理的精髓是“用心管理，管到心里”。节点自治实施的要点，是引导和帮助员工，让员工感受到信任与自由，把所有人的努力汇聚到一点，形成强大的企业精神。这就好比高速公路之于普通公路，具有道路平直、线路畅通、纵坡缓和等很多优势，然而，道路变了，如何变革自己，锤炼自己，从被动成长到自我驱动成长，使自己跟得上高速公路带来的改革发展机遇。

公司提出了“人人都是传道士，人人都是主人翁，人人都是管理者，人人都是责任人”的“四个人人”自我管理目标，并进一步深化、推行原先的“进二退一”管理法，“一把手”主动将财务借款、报销审批等签字权下放，由生产管委会主任负责审核签字。同时充分放权给各节点点长，谁主管谁负责，让他们有权、有责、同时明确权力就是责任，有所为有所不为，努力让员工成为自己的方向盘。

在当今的企业组织中，企业文化的作用日益凸显，创建自驱动企业文化，提升企业的自我组织，自我纠错，自我更新能力，实现员工的自我领导，不是靠“一把手”来驱动，而是要自我锤炼，自我生长，自我管理。在自驱动中，对待任何一件事，既要重视结果，又要关注过程，坚持以开放的心态接受别人的观点，冷静地与人坦诚沟通，达成目标的双赢思维，需要我们的管理者明白自己的目的是什么？对方的目的是什么？如何做才能达成我们双方共同的目的？拿破仑·希尔说：人的一切行动都是受到激励而产生的，通过不断地自我激励，就会使自己有一股内在的动力，朝着所期望的目标前行，最终达到成功的顶峰。

节点自治的管理方式推行后，公司在此基础上又实施人性化的弹性考勤管理，推行弹性上下班制度，公司还以结果为导向，采取“以要货单为计件，以每釜为计时”工资制，生产节点在确保完成交货无虞的前提下，实现三自，即“自我安排，自我掌握，自我考核”，最终以结果来衡量员工业绩。员工有急事、要事、有特殊情况可按规定提出，经批准可自我调节工作时间或办理请假手续，月度工资按定额任务实际完成情况，或计时工资进行自我考勤考核，让制度有为。

自我激活——从“修路”到“修心”

心力管理的基本价值诉求是“将企业员工的心之所及，转化为力之所达的过程；是将企业团队层面的意识培育转化为物质层面的生产力资源，并有效地进行集聚、发散和增效的过程；是不断引导员工在工作与生活中，善用其心，自净其心，消除恶心，增加爱心，发自内心，共同构建心心相印的和谐发展环境的过程。”

修路先修心，修心必修行。今天，企业管理已经进入“柔性管理”时代，与“以规章制度为中心”的刚性管理不同，柔性管理的本质就是一种“以人为本”的人性化管理，它突出强调要在研究人的心理和行为规律的基础上，做到有制有“味”，采用非强制性的、文化渗透的方式，在企业员工心目中产生一种潜移默化的说服力。公司靠长期以来心力管理的这把钥匙，使员工主观能动性充分发挥，从而把企业家意志变为每个员工的自觉行动。由心力转化为生产力，由软实力转化为硬实力，实现从‘人本’到‘心本’再到‘心力’的飞跃。

节点自治制度，是通过心力管理，不断地挖掘调动人的积极性、潜能量，共同创造价值的一种尝试，重点在于激活、协同和自驱动。通常，满足于“做”，却忽略了做的结果；忽略了做的过程，将永远只会停留在“做完”那一步。既然做就要做好，就要将工作一气呵成完成，只有让员工成为自己的方向盘，整个工作流程就会轻松，就会一步到位，形成良好循环。

节点自治能够成功推行的关键人是点长，他们最大的优势是自我成长，具有把握自己内在生长的能力。点长发现什么问题，就会自己解决什么问题，他们知道自己该干什么和怎么干，他们既是一线“指挥员”，又是现场“施工员”，一旦充分对其赋能授权，激活他们的管理潜能，便可收到比预期大的收获。

点长每天的“日课”通常由三部分构成：一是想法：围绕当日任务，各节点点长自我思考本节点当日工作，编制可行的计划；二是方法：围绕操作规程，让各节点成员进行班前安环自警，自检，思考采取什么方法，可以高质量完成生产的准备工作；三是做法：依据目标、要求、具体步骤流程，保质保量，确保当日生产任务圆满完成。点长还可以通过每日晨会、节点班前安环自警会、员工工作日记、节点每日大事记、微信平台等多种管理渠道，进行互相沟通、激励成员、提醒管控等，使点长与员工在日常工作中形成信任关系，就会像高速公路发挥重要运输作用一样，“我的节点我负责、我做主”，实行闭环管理。

管理大师彼得·德鲁克说过，中国的管理必须依赖于中国自己的管理人才的培养，技术可以引进，经验可以引进，资金可以引进，但是管理人才必须是本土化的，只有中国人才可以建设中国。

企业，不是一个人的奔跑，真正能够让企业跑得更远的是赋能激活一群人。赋能，核心思想是指减少自上而下的控制，不仅是个体或局部能力的提升，让员工拥有更多的权力；更重要的是，组织作为一个协作体系，整体的能力得到提升，从而有更多决策和行动的自主空间。独挡一面，员工的活力也会被进一步激活。

有了员工的主动参与与自我激活，公司的生产管理委员会很快便找出生产过程中管理的“盲点”，并进行针对性的调整、优化。例如，让原有的三只 1 吨规模的反应釜“下岗”，改用一只 5 吨的反应釜进行集中生产、集中灌装，既方便了生产操作人员、节约了用汽量，又解决了灌装人员分散操作、不利于管理的问题；根据万能胶的生产过程，黑松林公司鼓励专业人员开展技术攻关，创新“定时控制装量”，实现了定时搅拌、自动控制停机，节时节电。不仅如此，一线工人的创造性和主动性也被大大激发，公司经采纳员工建议，由机修节点自行设计，在储胶罐罐体上增加了观察视镜，让操作工在灌装时随时掌握储胶罐的储存量，方便了操作，效果十分显著。

节点自治是一件考验脑力和意志力的活儿，不仅需要顶层设计，更需要集中智慧，挥洒汗水。这些年黑松林人用心力管理开拓的发展之路正在不断发挥着重要作用。如今，黑松林人不忘初心，牢记使命，仍在不断努力，引入互联网思维，重构再造，朝着智慧高速公路发展，努力打造时代的企业。

（本文摘自《上海企业》2020 年第 2 期，略有删节，作者系江苏黑松林粘合剂厂有限公司董事长）

坚定文化自信　引领建设“世界的河钢”

齐跃章

参与“一带一路”建设，以全球视野加快河钢国际化布局

2013年以来，河钢紧紧抓住“一带一路”倡议和国际钢铁产业资本重组战略机遇，按照“全球拥有资源、全球拥有市场、全球拥有客户”的发展定位，加快“走出去”步伐，在世界五大洲30多个国家拥有投资项目和合作伙伴。目前，河钢完成境外投资11亿美元，控制运营海外资产80亿美元，直接或间接参股、控股境外公司70余家，拥有海外员工12000人，成为中国国际化程度最高的钢铁企业。

构建全球营销服务平台，融入国际市场。2015年，河钢投资控股了全球最大的钢铁材料营销服务商——瑞士德高公司。德高公司在全球拥有4.4万个客户资源，服务网络遍布110个国家。这次收购让河钢迅速成为世界上营销网络最发达的钢铁企业，构建了全球钢铁材料营销服务和投融资平台，获得了高效整合配置全球资源、推进深层次产业合作和资本并购的强大能力。

构建全球技术研发平台，引领行业发展。聚焦钢铁产业链条前沿、共性技术，聚焦制约河钢产业升级的关键性、根本性问题，深化国际技术交流，与世界钢协、瑞典国家冶金研究院、德国西门子、韩国浦项、澳大利亚昆士兰大学等全球著名的行业组织、科研机构、企业、院校，建立了紧密的“产学研用”合作关系，搭建了23个技术创新平台。

贴近客户需求，构建全球钢铁制造平台。2013年，河钢作为最大股东，成功收购了南非最大的铜冶炼企业——PMC矿业公司（这个铜矿的尾矿是含铁元素很高的铁矿石，目前大约有3亿吨）。2016年，又收购了塞尔维亚斯梅代雷沃钢厂，建立了我国钢铁行业第一个海外全产业链生产制造基地。习近平总书记2016年6月19日视察河钢塞尔维亚公司，对河钢国际化战略给予了充分肯定，并强调：“河钢不仅代表河北，更代表中国，河钢要‘言必信，行必果’，努力打造中国海外发展的‘金名片’”。河钢牢记总书记嘱托，通过输入管理、技术，发挥整合配置全球资源优势，仅用半年时间就彻底扭转了斯梅代雷沃钢厂连续七年亏损局面，实现了扭亏为盈，走上了良性发展的轨道。目前，河钢在海外形成了“四钢两矿一平台”的全产业链发展格局，年营业收入超过800亿元，年净利润20亿元。

坚持“三个本地化”原则，积极探索跨文化管理路径

在积极参与“一带一路”建设中，河钢始终秉持“开放、包容、协同、共享”的理念，对海外企业管理创新提出了“三个本地化”原则，即“利益本地化、用人本地化和文化本地化”，推进海外企业本土化运营，有效提升了企业的凝聚力和向心力。

坚持“利益本地化”原则。河钢塞钢原有技术水平、工业基础、环保水平都相对落后，被河钢收购后首先投资进行了大修和技术改造。在项目建设中，我们坚持利益本地化原则，积极邀请当地承包商和供应商参与招投标，先后与多家当地企业建立长期战略合作关系。在南非PMC公司铜一期项目资源已近枯竭的情况下，着眼企业可持续发展，投资近10亿美元加快推进铜二期项目，让员工切实感受到了河钢真正为企业未来着想的责任心。

坚持“用人本地化”原则。河钢将“以人为本”“员工是企业不可复制的竞争力”的人本理念引入

海外企业，大胆起用当地员工担任关键岗位领导职务。控股瑞士德高后，我们保留了该企业原来的CEO，管理层几乎没有变动，原有的管理理念和管理制度继续保持，河钢集团仅派出4名兼职董事和3名管理人员。接管河钢塞钢后，按照当地法律改组改造董事会，目前河钢也只派出9人组成的团队管控企业，其他所有管理人员都由塞方担任，原有5200名员工全部签订了劳动合同，没有一名员工因为企业被中方收购而失业。

坚持“文化本地化”原则。完全按照当地法律、法规及文化习俗实施管理和经营，继续保留原有体制和管理模式。积极邀请政府、社区负责人来企业参观，了解企业变化，增进认同。认真履行社会责任，帮助当地人修路，与当地人共庆佳节，使政府、社区对企业的认可度得到极大提高。尊重当地企业原有习惯，保留员工困难家庭救助基金等做法。而对中方管理人员，我们则提出要树立“学习、融入、掌握、掌控”的管理理念，客观理性看待国内外企业之间存在的文化差异，主动学习海外企业的文化精髓，积极融入当地文化和社会，进而更准确了解驻在国的法律、政策和海外员工的思想、行为，为企业各项决策提供依据，为企业发展创造和谐稳定的环境。

集团以举行“河钢十年书画展”为契机，为河钢塞尔维亚公司员工子女展示美术作品，当参展作品万里迢迢辗转数日送到河钢后，集团党委书记、董事长于勇专门委托来集团参会的河钢塞钢员工为小作者赠送“河钢十年”文化纪念品。此事在河钢塞钢和斯梅代雷沃市都引起了极大反响，大家纷纷为河钢关爱海外员工点赞，得到外籍员工支持。类似“世界河钢大家庭”的温暖故事还有很多，正是坚持了“三个本地化”原则，为河钢实施跨文化管理、推进海外企业经营提供了文化支撑，也提升了海外员工对河钢集团的归属感。

实施跨文化管理，为企业全产业链全球布局铸魂

中国企业走出去，加快国际化布局，一个不可避免的问题就是企业文化管理和融合问题。实施跨国经营，必须采取正确的跨文化管理方法，将母国文化、东道国文化和企业文化有效地融合在一起。

坚持以互利共赢为基础。习近平总书记强调，“一带一路”是互利共赢之路。河钢并购塞尔维亚斯梅代雷沃钢厂、瑞士德高公司、南非矿业公司等企业之后，没有以短期盈利为目的，更没有以老板自居，而是树立“计利当计天下利”的胸怀，尊重世界文明多样性，以双赢的思维推进跨文化管理，凝聚了人心，收获了国际产能合作的丰硕成果。

充分认识发展文化认同的重要性。做好对海外企业的跨文化管理，首先需要管理团队对跨文化的深刻了解和认识，兼容并蓄不同文化的优点，增强文化的协同性，提高团队的执行力和创造力。在海外企业管理中，河钢高管团队没有把自己凌驾于制度之上、文化之外，而是坚持以身作则，如主动放弃配置专车，与普通员工一同乘坐班车上下班，和员工一同打卡进入企业，得到外方员工的普遍赞扬。

坚持正确的战略思路和管理理念。河钢对海外企业的管理秉持“开放、包容、协同、共享”的理念，按照“战略管控＋本土化运营”思路，坚持“独立运营保持自主性、渐进融合促进共生性、战略考核提升积极性”原则，推进“学习、融入、掌握、掌控”的管控路径，确保新并购公司延续并提升其传统经营优势。

通过文化融合实现文化认同。文化认同是思想统一的基础。河钢在“走出去”的过程中，逐步将先进的管理方式、管理理念移植到投资所在国家的企业管理过程中，通过文化融合，更好地实现文化认同，有效解决国家历史文化差异、企业自身文化差异和员工个体文化素质差异，使河钢的管理方式、管理理念与海外企业原有的目标、价值更好地融合，并形成统一的价值观念，为企业持续健康发展提供坚实的文化支撑。

河钢将继续探索河钢全球化布局过程中，对海外企业跨文化管理更有效的方式方法，更加坚定河钢文化自信和路径自信，以高质量发展的新突破、新业绩，为“一带一路”建设，为中国钢铁工业发展做出更大贡献！

（本文作者系河钢集团有限公司工会主席）

坚持文化自信　推进鞍山特色企业文化建设

孙志国

文化自信是一个民族、一个国家以及一个政党对自身文化价值的充分肯定和积极践行，并对其文化生命力持有的坚定信心。对于企业来说，文化自信首先体现在企业文化建设上。鞍山的企业文化建设必然带有鞍山特有的地域特色。要注重坚持文化自信，传承国家、民族、城市的文化禀赋，为特色企业文化建设提供充足的营养。

一、优秀的企业必须担当文化责任

优秀企业的文化特征就是要坚定对习近平新时代中国特色社会主义思想的高度自信，学懂、弄通、做实这一新思想，在武装头脑、指导实践、推动工作中充分发挥这一党的最新理论成果的强大真理力量；就是要按照这一思想所展现的鲜明人民立场，牢记中国共产党为人民谋幸福、为民族谋复兴的初心和使命，自觉践行立党为公、执政为民的执政理念，始终把人民利益摆在至高无上的地位，坚持以人民为中心，一切为了人民、一切依靠人民，不断把为人民造福事业推向前进，努力实现人民群众对美好生活的向往。人品决定产品和服务。企业的产品和服务都是文化的对象化或者人的本质的对象化。以优秀的文化育人，才有优秀的产品与优良的服务。企业要自觉坚守中华优秀传统文化、革命文化、社会主义先进文化中所积淀的真善美及其价值判断标准，具体化为文明的行为方式和交往方式等，将中华优秀文化转化成发展动力和国家财富，通过诚信合规行为让经济利益显示一种正义的力量。

二、鞍山城市文化拥有令人充满自信的丰富内涵

城市不仅是一个空间概念，更是一个文化概念，是文化的重要载体。深入挖掘城市传统文化内涵，打造城市特色文化品牌，可以让一个城市永葆其生命力和竞争力，同时让当地企业文化建设从中汲取丰富的文化营养。一个国家要有文化自信，一个城市也应该有文化自信。鞍山要振兴老工业基地，建立文化自信很重要。

鞍山地区东依蜿蜒起伏的长白山脉，西接沃野千里、河川纵横的辽河平原，具有优越的地理自然条件。连绵的群山、川流的河水、辽阔的平原，造就其多元开放、兼容并包的地域性和民族性，滋生坦荡磅礴、雄劲豪迈、坚韧不拔的天然品性。古代鞍山地域汉族、高句丽、渤海、契丹、女真、蒙古、满族等诸多民族杂居，多种经济类型并存，多种民族文化共生，渔猎文化、游牧文化、农耕文化交融汇合，形成了鲜明的地域文化特色。

鞍山地区的铁矿资源储藏量达200亿吨，占全国近40%。足见“钢都”的美誉是名符其实的。鞍山地域丰厚的铁矿禀赋，铸就了举世瞩目的钢都文明。近年建成的鞍钢博物馆对鞍山冶铁文化品牌做了很好的宣传和展示，对鞍山工业遗产的保护利用具有很大的促进作用。鞍钢工业文化的无形资产——“创新、求实、拼争、奉献”的鞍钢精神和鞍钢的英模文化也是冶铁文化品牌中必不可少的一部分，在社会发展中起到了“凝聚鞍山智慧，传承钢都文明，彰显区域特色，创新鞍山文化”的重要作用。鞍钢是《鞍钢宪法》诞生的地方，涌现出老英雄孟泰、“新时期雷锋”郭明义等全国著名劳动模范。“钢都精神”是鞍山地域特有的自强不息、深沉厚重、心系天下的家国情怀，是钢都人固有的执着自信、迎难而上的英雄气概，是志存高远、勤劳智慧、追求卓越的大国工匠精神，是敢为人先、拼搏务实、不屈不挠、刚劲雄浑的中华民族风骨，是勇于担当、改革创新的时代精神，这些都是鞍山企业生长的沃土。

三、鞍山的企业正从文化觉醒走向文化自信

文化的卓越和悠久、国家的振兴和强大、城市的禀赋和传承，就是鞍山企业坚持文化自信的深厚底气。

（一）立根铸魂，特色文化建设成果丰硕

近年来，在鞍山市企业文化研究会的积极引导下，众多鞍山企业坚持文化自信，在特色企业文化建设方面取得丰硕成果。2017 年，做为共和国钢铁工业的长子，鞍钢集团成功地召开了企业文化体系发布会，为鞍山的企业树立了典范。鞍钢股份有限公司全面导入卓越绩效管理模式，坚持典型引路，培育“英模文化”。在广泛宣传老英雄孟泰、走在时间前面的人王崇伦、当代雷锋郭明义、当代发明家李超的同时，鞍钢股份有限公司注重多方面培养、树立、宣传活跃在职工身边的先进典型，利用先进典型阐释公司理念。中国三冶集团有限公司秉持“以价值衡量员工，以业绩考核班子”理念，积极营造“一家亲”企业文化氛围，努力打造“幸福三冶、实力三冶、美好三冶”。鞍钢矿业集团公司以构筑鞍钢资源优势，维护我国钢铁工业原料供给的战略安全为使命，秉持为客户、为员工、为社会创造价值的理念，打造具有矿山特色的企业文化，形成以战略为主导的执行文化，努力建设系统创新的智慧矿山、人与自然和谐发展的绿色矿山、具有高度凝聚力的人文矿山。鞍钢民企集团践行“为员工造福，为鞍钢服务，为社会尽责”的企业使命，培育以责任之心、事业之心和慈爱之心为基石的责任文化。具有福利企业特色的责任文化贯穿经营管理的全过程，渗透在员工的工作追求中，内化为员工的精神实质，把一个包含 2000 多名残疾职工的弱势群体，凝聚成为一个日益强大的战斗团队。

（二）设立重点课题，开展交流研讨

市企业文化研究会把“弘扬工匠精神，建设高素质职工队伍”作为课题研讨和典型宣传的重点，召开“弘扬工匠精神，建设高素质职工队伍”的现场经验交流会。鞍山钢铁集团公司、鞍山市水务集团公司、鞍钢民企集团公司、鞍钢矿业齐大山选矿厂、鞍钢建设机电公司等 11 家会员单位交流了工作经验。下半年，市企业文化研究会在《鞍山日报》和本会会刊开辟“弘扬工匠精神”专栏，集中宣传会员单位的工匠典型事迹。用一年时间宣传报道了 50 名工匠典型。

“红色文化”是指党在革命时期和社会主义建设时期形成的文化传统，包括党的领导、实事求是、群众路线、思想政治工作、全心全意依靠工人阶级等。把红色文化传统与现代企业文化的理念相融合，是新时代企业文化建设必须解决的问题。2018 年，鞍山市企业文化研究会把“企业党建与企业文化建设相融合”作为重点课题加以研究和探索。年底，市企业文化研究会在鞍钢民企集团召开了“企业党建与企业文化建设相融合”研讨会，鞍山燃气集团有限公司、鞍钢现代城市服务有限公司等十二家单位交流了“企业党建与企业文化建设相融合”方面的工作经验，对如何在新时期加强企业党建、传承红色文化进行了探讨，交流和传播了先进经验。

（三）成立文化分会，拓展工作领域

鞍山市企业文化研究会成立了绿色文化分会，将树立绿色文化理念、增强环境保护意识、落实生态文明发展目标纳入了企业文化建设的新领域。为贯彻习总书记“绿水青山就是金山银山”的指示精神，落实党中央“打好蓝天保卫战”的号召，绿色文化分会到鞍山市的 20 多家控排企业调研，和企业共同研讨、解决向二氧化碳排放问题。随着鞍山市企业文化研究会诗歌创作朗诵学会成立、鞍山市企业文化研究会星光艺术团成立，这两个分会吸纳了本市一大批诗人、作家、艺术家，标志着研究会将更多地用文学艺术的形式宣传企业文化，宣传先进典型，弘扬正能量，活跃职工文化生活。

鞍山老工业基地的振兴，第一位振奋的是全市人民的精神，发扬光大大以老英雄孟泰为代表的工人阶级爱党爱国、艰苦奋斗、无私奉献和改革创新精神，抓改革，调结构，增效益，确保城市发展目标的实现，是永恒的时代主题。为此，市企业文化研究会要发挥自己的职能，推进企业文化建设再上新台阶，为经济建设助力。

（作者系鞍山市企业文化研究会理事长）

中国特色工业文化　促进工业高质量发展

孙　星

工业是强国之本，文化是民族之魂。工业文化是伴随着工业化进程而形成的、渗透到工业发展中的物质文化、制度文化和精神文化的总和。工业文化时刻影响着人们的思维模式、社会行为及价值取向，是工业进步最直接、最根本的思想源泉。世界工业化300多年的历史证明，文化元素对工业化进程和产业变革具有基础性、长期性、决定性的影响。工业文化时刻影响着人们的思维模式、社会行为及价值取向，是工业进步最直接、最根本的思想源泉。

在“建设现代化经济体系”和“推动社会主义文化繁荣兴盛”的治国理政中，有许多涉及工业文化的内容，比如激发和保护企业家精神、弘扬劳模精神和工匠精神、加快建设创新型国家、加强文物保护利用和文化遗产保护传承等等。工业文化是中国特色社会主义文化在工业领域的具体体现，理应在繁荣社会主义文化、提高国家文化软实力进程中发挥积极作用。

世界各国在工业化的进程中，均构筑起一整套符合自身特色的工业文化。与西方资本主义工业文化不尽相同，中国工业文化源自于优秀的民族传统文化，在吸收世界工业文化精髓的基础上，在传承创新、兼收并蓄的过程中形成了别具一格的风格，成为中国特色社会主义文化的重要组成部分。自新中国成立以来，经过几代人的艰苦努力，中国已经建成了门类齐全、独立完整的工业体系，工业发展取得了举世瞩目的成就，成为世界第一制造大国。在一些行业或领域形成了各具特色的文化成果。如：在推进工业化的探索实践中，孕育了三线建设、铁人精神，两弹一星、载人航天等一系列先进工业文化典型，形成了自力更生、艰苦奋斗、无私奉献、爱国敬业等中国特色的精神宝藏，涌现了一大批优秀单位和英雄模范，也留下了大量承载工业文化的物质、制度和精神财富，为工业发展提供了精神动力。

“实施制造强国战略，不仅需要技术发展的刚性推动，更需要文化力量的柔性支撑”。工业文化是制造强国的文化基石和软实力，它在支撑制造强国建设中，既表现出规范、凝聚、调控的制约作用，也体现了包容、浸染、渗透的润滑功能，这种影响，更像“润物细无声”的“春雨”，具有持久和潜移默化的作用。因此，工业文化调节着人与人、人与机器、人与社会、人与自然之间的关系，保障着复杂工业社会得以顺畅运行。

当前，我国经济发展迈入高质量发展阶段，这为我国工业文化建设提出了更高的要求，也为大力发展工业文化提供了难得的历史机遇。工业和信息化部贯彻落实党中央、国务院关于实施制造强国战略和繁荣社会主义文化等方面的决策部署，在加强工业文化建设方面采取了一系列措施，包括组建工业文化发展中心、加强工业文化基础研究、弘扬工匠精神、会同财政部印发《推进工业文化发展的指导意见》、推动工业遗产保护利用、建设工业博物馆体系等，取得了一系列成果。但也要看到，国内工业文化发展仍然存在不少问题，在理论研究、环境培育、机构建设等方面需要加大力度。特别是随着制造强国建设的深入推进，中国制造业正处于从生产型向服务型、从价值链低端向价值链中高端、从中国制造向中国创造转变的关键时期，进入了需要以工业文化作为重要支撑的新阶段，亟须通过发展工业文化塑造中国工业的新形象，实现高质量的发展。

因此，在新时代，要坚持以习近平新时代中国特色社会主义思想为指导，践行社会主义核心价值观，加快发展中国特色工业文化，大幅提升我国工业软实力，为制造强国建设提供文化支撑，也为文化强国建设作出积极贡献。

在推进工业文化建设的过程中，要着重把握好六个关键环节。一是加强工业精神的传播，深入挖掘、传承大庆精神、“两弹一星”精神、载人航天精神等传统工业精神，大力弘扬工匠精神、创新精神、诚信精神、企业家精神等。二是加强工业文化基础研究，开展工业文化对制造强国建设支撑作用、工业文化与区域经济发展、工业文化与工业革命关系等方面的研究，为中国特色工业文化发展提供坚实的理论支撑。三是加强研究成果的推广应用，积极推动工业文化进企业、进校园，努力营造有利于工业发展的舆论氛围和社会环境，增强全民工业文化素养。四是加强对工业文化资源的开发，抓好工业遗产保护利用，加快工业博物馆体系建设，发展工业旅游，推进工业设计发展，大力发展工业文化产业。五是加强质量品牌建设，提升产品质量，塑造中国品牌，不断丰富中国制造的文化内涵，逐步提升“产品的文化定价权”，增强我国制造业的核心竞争力。六是加强新时代宣传工作，讲好中国工业故事，着力塑造诚信、质优、创新、绿色的中国工业新形象，提高国民对中国工业产品的认同感，增强国外公众对中国工业产品的认可度，提升中国制造美誉度。

（本文摘自《光明日报》2018－10－16，作者系工业和信息化部工业文化发展中心副主任）

执行文化在军工企业发展中的作用

杨合伟

一、军工执行文化内涵

执行文化是在军工核心价值观的引导下，凝聚集体和个体能力，通过对企业发展战略和上级指令科学、自觉、创新、卓越的执行，把高效完成目标任务、不断提高企业效益作为价值追求作为最终目的的价值创造过程。军工执行文化在实践创新中经历了实践－认识－再实践－再认识－再实践的循序渐进过程，走过了理论探索、导入传播、内化落实、升华提高五个发展阶段，最终形成了符合企业实际、赢得员工认同、体现自身特色的执行文化体系。

（一）科学执行

把战略的可行性、方法的先进性和过程的可控性作为执行文化建设的重要环节，在军工企业发展过程中，通过制定战略规划，以适度超前的战略管理为企业科学决策提供参考；根据军工企业不均衡的特点，导入倒逼机制、动态预案管理和生产作业跟踪检查制度，以先进科学的方法增强了员工的执行能力；根据工作进度安排，实行重点工作督察督办、合理化建议辅助纠偏、绩效考评制度，以目标导向的过程控制提升员工的执行效果。

（二）自觉执行

在执行文化建设中，把企业核心价值观导入生产全过程，针对近年来军品生产不均衡、民品发展后劲不足的特点，提倡“只为成功找方法，不为失败找理由”的工作作风，导入“岗位承诺、首问负责和限时办结制度”，自我加压，管理触角向配套单位和外部市场延伸，主动查找根源，主动解决问题，通过“要我执行”到“我要执行”的转变，使外协问题困扰生产组织的被动局面不断改善，超常规地完成军品生产计划。

（三）创新执行

执行文化追求的是“创造与创新”，强调的是敢于颠覆老观念，不以文件落实文件，不机械教条听命令，通过对上级精神的领会、吸收、转化、创新来达到工作绩效的提高。针对企业领导干部和一般管理人员在日常工作作风上存在的问题，积极开展一线工作法，推行精益生产一线工作问题归零表，机关各处室和领导干部积极深入一线，解决难题，尤其是分厂班子成员能够率先深入精益生产联系点，现场指导，亲自参与，起到率先垂范的作用。

（四）卓越执行

作为军品生产企业，把善于攻坚、敢打硬仗、能打胜仗的优良作风渗透到执行文化中，提出“按时完成是执行的基本要求，保质保量是执行的根本要求，追求完美是执行的最终要求”的工作标准，要求员工自觉做到接受任务不讲条件、执行任务不讲借口、完成任务追求卓越。

二、落地军工执行文化的方法路径

（一）宣传是手段

在执行文化导入过程中，通过召开文化理念宣贯会，开展执行文化案例试点，更换办公楼、会议室、基层车间文化设施标识，利用广播、电视、报纸、微信公众号、橱窗等媒介大力宣传企业文化和执行文化理念，对基层执行的典型案例进行全面推广，对执行文化的内涵向生产经营中逐步渗透，使员工认知、认同和接受，根植于心灵深处。

（二）领导是关键

领导干部是整个执行活动的组织者和督促者，一个单位的执行力如何取决于领导干部抓执行的态度和决心。通过给每个中层管理人员配发了《执行力》一书，开展“四好班子”双向量化考核工作，推行了工作高标准、敢于讲真话、事事讲节约、计划重落实、全力抓执行为内容的树“五风”创“四好班子”活动，让领导先学、先做，发挥示范带动作用。

（三）制度是保证

管理制度对员工的行为起着约束、指导、规范作用，是执行文化建设的根本保证。多结合实际，通过制定企业管理制度，尤其在文化制度建设方面，印发《企业文化建设管理制度》、《宣传报道管理制度》，把自律和它律、内在约束和外在约束有机结合起来，为执行文化建设的顺利推进搭建“平台”。

（四）发展是目的

企业文化只有融入发展实践，才具有发挥作用的着力点。分厂执行文化紧紧围绕中心工作，牢固树立“执行为了推动生产，执行为了实现发展”的思想，通过年度工作会议、经营分析会以及实施民生工程，让员工了解企业的目标任务，使每个员工不但要做事，而且要明白做这些事情对企业发展的意义，明确企业发展与个人价值实现的关系，从而形成了员工在执行中推动企业发展、企业发展使员工受益的良性循环。

三、军工执行文化在企业发展中的作用

执行文化建设实践证明，文化是企业发展的助推器、催化剂，通过加强执行文化建设，增强了企业的向心力、凝聚力和创造力，打造了市场竞争中的新优势，促使企业的环境改善，工作质量提高，经济效益上升，职工积极性增强，干群关系融洽，改革、发展、稳定的良好局面不断形成。

（一）有助提升管理水平

通过开展执行文化建设，强化员工责任意识培养，建立完善的岗位责任体系，深入探索融执行流程、执行监督和执行评价于一体的执行机制，健全完善相应的奖惩制度，“做事重在成事，执行重在到位”的工作理念得到较好的贯彻，企业的质量管理、安全管理、现场管理、后勤管理水平将大幅度的跃升。

（二）有利强化能力建设

通过开展精益生产、质量整顿、制度建设、环境整治等专项活动，开办精益生产、工艺质量和保安安全、企业文化等专题培训，员工的文化、技能水平大幅提升，核心竞争力得到增强。

（三）有益营造和谐氛围

通过开展“我为企业发展提建议”、员工合理化建议征集、员工思想动态调研等活动，掌握基层员工对企业发展的建议和意见，了解和帮助员工在生产生活中的实际困难，心与心、情与情的沟通，队伍更加和谐。

（本文摘自《中外企业家》2019 年第 1 期，作者系中国兵器西北工业集团有限公司）

“铸心文化”促中国航发生机勃勃

肖永奎　张云鹏　张玉芳

航空发动机集团有限公司（以下简称“中国航发”）承担着振兴航空发动机事业的光荣使命和历史责任，习近平总书记专门对中国航发成立做出指示，即“加快实现航空发动机及燃气轮机自主研发和制造生产，为把我国建设成为航空强国而不懈奋斗”。面对新时代、新使命、新愿景、新战略，航发坚定不移地深入实施集团战略，推进与战略相匹配的企业文化建设，打造具有航空发动机行业特色的“铸心文化”，铸航空装备之心，铸理想信念之心，铸干事创业之心。

“铸心文化”生态系统建设，是将企业文化理念、企业战略、制度文化、员工行为和外部环境视为相互作用、有机融合的类生态系统，注重培育企业文化与企业战略之间、企业文化与中心工作之间、企业与个人之间的和谐共生关系，形成“四个步骤、八个子体系”的企业文化建设方略，为建成世界一流航空发动机集团提供坚强文化支撑。

聚焦集团战略：搭建“铸心文化”生态系统模型

航发集团通过“铸心文化”生态系统发挥强大的导向、约束、凝聚、激励及辐射作用，统一意志、激发热情，将文化软实力转化为广大员工实现集团战略目标的动力和自觉行为。“铸心文化”生态系统是由各文化要素和影响其发展的外部环境组成的有机整体。从外部看，要适应当前国家政策、形势任务、上级指示、重大项目实施等外部环境；从内部看，要实现企业文化理念、企业战略、制度文化、员工行为之间相互作用、相互影响、相互促进的良性循环。在外部环境和内在需求的双重驱动下，实现企业文化自我调节、自我完善、自我提升，形成螺旋式上升的动态循环生态系统。“铸心文化”生态系统包含五个要素，分别是文化理念、企业战略、规章制度、员工行为和外部环境。“铸心文化”生态系统具有面对外界的变化做出出反馈并逐步趋于稳定的特性，主要表现出适应力、自组织和层次性三大特征。

“铸心文化”生态系统的适应力体现在能够在外界环境变化和内在需求调整的情况下，保持系统的动态调整以维持各项功能。这种适应力会使企业文化根据企业的不同性质、发展的不同阶段、员工的不同组成等原因呈现出不同的形态。自组织体现在“铸心文化”生态系统通过各要素相互作用演化形成闭环，其中的文化理念引领、支撑、服务于企业战略，企业战略实施过程中形成并不断丰富文化理念。多层次体现在企业文化理念分为战略层、策略层和执行层，分别对应企业战略、规章制度和员工行为。使命和愿景是战略层文化，是文化理念的基础，也是企业制定战略的基础；价值观、精神、经营方针等是策略层文化，为使命和愿景服务，是把使命、愿景、战略和企业经营理念、管理理念等联系起来的桥梁，在各项规章制度中体现；各种企业经营理念如创新理念、质量理念、人才理念等以及员工行为理念是执行层，是企业各职能要求的倡导和落地，也是企业战略在工作中的具体实践。

精心谋划子体系：推进“铸心文化”生态系统建设

“铸心文化”生态系统包括各闭环子体系，并通过四个关键步骤贯穿实施，构成了有机运行的闭环式企业文化建设体系，是“铸心文化”建设的实施路径。

“统领”：企业文化目标体系。中国航发紧密围绕集团发展战略，强化企业文化建设顶层设计，印发

《集团企业文化建设纲要》，明确企业文化建设的目标、路径、方法，系统推进“十项重点任务”。将企业文化建设工作纳入集团年度党建重点工作，将长期目标和短期任务相结合，确保了企业文化建设有计划、系统性地层层推进。

“内核”：企业文化理念体系。构建由核心文化理念、职能文化理念和各直属单位特色子文化共同组成的文化理念体系框架。核心文化理念是灵魂，是全体员工最高行动纲领，反映了中国航发的核心价值理念、远景追求、精神风貌、作风状态等内在思想。职能文化是对核心文化理念的落地支撑，形成了创新文化、质量文化、人才文化等系列职能文化。各直属单位特色子文化是集团文化理念体系的基石，在保持核心文化理念一致的前提下，中国航发支持直属单位结合本单位历史形成特色的子文化，实现母子文化一脉相承、和谐共生、相互补充。

“输出手段”：企业文化传播体系。中国航发注重传播载体多样化、传播内容可视化、传播形式特色化，构建覆盖企业文化内外部宣传的“立体式”传播体系，把企业的价值观、理念、精神等以生动的方式传播给员工、用户和社会公众，对内提升员工感情认同和价值认同，对外提升企业知名度和美誉度。

在传播载体多样化：中国航发通过打造官方微信、网站、《中国航发》报、期刊、书籍、杂志等多种宣传载体，拓宽文化传播途径，构建全方位文化发声平台，对内传递文化好声音、宣传文化践行好故事；对外综合展示集团整体形象和社会责任，通过航展等各类展览展示，广泛传播集团文化，引起全社会对航空发动机事业的关注和支持。

在传播内容可视化方面，发布《视觉识别系统手册》，提供统一 VI 可视化标准；编制形成了一批物化文化产品，如《习近平总书记对集团成立重要指示解读手册》《企业文化手册》《航发人物集》《评论集》等系列读物，用生动的文字和故事深化员工对企业文化的理解。

在传播形式特色化方面，坚持每年围绕集团成立周年纪念日开展“铸我中国心”系列主题活动，打造特色文化传播形式，用立体化语言讲好企业文化。“演”出航发风貌，员工自编自导自演话剧《吴大观》，展现老一辈航发人“择一事、终一生”的崇高精神；借助移动新媒体传播手段，紧密围绕集团战略和文化创作微电影 34 部，用小故事演绎大道理。“讲”出航发力量，基层员工走上台前，从文化价值入手，讲述身边人、身边事，讲出一线航发人所展现出的文化特征和文化内涵。“写”出航发精神，广大干部员工拿起笔来，用诗歌、散文等文学体裁抒发对航发事业的热爱。

“窗口”：企业文化视觉识别体系和行为识别体系。中国航发在组建之初即着手构建视觉识别体系，重点包括核心要素规范和应用规范两部分。核心要素规范包括标志、标准字、集团标志组合、色彩、辅助图形等规范；应用规范包括办公事务用品、司旗、环境导示、车体标志以及其他标准规范。

行为识别体系是企业文化对外展示形象的另一个“窗口”，中国航发尊重航空发动机研制规律，不浮夸、不浮躁，实事求是；同时，提倡打破常规，敢闯敢试，打破条条框框，特别提倡青年职工要保持革故鼎新的勇气和魄力。青年创新大赛“百团大战”是践行创新文化的有益实践，真正把创新理念转为了创新行动，形成了良好创新文化氛围。

“桥梁”：企业文化融入体系。通过融入制度、融入管理、融入中心、融入岗位开展企业文化建设，从战略、科研、生产、经营、队伍、品牌、服务等维度深植文化理念，实现企业文化建设和中心工作的深度融合。

中国航发将文化理念融入科研生产和管理制度、管理流程中，并进行相应的调整或修订，突出制度流程建设的文化内涵，保持制度体系和文化理念体系的一致性。聚焦航空发动机和燃气轮机主业，紧紧围绕重大项目和重点任务，实施“铸心”工程，并纳入集团战略体系框架，充分发挥思想引领作用，彰显军工文化的“红色竞争力”。坚持发挥好职能文化在各业务领域的思想引领作用，强化文化理念和各个岗位、员工行动、各项工作具体要求的融入，注重企业文化主管部门和各业务部门的工作协调，引导业务部门积极主动参与到企业文化建设当中，发挥协同效应。

“支撑”：企业文化保障体系。通过提供组织保障、制度保障、队伍保障、物质保障等全方位的保障，确保企业文化建设顺利推进。

中国航发建立了“三位一体”的文化建设组织领导体系，“横向到边，纵向到底”，形成全覆盖、无死角的企业文化管理网络。初步形成了以《集团企业文化建设纲要》为核心的系列顶层制度，逐步完善了企业文化建设的配套管理制度，确保了企业文化生态系统在必要的约束下运转。建立集团文化建设专家库，配备懂管理、高素质、有激情的专职人员，将企业文化队伍建设纳入企业人才建设规划，逐步构建起了一支讲政治、作风好、业务精、能力强且相对稳定的文化建设专业人才队伍。强化软件和硬件设施建设，特别是文化阵地建设，各单位结合自身实际，为企业文化建设提供了必要的物力、财力、智力支撑。

“关键步骤”：企业文化评估体系。围绕事先制定的企业文化建设方案检查是否达到预期的效果，是否有助于战略实现和绩效的改善和提高。通过完善集团文化建设考核评价和激励机制，制定文化建设考核评价标准，细化基础考核指标，选树对文化建设有思路、有举措、有成效的示范单位，定期全面评估企业文化发展现状等手段，实现企业文化管理闭环。

以两个“注重”、三个“做到”深化“铸心文化”生态系统建设

——注重文化融入，促进核心文化理念转化

“铸心文化”生态系统以核心文化理念为统领，调整结构、配置资源、完善制度、优化流程；把核心文化理念植入企业目标和战略、组织结构体系、招聘和培训体系、评估和奖励薪酬体系并不断优化；注重采用战略引领、管理融入、基层创新等手段实现核心文化理念转化，实现核心文化理念内化于心、固化于制、实化于行，外化于形。

——注重激发基层活力，推动企业文化落地

“铸心文化”生态系统要激发基层文化活力，给企业带来勃勃生机。在秉承和传播集团统一的核心文化理念的同时，各所属单位根据自身特点更自觉、更主动、更广泛地对集团文化进行细化和具体化，创造性地进行富有活力的丰富多彩的基层个性化文化建设，用特色文化元素不断丰富集团精神文化内涵，真正做到基因相同、个性不同、和而不同，实现企业文化全面落地生根。

——做到“人企合一”，形成利益命运共同体

“铸心文化”生态系统需发挥每一个要素的作用，实现动态平衡和良性循环，文化管理的核心同样是重视每一个个体的作用，最终实现“人企合一”。中国航发的员工和所属企业倡导利益共同体和命运共同体，以人为本作为企业文化重要内容。文化管理把以人为本作为核心，其内涵和外延都不能局限于企业内部，要更加注重用户满意度，开展用户关系管理。

——做到领导者文化自觉，传递文化正能量

“铸心文化”生态系统实现内部循环的关键是要素之间的传递转化，企业管理者是企业管理的重要因素，可以将企业所倡导的理念价值传递到每一名员工，转化成推动企业前行的动力。中国航发坚持从高层领导推进原则，领导层以高度的文化自觉践行文化理念，在核心文化的提炼、宣讲引导、体系建设、制度设计以及执行和奖惩等方面积极倡导领导层履行职责、身体力行的文化要求，保障文化理念顺利落地。

——做到全员笃信“愿为”，汇聚企业发展强大动力

“铸心文化”生态系统顺利运转得益于系统内各要素密切配合，企业内部全员的团结协同、真心付出。全员笃信“愿为”是企业文化发展的深层次驱动力。有“信”，才有“愿”，有“愿”才有“为”。“道由心生”，全员笃信愿为，文化理念将根植于员工的心中，传承于员工的血脉，形成员工行为习惯，员工自然做到知行合一，产生自发性成长和无限的创造力，使企业提升竞争力，形成凝聚力，赢得基业长青。

（本文摘自《企业文明》，作者系中国航空发动机集团有限公司文化工作者）

重组整合　促进文化融合　助推高质量发展

吴　东

重组整合是企业做强做优做大的有效途径。多年来，北京金隅集团持续推进战略重组整合工作。2006年重组北京建材经贸集团、河北太行水泥集团，2007年重组北京大成房地产开发总公司，2010年重组拉法基北京兴发、顺发水泥公司，2016年重组河北冀东发展集团，2018年控股天津建材集团、接收北京人才开发中心。在内外部大小60余次的重组整合过程中，金隅集团在尊重历史、尊重差异的基础上，本着以人为本、兼收并蓄、共同提高、注重实效的原则，坚持不忘本来、吸收外来、面向未来，及时总结提炼、融合提升金隅文化，持续构建充满生机活力的金隅“母子文化”体系，丰富了金隅文化新的时代内涵，增强了金隅文化的辐射力、感召力和影响力。无论是“老金隅人”，还是“新金隅人”，都自觉加强对金隅文化理念的思想认同和情感认同，金隅集团规模效益、品牌影响力、社会知名度和美誉度持续提升。

一、文化融合促和谐

文化融合是企业重组整合的重要内容，也是重组成功的重要保证。金隅集团积极探索独具特色的文化融合模式，助推企业高质量发展。

（一）健全工作机制，强化组织管理体系

金隅集团建立健全组织领导和运行机制，每年年初、年中利用召开党委全会、职代会、组宣工作会议和工会、共青团群团会议等形式，统筹协调金隅文化建设、管理与运行工作。集团制定企业文化建设总体指导意见，建立起一套适应中国特色现代国有企业制度要求、符合中长期发展战略、体现员工根本利益和价值追求的金隅文化体系，努力实现企业文化与发展战略的和谐统一，集团发展与员工发展的和谐统一，文化优势与竞争优势的和谐统一。

（二）构建共同基因，健全母子文化体系

金隅集团在企业文化建设中做好总体规划和顶层设计，规范核心理念，加强理念宣贯，加速文化融合。如2016年重组冀东发展集团后，2017年金隅冀东水泥公司、冀东发展集团即确定为“文化融合年”，构建起兼容并蓄、优势互补的“母子文化”体系，做到基因相同、一脉相承，深度融合、特色鲜明，实现集团文化共性与子公司文化个性、文化统一性与文化差异性的和谐统一。

（三）坚持与时俱进，丰富核心理念体系

“三重一争”的企业精神、“四共”发展理念、“四化”管理原则、“信用、责任、尊重”核心价值观、“八个特别”金隅人文精神和“想干事、会干事、干成事、不出事、好共事”金隅干事文化为核心价值理念的金隅文化，是金隅60多年改革发展实践的哲学总结。集团总部层面结合核心主业特点，不断总结提炼安全环保、科技创新、干部人才、党风廉政、管理服务等专项理念，使其内涵更加丰富，结构更加完整，表述更加凝练。各重组企业结合自身实际，深入开展专项文化和子文化建设，促进母子文化理念与管理深度融合。

（四）提升职业素养，完善行为规范体系

在集团推动下，金隅集团核心价值理念内化为开展生产经营活动和处理内外关系的职业道德规范，形

成文化自信与行动自觉。各重组企业结合实际建立健全岗位职责和行为规范，寓文化理念于制度之中，规范员工行为；同时进一步加强制度文化建设，使制度文化形成一种能够自我管理、自我约束的习惯意识。在此过程中，集团上下进一步引导员工自觉践行社会主义核心价值观，做到忠诚金隅，爱岗敬业，务实创新，遵章守纪。

（五）突出金隅标识，优化形象识别体系

金隅集团持续优化视觉识别系统，规范集团标识、徽标、旗帜、标准色、标准字体、辅助图形、环境设计、员工服装等，规范使用标识，进一步提升金隅整体外在品牌形象。各重组企业和各考核单元，在办公场所显要位置统一使用“BBMG 金隅集团”标识，进一步增强对金隅的归属感和认同感，共同打造金隅品牌强大合力。

（六）注重凝心聚力，创新文化宣贯体系

统一思想、凝心聚力是宣传思想文化工作的中心环节。金隅集团坚持把企业文化工作与思想政治工作、生产经营管理、人力资源开发等工作有机结合，在落小落细落实上下功夫。集团层面精心打造“四位一体”宣传平台，坚持定期编辑印发《金隅文化》内刊，每年召开“七一”大会、开展职工主题宣讲、职工文艺汇演和媒企联合调研采访等，宣传先进典型，讲好金隅故事，传播正能量，提振精气神。各重组企业进一步整合企业文化资源，积极开展各项文体活动，满足职工精神文化需求。

（七）强化考核评价，优化成果转化体系

金隅集团建立健全企业文化建设考核体系，完善工作机制，制定考核标准，把企业文化建设纳入党建目标管理考核内容，不断向系统化、标准化、规范化发展。集团注重从无形文化向有形资源延伸、从管理文化向文化管理延伸，全面优化企业形象、品牌形象和员工队伍形象，实现管理效能的不断增强和经济效益、社会效益、品牌效益的不断提升。同时，集团层面积极组织开展企业文化研讨活动、课题研究，申报企业文化优秀成果，加强对企业文化建设的引领示范和深入推进。

二、文化融合促业务高质量发展

“人心齐，泰山移”。在多年的重组整合过程中，金隅集团深入贯彻落实新发展理念，通过加强文化融合工作，促进了集团上下目标同向、思想同心、行动同步，助推了集团高质量发展。

（一）经济总量快速扩大，经营效益大幅提升

金隅集团大力发展经济效益好、技术含量高、市场前景广阔的产业和产品，各项经济指标持续快速增长，经济运行质量稳步提高，国有资产资本大幅增值。2018 年，集团营业收入首次进入“千亿俱乐部”行列，达 1050 亿元，资产总额 2820 亿元，实现利润 64.5 亿元。2019 年，集团实现统计口径营业收入 1180 亿元，实现利润总额 81 亿元，主要经济指标再创历史新高。

（二）主营业务更加突出，综合实力显著增强

通过重组整合、开放融合、转型升级，集团由当初传统单一的建材产品生产企业发展成为以“新型绿色环保建材制造、贸易及服务，房地产开发经营、物业管理”为主业的市属大型国有控股产业集团和 A + H 整体上市公司，其所形成的核心产业链优势成为金隅最为显著的竞争力。金隅集团荣登 2019 中国企业 500 强第 183 位，荣获第九届北京影响力“京津冀协同发展大奖”。

（三）深化改革成效显著，整体管控更加科学

金隅集团按照“突出主业、强化专业”的发展思路和“扁平化、专业化、区域化、信息化”的管控原则，通过优化重组、股权调整、业务整合等方式设立组建金隅冀东水泥公司、金隅冀东混凝土集团、金隅地产开发集团、新材产业化集团和投资物业管理集团 5 个二级产业平台公司以及冀东发展集团和天津建材集团 2 个综合管理公司，构建“1 + 7 + X”整体管控架构，使权责利更加匹配，整体管控更加科学有效。

（四）服务“四个中心”建设，形成创新驱动格局

提高政治站位，提前谋划，强力推进，坚持“有所为、有所不为”，紧抓疏解非首都功能“牛鼻子”，积极利用疏解腾退出的土地等资源发展培育符合首都功能定位的新业态，努力构建“高精尖”产业结构，服务北京“四个中心”建设。深入构建“1＋N”科技创新体系，形成以国家重点实验室、国家认定企业技术中心和省市、行业重点工程研究中心及工程技术中心等为骨干的创新平台，推动主业向产业链和价值链高端不断攀升。

（五）发挥国企独特优势，党的领导全面加强

在重组整合过程中，集团党委坚持把方向、管大局、保落实，实现加强党的领导和完善公司治理有机统一，全面加强党的政治建设、思想建设、组织建设、作风建设、纪律建设，牢牢把握正确的政治方向，坚持民主集中制，强化思想政治教育，构建全面从严治党责任体系和党建工作“组织、运行、考核”体系，不断提高党的建设质量。

三、以文化之力，铸金隅之魂

在重组整合过程中，金隅集团始终以一脉相承而又与时俱进的优秀企业文化凝聚全系统干部职工精诚团结与和谐奋进。

（一）融入集团发展战略

从战略高度谋划文化融合工作，这是金隅核心价值体系落地的方向。集团坚持把文化融合与体制机制创新、资源整合、管理流程再造工作结合起来，用核心价值体系保证和引领集团发展战略的实施与推进。

（二）融入经济发展中心

坚持发展第一要务，坚持以文化人，这是金隅核心价值体系落地的目标。围绕集团“十三五”发展目标和“打造国际一流产业集团、进入世界500强”的发展愿景，进一步激励、引领、规范企业核心价值体系的创建和执行。

（三）融入企业经营管理

文化管理是最高层次的管理，这是金隅核心价值体系落地的主要任务。集团采取了一系列有效措施消化吸收和巩固扩大重组成果，逐步建立起更加适应经济新常态和发展新要求的新机制、新模式，重组由“物理变化”不断形成“化学反应”，重组红利和整合效应不断彰显。

（四）融入员工行为规范

具有共同的行为特点和工作准则，这是金隅核心价值体系落地的标准。集团强化领导干部示范，成风化人、久久为功，变无形的文化理念为有形的自我行为调控，形成对金隅文化核心价值体系的思想认同、情感认同、价值认同。

（五）融入员工素质提升

人力资源是企业第一资源，这是金隅核心价值体系落地的根本。集团加强职工教育培训，注重人文关怀，促进职工全面发展，使文化融合的过程成为不断提高职工队伍素质的过程，使文化融合与企业发展建立在职工队伍整体素质不断提高的坚实基础之上。

（作者系中国企业文化研究会专家委员、北京金隅集团党委副书记、执行董事）

加强企业安全文化建设

张新月

企业安全文化是企业文化的重要组成部分，是企业安全管理的灵魂。安全管理的制度、手段和技术等企业安全管理的基本要求，必须不折不扣加以落实。

安全重于泰山

确保生产安全是企业管理的底线要求。党的十九大报告强调，要树立安全发展理念，弘扬生命至上、安全第一的思想，完善安全生产责任制，坚决遏制重特大安全事故。贯彻落实党的十九大精神，必须强化企业文化特别是企业安全文化建设，让干部职工时刻绷紧安全生产这根弦。

企业安全文化是安全管理的灵魂

企业安全文化是企业文化的重要组成部分。安全管理的制度、手段和技术等企业安全管理的基本要求，必须不折不扣加以落实。企业安全文化是触及职工灵魂深处的一种启迪和唤醒，在潜移默化中激发职工安全生产意识，让职工产生发自内心的自觉行动，是安全生产长治久安的根本保证。实践表明，安全文化是安全生产系统有效性的决定因素，职工对企业安全文化的感受与认知支配着其安全意识和行为的养成，安全文化决定着安全生产系统要素是否有效发挥作用。安全文化建设作为一种新的企业管理路径，凸显的是企业的社会责任、政治责任，更体现了企业的软实力和核心竞争力。企业安全文化建设的主体和客体都是职工，因此，首先要注重全面提高干部职工的素质和能力，通过确立职工安全红线意识、提高职工综合素质、加强内部管理来实现安全生产和提质增效。这就要求企业人要充分发挥好企业思想政治工作的重要作用，将企业安全文化的推广与落地作为思想政治工作中的一项重点工程来抓，通过持之以恒的企业安全文化建设来教育引导广大职工提高安全意识、规范安全行为，努力为安全生产和经营管理工作创造团结和谐、积极向上的良好氛围，以文化管理助力企业安全运行。通过开展安全知识竞赛、岗位操作比武、健身运动等丰富多彩的文体活动，打造独具特色的安全文化，形成企业安全生产和企业安全文化相互促进的良好局面。要通过企业安全文化建设，进一步将安全理念、价值取向渗透到安全管理的各个环节，使安全理念、安全制度、安全行为与安全环境有机统一起来，为实现企业生产安全提供坚强有力的思想文化保证。

加强企业安全文化建设必须下大的功夫

企业安全生产只有起点没有终点，企业安全文化建设也不可能一蹴而就，更不可能一劳永逸，需付出久久为功的努力。其中包括：

*一是加强价值引导建设，让安全文化成为生产一线的警世钟。*在当今时代，企业职工的需求呈现出一些新特点，有的职工对安全生产的认识还不够到位。帮助职工树立正确的安全价值观，是安全文化建设必须解决的现实难点问题。在企业安全文化建设中，要着力于引导职工快乐工作，为职工搭建起实现自我价值的平台，让职工感受到主人翁的荣誉感。开展安全生产主题宣传教育，引导职工算清安全账，通过对不安全事件的深入分析，将职工绩效、安全评级、个人影响等内容用简单形象的方式体现出来，进一步将安全价值化，使职工认清做好安全工作和个人进步、职务提升、效益保证、企业发展之间的关系，引导职工

牢固确立确保安全就是促进职工人生价值、班组岗位价值、集体荣誉价值的理念，自觉执行安全生产管理规定。注重安全文化落地的视觉建设，以教育培训、主题活动使职工牢记安全生产规程，将安全文化理念由无形变有形。利用岗前培训、班前班后会引导职工在工作中学习安全知识、在实践中运用安全技能，将宣传阵地由会议室向一线班组和工作现场延伸，逐步形成安全制度与安全文化、安全知识与安全技能融为一体的宣传教育格局。通过推进安全文化用语上墙，将贴近岗位、贴近职工的安全理念引入操作一线，增强视觉冲击，加深职工的心理约束，引起职工的思想共鸣，以潜移默化的方式，时刻提醒职工注意安全，保持清醒。

*二是加强载体文化建设，让安全文化成为企业发展的传承载体。*职工的安全素质不是一朝一夕便能形成，要以各类安全活动为载体，以实践夯实职工的安全理论基础和安全行为能力，以文化引领企业整体安全运行品质的提升，不断强化职工的安全底线思维，引导教育职工认可、遵守、弘扬安全文化理念。安全文化建设必须要有有效载体才能更加务实管用。在企业安全文化建设中，应根据地域特点、传统优势培育形式多样的岗位载体，形成各具特色的岗位文化，体现企业的安全文化理念。通过凝炼岗位精神、树立载体标杆、辅导推进计划等，打造激发安全内生动力的载体，由典型效应引发群体效应，成为新职工培训引导的教材，在安全生产与经营管理中形成企业安全文化的沉淀与传承。企业经营管理者、关键岗位管理人员要通过听取汇报、现场观摩、案例分析、座谈会等方式，由表及里、由浅入深地展示企业安全文化建设路径和载体创新手段，以务实的态度抓落实，有针对性地利用基层群众基础和传统优势资源，一步一个脚印地建立起企业安全文化落地渠道和传承载体。

*三是加强行为模式建设，让企业安全文化成为职工的安全帽。*在企业安全文化体系建设中，安全至上的理念首先要体现在保证企业职工的生命安全之上。企业在不断完善制度、改进工艺、更新设备、改善作业环境、配备劳保用品的同时，必须更加关注培养提升职工自身安全能力，促进职工安全行为的制度化和规范化。基层班组是企业的细胞，班组安全文化是企业安全文化的重要组成部分。在安全文化落地推进过程中，必须坚持从涉及安全生产的一线工作入手，将企业思想政治工作要求和安全生产实际紧密结合起来，提炼出企业职工安全行为模式，用感官提示的方式，形成行为控制的操作程序，使职工的现场操作意识与动作符合预期的行为标准。通过细化措施、整体推进，不断深化各岗位安全行为模式标准化建设工作，使作业人员对操作流程、设备状况、岗位职责都能够了然于胸。充分发挥班组长的带头示范作用，每个班组讲一个安全教育案例，每个季度办一次安全岗位练兵活动，举办安全生产我先行宣讲会，促使职工自觉增强安全意识，严格执行规章制度，以积极的态度抵制不安全行为和现象，形成人人参与安全管理、人人保障生产安全的良好氛围。

*四是加强管理创新建设，让企业安全文化成为企业发展的推进器。*传统的安全管理方法和安全管理手段已不能满足企业安全管理的需要，必须把思想政治工作与安全生产管理结合起来，着眼于安全管理创新，推进企业安全文化建设工作。企业各级管理人员都要分层级、分区域负责企业安全文化建设工作，形成纵向到底、横向到边、纵横交错无死角的企业安全文化建设格局。落实企业安全文化建设责任制，从基础管理、载体建设、活动形式、特色项目等方面列出工作要求，进行层层分解，形成经营管理层有部署、职能部门有任务、领导干部有指标、广大职工有行动的全员参与企业安全文化建设局面。企业领导班子要从全局高度重视企业安全文化建设，加强对企业安全文化建设的领导，总体部署安全文化体系建设，加强督促检查，确保企业安全文化落地生根。

基层车间班组要把安全生产作为重要工作任务，认真负责地加强基层班组安全文化建设，引导关键岗位工作人员在安全生产中发挥带头示范作用。安全管理员要在高度重视自身安全生产的同时，和重点岗位上的职工结为对子，共同参与安全文化建设活动，互相提醒共同保障安全。着力构建企业管理层组织领导、安全生产管理部门和其他相关部门齐抓共管的企业安全文化建设格局，形成全覆盖的企业安全文化建设体系，为安全生产保驾护航。

（本文摘自《学习时报》2018 年 11 月 14 日，作者系中国航空油料有限责任公司党委副书记）

培育弘扬特别能战斗精神　引领推进开滦全面发展

张雨良

开滦，始建于1878年，因开创中国近代工业先河，被誉为“北方民族工业的摇篮”；因经历中国煤炭工业崛起，被誉为“中国煤炭工业的源头”。跨越三个世纪的百年开滦，历经无数困难与挫折，锤炼了坚韧不拔、百折不挠的精神品格，铸就了开滦特有的特别能战斗精神。在特别能战斗精神的鼓舞下，一代又一代开滦人吃苦耐劳、攻坚克难、锐意进取，谱写了百年开滦基业长青的壮丽诗篇。

一、在产业报国和勇于抗争中孕育诞生的特别能战斗精神，形成的现代工业文化和革命文化，是开滦生存发展的文化根脉

特别能战斗精神在产业报国中孕育。开滦作为洋务运动兴办的企业，在其创办之初的历史根脉中就饱含着先进的文化基因。在国弱民穷、内外交困和工业基础近乎为零的晚清，在偏僻贫瘠落后的小山村，建第一座近代大矿、铺第一条准轨铁路、造第一台蒸汽机车、生产第一袋水泥……以唐廷枢为代表的企业开拓者，以敢为人先的魄力、任事担当的勇气、坚韧不拔的毅力，战胜了政治自然环境恶劣、工程浩大资金短缺、国内没有任何经验可以借鉴、技术管理人才极度匮乏等重重困难，历尽千辛万苦成就了旷世伟业，彰显了不畏困难、奋勇直前，自强不息、艰苦奋斗的精神品格，孕育了特别能战斗精神，形成了现代工业文化。

特别能战斗精神在勇于抗争中诞生。五四运动爆发之前，马克思主义在开滦的传播，唤醒了开滦工人阶级的思想觉悟。五四运动爆发后，爱国、进步、民主、科学的“五四精神”点燃了开滦工人阶级革命的火种，形成了开滦的革命文化。从1922年开滦党组织成立到唐山解放，开滦矿工共举行罢工斗争10余次，有力反抗了英资本家、日本帝国主义和封建势力的剥削和压迫，彰显了开滦工人阶级英勇顽强的抗争精神。1922年10月，开滦爆发震惊中外的五矿同盟大罢工，掀起了中国北方工人运动的高潮，被毛泽东称赞为“他们特别能战斗”。在特别能战斗精神鼓舞下，开滦工人阶级表现出大义凛然的民族气节和英勇顽强的抗战精神，涌现出一批以节振国为代表的可歌可泣的英雄人物。

二、在建国初期凝结缔造的特别能战斗精神，形成的中国特色社会主义先进文化，是开滦基业长青的文化泉源

无私奉献彰显家国情怀。新中国成立后，彻底改变了被奴役、被剥削命运的开滦矿工，开始把积压在心中的斗争力量转化为新中国建设的拼搏干劲。为支援国家项目建设，“一五”到“五五”计划，7549名开滦矿工舍小家为国家，远离家乡亲人，奔赴17个省、市、自治区，义无反顾、勇往直前、战天斗地，把“特别能战斗”精神带到全国各地。为满足国家对煤炭的需求，开滦大力发展机械化、实施老矿挖潜改造、加快新矿井开工建设。“四五”计划期间，开滦提出煤炭产量翻一番的目标，10万开滦矿工展开了轰轰烈烈的夺煤大会战，他们连班加点、大干苦干，比产量、比安全、比出勤，涌现出了吴旭芝、艾有勤等一大批享誉全国的劳动模范。1975年，开滦原煤产量翻一番，全国掀起“学大庆、赶开滦”热潮，开滦成为全国工业战线的一面旗帜。周恩来总理两次表扬开滦为国家“出了力、救了急、立了功”。

抢险救灾尽显开滦本色。1976年，唐山发生大地震，所有矿厂全部瘫痪，6579名职工不幸遇难，2153名职工受重伤。外国人断言：开滦恢复震前水平至少需要20年。震前，开滦原煤产量占全国十分之一，精煤产量占六分之一。地震发生后，开滦矿工不顾余震危险，忍耐失去亲人的悲痛，坚守岗位、抗震保矿、恢复生产。震后10天，马家沟矿生产第一车“抗震煤”，仅用一年零五个月时间，全部矿井恢复

生产，且产量达到震前水平。压不垮的是开滦意志，震不垮的是开滦精神。开滦矿工以钢铁般的意志创造了人类抗灾史上的奇迹。灾难面前方显英雄本色。无论1984年治理特大水灾，还是全国矿山抢险救援，汶川、玉树地震救灾，开滦矿工在大灾大难面前呈献给世人的是无私无畏、舍身为国、顽强拼搏、永不言败的英雄群像。

劳模精神铸就开滦之魂。开滦是名副其实劳模的摇篮，建国以来，共涌现各级劳模9081人次，其中省部级劳模421人次，全国劳模31人次。从“党是我的妈，矿是我的家，要听党的话，管好我的家”的“矿山愚公”吴旭芝，到“地球转一圈，我转一圈半，地球转两圈，他上三个班”的“矿山铁汉”侯占友，再到“宁愿脱皮掉肉，也要轻放实验成功”的“职工楷模”赵国峰。一代又一代开滦矿工爱岗敬业、吃苦耐劳、无私奉献，把“特别能战斗精神”溶注于血脉、践行于当代、传承于未来，成为百年开滦基业长青的精神支柱。

三、在新时期继承弘扬的特别能战斗精神，形成的勇于开拓、锐意进取的创新文化，是开滦永续发展的文化力量

锐意改革激发企业活力。十一届三中全会后，开滦在国企改革的道路上勇于开拓、锐意进取、苦苦探索，以壮士断腕的决心和勇气唱响国企志气歌，迈出了计划经济向市场经济转轨的坚定步伐：转换经营机制，模拟法人运转；实行效益承包，建立内部市场机制；实行主辅分离，探索“三加一”模式。此后，先后进行现代企业制度、专业化重组、主辅分离辅业改制、股权多元化、资源枯竭矿井破产重组、去产能和分离企业办社会职能等一系列重大改革，激发了企业生机与活力。在此期间，面对1997年东南亚金融危机和2012年全国煤炭产能过剩给企业生产经营带来的困境，集团上下不论职务级别，上四休三、主动献休、无私奉献，与企业风雨同舟、共渡难关，奏响了经济低位运行的最强音。

主动转型赓续历史辉煌。企业改制后，面对资源日趋枯竭企业如何生存发展这一世界性难题，开滦人勇于挑战自我、求新达变，以主动转型的使命精神和咬定青山不放松的韧劲，开启了“战略转型”的追梦之旅。在落实新的战略过程中，很多职工远离故土，奔波在戈壁荒滩，打井勘探、获取资源，为实现开滦永续发展开疆拓土、奋勇拼争；很多职工脱离他们熟悉的煤炭专业，投身到煤化工、煤电热、现代物流、文化创意等新兴产业，为实现开滦持续发展上下求索。经过10几年的艰苦奋斗，目前，开滦已发展成为煤炭生产、洗选加工、煤化工、现代物流、矿业工程服务、金融服务、文化旅游、装备制造、热电、建筑施工等多业并举的大型企业集团。中央政策研究室、国务院研究室等10个国家部委组成的调研组这样评价开滦：开滦创造了国有大型企业转变发展方式的新经验，资源型企业转型的新路子，也为资源型城市转型提供了鲜活案例。

高质量发展续写新篇章。面对经济新常态和市场新变化，开滦继承特别能战斗精神文化根脉，坚持“以煤为基、多元发展”，践行“五大”发展理念，加快推进绿色发展、创新发展和转型升级，积极构建“三柱一新”产业格局，多措并举推进产业协同发展，百年开滦迈上了高质量发展的快车道。近年来，随着经济全球化和共建“一带一路”倡议的深入发展，开滦勇于挑战自我，求新达变，走出国门，以高度的文化自觉探索形成了特有的跨文化管理方式。在印度江基拉煤矿，开滦人克服语言障碍、文化冲突，与当地矿工并肩作战，攻难关、解难题，打快速、创高产，新“丝绸之路”见证了“开滦效率”“开滦精神”。在开滦人的不懈努力下，江基拉煤矿成为印度井工煤矿龙头企业，被印度井工煤矿大学列为“参观学习指定矿井”“毕业实习基地”。在菲律宾，在吉尔吉斯坦，开滦精神同样赢得了当地企业与职工的敬佩，特别能战斗精神名扬海外。

站在新时代的历史起点，具有深厚历史传统的百年开滦，正高举“特别能战斗”精神旗帜，在企业高质量发展之路上开拓创新、奋勇前进。我们坚信，开滦的明天会更加美好！

（本文是作者在中外企业文化2019合肥峰会上的主旨演讲，有删节，作者系中国企业文化研究会专家委员、开滦集团党委副书记）

孝廉文化的时代价值

陈志强

习近平总书记在中共中央政治局第十三次集体学习时指出：“抛弃传统、丢掉根本，就等于割断了自己的精神命脉。博大精深的中华优秀传统文化是我们在世界文化激荡中站稳脚跟的根基。”孝文化作为中华文化的重要文化基因和文化传统，是我们不能、也无法割舍的重要文化传统。习近平总书记也在多个场合强调，“在家尽孝、为国尽忠是中华民族的优良传统”。在中华民族古老厚重的优秀传统文化中，不仅有着独特的孝道文化，而且有着丰富的、系统的廉政文化。对于为官者来说，孝与廉是相通的，孝以促廉、廉以尽孝，两者相互联系、相互促进、相得益彰。由孝道文化与廉政文化组合而成的孝廉文化，跨越时空隧道，对今天的党员干部也产生着重要影响。党员干部自觉弘扬和践行孝廉文化，既是家国情怀的重要体现，也是立身之本、齐家之要、为官之道、成事之基。

百善孝为先

古往今来，孝道被看作是子女孝敬父母的一种传统美德，历经千古而不衰，深深融入中国人的血脉。孝道作为中华优秀传统文化的核心价值理念之一，历来被看作是人之善性的根源，也是涵养正己修身、廉洁从政的道德源泉。在古人看来，孝为德之本，以孝治天下，移孝于忠，忠者必廉，使孝和廉紧密结合，形成了独具特色的“孝廉文化”。汉武帝实行“罢黜百家，独尊儒术”后，把《孝经》中提出的“以孝治天下”用于政治实践中，推崇“举孝廉”的人才观，推荐孝敬父母和清正廉洁的人做官，对中国的道德文化和政治文化均产生了深远影响。

孝能促廉

孝是一切道德的基础，也是清廉为官的前提。孝文化蕴含着丰富的廉政资源，善事父母、不辱其亲的孝道能产生清廉为官的道德意识、责任担当与行为定力。在中国古代，孝亲不仅是能赡养父母，而且是能立德、立功、立言，以显父母，为家庭争气，为祖宗争光，起码不能做有辱父母、先祖的事。孟子说：“事，孰为大？事亲为大。守，孰为大？守身为大。不失其身而能事其亲者，吾闻之矣。”事亲意味着关爱家人、孝敬父母，守身意味着爱护身体、珍惜生命、洁身自好。可见，人只有守身才能尽事亲之道。管子认为：“不恭祖旧，则孝悌不备。四维不张，国乃灭亡。”其意是不尊重祖先和故旧、孝敬父母、恭敬兄弟的人就不具备道德，礼、义、廉、耻“四维”就不能发扬，国家就要灭亡。可见，“孝悌”是“四维”的道德基础。因此，一个真正恪守孝道、尊敬长辈的人在为官时，必然会自觉遵守为民、清廉之德，不做以权谋私、贪赃枉法之事，把孝敬、孝顺、孝养父母与廉洁奉公有机统一起来。

孝道属于伦理道德，清廉属于政治道德。弘扬传统的孝廉文化，党员干部应自觉运用孝道的道德内涵来加强官德修养，提高廉洁从政的自觉性，做忠诚、干净、担当的好干部。党员干部如果理想信念不坚定，思想道德防线崩溃，不知廉耻，就会毫无顾忌地贪名、贪钱、贪利、贪色，轻则受纪律处分，重则锒铛入狱。果真如此，何以尽孝，何谈给父母争气？“一人不廉，全家不圆。”大凡有理智、有良知的父母都希望子女为官要做个清官，多为百姓造福，并认为这是最大、最可靠、最长久的孝顺。党员干部立党为公、廉洁从政、为民用权，是维护美满家庭、孝敬父母的最好方式。试图用受贿来的金钱去弥补家庭、报恩父母，只能事与愿违。唯有坚持以廉立德，以廉树威，以廉养心，以廉律己、以廉尽孝，方能为人正派、幸福安康。

中共中央印发的《中国共产党廉洁自律准则》，对领导干部清正廉洁、严于律己提出了更高、更严的要求。积极传承、提炼、升华、转化孝廉文化，坚持以廉为荣，以廉保孝，自觉按党章党规党纪办事，时时处处从严要求自己，约束自己，不能超越党纪条规的“警戒线”，不能触碰宪法法律的“高压线”，自觉加强自律，接受他律，这是共产党员必须始终保持的政治操守和行为准绳。

自觉加强自律

一是“律心”。诚意正心，廉洁修身，坚定理念信念，自觉树立正确的世界观、人生观、价值观，始终做到心中有党不忘恩、心中有民不忘本、心中有责不懈怠、心中有戒不妄为，才能明方向、辨是非、知荣辱，拒腐蚀永不沾，才能知敬畏、存戒惧、守底线，自觉构筑反腐倡廉的思想道德防线，矢志追求“不要人夸颜色好，只留清气满乾坤”的思想境界和价值取向，把孝和廉永远铭记在心中。

二是“律行”。党员干部要始终牢记“从善如登、从恶如崩”的古训，时时处处从严要求自己，廉洁从政、廉洁用权，保持行为定力和良好操守。面对社会百态，要始终耐得住寂寞，受得住清贫、挡得住诱惑，练就“心不动于微利之诱，目不眩于五色之惑”的真功夫。只有时时处处明大德、守公德、严私德，才能自觉敬畏和遵守法纪，远离贪腐，远离不孝，把尊老、敬老、爱老、孝老提升到爱祖国、爱人民的“大孝”之中去。

三是“律家”。“天下之本在国，国之本在家。”修身必须律己，律己必须“律家”。从古到今，只有“修身、齐家”，方能“治国、平天下”。今天讲“齐家”，就是要传承好中华优秀传统文化和红色家风，向先进榜样学习，廉洁齐家，自觉带头树立良好家风，用理性、用真爱、用家训、用法纪及率先垂范的行为管教好每一位家庭成员和身边人，远离“枕边风”“纨绔子”“灯下黑”，以好的家风引领好的社会风尚，正家促廉，真正实现孝道与清廉两全其美，“修身齐家”与“治国平天下”有机统一。

（来源：《光明日报》2019 年 10 月 10 日，作者系湖南省中国特色社会主义理论体系研究中心研究员）

自立自强 “铜”创未来

陈明勇

铜陵有色是以有色金属为核心主业，多元发展的大型国际化企业集团，近年来，我们始终把企业文化建设作为提升核心竞争力的关键要素，将企业文化顶层设计与基层践行紧密结合，使铜陵有色在行业深度调整中实现了健康持续发展，并呈现出良好的发展态势，这些在很大程度上得益于我们始终坚持培育独具特色的企业文化，用文化的力量推动企业高质量发展。

传承千年历史文明，弘扬时代企业精神

安徽是一方流光溢彩的土地，古朴厚重的青铜文化在这里积淀。铜陵有色的发祥地就在安徽铜陵，位于长江下游，是一座因铜得名、以铜而兴的历史名城，素有“中国古铜都，当代铜基地”之说。铜陵采冶铜的历史开始于商周时期，鼎盛于汉唐。三千年前，我们的先民就在这里开始铜的采冶铸器活动，呈现出“炉火照天地，红星乱紫烟”的冶铜盛景，留下李白、梅尧臣、王安石等文人墨客的足迹。新中国成立后，这里又诞生出第一炉铜水、第一块铜锭、第一支铜业股票等。

翻开铜陵有色的发展史，我们不难发现，铜陵有色之所以从小到大、从弱到强发展到今天，时刻都有一种精神在无形地支撑着，这就是敢为人先、自立自强的企业精神。

1949 年 12 月 29 日，新中国投资 9500 吨大米恢复建设铜官山铜矿。铜陵有色的先辈们从祖国各地齐聚铜官山下，他们斩荆辟路，用铁锤、钢钎开山凿岩，用箩筐担石装矿……凭着这种艰苦奋斗、无私奉献的“箩筐精神”，铜陵有色人谱写出一曲曲感天动地的雄壮乐章。第一个五年计划期间，铜陵有色粗铜的产量平均每年递增 72.3%，工业总产值平均每年递增 117.1%，利税平均每年递增 80.94%，并创造了“一五”期末产值利润率 30.82% 这一全国同类型企业的先进水平。1957 年，铜料、粗铜产量首次突破双万吨，约占当时全国产量的 47.4%，支撑起中国铜业的半壁江山，解决了国家国防工业和民用工业缺铜的燃眉之急，掀开了新中国铜工业的发展序幕。进入七十年代，铜陵有色人以“为了埋葬帝修反，用血换铜也心甘”的奉献精神，用血换铜、火海夺铜，谱写了一曲曲感天动地的雄壮乐章。被誉为“社会主义新人”的青年矿工叶尚初 5 年干了 12 年的活，受到毛主席的亲切接见。

秉承“奋发进取兴我有色”壮志，扬起改革风帆，上世纪 80 年代，铜陵有色顺势而为，转变经营理念，以“创新求实，奋发进取”的精神为指引，形成了“爱国爱厂、创新求实，奋发进取、兴我有色”的企业精神，提出“办法自己想，路子自己闯，事业自己干”的自我发展道路，通过制度创新、科技创新、管理创新，在全国有色行业率先探索出“一业为主、多种经营、全面发展”策略，逐步走出困局，为我国有色金属转型期的发展开辟了一条全新的道路，成为行业的典范。

1992 年，铜陵有色在国内首开新模式办矿先河，建设安庆铜矿。1995 年，铜陵有色在有色行业首建安徽省最大的中外合资企业金隆铜业公司。1996 年 11 月，“铜都铜业”股票在深交所成功上市，成为中国铜业第一股。1999 年，铜陵有色在 1992 年基础上，成功实现了再建一个铜陵有色的目标。2018 年，铜陵有色完成销售收入连续三年实现大幅增长，首次跻身世界 500 强。当前，铜陵有色正瞄准世界领先水平，聚焦铜基新材料、新能源等战略性新兴产业精准发力，积极研发相关关键技术和工艺装备，全力引领行业发展。

高举创新文化大旗，引领企业跨越发展

铜陵有色坚持文化引领企业，把企业价值观、使命、愿景变成具体的战略方向与目标，强力推进，狠

抓落实。

“创造成就了铜陵有色的过去，也必将成就铜陵有色的未来”，这是铜陵有色阐述企业价值观要义之语，也是铜陵有色人的坚定信念。围绕这一信念，铜陵有色将各个层面的文化理念融入发展，展开了从管理、技术，到产业的全面而深入的创新、转型，企业安全发展，绿色发展。

进入本世纪，公司先后开展了“管改结合，再造企业”、“战略引领，管控有效，创造卓越”等管理创新活动。通过实现产业再造、流程再造、文化再造的管理创新目标，大力推行“标准化、信息化、企业文化”管理，建立了 ERP 信息系统和 OA 办公系统。通过管理创新，实现了从生产管理、计划管理到科学管理、创新管理、人性化管理的转变。公司吨铜能源消耗在全行业最低，资源综合利用率在全国最高，资金周转率、存货周转率均处于同行业领先水平。

企业发展离不开技术的支撑。集团公司成立了核心层、紧密层及松散层三层技术研发体系，建立了博士后工作站，多个中心基地和技术研发平台，通过技术引进，消化吸收和自主再创新，工艺技术及装备达到国内领先、国际先进水平。近年来，有 2 项成果获国家科技进步一等奖，有 8 项成果获国家科技二等奖。公司被授予国家“创新型企业”、全国技术创新示范企业。

党的十八大以来，铜陵有色以科学发展观为指导，确立了“高效利用资源，贡献社会进步”的企业使命。按照构建资源节约型、环境友好型企业目标，走新型工业的路子，大力发展循环经济。公司因地制宜，在全国有色行业率先建立了循环经济工业园区，形成了采矿、选矿、冶炼、加工、化工循环经济圈，做到资源高效利用，能量梯级利用，上一道工序排弃物变为下游产业的原料，真正将资源“吃干榨尽”，全面实现了“资源减量化、再利用、再循环”发展目标。铜陵有色循环经济的独特模式被国家列为示范单位予以推广。

作为我国最早与国际市场融通接轨的有色金属企业，铜陵有色勇敢走出国门，深耕细作海外市场，坚决推进国际化发展，不断拓展国际化经营的广度和深度，与全球 30 多个国家和地区建立经贸往来，进出口总额连续多年位居行业前列。近年来，集团公司积极响应国家“一带一路”倡议，大力建设海外资源基地，加快国际产能合作，取得了显著成效。如今，铜陵有色已成为加快发展有色金属产业和以金融贸易为核心的现代服务业国际化企业集团。

创造成就未来，书写高质量发展新篇章

铜陵有色的核心价值观是“创造成就未来”。70 多年来，自立自强的创造精神已融入了每一位员工的血液，成为铜陵有色人一路求新、求变最为宝贵、最具优势的传承基因。

铜陵有色从无到有、从小到大、从弱到强，建起了以矿山采选和冶炼粗炼为主要支柱及互相配套的门类比较齐全的铜工业生产系统，创造了多项共和国第一。改革开放以来，铜陵有色一直在持续促进产业链的完善和优化，从矿山、冶化、加工各产业链不断入手，打造产业循环经济圈，逐步实现由单一原料生产向全产业链循环转型。

干在实处，走在前列。铜陵有色牢固树立创新、协调、绿色、开放、共享的发展理念，努力把集团公司打造成盈利能力良好、产业优势突出、创新能力明显、人企共同发展的具有核心竞争力的国际化企业集团。

金冠铜业分公司目前拥有当今中国铜工业先进的绿色铜冶炼技术，采用闪速熔炼、闪速吹炼、永久不锈钢阴极法电解、动力波洗涤两转两吸制酸等先进工艺，资源可完全实现内部循环利用，已成为世界铜冶炼的样板工厂。铜冠铜箔公司异军突起、快速成长，无论是工艺装备、制造技术，还是产能和品质，都跃升为行业的标杆，成为国内铜箔行业的领军企业，是目前国际上为数不多的从超薄到超厚全系列高精度电子铜箔生产供应商。

在新时代的赶考路上，铜陵有色将继续秉承“求实、创新、合作、自强”的企业精神，在“十四五”时期，将加快建成一流的阴极铜生产基地、铜基新材料制造基地、循环经济示范基地、海外矿产品开发基地，成为全球具有核心竞争力的国际化企业集团。

（本文作者系铜陵有色集团公司党委副书记、工会主席）

以文化阵地建设培塑信仰根基

庞红英

《中国共产党党校（行政学院）工作条例》指出，“应当重视校（院）文化建设，开展形式多样、具有党校（行政学院）特色、突出党性教育主题的文化活动”。因此，以自身阵地建设为突破口，以“政治性、思想性、历史性、学习性、实践性”为路径系统谋划，打造独具特色的校园文化阵地，以阵地建设培塑党员干部信仰根基，对不行业强化文化建设、企业党建和员工培训有其启示作用。

强化阵地建设，涵养精神家园

阵地建设聚焦“党”和“校”两大特色，将信仰、忠诚、跟着走等“政治性”元素贯穿始终，把好舵、唱好主旋律，“政治性”放于首位，是由党校（行政学院）具有双重身份决定的，所以，带头讲政治，就是要集中体现中国精神。通过场景打造构筑精神磁场，再现党的历史、党校的历史，聚焦关键节点、重要人物、重大事件等，体现以爱国主义为核心的民族精神和以改革创新为核心的时代精神。创品牌以凝人心。从“党建 + 校园文化”出发，以加强机关党建为引领建设“模范机关”，打造党建品牌，赋予品牌内涵，彰显地方党建特色，“以小家引领大家”，合力为党员干部打造寄托信仰的精神家园。

以文化人，凝心聚力

将社会主义核心价值观中国家、社会、个人层面体现的思想观念、人文精神、道德规范等蕴含其中，同时结合地域特色、本土文化等，融入可引起情感共鸣的元素，既注重显性教育，也彰显隐性教育，达到以文化人、引领社会风尚之效。对内提升教师精气神。聚焦教师群体，树立兴学必先强师的理念，创建具有浓厚学术气息的阅读室、说课室、演练室、实训室等功能教室。立校训从严治校，树校规凝心聚力。对外增强文化自信。将灿若星河的中华优秀传统文化、党领导人民在革命、建设、改革中创造的革命文化和社会主义先进文化在校园阵地中充分展现，重视阵地的“反哺滋养”效能以及文化的浸润、感染、熏陶作用，把校园阵地打造成提升党员干部人文素养、塑造真理力量、增强文化底气的思想高地和重要载体。

发挥习近平新时代中国特色社会主义思想在阵地建设中的统领作用

勇于打破惯性思维，改变传播方式，创新方式方法，拓宽学习平台，让文化建设在阵地载体建设中“活起来”。创作视觉图像，把“习近平关于党的建设重要论述”和“创新、协调、绿色、开放、共享”的新发展理念等内容，通过党校（行政学院）特有的红色元素，充满艺术气息和历史厚重感的书简、卷轴等文化元素，富有创新精神的时代元素巧妙再现，设计富有党校（行政学院）教育特色、体现地方关注点的党性、廉政、开放等特色主题教室，分版块、显性化、凝练化在阵地中系统形象展示，通过精心设计、物件陈设等深度融合，达到教育的“润物无声”。打造“行进中”的微课堂。

把阵地建设内容展现为一堂形式特别的课程，让党员干部和员工在“行进中聆听静思、静思中吸收内化”，通过直观呈现和深入讲解，将党的大政方针、理论创新成果、行业战略，通过别样方式呈现，通俗化演绎高深理论，增强学习吸引力和感染力，在潜移默化的精神洗礼、思想淬炼中锤炼思想、砥砺品行，铭记初心，让党校（行政学院）真正成为培养造就忠诚干净担当的高素质专业化干部队伍、优秀职工培塑信仰根基的重要阵地。

（本文摘自《学习时报》2020 年 1 月 19 日，作者系四川省成都市青白江区行政学校常务副校长）

农业银行文化之路

赵文生

农业银行自1951年成立以来，始终与党和国家同呼吸，与时代共命运，从一家国有专业银行成长为公众持股的世界大型商业银行。改革开放以来，农业银行在发展壮大中积淀形成了独具特色的企业文化，为自身改革发展提供了强大精神动力，为品牌形象塑造提供了无形张力，今后也必将助力国际一流商业银行集团建设，谱写新时代篇章。

一、企业文化的历史演变

农业银行的企业文化根植于中华文化的沃土，成长于经营管理实践，凝结着全体农行人的思想和智慧，是农行基业常青的基因和密码。追寻历史，农业银行的企业文化建设走过了几个阶段，逐步迈入规范化、科学化发展轨道。

（一）萌芽阶段

1985年农业银行首次统一了行名字体规范，1988年首次启用徽标，企业的形象化建设至此萌芽。1989年，农业银行就什么是企业精神，应该怎样概括和表述这种精神等问题，在全行性会议上进行讨论，发动员工自下而上提出企业精神表述方案，最后确定企业精神为："信誉至上，竭诚服务，高效廉洁，文明办行"。1993年，提出了"以市场为导向，以经营为中心，以效益为目标"的理念，标志着市场经营意识开始萌发。在企业文化萌芽阶段形成的"铁款、铁账、铁算盘"为核心的"三铁"文化，使农行人养成了严谨、务实、规范的工作作风。农村金融市场的特殊性和农村金融模式的复杂性，塑造了农行人朴实、忠诚、团结、诚信的职业操守，培养了一支吃苦耐劳、拼搏奉献、艰苦奋斗的员工队伍。

（二）成长阶段

农业银行在经历"一分一脱一剥"的重大金融改革后，开始向国有商业银行转轨。1996年3月，在农业银行政治工作会议中重点讨论了企业文化建设的有关问题。5月，农业银行印发了企业文化建设实施方案，10月下发了视觉形象标识规范的通知，企业文化建设开始启动。1997年，下发了视觉形象规范手册，对行徽、行名、字体、颜色等做出了新的规定，基层营业网点统一更换了新标识，形象化建设步入了规范化时代。2000年，农行提出了"以客户为中心，以市场为导向，以效益为目标"的经营理念，以客户为中心的文字变化，标志着经营文化逐渐成熟。2005年，举办了品牌战略发布暨产品推介会，"伴你成长"品牌理念首次向社会公布，品牌建设开始步入正轨。这一阶段，农业银行逐步形成"市场意识、依靠员工、团结互助、崇学尚实"的文化氛围，而且萌芽阶段的"朴实、忠诚、诚信、团结、务实、拼搏奉献、吃苦耐劳、艰苦奋斗"等文化理念得到了继承和发扬。

（三）提升阶段

2008年，国务院常务会议审议并原则通过了《农业银行股份制改革实施总体方案》，农业银行开始从国有商业银行向股份制商业银行转变，企业文化建设也开始进入新时期。2009年初，农业银行启动了文化管理咨询项目，在企业文化核心理念的基础上进行加工整理，并最终形成了完整的企业文化理念体系。2010年1月，包括使命、愿景、核心价值观在内的企业文化理念体系正式向全社会发布，标志着农业银行企业文化建设取得了突破性的成果。

农业银行60多年改革发展的实践证明，建设一流的企业文化，必须围绕中心、服务大局，推进企业文化与经营管理相互交融、相互促进；必须紧跟时代步伐，体现自身特色；必须明确企业文化建设目标与方法步骤，形成齐抓共管的格局，打造企业文化品牌；必须坚持以人为本，推进企业文化内化于心，外化于形；必须统筹兼顾，创新发展，彰显企业文化吸引力与感染力。

二、企业文化建设面临的挑战

（一）外部系统环境的变革挑战

一方面，随着我国经济转型升级、社会结构变动、利益格局调整以及思想观念变化，企业文化建设的对象和环境更加复杂。另一方面，公众持股、全球关注的特质属性，更加深刻地感受到世界多极化、经济全球化、信息网络化和对外开放不断扩大的影响和冲击，特别是全球范围内各种思想文化频繁复杂的交流、交融和交锋，在更大范围、更深层次上加剧了员工对企业文化认同的激荡与碰撞。同时，现代信息技术的广泛应用，影响了社会舆论的形成机制、传播方式，影响了员工的工作生活、思维方式和思想观念。

（二）内部系统环境的调整压力

成为公众持股上市银行后，服务主体逐步多元化，客观上要求农行文化工作尽量辐射到国家、社会、股东和员工等利益相关者。由于基本投入、硬件设施、岗位体系等条件有限，特别是基层文化工作设施建设滞后，组织机构不健全，人员不到位、经费缺少等突出问题，制约了企业文化工作的成效，文化软实力跟不上新时代的需要。企业文化与企业经营深度融合的最高境界是“形神合一”，但全行仍不同程度存在“重经营轻文化建设”“重制度约束轻文化管理”等现象，存在文化优势与业务发展脱节、与市场结合不紧密、与管理不交融等问题，如何用科学的方法处理业务经营与企业文化建设的辩证关系，促进文化与经营管理深度融合、同频共振，是新时代企业文化工作需要思考的重大课题。

三、企业文化建设的方向路径

（一）实施“企业文化+党建”工程，筑牢改革发展的“根”和“魂”

坚持党的领导、加强党的建设，始终是做好农业银行各项工作的根本保证。企业文化建设必须依靠和发挥党建独特的政治优势，不断创新方式方法，保证党和国家方针政策、重大决策部署在农行贯彻执行，把党建工作激发的正能量，把文化自信与党建优势协同发展形成的战斗力，转化为推进全行改革发展的生产力。始终坚持以人民为中心的发展思想，把实现好、维护好、发展好最广大人民根本利益作为创新驱动、数字化转型发展的基本导向。发挥企业文化在基层党建工作中的作用，引导基层党组织在推进转型、防控风险、优质服务中发挥战斗堡垒作用，引导广大党员在服务客户、服务“三农”和完成急难险重任务中发挥先锋模范作用。加强和改进思想政治工作，借助互联网、大数据等技术手段，探索新时期思想政治工作的有效途径。

（二）实施“企业文化+管理”工程，全面提升管理水平

增强文化管理意识，提升文化管理能力，用文化思维解决经营管理中的难题。培育农业银行特色的公司治理文化，打造国际一流商业银行集团文化，深植核心价值观指导下的管理理念和风险理念。把责任文化理念融入业务管理实践，培育服务“三农”的责任担当文化，服务乡村振兴战略；培育关注环保的绿色金融文化，打造环保型、友好型、节约型绿色银行；培育面向弱势群体的公益慈善文化，广泛开展公益主题活动，做一家负责任有担当的银行。

（三）实施“企业文化+经营”工程，推进高质量发展

坚持把文化融入业务，把业务办得有文化，推动文化与业务相互融合、相互促进。践行新发展理念，围绕“服务‘三农’、做强县域，突出重点、做优城市，集团合成、做高回报”的三大经营定位，着力推进农业银行高质量发展。深植经营理念，追求当期发展与可持续发展的有机统一，收益、风险和资本约束

的有机统一，规模和速度的有机统一，业务发展与基础管理的有机统一。推进文化与产品服务深度融合，把企业文化元素渗透到产品研发各环节，渗透到客户服务全过程，体现在业务发展各方面，切实提升产品服务的文化附加值。积极培育创新文化，从体制、机制、流程、服务等多个维度，深入推进全行重点领域改革创新，推进农行治理能力现代化。着力释放金融科技创新能量，提高经营效率，推动数字化转型，改进客户体验，降低运营成本，培育高质量发展的内生动力。

（四）实施“企业文化＋行为”工程，不断提升员工综合素质

坚持以人为本，打造农行特色的人本文化，核心是尊重员工、依靠员工、成就员工。深植人才理念，坚持好干部标准，突出信念过硬、政治过硬、责任过硬、能力过硬、作风过硬，大力选拔敢于负责、勇于担当、善于作为、实绩突出的干部。深植廉洁理念，营造风清气正的政治生态，形成知荣辱、讲正气、作奉献、促和谐的良好风尚。传承和弘扬农行精神，大力弘扬战略层面服务“三农”的责任担当精神，深入挖掘和发扬发达地区“自加压力，奋勇争先”的拼搏精神、艰苦地区“艰苦不怕吃苦”的奋斗精神、高海拔地区“缺氧不缺精神”的奉献精神。持续加强人文关怀，建立常态化、长效化工作机制，立足改善员工工作环境、生活保障、学习条件，全方位减轻员工负担，丰富员工文化生活，不断提升员工参与感、归属感。

（五）实施“企业文化＋形象”工程，铸造世界品牌形象

传承“大行德广　伴您成长”的品牌精神，加大“耕耘美丽中国”品牌口号传播力度，努力打造多功能协同的一流商业银行集团整体形象。利用媒体传播农行好声音，创作好作品讲述农行好故事，探索创建农行企业知识库，持续开展环境文化建设项目，不断提升社会形象。

（作者系中国企业文化研究会专家委员、中国农业银行企业文化部总经理）

学习稻盛经营学　打造幸福企业

赵君豪

稻盛先生常说：企业一定会获得三种力量的支持

第一种力量叫自力。当企业的经营者不再为了自己的利益去经营企业，而是为了全体员工去经营企业的时候，企业经营者的内心就会变得堂堂正正，他就可以严格的去要求你的员工，因为我要求你的目的是为了你们好，我挣钱不是为我自己，因为无私了，利他了，经营者的内心也会充满了力量，在经营企业当中会越干越有劲，这叫自力。

第二种力量叫他力，当企业的经营者每天拼命的努力的工作，是为了我们员工的物质和精神两方面的幸福，是为了客户的满意和感动，是为了社会去做贡献的时候，这些都会汇成一股巨大的力量，会推动着企业的巨大的成功。那这样的一个他力，其实我们在盛和塾的企业家里面，很多人只要做就能够感受得到。稻盛先生在拯救日航成功之后说，日航之所以能够这么迅速的起死回生，正是日航追求全体员工物质和精神两方面幸福的目的，才会使得因为破产而失去伙伴，工资下降，劳动条件恶化，情绪低落的员工振奋勇气，拼命守护公司，把公司做得有声有色！因为我们有了这样的一个追求，这样一个利他之心，所以稻盛先生获得了全体员工的全力支持，这就是一个他力。

第三种力量叫宇宙的力量。稻盛先生说为对方、为周围的人着想，就像“真、善、美”这个词所表示的，在人的灵魂深处的美丽心灵就会显现，力量就会自然涌出。而且这种美丽的心性，同宇宙间流淌着的促使一切生物成长发展的潮流合拍，所以，结果也必将顺利而圆满。稻盛先生说，他观察宇宙大自然，感觉到大自然有一股能量，这个能量不断促使的万事万物向上的成长，如果我们每个人都是用真善美这样一种心灵去想着为周围的人为社会更好的时候，这样的心灵就会从宇宙间流淌着一个能量，他们都会做到同频共振，这样一股看不见的能量就会变成一个巨大的夹持力，会推动你的企业快速的往前成长，这叫宇宙的力量。稻盛先生在拯救日航成功之后，对着全体塾生讲，“外面大家说是因为我的哲学的力量，是我的阿米巴的力量，今天想关起门来说，我认为既不是我的哲学的力量，也不是实学的力量，而是上天看到我这么大年纪了，不要工资，然后奋不顾身的样子，是他们因为感动而伸出了援助之手，如果不是这样，日航起死回生是不可能的”！稻盛先生认为是有一种伟大之物在发挥的力量，这种的伟大的存在援助推动并让他参与到日航的重建，这是稻盛先生发自内心的一种感受。稻盛先生告诉我们，在企业经营当中不仅仅要有哲学，还有实学，哲学和实学就像一部车的两个轮子一样，哲学是导向是前轮保证企业的方向不偏，实学是后轮是关键力量，是推动；它同时又像人的两只脚一样，哲学实学缺一不可，人们千万不要像念经一样，喋喋不休地去空讲哲学，要把企业经营好，只有把哲学转化为企业经营的一个可见的数字，这时候哲学才是真正的血肉化。把哲学转换数字的过程才是叫真正的经营！

稻盛先生反对空谈心性和空谈哲学

稻盛先生有一个特别形象的比喻，即：“一定要把哲学转化经营当中落实到数字上去，各位企业经营者，我们经营企业就像开飞机一样，你就是飞行员，那么飞机仪表盘上的每个数字你都需要一个一个的确认，掌握现在飞机所在的高度、速度以及方向，这样的话你才能运用好操纵杆驾驶飞机”。他曾经语重心长地告诫人们：各位企业经营者，你的企业的损益核算表就是你的仪表盘，你一定要学会和看懂企业的损益计算表。我们各位企业家想象一下我们开一辆飞机，但是因为我们有的是仪表准，有的是仪表盘不准，这时候我们驾驶这架飞机，我们不知道外面的天气如何，不知道我们现在方向，不知道外面的风速，不知道我们现在飞得有多高，不知道飞机还有多少油。我要把飞机要开到我追求的美好的地点，能开到地吗？

稻盛先生告诉人们，他在世界大会上发表了一篇重要讲话，叫用数字经营企业，经营者必须要掌握好你的经营制度，掌握的好不好，唯一的客观指标就是数字。他坚信如果不能够及时的掌握经营数字，就无法引导企业走向正确的方向。稻盛先生在他经营企业的过程中，他的包里面永远都放着企业经营的各种数据和报表。他常常要通过你的损益核算表，看到现场负责人鲜活的面要通过每一个数字，知道这个数字是现场的哪个环节哪个人再做，只有这样你的企业才能经营好。

我们在企业经营过程中，不仅是企业的老板，要了解企业经营者出资，要关心企业的损益报表，每个员工同样也要了解数字。我们说每位企业的员工就像在场上的运动员一样，要清楚地知道每一个比分的变化，要知道当下赛事状况，要知道我们的胜利还有多远，我们现在企业经营就像打一场篮球对抗赛一样，场上的所有的运动员就是我们企业的员工，但是这场比赛是没有积分牌的一场比赛。这时候我们的产品会打成什么样？因为没有记分牌，教练员也不知道现在比分如何，场上的运动员也不知道比分状况，没有热情，没有斗志，没有干劲。这就是我们绝大多数企业现状。所以，企业经营一定要关注数字，要用数字去经营企业。

当我们用数字经营企业的时候，我们同样可以获得三种力量的支持

第一种力量叫压力。我们现在很多的中小企业经营者，其实经营的举步维艰，企业经营很困难，因为企业经营不透明，经营状况只有老板知道，导致的结果是员工怨声载道，认为老板黑心挣的钱不给员工分，不给员工涨工资。其实老板是有苦难言，因为在企业当中员工不关心企业经营状况，也不关心企业的成本费用利润等等。当我们在企业中，能够通过学习稻盛经营学，能够在企业中开展玻璃般透明的一种经营的原则的时候，我们就可以让员工每时每刻的去关注并参与企业销售的变化，成本的变化，利润的变化过程中，这时候员工就能够真正地感受到企业经营的压力，这时候企业的状况是透明的，这样的话压力就层层地传递到每个员工身上，他们也会发自内心的去为企业去承担这种压力。

第二种力量是动力，在企业当中还有一种现象，我们很多老板责怪员工不努力，没有责任心，当管理人员与员工在交流，员工却说，“我努力了，老板也不知道，我的上司也不清楚”。当我们在企业内开展数字化经营的时候，开展与分部门以分产品、分行业、分项目等等，以部门为单位，实施一种追逐数字的小核算，一个小小的创意，小小的创新，小小的想法，可能就节省了成本，当这种信息在报表上体现后，员工的努力就得到了体现，他们就会变得越来越有干劲，越来越有动力。在稻盛先生经营企业这么多年，之所以企业能够迅速的成长，就是因为不断的去持续的实践销售最大化和费用最小化最终输出的过程当中，员工的这种创新能力和创造能力不断的去共享。通过这种能力，企业创新不断增强，员工逐步获得动力。

第三种叫欢喜力，当我们的企业通过分部门、分行业、分项目开始核算的时候，我们就会设定一个一个的小小的目标，在一个个小小的目标不断达成的过程当中，不管是员工也好，还是企业经营也好，他们就会感觉特别的开心，这样的开心就会变成一种力量，就是越干越喜欢，越干越愿意干，我们说它叫欢喜力。

当我们以利他和良知作为原点，在企业当中开展经营的时候，通过哲学和实学的落地，因为有了良知和利他，我们企业的经营就有了正确的思维方式，即，我们企业经营不是为了老板个人的利益，而是为了全体员工的幸福，这个时候我们企业的方向就不会跑偏。同时，我们获得自力他力以及宇宙力的这样一种推动，我们会获得从压力到动力到欢喜力，这样的力量会形成一种外在的拉动力。这样两种力量会让我们

不管是经营者，还是员工越来越喜欢自己的工作，这样一种喜欢持续的点燃，会让员工和老板产生持续的努力，最终让企业获得成功，推动企业成长。

稻盛经营学体系，不管是从经营的原点，还是经营哲学，最终都在改变我们思维方式，提升我们的能力，点燃我们的热情，从而让我们事业获得成功，所以整个稻盛经济学的体系就是从不同的侧面诠释和证明稻盛先生人生成功方程式的威力和正确。

稻盛经营学既有哲学，又有实学，有内在的推动力，又有外在了拉动力，既有提高心性，又有拓展经营，在易经上，叫一阴一阳之为道，继之者善也，诚之者性也。我们发现，凡是符合宇宙大道的一种大智慧一定都是兼具阴阳二性，两种力量相辅相成。稻盛先生的哲学中包含着实学，实学中又处处有哲学，他是帮助我们破迷开悟的真相。

只要我们企业家朋友们真的能够地相信稻盛先生的经济学，能够持续的深入的反复的去学习和实践稻盛先生的经营学，就一定可以让我们的企业从优秀到卓越，从平凡到优秀，就一定可以帮助我们摆脱困境，迈向成功，从而让我们企业真正的成为幸福企业。稻盛先生常说，我们工作就是修行，我们努力的追求事业的成功，员工的幸福，这个过程本身就是一个修炼灵魂的过程，就是让我们的人生更加圆满。

（本文是作者在第三届中国民营企业文化论坛上的演讲，有删节，作者系稻盛和夫（北京）管理顾问有限公司总经理）

精心打造体验式企业文化

姜　勤

良好的体验往往可以带给参与者美好的印象，转变人们对事物的观念。改善体验契合员工对快乐工作、美好生活的追求，是提升员工幸福感的用心之举。企业文化因体验而获得认知、认同，进而才有文化自觉。而打造体验式企业文化，对促进知行合一可起到积极的作用。中国轻工业品进出口集团有限公司（以下简称中轻公司）对打造体验式企业文化进行了积极的探索和实践。

感性认识：耳濡目染提升价值认同、文化归属

管理大师彼得·德鲁克说过：管理是一种实践，其本质不在“知”，而在于“行”。以体验促实践，以验证出成就，是体验式企业文化的关键所在。企业文化理念提炼形成后，由认知、认同到践行，是一个渐进的发展过程，需要遵循这一规律，逐步由表及里、由浅入深，从增强员工的感性认识做起，通过耳濡目染，入脑入心，逐步提升价值认同和文化归属感。

做好“年、月、日”文章。“年”就是主题年。如：中轻公司企业文化2.0版发布后，就把下一年确定为“美好中轻美丽中轻”创建年，围绕“美好使命、美好业绩、美好环境、美好生活、美好心灵”开展了相关主题实践活动，引导员工做“阳光中轻人　践行核心价值观”。2018年企业文化3.0工程是伴随“质量中轻　幸福中轻”主题年而启动的，把幸福企业建设与服务国家战略和高质量发展结合起来，增强了员工的使命担当意识。“月”就是“企业文化月”。自2009年以来，中轻公司每年开展一次“企业文化月”活动，至今已连续10年。在启动仪式上，由党政主要领导登台作企业文化主旨宣讲或主题演讲，发挥其精神导师的作用。“日”就是员工生日、纪念日和传统节日。坚持在员工生日、母亲节、妇女节及传统节日来临之际送贺卡、慰问品，持续不断改善办公环境、提高伙食质量，把关怀员工抓在日常，使员工切身体验以人为本的文化氛围。

企业文化创新突出企业文化建设的导向性、系统性、针对性

练好“唱、讲、评”功夫。“唱”就是唱司歌。中轻公司把重要的文化理念写入《中轻之歌》，每日早晨8：30准时播发一遍，使员工在昂扬、激奋的旋律中开始一天的工作，并对文化理念耳熟能详。“讲”就是讲故事。通过征集、编辑企业文化故事，开展“通用人故事”宣讲以及“讲故事、学榜样、见行动”主题实践活动，促进企业文化入脑入心入行。“评”就是绩效考评。把企业文化工作细化为任务、量化为指标，通过动态积分、综合考评，年底形成企业文化积分排名榜，并以此作为践行企业文化先进单位和个人评选表彰的依据。同时，纳入绩效，与薪酬挂钩。练好“唱、讲、评”功夫，使企业文化由建设跨越到管理，把内化于心、外化于行和固化于制相统一，实现了质的提升。

建好“部、宣、娱”阵地。“部”就是基于兴趣爱好成立的各种俱乐部，如太极、瑜伽、乐器、舞蹈、篮球、乒乓球、羽毛球、台球、网球、摄影等俱乐部，这些群众自治组织是幸福美好生活的践行者、诠释者，更是企业文化的宣传队、播种机。“宣”就是宣传阵地。在中轻公司，从文化展示厅、展示墙、电子屏、橱窗，到《中国轻工》内刊、“幸福中轻”微信公众号、内外网，从有形到虚拟，宣传阵地可谓无处不在。这些舆论宣传阵地，在传播中轻声音、讲好中轻故事、塑造中轻形象、弘扬正能量方面发挥了

重要引导作用。"娱"就是娱乐休闲阵地。公司打造了集多种功能于一体的"中轻文化中心""老干部活动中心"两个文娱休闲阵地，关注员工精神文化需要，促进员工全面发展，使人文关怀不仅覆盖到包括离退休员工在内的全体职员工。"部、宣、娱"阵地有制度规范，有资金支持，有例行活动，员工可以根据自身兴趣各取所需、自由参与，真正体现了文化体验的群众性、制度化、常态化，为员工内外兼修、全面发展创造了良好条件，使员工的体验更加全面、深入、多元一体。

理性认识：潜移默化促进知行合一、文化自觉

一是常修"学、信、用"功课。"学"就是学习型组织建设。美国管理学者威廉·大卫指出，管理文化的核心是使员工关心企业。欲使员工关心企业，必须把工作中的人力当"人"来看待，即要关注员工的成长成才和全面发展。基于此，中轻公司打造了"中轻大讲堂"这一学习平台，自2009年创办以来，已举办了200多期培训，受训人员超过两万人次。同时，根据工作需要，外派各层面干部员工脱产学习已成为常态。员工培训纳入员工职业素养提升工程，结合人才战略统筹推进。"信"就是开展理想信念教育，这成为中轻员工的必修课、常修课。党员通过"不忘初心　牢记使命"主题教育、集中轮训及"三会一课""主题党日"等形式开展信仰之修，团员青年通过"青年大学习""青春心向党　建功新时代"主题团日等形式增强听党话、跟党走的决心和信念。引导党员干部和员工在学懂弄通做实习近平新时代中国特色社会主义思想和党的十九大精神上下功夫，把学习成效转化为转型发展的动力。

"用"就是在学用结合、成果转化上下功夫，把理想信念教育与文化理念引领有机结合，把践行核心价值观与"做阳光中轻人"有机结合，注重发挥企业文化理念的导向和凝聚作用，无论在征集意见过程中还是文化理念的表述上，无不体现出对员工的尊重和关爱，注重不断改善员工的体验，这是全面、深入推进体验式企业文化建设的重要前提，也是关键一环。中轻公司企业文化理念体系从1.0版到2012年的2.0版，再到3.0版，无不体现了人本管理思想。企业文化1.0版提出了"员工为重、客户为尊、服务社会"的企业宗旨。员工被摆在首位。内在逻辑是：只有先让员工满意，才能让客户满意，进而服务好社会。2.0版提出"快乐工作、精彩生活"的人文理念、"因你更精彩"的人才理念，彰显浓郁的人文色彩和时代特色。3.0版以习近平新时代中国特色社会主义思想和党的十九大精神为指引，明确了新时代企业的新使命即"为国家做贡献、为企业谋发展、为员工谋幸福"、新企业精神即"奋斗拼搏　幸福生活"，以创造员工幸福美好生活为出发点和落脚点，回到了以员工为重的原点，使员工信守、践行企业文化理念成为习惯和自觉。

二是做好"育、选、励"工作。"育"就是树人育人，被中轻公司纳入三年滚动发展规划和五年发展规划，摆在战略高度予以重点推进，在执行集团教育培训规划的基础上，有针对性地加大干部培养力度和人才梯队建设。"选"就是选人用人，树立忠诚担当干净、重实干重实绩的选用导向，坚持按制度和流程办事，坚持好干部标准和国企领导人员20字要求，突出政治标准，使"想干事、能干事、干成事"的人得到重用，坚决杜绝和防范"带病提拔""带帽提拔"及选人用人上的不正之风，形成风清气正的内部生态。"励"就是激励到位，在通过创先争优营造比学赶帮超氛围、发扬奋斗拼搏精神的同时，坚持工效挂钩原则，以贡献论英雄，坚决纠正和防范唯资历、唯学历、唯关系的错误倾向，体现出公开公平公正。在中轻公司，因业绩优异参与持股，每年平均分红在百万元以上大有人在。忠诚担当干净、重实干重实绩的选人用人导向已深入人心。

三是常练"乐、美、疏"之功。"乐"就是倡导"快乐工作　精彩生活"，因为快乐的员工是先进生产力的重要因素。哈佛大学最受欢迎的课程《积极心理学》主讲教授肖恩·埃科尔说："幸福的员工是组织最重要的资产，企业最大的优势就是幸福且敬业的员工。"体验式企业文化不在于感觉或情感上的一时触动，其实质在于借助常态化的机制和生动活泼的形式，培育幸福且敬业的员工，形成快乐生产力。这是企业真正需要的。在中轻公司，常常能看到党政主要领导与员工打成一片，共同参与各项文化体育活动。

尤其是新春前夕，当全体领导班子成员身着厨师行头，下厨房亲手擀面做卤一阵忙碌后，把一碗碗热气腾腾的鸡蛋西红柿面端给所有员工就餐时，带给员工的是关爱的体验！让员体会到了“幸福中轻人”。“美”就是倡导共建“美好中轻　美丽中轻”，前者强调内在美，后者强调外在美，通过“五美”（美好使命、美好业绩、美好环境、美好生活、美好心灵）塑造新时代央企新形象、中轻人新面貌，奉献“美丽中国”和中国梦伟大构想。“疏”就是注重人文关怀和心理疏导，在关注员工身体健康、实施补充医疗保险计划和健康顾问计划、开展“健康中国·幸福职工”健康科普巡讲等活动的同时，全面导入员工帮助计划（EAP），关注员工职业心理健康，使体验式企业文化建设由表及里、引向纵深，达到春风化雨、润物无声的效果。自中轻公司导入 EAP 以来，建立了 EAP 专员队伍，先后以“阳春从‘心’开始”“暖春·分享”等为主题开展心理咨询、集体辅导、开通 7×24 小时热线、情商培养、“现代办公室健康”系列培训活动，引导员工积极培育“美好心灵”，练就强大内心，提升心理资本。同时，不断改善员工福利待遇，自启动了企业年金计划，消除了员工后顾之忧，使员工与企业之间达成的心理契约更加牢固。调查显示，中轻公司员工整体心理健康水平持续上升。中轻公司还将把 EAP 导入员工招聘培训、干部选拔任用以及党建工作之中，使 EAP 在促进管理提升、增强企业凝聚力方面发挥越来越重要的作用。

文化体验：既重形式更重实效

打造体验式企业文化是中轻公司为适应新时期新形势新要求的经营之道。企业文化建设需要静水深流，在润物无声、潜移默化中达到理想的效果。当传统意义上的宣传贯彻手段对人们产生审美疲劳时，就迫切需要在工作机制和方式方法上创新突破。纵观中轻公司的实践，体验式企业文化建设已取得以下三点突出效果：

一是促进了员工的文化自觉、文化自信、文化自强。通过丰富员工的文化体验，实现以体验促认同、以认同促自觉、以自觉促自信自强的目的。广大干部员工对中轻文化都有着清晰的认知，有着发自内心的认同和觉悟。大家无不以中轻公司充满人文关怀、风清气正的企业文化而自豪。即使离职多年的员工，也仍然对公司文化氛围充满眷念之情。

二是增强了企业抵御风险的能力。前两年，大宗商品行情震荡下行，中轻公司主营业务经营遇到了前所未有的挑战。2016 年因个别子公司违规放账发生风险事件，导致公司经营一度出现亏损、员工薪酬下调，发展遇到了困境。但是，中轻人没有被逆境吓倒，也没有因为降薪而抱怨，而是凝心聚力、奋力拼搏，仅仅用了一年，在 2017 年就实现了企稳回升、扭亏为盈，2018 年经营全面向好，员工薪酬水平得到了恢复性调整，福利待遇有了新改善，当前员工士气高昂、豪情满怀，正以蓬勃朝气、昂扬锐气投身转型升级的新征程。公司遭遇风险后能够迅速企稳回升，充分表明公司抵御风险的能力不断增强。

三是增强了企业文化软实力。广大干部员工因体验而认同企业文化，表现出文化上的自觉自信自强，涓涓细流汇成河，说的就是企业的文化软实力。这种能力一旦形成，就是偷不走、拆不散、学不去的。

中轻公司在打造体验式企业文化得到行业的普遍赞同，并获总工会多项殊荣。中轻公司将与时俱进，不断追求企业文化建设和管理的新境界。

（本文摘自《企业文明》，作者系中国轻工业品进出口集团有限公司党群部主任）

中国特色的企业文化管理创新

高立胜

在新时代，如何以习近平新时代中国特色社会主义思想为指导，探索新时代企业文化建设的新内容、新形式、新方法，开创新的企业文化理论与实践，是企业文化建设事业的当务之急和首要任务。江苏黑松林粘合剂厂有限公司多年来在企业文化管理理论与实践上持续不断地研究探索，总结积累了许多宝贵经验，值得也内学习与分享。

黑松林在当代企业文化管理发展的轨道上，创造性地构建了具有中国特色的心力管理模式

企业文化从管理哲学视角看，最大的特征是从“以物为本”提升为“以人为本”。在理论上，它提出了为了人的管理，依靠人的管理；提倡尊重人，理解人，关心人，信任人。然而这种理论提出的初始还只是一种理论模型以及假设。要将这种文化管理理论导入中国并落地生根，还必须符合中国国情。江苏黑松林粘合剂厂自创办伊始便开始建立自己的企业文化。他们在管理中抓住了“人”这个根本，从“解决问题，提高素质”入手，致力于“在人心上用功夫”，进行“心力开发”。经过近30多年的探索发展，总结提炼出了具有中国特色的社会主义企业特征的心力管理模式。

这种心力管理模式是基于中国优秀传统文化的根基之上，以当代社会主义核心价值观为核心的，可以说，它是对于企业文化管理的创新拓展，也是对于企业文化主张的人本管理的深入化、精细化。例如，黑松林心力管理所提出的25种管理方法，都是指向人的精神深层，即人的心灵、心力的，它所倡导奉行的是员工的自主管理，即企业文化管理的一种最高表现形式。因此说，黑松林把企业文化所提出的人本管理形式更加深入地、精细地拓展和提升到了心力管理的境界。

值得强调指出的是，在黑松林，企业文化建设的目的不再仅仅是为了调动员工的积极性，多为企业创造利润价值；而是在黑松林企业的多元价值目标追求上，把员工在企业中的主人地位，员工素质的提高，员工的个性发展，也凸现落实在了企业的管理实践之中。

黑松林所创立的心力管理模式凸现了中华传统文化“大道至简”的哲理

黑松林在宣贯与践行其心力管理模式的过程中，充分体现了对于企业员工的尊重，对于中国优秀传统文化的尊重，以及对于当代社会主义核心价值观奉行与弘扬，浅显地渗透着中华传统文化“大道至简”的哲理。中国传统文化运用于管理之妙，有一重要特征，即凸显悟性与灵性的智慧光辉。在企业管理上，黑松林创立的心力管理模式所彰显的“大道至简”即是如此。心力管理模式具有广博而深厚的文化内涵，如何让文化水平不高的黄桥乡镇员工所接受、理解并认同，是一项比较复杂而困难的工作。而刘鹏凯董事长对心力管理首先用一句话“心之所及，力之所达”就高度概括和诠释了。而其宣贯与践行过程，简约地说，即黑松林的心力管理文化，如同他们的产品粘合剂一样是一种粘合文化，亦即刘鹏凯首先用自己的心粘合了员工的心，员工团队的心又粘合了客户的心，进而更广泛地粘合了社会公众的心。黑松林的心力管理的实质与核心就是如此简约明了的。

此外，刘鹏凯还根据黑松林的管理实践，总结提炼出了心力管理的极具操作性的具体法，以及“知心、聚心、塑心”的“三心”实施工程，这使得员工们在理解和执行中绝无生僻深奥之感，反而觉得看

似深奥的管理智慧与哲理，就在自己身边，就在自己心里。由此可以看出黑松林的心力管理的至简之道。

更令人信服的是：在黑松林，心力管理之所以赢得众员工之心，绝非靠“我说你听，我打你通”的空洞说教之法，而是靠其建立在企业与员工共同利益乃至共同命运基础之上的。人们可以从黑松林企业文化展览馆展示的刘鹏凯签署的“工资增长承诺书”和全体员工签名响应的“倡议书”可见证于一斑。马克思曾说过，思想一旦离开利益就一定会使自己出丑。我们搞企业文化工作应该时刻牢记这句名言。

心力管理模式促使黑松林呈现出小企业大作为、大担当、大事业的新气象

黑松林的心力管理实践与业绩再一次证明了，文化管理能够发挥“四两拨千斤”的功效，也证实了企业文化的软实力硬道理助力企业发展的真谛。在黑松林，一个仅近50位员工的小企业凭藉强大的文化力在社会上产生了越来越大的影响并作出了重大贡献。在文化上，黑松林所创立的心力管理模式在国内得到了广泛的认同、应用和推广。公司先后获评“全国企业文化竞争力30强单位”，董事长刘鹏凯获评“全国企业文化建设十大楷模人物”。在胶粘剂专业；黑松林参与制定了13项国家标准；迄今已与多家世界500强企业合作，与几十家国内知名企业形成巩固的合作关系；黑松林的多种产品获评为“江苏名牌产品”，“江苏省著名商标”，主要产品都通过了国家环境标志产品认证等等。在黑松林，显示出了通过高新科技与先进文化有机结合，结出了丰硕的经济成果。同时，在社会主义核心价值观的引领下，企业自觉地主动地担当了更多的社会责任；更值得称道的是，以刘鹏凯为代表的黑松林人在不断成长发展，展示出了新时代具有中国特色的社会主义新员工的新风貌！

（本文摘自《沈阳企业文化》2018. 年第4期，作者系辽宁省企业文化学会会长）

培育一流动力文化　助推航天强国建设

黄　亮

航天六院以习近平新时代中国特色社会主义思想为指导，坚持不懈地把培育和践行社会主义核心价值观融入到企业文化建设全过程，全面推进动力文化、创新文化和诚信文化建设，培育了践行爱国奋斗精神的一流职工队伍，打造了享誉海内外的一流航天动力，为航天强国建设、国防现代化建设和国民经济发展作出了突出贡献。

持续培育动力文化，彰显金牌动力风采

航天六院地处文化大省的陕西，有着近30年的三线创业历程，是航天精神的发源地，这就为推进企业文化建设提供了得天独厚的优势。院党委深刻认识到，只有真正把企业文化建设融入到继承中华民族传统文化的点滴行动，融入到弘扬航天精神的具体实践，融入到全院改革发展的全过程，才能真正发挥企业文化以文化人、凝聚力量的作用。为此，六院下大力气，精心培育富有时代特征、航天特点、发动机特质的六院动力文化体系，结合航天液体动力的发展历史、发展现状和未来发展目标，总结提炼出了六院动力文化理念。“发展愿景——汇聚能量、推举梦想”，展现了六院发展中国航天液体动力事业的美好愿景和宏伟目标；“发展宗旨——先行一步、领先一路”，提出了中国航天动力发展要求和发展方式；还有“工作作风——踏实务实、纳新创新”，“发动机设计观——图新图强、领先领航”，“发动机制造观——严格严谨、精益精品”，“发动机试验观——求真求稳、测准测全”，“航天技术应用产业观——创新创造、做优做强”，“航天服务观——至诚至信、满分满意”，是六院人坚持打造一流航天动力精气神的集中体现。与此同时，六院又通过编撰《六院三线旧址文化地图》，《六院文化地图》、举办《六院动力文化手册》发布会、开展动力文化主题实践活动等多种方式，广泛宣贯六院动力文化理念，自觉践行六院动力文化理念，真正使动力文化理念内化于心，外化于行。

一个新型号火箭发动机的研制，需要少则五六年，多则二十几年的艰辛付出。一台发动机成功上天，更要经历设计、生产、试验等重重考验，需要上百个部门上千个岗位上万道工序的共同努力，是规模宏大、高度集成的系统工程。六院坚持把践行动力文化理念融入科研生产和经营管理等各个环节，实现从行为传承，到精神传承，再到产品传承，烙印在每一个干部职工的心里，传递到每一个干部职工的手上，融化进每一个发动机产品和军民融合的成果中，先后成功研制了近百种液体火箭发动机和空间推进系统，应用于导弹、火箭、卫星、飞船和各种用途的航天器，彰显了航天金牌动力的风采，使中国的航天动力技术水平跻身国际一流水平，为我们中华民族在世界航天领域赢得了尊严。

不断建设创新文化，夯实技术领先基石

火箭发动机，既是航天器问鼎太空的力量之源，又是一个国家进驻空间能力的重要标志，被誉为火箭的心脏。然而，越是尖端技术，就越受到国际封锁。必须坚持自主创新，才能研制出具有我国自主知识产权的一流航天动力，才能在探索太空的征程中与世界航天强国一争高低。六院坚持把创新文化建设作为企业文化建设的重要内容，把增强自主创新能力，作为支撑引领六院发展的战略基点和调整产业结构、转变增长方式的中心环节。把创新文化建设全面融入到构建体系完善、布局合理、结构优化、资源集约、核心

突出的液体动力技术创新和研发管理体系，形成人人参与创新，个个勇于创新的浓厚氛围。

在国家新一代大推力液氧煤油火箭发动机研制过程中，六院坚持推动创新文化建设，深化创新驱动战略，进一步强化全院干部职工的创新意识，激发创新激情。广大科研人员披荆斩棘，攻坚克难，攻克了研制道路上的重重难关，突破了液氧煤油发动机一系列关键和核心技术，填补了具有自主知识产权的多项技术空白。由航天六院研制的动力系统助推我国新一代运载火箭长征六号、长征七号、长征五号先后首飞成功，为国家由航天大国迈向航天强国的征程中提供了强大可靠的动力保证。

坚持打造诚信文化，建设一流航天队伍

诚实守信是人类社会千百年传承下来的道德传统，也是社会主义道德建设的重点内容，它强调诚实劳动、信守承诺。对于从事液体火箭发动机这一尖端产品研制的六院干部职工来说，讲诚信，就意味着发动机研制的每一个人都必须做到对事业忠诚老实，每一道工序都必须恪守严慎细实，每一项工作都必须做到踏实务实，每一个步骤都必须做到严格严谨。否则，地面上任何一个细小的失误，都会导致上天产品箭毁星坠，给国家造成巨大的政治影响和经济损失。六院注重诚信文化建设，在持续加强动力文化体系建设的基础上，培育提炼具有液体火箭发动机研制特点的诚信理念——“踏实务实，严格严谨”，用诚实守信筑牢航天动力事业的发展基石，建设一流航天队伍。以人的素养全面提升，推进航天动力产品质量的全面提升。

如今，走进六院发动机研制一线车间厂房，很多具有岗位特点的诚信格言随处可见：“错、漏、多、混，时时警惕，配、领、装、检，环环把关”、“刀刀精准，锉平神舟通天路；台台完美，搭起天地往返桥”。从事航天液体火箭发动机研制的每一名职工，都自觉把六院“踏实务实，严格严谨”的诚信理念融入到了本职工作中。

六院企业文化的实践与探索给人以深刻的启迪：

一是改革开放为六院企业文化建设提供了丰富的滋养。六院动力文化，在改革开放40年的伟大实践中不断培育，在改革开放40多年的风雨洗礼中不断锤炼，在创新发展中不断完善。与此同时，六院动力文化的不断熔炼与践行，也促进和推动了六院的改革与发展。

二是爱国奋斗为六院企业文化建设倾注了奉献的血脉。六院动力文化，之所以凝心聚力，摄人心魄，正是因为它具有国家利益高于一切，自力更生、自主创新、永远先行、持续领先这一特殊气质，正是源于它有国家的事业、民族的骄傲这一独特气场，有源自苦难、根植梦想、艰苦奋斗、航天报国这一肥沃土壤。

三是诚实守信为六院企业文化建设注入了成功的基因。诚信文化的支撑点之一就是质量文化。它把“质量是政治”阐释到了关系国家形象、民族精神的高度；它把“质量是生命”融入到了进入太空的每一次飞行、镌刻到了每一个部件、每一颗螺钉。诚信文化的重要内核是成功文化。它把做人做事的可靠性与成败的结果一起锻打，把“万无一失”的价值追求融进每个航天人的心灵。诚信文化的最终表达是品质文化。无论是“金牌发动机”的塑造，还是“踏实务实、严格严谨”的践行，都把中国航天液体动力的品质铸造成了令人叹服的丰碑。

六院的企业文化建设推动了航天液体动力事业的创新发展，但六院党委清醒地认识到：在新形势下还要进一步增强企业文化建设的针对性、有效性、时代性。六院将以习近平新时代中国特色社会主义思想为指导，在新的更高的平台上，培育一流文化，建设一流队伍，打造一流动力，为推动航天强国建设作出新的更大的贡献！

（作者系中国航天科技集团有限公司第六研究院党委书记）

辩证思维的文化维度

梅景辉

辩证思维是马克思主义哲学思维方法的精髓，也是中国传统哲学思维方法的核心。在马克思主义中国化的历程中，辩证思维是马克思主义理论开拓创新的重要动力。习近平总书记指出："要学习掌握唯物辩证法的根本方法，不断增强辩证思维能力，提高驾驭复杂局面、处理复杂问题的本领。我们的事业越是向纵深发展，就越要不断增强辩证思维能力。"而要增强辩证思维能力，就必须把握辩证思维的思想内涵，并深刻理解辩证思维的文化维度。

一

辩证思维是将感性、知性与理性融为一体的思维方式，是辩证的方法论与认识论的统一，使人在思想观念中以辩证、系统的方式来看待世界与人自身的发展。辩证思维具有反思批判的精神，马克思的辩证思维，首先表现为对于德国古典哲学的批判与扬弃，他是在传统的哲学地基上建构了新的思想世界。马克思每一部著作中都充满了辩证法的精神，这一点在他关于文化传统的分析中具有一定的代表性。

马克思在历史唯物主义的视域下，对传统的思想文化持辩证反思的态度，他在《路易·波拿巴的雾月十八日》中指出："人们自己创造自己的历史，但是他们并不是随心所欲地创造，并不是在他们自己选定的条件下创造，而是在直接碰到的、既定的、从过去承继下来的条件下创造。一切已死的先辈们的传统，像梦魇一样纠缠着活人的头脑。"马克思关于人的创造性与文化传统之间的关系，具有历史性、现实性和辩证性三重维度。

从历史性维度来看，马克思虽然将先辈的传统，比喻为纠缠着活人头脑的梦魇，但每一代人所创造的文化和思想，总是在之前文化传统的基础上形成的。文化传统对于每一个时代，每一个民族，总是不可或缺的文化基因和根柢，新的思想理论只有在这种历史性的基因和根柢上才能得以发展与创新。

从现实性维度来看，历史总是在创新创造中发展。人既是历史的剧中人，更是历史的剧作者。立足于文化传统基础上的创新是马克思主义引领时代发展的根本路径。而优秀传统文化也必须通过创造性转化和创新性发展，才能实现自身的历史性使命。

从辩证性维度看，马克思主义强调我们应该客观地而不是主观地、发展地而不是静止地、全面地而不是片面地、系统地而不是零散地、普遍联系地而不是孤立地观察事物、分析问题、解决问题。因此，在如何对待文化传统上，作为中国先进文化积极引领者和践行者的中国共产党人，总是本着科学的态度，大力继承和弘扬中华优秀传统文化，致力于促进中华优秀传统文化的创造性转化和创新性发展，努力用中华民族创造的一切精神财富来以文化人、以文育人。

二

辩证思维不仅蕴含于马克思主义唯物辩证法之中，同样蕴含于中国传统文化的哲学思维方法之中。中国先秦时期的百家争鸣，从根本而言，既是思想学说的争鸣，也是思维方式的争鸣。虽然，诸子百家的思想旨趣有所异同，但辩证思维方式，却是中国传统文化思想中最鲜明的特征。无论是儒家的"和而不同"，还是道家的"有无相生"，或者法家的"矛盾之说"，都包含了丰富的辩证法思想，也展现了深刻的辩证思维方式。即便是汉武帝罢黜百家、独尊儒术之后的封建时期，辩证思维依然是中国文化传统中的主体性思维，在中国道统和学统的传承中发挥着重要作用。中国传统文化中蕴含的辩证思维和辩证法的精神，融入中国人的思想血脉之中，构成中国价值和中国精神的主导性思维方式。同时，科学对待传统文化，也需要具有辩证的思维方式。虽然不同时期，对于传统文化与马克思主义之间的关系有着不同的理解，但促进中华优秀传统文化的创造性转化和创新性发展，需要运用辩证思维。在新民主主义革命时期，以毛泽东同志为代表的中国共产党人对马克思主义的接受与传播，也是建立在对传统文化的传承基础之上。毛泽东同志就深刻指出："我们是马克思主义的历史主义者，我们不应当割断历史。从孔夫子到孙中山，我们应当给予总结，承继这一份珍贵的遗产。"

在新中国的发展历程中，百花齐放、百家争鸣一直是文化建设的主要方针。新中国成立后，毛泽东等领导人依然辩证地看待马克思主义和中国传统文化的发展。他在 1960 年同外国代表团谈话时就明确指出，对中国的文化遗产，应当充分地利用，批判地利用。这也表明，无论是马克思主义理论，还是中国传统文化，其中都具有思想性的元素，我们要善于从马克思主义经典著作和中国传统文化经典著作中挖掘思想精髓，持续推动社会主义文化建设。

改革开放之后，经济建设成为党和国家工作的中心，但文化建设和意识形态工作，依然发挥着引领性的作用。经济建设与政治建设、文化建设的均衡发展，成为新时期中国特色社会主义稳定发展的重要保证。邓小平同志在 1979 年就明确提出要坚持百花齐放、推陈出新、洋为中用、古为今用的文化建设方针。江泽民同志和胡锦涛同志也都注重中华优秀传统文化和社会主义意识形态之间的相互融合与辩证发展。

中国特色社会主义进入新时代，习近平总书记明确指出，要科学对待文化传统。要坚持古为今用、以古鉴今，善于把弘扬优秀传统文化和发展现实文化有机统一起来、紧密结合起来，在继承中发展，在发展中继承，坚持有鉴别的对待、有扬弃的继承，努力实现传统文化的创造性转化、创新性发展。

三

辩证思维既是中华优秀传统文化的重要思想方法和价值体现，也是中华优秀传统文化创新发展的重要动力。从文化的传承创新来说，辩证思维能够促进中华优秀传统文化的创造性转化和创新性发展。中华优秀传统文化中蕴含的辩证精神使中国文化能够因时而化，因势而新。无论是百家争鸣时期，还是独尊儒术时期，或者在儒释道合流时期，中华优秀传统文化中的辩证思维一直延续不绝，既通过不同流派的思想争鸣相辩相成，又通过对外来文化的涵容与转化，为博大精深的中国精神和中国智慧增强了深厚的文化底蕴和思想底蕴。

文化创新的前提是思维方式的创新。中华优秀传统文化中有"天不变，道亦不变"的形而上学思维方式，但更具有深远影响的是"穷则变，变则通，通则久"的辩证思维方式。变动不居的辩证思维使中华优秀传统文化始终处于自我反思、自我超越的状态，从而与时偕行，与时俱进。从雅斯贝尔斯所说的轴心时代至今，中国文化传统历经两千多年风雨，依然屹立于世界民族文化之林，并为新时代社会主义意识形态建设提供了重要的思想元素。

（本文摘自《光明日报》2019 年 7 月 15 日，作者系江苏省中国特色社会主义理论体系研究中心特聘研究员）

厚植匠心文化　创造中国品牌

寇嘉伦

中铁高新工业股份有限公司（以下简称“中铁工业”）是中国中铁重组整合工业板块成立的A股上市公司，业务范围涵盖隧道掘进设备、铁路道岔、钢桥梁、大型铁路施工机械以及新型轨道交通的研发设计、制造安装和技术服务等，主营业务市场占有率和综合实力位居“国内第一”乃至“世界第一”。企业在发展过程中涌现出了全国劳模11人、省部级以上劳模60余人，培养了党的十九大代表、“大国焊将”王中美，中央企业团工委副书记、“桥梁焊接艺术家”曲岩，宝鸡市总工会副主席、全国劳模王汝运，“大国工匠”李刚等一大批体现工匠精神和劳模精神的代表性人物。

在百年发展历程中传承匠心文化

中铁工业最早可追溯至1894年洋务运动时期设立的山海关造桥厂，从百年前修建滦河大桥开始，工匠精神就注入企业的血脉之中。在中国装备制造业领域，中铁工业历史文化底蕴深厚，既是中共一大代表王尽美领导工人运动的根据地，传承着红色基因；也参与过上世纪60年代的三线建设，坚持和发扬“艰苦奋斗、拼搏奉献”的“大三线”精神。2014年5月10日，习近平总书记在公司所属中铁装备考察时做出了“中国制造向中国创造转变，中国速度向中国质量转变，中国产品向中国品牌转变”的重要指示，为中国工业转型升级、创新发展指明了方向。2017年4月，国务院将每年的5月10日确立为“中国品牌日”，中铁工业也成为了“中国品牌日”的源流企业。近年来，中铁工业深入践行“三个转变”重要精神，秉承“传承超越，创新发展”的理念，以品牌为引领，以构建“匠心文化”为基础，宏扬工匠精神和劳模精神，积极打造产品品牌、技术品牌、服务品牌、人物品牌，努力为中国工业贡献一个有价值的企业品牌。

全方位构建技能人才成长的制度体系

注重顶层设计，相继出台《特级技师、工匠技师职业资格评审暂行办法》《高技能人才评价管理办法》等20余项高技能人才培训、考核、激励制度，构建出了一个科学管理体系。在培训机制方面，除了导师带徒外，公司还积极投资搭建网络大学、委培教育等平台，充分调动企业内外部教育资源，每年组织开展技师以上高技能人才聘期内培训、新型工班长培训、关键工种技能提升培训等各类技能培训数十次，达到全员、全面、全过程、全覆盖。在激励机制方面，将职工“德、能、勤、绩、廉”考核与职工薪酬分配紧密挂钩，与企业提质增效紧密挂钩，形成了高技能“有钱途”、高技术“很吃香”、高质量“高收入”、高水平“高收益”的积极导向，激发了广大职工的热情和干劲。截至目前，公司技能人才已占操作员工总数的80%以上，特殊工种操作员工持证上岗率达到100%。

多层次技能比武让优秀工匠脱颖而出

中铁工业重视通过实战检验和选拔优秀工匠，各单位每年举办的各工种职业技能系列赛事超过20场，公司对成绩突出的选手给予重奖，个人累计最高奖励达到30万元，对技能比武单项成绩位于前5名的劳务派遣工给予破格转录为正式合同工。“85后”农民工王保利通过公司电气技师技能大赛脱颖而出，不仅从一名劳务工转为正式工，还获得了“全国青年岗位能手”等荣誉，成长为享受国务院特殊津贴人才。为弘扬其示范作用，公司推出了以他名字命名的盾构机——“王保利号”。青年焊工技师王安永从2013年入职以来，就被安排参与国内外重点盾构项目的焊接工作，在2017年国际焊工大赛上一举斩获二等奖，打破了建筑业央企连续8年在电焊工国际赛事与奖牌无缘的局面，被评为“郑州市劳动模范”，被授予“河南省青年岗位能手”“全国青年岗位能手”等荣誉称号。这一系列举措不仅使企业中的高技能人才有了实现理想的平台，公司也在秦皇岛、宝鸡、郑州等地获得了政府颁发的“劳动竞赛示范单位”荣誉。

打造劳模创新工作室登质量高峰

立足产业发展和技术创新的重难点项目，公司建立了以全国劳模为带头人的10多个劳模创新工作室。公司统筹工作室创建、运行整体工作，搭建起“党政支持、部门配合、先进挂帅、职工参与”的良好工作格局和“专项资金供应、专门办公场所和活动场地、专业仪器设备、专门人员、专门考核”的“五专”运转体系。劳模创新工作室在工作中目标明确、计划具体，解决产品设计、研发、制造中的技术难题，创造了可观的经济效益和人才效益。“曲岩创新工作室”参与过苏通大桥、香港昂船洲大桥等10余个国家重点工程和国外高难度技术标准的桥梁焊接工作，他们优选钢箱梁焊接工艺参数，焊缝外观成形美观、质量稳定，内部质量一次探伤合格率100%。“王汝运劳模工作室”培养出国家“百千万人才”2人、中国中铁十大专家型工人1人；多人荣获茅以升工程师奖、詹天佑青年奖、火车头奖章及省部级专家称号。拥有19名道岔专业技术人才的“张莉劳模创新工作室”，每年拟定出生产研发重难点研讨课题4个以上，工作室先后取得了可动心轨客专及高速单开道岔整体技术优化研究、高铁广深港系列道岔的研制等多项成果。通过劳模创新团队的努力，公司质量工作水平持续提高，有效提升了市场信誉。公司所属中铁山桥曾获“全国质量创新大赛一等奖”并蝉联“全国质量奖鼓励奖”；中铁宝桥先后5次被认定为“全国交通设备制造行业质量领先品牌”，荣获“全国质量工作先进单位”，并作为陕西省质量标杆企业深入到省内主要地市宣讲；中铁装备是全国“质量标杆示范企业”，先后获得“中国质量奖提名奖”“中国工业大奖表彰奖”等荣誉。

以大国工匠工作室创树大国重器品牌

在打造“劳模创新工作室”的基础上，中铁工业还建立了以王中美、李刚等“大国工匠”命名的“工匠工作室”。与“劳模创新工作室”不同的是，“大国工匠工作室”在传承技艺、开展技术攻关的同时还参与企业重大项目的科研工作，直接接触世界前沿技术，对新产品研发和工种提升起着示范带动作用。党的十九大代表王中美挂帅的“王中美工匠工作室”先后负责完成了国内外40多座知名钢桥梁制造的前期焊接试验任务；参与研制的“全球最大空中造桥机”——1800吨专用架梁起重机、800吨桅杆起重机、改装的万吨级中心架梁起重船“天一号”等造桥重器在沪通长江大桥、孟加拉帕德玛大桥等超级工程的建设中发挥了重要作用，在全球范围内创出了一批中国钢桥品牌。“李刚工匠工作室”汇聚了国内顶尖的盾构机电气技师，团队最早介入了“盾构机模拟实验平台”863计划，参与研制出具有自主知识产权的世界最大矩形盾构机、世界最小直径TBM、世界首台马蹄形盾构等产品，为中铁盾构的发展奠定了坚实的基础。他们参与研发的国内最大直径9.03米全断面岩石隧道掘进机——“彩云号”入选央企“十大国之重器”。他们还将“变频系统”国产化作为新的研发课题，课题已经写入《公司五年科技规划》，期待研制成功，将使变频系统从进口变为国产，每台将节省几十万元的费用，一年将节省近千万元。

用工匠精神劳模精神滋养员工精神

公司将学习先进人物与学习宣传贯彻党的十九大精神紧密结合，先后组织开展了“向王中美同志学习，做新时代工业标兵”等一系列主题教育活动，通过活动教育引导广大党员干部职工弘扬工匠精神，并使之升华为共同遵循的价值理念。公司引导员工将“学”与“思”相结合，全面学习、深刻感悟大国工匠和劳动模范的先进事迹；“学”与“议”相结合，通过研讨交流，探寻传承工匠精神的有效路径；“学”与“练”相结合，通过练兵比武，创造工匠辈出的环境和平台；“学”与“进”相结合，通过对标先进，查找不足，提高技能；“学”与“做”相结合，向先进看齐，争做新时代工业标兵。活动使大国工匠带来的精神财富融入企业文化建设而得到发扬光大，并使之在企业经营生产实际中得到验证和释放。公司将以习近平新时代中国特色社会主义思想和国资委关于弘扬劳模工匠精神推进企业高质量发展要求为指导，在对标先进企业、加强制度建设、在思想教育和文化传承方面下功夫，引导越来越多的技能人才在本职岗位上创新创效、建功立业，为中国工业发展壮大做出更多更大的贡献。

（本文摘自《企业文明》，作者系中铁高新工业股份有限公司）

自信的内在逻辑及世界意义

董振华

习近平总书记指出，“文化自信是更基础、更广泛、更深厚的自信”。在新时代，弘扬社会主义核心价值观，弘扬以爱国主义为核心的民族精神和以改革创新为核心的时代精神，不断增强全党全国各族人民的精神力量，必须深刻理解和把握文化自信的内在逻辑及世界意义。

文化自信体现了马克思主义的内在要求

实践的观点是马克思主义哲学首要的、基本的观点，实践基础上的理论创新是马克思主义的固有品质。马克思主义哲学是马克思主义全部理论的基础，马克思主义哲学的本质特征是实践性和在实践基础上的科学性和革命性的统一。马克思的实践观点是在批判旧哲学基础上形成的，针对旧哲学忽视实践的重要作用这一严重缺陷，马克思指出，“哲学家们只是用不同的方式解释世界，问题在于改变世界”。马克思和恩格斯自称为“实践的唯物主义者”，以区别于脱离实践的唯物主义者，因此，他们的哲学也可称为“实践的唯物主义”，以区别于纯理论的唯物主义，即旧唯物主义。显然，实践性是马克思主义哲学区别于其他旧哲学的基本特点之一。实践性决定了马克思主义必然随着人类社会的发展、科学技术的进步而不断发展，决定了马克思主义不是封闭的、僵化的、凝固不变的理论，而是开放的、发展的理论。这也正是马克思实践哲学的科学性和革命性所在。恩格斯也指出，“马克思的整个世界观不是教义，而是方法。它提供的不是现成的教条，而是进一步研究的出发点和供这种研究使用的方法”。对他们理论中一般原理的实际运用“随时随地都要以当时的历史条件为转移”。中国共产党人和中国人民在长期的革命、建设和改革的创新实践中，结合中国实际对马克思主义哲学作出了许多重要发展，形成了中国共产党人的科学世界观和方法论。

改革开放以来，我国走出了一条中国特色社会主义道路，不仅取得了举世瞩目的伟大成就，而且形成了举世瞩目的“中国模式”和“中国经验”，蕴含着丰富的“中国智慧”。可以说，中国共产党的成功在于将马克思主义普遍真理与中国具体实际紧密结合，这个中国具体实际就包括了与中国文化的结合，形成了中国特色社会主义先进文化。中国特色社会主义文化，是中国传统文化现代化的结果，也是马克思主义理论中国化的结晶。把文化自信列入“四个自信”之中，显示了对文化自信的高度重视，也表明中国特色社会主义文化更趋成熟。

文化自信根植于中华民族文化基因

文化，是国家和民族兴旺发达的重要支撑和基本内容。没有文化发展，便没有国家和民族的兴盛。习近平总书记多次指出：“一个国家、一个民族的强盛，总是以文化兴盛为支撑的，中华民族伟大复兴需要以中华文化发展繁荣为条件。”中国是一个文化大国，中华文化历史悠久、积淀深厚、博大精深、源远流长，上下五千年，物质层面的“四大发明”、丝绸之路、浩瀚文物，精神层面的家国情怀、君子人格、魏晋风度、盛唐气象等都给世人留下了难以磨灭的记忆。一个民族的文明进步，一个国家的发展壮大，需要一代又一代的文化积淀、薪火相传与发展创新。国家强盛，则文化兴盛。没有文化的弘扬和繁荣，就没有中华民族伟大复兴中国梦的实现。

中华民族具有一脉相承而又与时俱进的精神传统。中华民族的精神文化博大精深、源远流长，包括“民为贵，社稷次之，君为轻”的民本精神，“先天下之忧而忧，后天下之乐而乐”“精忠报国”的爱国精神，“不畏强暴”“自强不息”的奋斗精神，“厚德载物”“仁义博爱”“扶危济困”的奉献精神，“诚实守信”“谦敬礼让”的自律精神，“忧劳兴国”“俭以修身”的勤俭精神，等等。它们培育造就了中华民族优秀的道德品质、崇高的民族气节、高尚的民族情感以及良好的民族习惯，使中华民族自立自强于世界民族之林，对人类历史发展作出了重大贡献。伟大的时代孕育伟大的精神，伟大的精神支撑伟大的梦想。我们党在领导人民进行革命、建设和改革的伟大历程中，继承和发扬中华民族优秀精神文化传统，形成了井冈山精神、长征精神、延安精神、西柏坡精神、焦裕禄精神、雷锋精神、铁人精神、“两弹一星”精神、载人航天精神，等等。它们既凝结着中华民族不懈奋斗的光荣传统，更体现了近现代以来中国人民深深的民族情结和崇高理想，是在追求兴国强国过程中产生的凝心聚力的中国精神，是引领当代中国发展进步的强大精神力量。当代中国经济已经进入新常态，改革发展已进入关键期，“一带一路”建设不断深入，因此，没有文化自信和文化自觉，就不可能有发自内心的责任担当，就不可能完成艰巨而光荣的历史使命。

文化自信具有十分重要的世界意义

改革开放以来，根植于中国文化的中国特色社会主义道路铸造了新的辉煌。中国成功从高度集中的计划经济体制转向充满活力的社会主义市场经济体制，推动了经济持续快速发展、人民生活水平不断提高和综合国力大幅提升，“中国经验”“中国道路”受到全世界日益广泛关注。

“不同”“多元”是社会发展的必然，更是现代社会文明进步的标志。正如中国古话所言，“和实生物，同则不继”。如若所有的民族、所有的国家都强求一律，很可能导致人类文明僵化衰落。文化是每个民族每个国家的生命体现；文化的积淀是一个社会、一个民族最可宝贵的精神财富。中国道路的成功充分说明，各个国家必须根据自己的国情建设精神家园。纵观人类发展历史，没有一个国家是通过全盘吸收另一国家的文化而实现现代化的。中国作为全球最大的发展中大国，有着源远流长的文化，面临与西方全然不同的问题，要实现中华民族伟大复兴，不可能走西方资本主义道路，更不可能简单地用西方话语体系解释自己。只有坚持从中国的基本国情出发，才能开创中国特色社会主义的美好明天。正是基于这样的认识，在长期的革命、建设、改革实践中，我们坚守中华文化立场，传承中华文化基因，推动中华文化创造性转化、创新性发展，形成了当代中国文化，为开创和发展中国道路提供了丰厚滋养。我们坚持以马克思主义为指导，扎根于中华民族优秀文化土壤，吸收借鉴人类文明的积极成果，与时俱进地培育和建设社会主义的“中国价值”，为实现中华民族伟大复兴的中国梦提供强大的精神力量和价值引领。

当前，我国改革发展已进入关键时期，呈现出许多新的阶段性特征，社会思想观念和价值取向复杂多样，主流的与非主流的同时并存，先进的与落后的相互交织，呈现出多元、多样、多变的特点。社会思潮越是纷繁复杂，越需要主旋律，越需要用一元化的指导思想引领多样化的社会意识，牢牢掌握我国意识形态领域的主导权、主动权、话语权，最大限度地凝聚社会思想共识。这就更需要我们坚定中国特色社会主义文化自信，正如习近平总书记所指出的，“全党要坚定道路自信、理论自信、制度自信、文化自信。当今世界，要说哪个政党、哪个国家、哪个民族能够自信的话，那中国共产党、中华人民共和国、中华民族是最有理由自信的。有了‘自信人生二百年，会当水击三千里’的勇气，我们就能毫无畏惧面对一切困难和挑战，就能坚定不移开辟新天地、创造新奇迹”。

（摘自《学习时报》2019 年 7 月 17 日，作者系国家行政学院哲学教授）

世界一流煤炭企业文化建设目标体系和路径研究

韩浩波　赵晓蕊

一、世界一流企业的内涵特征

国内关于世界一流企业的研究和论述也没有统一的定论。清华大学国情研究院胡鞍钢认为，世界一流企业是“世界级企业”，进入世界500强，主要经营指标和业绩达到世界500强的门槛，进入世界同行业前10名，具有世界知名品牌和核心技术的企业。国务院发展研究中心袁东明认为，世界一流企业是全球企业群体中最优秀的企业，具有竞争力强、市场价值大、国际化水平高、社会影响力广等特征。中国社会科学院工业经济研究所梳理了11项卓越企业的管理特征，提出“世界一流企业是在重要的关键经济领域或者行业中长期持续保持全球领先的市场竞争力、综合实力和行业影响力，并获得全球业界一致认可的企业”。国务院国资委2013年就提出央企“四强四优”标准及《中央企业做强做优、培育具有国际竞争力的世界一流企业要素指引》确定世界一流企业有13个支撑要素。2018年4月，国务院国资委主任肖亚庆，提出加快形成“三个一批”，培育具有全球竞争力的世界一流企业。2019年初，国资委印发《关于中央企业创建世界一流示范企业有关事项的通知》，进一步细化世界一流企业的标准为应该符合“三个领军”、“三个领先”、“三个典范”要求。所谓的“三个领军”是指在国际资源配置中占主导地位、引领全球行业技术发展、在全球产业发展中具有话语权和影响力的领军企业；“三个领先”则是在全要素生产率和劳动生产率等效率指标、净资产收益率和资本保值增值等效益指标、提供优质产品和服务等方面的领先企业；“三个典范”则是践行新发展理念、履行社会责任、拥有全球知名品牌形象的典范企业。

综上所述，具有全球竞争力的世界一流企业至少应该包括以下三个方面的特征：一是足够“大”。经营规模、盈利能力、资产产量、市值利润总额居国际同行前列。可以用世界500强排名、行业排名、营业收入、资产总额、市值、产量、业绩工效、利润总额、所有者权益、市场占有率等量化指标评判；二是足够“强”。市场竞争力强，技术、管理、模式、创新能力位居国际同行前列，风险防控能力强，全球资源配置、人才队伍、信息化手段、国际化水平达到优秀水平，有标准话语权，国际公认度强。可以用管理团队和员工队伍学历、年龄占比、员工平均薪酬水平、资源储备量、资产负债率、研发经费在收入中占比、国家及国际科研成果占比、全员劳动生产效率、国有资产保值增值率、海外业务占比等指标来评判；三是足够“优”。企业可持续发展，卓越的战略管理能力、相匹配的品牌和企业文化，企业健康度、职工满意度、社会美誉度和品牌影响力、社会贡献高。但就目前我国企业而言具备这三个特征，真正成为世界一流的企业数不多。2018年中企联专门组织力量对世界一流企业的主要特征进行探讨。调研发现，我国已有部分企业在一些产品和技术方面达到世界一流水平，但在人才、品牌、文化、商业模式等方面，特别是创新能力、标准话语权、国际公认度等方面还存在较大差距。是否具有一批世界一流企业，已经成为衡量一国经济强弱的一个重要指标。

二、一流文化评价指标体系的构建

（一）与世界一流企业相匹配的经营哲学

世界一流企业有支撑企业长远发展的共同价值取向、一致的发展目标和价值观，即通常所说的企业经营哲学，核心功能是以文化人、以文育人。与一流企业相匹配的文化理念体系具有塑造员工的观念与行为的力量，倡导超越产量、业绩、利润等业务指标的价值理念，文化理念与企业安全生产、经营管理、党的建设、队伍建设等工作深度融合，与员工的日常实际工作能够紧密结合。企业文化最忠诚的信奉者和践行者是企业最高领导人，领导人企业精神的导师。企业经营哲学评判可以从员工归属感与价值观认同度、企业活力、企业家精神三个关键指标衡量，具体指标有核心员工流动比率、企业价值观员工认同比率，员工平均学历水平和年龄、领军团队（企业领导及中层管理人员）平均学历占比和平均年龄，企业领导与中层管理人员直接参与文化建设的次数，企业家宣讲文化的占比等。

（二）文化建设与成效

优秀的企业文化是企业发展的不竭动力与源泉，世界一流企业普遍具有富有自身特色、深入人心的优秀企业文化，这也是世界一流企业的核心竞争力。文化建设方面可以从两个子指标来评判，反映员工幸福指数、文化建设成效、文化氛围。一是员工满意度指标，包括文化投入在企业总支出中占比数（全国2018 年文化事业费占财政总支出比重为 0.42%、发达国家 9%）、员工文化消费在员工收入中占比数（2018 年全国居民人均教育文化娱乐消费支出2226 元，占人均消费支出比重为11.2%）、企业员工每万人人均文化场馆享有平米数（中国人居环境奖评价指标：人均拥有的公益性文化设施面积≥0.8 平方米、人均拥有公共体育设施用地面积≥0.6 平方米）、图书馆人均图书藏量（国际图联建议各国图书馆应给每位居民提供2 ~3 册藏书、中国人居环境奖评价指标：万人拥有公共图书馆图书数量（册）≥16000、2018年全国平均0.74 册/人）、人均借书量（全国人均 0.4 册/人. 年）和人均到图书馆次数（全国人均 0.4次/人. 年）、及文化产品和文化惠民服务员工人均享有量（平均每人每年享受文化服务次数、平均每人每年观看演出次数、员工年人均培训学时数课时/人. 年、文化活动员工参与率≥80%；二是企业健康度指标，包括承载企业核心价值、深受职工欢迎、具有广泛社会影响的文化精品数≧2 次、承担社会责任完成地方扶贫项目数及企业诚信体系建设等。

（三）社会责任与企业品牌形象

世界一流企业一般都具备良好的社会责任感和企业形象，积极履行社会责任，企业知名度高，积极参与国际及行业性企业社会责任标准制定，有标准话语权、国际公认度。具体体现在：有完善的企业形象识别系统，产品和服务是可信赖的，客户满意度高，具有很强的社会影响力。企业发展具有前瞻性和导向性，能够引领和影响本行业的发展，并带动和支撑相关产业的发展，有良好的形象与声誉，获得了人们广泛的情感认同与尊敬。可以用企业模式或标准成为国家、国际标准数、产品品牌价值量（万元）、在世界品牌实验室（WorldBrand Lab）年度中国500 最具价值品牌榜排位、世界500 强企业采矿子排位、环保和职业健康体系认证数量企业主体信用评级、社会贡献度率来衡量。

三、一流文化建设实施路径的思考与建议

（一）坚持党建引领 加快企业文化理念培育

坚持以人民为中心的政治立场，始终服务于企业的发展战略和安全生产，不断拓展企业文化理念体系的内涵和外延，构建与社会主义核心价值观相吻合、与世界一流企业相匹配的、符合企业自身特点的企业价值理念体系，培育企业家精神，增强企业向心力、凝聚力。神东煤炭集团创建世界一流煤炭生产和加工专业化公司，要进一步明确创领文化的核心定位，明确在新时代下企业行为中什么有价值或者最有价值，什么是公司倡导员工必须践行的，使其成为员工行为的标尺和行动的遵循。基层党组织要立足创领文化践行应用取得的阶段性成果，在对党员和员工的宣传教育工作中，融入企业愿景、使命、价值观、经营理念、经营宗旨等与企业文化体系有关的内容，把党建工作与企业文化建设有机地统一起来，使企业文化真正成为企业核心竞争力的关键因素，切实提高员工企业归属感与认同度。

（二）坚持战略引领 实现文化与管理深度融合

文化的培育、提炼、整合不是目的，目的是实现文化管理，发挥以文化人、以文育人的功能。神东煤炭集团世界一流文化建设，必须深入研究创领文化与安全生产、经营管理、队伍建设、综治等工作的深度

融合，从外部竞争性、内部管理的有效性、制度管控及执行、创新能力与氛围上反思我们存在的问题，把战略实施和生产经营中的重点、难点作为文化建设的着力点，遵循“建立问题导向—形成问题解决机制—深入解决问题”的路径，不断深化企业文化融入管理的载体和途径，拓展文化管理的覆盖面。把文化理念融入到制度流程之中，利用制度流程的约束性，强化文化认同。切实提高文化投入在企业总支出中占比，企业各级管理人员作为文化建设的第一责任人，强化直接参与文化建设的次数和宣讲文化理念。用环境传递文化内涵，融入员工日常生活，让无形的企业文化，体现到有形的工作中，用行动来践行企业文化。

（三）坚持创新引领，提高文化产品与服务精准供给

世界一流企业必须注重以人为本，关注员工群众的精神需求。因此，精准对接员工文化需求，提高文化服务供需的匹配程度，有效供给文化产品和服务就成为必然要求。要创新需求表达方式，利用“企业文化基层行”、“文化送一线”、“群众性文化活动”等形式和“文化神东”微信公众号、“企业文化网站”、“线上公益课堂”等网络平台，开展文化需求调研，动态掌握群众需求，让员工群众从被动接受者转变为文化服务供给的主动参与者。要创新文化供给方式，深入实施“菜单式”、“订单式”供给和文化惠民工程，围绕全民阅读、全民科普、全民健身、艺术普及和优秀传统传承，丰富群众性文化活动的部署和要求，推动文化活动常态化，切实提升了文化服务有效供给效率。最大限度地完善文化服务配套设施，提高员工每万人均文化场馆享有平米数、万人拥有图书馆图书数量、文化产品和文化惠民服务员工人均享有量，持续做实“公益培训品牌”，提供一系列优质丰富有效的文化产品和服务，切实提高员工的幸福感获得感满足感。创新文化传播方式，加强文化产品创研，通过文艺、书画、剪纸、展览展示等艺术语言，传播和表达文化理念，有效地输出文化价值，推动文化产品精品化、文化惠民品牌化，文化服务精准化。要创新文化服务精准供给推进机制，整合文化服务优质资源，加强媒体联动、信息互动、资源流动，全方位立体式讲好神东故事、传播神东声音、传递神东形象。

（四）坚持价值引领，升企业品牌影响力

高质量的产品和服务是世界一流企业品牌建设的基础。以客户满意为标准，不断强化安全、高效、创新、责任品牌价值内涵，提升“神东煤”、“神东矿”“神东人”的品牌价值和品牌榜排位，突出抓好核心技术标准的研究和制定，努力将企业标准上升为行业标准和国家标准，谋求标准话语权，增强品牌影响力。推动企业诚信体系建设，依法治理，合规经营，以优质产品服务、一流的文化理念赢得客户和全社会的普遍认可。按照国家能源集团企业品牌建设指导意见，加强企业品牌建设，积极培育践行社会主义核心价值观，厚植神东优良文化基因，开展立意高雅、员工广泛参与的主题实践活动，实施文化活动精品示范工程，创作出一批有温度有筋骨有生命力的神东核心价值、具有广泛影响力的原创优秀文化精品，推动优秀价值理念的推广传播。坚持“举旗帜、聚民心、育新人、兴文化、展形象”，加强正面宣传，企业在央视主流媒体播出次数≧5次，减少负面舆情占传播声量百分比。积极践行企业社会责任，开展志愿服务、实施公益救助，培育和打造一批具有重要影响力的社会责任实践典型，塑造负责任的神东品牌形象。

（五）坚持队伍引领，造一流人才队伍

世界一流企业注重造就积极主动、有专业能力又能够解决问题的员工队伍，鼓励员工发挥潜能和提高能力，为企业创造价值。要加强长远规划，健全责任机制，建设一支忠诚干净担当的高素质专业化干部队伍，形成符合国际标准的选人、用人和管理机制。突出领导班子和核心领军团队建设，强化干部复合型素养提升，建立适应企业发展需要的各类人才循环流动的机制。全力打造优秀人才培养和聚集的平台，建设知识型、技能型、创新型劳动者大军，加快领军人才培养选拔，优化核心团队学历年龄结构，增强企业活力。将工匠精神、创领文化理念融入人才管理，实施专业人才分类管理，持续推进经营管理、专业技术和技能三支人才队伍建设，开展专业化能力培训，增强企业科技创新动力。优化人力资源管理，推进干部轮岗交流和内部人员流动，实现人力资源的良性循环。

（作者韩浩波系国家能源神东煤炭集团企业文化中心主任，赵晓蕊系国家能源神东煤炭集团企业文化中心企业文化办公室主任）

创新文化积聚创新力量

韩瑞平

新中国成立以来特别是改革开放40多年来，太原钢铁（集团）有限公司始终坚持自主创新，立志产业报国，以创新文化积聚创新力量，深深植根于血脉的创新基因和矢志不渝、生生不息的创新文化贯穿于企业发展成长的全过程。今天的太钢，已是全流程特大型钢铁联合企业和全球不锈钢行业领军企业。太钢自主创新成功研发出笔尖钢、手撕钢、高铁轮轴钢、港珠澳大桥用不锈钢、核电用不锈钢、高端碳纤维等一大批打破国外垄断、填补国内空白的新产品，太钢品牌伴随着这些让国人引以为豪的产品享誉海内外。

传播创新理念，夯实创新根基

人是创新的第一资源，人才是创新的源头活水。太钢始终注重创新型人才队伍建设，处理好重要关系，为企业创新发展奠定重要根基。

钢材与人才。改革开放初期，太钢提出“钢材与人才”两手抓，两手都要硬的观点，明确指出，没有优秀的人才就没有优质的钢材。1978年，太钢成立技术培训部，建成了三级培训网络和培训体系；1981年，全国职工教育工作座谈会在太钢召开，太钢作为全国培训教育先进典型作经验交流；1982年，投资建成六层职工培训大楼，培训条件显著改善。其后，建立了职工技能培训基地，持续加大岗位技能培训等素质教育力度，为人才培养提供了保障。

技能登高与素质提升。提高职业技能是创新的基础。太钢大力实施全员素质提升工程，开展岗位练兵、技能登高竞赛，发现、培养和选拔各类优秀人才。从1980年起，太钢坚持每年举办技术比武，40年从未间断。比武工种涵盖了通用工种和特殊工种。技能提升培养出一大批高技能人才，有着“钢铁奥运”之称的全国钢铁行业职业技能竞赛至今已经举办九届，太钢连续七届入围团体前茅，成为太钢职工技能提升和创新文化扎根的生动体现。

送出去与引进来。太钢把实施人才战略、培养造就创新型人才作为企业的核心战略，加快实施“515人才工程”，选拔大批优秀人才到国内重点院校以及美、德、法、日等国际知名企业培训深造。与上海交通大学、美国麻省理工学院签约，选送优秀青年参加项目培训，成为国内首个参与“中国全球运营领袖”项目的国有企业。同时，大力引进高端人才，2004年建立“太钢博士后工作站”，进站博士后成为研究特殊钢、专用钢的“最强大脑”。如今，太钢拥有以中国工程院院士王一德为代表的老一辈优秀科技人才，以全国劳动模范、铁路用钢首席研究员王玉玲，“中国青年科技奖”获得者、不锈钢行业领军人才李国平为代表的中青年优秀科技人才，以“中国青年五四奖章”获得者、党的十八大和十九大代表、轧钢工牛国栋，中华技能大奖、全国五一劳动奖章和全国技术能手获得者、炼钢工吕涛为代表的高技能操作人才。梯级形创新型人才队伍的培育和成长，为企业创新发展注入了活力和动力。

树立创新典范，铸就创新之魂

改革开放40年，也是英雄辈出的40年。太钢坚持把理解人、关心人、尊重人，与培育人、塑造人结合起来，用身边的人和事教育引导职工，激发职工的主人翁意识和创新精神。

确立李双良精神。太钢职工李双良作为改革开放中成长起来的先进典型，退休后主动请缨，不要国家一分钱投资，带领渣场职工治理渣山，搬掉了沉睡半个多世纪、占地2.3平方公里、总量1000万立方米的大渣山，被誉为“当代愚公”，其治渣事迹引发全社会的广泛关注，太钢将李双良精神确立为太钢的企业精神，成为太钢最为宝贵的精神财富。

弘扬李双良精神。40年来，太钢持续开展“学双良、做主人，比贡献、创一流”、“学双良百佳、做双良传人”等主题活动，推动李双良精神在太钢代代传承、生根结果。本世纪初组织开展“建设最具竞争力的企业要从小事做起”、“增强责任感，提高执行力，实现精细化”大讨论和实践活动。进入本世纪第二个10年，针对员工中存在的一些不良习惯，开展了查摆不文明、不规范、不精细行为活动，延伸“提高职业素养、建设一流企业”的大讨论和实践活动，引导全员立足岗位，用心弘扬和践行李双良精神。如今，李双良精神已经融入太钢人的日常工作和生活，一批批双良式的先进典型个人和群体不断涌现。

李双良精神成为全员创新的内在动力。太钢把弘扬李双良精神与创新发展有机结合起来，大力倡导“闻新则喜、闻新则动、以新制胜”的创新理念和“鼓励创新、宽容失败、反对守成”的创新文化，引导全员树立志向高远、无私奉献的报国情怀，厚植一丝不苟、精益求精的工匠精神和精细文化。同时，拓展李双良精神的内生动力，着手构建以全员综合素质提升为导向的“双评”机制，即敬业度评估和职业技能测评。2013年以来，太钢应用敬业度评估管理工具，量化分析，找准短板，持续改进，全员敬业度提高了19个百分点。在国内率先开展全员岗位技能测评，形成了具有太钢自身特色的职工技能评价体系，推动全员技能稳步提升。

创新融入管理，激发创新活力

太钢将创新文化融入管理流程，助推企业体制机制创新。

创新融入管理，激发全员活力。太钢紧紧围绕企业的战略目标，对标行业先进，推动管理体制机制的不断创新。持续推进流程再造，系统整合业务流程，扁平化职能机构，优化资源配置，提高运行效率。加快推进三项制度改革，实行工效挂钩，推行岗薪制，通过公开竞聘、竞争上岗、动态考核和“双退出”等机制，激发了全员活力，为加快改革创新、提升企业竞争力奠定了基础。

破除“官本位”，打通人才成长通道。太钢坚持贡献价值化，通过推行课题首席负责人公开竞聘、命题承包、按效索酬以及推行员工职业生涯设计、高技能人才成长机制、大幅提高各类优秀人才薪酬待遇等，彻底打破“千军万马走独木桥”的局面。在全公司关键领域推行首席师制，目前已经形成88人组成的首席师资队伍，在各自领域发挥着重要作用。太钢在每年的预算中安排3000万元资金，对重大科研成果和科研攻关团队、科技标兵进行隆重表彰，增强了科技人员的成就感和获得感。充分挖掘员工潜能，打通人才成长通道，形成了各类人才脱颖而出、各尽其能、各展其才的生动局面。

倡导全员创新，鼓励人人创新。早在改革开放初期，太钢自主研发生产的电磁纯铁、不锈冷轧薄板等先后荣获国家技术进步特等奖、国家金质奖。其后，太钢继续大力倡导全员创新，完善以科技人员为骨干，以群众性创新活动为基础的全员创新体系，命名职工先进操作法30余项，命名职工创新工作室30个。倡导“鼓励创新，宽容失败”的创新文化，笔尖钢、手撕钢登台正在国家博物馆举行的“伟大的变革——庆祝改革开放40周年大型展览”，就是对鼓励创新的生动诠释。2011年，太钢成为全国55家“国家技术创新示范企业”之一，是唯一入选的冶金企业。

2017年6月，习近平总书记视察太钢，勉励太钢在创新上再加把劲，为中国制造做出更大贡献。总书记的嘱托，让太钢人倍受鼓舞。太钢人将以习近平新时代中国特色社会主义思想为指引，继续坚定不移聚焦创新发展，凝聚创新智慧，担纲大任，为中国制造贡献太钢力量！

（作者系太原钢铁（集团）有限公司专职党委副书记、副董事长）

弘扬鞍钢宪法精神　推进企业高质量发展

谢玉先

1960年3月22日，中共中央批转鞍山市委《关于工业战线上的技术革新和技术革命运动开展情况的报告》。毛泽东代表中央起草了661字的批示，将鞍钢实行的“两参一改三结合”的管理制度称作鞍钢宪法，要求在工业战线加以推广。之后，毛主席的批示被概括为五项原则，即：坚持政治挂帅，加强党的领导，大搞群众运动，实行两参一改三结合，大搞技术革新和技术革命。在国内，鞍钢宪法原则集中体现在1961年中央颁布的《工业七十条》之中。1981年，“两参一改三结合”内容写进了《关于建国以来若干历史问题的决议》。在国外，鞍钢宪法同样产生了重要影响。有学者认为，日本企业充分吸收了鞍钢宪法原则，产生了诸如全面质量管理等制度。鞍钢宪法也被欧美等企业广泛研究，对企业管理产生着积极影响。

弘扬改革精神，培育创新文化

鞍钢宪法本身及“改革不合理的规章制度”“大搞技术革新技术革命”重要原则，都蕴含着强烈的改革创新精神。1965年开展了生产工艺、企业管理及思想作风三大革命。1966年提出“三个第一流”、“四朵大红花”的奋斗目标，十几项经济技术指标成为世界先进。1970年3月2实施平炉改成转炉，向着现代化工艺方向迈进。党的十一届三中全会召开后，鞍钢从扩大企业经营自主权起步，相继实施计分计奖、联劳计奖和包、保、协经济责任制、经营承包责任制等改革，顺利推进管理体制从计划经济向市场经济的转变。“九五”“十五”期间，探索出“高起点、少投入、快产出、高效益”的老企业技术改造新路。党的十八大以来，实施生产经营契约化、投资项目契约化管理，开展公司、生产厂、产线三个层面承包经营，激发了微观市场主体活力。深化三项制度改革，实施领导人员契约管理，推进干部能上能下；构建工资效益联动机制，实现收入能多能少；推动人力资源优化改革，实现员工能进能出。持续加大研发经费投入，承担、参与国家科研项目（课题）60项，新增授权专利6413项，获得省部级以上科技成果185项，建成2个国家重点实验室，形成一批国际国内领先的专有技术，产品广泛应用于国产航母、港珠澳大桥等大国重器，踏上了创新发展道路。

弘扬协作精神，培育团队文化

鞍钢宪法所倡导的“两参”“三结合”等原则，是企业协作精神和团队建设的源头。毛主席批示鞍钢宪法后，当年提合理化建议803418件，采纳220825件。1961年成立科协筹委会，逐渐发展成为目前涵盖公司、厂矿、车间三级体系和200多个专业组织的技术协作团队。1962年，由王崇伦发起成立了鞍钢群众技术协作队伍，涵盖了炼铁、炼钢、轧钢、动力等系统，至1985年已发展为1081个技术协作小组、1.2万余名会员、3.5万余名职工参与的庞大群众团体。1964年，为了集中优势技术力量解决关键产品质量和重大技术问题，鞍钢组成了各种类型的技术工作队，全面开展技术攻关。改革开放后，鞍钢持续开展技术比武、劳动竞赛、导师带徒等活动，合作生产、齐练本领的氛围日趋浓厚。党的十八大以来，强化内外协同，成立面向国家重大项目和下游客户高端需求的两个战略咨询专家委员会，与多所高校战略合作共建联合实验室，与上下游客户共建党建联盟，积极构建“一厂一所”协同研发模式。积极开展职工创新工作室创建活动，每年投入资金1000万元，目前鞍钢厂级以上职工创新工作室已发展到205个。深入开展职工先进操作法推广活动，累计命名鞍钢先进操作法325项，创效7.26亿元。在全集团启动了“弘扬‘鞍钢宪法’精神，实名制‘网络问企’”活动，有效解决和答复职工意见建议37.54万条。

弘扬劳模精神，培育英模文化

鞍钢宪法精神是鞍钢英模精神的集成、熔铸与升华，其蕴含的解放思想、勇于创新、积极参与、甘于奉献等内涵，源自于鞍钢英模精神，体现于鞍钢英模的行动中。如，“老英雄”孟泰的艰苦奋斗、爱厂如家精神。孟泰担任炼铁厂副厂长后，仍然和工友们一起，建立了“孟泰储焦槽”，每年节约上万吨焦炭，改革热风炉底部双层燃烧桶，提高寿命近百倍。王崇伦走在时间前面、和时间赛跑精神，他为满足鞍钢矿山凿岩机用备件卡动器生产，大胆构想、敢于创新，发明了提高功效6－7倍的万能工具胎。70年代鞍钢第二初轧厂轧钢工人边奎山，常年加班加点工作，发出了“地球转一圈，我干两个班”的豪言壮语，成为当时的响亮口号。鞍钢电修厂宋学文被称为“电机华佗”，重病期间用笔写和手势指挥电机安装，直到去世前还在为鞍钢技术改造绘制工艺图，诠释了活到老、干到老的继续革命精神。新时代鞍钢郭明义同志敬业奉献、助人为乐，他每天早上五点半就赶到矿山采场工作，已经坚持了20多年。他发起成立的郭明义爱心团队在全国已经有1300多支、230多万人。全国时代楷模李超专注创新、追求卓越，作为仅有技校学历的普通工人，他主导完成的创新项目荣获国家科学技术进步二等奖。鞍钢成立70年来，始终牢记毛主席对鞍钢“既出钢材又出人才”的要求，培养选树各级劳动模范、精神文明建设标兵10414人，他们是弘扬鞍钢宪法精神的“代言人”。

弘扬担当精神，培育红色文化

鞍钢宪法所体现的具体实践，是鞍钢勇于担起“中国钢铁工业的长子”责任的生动体现和红色基因传承。1958年1月，毛泽东同志在南宁会议上提出要搞技术革命，并把它视为迅速改变中国经济技术落后面貌的重要途径。作为工业战线的一面旗帜，鞍钢率先发动干部群众大搞技术革新，努力实现生产机械化、自动化，产品向高、精、尖方向发展。1978年，邓小平视察鞍钢时指出，“要改革、不要改良，不要修修补补”。鞍钢瞄准先进，大刀阔斧推进改革，加大力度实施改造，企业生产经营得到极大改善。1990年10月，江泽民视察鞍钢时强调，要发扬工人阶级光荣传统，齐心协力搞好老企业技术改造。鞍钢进行了全面彻底改造，生产规模不断扩大，生产能力不断提高。2008年12月，胡锦涛视察鞍钢时指出，要充分发挥技术优势、规模优势，不断提高产品市场占有率，为促进中国经济平稳较快发展作出更大贡献。鞍钢大力推进规模化发展，鲅鱼圈新区、朝阳基地相继建成投产，与攀钢联合重组成功，企业规模显著提升。2017年，习近平总书记参加十二届全国人大五次会议辽宁代表团审议，在听取鞍钢汇报后指出，嘱托鞍钢早日实现“凤凰涅槃”“浴火重生”。鞍钢2018年就结束连续五年亏损历史，2019年生产经营创历史最佳业绩。

进入新时代，鞍钢党委把习近平新时代中国特色社会主义思想作为研究与实践“鞍钢宪法”精神的根本指导，每年召开弘扬鞍钢宪法精神研讨会、座谈会、宣讲会，强化优良文化的理论挖掘、作用方式、宣传路径。专门组建研究队伍，确定研究目标，加大研究力度，赋予鞍钢宪法精神新内涵。下发关于开展实践鞍钢宪法精神的通知，瞄准推进鞍钢高质量发展目标，明确了深化改革、创新驱动、全面开放、依法治企、共建共享的推进路径与方式，与时俱进地开展鞍钢宪法精神新实践，促进鞍钢集团文化逐步落地深植，企业党建和生产经营呈现出良好的发展态势。鞍钢宪法是一座优良的文化富矿。我们将继续加强研究与实践，努力为国有企业改革发展做出新贡献。

（作者系中国企业文化研究会专家委员、鞍钢集团有限公司党委宣传部部长）

建设班组文化　实现班组文化管理

薛丁齐

班组管理从制度管理走向文化自觉是必然趋势。从文化角度看班组建设的重要性。“三小一练”是创新班组文化管理的抓手、推手，“三小一练”为班组文化建设搭建了平台和载体。

班组管理从制度管理走向文化管理

班组文化管理，不是不要管理，不是不要制度，而是把制度上升为文化、把管理上升为文化。它更强调完善规章制度即制度文化，管理更加有序即管理文化。班组成员事事有章可循，人人都知道干什么，干到什么程度，怎么干，这是实现班组文化管理的根本保证。班组管理模式是由企业管理模式决定的。有什么样的企业管理，就有什么样的班组管理。班组管理伴随着企业管理走过了传统管理的人治、制度管理的法治和现代管理的文治等三个阶段。企业管理从人治到法治，是管理的一次飞跃。企业的法治即制度管理是科层制，是有等级层次，是权力控制型，是行政命令的管理模式。这种管理模式在工业化阶段发挥了积极作用。但是，制度管理不可能解决所有问题，制度也不需要解决所有问题。企业可以通过劳动合同签约，约束员工的劳动时间，雇佣员工到特殊岗位工作，要求员工遵章守纪，但不能让员工从灵魂深处自觉地增强工作的主动性、积极性、创造性，培育出员工对企业的“忠诚”、培养出员工的职业精神和爱企爱岗的“情怀”。当企业进入后工业化和互联网时代以后，企业管理从制度管理到文化管理是又一次飞跃。只有文化管理才能解决员工的精神管理。因此，现代管理的文治作用在企业中显现。

班组文化是企业文化的基础。班组文化建设要引导员工树立辛勤劳动、诚实劳动、创造性劳动的理念，班组文化建设要体现“爱岗敬业、争创一流，艰苦奋斗、勇于创新，淡泊名利、甘于奉献”的劳模精神。要夯实基础，就要做到班组文化与劳动文化相融合。班组是企业的细胞，在班组文化的土壤里、班组文化建设中，“工匠精神”更应是企业文化的精髓。“工匠精神”只有在企业领导层与员工之间形成一种文化与思想上的共同价值观才能培育出企业的内生动力，从而促进企业长久发展。

班组文化与工匠文化相融合，需要以匠心文化带动班组发展。匠心的塑造，工匠的打磨历练，离不开骨子里的魂魄，根植于内心深处的渴望和向往，根植于崇尚向上的敬业之情愫，积淀、魂魄、渴望和向往、情愫等都离不开置身脑海对世界、宇宙、万物认识认同的文化基础。而重新认识工匠精神，找回纯粹的工匠之心，恪守源远流长的工匠之道，为重新构建工匠文化做出自己的贡献，是每个员工的追求。

班组管理从制度管理走向文化自觉从根本上说是人的自觉，因为人是文化的人，文化是人的文化，所以我们力图通过文化自觉，达到人的自觉。我们在日常生活中常讲一个人，有教养、有修养、有涵养，有气质、有风度、有品位，这基本上都讲了人的文化内涵，精神的魅力，这也是文化功能在人身上的体现。

从文化角度看班组建设的重要性

首先、班组文化建设的核心是文化信仰。改革开放 40 多年，我们坚持“四个自信”，也考验着产业工人的政治信仰。产业工人的信仰就不会变。企业是产业工人的集聚地，曾经有些人信奉“资本优先”，“金钱至上，”“谁有钱谁光荣，谁没钱谁狗熊”，也考验着广大职工的底线。为此，企业党组织要引领广大职工坚信社会主义道路，听党话跟党走，培育有理想守信念的产业工人队伍，理直气壮地坚持工人阶级的政治信仰、坚守文化自信，始终“匠心不改”，让自己高含金量的劳动产品，成为用户的骄傲，依靠职工信念、传承劳动信仰、职业信仰，弘扬劳动文化、劳模文化，进而，夯实党执政的群众基础。

其次，班组文化建设的本质是员工自信。文化自信是班组文化建设更持久的力量。“自信人生二百年，会当水击三千里”。身怀绝技、技高一筹、超群技艺的本领展现的是员工自身的文化自信。员工绝活绝招绝技在手，就会自信“我是最优秀的，我的岗位不可替代”。

学习型班组的自信，源于团队在学习，班组让所有工人都参与到学习技术、钻研技术、运用技术的行动中来，积极主动、精益求精地生产每一个产品，逐步打造对技术有一种孜孜不倦的追求、热爱自己的职业、坚守职业信仰的班组工匠队伍。

班组文化建设要抵制低俗、庸俗、落后文化、“自卑”文化。个别员工现存自卑不如人，自卑是工人、技不如人，自卑是因为穷、收入低、地位低、学历低，没有钱、选错职业进错了门。因此说，健康文明、昂扬向上、全员参与的班组自信文化是职工内心的价值追求，激发的是职工正能量、产生的是职工内心的主动性、创造性、能动性，实现的是职工个人梦想价值。只有当班组成员发自内心对自己所从事的事业产生强烈的价值追求，才会内心形成强烈的自我肯定，主人翁感才可能油然而生！所以，班组文化不仅是文化问题，也是一个价值问题。以匠心文化带动企业发展，弘扬工匠精神，追求更好的产品品质，在制造上“如切如磋，如琢如磨”，用匠人文化打磨产品，才能获得消费者的信任和支持。当职工认识到匠人不仅是练技能，还在练自豪感时，职工就会从内心释放能量，增强自我肯定和自信意识。

第三，班组文化建设的氛围是生态。善于运用生态学变革观指导班组文化创建工作。自然界中所有的生物都是通过生长的促进因素和抑制因素过程的相互作用成长起来的。精益求精的敬业风气是员工从业的文化生态。在一个班组中，有积极健康的班组文化，也存在消极、不健康的班组文化。企业要营造员工从业敬业的绿色文化生态，为企业员工提供成长成才，人人争当工匠的文化氛围，营造绿色生态环境，健康文明向上的班组文化，形成劳动光荣的风尚和精益求精的风气。

深入开展“三小一练”班组文化建设活动

所谓“三小一练”班组文化建设，即弘扬英模文化讲小故事、践行创客文化创小成果、创新班组文化编小案例、打造匠心文化苦练三绝。班组文化管理育新人，就是要用新时代中国特色社会主义思想育新人。坚持立德树人、以文化人。班组文化管理育匠人，就是传承工匠精神。广大技能人才是工匠精神的主要传承者、实践者、创新者。要通过班组建设培养有理想守信念、懂技术会创新、敢担当讲奉献，并且技艺超群、敬业奉献的技能人才和技能队伍。

而“三小一练“班组文化建设活动，是落实习总书记关于“劳动和技能竞赛是工会的传统优势、工作品牌，新时代要注入新内涵”的具体实践。劳动和技能竞赛是班组成员苦练知识功底、技能功夫、创新功力的平台载体。劳动和技能竞赛与弘扬劳模文化、劳动文化、工匠文化相结合，利于增强职工自身的硬实力和文化软实力。“习总书记又指出：”如何把职工群众团结引导好，关键是深入细致做好思想政治工作，这是工会工作的优良传统。”把班组开展的劳动和技能竞赛同弘扬英模文化、践行创客文化、创新班组文化、厚植工匠文化相结合，是新时代做好职工深入细致思想政治工作的抓手、推手、平台和载体。陕西煤化集团陕北矿业公司始终把引导全体职工积极投身企业发展，用自己的劳动、创造、奉献，创建高端一流品牌企业，作为弘扬“劳模精神”的有效手段。

一时注重培育选树劳动模范和优秀员工。公司各基层单位每年召开一次表彰大会，对劳模和先进工作者进行表彰奖励的同时，充分运用“五一劳模表彰”、“爱岗敬业楷模”、“崇德向善楷模”等载体，采取多种形式，挖掘整理先进英模、工匠事迹。通过让身边人讲身边故事，进一步提高劳模先进事迹的感染力，营造了“学先进、比先进、超先进”的良好氛围，在全体职工中凝聚了发展共识。

二时践行创客文化，创小成果。陕西煤化集团陕北矿业公司始终站在“抓创新就是抓发展，谋创新就是谋未来”的战略高度，把全员参与、创值增盈，建设全员创客矿区，当做践行创客文化，公司设立创客办公室，成立煤炭科技孵化公司，建成劳模创新工作室、技能大师创新工作室，并在各基层单位先后成立了创客总站。结合企业追赶超越、高质量发展需要，形成了“人人都是创客，事事皆可创新”的创客文化，群众性经济技术创新成效显著。

三是创新班组文化，编小案例。如：陕西煤化集团陕北矿业公司始终把加强班组文化建设，作为一项系统性的基础工程，按照“实际、实用、实效”的原则，不断创新活动载体，用一个个典型经验案例，培育了职工文化自觉自信，进一步增强创建动力。如：推动班组文化载体建设，采取以点带面、选树典型等形式，逐步形成了各具特色的班组学习园地、创客兴趣小组、班组大讲堂等新型载体，充分体现了班组文化建设的丰富内涵。又如：推动班组安全文化建设，公司用“现身说伤”、“案例分析”等教育职工，实现了班组安全文化的不断提升。基层单位通过开展学习、安全、创新、和谐、高效“五型”班组建设，创建了本质安全型班组，被中华全国总工会评为全国“安康杯”竞赛优胜班组。再如：推动班组劳动竞赛，以“提质增效、降本增盈”为目标，结合班组类型，分系统、分层次开展了多种形式的劳动竞赛。特别是推进和谐班组建设，全面实行班组亲情化管理，积极推进基层民主管理，以“三必谈”、“五必访”、“四上墙”为主要手段，营造了风清、气正、和谐、文明、亲情、健康的文化氛围。通过暑假期间开展矿区一日游、家属协管座谈会、亲子联谊等活动，为班组的员工搭建与家人交流感情的良好平台，形成了和谐、幸福的文化氛围。

四是打造匠心文化，苦练三绝。陕西煤化集团陕北矿业公司始终把工匠精神，贯穿到实际工作中去，大力践行工匠精神的“匠心文化”，鼓励职工将干一行、爱一行、专一行、精一行的精神，作为职业生涯的毕生追求。按照“三绝”训练与核心业务相结合的工作原则，在开展实效化“绝招、绝技、绝活”训练的基础上，重新修订了《核心业务工种“三绝”训练实施方案》，积极组织专业技术人员深入基层各单位开展调研，制定了各工种的“三绝”训练项目和训练方法，有力地推动了“三绝”训练活动的有序开展。

人类进入万物互联、互联互通的大数据、云计算、物联网的5G时代，工业互联网和产业互联网将把现代企业带进人工智能的智慧工厂，扁平化的管理模式是必然趋势，客观上要求企业管理、班组管理转型升级，进而实现班组管理从制度管理走向文化自觉。

（本文作者系陕西工运学院教授，在2019年中国企业文化研究会第三届民营企业文化论坛上的发言，有删节）

企业文化中的“共生”力量

戴荣里

在共生时代，一方面任何企业的成功都要依托科技的支持和其他企业的辅助；另一方面，现代企业的专业分工更加细化，要求企业有发展共同体的意识。即使对全产业链发展的企业而言，其发展也离不开相关产业链条的支持。面对共生时代的环境变化企业避免不了对人性化的考量问题。人是共生环境中最主动的因素，企业对人性化的关注有益于共生环境的改善，也会促进自身管理的全面提升。

企业利益相关方的主要变化

传统的利益相关方是供应商、消费者和员工。在大数据时代，因自媒体的发达，旁观者也成为利益相关方。这就要求企业做好应对工作，分析利益相关方的变化，在企业文化塑造中融入相应的考量因素，促使企业形成人性化考量制。

供应商的变化。智能化的融入，让供应商的零配件质量得到提升，供应商之间的竞争更加激烈。信息、技术之间的竞争，成为供应商制胜的关键。供应商和企业的关系，也在发生微妙的变化。

消费者的变化。面对发达的网络，消费者可以选择的领域进一步加大，选择的随机性也更大，企业因消费者的“飘忽不定”，难以找到产品的定式。一方面，消费者刺激生产；另一方面，同质化的企业对消费者有强烈的现实适应性，可能会让产品朝令夕改。消费者由终端消费转到“前沿阵地”上来，直接或间接地影响企业的战略规划和产品样式。

旁观者的变化。自媒体的发达，既为旁观者提供了了解企业产品的渠道，也为企业带来了在舆情控制和品牌塑造上的新挑战、新机遇。

员工的变化。一方面，越来越多的年轻人显示出很强的个性；另一方面，这些员工有较丰富的学识，其价值观呈现多元化的发展态势。这意味着员工的忠诚度不同于传统员工。企业与员工的互动情况会影响员工的心情，其流动性也相对较快。

探寻企业发展所需要的利益相关者

在共生时代，企业面临供应商的动态化、消费者的主动性、旁观者的参与还有员工的自主性。在此情况下，企业要分清哪些是自己需要的人，哪些是需注重的环节，这样才能更好地营造良好的发展环境。

员工的忠诚不仅在于服从。新生代员工可能会摆脱传统员工的忠诚范围，改为对技术的关注、时尚的欣赏和生活文化的享受。当下员工的变化更多体现在自主意识的提升上，员工不再把终生为一家企业工作看作是对企业的忠诚。企业与员工的互动，不应再围绕对忠诚度的教育，而应着力于技术创新途径的改善、与时尚文化的接壤和对员工生活方式的尊重，打造适应员工个性发展要求，适应员工心态自然变化的平台，真正温暖员工，给员工向上的力量。

与供应商的合作不仅在于长远。产品的个性化及更新速度加快，势必让企业对供应商提出新要求。那些跟不上技术发展节奏的供应商可能会被市场或企业淘汰。企业与供应商的合作不再是一劳永逸的，而是建立在动态考核上。

旁观者的眼光不再是可有可无的评判。这是与传统企业最大的差别。那些具有一定地位的旁观者在网络上的发言、评论，可能会直接影响企业的产品销量和发展。

消费者与时俱进的心理，有时也会影响企业的发展。选择自由度的加大，影响了消费者的审美观和对产品的最终选择。在这种情况下，消费者不再仅是产品的被动接受者，而是主动参与者。

人性化考量的主要因素

企业在文化塑造中，需要考虑与利益相关方的沟通、融合与互动，充分考量利益相关方的人性化因素，使企业的文化创新促进管理、技术的创新，从而达到企业与社会的良性互动。

给员工更大的空间。企业对新生代员工最大的尊重，就是给其更宽广的时空自由度。员工因智力、爱好、性格等不同，对企业有不同的贡献。给员工足够的自由，关心其成长，不再用统一的模式塑造员工，如此才能提升企业对未来发展的适应性。

给消费者更多的信任。对企业的创新成果，消费者是最有发言权的。传统消费者只是被动的接受者，而新时代的消费者则更多是精益求精的审判者。一些企业尝试让消费者参与产品的制作过程，最终生产出适合消费者的产品，增加产品的美誉度。

主动靠近旁观者。旁观者身份的变化，直接或间接影响企业文化、品牌的塑造，这要求企业在文化塑造中，不能靠单纯的想象来规划产品，而应该主动与社会公众沟通。宏观而言，注重与媒体和网络上的“大 V”打交道；微观而言，注重与社会个体的沟通。良性沟通和文化传播已成为升企业文化的新途径。

推动供应商进行创新。加强供应商的适应性，企业要不断推进供应商改变供应方式来节约时间，让其用提升产品质量来提升竞争力，从而锁定企业自身的创新链条和质量提升通道。

促进人性化考量的管理机制

企业在促进人性化考量的管理机制建设上，要不断探索适应大数据和智能化要求的管理机制，从而促进企业文化的全面提升。

时尚文化与员工的自由度。承认员工的变化，企业就要制定相应的管理机制，针对员工的个性化特点，制定刚柔并济的制度，让员工在包容的环境中创新，在时尚的文化中前进，在宽松的氛围里生活。企业要逐渐适应员工的心理变化，形成人性化考量的新机制，这才真正利于员工个性的发挥，促进企业发展。

注册资格与动态考核机制。对供应商而言，入门考核注册制的最大弊端是让其形成固化、懒惰的心理。大数据的发展，不仅促进了企业的技术进步，也为供应商提供了清晰的创新路线。要建立对供应商的动态考核机制，促进其创新，也可以为企业筛选出拥有高新技术的供应商。

回馈消费者永恒的服务。对企业而言，消费者的参与虽然增加了企业经营难度，但从长远来看，对企业的技术进步与产品质量的提升是有益的。企业要营造让消费者全过程参与的企业文化，回馈消费者永恒的服务。即使产品已销售给消费者，若有改善的可能，也要为其提供相应的改善。

为旁观者搭建通畅的信息平台。信息时代，企业向外传递信息的渠道呈现多元化，企业要认识到这种传播的力量，不断适应外部环境的变化。在不同时期，企业应精心策划与旁观者沟通的平台，与旁观者建立尊重、融合、真诚、互信的平等对话关系，这样才有利于企业长远发展。

（本文摘自《企业管理》2019 年 12 期，作者系中国中铁建工集团企业文化部副部长）

新时代金融文化的新视野

濮　旭

进入新时代，中国社会、经济、文化等领域呈现出的新常态正在深刻影响和改变着金融业的发展方向、业务结构和行为方式。金融是人们追逐梦想的重要基础和经济保障，社会良性发展需要金融的有力支撑。需要我们从新的角度审视我们需要怎么样的金融文化。

新形势与新视角

在新形势下社会经济各个方面的发展都急需大量的资金支持。资金分配的正确性对社会经济发展的质量有着决定的影响。为各项事业的发展解决好资金问题，这是金融业的基础性工程。

新时代实现全社会的共同富裕需要金融业提供相当深度和广度的金融服务。现代金融已经跟人们的生活息息相关。金融机构正确的经营价值理念和社会责任担当，对引导社会财富的生产、分配，实现共同富裕起着重要的杠杆调节作用。

新常态下保障和增强经济、文化、科技等领域国际影响力，需要我们在国际竞争中获得一定的金融优势。2019 年人民币跨境使用规模近 20 万亿元，金砖国家开发银行、亚洲基础设施投资银行、应急储备基金、丝路基金已相继组建，我国金融对于世界未来的政治经济格局具有深远影响。

世界都处于变革阶段，而任何变革都需要金融业构建一个更加开放包容、更加人性化，能激励和缔造更多伟大组织的新秩序，辅助企业创造发明，支持文化产业输出优秀传统文化，有力保障高科技、经济、文化国际影响力。金融还应当更多关注创新性组织，研究创新能力产生过程，更加积极主动地提供金融教育、金融建议、金融方案，使金融新秩序的转型驶入快车道。

新形势需要新视角。在这个大变革时代，也是一个大发展的时代。十几年来，我国银行业之所以能够持续高速发展，原因很多，用历史唯物主义观点去看，银行快速发展与干部员工的奉献分不开，但根本的原因是和我们所处的这个时代有关系。新常态虽然有着诸多严峻挑战，但更为我们的发展带来了新机遇，这是金融业深度转型的战略契机。金融的发展、金融文化建设需要重新审视新时代所赋予的责任与使命，在全面深化改革的大格局中科学定位，确定差异化发展战略，布局新秩序，形成与新时代新常态下的发展机遇相配套的理念、机制、结构。

新常态带给我们第一个视角与趋势是：这是一个企业规模越来越大时代。美国营收前 100 强的企业，其营收总额从 30 年时间翻了近 7 倍，其营收占 GDP 的比例，也从 1988 年的 25% 逐渐上升到 2019 年的 43%。美国 500 强企业在 1994 年的营收占美国 GDP 的 58%，到 2019 年，这个数字上升到 66.9%。企业规模随着经济的增长而增长，并且超越了经济的增长速度。马克思指出“资本主义基本矛盾的表现形式之一就是个别企业内部生产的有组织性和整个社会生产的无政府状态之间的矛盾”，企业越来越大，意味着计划能力越来越强，能够改变市场效率，这是一个大企业繁荣的时代，也表明垄断进入了一个新的阶段。

第二个视角与趋势是：这是一个平台经济和共享经济崛起的时代。阿里巴巴是世界上最大的零售企业，其作用是把上千万大大小小的企业和数亿消费者连接在一起；手机应用商城为消费者提供了一个巨大的数字产品平台。平台和共享经济的本质是双边市场，其核心竞争力是用技术的力量助益平台各方的参与，解构本来属于一个企业的功能，带来信息的有效交流，共同为消费者服务。这种模式的崛起意味着市场经济被技术赋能，和各种场景紧密结合，构成生态文化，其结果是平台上的万物生长，展现丰富的文化形态。

新时代与新金融

进入新时代，一个新型的现代化经济体系正在中国逐步建立。从贯彻新发展理念到深化供给侧结构改革，从社会主义核心价值观到文化自信，习近平总书记对建设社会主义现代化强国作出了深入的部署，不仅为中国跨越“中等收入陷阱”谋划出一条途径，也为社会治理到了有效对策。2019 年 11 习近平总书记在第二届中国国际进口博览会开幕式上的《开放合作命运与共》主旨演讲中指出：站在新的历史起点，中国开放的大门只会越开越大。党的十九届四中全会制定的关于坚持和完善中国特色社会主义制度、推进国家治理体系和治理能力现代化若干重大问题的决定，其中包括很多深化改革、扩大开放的重要举措。我们将坚持对外开放的基本国策，坚持以开放促改革、促发展、促创新，持续推进更高水平的对外开放。再过五年、十年，甚至再过三十年，我国金融业将会有跨越发展，将拥有庞大复杂的经济体系和金融体系。准确预测未来的金融格局需要从历史的、发展的、立体的维度综合分析，要从政治的、社会的、人文的、经济的角度去思考，但可以预见的是，在消费端特别是在支付领域的革命性变革，已经对传统金融及其基础设施产生了一系列颠覆性影响，金融作为国民经济的血脉，作为国民经济的核心，在未来的作用地位只会上升不会下降，但它的形态和作用的方式将会发生深刻变化。

对金融更大的挑战来自供给侧结构性改革，来自经济结构的重塑以及增长动力的转换。供给侧结构性改革也是要建立金融与经济良性互动的机制，这个问题是我国经济金融转型的历史性命题，也是第五次全国金融工作会议所确立的重要任务。“回归本源”是确立做好当前金融工作四大原则之一，无论服务实体经济，还是防范化解金融风险以及深化金融改革，莫不与之密切相关。

金融改革是为了解决经济发展障碍和破解经济金融困局而进行的。一路走来的中国金融业，历经不同时期的变革：国有商业银行改革、人民币汇率形成机制改革、债券市场发展、金融基础设施建设、推进金融精准扶贫、建设普惠金融体系、守住不发生系统性金融风险底线……都在化解一个个矛盾中化蛹为蝶。以市场为导向、以问题为导向的渐进式改革，是我国金融体系不断完善的基本逻辑。以未来导向的改革比历史导向、问题导向的改革更为重要，它要求以战略性思维、系统性思维，把握未来经济结构的变化、金融业态的变化以及技术变化带来的巨大影响。新时代、新思想、新目标，是谋划未来金融改革发展的指针。只有将金融的未来与未来经济社会和公众的需求紧密联系在一起，只有以人民为中心，将金融发展置于“五位一体”的总体布局和“四个全面”的战略布局中，金融发展才能确立精准的定位和坐标，才能逐步解决历史和现实中的难题。

新要求与新发展

我们要抓住世界转型的机遇，适应新的要求，拓展新的思路，谋求新时代金融的新发展。中小银行业要抱团取暖，从粗放发展到规范发展，从高速度到高质量的风险管控、服务产品、“互联网 +”、供应链金融联盟，尤其当前和今后一个时期，是我国经济转型发展的关键期，因此加快发展供应链金融十分重要。

发展供应链金融，是防范金融风险的需要。目前我国银行总资产达到 300 万亿元，是美国的两倍多，但我国一部分资金流游离在实体经济外或在金融体系内空转。发展供应链金融，打破金融与实体经济藩篱，创造金融与实体经济“双赢”的发展环境，优化信贷结构，提高银行信贷资金使用效率，支持实体经济的发展，实现金融与实体经济融合共生发展，对于防范金融风险意义重大。

发展供应链金融，是改善民营中小企业融资难、融资贵的有效手段。我国企业长期存在的问题，主要是源于金融市场存在严重的信用不对称难题，银行等金融机构为了规避贷款成本以求绝对保险。发展供应链金融，也是拓展金融业发展空间的有效途径。据测算，2020 年中国供应链金融市场规模将达到 16 万亿左右，可以为我国金融持续健康发展提供有力支撑。发展供应链金融，助力“一带一路”建设。习近平主席“一带一路”倡议提出六年多来，得到 100 多个国家和国际组织的支持和响应，带动了沿线国家贸易、投资、就业、税收等较快增长。“一带一路”建设是一个长期的全球性战略布局，需要各国开展全方位深入合作，但很多领域都还在探索起步阶段。

构筑新时代要求的金融文化

新时代更需要塑造符合时代发展的金融文化，夯实金融发展的核心价值理念，构建金融新秩序，始终恪守助力中国梦实现的责任与使命，在相关方面做出努力。

一是要重新审视新时代赋予金融的责任与使命。国际金融的新秩序构建根本上是思维的转型，转型的方向取决于我们看待金融的态度，认识金融的角色。我们应紧紧围绕坚持和发展中国特色社会主义，以一种新思维开创我国银行业发展的新局面，以助力中国梦的实现为责任和使命，以创造人们美好生活为责任遵循。

二是要充分发挥金融激励发展目标的实现能力。“人民对美好生活的向往，就是我们的奋斗目标”。社会发展的动力源自人民对美好生活的向往。金融新秩序的布局应直接服务于人民对生活的美好向往，创造更多的投资机会，创设个性化金融方案，改善金融结构，有效利用和合理配置资金，激发市场活力和企业家精神，让自主创新的各种力量蓬勃迸发，在更大范围内为人类进步和经济发展注入动力。

三是要培育一大批以推动社会良性发展为己任的金融从业者，特别是金融企业家。金融的秩序是由金融的职业以及从事这些职业的人所要承担的责任界定的。金融从业者的工作本质上就是通过业务交易把国家、社会、企业、个人目标都结合在一起。社会赋予职业相应的道德准则和行为规范，个人奋斗的目标应与其社会角色应承担的社会责任相统一，从监管者到金融从业者、金融家、专家、学者，都应承担起应有的责任。特别是要激发和保护企业家精神，鼓励更多社会主体投身创新创业。企业家是经济活动的重要主体，营造企业家健康成长环境，弘扬优秀企业家精神，更好发挥企业家作用，对激发市场活力、实现经济社会持续健康发展具有重要意义。

四是要牢牢占领金融意识形态领域的主阵地。金融意识形态工作保障金融业沿着正确方向发展。金融系统的行业特征决定了金融系统的意识形态工作任重道远。要在新时代加强和改进党的思想政治工作，构建维护国家安全、提升国际影响力的金融思想文化体系，铸造金融业的理想信念，让员工对职业拥有无上光荣的使命感和责任感，以优秀品格共筑中国梦。作为国民经济的命脉行业，金融业必须坚定不移地讲理想信念、讲党性原则，坚持马克思主义的世界观和方法论，树牢“四个意识”、坚定“四个自信”、做到“两个维护”，把社会主义核心价值观作为独特的生产要素和宝贵的发展资源，融入金融业经营发展全过程，贯穿金融业思想政治工作中，使之成为企业竞争软实力的内核，成为企业可持续发展的内生力量，更好地为金融业塑形铸魂。

（作者系中国金融思想政治工作研究会副会长兼秘书长）

·观点荟萃·

在树自信守初心实践中丰富航空文化内涵

丁宝真

当前，日趋发达的数字化时代在极大丰富人们精神文化需求的同时，也带来了文化多元化、价值观分化等诸多不确定因素。在新时代的历史背景下，中国航空工业集团（以下简称：航空工业）确立了“成为具有领先创新力、先进文化力、卓越竞争力的世界一流航空工业集团”的发展愿景，将企业文化放在了一个全新的战略高地，就是为建设新时代航空强国发挥其“更基础、更广泛、更深厚的作用”。

打造先进文化力　必先树立文化自信

“人民有信仰、民族有希望、国家有力量”，进入新时期，“文化自信”已经提升到了国家战略推进过程中的更为重要的位置，彰显了文化自信对于中华民族伟大复兴的关键作用。对航空企业而言，要兑现企业的使命、实现企业的梦想，赢得企业最美好和充满希望的前景，首先就要从全体员工高度的企业文化自信开始。文化自信会让企业的员工更关注企业未来的发展，更加憧憬企业的愿景，跳出短期收入变化的局限而关注更为长远的个人事业。“风物长宜放眼量”，文化自信就是要培养员工的远见卓识。美好生活非一时之满足，幸福小康非一日之达成，站位高远方能不计小利，放眼全局才可处变不惊。“问渠那得清如许，唯有源头活水来”。只有企业长期保持源源不断的价值创造，才有员工幸福美好生活可言。

欲立“文化自信”　须“不忘初心”

航空工业目前已经初步构建起以“航空报国、航空强国”为核心的理念体系。在“物质化”、“功利心”使部分员工变得浮躁的今天，要让50多万航空人充分认识肩上承载着可以超越时空、超越物质、超越个人得失的工作价值和历史使命，确立文化自信是最重要的理念。记得在抗日战争期间，我国几乎没有航空国防力量。1938年起至1943年，日本对重庆进行了长达5年半的战略轰炸，数以万计的中国民众伤亡，给国民心灵的创伤更是难以弥合。进入新时代，再回首那段沉痛的岁月，做为航空人，我们身上所肩负的“建设新时代航空工业强国”的伟大使命，其最重要、最直接的意义就是为国家构筑起坚不可摧的蓝天屏障，让祖国的天空不再门户大开，让国民不再经受头顶的威胁，让中华民族不再任侵略者肆意欺凌。这个伟大使命和重要意义自新中国航空工业诞生之日起，至今不断在强化，从未被动摇。

做为航空工业的员工，每一个航空人都是我国航空工业发展壮大的见证者，都是中国跻身世界航空工业强国、建设成为世界一流现代化军队的参与者，这是一份崇高的事业和光荣的使命，值得每一个航空人为之珍惜和自豪，不能理解这一点，我们的航空文化自信便无从谈起。因此，引导员工重温历史，正视自身肩负的使命、所在岗位对于支撑企业乃至航空事业发展的重要作用，对于有效传递企业核心价值观将产生根本性的作用。无论历史过去多久、发展有多快，都需要适时的放慢脚步，找回我们几乎要忘却的纪念，提醒我们的崇高事业和光荣使命，重塑军工文化、航空文化自信。

丰富航空文化内涵　让生活充满活力

以美好愿景激发员工事业追求。十九大报告再次强调把“人民对美好生活的向往作为奋斗目标”。如此充满光明的发展蓝图、如此美丽动人的未来画卷，令各族人民为之坚定奋斗的信心。因而，在企业的文化建设实践中，就是按照发展愿景的时间表、路线图将把员工的精气神吸引到企业共同的事业当中去。“君子和而不同”。尽管每一人对美好生活的理解、标准和需要各有不同，但一定是建立在共同的事业之上。而企业要做到有一个像美丽中国梦这样的愿景，就要有积蓄强大的企业实力和实现愿景的能力；就要有实现愿景的信心和让员工期许的阶段性目标的事业回报；就要有依靠员工实现愿景的组织能力。

以动人故事展现企业独有文化。航空工业集团文化在“航空报国”精神的统领下，已积淀成为航空人最宝贵的精神财富，是长期以来推动航空工业发展进步的精神动力和思想源泉。但对于许多普通员工而言，如何把“航空报国”的宏大愿景转化成更能吸引人、更接地气、让人更容易接受的方式，这就需要讲好文化故事，发挥好故事传播力、感染力、引导力作用。光有故事还不够，关键在于故事的平民化、生活化、有时代气息。通过故事将文化的精神特质以“润物无声”的方式植入员工的思想意识中，潜移默化地影响和指导员工的行为方式，特别是能让员工侃侃而谈、津津乐道的故事，更具文化魅力，利于传播记忆，也利于实现以先进文化引领员工行为和企业发展的目的。

让“奋斗”文化充满浪漫情环。“幸福都是奋斗出来的”，任何企业文化都有拼搏奋斗的元素。习近平总书记曾经在文艺工作座谈会上倡导：“用现实主义精神和浪漫主义情怀关照现实生活”。奋斗是现实需要，若只谈奋斗，难让人欣然接受；把奋斗背后的美好情怀和对未来的意义说通说透，才利于激发让人为之奋斗的精神动力，才会体会“奋斗”的人生才最幸福。毛泽东在创建井冈山革命根据地时提出中国革命是“星星之火，可以燎原”，“它是立于高山之巅远看东方已见光芒四射喷薄欲出的一轮朝日，它是躁动于母腹中的快要成熟了的一个婴儿，”让人看到了革命乐观主义对当时还在流血奋斗的中国革命者的重要。毛泽东的话语在那个黑暗得只剩一丝火种的残酷形势下，为革命者坚定了继续奋斗下去的信心，最终成就了中国军队和中国革命。美好的前途和远大的理想，是成就奋斗的人生、伟大的企业的不竭动力。

（作者系航空工业安大党建文宣部副部长）

国企党组织与其他治理主体关系探讨

万继池

习近平总书记指出，按照把加强党的领导与完善公司治理统一起来的要求，推动党组织领导核心和政治核心作用组织化、制度化、具体化。这对于准确把握党组织在公司治理中的功能定位，探索完善符合我国国情的国有企业治理模式提供了基本遵循和根本原则。

企业党组织与经济组织的关系

纵观任何一个政党，只要想谋求并巩固执政地位，都会把经济主张、经济发展作为执政的基础，而且是第一根基。企业作为经济组织，生存和发展都离不开一定的社会政治环境，因此任何企业都具有一定的政治属性。在现实经济生活中，由于政治、经济制度的差异，企业政治属性在中西方企业中具有不同的表现形式。我国《公司法》规定，在公司中设立中国共产党的组织，开展党的活动，公司应当为党组织的活动提供必要条件。十九大新修订的《党章》明确，国有企业党委（党组）发挥领导作用，把方向、管大局、保落实，依照规定讨论和决定企业重大事项。这意味着国有企业除了具有经济组织的属性外，还是党执政基础的一个重要组成部分，具有鲜明的政治属性。企业党组织与国有企业这个经济组织在目标任务上是一致的，即增强企业的影响力和抗风险能力，建设具有全球竞争力的世界一流企业。

因此，企业党组织与经济组织是“魂”与“体”的关系，国有企业按市场规则参与竞争、发展壮大，党组织起到凝神聚力的把关定向作用。

企业党组织与治理主体的关系

习近平总书记在全国国有企业党的建设工作会议上强调，坚持党对国有企业的领导是重大政治原则，必须一以贯之；建立现代企业制度是国有企业改革的方向，也必须一以贯之。这个重要论述，为建立中国特色现代国有企业制度奠定了理论基础。

多年来，围绕建立现代企业制度，中国企业特别是国有企业借鉴西方现代企业制度，引入并建立了董事会、经理层、监事会等法人结构，在企业内部形成了多个治理主体。党组织虽然与其他治理主体并存，但是由于没有在公司章程中体现，地位相对较为尴尬。只有把党建工作相关要求写进章程，才能从根本上保证党组织在企业的法定地位，其他治理主体才会尊重并支持党组织。当前，党建工作进公司章程的推进工作已经取得明显进展。对于混合所有制企业，特别是对于外资股东，要做好沟通和解释工作，争取外资股东的理解。

在规范的法人治理结构条件下，董事会是企业的决策机构，经理层是执行机构。实现党对国有企业的领导，必须把党组织内嵌到法人治理结构中，而“双向进入、交叉任职”是实现公司治理结构与党组织有机结合的有效办法和体制保证。根据有关文件规定，国有企业中符合条件的党委领导班子成员，可以通过法定程序进入董事会、监事会和经理层；董事会、监事会和经理层成员中符合条件的党员，依照有关规定和程序可以进入党委。全面推行党委书记、董事长“一肩挑”，党员总经理担任党委副书记，配备专职副书记、纪委书记。目前在央企层面已经实现，并逐步向重要的二三级企业覆盖。由于历史原因，少数下属企业董事长由上级公司领导兼任且不在现场坐班，党委书记由总经理兼任，并配备了专职党委副书记。这一情况，将随着国有企业公司制改革到位而逐步理顺。

党委在国有企业治理结构发挥领导作用，主要职责是把方向、管大局、保落实，依照规定讨论和决定企业重大事项，其他治理主体要自觉维护这个核心。这是一种具有中国特色的制度安排。党委虽然发挥领导作用，但是不宜直接领导具体的经营管理工作，更不能直接把党委作为企业生产经营的决策和指挥中心。党委主要通过参与重大事项决策、落实党管干部原则来发挥作用，并监督各项决策在企业的执行。

党委要尊重其他治理主体，既支持其依法经营管理企业，又保证党组织的意图得到尊重和体现。其他治理主体依照有关规定支持党组织按照“四同步、四对接”要求，建立完善工作机构、工作机制，为党组织开展工作提供必要的条件，把党建工作纳入企业管理体系。

企业党组织参与决策与董事会、经理层依法决策的关系

党委参与决策的应是企业重大问题，确保党委把主要精力集中在谋全局、议大事、抓重点上，董事会应向经理层充分授权，确保经理层集中精力抓企业的日常生产经营管理。

党委研究讨论重大事项的前置程序，即在董事会、经理层等治理主体召开决策会议之前，党委先行研究讨论。首先，党委对董事会、经理层拟决定的重大事项进行深入调查研究，广泛征求意见。其次，党委召开党委会，党委书记主持就重大事项进行讨论研究，在充分民主基础上，有效集中意见，并形成党委的意见和建议。第三，党委的意见和建议，通过董事会、经理层依法定程序做出决定。其中，党委要加强与董事会、经理层的沟通，兼任党委书记的董事长在主持董事会时，要组织进入董事会的党委领导班子成员和党员落实党委意图；进入董事会、经理层的党委领导班子成员和党员要按照党委决定在会上发表意见，使党委的意见得到决策主体的重视和体现。参与决策的党委成员要向党委报告落实情况。

通过党组织研究讨论“前置程序”这一制度设计，来保证监督董事会、经理层的重大决策，必须符合党的方针政策和国家的法律法规以及企业的实际。党组织应当把握好定位，而不是代替董事会、经理层决策。如果党组织发现董事会、经理层的重大决策不符合党的方针政策和国家的法律法规或严重脱离实际时，应及时提出意见；如党组织的意见得不到采纳，董事会、经理层的错误决策得不到纠正，党组织有权利和责任向上级党组织反映。

坚持党管干部原则与治理主体依法用人的关系

坚持党管干部原则，是实现党对国有企业领导的根本保证。在现代企业制度下，《公司法》保障董事会依法选择经营管理者、经营管理者依法行使用人权。在充分尊重治理主体依法行使选人用人权的同时，如何坚持党管干部原则，这是公司法人治理结构建设的一个关键环节。这个问题处理不好，会出现治理主体的决策权难以到位，也容易出现弱化党的领导的问题。

从国有企业实践来看，坚持党管干部原则与董事会、经理层依法行使选人用人权，三者之间不是对立的关系，关键是要有机结合。因此，既要充分调动治理主体依规选人和按需用人的主观能动性，又要坚持党管干部原则不动摇、不走样、不被架空，从而达到党组织对干部人事工作的领导权和对重要干部的管理权与治理主体的依法用人决策权有机融合、协调一致。

落实董事会、经理层选人用人权，并不意味着党组织可以当“甩手掌柜”。党委应在严格执行国有企业领导人员“对党忠诚、勇于创新、治企有方、兴企有为、清正廉洁”选任标准基础上，重点把好“五关”，即管标准，把好导向关；管程序，把好规则关；管考察，把好资格关；管推荐，把好主导关；管监督，把好廉洁关。

在重要人选决策前，企业主要领导必须事先沟通，达成共识，从而使重要干部任免等重要问题的决策纳入机制轨道，受到机制约束，使党委和其他治理主体在选人用人问题上达到同心合力、依规合法。对于拟从企业内部提拔的关键岗位人员人选，必须经过民主推荐和组织考察，并征求监事会、纪检监察机构等有关方面意见，由党委集体研究讨论，提出推荐人选的意见和建议，再由董事会或经理层依法定程序任免。

（本文摘自《思想政治工作研究》2018 年第 3 期，作者系中国中化集团有限公司党群工作部组织部干部）

浅谈企业营销文化建设

王国海

企业营销文化是指企业营销人员在商品营销过程中形成的为企业各级人员共同遵守的营销价值理念，并为大多数消费者认可和识别的各种营销意识符号。营销文化作为企业的一种文化来讲，它体现了企业的理念和企业的风格，它是企业文化精神的一种延伸和拓宽，对企业品牌文化建设的创造奠定了坚实的基础。

营销文化的特征

营销文化，与所有的文化一样具备文化的一些特点，但是同时其自身的特点性较强。主要体现在：

营销文化的意识性特征。营销文化的形成，是由人的大脑在遇到外界事物的刺激以后，所产生的事物，它是人的一种创造性的意识形态，所以营销文化具有意识性特征。

营销文化的凝聚性特征。营销文化向人们展示的是营销理念、营销态度与营销信仰，它对营销人员的世界观与处世哲学产生很大的影响。从某种意义上说，也是营销人员的思维方式的展示。在营销组织内，相关人员总是为自己所信仰的哲学所统驭，当人们有相似文化时，

其凝聚力得到体现。

营销文化的长期性。由于营销文化建设并不是一朝一夕的过程，而是在不断的经营发展过程中所提炼出来的精粹，所以一旦文化建立，则会长期的影响营销的相关工作，所以营销文化具有长期性特征。

营销文化具备导向性特征。营销文化对营销工作起着引导作用，在实际的企业营销工作中，可以根据营销文化的理念，开展各种形式的营销活动，所以营销文化具有导向性特征。

营销文化的系统性。营销文化是具有系统性的，而不是单单几个因素组成，具体的组成因素有：营销手段、方法、对象、制度、主体等，这些因素统一构成了营销文化，使之呈现出系统性。

企业营销文化在市场营销中的作用

营销文化对营销活动具有导向作用。营销文化建设，是企业中经营管理理念的建设，而同时也能够指导营销工作的方向，起着指明灯的作用。比如格力电器营销活动取得的成功，它的根本是营销文化中不断的创新，树立正确的价值观念，为企业的发展奠定坚实基础。所以营销文化可以引导营销工作的方向，提高营销工作的效率和质量。

营销文化可以增强企业在营销活动中的核心竞争力。企业的核心竞争力，来源于企业优良的营销文化，如果企业中的价值观有了明确，同时具有优良的营销文化，则企业的核心竞争力将会大大提升。如华为公司的崛起，根本在于其核心竞争力的不断增强。“创新”“稳健”“和谐”等核心经营理念所体现的使命，赋予了华为独特的价值观。

企业营销文化建设策略

强化对员工营销文化的认识，构建优秀营销团队。针对企业员工对营销文化认识的不足，未来企业的发展必须加强对文化的培养，形成的核心价值观。同时，营销团队有没有知识文化很重要。知识改变命

运，知识可以再创新，知识才能将营销做到极致，所以具有一定专业知识的营销团队是一支具有营销力的团队。因此在强化员工认识的过程中，要不断的对员工进行知识和相关业务素质的培训，对营销人员培训相关的营销知识和技能，构建一支综合实力过硬、业务素质较高的营销团队。

坚持以人为本，创立企业特色营销文化管理。企业营销文化的发展是一个持续不间断的过程，面对国内营销文化发展的薄弱现状，必须要重视营销文化的个性化发展，即不断创新企业营销文化，建立企业特色文化管理。首先，企业在经营管理中，要注重人性化的管理，时刻坚持以人为本的原则，尊重每一名员工的劳动，重视人才的培养，在统一安排部署的前提下，引导员工积极的参与，不断的以激励的方式去激发其工作的积极性，将企业特色营销文化管理融入到企业管理中，形成良好的氛围，使员工在了解营销文化的基础上，树立营销的观念，为营销规划打下坚实的基础。其次，要制定切实可行的企业营销文化建设方案，借助必要的载体和抓手，着力抓好营销文化观念、制度和物质三个层面的建设。将学习新知识，再创造，再创新等作为企业的发展理念，不断的提升员工专业技能和素质，定期的培训，创造知识文化氛围。围绕企业深化改革的重点和难点，以企业的实际情况出发，结合内部和外部的条件，归纳总结企业的经营理念和优良传统，并从中提炼出能够代表企业经营发展的特色文化，以此来构建属于企业特有的营销文化管理方式。

有针对性的构建营销文化，发挥各层级的作用。在构建企业文化的过程中存在着对文化发展的随意性，这严重阻碍了企业在未来竞争中发展。因此在构建切实有效的营销文化时，必须充分发挥各层级的作用。

建立老板行为监督机制。在企业的实际经营管理中，企业经营者的行为在营销文化的构建上起着至关重要的作用。现阶段，大多数的企业中对企业经营者没有良好的监督约束机制，而企业中的员工受雇于企业，不得不对经营者的授意听之任之，即使是错误的决定，也不敢对其否定，甚至还有的员工为了讨好领导，不但对其错误的决定不提出异议，甚至朝着错误的方向提供所谓的方法，经营者被利益冲昏头脑的同时，也容易听信谗言，导致企业的经营走向了误区。所以在企业的经营中，要对企业的老板制定行为监督机制，对老板的行为进行监督，营销文化的建设不仅仅是依靠全体员工的努力，同时也需要老板能够以身作则，只有企业的管理经营者和全体员工的共同参与，才能创造和谐的营销环境。

各级管理者要承担起弘扬营销文化的任务。现阶段，我国的企业以中小企业为主，而在一些家族式管理层基本都是老板任命的，所以在企业中，为了保证各级管理者能够在岗位中履行岗位的职责，必须建立严格的岗位职责和权限，严禁滥用权力，为弘扬营销文化精神奠定坚实基础，要不断的宣传营销文化的理念，使其能够深入到企业工作的方方面面，努力创造一个和谐优良的文化建设环境。

提高员工对营销文化建设的认同度。营销文化的建设是需要企业中上上下下，领导乃至员工的全体参与，所以在企业中，要对其进行大肆的宣传，并能够将其应用到工作中。对于新进员工而言，要引导其理解营销文化的真正涵义，明确自身的岗位职责和权利，对于老员工而言，要能够在工作中的一言一行中表现出来，以身作则影响周围员工，营销文化的建设更需要全体员工的共同参与。

着眼营销文化的长远发展，注重品牌文化建设。企业在构建营销文化过程中缺乏长远发展的眼光，不能够持久有效的坚持文化的建设，随着科学技术的日新月异，以及国际品牌的进驻，企业之间的竞争不再局限于产品之间，而是上升到了企业的文化上，品牌文化建设是未来企业发展的主要方向，而营销文化最终的归宿点将是品牌的形象上，营销时代将会是品牌营销，而不是产品营销，企业中的品牌形象已经成为消费者购买行为产生的决定因素。营销文化建设的是否良好，直接决定着企业的品牌形象，而品牌形象，是营销文化是否成功的关键，所以两者之间的关系是相互的。

构建新营销文化模式

新营销文化模式的基本要素。一是学习型营销团队：是以学习为主，这里不仅仅是团队之间相互学习，每个团队成员的自身学习，以及整个团队的对外学习等，不断的学习新知识，学习创新的营销方式，以更好的投入到对客户和商品的服务中，最终实现营销的目的，实现企业的营销计划。二是知识化管理：所谓知识化管理，是对企业的知识进行再创新，知识的整合，知识的优化，知识的交流等，这些都属于是对知识进行管理，实现知识的共享融合，提高知识的价值和有效性，从而提升企业的整体实力和再创新的能力，做到客户最满意，为企业的发展奠定坚实的基础。三时团结协作：个人的力量是微弱的，团队的力量是强大的，所以个人要融入到团队集体中，依靠团队，借助团队，发挥团队的巨大力量，将个人的目标和团队的目标相结合，只有团队协作，才能为企业的发展创造更大的利润。四是顾客满意化营销：在营销的过程中，要时刻站在消费者的角度上，从消费者的角度出发，分析消费者的实际需求，制定符合消费者的营销计划，以此来完成营销的目的，从而完成企业的战略目标。

营造理想的全员营销模式。全员营销的推行：第一，营销手段的整合性管理。对员工开展综合的培训，要以消费者的需求为根本出发点，从营销手段上着手，满足消费者的最大化需求，从而提高销售业绩，实现营销的预定目标，为企业创造最大化的利益；第二，营销主体的整合性管理。企业中的营销部门要能够时刻注意市场的动态，以市场为最根本的出发点，制定营销计划，同时企业中的各个部门要与营销部门密切配合，营销的观念要在非营销部门中树立起来，对部门的资源进行合理的配置，为企业的整体营销计划所服务。全员营销：根据企业的营销计划，将个人的发展目标时刻围绕在它的周围，从而共同完成企业的营销计划。营销的最终目的就是凝聚全员的发展目标，并最终实现 1 加 1 大于的最终效果，营销既是出发点，也是归宿点，所以全体员工都要有营销的意识和观念，为企业的营销计划所服务。

企业营销文化可以采取一定的措施和策略进行建设，成功的企业营销文化建设，将对企业的市场营销产生巨大的推动作用，从而让企业更加兴旺发达。

（本文摘自《科技经济导刊》2019，27（25），略有删节，作者系浙江万马高分子材料有限公司常务副总经理）

强化党建文化　创新“多维一体”党性教育方法

田仁举

国有企业是中国特色社会主义经济的“顶梁柱”。扎实推进和施行《中国共产党国有企业基层组织工作条例（试行）》，是推动国有企业深化改革，完善中国特色现代企业制度，增强国有经济竞争力、创新力、控制力、影响力、抗风险能力，做强做优国有资本的政治和组织保证。在能源强国的战略实施中，发电企业的党员干部是企业的中流砥柱。按照《条例》要求对企业党员干部进行“铁一般信仰、铁一般信念、铁一般纪律、铁一般担当的党性教育，是共产党人修身养性的必修课，也提升企业党建质量的内在要求；而创新党性教育的方法途径，采取可操性强、有品位、能吸引人参与的合目的性、合逻辑性、合规律性的方式方法，是保证党性教育效果的必然选择。

从强化党建文化入手，夯实党性教育基础

党建文化作为党内政治文化的重要组成部分，是一个政党在长期党建实践中形成的、为全党所认同和践行的价值观念、制度规范、行为准则、情感态度。具有鲜明的信仰特征、组织特征、制度特征、实践特征。政治文化涉及党的历史、党的理论、党的方针政策、党的建设等多方面内容，是一个政党得以持续健康科学发展的精神内核。党建文化对党的建设提供文化支撑和文化导引。

从宏观层面看：党建文化的形成要遵循政党文化的基本精神，党建文化既有文化所固有的社会性、历史性，又具有政党所在国家政治制度的根本属性，还具有政党自身成长的个性，是最具特色和生命力的文化形态之一。1939 年 10 月毛泽东在《〈共产党人〉发刊词》中，把党的建设称之为是一个“伟大的工程”；党的十四届四中全会提出了“中国共产党建设的伟大工程”的重要概念，党的十八大以来以习近平同志为核心的党中央在全面推进党的建设新的伟大工程进程中，继思想建党、制度治党、组织建党之后，提出文化强党的命题；党的十九大提出“伟大斗争，伟大工程，伟大事业，伟大梦想”；文化强党是“伟大工程”的应有之义，文化强党的实质是文化自信；文化自信源于中国特色社会主义的重大理论创新，即“道路自信、理论自信、制度自信、文化自信。”在“四个自信”中，文化自信是“四个自信”的基础，是更深层次、潜移默化的信仰，或者说文化自信是四者相互联系、相互依存、相互贯通、协调一致的灵魂，以文化建党的视角推动党的建设，是一个政党可持续发展的根本动力。基于此，以党的文化建设引领思想建设、组织建设、作风建设、制度建设和反腐倡廉建设就成了历史的选择，逻辑的必然。

党性是任何一个政党都应具有的政治本性，是阶级性最高和最集中的表现。中国共产党党性的核心是全心全意为人民服务；对党员个人而言，党性指一个党员的组织观念，包括理想信念、宗旨意识、组织纪律性等。党性是衡量共产党员觉悟和立场的准绳，是一名党员在群众中树立威信的基石，是否是一名合格党员，党性的强弱是一个重要的衡量标准。党员个体的党性不仅影响到党的自身政治、组织建设，还会影响到全体党员内部的党风廉政建设。国企姓党的本质决定了要担负起国企兴党的使命，而加强对党员的党性教育，涵养共产党人的“心学”是国企党建工作的必修课。按照《条例》要求，各级党组织要明确党性教育主体、客体、教育的内容、教育的方法、教育的目标以及教育的本质，通过一定的方式方法对党员进行有计划、组织的思想政治教育，实现提升组织内党员的政治素质、党性水平、党性修养等目的。

处于中观和微观层面（二级或三级企业）的党建文化，就是要通过党建文化建设牵引党性教育，围

绕生产经营开展工作，提升党员素质，发挥战斗堡垒作用。如：天生桥一级水电开发有限责任公司水力发电厂（简称“天一电厂”）严格按照国企党建教育和集团党性教育要求落实党建文化内容。一是确保学习时间，在不影响正常生产、工作的前提下，对一般党员和班子成员党组织书记合理安排集中学习培训，提出具体要求；对年老体弱等特殊情况党员区别对待，采取送学上门、结对帮学等形式落实教育要求；二是突出组织生活的政治性、时代性、原则性、战斗性，严格执行组织生活制度，确保党的组织生活经常、认真、严肃，从严落实“三会一课”，增强党的组织生活活力，保证专题组织生活会，开展党员民主评议工作，用好批评和自我批评这个武器，坚持真理，修正错误，反对好人主义和无原则纷争，使党的组织生活真正成为对党员进行教育管理监督的重要形式；三是突出党性锻炼，防止教育活动表面化、形式化、娱乐化、庸俗化；重视党员责任岗、党员示范区等党员主题教育实践活动，为党员发挥先锋模范作用搭建平台；四是健全荣誉表彰制度，注重褒扬激励，营造积极向上的氛围等；五是坚持以人为本，经常分析党员思想状况，及时解决思想问题，从思想、政治、工作和生活上关心、爱护、帮助党员。这种将党建文化建设与党性教育实处着力，落小落细、真正触及思想和灵魂的做法，丰富了党建文化的内涵和内容，为提升党员党性修养奠定了文化基础。

如何增强党性教育实效：问计于民

通过党建文化建设促进党员党性修养提升，是“天一电厂”不懈的文化追求。如：在形成共识并正在指导员工实践的企业文化体系中，“党建理念的表述是：切实为企业中心工作保驾护航、强化宗旨观念、真诚服务职工”，与之先联系的“廉洁理念的表述是：坚守底线、大事小事秉公办理、大节小节廉字为节”，这也是“天一电厂”强化党建文化的基本依据。为将党建文化理念内化为党员的自觉意识，“天一电厂”连续两年跟踪调查员工对党建文化建设诉求。最近在集团系统内的641名党员调查中，26～35岁的党员占15.76%，36～45岁占37.13%，46～49岁占20.12%，50岁以上（含50岁）占25.27%；普通员工占69.42%，中层管理者占28.55%，高层管理者占2.03%；党员年龄结构和代际差别反映在党性修养和党性教育方法上有不同需求，其中对党性教育的方法途径反映尤为突出，力图将“传统与现代结合、常规教育与红色教育、地域资源与网络资源结合”的愿望尤为强烈，也说明党员中蕴藏着提高党性教育的积极性。而党性教育本身是一项政治性、导向性、逻辑性、操作性都很强的系统工程，是一个全面的、连续的、有序的教育过程，需要从党性教育的宏观性、整体性、协调性、衔接性等方面来形成教育合力，为此，寻求“多维一体”的党性教育方法途径也是适应党员队伍变化与强化及党性教育的迫切需要。

俗话说“水无常形，教无定法”，是说在一个教育活动中，针对素质整体提升的党员队伍，就要针对不同的教育内容，采用灵活的教育方法，不但可能，而且必要。“多维一体化”党性教育方法是对党性教育各种方法、教育活动进行整合，是指“全方位、立体化、多形式”各种方法相互配合、相互协调、组合应用的党性教育方法。其目的是形成一个有效的党性教育方法体系，确保教育效果。因此，发电企业党建教育结合行业特点、针对党员乐于接受的方式，融合理论专题课程、现场教学、实地体验与实践锻炼资源，构建党员普遍欢迎的针对性、实效性强的党性教育新方法。就是要依据新时代国企党建文化建设内容，借鉴哲学、历史学、政治学、经济学、文化学、社会学、党建学、领导科学以及法学等学科的理论和方法，利用学科交叉的优势，把传统教育方式与新媒体传播平台建设有机结合，深化党员对党建历史演进规律、对中国共产党的法治理念、法治方式的认识，从逻辑性、系统性、引领性、前瞻性理念出发，使党性教育方法内容与国有企业党的政治领导力、思想引领力、群众组织力、社会号召力要求相吻合，与国企领导干部为信念坚定、为民服务、勤政务实、敢于担当、清正廉洁的“五条标准”相契合，与普通党员“两学一做”的基本韬略相适应，提高党员做合格党员和优秀党员的自觉性。

坚持问题导向，高站位谋划党性教育方法途径

调查表明：在提升党性教育效果的探索中，“天一电厂”按照发电企业党建教育要求在方法和内容上

采取了一系列措施，收到了一定的效果。但要回应党员提出的党性教育要“适合”“好用”及方法创新上需努力的空间很大，而党性教育不仅永远在路上，而且要确保不同时期的教育高质、有效，加大教育力度、增加教育分量，更要以战略视野谋划和审视教育方法、途径，做到“工欲善其事，必先利其器”。

一是在教育理念上坚持好“四性”原则。其一是先进性：发电企业党性教育的工作重点在于强化党员意识、创新意识、先锋意识，使党员的思想认识紧跟时代的思想潮流，站在潮流的最前面，成为生产经营的中坚，同时净化心灵；其二是计划性：针对不同时期、不同任务设计组织生活内容，结合发电企业的具体情况和问题有计划地开展符合实际的党员教育活动，保证党性教育工作落到实处；其三是针对性：把改革难点作为党员活动的突破点，把党建工作的着力点放在工作的薄弱环节，把思想教育的重点放在党员和群众关心的热点问题上；其四是灵活性：党建文化在一定意义上规定了党性教育的内容，但教育形式上要做到方便灵活、丰富多彩，强党组织的吸引力。

二是继续深化当前的“N+1模式”教学为重点的党性教育课程体系。这里的“N”就是“多位教学内容和教学目的”，主要包括理论教育（以夯实理论　功底为目标）；信仰教育（以解决“真信”　问题为教学目标）；忠诚教育（以解决“坚志”问题为教学目标）；廉政教育（以解决“正心”问题为教学目标）；传统教育（解决党员领导干部的“根”与“本”问题）；担当教育（以对党、对企业、对行业、对用户负责为目标）；素质教育（以解决发电企业党员干部能力提升为目标），加上严格的党性教育考核体系：恢复党的优良传统，重点是按照集团文件，考核党员干部的政治行为、学习理论合党的知识态度、廉洁自律、关爱集体、带头作用、组织生活等，具体细化为6大模块、30余个具体事项，考核结果与党员见面，强化党员的批评与自我批评意识。当然，这里的“N”需要不断补充、完善。

三是认真梳理、盘点员工对强化党性教育途径方法的好思路、好点子，以生产允许为前提，建议单位适当单列经费，满足党员外出参与现场教学和社会实践的要求。如，亲临上海嘉兴红般、井冈山、娄山关、遵义会址延安西柏坡等革命遗址和爱国主义教育实践基地、生产现场、党建扶贫点实施实地体验、专题教学、现场教学、著名纪念馆、展览馆、学习和培训高等院校或党校设立的马克思主义学院专门课程等，通过“多位或多维”教育与实践途径，达到服务于、服从于、提升党性教育实效“一体”的目的。

党性教育是一个永恒的课题，没有终点。发电企业只有与时俱进，将党性教育和业务技能、人文素养教育紧密结合，才能保证党性教育效率和质量常抓常新。而作为国企共产党员要把党性教育作为终身必修课程，永不懈怠，时刻保持党性，才能在实现能源强国中不辱使命。

（本文为创新“多维一体”党性教育方法课题阶段性成果，作者系天生桥一级水电开发有限责任公司水力发电厂党群工作部部长）

企业伦理文化与企业管理

白雪菲

企业在经营管理过程中所产生的一切经营管理行为都必须符合行为标准与道德标准的要求。在激烈的市场环境中企业在追求利润目标的同时，还要将物质经营转化为文化道德经营，努力提高自身的品牌文化与内部管理水平，创造企业核心竞争力，从而推动企业的健康发展。而企业文化建设不是一蹴而就的，要受到我国传统伦理文化的影响。现实中企业管理过程中非正式制度安排与伦理文化的结合越来越紧密，并起到了很好的推动作用，所以，要重视以伦理道德为背景的企业文化形式。

企业伦理新思维

近年来，关于企业伦理文化的相关理论仍在不断完善中，其主要涉及企业生产、经营的多个过程，涉及与企业经营管理活动相关的所有人员。企业伦理意识是企业在经营活动开始中所罕有的价值取向，良好的伦理准则是指导和评估企业伦理行为的标准内容。从我国企业经济管理模式来看，主要存在利益关系、契约关系、责任关系等几个层面，这些内容不仅受到国家法律、企业规章制度的约束，还受到道德意识、道德原则等方面的谴责，努力构建和谐的社会经济关系，在利益整合的基础上讲究效率、秩序、公平、道德。通过实践研究发现，不具备伦理文化的企业自身发展与经济效益也不会取得优异的成绩，甚至由此走上灭亡的道之路。企业经济效益最大化最重要的一点就是重视加强伦理文化在企业管理中的应用，推动企业伦理建设。

我国企业伦理问题分析

我国企业伦理问题主要体现在内部和外部两个方面，其主要是不同利益相关人之间的伦理问题。从企业内部角度来看，主要体现在企业与员工之间的问题。一方面企业员工过于重视自身的利益，在工作过程中缺乏团队协作精神，没有履行岗位责任，缺乏积极主动地工作热情。另一方面企业为了降低成本投入，没有按照劳动合同法的规定为员工缴纳

社会保险，甚至拖欠员工工资、逃避承担员工工伤治疗费等等。除此之外，企业与投资者存在偷税、漏税等不良行为，给国有资产、社会资源造成很大浪费。从企业外部看，主要体现在企业与政府部门、企业与企业之间的伦理问题。甚至一些企业为了获取更高的经济利益，不惜以次充好进行欺骗性营销，导致消费者投诉问题时有发生。另外，企业与企业间不正当竞争，以窃取对方机密信息、降低价格等手段影响经营管理。

企业伦理与企业管理的融合策略

伦理文化需要在企业人力资源管理中的渗透。当今世界，企业之间的竞争是人才与人才的竞争，传统的企业管理模式过于重视经济效益，忽略了企业文化建设的重要性，人力与知识管理是企业内部管理的中的主要内容。互联网＋的到来，传统经济形势发生巨大转变，企业内部人力资源管理制度也有所创新和突破。为了进一步满足社会发展需求，相关人员应该吸取传统伦理文化的内涵，将其融合到企业人力资源管理当中来，制定有效的人力资源管理机制，强化组织建设、管理能力，积极转变企业员工的价值观、世界

观，充分发挥伦理文化的重要性，创新人力资源管理方法。

吸取伦理文化精华，做好企业文化。企业文化建设具有很强的开放性，况且企业文化包含内容很多，其中不乏一些地方优秀文化遗产，企业在吸取伦理文化作用的基础上做好企业管理工作，可以形成独具个性的内部环境。企业文化建设中伦理文化的应用主要体现在以下几方面：第一，坚持以人文为本的发展原则，突出对员工的关爱和尊重，将个性化、创新化发展放在首要位置上，关心、信任、爱护员工，体现人道主义，尊重员工在企业发展中的创造价值。第二，建立以义为先的价值导向，在企业文化建设过程中渗透传统伦理文化的灵魂，将其作为企业文化的核心内容，时刻将社会利益、员工利益放在首位，凸显企业的社会责任、企业道德，从而获取社会各界的赞誉与认同。

伦理文化在企业财务管理中的渗透。财务管理是企业管理中非常重要的一部分，有些企业对于财务管理的法律法规还不够完善，企业内部会计制度建设不完善，面对这种局面，在企业财务管理中融入伦理文化具有重要意义。首先，不断完善相关法律制度和法律法规体系，结合企业财务管理实际情况，进行修订与完善。第二，制定符合企业发展的伦理标准，规范企业财务行为中非伦理行为，避免这种现象对企业资金成本管理带来负面影响，最大限度维护利益者的合法权益。

企业管理过程中融入伦理文化是实现企业特色文化发展的有效途径，面对我国经济不断快速发展的局面，培育员工的伦理意识，发挥伦理精神，员工正确对待国家、企业、员工三者的利益关系，坚持人本思想为原则，其意图在于打造个性鲜明的企业核心文化。

（本文摘自《现代国企研究》2019.5（下），作者系唐山市委党校教师）

从晋商文化中汲取营养

任志侬

晋商文化的形成与发展

晋商为三晋之商，其历史可远溯到春秋战国时期。晋商家族不同于一般官绅，它是中国传统文化底蕴较深的经商世家。晋商文化的实质是儒家优秀文化的传承与创新，是中国历史上首创票号的山西商人，站在中华商业文明进步的历史巅峰，举商贸之大业，夺金融之先声，创造了响誉中外的近代儒商文化。

隋唐以前是晋商文化的发韧期。山西商业资本源远流长。早在先秦时代，晋南就始发“日中为市，致天下之民，赟天下之货，交易而退，各得其所”的商贸交易活动。晋文公称霸时，山西的榆次、安邑等地就对内使“工商食宫”、对外便“轻关易道通商”，成为了当时有名的商业集镇。史载，晋商鼻祖“猗顿居猗氏，用盬盐起”、“大蓄牛羊于猗氏之南，十年之间其息不可计，赟比王公，名驰天下”，成为与陶公（范蠡）齐名的巨富。秦汉时，太原、平陆、平遥、汾阳等地就已成为重要的商品集散市场。隋唐五代又出现了潼州（今晋城市）、太谷、平定、大同等新兴商业城镇。唐初，李渊起兵，定太原为北都，跨汾河两岸，商业繁荣，诗人韩愈有诗描绘：“朗朗闻街鼓，晨起似朝时。”

宋元是晋商文化的形成期。宋代，山西地处边防重地，所需战马大都依靠北方的辽来供应，而辽更需要宋的手工业制品。公元996年（至道二年）山西“边州置榷场，与藩人互市”，而“沿边商人深入戒界”进行贸易。庆历年间（十一世纪四十年代），宋王朝出藏绢二千余匹，市马于山西奇岚，又诏三司出绢三万匹，市马于晋各州府。其他商品交易，非官市者听其与民交易。元代，虽然战争对工商业有一定破坏作用，但是元朝政权结束了宋、辽、金的割剧局面，特别是元代驿站的完备，使商业活动的地域进一步扩大。从《马可波罗行记》可以看到“从太原到平阳（临汾）这一带的商人遍及全国各地，获得巨额利润”。

明朝是晋商文化的兴盛期。晋商的兴起，首先得益于明朝“开中制”的实施，为晋商提供了发展契机；其次，山西的区位优势和丰富的矿产资源，又为晋商的发展提供了物质基础，使得晋商逐步走向辉煌。此外，随着商业竞争的日趋激烈，为了维护自身利益，晋商结盟的商业组织出现，成为晋商经久不衰的一个重要原因。

清朝是晋商文化的鼎盛期，其重要标志就是会馆的设立。会馆刚开始是为联络同乡感情的，到后来发展成为维护同行或同乡利益的组织。

晋商发展到清代，已成为国内势力最雄厚的商帮。据史料记载，当时全国排名前16位的大财团都在山西。清入关后，顺治皇帝在紫禁城设宴，亲自召见和答谢山西的八大商人（榆次的常家，太谷的曹家，祁县的乔家、渠家，平遥的李家，介休的范家，万荣的潘家，阳城的杨家），并赏赐朝服，编为“御用皇商”。当时世界经济史学者把晋商和意大利商人相提并论，给予了很高的评价。商业的发展不仅给山西商人带来丰厚的财富，而且也改变了人们多少年来“学而优则仕”的观念，正如山西商人说“家有万两银，不如茶庄有个人；当官入了阁，不如茶票庄上当了客”。当时，茶庄票号是非常热门的行业。特别是晋商的驼帮、船帮和票号，是晋商成功发展的三座丰碑。

驼帮是晋商中以骆驼运输为主从事贸易活动的商帮，主要经营的产品是茶叶，实行运销一条龙。当时南来“烟酒糖布茶”，北往“牛羊骆驼马”。晋商在福建、两湖、安徽、浙江、江苏一带购买茶山，同时收购好茶叶以后就地加工成砖茶，然后经陆路、水路两条路线运往各个分号，销往蒙古及俄国一带。船帮出现在清代中叶，主要经营商品是铜。当时我国产铜量极低，仅靠云南一地产的滇铜远远满足不了铸币的需求。在此情况下，山西商人组织船帮对日贸易采办洋铜。其中介休范家就是最为突出的“洋铜商”。晋商在利用“驼帮”、“船帮”经商的过程中，真可谓是“船帮乘风破浪，东渡扶桑；商帮驼铃声声，传播四方”。

票号作为当代银行业的鼻祖，是晋商最大的发明和创举。中国历史上第一家票号是由平遥李家独资创办的日升昌票号，地址在平遥的西大街上，现在已经开发为“中国票号博物馆”。当时在日升昌票号的带动下，平遥、祁县、太谷人群起仿效，形成了平遥帮、祁县帮、太谷帮。祁太平三帮曾有一度“执全国金融界之牛耳”的美誉。

晋商成功的根本在于“诚信”

晋商不仅是一个地域商人群体，而且是一种儒商文化符号，是中华优秀传统文化与商业结合的创新与传承。晋商文化缘于山西人“巧于经商、精于计算、诚信守诺、节俭储蓄”的良好风尚。晋商成功的根本在于儒商精神，而儒商精神的根本在“诚信”。当时受儒家文化影响很深的晋商，继承发扬了唐晋遗风的管理理念，政治上博大宽厚，兼容并蓄；经济上求同存异，自强不息；经营上以关公为崇拜偶像，立身处事，忠义诚信；以乡土为轴心，彼此联结，互相提携；以地缘为贸易，以义制利，艰苦创业。晋商善于用以德服人的方式去处理经商和家族的关系，礼义为道，内外和谐，勇于开拓诚信天下。晋商的发展，不仅聚集了大量的货币资财，让源源不断的白银流回了家乡，而且有效促进了山西手工业的发展和全国商品物资的交流，加快了中国自然经济解体和商品经济发展的进程晋商的发展，不仅为中华民族培养和造就了一代代理财人物，实现了资本所有权与经营权分离，而且创造了中国特色的企业治理结构、管理制度和实用技术，形成了内涵丰富的晋商文化，即：重商立业、学而优则商的人生观；诚信义利、以义制利的价值观；同舟共济、同甘共苦的团队意识；选贤任能、重用乡生的人才理念；组织严谨、劳资并重的管理制度；任劳任怨、尽心尽力的敬业态度以及艰苦奋斗、务实创新、自强不息、追求卓越的创业精神等。这些精神理念经过几代人的传承和创新，早已经潜移默化地渗透到了晋商的经营意识、组织管理、心智素养和商业文化之中，成为新时代企业文化建设的重要内容。

晋商文化对企业文化建设的影响

晋商作为一种历史文化，辉煌几百年，晋商驰骋商场称雄世界五百多年的制胜法宝，在世界经济发展史上是很少见的，其中的文化内涵、管理思想，最重要的是诚信的品格、务实的经营和永无止境的创新。晋商集团在中国内陆最贫瘠的土地上创造了世界经济发展史上最辉煌的奇迹。几百年前，晋商就采用联号制和股份制，实现了资本所有权与经营权的分离，解决了“富不过三代”的问题，并从朋合营利到合伙经营，实现劳资并重、资本股与人力股共同参与分配的经营模式，建立了长短期相结合的激励机制，使员工利益与企业发展紧密联系，这对于我们今天建设富有中国特色的企业文化和完善现代企业制度具有很好的现实意义。当然，晋商后期出现的官商勾结、窝里斗、因循守旧等消极负面的文化因子也严重制约和影响了企业的发展，对这一点要有清醒的认识。对于晋商文化，我们既不可能割断它，也不可能跨越它，而应知古鉴今，温故知新，以与时俱进的时代精神，积极发掘其进步的、民主的和科学的因素，认真汲取其思想精华和道德精髓，深入挖掘和弘扬晋商“诚信义利、务实创新、选贤任能、艰苦奋斗”的时代价值，努力实现传统文化的创造性转化与创新性发展，使之与现实文化相融相通，着力建设富有时代特点和民族特色的先进企业文化，创新经营之道。

（本文摘自《中外企业文化》2019.9 作者系山西省企业文化研究会副理事长）

浅谈企业文化与员工职业的融合发展

刘建敏

企业文化建设归根到底就是要坚持以人为本的理念，大力实施员工素质提升工程，努力提高员工的综合素质，不断助推企业的向好发展。员工职业发展也是员工成长的重要路径，员工根据自己的特点，选择适合自己的职业发展路径从而自发的学习，提升自己的技能水平。因此，企业文化建设和员工职业发展的目标是一致性的，都是为了提升员工的能力和素质，为企业构建良好的人力资源。探讨企业文化与员工职业两者之间融合发展的普遍性、规律性和经验做法是很有意义的话题。

企业文化建设与员工职业发展的现状

大多企业在推动企业文化建设的过程中，建立和采用了各种形式的文化传播载体，包括形式多样的企业文化活动、文化手册、企业网站、企业刊物、报纸等，也有部分企业建立了企业形象识别系统。总的来说，企业文化建设是积极的、不断创新的。但在企业文化建设过程中也存在着不足，主要表现在企业文化建设务实程度还不够，重形式、轻内容，重制度、轻理念，重物质、轻精神，重成本、轻人本，重技术管理、轻员工培训，重经营指标的完成、轻企业人文环境的建设，致使企业文化建设流于形式。员工职业发展在我国大多企业仍然处于探索阶段，不少企业并未建立起科学规范的员工职业生涯管理体系。在员工职业发展过程中存在“一腿长、两腿短”（管理通道完善，技能、技术发展通道欠缺）的职业发展现状。企业员工一般划分为管理、专业技术和操作服务三类岗位。管理岗位形成管理通道，通过职务的升迁实现纵向发展；专业技术、操作服务类员工通过在国家职称系列中级别的提高实现上升发展，分别形成技术、技能发展通道。但是，无论从个人价值实现、待遇，还是从发展来看，技术、技能通道都无法和管理通道相比，因此职位

晋升成为员工认可的价值实现的唯一途径，由于无法满足所有人晋升的需要，也就使激发员工工作积极性达不到预期目的。

企业文化建设与员工职业发展的融合路径

“四激、四力”，寻求企业文化与员工职业融合的切入点。一是激发活力，彰显扩张力。通过开展企业文化建设，教育员工爱岗敬业，忠于职守，齐心协力，共谋企业发展；二是激励士气，打造凝聚力。通过开展企业文化建设，激励士气，鼓舞人心，凝聚员工“精、气、神”，让信仰和愿景能持续不断地激励员工为之努力奋斗；三是激活机制，增强保障力。通过开展企业文化建设，使企业机制充满活力，让员工在企业文化的“林荫大道”上充分享受共建成果，进而推进企业的全面发展；四是激增合力，共享发展力。通过开展企业文化建设，筑牢员工团结奋斗的思想道德基础，营造和谐健康、开拓奋进的精神氛围，为企业稳定发展不断注入新的活力。

“三个注重”，寻求企业文化与员工职业融合的落脚点。企业的发展是动态的，企业对人力资源的需求也是不断变化的，而员工作为一个独立个体，其内在需求也是动态的、发展变化的过程。如何寻找双方需要的落脚点，提升双方的匹配度，需要从以下三个方面进行加强。一是注重企业发展战略的指导工作，以便使员工更好的将个人职业发展与企业需求相结合。企业发展战略包括企业经营环境、发展战略、组织

结构规划、职位等全方位信息；二是注重企业自身特点，设计多层次的职业通道来促进员工的职业发展。职业通道是员工实现职业理想、达到职业生涯目标的路径，也是提升员工技能水平的重要途径；三是注重员工职业发展的动态性和持续性。员工职业发展贯穿于员工整个职业生涯，每个员工在职业发展的不同阶段，其发展特征、发展任务以及应注意的问题都是不同的。因此，企业在员工职业发展不同阶段的侧重点也应该有所不同，以适应情况的变化。

互相促进，寻求企业文化与员工职业融合的“双赢模式”。企业文化建设和员工职业发展存在着相辅相成、互相促进、不可分割的关系。员工职业发展的终极目标是将员工个人能力发挥到最好，为企业创造更好的效益，这也是员工培养的核心。企业要使员工的行为达到自我协调、自我控制的良好效果，除了一些规章制度、奖惩条例外，还需要企业文化的融合和引导，才能从精神层面让员工对企业规章制度心存敬畏。企业文化与员工职业发展，两者是“引导”和“促进”的关系，企业文化引导员工思想积极向上，员工职业促进员工爱岗敬业，两者有机融合，最终才能使企业文化与员工职业实现“双赢模式”，达到共同促进企业和谐发展的目的。

企业文化与员工职业的融合发展是一项长期的系统工程，找准两者融合发展的路径和平台，有利于增强企业文化的影响力，提升员工的职业素养和工作能力，让企业文化真正做到围绕中心、服务大局，达到润物细无声的教育引导目的

（本文摘自《东方企业文化》2018 年 S1 期，作者系贵州中烟遵义卷烟厂管理人员）

传统文化与现代科技融合发展

刘志新

文化与科学技术相互联系、相互促进、相融相生

近代自然科学属于西方文化的产物，并长期以西方文化中最为重要的组成部分而存在，从科学文化的发展历史来看，现代科学是近代自然科学发展的正确认识和处理，传统文化与现代科学技术之间的关系对于科学技术的进一步发展和传统文化的信誉弘扬有着不可替代的作用。因此，必须要加强对传统文化与现代科技融合发展的研究，明确文化发展的特点以及融合的意义，充分发挥传统文化与现代科技融合的作用，促进我国经济文化持续稳定的发展。

传统文化与现代科技融合发展的意义

随着我国工业化程度的不断加深，对自然环境造成的破坏越来越严重，生态失衡问题严重制约着我国经济的可持续发展，也使得中国传统文化中人与自然的和谐理论受到一定的影响。与西方一些发达国家相比，我国当前的环境问题十分突出，因此，在学习西方先进的管理经验以及科学技术的同时，更需要把握好力度，不能生搬硬套，忽略我国文化的本质，避免出现付出大于回报的问题。

生态环境是我国人民生活和未来发展的基础，做好生态环境的保护，对于人类的可持续发展具有至关重要的作用。我国传统文化中早有有涉及自然资源保护的相关理念，例如竭泽而渔、人与自然和谐相处以及天人合一等相关思想，对于我国人民树立起保护环境的理念有十分关键的引导作用。在某种程度上，对中国传统文化的发扬意味着对生态环境保护思想历史文化的深化。

从客观角度看，每个民族都有自己独特的文化，这些文化也往往带有一定的民族性格以及民族历史，民族的文化与其所处的地理环境、生产方式、社会组织形式以及历史背景有着十分关键的联系。地中海沿岸具有经商传统的欧洲文化就会相对的崇拜自由。作为移民国家的美国有一定的开放文化，日本的资源较少，国土较小，因此，比较擅长引进别人的东西。由此可见，文化与地理环境位置有着十分紧密的联系。我国的传统文化主要发源于黄河、淮河流域以及长江三大水系的中下游地区，资源相对丰富，气候适宜，四季分明，孕育了我国璀璨的农耕文明文化。此外，我国四周除浩瀚大海以外，便是连绵的大山，这也使得我国的对外交通存在一定的难度，从而呈现出一种相对封闭的发展态势。传统文化需要紧紧围绕人的需求进行发展。作为世界一切事物的根本，人的诉求以及人的理念需要受到人们的重视，关注现实的人们生活，追求道德的人本关怀是我国传统文化的显著特点。中华传统文化还体现在道家的思想以及以自然为本的思想过程中，形成了与主流儒家文化相互补充又相互迥异的体系，由此可见，不同民族以及区域的文化应该有该民族特有的性格特征以及文化特征。科学的本质在于它不仅是一种技巧性的东西，而且还属于一种特定的文化，可以从自然理性的角度进行自然的研究，也可以深入人性在科学活动中开展合作以及诚实、追求真善美和不屈不挠的精神。科学技术是今天技术的代表，科学技术的有效应用能够实现文化的创新及文化的改革，科学技术有着浓浓的文化烙印，并且具有鲜明的民族文化的特征。受到传统地理上的阻隔，我国走着自己特有的文化发展道路而且形成了技术型、实用型以及经验型的科技体系，构建了具有一套独特科技体系的学科。

传统文化与现代科技融合发展的相关对策

科学技术的迅猛发展及信息时代的全面到来，对人民的生活带来了十分大的便利，极大地提高了人们的生活水平，促进了社会发展的速度，保障了社会的发展质量。与此同时，科学技术的发展，也为我国人民带来了一定的不良影响，工业化进展快导致我国环境逐渐恶化，道德感不断被削弱，资源也呈现出日益短缺的形势，这些都使得人们对现代科学技术的发展产生了一些问题。在现代和传统文化不断转换的过程中，需要重新审视和判定中国传统的文化，在信息知识产权的时代，信息科学技术对于时代的改变有着十分关键的作用。要想充分发挥传统文化的积极作用，必须要正确地对待传统文化，尤其是传统文化中所包含的优秀的遗产。中国传统文化当中有一部分是不会被封建社会形态所拥有和认可的，这些部分便是整个中华民族历史储存积累的重要成果，能够帮助我国进行中华传统文化的有效弘扬，将现代科技与传统文化有效地融合在一起，为我国社会经济的发展以及人们道德感的培养创造良好的环境。优质的传统可以使得我国能够获得全面的发展，包括经济领域的发展，文化领域的发展，科技领域的发展，甚至是军事领域的发展等。因此，需要进一步加强对中华民族传统文化的弘扬，正确地看待传统文化的积极作用与消极作用，将创新作为中华民族文化发展的核心思想，充分发挥5000年优秀文化的文化宝库的作用。文化中所包含的优秀资源以及当前时代的有利条件进行分的结合，并不断地进行创新和改造，实现我国传统文化的伟大复兴，积极发挥传统文化中的优势作用。社会发展到了今天，文化的概念已经不拘泥于一个群的生存方式或者生活方式，文化具有更加广阔的意义，各国在将科学技术的发展作为强大自身综合国力的重要途径的同时，传统文化同样成为各个民族用于保护自己特色文化同时抵制全球化浪潮的重要武器和手段。

文化对于现代科学的发展有着十分关键的影响，能够为现代科技的进步创造良好的文化环境。同时，现在科学技术的发展在某种程度上也影响着传统文化的升级与发展，科技是对文化互动以及创新的一个最好的诠释，突出传统文化的优势，建立起创新性的文化氛围有利于我国科学技术的健康稳定发展，实现对我国中华文明的有效传承和弘扬，促进中国经济社会的持续繁荣。

（本文摘自《中小企业管理与科技》2019.7，作者系中共贵阳市委党校讲师）

加强新时代企业廉洁文化建设

刘　洪

企业廉洁文化是关于廉洁的知识、理念、制度与之相对应的生活方式、行为规范的总概括。企业要建立健全廉洁文化建设的体制和机制，以制度和规范作保障，让廉洁文化深入到企业文化与社会生活的每个方面，从而为企业飞跃发展注入新的活力。

导入廉洁从业理念

思想是行动的先导。企业要将贯彻落实《中国共产党党员教育管理工作条例》等作为出发点，就是要抓住当前党员干部的思想实际，积极践行以人民为中心的发展思想，大力培育“自律是宝、他律是爱、律他是责”的廉洁从业理念。

开展企业廉洁文化建设。一是开展廉洁文化进班子活动。建设具有国企特色的廉洁文化，党员干部是重点，领导干部是关键。通过建立和完善学习体会交流制度、考核制度、述廉评廉制度，在领导班子和领导干部中形成学廉、树廉、倡廉、崇廉的良好风气。二是开展廉洁文化进岗位活动。结合职业道德教育，制定廉洁从业的行为规范，把廉洁从业的要求融入岗位职责。探索适合岗位实际的教育内容和形式，促进党员干部岗位保廉。建立重要岗位保廉的检查考核制度，通过检查考核，不断强化领导干部的廉洁从业意识。三是开展廉洁文化进项目活动。加强以廉洁诚信、依法经营为主要内容的企业廉洁文化建设，就是在履行经济合同和项目建设工作中，大力营造廉洁文化的氛围，把开展廉洁文化活动和预防职务犯罪教育融合在一起，着力提高合同（项目）签订和履行人员的廉洁自律意识和自我防控能力。

深化企业廉洁制度建设

一是加强组织领导。企业廉洁文化创建关键在领导，要把企业廉洁文化建设列入党委的重要议事日程，纳入惩治和预防腐败源头治理总体规划，完善企业廉洁文化投入机制，实行党政“一把手”亲自抓首问负责制，为企业廉洁文化建设提供组织保证。二是抓好制度建设。企业要出台廉洁文化建设规章制度，做好企业廉洁文化建设规划，明确创建的总体目标、指导思想、工作要求和任务，建立适合新形势下反腐倡廉的规章制度，实行制度监督，从源头上防治腐败。三是建立评估体系。要建立一套有效的廉洁文化绩效评估体系，定期对党员干部从业理念、心理素质、执政能力等方面进行评估，分析总结提炼经验，循序渐进地保证廉洁文化入耳、入心，创造出最佳生产力。

（本文摘自《学习时报》2019－10－21，作者系中国核工业集团华辰公司纪委书记）

诚信文化是企业基业长青的基石

刘　伟

泰通建设集团（简称泰通）2005 年创建，现已发展成为以土木建筑、地产置业、市政基础设施建设全产业链业务、投资与环保为主要业务板块的全球经营的多元化企业集团，下辖 15 家子公司，21 家分公司，8 家产业骨干企业。泰通一经问世，就高度重视企业文化建设，专门成立由高管组成的企业文化委员会作为公司的最高领导机构，在“军旅文化”向“责任文化”、“工匠文化”演变过程中，通过文化创新，积极探索转型升级之路，并在不断摸索实践中走出一条适合民营经济可持续发展之路。

用发现美的眼睛看问题

作为管理者要认识到，文化管理不是让员工看到每朵花下都有刺，而是让员工看到每丛棘刺上都有花。所以企业文化更多是提倡正面激励、道德示范、与管理制度相辅相成。泰通人笃信：坚实的企业文化会不断地增加企业的生命力、凝聚力、执行力和变革力，它同公司的专利、知识产权、核心技术一样，是企业的核心竞争力；而幸福感正是员工对企业文化的最深刻的体验。未来的竞争是文化的竞争，思想体系的竞争，执行力的竞争，学习的竞争。只有好人，好思想，好执行才会有好结果，打造出好企业。泰通就是创造这些“好”。

企业文化建设过程是一种培育与教养，是文治与教化的过程，即使老板真信还不够，还要让员工认同，让员工真信，做到“上与下同欲”。这样公司的员工才能“砍头不要紧，只要主义真”，这就是信仰。一个企业，一旦形成大家认可的价值观念，并且成为每个人的信仰，就会凝心聚力，创造出惊人的战斗力，这种文化将超越任何管理制度。

诚信是企业文化中最重要的元素

企业的发展，需要有精神引领、文化支撑。诚信，无疑是新时期泰通精神的最大亮点。诚信是中华民族的优秀文化传统，是祖先留给我们的宝贵精神财富，也是社会主义核心价值观的重要组成部分。在泰通的企业文化建设及企业价值观塑造中，“德”是企业聚心之魂，“信”是企业立足之本，只有当“诚信”上升为一种文化时，它才能远远超越于道德范畴的辖域，获得更为深刻的内涵和更为广泛的外延，从而使之成为企业实现持续健康发展的强有力保证。泰通建设集团自创立伊始，就大力开展诚信建设，告诫员工时刻坚守做人做事底线，积极履行企业公民的社会责任，不断提升企业的自主创新能力和品牌影响力。

2017 年，泰通对企业文化进行重新梳理提升，自上而下赞同以“责任、诚信、厚德、共赢”的核心价值观引领企业可持续发展，以诚信文化为基础，以精品项目塑造顶级品牌，致力于成为一家以文化、组织、战略为一体，以诚信文化为基础的健康、和谐发展的幸福企业，争当民营工程建设领域中的龙头企业，付诸实践后，企业逐步跻身国际名企。

诚信是做人之本，立企之基

现实中大到国家民族，小到企业、个人，处处都要讲诚信、重承诺，讲责任、敢担当。一个人推卸责任，不讲诚信，在军人眼里是懦夫，做为企业家，更要讲诚信，重品质，并积极承担社会责任。缺乏诚信和责任的企业，在行业和社会之中难以立足。在企业发展的不同时期，企业文化建设可能有不同诉求，但不管怎样发展，“诚信文化”将伴随泰通发展全过程，作为企业健康发展的保障和基石。

企业文化不是被挂在嘴上，写在墙上的，而是要落实于经营实践中的。有道是，读万卷书，行万里路。企业文化建设存在着不同认识与路径、方式。作为企业掌门人就应当以辩证的观点加以看待，并在辩证法的原则下加以解决和统一认识；必要时，要亲自调查市场，了解市场需求和客户反映。如：泰通人通过对河南、陕西、甘肃，青海、唐古拉山口、西藏那曲、亚东、阿里等地区及沿途实施的标杆工程和公司在建项目作一次“巡礼”，掌握第一手资料，更好地改进经营。所以说，毛泽东的《矛盾论》、《实践论》等著作应当是企业管理者的必读书目。

通过内化、固化、转化，落地企业文化

当今各种思想文化相互交织、相互激荡，人们思想活动的独立性、选择性、多变性、差异性增强，尤其是企业面临国际化发展战略走向全球时，员工的价值取向呈现多样化发展，所以，企业家需要建立最先进的文化来统一思想；企业需要大力建设核心价值体系，需要加强思想引导和精神文明建设，深化诚信建设的内涵，拓展诚信建设的深度和广度，用理想提升企业经营境界，提升每个员工的思想境界，实现企业有朝气、产品有名气、领导有正气、员工有士气。

企业文化落地经历三个阶段：“人手”的经营即劳动力，“人脑”的经营即知识以及“人心”的经营即文化认同，这是一个长期的过程，需要有专门的部门来负责将“软”的文化通过“硬”的制度、行为规范来实现文化的落地。泰通建设集团组建企业文化委员会、工会和党支部，以及企业文化部，为企业文化建设提供有效保障，帮助员工真正实现从社会人向“企业人”的角色转变，把诚信深植为泰通精神之本、文化之基，成为推动建设幸福泰通的强大动力。

（作者系泰通建设集团有限公司董事局主席）

用健康文化活动助力舰艇远航

许　磊

群众性文化活动作为基层经常性工作，能够活跃官兵生活、提振部队士气。尤其舰艇部队常年位海上，始终战斗在远海大洋第一线，迫切需要紧贴时代、瞄准官兵，因地制宜打造丰盛“文化大餐”，为官兵战风斗浪、挺进深蓝注入强大精神动力。

认清形势强化“抓”的自觉

抓好文化活动的前提是认清其意义，把握其要求，以自觉促主动，以主动求作为。从舰艇部队看，文化活动是经常性工作应有之义。随着使命任务拓展，舰艇担负战训任务更加繁重，官兵长时间处于高强度、连轴转的工作节奏中，普遍身心压力比较大，需要用积极健康的文化生活愉悦身心、激励士气。文化活动的需求更加多元。新时代青年官兵思想更加开放活跃，舰艇官兵经常走南闯北，相对见多识广，对文化活动需求更加多样，需要在提升文化活动吸引力和感召力上下功夫。

文化活动的手段亟需创新。舰艇部队动散特点更加凸显，“岸上做客、海上为家”成为常态，对文化活动的组织开展带来诸多挑战，陆上大项活动难集中、难连贯，海上活动时间有限、空间有限。这就需要着眼舰艇实际，大力探索动中抓文化活动的方法手段，真正发挥好工作“催化剂”和官兵“强心剂”的作用。

审视反思明晰“做”的差距

从实际情况看，日常工作中舰艇文化生活在满足官兵基本需求的前提下啊，需弥补不足。如：

其一，“主厨”不重视，沦为“冷饭碗”。任何一项工作形成闭环，都离不开坚强的组织领导和末端落实，开展文化活动亦然。但个别领导干部思想观念存在偏差，对文化活动重视不够，限制了文化活动的功效发挥。有“紧贴中心”型，片面认为只有抓军事、搞训练才是正道，把“一切围绕中心”作为搪塞应付其他工作的“挡箭牌”，给文化工作扣上“不务正业”的帽子；有“朴素节约”型，大力倡导“艰苦奋斗、勤俭节约”，舰艇健身文娱室仅满足于“解决有无”，文体设施有没有不过问、修不修不要紧、换不换无所谓，导致文化设施陈旧滞后，缺乏吸引力；有“安全稳定”型，局限地把足球、篮球等身体对抗类竞技性体育运动视作安全隐患，缺乏科学引导和规范帮教，对其限制甚至禁止，造成“海上不能打，靠岸不让打”的尴尬局面。其二是“口味”不丰富，官兵“不买账”。有的因循守旧无创新。开展文化活动棋牌、打球、歌咏“老三样”是需要的，但随着“互联网”时代来临，王者荣耀、吃鸡、抖音等手机娱乐席卷军营，无意识地吸引官兵“搭顺车”。但现实中基层舰连团支部委员会和军人委员会两个群众性组织组织文体活动被当作任务去完成，甚至仅仅做在计划上、贴到通道里，把“主角”演成了“龙套”、“饕餮”炒成了“配菜”，官兵参与文体活动的积极性有所下降，举办活动的效果也随之降温。

其三是“主菜”不充足，无奈“独角戏”。打造“文化大餐”，骨干是“主菜”、更是基础。由于基层普遍缺乏文体骨干，舰艇部队开展文化活动呈现少数文艺骨干唱“独角戏”的现状。存在根基储备不够的问题。基层文体骨干多半是“半路出家”“泥腿子出身”“赶鸭子上架”，提升能力素质大多依赖于工作任务需要、个人兴趣爱好，文化活动经常出现“无人可用”“勉强应付”的局面。存在培训帮带不够

的问题。重旧人轻新人、重使用轻培养、重眼前轻长远的现象在舰艇部队屡见不鲜，每年各级都组织裁判员、报道员、放映员等培训，

但受人数规模限制和战备训练任务冲击，理论实操难成体系，学习质效难以保证。存在利益驱动不够的问题。为此，对文体骨干的表扬鼓励，应在入党考学、评比表彰、套改士官等涉及官兵切身利益方面设立政策倾斜，得到应有的认可和重视，进而调动文体骨干的工作积极性和主动性。

把准方向力求“搞”的实效

面对时代的发展变化和官兵的文化需求，应进一步提升开展文化活动的质量层次。一是把准中心导向，立起应战而生的鲜明旗帜。战斗力是检验和衡量军队一切工作成效的标准。舰艇部队开展文化活动要立起服务中心的鲜明导向，最大限度地提高对战斗力的贡献率。要旗帜领航。把领袖关怀唱出来，把训令训词讲出来，让理论之光亮起来，做到维护核心、看齐追随；盘活广播舰报、视听媒体、通道氛围等手段，以文化律动带动强军节拍。要充盈战味。发布决战“英雄帖”，开展海军群众性比武练兵与文艺节目融合的强军擂台赛，打造深蓝文化特色品牌；抓住海上实弹射击、中外联演等任务契机，组织挑应战、决心书、请战书等活动，砥砺血性胆气，激扬战斗豪情。要擦亮底色。举办“赓续血脉、矢志强军”系列活动，讲红色故事、唱红色歌曲、看红色影片、当红色传人，用战史战例和先锋精神激励官兵，把红色基因扎根于灵魂深处、传承于远海大洋、绽放在任务一线。二是把准时代节拍，构筑向海图强的教育阵地。“文章合为时而著，歌诗合为事而作。”舰艇部队是走向深蓝的“先锋队”，开展文化活动要坚持与时代同频共振，与官兵兴趣相投，让官兵暇有所盼、盼有所乐、乐有所获。要走在时代前沿。吸纳时尚元素，搞好创新融合，借鉴《开讲啦》《朗读者》等节目形式，广泛开展微课堂、微教育、微电影等活动；用好用活舰艇网络，开设“部门状态栏”“水兵朋友圈”等栏目，组织“晒状态”“赞好友”等线上互动。要走进官兵心里。针对青年官兵思想活跃、精力旺盛、求知若渴等特点，改革创新文化活动模式，推广“挑战不可能”“战舰男子汉”“水兵达人秀”“深蓝好声音”等官兵热衷的新时代综艺，引导官兵积极参与，弘扬强军正能量。要走开内外联合。拓宽融合思路，盘活可用资源，加强军地、中外文化交流合作，利用海军节、舰艇开放日、出访联演等难得契机，开展快闪表演、水兵艺术展览、甲板伴宴茶歇、中外文艺联欢等活动，开辟全方位、多层次、宽领域的文化对外交流新格局。三是把准情感脉搏，打造暖心聚力的精神家园。“铁血硬汉”标签是军人特质，但军人也是铁骨柔肠，也有喜乐悲欢。舰艇部队出海即出征，割舍亲情、告别繁华、忍受孤寂是常态，开展文化活动要融入情感温度。要强化归属感。举办“爱与战舰共起航”集体婚礼、“军嫂海娃进军营”夏令营等活动，让亲人们走进舰艇、了解海军，增进对海军事业的理解支持；组织大洋生日会、陆海连线、亲情邮递、视频互传等暖心活动，增进官兵以海为家的蓝色情怀。要强化荣誉感。建好用好舰艇荣誉室，把辉煌成绩、先进典型摆进荣誉殿堂、载入航迹史册，营造处处是榜样、时时要看齐的浓厚氛围；每逢重大节日、跨越领海等时机，开展誓师动员、隆重升旗等仪式活动，激励官兵以强烈荣誉感投身强军实践。要强化成就感。以先进典型事迹报告会形式，举办护航尖兵、联演尖兵、“感动战舰”十大人物等颁奖典礼，激励官兵以“功成不必在我”的精神境界和“功成必定有我”的使命担当，在岗位战位建功成才，为强军事业添砖加瓦。

（本文摘自《政工学刊》2019·9，略有删节作者系92132部队政治工作部干事）

心理资本在人力资源风险管理中的应用

孙文武

“心理资本”一词最早于1997年被提出，由于它能够影响希望、乐观、自我效能感和韧性这些积极心理状态，是个体产生工作动机，在人力资源风险管理上被作为一个新兴课题大量研究，受到越来越多人力资源工作者的重视。运用心理资本提升员工工作素质、激发工作动力、打造个体竞争优势从而提高企业核心竞争力，是心理资本在人力资源管理应用的有效体现形式。如何去开发心理资源，使员工在人力资源风险管理中成为主动的一方，提高个人绩效，获得投资收益，提高企业竞争力和核心凝聚力，是现代人力资源风险管理者应该思考和解决的问题。

心理资本的内涵

资本的发展已经从经济资本、人力资本、社会资本走向了人力资本发展的时代，在人力资源管理中，心理资本是风险管理的新取向。人力资源管理在社会学理论中得到体现，随着心理学家的研究加盟，组织行为学开始受到广泛关注，在此后的发展中，心理资本理论逐渐产生并不断完善。心理资本在积极组织行为学中的解释为：希望、乐观、自我效能感、韧性，主要解释为对即将发生的事情充满憧憬，并对未来充满希望；积极认真的对待每一天，对待每一项工作，善于从挫折的反面解读，安慰自己；班杜拉对“自我效能感”的解释为“对自身能否利用所拥有的技能去完成某项工作行为的自信程度”，对完成工作的期望度一定程度上决定了完成工作的能力；遇到困难时以积极的方法激励自己去克服，而非被困难打倒，或萎靡不振时重拾对克服困难的决心。这些积极的心理因素给予积极的心理暗示，在一定程度上导致积极的组织行为。

心理资本在人力资源风险管理应用中的发展现

由于我国人力资源风险管理中，员工往往作为被动对象，不利于心理资本的积极心理作用和组织行为作用的发挥，因此员工内在风险成因往往被管理者忽视，影响企业竞争力的提高。而人力资源管理过程具有复杂性，距离完整的人力资源风险管理体系形成还有很长的路要走。在人力资源管理各个阶段的风险，包括工作状态、绩效考核、招聘培训、员工关系等，依靠心理资本发挥作用，可以起到良好的风险控制作用。目前人力资源风险管理主要依靠法律或各项规章制度对员工的约束作用，但从风险防范的预警结果来看，风险现象时有发生，给企业带来一定的经历损失，比如缺勤率问题、受训后跳槽问题、离职率等问题，而心理资本恰是激励员工增加认同感，改善工作状态和工作行为，提高工作满意度的本征解决方案。

心理资本在人力资源风险管理中应用

心理资本在员工培训管理中的应用。培训后人才的流失，是当前培训面临的风险，在培训管理中，工作技能与专业知识的培训是一方面，更重要的是注重员工的加入体验，运用心理资本加强对良好心理素质和乐观工作状态的培养，增加其组织认同感是培训中不可或缺的方面。在“希望”层次上，使员工明确自身职业规划以及晋升机制；在“乐观”层次上，通过“师傅带徒弟”的培训模式减轻员工入职工作难度，以逐渐适应复杂的工作，心理上得到组织的支持作用；在“自我效能”方面，给予员工一定的权利，明确奖惩机制有利于提高员工工作的主观能动性，提高自我效能感；在“韧性”层次上，企业应注重对员工工作体验的收集和分析，适时给予工作有困难的员工一定帮助，进而提高其应对困难的能力和保持面对困难的积极心态。

积极利用心理资本，创造企业竞争优势。企业的竞争归根到底是人才的竞争，利用心理资本，培养具有希望、乐观、自我效能、韧性优秀品质的员工，能够使得企业更具竞争优势。从各个方面来讲，对员工进行合适的职业定位，完善激励机制，提升自我效能感，培育企业优秀文化，以光明的前景作为前进的动机，以情感的凝聚作为团结的引力，将各大资本有机地结合起来，发挥心理资本的作用，创造经济效益新飞跃，打造企业核心竞争优势。

心理资本作为涵盖“希望、乐观、自我效能、韧性”这些积极心理状态的新兴资本理论，对于积极的员工工作行为具有重要影响。从这四个层次上而言，其更注重员工主观能动性的发挥在人力资源风险管理中的作用，一定程度上消除消极心态因素对员工懈怠行为的影响，充分发挥心理资本在员工培训管理和人力资源管理中的作用，规避人力资源管理中的风险，提高员工工作绩效的同时创造企业的竞争优势。

（本文摘自《中外企业家》2019 年第 3 期，作者系武警警官学院学员）

以高质量法治文化建设推动企业治理能力提升

李 琛

自党的“十五”大确立“依法治国”方略以来，相对于企业法治文化建设，体现国家意志、政府行为的导引多有布局。2014 年，党的十八届四中全会提出建设中国特色社会主义法治体系、建设社会主义法治国家这一全面推进依法治国的新思路、新措施、总目标；2017 年，国务院国资委制定了《中央企业主要负责人履行推进法治建设第一责任人职责规定》，提出增强中央企业主要负责人法治意识，进一步推进法治央企建设的新要求；2018 年，习近平总书记在中央全面依法治国委员会第一次会议提出“各级领导干部要不断提高运用法治思维和法治方式深化改革的能力和水平”。在总结“十三・五规划”经验，开启“十四．五规划”的历史交汇点，突出强调建设高质量的企业法治文化，是落实党的十九大以来的各项决策，积极应对走出去战略实施中，国内外企业的法律问题，提升企业治理能力的迫切要求。

明确高质量法治文化内涵，增强依法治企文化自觉

法治文化作为法治的重要组成部分，是法治社会建设的精神动力，法治的核心意义是强调社会治理主体的自觉性、能动性和权变性；企业法治文化是企业在运营和管理过程中形成的基本法治意识、法治思维、法治价值观以及行为模式，也包含企业的管理组织和机制的统称。法治理念是企业法治文化建设的引领，企业法治文化是企业文化的基础、是企业核心竞争力的动力之源和软实力，也是依法治国方略在企业的实现形式，其精神内涵是依法治企。

“天下之势不盛则衰，天下之治不进则退”。法治文化是现代企业文化建设的核心。现代企业的运营发展都处于开放的市场环境中，而市场经济实质就是法治经济。法治是建立现代市场经济的根本依据，市场经济的运行，需要依靠法治保障企业求生存、谋发展；企业要参与市场竞争、要发挥和激活市场主体作用，要创造企业效益、保证良好的生存状态、如果没有法律的依据和支撑，没有法治文化的保障和引领，企业的行为和经营活动就可能陷于盲目和不稳定状态，甚至可能在企业发展的质量和方向上偏离企业使命和价值观，与发展理念背道而驰。法治文化是企业实现合规经营管理的思想基础。就经营而言，企业需要用法治引领企业运营和营销、促进、保障和规范市场经济发展，需要将法治意识和法治思维贯穿于现代企业管理的各个环节，通过企业法治文化建设助推在企业发展，不断加强培育和发展依法治企为核心的企业法治文化建设，也是企业日常运行的现实需要。

国家法规和企业制度是企业法治文化的有效载体，健全现代企业制度有依赖于企业法治文化的建设。在宏观层面，法治文化建设倡导善治、民主、人权、公正、和谐等精神，树立平等、诚信、公平、责任等理念；在中观层面，切实增强企业法治意识，健全企业法治制度、践行企业法治理念逐步建立健全企业法治文化，形成人人遵法，人人尚法的企业法治文化，才能促使和推进企业向高质量发展。在企业层面，就是要创造性地将国家法规和企业制度具象、具体落实到企业。法治文化是企业实现合规经营管理的思想基础，法治建设要依托企业的法制传统，制度是治企之重器，良法是善治之前提。基于此，建设高质量的法治文化：一是要健全企业法律维权机制，发挥企业法律顾问在法律风险防范、控制和依法治企中的作用；二是要保证企业制度的科学性，并依法、依规常态化地处理各种纠纷；相对于员工：企业要克服劳动用工随意性、切实执行职工的各项权益、尽量减少劳动争议；三是构建良好的沟通机制、激励员工工作热情、

了解员工的需求、企业领导要善于倾听员工特别是基层员工的建议，平等对待员工、建立起良好的干群信任机制、建立公正、公平、公开的管理制度、保证政策的稳定性和连续性、高质量履行社会责任等；让“市场经济是法治的经济基础，民主政治是法治的政治基础，理性文化是法治的文化基础”的认知在员工中形成共识，从行为践履上强化法治文化落地，以法治规范企业发展行为、保障企业和谐。

善用系统法治思维，提升依法治企水平

“法”是理论（道），“治”是实践（器），唯有将理论联系实践，将“法”与“治”相融相促，有机统一，才能不断完善筑牢企业发展长治久安的坚定磐石；而有了良法，如何让良法实现善治，还要有切实可行的治理体系保证良法落地。与之相联系也要求管理者具备与用好良法相匹配的治理能力。换言之，如果缺乏有效的治理能力，再好的制度体系、治理体系也难以发挥作用。也就是说，企业制度、治理体系和治理能力三者也是相辅相成、相互依存、有机统一的。企业要建设高质量的法治文化，最基本的就是让企业制度和企业治理体系发挥出治企、安企、提高生产力的效能。

第一，要坚持底线思维，规范经营管理。树立“防范为主”的理念，抓好风险管控，实现规范发展。对企业而言，就是要牢记严格规范生命线，强化系统规范、依法规范、综合规范、源头规范，健全审批、决策、执行、监督、问责等管理制度，形成系统完备、防治一体、运行有效的规范管理制度体系；第二，强化人本意识，保障员工合法权益。企业就是一个股东、员工和社会的利益共同体，有人将这三者的关系形象地比喻为等边三角形，只有三边等长的时候，面积才最大，企业利益共同体各方才能实现效益最大化。社会信誉度高的企业一般都能贯彻平等协商《劳动法》、新《劳动合同法》等法律法规，规范用工制度；第三，强化执行意识，加强制度约束。制度体系和治理体系的生命力在于执行。如：员工劳资、劳动合同、企业合同、买卖合同、交易合同、知识产权、股权转让和其他纠纷，处理和协调股权代持协议、企业重组并购、企业破产清算、企业变更事宜、企业催收款项、企业综合业务等，通过构建各方“积极参与、优势互补、有序运行”的法治文化工作联动机制，让政府的调控机制、社会协同机制、企业执行紧密相连、功能互补，形成企业治理的协同效应，推动企业对外依法经营，对内依法治企。

坚持法治化改革取向，全面提升企业治理能力

《习近平谈治国理政》中相关立法和法治精神的“治国方略论、人民主体论、良法善治论、依法治权论、公平正义论、党法关系论”等重要论述是企业深化改革和法治文化建设的根本遵循。而法治核心之一是法律至上。

其一，在审视现有的法律风险防范、相关制度确实可行、可操作的前提下，把深化法治文化建设、研讨与企业深化改革有机集合，出台任何改革决策都要有法律政策依据，让解放思想与依规依法互为前提。特别是在员工层面，要强化对法律知识的学习、培训、宣传，明晰企业的法务制度，抓好重点环节和骨干人员的学习并提高法律政策水平；企业法规办专职人员或法制顾问要清晰所在企业符合市场经济发展要求的各类法律事宜和制度（包括印章管理），规范法务工作流程，形成事前、事中、事后系统的法治保障体系，夯实法治文化建设基础。其二，通过强化培训，提高各类管理人员综合治理能力。近几年企业法务实践表明，在各级政府部门、公检法机关、大型国企、公司企业、银行、证券公司、金融机构、社会团体、事业单位、仲裁部门、公证部门、律师事务所等部门处理企业纠纷的案例增多，所以，对专职人员特别要强化法律主干课程的培训。如：宪法、法理学、刑法、经济法总论、行政法与行政诉讼法、民事诉讼法、刑事诉讼法、民法总论、物权法、债权法、商法总论、竞争法、知识产权法、电子商务法、合同法、企业公司法、证券法、保险法、财税法、流通法、物流法规、海商法、大数据与人工智能法律、英美法、英美合同法、流通经济学、商品学、物流学等，对高层管理人员实施普及性培训，提高其法律思维和政治站位。其三，吸收借鉴国外企业有益做法为我所用。如：法、德两国在企业内部设立专职企业法律顾问已成

为一项专门职业，且有100多年的历史。法、德两国企业在遵守国际法理方面负面评价较少。2016年以来，我国企业海外投资需求增加，跨文化经营管理和遵循国际法则和投资国法律成为热门话题。基于此，对内，需要企业配备懂法律、懂经营、懂管理的专门人才，为解决企业生产经营遇到的法律问题进行日常的法律服务，以维护企业自身的合法权益；对外我国有必要加大推进涉外法律服务的力度，尽管我国的涉外法律体系还不健全，但国外涉及很多比较复杂的法系，如大陆法系、英美法系、伊斯兰法系等，法律适用各不相同，加之各国政治、文化、宗教不同，对吸引外资的政策不一样，极有可能遇到争议及司法判决解决问题。但毋庸置疑的是：提升企业治理能力是系统工程，需要企业职能部门相向而行，通力合作，产生协同效应，而培养对内对外高质量的法治人才队伍是企业基业长青的永恒主题。

（作者系中财紫晨（北京）投资控股公司兼职法律顾问）

发挥文化融合在央企改革重组中的作用

李国旗

央企改革重组的政策背景

央企是我国国民经济的骨干支柱，对保障国家经济平稳、高效发展起着重要作用。从2015年起，国务院和办公厅相继发布了《关于深化国有企业改革的指导意见》、《关于推动中央企业结构调整与重组的指导意见》；党的十九大报告特别提出要加快国有经济布局优化、结构调整和战略性重组。在这些政策的牵引下，部分央企有序推进了改革重组工作。

企业文化整合的作用

首先，文化整合是企业重组整合的核心和关键。企业重组实质上是整合不同企业资源，达到重组后企业的优化整合。但是有很多原因将会导致重组失败，其中最重要的就是文化整合。因为企业文化会影响员工的行为，间接影响企业有形资产及目标的实现。不同的企业存在不同的价值观和文化管理，如果重组后不能实现文化整合，不能拥有共同的价值体系和行为标准，企业就会缺乏凝聚力，员工缺乏积极性，企业就不会在激烈的竞争环境中脱颖而出，实现自身的价值，企业目标也难以达成。

其次，企业文化整合是重组企业持续发展的重要因素。企业的竞争优势来源于有价值的、稀缺的和不可模仿的资源。良好的企业文化就是一种不可模仿的资源，可成为企业的竞争优势，它在无形中指引企业和员工的精神和行为，形成一种独特的、无形的经营力和行为规范，其无法简单模仿和复制，成为企业可持续发展的动力。不同企业文化的差异本身就是一种资源，带来新的文化视角和释义。因此，重组企业的文化整合，需要正确分析和识别不同企业文化的差异和特质，择优而取，进而提升原有的文化体系，打造新的资源优势。

2015年12月，经国务院国资委批准，中国五矿与中冶集团实施战略重组。重组后的新中国五矿在全球金属矿业领域率先打通了从资源获取到勘查、设计、施工、采矿、选矿、冶炼、物流、贸易的全产业链，成为中国金属矿业领域首批国有资本投资公司，在职员工20万人，致力于打造“中国第一、世界一流”的金属矿业集团，肩负着保障国家金属资源供应的光荣使命。2019年中国五矿营业收入再次突破6000亿元大关，同比增长13.4%，创战略重组以来最佳经营业绩。四年来年均增长11.3%；利润总额同比增长13.3%，平均增长58.3%；净利润同比增长28.9%，三大规模效益指标为互补式重组标注了极有说服力的注脚。

再次，强强联合，利于形成竞争优势。两家世界500强企业的整合融合工作，以互补式重组作为大逻辑，把互补式重组的独特优势体现到千亿内部市场这个最本质、最快见效的价值起点上，落实到制度统一、管理对接、产业整合、文化融合上，固化到五矿特色的国有资本投资公司治理体系中，为国资重组贡献了五矿经验。即：将以“总部管资本”为核心，加快授权经营体制改革；以“培育独立市场主体”为基础，增强微观主体活力；以“契约化管理”为抓手，完善市场化经营制，壮大了企业实力。

深化企业文化融合的启示

文化融合并不是简单地用一种文化完全取代另一种或另几种文化，而是通过吸收原文化中的优良因素，消除其不良因素，经过一段时间的融合创新，最终形成一种新的文化体系。为更好地完成文化融合工作，充分发挥文化融合在企业改革重组中的引导作用。其中包括：

营造良好的文化融合氛围。为保证文化融合落到实处，应在企业改革重组过程中广泛宣传文化融合的重要性，号召全体员工参与进来，制订出员工广泛认可、符合企业发展需求的文化融合方案。

充分尊重原企业的文化。任何企业文化都有其特定的价值，都应得到尊重。在文化融合过程中不应差别对待不同企业文化，应根据新企业的发展需求，统筹兼顾原企业的文化，查漏补缺、整合创新，在优势互补中实现文化融合。

明确文化融合的目标。文化融合的目标是使新企业充分发挥规模效应，将资源损耗降到最低，达到最佳的管理效果。因此，在进行文化融合时应按照新企业的发展目标对原企业的文化进行提炼、概括，体现出鲜明的企业特色和发展诉求。

建立有效的文化沟通渠道。不同的企业有不同的企业文化，在文化融合过程中难免会出现文化冲突，影响融合的进程和效果。因此，应建立一个文化沟通渠道，通过对文化差异部分进行沟通协调，使文化融合能更高效地实施。

正确处理文化继承与文化创新的关系。文化融合不仅包括对原企业文化中的优秀部分进行继承，而且包括用发展的眼光对其进行创新。因此，在继承原企业文化中的积极因素的同时，应用创新的思维对其进行升华。

明确企业精神和企业愿景的核心作用。企业精神和企业愿景是企业文化的核心内容，因此在融合企业文化时应确立一个能真正体现企业特点的企业精神，尽量避免同质化。

管理思想和管理方式的整合工作。强化管理，提升企业竞争力是企业文化建设的主要目的和着力点。通过整合，探索出一种新的管理思想和管理模式，提升企业管理效能。

企业核心价值观、企业精神、企业员工心态的整合。企业文化的核心是企业价值观，精髓是重视人的社会价值，尊重人的独立人格，挖掘人的智慧和潜能。文化整合就要抓住“以人为本”这一企业文化建设的第一要素，形成新的企业发展驱动力。这里的关键是企业人的行为规范的整合。

企业发展战略和经营理念的整合工作。要提高企业在市场中的核心竞争力，关键在于企业经营理念的转变和创新，使重组后的企业经营理念得以调整、确立，适应市场竞争的需要，实现增长方式的转变。通过建立符合市场规律的管理体制和运行机制，深化改革、持续重组、不断完善，全面提升软实力，加快现代企业制度进程，实现企业创新，要加强企业战略管理，科学制定企业发展战略。

企业形象的整合。企业重组前的各自企业文化是不同的，有成功的也有失败的，有好的也有差的。企业文化的整合不是对原有文化进行简单的合并，而是要对原有企业文化进行调整、创新提高，形成新的不断增强吸引力和感召力，成为企业发展壮大的强大内在推动力和提高核心竞争力的重要力量。在对原有企业那些有利于增强市场竞争力的产品、标识、员工道德、企业诚信、经营环境等外在和内在的优质形象应该给予继承融合并持续发挥应有的品牌作用。

改革重组是央企优化结构和加快发展的重要方式，随着央企改革的不断深化和国有经济布局的战略性调整，国有资本进一步向关系国家安全和经济命脉的领域集中，形成了一批具有较强竞争力的企业。在此背景下，充分发挥文化融合在央企改革重组中的引领作用，能为改革重组的深化发展提供思想保障。

（作者系中国二十冶集团有限公司广东公司横琴总部大厦二期项目部党支部书记）

主人翁意识在企业文化建设中的作用

李绪英

在企业文化故事中，人们常常能捕捉到“很小的民营企业，经过一系列的收购合并，成为了全球知名的大型企业”的故事。进而领悟到：世界上没有那么多巧合，成功也不是偶然的。民营企业之所以成功，是因为它非常强调员工的主人翁意识。一个企业只有让员工有主人翁意识，才能将员工的积极性充分调动起来，从而增强企业的凝聚力，提高企业的竞争力。

企业“主人翁”精神缺失的原因和分析

当前很多人感慨企业“主人翁”意识淡薄。具体表现在：第一，对企业利益不关心。只负责自己所在岗位的工作，对企业的其他工作不主动、不关心，遇到问题绕着走。第二，缺乏最起码的责任意识。对待工作被动应付，敷衍塞责；遇到问题习惯逃避，推诿扯皮。企业中有很多类似的状况发生，发生这些状况的原因也是多方面的，但总结起来，比较典型的是：其一企业制度约束过度，员工发展空间狭小企业规章制度建立以后，随着企业的不断发展，规章制度也应当得到相应的改进和完善。将滞后制度的条条框框生搬硬套，盲目照搬，只会造成刚性管理，出现控制过严、管理过死的现象，严重束缚员工的工作积极性，挫伤员工的工作热情，员工对企业的认同感也会因此而削弱。其二，部门推诿扯皮，员工不思进取。跨部门的工作一直是员工工作中最难处理的一个问题，是很多企业都无法避免的。员工在工作处理中，需要其他部门的协助时，跨部门的协调难度有时候会让工作无限期的延后。员工没有奉献精神，主人翁意识淡泊，部分员工始终把个人利益与企业利益划分的清清楚楚，对待公司工作敷衍了事，对待个人得失斤斤计较。一味地认为企业只是一个能够让自己衣食无忧，间接提供物质基础的地方，从没有视企业为家，处处以企业为重的想法，更没有将自己摆在企业主人翁的位置上。

强化“主人翁精神”塑造

提供一个平台，营造主人翁气氛。现实中很多民营企业，将正常的组织结构颠倒过来，把员工放在最上面，直接面对用户；而管理者放在最下面，负责为员工提供平台和资源。同时，公司通过顾客来促使员工往前走，鼓励员工勇于表达自己的想法与见解，及时修订企业的规章制度，让员工有足够的空间发挥自己的优势，从而充满对工作的热情，在日积月累的生产生活中便树立了主人翁精神。企业想拥有主人翁文化，就必须让岗位和权利对等，让员工在工作中可以做出自己决策，感觉到自己在这个企业的主人翁地位，并在企业给出的平台上实现自己的抱负和理想，就此，可以说，法无定法，“实用”为要。

尊重员工，让其自己做决定。为进一步加强队伍建设，就要完善加油站经营管理模式。如：甘肃销售公司人事处研究制定了《加油（气）站经理人管理办法（讨论稿）》。两项制度事关员工切身利益，酒泉分公司高度重视，由主要领导亲自组织相关部门，召集加油站经理代表开会讨论研究。因为《办法》涉及到了加油站经理今后的发展方向和切身的利益，虽然内容很复杂，但加油站经理还是逐条逐项研究并展开讨论，踊跃提出了自己的意见和建议，领导也积极参与到讨论中去，在第一时间答疑解惑，并归纳总结了站经理提出的各项意见和建议。尽管偶而也会出现不和谐的气氛，但企业员工的主人翁意识却在讨论中得到了充分体现。讨论结果上报上级公司后，得到了上级公司的肯定，部分建议被修订至最终的办法中。

这也说明管理的技巧在于：当工作中出现需要管理者同员工一起解决的问题的时时候，管理者应该把选择权优先交给员工，让员工有参与感，在广泛民主的基础上集中，或先问计于民，当员工的想法和建议被认可采纳时，成就感和荣誉感会让企业的团队更加有韧性和动力。

用良好的团队精神来强化主人翁意识。近几年，突发的水祸、雪灾较多，有时对加油站的操作形成威胁。但暴雨无情人有情，加油站的员工常常以接力赛的方式，争速度、抢时间，可谓“兵来将挡，水来土掩”，只为把雨水迅速挡在远离加油站之外，酒泉分公司干部员工始终坚守岗位，以主人翁高度的责任感，紧紧团结在一起，牢牢的拧成一股绳，以严、细、实的工作态度，全力以赴确保了汛期加油站安全平稳运行。

一个企业，就如同一个大家庭，员工就像这个大家庭的成员。企业只有以关爱员工为本，以发展员工为基，才能让员工因为企业而感动。员工也只有以岗位为本，以企业为家，才能让企业充满活力。主人翁精神就是要让员工与企业共同成长，共同进步。

（本文摘自《产业创新研究》2020. 3（上），略有删节，作者系中油甘肃酒泉销售分公司人力资源部干部）

人类命运共同体视域下跨境电商文化影响力研究

杨宁霞

在全球化大背景下，和平与发展是时代的主题。但局部冲突不断发生、贸易摩擦此起彼伏，经济发展的不平衡、强权政治的霸道、文明隔阂的存在等一系列问题，使人类面临和平时代的新挑战，国际形势不稳定性加剧。人类面临的新问题，需要齐心协力，共同应对。

“人类命运共同体”理念

党的十八大以来，提出构建“人类命运共同体”的理念。认为，国际社会日益成为一个你中有我、我中有你的命运共同体。任何国家都不可能“独善其身”、“一枝独秀”。应对人类的共同挑战，建和谐美好的地球家园，需要经济的和谐发展、科技发展的助力，更需要文化文明的力量。“扩大域内外国家间人文交往，以多样共存超越文明优越，以和谐共生超越文明冲突，以交融共享超越文明隔阂，以繁荣共进超越文明固化。”这是解决当今和平时代各种冲突和矛盾的根本遵循。

“人类命运共同体”有着深刻的内涵。第一，“人类命运共同体”是马克思主义“共同体”理念的发展和延伸。马克思说：“人类的本质是真正的共同体”。信息化、全球化的时代，人与人之间的距离更近了，全球治理面对的问题更加复杂和多变。“人类共同体”站在了国际道义的制高点上，为全球治理提出根本准则。第二，“人类命运共同体”思想强调共享共建，提出当今国际社会已进入你中有我、我中有你的阶段的论断。“单边主义”、“霸权主义”不能应对，也不可能应对当今复杂的国际形势。共享共建，多边主义，为全球治理指明了新的方向。第三，“人类命运共同体”是高瞻远瞩的大智慧，顺应时代要求、符合当今国际社会的全局利益。当今世界，恐怖主义依然不容忽视，极端主义影响依然很大。构建人类命运共同体的理念提倡各国之间、各种文化之间，和而不同，寻求共同利益，力求实现双赢。为解决国际社会的问题，提出了新的解决路径。

跨境电商的发展

当今又是一个科技飞速发展的时代，经济的发展呈现多样化的趋势。科技的进步将人类带入信息化阶段。跨境电商的出现和发展，为促进经济全球化，缓解金融危机带来的影响，规避贸易摩擦的副作用提供了新的解决方案，为文化的传播、交流和融合提供了新的途径。随着新的科技革命的到来，跨境电商从出现发展到如今影响人类生活的方方面面经历了不同的发展阶段。

本世纪之初，跨境电商雏形初现，但是，业务主要是以信息黄页的模式进行产品展示和企业宣传，贸易往来依然是线下模式。2004 年，手机服务供应商掌上灵通在美国纳斯达克上市引发了多家互联网公司上市的热潮。在此影响下，电子商务迎来了它的第一次升级。电商企业开始升级换代，不再依赖网上信息黄页的展示，将线下交易的各个环节提升到线上。交易、物流、支付甚至售后服务逐步实现电子化。真正的网上交易平台上线了。经过近十年的发展，跨境电商于 2013 年，迎来了它的转型升级年。海外代购平台和直运模式平台出现。电子商务真正跨出了国界，贸易往来开始涉足全球。2013 年至今，跨境电商逐渐走向成熟。亚马逊、ebay、速卖通等平台逐渐趋于成熟并带动不少小的平台进入市场。有关报告显示，2018 年中国跨境电商交易额为 9 万亿元。随着国家的管控和贸易的规范化，跨境电商交易不断发展。据预测，2019 年跨境电商交易规模有望达到 10.8 亿元，而 2020 年预计达 12.7 万亿元。跨境电商的发展成为进出口贸易的重头戏。

跨境电商影响文化交流

关于文化的概念，中西古今对其定义各有不同观点。中国古代，“文化”的意义偏向“风俗”、“道德”。比如，《易传》中认为“文化”：“观乎天文，以察时变。观乎人文，以化成天下。”西方文化起源于拉丁语“cultura”，有“农业”、“耕耘”之意《辞海》对文化的定义是：“从广义来说，指人类社会历史实践过程中创造的物质财富和精神财富的总和。从狭义来说，指社会的意识形态，以及与之相适应的制度和组织机构。”无论文化的定义是什么，当今科技的进步、经济的发展本身就是人类文明进步、文化发展的一部分。随着跨境电商的不断发展，各国间的文化往来、文化交流、文化融合不断推进。跨境电商的发展，以贸易往来为依托，促进了全世界人文交流、文化理解和包容。是构建“人类命运共同体”解决当今国际社会矛盾冲突的好办法。

产品流通带来文化的交流。跨境电商使全世界的产品得以实现高效率地流通。商品的流通本身就是物质文化交流互通的一种方式。根据美国服装鞋业协会的数据，美国 41% 的服装、72% 的鞋和 84% 的小饰品均来自中国。中国消费者对“舶来品”一直保留着浓厚的兴趣。根据阿里巴巴 2017 年的数据，2016 年中国消费者对海外商品的需求，产品主要来自日本、美国、澳大利亚、欧洲和韩国，产品门类涉及人民生活的方方面面，主要是奶粉、美容、健康类产品。通过跨境电商平台，全世界人民可以享受到中国的优质产品，中国消费者也对舶来之物“唾手可得”。商品的交流互通，意味着物质文明的交流互通，物质基础之上，精神文明的交流得以加深。

营销策略加深文化融合。世界各国间的文化差异是普遍存在的，表现在历史文化、传统风俗、生活方式等很多方面，影响着不同文化区域内人民的消费方式、审美观念和生活禁忌等。跨境电商要想在激烈的竞争中、在虚拟的空间中把自己的产品推销给远在世界另一端的消费者，在消费策略上必须做足功课。《纽约时报》的数据显示，给消费者发放赠品的营销活动比不发放赠品的营销活动赢得高达 17% 的顾客回复率。因此，跨境电商往往在赠品文化上多花一些心思。比如，许多商家会为消费者赠送中国结、熊猫元素小饰品、中国风小镜子等。电商会研究不同国家的消费习惯。埃及人喜欢绿色、白色而忌讳黑色与蓝色，喜欢金字塔型连花图案。禁穿有星星图案的衣服。苏丹人认为黄色是美的标志。而印度人对糖没有“免疫力”，糖意味着幸福。在俄罗斯，赠品决不能送刀或者手绢，因为刀意味着战争而手绢意味着离别。营销策略，增进了各国文化间的互相理解和融合。

增进文化包容。在跨境电商平台的贸易往来活动中，客服需要通过平台、邮件等方式直接与客户进行网上交流。而在交流中由于客服人员对对方文化了解的欠缺或者语言能力的不足，会造成一些语言交际失误。平台对语言交际失误的处理和对客服进行语言文化培训的过程，就是促进文化互相理解包容的过程。比如，对客户的称呼，中国客服习惯用“亲”，如果在与客户沟通中直接使用“darling”就显得非常不正式。称呼客户的名字可以增进与客户的亲密度，但是，使用其名字的缩略形式或者昵称形式就显得有些过火。语言承载着文化，文化通过语言传播。跨境平台上的语言沟通是新科技革命时代文化沟通的又一途径。

构建“人类命运共同体”的论断是解决当今国际社会冲突和矛盾的根本遵循，是应对人类共同挑战的正确对策。新的科技革命为将人类带入信息时代，跨境电商应运而生。是人类全球化进程中一个新的推进器。跨境电商平台带来的文化影响，让文化在物质基础上得以交流、在贸易活动中得以融合、在不断磨合中互相包容。跨境电商的出现对人类文化交流起到了毋庸置疑的推进作用，是构建“人类命运共同体”的方式之一。

（本文摘自《东方企业文化》2019.52，作者系滨州学院教师）

航天企业的品牌规划与传播策略研究

吴跃龙

中国品牌日的设立，使品牌已成为中国品牌建设热词之一，同时对航天企业品牌建设实践提出挑战，需要航天企业从战略发展、战略实现视角抓住新机遇、迎接新使命。

强化品牌认知是航天企业做好品牌建设的基础

由于航天科技工业的特殊性，如果仅从一般商业意义上探讨品牌内涵，不免挂一漏万。探讨中国航天品牌，必须将中国航天放入历史时空，置于整个社会的大环境中加以分析。

“中国航天”品牌效应，出现于中国航天工业总公司时期，其内涵浓缩了中国航天事业创建以来的辉煌成果，是全体航天人的共同物质财富和精神财富。中国航天事业经过60多年的发展，航天品牌形象已经成为国家品牌、民族品牌，品牌价值显著提升，知名度日益凸显。从目前来看，中国航天品牌具有五个方面的显著特征：中国“科技巨人”、国家尖端科学技术代表、和平卫士、航天精神风貌、大力协同集团作战的群体品牌特征。所以，“中国航天”具有鲜明品牌内涵和外延，是极具价值和竞争力的品牌。“中国航天”强调“富国”与“强军”并存，其品牌本质和核心表现在：它是国家综合实力的重要标志，是国家安全的战略基石，是国家科技创新的引导者，是民族凝聚力和伟大复兴的重要体现。

航天企业品牌规划的主要内容：全面提升品牌影响力

航天企业要紧紧围绕国家战略，从品牌核心价值、品牌架构及发展模式、品牌推广及维护、品牌发展等核心环节，整体规划，系统策划，统筹推进，不断完善，全面提升航天企业的品牌知名度、美誉度和影响力。

一要提升品牌价值和核心竞争力。航天企业需要在国家及上级的整体规划和布局下，结合自身现状和未来发展战略，认真研究、统筹制定出符合自身特点的品牌架构、品牌推广、品牌维护等体系及内容，推动形成品牌建设的整体合力；要立足当前，坚持成功就是硬道理的原则，确保当前承担的任务圆满完成；同时瞄准未来，坚持创新引来未来的策略，集中优势资源和力量，做好重点业务领域的开拓，打造核心竞争力。

二要构建品牌架构及发展模式。航天企业要充分依靠中国航天的品牌优势与良好基础，结合自身特点与优势，做好主品牌延伸＋产品品牌。在传统领域，依托中国航天的品牌与实力，做好行业、领域和市场的品牌发展与延伸，依照程序逐级向上级提出授权许可申请，在一定期限内按照指定形式使用行业主品牌，以谋求品牌价值的最大化。在应用领域，针对具有广阔市场前景的产品与服务，要开拓、确立适应未来市场的产品品牌，通过上级授权许可后实行主品牌背书。

三要强化品牌标识、保护与培训。品牌标识塑造就是导入CIS识别系统的过程。航天企业要严格遵照、导入行业独具特色的CIS识别系统，并发扬光大；立足长远发展，航天企业要高度重视商标注册等工作，防止他人侵权，同时加强品牌危机公关能力。品牌建设需要先从内部进行品牌传播，只有得到内部上下一致认同，才能在未来变革过程中顺利实施，所以航天企业要针对不同岗位人员、根据不同类别特点分别进行培训。

四是要加速品牌国际化步伐。航天企业是中国航天科技工业的核心和支柱，必须承担起国际化发展的重任，从科技创新、人才资源、民族文化、政府支持、国际交流等方面提出品牌国际化发展的相关策略，率先突破，从而推动整个中国航天的国际化发展，带动产业转型和升级，实现中国由航天大国向航天强国的跨越。

品牌传播策略的选择：品牌形象塑造模式

航天企业在不断推动品牌建设的过程中，重视品牌传播已经成为一种趋势。对于普通企业而言，花重金抢夺广告资源，通过品牌传播及营销活动等多种手段，品牌形象和产品销量短时间内就能迅速获得提升。但由于中国航天作为“共和国长子”的特定地位和属性，不仅要实现经济效益，还要实现社会效益，以社会责任为己任，提升社会形象。因此，航天企业的品牌营销与传播的思路和方式，要充分考虑中国国情和中国航天现有的良好基础。

在信息碎片化的今天，大众获取信息的方式更多样、更自由、更自主。航天企业只有基于发展战略，深入研究目标客户群的属性与特性，精心选择最适合航天企业的品牌传播模式，才可能得到有效传播。研究表明：最适合航天企业的品牌传播模式应该是：品牌形象塑造模式，即：公共关系＋事件营销为主的主打工具，社会公益活动的辅助工具，产品广告宣传的延续工具。

主打工具：公共关系＋事件营销。品牌公共关系传播的主要方式包括印刷刊物和新闻宣传。航天企业要通过主办组织内部刊物、行业权威报刊杂志、国际国内论坛等进行品牌传播，通过公开出版发行影视作品、文化产品等，丰富、完整传达出航天文化、理念、产品等信息，加深社会公众和目标客户的理解。航天企业新闻宣传的主要任务是发展和创造对企业、对产品、对人员有利的新闻，获得更好的认知度和美誉度。

近几年，中国航天企业在事件营销方面硕果累累。中国航天企业不辱使命，实现了一次又一次型号成功和科学实验，不断刷新历史记录，令中华民族以昂扬的姿态屹立于科技之巅；并在令国人振奋的航天事件中，传递出“以国为重、以人为本、以质取信、以新图强”的核心价值观。航天企业要充分使用好上级单位和地方政府搭建的事业平台，积极响应国家号召，持续绑定国家大事，通过传统媒体和新兴媒介等社会化传播平台，围绕事件营销主线，以贴切并富有创意的形式开展活动，做到哪里有国家大事，哪里就有航天企业的身影、哪里就有航天企业的产品和服务，真正做到心系国家、关注民生、回馈社会。

辅助工具：社会公益活动。总结我国企业履行社会责任，公益活动最为突出。企业社会公益活动常常与希望工程、抗震救灾、精准扶贫等国家热点事件相关，但也存在投入随意性大、跟风等严重的弊端。很多企业都采用直接捐献资金、物资等形式，没有结合自身特点合理有效、富有特色地履行企业社会责任，没有充分达到提升品牌形象和实施企业品牌战略的效果。

企业直接捐赠金钱或者物资，虽然履行了社会责任，但由于公众的注意力是有限的，导致传播的效果受限。很多时候，除了捐赠者和受赠者关注度较高外，一般外界公众所知甚微。企业不仅要以社会责任为己任，还要体现独特的品牌形象，实现企业效益和社会效益双赢的目的。因此，实现社会公益活动的社会责任与品牌战略的协同效应，其途径至关重要。航天企业在开展公益活动、履行社会责任时，要充分发挥其口碑效应和固有优势，根据自身产品特点，开展多种形式的影响活动，使航天企业基于社会责任的品牌效应得到充分发挥。

延续工具：产品广告宣传。在传统领域，航天企业要依托上级单位的品牌优势与良好基础，做好行业、领域和市场的品牌发展与延伸，争取更大的市场份额。在应用领域，由于基础薄弱，航天企业要立足航天产品的技术优势，针对具有广阔市场前景的产品与服务，加大市场开拓力度和品牌传播力度。尤其是在民用产品领域，航天企业可以选择品牌联盟的技术导向型模式，将技术品牌与企业品牌进行嫁接组合而成联盟品牌，主要包括产品合作和 R&D 合作两种方式。这种模式的好处显而易见，它可以快速实现资源整合、优势互补，降低产品广告成本，规避进入新市场的风险，增加新的消费群体，提升传播效率。

伴随中国航天工业的快速发展，在由航天大国迈向航天强国的征程中，航天企业的品牌规划与传播，是一项极其重要的工作，是一项长期艰巨的任务。在实现航天强国的奋斗中，航天企业始终处于进行时，只有持之以恒地推动品牌建设实践，才能完成时代赋予的历史使命。

（作者系中国空间技术研究院西安分院干部）

积极培育新时代工程建设质量文化

张天文

中国电力企业联合会（以下简称“电企联”）质监部党支部遵循理论学习和实际工作相结合的原则，坚持把问题导向作为主题教育取得实效的关键，把改进质量监督工作方式、持续提升工作水平、促进电力行业工程建设领域高质量发展问题作为努力方向，认真总结质量监督工作经验，找准质量监督工作定位，注意查摆行业发展要求和质量监督工作中存在的问题，在深、准、实上下功夫。在全国电力行业的大力支持下，“电企联”发挥工程质量监督工作优势，坚持质量第一、优质服务的原则，与各电力企业和工程建设企业共同协作，在治理工程建设突出质量问题、为促进电力工业高质量发展贡献力量，让“百年大计、质量第一”的观念深入人心，在促进质量水平全面提升方面做了大量扎实有效的工作，为促进“中国建造”品牌建设贡献了力量。

正视问题，真抓实干

不可否认，在经济利益的驱使下，各种弱化质量要求、降低质量标准的现象还时有发生，各种违规操作、偷工减料、以包代管等问题还大量存在。这些问题都时刻威胁着工程建设的安全质量。要解决这些问题，仅靠质监机构的质量监督检查或者是政府部门的监管和处罚，是很难取得全面成效的。因此，在电力行业培育适应新时代要求的工程建设质量文化，让广大建设者树立科学的质量价值观，正是我们作为质量监督工作者的初心所在。在电力工程建设领域培育优秀的质量文化，深入贯彻习近平新时代中国特色社会主义思想和高质量发展理念，认真落实党中央、国务院决策部署，坚持统筹推进“五位一体”总体布局和协调推进“四个全面”战略布局，不忘初心，牢记使命，用党的创新理论武装头脑，以推进全过程质量管理为主线，按照适用、经济、安全、绿色、美观的要求，完善项目管理体制机制，提升质量安全水平。质监部将努力发挥牵头示范和督导作用，坚持以企业为主和以人为本的理念，扎实做好各项工作。

打造工程项目高质量建设文化理念

和谐的质量文化，必须坚持建设单位在质量管理中的核心作用，牢固树立和贯彻落实创新、协调、绿色、开放、共享的发展理念，大力推动管理模式创新、技术创新和理念创新，实现工程建设和谐多赢，提高各方的满意度水平。

*一是健全组织与制度，奠定质量文化建设基石。*没有规矩，不成方圆。完善的质量管理组织和制度体系，是构建和谐质量文化的基础。各企业应认真落实质量责任终身负责制，完善企业管理层质量管理机构，配备足够的质量管理人员，明确管理职能，健全质量管理责任制。在项目部建立相应质量管理机构，落实质量检验和验收标准，建立健全质量管理规章，开展 QC 小组活动，贯彻实施 ISO9000 族标准，健全质量保证体系。有了健全的质量管理组织和完善的质量管理制度，员工做事才有章可循，这是保障工程建设质量的基石。

*二是规范项目部管理，强化质量文化建设保障。*项目管理是工程建设管理的基本特点，项目部是构建和谐质量文化的基本单位。规范项目部的质量管理，要重点做好两方面的工作：即：规范项目部管理人员的质量行为，提高责任意识和工作效率；化质量管理服务，充分发挥项目部管理人员的主观能动性，调动

大家的积极性。

三是结合实际推进工地质量文化建设。工程建设产品质量的提高和技术创新，必须依靠广大管理人员和操作人员在施工现场的生产实践来实现。在施工现场，要结合企业和团队实际，采取现场质量责任警示牌、告示牌、责任书或共产党员质量责任区等多种多样的形式，明确管理人员和操作人员的质量责任，引导大家树立牢固的质量责任意识。

四是加强质量管理培训，提升质量文化发展空间。好的质量是干出来的，也是管出来的，只有高素质的员工和高素质的管理人员，才能建设高质量的工程。电力建设企业推行分层教育模式，取得了很好的效果。所谓的分层教育模式，就是分企业管理层、项目管理层、施工作业层等三个层次，针对不同的人员开展有针对性的持续教育培训。在企业管理的层次上，倡导自我学习和自我提高，重点培养品牌意识、服务意识、经营意识和创新意识，营造持续健康发展理念。在项目管理层次上，重点培养责任意识、质量意识，提高管理水平，精确处理好工期、质量、安全和效益的关系。在作业层次上，通过专业技术培训，不断提升员工的操作技能和技术水平，培育精益求精的质量责任意识，确保每道工序的操作质量符合规范要求，确保工程建设质量安全。分层教育模式是全面提升质量文化发展的重要途径，质监部将在行业内积极推广。

做好社会质量价值观宣传

质量价值观是社会质量文化建设的重要内容。个人质量价值观和企业的质量价值观深受社会质量价值观的影响。党的十八大以来，习近平总书记提出了“三个转变”：推动中国制造向中国创造转变、中国速度向中国质量转变、中国产品向中国品牌转变。党的十九大报告中指出，我国经济已由高速增长阶段转向高质量发展阶段。建设现代化经济体系，必须贯彻新发展理念，必须坚持质量第一、效益优先，必须激发和保护企业家精神，弘扬劳模精神和工匠精神，营造劳动光荣的社会风尚和精益求精的敬业风气。这就为社会和企业促进质量文化建设提出了新定位、新要求，也为电力行业质量文化的培育指明了方向。

一是发挥中华传统文化优势，培育优秀质量价值观。中华传统文化中诸如仁义、诚实、守信的价值观，社会接受度高，宣传效果好。在中华传统文化中，有许多跟质量和工匠精神有关的典故，比如“精益求精、一丝不苟”等，这些好的质量价值观深植于中华传统文化的土壤中，对国人的价值判断有强大影响力。在质量文化宣传工作中，倡导电力行业积极发掘传统文化价值观的精髓，把新时代质量价值观纳入中华传统文化价观的框架，与传统的道德观、义利观和质量观结合起来开展宣传，让优秀的质量价值观得到社会大众的普遍认同，使质量文化建设成果深入人心。

二要宣传普通工作的社会价值，树立质量荣誉感。电力工程建设的高质量，是由工程各参建单位的普通劳动者在普通的工作岗位上干出来的。通过普通工作的社会价值宣传，一方面可以激发员工热爱自己所从事的工作和岗位，热爱自己所在的企业，以至于热爱自己所在行业的潜意识，另一方面也使员工钟爱自己的劳动成果，珍惜自己的劳动成果，强化其成就感，激发员工的敬业精神。劳动者有了职业荣誉感和质量荣誉感，工作起来才会有恒心、有动力、有质量。工作质量好，就会带来欢乐和幸福；反之则带来抱怨和痛苦。通过宣传，让普通质量工作的社会价值得以展现，让普通劳动者的质量荣誉得到社会认可，受到赞誉。

引导员工精工细作、精益求精，积极创造优质工程，这是培育“工匠精神”的根本所在。千万个普通劳动者有了提升质量的工作热情，整个社会的质量意识才能得到持续提升，为培育新时代质量文化提供动力源泉。

（本文之摘自《当代电力文化》2019 年 10 期，有删节，作者系中国电力企业联合会电力工程质量监督管理部副主任）

浅析企业重组背景下的职工思想政治工作

张　宇

在国有企业改革进入深水区的大背景下，各地传统的纺织企业不断实施联合重组、资源整合，有时自觉不自觉地在思维方式上出现纰漏。第一，企业的结构方式、运作体系、管制方法全出现了很大的改变，众多员工历经了一次深刻的思维革新，员工长久沉积的老旧思路观点紧随改革的深切促进、深层次大规模的员工调动，少数员工无法规避地呈现困惑与心理负担，例如没准确指导，会侵染纺织企业的管理制度运行。第二，对于重组企业来说，思想政治教育工作对于建立全新的企业文化凸显至关重要的位置。所以，围绕新组纺织公司，以理性思维研究做好员工思想政治工作尤为重要。

以新思想引领企业思想政治工作新实践

企业党组织要采取多种形式安排部署学习中央和上级足管部门决策，开展内容丰富的宣传教育活动。如：企业党组织将十九大报告、相关讲话精神、解读文章制作成宣传海报、幻灯片和条幅，在企业会议室、车间、职工食堂等部门显著位置集体宣讲。印刷发放党员应知应会手册、大力开展、“主题党日”“职工专题学习会”等活动，不断提升干部职工学习自觉性，促进十九大精神的学习成果在企业内部，尤其是在广大基层职工中尽快落地。在员工关爱方面，不断加大力度为职工群众办好事、办实事，解决好交通、住宿、工作餐等切身问题，用实际行动搭起了党组织和基层职工的“连心桥”。在落实劳动法方面，结合生产实际实行轮休制度和带薪年假制度。坚持定期为职工体检，了解职工身体健康状况，建立职工职业健康保障机制；组织职工参加科技创新成果申报、技术比武等活动，搭建基层职工成长平台；开展“金秋助学”活动，为子女考上大专以上院校的职工发放助学补贴；开展“节日慰问”活动，为生活困难职工送上节日慰问品。一系列温暖人心的工作，使职工充分感受到了来自党组织的温暖。

依靠职工群众，党、政、工、团齐抓共管

思想政治工作应具备明显的思维性和普遍的集体性。如：展开时常性思维政治事业需保持工、团、党、政多管齐下，公司每级党政工团结构要仔细贯通切实公司党委的决定安排，关于影响新组公司平稳的突出矛盾与纰漏，采用强有效的举措，完成许多困难周密的事业。在处理群体上访事情中，坚决劝服说导，言之有理，说法律、说策略，用策略与法制约束行为，保证公司治安纪律的平稳。所以党政工团结构，需形成思维政治事业网络，这样在产生某些纰漏时，才能掌握住准时发现，准确明了，准确处置思维事业里的整个步骤。

坚持常抓不懈，增强思想政治工作的渗透力

政工干部在党委居于核心与关键位置，是传播消息的核心，联络两边的枢纽，交流前后的咽喉，同样还是公司党的创设、思维政治事业和公司文化创设的结构实行人。想要干好整个事业，首先要增强我们本身的风格创设。第一要政治坚决，受的住考核。思维政治事业覆盖面宽，不仅有详细事务性任务，还有很多政治性、策略性强大的任务，不管什么时候都需坚持政治上的醒悟和坚决。第二乐于奉献，受的住锤炼。思维政治事业是一项隐性效果，思维政治事业部门和出产策划部门对比，归于“清水衙门”，因此我

们要随时坚持一种兢兢业业、不辞劳苦、甘为无名豪杰的精神。第三要强化自律，树榜样。思维政治事业是做人的职责，很多政工职员又在上级身旁工作，通常是广大职工集体关怀的目标。所以，我们必须要严厉要求自身，各处担任起榜样，施展“身教”效果，加强思想政治工作影响力、浸透力。

重视针对性，提升思维政治事业的劝服力

无论是重组还是日常生产运营，企业的经济效益和安全平稳的职责非常重要，面对不同职工的状况，要做深化周密的思想工作。在完成全部素养创设的同时，还必须完成详细的任务，而且要真实做到关键点上，所以应把握详细方式与准确处置几个关系：第一仔细观察分层次，考察探究讲方式，工人年纪、学识组织、自身经验、男女性格特点这些不同方面引来的思想问题可能是截然不同的，思想问题体现方式也不一样，需采用不同方式。就普通来讲，老同志在沉默寡言的时刻、技术职工在情绪一般的时、青年人员在面无表情的时候，此时才是需要做好思路工作的时候，经过谈心沟通等知晓把握状况，并根据不同状况，采用不同方式，处理员工思路和实质问题。第二大小道理的关连。坚定大管小的道理、小服从大的道理，该说大道理时，必须要说，只有在道理上说明白，才能收获好的效果。第三处置好主动做和被动做的联系，针对自主找上门来找上级谈思路处理问题的，需热心迎接平和听。根据不同状况给予疏通、解说、责备、鼓动。针对无法马上处理和回复的，需探究后仔细做好善后任务。要“做有情领导”，思想政治工作的“基础”是人心。温暖人，才能鼓励人。凝聚人，才能振兴人。重组公司员工的思想认识和思维方式比较多元、精神担负大，加上社会环境价值走向繁杂，目前的职工比过去更需要真情和庇护、温情的关切。公司用真诚暖员工的心，员工会自主地把真心奉献给公司，和公司同甘共苦，进而在公司内部形成一种生机勃勃、奋发图强的文化气氛和团结互爱、互帮互学的人际关联，这是重组公司兴隆进展的内鲜活力。

紧随社会主义市场经济体系的完善和公司重组改变事业的深切促进，思想政治事业的老旧介质与狭窄阵地有时顾此失彼，难当重责，急切需要探寻新介质、开阔新视野、扩展新阵地。一是把严格科学的公司管制作为公司思维政治事业的新介质，尽力实现两者的融合，以增强政治工作中的实用性和针对性。二是将丰富多彩、健康有益的企业文化建设活动作为新载体，实现思想政治工作与企业文化建设的有机结合。三是经常性的进行形势任务教育和业务技术培训，表彰在企业技术创新、新产品开发等方面的先进典型，大力弘扬敢为人先、无私奉献企业精神，以创新促发展，以发展促融合，以全新的企业文化促进重组纺织企业的涅槃重生。

（本文摘自《东方企业文化》2019.52，略有删节，作者系咸阳秦越纺织有限公司政工人员）

航空工业型号文化建设研究

张乘烨　虎艾平

一、航空型号文化的定义与特征

航空型号文化的定义：航空型号文化是航空工业以研制的型号为载体，在型号攻坚过程中培育、发展、沉淀和呈现出来的文化，是航空人价值取向、思维模式和行为规范的集中反映，是型号价值、使用价值和文化附加值的有机统一。型号文化是一个复杂的系统性综合体，形成过程受到内因和外因的多重要素影响，继而表现出多种特征。

航空型号文化的特征：政治责任体现是国家利益至上。新中国的航空工业从创立之日起，就肩负着保卫国家领土领空安全、支撑国民经济发展的重任；在业务层面的表现是：

多源性。型号研制涉及到行业内外上百家制造企业、数万乃至数十万名科研生产人员，每一个参与者都是型号文化建设的一个元素，它们分布在不同地域，人员特性不同、内部管理制度不一致、企业文化有差别，这些多方参与的源文化聚合到型号组织文化中，使型号文化具有多源性的特征。

独特性。每一个型号的新研或迭代过程，涉及到的内因（研制目标、型号特征、人员构成、人员特性）和外因（外部环境）等都不尽相同，型号文化是为适应特定型号而构建的，因此，型号文化必须具有独特性。

创新性。近70年中国航空型号在层层跨越性的型号迭代过程中，创新是动力之源、立足之本。中国航空工业在与世界航空强者竞技竞速的过程中，唯有凭借原始创新和颠覆性创新，才能在全球航空装备竞争格局中实现超越领先。

二、航空型号文化建设的主要途径与方法

（一）铸魂：持续完善固化航空型号文化的理念体系

聚焦航空报国精神和价值观，结合历史、结合战略，持续建立健全在具体时代下、具体战略下的理念体系。聚焦使命担当，熔炼核心价值。“航空报国”是航空工业的核心价值观，从航空工业的发展历程和使命担当审视，航空报国精神发轫于“航空救国”的动荡革命战争年代，淬炼积淀于新中国成立以来建设“航空工业大国”的艰难历程中，勃发彰显于建设“航空工业强国”新的历史征程中，航空报国精神基因发源、传承、弘扬主要源于型号攻坚克难、跨代发展中。为此，需以航空报国精神为型号文化理念体系的“道”与“本”。提取共性因子，锤炼核心理念。将型号文化的理念明确为“打造跨代新机，引领技术发展，创新研发体系，建设卓越团队”。

聚焦型号特性，提炼型号精神。重点型号包含着研制人员的感触和感情，重视具有“科学性、人文性”交融统一的重点型号精神的个性化提炼，更好地激励型号研制全线再接再厉，再立新功。

植根型号实践，锤炼型号故事。精神理念须有丰富的实践作为支撑，否则就是“空中楼阁”。精神、理念来源于、提炼于型号攻关的广泛实践中，同时也需将精神、理念深深植根于持续不断的型号实践中。

（二）塑形：持续强化固化航空型号文化的支撑体系

型号文化有效融入战略：构筑文化的联动平台。型号文化与型号研发战略需不断互动，形成将型号文

化与型号研制战略共发展成长。

型号文化有效融入环境，构筑文化的润化平台。一是推进型号文化元素融入环境建设。结合园区环境建设，在职工工作区、生活密集区、关注区，以群雕、园艺、型号实体模型、主题雕塑等文化元素彰显航空型号文化特色，配套相关人文景观。二是推进型号文化视觉系统的设计。可通过设计型号卡通形象、型号标志、型号LOGO、型号文化宣传品等，促使型号文化生动、具象地传播和展示。三是推进型号现场文化氛围的营造。在各参研单位研制现场着重进行型号文化宣传展示设施建设，例如型号攻坚横幅、标语、攻坚团队风采展示、倒计时牌、大幅国旗、世界一流型号图谱等。四是推进型号现场人文阵地的打造。打造“型号文化走廊”，支持鼓励职工将参与型号研制中产生的作品和成品在走廊中展示；打造充分彰显专业和型号特色的“文化角”，构筑起“创意空间”和“交流空间”。

型号文化有效融入管理，构筑文化的固化平台。一是将型号文化融入技术人才的培养和管理。在型号文化中倡导“型号成功我成才”的理念，以重点型号为主阵地，吹响集结号。第一，将型号文化中的人才理念、人才队伍建设和专业能力建设有机结合起来，夯实基础，强化支撑；第二，持续建立健全基于价值创造的人力资源开发体系，使选、育、用、留更加科学合理；第三，以型号文化为价值导向，借助型号平台，逐步迭代形成一套行之有效的激发航空设计师队伍创造力的模型或方法，建立以文化塑造人、以机制激励人、以机会锻炼人的人才培养新模式。

二是将型号文化融入型号的精益研发和敏捷管理。推进型号文化融入管理，将型号文化中的核心理念、精神等融入到与先进飞机研发技术相适应的科研管理模式中，融入到与市场经济发展需要相适应的运行机制中，融入到激励创新、尊重创造、鼓励冒险、宽容挫折的制度和规范中。

三是将型号文化融入研制队伍的思想建设和管理。航空工业型号研制常常具有创新性、挑战性、艰苦性、长期性等特点，为此，就要将型号文化融入研制队伍的思想建设和管理。其一，发挥各型号研制战线党组织的堡垒作用，将思想政治工作的政治性和型号文化的感染力充分结合起来；其二，以型号研制历程为时间轴，进行研制队伍思想动态跟踪，同时以型号文化为价值导向，进行更有针对性和方向性的思想引导；其三，探索建立型号政工师队伍，选拔一批具有丰富型号技术经验，同时又具有思想政治工作能力的人员开展研制队伍的思想建设，充分发挥型号总工程师、副总工程师、技术专家等人员的文化引领力和榜样影响力。

型号文化有效融入中心，构筑文化的实践平台。一是同步互联。首先，分析全年型号进度安排，部署型号文化工作计划，确保型号文化工作及活动与科研中心工作同频共振；其次，文化单位与科研单位的文化同步互联，横向建立“党建、思想政治工作、文化建设融合”机制，纵向建立“双向互动，定向传动”的模式。二是准确切入。须敏锐地洞察和把握型号研制中的“机遇窗口期”，通过召开关键节点誓师大会、组织“战地记者”进现场、编发《重点型号现场快报》等方式，在型号攻坚的重大节点营造促大干氛围；在外场关键试验阶段，开展“文化到外场，外场建文化”活动。

型号文化有效融入人心，构筑文化的认同平台。一是活动入心。开展系列文化活动，促使型号文化通过仪式、纪念活动、内外系列宣传等，不断入心。编写出版摄影作品集、组织举办型号事迹报告会、拍摄型号相关影视作品、排演主题话剧、组织首飞纪念仪式、组织型号命名的文体活动等都是有效的活动载体。二是模范入心。坚持典型引路，着力选树践行型号精神，立得住、叫得响、推得开的领路人。通过系列宣传吴大观、宋文骢、杨宝树、屠基达、罗阳、杨伟等一辈辈航空人献身航空的光辉事迹，形成航空报国、忠诚敬业的良好引导；同时大力描绘普通员工在重点型号中的先进事迹，让闪耀在型号研制战线的先进人物、典型团队身上的文化精神得到大力弘扬。三是学习入心。通过多种培训，诠释型号文化的内涵。通过相关培训，提高专业技能，搭建员工实现人生价值的平台。四是品牌入心。聚焦型号发展与技术进步，着重运用国内外的高端媒体平台展现型号装备及技术专家的风采，树立集团公司航空报国、技术领航、创新开拓的品牌形象，同时以良好的社会美誉度增强职工的文化认同感、自豪感和使命感。

（三）落地：持续健全、强化航空型号文化的推进体系

探索型号文化推进模式，实施过程管理最常用的方法是PDCA方法，即策划（Plan）——实施（Do）——检查（Check）——处置（Act）的过程方法，构建型号文化推进模式，需要对PDCA方法的型号文化推进模式进行项目分解。

目标牵引（P）：在型号文化推进过程中，根据型号的发展战略，明确型号文化推进的目标。

责任落实（D）：在型号文化落地过程中，根据型号的发展战略，明确型号文化的领导体系和机构。

运行支撑（D）：在型号文化落地过程中，运行支撑保障是过程实施阶段的主体，具体可以细分为以下几个支撑点：

领导重视：各级领导重视型号文化工作，注重提升职工的文化意识，结合实际推动型号文化建设。规划计划：制定型号文化建设发展规划、型号文化年度工作计划，明确型号文化落实措施，形成顶层指引。建章立制：建设科学、规范、完善的文化建设管理制度，保证工作有章可循。

条件保障：保障文化建设的经费投入，以及建立文化、艺术、体育场所等宣传交流阵地的基础设施。教育培训：针对领导班子、中层干部、基层管理人员、一线职工、新进职工等不同对象，梳理文化应知应会的要求，分别进行文化培训；开展型号文化课题、文化课、讲座、论坛、研讨交流活动等，并通过论文、调研报告、课题成果等形式巩固型号文化的理论成果。传播平台：通过内外各媒体平台、新媒体、专题活动、文体活动等传播平台，进行型号文化传播。激励机制：总结推广型号文化建设的经验，开展型号文化建设工作评优表彰。过程管控（C）：在型号文化落地过程中，打造型号文化的信息化平台，提升型号文化建设过程的驱动力。

过程管控信息化平台设计目标。打造一个具有“三化”（型号文化建设工作公开化、型号文化建设工作规范化、型号文化建设工作流程化）、“三有”（型号文化建设工作有计划、型号文化建设工作有落实、型号文化建设工作有考核）、“三能”（能促进型号文化融入中心工作、能加强型号文化工作的责任落实、能实现型号文化工作的过程管控）的型号文化信息化平台。

过程管控信息化平台模块设计。探索设计基于一个技术模块架构下的过程管控信息化平台，以业务流程嵌入工作，实现数据输入、输出、查询、统计分析，表单生成，工作处理、提醒，业务审核指导、实时管控和监督检查等，促进型号文化建设工作规范化、标准化。

三、考核评价和持续改进

在型号文化落地过程中，考核评价的目的在于持续改进，构建评估指标体系，对型号文化建设措施、成效、特色、影响等进行考核评估，并与目标进行对比，以确立改进方向，采取改进措施，然后开始新一轮的文化建设过程，形成良性的PDCA循环。

“融合互促”助推（1+1助推）。在型号文化落地过程中，促进党建、思想政治工作、型号文化建设的融合互促。认真梳理党建、思想政治工作、型号文化建设的相关性，找准联动平台，积极推进渠道共融、平台互建、优势互补；将融合互促的探索在各单位持续深入；优化整合党建、宣传、文化资源，更加聚焦价值导向和价值创造；强化新媒体和传统媒体的融合，持续优化媒体建设阵地。

“专项文化一体化”助推（1+1助推）。在型号文化落地过程中，充分发挥集团公司“报国·航空”“责任·航空”“创新·航空”“风采·航空”等四个专项文化建设的一体化系统优势，将型号文化在四个专项文化中一体设计、一体推进、一体展现，各有侧重和重点突出地体现型号文化的报国贡献、责任担当、创新进取、拼搏风采等。

（作者系中国航空工业集团公司成都飞机设计研究所文化工作者，《企业文明》供稿）

国有企业共青团工作与企业发展融合分析

陈 洪

在经济发展、企业制度改革不断推进的形势下，所有企业的经营方法、管理制度等也发生了一系列的变化。在社会经济发展与国家建设中，国有企业是处于重要位置的，在企业内部，共青团组织的作用、工作模式等也开始进行调整，在此过程中有出现很多阻碍与困难，共青团干部的作风、思想等也需要改善和优化。为此，必须要积极创新、全面推进共青团工作的改革开展，发挥共青团组织优势，使其与企业发展相融合，为国有企业的高效稳定发展奠定基础。

国有企业开展共青团工作的意义

如今企业员工逐渐朝着年轻化的趋势发展，对于国有企业而言，青年员工是其发展的关键，在经济、竞争等形势日渐激烈的背景下，国有企业必须要将青年员工的教育培养纳入到工作计划中，为青年员工提供好的环境以及工作组织，使其在工作中达到理想的状态，更加积极主动为国有企业发展贡献力量。在国有企业制度建设中，要加强团建、党建工作的结，实现二者的共同进步。共青团建设工作中要使用坚持党组织的决定领导，主动向党组织靠拢，使国有企业共青团建设工作有序开展，并保持团组织的独立性。在国有企业青年员工利益满足、教育培训中，共青团组织发挥着不可忽视的重要作用。

新形势下国有企业共青团的发展形势

首先，新时期社会发展，技术进步，国有企业在新形势下也积极发声变革，青年员工乐于接受新鲜事物，其思想意识也受到了极大地冲击与挑战，所以要因地制宜的对青年员工进行思想政治教育，利用科学理论武装其头脑，帮助青年员工建立良好的精神支持，这是极为重要的。其次，如今多元化产权投资主体出现，利益关系发生了变化，出现了以股东、经营层以及职工为主的层次关系，要充分发挥青年组织作用，明确服务企业与员工的切合点，这对于国有企业共青团组织而言是遇到的新的挑战。最后，对于国有企业间青年组织的交流合作，由于团员青年的数量逐渐减少，工作对象不足，因此团干兼职的情况日渐普遍，任务也更加繁重，基层团组织与其他青年组织间的交流不足。

国有企业共青团工作与企业发展融合策略

发挥共青团政治职能推进企业政治文化建设。在国家经济发展中，国有企业是重要的力量发挥者，国有企业经营管理效果将对经济发展、政治建设的效果产生决定性的影响。新形势下，为加强国有企业共青团政治建设，就必须要发挥共青团的优势作用，这也是国有企业政治建设效果的重要衡量标准。在国有企业中，必须要积极利用共青团组织的优势作用，展现青年员工的主动性以及创造性，在政治文化建设中提高青年员工的思想道德水平。

通过管理培育强化思政教育。新时代，国有企业要发挥共青团作用，依据政治、经济发展规划加强对青年员工的管理，并在共青团的管理中融入良好的政治理论与文化思想，更好的指导青年员工形成优秀的价值观，全面提高国有企业中青年群体的凝聚力。与此同时，将国有企业共青团工作与企业发展融合就需要加强对青年员工的政治管理，积极开展青年员工的思想政治教育工作，依据青年员工思想特点完善管理体系与培育模式，对青年员工、干部的思想行为以及职责等进行管理，健全管理制度，优先促进青年干部形成良好的价值观，依据党性文化发挥模范榜样作用，进而带动国有企业员工思想作用的转变，在履行职责时能够密切团结，使国有企业的发展水平、竞争能力大幅度提升。

利用文化引导健全管理制度。为提高国有企业青年员工的凝聚力以及创造性，共青团要充分发挥先进党政文化的作用。共青团文化建设中，为保证企业内部管理制度的有序开展，需要青年党员干部积极认同政治理念与文化。如果国有企业有着共同的文化价值观，其管理效率也是比较高的，青年员工更加积极主动的完成自己的工作职责。为此要从实际出发，积极创新，对青年党员干部进行文化引导，将教育、文化理念相融合，使青年群体对国有企业文化更加认同，主动参与到工作中，促进国有企业进步。

发挥思教职能提高青年干部思想意识。国有企业共青团工作要与企业发展相融合，必须要将人放在重要的位置上，坚持以人为本的理念，明确青年党员以及员工间的差异，依据青年员工的政治觉悟以及思想认识等完善工作开展的具体方法与活动形式。对于青年员工而言，由于其家庭环境、教育工作经历、岗位职责等不同，青年员工的思想水平也是不同的，相同工作环境中，由于岗位职责不同，青年党员、员工的思想认识以及价值观等也是有差异的，必须要共青团工作人员对工作开展方案进行制定和优化，注重科学性、人性化的体现，积极鼓励青年干部、员工参与到政治思想教育活动中。

在国有企业中，青年员工是中坚力量，共青团组织是企业内部重要的组织结构，为使共青团工作与企业发展有效融合，促进国有企业的持续长久发展，加强青年党员干部以及员工的思想教育与政治引导，同时积极开展团组织的政治建设以及文化建设，深化共青团的政治、文化引导，保证青年党员干部以及员工能够形成正确的思想意识与政治理念，积极投身到国有企业发展建设中，为国有企业的稳定、长久经营奠定坚实的基础。

（本文摘自《现代国企研究》2019.1（下），略有删节，作者系福建省港航建设发展有限公司团委、工会工作人员）

国有企业党建工作与企业文化建设的有机结合

金 叶

国有企业作为国民经济的重要支柱，对推动我国进一步发展具有重要意义。国有企业的党建工作与企业的文化建设具有相互影响、相互促进的关系，因此，国有企业应将二者进行有机结合，以使二者的作用充分发挥出来，促进企业发展。

国有企业党建工作与企业文化建设之间的关系

党建工作决定企业文化建设方向。党建工作是由党务人员组织与开展的，其工作目的是为了全面落实党中央的方针、政策。对于国有企业来说，加强党建工作能够有效引领企业的文化建设，从而提高企业文化建设水平，提高企业全体员工的文化素养。具体体现在：第一，党建工作的所有活动都是以党的基本路线和方针而展开的，这就保证了企业文化与时俱进的的发展方向；第二，做好党建工作能够为企业营造良好的政治环境与氛围，便于企业制定科学的发展战略，有利于为企业的文化建设奠定良好的环境基础；第三，做好党建工作有利于企业文化建设的顺利进行。

企业文化建设带动党建工作开展。加强企业的文化建设，保证企业文化建设工作的科学开展，能够有效促进党建工作的开展，促进党的基本方针政策在基层工作中得到贯彻落实。具体体现在：第一，通过开展企业文化建设，能够让企业内部员工的工作理念、奋斗方向保持一致，提升企业的凝聚力，壮大员工的工作士气，直接服务于党的各项工作，而且有利于员工更好地配合党务人员的工作，从而推动党建工作的开展；第二，通过建设企业文化，将党政思想融入企业文化中，有利于进一步弘扬党的优良作风，提高全体员的政治思想水平，从而提升国有企业的政治实力。

国有企业党建工作与企业文化建设有机结合的策略

以党建工作为核心，打造独具特色的企业文化。当今社会是一个知识经济高速发展的社会，在这个宏观的历史背景之下，国有企业要想获得持续健康的发展，就必须设法凝心聚力，提高员工的文化素养，把员工的注意力集中在党的中心任务上，不断提升员工的工作积极性，而这些恰好是企业文化建设工作的内容，也是企业文化建设追求的目的，所以，国有企业的党的组织应积极承担起壮大企业发展，提升企业综合实力的重任，党组织要把建设“学习型企业”当作自己的工作中心，鼓励员工多学习，构建良好的学习环境。企业所有不同岗位的员工的思想意识即为企业价值观，是企业文化中至关重要的一环。只有保证企业内部员工的价值观一致，并且是健康的、向上的，与企业发展目标相一致，才能促使员工为了实现企业繁荣发展而不断努力。而要做好这些工作，就需要国有企业党建工作与企业文化建设实现有机结合，就需要企业的文化建设队伍策划思想文化含量高的各种知识类、提升素质类文化活动织，党员干部带头，全体员工积极参与，让员工在参与的过程中感受企业的核心价值观，并逐渐认同企业的核心价值观，从而树立自己正确的价值观。

全面创新工作方法，充分促进党建工作与企业文化的有机结合。针对党建工作与企业文化的一体化建设目标，只有在原有工作方法的基础上进行改革创新，才能确保国有企业的党建工作与文化建设工作始终保持先进性，从而充分发挥作用。具体地说：第一，企业的领导层应当正确认识自身的岗位与职责，提高自身责任意识，并积极从自身做起，保持良好的工作作风，将党建工作与企业文化建设相结合，在企业文化建设中融入党的要求与行为，为下级员工树立榜样，立起标杆，发挥带头作用；第二，在企业内部实行完善的激励机制，对于企业的不同阶段，制定不同的工作目标，并根据不同阶段员工的实际表现进行相应的奖励，可以是薪酬奖励，也可以是岗位晋升奖励，以此来提高员工的工作积极性，鼓励全体员工朝着工作目标努力奋斗，通过思想上的高度统一与行动上的加倍努力，加快企业的发展步伐，共创企业辉煌；第三，党的获得和在企业内部可以定期联办形式各样的文体活动，在活动中渗透企业文化与党政思想，提高员工的凝聚力，可以组织员工进行红歌比赛，也可以举办春季或秋季运动会，通过丰富多样的文体活动，拉近员工之间的距离，增进员工间的情谊，增强企业凝聚力，推动独具特色的企业文化建设相高水平发展。

在新时期，国有企业只有推动党建工作与文化建设工作的有机结合，才能够切实发挥二者的价值，提高工作效率与工作质量，从而促进国有企业朝着更健康、更长远的方向发展。

（《本文摘自《中小企业管理与科技》中旬刊2019.7，作者系保定市供水总公司政工师）

核心竞争力与企业文化

秦 湧

在新时代，社会愈加发展，人民的生活水平不断提高，人们越来越注重自己的精神生活。因而，在当今网络经济的背景下，企业不仅要注重自身利益的获取，而且要注重自身企业文化的塑造，以此来提升企业的核心竞争力，促进企业的长足发展。

核心竞争力的概念

所谓“核心竞争力”，即企业所拥有的，能够为企业带来核心利益的各类因素，比如：业务能力、核心资源等。企业的核心竞争力主要体现在一以下几个方面：首先，企业的核心竞争力需要具备独特性，即其很难被其他企业模仿；其次，企业的核心竞争力必须能够为客户提供独特的服务，以此来为企业提供高额的收益；最后，企业的核心竞争力必须是被市场认可的，能够为市场所接受，在市场中起作用的关键因素。

企业文化与核心竞争力的关系

企业文化是企业核心竞争力的根基。企业文化中的核心理念，是体现一个企业价值的关键因素。企业的产品竞争，是企业核心竞争力最直接的体现。然而，产品的创造最终是设计理念的物化，而设计理念又是企业文化的具体化。因而，从根本上来看，企业文化是企业核心竞争力的根基。理念决定设计，设计决定产品。企业只有不断创新新理念、新制度、新文化，才能从根本上提高自身的核心竞争力，以此来促进企业的长远发展。

良好的企业文化有助于提高企业的核心竞争力。一个企业的核心竞争力体现在很多方面。可是，如果我们能够营造一个良好的企业文化环境的，那么会在很大程度上提高企业的核心竞争力，促进企业的长远发展。首先，良好的企业文化能够在很大程度上推动企业生产处更好的产品，为企业谋取更多的利益；其次，良好的企业文化能够增强企业内部成员的核心竞争力，提高企业内部的工作效益，为企业员工营造一个良好的工作氛围；并且，良好的企业文化能够提高企业的知名度，在很大程度上能够为公司招揽更多的人才，为公司提供新鲜血液……从总体上看，良好的企业文化，在很大程度上有助于提高企业的核心竞争力的。

用企业文化提升企业核心竞争力的有效策略

树立独特的品牌意识。独特的品牌意识是一个良好企业文化的必备因素。因而，企业要想通过企业文化来提升自身核心竞争力，首先要做是树立独特的品牌意识，以此来提高产品在消费者眼中的地位，提高企业在社会中的知名度，让企业生产的产品能够被消费者接受，以此来为企业谋利，提升企业的核心竞争力。例如：企业可以根据自身生产的产品性质以及自身的企业文化，来为自己的产品设置独特的 logo 和包装，以此来树立独特的品牌意识，让自身的产品能够在消费者的心目中留下更深刻的印象。比如：肯德基白胡子老爷爷的 logo 就已经深深印在了人们的脑海中；百事可乐也根据自身产品的特性设计出了自己独特的代表动作，被人们熟记于心。所以，企业应树立独特的品牌意识，以此营造一个良好的追求品位的去哦也文化氛围，助力企业核心竞争力提升。

树立持久的诚信精神。一个企业要想得到长远的发展，就必须要具备一个良好的口碑。如果一个企业不具备诚信意识，坑蒙拐骗，声名狼藉，这个企业是肯定生存不下去的。因而，企业要想自身得到长远的发展，就必须要树立持久的诚信精神。无论到什么时候，都不能制造并销售假冒伪劣产品，都不能从消费者的手里赚黑心钱。这样，这个企业才能得到一个长远的发展。例如：三鹿集团本身是一个大企业，但是由于其昧着良心赚黑心钱，生产“三聚氰胺”奶粉，毒害了许多年幼的婴儿，被曝光后最终导致企业破产；路边的许多早点摊用“地沟油”炸油条，被曝光后引发食客的警觉，进而导致花费高成本制作“放心油条”的小哥爆红……如此种种，皆是诚信精神而带来的不同结果。因而，企业必须要树立持久的诚信精神，以此来为企业树立一个良好的口碑，促进企业的长远发展。

树立坚定的团队意识。一个企业，在某种程度上就是一个大家庭。公司内部的所有员工，都是这个大家庭的一份子。因而，企业应树立坚定的团队意识，让员工们都知道，我们是一个整体，进而团结合作，共同为公司谋利例如：公司可以根据具体的工作安排，组织员工外出野餐或唱歌，以此来提高员工之间的熟悉度，提高其凝聚力；公司可以定期组织召开例会，并在例会上强调团队合作的重要性，以此来提高员工们的思想觉悟；公司高层领导应适当关注下属的动向，如果下属遇到什么难以解决的问题的话，公司领导应对之表示慰问，让员工们能够在公司里感受到家的感觉……总而言之，公司可以通过以各种方式帮助员工们树立坚定的团队意识，让所有的员工共同努力，为公司谋取福利，这也是提高公司核心竞争力的一部分。

企业文化与企业核心竞争力相辅相成，一个具有良好文化的企业，往往能够在很大程度上提人气、聚人心，讲诚信、建团队，进而提高企业的核心竞争力。

（本文摘自《现代经济信息》2019 年 12 期，作者系中通服供应链管理有限公司江西分公司管理人员）

企业文化与思想政治工作创新的辩证思考

聂　品

党的优良传统和思想政治工作优势在电力企业安全生产和创新发展中，发挥着十分重要的作用。在大力弘扬企业文化的同时，要认清两者之间的辩证关系，创新思想政治工作的方式方法。

正确认识企业文化和思想政治工作

企业文化与思想政治工作的概念与特点。企业文化是职工群体共同遵循的价值标准、基本信念、行为准则和行为方式。它贯穿于企业发展战略、生产经营管理之中，是企业生存发展的灵魂和企业核心竞

争力的重要组成部分。思想政治工作是我国意识形态领域具有浓厚政治色彩的一种先进工作方法，主要是统一职工思想认识，稳定职工队伍，树立共产主义远大理想，激励生产工作积极性。企业文化与思想政治工作是两个不同的概念，它们都属于意识形态领域范畴，为精神文明建设服务，为企业的发展服务。在实际工作中两者有着密切的联系，都以尊重人、理解人、关心人、激励人为共同的出发点。通过开展丰富多彩的文体活动、创造良好的人际关系、开展评先树优、谈心走访和竞赛活动来教育和培养职工，树立职业道德观念，最终目的是激发职工的工作热情，调动积极性，为促进企业发展，追求企业效益最大化作贡献。

企业文化建设与思想政治工作的相同点与差异。两者的研究的对象都是人，工作目的都是为了促进企业发展，手段都是作用于人的思想和行为。企业文化建设的理论基础是组织行为学和管理学，是以人为中心的管理方法，进行组织观念教育的文化体系和群体意识，提高企业凝聚力和归属感。思想政治工作具体是指工作方法，它具有鲜明的党性和思想性，是在党委领导下的党政工团齐抓共管的职工灌输、引导和思想教育。企业文化建设作为一种现代化管理方法，是联系思想政治工作与企业安全生产、经营管理的桥梁和纽带，两者相辅相成。企业文化具有导向、凝聚、规范、鼓励功能，对实现企业发展目标起推动作用，在实际工作和生活中能够感受到这种作用的存在。企业文化通过培育职工共同的价值观和行为准则，使职工逐步形成共同的价值观念，企业拥有巨大的凝聚力和感召力，职工努力拼搏为实现企业目标而奋斗。

企业文化与思想政治工作的辩证关系

企业文化和思想政治工作不是孤立存在的，而是相互关联和相互作用的。在企业文化建设和思想政治工作实践中，两者齐头并进。企业文化建设着力塑造高素质职工队伍，它反映了企业管理者的意识和行为，再通过安全生产、经营管理和职工的行为表现出来。思想政治工作同样如此，企业文化抓得好思想政治工作就如鱼得水，反之，思想政治工作就缺乏相应的基础。

*一是企业文化和思想政治工作相互作用。*企业文化是精神文明建设的有效途径，是加强和改进企业思想政治工作的重要措施。企业文化与思想政治工作在调动职工积极性，增强企业凝聚力，保证企业发展目标实现上起着相辅相成的作用，通过文化活动载体，把思想政治工作的内容以职工愿意接受的形式，融入各项工作之中。通常，企业总是将企业利益和职工利益放到一个平台上去考虑，做到两个利益最大化，使职工感到企业大家庭的温暖。通过表彰先进、树立典型等形式，体现了对职工的尊重和肯定，这些举措既有企业文化建设的内容，又涵盖着思想政治工作的成果。

二是企业文化建设和思想政治工作相互促进。企业文化在宏观领域为思想政治工作提供观念、价值、精神表现的形式与载体。思想政治工作可以借助这一平台发挥作用。企业通过困难救助、健康体检、职工之家、职工信箱等形式建立信息沟通渠道；通过开展寓教于乐的文体活动，使企业与职工之间建立了和谐、信任关系。公司改革发展不断推进，彰显出企业文化建设和思想政治工作的优秀成果。

创新企业文化与思想政治工作方式方法

随着传播手段和方式的多样化，职工的思维方式向动态的、开放的思想方式转变。创新企业文化建设和思想政治工作要以尊重人、理解人、关心人、激励人为共同的出发点，适应不断变化的新形势。

探索企业文化与思想政治工作的结合点。找出企业文化与思想政治工作的结合点，使两者相互影响、相互渗透、相互促进。职工在日复一日生产操作的同时，需要精神食粮的补给。如：有些企业实施办公环境建设、园林绿化、美化和亮化，建设优美的职工工作、生活环境；在车间班组建设文化长廊，宣传先进典型，使职工接受到更多的信息，为思想政治工作注入了新的活力。

探索行之有效的思想政治工作载体。思想政治工作要想达到可行的工作效果，离不开生动活泼、寓教于乐的活动载体。内容和形式的统一是增强思想政治工作实效性的基础。开展思想政治工作中既要有适合的主题，又要有受欢迎的载体，通过生动感人的教育形式，使职工在寓教于乐中陶冶情操，升华思想。一是教育形式要生动活泼，善于应用现代化传播工具，根据职工年龄、文化程度、兴趣爱好等特点，开展不同的活动。二是教育手段要新颖别致。思想政治工作科学化是时代赋予的新课题。思想政治工作要紧跟时代步伐，不仅在教育内容上求实创新，而且在方式方法上求活求新。充分发挥现代传媒作用，拓展信息交流渠道，扩大教育的辐射面，增强教育的感召力。三是增强思想政治工作的艺术感召力，教育的方式方法生动感人、形象直观，该说的话会说，该谈心的会谈，做到因人而宜，因事而宜。四是选择能够激发职工的兴奋点，扣住工作对象心灵深处开展思想工作，使工作对象欣然接受，心悦诚服，进而达到教育的目的。要经常分析和研究职工思想动态，抓住职工关心的热点问题，积极引导和教育，化消极因素为积极因素，把思想认识统一到科学发展、构建和谐企业的大局上来。

探索思想政治工作的切入点。企业发展需要有强大的思想政治工作作为支撑。企业兴衰在管理，管理关键在班组。企业文化建设要渗透到班组，才能确保各项任务的完成。一是建立学习型班组。鼓励职工学习一线安全等技能，逐步形成班组文化氛围。二是提倡双赢理念。职工有多大本事，企业就建立多大平台，通过技能大赛，让职工展示自己的能力和才华，形成企业的核心竞争力。三是树立质量意识，树立安全第一、生产第二的理念。四是搞好职工之家活动，通过建家和开展活动，让职工进了企业有家的感觉。

加强班组文化建设，推动思想政治工作创新。企业文化建设有助于思想政治工作的改革和创新，其的内涵丰富了思想政治工作的内容，创造出凝聚职工，增强企业向心力和竞争力的新形式、新方法。企业文化在培育团队精神、培养创新意识、倡导企业道德、规范员工行为中，能够为思想政治工作提供更广泛的活动舞台。思想政治工作不能停留在理论灌输和口头说服上，要把握职工的思想脉搏，在感情真、方法活、内容实下功夫。要尊重职工的情感，思想上不歧视，工作上信任支持，生活上关心照顾，充分发挥职工的潜能。思想政治工作的首要任务就是要通过各种途径、各种方式在解决人的世界观、人生观和价值观上下工夫。

健全思想政治工作管理机制。一是建立党组织书记负责的领导机制，党政工团齐抓共管的思想政治工作体系。形成一支以专兼职政工干部为骨干、行政业务技术干部和党团员广泛参与的大政工格局。二是建立综合治理预警与反馈机制。重视信息的收集反馈工作，及时发现问题，掌握情况，当好党委的参谋，牢牢抓住思想政治工作的主动权。三是建立思想政治工作量化考核制度，年度季度开展活动有计划，要把履行思想政治工作职责纳入述职内容，接受职工群众的评议监督，同时完善奖惩机制，增强思想政治工作者的光荣感和使命感，激发思想政治工作者的积极性和创造性。

（本文摘自《当代电力文化》2018 年 11 期，略有删节，作者系国家电投安徽分公司干部）

制度进化的文化基因线

倪　春

文化优势是制度优势的彰显

党十九届四中全会做出的关于“13 个优势”的叙述中，提出了“集中统一领导”“人民当家作主”“坚持共同的理想信念、价值理念、道德观念，弘扬中华优秀传统文化、革命文化、社会主义先进文化是我们的优势所在。十九届四种全会做出的《决定》还强调：“一个国家选择什么样的国家制度和国家治理体系，是由这个国家的历史文化、社会性质、经济发展水平决定的。中国特色社会主义制度和国家治理体系……具有深刻的历史逻辑、理论逻辑、实践逻辑”。中国特色社会主义制度和国家治理体系具有深厚的历史底蕴。在几千年的历史演进中，中华民族创造了灿烂的古代文明，形成了关于国家制度和国家治理的丰富思想，这些思想中的精华是中华优秀传统文化的重要组成部分，也是中华民族精神的重要内容。马克思主义传入中国后，科学社会主义的主张受到中国人民的青睐，并最终扎根中国大地、开花结果，决不是偶然的，而是同我国传承了几千年的优秀历史文化和广大人民日用而不觉的价值观念融通的。因而，我们可以体会到：“民族的”与“世界的”两种力量从来没有像过去的一百年那样，给我们这个古老国家在国家制度和国家治理体系上带来新的生机，在十九届四种全会精神的引领下，一种根植于中华民族独特文化土壤之中，同时又吸收人类普遍文明成果的新型国家制度，不仅会撑起中华民族的复兴大业的治理体系，还会给更多国家带去制度设计、道路选择、理论建设和文化传承的有益启示。

在“经济基础论”外，丰富了“文化基因论”

曾经受到的理论教育告诉我们，生产方式的矛盾运动是社会历史发展的最终原因，经济基础决定上层建筑，国家的产生存在和发展应该从社会的经济生活中得到解释，“归根到底，是由生产力和交换关系的发展决定的。”这些理论给我们带来过政治知识的一个考试知识点，就是：生产力决定经济基础和上层建筑，随着生产力水平的不断提升，经济基础和上层建筑就会发生相应的变化，人类社会由此依次经历原始社会、封建社会、资本主义社会、社会主义社会、共产主义社会等各个阶段。而十九届四中全会决定和《求是》发表的习近平总书记文章中指出的“中国特色社会主义制度和国家治理体系……具有深厚中华文化根基”的论断，给了我们认知人类社会发展规律的另外一个视角，就是文化基因的作用可以贯穿多个社会阶段，这无疑极大丰富了我们原先对人类历史发展规律的分析方法，也使得我们可以更好地把“四个自信”融通理解，更好地学习和理解四中全会对未来国家制度和治理体系的安排。文化的内核作用决定制度的继承性。习近平总书记早就指出，文化自信是更基本、更深沉、更持久的力量。参与企业文化建设工作的经验告诉我们，按照一般性的组织文化原理，文化的内核是价值观，制度是其外在的形态；对一个企业组织，有强文化与战略变革之间的力量互动，对于一个人口众多的国家也如此：不论如何改朝换代，人类任何一个巨型群体长期形成的核心价值观不会轻易改变，它会对新制度的选择、定型产生基础动力和引力，这正是马克思主义中国化过程中我们所看到的，也是习近平总书记经常强调的，习近平总书记总是把历史文化、“国家制度、国家治理体系选择的力量”同时定义给了三个要素，而且历史文化要素排在第一。习近平总书记还常常在讲话中，从厚重的中华文明积淀中，提炼出“大同理想、大一统传统、德治主张、民本思想、平等观念、正义追求、道德操守、用人标准、改革精神、外交之道、和平理念”等十一条历久弥新的治国理政思想成果。在习近平《治国理政》中，常常历数“中国在人类发展史上曾经长期处于领先地位，自古以来逐步形成了一整套包括朝廷制度、郡县制度、土地制度、税赋制度、科举制度、监察制度、军事制度等各方面制度在内的国家制度和国家治理体系，为周边国家和民族所学习和模仿”的史实，有力证明了文化自信是我们坚持制度自信、道路自信、理论自信的基本、深沉、持久力量来源。因此，文化基因作用的揭示，更新了类社会发展“段落观”固有知识，丰富了分析人类社会发展进步的“基因线”，有力回应了历史虚无主义对国家制度和国家治理体系设计的非议。

文明的进步决定制度的革命性

从习近平总书记《治国理政》中我们除了读到“文化基因论”与“经济基础论”的辩证思维之成果，还可以领悟到人类文明进步对一个国家、一个民族制度进步的革命性贡献。一种组织文化达到“强文化”的程度，有可能存在的一个弊端，就是它对变革的阻碍，容易出现“守旧”惯性。但巧合的是，在一个旧制度难以为继、新制度难产的关键时期，马克思主义这一人类文明思想进步的最高成就传入中国，因为其与中国传统文化的核心基因合拍而产生同频共振，与中国文化基因产生了剧烈而又自然的“化学反应”。中国共产党人以巨大革命精神，把马克思主义基本原理同中国具体实际相结合，把开拓正确道路、发展科学理论、建设有效制度有机统一起来，用中国化的马克思主义、发展着的马克思主义指导国家制度和国家治理体系建设，不断深化对共产党执政规律、社会主义建设规律、人类社会发展规律的认识，使得我们国家制度与国家治理体系保持了优秀中华文明基因的基础上，又吸收人类共同文明成果，达到了一次革命性的跃升，使得中国历史上第一次实现了真正“代表最广大人民根本利益，保证人民当家作主，体现人民共同意志，维护人民合法权益”的国家制度和国家治理体系。

（本文摘自（当代电力文化）2019 年 12 期，略有删节，作者系国网江苏省电力公司职工）

从企业文化角度看国有企业如何强化意识形态工作

梁义宽

企业文化是企业在经营发展过程中的一种意识形态

企业文化是一种精神文化的引导，在“增强企业凝聚力、激发员工的使命感、加强员工的责任感、实现员工的成就感、增强员工归属感与认同感”所显示的功能作用是毋庸置疑的。而企业文化内含的责任意识，危机意识和团队意识，就是要让员工清楚地认识企业是全体员工共同的企业，而一个企业的繁荣昌盛关系到每一个公司员工的生存，企业繁荣了，员工们才有成就感，进而才有归属感与认同感，因此说，企业文化是企业发展过程中的一种核心理念以及具体价值观的体现，如果所有员工能够对企业文化给予高度认同，员工对于企业目前的价值观以及实际经营理念具有较高的认可度，就会在实际的工作中更加主动积极。从根本上说，员工自觉的维护企业利益的自觉意识，就是服务于服从于主流文化的意识形态在企业发展方向上的聚焦，就是企业文化。

企业要重视意识形态工作的背景和当前状况

国有企业员工思想变化。随着当前社会的不断进步，一些国有企业的职工在实际工作中将收入作为唯一的工作目标，这些职工在实际工作中也没有奋斗的目标以及理想信念，这在一定程度上对国有企业的形态意识工作造成了巨大冲击。之所以出现这种现象与企业的管理存在很大的关系。目前一些国有企业在实际工作中将升职加薪作为唯一目标，自身的功利性比较明显，并没有将更多的精力放在企业管理方面，从而导致企业内部的思想工作迟迟不能打开局面。

国有企业意识形态工作面临的新情况。在当今信息爆炸的时代背景下，思想道德水平在逐步趋于虚化。在实际针对国有企业内部管理机制进行合理调节的过程中，一旦出现损害员工利益的现象，就会导致员工出现情绪上的抵触，从而产生信任危机。而信任危机正是当前国有企业意识形态工作所面临的重大难题。随着当前国有企业改革的不断深化，一些国有企业在实际发展过程中面临着巨大的困难，企业与职工之间的矛盾更加突出。在这种情况下，必须做好思想政治工作，提升职工的思想政治水平。而由于国有企业特殊的体制模式，导致其存在严重的高龄化和低龄化问题，而这两个群体之间在思想上的差异非常明显，因此冲突矛盾也比较多。这对当前国有企业的意识形态工作开展提出了更高的要求。

国有企业强化意识形态工作的具体策略

确保企业文化产生正能量。健康向上的国有企业文化是企业建设中重要的一个环节，其能够对国有企业的健康发展起到良好的引导，对国有企业保证正确的社会主义性质也能发挥出巨大作用。国有企业要想建立起健康向上的企业文化，就必须在实际工作中不断强化党的领导和教育作用，引导作用能够全面促进员工树立起统一的社会理想，并实现政治方向的进一步强化，在实际工作中能够自觉自愿地为社会主义经济的进步做出贡献。因此，国有企业必须首先要不断强化全体职工的中国特色社会主义理论学习教育，同时使强化全体员工社会主义信念的进一步提升；其次，要针对所有的国企员工不断进行集体主义以及爱国主义教育，全面提升职工的整体综合素质水平；最后，国有企业的管理者要从管理的角度出发，为全体员工创建出公平、公正、良好的工作氛围，坚决抵制不良现象。

尊重职工个人意识形态表达。从本质上来讲，企业文化管理的人性化就是充分对人予以一定的尊重，企业文化的发展和人是分不开的，首先，在建设企业文化的过程中人是主体，企业的管理人员、普通职工都是主体的一个部分，而企业的物质文化、体制文化、精神文化在建设过程都与人息息相关；其次，在企业文化服务这一过程中，人是作为客体而存在的。所以，在对企业文化进行构建时，企业要把握“以人为本”的原则，针对所有员工个体意识形态的表达要给予充分尊重，发挥企业全体职工的力量来全面推动企业文化的科学化发展。国企员工在过去经营发展过程中不仅是一种劳动者，也是国有资产的所有者，是国有企业实现企业文化创新的主体。国有企业的发展必须要全力依靠工人阶级，企业文化精神是生产实践中文化的精髓，而广大的职工正是企业生产经营的具体实践者，其对于企业文化的感受是最深刻的，而企业文化中也往往蕴含着一线工人的智慧，因此，国有企业在把握意识形态基本特点的前提下，为企业职工合理表达意识形态合理表建立良好的载体，全力维护企业职工合法权益。

在新的发展形势下，国有企业的意识形态工作面临着的挑战，所以，要把握意识形态的主动权，促进国有企业实现可持续发展。

（本文摘自《东方企业文化》2019 年第 5 期，作者系广西路建工程集团有限公司政工师）

促进民营企业党建与企业文化建设的融合

彭　健

党建工作的对象是人，企业文化建设的对象也是人。二者对象一致，既要重视党建工作，又要抓好企业文化建设。党的十九大报告指出：“党政军民学，东西南北中，党是领导一切的”“注重从产业工人、青年农民、高知识群体中和在非公有制经济组织、社会组织中发展党员”。非公企业同样要加强党的建设，提高民营企业党建的科学化水平，促进民营企业党建与企业文化建设的融合。

要团结凝聚职工群众

非公经济党组织已成为党组织的重要力量。民营企业党建工作质量与企业家认同度直接相关，为避免民营企业党建工作出现形式主义，需要进一步激发企业家对党建工作的内在认同。民营企业是自主经营、自负盈亏的法人。在党的领导下，如何调动企业家内在动力，实现党建与发展双提升，是做好民营企业党建工作值得关注的问题。

传统企业的股东指的是物质资本的投入者。在新经济时代，物质资本对企业价值贡献弱化，企业家与员工人力资本的价值权重日益增大。企业的主人不仅指物质资本投入者，也包括人力资本投入者。当下，众多民营企业“平台+合伙人”的治理模式就是人力资本与物质资本的共治共享，反映了企业从物本走向人本的趋势。这种共享并不一定指产权共享或分红机制，而是企业成果使多数员工感到责权利的对等、物质精神需求的满足、自我价值的实现。

人是企业最活跃、最重要的生产因素，是企业发展的前提。在人本观念下，民营企业家的终极思考是自身利益、企业利益和员工利益在长远上如何统一。企业家的个人利益实现依托于企业的发展，而企业发展依托于员工的发展与创造，企业发展的成果也要惠及于员工，满足员工的需求。企业家的动机、企业的目标与企业中人的发展，方向是相同的。党章规定，非公有制经济组织中党的基层组织要“团结凝聚职工群众，维护各方的合法权益，促进企业健康发展”。维护各方权益与平衡企业利益相关者权益的理念一致，促进企业健康发展与企业家的目标一致，团结凝聚职工群众将党建工作的对象最终落在人上。着眼于人的全面发展，培养人的价值观恰恰是党建工作的重要内容与优势。

既要重视党建工作，又要抓好企业文化建设

党建工作的对象是人，企业文化建设的对象也是人。二者对象一致，既要重视党建工作，又要抓好企业文化建设。企业文化是企业在长期实践中形成并提炼出来的价值观体系，是企业家或企业领导人引导并为全体成员认可和遵循的意识形态、行为规范及与之相联的物质载体的总和。优秀的企业文化是企业发展的巨大动力，是企业的软实力，是别的企业挖不走的核心竞争力。谋求长远发展的民营企业家具有企业文化建设的内在动力。因此，民营企业党建工作抓企业文化建设是很好的切入点，有助于充分发挥企业党组织在企业发展中的政治引领作用，进一步提高企业家的内在认同。

党在文化建设中具有丰富经验和强大力量。尤其在革命战争时期，党的组织体系与宣传思想工作，极大地激发了党员与群众的工作热情、集体主义奉献精神，提升了凝聚力与战斗力，成为制胜的决定性因素之一。新时代，企业把党建工作融入到企业的管理之中，用党的文化建设经验引领企业文化建设。一方

面，以党建工作为企业文化建设提供正确的方向与坚强的组织保障，以社会主义核心价值观为引领，塑造积极向上的企业文化，兼顾国家利益与社会责任；另一方面，将党的基层组织建到生产经营一线，贴近员工生活，巩固民营企业党组织的地位，壮大党的队伍。

把党建与企业文化工作相结合，将组织生活与企业文化活动相结合，以员工为工作核心，发扬党组织密切联系群众的优良传统，深入党员群众，加强与员工的沟通交流，统一思想、凝聚力量、释疑解惑、化解矛盾、理顺情绪、激励斗志，营造团结和谐的良好氛围，推动企业文化建设。塑造企业共同的愿景与价值观念，培育员工内化于心的精神与信条；并通过开展丰富多彩的企业文化活动，形成外化于行的行为准则与工作作风，增强员工对工作的使命感、对企业的荣誉感、对团队的归属感，进而转化为企业的强大生产力，促进企业的健康长远发展。

践行社会主义核心价值观，选树模范党员

一个优秀的企业应该有长远的愿景，超越单纯盈利的目标。民营企业最终通过企业愿景与使命回答企业家个人利益、员工利益与社会利益的关系，一个缺乏企业愿景与使命的民营企业只是企业家赚钱的载体，很难凝聚员工的长远事业追求。

党的十九大描绘了决胜全面建成小康社会、开启全面建设社会主义现代化国家新征程、实现中华民族伟大复兴的宏伟蓝图。企业要自觉服务党和国家事业发展大局，坚持正确发展方向，确定发展道路，设定企业愿景与宗旨，履行经济责任、政治责任、社会责任，实现企业的可持续发展。通过党建工作，企业教育引导干部职工在依法合规的生产经营底线上，树立更高的价值观念，利用企业报刊、展厅、网站、宣传栏等载体，开展寓教于乐的党建活动与文体活动，用社会主义核心价值观潜移默化地影响员工、凝聚员工，锻造员工的道德品格。培育员工不懈奋斗、勇于克服困难、凝心聚力，同时不断创新、乐于助人奉献、造福社会。

企业先进模范人物折射了企业文化建设的成果。培育企业文化，既要让员工学习企业愿景、宗旨与价值观，又要让员工去学习身边可亲可敬的先进人物。在企业生产经营活动中，根据企业文化建设的要求，有意识、有计划地选树体现企业价值观、企业精神与经营理念的先进典型与模范党员，表彰并传播他们的事迹，让其他员工向具体的人学习，向具体的事效仿。比如抓好党员示范岗，发挥榜样的力量，营造向优秀党员学习、争做优秀党员的氛围。

（本文摘自《光明日报》2018年9月10日，作者系中国传媒大学文化发展研究院青年学者）

着力加强法治文化建设

蒯正明　孙武安

法治文化建设的主线是培育和弘扬社会主义核心价值观。弘扬社会主义核心价值观和建设法治文化是内在联系、有机统一的。社会主义核心价值观不仅本身就包含法治内容，而且其基本理念和精神是与社会主义法治文化相通的。

全面依法治国是中国特色社会主义的本质要求和重要保障，是国家治理的一场深刻革命。全面依法治国不仅需要完善法律制度，而且需要建设法治文化，让法治信仰、法治意识、法治观念、法治思维在全社会牢固树立起来。对此，习近平同志指出，“提高全体人民特别是各级领导干部和国家机关工作人员的宪法意识和法制观念，弘扬社会主义法治精神，努力培育社会主义法治文化”。党的十九大报告明确要求：“加大全民普法力度，建设社会主义法治文化，树立宪法法律至上、法律面前人人平等的法治理念。”

法治文化建设的主线是培育和弘扬社会主义核心价值观。弘扬社会主义核心价值观和建设法治文化是内在联系、有机统一的。社会主义核心价值观不仅本身就包含法治内容，而且其基本理念和精神是与社会主义法治文化相通的。把社会主义核心价值观融入法治文化建设的一个关键步骤，就是将其贯穿于立法、执法、司法、守法各个环节。在立法中，推动社会主义核心价值观入法入规，把社会主义核心价值观的要求体现到法律法规之中，使法律法规的规范性和价值导向性结合起来。在执法过程中，坚持严格执法，完善执法程序，改进执法方式，在坚持以法律手段协调社会矛盾的同时，综合运用教育、协商、调解、疏导等办法，引导和支持人们合理合法表达利益诉求，使社会治理的过程成为培育和践行社会主义核心价值观的过程。在司法中坚持公正司法，努力让人民群众在每一个司法案件中都能感受到公平正义，在提升司法权威的同时弘扬法治文化。

法治文化建设的关键是让广大人民群众树立起法治观念、法治信仰。为此，必须加强法治宣传教育。1986 年以来，我国已经制定实施了七个五年普法规划，为法治宣传教育提供了重要的政策依据和保障。从实践来看，保证普法工作扎实推进，还需进一步完善法治宣传教育机制。一是完善谁主管谁普法、谁执法谁普法的责任机制。实行普法责任制是促使国家机关自觉承担普法工作责任、保证普法工作贯彻落实的重要举措。二是建立健全领导干部学法制度。领导干部带头学法、模范守法对法治文化建设具有重要带动作用。可以将有关法律法规纳入干部学习培训内容，完善干部学法用法考试制度，逐步推进领导干部、国家工作人员网上学法用法考法，提高学习效果。三是完善青少年法治教育工作机制。加强青少年法治教育是推进全面依法治国、加快建设社会主义法治国家的基础工程。应把法治教育纳入国民教育体系，科学安排不同阶段法治教育内容，帮助广大青少年树立法治观念、提高法治素养。

法治文化建设的重点是以有效传播使法治文化深入人心。当前，应进一步拓展法治文化建设阵地。建设法治文化广场、长廊和法治文化墙等，拓展法治文化实体阵地。根据信息化时代文化传播的新特点，推进“互联网+法治文化”，通过普法网站、微信、微博等途径，开展形式多样的网上法治宣传活动，打造覆盖广泛的法治文化传播平台。推动法治文化传播，根本在于丰富法治文化产品、打造法治文化精品。鼓励创作以社会主义法治建设为主题的文学、戏剧、曲艺、影视作品，进一步增强法治宣传教育的感染力。利用重大纪念日、传统节日等开展法治文化活动，让人民群众在休闲娱乐中接受文化熏陶、感受法治力量。

（本文摘自《人民日报》2018 年 9 月 26 日，作者系浙江省中国特色社会主义理论体系研究中心温州大学研究基地研究人员）

加强国企党建“三基”建设

熊金燕

党建“三基”工作是国企的优良传统和动力基石，抓好基层党组织党建“三基”工作，将党的建设优势转化为企业发展的优势，对于促进企业的生产经营具有重要意义。

强化基层组织，力促基层支部创优

在规范基层组织设置方面，根据工作需要，在增设或精简机构的同时，对所属党支部和基层领导班子也进行科学调整，做到机构同步延伸，工作同步开展，在企业各个角落实现党员全覆盖。在规范基层队伍管理方面，为各党支部选好配齐专职支部书记和组织委员。在发展党员过程中，对入党积极分子实行动态管理机制，量化成绩不合格或不符合条件的，予以取消资格，以提高党员发展质量。根据工作的不同类型，突出分类管理，差异化制定党建“三基”考核标准，实施季度考核。通过奖惩和推动评估，促进基层党支部的规范化。在规范基层组织的生活中，制定组织生活流程图，以促进组织生活的长期稳定。创新“三会一课”形式，推广支部联建互动，既是交流学习，也是对支部书记政治理论水平的检验和锻炼。在主题党日，不断创新，激发党员的活力。不断推动主题党日形成常态化制度化，形式上持续丰富与创新。在规范基层阵地建设方面，在做实组织发展、民主评议、述职述廉、干部考评等常规工作的同时，深化“党员安全责任区”这一阵地建设，把已经运行多年的基本工作，生产性，形成习惯和固化。不断加大基层班子工作业绩考核力度，对工作不力的班子立即进行调整，对不胜任、不作为、不担当的干部进行责任追究，形成“能者上、庸者下、劣者汰”明确的方向，加强各级干部的刚性，实现落实。

夯实基础工作，力促制度理念创新

在落实责任的过程中，制定一份基层党支部建设工作责任清单，完善对工作的责任落实，量化岗位，实施清单管理。年度组织生活会议的后续整改和跟进以及党员工作的民主评价必须在主题党日活动中实施。支部班子和党员个人要对照前期查摆问题形成的整改台账，逐条说明整改进展：哪一项整改完毕已销号，哪一项已有了整改新进展，是否又出现了其他新问题、新表现等都要进行情况说明，以推进落实整改取得实效。在夯实制度基础方面，以《党章》和上级各项制度细则为依托，结合实际在支部班子队伍建设、阵地建设、党员教育管理等方面制定工作标准，以制度抓党建、促党建。推进基本制度建设，坚持和完善党委的评价，政治工作的正规制度和党建工作责任制，把握党的建设评价制度，加强基层党建工作的研究，指导，绩效考核，活动保障和效果评估。在探索实践创新方面，结合实际情况，积极开展党建创新项目，组织党支部书记及关键岗位人员开展演讲比赛、知识竞赛和参观革命老区等系列党组织活动，用革命精神推动全面从严治党，用党性教育引领整体素质提升。此外，必须根据机构的实际工作，继续探索和丰富“党建+”模式。不断推进安全“三基”和党建“三基”深度融合，紧紧围绕企业中心任务特别是重难点施工项目、深化国企改革创新、重大科技项目攻关等，丰富党组织的活动，充分发挥党组织的战斗堡垒和党员的先锋模范作用，创造一流竞争的新局面，达到省内甚至国内标准。

提升基本素质，力促能力水平创效

一是把党的建设的“三基”与“两学一做”的制度化结合起来。在推进“两学一做”学习教育的过程中，重点是教育引导党员把学到的政治理论素养转化为处理问题的能力，化解矛盾。针对党务政工人员的特点，着力构建大政工格局，同时重视培养基层党组织后备力量，适时举办支部书记及政工干部培训班，推动全员学习，强化素质提升。二是建设服务型党组织，增强服务群众的能力。通过建设活动载体，建立服务平台，努力推进党员干部队伍建设，提高群众服务能力和服务水平。要扎实开展党的群众路线教育和实践活动，与群众密切配合。三是建立质量改进项目，锻炼高水平，高技能队伍。结合企业实际，全面开展对后进职工帮扶培训工作，党员干部要以身作则，示范带动，进行一帮一、一带一的帮扶培训，创建全员参与，全面覆盖，全面改进的工作格局。此外，要通过技能比武大赛、青年职工创新大赛等，加大职工技能培训，增强岗位操作技能，造就高素质职工队伍。

凝聚力量为基，坚定不移地推进宣传工作

思想政治工作是一切工作的生命线，是实现企业发展目标，构建和谐企业的重要保证。要牢牢把握新时期安全宣传教育工作的新形势和新要求，不断加强宣传思想工作。注重企业的生产经营，发挥加油的作用。要树立“大宣传”的理念，强化“每名党员干部都是宣传员”和“随时随地推广宣传”的理念，大力推进企业发展思路，经营策略，规划目标，项目绩效等宣传力度。建立健全企业年鉴管理制度，为企业科学发展提供重要的历史资料和经验。进一步组织官方微信公众号等媒体，逐步建立内部网站，记录企业新闻，实现资源共享，使其成为政策宣传，文化建设和形象展示的有效载体和窗口。进一步加强新闻宣传队伍建设，加强对基层记者的业务培训，提高新闻宣传质量，使各类宣传岗位真正活跃起来。着力培育“四有”员工，发挥精神塑造作用。党的十九大提出“弘扬劳动模范精神和工匠精神，创造光荣的社会工作作风和专业精神”。因此，有必要加强对员工理想信念，职业道德和企业历史的教育，帮助他们为忠诚和奉献奠定坚实的基础；要加强科技教育和专业知识，组织员工学习技术，学习专业，大力提高综合素质和专业技能。要以“七五”法律教育活动为载体，组织员工使用法律，提高法制意识，作为遵纪守法的典范。通过各种强烈的思想教育和实践培训，培养一支“理想，负责，热情，技术”的文明员工队伍。围绕全面深化发展，在舆论中发挥指导作用。首先，要以各种形式大力推进党和国家的重大政策，特别是企业发展的重大政策宣传力度。引导员工学习政策，了解大局，了解方向，了解社会发展的大趋势，改革创新，以及企业生存的环境。提高员工思想适应能力，接受企业改革。第二，要联系企业发展涉及的具体问题的切身利益，及时开展深入细致的思想政治工作，说明政策。结合解决思想问题，解决实际问题，最大限度地得到员工的理解和支持，确保各项政策的顺利实施。

（本文摘自《东方企业文化》2018 年第 5 期，作者系山西西山晋兴能源有限责任公司干部）

坚持“414”模式
努力提升新时代企业文化建设水平

魏平生

温州作为全国改革开放的先行区、民营经济的发祥地，全市有企业4万余家，职工近200万人，民营企业数量占全市企业总数量的99.5%、工业产值占全市工业产值的95.5%、外贸出口占全市外贸出口的95%、税收占全市总税收的80%左右。温州立足实际，打造“414”企业文化建设模式（4即队伍培育、载体创新、机制建设、品牌打造四项工程，1即围绕企业文化俱乐部建设这一主线，4即实现四方面的提升），不断实现企业文化建设工作的感染力、渗透力和实效性。

一是实施“队伍培育工程”。实行“政府引导、企业为主、志愿服务”的运作模式，打造高素质工作队伍。温州市、县两级都成立了企业思想政治工作领导小组、政工师协会、企业文化工作研究会等组织。规模以上企业100%建立党组织，配备书记或专职副书记，分管企业思想文化工作，全市企业工会组织2万多个、共青团1万多个。同时，面向全国公开招聘民企党务工作者（即红色CEO）、民企聘请离退休老干部和大学生等方式，组建一支8000多人的专兼职相结合的企业思政工作队伍。累计向企业下派文化指导员5000多人次，组建温州市民宣讲团企业政策宣讲分团3000余人，组建企业心理咨询、健康咨询、法律援助、舒压运动教学等志愿服务队，及时化解企业职工矛盾，帮助舒缓压力、排解烦恼。

二是实施“载体创新工程”。坚持“分类指导、分层推进、为企服务”的原则，推出一系列民营企业思想文化工作载体。开展学习型企业创建，推出企业党（政）校、职工夜校等学习平台。正泰集团等企业被中宣部命名为全国学习型企业先进单位。开展企业文化建设评选，促进企业思想政治工作与企业文化建设相融合，“民营企业文化艺术节”、“职工春晚”、“读书会”等文化活动不断丰富员工业余文化生活。“温州民营企业思想道德教育大讲坛”活动常态化。

三是实施“机制建设工程”。按照“简明实用、系统高效、保障有力”的标准，不断健全完善机制。进一步建立健全党委统一领导、政府积极参与、企业文化建设领导小组和党委宣传部门统筹协调、各有关部门分头负责、企业政工组织具体落实的领导机制。在经费保障机制建设方面，多数企业每年固定留存一部分利润作为企业文化建设的专项经费，部分企业员工自愿捐款支持企业文化建设，党委政府多渠道给予支持，如洞头区通过设立企业文化建设专项补助资金，对企业开展文艺演出等文化活动，按照每场1000元至3000元进行补助；瑞安市通过民营企业思政工作（两新组织党务工作者）促进会设立专门账户、镇街财政设立子科目和委托第三方管理等方式，在7个镇街建立了民营企业思政工作（两新组织党建）公积金，为企业开展思想文化工作加强经费保障。

四是实施“品牌打造工程”。强化“思想引领、文化熏陶、情感认同”的企业文化品牌建设之路，发挥先进企业的典型示范。如森马集团一年一度的“企业文化月”活动，已经坚持10余年，每年开展系列职工体育赛事、文艺汇演等活动；华峰集团主推“华峰情感驿站”，聘请了专业心理医师定期坐诊，及时帮助员工化解不良情绪。巨一集团推行“三问”民主管理（问政于职工、问计于职工、问需于职工），突出职工参与企业民主管理的重要性、必要性。冠盛集团打造企业文化手册《冠盛哲学手册》，组建专家和理论骨干宣讲团队等等。全市大力开展典型宣传，召开交流会、在市属媒体推出专题宣传、编印企业文化建设成果图书等形式，全面展现温州企业思想文化建设工作成果，积极引导企业创先争优，全市企业文化工作呈现出以点带面、整体推进的良好态势。

在实际工作中，依照温州企业文化建设模式，按照“员工之家、心灵港湾”的功能定位，突出“企业文化俱乐部”建设这一主线，以“6+8”为建设配置标准，“6”即代表文化俱乐部要有文化标识、文化活动中心、文化讲堂、文化长廊、文化广场、无线网络等硬件设施；“8”是指落实文体活动、教育培训、体育健身、礼仪礼节、展示展览、时政宣传、信息服务、情感交流等8个基本功能配置，打造集宣教、展示、活动于一体的企业文化综合体。目前，全市已经高质量建成康奈、永电、伊利康等68个企业文化俱乐部，受到企业和员工的高度认可和欢迎。

温州企业文化建设初步实现了企业竞争力得到提升、职工精神文化需求得到满足、基层公共文化资源得到有效整合、基层思想文化阵地得到加强巩固等四个效果预期。当然，企业文化建设工作任重道远，温州将不断学习借鉴先进地区的先进经验，进一步创新载体、创新方法，努力提升企业思想文化建设水平。

（本文摘自上海思想政治政治工作研究会网站2019年6月28日，略有删节作者系浙江省温州市委宣传部副部长）

山东电力工程咨询院有限公司
项目工地企业文化建设的实践与探索

项目工地企业文化建设之所以重要，是因为施工现场条件艰苦，环境复杂，良好的项目工地企业文化利于引导员工树立正确的价值观，保障施工安全、提高生产效益，保证企业施工现场的稳定，赢得市场份额。同时对塑造企业品牌，展现企业的综合实力具有重要意义。

一、加强项目工地企业文化建设的必要性

经过六十余年的创新发展，山东电力工程咨询院有限公司（以下简称“公司”）的工程项目遍及全国除台湾省外的所有省、市、自治区直辖市，业务范围涵盖英国、意大利、印度、菲律宾、印尼、巴西、委内瑞拉等近40个国家和地区，驻外项目施工现场数十个，驻外人员上千人。由于项目一般都处在不同的地域，不同的地域文化也在时刻影响着驻外员工。面对工作压力、外界环境等多重因素，驻外人员的心理也比较容易发生变化，这也决定了项目工地企业文化的构建，是一个融合地域文化、宣贯企业文化的过程；是一个处理各方面矛盾，营造健康、和谐氛围的过程；是一个塑造企业品牌，提高企业综合实力的过程。企业的战略目标给项目工地企业文化建设指明了原则和方向，而项目工地企业文化建设能够赋予企业新的动力和活力。因此，在集中精力做好项目建设、提高效益的同时，公司高度重视项目工地企业文化建设，以优秀的企业传统为保障，开拓管理思路，用特色文化营造和谐的项目工地企业文化氛围，增强了企业员工的向心力、凝聚力和归属感。

二、开展项目工地企业文化建设的探索

明确核心要求，完善组织建设。开展项目工地企业文化建设，不是简单写个标语，拉个横幅，是要结合企业的核心价值观和生产经营目标，明确项目工地企业文化建设是企业文化建设的核心内容，把项目工地企业文化建设视为影响企业稳定和发展的重点来抓。“公司”领导高度重视项目工地企业文化建设，将项目工地企业文化建设纳入每年的重点工作，坚持齐抓共管，形成党政工团共同监管、共同建设的强大合力。根据不同项目的地域和特点，成立专项团队，策划和制定具体项目的企业文化建设方案，并且设立专人负责跟踪。

重视规范建设，形成统一标准。科学、合理的规范标准，不仅是推进项目工地企业文化建设的必要前提，也是企业文化建设的重要组成部分。在推进项目工地企业文化落地过程中，公司以国家电力投资集团有限公司视觉识别系统为基础，结合企业实际，对项目工地的施工区、办公区、生活区等进行整体规划和布置。在施工现场设置了项目工地文化墙、企业理念牌、施工简介牌和宣传栏等，通过统一整齐的展示橱窗，对工程概况、组织机构、质量标准、安全施工等内容进行公示；在室内办公场所悬挂标准规范的企业标识、企业核心价值观、工作和安全理念等；在生活区设立艺术长廊、员工活动区等。按照视觉识别系统，不仅可以塑造统一的企业形象，提高企业品牌，而且可以给项目工地员工以整洁愉悦之感，陶冶了员工情操、稳定了团队。

加强培训宣讲，提高员工素质。驻外项目员工是项目工地企业文化建设的主体，其自身的行为素质直接影响项目工地企业文化的推进。“公司”高度重视员工的培养，积极组织各项培训，努力提高员工的业

务技能和综合素质。驻外项目部在项目前期，邀请院内外专家，对安全、技术、文化、心理等进行专题培训，大力营造敢于创新、不断进取的文化氛围。此外，开展雏鹰培训计划，将新入院的应届毕业生分派到各项目部，加强实践锻炼和培训，为青年技术人才搭建交流沟通和提高的平台，丰富项目工地企业文化建设的内涵，促进企业的健康发展。

选树典型模范，发挥引领作用。员工模范是企业的中坚力量，具有重要的示范和引导作用。因而，把选树典型模范，作为项目工地企业文化建设的重要任务加以落实。一方面，用典型模范引导员工树立正确的工作方法和理念，对企业形象、工作作风产生示范和教育作用；另一方面，通过选树典型模范，鼓舞员工士气，调动员工的工作热情。多年来，公司传承发挥先进模范作用的好传统，选树了一大批模范标兵。随着驻外项目的增多，结合项目特点，各项目部广泛开展“项目标兵”、“每月之星”、“每季明星”等典型模范评比活动，以先进人物的优秀事迹、精神风貌、道德情操，感染每一位员工，积极培养良好的工作作风和生活态度，营造出风清气正的和谐文化氛围。

开展特色活动，丰富员工生活。丰富的文化活动是推动项目工地企业文化建设的有力载体。“公司”充分发挥项目党支部、分会、团支部的作用，积极开展各项文体活动。“公司”对项目工地都统一配置了电视、健身娱乐设施等，结合项目实际情况，建立了篮球场、足球场、党员活动室、图书室等，与业主单位、当地企业联合举办各类球赛，使项目员工的业余文化生活日趋丰富。在重大节日期间，公司文体协会文艺小分队还组织“走进一线，相聚项目”等慰问演出，让项目部员工感受到家庭的温暖。与此同时，驻外项目部还积极参加当地社会实践活动，牵手项目驻地的贫困学校，开展爱心捐助和帮扶活动，得到了社会各界的一致好评和认可，在项目部营造了团结、奋进、互助、温馨的文化环境。

二、项目工地企业文化建设要切合特点

明确领导。项目工地企业文化的建设，关键是企业中高层管理人员要做明白人。企业的决策层和骨干层，要进一步提高对项目工地企业文化建设重要性、必要性的认识，将项目工地企业文化建设列入企业管理的重要工作范畴，加强组织领导，健全工作机构，明确工作职责，完善管理体系。各项目工地也要坚持把项目工地企业文化建设纳入项目施工和管理的日常工作范畴，形成强有力的领导和组织保障体系，进而得到有效推进。只有这样，项目工地企业文化才能更好地发挥优化企业发展环境、凝聚企业职工、促进效益增长的作用。

坚持以人为本。持续加强员工关爱活动，让员工感到幸福、有社会责任感，做有价值的人，才能更有效、更长久地提高企业的竞争力。山东电力工程咨询院有限公司始终坚持把员工关爱落到实处，推进项目工地企业文化建设过程中，以服务职工为出发点和落脚点，积极营造浓厚的“和文化”氛围，既充分尊重职工企业文化建设中的主体作用，又着眼于塑造人、培养人、提高人，充分调动广大职工的积极性、主动性和创造性。同时，密切关注驻外员工的家属，积极为他们排忧解难，解除驻外员工的后顾之忧。

坚持发挥工会等群团组织的作用。随着经济社会的发展和物质生活的改善，员工在精神文化层面的要求越来越高，需求也更加迫切和强烈，这就需要我们改善物质生活与丰富文化生活的同时，加大精神上的关怀，塑造和谐、奋进的文化氛围。工会等群团组织在参与、推进企业文化建设方面，不能仅仅局限在过去的唱歌、跳舞、打球等，还要结合当前实际，充分运用掌控的各种资源，与时俱进地在形式和内涵上创新拓展，借助“职工之家”的吸引力和号召力，组织广大员工共同参与建设充满时代气息、富有时代特色的项目工地企业文化。

创建优秀的项目工地企业文化是一项长期而艰巨的任务，需要群策群力，集广大员工的智慧和力量，共同去营造、去维护、去传承。

（作者张世翔系山东电力工程咨询院有限公司）

日出东方控股股份有限公司

幸福员工计划　助推企业健康可持续发展

日出东方控股股份有限公司（以下简称日出东方）成立之初，董事长徐新建就着力塑造着“家文化”。这个“家”是员工安居乐业的场所，是员工成就梦想的摇篮，是员工幸福快乐的港湾；同时，也将“诚信、责任、感恩”作为企业的核心价值观，这些人性中最基本也最难得的品德，助推企业在10年间跃升为行业龙头。2013年以来，日出东方进入多元化创新发展阶段，逐步形成太阳能、空气能、净水、厨电等主营业务。2017年，公司开始实施一横一纵战略，横向为用户提供“个性化、集成化”家居家电解决方案和服务，纵向为各类客户提供从热水到热能（供热采暖）的整体解决方案。随着战略的深入推进，企业面临着多品牌、多基地、多产业、多品类的复杂局面，随之而来的是效率低、反应慢、业绩不佳、士气低落、内外部矛盾重重等发展难题。在寻找和解决问题根源的过程中，日出东方逐步摸索了

面对企业创新变革的新环境，文化再造、文化学习、用文化升级，推动企业内部价值认同、走出困境的发展之路，并不断取得成效。

持续学习，化共识为行动，在个人成长中增强幸福感

优秀的企业家把员工带到他们想要去的地方，卓越的企业家把员工带到他们没想到要去但应该去的地方。在2019年日出东方集团年会上，徐新建强调“全心全意为用户服务，把客户、用户装在心里，首先要把员工装在心里面，这才是企业健康可持续发展的关键。”也就是说，找回初心就找到了企业重整旗鼓再出发的方向，于是，正式启动了致力于建立企业发展与员工个人高度的命运共同体的“幸福员工计划”。而从持续学习既是开启推进计划实施的第一步，也是贯穿计划始终的规定动作，这也让员工深切地认识到：在未知迭代的世界里，唯有学习才是唯一应对未来最好的方式。日出东方为员工构建起一个“知行合一”的学习平台，希望员工在提升心灵品质、修身养性的同时，启发解决问题的新思路与方法，做到知行合一，从而创造更多的社会价值；也让学习成为了日出东方人的一种习惯和风尚。

引进传统文化阳明心学，体悟明心净心。2019年，公司引进中华传统文化阳明心学，创建“五个一学习法”，一日一功课、一周一课堂、一月一交流、一季一总结、一年一表彰。每日集体诵读《文化自信与民族复兴》，领会中华文化精神，学习习总书记治国理政思想；每周进行“周行一课”直播学习，深刻体悟“明心净心”的功夫，帮助员工树立远大理想；每月各部门组织线下总结交流会；每季公司组织致良知学习分享会和企业专场学习会，挑选学习标杆分享心得；每年召开年度员工大会，表彰先进个人、先进团体。

推行稻盛和夫经营哲学，培养科学经营思维。为更好地适应市场环境，日出东方加快推行合伙人机制，越来越多的部门、公司开始独立经营。徐新建董事长聘请咨询公司以及走在行业之前的企业推荐了能够代表企业管理学术前沿信息的最新书籍。如：《阿米巴经营的中国模式》、《京瓷哲学》、《理念＋算盘自主经营》、《稻盛和夫阿米巴经营》，希望可以帮助员工构建和谐的同事关系、上下级关系，以及令人愉悦的团队关系，提高经营意识，以期增进员工的幸福感。在企业大学的带领下，各部门主动领书、集中学习、人人分享，在公司内掀起全员学习稻盛和夫经营哲学的热潮。

建立持续技能培训机制，赋能员工成长。制定年度培训计划，并进行目标分解至每月每周；针对不同工作系统，定期举行各项技能比赛，如：生产系统精益生产技能比赛、5S管理比赛，营销系统的销售比赛，后勤保障系统的金牌讲解员比赛等；实操实练，搭建有利于优秀员工脱颖而出的发展平台；组织各类服务性培训课程，如：商务礼仪与接待、展厅讲解、茶艺培训、法律知识培训等，提升员工素养。

开展企业文化活动，在人文关怀中增强幸福感

多年来，日出东方秉承逢节必过的原则，借助各类节日开展系列企业文化活动，给予员工以及父母、子女更多人文关怀和实际利益，同时帮助员工在工作与家庭生活间找到适度均衡。

个性定制，幸福员工。每周举行员工集体生日会，定制生日礼物、蛋糕和长寿面，分管领导、部门负责人出席并献上生日贺卡和礼物；“三八”女神节举办健康讲座、美容美发沙龙培训；“五一”劳动节举办系列岗位技能比赛，弘扬劳动者精神；“五四”青年节举行球赛，彰显激情活力；每年10月10日为员工举行主题集体婚礼，给予温馨如家的祝福；组织同乐会、海滨游、荧光跑等野外拓展训练，充分释放员工激情；设立母婴休息室，为孕期女员工提供营养自助餐，各楼层设置月事私密盒子，给予女性员工特殊关爱。

助力感恩，幸福父母。公司为每位员工提供感恩资金支持，让员工在母亲节、父亲节期间买鲜花敬献父母，给父母一个祝福的拥抱，表达对父母的感恩之心、养育之情；开设母亲节开放日，邀请员工母亲参观公司，了解孩子的工作环境。

围绕成长，幸福子女。设立员工子女高考奖励基金，为每一个子女考上大学的员工家庭提供3000元/人的成才奖励；举行“金榜题名·感恩父母”仪式，传扬“感恩”价值观；儿童节组织员工与孩子共读一本书，撰写家书，传承家国情怀；开展员工家庭亲子活动，帮助员工处理好事业与家庭的关系；开设员工子女暑期兴趣班，在培养孩子兴趣特长的同时，让员工不再有后顾之忧。

扶危济困，以人为本。董事长徐新建曾说，“在我们成长的过程中，得到了很多人的关怀、帮助和支持，我们要常怀感恩之心。”自2007年2月，设立日出东方“家基金”以来，对公司因病、意外、家庭困难等情况予以及时帮助，同时也对社会福利机构守望相助，传递温暖，截止2019年底，日出东方家基金累计捐赠近七百万元，携手641个家庭共度难关！

完善基础设施建设，在日常生活中增强幸福感

建设开放培训健身中心，提升员工生活品质。中心包括篮球馆、羽毛球馆、乒乓球馆、网球馆、恒温游泳馆、软水洗浴中心、健身房及瑜伽馆等众多场馆，可一次性满足会议与培训、产品展示与体验、员工运动与健身等需求。各场馆设施配备齐全，为员工提供项目齐全而丰富的健身选择。健身房所有运动器械均采用国际顶级健身品牌产品，篮球馆可以进行国家一级比赛，羽毛球馆按照标准馆设计，配置专业灯光，可同时容纳15个场次比赛。

创新经营企业医务室，落实员工健康管理。员工的健康、安全关系到公司的发展。日出东方医务室自创立之初一直秉承美好的初心，定期为50岁以上员工和孕期女员工提供免费体格检查服务，随时监测员工健康数据；在全公司范围内普及健康科普教育；编创日出东方健康养生操，提高员工健康指数；编制发放《常见健康穴位按摩法》培训教材，帮助员工防治膝关节病、心脑血管疾病等常见疾病，增强健康水平。

全新建造宿舍楼，改善员工休息环境。宿舍是员工的第二个家，为改善员工居住条件，使员工在住宿中感受到家的温暖。公司全新建造宿舍楼两幢，配置先进的整体热水工程，保证24小时热水供应；每楼层配备冰箱、洗衣机、微波炉、挂烫机等生活电器，满足员工日常生活需要；房间内无线网络全覆盖，并配备电视、空调、桌椅、衣橱等家具家电。坚持把制度化、规范化、标准化贯彻于员工宿舍管理的各个方面，有效提高了员工的归属感。

日出东方幸福员工计划启动后，全体员工更加自觉地践行知行合一的行为准则，批评与自我批评的优良传统得以发扬，纷纷建立学习目标，赋予了树立远大理想深刻内涵；公司内党员干部、退伍军人、青年、妇女等各类员工群众，通过昂扬向上的企业文化，充分彰显了“诚信、责任、感恩”的企业核心价值观；公司内部开始形成“能者上，平者让，庸者下”的较顺畅的成长通道。

幸福员工计划构建起日出东方企业发展和员工个人发展的命运共同体，不断推动企业健康可持续发展，助力企业在清洁世界、创造美好生活的清洁能源利用领域绽放异彩。

（日出东方控股股份有限公司供稿）

中交第一航务工程局有限公司

强化价值引领　支撑战略落地
以文化升级助力企业转型

中交第一航务工程局有限公司（以下简称“一航局”）创建于1945年日，是我国第一支筑港队伍，素有“筑港摇篮”的美誉。经营领域包括基础设施投资、港口航道、跨海通道、船坞船台和高速公路、桥梁、轨道交通、大型成套设备安装、工业民用建筑、市政工程、房地产开发等。参与建设了长江口深水航道整治、京沪高铁、港珠澳大桥等一系列国家重点工程，并承接了以毛里塔尼亚友谊港、肯尼亚蒙内铁路等为代表的海外重点工程，先后多次获评国务院国资委、交通运输部、中国企业文化研究会文化建设示范单位，为企业发展提供了强大的文化支撑。

一、转型攻坚期企业文化升级的背景

一航局在75年发展过程中，积淀了产业报国、竞优争先、突破创新等支撑企业稳步前行的宝贵精神财富。但随着近年来企业转型升级的不断深入，文化建设的一些深层次问题也日益显现：

*一是文化建设如何适应并支撑企业发展新战略。*就现实而言，近几年一航局占据优势的传统水工市场持续低迷，风电、水环境治理等新领域成为行业“风口”，市场竞争愈发激烈，企业固有的经营模式和发展方式难以为继。面对市场挑战，一航局提出打造“五商定位”，即打造基业长青的工程承包商、行业领先的项目投资商、专业突出的海外发展商、特色鲜明的城市综合开发商、行稳致远的资产运营商，这些都迫切要求一航文化与战略目标相适应、相承接。

二是文化价值理念如何与最新发展要求相匹配相呼应。“同台竞技争第一”等竞优意识深入企业“血脉”，但随着当前建筑项目走向大型化、综合化、高端化，除了竞争，建筑企业同行甚至跨界的合作与资源整合已成常态。若不突破多年的价值观念“舒适区”，打造升级版文化建设，企业发展难以突破瓶颈。

*三是文化践行如何与员工结构变化相协调。*企业战略方向调整后，一航局在海外、投资等新领域的人才需求出现了较大缺口，90后青年员工和社会引进的技术人才所占比例日益增大。老员工需要转换思维惯性，日趋年轻化个性化的员工主体对文化的多元化需求加剧，这都对企业文化的宣贯认同方式提出了与时俱进的创新要求。

二、一航文化转型升级的实践路径

在企业转变发展方式、加快转型升级的大背景下，一航文化始终在支撑企业战略和组织变革，助力企业深化改革、提升管理效能，适应不断变化的市场环境中发挥着引领作用。

（一）强化顶层设计：以战略变革指引企业转型

一航局历经“探索实践、系统推进、创新提升”等建设阶段，坚持以企业文化融入战略并形成良性互动为核心，逐渐实现文化与战略的相融共促。一是熔铸“大道为国”企业精神。一航局在75年的发展中，曾创造出“四海为家、流动为荣”的奉献精神、“宁让汗水飘起船，不让工期拖一天”的拼搏精神等响彻行业内外的精神财富。在经营战略调整转型中，一航局承建了以港珠澳大桥、蒙内铁路为代表的多个国家重大政治工程。在传承优良文化基因基础上，一航人进一步提炼生发出“干一流的，做最好的”一航信仰，“不慕虚荣，脚踏实地”的一航作风。这些新的理念体系，增添了顺应时代潮流的精神特质，成为引领一航文化建设的新精神品格。二是重构“价值创造”商业模式。一航局传承优秀工程师文化的同时，加快吸收现代商业文化精髓，引导全员树立为客户、为利益相关方创造价值观念，用“商思维”强化与合作伙伴价值对接，为业主提供综合性、直通终端的一揽子服务，正成为一航局生产经营的价值核心和员工坚定的价值追求。三是打造“竞合共赢”价值思维。面对市场价值观念的调整，一航局塑造了“在竞争中合作，在合作中共赢”的市场思维。在实践中，打破惯性思维，构建开放创新的商业文明，创造共商共融的盈利模式；倡导依法合规的法治思维，将制度执行意识与法治思维渗透到每个单元，将企业文化工作持续进行变革、走向深化。

（二）深化机制创新：提升内源动力拓展文化新体系

一航局相继召开全局性企业文化建设会，修订新版《企业文化建设纲要》、《一航员工文化手册》，有规划、分步骤地搭建起适应文化建设体系的“梁”和“柱”。一是构建“1346”建设框架。即一部《企业文化建设纲要》总体布局；视觉识别、理念识别和行为识别三个系统；项目文化、品牌建设、职业道德建设和文明创建四个建设载体；布魂、布局、布法、布道、布典、布标等“六布”步骤（布魂为确立核心理念；布局为从全局出发，制定规划设计实施方案和基本原则；布道为宣传科学的企业文化知识；布法为传播企业文化建设和文化管理的方法；布典为培育典型、树立标杆；布标为形成文化建设标准）整体推进、全面实施。二是明晰“三级联动”运行机制。一航局总部、下属子公司总部和基层项目部是文化建设的参与主体。其中，一航局总部是企业文化建设顶层理论设计与调研指导的主体，负责对企业文化理论体系进行优化提升，调研指导下属单位文化建设。下属子公司总部是资源整合与监督的主体，负责整合本单位文化资源，监督基层项目文化运行。基层项目是文化践行的主体，强调过程的控制、纠偏与管理，项目经理为第一责任人、支部书记为第一推动者、党政工团齐抓共管、全员共同参与。三是实现文化建设环节闭合。在企业战略调整与文化重塑期，为更准确地对公司文化现状进行评估，一航局形成《企业文化测评指导意见》，启动项目文化建设评测工作，就所属各级单位开展文化建设的合规性、员工的认同度以及企业文化特质等情况进行评估。在此基础上，探索选取试点单位、构建专业人才队伍以及丰富完善文化测评制度等工作，形成了一航文化建设从生发、建设到评估的完整闭合。

（三）具化员工行为：思想管理凝聚全员立心铸魂

企业文化建设的核心，在一个“人”字。一航局将塑造鲜明的企业伦理、明确的价值标准，以及战胜困难坚守理想的能力，作为具化员工行为的标准。一是以德育涵养员工价值自觉。积极探索以“明德、守正、至诚、行善”为核心的路径，每两月举办一次道德讲堂，持续开展公益志愿服务，引导员工成为道德的践行者。积极营造“日用而不自知”的氛围，使文化深植管理，员工队伍体现出极强的战斗力，为文化落地提供了良好道德基础。如：在港珠澳大桥建设中，创造了世界沉管隧道安装史上一年十节的“中国速度”和世界最长海底隧道滴水不漏的奇迹，填写了世界外海桥梁建设领域多项空白。二是以深入学习提升思想修养。一航局每年都会结合企业中心工作开展形势任务教育、转型升级大讨论等活动，组织党委中心组（扩大）集体学习，引导全员进一步认清形势、统一思想，推进员工共同的思想建设与管理，在学习中传承崇德向善的力量，为企业管理创新注入新智慧。

（四）深化落地载体：项目文化建设促文化建设落地

项目文化是一航文化在项目上的实施，一航局在不断积累实践经验的同时，也跟随企业转型战略进行了进一步探索。

调整项目文化建设的适应性。所有项目制定统一《项目文化建设规划》。一航局根据近年项目管理新变化，对项目文化建设进行了相应调整：一是项目核心理念要找准“落脚点”。一航局要求所有项目制定文化规划时做到“三必须”，即理念释义必须明确文化建设落脚点、文化制度必须对发展目标和核心理念形成支撑、文化落地载体必须具有针对性和有效性。同时，明确规范了项目部与合作单位、兄弟项目文化共建的原则与要求，推动项目文化建设不断适应企业发展要求，也形成了一航项目文化建设的特点和优势。二是破解跨文化管理难题。随着海外业务不断壮大，一航局颁布了《海外项目文化建设指导意见》，以跨文化管理为重点，形成海外文化建设基本原则、主要任务和建设重点，为海外业务发展提供了文化保证。同时，为出国人员编制《海外文化指导手册》，开展海外文化培训，形成了有效的价值引领。

深化典型项目示范引领。一航局每两年召开一次项目文化建设推动会，制定了《创建项目文化建设示范点管理办法（试行）》，明确了示范点创建的原则、标准和程序，已形成命名了两批项目文化建设示范点。从实践来看，许多示范点已成为展示一航形象的窗口、塑造企业精神的舞台和培育人才的基地，增强了项目文化建设典型的示范引领和辐射带动作用，促进了一航局项目文化建设整体水平提升。

三、转型期文化建设的经验与探索

企业文化建设要与战略相融互促，在传承中创新。对处于转型关键期的企业而言，企业文化若要发挥价值引领，将企业转型的战略自信转化为可操作性的变革设计方案，文化建设就必须主动拥抱变革、匹配战略，以文化上的渐进性引领企业实现从管理模式到观念价值的重塑，方能形成强大精神力量。

企业文化建设要以价值塑造为核心，发挥凝聚人心功能。企业文化建设根在以人为本，经营人的思想、引导人的行为，促进员工从情绪到情感上的真正认识、理解和接受。转型方向明确后，关键在于新模式下全员的有效执行，文化建设需要在和谐共赢、兼容并蓄、注重长期价值创造等方面承担起企业战略向行为转化的职责。

企业文化建设要找好主战场，不断探索文化新途径。基层项目是一航文化建设的主战场，在文化落地与建设过程中，不能单就文化而谈文化，要与提升项目管理层次、与制度管理相互支撑，统筹好党建、思想政治工作、精神文明建设和现代企业管理等多种载体，才能确保企业文化建设取得实效。

（作者孙一鸣系中交第一航务工程局有限公司企业文化主管）

中国石化化工销售有限公司华北分公司
深植企业文化　推动行业高质量发展

作为中国石化化工产品销售的区域性专业化公司，中国石化化工销售有限公司华北分公司（以下简称公司）于2005年5月正式挂牌成立。公司发端于中国石化化工产品经营战略，扎根于华北，辐射西北、东北，十年磨一剑，现已经成为化工产品区域市场的引领者和开拓者。公司以“打造最具服务价值的化工产品贸易商”为目标，构建了以文化内涵、核心理念、经营管理理念、行为规范、环境规范和文化实践等为主要内容的企业文化实践体系，尝试和创新企业文化深植落地路径、方法和措施，成效明显。

一、客观诊断、有效承接、精准提炼企业文化实践体系

根据中国石化集团公司（以下简称集团公司）企业文化建设纲要，公司对成立以来形成的文化积淀进行提炼总结，构建起适应化工销售发展趋势、符合公司实际、反映公司特色、较为规范的企业文化实践体系。

客观诊断。集团公司先后访谈上百名干部员工、内外部专，在广泛深入的访谈基础上，形成企业文化初步诊断报告；依托咨询机构开展独立的第三方问卷调查，分别调研生产企业、客户（含经销商、合作代理商和流失客户）、物流承运商53家，充分了解各相关方的诉求和期望。通过广泛深入地内外部调研、访谈、问卷调查，力求企业文化诊断工作科学、实用，具有指导性，为建设符合公司实际的企业文化实践体系奠定了科学基础。

有效承接。集团公司将中国石化的使命、愿景分别落实到公司的责任和目标上，继承中国石化的价值观和企业作风，确立了“以客户为中心”的文化内涵，从文化导向、理念引领、管理渗透、行为约束、环境营造、实践落地等方面，构筑起特色鲜明的企业文化实践体系。

系统构建。通过深入调研、集思广益、提炼总结、反复研讨，几经打磨，构建起科学系统的企业文化实践体系。“以客户为中心”是公司成功经验的总结，也是未来转型的方向；至精、至诚、至善、至和的四至内涵体现了公司企业文化特色；“用服务创造价值”是公司的责任所在；成为“最具服务价值的化工产品贸易商”是公司的目标追求；“人本、责任、诚信、精细、创新、共赢”是从业思想和价值导向，“严、细、实”是中国石化员工始终秉承的企业作风。企业文化实践体系分为文化内涵篇、核心理念篇、经营管理篇、行为规范篇、环境规范篇、客户服务规范和文化实践篇，搭建起系统完整的企业文化实践体系模型。

二、精准施策，让企业文化实践体系落地

（一）企业文化制度化、企业制度文化化：文化与制度高度一致

建立企业文化管理制度。对照集团企业文化建设考核评价标准，结合公司实际，制定《中国石化化工销售（华北）企业文化实施细则（试行）》和《中国石化化工销售（华北）企业文化考核实施细则（试行）》，明确了相关单位企业文化建设职责以及企业文化日常考核的内容、标准。

（二）多渠道多角度宣传，营造企业文化“场”——形成浓厚的企业文化氛围

进一步完善环境建设。采用集团公司最新发布的VI标识使用规范，对公司企业文化理念统一设计规范的字体、字号，实现在办公走廊、客户洽谈室、会议室等对公司企业文化核心理念、经营管理理念、员

工行为规范等进行展示。2019 年公司组织进行品牌标识的梳理和规范工作，对名片、信封、杯垫等物品上标识进行统一、规范和整改。

多管齐下抓宣传。利用“化销华北”微信公众号、党群信息、化销华北“微视界”、视频会议系统“新闻十分钟”、内部办公网等媒介，大力宣传公司企业文化理念及内涵，加大先进典型宣传。2019 年在“化销华北”微信公众号开设“弘扬爱国奋斗精神，建功立业新时代”栏目，编发相关高质量稿件；同时利用微信公众号发布廉洁、质量、法制、安全等子文化稿件。

不断开展行为规范践行。2018 年编发员工工作礼仪规范手册，图文并茂、形象生动的展示工作礼仪规范要求；2019 年开展了“行为规范示范岗”评选活动，引导员工在行为规范践行的过程中，找出差距、发现问题，持续改进。

持续举办企业文化活动月。2018 年公司首次组织开展了企业文化活动月，集中展示公司企业文化宣传片和员工行为规范践行视频等；2019 年企业文化活动月中集中展示“与时代同行”电子相册，举办青年员工“践行公司核心价值理念　传承石油石化优良传统作风”主题演讲比赛，组织开展了优秀安全故事评选、“安全随手拍”、发布安全承诺以及廉洁从业知识答题等活动。

（三）创新企业文化运行机制，确保企业文化建设顺利推进

企业文化建设工作由公司党政主要领导挂帅，企业管理部牵头，党委宣传部负责企业文化宣传工作，各单位主要负责人为本单位企业文化建设与管理的第一责任人，同时明确一名负责人和联络员具体落实公司企业文化建设各项工作，组织开展本单位的企业文化实践。

创新采用企业管理部门作为企业文化建设第一责任单位的运行模式，由企业管理部负责组织落实企业文化建设工作，确保推进过程中各项工作协调统一、渐次开展、有效实施，实现公司核心文化理念具象化为制度、职责，保障了企业文化建设工作运行机制和考核机制顺利运行，切实调动各单位作为主体参与到企业文化实践中，使价值理念导入企业经营管理各项工作中，做到了公司企业文化与流程相融共促、一体融合、相得益彰。

三、企业文化建设与党建全面开花结果

公司通过企业文化建设有效地促进党建工作提升，党建工作与经营管理工作深度融合，有效地促进经营管理工作提升，形成了文化促党建、文化促经营全面提升的良性循环。公司党建工作连续三年在集团公司党建考核中被评定为 A 档。同时，也促成了公司经营规模、质量效益、管理服务、党建工作全面出彩，员工收入实现稳步增长，企业文化成果值得每一位员工为之自豪，进一步鼓舞了员工士气，提振了信心，更加坚定了全体干部员工积极进取、攻坚克难的决心。

公司先后荣获全国“2012－2017 年度企业文化建设优秀单位”、“改革开放 40 年中国企业文化优秀单位”、中国石化集团公司“2015－2016 年企业文化建设先进单位”等多项荣誉称号；公司提报的《小库房大作为　助力品牌双赢》，入选“2012－2017 年度中国企业品牌经典故事”；2019 年获“全国企业文化示范单位”称号。

公司通过企业文化实践落地，其经营规模、经营效益、发展质量都得到显著提升，员工士气和精神面貌焕然一新。2017 年共销售化工产品首次突破千万吨，创历史新水平；2018 年共销售化工产品同比增长 15.8%；2019 年销售化工产品再创历史新高，全面完成年度经营、自营和利润奋斗目标；公司无上报集团公司责任事故发生。

四、“巩固”“传承”“创新”企业文化

在新的历史起点。公司企业文化建设需要在巩固传承公司企业文化建设经验和成果的基础上，持续加强创新。持续传承企业文化建设与公司中心工作紧密结合的好做法；提升专项文化建设力度，形成专项文

化与公司整体文化相辅相成、相得益彰、互相促进、共同提高的生动局面。当然，新时代企业文化建设要跟上国内企业文化发展的大趋势，不断向先进学习，结合公司实际积极探索，体现新要求、展现新作为、实现新提升，要与公司“两个三年”“两个十年”发展规划相一致，要实现公司发展和企业文化建设同向同行；要在企业文化的传播力、引领力、影响力、控制力上积极想办法，与公司整体发展和新形势的要求相协调，将企业文化的价值理念根植于员工的内心，为公司软实力和竞争力的提升发挥优势。

我们深知：企业文化建设永远在路上，公司将认真贯彻落实中国石化企业文化建设要求；密切关注国内企业文化建设最新动态和发展趋势，紧扣时代脉搏，紧跟先进文化潮流，积极探索建立与公司发展相适应的企业文化新路径；巩固企业文化建设取得的初步成果，传承核心价值理念，不断地总结、提升、完善、深化，尽快实现由企业文化建设向企业文化管理的跨越，通过企业文化管理，为持续提升公司企业文化管理水平和高质量发展提供强大的源源不断的动力。

（作者吴新宇系中国石化化工销售有限公司华北分公司）

中国石油大庆炼化公司

构建特色文化助推新时代优秀炼化企业高质量发展

党的十八大以来，习近平总书记就实现中国梦、增强文化自信、培育和践行社会主义核心价值观阐发了一系列重要论述，为国有企业构建全体员工广泛认同的价值追求指明了实践方向，也对提高员工思想觉悟、道德水准、文明素养提出了实践课题。

一、员工队伍现实思想状况

随着改革攻坚的不断深入、市场竞争的日益激烈、人们生活水平不断提升，国有企业员工群体组成多变、价值观念多元、利益诉求多样化，为企业提升管理带来一些负面影响。大庆炼化公司党委在构建特色企业文化的过程中，认真分析企业面临现实问题。

部分员工思想问题亟待解决。个别员工对严格管理不适应不认同，存在偏颇认识、排斥心理、抵触情绪，有的员工还通过上网发帖等方式宣泄负面情绪；有的员工在岗不在状态，工作不主动不积极，存在等靠要思想；行为消极，存在庸、懒、散、慢、松等现象；规矩纪律意识淡薄，违反厂规厂纪现象时有发生。

员工教育方式方法亟待改进。工作方式方法传统，灌输式、说教式教育效果不佳，难让员工产生共鸣、达成共识；针对性不强，思路不活、方法不多、措施不实；活动载体平台单一，员工缺少展示爱好特长的机会，参与热情不高。

员工尽责履职能力亟待提升。部分员工紧迫感、危机感、责任感不强，安于现状，存在不想学、不会干、做不好的情况；面对企业改革，不能从思想和行动上快速适应单一岗位技能向复合岗位技能提升的变化；学习工作积极性、主动性、自觉性不高，存在吃老本、混日子情况。

这些变化为企业管理带来了诸多的不稳定性，而及时了解职工思想动态，更准确地把握好职工的思想脉搏，找准影响职工队伍稳定的因素，增强企业文化建设的针对性，提升文化载体的时效性，就成了公司亟待解决的现实问题。

二、积极探索特色文化助推新时代优秀炼化企业发展路径

大庆炼化公司党委坚持以文化人，以培育和践行社会主义核心价值观为统揽，抓住员工思想认识的切入点、找准员工价值实现的兴奋点、把握员工文化认同的共鸣点，在落细落小落实上下功夫，从2015年开始，组织开展“中国梦·劳动美·炼化情”特色文化活动。通过持续创新开展主题文化活动实践，以润物细无声之态势，逐步增强企业文化的吸引力和感召力，不断提升员工的认同感和归属感，为推进新时代优秀炼化企业高质量发展提供思想保证、舆论引领、精神动力和文化支撑。

（一）突出顶层设计，坚持定向发力，着力构建主题文化活动保障机制

大庆炼化公司党委从“集中党群优势，发挥整体合力”出发，坚持公司党委出思路、职能部门抓推进，基层单位促落实，着力构建主题文化活动的“四实”保障机制。

统筹实施，落实载体保障。公司党委将主题文化活动列入党委年度重点工作计划，制定印发了《关于开展“中国梦·劳动美·炼化情”主题文化活动的通知》党委文件，设计契合员工价值实现的“5+N”活动内容，分上下半年两次组织文学、摄影、漫画、文艺、书画等五个固定类别征集评审工作。在此

基础上，根据企业每年实际工作需要，拓展活化主题文化活动内容，适时调整增加知识竞赛、读书活动、典型选树等“N项”类别内容，多年来坚持不换频道，久久为功，最大程度的增强了员工的参与度和积极性。

协同推进，做实组织保障。按照“不分解指标硬性考核、不增加负担自愿参加”的原则，由公司党委策划组织，由职能部门管实施控，由基层党组织具体落实，自上而下形成明确职责、分级负责、齐抓共管的格局。横向由工会、企业文化处联合分工负责实施，各专业部门配合推进，各级管理者对下一级人员组织落实的管理，强化责任到人。纵向构建了由公司、二级单位、基层车间站队三个管理层级联动的推进责任，做好层层推进。协同推进，统一组织，避免了重复活动，减轻了基层负担，增强了基层推进主题文化活动的责任感和主动性。

联合评审，抓实监督保障。由公司工会、企业文化处两个主责部门组织成立专项评委会，邀请公司外部专业人员、公司内部专业骨干分别组成文学、摄影、漫画、文艺、书画等专项评委会，评委不报送作品参加比赛，确保评审的公平公正和作品的质量水平；坚持进行结果公示，定期将评审结果在公司网页专栏发布公示，接受员工的监督，确保评审结果的公开透明，保证主题文化活动的价值感和权威性。

专项管理，夯实激励保障。设立主题文化活动专项经费，确保评审费用合规管理；按照“轻奖励，重激励”的方式，每半年对征集到的作品进行分类评比和奖励，重在扩大表彰奖励覆盖范围；特别采取“发奖品到一线　送荣誉到岗位”的形式，由公司工会、企业文化处和基层单位领导，将荣誉证书和奖品直接颁发到岗位员工手中；在公司组织一级评选奖励的基础上，鼓励二级单位进行二级评选奖励，从未入选公司奖励的作品中进行再评审再奖励，增强员工参与主题文化活动的仪式感和成就感。

（二）突出政治站位，坚持正向引领，着力强化主题文化活动导向作用

公司党委精心设计文化活动内容，突出政治站位，坚持思想认识、价值观念、意识形态的正向引领，着力强化主题文化活动“四个”导向作用，做到与企业各项工作实现有机融合。

强化价值认同，找准思想政治引领的契合点。注重主题文化活动从社会主义核心价值观落细、落小、落实上着力，紧密围绕社会主义核心价值观培育践行、“不忘初心　牢记使命”主题教育、弘扬石油精神宣传教育、员工“四德”与遵纪守法教育、形势目标任务责任主题教育、解放思想推进高质量发展大讨论等活动征集作品，员工用自己的感悟去唱响主旋律，用自己的理解去弘扬社会公德、职业道德、家庭美德和个人品德，让社会主义核心价值观内化为情感、内化为认同、内化为力量。沙画《身在大庆学大庆　铁人身边做铁人》，散文《祖国 伟大的祖国》，诗歌《仰望五星红旗》，漫画《不忘初心》等作品，以更有温度，更接地气的态度，突出了主流价值观的正向引领作用，使“我为祖国献石油”的企业核心价值观成为全体员工的价值追求，使“让每一滴原油为祖国创造出最大的社会价值和经济价值”的企业使命化为全体员工的自觉行动，增强了员工的认同感和使命感，形成全体员工苦干实干的精神力量和奋发向上精神纽带。

强化需求释放，切准自我价值实现的关注点。主题文化活动坚持从员工日益增长的物质文化需求和美好生活需要出发，围绕员工的社交需求、尊重需求和自我价值实现需求，强化互联网思维和自媒体思维，不断创新活动方式、载体和内容，努力占领员工生产生活的网络新空间和移动互联网信息传播的主渠道。文艺作品征集评审中，逐步增加了微视频、抖音、全民K歌等“时尚、动态、快捷”的形式，微电影《我的班组我的家》、抖音《炼化员工的一天》，释放了向上向善的正能量，既调动了员工参与的积极性和主动性，又展现了员工阳光健康的精神风采，潜移默化地改变了员工的思想观念和行为习惯。当主题文化活动让员工普遍认同时，员工活力和创造力得到充分释放出后，企业和员工均获得了“鲜花盛开”的养分。

强化行为养成，聚焦管理实践融入的着力点。主题文化活动坚持以科学化、人性化的“柔性”文化引导规范，来持续固化员工的行为标准，规范员工的行为方式，提升员工的自律意识，强化员工的行为养

成。紧密围绕安全环保、管理提升、挖潜增效、技术创新等公司生产经营工作，以及企业面临的市场竞争、发展瓶颈、生存压力等热点难点问题组织创作，员工聚焦自己的真实感受，萃取题材、主题、情节、语言、诗情和画意，以更深刻、更直接、更真实的体验传播好声音，达到了自我创作、自我教育、自我传播、自我提升的效果，突出了企业生存发展的正向引领，增强了员工的紧迫感和责任感，逐渐实现由“知”到“情”再到“行”的转化。针对安全生产需要，拍摄了《安全说案》安全案例解读专题片，采取现场还原、员工扮演、主持解读的方式，还原案例，便于员工牢记教训，规避风险。采取多种方式和载体，在潜移默化中使“明责 尽责 考则 问责”“实干就是水平　落实就是能力”等管理理念入脑入心，为员工所认同、掌握和践行，促进员工良好行为习惯的养成。

强化情感传递，抓住先进典型示范的切入点。主题文化活动坚持以有态度、有温度、有深度的方式，宣传各类典型引领企业价值的精神标杆，发挥先进典型的示范引领作用。紧密围绕“两标一模”“优秀班组长”“先优模”“巾帼建功标兵”“十大杰出青年”等先进典型，用普通人的视角讲述身边人身边事、好经验好做法，通过故事化讲述，使先进典型承载的价值观力量有效发散出去、传播开来。员工在自编自导自演原创作品过程中，不仅自己受到了教育和感染，还因为邀请同事、朋友、爱人、孩子参与创作，把作品中的正能量辐射到了家庭和社会。更可信、更可亲、更可敬的方式，让员工充分感到典型就在身边、榜样就在眼前，突出了典型示范激励的正向引领，增强典型的荣誉感和自豪感。公司国务院特殊津贴获得者王东华、劳模刘建峰、周洪吉、“炼化榜样·好工匠”赵再龙、韩文杰等一批先进典型的鲜活事迹，拉近了员工和典型之间的情感距离，使典型的示范引领作用持续升温发酵。

（三）突出文化牵引，坚持靶向传播，着力提升主题文化活动激励效应

大庆炼化公司党委坚持用靶向性特点，做到精准传播，持续提升主题文化活动创造的“文化产品、文化价值”，着力提升特色文化活动“四种”激励效应，强化宣传激励效果，提升企业形象。

加强媒体宣传，全方位营造氛围。围绕思想政治工作氛围营造、推送员工才艺的现实需要，集中利用公司《员工学习手册》、大庆炼化报道、大庆炼化微信公众号、大庆炼化 APP 客户端、车载电视、公司新闻网等内部媒体，采专稿、开专栏、编专版集中宣传；重点利用省市级以上报纸、广播、电视等新闻媒体，进行专题展示；持续在集团公司“两微一端”等新媒体上，推送员工创作的优秀作品；定点联合大庆油田新闻传媒集团，录制播出油城人民喜闻乐见的节目“答人来了”知识竞赛专场。主题文化活动的拓展宣传，“网上网下 + 内部外部”，成为“思想文化信息的集散地和社会舆论的放大器”，让参与的员工受到自我教育，让未参与的员工受到熏陶感染，进一步弘扬了正风正气，凝聚了正能量。

加强平台展示，多通道扩展影响。围绕企业精神传播、展示员工特长的心理诉求，策划《员工学习手册》文学特刊、编印《中国梦·劳动美·炼化情》优秀文学作品文集；利用厂前宣传栏、厂内风雨候车厅，以及基层单位展板展墙展室等载体，展示员工优秀作品；举办庆祝中国共产党建党 95 周年优秀文学漫画书法绘画作品展、“弘扬石油精神　奉献装置检修”优秀摄影作品展、“中国梦·劳动美·炼化情”——我为祖国献石油硬笔书法展、“四德”与遵纪守法教育主题书画作品展。主题文化活动多通道扩展影响，制造出了一批受员工点赞的“人气作品”，提升了员工的获得感和满足感。

加强协会推动，立体化助力成长。围绕丰富员工精神文化生活、实现员工价值的成长要求，组织成立摄影、书法、文学、音乐、舞蹈等协会组织，让基层专业骨干员工担任协会负责人，使员工自由自愿参加协会，有意识、有组织、有导向的开展集体交流和创作，同时利用业余时间，开办培训班，开展专业培训和研讨活动。主题文化活动的开展即发现了专业人才、又促进了协会发展，协会专业交流即推动了人才进步、又提供了成长空间。几年来，员工创作的各类作品超过一万多件，有 8800 多人次参与活动，有 2957 人次受到了表彰奖励，塑造出了一批受关注的“才艺明星”，增强了员工的参与感和荣誉感。

加强对外推介，高层级提升形象。围绕企业形象提升、员工自我展示的客观要求，组织参加集团公司“我为祖国献石油”摄影大赛、“从心出发　重塑形象”新媒体大赛、青年集团公司青年安全环保漫画大

赛等评选；承办中国石油书协五体十佳精品展、“高举党旗·共筑中国梦·赞扬劳动美”黑龙江省书法巡展；参与“纪念改革开放四十周年·大国工匠”中国石油书法篆刻精品展、“中国梦·劳动美”——全国行业书法展、中国（伊春）冬季摄影大赛中获奖、大庆市第三节冰清玉洁女子书法展。安全生产主题微电影《马小虎相亲记》和《感恩有你》、漫画《十二生肖话安全》、沙画《善待地球、珍爱生命》，以及姚捍东、张玉权、崔海芳、李莉、张红梅、赵川江等员工原创作品，在国家、集团公司、省市级比赛中获得奖励和进行展示。凸显了主题文化活动的“品牌形象”，圈到“企业粉、活动粉、员工粉”，增强了员工的成就感和自豪感，扩大了企业的知名度和美誉度。

三、主题文化活动初见成效

一是促进了文化格局成效持续突显，实现了由“单打一”向“弹钢琴”的转变，探索了一套引领员工思想、达成文化认同的企业文化建设和思想政治工作方法，凸显了党委统一领导、党政共同负责、党群部门主责、行政部门协同、基层单位落实的管理体系，形成了员工群众广泛参与、党政工团齐抓共管的全员、全方位、全过程的文化格局。涌现省部级以上劳动模范、省五一劳动奖章、龙江工匠等先进46人次，公司劳动模范、科技工作者标兵、管理者标兵、优秀班组长526人次。近5年，员工创作的各类作品超过一万多件，2957人次受到了表彰奖励，员工的归属感和责任感不断增强。

二是促进了思想意识认同持续夯实，实现了由“硬灌输”向“软浸润”的转变，文化熏陶做到了润物无声，使全体干部坚定了理想信念、强化了价值理念、实现了思想上的统一、行动上的一致，员工自觉参与，自主创作，自我教育，自媒推介，广泛的思想认知和文化认同越来越强。员工个人在微博客、BBS、QQ、博客等自由议事的互联网“民间舆论场”的负信号逐渐衰减，排斥心理、偏颇认识、畏难情绪、消极行为逐渐减弱，越来越多的员工负能量逐渐转化为正能量，在贴吧、论坛等媒体上说怪话发牢骚的人越来越少，公司不良信息由2015年的21项下降为2018年的1项。

三是促进了主流舆论导向持续向好，实现了由“负能量”向“正能量”的转变，坚持以习近平新时代中国特色社会主义思想为指导，通过不断增强思想教育的主动性、掌握主动权，持续提升舆论引导的影响力、公信力，公司内部报刊、电视台、新闻网、微信公众号、APP客户端等“主流媒体舆论场”正能量不断增强，员工群体积极主动的践行社会主义核心价值观、弘扬石油精神，自愿自觉地的宣传企业发展、维护企业形象的行为不断彰显。

四是促进了价值平台拓展持续增强，实现了由“无意识”向“有意识”转变，员工自我价值实现平台做到了有效加载，员工的获得感和成就感不断提升，积极向上的爱好越来越多，特长才艺展示通道越来越宽，培养了一批文学、摄影、书画、文艺等方面的创作骨干，积极参与文化活动，选拔了一批活动优秀人才到公司各级单位的管理和科级岗位上，成为促进企业各项的重要骨干力量。

五是促进了生产经营业绩持续提升，社会主义核心价值观培育和践行做实了就是生产力，做强了就是竞争力，做细了就是凝聚力。持续开展“中国梦·劳动美·炼化情”主题文化系列活动，增强了员工思想情感上的认同感，激发员工奉献企业的主动性和创造性，为企业生产经营、安全环保、平稳生产、结构调整、科技创新、精益管理等持续攀升提供了内生动力。近三年来，公司累计实现税费291亿元。2018年，公司实现营业收入344.39亿元，上缴税费98.38亿元，利润创公司成立以来最好水平。

持续开展“中国梦·劳动美·炼化情”主题文化活动，搭建了员工价值实现的平台，丰富了员工的精神文化生活，增强了员工思想情感上的认同感，激发员工奉献企业的主动性和创造性，为企业安全环保、平稳生产、经济效益等管理水平攀升提供了内生动力。

（作者崔高伟系公司党委宣传部部长、企业文化处处长，王喜春系工会副副主席，王冰玉系宣传部副部长、团委书记，文立军系宣传部企业文化管理高级主管，刁金慧系工会女工管理高级主管）

中国石油东方地球物理公司

融汇创新　彰显价值
为建设世界一流企业提供文化支撑

东方地球物理勘探有限责任公司（简称：东方物探）是中国石油旗下、中国最大的专门从事地球物理勘探的专业化服务公司。多年来，东方物探始终坚守“我为祖国献石油”的初心，肩担“为国找油找气”的神圣使命，为寻找石油工业战略后备资源，勘探足迹遍布全国30多个省、市、自治区，为大庆、辽河、胜利、大港等油气田的发现和开发做出了突出贡献。在国家“走出去”战略引领下，作为中国石油海外先行官，东方物探自上个世纪80年代，勇敢跨出国门，走上了全球化发展之路，先后服务于5大洲73个国家的300多家油公司，历经多年发展，实现了从无到有、从弱到强、从小到大、从低端到高端的历史性跨越。目前，公司陆上勘探市场份额连续17年保持全球物探行业首位，营业收入连续5年保持全球物探行业第一，已经成长成为国际知名物探品牌。

公司高度重视企业文化建设，始终坚持用石油精神育人铸魂，打造形成了以“精诚伙伴，找油先锋”为特质，以“艰苦奋斗”和“科学求实”为两大支柱的先锋文化体系。进入新时代，公司与时俱进，打造了一批优秀的“东方先锋”品牌队伍、科技团队、班组和人物榜样，培养造就了一支听党话、跟党走，政治坚定的物探铁军，牢固树立起公司“对党忠诚、担当有为、创新引领、绿色发展”的企业形象，先锋文化成为推动公司在新时代率先打造世界一流企业的力量之源。

立足现实，继承创新，系统构建先锋文化体系

文化是企业的灵魂，一流的企业必须具备一流的文化。从2000年开始，公司就着手系统创建企业文化体系。在系统分析了企业发展的历史、现状以及面向未来的企业竞争环境，对公司传统文化全面调研评估的基础上，公司结合企业自身特点和市场需求，根植于中国石油集团文化，以建设世界一流企业文化为目标，系统建设“先锋”文化体系，形成了完备的企业理念、员工行为和企业视觉形象三大系统。

先锋文化在充分发挥导向凝聚作用，提升公司核心竞争力，推动企业发展方面发挥了强大作用。随着公司持续重组、改革不断深化，公司发展面临的内外部形势发生巨大变化，特别是党的十九大以来，中国特色社会主义进入新时代，公司大力实施“两先两化”战略，高质量推进世界一流地球物理技术服务公司建设。一系列发展变化，客观要求公司企业文化与时俱进，不断注入新元素，增加新内涵。2020年，在系统调研掌握公司企业文化现状基础上，公司着手企业文化优化升级工作。企业文化优化升级工作坚持以习近平新时代中国特色社会主义思想为指导，着力突出党的领导，着力突出新发展理念，着力突出“举旗帜、聚民心、育新人、兴文化、展形象”使命任务，立足新时代，着眼国际化，围绕“两先两化”战略和“打造世界一流企业”目标，在继承的基础上，在文化理念体系中融入公司在市场开发、海外发展、科技创新等实践中形成的新思想、新理念和重组单位优秀文化成果，在员工行为体系中融入更多时代特点、物探特色，推动员工价值认同并自觉遵循，保持视觉形象体系的继承性，树立公司统一的企业形象。

大力传播，文化落地，全面弘扬先锋文化

文化传播的过程也是提升和扩大企业文化影响力的过程。公司高度重视文化产品与阵地建设，持续深化企业文化传播与推介。2003 年至今，以“先锋”命名，出版企业文化系列丛书 17 册，总字数达近 200 万字，采写了从公司 50 年代第一位英模杨拯陆到今天数十位新星的《英模风采录》，出版了集纳 80 篇企业故事与员工格言的《企业故事格言集》，提炼编辑了公司实践中产生的优秀管理模式与经验的丛书《先锋之基础管理篇》和《先锋之基层建设篇》。2018 年，聚焦升华在党的建设、新闻宣传、基层建设、政工研究等方面的丰硕成果，集中编辑出版“先锋”系列文化丛书 8 册、总字数达 200 余万字。

公司积极向中国石油集团、甲方客户和社会公众进行文化推介，先锋文化被中国石油企业文化词条收录，银河计算机地震数据处理系统推荐集团公司工业文化遗产名录。2019 年，中国石油物探展览馆建成开馆，被命名为中国石油企业精神教育基地，成为弘扬石油精神的爱国爱企教育基地、中国石油物探品牌形象传播平台和凝聚中国石油物探人奋斗力量的精神家园。

公司大力加强重大主题活动的超前策划、精准实施，先后组织开展“先锋“诗歌音乐故事会、海外创业故事会、职工文艺创作比赛活动、《先锋足迹》图片展、庆祝改革开放 40 周年、新中国成立 70 周年系列活动；加强与中央媒体沟通联动，连续组织“媒体开放日—东方物探站”活动，先后在中央电视台、人民日报、新华网、工人日报等中央媒体发表重要报道 100 多篇，多篇咨询点击量突破百万 +，东方故事唱响国家媒体，展示出先锋物探人“我为祖国献石油”的初心，勇担为国找油找气的责任使命，奉献青春和汗水的高尚情操和良好形象，在中国石油和社会公众当中引起强烈反响。

抢占市场，凝心聚力，以文化引领企业高质量发展

公司企业文化建设紧紧围绕公司战略目标，充分发挥凝聚导向作用，守正创新、开拓进取，为公司建设世界一流地球物理技术服务公司贡献文化力量。

树立公司全球知名物探品牌形象。公司以品牌提升服务，树立形象，开拓市场，赢得竞争，在海内外接连承担起大区域、高要求、高难度的重点工程，占据高端市场。近年来，在国内先后打造了塔里木盆地秋里塔格、准噶尔盆地四棵树、柴达木盆地英北、鄂尔多斯盆地古峰庄、四川盆地泸 203 井区等一系列品牌项目。在国外优质高效运作沙特 S77/S78、阿曼 PDO、科威特西、印度尼西亚 TANGGUH 三维 OBN 等一系列重点项目，成为行业标杆工程。特别是 2018 年，在习近平主席访问阿联酋期间，公司中标全球最大的地震勘探项目 ADNOC 项目，价值 16 亿美元，在全球物探高端市场彰显了公司的品牌价值。

推动公司切实履行为国找油找气责任使命。公司持续加强企业文化建设，出成果、创品牌、树形象，为推动公司切实履行为国找油找气责任使命提供了长效动力。公司先后配合油田公司在鄂尔多斯、塔里木、柴达木等重点盆地获得多个重大突破，在实现油气重大发现中诠释东方物探人的责任担当，切实发挥保障国家能源安全主力军作用。

促进公司核心竞争力的提升。公司大力加强企业文化建设，努力把文化优势转化为创新优势、竞争优势和发展优势，极大地提升了公司的核心竞争力。企业持续重组，推动文化融合，以世界一流的发展目标激励员工，以利益保障与提升凝聚员工，以先进管理规范员工，形成员工向心力，打造了一支“铁人式”员工队伍，推动公司发展质量和效益的持续提升。大力加强安全文化、绿色物探等特色文化建设，使“生命最为宝贵　事故都可防范”的安全理念、“绿水青山就是金山银山”已成员工的广泛共识，科学规范高效的 HSE 制度保障，成为公司项目高效运作的保障。坚持以人为本，积极实施跨文化管理，倡导“尊重、沟通、吸纳、融合”的文化思想，以政策、制度激励员工与企业共同发展，大大提升了公司在国际市场上的竞争力，推动公司海外业务蓬勃发展。

公司企业文化建设工作得到了中国石油行业系统和社会各界高度认可。公司先后两次次被中国石油集团公司党组评为“宣传思想文化工作先进集体”，先后荣获“全国思想政治工作先进单位”、“全国企业文化建设先进单位”、“全国五一劳动奖状”、“中国企业文化建设示范基地”等一系列荣誉称号。2018 年、2019 年被中国企业文化研究会授予“改革开放 40 周年中国企业文化优秀单位”和“新中国 70 年企业文化建设优秀单位”荣誉称号。2019 年，公司所属 10 家单位先后荣获河北省国资委系统“文明单位”。

站在新的历史起点和全局和战略的高度，公司将以落实党的十九届四中全会提出的“要坚持和完善繁荣发展社会主义先进文化的制度”为契机，进一步优化、强化企业文化建设，在价值引领、力量凝聚，形象提升、品牌塑造等方面更加发挥优势，在推动公司建设世界一流地球物理技术服务公司进程中发挥强大驱动作用。

（中国石油东方地球物理公司）

中国石油呼和浩特石化公司
秉承石油精神　发展骏马文化 为公司高质量发展注入动力

“求木之长者，必固其根本；欲流之远者，必浚其泉源”。企业文化是引领企业健康、高质量发展的灵魂，是支撑企业持续发展的力量源泉。中国石油呼和浩特石化公司（以下简称“呼石化”）围绕“安全环保、提质增效”的发展目标，把“文化兴企”作为公司三大发展战略之一，以“五抓促进五落地”，扎实开展企业文化实践活动，形成全员参与的格局，推动了企业文化建设向文化管理升级。

一、骏马文化的形成与实践

呼石化于1988年开始筹建，1990年7月29日破土动工，1992年国庆前夕一次投产成功。呼石化秉承石油精神的优良传统，结合草原文化特有的地域特色，瞄准了“骏马文化”，开启了文化建设之旅。2008年，呼石化开始实施“文化兴企”战略，每年一个主题，从不间断、持续推进，沉淀了深厚的、独具特色的文化底蕴的“骏马文化”；自2016年，开展全员企业文化座谈讨论，建设、发展、打造了“忠诚担当、敬业实干、进取贡献”升级版的“骏马文化”。

（一）抓理念宣贯，以文化人，促进文化认知力落地

呼石化通过创办《呼和浩特石化》内部刊物；编辑出版《企业文化丛书》、《企业文化手册》、《企业文化故事集》等书籍；公司网站、微信平台等向广大干部员工大力宣传企业文化建设的意义和骏马文化的内涵；每年对新入职员工进行企业文化培训；在公司各专业类会议上合唱厂歌……。与安全生产、作风建设相融合，进行安全环保宣誓签名，开展安全环保成果展、知识答题、交流座谈、应急演练等活动，从不同角度，不同层次，指引员工树立正确的价值观和职业观，增强员工对践行骏马文化的认同感。

（二）抓载体平台，化虚为实，促进文化感召力落地

呼石化借用各种载体让文化理念“入眼”，并潜移默化中使其“入心”。公司分层级开展安全文化大讨论活动；七个党建工作区块分别召开座谈讨论会；开展员工思想状况调查问卷活动；党委四个部门组织专人深入基层进行专题调研；在公司主页开设“班组安全环保文化”、“企业文化管理年”、“基层班组建设年”专栏；组织文化健步行活动；开展“牢记使命·同心共筑呼石化梦”知识竞赛，营造了良好的文化氛围。2019年，举办“中国石油·为梦想加油”公众开放日活动。近40家媒体集体发声，发稿60余篇，几十万阅读量，展现了企业的良好形象。

（三）抓继承创新，与时俱进，促进文化生命力落地

在加强企业文化建设中，呼石化秉承中国石油企业精神，在继承中发展，在发展中创新。2008年，提出“建好500万，超越500万，打造受人尊重的一流炼厂”的公司愿景；2012年，呼石化将公司愿景定义为“打造受人尊重的一流炼厂”，成为呼石化人追求的更高目标；2016年，打造升级版的“骏马文化”。2017年，为骏马文化注入了“忠诚担当、敬业实干、进取贡献”的新内涵。2019年，进一步提出了“安全环保和长周期运行下的利润、成本”、“转型升级和企业改革下的抓班子、出人才”的价值观。2020年，突出“双存”战略，细化“双效”服务，推进“双回”到位，提出“保、停、缓、压、降、节、合、变”、“保”八字方针。

（四）抓典型选树，从点到面，促进文化影响力落地

呼石化紧紧围绕各个时期的中心工作，挖掘践行企业文化的先进典型，鼓舞广大干部员工践行骏马文化品性。开展“我的岗位我来讲·为中国梦加油”演讲比赛；对涌现出来的感人故事进行收集、整理，汇编成《企业文化故事集》结集出版发行。在2018年56天的装置大检修中，宣传报道了150余名“小人物”。与内蒙古日报合作，在《内蒙古日报》新时代的奋斗者专栏推出一线员工报道；隆重表彰并重奖在集团公司炼化企业职业技能竞赛中的获奖选手。一系列活动的开展催生更多符合“忠诚担当、敬业实干、进取贡献”骏马文化品性的好人好事。

（五）抓考核评价，软硬结合，促进文化执行力落地

在“骏马文化”的实践中，呼石化将企业文化纳入经常化、制度化、规范化的轨道，强力推进。2015年，呼石化制定《企业文化建设考核评价暂行办法》，2019年，进行再次修订，健全评价体系，把控企业文化实践方向，让企业文化建设真正融入到生产经营中，落实到基层实践中，体现在员工的行为举止上，逐步实现提升文化建设质量、提高管理水平的目标，使文化管理进入更高的层次。

二、骏马文化的创新与融合

（一）与生产经营融合，提升管理水平，展现出文化的生命力

呼石化把企业文化建设融入到管理实践和基层实践中，逐步实现提升文化建设质量、提高管理水平的目标。2018年呼石化有史以来规模最大的一次检修任务，实现了“安全零事故、环境零污染、质量零返工、进度零延误”。同年，公司规范流程，梳理适用法律法规2183项；强化产品质量全过程管理，保证了产品出厂合格率100%；取得了国家认可委员会（CNAS）的认可证书。2019年，构建学习培训常态化机制，构建科学有效的考核评价机制，构建高效的生产运行管理体制，实现了主要经济技术指标稳中有升，创历史同期最好水平。

（二）与制度管理融合，规范员工行为，展现出强大的执行力

呼石化企业文化建设的长远目标是“植文化于管理之中”。通过在车间、班组进行企业文化理念宣讲等活动，指引员工树立正确的价值观和职业观；把车间的制度融入企业文化建设，做到所有工作都在制度控制之下；建立高效的约束机制，提高员工的执行能力；建立科学的监督机制，调动员工的工作积极性和热情；将企业文化固化于各项规章制度之中，形成车间自己的特色文化，彰显文化软实力的作用，增强员工凝聚力、向心力、执行力。

（三）与班组建设融合，打造特色文化，展现出巨大的战斗力

呼石化坚持将企业文化建设与安全环保生产深度融合，加强班组文化建设，培养基层班组自主管理的习惯，形成了独具特色的班组文化建设模式。各单位凝练出具体、生动、鲜明的基层特色文化，编印了《以特色文化为魂　诠释骏马文化——公司各单位特色文化汇编》手册，形成“单位有精神、班组有作风、员工有信条”的文化氛围。第一联合车间运行二班、第二联合车间运行四班、三修车间钳工班荣获“全国企业文化建设与管理先进班组”的荣誉称号。

三、骏马文化的新成果

（一）高质量发展节奏加快，硬实力显著提升

近年来，呼石化向北京供应京标汽柴油。以多产航煤与低凝柴油满足国VIB乙醇汽油组份油标准的转型升级方案已列入集团公司炼化业务高质量发展规划之中。开展多装置综合优化，增加效益约2184万元。强化开源节流降本增效，降低销管费用等29个专题进行优化攻关，实现增效8220万元。

（二）安全环保形势持续向好，控制力明显增强

呼石化始终坚持“安全环保是最大效益”工作理念，未发生一般B级以上生产安全事故，环保实现

减排目标。强化作业预约管理，特级动火作业数同比减少22%。催化装置烟气脱硫工程如期投产，每年可减少二氧化硫排量388吨，减少氮氧化物排量303.3吨。对17台工艺炉及2台燃油燃气锅炉的153台燃烧器更换为低氮燃烧器及其它相关配套完善改造，每年减少氮氧化物排放30吨，污染物减排效果显著。

（三）管理基础不断夯实，竞争力不断彰显

面对激烈的炼化企业竞争形势，呼石化的发展思路是“通过管理提升来实现降本增效”。通过与中国石油化工研究院合作，确定兼顾技术经济指标的效益最大化生产加工方案和最优生产方案，月平均增效500万元以上。加强油品调合优化，提高了生产的自动化水平，而且还带来770万元的经济效益。搭建全厂自控平稳率监控系统，实现装置黑屏操作，通过项目实施全公司生产装置自控率达到96%以上，平稳率在99.6%以上，保障了装置平稳运行、降低了能耗、提高了综合商品率。

（四）党建思想文化工作稳步推进，保障力持续增强

呼石化充分发挥思想文化引领作用。各基层党支部在骏马文化的基础上衍生具有各自特色的主动管控文化。开展月度“明星班组”、“明星班长”、“明星操作员”的评比活动。着重构建党建思想干部管理主动管控体系，按照管干部重思想、管人才重能力、管队伍重水平的思路，做实做细党建思想工作，强化干部员工队伍建设，提高公司高质量发展保障力。

（五）员工精神面貌焕然一新，凝聚力逐渐增强

在2016—2018年，先后提拔15名专业技术人员进入领导岗位，20名年轻科技骨干担任了科技进步项目和优化攻关课题负责人，9人到国内高等院校和科研院所学习深造；强化技能专家队伍建设，公司聘任公司技能专家3人，首席技师5人，高级技师4人，技师62人，在各自技术岗位上发挥了突出作用。

（作者邢利平系呼和浩特石化公司企管法规处处长；周建忠为党委宣传部（企业文化处）处长；党丽清为党委宣传部（企业文化处）企业文化单元主管）

中国农业银行股份有限公司苏州分行
与时传承企业精神　匠心打造文化基地

农行苏州分行以弘扬“自加压力、敢于争先、追求卓越、行健致远”的独特企业精神为核心，打造企业文化软实力，形成了独特而具有丰富内涵的企业精神，助推业务经营在高平台上保持高质量、可持续发展，走在同业和系统最前列，存贷款、国际结算等主要业务指标超20年保持当地同业第一。

农行苏州分行企业精神发展历程

回顾从1979年复行以来的40多年壮丽篇章，苏州农行培育了特色鲜明的企业文化，这些优秀的文化财富和无形资产，孕育了苏州农行人永争第一、务求必成的精神力量和以人为本、乐于奉献的人文情怀，推动着苏州农行从乡镇走向城市，从国内走向国际，从历史迈向未来。在苏州农行创业和发展的历史进程中，喊出过三次有影响力的精神口号。第一次是在1995年，农行和信用社分家，面对基础薄弱的经营困境，苏州农行喊出了“争气拼搏、自加压力、敢于争先”的口号，全行员工在夹缝中求生存、求发展，不等、不靠、不伸手，迅速落实“保、抢、挖”的工作举措，以“样样工作争第一”的决心与勇气，咬定发展不放松，一举占据了农行在苏州地区业务发展的制高点，改变了苏州金融市场版图。第二次是在2009年，在全面确立大行强行地位以后，苏州农行喊出了“自加压力、敢于争先、追求卓越”的口号，提炼出“五种作风、五种意识”的丰富内涵，深植“六大行为文化”。第三次是在2014年，面对经济新常态下竞争、控险、转型压力不断加大的严峻形势，郑重将“行健致远”纳入企业精神内涵，全行上下紧紧围绕总行党委总体工作思路，积极抢抓国家战略机遇，加快培育新常态下转型发展的新动能、新优势，努力实现更高水平更高品质发展。

农行苏州分行企业精神内涵

企业精神。经过多年的深植深化，苏州农行形成了“自加压力、敢于争先、追求卓越、行健致远”的企业精神。“自加压力”就是自立自强，自我加压，不留后路，务求必成。“敢于争先”就是拒绝平庸，敢闯敢试，敢于亮剑，敢争第一。“追求卓越”就是永不满足，永不停步，只争朝夕，不断超越。“行健致远”就是立足当前，着眼长远，蹄疾步稳，科学发展。这16个字已经成为苏州农行的个性、灵魂和优势，成为全国农行系统独具精神特质并发挥重大作用的企业精神，成为旺盛生命力和强大凝聚力的象征，并发展外延了五种作风、五种意识和六大行为文化。即：

五种作风。“永不满足、永争第一”的进取作风，“无私无畏、敢闯敢试”的创新作风，“坚韧不拔、知难而进”的拼搏作风，“精诚合作、乐于奉献”的团队作风，“求真务实、真抓实干”的实干作风。

五种意识。“因势而变、拼抢市场”的机遇意识，“不进则退、慢进亦退”的忧患意识，“合规经营、履职尽责”的风险意识，“雷厉风行、快速高效”的效能意识，“以人为本、协调发展”的统筹意识。

六大行为文化。艰苦创业、全员创业、实干创业的“创业文化”，理念创新，业务创新，管理创新的“创新文化”，诚信服务，高效服务，用心服务的“服务文化”，关爱员工，激励员工，成就员工的“人本文化”，人人树立合规意识，事事注重合规操作的“合规文化”，内外和谐，合作深化，文化交融的“融合文化”。

企业文化建设硕果喜人

面对社会主义文化发展大繁荣的新形势、新要求、新挑战，苏州农行全面落实中央和上级行文化建设的重要部署，围绕中心工作，传承文化基因，树立文化自信，积极推动企业文化与经营战略定位相匹配、与整体品牌形象相匹配。

以组织规划为先导，健全指标实施网络体系。苏州农行坚持将企业文化建设与业务经营紧密融合，引导全行带着文化的意识去做工作，通过指标评价的方式，促使各级行的企业文化建设能够看得见、摸得着、有对照。在指标体系的构建过程中，农行从指标内容的设定、权重的比率、评价的方法和如何量化等每个环节进行多次讨论和研究，最终确定从“三个维度”（企业精神弘扬、企业行为实践、企业形象展示）、“六大行为文化”进行评价的方式，制定了42项细化考核指标，建立起自上而下的指标实施网络体系。该行也成为全国农行系统首家通过验收的企业文化评价指标体系试点单位。

以深植培育为抓手，提升企业文化建设水平。党委始终坚持文化自信是改革转型更基本、更深沉、更持久的力量，一如既往以企业精神引领业务经营管理各项工作。每年组织开展系列企业精神的深植活动，推动企业文化与业务相融合相促进。把贯穿全年的传统职工文化艺术节打造成企业文化常态化宣贯活动，通过举办文化知识竞赛、文化论坛、主题大讨论等多种形式的活动，深入推进企业文化在基层行深植落地。组织开展行为文化典型征集，通过讲好农行故事，进一步加深全员对企业文化的认识与了解。做好先进典型的培养和选树，培养一大批展现苏州农行企业精神和人文气质的先进人物和先进集体，引导员工传承和弘扬企业精神。通过举办道德讲堂等活动，加强员工道德建设，强化员工行为引导和管理。

以典型示范为依托，常态推进行为文化学习实践。在企业文化建设行动与执行的指标体系中，突出典型引领，用“身边人”说“身边事”，体会“身边的感动”，用生动具体、员工易于理解和可接受的方式，诠释企业文化理念，形成全员共识与默契。在编制完成《企业精神》和《企业文化建设在行动——行为实践篇》两本手册的基础上，2016年建设企业文化展示厅，2017年启动编纂第三本手册—《企业文化手册》，2019年，顺应业务经营发展趋势，启动企业文化展示厅特别改造计划，全面加强企业文化宣传教育载体建设，丰富了全行企业文化建设从精神弘扬、行为实践到形象展示的“三部曲”。

以塑形提质为目标，着力提升企业形象风貌。高品质的企业形象是企业实力的重要标志和直观体现。在内部文化环境建设方面，苏州农行做到使命进大厅、愿景进院落、核心价值观进会议室、文化理念进相关办公区域，加强员工劳动纪律和办公礼仪管理，引导员工注重仪容仪表，讲究礼仪礼貌，着力打造高效、严谨的工作作风和专业、干练的职业形象。在网点文化建设方面，深化网点智能化轻型化转型，以转型塑造文化、以文化引领转型，开展全辖网点大堂、会议室的宣传环境治理，重点以“画好一面墙”（企业文化墙）展示网点的企业文化风貌，把一线营业网点打造成基层企业文化建设的主阵地。在对外广告宣传和文化传播方面，充分运用广告宣传的资源和渠道，从重点产品、客户体验、品牌形象三个维度做好广告宣传策划，传播农行的好声音，提升农行的影响力。

（中国农业银行股份有限公司苏州分行）

、

中国建筑第八工程局有限公司

传承红色基因　展现蓝色力量

中建八局是世界500强中国建筑的全资骨干子公司。始建于1952年，经历了“兵改工、工改兵、兵又改工”的历程，1983年9月集体改编为中国建筑第八工程局。六十多年薪火相传，三十多年辉煌发展，逐步培育出以“令行禁止、使命必达”为主要内容的铁军文化，以强大的精神力量，推动企业走出了一条创业、立业、兴业的跨越发展之路。

厚植优秀基因　做文化之魂的传承者

铁军文化是“有根基”的文化。铁军文化的形成受到了我国传统文化和部队文化的深远影响。“诚信”“人本”等中华民族优良传统是铁军文化的思想精髓，社会主义核心价值观是铁军文化的旗帜方向，“勇往直前、敢打必胜”的部队文化是铁军文化的深厚基础。现代管理思想是创新之源，中建信条是重要遵循，“齐鲁文化”“海派文化”等地域文化是肥沃土壤。

铁军文化是“重传承”的文化。铁军文化伴随企业发展，经历了四个重要阶段：一是在军旅奋战的文化积淀期，形成了“顾全大局、听从指挥、遵守纪律、吃苦耐劳”的部队作风，培育积累了爱国主义、集体主义等宝贵的财富，部队超强的执行力、艰苦创业等光荣传统，成为八局铁军文化的重要渊源。二是在找米下锅、转轨变型的阶段，“开拓、创新、拼搏、奉献”的精神得到员工广泛认同，“初战必胜”“以诚取胜”的经营文化和“知工程、爱工程、创名优工程”“以质量求生存”的质量文化初具雏形。三是在总部南迁、改革发展的文化发展期，中建集团的品质文化和绩效文化与八局部队文化相互融合，培育、丰富了八局的管理文化，提出了建设“国内著名、国际知名、员工满意、各方认同”的现代化建设企业集团的愿景，奠定了新时期铁军文化的基础，逐步实现文化理念、CI战略、行为规范“三位一体”，企业品牌形象得以提升。四是在转型升级、提质增效的文化升华期，企业文化建设不断加强，母子文化融合创新，文化成果不断涌现，实现了战略与文化的高度统一。

铁军文化是“接地气”的文化。在重点工程和艰巨任务面前，八局人勇于亮剑，敢于争先，塑造了“大漠精神”“高原精神”“抗震救灾精神”“玉树援建精神”“利比亚大撤离精神”“海外精神”“敦煌精神”等一个个鲜活的八局精神，不断丰富铁军文化的时代内涵，赋予铁军文化更强烈的情感共鸣、更鲜明的创新导向、更浓厚的人本色彩。

坚持与时俱进　做文化建设的引领者

注重上下贯通、全体参与。先后发布《筑魂》《中建信条·铁军文化手册》，形成了以中建信条为主导，铁军文化为特色的企业文化体系。按照“统一共性，突出个性”原则，确保企业使命、愿景、核心价值观、企业精神、企业作风及视觉形象的“六统一”。尊重和支持二级单位做出特色，实现母子文化体系的全覆盖，开辟上下联动的文化管理路径。建立企业文化建设责任体系、制定企业文化发展规划、开展文化建设主题年活动、建立完善企业文化建设评价机制，构建了上下一体、协调有序、全员参与的文化管理体系。

注重点面结合、立体传播。多渠道开辟文化阵地，持续加强“两报两网一微”五大平台建设，建设企业文化展厅，逐步构建起职工书屋、职工夜校、“互联网+活动”等职工文化阵地，持续开办文体协会，激发文化建设活力。多层次丰富文化活动，配合企业文化主题年活动，开展主题文化论坛，强化职工对铁军文化的理解和认知。结合企业重大历史节点，开展系列主题活动和丰富多彩的文化活动，引发职工共情，对企业产生更深的情感共鸣。积极参加和组织承办中外企业文化峰会、全国建筑业企业文化建设交流会等高层论坛，开展与文化协会的交流活动，深化企业文化研究。多载体打造文化产品，公开出版纪实文学《铁军八局》、文化书籍、企业杂志画册等系列作品，创作司歌、音乐剧、动画小视频、文化宣传片等一系列同新时代相匹配的文化文艺精品。

注重落地生根、一体推进。深谋系统文化建设，深入开展安全文化、质量文化、廉洁文化等系统文化建设，进一步推进了企业价值理念转化为管理优势和竞争实力。深植项目文化建设，以“围绕中心做工作，进入管理起作用”为指导思想，打造“学习型、创新型、和谐型、廉洁型、效益型”项目。按照“行动军事化、工作标准化、作风严谨化、管理精细化”的要求，把项目准军事化管理融入施工生产的各个环节。深耕海外文化建设，注重识别文化差异，积极探索跨文化管理有效途径和方法，不断增强铁军文化对外籍员工的影响力、感召力，拍摄了《我们在埃及》等微电影，创办《八局海外》杂志、《新首都》报纸等文化产品，加强海外文化传播。深化行为文化建设，以社会主义核心价值观为统领，以《十典九章》为要领，形成了“专业专注 高效执行 忠诚守信 责任担当”十六字员工行为准则，将文化理念转化为员工的自觉行为规范。

立足转型发展　做文化融合的推动者

同心致远，促进战略整合。用铁军文化谋求发展，深度参与国家发展战略，全力落实和服务“一带一路”、京津冀协同发展、长江经济带、粤港澳大湾区以及雄安新区、临港新片区建设等国家战略。用铁军文化引领未来，融入发展战略，开创了企业高质量发展新局面，激励八局人保持战略定力，争当中建集团“创建世界一流示范企业”的践行者、示范者和贡献者。用铁军文化破解难题，加快企业转型升级，先后组织“解放思想、转型升级”“八局兴旺、我的责任”“为敢于担当者担当”“忠诚、责任、担当”大讨论，勇于直面发展问题，始终把握转型升级主旋律，拓展企业发展的新空间。

同向发力，促进管理融合。始终坚持客户导向，市场营销、生产研发、技术支持、财务金融、内部管理等各个经营要素紧紧围绕客户利益，保障客户利益，以卓越品质赢得客户尊重和信赖，用最优服务超越客户期望，实现共赢共生。始终坚持目标导向，以铁军文化向员工传达企业价值观，凝聚员工共识，统一奋斗目标，推行卓越绩效管理，逐步形成以追求高绩效为核心的优秀企业文化。始终坚持创新导向，不断推进管理思维、管理技术、管理模式创新，重点聚焦科技创新，强化大科技体系，打造智慧八局，持续在绿色、环保、节能等方面积极参与行业标准制定，BIM 应用、绿色建筑、智慧建造、建筑产业化达到行业领先水平。

同频共振，促进品牌提升。开展品牌培育，作为工信部品牌培育试点企业，制定品牌管理专项规划，编制《品牌培育管理手册》、《品牌培育体系评价报告》，有序推进品牌培育管理体系的建立和实施工作，逐步建立“全员、全方位、全过程”的“三全”品牌管理机制。推动品牌传播，打造多媒体、立体化、全方位、宽领域的大宣传格局，深度报道重点工程、重要任务、重大成就中的八局事迹，开展“辉煌中国、精彩八局”“走进”等系列主题传播活动，讲述铁军故事，传承铁军精神，激发奋斗豪情。彰显品牌价值，勇于承担社会责任，先后参与汶川灾后重建、玉树抗震救灾、甘肃卓尼精准扶贫等重点任务，在抗击新冠肺炎疫情中，精密部署，火速集结，雷霆出击，在北京、武汉、南京、成都、西安等 14 个城市，建起 21 个防疫应急工程，用实际行动证明了八局是一支靠得住、信得过、拉得动、打得胜的铁军队伍，推动“品牌”获得社会认可与尊重。

文化凝聚力量，文化助力发展，文化创造价值。中建八局将继续传承弘扬铁军精神，以文化定力彰显文化自信，以铁军文化引领千军万马，以核心价值凝聚万里之遥，努力拓展更加美好的幸福空间！

（作者于金伟系中建八局党委副书记、工会主席）

中国航天科技集团公司
大力弘扬工匠精神　加快推进航天强国建设

中国航天科技集团有限公司作为我国航天科技工业的主导力量，建设航天强国是必须担当的神圣使命和历史责任。在圆满完成各项国家重大航天工程任务中，航天科技深深体会到，助推中国实现由航天大国向航天强国的跃进，必须坚持和发扬精雕细琢、严谨务实的工匠精神。

坚持以国为重　在航天事业发展中孕育工匠精神

伴随着我国航天事业取得的巨大成就，几代航天人数十年如一日艰苦奋斗、默默奉献、精雕细琢、严慎细实，用实际行动孕育和发扬了工匠精神，业已成为发展航天事业，建设航天强国的动力源泉。

航天人的“严慎细实”体现工匠精神。对于航天工程而言，安全、准确、可靠是永恒不变的主题。航天科技工作者在研制、生产和试验工作中，坚持发扬“严慎细实”的工作作风，把提高工程安全性和可靠性作为重中之重，始终坚持把工作热情与科学态度相结合，把开拓创新与求真务实相结合，坚持不懈地严格要求、严格管理，持续不断地研究新情况新问题，与时俱进地把握新特点新规律，取得了一次次研制生产和发射任务的圆满成功。正是广大航天人的踏实奋进和专注精细，为中国航天事业的发展奠定了坚实基础，铸就了一个个里程碑。

航天人的敬业担当凝铸工匠精神。工匠精神本质是一种担当精神。航天人的担当精神与勇于登攀的拼搏精神密不可分。上世纪50年代，刚刚宣告成立的新中国满目疮痍、百废待兴，以钱学森、任新民等为代表的老一代航天人怀着对祖国的无限热爱，毅然放弃国外优厚的工作生活条件，甘愿在艰苦条件下投身中国航天事业，把自己的一切奉献给了航天事业，从而打破了美苏等大国对航天尖端技术的垄断。

航天的辉煌成就彰显工匠精神。航天人面对科技高峰不畏难，面对尖端技术敢攻关，以强烈的事业心和进取心，勇于创新，追求卓越，谱写了许许多多可歌可泣的动人篇章。一项项关键技术的突破，一道道科学难题的破解，一个个辉煌成就的取得，航天人用顽强的意志，不断占领航天科技的制高点，将“一切为了祖国，一切为了成功”的誓言写在了浩瀚无垠的太空，实现了航天事业的蓬勃发展，并使之成为国家制造业当之无愧的“名片”。也标志着我们走出了一条适合中国国情、具有自身特色的航天之路。

航天事业发展培育了一批杰出工匠。航天事业创建以来，培育和造就了一代又一代杰出人才，其中，既有钱学森、任新民、孙家栋等科学大家，也有时代楷模徐立平、全国道德模范高凤林、大国工匠王曙群等一批在生产一线默默奉献、具备精湛专业技能、在关键环节发挥重要作用的优秀技能人才。航天事业不仅是大师辈出、高贤显能的平台，也是锻造工匠精神的沃土。正是一代又一代航天人弘扬坚守敬业、精益求精、殚精竭虑、追求卓越的工匠精神，才打造出了代表“中国制造”巅峰水准的高质量、高可靠的航天精品，大大推动了中国制造向中国创造转变、中国速度向中国质量转变、中国产品向中国品牌转变。

坚持不断超越　在航天重大工程中践行工匠精神

中国航天事业创建60多年来，航天人依靠自力更生、自主创新，用智慧和汗水创造了航天史上的一个个奇迹。在新时代发展航天事业、建设航天强国，必须继续坚持和发扬工匠精神，巩固我国国防战略安全战略的基石，夯实我国科技进步的重要基础。

以自主创新为基点，叫响“航天制造”。习近平总书记强调指出：关键核心技术是要不来、买不来、讨不来的。只有把关键核心技术掌握在自己手中，才能从根本上保障国家经济安全、国防安全和其他安全。发展航天事业，必须实现关键核心技术自主可控，把创新发展的主动权牢牢握在手中。如今，每年制订研发计划、每5年制订技术发展中长期规划与长远战略，已成为集团公司的常态工作。航天科技人“坚持一个总体设计部，总指挥、总设计师两条指挥线”；坚持探索、预研、研制、生产“四步走”的发展路线，圆满完成了以载人航天、月球探测、北斗导航、高分辨率对地观测系统、新一代运载火箭为代表的航天重大工程和导弹武器装备研制任务。同时，以此牵引了空间飞行器在轨服务系统、天地一体化信息网络等国家重大工程和长征八号运载火箭等重点型号立项，推动了新一代导弹武器系统、航天运输系统和空间飞行器关键技术的跨越式发展，实现了航天技术在前沿和基础领域的原始创新，为中国航天实现2030年目标夯实了技术基础。

弘扬严慎细实的优良作风，传承工匠精神。航天科技人始终保持精益求精的精神，坚持零缺陷质量管理系统工程方法，把使命责任分解到航天事业各个方面各个环节，以高度负责的态度对待每一道程序、每一个部件、每一项操作。如今，长征火箭运载能力和可靠性处于世界前列，拥有东方红系列通信卫星、CAST系列遥感卫星、北斗系列导航卫星等达到国际先进水平的应用卫星平台，形成了完整先进的研究设计、加工制造、测试试验和发射测控能力。集团公司多型号并行研制、批量生产、高密度发射的能力大幅增强，满足了当前航天事业快速发展的需要。

营造良好成长环境和氛围，培育工匠队伍。集团公司从发展航天事业的战略高度，依托航天重大工程和战略性新兴产业，大力培养高端人才。建立技术创新激励机制，实行津贴向一线倾斜、向科技骨干倾斜，对贡献突出者实行政治待遇、荣誉奖励、推举专家、培训深造、职称评聘“五优先”，设立航天功勋奖、创新奖、贡献奖和金牌班组奖，个人最高奖励100万元，金牌班组奖励30万元，极大地激发了科研人员和一线工人的创新热情，培养造就了一支以31名两院院士、100余名国家级专家、540余名型号“两总”和520余名集团公司学术技术带头人为代表的人才队伍，为航天事业发展提供了坚强的人才保证。

坚持面向未来　在建设航天强国中传承工匠精神

走进新时代，集团公司既要深入贯彻创新驱动发展战略，加快推进航天重大工程，不断取得建成航天强国的标志性成果，更要扎根厚植工匠精神的沃土，努力打造充满活力、敢于创新的航天人才队伍，为建设航天强国奠定人才基础。

一是注重思想引领，让工匠精神深入人心。集团不断加强经常性的职业教育，强化对工匠事迹、工匠精神、工匠理念的宣传、阐释和传播，引导职工深刻认识工匠精神的时代内涵；完善人才激励的长效机制和人才评价使用、奖励、职称晋升制度，不断提高科技贡献率和技术要素参与分配的比重，让优秀人才分享劳动成果，彰显劳动价值；大力宣扬“劳动光荣、技能宝贵、创造伟大”的理念，自觉把工匠精神植根于心、付诸于行，引导职工干一行爱一行精一行，以精益求精的职业态度和对技艺的极致追求，让劳动最光荣、劳动最崇高、劳动最伟大、劳动最美丽的价值追求蔚然成风。

二是构建培训平台，让工匠精神代代相传。基层组织工匠发挥“传、帮、带”作用，放大示范、引领、辐射效应，把“先生们”在工作、学习和生活中积累的文化知识、技术技能、经验经历、方式方法，向职工传授、让职工传承。广泛开展多技术、多岗位、多工种的名师带徒活动，拓展“传、帮、带”的途径，建立“名师”“高徒”档案和人才库，通过现场演示、巡回交流、成果展览等，集中展示优秀科技创新成果和绝技绝活，激发广大职工学习新技术、掌握新技能、争当好工匠的内生动力。

三是强化实践打磨，让工匠精神落地生根。集团以航天重大工程为平台，进一步加强工匠精神的养成教育、体验教育和实践教育，使工匠精神与科技创新、技术活动有机结合，鼓励广大职工不断学习航天新知识新技术、钻研岗位技能，积极参与科研攻关和技术革新，不断提高运用新知识解决新问题、运用新技术创造新奇迹的能力。

面对最繁重、密度最高、挑战最大的任务。航天科技将以支撑世界一流军队和建设世界一流企业为标准，进一步发扬光大工匠精神，不断谱写中国航天事业新的壮丽篇章，为实现中华民族伟大复兴的中国梦做出新贡献。

（本文摘自《企业文明》2019年第10期，中国航天科技集团有限公司供稿）

中国航空工业沈阳飞机设计研究所

打造先进文化力　挺直建设航空强国的精神脊梁

“方向决定道路，道路决定命运”。进入新时代，集团党组提出了建设新时代航空强国“两步走”战略目标，制定了“一心、两融、三力、五化”新时代发展战略，为开启航空强国新征程指明了方向。“成为具有领先创新力、先进文化力、卓越竞争力的世界一流航空工业集团”是愿景，也是当前和今后一段时期的奋斗目标，想要真正实现这一目标，必须拥有先进的文化力。拥有先进文化力就是挺直了建设航空强国的精神脊梁，就是稳住了航空事业发展的根，就是塑好了航空人奋斗的魂。

一、认识先进文化力

先进即位于前列、超前。一方面要做到优秀、正确，名列前茅，可为表率；另一方面不只是与时俱进，而是应该超前。党的先进性是党的建设的核心问题，“先进”同样是建设文化力的核心所在，坚持先进就是找准了方向。关于文化的定义繁多，通常我们定义“文化是人类在社会历史发展过程中所创造的物质财富和精神财富的总和。”文化的核心问题是人，文化是人的智慧与创造的体现，没有人就没有文化。力即能力，是我们探索、认识、改造世界的度量。建设先进文化力，就是使我们拥有创造优质、超前物质与精神的能力，促进先进生产力形成，提供坚强的思想保证、精神动力和智力支持，换句话说就是：用好想法促进好行动，取得好成果。

二、理解先进文化力

物质决定意识，意识对于物质具有反作用。先进文化力不仅反映航空产业的技术水平和航空人整体素质的客观现实，而且可以通过实践活动促进航空产业持续健康发展，以先进文化催化先进技术，从而进入技术发展与先进文化相互促进的良性循环，助力打造领先创新力。通过打造先进文化提高员工认同感并转化为实际的行动，增强外界认同感并转化为相应的支持，助力打造卓越竞争力。可见，“三力”是一个有机的整体，相互促进与支撑，其中文化力是“根”和“魂”。

建设先进文化力有助于推进航空先进技术发展。现在的国际竞争主要是核心技术的竞争，航空工业的发展与进步就是航空文化的发展与进步，两者相辅相成，相互促进。建设先进的航空文化，营造求真务实、追求卓越的文化氛围，是培育先进航空技术的最佳土壤。

建设先进文化力有助于提升航空人的能力素养。“人是科技创新最关键的因素。”要让40多万航空人形成统一认同的价值观提升能力素养、任重而道远，需要文化发挥影响人、培育人的作用。建设先进的航空文化，大力倡导“忠诚奉献、逐梦蓝天”的航空报国精神，是航空人自觉提升能力素养的精神源泉。

建设先进文化力有助于促进航空文化广泛传播。像李天院士那样“干惊天动地事，做隐姓埋名人”、“只做不说”一直是军工人、航空人的特质。进入新时代，讲好航空人奋斗圆梦的故事是我们共同的责任，也是航空报国精神传承与传播的必由之路。建设先进的航空文化，是我们主动掌握话语权，对外树立良好品牌形象的最佳途径，是我们与世界先进航空企业并驾齐驱的必备条件。

建设先进文化力就是要对内形成凝聚力，对外输出影响力，持续增强创新力，成为核心竞争力。

三、构建先进文化力

建设先进文化力需要全面加强党的领导，重视企业文化建设，增强团队的凝聚力、战斗力、向心力，提升企业品牌形象和企业发展的文化“软实力”，让坚定的理想信念成为更为基本、更为深沉、更为持久的力量。

增强思想引领力。思想先于行动，闪电先于雷鸣，实践需要思想的引领。坚定理想信念，必须深入学习理解习近平新时代中国特色社会主义思想，认真贯彻党的十九大精神，牢固树立“四个意识”，坚定“四个自信”，坚决做到“两个维护”，落实两个“一以贯之”要求，坚持党管文化，从国家战略的高度统一思想、凝聚力量，不忘航空报国初心，牢记航空强国使命，弘扬航空报国精神，坚定建设新时代航空强国之路。推进文化创新，要打造与时俱进的先进文化，以先进思想汇聚先进力量，以先进理念、先进思想、先进典型共同引领广大航空人选对路，走到底。强化入心入脑，要全方位多角度营造文化氛围，针对新形势新特点，采取有用、有趣的新方式广泛传播与推广，深耕文化，深入人心。

强化行为管控力。一切成功的背后，都是苦行僧般的自律。有管控力才有执行力，有执行力才有竞争力。以制度培育规范性，要以制度、标准、流程塑造员工的行为习惯，强化员工行为的依法合规性，以先进的文化体制、文化管理和文化制度形成良好的文化生态。以文化培育自觉性，要充分发挥“以文化人”的作用，使广大员工自觉融入航空文化，自觉做出符合航空文化的行为，促进员工自我管理，激发工作积极性。

提升管理支撑力。先进文化能够提升管理支撑力，促进航空产业高质量发展。以文化支撑战略执行落地，宣传贯彻深化国有企业改革战略、新时代集团发展战略，聚焦主业，提质增效，打造高质量发展的“生力军”。以文化支撑改革发展路径，倡导目标导向、结果导向、问题导向的管理思想，推动管理模式变革，激发内在活力，不断增强航空产业发展的体系化、科学化和协同化。

加强团队凝聚力。上下同欲者胜，人人欲战，则所向无前。领导重视是关键，领导要率先行动，下力气、花时间做好这篇大文章，摒弃“搞文化时觉得没有用，出了问题是文化没搞好”和“为了搞文化而搞文化”的思想，带领员工认同文化、建设文化，保障人力物力财力，推动文化落实落地，文化的凝聚力才能强劲。以人为本是核心，文化能够贴近越多人的心，团队凝聚力就越强，实现团队目标一体化，团队合力最大化，团队智慧最优化，团队关系和谐化，打造一支逢战必胜的航空铁军。

提高社会影响力。先进文化是核心竞争力的重要支撑，是企业可持续发展的不竭动力，更是国企弘扬正能量的有效途径。全方位增强文化输出渗透，充分运用展览展示、开放活动、全媒体发布等手段打造优秀航空文化产品，积极向公众开放和宣传，让全社会认识航空、走近航空、支持航空。多角度增强文化吸引感召，针对不同的层次和人群，策划不同的传播途径，打造航空大 V，讲好航空故事，传播航空正能量，吸引高端人才，扩大社会影响，提升航空工业美誉度。

四、探索先进文化力

打造先进文化力，是航空工业沈阳所历经各阶段文化建设探索、逐步形成的共识。

（一）以先进理念引领先进文化力

旗帜鲜明讲政治。坚持以党建促发展、兴文化，将国企“姓党”贯穿一切工作始终。在 2015 年提出“抓党建、把方向、带队伍、扬正气”的总体工作思路，规划实施了基层党建“推进、巩固、提升”的三年“三步走”工程，持之以恒抓基层党建规范化、实效化，与党中央全面从严治党要求保持高度一致。在基层党建“三步走”工程（到“十三五”末期实现基层党组织‘一个支部一面旗帜，一个支部一个特色，一个支部一个品牌’的建设目标）、党校培训、“5P”党务督导模式（目标计划—Plan、过程督查—Program、考核评价—Perform、指导反馈—Process、改进提升—Perfect），与沈飞、南京机电开展党建共建、探索“强项目管理”模式下加强基层党组织建设等方面的特色做法得到了认可，以党建文化引领文化发展。

继承发展塑理念。积极贯彻落实新时代集团发展战略，深刻探索航空强国内涵，发展出“研制先进战机，护航美好生活”的研究所使命；提出建设“创新型、智慧化、国际化”（一型两化）飞机设计研究所的中长期发展目标；提出“先进技术产出商、先进装备提供商、优质服务供应商、优秀文化输出商”的“两先两优”研究所发展定位；传承“团结拼搏，严谨求实，艰苦创新，献身航空”的沈阳所精神，并赋予其新的时代内涵。

（二）以先进制度保障先进文化力

坚持文化进制度。贯彻集团要求，将“一心、两融、三力、五化”新时代集团发展战略纳入制度文件，充分理解和掌握新时代集团文化建设的新要求、新理念，时刻用理念文化衡量制度的适应性，制定专门的文化建设规划、制度、方案等，确保文化建设落实落地。

坚持制度落文化。坚持打造党政工团齐抓共管的文化格局，形成合力。积极落实集团新版视觉识别系统的规范执行；对特色文化进行甄别指导，纠正其与集团文化不相适应的内容；制定鼓励科研、管理、经营、服务等制度流程的纠错机制，构建环境宽松的专业学术交流互动平台，鼓励全员参与文化建设。

（三）以先进行为促进先进文化力

组织行为统筹管。注重分析行为形成表现和预期效果，努力规范形成符合集团文化理念的行为表现，体现航空人和谐向上的工作作风。注重完善科学民主的决策制度，开设职工意见箱，积极采纳职工代表和党外知识分子提出的合理化建议，坚持每年为职工办实事；注重建立上下左右畅通的沟通机制和浓厚自由的学术氛围，持续办好“书香·航空”读书系列活动，持续开办总师讲堂，积极搭建专业技术交流平台，建立扬州协同创新研究院，打造创新文化生态圈；全方位贯彻集团型号文化，使型号文化贯穿型号研制全产业链、全寿命周期；加强新入职、招聘、转岗、干部任前对于集团文化和所理念文化的教育，打下深刻的文化烙印，使航空文化不断传承与发展。

个人行为分类抓。抓住关键少数，制定领导干部行为规范；制定员工行为倡导，培育航空人新风尚；制定设计、质量、保密、安全等专项管理行为规范，养成遵章守纪的习惯，培育先进的保密、质量、安全文化，助力沈阳所高质量发展。

（四）以先进手段传播先进文化力

注重文化传播针对性。坚持把我们想讲的和别人想听的结合起来，把陈情和说理结合起来，把自己讲和别人讲结合起来。对在职员工，以举办形式多样的文化体育活动为主，展现航空人的新风貌；对离退休职工，以举办座谈会、讲党课、走访慰问等为主，传承弘扬航空报国精神；对职工家属，以举办参观、亲子开放日、参加晚会等互动活动为主，加深家属对航空人的理解和支持；对在校大学生，以吸引人才为主，通过举办宣讲会，组织夏令营等，让更多的年轻人选择航空事业；对中小学生，以航空科普和“飞鲨助学”为主，面向偏远县城高中举办的“飞鲨助学”活动已经连续举办了三年，成为辽宁地区有影响力的品牌公益活动，一百多名优秀学子受助进入航空航天高等学府，培育了未来航空事业的接班人；对社会大众，以举办展示活动、传播航空知识、推广航空品牌为主，让社会更加了解航空。

注重文化宣传系统性。统筹推进融媒体建设，适应时代需要和集团要求，提前谋划、研究、启动融媒体建设，对策采编发评各环节进行优化，整合报纸、电视、OA网、微信、楼宇屏媒、外部媒体等资源，增强宣传实效性。如：策划“我们的节日”系列宣传，以重要节日、纪念日、重要人物、事件为牵引，形成一份详细的活动日历，瞄准宣传点，采取多种形式体系化推进，弘扬航空报国精神；举办“上好一堂文化课”，系统传播航空史和沈阳所的光荣历史，不断巩固“红色基因”；策划大型宣传活动，展现航空人风采，提升归属感和自豪感。

注重文化载体多样性。设计制作系列文化周边产品，如：纪念首日封、表奖纪念章、飞机模型、飞机纪念章、文化印刷品以及其他创意产品。设置多种文化展示载体，如：“丰碑广场”、“文化墙”、“司歌墙”、“升旗台”、“廉政亭”、“文化广场”、“飞机景观”、“室内模型展示”等形式，以点滴元素不断加深航空情节；加强劳模创新工作室、团队工作室、先进党支部的文化示范单位作用；指导各单位建设文化展示区域、试验室现场悬挂国旗、标语、条幅等，营造支部活动室良好文化氛围。

注重文化队伍专业性。培育文化业务的专家队伍，成立所文化研究小组，让文化管理更专业，更有力，让文化建设工作得到广泛认可。培育文化工作者能力水平，注重领导干部的文化培养，加强基层文化通讯员的培训，打造特色“桥”文化、“家”文化等，与部队开展党建、文化共建，提升服务保障力和客户满意度。

打造先进文化力是建设新时代航空强国的一项重要课题，是促进内部协同形成合力，加深外部合作实现共赢的必然要求，需要我们肩负责任、久久为功，为建设先进文化添砖加瓦，助力航空工业高质量发展，为建设新时代航空强国挺直精神脊梁！

（作者奚继兴系航空工业沈阳飞机设计研究所党委书记）

中国航空工业成都飞机工业（集团）有限公司
打造航空先进文化力　推动企业高质量发展

航空工业成飞作为大型国有企业和国防科技工业的重要一员，始终在思想上政治上行动上与党中央保持高度一致，深刻认识到缔造先进文化力，在增强企业核心竞争力、提升企业综合实力等方面发挥着至关重要的作用。为更好地迎接新时代公司发展所面临的机遇和挑战，公司在确立以“航空报国　航空强国”为核心的先进文化力，达成“敬业奉献，逐梦蓝天，为建设新时代航空强国提供强劲的精神动力”的先进文化力建设使命的同时，又提出和实施“1135”文化建设工作思路，即“一个目标、一套体系、三大抓手、五大平台”，充分激发文化活力，推动企业高质量发展。

明确打造航空先进文化力的定力

突出一个目标：突出“打造先进文化力，提升面向高质量发展的企业软实力”的文化建设目标。

构建一套体系：构建以“航空报国、航空强国”为核心的文化建设体系。围绕“航空报国、航空强国”的企业使命，充分发挥挖掘公司数十年发展历程中沉淀下来的成功因素，提炼出航空人代代相传的优秀文化基因；再结合公司发展方向，厘清公司在新时代高质量发展中，需要培育哪些精神特质，坚持什么价值理念。将二者结合，形成一套与企业发展战略相契合的航空文化建设体系。加强顶层规划的系统性和时效性，理清子文化建设机制，推动系统子文化均衡发展。加强对基层特色子文化建设的引导，以班组文化建设为切入点，以更接地气的方式促进文化有效落地。

用好三大抓手让文化深入人心

抓好文化培训：打造先进文化力，需要通过“以文化人”，使文化“内化于心”，因此，要用好文化培训这一抓手，推进文化理念入脑入心。首先加强对新员工的文化浸润，以企业文化理念体系为脉络调整新员工培训体系，增加文化培训时长，在培训中植入文化元素，开发文化培训课件，邀请行政领导对新员工讲授文化课，从源头开始强化文化浸润。其次，针对质量、安全、保密等红线文化，建立专项文化整训机制。以质量文化建设为试点，组织质量主管部门，收集质量案例，编著质量文化课程，针对质量意识提升，全面讲授文化课。针对出现问题的团队和个人，进行专项文化整训，从文化角度剖析问题，在思想层面解决问题。

作为企业文化的引导者、布道者、践行者和传承者，领导干部在先进文化力的建设过程中，肩负着重要的文化建设使命。因此，需要组织各级领导干部，有层次、针对性地开展先进文化领导力的专项培训，组织公司领导带头开展“讲好一堂文化课”活动，逐步纠正领导干部对文化建设的认知误区，提高管理者对文化建设的重视程度，加强管理者的文化传播意识，丰富文化推广手段，提升文化管理能力。

抓好文化宣传：随着“互联网＋”业态向社会各个领域的深度延伸，信息消费的“快”和信息本体“碎片化”趋势愈演愈烈，员工对文化信息在内容、形式等多维度的个性化需求在逐级上升。因此，要用好文化宣传抓手，推进文化的广泛传播。首先，要加快融媒体平台的建设，整合内网、电视、报纸、微信、手机报、楼宇电视等既存在共同点，又存在互补性的媒介载体，做到“资源通融、内容兼容、宣传互融”，使得文化传播主题更加集中，传播内容更加丰富，传播形式更加多元，传播范围更加广泛，传播效果更加深入人心。其次，加强以“航空工业”品牌为核心的形象体系建设，系统开展文化氛围营造工作，强化对视觉识别系统的建立、应用、维护、监督，维护航空人的整体形象。通过雕塑、展板、标语等外环境文化工程，营造视觉文化场，以视觉强化促进文化的传播认同。

抓好制度执行：推动先进文化力“内化于心，外化于行”，关键需要制度的制定与执行，方能促进文化理念转化为员工的自觉行为。首先，对公司的现行制度进行整体梳理，确保制度的规定内容与公司的文化导向相统一。在制度的制定过程中，明确鼓励与文化理念相符的行为，坚决反对与文化理念相背的行为，确保软性的文化引导与刚性的制度管理同心协力，紧密融合。其次，在制度的执行中，要保证执行过程公平公正，执行态度果断坚决，执行手段直击要害。对于违反制度规定、背离文化导向的行为，要果断惩处，不惜“小题大做”，做到防微杜渐；对于符合制度要求、体现文化导向的行为，及时激励，实现对员工的承诺，提高员工内驱力。将考评激励与员工的收入分配、岗位晋升相关联，逐步撬动员工的思想观念。通过制度的制定与执行，为员工从文化理念的接受到自觉行为的转化提供有力保障。

打造五大平台传播文化

以“大讨论”为代表的集智攻关创新平台。持续关注涉及公司发展、员工关心关注的核心问题，以开展“大讨论”活动为代表，广泛组织公司级、部门级、科室级、班组级论坛，聚焦关键问题，聚集大众智慧，创新方法、开拓思路，为公司发展建立集智攻关创新平台。

在平台的建设过程中，注重对成果的实际运用转化，建立成果应用追踪机制，跟踪讨论成果在实际应用中遇到的各种情况，加大优秀经验推广，确保讨论成果落到实处、产生实效，而非流于空谈。

以“激情成飞”为代表的航空风采展示平台。“风采”是源于内心的外在表现，是航空人提升素养、塑造形象的重要平台。以开展“激情成飞”活动为代表，收集员工爱岗敬业、助人为乐、见义勇为、孝老爱亲、激情生活等方面的绚丽风采，通过大型颁奖活动将航空风采进行展示、传播。在航空风采展示平台的建设过程中，不断结合时代需求，将奋勇进取、开拓创新、钻研好学、细致认真等精神风貌纳入评选范围，拓宽评选渠道，加大形象宣传，不断丰富航空风采的内涵和外延。

以“每周一星”为代表的先进典型选树平台。持续关注科研生产一线，发掘出工作业绩突出、行为表现特别能体现企业文化导向的先进典型，充分展现员工身边的闪光点，坚持及时发现、及时激励、及时表彰、及时宣传的原则，建立先进典型选树平台，使各条战线“群星闪耀”。在先进典型选树平台的建设过程中，可以加强对“明星”成长历程的跟踪关注，记录榜样从一颗“小星星”成长为“闪耀巨星”的历程，将榜样的成长经历与企业的发展和企业文化的传承相结合，塑造鲜活的企业文化代言人，使“星光”照亮更多员工的发展方向。

以“成飞故事”为代表的航空文化传递平台。故事是历史的缩影，是精神的载体，是文化的具现。讲好航空故事，就是做好航空文化的传播传承。通过对故事的收集、加工、讲述、演绎，在“成飞故事”的传播过程中，建立起航空文化传递平台，使文化更加具象化、显性化。在航空文化传递平台的建设过程中，结合受众喜好，拓宽故事的讲述方式，运用好微电影、短视频、漫画故事等方式，让故事更加生动活泼。通过多种形式反复讲述经典故事，开拓多种渠道吸收创作新故事，使文化理念在故事的传述中落地生根，代代相传。

以“蓝天关爱”为代表的员工关心关爱平台。企业对员工的关心关爱有多少，员工对企业的付出就有多少。通过开展“蓝天关爱”项目，构建员工、企业、社会三位一体的员工关心关爱平台，把公司建设成一个和谐温馨、胸怀大爱的大家庭。在员工关心关爱平台的建设过程中，建立全公司联动的帮扶救助机制，做好对困难员工的关爱帮扶，对辛劳员工的关心慰问，加强对员工身心健康的关注和不良情绪的疏导，使员工在工作中感受到家的温暖，让文化在温馨和谐的大家庭中生根发芽，结出奋斗的硕果。

文化是最需要创新的领域，“不日新者必日退”。航空工业成飞将时刻谨记举旗帜、聚民心、育新人、兴文化、展形象的使命任务，打造航空先进文化力，推动公司高质量发展。

（作者柴雨系航空工业成飞公司企业文化建设主管）

中国新兴建设开发有限责任公司第一公司

实施品牌建设工程　发展特色企业文化

一、公司企业文化建设的特色

以品牌建设工程为载体，发展特色企业文化。作为建筑企业产品的建筑工程，其生产和服务具有单件性、流动性、地域性、周期长和生产方式多样性、不均衡性、易受外部环境约束等特点，都凸显出建筑企业品牌建设有其特殊性。尽管建筑工程施工具有明确规范的限制，但是相似的建筑，其各项管理成果都可能大相径庭。而决定工程精品的关键因素，就是公司的企业管理水平、项目部的工程管理能力和员工的综合素质。新兴建设一公司实施品牌建设工程，就是围绕这三个层面的管理要素展开的，其内涵是：以打造一流建筑施工企业为目标，以创建“品牌公司、品牌项目部、品牌员工”为载体的企业品牌创建体系。这三个层次的定位是：公司是企业生产经营管理中心，创建品牌公司是品牌建设工程的根本目标；项目部是建筑产品生产和成本管理中心，是品牌建设工程的关键；员工既是施工生产的具体实施者，又是企业品牌战略的直接执行者和企业品牌形象的集中体现者，是品牌建设工程的基础。三者互相作用，互相依存，构成了品牌建设工程的完整体系，形成了独特的文化体系和文化特色。

实施品牌建设工程是总公司企业文化的个性化实践。中国新兴建设开发有限责任公司（以下简称公司）已经走过了67年的辉煌历史，期间，有45年的军队生涯，“讲政治、顾大局、懂规矩、守纪律”部队红色基因，始终是全体干部员工严格遵守和继承的行为理念。特别是在承建中国人民革命军事博物馆、中央军委办公楼、中央党校综合楼、中组部办公楼、公安部办公楼、中纪委办公楼、毛主席纪念堂改造工程及中办系统重点保密项目的实践中，更是将政治意识、大局意识、纪律意识、规矩意识、服从意识发扬光大，形成了新兴建设独特的“铁军文化”。从2003年开始，总公司启动了以“金鼎”命名的企业文化建设工程，构建了企业价值理念体系，制订了理念识别规范、行为识别规范和视觉识别规范，成为指导企业文化建设的管理法典。

企业文化建设体系形成后，总公司制定了《企业文化建设实施纲要》和《创建学习型组织实施纲要》，采取各种形式进行传播推广。举行了企业文化建设的现场推进会、交流会、展示会、介绍会，并将每年的五月定为“企业文化月”，开展企业文化建设专项活动，通过多种途径促进企业核心价值观的转化。经过十多年的不懈努力，使企业的核心理念入耳、入脑、入心，体现在员工们的实际工作中，促进了企业的发展。2004年7月，总公司企业文化建设经验入选国务院国资委编入中央企业文化建设研讨交流会《论文选编》。

公司按照总公司的总体部署，认真落实《企业文化建设实施纲要》，以推进企业核心价值观全面转化为根本任务，从2006年开始，以实施品牌建设工程为载体，开展了生动精彩的特色企业文化建设。

新兴建设一公司的企业文化建设既注重与总公司企业文化建设本质上的统一，即核心价值理念的统一，又努力进行体现新兴建设一公司特色的个性化实践。品牌建设工程的实施集中体现了总公司“至优品质，追求发展”的核心价值观和“自强不息，永争第一”的企业精神。而且，在品牌建设工程三个层面的构建中、在标准的制定中，将总公司的经营理念（源于市场，基于诚信，忠于客户，至善至美）、企业作风（雷厉风行，善打硬仗，纪律严明）、市场理念（尊重市场，嘉惠客户，利泽长流）、质量理念（过程精品，时代名牌）、安全理念（安康高于一切，责任重于泰山）等都融入其中，将理念转换成定量和定性指标，完善形成一套企业、项目部、员工管理各方面的工作标准和行为规范，将总公司企业文化建设的系统工程在基层落地生根。

二、品牌建设工程的实施

制定标准，明确工作方向。公司通过长期的探索实践确立的品牌公司、品牌项目部、品牌员工三个方面的评价标准，作为对外经营和对内管理的实体：公司是管理和利润中心，是品牌建设工程的组织实施者。按照“塑建筑品牌，创行业一流，打造和谐高效品牌公司”的品牌战略目标，结合企业发展战略，公司党委制定了“六个一流”的品牌公司评价标准，即：服务一流、管理一流、质量一流、业绩一流、文化一流、队伍一流。

作为工程项目建设的基层单位和成本、利润制造中心，项目部在打造优质精品工程中处于关键地位。同时，项目部也是与工程建设甲方、设计、监理以及相关方面联系最直接、最紧密、最广泛的组织机构，在展示公司品牌形象中处于“窗口”地位，为此，公司党委为品牌项目部制定了“四个强”的评价标准，即：班子凝聚力强，团队执行力强，项目管控力强，单位创造力强。

员工是生产经营最基本、最活跃的要素，也是品牌建设工程的基础。没有优秀的员工，就不可能生产出精品工程，也不会有品牌项目部和品牌公司。为此，公司党委为品牌员工制定了“五个过硬”的评价标准。即：政治素质过硬，业务技能过硬，道德品质过硬，工作业绩过硬，学习能力过硬。评价标准的制定与描述，为公司的三个层次的品牌建设定向，使得创建工作有章可循，有据可依。

加强宣传，扩大品牌影响。公司党委不断加强宣传力度，扩大创建工作的影响面。对内采取“企业文化月”全员宣贯、“品牌员工事迹报告会”、“创建品牌项目部经验交流会”、座谈会、征文及演讲比赛的方式加大宣传力度，在品牌项目部、品牌员工的“选、宣、学”上做足功夫，大造声势。对外则通过传统媒体及新媒体进行宣传。《中华建筑报》上的《部委工程专业户成就新兴品牌》的长篇通讯进一步宣传和巩固了新兴建设一公司“官窑精品塑造者”的地位和形象。刊登在《首都建设报》上的通讯《固本培元，“根”深“叶”茂》，系统报道了公司第一届品牌员工评选活动。刊登在《人民日报》上的《让品牌从“楼上”建到“心里”》、《党旗辉映建筑“铁军”》的通讯、刊登在《工人日报》上的《创争活动助推建筑“铁军”实现新跨越》、《国企》杂志上的《筑品牌，促创争》,《党建研究》杂志上的《坚持三个结合，推动国有企业科学发展》等文章，生动报道了公司品牌建设工程，扩大了新兴建设一公司的品牌影响力和社会美誉度。由中国工业报告文学第一人，著名作家朱建华撰写的有关新兴建设一公司发展建设的长篇报告文学《铸就时代丰碑的“铁军”》一文被收录在了《国企传奇》一书中。刊登在《国资小新》上的《暖中有泪！他们在异国他乡“云团圆”》以及在《首都建设报》上刊登的《项目部就是职工的家》等文章充分体现出公司基层项目部的文化建设。其中,《在南极工作的365天》被“学习强国”收录，扩大了新兴建设一公司的品牌建设影响力。

注重过程，激发创牌意愿。在实施品牌建设工程中，企业主官充当建筑师和设计师的角色，同时也是品牌建设工程的第一实施者、第一宣传者。班子其他成员从分管业务入手，抓能力素质建设，抓公司品牌形象塑造。项目部主官主抓品牌项目部创建工作和品牌员工的培育工作。

品牌项目部考评工作按照各单位自查申报、考评组考核、公司党委命名表彰三个步骤进行，并接受职工群众民主测评，各项指标和测评均满足者才能够获此殊荣。品牌项目部每年评选表彰一次，已连续组织十二届，共有25个基层单位获此殊荣。

“品牌员工”从每两年评选表彰一次到现在每四年评选一次，评选严格按照候选人推报、候选人确定、公示投票、表彰奖励四个步骤进行，公司党委专门定制选票，在全公司范围开展公开票选，使得评选出来的品牌员工具有广泛的群众基础和示范价值。为了扩大影响，除了召开隆重的表彰会之外，公司党委还特别召开品牌员工先进事迹报告会，扩大活动的影响面。到2019年，已组织四届，共有22名同志当选。

严格考核，确保工程质量。品牌公司的考核由总公司党委按照创建“四好”领导班子考核体系、《经营管理目标责任书》、《党建和思想政治工作管理目标责任书》进行全方位考核。公司党委则对照“六个一流标准”进行自我的检查与评定。品牌项目部考评体系，分为定性指标、定量指标和否决性指标三类，由公司党委组织实施。品牌员工考评体系，由绩效考核和公开评选两部分组成，其中绩效考核由公司各党支部分别组织实施，评选表彰由公司党委组织实施。

持续改进，提升创建水平。在执行过程中按照计划、执行、检查、处理的顺序，充分利用 PDCA 循环理论进行实施，不断丰富、完善、提升品牌建设工程的创建水平。

从 2006 年品牌概念的初次提出，到 2010 年出台《深化品牌建设工程的实施意见》，再到 2012 年总结形成了《关于品牌建设工程的实践与研究》课题成果，荣获国资委政研会优秀政研成果一等奖和住建部建设系统思想政治工作优秀论文（成果）一等奖，公司的品牌建设工程不断走向深入；从“塑建筑品牌，创行业一流，打造和谐高效品牌公司”战略构想的提出，到“六个一流”、“四个强”、“五个过硬”标准的制定，到评价标准的细化描述，再到考核制度的完善与落实，公司的品牌建设工程按照既定的时间表有序推进：不断走向完善。2012 年，公司党委提出了“幸福工程”的理念并大力实施，这项工程是品牌建设工程的延伸，把提升员工幸福指数放到了测评品牌建设工程和企业发展成效的标尺上，得到了职工群众的拥护、信赖和支持。2013 年，公司荣幸地被中国企业文化研究会确立为“全国企业文化特色性示范单位”，并在公司举行了隆重的揭牌仪式。相关报道被《人民日报》、《工人日报》、《中华建设报》等媒体刊发。2015 年，公司被中央企业党建思想政治工作研究会授予“中央企业党建思想政治工作研究先进集体”荣誉称号（中企研［2015］3 号)。2018 年，公司所属项目部通用丽泽商务区工程项目经理部荣获中建协首批“全国建筑业企业文化建设示范项目部”；中航技项目部荣获“海淀区青年文明号”；2019 年，北京新机场南航工程项目经理部荣获“全国模范职工小家”。

三、品牌建设工程的成效与启示

通过系统打造品牌建设工程，新兴建设一公司的品牌形象升级、员工们的品牌意识增强，公司步入了健康、快速、可持续发展的良性循环。公司的市场开拓成效显著，先后承建了中纪委、中组部等 20 余项装修改造工程、业务用房工程、高校建筑工程等重大工程项目，充分体现和践行了总公司提出的“干一项工程，建一个精品，树一块品牌，拓一方市场，交一批朋友”的市场开拓原则。公司经营效果显著，员工收入近年来也有显著增长。与此同时，新兴建设一公司通过实施品牌建设工程，全面提升了企业的管理水平和核心竞争力。

时下，公司的品牌建设工程再结硕果，市场开拓成果卓著，先后中标了济宁高新区爱琴海购物公园（施工）、中国电子东莞长城开发 C 区电子产品研发配套宿舍项目 2 号科研楼项目、中宣部东四十条节能综合改造工程项目、中央民族大学新校区教学科研楼建设项目装修工程、延庆综合交通服务中心（公交停保中心）项目、中央民族大学新校区公共教学楼和社科组团教学楼建设项目装修工程、中组部万寿路 8 号院抗震节能综合改造工程及人防工程加固维修项目、青岛国际合作交流中心项目、丰台老旧小区综合整治工程项目等社会影响力高的各项工程。

在迎接建党 100 年的奋进中，公司将继续在两级集团、总公司的文化指引和感召下，以“提升公司软实力，推动企业新发展”为工作主题，发展品牌文化，巩固品牌优势，争取让“新兴建设一公司”品牌的知名度、美誉度叫得更响，传得更远。

（中国新兴建设开发有限责任公司第一公司）

中信戴卡股份有限公司
坚定文化自信　开拓企业文化建设新路径

中信戴卡在加速国际化发展的进程中，面对世界范围思想文化交流交融的新态势，面对不断深化改革和推动高质量发展的新任务，面对新冠疫情突然来袭的复杂形势，始终坚定文化自信，保持高度政治自觉、勇于发挥企业文化现实力量、大胆创新企业文化传播载体、敢于“走出去”深化跨文化融合，在持续推进落实企业价值观和文化体系的基础上，将企业文化建设持续引向深入。

坚定文化自信，保持高度政治自觉，引导企业文化建设正确方向

中信戴卡始终保持高度政治自觉，坚持以党的创新理论指导企业文化建设，认真审视中信戴卡的愿景和发展使命，通过党课、经营管理工作会等形式，要求全体职工坚定理想信念，始终与党中央保持高度一致，积极践行国家战略和新发展理念，进一步增强全体职工将“戴卡制造”做成中国符号的信心与决心，共同为制造强国做出应有的贡献。把企业文化建设与党建工作相结合，同部署、同检查、同考核，每年年初由公司党委研究部署，下发年度工作要点；每月以党支部为单位，下发党建、企业文化工作要点，将企业文化建设作为党的思想政治建设的重要组成部分，以“担当”、“合规”等理念，要求全体党员加强作风建设，在践行企业文化理念和公司改革发展中发挥先锋模范作用。使企业文化建设更好地融入到党建工作中，唱响时代主旋律。

坚定文化自信，勇于发挥企业文化现实力量，促进企业文化与生产经营相融合

回望、总结公司生产经营历史，将企业文化理念植根于长期生产经营过程所积累的经验、智慧之中。在2018年中信戴卡创立30周年之际，公司上下深切回顾企业发展历程，寻迹文化印记，整理完成企业发展历程纪念册，以图文形式向全体员工展示企业发展的不平凡历程；深入挖掘对戴卡发展具有转折意义的事件、人物、故事，丰富企业文化培训内容，通过人物和事件鲜活、生动诠释老一辈戴卡人的艰难创业历程，展现戴卡企业文化理念背后的深层次含义。其中，《第一只铝车轮诞生记》、《开拓国内外OEM市场二三事》、《戴卡模式——轻资产联营的混合所有制模式的成功探索》、《金融危机抱团取暖》等一系列故事广为流传，深入人心，激励戴卡人更加积极主动地传承与弘扬中信戴卡企业文化。

瞄准生产经营实际需要，以文化力量凝聚发展共识。中信戴卡一直将企业文化作为企业长久发展的核心竞争力，积极以企业文化理念统一全员共识，调动员工精神力量，应对新任务、新形势凝聚。特别是面对突如其来的新冠疫情，中信戴卡积极发挥企业文化的引导和动员作用，在公司内网发布《贯彻企业价值观　打好疫情防控战》倡议书，结合“仁（凝聚）、义（担当）、礼（合规）、智（创新）、信（诚信）”的企业价值观，将思想和认识统一到党中央和习近平总书记关于打赢疫情防控阻击战的重要指示精神和决策部署上来，积极宣传报道响应党和国家号召、践行企业文化，在抗疫保产过程中做出突出贡献的先进事迹，鼓舞了员工应对抗疫和复工复产双重考验的斗志。

上下联动，持续抓好基层各单位企业文化建设。与年度经营思路相结合，每年确定基层企业文化建设主题，各基层单位结合自身特点，丰富实践手段，共同推动企业文化落地。定期举办基层企业文化对标会，并到基层各单位、子公司不定期的进行企业文化建设调研、指导，互相借鉴、互相学习，奏响“文化交响乐”。疫情期间将企业文化对标会改为企业文化简报，以文字形式汇总分享基层企业文化建设经

验，并根据疫情期间特殊形势，制定基层企业文化工作指导意见，指导基层单位瞄准特殊时期经营管理需要，激发企业文化现实力量。

坚定文化自信，大胆创新企业文化传播载体，积极有效传播企业文化理念

创新主题活动形式，丰富职工精神文化生活。结合员工精神文化需求多方位、多层次的特点，组织开展内容丰富、形式多样的企业文化活动，持续营造积极向上的文化氛围。开展中信戴卡创立30周年LOGO设计大赛、文体活动、行业论坛、组织《我和我的祖国》迎70华诞快闪视频拍摄、“与新时代同行、共筑中国梦”主题演讲比赛“向不当观念行为说不，做优秀戴卡人”活动、“我与戴卡国际化2.0”征文活动、“合规杯”抗疫保产摄影比赛等活动，满足员工自我实现的文化需求，充分展示新时代戴卡员工良好的精神风貌。

做强互联网+企业文化建设，打造企业文化阵地。利用企业微信平台建设“企业文化号”，借助移动传播，牢牢占据舆论引导、思想引导、文化传承的传播制高点。充分发挥企业文化号覆盖面大、及时性强、互动效果好的优势，开设新闻公告、企业文化、基层风采、电子报告、员工祝福等板块，加强宣传规划和系列报道策划，及时宣传公司经营发展动态，传播一线践行企业文化的故事和事例，同时，组织线上文化竞赛、问卷投票等活动，与传统报纸、网站等媒体形成有效补充，新媒体平台在高质、高效宣传企业文化工作方面的价值凸显。

扎实做好选树典型工作，发挥榜样作用。制定企业文化建设优秀单位及企业文化之星评选制度，每年选树企业文化建设优秀单位作为基层企业文化建设的标杆；选树一线企业文化践行典型人物，从凝聚之星、担当之星、合规之星、创新之星、诚信之星5个维度，评选企业文化标之星，充分发挥榜样作用，调动广大员工积极践行企业文化，成为公司改革发展过程中的排头兵。

坚定文化自信，敢于走出去，深化跨文化融合。以建设摩洛哥铝车轮工厂项目为标志，中信戴卡正式迈入国际化2.0阶段。国际化发展涉及的地域更广、类型更多、文化差异更加多样化。公司始终坚持“同一个世，同一一个梦界界”的文化理念，加强与海外各生产基地的文化交流与沟通，同时，以摩洛哥项目为契机，深化海外基地企业文化建设。一是在摩洛哥铝车轮工厂项目上搭建企业文化角，以中文、英文、阿拉伯语形式在企业文化角展示中信戴卡企业文化核心理念，统一理念宣贯，同时，输出企业文化建设指导意见，在传播了中信戴卡的企业文化的同时，也向海外传播了优秀的中国传统文化。二是以项目攻坚克难为切入点，在中外双方团队范围内评选“文化融合之星”，激发了双方员工对中信戴卡企业文化的理解和认同，统一了思想认识。三是在海外员工间开展文化活动，如语言互学、师带徒传承等，持续增进团队融合，在双方团队的共同努力下仅用8个月时间就建成了年产300万件的铝车轮生产线，创造了“北非”奇迹。跨文化融合的有益尝试和创新，为中信戴卡持续“走出去”提供了良好的思想基础。

坚定文化自信，是企业发展的立身之本。通过坚定文化自信，对企业文化理念不断坚定推进落实，对企业文化建设路径不断探索创新，中信戴卡提升了文化软实力，凝聚了发展共识，坚定了理想信念，激发了创业干事的热情，应对了艰难复杂的外部环境，为打造百年基业注入动力，也为建设“制造强国”做出了中信戴卡应有的努力。

（中信戴卡股份有限公司）

中铁四局
企业文化的传承与创新

与时俱进的企业文化建设

回望中铁四局70年发展的历史画卷：从抗美援朝时期的爱国主义精神，到三线建设时期的钢人铁马精神，再到建设小杨村、徐州枢纽、京九铁路、青藏铁路等时期的“勇于争先，永不满足”的企业精神。这些都构成了中铁四局不断成长壮大的宝贵精神财富。

一是抗美援朝精神。中铁四局从这里开始。1951年初，中国人民志愿军铁道工程总队（中铁四局前身）5160名官兵紧急赴朝参战，肩负抢修几乎是战争唯一补给线——铁路运输线的重任；我们心怀“祖国和人民利益高于一切”的爱国主义精神，以及“不畏艰难困苦、始终保持高昂士气”的革命乐观主义精神，不怕牺牲、前赴后继，用鲜血和生命筑起了一条打不烂、炸不断的钢铁运输线，为最终胜利作出了巨大贡献，由此形成了中铁四局最厚重的文化底色：“不怕牺牲、同心报国”的抗美援朝精神。

二是钢人铁马精神。走下战场、脱下军装，我们响应“祖国需要我去哪里，我就到哪里去”的号召，义无反顾地投入到新中国铁路建设的洪流中；在祖国最落后、最艰苦的地方，我们始终胸怀理想、赤胆忠心、不畏艰难、无私奉献，保持“以苦为乐、以苦为荣”的高尚情怀，以昂扬的斗志和满腔的热血在新中国的大地上筑起一座又一座丰碑，以坚定的步伐伴随着共和国一路成长壮大，由此形成的“逢山开路、遇水架桥”的钢人铁马精神激励着一代代四局人奋勇直前。

三是京九铁路精神。在举世瞩目的京九铁路建设中，中铁四局承担了整条线路约四分之一的建设任务。因工程浩大、工期紧、任务急，中铁四局动员近万名四局员工扎根在京九大会战中，形成了建国以来最大的铁路会战场面；创业在京九、立功在京九、奉献在京九，创造了施工管段最长、铺架工作量最大等6项“京九之最”，和中国铁路建筑史上的丰功伟绩。时任全国人大常委会委员长乔石为四局题词“建设优质铁路，勇当开路先锋”。自此“勇当开路先锋”的京九铁路精神成为四局重要的精神积淀之一。

四是青藏铁路建设精神。中铁四局承担了青藏铁路100余公里的施工任务的世纪工程。雪域高原，百里无人区，面对“千里冻土、高寒缺氧、生态脆弱”三大世界级难题，中铁四局直面挑战，以强烈的历史使命感与责任感，秉承“缺氧不缺精神、风暴强意志更强、海拔高追求更高”的战斗精神；5年奋战，在雪域高原创造了“青藏第一墩”“青藏第一隧”“青藏第一路”等多项青藏铁路全线第一，形成了“挑战极限、勇争第一”的青藏铁路建设精神。

五是高铁建设精神。中铁四局是中国高铁建造技术的引进者、创新者，是中国高铁建设名副其实的主力军、排头兵。我们把爱国之情、报国之志融入高铁建设中，在所有高铁干线网络的建设过程中，秉承“干最好、争第一”的争创赶超理念，穿山越岭、跨江渡河，拼搏奉献、开拓创新，匠心铸造优质工程，并成功推动高铁综合施工多项关键技术的国产化，为打造“中国高铁”国家名片、推动中国高铁迈出国门、走向世界发挥了重要作用，由此积淀蕴育出了“开拓创新、奋勇争先”的高铁建造精神。

六是新时代企业精神。中铁四局始终与国家同呼吸、共命运。进入新时代，中铁四局的文化内涵也更具多元化，在传承发扬优良传统文化的基础上，与时俱进、兼容并蓄，不断融合了创新、协调、绿色、开放、共享的新五大发展理念，注入了“学习、争先、幸福、诚信”等多重文化元素，以“共建、共享、共赢”的精神实质，致力于与相关方打造利益、责任和命运共同体，为支撑企业全面转型升级、助推企业高质量可持续发展注入了源源不断的动力。

近年来，中铁四局把“文化升级”作为其中重要的组成部分，明确了建设“员工幸福、客户推崇、伙伴信赖、广受社会尊重的一流现代化企业集团”的企业愿景，确立了“为员工谋幸福、为客户创价值、为企业谋发展、为社会作贡献”的企业使命，目的是在传承优秀企业文化精髓的基础上，创建新的竞争优势，推动企业高质量可持续发展。

文化建设的新阶段

为企业文化注入幸福元素。在市场竞争中，企业总是把市场客户奉为上帝，而真正去服务客户的是企业的员工。员工只有唯一的客户，那就是市场客户。如果员工得不到企业的认可，企业没有给予员工足够的关怀，员工在市场客户面前的表现可能就不尽如人意，最终导致市场客户对企业失望。没有幸福的员工就难有满意的客户。四局认为，正确的关系应该是：企业将员工视为上帝，员工将客户视为上帝。只有员工幸福了，充分享受到企业发展的成果，真正感受到成功的乐趣、人生的价值，愉快工作、幸福生活，才会给客户创造价值，才能为企业聚集持久发展的动力，国有资本才能越做越强越优越大。

强化企业党的建设。企业文化建设其实最终的目的都是为了提升组织的战斗力，把企业建设好、发展好。而党建和企业文化建设归根结底都是人的建设，对企业而言，就是员工的建设。为此，党的建设、企业文化建设必须遵循“以人为本”的原则，这是激发员工企业归属感的根本。四局把企业的党建、文化创新、人才培养体系等落脚点都放到幸福企业建设上，把幸福企业建设作为强化企业党的建设、企业文化建设的重要抓手，三者有机融合、共为一体。每个员工清晰地知道所有的付出是为企业，更是为自己工作、为自己奋斗，进而产生更大的动力，促使企业发展的越来越好。

建设幸福企业。四局建设幸福企业首先源于国家两个文明发展战略驱使。改革开放40多年来，我国经济获得高速增长、物质文明得到极大发展，而精神文明进步的速度落后于物质文明。幸福企业建设是和谐企业、和谐社会建设的抓手，某种意义上是对精神文明的“补课”。其次是建设文明企业需要。哈佛大学威廉．詹姆斯教授的一项研究表明：薪酬制度能让员工发挥20－30%的能力；良好的工作氛围，也就是企业文化，员工可以发挥80－90%的能力，提升组织绩效；从个体工作意愿看：人做事靠“能力＋意愿”，能力可以培养，意愿则主要靠文化和氛围激发；幸福文化的培育，无疑会激发员工的干事创业意愿；再次是员工发展使然。向往幸福是每个人的天性。稻盛和夫成功方程式是：成功＝人格理念×能力×热情。而幸福的文化氛围，可以直接作用于员工“人格理念”。特别当前新时代员工物质条件基本满足，更多追求精神层面，向往自由、受人尊重。第四是人们认识逻辑自觉提升到结果。美国专家罗伯特. 迪尔茨将“自我”分为“环境、行为、能力、价值观、身份、愿景”六个层次。一般来说，一个低层次的问题，在更高的层次里容易找到解决方法。我们建设弘扬幸福文化，建设幸福企业，是员工对幸福企业的认知理解更加自觉的必然选择。

为创建幸福企业进行全方位探索

中铁四局持续探索提升员工幸福指数，从“三不让”（侧重物质保障）→“三让三不让”（物质＋精神）→全面建设幸福企业，由表及里，由浅入深。

一是项目层面：其一，从改善一线员工的生产生活环境入手。自2015年至今，四局以“家文化”为核心，先后在300余个项目建成幸福项目部（驻地花园化、宿舍公寓化、食堂标准化、卫生规范化、娱乐多样化），持续改善项目员工的工作和生活条件，形成了具有四局特色的徽派建筑标准，努力让一线员工体面劳动、舒心工作、幸福生活。其二，我们把项目员工的休假问题作为重中之重予以解决，出台制度办法，把员工的休假权益制度化、强制化，同时也积极推行家属反探亲，开展“小候鸟夏令营”活动，创造环境让员工、员工家属受益。其三，坚持收入向一线倾斜，积极探索建立全局员工个人健康档案，通

过健心、健身两手抓，双向提升员工“薪酬”与“心酬”，真正把人文关怀做扎实、做到位。最后，大力推进党工团建设，积极组织开展项目学习、体育、团建等活动，丰富员工业余、精神生活，提升归属感、减少寂寞感，增强员工素质与能力。

二是企业层面：第一，让总部基地旧貌换新颜，把总部机关成功打造成为了集办公、住宅、生活、休闲、健身、学习、购物等于一体的综合性花园小区，多次被评为合肥市“卫生先进单位”和“花园式单位”。第二，成立了企业大学和各分院，开展实施各类型学习培训项目，制定员工“成长线路图”，构建多元学习平台，全方位提升各层级干部员工能力和素质，助力个人成长成才和企业高质量发展。第三，培育幸福氛围，先后邀请国内知名专家学者到中铁四局开设道德讲堂、国学讲堂，就幸福、中华传统文化等等进行专题讲座，进一步丰富了幸福文化的宣传教育。最后是通过举办企业文化节、开展健康管理、评选“四局好人”、组织“行健四局”“集体婚礼”“农民工摄影展”等活动，让干部员工真真切切感受到四局在为员工谋幸福、为企业谋发展。广泛开展了扶贫攻坚、“优秀协作队伍短期健康疗休养”、志愿服务、金秋助学等，将发展成果延伸到社会相关群体。

三是理论层面：通过对幸福企业建设的理论研究，形成从实践到理论的升华，保持幸福企业建设螺旋式发展，员工幸福指数不断提升，打造国有企业建设“幸福企业”的试验田、先行区。我们大力弘扬奋斗幸福观：幸福是奋斗出来的，奋斗者是幸福的，最大限度统一对幸福的认识，让广大干部员工与企业同成长、共进步；同时出台幸福企业建设实施意见，明确了幸福项目部建设标准，构建了“一个中心、双酬定律、三维体系、四大步骤、五项工程”的基本框架，进一步规范化、制度化深入开展幸福企业建设；与清华大学联合开展幸福企业课题研究，建立《幸福企业理论构建及测评体系》，深入开展员工幸福指数定期测评，构建长效预警监测模式。

四局人相信，幸福企业建设，永远在路上！只要人们心中有光明、脚下有力量，就一定能将四局建设成“员工幸福、客户推崇、伙伴信赖、广受社会尊重的一流现代化企业集团”。

（中铁四局集团）

东方国际集装箱（锦州）有限公司

企业以员工为本　员工以企业为家

东方国际集装箱（锦州）有限公司（以下简称“公司”）隶属于中国远洋海运集团总公司，2005 年建厂，2006 年投产至今已走过十四个春秋。公司地处东北，是行业内最北方的集装箱制造企业。

公司自成立以来，精心打造的优质产品与服务不仅一次次刷新了客户对“中远海运制造”和“DFIC”品牌的深刻认识，更成功地摸索出了属于自己、适合自己的特色之路，实现了多元化发展。其中最重要的就是形成了一套先进的文化建设体系，它犹如一面旗帜为企业发展指引了正确的前进方向，也为全体员工拼搏奋斗提供了不竭动力。

公司企业文化建设的核心指导思想是“美丽·爱心家园”，并通过实施“爱心安全”、“素质关爱”、“卓越品质”三大科学管理工具开展企业文化建设各项活动，推动公司生产经营不断向前。正是在这一特色家园文化倡导下，公司上下形成了“企业以员工为本、员工以企业为家”的良好格局，确保了公司永葆活力地健康持续发展。

一、家园文化的形成

（一）爱心公寓惠及员工，打造特色家园文化阵地

公司爱心公寓于 2012 年正式投入使用。公寓是每位员工一天工作之后休息的地方，更是公司家园建设的重中之重，公司为员工公寓配套了地暖、无线网络、电视、活动室、洗衣机、熨烫机、超市、电影院等设施，切实保障了住宿员工的生活质量。

公寓实行自主管理。每间宿舍民主推选寝室长，寝室长与桌长、台位长、兄长共同构成了“四长制”——通过建立最基层的自治组织，实现床位、桌位、台位、工位的有效自主管理。

有规矩守规矩，文化才能落地。这些细之又细的规矩，就是企业文化建设的逐步积累。

（二）人文联络架起沟通桥梁，和谐氛围奠定家园文化基础

公司提倡“管理就是服务”理念。就是指上级为下级提供服务，管理为一线提供服务，同事之间自主自发地为彼此提供服务。

以全体管理人员为联络员的全员联络制度就是对“服务”理念最好的诠释。员工遇到问题，不论是工作还是生活方面，都可以第一时间与联络员联系，解决方案最迟第三天就会反馈至一线员工。通过这条快速通道，一线员工甚至可以与公司总经理面对面交流沟通。公司的联络形式也十分丰富，可以在员工食堂、公寓、文化广场面对面交流，也可以通过电话、QQ、微信等沟通，总经理等领导班子成员也会定期组织一线员工座谈。锦州箱厂是一个大家庭，员工之间通过紧密的联络沟通，彼此打开心扉，共同培育家园文化的丰厚土壤。

（三）爱心安全引起共鸣，家厂联动共保平安

公司敢于向传统的安全管理理念挑战，倡导从简单制度管理向用爱心管理转变。公司在开展安全工作时，传递出的是“安全就是爱心”这样的理念，是真正付出了情感和爱心在工作，公司的安全文化也就此形成。

公司围绕“爱心安全”科学管理组织开展特色活动，引导广大员工自主要安全、会安全，同时坚持打亲情牌，通过开展系列家厂联保活动，让员工家属走进公司，更全面深入地了解、参与、支持公司安全

工作开展，让员工与家人携手筑牢安全防线。

（四）从光盘行动到光盘行为，文化自觉逐步形成

公司光盘行动起始于2013年，管理者首先调整自己的管理观念。要求员工做到珍惜粮食，不倒饭和馒头，并由食堂管理人员在就餐过程中推着流动餐车随时添饭。同时，针对就餐者提出的菜品口味问题，要求当班厨师自己在就餐者中听取意见，及时加以改进；要求工段长以上管理人员全部参与到食堂的“光盘行动”跟进中来。公司分别从硬件、菜品服务、软环境建设等三方面入手，对症下药，全面改善。坚持一段时间，员工不仅自觉地做到光盘，还汤碗不剩汤，吃完自觉擦桌面，食堂内不吸烟，地面保持整洁，有秩序地文明就餐。每顿一千多人的就餐，餐后垃圾不足半桶。不仅如此，员工还在公司以外的其他场所自觉传递“光盘文化”。

二、家园文化建设发展

（一）美丽环境温情工厂，文化熏陶润物无声

公司注重环境文化建设，在业内被誉为“花园工厂”。由房屋箱样板间打造的睿智庭院，前有花草环绕，后有绿树掩映，侧有小桥流水、亭台轩榭，桑葚、桃、杏、李子等果树错落有致，工厂许多员工的婚纱照都在这儿拍。曲径通幽处，圈养的鸡、鸭、鹅、兔等悠然自得，静享这番美景。公司将花园冠名为“东方智慧花园”，人工湖名曰“慧之湖”，美景沁人心脾，启迪智慧。走遍工厂，细微之处总能见风景。

走出花园，展现的是真实的工厂世界。沿创新大道去往员工宿舍和食堂，以绿化带为基，成排的企业文化宣传栏构成一条“文化长廊”，这也是工人们车间、宿舍、食堂“三点一线”工作生活的中心地带。

创新大道、协作大道、幸福路、平安路、卓越路，这些源于企业文化理念的道路名，是为了让广大员工更深刻地理解公司文化理念内涵，不断“创新”，加强“协作”，追求“卓越”。同时，饱含美好祝福的“幸福、平安”则体现了公司“人本至上”的管理理念，传递着浓浓的关心关爱之情。

（二）文化建设形成科学体系，发挥导向作用

遵循从实践中总结提炼，再反作用于指导实践的原则，公司经过十四年发展，在打造自身特色企业文化的同时，也为上海寰宇“卓越·共享”企业文化体系的形成和确立提供了一定参考。同时始终坚持在“卓越·共享”企业文化引领下，推动各项工作高效有序开展。

公司确立了“爱心安全”、“素质关爱”、“卓越品质”三大科学管理工具，为实际工作开展提供方法。“爱心安全”是前提和基础，“素质关爱”是方法和必然，“卓越品质”是激励和目标，三者层层递进又相辅相成。“爱心安全”倡导不论工作还是生活要始终心中有关爱，为“素质关爱”的实施奠定了基础，激发了自觉性。公司通过校企联合、创建“技能大师工作站”、定期培训、述职演讲评比、素质拓展等丰富多样的活动不断充实“素质关爱”的内容。认识高度决定优秀程度，对于“卓越品质”的追求自然而然地成为广大员工的内心需求，公司以建设卓越班组为目标，真正将文化建设深入基层，引导员工从认同走向自主传播。在科学的、完善的文化建设体系指导下，公司的家园文化建设已经扎稳了根、落稳了脚，并不断结出硕果。

三、家园文化建设成果

（一）从以人为本向能本管理转变，员工素质全面提升

公司最大限度地提高和发挥每个职工的能力，并把能力这种最重要的资源通过优化配置，形成推动公司全面进步的巨大力量。

为大力弘扬工匠精神、引导广大员工牢固树立质量意识，公司开展了寻找“东方工匠”、“台位明星”等活动并进行系列报道，激励和引导广大员工以精益求精的“工匠精神”奋发图强。公司还在“尊师重教”的基础上大胆创新，制定了《新型师徒关系管理办法》，让大家安心学习、大胆创新，快速全面地提

升新员工职业素养。

（二）文化就是生产力，夯实企业品牌建设

公司文化建设获得了国内外客户的认可与赞同。2016 年 8 月，几位来自英法两国的客户莅公司进行特箱业务考察。参观中，花园式的厂区、“光洁清净”的职工餐厅、“整洁透亮净”的生产车间令他们啧啧称赞，员工队伍激情自信、团队和谐高效也让客户赞叹不已。

外商客人们说，从外国媒体了解到的是：中国的工厂是“脏、乱、差”，中国的制造业是陈旧落后的，甚至连中国工人也是萎靡不振的……而锦州箱厂用馨香四溢的企业文化刷新了他们对中国工厂、中国制造业乃至是整个中国工人的印象。他们不仅沉醉于文化所散发出的迷人芳香，也牢牢记住了锦州箱厂这个品牌。这种铭记与赞美是对文化的认同，让锦州箱厂与国际接轨，让中国工业与“创新”和“优美”相连。

（三）建设卓越班组，打造一流制造业

公司始终坚持班组是一切工作的出发点、立足点和落脚点，运用精益生产等科学管理措施，建立系统的、规范的管理模式，加强基层班组建设，提高基层班组长管理能力及全员综合素质，将企业文化坐实落地，延伸到班组管理中，促进人才成长、安全生产、质量管理、提质增效等生产管理工作提升，使得卓越班组建设富有成效，形成不断改善、与时俱进的卓越班组管理模式。公司被中国船级社质量认证公司授予了“卓越班组建设五星级企业”认证称号。

多年来，公司以优秀的业绩和卓越的管理，获得了集团、当地政府和广大业界同仁的一致认同、赢得了客户的交口称赞。公司先后荣获了“全国企业文化特色性示范单位”、“改革开放 40 年中国企业文化优秀单位”、“全国企业文化优秀案例”、“企业文化建设一级企业”、“2018 – 2019 中国企业全媒体传播体系构建与品牌传播优秀单位”、“辽宁省文明单位”、“辽宁省文明单位标兵”、辽宁省首批“绿色工厂”、“辽宁省模范职工之家”、“辽宁省安全文化建设示范企业”、“辽宁省名牌产品”、“中远海运先进基层党组织”、“中远海发先进基层党组织”、“锦州市工业十强企业”、“锦州市优秀企业文化示范单位”、锦州市首届“市长质量奖”、“2017、2018 年度锦州市工业稳增长突出贡献企业”等荣誉，连续四年被评为“锦州市功勋企业”。

博采众长、兼收并蓄，不忘初心、继续前行。如今，“美丽·爱心家园”文化建设已经成为公司改革发展、锐意进取的强大竞争优势，全体员工用心营造着属于自己的美好生活，也将不断挖掘潜力，为集团集装箱制造板块发展贡献更多力量。

（东方国际集装箱锦州有限公司）

江苏核电有限公司
党建引领下的新时代企业文化建设

江苏核电有限公司（以下简称公司）成立于1997年12月，负责田湾核电站的建设管理和建成后的商业运行，及中国核能电力股份有限公司部分核电新厂址开发和保护。田湾核电站位于江苏省连云港市连云区，目前投入商业运行的4台机组是中俄两国政府加深政治互信、发展经济贸易、加强国际战略协作，共同推动中俄核能合作的标志性工程。公司以“中俄核电科技研发国际科技合作基地”、“全国对俄科技合作基地联盟”、“国家级博士后科研工作站”、“国家高新技术企业”、“江苏省企业院士工作站”等科研平台建设为抓手，坚持党建引领企业文化建设，切实发挥创新对田湾核电基地科学发展的原动力作用，先后荣获全国质量奖、军工系统安全生产标准化一级单位、中央企业先进基层党组织、全国企业文化建设示范基地、全国五一劳动奖状、全国工业旅游示范点等奖项。

一、企业文化建设背景

不断的变革是牵引文化发展的源动力，央企的属性又决定了党建引领各项工作是公司特色。田湾核电站开建以来，历经艰苦奋斗的建设期（1997－2006）、精益求精的运行期（2007－2010）、追求卓越的发展期（2011－2016）、超越自我的创新期（2017年至今），不同阶段的总结与转换都是“自我革命”，需要更大的勇气去直面新阶段的新挑战，在这一过程中，田湾核电基地建立了具有田湾特色的企业文化建设“四步六维”模型（即提炼，培训、宣传和激励，固化，评估四大步骤六个维度），并形成了具有特色的企业文化体系：其中1997年至2006年，公司以“安全第一，质量第一”为核心价值观，坚韧不拔，攻坚克难，为田湾核电站后续安全、稳定、高效运行打下了良好的基础。2007年至2010年，一期工程两台机组进入运行，保证核安全、锐意进取成为新的要求，公司及时提出了“零容忍”和“总经理部八个期望”的理念，对引领公司发展和凝聚员工意志发挥了重要作用，并通过各种规章制度的固化，形成了规范的管理体系，2009年通过了质量、环境和职业健康安全管理体系认证，成为国内首家同时通过三项认证体系的运行核电企业。

2011年，公司党委和总经理部审时度势，结合田湾发展历史和未来发展愿景，结合员工队伍建设需要，适时提出了“中核田湾人”的理念，并经过广泛讨论，提炼形成了“田湾精神”，得到了广大员工及各相关方积极参与和广泛认同。2017年，随着公司三大主营业务的深化拓展，公司各领域管理能力日益成熟，超越自我、创新发展是全体中核田湾人面临的新挑战，2018年公司党委开启全面深化改革的新征程，“全面依法治企、全面从严治党”是新时期对企业文化工作提出的新要求，在持续推进卓越文化体系落地的同时，公司党委提出在党建工作的统领下，在“三纵一横一嵌入”的工作框架下，以核安全文化为基础，以新时期的田湾文化为特色，贯彻“安全、可靠、高效、环保”的管理要素要求与“一次把事情做卓越”的理念，团结和引导广大干部职工凝聚共识，投身基地发展。

2019年以来，中核集团正式发布新中核文化理念体系，江苏核电积极推进以“责任 安全 创新 协同”为核心价值观的新中核文化在田湾核电的落地生根，成立江苏核电有限公司企业文化和品牌建设工作委员会，打造“田湾核电”品牌，不断推进落实新中核文化在公司开花结果、运用转化。

二、文化体系内涵

公司坚持对集团公司新中核文化的传承，在弘扬“两弹一星”精神和核工业精神的基础上，在中国核电卓越文化体系的指导下，凝练形成了以核安全文化为根基，以田湾特色文化为亮点的企业文化体系，为推动田湾核电基地实现科学发展提供了强大的精神动力。

如果把“文化体系”视为“参天大树”：以中华优秀传统文化与中国特色社会主义先进文化为基础，这是大树根深叶茂的“土壤”，象征公司文化自立的时代背景。“两弹一星”精神和核工业精神为源泉，这是大树保持茁壮成长的“养分”，象征公司文化自信的力量来源。核安全文化为根本，这是大树屹立不倒的“根系”，象征公司安身立命的文化根基。“一次把事情做卓越”为导向，这是大树持续壮大的“主干”，象征公司文化自强的实践历程。坚持打造特色文化，这是大树吸收阳光的“枝叶”，象征公司文化的包容氛围。“国际核科技发展的引领者”为愿景，这是大树培育生长的累累“硕果”，象征公司永争一流的价值追求。

三、“田湾核电”品牌文化建设主要做法

党的十八大以来，习近平总书记多次强调：坚持党的领导、加强党的建设，是国有企业的“根”和“魂”，是我国国有企业的独特优势。江苏核电始终坚持公司党委要做企业文化建设的引领者，切实提高全员的思想认识，真正把握好当前企业文化建设的重点任务与工作方向，紧紧围绕企业的中心工作，以党建工作引导文化建设。以“安全、可靠、高效、环保”为管理要素，以服务三大主营业务开展为基本要求，努力发挥内强企业凝聚力、外增企业竞争力的重要作用，开展了卓有成效的工作。

（一）坚持党的领导，通过党建引领企业文化建设，充分激发文化建设活力

党的十九大报告指出，“坚持党对一切工作的领导”，强调“五位一体“的总体布局和”四个全面“的战略布局必须全面坚持党的领导，确保党始终总揽全局、协调各方。新时代田湾企业文化建设，需要依靠党建来激发动力，打造党建引领文化，文化支撑全局的工作模式。公司结合全面深化改革与全面从严治党的要求，紧密围绕“党建引领企业文化建设”这一主题开展工作：一是继续坚定公司党委在企业文化建设中的主体地位，确保文化建设的政治定位与政治方向，用党建引导企业文化建设，确保文化建设与中心任务的紧密结合，保证文化建设能够落到实处去；二是深入推动企业文化建设融入党建工作，充分发挥党组织的执行优势与企业文化的传播优势，以润物细无声的方式将党的思想教育内化到全体员工的行为中去，通过与党建工作的结合，激发文化建设的活力，更好地支撑公司主营业务的开展。

（二）以核安全文化为核心，打造安全生产的“防波堤”

核安全文化是核电行业企业文化建设的重中之重，贯彻中国核电卓越核安全文化十大原则，强化责任心是我们一贯追求的目标。公司以“核安全文化体系和制度建设”为切入点，深入开展核安全文化建设，奠定了众多良好的实践基础。成立公司党委书记/董事长担任主任的核安全文化推进委员会，全面负责公司核安全文化建设相关的政策制定、工作策划与推进、异常评估与改进等；在《核安全文化建设五年发展规划》的统筹安排下，从“核安全文化素养的培育和强化”、“核安全文化管理期望传达与落实”、“核安全文化持续改进机制强化”、“效果评价与改进推进”四个方面部署核安全文化建设的行动，努力践行“最安全的方法是最快的方法”的理念，守住核电行业的生命线。

（三）坚持“以人为本”，通过企业文化建设奠定高效发展的坚实基础

企业管理的核心还是在于人，人与人的行为是管理过程的核心。田湾核电取得了一个又一个业绩丰碑，离不开一个具有坚定信念、目标一致的员工队伍，企业文化在激发人员潜力，保证公司高效发展的过程中发挥了重要的作用。

一是让公司的文化理念在员工队伍中入脑入心，开展系列的培训活动，针对不同的员工群体，采取有

针对性的培训。如：编制《企业文化初训》教材，作为新入职员工的必修课；针对各处室宣传文化联络员等骨干力量开展专题培训，让大家懂得如何组织开展企业文化建设工作；通过各种途径和平台向各协作单位（现场承包商）工作人员展示企业文化建设成果，构建企业文化建设大格局；结合各处室内部企业文化建设情况和主要工作内容，解读各处室在践行企业文化建设方面的良好实践，用鲜活的文化案例诠释企业文化理念等，专项的文化培训，统一员工队伍的思想。

二是提出“培训是员工最大的福利”管理理念，建立基于系统化培训方法（SAT）的培训管理体系，确定“授权上岗制、全员培训制、终身培训制”的培训原则。在新员工培训、操纵员培训以及全员综合素质能力提升培训等方面开展了系统的工作，在核电行业处于领先水平。为保障干部队伍的长久战斗力，公司积极宣传“诚朴为人、公廉为事”的廉洁文化内涵，建立党风廉政监督员制度，组建廉洁文化传播的“专职”队伍，每天一条廉洁微信、每周一条廉洁短信等多种形式的廉洁文化建设活动使廉洁文化融入广大职工的日常工作，绷紧了员工思想上的“弦”，牢固的思想防线锻造了一只具有高度自觉性与高度执行力的员工队伍。

三是激励机制是实现高效管理的重要手段。公司从党工团、业务领域、绩效考核三个方面建立了多条创先争优途径，包括大修之星、管理创新、科技创新、优秀党员、优秀青年突击队等。通过全员绩效考核制度的落实，开展优秀员工、优秀干部的评比等。每年定期开展评比表彰活动，在各领域树立典型，注重发挥各类先进的示范作用，进一步巩固丰富了企业文化建设的成果。

四是倡导“一次把事情做卓越”的工作理念，增强各岗位员工的荣誉感和自豪感，由工会统一组织，多年来坚持开展“安康杯”劳动竞赛活动，在各领域开展具有针对性的竞赛，以点带面促进员工队伍整体素质水平提升。积极组织开展以企业文化内涵为主题的文艺晚会，在各类文体比赛中重视文化建设，加深员工对“中核田湾人”理念的认同，加深对“卓越文化”理念的理解，激发了广大“中核田湾人”爱国、爱厂、爱家的情怀，传播正能量，引导广大职工投身田湾核电基地的建设工作。

（四）以制度建设为最终载体与落脚点，保证主营业务的可靠与科学开展

公司各领域管理指标的持续提升，离不开制度与资源的支撑，在这一过程中，需要企业文化建设能够紧贴生产需要，在制度建设中融入卓越文化的理念内涵，聚焦三大主营业务开展。公司以卓越绩效导入为契机建立了系统完善的管理体系，并在长期的积累和实践中，通过不断地学习和改进，形成了具有田湾特色的制度，如管理者观察与指导制度、每天一条安全信息制度等。员工的日常行为礼仪也是一个企业文化的形象展示。为此，公司根据核电的特点，编制了《企业文化——员工手册》，明确了日常行为、礼仪规范、安全规范、社区文明等广泛应用的行为要求。

公司各级管理者带头践行企业文化理念，直接参与公司各项管理提升活动，带头执行，亲力亲为。如：启动实施各业务领域相互交叉的“管理者观察与指导”活动，各级管理者每月至少一次到基层进行观察和指导，通过与员工面对面的交流，肯定员工正确的做法，传递管理者的期望和要求。坚持开展“每天一条安全信息”活动，公司大小会议之前，必须利用3到5分钟时间学习每天一条安全信息。2018年以来，为进一步增强党建工作成效，创造性地提出在学习每日一条安全信息的同时学习每日一条党建信息，通过各种途径增加党建知识的传播。行胜于言，领导通过亲历亲为的行动，让员工看到了公司的期望和要求，通过与员工经常性的面对面交流，让员工深刻理解了公司的企业文化理念。

（五）创新是保持企业发展生命力的重要手段

公司建立了覆盖公司级、处室级、员工级的持续改进与创新的有效机制，针对突出问题运用现代管理科学理论、管理模式与方法，创造性地革新公司管理制度，创新经营理念、改进管理方式、管理组织和管理方法，以状态报告系统作为管理改进与创新活动的主要平台，通过管理创新、QC小组活动、对标管理、状态报告、同行评估、节能减排、效能监察、体系改进、职代会提案、合理化建议等12种方式开展改进与创新工作。以科协为平台积极推进创新文化建设，营造“全员创新”的工作氛围，持续提高科技

创新能力，切实发挥了创新工作对田湾核电基地科学发展的原动力作用。

（六）以“绿水青山就是金山银山”的理念，打造核电文化品牌

党的十九报告提出建设生态文明是中华民族永续发展的千年大计，必须树立和践行绿水青山就是金山银山的环保理念。核电作为清洁能源有着天然的优势，本着“精益求精”的态度，公司积极贯彻“创新、协调、绿色、开放、共享”的新发展理念，在传统重视放射性气态、液态、固态废物管理的基础上，追求“零排放”，努力树立核电行业的绿色品牌。并通过“五个一”的工作思路（一个重点人群、一个科普计划、一个科普基础、一个重要活动、一个尝试）积极宣传和推广核电的环保清洁形象。

企业文化建设是根据企业发展和文化发展的内在规律，在明确企业发展战略，对企业现实文化进行分析评价的基础上，确立企业文化建设目标，并有计划、有组织、有步骤地实施，进行企业文化要素的维护、强化、变革和创新，不断增强企业文化竞争力，引领企业战略目标实现。江苏核电以全面深化改革为契机，全面推动新中核文化与卓越文化体系落地，以全面从严治党为手段，充分发挥党建引领企业文化建设的优势作用，努力用企业文化的“软实力”创造科学发展的“硬业绩”，为建设“一流核电基地”、助力中国核电“做最具魅力的国际一流核能企业”做出了应有的贡献。

（江苏核电有限公司供稿）

国家能源神东煤炭集团
神东打造创领文化“双维度”践行模式

一、模式背景

面对新形势和新挑战，神东认真分析行业与企业面临的客观形势与发展趋势，在传承中创新，在创新中完善，凭借多年来的文化积淀和历史传承，坚持问题导向，通过统筹规划、督导实施、创新实践，在企业文化建设上取得了一系列成绩，进一步理清了规范与创新的关系、管理与文化的关系、好听与管用的关系。所属基层单位呈现出子文化建设百花齐放、宣贯传播氛围浓厚、载体建设亮点频出的格局。就企业文化建设而言，虽取得了一系列成绩，但仍存在子文化建设水平参差不齐、建设经验缺乏系统总结分享、个别单位的文化践行仍在探索阶段，没有找到适合本单位的文化建设路径三个方面问题。

为此，神东以创领文化践行应用项目启动运作为着力点，坚持调查研究与诊断分析相结合、外脑引导与内部提升相结合、考核评价与问题解决相结合、对标对表与总结分享相结合，总结、提炼形成神东创领文化“双维度”践行模式。

二、模式内涵和应用思路

（一）模式内涵

“双维度”践行模式遵循“认知——认同——实践——共享”的文化认识规律，搭建教育培训、活动仪式、传播分享、文明创建四个平台，通过“从感性到理性、再从理性到实践”两次转化，实现企业文化宣贯的常态化，促进创领文化理念的深植；企业文化管理维度聚焦问题解决和管理提升，遵循“发现问题——文化归因——提出对策——结果评估，通过特色文化实践、班组文化实践、管理创新实践、行为塑造实践四项措施，推动管理变革与升级。

（二）应用思路

致力“三个转变”，推动文化践行。一是转变践行重点，从建到管。二是转变践行导向，从虚到实。三是转变践行方式，从繁到简。把握“三个要点”，确保践行效果。一是把握好出发点，基层单位首先回答“有什么、缺什么、补什么”的问题，找到自己的提升方向；二是把握好切入点，基层单位文化践行中要结合本单位实际，找到符合自身特色、体现管理意图、员工普遍接受的路径和载体为切入点，重点突破，实现以点带面；三是把握好落脚点，文化践行以人为核心，要坚持以人为本，积极探索与时俱进的管理方式，切实解决人的主动性问题，真正达到以文化人的目的。

三、应用路径

（一）建设特色子文化 让文化更有生命力

按照神东“一主多元、统分结合”的文化建设原则，围绕创领文化核心定位，各单位结合自身实际，着力打造了一批有内涵、有亮点、高认同的特色子文化品牌。

子文化提炼分为四个步骤：第一步，收集整理，形成文化素材库；第二步，头脑风暴，凝练文化主题词；第三步，拓展提升，赋予品牌新内涵；第四步，精神传承，拓展践行新路径。

子文化践行注重“五个融入”，即在路径规划与选择上，注重融入党的建设、融入制度流程、融入主题活动、融入可视范围、融入日常工作，将特色子文化内化于心、外化于行、固化于制、实化于效，推动特色子文化全面落地。

（二）做精专项文化 让理念融入业务

专项文化建设，是指在管理专项领域内集中发力，提升关键能力，逐渐以点带面，全面提升管理水平的实践方式。为切实发挥文化引领作用，聚焦重点领域，瞄准关键环节，神东各基层单位积极探索专项文化实践的路径和方法，目标明确、成效明显。

专项领域选择，要从能力和需求出发，遵循两个“最”原则。一是最突出，选择单位比较擅长的领域，易于上手，便于体系梳理和完善，形成经验模式；二是最急迫，选择管理中亟需解决的问题，以问题为导向，目的明确，既解决了问题，又固化了成功的路径。

（三）做优班组文化 让文化激活基层

分级赋能激活，激发班组动能。分级赋能是神东基层单位开展班组文化建设最有效的方式，在进行单位统一规划和管理的同时，将自主权下放给基层区队、班组和员工，并进行相应的考核，充分激发基层的积极性。

班组图腾打造，抓住班组特色。神东提出“文化图腾”的概念，用图腾来指代区队及班组的特点和文化，围绕“一区队一品牌，一班组一特色”，提炼自己区队的“大文化”、梳理班组的“小文化”，用班组图腾凝聚员工。

鼓励方法创新，形成独特经验。班组文化建设既要在理念上进行突破和创新，在管理上优化提升，也需要在模式和方法上不断总结，指导本单位班组建设工作的开展。

重视标杆引领，带动整体提升。结合实际，采取一系列措施，把标杆选出来、立起来、推出去，发挥榜样的示范作用，扩大标杆区队、标杆班组的影响力。

（四）优化学习创新实践 让人才汇聚合力

神东通过学习培训载体和技术创新载体的打造，推动各级单位的学习创新实践，提升人才的素质和能力。

为使学习培训取得实效，神东围绕“六化”打造学习培训载体，即坚持培训全员化、精准化、数字化、共享化、专业化、主题化。通过“六化”学习培训，真正将培训做实、做活。

在培养创新人才方面，关键在于创新意识的植入和创新技能的培养。神东以人才作为创新的基础，以机制作为创新的保障，以平台作为创新的加速器，打造技术创新载体。

（五）创新管理提升实践 让文化融入管理

坚持问题导向。建立起基于问题管理的机制，将企业改革、管理、创新、经营等环节中最根本、最典型、最重要、最普遍的问题找出来，系统解决问题，不断提升企业的活力与动力。

进行文化归因。问题的发现是解决问题的开始，如果不探究问题背后的文化与管理的根源，仅仅是就问题找对策，缺乏系统思考与理论支撑，往往治标不治本。

寻找管理对策。针对关键问题及其背后的原因，探寻文化和管理的结合点，制定系统的、切实的解决方案，并推进实施，从根本上提升管理水平。

（六）深化服务提升实践 让专业创造价值

除了主力矿井单位，神东下属以服务为主的单位，根据职能定位的不同，选择了服务提升实践作为践行创领文化的路径，按照行为守则的要求对表找差，在服务行为的改善上下功夫。

注重服务理念的更新导入。树立“以主业为中心”的服务理念，是提升服务的关键。

关注服务能力的有效提升。提高认识、转变作风、提升素质、增强能力是加强服务能力建设、提高服务水平的主要举措。

着眼服务品质的持续改善。服务质量的提升要从拓宽服务渠道、提高工作效率、建立长效机制等多个方面入手，有效激发员工服务的积极性与主动性，切实提升服务水平。

四、取得成效

（一）形成了特色鲜明的企业文化践行路径

通过多年的经验积淀和系统的梳理总结，神东明确了“双提升”目标、“双维度”路径和三个机制支撑，为公司深入开展企业文化建设，指导各单位的企业文化工作，提升整体企业文化建设水平提供了依据和指导。

（二）增强了企业的凝聚力和归属感

文化管理实践始终围绕“创领”文化的核心内涵开展，极大调动了各单位、各层级员工对神东的自豪感、归属感，同时实践又深植于各单位实际生产和管理中，激发了员工的创新活力和工作积极性，呈现出同心共建、全面开花的良好局面。

（三）促进了神东的高质量发展

通过安全专项文化、安全管理提升、廉洁文化建设、经营管理改进等相关载体建设，员工队伍的安全素养、安全风险意识、遵章守纪意识、经营管理思路都有了很大的提升，为神东高质量发展提供了强大精神支撑。

（四）塑造了一系列神东文化品牌

在创领文化的践行过程中，涌现出了如榆家梁煤矿班组文化建设、上湾煤矿“安全文化＋风险预控”安全管理实践模式、哈拉沟煤矿品牌班组建设、物资供应中心“启航志愿服务”、新闻中心新媒体运营等具有影响力的文化品牌，被主流媒体多次报道，塑造了神东良好的社会形象。

（作者韩浩波系国家能源神东煤炭集团企业文化中心主任，赵晓蕊系企业文化中心企业文化办公室主任，王玉丽系企业文化中心企业文化办公室副主任）

鲁泰纺织股份有限公司

以文化铸魂　引领企业高质量发展

鲁泰在发展中，全面贯彻落实习近平新时代中国特色社会主义思想，坚持以社会主义核心价值观为引领，充分发挥文化引领风尚、教育人民、服务社会、推动发展的作用，立足中国特色社会主义新时代、秉持中国纺织工业“科技、时尚、绿色”新定位，结合企业发展实际打造独具特色的“鲁泰企业文化”。

一、把牢社会主义先进文化前进方向，深抓顶层设计，引领企业高质量发展

（一）牢牢把握文化发展改革的指导思想，提升企业文化内涵

改革开放以来，党和国家把文化建设放在全局工作战略高度予以落实，党的十九大报告提出要“坚定文化自信，推动社会主义文化繁荣兴盛”。鲁泰公司在坚定文化自信的同时，把贯彻好、落实好党和国家以及行业对于加强文化建设的指示精神，将企业文化建设作为一项长期的系统工程来抓，自觉用符合社会主义核心价值观、体现中华民族精神的核心理念统一员工的思想和行动，努力打造契合时代和社会主义核心价值观要求、符合纺织行业、企业自身实际的“鲁泰企业文化”，保证企业沿着正确方向、正确道路持续、健康、稳定发展。

（二）高层表率、全面实施，让鲁泰文化深入人心、落地生根

一直以来，鲁泰公司党委书记刘子斌同志对企业文化建设十分重视，抓顶层设计，促宣贯落地，积极培育和践行以“热爱员工”为主旨的企业文化。

公司注重落实党建工作、廉政文化建设、学习型企业构建，并将其与企业文化建设相结合。主要领导通过经常深入员工中间，倾听员工心声，关注员工的成长和生活、内部讲党课、组织座谈会、学习培训等方式，切实加强党建工作、强化廉政建设；公司每年召开管理人员大会和管服人员大会，讲解国际、国内、行业、市场发展形势，传达公司发展战略，倡导管理人员率先垂范、以身作则；每年“五一”劳动节、“五四”青年节、“七一”建党日等，都会组织专题文化活动，同员工群体进行专题教育和思想交流，坚持用正确的道德理念培育人、塑造人。

二、聚焦专项文化建设，提升企业文化内涵

（一）科技兴企，创新为魂，构建引领企业转型提升的创新文化

鲁泰在打造“双四位一体”创新模式、“一基地、两站两室、三中心”的技术研发格局、“3+1”创新研发体系的基础上，注重公司科技创新与文化促进作用的转换，注重通过科技提升对员工的人文关怀。在发展中，充分落实以“热爱员工”为主旨的人文理念，不断减轻员工劳动强度，持续改善员工工作环境。通过在关键工序、重点装备和特殊岗位上实施全过程数字化、智能化，逐步实现了装备智能控制、产品在线检测、数字化纺织品设计以及供应链全流程的信息化智能管理，在实现以人为本、人本管理的同时，创造了良好的经济效益。

（二）商道之行，不止于商，发展鲁泰开放包容的开放文化

在我国经济与世界经济高度关联，国家积极倡导推进“一带一路”建设的大背景下，鲁泰抓住战略机遇，以开放包容、兼收并蓄的开放文化，稳步推进“全面国际化”战略，尤其在提升基础设施、强化产业带动、增加就业机会、促进技术提升、注重人文关怀、践行社会责任等方面着重发力。鲁泰相继在美国纽约成立公司、在意大利米兰、日本东京设立办事处，在越南、柬埔寨、缅甸建设生产基地。鲁泰走出去，将自身先进的生产方式、科学的管理理念带出去；公司各海外生产基地均配备世界先进的生产设备、

招聘最优秀的员工，将公司最先进的技术带到当地，促进当地纺织设备和技术的提升；在环保方面，坚持走“绿色、低碳、环保”的可持续发展之路，以优于东道国的环保标准开展相关工作，同时从产品和服务的全生命周期角度出发，进行供应链管理，系统科学地管控潜在的环境和生态影响；此外，公司积极参加当地社会公益活动，承担异域社会责任；多方位为员工创造良好的工作、学习环境，建立科学的人力资源管理制度，开展形式多样的内外部培训，为员工搭建事业发展平台；尊重和保护人权，构建和谐的人际关系；定期组织各类表彰评选活动，提升员工的认同感和归属感；开展丰富多彩的集体活动，丰富员工的业余生活，提高团队凝聚力；定期进行员工走访慰问，公司驻外人员积极参与当地的节日活动，与当地员工一道庆祝当地传统节日，建立良好的社会关系。

（三）品牌引领，文化提升，创建具有鲁泰特色的品牌文化

鲁泰在发展过程中，围绕文化做加法，不断丰富时尚内涵，以创意设计、品牌建设、时尚推广为抓手，不断厚植文化土壤、用文化打造品牌，用品牌传承文化，树立文化自信。

通过坚持实施品牌强企战略，以高品质的产品，全力提升品牌国际知名度。有机棉花的采购、环保染料助剂的供应和先进设备的引进，与意大利、法国著名设计师和日本纺织专家深度合作，打造中国＋欧洲＋美国的鲁泰“大设计”平台、中国＋东南亚的制造平台，把握时尚、创新、创意的最新趋势。凭借设计、销售、科技创新、领先国际时尚潮流的新产品，实现由制造到创造再到创意的产业升级；采用线上线下相结合的方式，拓展自主品牌产品的终端销售渠道和能力；开展高端私人定制业务，不断满足消费者个性化需求。

（四）突出特色，创新载体，营造“热爱员工”的人本文化

鲁泰坚持以“热爱员工”为主旨的人本文化：公司构建起多层次沟通交流机制，让员工能说话、想说话、有话说；建立起包含工作系统设计、员工职业发展规划等八大职能在内的人力资源管理体系，不断完善多层级教育培训渠道，让员工想发展、能发展、发展好；搭建起包含技术比武、评先树优、工匠评选、职称评聘等在内的八大员工成长成才平台，不断丰富多元化表彰评选方式，让广大员工比提升、拼干劲、齐发展；形成了包含大合唱、交谊舞、健身操、运动会等在内的基层群众文化体系，不断开展形式多样的文体娱乐活动，让员工受尊重、受关注、受激励。公司每年受表彰人员达1.1万余人，组织表彰会近50场，奖励金额约800余万元，每年参加文体活动的人员达2万余人次，文体活动经费600余万元。

（五）衣锦四海，经纬天下，构建“经国济民”的责任文化

鲁泰积极履行社会责任，努力实现企业、社会、员工的和谐发展。鲁泰在创造效益、带动员工成长、解决就业、创造税收的基础上，积极支持公益事业，努力创造和谐公共关系，以实际行动践行企业公民的责任和义务。多年来，公司累计投入2亿余元用于“济困、支教、助学、赈灾、敬老、社区支持”等社会公益活动。

鲁泰采用以纯棉为主的天然纤维，融合功能型和生物基可再生纤维材料，使用高效节能环保、安全的助剂，全力打造健康、舒适、环保、过程可追溯、品质可信赖的绿色纺织品。鲁泰作为绿色制造联盟发起单位、2020ZDHC先锋试点企业，坚持使用环保染料、助剂，对生产所使用的“化学品”进行严格管控，积极进行有害化学物质零排放工作，建立了鲁泰生态安全管控体系，持续推进化学品管控，对所有助剂和染料建立化学品档案，进行第三方检测。同时，公司联合多家企业发起中国纺织供应链化学品环境管理创新2020的产业自治行动，推动中国纺织产业链企业积极参与全球可持续供应链建设，展示中国制造在全球供应链体系中的主动责任价值。

面对未来，鲁泰将在总结提炼过去发展中的企业文化精髓的同时，以更加开放、包容和谦逊的态度，去接纳、吸收、消化一切现代商业文明的精华，逐步完善公司的企业文化体系，使公司创造出顺应社会、同步时代、领先企业的企业文化，不断增强企业的整体文化软实力和竞争力，努力夯实国家文化软实力的企业根基，以文化强企推进文化强国、纺织强国。

（作者韦福鹏系鲁泰纺织股份有限公司总裁办副科长）

钢管“绣”花 “舞”动芳华

管子车间焊接班，秉承上海锅炉厂有限公司的“鹰”文化、管子车间“精、严、聚、融”文化，紧紧围绕建设“五型”班组，深入践行班组文化，逐步形成“崇尚技能、追求创新、倡导质量、提高效率，为用户提供优质产品”质量效益型的精、严、聚、融的班组文化。即：精准，按需要的节点，需要的量，生产所需的合格产品。精简，一专多能兼并多余岗位，从上而下简化工作流程，从而提高工作效率。精品，培育和弘扬工匠精神，精益求精生产放心产品；严格，在安全管理上从严落实“有岗必有责，上岗必担责”的岗位责任。严肃，在质量管理上要敬畏标准、敬畏工艺、敬畏要求，不得触及底线。严谨，在工作中注重细节，树立工匠精神意识，将产品尽可能做到极致；聚智，以团队合作、凝聚力量为目标，广聚智慧，共谋良策，力促发展。聚能，以锻炼队伍、提升素质为方向，开发个人潜力和潜能，形成合力。聚美，以道德之美，岗位奉献为重点，引导员工干一行，爱一行，专一行；融入，与同事和谐相处，与团队同舟共济，敞开心胸“教、带、扶”。融会，勤于学习、善于思考，能汇聚知识，理解透彻，并学以致用。融炼，焕发员工活力，不断磨练技能、积累经验，练就敢于担当的品格；团队使命，优质、安全、高效地生产用户满意的产品；团队愿景：使每个人成为工匠，让每一件产品成为精品，打造最具竞争力的生产车间！团队价值观，敬畏规则、重视结果、围绕现场、聚焦效率。基于此，管子车间焊接班的班组建设工作一直走在公司各班组的前列。

弘扬劳模精神，传承工匠品格，铸就管系品牌

高技能技术工人是制造型企业高质量发展的保障，焊接班重视高技能人才的培养，同时也深刻体会到高技能人才的培养不仅仅完全依靠培训，必须与实际紧密联系。公司的“高师带徒”活动为技能传承搭建了平台，通过班长带骨干、骨干带新员工，班组人员勤恳敬业、干练稳重、遵守规矩，不断追求的工匠品格，提升班组员工整体技能水平，加速培养了一批又一批年轻的技术工人队伍。

李斌是新时期技术工人的杰出代表，上海电气将职工技术命名为“李斌杯”，就是旨在弘扬李斌精神，推进高技能人才队伍快速发展。焊接班依托“李斌杯”比赛以及相应培训，班组成员的个人技能水平，不断提升。

公司优秀的育人机制，班组良好的学习氛围，造就了班组中大批技能尖子和先进模范。组员大部分员工来自外地，他们刚进班组时焊接基础差，他们常常在下班后用业余时间练习小口径焊接，对技能的执着追求让人动容。班组长也主动抽时间给他们示范、指教。历经努力学习，刻苦钻研，有的员工拿到上海市一类焊接比赛名次，有的已晋升高级技师，转为正式工，有的已担任工会组长，有的被评为上海市优秀农民工，户口从外省乡村迁入上海，解决了子女在上海读书的后顾之忧。还有很多员工通过师傅带教、刻苦练兵、勤奋学习，从附件焊工成长为能独当一面的小口径高压焊工。班组中曾涌现机械工业劳模、电气集团首席技师、多人次获得各类先进。

参与 QC 课题 提升技术创新能力

车间组织发动职工积极围绕企业经营战略、方针目标和现场存在的问题，运用质量管理理论和方法开展各项群众性 QC 小组活动，并形成了有效运行模式与管控方法。

针对产品制造中出现的质量问题，让组员人人参与，大家开动脑筋献计献策，对于好方法，就让大家去做实验验证，得到认可后，及时在班组中推广。2017 年班组的 QC 课题《SA240－304H 托块焊接裂纹攻关》在公司获得了二等奖。2018 年 QC 课题《集箱与管排总装焊口的变形控制及校正》在公司获得了

一等奖。在产品制造中，班长陆广林完成并被公司采纳的“焊条筒通电加热保温装置”、“防敲钢印击飞装置”、“孔板护手安装架”等许多小改革，并汇总班组35条合理化建议，《管子与环形钢板全焊透封底焊接质量》等8项改革被公司采纳应用；班组完成了《窄间距受热面管对接极限尺寸试验研究》等20多项攻关任务，其中《壳牌气化炉项目180°小R锻件镍基异种钢焊接攻关》获得全国机械工业优秀质量管理小组活动成果一等奖。

班组成员善于在工作中实践，在实践中探索，每年均有涉及安全与质量的合理化建议被公司采纳。《上海锅炉厂有限公司先进操作法》系列8本书籍中，有焊接班集合团队智慧的14项成果，其中《外1103集箱与后屏散管小口径管对接焊操作法》等2项荣获上海市职工先进操作法优秀成果。这些技术总结和创新成果，结合重大项目、新产品，新结构、操作方法改进、采用辅助工装等方面，质量效率显著提升。在车间焊工中推广开来，有效提升质量、效率，降本增效。为公司积累了宝贵的生产经验。

管理创新，做产品就是做人品

班组在焊新产品、或长时间没操作新材料，就需要在上正式产品前练兵，熟悉其性能。对此，班组每年都利用生产间隙举行内部竞赛，班组成员都会以强烈的好胜心和上进心积极参与，通过这类活动提高团队凝聚力、培养组员力争上游的心态，认知新材料，生产好产品。班组施行的钢丝刷、手电筒、焊缝打磨、自检、互检等质量控制方法，得到了车间领导的肯定，并且在车间各班组中推广开来。特别是班组制造的涉外产品，长期受到外方监理好评。

岗位创新，人人成才

班组的焊接方式是多样的，班组支持和鼓励组员每人至少具备两种操作技能。一半人同时具备国标、ASME、IBR标准的三种操作技能。少部分小口径焊工具有内加丝焊、左手焊的能力水平。

焊工有技能等级证书，有特种设备焊接操作资质。在实际生产中，最能显示水平的是操作能力。在国家规定的资质基础上，结合公司质量风险点管控、受压件、非受压件，班组针对薄壁管、厚壁管与密封罩、吊耳、活动连接件、卡快等附件的手工氩弧焊及手工焊条电弧焊焊接，设立技能考试评定结论为A、B、C级。A级可以覆盖B、C级；B级覆盖C级，反之不能覆盖。所以，在安排生产时，按级别派工，按级别绩效分配，也触动了低等级焊工强化学习、考证、提高技能。

落实责任、夯实安全基石

公司始终致力于为员工创造安全、健康、舒心的工作环境，建立健全各类体系，竭力为员工提供具有市场竞争力的薪酬待遇，为员工打造与之匹配的职业发展平台，并构筑全方位的医疗卫生等健康和社会生活保障体系。公司为班组生产环境的改善提供了大力支持，先后安装了屋顶排风吸尘装置和地面焊接烟尘过滤装置，还安装了静音风扇，减少了工作场地的噪音，将焊接职业危害降到最低。

班组生产的特点是：部组件多而杂、台位分散、手工操作、多工种协调配合，稍有不慎极易发生安全事故。为了提升组员安全防范意识，班组坚持数年连续举行防高温中暑、防台防汛等应急演练演习。按照公司和车间的要求，班组着重基础管理，强化安全建设。班组通过“快”、“学”、“实”、“严”、“细”、“活”六字方针，积极主动做好班组安全工作。思想重视，认真部署，贯彻文件围绕“快”字、加强学习，互动交流，推动安全发扬“学”字、践行承诺，注重实效，安全责任注重“实”字、完善细则，提高执行，日常考核狠抓“严”字、狠抓落实，积极参与，隐患治理深化“细”字、形式新颖，载体丰富，安全教育抓好“活”字。

通过危险源辩识、安全小改小革、安全啄木鸟、安全知识竞赛、查违纠错、反违章接力、编制安全顺口溜、绘制安全漫画等活动促进班组安全工作。班组荣获集团安全“十佳班组”，总评分列集团第一名。多年来，做到了安全零事故，为圆满完成全年生产任务提供了安全、高效、有序的保障。

（上海锅炉厂有限公司焊接班）

凝聚阳光文化　铸就一流班组

班组是企业最基本的元素，是企业生产经营活动的基础环节，是一切生产工作的开始，也是企业文化建设的重要阵地。只有每一个班组都充满生机和活力，企业才会有较好的经济效益，才会有旺盛的生命力，才能又好又快地发展。济南卷烟厂动力丙班“阳光”班组在为全厂生产提供用能服务过程中，紧紧围绕企业“担当 有为”的文化理念，发扬“上变拼”的企业精神，不断提高班组的凝聚力。

弘扬工匠精神培育“阳光”心态

注重宣传、加强引领，唱响“工匠精神”主旋律。一是发挥劳模示范引领作用，推荐选树班组优秀劳模工匠，借助班组文化宣传机制，通过文化展板、稿件宣传等方式，大力宣传班组工匠，激励班组全员奋发有为积极性。二是邀请企业劳模讲事迹、谈经验，学习劳模风采和工匠技艺，加强班组员工同劳模之间的学习沟通，为班组员工成长指明方向。三是开展“工匠精神”主题演讲，大力宣传弘扬劳模精神、工匠精神。

加强引领、系统培养，提升员工技能水平。班组以“工匠精神”为引领，鼓励员工锤炼自身技能，追求精益求精。一是班组建立需求分析－培训设计－培训实施－效果评价的培训体系，借助车间劳模工作室、工匠育成基地、车间设备现场开展培训，为班组员工创造条件，提升员工技能。二是创新技能培训方式，实行新老员工互为师徒的双向师带徒模式，即老员工传授新员工操作经验，新员工向老员工讲解设备理论知识，实现优势互补。三是建立员工互助小组，在工作和培训中能够遇到问题及时求助，及时讨论解决，帮助班组成员快速提升技能水平。四是班组鼓励员工以职业技能竞赛、创新成果评选和劳模创新工作室为平台，积极参与到练兵比武、设备改造中去。

创新驱动，精益求精，打造“阳光”班组工匠。一是在提升班组员工操作技能的同时，班组健全创新机制，树立员工精益求精意识。通过以文化为引领，深化质量改进意识；以问题为导向，识别质量改进机会；以培训为抓手，提升质量创新能力；以激励为手段，激发持续创新动力。二是班组员工以工匠育成项目为契机，积极参与到车间设备改造中。三是通过技能提升平台与创新项目改造，班组涌现出许多优秀的员工，为了鼓励班组员工持续提升，营造“比学赶帮超”的班组氛围，班组开展“寻找班组工匠”的活动。

打造工人先锋搭建“阳光”平台

紧盯能源供给，保障供能质量。班组的主要职责是为全厂生产提供合格的水、电、气、汽，以及保障生产区域温湿度指标。班组从人、机、料、法、环五个方面对关键质量控制点进行控制，保障供能质量，并分析现状，寻找供能质量改善点。同时班组引入闭环的供能过程管理，通过用能需求分析、供能过程监控、能耗数据分析实现各岗位能耗供给的闭环控制，逐步降低岗位能耗。在保障工艺指标的前提下，“阳光”班组致力于节约型班组的建设。班组锅炉综合能耗、工艺空调能耗、空压气电比均优于车间指标要求。

推进六项机制，完善班组建设。通过以问题清单为枢纽，建立发现问题、分析问题、应对措施、解决办法、改善提升的班组工作开展思路，通过现场检查、班组例会机制发现分析问题，通过月度计划、问题处置机制进行解决落实，通过技能提升机制进行改善提升，通过文化宣传机制鼓励宣传优秀做法等，实现班组六项机制的固化运行。

狠抓安全生产，严防事故隐患。一是班组全面落实“一岗双责”和“分工负责制”，体现“谁主管，谁负责”的原则，实现安全生产责任无缝覆盖。签订安全生产责任书，落实安全生产主体责任。划分安全责任区，联系实际明确各班组、岗位、个人的安全生产职责范围，做到安全管理无盲区，人人安全管理有指标。二是强化安全教育培训，编制班组应急预案，定期组织开展演练活动，提升应急能力。鼓励员工积极参与“随手拍”、“手指口述”、消防技能比赛等活动。三是为使安全职责进一步明确化、具体化，达到杜绝违章、消除隐患、防止事故的目的，创建了“二二安全管理模式”。四是实施目视化管理，进一步规范员工操作流程、梳理设备管线、完善6S标识等。

开展民主管理，营造和谐氛围。一是营造浓厚的班组民主作风，每班召开班组会议，广泛征求职工意见和建议，制定完善的民主管理制度和记录。二是定期组织班组员工提报合理化建议与单点课，提对设备改造、管理提升的优秀思路和想法，对保证能源供应和节能降耗起到积极的促进作用。三是组织参与厂领导联系班组工作，使班组员工可以与厂领导深入沟通交流，将基层员工的想法和建议及时传达给厂领导，加深了班组员工对企业政策、方针、目标及重点工作的理解。

规范设备管理，打造清洁现场。一是班组对各岗位工作内容进行了梳理，并在此基础上优化岗位作业流程，对各流程取消、合并、分解、整合排列，完成岗位标准作业流程（SOP）。二是鼓励班组员工总结经验和做法，制作各岗位的单点课，进一步规范作业流程。三是班组对作业现场的清扫清洁进行了规范，划分班组责任区，落实责任人；制定了清扫流程与清扫标准。班组通过推行6S现场管理，合理运用定置定位管理、形迹管理、目视化管理、现场标识提示等方法手段，彻底改变生产、维修和办公现场不规范的现状。现场员工形成清洁现场的良好素养，主动维护现场秩序，营造了清洁有序的现场环境。

开展创新活动　营造“阳光”氛围

构建质量持续改进体系，提升员工创新能力指数，根据质量改进过程中的问题，不断完善创新机制，形成有益闭环。

健全创新机制，质量理念深入人心。一是以文化为引领，深化质量改进意识。班组以阳光文化为引领，基于合理化建议、五星级现场管理、QC、6S、六西格玛、精益等质量改进工具、方法，提升岗位员工问题意识、改进意识和创新能力。二是以问题为导向，识别质量改进机会。班组以问题为导向，将关键质量问题纳入问题清单，根据问题清单进一步识别质量改进机会。班组每月对现场检查记录进行整理和总结，对典型异常纳入问题清单进行整改追踪。三是以培训为抓手，提升质量创新能力。通过自主教材编写，实施多维培训，包括：理论学习、实操培训、集中学习、自主学习、桌面演练、现场教学、师带徒等。四是以激励为手段，激发持续创新动力。为激发持续创新动力，班组通过多层激励，充分调动员工关注质量、参与创新改善的积极性。

丰富创新活动，供能质量持续提升。一是以即时改善提升设备管理。以即时改善为思路，班组对设备运行及巡视过程中发现的问题进行处理，通过借助合理化建议、单点课等方式，持续提升现场设备管理。二是以精益管理促进稳定供能。班组开展精益项目《降低空调系统故障停机时间》，通过流程分析，识别流程中的浪费，优化流程，提高工艺环境温湿度的稳定性。三是以六西格玛管理促进经济供能。根据公司设备管理专题研究方案要求，济南卷烟厂负责开展“制冷空调系统经济运行”专题研究，以提高生产区域温湿度指标稳定性和降低运行能耗为目标，优化制冷空调系统的运行模式，开展六西格玛项目《K13空调系统经济运行模型设计》，通过空调系统经济运行模型设计，为专题研究提供有益的材料支撑。

搭建学习平台，创新成果推广应用。班组搭建了微信群、知识库、展板、邮箱、交流会及单点课等共享平台，对班组取得的六西格玛、QC、精益改善等项目进行分享，方便员工参考学习。定期组织班组员工开展创新活动的交流与学习，由班组创新项目负责人担任主讲，共同探讨项目的开展进行，共同学习创新知识。班组还主动邀请车间技术人员与精益改善达人进行座谈交流，共享近几年的优秀创新成果，分享创新经验。

班组对员工的技能水平进行调研，侧重考察员工精益改善工具的应用与设备改造思路与想法。通过理论考试与座谈交流等方式，及时了解员工技能水平变化，并完善员工技能图；分析员工技能分布情况，找出技能提升方向，建立技能提升目标和工作计划，确保员工创新能力指数逐步提高。

“阳光”文化源自班组集体的智慧，是班组成员共同价值观念的体现。班组将“阳光”文化融入到班组管理中，进一步提升班组工作效率，凝聚班组力量，从而实现在“管理流程、设备管理、现场管理、供能管理”一目了然的班组管理。凭借班组“阳光”文化的引领，班组全员凝心聚力，奋勇争先，以打造阳光工人先锋号为契机，不断磨练技能，开拓创新，精益求精，丰富了班组“阳光”文化内涵。

（山东中烟工业有限责任公司济南卷烟厂动力丙班）

文化建设创先锋　大国工匠促发展

广州白云山中一药业有限公司制造一部消渴丸生产线（以下简称班组）隶属于广州市国资委超千亿规模的广州医药集团有限公司，负责“消渴丸”生产。班组践行社会主义核心价值观和“嘘寒问暖，始终如一”的企业宗旨，用文化引领中医药生产，树立先锋模范班组。

一是嘘寒问暖，始终如一。消渴丸生产线一直以来以不忘制药人的初心，在工作上精耕细作，按GMP规范，严把质量关和安全生产，努力制造出疗效确切，质量优质的药品，确保人民群众用药安全。

二是安全生产，始终如一。消渴丸生产线将安全生产永远放在第一位，特别重视新人上岗或内部岗位轮换环节，班组实施传帮带教，一对一以老带新，新人经过3个月培训期后进行应知应会考核，考核合格才可独立上岗。特别是设备清洁环节的安全操作，消渴丸生产过程使用的设备多半是旋转设备，在清洁的过程尤其需要注意安全操作，违规操作对人体会有极大的伤害，对此每天班组长与维修人员都对整个清机过程进行监督，维修人员最后还会对全线进行巡查。

消渴丸生产线员工把安全无小事的理念落实到日常的工作中，时刻谨记“生产服务效能高，风控增效意识牢”的理念，保证安全高效的生产出优质的产品，最大限度的保证服用者的用药安全。

三是工匠引领，始终如一。将弘扬工匠精神作为班组的创先争优文化，树立一批又一批的工匠人物和发挥他们模范带头作用，激励全制造部员工乃至全公司员工向主动自我提升和进步。如：中药制剂技师、“广州好人”曾祥勇，以扎实的工作技能带教新人达40多人次，他还成功研发了“制药机及制药机出条嘴”，改善出条均匀性，为公司制造一部整体提高生产效率达10%以上，每年节约各项费用100多万元，把消渴丸制剂收率从平均97%，提高到公司要求的97.5%以上，课题荣获全国医药行业优秀质量管理小组和广州市优秀质量管理小组称号。

“广州好人”、维修高级技师邓锦泉恪守“坚持是一种态度，创新是一种追求”，凭借这种执着，成为工友中有名的“点子王”，多次革新出药孔的位置和大小，不仅降低了企业的维修成本，还大大提高生产线的效率，减轻了人工操作负担，增加了机器的使用寿命。通过树立班组员工为代表的工匠模范，让广大职工充分感受到“德”的“正能量”和“美”的“正引导”，激发员工不断奋发向上，进一步推动社会主义核心价值观落到实处。

四是创新增效，始终如一。消渴丸生产线创建了广药集团白云山中一药业“职工创新工作室”和“巾帼创新工作室”，大家集思广益，形成思维碰撞，形成300多个小改造，通过“小改造，大功效”参与科研部，使“工匠领航，制药精良”落地结出降本增效的硕果。QC小组探索《降低生产物料损耗》课题活研究，成果直接用于生产，提升了生产效益；锐意QC小组《提高包装一线生产效率》大课题，通过对设备结构进行改造，降低设备故障率提高生产效率，小组课题分别获2019年度广药集团、广东省质量协会单位QC成果发表一等奖。QC成果先后荣获4个国家级一等奖。

五是读书育廉，始终如一。依托广州市黄埔区图书馆“中一药业图书分馆”的良好资源，消渴丸生产线的员工每季度召开读书分享会，营造了良好的读书氛围，形成了员工积极主动读书学习，定期读书兴趣享会活动。开展“书中自有黄金屋，用心用情谈感悟”的“书香育廉洁，风控提效益”读书行动，宣扬廉洁自律，做人干净正气，树立大节不可失，小节不可纵的精神。

消渴丸生产线支部党员读《党员干部廉洁自律读本》分享“心灵清净是治事的根本，正道直行是立身的纲领”；读《树廉洁家风，建幸福家庭》中让我们戒贪欲，除贪心，做好家属，持正气，正家风，营造廉洁家庭；读《习近平的七年知青岁月》感悟，现身说法读书是一种工作责任，是一种精神的追求，是一种工作的态度；读《井岗山精神》，从书中学习中国共产党革命精神的时代意义，以及对中国建设和革命事业发展起到的重要作用，对员工人生观、价值观、世界观的形成起到关键的作用等等，通过读书心得的分享，用心用情谈感悟，班组对书籍给人们无穷的力量形成共识，读书在班组蔚然成风。

六是工匠之声，始终如一。全国工人先锋号消渴丸生产线组建了“工匠之声”合唱队，唱出自信与力量，传递了健康的正能量。深情演绎的《我爱你中国》。工匠们用最严谨的专业训练，近乎专业的水平，用最高标准来要求自己，体现了“精益”，获得了广州星海群英汇合唱银奖和“广州市黄埔区职工歌咏大赛”第一名，成为了企业职工文化的一张靓丽名片。

消渴丸生产线员工立足一线，创新生产，实施消渴丸全生产线精益管理，出色地完成了“提高机制线生产效率”等技术攻关工作，技术改造和发明创造，自主创新项目55项，消渴丸生产线实现了全国首批中成药机械化联动线生产产业化。显示出大国工匠促进产业转型升级的骄人业绩。生产线上产生了“广州市劳模”、“广州市最美员工提名奖”、“广州好人榜”、“广州市岗位技术能手标兵”等先进典型。消渴丸生产线2017年获广东省五一巾帼奖，广东省五一劳动奖；消渴丸党支部2018年获得全国工人先锋号殊荣。

（广州白云山中一药业有限公司消渴丸生产线班组）

打造“质量卫士”文化　创建六型班组

云天化生产管理部分析二班（以下简称班组）以“用分析数据说话、尽质量卫士之责”为建设口号，以“困难同担，荣辱与共，互帮互助，共同发展”为创建理念，逐步形成了具有班组特色的并广泛认可的“质量卫士”文化，调动了全员的积极性、主动性，提高了班组的凝聚力、战斗力。

挖掘和沉淀班组故事，打造“质量卫士”特色文化

多年来，班组不断挖掘和沉淀文化故事，以身边真实的故事凝聚组员，把班组的优良传统、典型模范、好的作风作为班组“传家宝”，代代传承，帮助员工树立正确的世界观。质量是企业的生命，班组就是企业安全生产的守卫护神，班组为公司提供一流的分析检验服务，班组目标、愿景、口号、理念、精神、形象、生产经营等层面，构建班组文化，打造“召之即来、来之能战、战之能胜”的“质量卫士”。

一是以“分析零差错”为工作宗旨，精益分析，精心服务各生产装置，年平均22.3万个分析数据，做到“零差错”。二是积极配合公司拓展原料煤的煤源，组织开展大量配烧实验，先后完成不同地域6000多个调研原料煤的分析比选，为完成公司的生产任务打下基础。三是全面抓好产品分析质量管理，质量控制全面受控，主要产品内控指标合格率实际累计值均大于目标值。

以学习为基础，提升岗位技能，培养综合型人才

一是建立“多对一”师带徒模式，推动多岗位学习，成就多岗位能手，适应公司发展需求。建立多岗位学习激励机制，取得多岗位技能的员工，可享受多岗位绩效，激励组员开展多岗位多技能学习。

二是开设“培训大讲堂”，激发全员，争当“培训师”。每月兑现考评激励，年终评选出年度“最佳培训师”，在班组掀起“人人为师，人人为徒”的学习高潮。三是独创培训“六必做”管理模式，规范培训制度。根据员工培训需求调查，拟定年度培训计划，开展月度考核评价，次月班组和部门对上月培训项目进行效果抽查，班组对抽查中暴露出的问题立即进行整改，确保培训实效。同时班组对培训过程重点跟踪，培训笔记每日一查，培训中遇到的问题，在每月交流会上集中讨论。这样反复的跟踪和抽查，形成“比学赶超”的氛围。四是设立“骨干成长基金”，促进骨干人员成长。班组以后备活动为平台进行梯队人才培养，月月有活动，次次有方案、总结评价合理设置权重，每月从后备人员的月绩效工资中提出100元作为骨干成长基金，进行后备活动绩效调节再分配，拓展组员知识面，促进骨干成长。五是科学的规划学习项目，确保组员技能和作战能力。公司要求每个组员要具备“召之即来、来之能战、战之能胜”的能力。五年来班组员工共开发3门公司级课件，15门班组级课件和28篇技术总结，拓展员工视野。

树立创新意识　激发组员创造力

其一，开展“五小”活动，助推班组建设。从“制作一个滴定台固定架、取样工具、玻珠漏斗”做起，提高了工作效率。其二，开展技术创新，有效解决生产难题。发动员工全面梳理生产存在的技术问题，寻找解决问题的思路，成立“1+x”微攻关团队。员工发现问题和解决技术问题的能力得到明显提升，班组已暴露的技术问题和潜在的技术问题都得到了有效的解决。其三，开展管理创新，激活人力资源。班组首建了物品“快速查询指南”，根据物品名称首字拼音字母，按照英文字母表顺序分类，取用物品从以前的5分钟降低到现在的15秒，提升了工作效率，并先后在集团内各分子公司推广应用。其四，建立“分析二班岗位维护工作法”，完善岗位管理标准。目前班组已建立“4个岗位维护工作法”，系统地对所在岗位的设备仪器、分析重点、维护周期等进行规范化和固化，让员工有章可循，提高工作效率。

其五，加强6S管理，使班组管理工作更加规范化、制度化和科学化。

树牢安全是企业发展的核心竞争力意识　创建安康型班组

首先，明确责任，加强责任落实。与班组及员工签订安全环保责任书，明确班组和员工的安全环保责任，同时全员还分级缴纳安全风险金，为班组全面落实安全环保工作奠定坚实的基础。其次，规范操作，抓安全技能培训，促进基础管理。通过开展“安康杯”、“员工安全行为观察”、“班组安全标准化”等系列活动，夯实班组安全基础管理工作。组织开展员工三级安全教育培训，开展安全防护器材的操作培训，开展应急演习和日常抽查，调动员工参与安全管理与安全监督活动的积极性，主动担任公司大修“安全监督者”，践行“安全有我，有我安全”的理念，用积极良好的安全行为营造班组良好的安全文化氛围，确保作业零事故、零伤害。第三，抓安全文化建设，制作安全可视化看板，打造安全文化走廊。班组制作各装置员工防护用品标准佩戴展板、员工身体状态“以色辨识”活动展板、常见有毒气体应急处理展板，并全部上墙，用醒目的标语时刻警告员工要注意安全，从而使员工始终处于浓厚的安全文化氛围之中。第四，自创“大修工作法”，确保优质高效完成大修分析服务和安全监督工作。

通过优化和完善大修工作模式，采取每日“两会”，对每天工作进行分工和技术交底，把分析服务点延伸到检修现场的每一个关键项目；成立大修“调度员”，综合调度分析人员提前到达作业现场；开展“每日一小结”，总结当天工作情况以及不足之处，次日再改进完善等工作举措，确保优质高效完成大修分析服务和安全监督工作。

力争用最少的资源实现效益的最大化　提质增效成效显著

企业以效益为核心，班组是企业的基本单元，只有实现班组效益的最大化，才是企业实现效益目标的基础和关键。

第一，把“六关”降低药品器材成本，抓好成本控制。将部门核定给班组年度目标成本费用，分解到每一个月进行严格控制。通过严把“预算、申报、验收、使用、库存、考核”六道关口，降低药品器材成本。

第二，建立仪器设备“健康档案”，提高故障诊断维修效率，降低维护费用。为提高仪器设备故障诊断维修效率、降低维护费用、延长使用寿命，班组建立仪器设备“健康档案”和“点检表”，根据“健康档案”诊断出病因所在和对症下药，提高维修效率和降低了维护费用，延长了仪器设备使用寿命，满足了岗位工作需求。

第三，发挥生产装置问题的“显微镜”作用，提升服务品质。班组主动关注及时追踪解决生产中的热点难点问题，开展大量攻关比对实验，发现存在的问题，形成专门的汇报材料供公司相关部门决策。

第四，围绕新产品研发“望远镜”作用，做好增值服务，提升专业价值。公司研发项目和产品升级需要中心化验室开展大量的实验提供数据，而这些实验都没有现成的实验方案和实验条件，还必须经过班组无数次试验摸索，助推公司新产品顺利生产销售和初现利润。

第五，围绕“人力资源”，抓好人力资源效率提升。班组主要通过抓好员工个人提升、工作模式优化的方式来提升人力资源效率。如：多岗位培训、上班模式的调整、生产岗和培训岗的实施等等。

第六，开展劳动竞赛，助推公司各装置“安稳长满优”运行。班组通过“人人争当管理员”，提倡“用分析数据说话、尽质量卫士之责”的同时，营造“阳光、快乐、智慧、实干”的氛围，加入情感元素，形成关系和谐、工作协调、互助友爱的关系；建立“六型”员工积分制度，明确班组管理风向标，调动员工参与班组各项工作的主观能动性，提升团队绩效；开展各类特色文化活动、心灵环保等，利于稳定员工队伍，提升班组成员社会责任感。

经过多年努力，分析二班秉承“认真严谨，一丝不苟，诚实劳动，真情奉献”的班组理念，在业内有了较好的美誉度和影响力。

（云天化集团水富云天化生产管理部分析二班）

战略到基层　管理到班组　文化到员工

班组是企业中最基层的组织，承担着战略执行、管理落实、文化落地的重任，是激活员工创新创效的细胞，是提升企业核心竞争力、构建和谐企业的落脚点。中国电子科技集团公司第四十三研究所恒力公司环保装备班组（以下简称班组）是一个科研与生产并重型的班组，主要从事表面处理装备、环保装备的研发设计和生产制造，努力实现由传统产业向新兴产业的转型升级，致力于创新驱动发展，先后获安徽省国防科技工业《工人先锋号》等荣誉。

融入——找准承接班组文化建设的工具和方法

环保装备班组将“创新、创效、精益、日清”为核心价值观的企业文化全面渗透到班组管理的各个方面，指导和塑造班组成员的工作行为，逐渐融入员工思想意识中，将班组文化和日常管理深度融合，形成了员工的习惯和素养。促进了班组经营业绩的快速提升。

T 模式管理。T 模式的“4T”，第一个 T（Time），是时间，要准时；第二个 T（Target），是目标，要有第一竞争力的目标；第三个 T（Today），是日清，每天的工作要日事日毕、日清日高；第四个 T（Team），是团队，目标是由团队成员来一起完成的。环保装备班组积极推进创新发展，落实管理创新，将 T 模式应用到班组日常管理之中，科学有效地做出有竞争力的市场目标的预算，将业务流程开展和时间管理相结合，在客户关注的时间节点上实现班组供给价值同客户需求价值的有效对接。

日清管理。日清管理就是日事日毕，日清日高。每个员工每天的工作目标都要明确，确保每人、每天、每件事都执行到位，真正使目标、过程、结果和激励有效结合。凡事预则立不预则废，自 2014 年持续做透 T 模式预算和日清管理以来，把每天的工作任务和日清结果在看板上公示，召开日清会跟踪检查进度，使日清结果与小组成员绩效挂钩，用绩效驱动“日清”文化的落地，在实践中，班组成员逐渐养成了“日事日毕，日清日高”的工作习惯和文化素养。在外部现场管理推行了基于安装施工计划的日清机制，实现了事前算赢，事中掌握，事后总结，提高了项目运营效率，快速地获取了 T 模式预算的既定结果。

流程管理。班组长和各小组长从全局谋划，从细节着手，全面实施了流程优化和流程管理，结合班组的实际情况，班组成员齐心协力制定了清晰的主营业务实现的路径和流程，开展了合同评审、定单评审、计划管控和关键技术指标校验等流程优化活动，促进产、供、销一体化有效协同，使得业务运行的实现路径更加清晰，班组的管理目标更加明确。在此过程中，班组内部逐渐形成了目标导向、化繁为简的管理创新氛围。

成本管理。环保装备班组将杜邦 ROI 模型作为开展成本管理的主要理论依据，班组内部从设计降成本、制造费用降成本和超期物料降成本三个方面开展。班组举办“销售最大化、成本最小化”比赛，运用盈亏平衡点计算模型加强对单个项目盈亏能力的监控；积极开展“设计师下仓库”活动，让设计师掌握库存现状，人手一份库存清单，从设计源头优先考虑消化呆滞物料和超期库存，提高库存周转率；对于盈利能力高、成本控制好、呆滞物料少的设计和生产小组，颁发“节约奖”。通过加强成本管理和举办降低班组经济运行成本的系列活动，班组内部逐渐形成了厉行节约、杜绝浪费的文化共识，确立了“销售最大化、成本最小化”的工作遵循，有效控制了班组的经济运行成本。

创新管理。鼓励设计小组开展相关行业的前沿性创新技术研究，鼓励生产小组开展合理化建议和小改小革活动，通过开展在技术、管理、工艺、质量等方面的“创新之星”展评活动，自 2016 年以来，生产小组提出了“行车行走精准定位法”、“机台粗精雕刻法”和“工装夹具提效法”等200多份的合理化建议和小改小革方案，在有效提高产品质量水平和工艺性能的同时，也有效降低了班组制造费用和运行成本。技术小组的创新也带来了一系列的新技术、新产品的科技成果和经济成果，并取得2000余万的市场经济效益。

萃取文化　和谐共生

班组是企业的根基，承载着企业文化落地的重任，环保装备班组以企业文化核心价值观为指导，不断加强班组机制建设，规范管理行为，搭建活动载体，着力培育多彩、鲜活的个性班组文化，营造良好的班组文化氛围，促进团队和谐，实现企业和谐发展。

班组学习长期化。以创建学习型班组为主线，通过开展学技练功、技术攻关、读书评报等活动，利用班前班后会，开展“每周一题”、“每日一问”、“案例分享”和独特的品质文化圈活动，营造“人人参与、平等交流、互相启发”的氛围，使班组员工学习工作化、工作学习化，引导员工感受学习的快乐，着力营造学习进取的文化氛围。

文化活动多样化。工作之余开展“工间十分钟”、“亲近自然，拉近你我”等丰富多彩的让员工“挥洒个性、协同合作、提高凝聚”的班组活动，增加成员之间的感情联系，舒缓工作的压力，强化团队意识，营造积极向上的文化氛围，达到企业文化寓教于乐的目的。

班组管理民主化。以人为本，聚焦员工关注的主题，全员参与班组制度制定，将员工关切的工作绩效评价、案例分享评议、创新之星评选等结果和标准通过看板及时公布，实现班组管理民主化、公开化，推进班组民主管理。

阵地建设常态化。建设班组文化看板、学习园地、荣誉橱窗、创新展评等宣传阵地，展示班组价值观、精神文明成果、班组荣誉、班组LOGO、班组“全家福”等，坚持做到形式设计新颖，内容常换常新。同时，注重总结班组文化建设的生动案例和优秀班组故事收集和分享，通过各种渠道进行宣传，营造浓厚的“和谐班组”氛围。

沟通渠道畅通化。鼓励和采纳员工建言献策，建立员工倾诉通道，在班组内部设立“七嘴八舌”区等，让员工充分表达自己的心情，抒发自己的情感，同时，让班组管理者及时收集到碎片化的信息，健全班组良好的沟通氛围和交流平台。在班组外设立“意见箱”，鼓励班组成员针对班组管理、流程优化、质量提升、工艺改善、技术革新等方面提出意见和建议，班组自主管理能力不断提升。

行为塑造规范化。坚持以“造钟而非报时”的制度来规范员工行为，围绕员工岗位特点开展规章制度的培训，提高班组成员的行为素养，在加强自由民主的同时，还加强规章制度的约束和框架作用。

复盘——战略到基层　管理到班组　文化到员工

环保装备班组始终瞄准“战略到基层、管理到班组、文化到员工”的目标，持续不断地开展班组文化建设，牢固树立“创新、创效、精益、日清”的核心价值观，加强创新驱动发展，不断培育新技术、新产品和新动能，促进产业转型升级。近两年市场新签合同同比增长300%左右，初步彰显了创新驱动发展的“文化价值”。

如果说，“文化的最终表现形式是行为的改变”，班组文化建设最终要回归其核心，“员工行为的改变”。环保装备班组深化企业文化建设内涵，通过“创新之星”、“设计师下仓库”、“每日一问”、“每周一题”等丰富多彩的方式，强化班组成员的文化理念、习惯素养、工作风格和行为规范，激发员工持续不断的创新意识和追求精益的思想。将个人目标聚焦于组织目标，集众人之力，成企业之功，以此保障企业战略目标的实现，进而为实现从优秀到卓越的跨越式发展提供正能量的文化驱动力。

（中国电子科技集团公司第43研究所恒力公司环保装备班组）

凝心聚力打造国家名片　精益求精代言中国制造

中建电力核级焊工班近260名员工，平均年龄25岁，全部取得核级焊工资质。班组发扬大国工匠精神，所有承接任务均以“零事故、零缺陷”著称，是中广核工程公司竖起的进步班组、优秀班组、安全标杆班组，获得广西工人先锋号等荣誉称号。

培养技能型班组

创新培养方式，“校企合作、工学结合”。公司创造性地实施“校企合作、工学结合”的一体化培养模式，以抓实企业实践培训和职业学校理论教学为突破，加强与哈尔滨职业技术学院、黑龙江农业工程职业学院、青海交通职业技术学院等多家院校的交流合作，建立稳定人才供需链。

建立培训实训基地，完善培训体系。公司于2017年2月26日成立中建二局“华龙一号焊工培训学院”，作为核级焊工培养的基地，秉着“梯队分级，培训上岗”的原则，从入场开始，建立了包含安全、质量、业务能力、综合素质等在内的完善的培训体系。焊培学院拥有国际焊接工程师理论讲师2名、多年焊接实操经验的焊接教练5名。焊培学院自成立至今已组织培训60余次，累计培训学员550余人次。

打造管理型班组

安全管理。班组凡承接项目都与项目部签订安全生产管理责任书，通过核安全文化、安全质量管理知识的学习，工作流程和预防措施的宣传，深化班组核安全文化和团队文化的建设，班组的施工活动做到了“蓝色透明化”。班组以“人人讲安全，事事为安全；时时想安全，处处要安全”为班组的安全核心理念，鼓励班组员工积极发现施工安全隐患，通过自查自纠改善施工安全环境，施工过程员工围绕“四不伤害”原则，严格履行安全职责，确保生产安全。2018年两次安全质量现场标准化国际标杆8级。

质量管理。班组在施工中认真执行工作程序和技术标准、十大禁令、员工质量行为要求，始终以“四个凡事”“一次把事情做好”要求自己，班组通过不懈努力，团结协作，各项目质量目标和指标圆满实现，从未发生质量事件，未接收到业主对班组的质量投诉，质量得到有效控制，项目平均合格率均高于合同要求。

考核管理。根据焊接人才的表现情况，将焊接人才分为一梯队、二梯队、三梯队，各梯队依据理论及实操水平划分为“高、中、一般、差”四个等级，等级的划分为焊接技能人才培养提供依据，原则上优先考虑选择二梯队中的“高、中”水平焊工进行能力提升，向一梯队方向培养。在实际工作中，对于表现突出或对公司有重大贡献的和高水平的技能人才，根据实际情况提前进行岗薪调整奖励和由普通操作岗位晋升为班长、队长以及管理岗位等奖励，同时加大补贴力度，提高高技能人才待遇，按照在企业服务年限和取得核级焊工资格年限进行补贴发放：1－2年：按每年2000元发放；3年以上按照每年增加1000元进行补贴发放；10年及以上，按每年10000元发放。

争创创新性班组

为了不断提升焊接水平和能力，班组成员注重技术创新，大力推动焊接新工艺的研发工作，引入光纤激光切割技术、自动焊技术、不锈钢“先贴法”施工技术、Mockup模拟实验、三维建模技术，发明顶弯工装等，在施工过程中被广泛应用提升焊接施工质量和效率。2016年，公司《民用核安全设备安装许可证》成功续证，成为我国核系统外唯一具备核电站核岛钢衬里施工资质的土建施工单位。

不锈钢自动焊研发广泛应用。公司组织不锈钢自动焊开发与应用，培养了一批不锈钢自动焊操作工，完成了不锈钢自动焊焊接工艺10项，为后续不锈钢覆面施工奠定了坚实的基础。自2018年7月，不锈钢自动焊用于自防城港核电项目“华龙一号”3号机组IRWST外环池池壁竖缝的现场焊接，和焊接相比，远远超过人工焊接速度和质量。现场不锈钢自动焊接的正式实施，标志着不锈钢自动焊的研发取得了突破性的进展。

镭射警示灯改善不锈钢车间内部环境。班组研发镭射警示灯，用于防城港核电3、4号核岛不锈钢车间，随时提示人员注意行吊，让人员行走更加安全。不锈钢车间室外标杆堆场。班组对室外场地进行合理开发，用于防城港核电3、4号核岛不锈钢材料的存放及产品保护。解决了由于长时间存放造成不锈钢原材料锈蚀、污染，节约成本，保证了不锈钢原材料的储存要求。

不锈钢检漏槽矫正工装。班组经利用千斤顶受力，对防城港核电3、4号核岛不锈钢水池检漏槽变形矫正，保证检漏槽平整度达到设计要求，为保证安装精度打下基础。为检漏槽的批量生产，提供便利。

不锈钢仓库置物架。班组改进原材料及成品存放方式。置物架底部采用碳钢支撑，存放部位采用不锈钢U型钢作为垫板，避免不锈钢与碳钢接触，每层可单独存放不同种类的角钢、检漏槽等，分别设置标识牌，利于6s管理，有效避免存放混乱问题。

埋板焊接反变形措施及矫正工装。班组优化滞留间、覆面板埋件板焊接工序，在焊接前将两块埋件“背靠背”组装，采用加固板点焊牢固。焊后采用符合埋件尺寸的“一对一”特定工装卡住，进行矫正。反变形措施和矫正工装分别在事中、事后控制，达到整个过程控制的效果，保证尺寸公差要求。班组实施具象化、巨小化的技术创新，为车间生产带来便利，彰显了基层班组的创新力量。

建设班组文化

制度建设情况。制定符合本班组特色的一系列管理制度和实施细则共18项，包括焊工回炉培训制度，车间无尘化管理制度，进入车间登记制度，不锈钢车间管理制度，焊材烘干与存放分区隔离管理，焊材信息化管理制度，操作分区管理制度等。

班组作业管理。一是班前会：坚持“讲、看、问”的方式，坚持不懈的每日班前会为杨运兵班组施工安全质量控制奠定了夯实的基础。二是班后会：善于总结的人总是能优先发现问题，扬长避短，争取使每一项工作都做到完美。

严格焊工考核评级管理办法。公平、公正地反映出技工的实际操作水平，以期更科学为生产服务。焊工考核评定由钢结构队直接进行，评定确认级别后直接交于人力资源部。新入职的焊工必须参加考试，焊工视自己的能力而选择相应级别的考试，按照考试成绩定完级别后方可上岗。考核项目考核结果分A/B/C/D四个级别，考核所得分数按照5进行分级。焊工非考试者，则依照降级准则区别对待。

班组不断完善的人才培养机制。利用华龙一号焊培学院，通过理论+实操的1+1>2的双重强化训练，快速提升焊工技能水平，考取核级焊工资质；同时运用考评体系，编制《焊工考核评级管理办法》，针对不同等级的焊工因材施教，打造技能素质过硬、凝聚力强的焊接人才梯队。保证了各项目均达到优质工程，同时锻造了优秀班组。

（中建电力建设有限公司核级焊工班）

凝聚“五好”力量　铸就标杆班组

中建钢构天津有限公司“五好”标杆班组（以下简称班组）是生产一线的“龙头班组”。班组积极将文化建设与班组管理、生产履约紧密结合，秉承“铁骨仁心”的企业品格，坚持“以客户为中心”为理念，按要求优质完成项目生产履约，形成了独居特色的“五好”标杆班组文化建设体系。先后为京津冀地区提供了超过50万吨优质钢结构产品；把“中建钢构制造”筑在了“一带一路”的世界地标上，已在阿联酋、科威特、哈萨克斯坦、塞浦路斯、文莱等“一带一路”国家筑造起一座座新地标。也是具备打硬仗、创高效的青年队伍代表。

班组文化理念体系的核心要素

班组文化内涵：以传承中建红色基因、蓝色力量、绿色发展为主线，坚持诚信、创新、超越、共赢，秉持中建钢构铁骨仁心品格，以德塑人，以文化人，弘扬工匠精神、科学家精神、企业家精神、劳模精神，拓展幸福空间。

班组安全内涵：无危则安、无缺则全，安全简单理解为没有危险、不受威胁，努力做到体系无缺陷、人员无违章、环境无隐患、管理无漏洞；切实把事故风险防控到位，致力追求零事故、零工损，实现卓越的安全绩效。

班组质量内涵：质量是企业的品德、质量是企业的生命、质量是企业的尊严、质量是高品质服务的保障，班组所生产产品符合设计及规范要求，满足客户需求。

班组评价内涵：自身综合实力处于优势地位，能够强有力的完成履约任务；员工行为习惯好、精神状态佳、仪容仪表正；环境整洁、CI规范、绿化美观。从而获得外部客户、内部员工等相关方的好评。

班组效益内涵：班组生产总值同生产成本之间的比例关系，用公式表示：收入（总收入）－支出（支出合计）＝盈利（差额收入）。班组生产过程中投入少，产出多，并追求企业利润的最大化，“效率高、投入少、盈利多”。

文化渗透：多措并举　潜移默化

强化党建引领，建设示范党支部。一是贯彻好“坚持党的领导”这一政治原则，履行好“把方向、管大局、保落实”的职责，遵照公司“三重一大”管理办法编制支部“三重一大”事项决策管理台账及决策标准化流程；二是与中建钢构天津有限公司党总支签订《全面从严治党主体责任书》，并编制《党建工作责任书清单》分解落实。三是在党员、共青团员及群众中广泛开展党的思想、政策、路线等内容宣传教育，坚决做到“两个维护”。四是严格执行“三会两制一课”制度，谈心谈话、民主评议党员等制度；着力整治形式主义、官僚主义；落实保密责任制；确保无触碰红线事件发生；将廉洁文化与“家风”、“作风”建设融合，实现风清气正，扎实开展党建基础工作。

编制基层文化手册，固化制度规范。依据中国建筑《十典九章》和中建钢构有限公司《企业文化与党群管理分册》，编制车间员工文化手册——《车间5S管理》、《一线员工入职指南》，将文化细化为规章制度、具化为行为规范，达到员工思想和行动统一、快速融入铁骨仁心文化。实现管理目标与团队建设、班组管理的深入融合。

“五好”落地：助力企业快速协调健康发展

“文化好”彰显凝聚力量。“五好”标杆班组在生产履约实践中不断探索企业文化与班组文化建设和班组管理的结合点，营造风清气正、干事创业、奋发争先、开拓创新的积极氛围。注重班组职工再教育，帮助班组内职工实现圆梦南开大学计划；注重班组职工技能培训，不定期参加公司内部理论实操培训85次；注重班组内部创新氛围营造，鼓励职工参与“蓝领创新工作室”课题研究，结合文体活动，丰富员工文化生活。提升服务水平，提高员工满意度。深度推行作业现场5S管理及职工宿舍标准化管理，改善工作、生活环境，解决员工切身难题，提高员工归属感和满意度。

积极开展志愿者服务行动，勇担社会责任。在实现企业快速协调健康发展的同时，不忘央企本色，班组志愿者团队成员累计参与完成近百次志愿活动。

“安全好”彰显守护文化。“五好”标杆班组自成立之日起就将安全作为生产的重中之重，将安全管理融入到班组生产的前、中、后。一是每天利用班会时间开展“轮流上台讲安全”活动，并要求队员“互相找茬”劳保穿戴，用“看得见，摸得着”的方式提高成员安全认知意识；二是重点作业重点跟踪防护，如：每次吊装作业做到“三点一试”，即：吊装的中心点、构件放落点、人员站位的安全点，及构件起勾前试吊一下接触点是否牢固，做到管理到位；三是班长坚持做到日排查作业区域安全隐患，防范到位；四是每月每人参加安全培训不少于1次，并要求抒写学习心得，加强安全理论学习。现“五好”标杆班组是公司“人人懂安全、人人讲安全、人人要安全”的标杆示范班组，为其顺畅运营生产提供有效保证。

持续完善职业健康管理。每年组织职工参加健康体检、并为职工建立职业健康档案、开展粉尘和漆雾处理技改等措施，保证职业健康管理工作连续。

“质量好”彰显品质文化。“五好”标杆班组坚持“干中学，学中干”、“以赛代练”和“传、帮、带”的原则，员工心里始终留有竞技、敬畏精神，让员工每天梳理自己一天工作当中的不足之处该如何改正，实施“月质量末尾”培训制，即每月作业质量排名靠后的三名成员要在班后到技术培训中心学习培训，得到培训中心认可后方能停止培训。策划开展了技能比赛：“起重吊装大比武”、“焊工比赛”等等，给予表现优秀的员工适当奖励，树立标杆向技能高手看齐、学习的氛围。设置“质量创优榜”，鼓励职工参与质量创新创优工作中。2016年至今，QC成果多次获天津市建设系统多个奖项。“

“评价好”彰显服务文化。“五好”标杆班组自2015年起每年参与服务30余个项目的生产履约。履约重点生产任务，班组先后参加北京中国尊、天津117、石家庄国展、深圳国际会展中心、北京亚投行、雄安市民服务中心、哈斯彦清洁燃煤电厂等国内外重点项目生产履约任务，班组攻坚克难的先锋队，面对多项急、难、险、重任务，团结拼搏、攻坚克难，在超高层、大跨度、超厚重、异型构件加工等诸多领域实现零突破。以高质量完成任务，完成一大批具有重要影响力的项目，展示出铁军本色，彰显了钢构品牌。

“效益好”彰显效能文化。为更好“开源增收、降本增效”，多次甘当公司绩效改革的“试验田”。2016年绩效方式由“计时”绩效考核改为“计时计件”绩效考核，2017年细分产品类型，引入“责任承包”办法，2018年成为公司精细化“责任承包”试验班组，进一步激励班组员工提升生产技能。

“五好”标杆班组锐意进取，在实践创造中将“五好”文化熔铸到班组日常运营中，用智慧和双手开拓出属于自己的“幸福空间”，使班组成为活跃在生产一线的、令人羡慕的当代青年集体。

（中建钢构天津有限公司“五好”标杆班组）

秉承“国门责任文化”构建能源通道第一站

中国石油西部管道公司独山子输油气分公司霍尔果斯作业区（以下简称作业区）与霍尔果斯口岸毗邻，霍尔果斯口岸地处欧亚经济板块的中心位置，是中国西部历史上最长、综合运量最大、自然环境最好、功能最为齐全的国家一类陆路公路口岸，也是新疆目前向第三国开放的3个口岸之一。同时还承担向伊宁市分输天然气的任务，是目前亚洲最大的天然气集输站场，也是下游管道运行的“心脏”和“动力舱”。作业区长期安全运行，源于班组“国门责任文化”的践行。

树立一流的文化理念

作业区投产初期，面对员工缺乏经验、基础工作十分薄弱的现状，霍尔果斯压气首站首任站长、新疆维吾尔自治区劳动模范顾永军组织员工创造性地实践“唱票制”作业管控理念，切实强化岗位责任意识，响亮地提出“管道压力有多大，我们的责任就有多强”的口号。这一口号，后来逐步演化为充分体现霍尔果斯作业区员工为国奉献、勇于担当的“岗位责任永远大于管道压力”的表述，其文化内涵随着运行和管理实践深化日益丰富，与之前孕育于阿拉山口原油首站的“守大风口、立大志向、做大贡献”的“山口精神”，共同构成了中国能源通道国门第一站的独有文化“国门责任文化”。“岗位责任永远大于管道压力”的“国门责任文化”，其灵魂是责任，是西部国脉文化的发源，体现的是担当和责任。“国门责任文化”同红柳压气站孕育的“红柳坚守品格”以及在涩宁兰管道孕育出的“高原奉献精神”一起构成西部管道公司西部国脉文化的三大内核，是整个西部管道人共同的精神财富。

作业区强力推行“五个一”活动（每年一次军训，每月一次HSE评比、一次内务评比、一次文体或歌唱比赛，每周一次升国旗），并坚持开展值班干部国旗下讲话、重大节日宣誓、晨操锻炼等活动，不断提升队伍士气和执行力；并通过出版《奋进的足迹》等3本宣传画册，《五年，我们一起走过》等3本员工文集以及《十年鉴》等记录载体，《国门站运行管理论文集》等两本技术手册，《国门有我》等4部电视宣传短片。使“岗位责任永远大于管道压力”的国门责任文化逐渐在分公司深入人心。

引领一流的输送能力

西气东输二线、三线都是我国首条引进国外资源的天然气管道，多项工艺技术在国内外领先，西气东输二线管道（主干线）是世界天然气管道单线里程长度之最。霍尔果斯作业区不仅是西气东输二线、三线两条跨国能源国脉的国门第一站，也是新疆地方生产的煤制气——伊霍煤制气管道的末站。作业区单日最高输量达1.63亿立方米峰值、站内其它的设备设施及其参数等多个方面位居世界第一，堪称国内天然气集输行业的“航空母舰”。同时，管辖的国内最大管径（1219毫米）煤制气外输专用管道（伊宁－霍尔果斯段），首次实现了煤制天然气与进口天然气混合输送。

强化一流的经营管理

霍尔果斯作业区几年来针对队伍年轻、经验缺乏的实际，从“两书”、“一表”抓起，借鉴航空、航天行业管控经验，创造性地提出“唱票制”风险管控思路，在日常巡检等作业中重点推行，逐步形成了一套以“唱票制”为主导科学实用的站场管理理念，初步实现站场作业标准化管理。后期逐步对涉及站场和线路管理以及维抢修等业务的所有制度、流程、规范和表单等，按照“写你所做，做你所写”的原则和“把复杂的问题简单化，把简单的问题标准化”要求，进行简化、优化和补充完善，形成了涵盖基层管理、岗位作业、目视形象、员工之家四个方面的标准化管理手册，在整个西部油气战略能源通道上全线推广应用。

标准化管理——作业区实施全方位的管理体系。即：1 套手册包括 8 类岗位标准化作业手册及其标准化岗位工作清单和标准化作业清单；2 张看板分为标准化作业看板（包括现场作业方案、现场作业票证、JHA 危害分析、作业标准规范、岗位作业卡和现场检查验证六方面内容）和现场作业锁定管理看板两种；3 套卡片主要包括 12 份标准化检修方案中的 74 张检修作业卡，57 张监屏提示卡和 21 张施工停检卡等；4D 管理是坚持实施整理到位、管理到位、培训到位、执行到位的“4D”后勤管理理念，提升员工之家标准化管理水平；6 步法巡检主要包括：交接工作，安排重点巡检，15 分钟数据监控系统巡检，生产现场巡检，晨会通报巡检发现问题，15 分钟录入当日巡检缺陷记录；21 步作业法是一种源于“唱票制”理念的标准化作业管理流程，具体包括从一个项目的计划上报、方案审批、直至作业完成、票据关闭和完工总结分析等全套 21 步流程管理。

区域化运维。作为公司确定的首批试点单位和最具特色的典型站场，霍尔果斯作业区大胆探索公司区域化运维管控模式。2014 年底霍尔果斯压气首站和霍尔果斯维抢修队合并成作业区，在全线率先实现了“集中巡检、集中维护、集中监视”的区域化运维目标，用工总量从 73 人精简为 46 人，为全线树立了新标杆。

跨国计量。作为中国能源通道国门第一站，其油气计量交接事关国与国之间的贸易，霍尔果斯作业区员工以高度的责任心，秉承“较真一分一毫，确保分毫不差”的理念，加强计量设备管理，精计量、勤比对，把好国际油气计量交接的“秤杆子”，几年来保持着“零误差、零纠纷、油气数质量准确合格”的良好记录。

打造一流的员工队伍

作为全线“龙头站”，霍尔果斯作业区自建站投产初期，就主动承担起了“人才孵化器”、“技术试验田”和“经验推广站”的重任，从满足大口径、高压力油气管道运行，压缩机组维护及跨国油气计量人才需求出发，通过聘请专家层层落实“导师带徒”，组建“虚拟团队”开展大型作业攻关等方式，使青年员工快速学习成长，为下游站场输送大量管理人才和典型经验。几年来，霍尔果斯作业区已向下游站场“孵化”输出各级管理人才和技术骨干 52 人，组织编制机组维护手册、操作口袋书、机组故障库和相关作业视频。开展压缩机进出口管线无应力安装，完成压缩机二级密封独立供气改造。作业区员工积极开展《分输气源冗余优化》、《降低煤制气超声波流量计声速差异超标运行时间》等课题研究，前后荣获自治区、集团公司科技进步奖 4 项；霍尔果斯作业区也先后涌现出了全国青年岗位能手刘晓凯、新疆维吾尔自治区劳动模范顾永军、自治区女职工建功立业标兵韩晓飞等先进典型代表。

2016 年，霍尔果斯作业区党支部作为中国石油“弘扬石油精神，推进稳健发展”专题报告会宣讲团中唯一一家模范集体、管道板块唯一一个先进典型代表，全国巡回宣讲 49 场，生动地诠释“岗位责任永远大于管道压力”的国门责任文化，在中石油系统内引起了强烈的反响，为西部管道公司对外树立和传播了良好的品牌形象。

争创一流的工作业绩

西气东输管线为沿线 100 多个城市近 300 多家分输用户、超过 3000 家大中型企业、6000 万居民用户保供。作为中亚天然气进入我国的第一站，霍尔果斯作业区发挥了巨大的承接和枢纽作用。

霍尔果斯作业区作为连接海外、辐射国内大部分地区能源国脉的窗口、“龙头”和“动力舱”，担负着境内外管道运输管理文化融合、进口能源介质交接和向下游加压等主要功能。作业区是中国石油对外展示形象和对内担负经济、政治、社会三大责任的“窗口”，也是新疆实现跨越式发展的“动力源”。因其特殊的战略地位和意义，霍尔果斯作业区前后受到了国家领导人、哈萨克斯坦原总理马西莫夫、蒙古国驻华大使策苏赫巴特尔、国家各部委、集团公司等国内外各级领导的关注和赞誉。自投运以来，先后荣获全国工人先锋号、中国石油天然气集团公司“模范集体”等20余项省部级以上殊荣。

（中国石油西部管道公司独山子输油气分公司霍尔果斯作业区）

精武之风　创新奋进

国投云南大朝山水电有限公司自开展班组建设活动以来，精武班经历了班组重组、夯实基础、工作标准化等班组发展历程，在班组建设工作日常化、标准化后，工作精细化成为了新的班组管理导向，班组建设的品牌化则成为了新的文化建设导向。经过班组成员多年的努力和探索实践，精武班形成了一套行之有效的班组建设管理模式，核心是“五德文化”的提炼与班组品牌化建设。

追求班组建设的品牌化，是公司、同行乃至其它行业对班组建设管理的广泛认同。而国投大朝山精武班的“365”管理模式与“五德”文化与“化育六招”班组文化品牌建设实践，得到公司高度认可。精武班也使国投集团十个“卓越班组”之一。

文而化之，谓之文化。弘扬和传承工匠精神，是精武班是追求。经过长期的实践与总结，精武班形成具有班组特色的“五德文化”，即“五德家风”（宽容、齐心、好学、敬业、爱家）和“五德作风”（谨慎、求真、精益、尊重、行动）；在此基础上总结了班组文化建设的“化育六招”，即文化建设发育的六个步骤与方法。将此“六招”连续使用出来，即是一套完整的文化建设方案。

化育第一招，组织有保障。班组成立文化建设小组，下辖于班委会和党小组，包含活力专员和宣传员，专门负责班组文化活动的组织与班组宣传工作。在人员配置上实现专人管理、专人负责。

化育第二招，管理有支撑。文化建设服从于班组“365”管理模式，以“人本三全”（全员、全过程、全方面）的管理理念为基础，制定《班组文化管理制度》、《班组礼仪制度》、《看板管理规定》等管理制度及《班组节能公约》、《班组环保公约》等公约。从制度上确立了班组文化建设的思路和方法，指导和约束班组员工的日常行为。

化育第三招，文化有载体。文化建设的主体是人，而文化建设成果则体现在员工的精神面貌上，而精神面貌体现在日常的工作和班组活动中。在“四建一体”（党、团、工、班）的启发和推动下，班组组织开展形式各样的班组活动。如：近几年，在中国共产党成立纪念日，开展“不忘初心，学习红军长征精神”主题论坛活动，在活动中，每位成员准备一小段故事或感想，回顾了长征过程，学习长征精神，锻炼班组成员总结、讲述的能力。班组活动强调以文化带动活动，积极邀请公司其它部门同事参与本班组活动，增加班组成员与公司各部门沟通了解的同时，扩大班组影响力。如元宵节组织的“月圆朝山夜，浓浓精武情”晚会，得到公司工会及生产现场职工家属的支持，整个过程充满浓厚的节日氛围。活动的组织者和主持人均是精武班的元老，他们的青春伴随大朝山的设备投产和运行而不再青翠，但他们的活力伴随着班组建设的开展而越发蓬勃。

化育第四招，宣传有阵地。打造多元化的文化交流平台，利用“可视化、可听化、可触化”的宣传媒介，全方位的、立体的开展班组文化宣传工作。其中，“可视化”以班组MV、微视频、小黄帽、班组形象视觉系统、班组看板为主体；“可听化”以班组班歌、“每人一首歌”、主题演讲为主体；“可触化”以班组宣传手册、案例分享集、学习心得集、班组活动纪念品为主体。多元化的文化交流平台为班组文化建设打下坚实的基础，也收获了丰美的果实。以“小黄帽”为代表的创新型文化媒介和以班组看板为代表的传统文化媒介相辉映，在五德文化的指引下，共同营造了班组宽容、齐心、好学、敬业、爱家的和谐班组氛围。

化育第五招，品牌有代言。精武班班组文化品牌的代言主要由六个平台实现，分别是：精武党建、精武之星、精武擂台、精武论坛、精武讲堂和精武操练。六个平台分别承载了班组建设各方面的具体内容，其融合了赛马、荣誉、分享、轮值、评议、活力、链锁七大机制，将党建工作与班组建设相结合，是“365”管理模式的支撑。“精武党建”是以党建项目化为基础，开展有针对性的党建活动，同时推动班组建设的发展。“精武之星”是通过搭建荣誉和激励平台，利用宣传工具展示优秀班组员工先进工作事迹，同时与绩效评价相结合，以达到调动班组成员工作积极性的目的。“精武擂台”主要是通过开展班组内技能比武，让班组成员同台竞技，使有技能特长的员工力有所展，也在一定程度上起到了技能培训的作用，提高班组成员的自我认识，激励员工更加深入的学习和掌握专业技能。“精武论坛”通过搭建民主讨论的平台，让班组成员在职业素养、管理知识、安全生产等方面产生思想碰撞的火花，相互交流自身的经验和体会，达到增进了解，提高团队综合素养的目的；“精武讲堂”通过搭建课堂式的平台，让每名班组成员走上讲台，重点在于课件准备的过程，目的在于督促班员自我学习和提高，同时锻炼班员的语言表达能力；“精武操练”通过搭建生产现场实践的平台，检验班组成员专业理论学习及其实践应用的效果，促进班组成员日常技术技能工作的专注程度。

化育第六招，形象有VI。精武班在不断的探索与实践中，确定了班组形象的可视化系统。自主设计了班组LOGO，LOGO是红色墨迹环绕“精武”字样的圆形图案。红色墨迹代表一腔正气，底纹中国龙，意喻班组建设传承“精武”的良好作风，散发出磅礴的正能量，激发整个团队拼搏奋进、勇往直前！精武班视觉系统色彩有固定标准，以深红、黑、白为主色调，风格古朴大方，视觉系统内嵌入班组“五德”文化价值观字样。

班组文化建设以“365”管理模式为基础，以五德文化为指引，以品牌建设为中心，营造了快乐工作365天、快乐生活365天，和谐相处365天的良好班组氛围。在国投集团班组建设验收工作中，班组文化建设方面取得的成绩得到了专家组的充分肯定，经过近几年班组建设的创新管理，五德文化在班组成员中已内化于心、外化于行，员工的执行力和主观能动性得到了极大提高。

（国投云南大朝山水电有限公司精武班组）

践行“铁军文化” 创建“五型班组”

中铁四局诞生于抗美援朝的前线。近70年的历史奋斗，中铁四局创造了一个个建筑丰碑，形成了独具特色的“钢人铁马”精神。庐江轨道板场（以下简称道板场）作为中铁四局首个“产业工人培养基地”，积极践行“铁军文化”，秉承中铁四局“勇于争先、永不满足”的企业精神，以奋斗创造幸福的幸福价值观为指导，以“五型”班组打造为抓手，引导班组产业工人提升素质，夯实基层班组实力，打造了中铁四局“铁军文化”基层践行的班组标杆。

抓文化聚人心：创建和谐型班组推进家园文化、学习文化和廉政文化建设

庐江轨道板场实行半军事化的工厂化管理，项目党工委坚持集团“奋斗幸福观”的基层践行，把培育特色的文化气质作为加强自身建设的“根”和“魂”，积极推进班组文化建设。

一是打造幸福家园文化。项目结合现场实际，以幸福农场、幸福书吧、幸福花园建设为载体，成立“产业工人幸福小家”，为产业工人建立统一的宿舍、统一的食堂、统一的活动区，积极引领全体员工参与家园文化建设。依托员工生活区域周边环境，按部门划分责任田，组织员工利用休息时间开展果蔬种植，建设幸福农场；设置心灵驿站，购置书籍，聚集读书爱好者畅谈读书感受，分享经典魅力；道板场还把项目打造成为幸福花园式驻地，改善工作生活环境，让四季花香陪伴员工成长。二是营造学习文化氛围。打造“提速”工程，提高员工业务技能。项目部依托安徽省授牌的“产业工人培养基地”，适时组织开展技术比武、岗位练兵、导师带徒等活动，利用QQ、微信群开通网上课堂，搭建业务学习交流平台，实行产业工人同生活、同学习、同劳动、同娱乐、同管理“五同管理”和自我民主管理、自我权益维护、自我培训教育、自我竞赛争先、自我生活娱乐的“五自管理”通过分区域、分班组、分岗位，开展互相评比，互相考核，互相监督，有效调动广大建设者工作、生活积极性，营造了良好发展氛围。三是拓展廉政文化建设。党工委成立廉政工作领导小组，制定党风廉洁责任制、领导干部廉洁勤政十二条规定，聘请党风建设监督员，设立廉政举报箱，逐级签订了廉洁自律保证书，并通过手机党校、QQ群、微信群、专题学习、观看警示教育片，提升了全员的廉洁勤政意识。针对领导干部还专门规定了“四项档案”，即：学习档案、个人廉政档案、民主测评档案、监督考核档案，督促领导班子成员每季度进行一次“回头看”，定期开展民主测评，培育良好的政治生态。

道板场积极开展导师带徒活动，用“以老带新”的方式开展“传帮带”，为青年人进行职业规划，培养青年职工的责任心和岗位技能，为青工岗位成才创建机会、搭建平台。

抓培训促提升：创建学习型班组　培育学习型文化

道板场现有员工近500余人。道板场紧紧依托安徽省总工会授予的“产业工人培养基地”平台，既推进思想文化建设，又做好技能教育。党课是基层党组织进行宣传教育的基本方法。开展多种形式的特色党课，发挥思想政治工作的凝聚力，对学习型班组建设起到重要的推动作用。“思想型”党课使党员干部思想统一、信念坚定，坚定文化自信，能更好地发挥出模范引领作用；“开放型”党课有助于员工解放思想、激发创意，取他人之长补己之短，提高思想认识的同时也丰富个人知识储备；开展“技术型”党课，让学习内容贴近生产一线，特别是CRTSIII型轨道板预制工艺，提升了产业工人的管理理念和专业知识，提高了操作岗员工的实战技能，实现学以致用的目标。特别使通过每日练兵，基本实现了一线员工综合素质与岗位需求相匹配，同时不断总结提炼更适合生产一线的培训方法，提升了员工素质。

抓科研增底蕴：创建创新型班组　推进创新文化形成

庐江轨道板场结合现场施工实际，成立4个微创微改攻关小组，分别对制板、养护、外观保护等方面设立攻关项，由项目部总工主责，加强对小组的过程指导。项目还制定质量缺陷问题清单，要求各班组制定整改计划，以比整改效率、整改质量、整改外观和现场文明，加强QC攻关，通过项目部对整改情况现场检测、核实，营造创新文化氛围，各班组互不相让，全体投入到竞赛中。

2018年10月24日，庐江轨道板场《提高CRTSIII型轨道板翘曲变形合格率》QC成果，在新加坡举办的第43届国际质量管理小组上发表，一举斩获金奖，成功登顶国际“质量奥林匹克”高峰。

2019年4月29日，安徽省共青团为庐江轨道板场“刘玉波青年创新创效工作室”揭牌，为发扬工匠精神、创新文化、培养创新型人才注入了新的活力。

抓合规控风险：创建安全型班组　夯实安全文化基础

高铁轨道板预制工程是一个“精细活”，工序繁多，技术要求高；而且场区内机械化程度高，造成生产车间机械众多，包括10余台龙门吊的使用，都对安全型班组提出了较大的考验。在班组建设过程中，道板场认重点抓紧抓实安全责任的层级落实。依托安全隐患排查系统和5.0系统，总结安全生产和依法合规问题清单，组织对口部门人员加强学习安全生产法律法规、公司体系文件，提高干部员工的安全与风险意识，加强现场安全管理。始终坚持“安全第一、预防为主、综合治理”的方针，预控安全生产过程风险。强化班前讲话，利用VR安全教育等平台，让员工直接参与到危害源点识别、风险评估和预控措施制定的全过程，做到操作过程不违规、不违纪。道板场每季度至少组织一次应急演练，增强员工的应急处理能力。每月开展安全质量大检查，发现问题，及时整改，消除风险，形成安全闭环管理。

积极运用安全生产隐患排查系统等信息化手段，在产业工人中单独设立群众安全监督员。将安全生产贯彻项目生产的全过程。项目部设置专职安全员，就重点工序、重点内容进行把控。实施“52523”工作法，推进群众安全生产监督工作。“5”即群安员的比例按现场员工总数的5%以上掌握；“2”即每月考核，发放群安员兼职岗位津贴200元；“5”即“五个纳入”，把群安员工作纳入项目安全管理体系、纳入项目部《共保合同》、纳入安全大检查的重要内容，纳入班子考核内容，纳入安全文明标准工地评比条件；“2”即两个直接：直接选聘上岗，直接发放津贴；“3”即三个结合：即把群安员工作与劳动竞赛活动、“三工”建设活动和班组建设等结合起来。使每个作业班组都有群安员活跃在施工现场，有效地促进了板场安全生产的管理措施，真正落实到作业班组的重要岗位、重点工序、关键部位和主要节点，从源头上确保了板场的安全生产，夯实了板场的安全文化基础。

抓管理降成本：创建效益型班组　推进精益文化思考

道板场依托局精细化管理的要求，以精益文化建设为统领，牢固树立“成本意识”，多措并举，算好“大账”、“细账”，从而达到降本增效的目的。道板场精益化思考，科学布局生产规划，采用“一站双线”式生产布局，即一个拌和站供应两条生产线的用料需求，科学合理地分配资源，节约成本。道板场还开展小改小革活动，激发员工潜能，培养员工动手能力。只要是有利于安全生产的、有利于降本增效的小改革小发明，项目部都会高度重视，并根据实际效果予以奖励。共完成了《存板区新型支架》、《预应力钢筋位置定位工装》、《轨道板蒸汽养护二次补水系统》等10项技术革新成果，不仅提高了施工工效，也为项目节约成本近百万元。增进了员工之间的交流，增强了队伍的凝聚力。道板场开创绿色施工技术，采用生物颗粒等新兴能源，降低了污染气体的排放，又提高了锅炉的加热率，取得了环境保护和节约成本双丰收。

道板场特殊的工作环境，造就了特殊的基层班组建设与班组文化管理模式。成就了庐江轨道板场高素质的产业工人队伍，为公司高质量发展贡献了管理智慧，成为中铁四局“铁军文化”基层践行的班组标杆，为共同奋斗创造幸福提供了示范。

（中铁四局集团第一工程有限公司庐江轨道板场）

煤矿蚁族小班组　基层展现大作为

榆家梁煤矿综采二队检修班（以下简称检修班）是一支年青、精干、高效的一线班组。检修班结合自身实际，通过转变工作作风，创新工作思路，强化工作措施，不断创新班组建设形式，通过班组文化建设工作，使班组战斗力、执行力不断加强，班组凝聚力、向心力显著提升。检修班获得公司铜牌班组、银牌班组、金牌班组、标杆班组、神华集团百强班组、国家能源集团百强班组等荣誉。

班组文化建设

检修班在工作中探索出符合自己班组的文化，即：班组文化：蚁族文化，蚂蚁具有分工明确，团结协作，无私奉献，和谐包容的精神；

班组 LOGO：黑蚁班，黑蚁具有反应敏捷、行动迅速，能适应各种不同环境。象征着检修班过硬的技术，可以胜任各种不同采场条件的检修任务，勇于拼搏，迎难而上，保证各个设备无故障运行，为全队正常生产工作提供保障；班组之歌：“永远在路上”；班组目标：检修零故障，设备零缺陷，向金牌班组奋进；班组理念：集思广益，精益求精；班组格言：不断超越、不断创新、没有最好、只有更好；班组管理法：“11230”班组管理模式，“1”个目标：建设一支团结奋进、无坚不摧的班组。“1”个平台：以“全员安全积分”为工作开展平台，规范员工日常行为。“2”项达标：实现“作业环境静态达标”和“检修作业动态达标”。“3”层考核：利用“班长管理考核”、“班委会考核”和“员工个人考核”确保班组内管理工作的有效开展。“0”：实现“人员零伤害”、“设备零故障”、“环境零隐患”、“管理零漏洞”。

班组管理特色

班组管理工作按照五型班组进行开展，结合工作实际，在工作中探索出一系列管理方法。

安全型班组。检修班在不断探索中建立了包括人、机、环、管一套行之有效的安全管理体系，即，全员安全积分星级分层管理。其中人的管理依托全员安全积分为突破口。全员安全积分平台包括基准分、正向激励和反向考核三部分，月初每人有基准分 50 分，根据本人的每天表现进行考核，正向激励是加分项，反向考核是扣分项。月底根据积分分值分别形成全员星级等级分层与星级员工。正向激励考核加分内容包括每日优秀员工、参与创新工作、合理化建议、工余培训、月考成绩、班前会笔记考核，其中加分重点为每日优秀员工，班长每天对本班的优秀员工给予绩效加分，然后在日评价公示表上盖上五角星的印章。反向考核扣分内容包括违反劳动纪律、出勤天数、机关查处不安全行为、未携带危险源辨识卡、危险源掌握情况、班组自查不安全行为、员工和谐、未参加班组培训、月考成绩、各类试卷未答、各类学习未签字、班前会笔记本考核、个人业务水平考核。月底根据“全员安全积分”进行积分汇总，将得分按照等级分为四种级别，实现班组员工的分层管理，安全帽上贴上不同颜色的星星，促使员工产生心理落差，自发的向优秀员工靠拢，同时使班组人员安全管理更加透明、可视。贴绿星为表现优秀员工；贴蓝星为表现良好员工；贴黄星为表现一般员工；贴红星，为表现差的员工，需要加强管控对象。

“6S”现场达标管理。现场安全生产标准化工作是煤矿生产现场管理的关键，是实现矿井文明生产、安全生产的基础。检修班利用 6S 管理手段，使员工学习并将“整理、整顿、清扫、清洁、素养、安全”运用到现场工作中去，给员工创造一个良好的安全工作环境。

节约型班组。为了减少班组员工非工作时间的浪费，要求班组员工从班前会开始直至交接班结束，实施准时制管理。每一环节都要控制在规定时间内，每月统计最后一名扫虹膜人员，月底进行统计考核。

井下设备编号管理。检修班将井下移变列车编号，可以很清楚的知道井下应急自救设施的具体存放位置，发生突发状况时反应迅速。工具材料及五小电器编号，将材料库、工具箱内的配件、工具的数量、型号、领用情况直接在电脑上进行编号登记，实现数字化管理。电气设备实物及电子台账编号管理，提高电器设备的完好水平，保证日常设备检修质量，方便设备故障跟踪，提高班组的检修效率，还做到节约时间精益生产。

学习型班组。检修班在蚁族文化基础上创新并实行蚂蚁币管理法，激发员工创新潜能，蚂蚁币等同于淘宝币，蚂蚁币积分包含基准币、蚂蚁币收入与蚂蚁币兑换。其中基准币 = 工龄 + 学历 + 职称 + 技能等级，基准币每年只积一次。蚂蚁币收入实行月积分制度，根据员工参与小改小革、申报专利、发表论文等收入一定数额的蚂蚁币，蚂蚁币兑换实行动态兑换机制，根据员工蚂蚁币的实际币值达到一定数量，可以随时兑换相应的福利，包括兑换工具、罚款豁免权、带薪休假等。年底根据所得蚂蚁币数量升值为金银铜蚂蚁勋章，作为班组员工的最高荣誉，用于班组年底评选先进员工的依据。

创新型班组。检修班维修电工将井下的电气设备进行编号管理后，制定了相应的防爆完好检查标准，按照标准打分汇总按照得分分为三个等级，并对对应等级实行电气设备挂牌星级管理。防暴完好情况较好挂绿星，为设备情况良好；防暴完好情况中等挂黄星，需要定期进行检查设备；防暴完好情况一般挂红星，为重点检查设备。

修旧利废库房分区管理。检修班将修旧利废库房各个工作区域隔开，地板上用各色的油漆区分出作业区域、警示区域、行走区域。实施了分区域管理后，避免库房作业中存在的安全隐患，员工进行流水线作业不仅条理清楚，而且自身的安全也得到了保障。

可视化管理。可视化就是将标准、规则、制度、环境等利用图形和图像技术，将抽象的理论在图形、环境中显示出来，提高日常管理水平。包括工具箱可视化、材料库房可视化、班组管理可视化、员工管理可视化。工具箱、材料库房可视化可以方便领用工具材料，以及快速的补充短缺的备件材料。班组管理、员工管理可视化使管理人员更加直观的了解员工的行为表现及管控重点，不需要翻查以前考核结果就可以看出管理重点，提高了检修班的安全管理水平。

和谐型班组。每月月底选出爱岗敬业、遵纪守法、孝老爱亲等模范员工召开讲堂，用身边人讲身边事，用身边事教育影响身边人，让模范蚂蚁现身说法，不断提高员工的个人道德素养，促使员工向生活中的“典型”和工作中的“先进”学习。

持之以恒，久久为功

通过班组的一系列管理方法的组合及实施，班组的各方面管理水平都显著提高。通过全员安全积分评出月度星级员工，增强了员工的荣誉感，迫使其他员工向其看齐，靠拢，共同进步；通过安全积分对员工进行星级分层管理，可以一目了然的知道上月哪位员工安全方面表现差，需要对其通过现场检修作业行为的观察和标准作业流程的考核进行重点管控，达到了减少和避免了人员不安全行为发生的概率。通过作业现场 6S 管理，给员工创造了一个安全整洁的环境，同时也提升了员工的自身素质；通过准时制考核，减少了员工非工作时间的浪费，提高了员工的时间效率以及工作效率；通过设备编号管理，可以很清楚的知道井下应急自救设施的具体存放位置，发生突发状况时反应迅速，电气设备实物及电子台账编号管理，提高电器设备的完好水平，保证日常设备检修质量，方便设备故障跟踪，大大提高了班组的检修效率，还做到了节约时间精益生产；通过实行蚂蚁币兑换福利以来，员工的学习积极性，工作积极性都显著提高；通过对电气设备的星级管理，对电气设备进行了梳理，有重点的加强检修，保障了设备的正常运行；通过对修旧利废库房员工作业的分区管理，避免了交叉作业带来的隐患；通过可视化管理工具材料，使员工对工具材料一目了然；通过模范“蚂蚁说”，逐渐提升全员的自身素质！

（国家能源集团神东煤炭集团榆家梁煤矿综采二队检修班）

用“三荣理念”“四个一流”提升班组管理水平

兖矿集团济宁三号煤矿生产服务中心“火车头”加工制作班组（以下简称班组）是矿井率先施行安全自主管理的班组，承担矿井生产设备的加工任务。在“五型”班组建设中，以安为荣、以技为荣、以创为荣；实现“四个一流”，即素质一流、工作一流、服务一流、业绩一流。班组文化的形成，提升了班组自管自治水平，提高了工作效率和质量，实现了安全生产。班组先后荣获山东省创新型班组、全国工人先锋号等称号。被誉为带领矿井班组建设领跑的“火车头”。

提升思想境界凝聚班组建设价值共识

思想是行动的先导，提升思想认识、营造强势氛围，是抓好班组的关键。班组是矿井保证安全、增产提效的关键环节。加强班组建设，对于提升矿井基础管理水平和核心竞争力、构建和谐劳动关系和创建和谐企业，具有十分重要的战略意义。近年来，各级政府高度重视班组建设，全国总工会、国家煤监局、省煤炭工业局、集团公司相继制定了进一步加强班组建设的指导意见，特别是张德江副总理视察济三煤矿时就加强区队班组建设提出具体要求：“坚持预防为主，加强区队班组建设，确保安全生产”。济三煤矿深入贯彻落实上级及公司一系列决策部署，站在推动矿井科学发展的高度，将班组建设纳入矿井发展战略规划，调研分析，系统思考，广泛宣传，凝聚了全员推进班组建设的“价值共识”：把班组建设作为提升预控能力、夯实矿井安全基础的首要任务，作为培育各类人才、打造高素质队伍的有效平台，作为实施“科学发展、平安富美”重大战略、提升矿井发展成效的重要保障，进一步夯实了全矿上下加强班组建设的思想基础，形成了工会、安监处、人力资源科等部门共同参与、齐抓共管的班组建设格局。

树立“三荣理念”实现“四个一流”构建班组建设新模式

以安为荣，提升班组安全保障力。班组把安全生产放在首位，不仅现场操作行为要安全，还从个人安全意识和安全教育上做到安全，营造“人人关注安全”的良好氛围。一是培育安全意识。班组自动自发通过微信群学习安全宣传片，事故案例和安全知识竞赛，班组内部举行“手指口述”比赛等形式多样的活动，加强班组安全生产宣传攻势，使安全生产意识深入人心，安全知识广为传播，潜移默化地规范人的安全行为，提高了班组每名成员的安全意识。二是注重安全教育。班组经常开展安全经验分享、安全宣讲，班上的每日一题等活动，宣贯安全生产知识，提高职工警惕性，特别是节假日前，更是对班组职工进行“早教育、早提防”，让安全意识深入人心，筑牢安全防线。班组长更是履职尽责，班前会除了要求职工劳保穿戴规整外，班长细心留意每个职工的情绪，如果哪个职工情绪低落，班长就会主动与其聊天，了解职工家里实际情况，稳定职工情绪，作好思想疏导工作，稳定生产。三是规范安全流程。班组在班前会上每日进行一次安全宣誓活动，让班组每位员工安全常挂嘴边，誓言谨记心间，处处不忘安全，时时注意安全。工作中严格按照操作规程进行现场操作，杜绝各类隐患事故的发生，消除班组人员“三违”行为。

以技为荣，实现素质一流、工作一流。牢固树立“终身学习”的理念，不断完善班组学习环境和内部机制，调动班组每名职工的学习积极性，在职工安全及业务技能方面不断充电提高。有绝活成为班组各个成员的标牌，成为独当一面的实力担当。每个人都要求进步，技能职称不断提高，班组内的流行语是“没绝活都不好意思在这呆”。每位班组职工都能熟练掌握本岗位操作技能，熟知各项应急预案，掌握应对突发事故的方法，熟练掌握应知应会及各项操作知识和技能。班组内部建立起对标学习考核机制，人人自身查找短板，本着缺什么补什么的原则，班组主动要求单位管理技术人员，对班组内职工进行现场理论和实践授课，通过各种形式的交流活动，提升个人业务技能素质。以矿区开展的“比素质、赛技能、促发展”劳动竞赛为平台，结合班组岗位实际，坚持理论考试和技能比赛并重，自主设计开展岗位劳动技能竞赛，评选岗位技能标兵。

以创为荣，实现服务一流、业绩一流。班组围绕“节支降耗”目标，在班组成本控制，加工用料消耗等方面，引导职工树立并践行“节约一方水、少用一度电、节约一根电焊条”的理念，倡导身体力行，在工作过程中做好节支降耗。修旧利废增效益。班组根据单位总体节支降耗目标，结合内部市场化工作，总体降耗组执行力，加强强化班组执行力，加强各岗位巡检力度，强结合内部市场化让员工真正感受到节约有奖的好处。在班组内部，提倡修旧利废，根据生产实际，对非标加工件的下料进行集约化管理，集中下料，尽量减少边角料的产生。对一些下脚料，能利用的就综合利用。加工件能用到旧料的就绝不会用新料加工。仅修复废旧管路和旧 H 架一项，每年平均为矿井节约成本近 30 万元。

倡导小改革提效率。创新是激发班组活力的动力源。班组围绕生产过程中的实际困难，在施工工艺、操作技术、机械装备、提高工效等方面集思广益，不断研究新办法、创新新方法。近年来，先后自主和联合研发 6 项专利、20 多项技术创新成果、16 项“金点子”等应用到矿井生产一线，降低了职工劳动强度，培养了职工节约意识，锻炼了职工技能，也为矿井创造了可观的经济效益，提高了工作效率。

完善管理考核体系激发班组建设新活力

班组不断完善自身建设，健全班组建设制度体系，完善考评激励机制，打造五型班组。

健全班组建设制度体系。《班组安全自主管理的意见》明确了班组建设的指导思想、领导体制、责任分工、风险预控管理等 7 项内容，完善了绩效考核、班组长走动式写实管理等 16 项制度，细化了 32 小项量化考核标准，形成了一套完善的班组建设制度体系，提升了班组建设科学化水平。

完善引导激励机制。矿井加强对班组、班组长的激励，将班组长全部纳入矿井干部后备库和党员纳新培养管理，优先入党、提干。提高班组长收入分配系数，按本班组奖金基数的 1.4 – 1.5 倍日结算、月兑现，使班组长得到了看得见、摸得着的“实惠”。扩大班组长在劳模、标兵等各类评先中的比例，有效激发了班组长的责任感和自豪感。推行的班组长“公推直选”，选出信任的班组长，形成了能上能下、能进能退的良性机制。

完善考核评价机制。班组内部施行实施“千分制”动态考核，开展晋级夺星竞赛活动，每月进行一次评比定级，施行奖罚并同，如连续 3 个月排名靠后人员，进行约谈教育，激发了全班人员不断进步热情。通过实施班组建设管理文化，管理成效呈现三个提升：班组自管自治水平进一步提升，全员技能素质进一步提升，工作质量和效率进一步提升。多年的实践使员工认识到，要保证班组建设抓出成效，必须把文化引领和激励全员创新实践作为增强班组活力有效途径，坚持文化引领，健全完善机制，持续提升班组建设水平，夯实管理基础。

（兖州煤业股份有限公司济宁三号煤矿生产服务中心加工制作班组）

用“勤”文化创建一流班组

“勤”是兴家的法宝，立世的本源，是中华民族传统美德之首。“功崇惟志，业广惟勤”，辛勤劳动与艰苦奋斗是实现宏图伟业的必然选择；“廉以修身，洁以养性，廉洁必可兴邦”，勤廉奉公，是助推企业科学发展的必要条件；“书山有路勤为径，学海无涯苦作舟”，勤学、好问、多思是员工提升专业技能、提高自身素质的必经之路；“历览前贤国与家，成由勤俭败由奢”，勤俭节约意识是实现企业可持续发展的必要基础。陕煤集团陕北矿业柠条塔公司综采一工区机电检修班（以下简称检修班）在班组建设中，以“勤”文化为核心，引领区队发展，促进了一流班组建设。

“勤”文化的内涵

核心要素。“勤”文化核心要素涵盖“勤业、勤学、勤俭、勤勉”四个方面，简称“四勤”。“四勤”是检修班“勤”文化的核心所在，是班组为其生产、检修确立的基本价值观，是对全体成员“德”与“能”的原则要求与全面概括。“四勤”是提高班组执行力、创新力与竞争力的根本保障，其在塑造员工共同信念、行为规范方面形成的合力，最终汇聚形成班组新的核心竞争力。

“勤”的定位。一是勤业：本职岗位做到“恪尽职守，勇于奉献”；家庭角色做到“勤劳致富，家庭和睦”；社会角色做到“锐意进取，回馈社会”；班组角色做到“爱岗敬业，忠诚企业”。二是勤学：技能方面做到“学用结合，知行统一”；业务方面做到“勤于思考，勇于创新”；生活方面做到“处处学习，时时学习”；做人方面：做到“勤于自省，慎思笃行”。三是勤俭：生活态度，做到“热爱生活，勤俭持家”；工作态度做到“戒除懒惰，杜绝浪费”；作风思路做到“厉行节约，物尽其用”；干部要求：做到“克已奉公，廉洁自律”。四是勤勉：自我修养做到“勤于自勉，善于互勉”；学习先进做到“崇尚先进，虚心求教”；对照标杆：做到“找准差距，努力赶超”；人生目标，做到“勤勉奋进，砥砺担当”。文化准则：勤于学习，积极进取，爱岗敬业；勤于钻研，勇于创新，甘于奉献；勤于自省，慎思笃行，厉行节约；勤于思考，乐于沟通，善于总结；勤于自勉，虚心求教，砥砺担当；廉洁用权，克己奉公，一心为企；廉洁修身，静以修身，俭以养德；廉洁齐家，以身作则，率先垂范；文化禁忌：反对不思进取，不求上进，得过且过；反对迟到早退，无故旷工，擅离职守；反对贪图享乐，相互攀比，铺张浪费；反对懒惰懈怠，自由散漫，应付了事；反对损人利己，斤斤计较，自私自利；反对公私不分，以权谋私，假公济私；反对墨守成规，因循守旧，固步自封；反对骄奢淫逸，挥霍享乐，豪华奢侈。

“勤”文化建设目标

在新常态，基于“勤”文化的历史演变、社会发展和时代传承，机电检修班坚持新的工作思路、指导思想，构建具有生产检修特色的企业文化理念体系，凝练出“以勤兴业，以人为本，为公司创质增效”的“勤”文化核心价值观，以“勤业、勤学、勤俭、勤勉”为核心要素，以角色定位与文化准则为基本标准，以文化禁忌为原则底线，以“精神、制度、行为、物质”四个层次为落地抓手，使“勤”文化核心要义根植于职工内心。

以各个班组为重点，逐步提高机电检修班所有成员对“勤”文化的认知认同水平和自觉实践能力，明确构建既符合区队生产、检修实际又具有自身发展特色的“勤”文化框架体系的要求后；建立与“勤”文化相适应的管理制度、机制和流程；推行与“勤”文化建设相匹配的文化管理及评价机制；要求班组员工对标“勤”文化要求，真正做到内化于心、外化于行。用“勤”文化激励员工同心同行勤履职，凝心聚力促发展，为实现“全国煤炭行业一流班组”的愿景目标做表率。

践行“勤”文化　创建六型班组

检修班应用“勤”文化对班组成员不断提出新要求、新挑战、精心打造一流区队，凝心聚力发展合力。

提素质、懂业务、强本领，构建“学习型班组”。面对新挑战，班组要求班组长紧跟时代发展步伐，摒弃“吃老本”思想，学会用发展的眼光分析问题，用永不落伍的精神时刻鞭策组员，不仅要求组员自身理论、业务、技术等实力过关，还要求班组成员共同提高，一起学业务、学规程、学制度，形成“比学赶超”的学习氛围，强化提高班组成员的安全意识、政治觉悟和业务素质，以“政治素质过硬、业务水平过硬”为目标，推动班组整体工作上水平。

查隐患、抓安全、惩“三违”，铸就“安全型班组”。抓好现场安全管理、筑牢安全生产第一道防线，是班组长的首要职责。检修班将“勤”文化贯穿于工作、生活中，这些不仅要体现在行动、设备操作和环境变化中，更要体现在现场安全检修管理、员工作业保安等方面，坚决杜绝员工“三违”现象，查治安全隐患，科学应急处置，坚决做到不安全不生产，真正实现个人无违章、现场无隐患、班组无事故。

细谋划、严管理、重实效，创建“管理型班组”。班组是落实兑现矿井各项生产经营计划的最终单元，班组长既要对上承担义务和责任，又要对下行使指挥和管理权力，这就要求广大班组长具备较强的大局意识和组织能力，听从安排、精于管理，自觉站在班组和检修的最前沿，科学组织协调，聚力生产攻坚，带领班组成员优质高效完成生产任务，对此，班组要求班组长不断强化日常经营管理，引导班组成员树牢“不花该省的钱、不省该花的钱”的紧日子思想，做好材料回收和修旧利废工作，减少检修过程中不必要的损耗和浪费，降低成本投入，以班组检修组织好、经营管理优，助力公司高质高效发展。

勤实践、强技术、严标准，锻造“工匠型班组”。在实践中，如果班组长没有过硬的技术则难以服众。所以，检修班首先要求班组长弘扬“工匠精神”，带头做业务技术、设备操作，成为安全管理方面的行家里手。本着“干啥练啥，缺啥补啥”的原则，积极参加各种培训、岗位练兵和技术比武，扎实开展班组内部的“学、练、比”活动，使班组成员操作技能达到标准、规范、娴熟水平，真正做到上标准岗、干标准活、交标准班。

讲改革、求创新、提效率，建设“创新型班组”。创新是公司高质量发展的动力源泉。检修班激励广大班组长要做创新实践的表率，以激发班组创新活力为出发点，以服务矿区发展大局为落脚点，充分发挥自身和团队的聪明才智，积极组织开展班组技术创新、技术攻关、技改技革等活动，靠创新提高生产效率、减轻劳动强度，靠创新破解安全生产工作难题。同时，也要求其善于总结和借鉴先进班组的成功做法和经验，及时推广应用先进创新成果，不断创新班组管理制度，积极探索现代企业班组管理新模式，以创新谋发展，以创新增效益。

多“换位”、勤关怀，凝合力，打造“和谐型班组”。情感管理是班组管理的重要法宝，是凝聚班组合力的重要手段。对于班组员工来说，除了家人，班组长是和他们相处时间最长，彼此最了解的人。检修班要求广大班组长要多换位思考，多关心班组成员的学习、工作和生活，多向单位负责人反映班组成员的所需、所求，认真做好心理疏导和诉求化解等工作，力所能及地帮助班组成员消除心中顾虑，在关心班组成员、帮助班组成员的过程中，积极营造和谐稳定的班组“小家”氛围，增强检修班的凝聚力和战斗力。

电检修班全体成员，在“勤”文化的感召和引领下去，为公司高质量发展起到了积极的推动作用！

（陕煤集团陕北矿业柠条塔公司综采一工区机电检修班）

打造“铁源骑兵”文化　创建五型班组

首钢集团有限公司矿业公司水厂铁矿汽运作业区运转班（以下简称“运转班”）在长期生产经营实践中，逐渐形成了具有鲜明特色并广被认可的“铁源骑兵”文化，其所蕴含的学无止境的工匠精神、精益求精的经营意识、严格管理的军事作风、人人参与的创新思想、团结友爱的家理念，激发了班组职工的积极性、创造性，有力推动了“技能型、效益型、管理型、创新型、和谐型”班组创建。

培育内核丰富的文化品牌　打造“铁源骑兵”

“铁源”即钢铁的源头，指班组所服务的企业主体矿山。“骑兵”即为运输主力军部队。寓意在巍巍铁源之间，策马扬鞭、永争排头，打造一支“召之即来、来之能战、战之必胜”的“铁源骑兵”。倡导“自我管理、自我实现、自我超越”的主体价值观为核心；提炼了“传承创新执行高效；守纪争模范，骑兵铸铁源”文化品牌理念；确立了“人争第一、事创一流”的创建目标；其班组内涵强调“以继承艰苦奋斗、严格管理、自强不息、服务大局”的矿山传统为信念，立足本职，主动加压，努力当好打产保供先行官；以培养“服从命令为天职”的军队作风为追求，提升职工遵章守制意识；培育员工养成十五种优秀品格，即：“忠诚敬业、团队至上、追求高效、快速适应、勇于创新、擅长沟通、挑战困难、敢于负责、善于思考、技术精湛、积极主动、服从安排、决不浪费、勤于学习、儒雅整洁”，在业内基层文化建设中竖起来了标杆，产生了较好的反响。

培育学无止境的工匠精神　打造技术型班组

全员培训标准化，实现“三个转变”。汽运作业区主体设备为白俄罗斯纯进口百吨级电动轮矿车，在设备引进之初，就邀请外国专家现场指导，选派技术骨干到外部学习培训。并选拔“小教员”有针对性地开展全员转型培训。职工队伍发生“三个明显转变”：矿车司机由仅仅能开车转变成会开能管；设备点检员由仅仅能修车转变为会修能改；管理人员由仅仅能管车变成会管设备能管人。

推进“操检合一”，培养岗位“多面手”。一是轮岗交流提素质。组织职工轮流到机长班集中学习矿车修理相关知识技能，组织机长轮流到修理班组学习，通过轮岗交流，实现知识扩展、角色互换，提升岗位人员基本素质。二是自检自修保高效。以提升矿车司机自检自修动手能力为目标，运转班联合作业区确定矿车自检自修项目，组织对故障处理内容进行专题培训，进行实操检验，提升矿车司机现场处理问题能力。三是一专多能促转型。鼓励“一岗精、二岗通、三岗会”和“转岗能上岗，上岗能胜任”。鼓励矿车司机考取“焊工”“钳工”等二项技能，并组织实操教学，提升岗位综合素质。

开展技能竞赛，锻造技能精英。以“比技能、比作风、比业绩”为抓手，运转班每季度自主组织一次内部技能竞赛。参照冶金矿山行业职业技能竞赛矿用重型汽车司机打分标准客观评判，高标准组织学练赛选活动，实现以考促学、以赛促学，调动职工学习热情。打造一支技术过硬、素质过硬的工匠队伍。

培育精益求精的经营意识　打造效益型班组

包乘管理模式，从“大锅饭”到“开小灶”。实施“十人包乘组”模式。即，由六名司机和四名矿车修理人员组成一个“小公司”，负责矿车的日常工作，每名职工的收入与当班生产任务、矿车运行状况、物料消耗等挂钩，月收入多少全凭职工自己挣，职工积极性高涨。

矿车不出采场，从“粗放化”到“精细化”。针对水厂铁矿建矿时间长（50多年），露天矿场深度增加的实情，班组积极征集合理化建议，提出在采场内建立停车场，实施矿车不出采场作业模式，班组职工交接班和中午就餐全部在采场内进行，每年提升产量近百万吨；班组将“人随车动”的管理模式延伸到矿车轮胎维保，将维保工作深入到采场内，缩短轮胎紧固时间，提高矿车作业台时。

推行经济核算，从“算总账”到“算细账”。运转班按照“指标硬、手段全、管理细、考核严”要求，完善班组核算管理机制。“指标硬”，各项指标一经下达决不随便变更；“手段全”，对建立的各种记录、各类统计台账等实行规范管理；“管理细”，对班组核算台帐、成本完成情况确认表、质量异议审理单，按日登记、按月汇总核算、按旬统计分析；“考核严”，严格实行班组核算结果与班组工资总额紧密挂钩。同时，充分运用信息化手段，建立“运距查询表”“机台成本完成”“机台核算完成”“核算总成本查询”等网络录入、查询模块，实现“数据跟踪”。自主开发物资管理系统，达到物资用途明、去向清。一笔笔总账被分成多个细账，职工职责清晰，管理逐步精准化。

优化考核分配，从“领工资”到“挣工资”。运转班制定《班组薪酬管理办法》，将班组承担的9项小指标细化为24项增资分配指标，具体分解到机台和司机；将指标与职工个人工资挂钩，班组建立经济活动分析制度，对每项指标完成情况按日统计考核分析，通过考核分配，职工思想观念发生转变，由原来被动“领工资”变为自己主动“挣工资”，爱岗敬业精神进一步加强。

班组管理看板，从“事后查”到“可视化”。运转班以生产经营、成本核算、考核分配、人才培养、综合管理“五要素”为主要内容，在班组设立了班组管理看板，实现动态、静态相结合。静态方面主要对每月生产计划、危害辨识、易损备件价格等进行公示；动态方面主要对每周产量完成及每班考核情况等进行实时更新。通过管理看板，职工清楚了解各项工作计划，并且可以看到自己的工作“成绩”如何，“挣”了多少工资，提高工作积极性。特别是量化、分解指标、任务，形成用数据和指标倒逼工作有序推进的机制，确保各项工作在班组落地生根，实现“人人头上有指标、人人工作有目标”，促进工作水平整体提升。

培育严格管理的军事作风　打造管理型班组

汽运作业区职工以部队转业军人和高校毕业学生为主，人员素质整体较高，运转班因势利导，依托“军事化”培育严格管理的工作作风，打造一支铁军队伍。

军事化出操，培养队伍执行力。运转班职工每天到岗第一件事就是出操，既锻炼身体，也有助于职工以饱满的精神状态投入到一天的工作中，体现井然有序、整齐划一的精神风貌。出操不难，贵在坚持，运转班十几年如一日，出早操从未间断，职工的执行力在潜移默化中得到养成。

军事化带兵，培养队伍高素质。运转班将军事化要求渗透于班组环境、职工行为等每一个细节，制定《班组职工日常一日行为规范》《班前会组织程序标准》等制度，引导班组走向规范化、制度化。班组窗明几亮、桌椅摆放井然有序，班前会人员服装整齐、坐姿端正，班前班中测酒，安全帽、驾驶证摆放位置有严格规定。班组建立休息室，要求上后夜班职工八点前必须到岗去休息室睡觉，以保证充足睡眠，为安全生产提供保证。军事化内务、军事化带队伍，在职工中养成了令行禁止、说到做到的好作风。

军事化交接，培养队伍高标准。运转班率先推行交接班军事化管理，将军事化作风延伸到生产一线。职工整齐列队进场，班长与职工互喊口号鼓舞士气，按照交接班项目逐项检查交接，用各种手势检查灯光、喇叭，动作整齐划一，交接完毕后列队统一回班组，军事化交接班已成为采场一道靓丽的风景线。通过军事化交接班，矿车故障被及时发现并处理，矿车完好率进一步提升。

培育人人参与的创新思想　打造创新型班组

发挥创新团队作用，出成果出人才。运转班充分利用工作室平台，引导职工参加创新项目攻关，组建发动机大修攻关团队、小型机电修复团队、液压系统修复团队、高效检修创新团队，各种创新成果层出不穷。依托团队，基层创新人才不断涌现，班组多名职工先后被评为首钢劳动模范、首都劳动奖章、北京市民学习之星和首钢模范党员。

开展群众性创新，提升全员参与热情。运转班坚持每季度开展一次头脑风暴活动，组织职工提合理化建议，从安全、生产、设备、生活等各方面集思广益，讲看法、谈感受、出主意。作为水厂铁矿“成本大户”，运转班将降本增效工作与群众创新有机结合，引导职工为降本增效增添动力。

培育团结友爱的家理念　打造和谐型班组

共创“温馨特色”环境，建设美丽之家。首钢矿业公司是发展了60年的老国有矿山企业，大多数班组空间狭小、设施陈旧。运转班积极为职工创造良好工作环境，同时，引导职工自己动手改善班组环境，不求“高大上”，但求“温馨典雅、富有特色”。职工利用工余时间，亲手对花园进行改建，铺设彩砖，培植花草绿地，建成小型喷泉广场。“家”的温馨让职工集体归属感更强。

共营“全员健身”氛围，建设向上之家。运转班以“快乐工作、健康生活”为职工成长理念，持续开展群众性健身活动。班组有计划地组织开展体育竞赛活动，制定《全员健身活动比赛项目安排》，参与运动健身已成班组职工不可或缺的生活习惯。

共享“喜怒哀乐”生活，建设友爱之家。运转班坚持开展“三个一”活动，即班组长坚持每天到工作现场与职工一起吃饭，随时了解职工的心声；每周上岗一天矿车司机岗位，感受一下矿车司机的辛苦；每月进行一次家访，了解家属对企业的期许。班组注重搭建与职工家庭的互动体系，开展“给家属一封信”“职工家属恳谈会”等活动，让广大职工及家属感受到企业的关怀。

生产现场打冲锋、日常工作当先锋、文化建设攀高峰，运转班在一点一滴中诠释着“铁源骑兵”这个响亮的文化品牌。

（首钢集团有限公司矿业公司水厂铁矿汽运作业区运转班）

深化文化引领　加强班组建设实践

鞍钢有着红色基因，基层班组——鞍钢股份冷轧厂二分厂设备作业区联合机组电气点检组（以下简称班组）文化建设结合企业发展彰显出个性特色，借助班组文化的引领力量，筑牢企业发展根基。

深化自学、带徒、研讨，打造班组学习特色

一是深化自学。班组注重组织员工深入学习习近平新时代中国特色社会主义思想，做到读懂、学透，增强“四个意识”，坚定“四个自信”，坚决做到“两个维护”，努力提升全员的政治理论水平；成立班组读书角，每季度为员工推荐一本好书，《习近平新时代中国特色社会主义思想学习纲要》等，推荐了《活法》、《你在为谁工作》等精品书籍；征集读书心得，重点解决“三观”问题，努力提升全员思想境界；建立班组培训档案及电子版资料库，定期举办专业技术培训，指派经验丰富和理论业务水平高的员工授课努力提升全员业务技能，参加、组织各类培训，班组成员将学习作为工作和生活的一部分，做到自觉学习、主动学习，“学习型”班组的氛围日渐浓厚。二是深化带徒。采取“三同时”，实现“三提升”（同时工作，提升操作技能；同时处理问题，提升解决问题的能力，深入开展“导师带徒”活动；设计改进方案，提升创新能力。每年签订“导师带徒”协议，明确成长目标，纳入班组经济责任制，每季度进行考评，根据实施效果进行同奖同罚；班组建立电气试验台，供大家学习演练，促进了班组整体技术水平的快速提升。三是深化研讨。围绕技术上的难点、形势任务、钢铁行业前沿技术，岗位业务需求，现场存在的普遍性问题，定期组织大家专题研讨。通过研讨，大家主动学习，相互取经，每个人既当学生又当老师，既是参与者又是评委，使全体班组成员的思想政治及业务能力都能得到提高，实现思想、技能一岗多能的目标。

开展民主、自主、模块化管理、增强班组管理特色

一是开展民主管理。成立了班委会，设立了“两长九大员”，班组的事情大家办，每人负责班组的一项业务。利用班组生活会征集合理化建议，并由员工自己参与评价实施，鼓舞员工参加班组管理的热情，提出27条合理化建议被采纳。推行班务公开，设立公示栏、公开板，把出勤考核、工资奖金分配、评选先进、奖励处罚、班费开支等员工关注的事项进行公开，接受班员监督。二是开展自主管理。挖掘员工管理潜能，在分工合理化、责任细致化、作业流程化、管理网络化等方面下功夫；明确每名员工的责任与权利，提高自主管理能力。充分利用“网络问企”等平台，调动职工自主管理的积极性和创造性，近三年职工共提出问题151项。积极开展群众监督和劳动保护，实施岗位轮换和“一日安全员”活动，让每名员工参与管理、懂得管理，形成人人是管理者的局面，实现从被动管理到主动管理的转变。三是开展模块化管理。利用数学拆分理论，将班组建设工作化繁为简，将琐碎的班组管理内容按照“基础管理、安全管理、创新管理、对标管理、质量管理、培训管理、民主管理、文化管理、绩效管理和荣誉管理”十个模块进行分类。根据PDCA原则做好闭环，探索出以模块为核心的“把复杂的事情规范化，规范的事情模块化，模块的事情流程化，流程的事情信息化”的班组管控模式，促使班组建设跃上了新高度，实现班组管理科学化、规范化、标准化，“管理型”班组建设的步伐坚定而从容。

加强学习、对标、改进，打造班组创新特色

一是加强组织学习。深入贯彻落实习总书记“抓创新就是抓发展，谋创新就是谋未来”的指示精神，组织学习《鞍钢宪法》，增强创新意识；弘扬独具特色的“冷轧创新文化”，固化创新理念；开展“向身边典型李超同志学习”活动，激发创新动能。二是加强对标。对标先进方能找出差距。班组采取横向对标与纵向对标相结合的方式，横向对标，就是在产线之间、工序之间和班组之间对标开展，学习借鉴创新做法；纵向对标，就是紧紧抓住厂里为优秀班组长及优秀员工提供的去先进企业对标学习的机会，想方设法多学习先进企业的创新经验，开阔眼界，拓宽思路，为深化创新指明方向。三是加强改进。通过学习与对标，班组把创新的着力点锁定在影响生产运行和产品质量的设备问题、功能精度问题以及安全问题，利用创新网、创新工作室等创新平台，组织全员开展创新攻关活动。班组每年申报确立 A，B，C，D 类创新项目，成立专项攻关小组，持续开展项目攻关，不仅在创新实践中锻炼了队伍，提高了能力，而且解决了大量制约生产顺行的设备难题，为在保证机组生产顺行的同时，为企业创造了可观的经济效益。

强化制度、能力、技防，夯实班组安全特色

一是强化制度。安全生产是头等大事，不容丝毫闪失。班组制定完善《主电室管理细则》和《电缆隧道点检作业安全规定》等 12 项班组管理细则，同时建立以安全基础流程、安全培训流程、危险源辨识流程、安全点检流程和安全文化为核心的班组安全管理流程化体系，实现“五化”，即：工作内容指标化、工作要求标准化、工作步骤流程化、工作考核数据化、工作管理系统化，形成了班组安全管理制度化、流程化体系，筑牢了“安全型”班组建设的根基。二是强化能力。通过学习、培训、演练等方式，使每名员工做到“四懂三会。四懂：懂生产工艺、懂技术原理、懂设备特性、懂岗位应急。三会：会安全技术规程、会风险辨识、会处置险情。近年来，班组安全生产始终保持在平稳运行状态，实现了从“我要安全”向“我会安全”的转变。实施安全创新项目 17 项，其中有 4 项在公司获奖。三是强化技防。通过“四落实”（安全教育培训落实、安全点检落实、隐患排查整改落实、安全危险源辨识落实），提升员工的安全防护能力；通过“三重过滤法”（点检长 - 点检员 - 巡检三重点检过滤），使班组成员对管辖范围的危险点了如指掌，做到心中有数；通过深化危险源辨识工作，开展岗位危险源辨识整改活动，增强隐患整改能力；通过设立隔离栏、警示标示等措施，使安全隐患得到了有效控制。技防能力的提高，为实现本质安全提供了有力保障。

倡导团结、包容、关怀，培育班组和谐特色

一是倡导团结。团结是班组和谐的关键。班组积极倡导“班组是我家，我们都爱她”的理念，增强员工归属感，着力营造“家”的温馨氛围。员工自己买材料布置点检室，将全家福、个人生活照上墙，营造洁净、温馨的“家”环境，在潜移默化中形成了团结的氛围。二是倡导包容。班组是一个小集体，也是一个“小家庭”，每天在一起工作八小时，难免有思想不统一。班组积极倡导班组成员之间互相包容，出现问题时能够站在对方的角度思考问题，视角不同，心态不同，问题也就容易解决。班组融洽氛围，遇到困难帮忙，遇到评先谦让。三是倡导关怀。班组建立了谈心谈话制度，通过谈心谈话，了解和掌握员工的思想状态和需求，并尽最大力量帮助解决实际困难。开展经常性走访慰问活动，从家庭琐事入手，帮助班组员工化解家庭矛盾，让其能够快乐工作、快乐生活。特别是在“践行共享理念，关爱一线员工”专项服务行动中，班组从帮扶管理、作业环境等方面广泛征求到各类意见和建议 12 项，能解决的即刻解决，不能解决的及时上报厂里帮助解决，让大家充分体会到组织的温暖与关心关爱之情，激发员工工作热情，丰富了“家”的和谐内涵。

（鞍钢股份冷轧厂二分厂设备作业区联合机组电气点检组）

探索有矿业特色的融媒体发展模式

2014 年 8 月 18 日中央全面深化改革领导小组第四次会议审议通过《关于推动传统媒体和新兴媒体融合发展的指导意见》，标志着媒体融合成为国家战略。2016 年 2 月潞安集团将原潞安矿报社、潞安电视台、潞安广播电台、潞安集团官网等四家媒体单位重组，成立潞安集团新闻中心（简称中心），开启媒体融合之路。在潞安集团领导的大力支持下，中心力图探索符合自身特色的模式，收到较好效果。

确立 12345 工作模式

一个目标：遵循新闻传播规律和新兴媒体发展规律，以内容建设为根本，以先进技术为支撑，以机制创新为动力，以重点项目为抓手，以队伍建设为基础，推动传统媒体和新兴媒体在内容、渠道、平台、经营、管理等方面的深度融合，打造一个形态多样、手段先进、一体发展，拥有强大传播力、公信力、影响力的新型主流媒体，全面提高潞安新闻舆论工作的能力和水平；两大理念：融合、创新；三大职能：宣传职能、文化职能、经营职能；四大板块：采访、编辑、技术、经营；五大媒体：报纸、广播、电视、网站、手机等五种形态。

走可操融合之路

在新的发展思路引领下，中心连续实施“三个再造”，初步实现“三个统一”，迈出了从“相加”到“相融”的坚实步伐。

“三个再造”，首先组织架构再造：一是合并原各媒体分设的记者部、技术部、广告部和办公室；二是新设策划室、总编室、手机编辑部、党群工作部和人力资源部；三是按照工作侧重，细分 5 个采访部门。其二，运行机制再造：一是党总支会议和中心班子会，干部、工资、机构等三重一大事项上会讨论；二是每周中层干部例会，雷打不动，所有部室主任参会，通报一周工作情况，点评一周宣传效果，部署重要宣传任务；三是每个工作日开采编调度会，策划室、总编室和五个采访部主任、五个编辑部主任参加，汇报选题策划，通报新闻线索，安排组织采访，研究当日舆情，确定重点稿件，布置采编对接。其三，业务流程再造：核心是构建自己的“中央厨房”。借鉴人民日报“中央厨房”理念和原理，一次采集、多种生成、多元传播；依托清华大学的技术支持，挖掘本单位技术力量，先把最急需的、最适合自己的版块构建起来，量身打造属于自己的“经济适用厨房”——潞安集团新闻中心全媒体平台，这个平台最大的特点就是：投入小、见效快、经济实用，便于操作所有的功能都能满足中心传播需要。

实现“三个再造”后，中心媒体融合初步实现了“三个统一”。一是统一身份：将所有记者的名称统一为“新闻中心全媒体记者”，所有通讯员的名称统一为“新闻中心通讯员”；二是统一指挥：所有记者由策划室统一调度，所有稿件全部进入新闻中心“中央厨房”；所有编辑由总编室统一调度，都在“中央厨房”里面抓取选用稿件，实现一稿多供、一稿多用，改变了过去几大媒体各烧各的菜、各做各的饭的局面。三是统一考核：重新定岗定员定工作量和岗位职责编制工作，实行统一考核。

形成全媒体传播矩阵

通过媒体融合，潞安集团新闻中心形成“4 +4”传播格局。

一是指四大传统媒体：广播、电视、报纸、网站；四大传统媒体包括创刊于1959年的《潞安矿报》，拥有全国统一刊号。2016年7月1日以来，中心把《休闲时光》从小报改成了大报，正报、休闲时光、报纸交叉出版，提升人们阅读兴趣；潞安广播电台成立于1975年，是潞安集团发展史上第二个自办媒体。每周一至周五分早、中、晚三个时段播出，每个时段播出自办节目30分钟，其余时间转播央广新闻，全天共播出210分钟，信号覆盖潞安矿区；潞安电视台创办于1992年，经原国家广播电影电视部批准正式成立、国内办台规模较大的企业电视台之一。现有新闻综合、安全、影视等频道，每个频道每天播出17个小时，信号覆盖整个潞安矿区；潞安官网创办于1997年，在国家通信管理局进行了ICP备案，并进行全面改版升级。自2018年元旦，中心对潞安官网改版升级。在巩固传统媒体优势的同时，中心把主要精力放在了发展移动端新媒体上面。

二是指四大新兴媒体：微信、微博、客户端、直播间。首先是微信公众号。潞安集团微信公众号创办于2013年，2016年2月划归新闻中心后，每年进行一次改版，逐步成长为煤炭行业内极具影响力的新媒体，先后荣获“全国能源企业百强微信公众号”及“能源行业最佳微信互动平台”称号。其次是“直播潞安”客户端。2017年的1月1日，“直播潞安”客户端正式上线。借助客户端容量大，可以自由编排、随时发布信息的优势，可以容纳报纸、广播、电视等多种传播形式，更能体现媒体融合，做到“一机在手，潞安媒体全有。”再次是“直播潞安”直播间。矿山的各类达人、各类团体多，大型会议、体育赛事多，秀点多，看点多，及时搭建聚合、贴上潞安logo的平台，满足各类需求。同时，潞安集团工会组织和社区组织每年的文艺汇演上直播，填充直播容量，增加互动效应，已成为潞安人业余文化生活中不可或缺的一道“文化大餐”。第四是“潞安微博”。“两微一端”式的传播矩阵逐渐成为各主流媒体的标准配置。实现了各形态媒体间互联互通、深度融合、一体化发展，发挥出更好地引导群众、服务群众的作用。

（山西潞安矿业（集团）有限责任公司新闻中心）

打造矩阵式宣传平台　提升企业文化传播力

企业文化塑造和传播离不开宣传载体和平台，各类形式多样的载体成为企业文化宣传的重要工具和手段。尤其在互联网时代下，新媒体的兴起和普及，要求建筑企业传统的企业文化宣传方式发生变革。山西建设投资集团有限公司（简称集团）重点打造以“一网两微”（山西建投官网和“山西建投”、“山西建投职工e家”微信公众号）和省级以上主流媒体龙头的移动传播矩阵，实现了线下线上同步开展文化传播的模式，拓展了文化宣贯的广度和深度，进一步提高了企业文化的影响力和认同度。

着眼“严实新活”　夯实企业品牌传播基础

“严”：不断完善企业文化建设相关制度。建立企业文化内容的生产、共享和传播机制，明确各子公司、各职能部门文化传播的分工与职责，明确要求设置专兼职企业文化管理员岗位，带动各系统充分利用集团各类媒体传递总部声音，传达集团决策部署，推动实现集团文化理念入脑入心、文化管理覆盖全员、文化形象规范落地。

“实”：做实阵地建设，发挥宣传最大效能。集团创办官方网站，运营严格遵守收、审、发三步制度流程，严把质量关，突出公开性、时效性，成为内容权威、更新及时、信息丰富、产业特点突出的新闻、信息发布平台、形象宣传窗口；开通两大微信公众号，对外提高企业形象的建立，不断提升企业的知名度与美誉度，对内加强与公众的信息沟通，传递企业的价值观，凝聚员工；坚持做《山西建投》内部刊物，从不同角度解读企业文化故事，树立内部榜样人物，给员工发表对文化的理解与感想、分享与企业共同成长的心路历程的园地，极大地提高了员工们企业文化的认同感、融入感。

“新”：伴随集团的改革发展新战略、新思路的演进，以及团队文化在新的形势、新的环境下的发展，集团将企业文化理念进行重新梳理，最终形成新的企业文化理念体系，并印制《企业文化手册》，全员下发宣贯；在对企业文化的宣贯时，加大新素材（视频、gif图片、图解、音频）、新形式（直播互动、投票）的使用量和使用频率。

“活”：焕发企业文化建设、企业品牌传播的活力。集团每年对企业品牌宣传工作进行整体策划布置和安排，对子分公司和职能部门的具体任务进行详细分解；打通与各子分公司纵向联系网络，在自媒体发布传播的同时，提供给外部媒体平台进行多渠道传播；定期公布各子分公司工作动态，每年对其进行严格的统计考核和情况通报，督促各子分公司企业文化建设的力度。

着眼“扩提通达”　提升企业品牌传播能力

“扩”：扩大队伍，形成人人宣传，宣传人人的格局。在新媒体时代，人人都有麦克风，人人都有摄像机，集团在企业品牌提升计划中，为广大职工提供“我是企业宣传员”的平台，通过一线职工捕捉、挖掘新闻线索，迅速传递给负责宣传工作的专业人员，不断提高新闻敏感性。目前，集团已拥有超过500人的影像及文字新媒体创作团队，分布在全国各地和海外多个国家的重点工程项目。

“提”：培训提素，提升专业人员运用全媒体的能力。集团建立新媒体业务交流微信群，提供互相交流提高的平台；不定期举办新闻宣传培训班，邀请专家讲授新媒体宣传业务知识；选派宣传骨干参加省委、国资委举办的培训班，提高运用新媒体的能力、信息把关能力和舆情分析处置能力。

“通”：在构建内外互动的新闻宣传组织体系建设中，集团坚持联合共赢原则，在加强内部协作的基础上，与山西日报、山西晚报、人民网、山西国资委网站等外部媒体平台建立合作机制，实现同步传播，同时与这些单位建立定期学习交流机制，通过学习交流，提高对全媒体的运营能力、内容规划与策划能力。

“达”：职工在哪里，宣传报道的触角就伸向哪里，媒体融合的工作面就铺开到哪里。集团打造的“矩阵式”传播路径，以集团官微为核心，辐射延伸出子公司、实体、项目、园区等官微，拓展涵盖各业务板块、各区域市场、各基地、各职能单位的“矩阵式”企业文化传播路径，逐步建立机制联动、内容对接、人员互补的工作格局，打造各类贴近职工的宣传平台，不断扩大宣传的地域覆盖面、人群覆盖面、内容覆盖面。集团已初步具备“全程媒体、全员媒体”的雏形。

着眼“多快好省” 探索企业文化特色融合之路

“多”：坚持将集团愿景、使命作为重要指引，通过官网、微信新媒体、内部刊物、楼宇电视等多种载体开展全方位文化理念宣贯；对新老员工进行多层次培训，有针对性地结合企业内部培训进行反复宣讲，有效地帮助员工较好地融入团队，提升员工的文化归属感和自豪感；与“全媒体”文化宣贯相呼应，组织开展企业文化主题征文、新员工入职教育、企业文化宣讲、企业文化专题培训等主题宣贯活动，及时通过全媒体平台进行传播互动，收到良好的宣贯效果。

“快”：信息流通快，集团的最新要求，能够第一时间传达到所属各单位、国内外各项目，基层的新闻动向也能第一时间被集团获悉。集团党委宣传部作为“中央厨房”，将各类新闻汇总、提取、加工后，快速、及时发布在自媒体平台上，讲好建投故事，传播好声音、传递正能量、凝心聚力。

“好”：集团牢牢把握正确舆论导向，力求传播效果的最大化和最优化。紧跟党中央、省委省政府、集团形势变化，推出各类新闻作品。其中，集团内部选树的先进典型人物事迹，经全媒体传播后，收到员工普遍关注，员工中富有感染力、极具冲击力的感人的情景再现和故事，直抵人心、催人奋进，起到了文化引导作用。

“省”：集团注重发挥内容优势，以优质内容抢夺流量、汇聚用户，赢得发展优势；在技术软件层面，集团坚持走自主研发道路，开发应用型技术软件，统一集团对外形象。

在全媒体特别是新媒体语境下，集团紧紧围绕中心工作，在深化国企国资改革的进程中，逐步实现从媒体简单相加向融合的转变，从单向灌输向双向互动的转变，从单一宣贯向多元化活动的转变，正确的舆论的引导和精准传播，强化了企业文化的在员工思想和企业战略实施中的引领作用，有效推动着企业文化的入脑入心。

（山西建设投资集团有限公司）

实施品牌引领战略　推动媒体融合发展

广东省能源集团有限公司（简称广东能源）媒体品牌建设工作以习近平总书记新时代中国特色社会主义思想为指导，按照广东省委省政府工作部署和省国资委工作要求，认真贯彻落实企业品牌建设总体部署和要求，围绕企业中心工作，牢牢坚持党性原则，坚持马克思主义新闻观，坚持正面宣传为主，坚持正确舆论导向，为实现集团发展战略提供有力的舆论支持。

抓融合　建设品牌传播大平台

随着移动互联网技术的不断深入，媒体传播平台越来越丰富。广东能源发挥媒体资源内外结合的作用，借助现有的“一网一刊一微”的品牌传播矩阵，通过“一次采集、多种生成”一体化传播体系，实现优势互补，全方位做好品牌传播工作。

官方网站作为集团的对外门户之一，它诞生于互联网初兴之际，始终保持与互联网发展大势同步并进。网站有中英文两版网站，内容力求广泛，包含集团新闻、社会责任、企业文化等各方面信息，为社会提供一个全面快速了解广东能源的窗口。广东能源的内刊《粤电集团》杂志自2003年创办至今不断改进，内容不断走“深”，侧重深度解读，提供立场观点，记录着广东能源发展的历程，见证企业向具有国际竞争力的能源集团迈进的过程；2017年上线官方微信公众号，它以“活”的特色，以轻松有趣、图文并茂、视听审美等形式，再为品牌传播注入新动力，使广东能源的品牌传播焕发新活力。

经过多年的品牌传播实践，广东能源建立了重大选题报送制度，坚持对网站、内刊、微信公众号等媒体平台的重要栏目选题进行提前策划、汇总筛选。根据确定的选题编制详细的策划方案，明确传播时点，并从不同角度、不同风格、不同形式去传播同一题材的内容，实现立体化品牌传播新格局。

抓主题　实现品牌传播新高度

做好品牌传播，内容永远是王道。广东能源的品牌传播既注重传播内容的深度和广度、质量和高度，也注重主题的深度策划，通过统一策划方案、统一组织实施、统一协调推进系列主题传播活动，把品牌传播做深、做实、做出特色，以达到以点带面的传播效果。

近几年，广东能源先后策划了《绿“碳”》《绿色，未来发展主色调》等绿色能源相关主题；《电改进行时》《创新无止境》等改革创新相关主题；《匠人匠心》《坚守》等人文情怀相关主题。2018年，广东能源深度策划“纪念改革开放四十周年”主题，传播形式多种多样。对外，积极参展中国电力企业联合会主办的改革开放40周年电力成就展暨第十七届中国国际电力设备及技术展览会；参与广东省国资委联合广东广播电视台、南方财经全媒体集团组织策划的“壮阔东方潮　奋进新时代”庆祝改革开放四十周年国企篇的大型系列报道之《走进粤电集团：用电大省背后的绿色能源》；对内，在集团微信公众号平台开展了“改革开放40周年·我与粤电共成长”等系列推文活动；在集团官方网站上专门制作建设专题网页等等；还精心策划创意“纪念改革开放四十周年”随手拍等活动，全方位、多维度展示广东改革开放、电力改革及我们创新发展的辉煌历程和改革成果。

抓外联　扩大品牌传播影响力

提升品牌影响力单靠自身平台传播是远远不够的。好风凭借力，广东能源借力各大报刊网站媒体，通过外部媒体、政府网站平台扩大传播范围，使品牌传播的影响力更加深远。

与新华网、中国电力报、中国改革报等近30家媒体进行过合作，通过接受媒体采访，在主流媒体上适时宣传报道、参与重大公关活动等做法，让社会各界了解广东能源在绿色环保、履行社会责任、确保国有资产保值增值等方面所做的努力，营造有利于企业发展的外部舆论环境。在2019年“两会”期间，广东能源的全国人大代表曹燕明接受中国电力报记者采访，向外界展示了能源企业在转变思路、转型升级等方面所作的努力，也展示了一个基层人大代表在反映和维护人民群众利益、解决人民群众普遍关注的民生问题发挥的积极作用。广东能源作为广东省国资系统第一家发布社会责任报告的企业，已连续八年向社会发布了企业社会责任报告，并同步在中国电力报、南方日报进行专版报道。

抓引导　掌握舆论工作主动权

随着企业多元业务产业链的扩张，尤其是复杂多变的电力市场业务，社会各界关注也日益增加，广东能源通过整合内外资源、完善工作机制、加强培训学习等措施，以权威的正面信息引导舆论，以高度的政治责任感、社会责任感维护企业品牌形象。

首先是及时掌握舆情态势。广东能源与中国电力传媒集团、南方传媒集团进行合作，积极开展舆情监测、应对处置工作，实现网络舆情24小时全天候、无死角监测，确保第一时间知晓舆情隐患，并对重要的舆情形成舆情报告；其次是进一步完善舆情应对机制。先后制定发布了《广东省能源集团新闻宣传管理办法》《广东省能源集团信息公开管理办法》《广东省能源集团网络意识形态工作实施细则》，并成立了新闻宣传工作领导小组，明确新闻宣传工作领导小组对舆情的引导协调决策机制，确定系统各级单位党委主要负责人为网络意识形态第一责任人，建立了新闻发言人、舆情信息报送、突发新闻事件应急处置等工作机制，确保在发生突发事件和发生负面的舆情报道后能第一时间启动相关应急预案；再次，密切关注社会热点焦点，积极正确引导舆论，强化宣传教育。如：习近平总书记视察广东重要讲话发表后，广东能源第一时间在集团网站报道公司党委召开扩大会议学习贯彻习近平总书记视察广东重要讲话的信息；在集团微信公众号连续转发南方日报对习近平总书记视察广东重要讲话精神之“沿着总书记指引的道路奋勇前进“系列报道；在集团办公大楼电梯、大堂显示屏循环播放相关标语和视频资料等，通过及时广泛宣传，营造了良好的舆论氛围，加深员工对讲话精神的理解。

抓队伍　激发品牌传播新活力

打造一支高效专业的新闻宣传队伍，是品牌传播工作能否做好的关键所在。广东能源全系统新闻宣传队伍现已逾百人，初步形成了横向到边、纵向到底的新闻宣传通讯员网络；通过建立通讯员管理制度，对通讯员的职责、权利和义务、奖惩和考核进行明确规定；每年以发文的形式对用稿量大、稿件质量高的单位及通讯员进行表彰，激发他们的工作热情；把系统各单位的新闻发稿量上稿率纳入企业精神文明建设考核成绩的一个重要指标，促使各单位把对外的投稿发稿量作为一项重要的工作来抓；以“走出去，请进来”的方式，对系统单位通讯员进行业务培训，使他们在思想政治素质和业务水平方面得到了提高，努力打造成一支业务精、作风正、纪律严的新闻宣传队伍。

（广东省能源集团有限公司）

舆论阵地与专业平台同塑　传播渤海钻探品牌形象

中国石油渤海钻探工程有限（简称公司）于2008年2月27日正式成立，是中国石油天然气集团公司的全资子公司，其主体施工作业队伍有打出大庆油田发现井—松基三井的钻井队，有打出大港油田、华北油田、冀东油田发现井的钻井队，有曾经给铁人王进喜当过队长的老干部，曾经担任过1205钻井队指导员的基层干部，可谓“根正苗红”。公司不断寻求新增长点和驱动力，倾力打造科技引领型技术服务企业，其中，新闻宣传工作坚持融入中心、服务大局，突出内聚人心，外树品牌形象。

注重顶层设计规划　坚守新闻宣传工作阵地

公司坚持“党管意识形态、党管媒体”原则，在大局下思考、在大势中谋划、在大事下把握工作方位定位，把公司改革发展的难点重点、职工关注的热点焦点作为工作的着力点，把提高生产经营成效作为出发点和落脚点，使宣传思想文化工作与公司发展目标相一致，与改革发展中心任务相互促进、相得益彰，不断增强新闻宣传舆论引导工作的引领力、影响力和控制力，为公司发展助力、为中心工作添彩。落实各级组织、各级干部的责任，确保生产经营中心工作和新闻宣传思想工作有机融合、相互促进、协调发展。坚持新闻宣传例会制度，紧紧围绕加强新闻宣传工作整体策划，强化重点时段、重点工作新闻宣传整体策划。严格落实信息报送归口管理、逐级把关制度，成立新闻宣传管理专门机构和业务部门，具体管理内部媒体，沟通外部媒体，建立、培育新闻宣传队伍。先后发布《渤海钻探工程公司新闻宣传审核制度》《渤海钻探工程公司新闻报道考核办法》《渤海钻探工程公司新媒体考核办法》一系列规章制度，做到依规依据开展舆论传播。

坚持文化创新引领　提升公司稳健发展实力

公司坚持以文化强筋健骨，以文化铸魂育人，大力弘扬以“苦干实干、三老四严”为核心的石油精神，践行争先文化四特精神，丰富活动载体，打造企业文化优势。组织开展“循铁人足迹　展渤钻风采”先进典型宣传和“当个石油工人多荣耀”摄影、微视频和心得体会作品征集活动。大张旗鼓地宣传推广先进集体和模范人物的典型经验事迹，发挥先进典型重塑石油良好形象，艰苦奋斗、干事创业的示范作用。公司先后成功策划举办《我是铁人子弟兵》《我当个钻探人多荣耀》《风霜雨雪铸神魂》《钢铁脊梁》《石油特种兵》系列主题晚会，创作一批如《梨花颂》《石油妈妈》《血脉》等优秀的文艺作品。歌颂渤钻人履行服务勘探开发职责担当奉献，我为祖国献石油的豪迈情怀，展现“渤钻人”坚定质量效益发展，艰苦奋斗、百折不挠的优秀品质，传递社会正能量，为公司持续稳健发展提供了强大精神动力。2017年，公司再度荣膺由中央精神文明建设指导委员会授予的“全国文明单位”荣誉称号。

推进媒体融合发展　凝聚干事创业智慧力量

公司注重发挥坚持新闻宣传文化工作舆论推动、精神激励作用，引导培养激发员工正确的思想观念、人文精神和道德规范。面对外部环境、社会条件、工作对象出现的新情况、新问题，在继承优良传统基础上不断与时俱进、开拓创新，保持思想的敏锐性和开放度，认识新事物、把握新规律，坚持问题导向。敢于打破思维定势和路径依赖，把公司两级门户网站作为“第一媒体”，2012年以来先后3次进行改版升级，重点解决版面风格设计、栏目优化设置、与新媒体融合、重要信息发布以及日常内容更新维护等方面的问题和不足。突出公司“中国石油渤海钻探”官方微信公众号宣传主体地位，持续优化平台结构布局和栏目设置，强化两级官方微信公众号合规化、规范化管理。公司所属各单位、各级组织积极参与门户网站和微信公众号维护，及时更新栏目内容，及时反映行业市场、前沿科技、公司以及各单位（部门）重要动态、取得的工作业绩和典型经验做法等情况，丰富了门户网站的内容，强化了网站管理与应用，起到展示宣传、沟通交流、办公便捷的效果。公司灵活运用电子屏、电教设备、橱窗、板报等现有资源，帮助指导基层分析形势、解读精神、明确任务。适应互联网、手机等新兴媒体广泛普及的新趋势，运用网络专题、手机党校、微信公众号、微信群等传播平台，为职工提供正面、阳光、鲜活的信息，搭建互动平台，吸引职工广泛参与，强化职工自我教育。

畅通新闻传播渠道　全面展示公司良好形象

紧紧围绕质量效益工作主线，大力宣传报道干部员工。解决“主要矛盾”、把握“工作重点”、增强“实战本领”，打赢油气勘探进攻战的特色技术、施工能力和重大成就。围绕公司重大政策出台、重点工程施工等关键节点，认真评估风险，制定宣传报道方案，强化顶层设计，坚持正面引导，突出舆论风险源头防控，提升热点敏感话题的引领能力。常规性精心策划“党的方针政策”宣传贯彻系列报道、贯彻公司“两会”精神系列专访，以及“市场写真”、“安全为了谁”大讨论大反思系列报道等。公司每年在《中国石油报》《中国化工报》《中国石油石化》等省部级媒体，《委内瑞拉石油网》《莫纳嘎州报》等海外媒体刊发各类稿件近300篇，持续在公司门户网站发布各类信息、微动态、视频7500余条，组织各类网络专题；邀请新华社天津分社、《石油石化》杂志等媒体记者走进渤钻，深入了解采集公司近年来市场开发、安全环保、企业文化、社会责任等方面取得的工作业绩，重点加强国际业务对外宣传报道，为公司国际市场开发开拓营造良好舆论氛围。公司记者站被中国石油报社授予五星级记者站。建立健全舆情监测、研判、应对全流程管理，加强媒体沟通与联络协调，建立舆情处置联动机制，成立协作组，加强网评引导，实现网评工作全天候在线、全业务覆盖、全媒体渗透。做到了网络舆情发现及时、处置得当、管控有效，提高了正面引导能力。

建设专业传播平台　打造技术宣传推广利器

面对新兴媒体，公司率先出发，超前谋划，先后创立《油气井测试》《钻井液与完井液》《渤海钻探井下人》《渤钻泥浆》《录井家园》等一系列专业刊物和内部刊物，着力打造公司特色技术、优势技术、技术利器、先进工艺等宣传推广交流利器。《油气井测试》1984年创刊，1992年获得国家新闻出版署批准，成为国内外公开发行的专业技术期刊，是国内石油行业惟一国内外公开发行的专业技术刊物。在“万方数据-数字化期刊群”全文上网，并被《中国核心期刊（遴选）数据库》、《中文科技期刊数据库》、《中国期刊全文数据库》等全文收录；入选中国期刊光盘版期刊。《钻井液与完井液》创刊于1983年，是国内外公开发行的世界范围内唯一一份全面报道钻井液与完井液技术的专业性期刊。被El EnCompass、荷兰文摘与引文数据库（Scopus）、美国化学文摘（CA）、剑桥科学文摘（CSA）、俄罗斯文摘杂志（AJ）、美国《乌利希期刊指南》等收录，是中国期刊方阵双百期刊、北大中文核心期刊、中国科技论文统计源期刊、集团公司优秀科技期刊。获得了参加了“庆祝中华人民共和国成立七十周年精品期刊展”的资格。《录井家园》2004年创刊，是公司上情下达，下情上传，宣贯经营政策的喉舌。《渤海钻探井下人》2006年创办第一期，全方位记录了渤海钻探井下人保障油气上产的历史，见证了渤海钻探井下人踏上科学发展的进程。舆论阵地和专业平台是建设企业文化的重要阵地，更是员工抒发胸臆的家园。

（中国石油渤海钻探工程有限公司）

加快全媒体传播体系构建
做强电子信息技术品牌传播

中国电子科技集团公司第二十九研究所（简称29所）作为我国电磁安全行业领军企业，主动适应新形势下媒体融合新趋势，积极开展全媒体时代新闻宣传的实践探索，发挥传统媒体和新媒体优势和特长，为践行“大国重器”的使命担当，引领电子信息技术事业发展做出了贡献。

明晰主责　谋划信息传播大格局

29所是军工电子国家队，科技创新骨干力量，电子信息技术产业领头羊，做好企宣和品牌推广是企业发展的内在要求，为此，29所人明晰宣传工作的职责和目标，即：内宣的主要职责是凝聚全员力量，助推企业发展；外宣的主要职责是树立军工央企积极履行政治责任和社会责任的良好形象；而做好新闻宣传和企业品牌建设工作，就不能简单只当传声筒，而要具备“营”的理念，立足军工科研单位实际，系统思考和谋求现代创新型企业新闻宣传工作价值创造和熔接点。29所积极探索宣传和品牌建设的基本路径。一是构建战略与文化解读能力，提升全员价值导向一致性；二是构建战略与文化评估能力，推进员工行为与组织目标匹配；三是构建战略与文化宣传推广能力，提升企业品牌影响力；四是构建战略与文化舆情监控能力，为预防风险、快速决策提供支撑。在此基础上，29所不断适应“四全”媒体时代变化，以体制机制建设为基础，企业品牌建设为抓手，积极进行观念创新、内容创新、形式创新、手段创新、载体创新，推动融合发展。成立全媒体宣传管理团队，负责统一调度各媒体资源，总揽29所对内对外宣传文化及舆论引导、品牌塑造等工作，为媒体融合提供体制保证。宣传管理团队依托完备的采编力量、权威的信息渠道、规范的采编流程，党群工作部全面部署采访任务，对采编信息内容进行统一调度，着力创造优质新闻产品。

整合资源　构建融媒体传播方阵

一是整合传播资源。在人力、内容、宣传等方面进行全面整合，将分散在各个部门的宣传职能进行系统梳理，对流程进行再造。首先将所有与企业宣传和品牌传播相关的资源，如市场、科研生产、技术创新、国际贸易、民品开拓、安全生产等重大题材和典型人物、团队的故事案例进行整合，集中形成资源库。其次，在流程上，确定传播权重等级，形成分阶段、分步骤、分途径进行策划、转化和传播的工作计划，克服了资源分散、各自转化、缺乏协同的问题，实现资源共建共享。二是构建融媒体方阵。推动传统媒体和新媒体融合统一，在报纸、杂志和橱窗等传统媒体平台和科技、文化展厅、文化主题墙等展示宣传平台的基础上，构建基于内部网络的宣传中心、四威报电子版、宣传电子大屏、楼宇电视媒体终端，基于互联网的官方网站、官方微信公众号，构建“3+5+4”的融媒体方阵。“3”是三本纸质刊物《电子信息对抗技术》、《电子信息技术》、《国际电子信息技术》；“5”是以《宣传中心》、电子大屏、所区楼宇电视终端为主体的三个内宣网络宣传平台，和以互联网29所官方网站、移动互联29所官微信两个外网宣传平台；“4”是以科技展馆、历史文化展馆、文化主题墙、853电子信息技术科研遗址为主体的四个对外文化和品牌展示宣传窗口，“3+5+4”融媒体方阵成为凝聚全员力量，传播29所声音、讲好电子信息技术故事的重要平台和阵地，为提升企业品牌竞争力提供了全方位支撑。三是强化与主流媒体和新兴媒体的交流合作。依托主流媒体和新媒体的宣传平台优势，加大对29所的宣传力度。29所与新华社、中央电视台、人民日报、中国科技报等国家级媒体建立了长效合作机制；与新华网、新浪、滕讯等互联网媒体和国资小新、中国电科等“两微一端”建立交流互动机制，在主动发声、舆论引导等方面不断探索扩大融合，利用好一切网络主流平台，主动引导，对塑造29所品牌做出尝试。

系统策划　抓好宣传整合传播

一是形成宣传主题统一策划、宣传题材统一管理、宣传推进上下联动的宣传工作机制。每年年初下发全年宣传工作计划要点，成为指导全年新闻宣传的总纲。以年度确定宣传主线，以季度确定宣传主题，挖掘主题之下的月度选题，形成“季度有主题、月度有选题”的体系策划；同时，建立重大题材和热点新闻题材集中统一管理机制，遵循“时度效”的原则，确定传播的主渠道、分支渠道和传播时机，形成发现—储备—挖掘—加工—传播的一体化传播流程和模式，实现传播效应的最大化，取得好实效。二是重大主题系统策划，注重时效、精准传播。坚持传统媒体定向定调，新媒体采用鲜活、生动载体进行转化和解读。每年“两会活动”都是所级重大主题宣传，29所以宣传中心为主导，组织策划具有一定规模、深度、广度的报道，重点围绕战略规划、市场开拓、技术创新、科研生产、质量安全、管理创新等热点，精准进行战略解读，导向“准确”，解读“不偏离、不遗漏”，在准确客观的同时，及时传播价值导向。同时29所官微梳理关键要点，通过图解、H5、动画视频等方式，进行可视化图文并茂解读，方便全员掌握要点，实现传播的简洁明了和快捷直达，收到良好效果。三是重要专题整合传播推广。2016年以来，在事业制研究所向现代企业转型的关键时期，29所以《四威报》为核心阵地，围绕改革发展专题，从三个方面开展宣传引导。首先突出价值引领，凝聚转型共识。深入开展对聚焦十三五规划、军改、五大能力等发展战略的集中宣贯解读，实时刊发所长推荐文章，宣传转型发展理念。其次，加强整体策划，提升舆论引导能力。时刻关注新闻动态和热点，精心设置宣传议题，突出改革的深度、广度和持续效果。第三聚焦中心业务，服务改革发展。与业务部门紧密配合，策划职能转型等主题，宣贯改革转型战略、提振士气、展示能力，凝聚改革奋进的力量。

用户牵引　创新传播方法手段

29所把全媒体时代的新闻宣传作为一项产品来开发。通过需求收集——需求分析——需求分发——需求验证——需求满足全流程管理，根据员工选择资讯服务途径的多样化、个性化、分众化、差异化，从用户需求出发、以用户接受和满意为牵引，创新传播内容、方法、手段，进行形象化、通俗化展示和传播。

2017年，策划《初心》系列专题，推出《我为什么入党》专题，聚焦老一辈、中生代、新生代三代29所人入党的初心，采取文字、视频、音频记录的形式，回顾特定时期29所人的入党动机，时刻提醒29所人要“不忘初心、继续前行”；每年春节期间，坚守工作岗位、“舍小家顾大家”的29所人成为宣传的典型；2018年，依托新媒体，以“微信朋友圈”形式，策划推出《29所人的新年朋友圈》，将29所人对工作的坚守、对家人的祝福、对事业的忠诚，浓缩进文字与图片之中，以第一人称讲述的方式，通过微信朋友圈发布的形式展现出来，收获良好的反馈，成为融媒体下品牌传播的经典范例。

突出特色　增强传播吸引力

站着讲故事。“国家利益高于一切”是29所的企业宗旨。为让国防军工单位典型人物不胜枚举，为让典型人物原汁原味、不加“粉饰、既反映29所人物淡泊名利，潜心科研的崇高品质，使模范典型真正“立得起来”讲自己的故事，产生直击人心的力量。

俯身叙民声。在全媒体环境下，企业宣传不仅仅报道单纯的新闻事件，而是扩大为其它一切有用的信息，包括日常生活类信息。29所的做法与受众为邻，有温度地讲述、有人情味的关怀。如：在中国传统节日、与员工有关的重要的日子、身边的突发事件等，29 所官微送出以情感温情为主调的祝福与关注，赋予微信公众号“温度”；在高考日，官微转载《高考加油，以梦想的名义致青春》祝福文章，发布《高考日——29 所产品为考生公平守护》，增强对员工的吸引力。

主动出击　提升品牌话语权

借助首颗新一代北斗导航卫星的发射成功，北斗卫星导航系统向全球拓展启动实施关键节点，将一群平均年龄不到 35 岁的北斗导航研发团队推向了央视的舞台，将他们努力、担当以及 29 所航天实力展现在了世人面前，获得广泛关注。从时机选择、人物塑造、事迹筛选、媒体推送，形成一揽子宣传推广方案，树立 29 所北斗导航载荷总体国家地位；抓住建国纪念日等有利契机，选树大国工匠典型，助力微系统营销。在央视《新闻联播》发布重磅品推信息和案例，全面展现 29 所人勇担神圣使命，献身国防科技事业，做出突出贡献的伟大情怀。2016 年 8 月、9 月，中央电视台集中播放《军工记忆》专题片，2017 年 9 月《大三线》纪录片，2018 年 10 月《大山里走出来的共和国建设者》纪录片在央视经济频道播出，提升了 29 所品牌形象；

建立与新华社常态化沟通渠道，在新华社内参重点营销 29 所电磁空间安全品牌、呼吁资本运作、科技创新技术转移等机制体制政策。邀请中央企业战略性新兴产业调研专题考察，在人民日报、新华社经济参考报、中国日报、国资报告等不同受众权威媒体推广 A + 智慧社区，获得良好反响。

大众参与　提升企业价值认同

加强与员工互动交流。29 所在门户网站开辟“员工心声”栏目，搭建职工表达诉求的桥梁，获取真实声音，有针对性解决职工困难，增强职工的参与感；加强微信的留言互动，强化员工的参与交互体验，使互动性和参与度进一步深入；搭建线下交流平台，开展“家属访谈日”活动。29 所是国家一级保密军工单位，从事的事业不为外人知晓，包括亲属家庭成员。从 2007 年开始，策划开展家属访谈日活动，邀请职工家属入所参观访谈，零距离感受另一半在所加班加点工作情况和为国防建设无私奉献的精神，增进夫妻间信任，促进了家庭和谐，赢得家属加倍鼓励家人安心工作，提升员工家属对 29 所文化认同。

在全媒体环境下，29 所准确把握媒体融合发展趋势，推动传统媒体和新兴媒体的融合发展，通过创新实践，进一步扩大了 29 所品牌传播力，“SWIEE”在国防军队武器装备信息化彰显着“大国重器”地位，在国际上 20 多个国家和地区产生和释放着辐射力和影响力。

（中国电子科技集团公司第二十九研究所）

因势利导　构建全媒体传播体系

中建三局一公司（简称公司）因势而谋、应势而动、顺势而为，构建全媒体传播体系，为形成内外宣传交相辉映的传播效果提供保障。

蓄势：塑强层次清晰的全媒体传播平台

构建内部媒体平台。企业内部宣传平台，是党的声音传播“末梢神经”。公司历来重视内部宣传，较早创建了两网、一刊和两微，“两网”是内部办公OA平台、公司官方网站，一刊是指公司的《建苑》杂志，两微为公司的官方微信公众号和公司职工服务平台微信服务号，各个平台统一为企业宣传服务，又各有侧重点。

公司办公OA平台主要刊登公司及所属二级单位信息、项目、属于“快报”，旨在让公司领导及职工及时掌握公司项目的动态；对重要的上级领导关怀和有关公司的社会媒体新闻进行刊登报道，设置“企业新闻、工程动态、媒体关注、社会评价、品文化”等栏目，激发员工荣誉感、自豪感和归属感。公司《建苑》杂志强调深度报道和专题报道。深度报道提升新闻宣传的品质，专题报道强化新闻宣传的集束效应，设置“一线、人物、文荟。国家大事，千年大计”等栏目，雄安市民服务中心首个工程项目，《建苑》专门刊发相关报道，包括设计、理念、施工、见闻及人物故事、文艺作品等，即使在春节期间也没有中断，高质量地展现了雄安建设者的攻坚克难的故事和涌现的典型人物，受到好评。企业微信公众号设置“争先看、争先事、争先人和壹起飞、壹等壹、壹周读、壹周瞰”等栏目，并根据重点项目、重大活动开设专题介绍，自2016年3月24日开通以来，在树立企业形象，对外宣传发挥着独特作用。如：《争先雄安》《争先大横琴》《争先京东方》和《改革开放40周年》等，深得员工喜爱，真正做到了上传下达、凝心聚力的作用。

积极用好上级平台。中建三局一公司是央企中国建筑集团旗下的三级子企业。中建集团与中建三局都有自己的报纸、官方网站、官方微信公众号。2018年以来，中建三局一公司加强中建集团的中央厨房的应用，在信息报送、中建集团报纸、中建三局报纸的投稿注重数量与质量并重，上投局微信与集团微信更加注重策划性报道，通过信息报送，特别是大篇幅稿件投送刊登率居兄弟单位前列，总体用稿率排名兄弟单位第一名，加快了新媒体融合的步伐。

不失时机地利用好外部平台。对于企业宣传来说，外部媒体是“高音喇叭”，中建三局一公司与人民日报、新华社、中央电视台、中央人民广播电台、中国新闻社、光明日报、经济日报、工人日报、科技日报、中国青年报等核心媒体和中央媒体保持着密切联络，与湖北、广东、福建、河北、山东、贵州等地的省市媒体保持每周均有交流机制，与中国建设报、建筑时代、《湖北建筑》杂志等行业媒体携手共前进。为加深与媒体的交流，公司首创季度例行新闻发布会制度，旨在让媒体了解企业近期的重要工作、亮点工作、典型人物和事迹等，同时密切配合媒体近期报道的重点，更加有效地加强互动沟通。以2019年3月份为例，湖北遭遇连续的阴雨天气，《楚天都市报》编辑部做了一个关于阴雨天气的大型策划，记者首先想到了公司，最终选取了公司承建的武汉北四环项目，刊登大半个版的新闻报道。

乘势：构建全媒体融合发布的传播体系

所谓媒体融合，“融”的是内容与技术，“合”的是机构与人员。相对于媒体单位来讲，企业的全媒体融合少了机构撤并、人员分流或集中的羁绊，重点是做好内容与技术融合。

成立“壹号工作室”。“壹号工作室”取自公司名称中的“壹”和“永远争第一”的企业品格中的“壹”。公司企业文化部负责宣传岗位的人员和司属各单位的专兼职通讯员、重点项目的政工员均属于“壹号工作室”成员，旨在通过深入一线挖掘更加鲜活、更加生动的新闻素材中的人、事、情，从而更好地宣传企业品牌。“壹号工作室”所创作的新闻，力争“一次采集、多种生成、多元传播、全媒发布”。

采用每日报题、选题督办、合作激励、带班轮训的机制。司属单位每天报送当天的微信选题，“壹号工作室”的编辑从中选取当天微信刊发的内容进行编辑，优秀的内容还向局微、集团微信报送，同时还据此向局报、集团报纸投稿。年初向司属单位征集公司年度重点选题，重点选题公布后，公司企业文化部督办重点选题的落实，对于执行不力的情况将通报批评。遇到重大事件或者选题，“壹号工作室”“海陆空”成员集团作战，既培养团结协作的精神，又给参与人员提供实战机会。

加强队伍能力建设。公司着力推进驻点服务制、实战演练制、擂台赛等机制加强队伍能力建设，并配套培育引进专门技术人才和“一专多能型”人才，在巩固和强化文字采写基础能力的基础上，通过做好微信、短视频等新媒体宣传去占领小屏，并发布企业版新闻写作指南，为通讯员定期进行新闻宣传相关技能培训。

借势：实现唱响争先强音的传播效果

媒体融合，必须坚持导向为魂，内容为主，目的为要。企业的媒体融合落脚点是在坚持正确的政治方向、舆论导向、价值取向的情况，讲好企业故事，讲好企业文化，讲好企业品牌。

讲好企业的历史功绩。有故事的企业总是有高度的关注。融媒体时代如何讲好这些故事呢？作为一家拥有68年历史的建筑央企，中建三局一公司自诞生之日起就响应国家的号召，从上海出发，转战三线、扎根湖北、出征特区，创造过“三天一层楼”的“深圳速度”和“两天半一个结构”的“新深圳速度”，总结了“珠海经验”，发展的步伐走向全国并扬帆海外。在纪念改革开放40周年等重要的历史时间点，公司的平台、官网和官微总是及时跟进报道，吸引中央、广东和湖北传统纸媒、网络媒体、新媒体等形成报道的矩阵广泛报道；联系新华社，采用视频拍摄的方式采访当年的建设者选入《国家相册，杀出血路来》《40年，你可曾读懂父亲》，使入选者再度成为新闻宣传的爆款和企业宣传的一大亮点。2018年，在雄安市民服务中心项目112天的施工中，公司微信开通“争先雄安”专栏，把“雄安第一标”的技术特征立体无死角地精彩呈现在世人面前，还着力挖掘典型人物故事并获得央视、新华社大篇幅报道，较好地提升了宣传效果。

2018年10月23日，习近平总书记在中建三局一公司承建的港珠澳大桥重要配套工程——珠海公路口岸里宣布港珠澳大桥正式通车。公司董事长、党委书记吴红涛作为建设者代表受邀参加了通车仪式。公司准备了丰厚的采访素材和策划，投放给广东、湖北媒体及部分中央媒体；通车之后，公司组织珠海公路口岸项目的建设者上岛拍摄婚纱照，再度成为新闻热点，受到海内外关注。

讲好企业的核心能力。中建三局一公司在管理模式探索、技术创新、建筑工业化、绿色智慧建造等方面源源不断地进步。2018年10月12日，中建三局武汉京东方10.5代线项目举行全国绿色、智慧建造观摩会，公司邀请新华社、中央电视台、中新网、科技日报等中央媒体和湖北日报、长江日报、湖北电视台、楚天都市报等地方媒体进行地毯式采访报道，纷纷聚焦中建三局武汉京东方10.5代线项目的绿色、智慧建造亮点，中央电视台新媒体进行现场网络直播，介绍项目在建造过程所用的“尖板眼”，在行业内掀起了热潮。

2018年7月，公司承建的珠海第一高楼——横琴国际金融中心项目（简称IFC）封顶。IFC采用公司自主研制的顶模技术，该技术为国内顶尖技术，国内外媒体一度同时聚焦，形成网络媒体热点。

讲好企业的责任担当。中建三局一公司勇于承担社会责任，驻村开展精准扶贫，积极参加抢险救灾，参加社会愿意服务等，这些均成为新闻报道的热点。团风县但店镇方新塆村是公司定点扶贫村，公司派人驻村开展扶贫工作，从资金、产业教育、文化、技术等方面开展扶贫。公司邀请华中师范大学“洋雷锋志愿服务队”赴村开展志愿活动，“山村来了洋老师”，人民日报、新华社、工人日报、湖北日报等媒体纷纷以此为题进行报道。公司在方新塆村的扶贫工作屡屡成为网络传播热点。在抢险救灾等危机时刻，公司员工积极参与抢险救灾，同时，公司官微、局官微共同发力，从内至外，积极参与，展现央企的责任担当。

全媒体传播任重而道远，中建三局一公司将继续探索媒体融合、全员传播的新路径、好方法，为企业品牌形象传播持续发力！

（中建三局第一建设工程有限责任公司）

创新文化品牌传播途径　推动全媒体建设新发展

东欢坨矿业公司（以下简称欢矿公司）科学构建文化管理模式，有力支撑经营管理市场化、安全管理自主化、岗位标准工序化的全面实施。特别是公司大力推进企业文化传播全媒体建设，借助“全程媒体、全息媒体、全员媒体、全效媒体”“四全”媒体发展，通过整合传播媒介、完善媒体网络、创新传播方式、拓展传播领域，使企业文化成为推动企业改革发展的不竭动力，为企业和谐稳定发展提供了强大的精神力量和文化支撑。

找准目标　明确任务　夯实全媒体传播发展基础

持续深化认识：多年的企业文化建设实践让欢矿公司政领导及员工深刻认识到：开滦集团141年积淀形成的文化理念、思想观念、管理制度，只有加强内外传播，才能得到全体员工的认同，成为员工共同信奉和遵守的价值观念、目标愿景、行为规范。为此，公司确立加强文化的宣传与传播的行动方案，明确对内凝聚力量、规范行为、提升管理等工作举措，确定对外塑造形象、打造品牌、扩大影响，提升企业的影响力和美誉度的工作目标。

构建高效组织工作机制：欢矿公司积极整合文化传播力量，建立以主管副书记为组长，以党建工作部、人力资源部、工会、团委等部门负责人为成员的企业文化宣传工作领导小组，明确责任分工，合力推进文化传播工作。在此基础上，成立企业文化办公室，明确企业文化传播职责，并在公司层面成立网络宣传办公室，配备专职骨干人员，在软硬件和资金上给予支持和保证，为企业文化传播和全媒体建设提供坚实保障。

确立文化传播目标：欢矿公司秉承集团公司“铸魂、立道、固本、塑形、聚力”的企业文化传播总目标，对内凝心聚力，培塑企业之魂，对外塑造企业形象，尽显大矿风采。铸魂，就是通过对企业价值观、企业精神进行广泛宣传，铸“特别能战斗”精神之魂；立道，就是通过对企业经营管理的指导思想、原则和积累的丰富经验进行推介，形成企业经营管理之道；固本，就是通过宣传企业精细管理理念，推介RMDC管理法和市场化精细管理，固精细管理基础之本；塑形，就是加强文化外宣工作，塑国企公众品牌之形，打造开滦“金字招牌”；聚力，就是以企业共同愿景为引领，聚全员攻坚克难之力，形成衷心认同、齐心共筑的精神力量。

将任务落到实处：欢矿公司明确“深植文化理念、推动战略实施、提升企业管理、展示良好形象”企业文化传播具体任务。深植文化理念，就是大力宣传企业精神、企业宗旨、共同愿景、核心价值观和管理、安全、质量、执行、人才、创新、服务、廉洁等8种理念，将企业文化理念深植于广大员工之中。推动战略实施，就是通过大力宣传企业战略方针、战略目标、产业格局、战略重点，凝聚力量，导向行为，推动战略落地。提升企业管理，就是宣传推介RMDC管理法、市场化精细管理、“培塑”工作经验做法，进一步提升企业生产经营和安全管理水平。展示良好形象，就是利用报纸、电视、外网等主流媒体，加大企业文化宣传力度，树立百年开滦品牌形象。

构建体系　创新载体　不断优化全媒体传播整体效能

让LED视频群成为“企业电视台”传播主渠道。企业电视台设有外设广播系统、外设LED视频群系统以及有线电视系统，形成集视、听一体化，多角度、多维度企业文化传播阵地；发挥企业电视台文化传播作用，围绕企业在各个时期的中心工作，引导社会舆论，弘扬企业精神，宣传企业改革发展成就，讴歌工人阶级时代风范，传播先进文化，为欢矿公司的改革发展提供强有力的文化支持。

让企业内部网站成为增强企业文化吸引力的主战场。欢矿公司利用局域网、外网和企业文化专网3个网站，加强企业文化宣传。在局域网开设“企业文化”专栏，在企业文化专网设置文化要闻、工作动态、经验交流、他山之石、视频在线、文化巡展、企业荣誉、企业精神大家谈、《企业文化手册》电子书、企业之歌、企业记忆、企业史鉴、企业之最、企业名人15个专栏，利用这些专栏安排部署工作、宣传文化理念，讲好理念故事，传播厚重文化，推介文化建设经验等，通过优秀企业文化的传播与渗透，充实员工的闲暇空挡，增强对员工教育的思想含量，增强文化传播的吸引力。

让企业文化阵地建设成为增强企业文化传播力的主阵地。欢矿公司把推进硬件升级改造与文化环境塑造有机融合作为加强阵地建设的落脚点，把持续加强硬件升级改造和文化阵地建设作为推进企业文化内化于心、外显于行的重要渠道。通过几年来的建设，从员工入矿上班，到下班出矿，全方位构建了文化中心、文化长廊、矿区马路、井下巷道和文化广场“五位一体”的综合文化教育阵地。一是在公司“四季厅”，建成了以集文化、体育为格局的文化中心。组织开展“廉洁教育展播”、“党员重温誓词”等参观教育活动，加强职工价值观、忠诚度的教育引导；二是在更衣室灯房至井口沿线，建成了集安全、廉洁、亲情文化为一体的文化长廊；三是在机关楼、基层办公楼墙体上展示书画作品，形成了独具特色的文化建设一条路；四是对井下负500米的千米巷道进行亮化、美化，打造高标准、高品位的安全文化示范巷道；五是依托近矿区绿化广场，添置巨幅LED显视屏和地面语音扩播系统，建成以“三网融合”综合宣教多媒体为核心的“绿色生态文化广场”。

让主流媒体成为增强企业文化影响力的主战线。欢矿公司与国内近20家主流媒体建立了合作关系，通过主流媒体，积极推介欢矿公司企业文化建设经验、企业文化理念和企业精神。《经济日报》、《工人日报》、《中国经济日报》、《河北日报》、新华网、人民网、中工网等国内主流媒体刊播开滦集团企业文化建设相关稿件，企业文化的影响力不断增强。欢矿公司还通过《宣传与探索》、《开滦史鉴》等企业内刊和APP等途径，积极传播企业文化，加强文化宣传引领，形成文化传播的整体合力。

活化形式　丰富内容　增强文化传播实际效果

媒介传播方式多元化。欢矿公司在利用报纸、电视、网络、橱窗、板报、标语等传统媒介加强企业文化理念、企业精神、文化建设经验宣传的同时，着力在传播方式上求丰富、求拓展。依托多媒体新闻中心报纸、电视两大媒介和企业局域网，开设宣传专题，组织开展主题宣传活动，强化理论宣传和典型引路。欢矿公司组织开展“践行社会主义核心价值观、汇聚转型发展正能量”，“践行企业文化理念、弘扬特别能战斗精神”，“打造文化动力，推动转型发展取得新突破”，“以特别能战斗精神推动企业扭亏脱困、转型升级、稳定发展”，“企业文化理念大家谈”等多个主题征文活动。公司通过活动深入挖掘典型人物事迹，在《开滦日报》共刊登培育践行社会主义核心价值观、企业文化建设理论文章、员工凡人善举、企业文化专题报道、利用多媒体电视播发专题报道等，从理论层面与实践结合上选树典型，加强宣传，为推动企业改革发展和企业文化建设唱赞歌。

新媒体接地气常态化。针对网络媒体传播速度快、员工参与方便、参与热情高等特点，公司广泛运用互联网+宣教新模式，以“出彩欢矿人”微信直通车的形式，加强党建思想、精神文明、改革创新的系列宣传引领，在新浪和腾讯两个网站分别开设企业微博，阅读开滦、路矿之源、欢矿之声等微博发表企业贴文，微信公众号推送图文、视频已成常态；得到各级领导的高度评价和广大员工认可，企业文化建设的吸引力、感染力显著提升。

文化传播活动精准化。欢矿公司以活动为载体，传播百年开滦厚重文化。先后组织职工故事汇宣讲、职业道德模范和职业道德建设标兵单位评选、寻找感动开滦的矿工、讲述一线工程师故事等多个特色活动，员工参与面不断扩大；通过举办“劳动最美丽”一线工程师故事宣讲，用好主题、好作品、好形式讲述并传播一线工程师故事，为员工成长和企业发展树立好典型、传递正能量。每年组织开展寻找“最美欢矿人”活动，以班组长及以下的普通员工为主要对象，评选出爱岗敬业、安全生产、创新创效、助人为乐、孝老爱亲五类典型并广泛宣传，发挥了媒体传播的导向作用。

（开滦（集团）有限责任公司东欢坨矿业公司）

发挥媒体传播作用　树立优秀企业形象

四川宏达集团（简称宏达）始建于1979年7月，与改革开放同频共振，是民营经济发展的缩影。在40多年的发展历程中，宏达根植沃土，挖掘其得天独厚的文化底蕴，奠定宏达优秀企业文化的基因，形成了宏达人“认真做人，认真做事”的企业精神与“宏则龙腾沧海，达则兼善天下”的企业使命，特别是企业全媒体传播体系建设与企业品牌传播，在国内外获得了较高的知名度、美誉度、满意度和忠诚度，为国企、民企品牌全媒体传播体系建设起到示范作用。

优化全媒体传播体系，讲好宏达系列故事　展示企业形象

一直以来，宏达严格按照集团品牌传播及媒体沟通工作部署，强化企业品牌全媒体传播体系的构建，现已形成全方面立体化的企业品牌文化传播全媒体，包括一报（宏达世界报）一纲（宏达企业文化大纲）一片（宏达年度专题片）一博（宏达官方微博）、一参（宏达微参）一箱（宏达员工信箱）、一团（宏达艺术团）两会（宏达运动会、宏达企业文化年会）、两网（宏达官网、OA内网）两刊（宏达年刊、责任宏达）、两信（官方微信）俩群（记者、通讯员群）及十二系列企业文化读物。这系列传播平台，作为宏达品牌文化传播的重要宣传窗口，一方面承担建设企业精神家园，另一方面也是宏达品牌文化建设的重要载体，承载这宏达品牌文化建设的重要内容。

近年来，宏达集团持续完善信息上报机制，优化传播体系的构建，围绕党和国家的大事要事，企业转型升级、高质量发展，以及全集团一线的人事等，紧扣大势、精心选题、内容提炼、创新传播，通过图片文字、主题视频、微电影等营造好氛围、讲好宏达系列故事，展示宏达好形象，极大提升了宏达品牌的亲和力、引导力和影响力。

为了以优秀品牌形象引领企业发展，自2005年开始，宏达集团全面启动企业品牌文化建设，依托各大平台，利用新的手段形式进行品牌传播。2016年，在中央要求改变工作作风、发出密切联系群众和反腐倡廉的规定以后，宏达迅速启动廉洁宏达建设。为使廉洁之风渗透到管理、生产、经营各方面，形成风清气正的好氛围，宏达通过多样化的廉洁文化宣传载体，包括编写、印制和发行廉洁从业和企业文化口袋书《修身之道》、《立德之本》、《廉洁宏达》，宏达员工人手一册，同时组织全员廉洁从业、廉洁自律、廉洁文化系列培训和宣讲；编制、组织干部员工收看廉洁从业警示教育片《贪戒》，全程跟踪执行情况；设计、印制和发行《爱莲/尚德》廉洁从业台历，渗透廉洁从业教育正能量。2017－2018年，宏达集团正式发布《新常态下宏达集团企业文化建设五年发展纲要》，进一步用中华优秀传统文化精髓涵养企业文化和企业家精神，全面启动宏达家风建设（和睦家园、以孝治家），面向全体干部员工征集、提炼和宣传宏达人家风家训。通过近百个宏达人家风故事的讲述，生动再现宏达人的“认真做人、认真做事”的家风全貌。宏达家风故事经宏达官网、宏达官微、宏达世界的立体传播后和推出，受到各界广泛好评。

打一套宏达系列品牌组合拳，提升宏达品牌知名度和美誉度

宏达创新思维，更新理念，整合自有传统媒体、新媒体等资源，以打造系列品牌组合拳的方式，形成宏达品牌宣传合力。宏达提出“通过‘四维聚焦与十一力融合”，构成企业品牌形象的立体视窗”锻造优秀的宏达企业品牌形象。即，通过企业文化团队的传播，把企业学习力转化为领导力、执行力，通过企业公众形象的传播，把企业新闻力转换为企业影响力、责任力，把企业竞争力转化为企业品牌力、持续力通

过独特品牌名片的传播，把企业形象力转化为企业文化力、长盛力，从而以优秀的文化引领宏达实现基业长青。

在品牌传播中，宏达积极参与及指导集团及各产业板块的品牌策略与推广、企业形象管理、公司沟通、舆情监测与分析、新闻宣传、新媒体传播与营销等工作。通过内外部之间借船出海、借力发势，形成多层次品牌宣传合力。同时，在宏达集团母品牌的体系引领下，各成员单位积极加强子品牌建设，促进企业品牌在战略、管理、制度、基础工作层面与生产经营工作互相指导、促进。宏达各成员单位根据不同行业、不同规模、不同发展阶段，建立适合成员企业当前发展的品牌传播与推广体系，形成宏达母子品牌体系的协调融合发展。宏达及各成员企业通过资源整合、合作共赢、以整体提升的方式展现宏达品牌公众形象，进而全方位提升宏达品牌知名度、认可度和美誉度。

完善制度流程，加强队伍建设，保障全媒体传播体系高效运营

有计划、有目标、有步骤地全面推进宏达品牌建设，既符合当前企业发展的需要，又有前瞻性，能够不断引领企业前进。宏达把企业品牌文化建设纳入企业整体发展战略规划，根据企业实际情况，反复调研，反复论证，落实完善各项规章制度，科学制定符合本企业特点的企业品牌战略和企业全媒体建设方案。在外部经营环境形势严峻、企业暂时困难的情况下，宏达依然设专项经费（每年经费总数超过200万元）保证企业品牌文化工作的正常开展。同时，宏达集团先后修订完善企业品牌文化建设制度及管理办法（18个）、岗位说明、流程、职责、工作手册（6个）、表单台账（8类24个），不断加强企业文化全媒体建设的领导与管理机制，切实形成各部门组织协调、贯彻落实，全体员工广泛参与的工作机制；形成各单位负责人重视企业品牌文化及企业全媒体建设工作，以身作则，发挥榜样模范作用，切实成为企业品牌文化的宣传者、实践者、推动者。

宏达不断加强品牌文化队伍建设，总部成立品牌文化中心，各成员企业设置专职记者和通讯员队伍，并给与经费保障。目前，宏达从事品牌文化传播的员工达100余人，打造了一支具有较强品牌传播力的队伍。宏达每年举办集团各式培训班、工作培训交流会，提升集团全体成员企业品牌运营水平、传播能力和突发舆情应对能力，深化企业品牌的强力传播提供强大保障。

（四川宏达集团）

以品牌核心价值传播引领“奔驰”走向卓越

北京奔驰在文化建设中长期致力于构建与企业发展战略相匹配的文化共识，创造良好的运营环境，持续优化治理结构，加强同利益相关方的对话与沟通，通过推进“四全媒体”平台建设，将品牌文化与企业文化，发展责任与社会责任融入文化传播各个环节，不断引领企业经营走向卓越。

整合传播渠道　打造“四全媒体”加强传播实践

北京奔驰党委及中外管理团队针对宣传工作变化的实际，因势而动，加快推动公司全媒体融合、新时代品牌文化构建及宣传工作开展。

打造全程媒体。围绕公司生产经营与党建工作重大、热点事项，推进媒体宣传“项目化”，形成包括活动“前期策划、事前预热、现场直播、事后报道、整体总结”五大模块的全程传播模式，突破时空尺度，实现“零时差”、“五加二”、“白加黑”，确保信息传播时效性和准确性。

打造全息媒体。着力推进传播呈现形式多元化，图文、视频、互动等模式交织，保证受众阅读体验，实现新闻立体呈现。依托互联网时代技术支撑，坚持多年开拓积累，形成“两报两网两微＋社会媒体”宣传矩阵格局，突破物理尺度，将所有信息都变成数据，实现“一部手机，一个世界”的全息宣传效果。

打造全员媒体。本着“人人都有放大镜、人人都有麦克风”的原则构建综合立体宣传平台。在微信宣传领域，“北京奔驰企业号”实现公司万余员工全覆盖，“旗映星徽”微信公众平台收获6000关注，热点消息转发破万。同时，打破“我说你听　我写你看”的传统单向宣传模式，推进平台“大家谈”，通过征文展播，星徽评论等专题模块，为普通员工搭建发声舞台，实现主体尺度的突破，从一对多传播变成多对多传播，互动性大大增强。

打造全效媒体。确定企业员工、社会关注群体两大受众目标，通过技术手段分析受众关注，收集受众反馈，突破功能尺度，将立体宣传矩阵打造成为集成宣传、服务等多种功能于一体的“信息一条街”，不断完善“全效媒体”建设。

从企业经营战略高度融合文化建设与品牌建设

北京奔驰的品牌系北汽集团的支柱企业与戴姆勒全球发展战略的关键组成部分，融合了北汽文化与戴姆勒文化的优秀基因。北京奔驰将北汽品牌文化“行有道·达天下”，与梅赛德斯－奔驰品牌文化“心所向·驰以恒”融会贯通，使二者融入到企业经营和发展理念之中，构建起与北京奔驰“走向卓越”战略目标相适应的品牌文化体系。

以完善的企业品牌文化体系为基础，结合立体宣传矩阵格局，围绕打造业界领先的高端豪华车智能制造、绿色制造工厂目标，北京奔驰制定发布“走向卓越2020战略”，从财务（成本）、客户/质量、工作交付、安全/健康/环保与社会责任感、组织结构/员工、公司文化/领导文化等6个方面共同定义了实现“走向卓越“的公司六大类型指标，进一步明晰了公司未来发展方向。

在此基础上，落实多项举措，全方位保证品牌文化在企业内外的传播、沟通与贯彻；不断完善宣传载体建设，打造“北京奔驰”企业号平台，整合基层各单位宣传资源，加强对舆论传播的统筹管控，形成合力；以北京奔驰报、北京奔驰工会报、北京奔驰官网等为宣传平台，构成“两报 两网 两微”立体宣传矩阵，借助北汽集团党建网、《北京汽车报》及社会媒体，形成了集传统纸质媒体、新兴传媒网站、微信公众平台为一体的全方位、多层次、多声部宣传体系，为北京奔驰品牌文化建设提供坚强有力的宣传载体；建立并整合了14个内、外部传播平台，实现多平台信息联动，不断强化公关与党宣一体化运作模式，实现了内宣与外宜的比翼齐飞，持续提升北京奔驰卓越品牌形象，为企业的快速发展营造了健康、平稳的内外部舆论环境；与股东双方——北汽集团和戴姆勒公司建立日常沟通机制，及时分享核心信息，确保传播口径保持一致。

围绕提升开拓市场　占领市场　获利能力　推进品牌识别与传播

北京奔驰制定了以生产、服务为导向，以梅赛德斯－奔驰“The best or nothing”品牌理念为核心，以“打造走向世界的、国际化的中国高端汽车品牌标杆企业”为目标的企业品牌发展规划。针对公司不同发展时期的不同特征，确定品牌传播主题。特别是近年来，公司踏上了以智能制造和绿色制造为双擎的高质量发展之路，北京奔驰的企业品牌建设主题突出“以智能制造、绿色制造、工匠精神、高质量发展为核心”，紧随国家舆论导向，全力打造“工业4.0”与“中国制造2025”的践行示范以及首都高精尖产业典范形象。

据2014年品牌健康度调研结果显示，中国豪华车客户将梅赛德斯－奔驰定位为一个“值得尊敬的、但有些距离感”的品牌。因此，为了拉近与中国消费者的距离，适应逐渐更加多元化、年轻化的中国市场，并与车主和品牌粉丝建立更强烈的情感共鸣，梅赛德斯－奔驰将“The Best Or Nothing”的品牌主张赋予了全新的内涵，于2015年4月正式推出全新中文品牌理念——“心所向，驰以恒”，进一步深化了对“最好”这一品牌核心的诠释，以更“接地气”的品牌传播调性，解读梅赛德斯－奔驰愿一路陪伴中国消费者坚守信念、勇敢追求“心中最好”的品牌主张。梅赛德斯－奔驰品牌坚持在生活方式、商业、科技和体育等领域与各大品牌、平台进行跨界营销和合作，如：梅赛德斯－奔驰中国国际时装周、亚布力论坛、国家大剧院、F1、梅赛德斯杯高尔夫赛事、上海ATP网球大师赛等，实现品牌和产品的多维度传播，为车主和粉丝带来更加多样化的品牌体验，巩固受众的品牌忠诚度。经过多年持续的品牌传播战役，梅赛德斯－奔驰在中国客户心中除了“尊贵与豪华”的传统形象外，也被感知为“年轻时尚、更富感性魅力”，成为中国豪华车客户最喜爱的高端汽车品牌。

北京奔驰建立符合新媒体环境下的企业信息管理体系，为公司的快速发展创造了健康、稳定的舆论环境。通过一系列深度的品牌和车主故事，深度诠释“心所向，驰以恒”的精神，不断加深客户的理解和情感共鸣。梅赛德斯－奔驰在社交媒体平台上持续输出原创优质品牌与产品内容，广泛而深度地影响受众，提升用户粘性和产品好感度。

北京奔驰年均接待中外来宾超过1万人，包括国家有关部委、北京市委市政府、相关委办局、各行业协会及各省市领导，国内外知名学府、科研机构等。参观内容包括北京奔驰经营成果、制造工艺和产品体验。经过多年发展，该项目已经成为标志性项目，也逐渐成为首都高端制造业面向外界展示的窗口。

发挥党委引领作用　实现品牌识别与企业文化传播有序对接

公司党委着眼于牢牢把握意识形态工作领导权，完善文化体系、加强文化管理，不断增强北京奔驰发展升级的内生动力。围绕全面落实“旗映星徽2.0”计划，实现“走向卓越2020”战略，持续推进企业品牌文化推广，以“抓落实、重实践”为导向细化工作，重点开展“诚信文化、改进文化、创新文化、先锋文化、家文化、学习文化”等子文化建设，以系统性、持续性的品牌活动与科学高效的工作体系为基础，营造诚信守法、改进、创新、快速反应和学习的文化环境。

党委领导积极践行北京奔驰的企业文化，率先垂范，身体力行，在思想上、作风上、行动上很好地彰显和诠释了作为北京奔驰企业文化的创建者、推动者、实践者、变革者的表率作用，从而不断引领和助推北京奔驰企业文化的深化与落地公司持续推进文化重塑工程，将北汽文化与梅赛德斯－奔驰文化融会贯通，发布“行则致极”的企业精神，进一步丰富“走向卓越”的企业文化体系。北京奔驰每年举办“员工文化节暨欢乐嘉年华”，从幸福奔驰、匠聚奔驰、质量奔驰、责任奔驰、健康奔驰、文化奔驰等6个模块组织近百场丰富多彩的文化活动，不断提升北京奔驰的深厚底蕴、不断促进北京奔驰向卓越迈进。

在多年来的生产经营中，公司党委在推动企业精益生产、绿色制造、智能制造、践行行则致极文化精神，扩大产能，努力为中国用户提高高质量奔驰产品和服务等方面做了大量卓有成效的工作，取得了一个又一个里程碑式的业绩。

（北京奔驰汽车有限公司）

构建全媒体传播体系　打造一流电力品牌形象

国家电力投资集团有限公司（简称“国家电投”）于2015年6月，由原中国电力投资集团公司与国家核电技术公司重组组建。国家电投连续七年荣登世界五百强企业榜单。公司拥有9家上市公司、公众挂牌公司，包括2家香港红筹股公司和5家国内A股公司。境外业务分布在日本、澳大利亚等43个国家，涉及电力项目投资、技术合作、工程承包建设等；改革重组后，着力推进品牌建设，现初见成效。

发布企业标识　明确企业品牌形象

统一规范的企业视觉识别系统（VI系统），直接关系到新集团的社会形象和品牌认知；对内增强员工的认同感、归属感，加强企业凝聚力，对外增强公众认知度。国家电投成立之初，由于原中电投和国家核电都有各自的企业标识，重组后，企业没有统一的品牌形象，社会公众对国家电投缺乏具象的品牌认知。集团公司党组从集团实际出发，立即启动国家电投视觉识别系统建设工作，要求把VI系统建设作为党群工作部的一项重点工作来抓，并增设宣传与品牌管理处，专门负责国家电投及所属单位的VI系统管理工作。按照实用性强、辨识度高、易于操作、简单易懂的工作原则，扎实推进VI系统建设工作，制定国家电投VI系统相关文件手册，发布“绿动未来”标识，启动以集团LOGO为核心的VI系统手册设计工作；发布《关于规范应用集团公司视觉识别系统的通知》，提出五个方面工作重点，一是做好顶层指导，国家电投集团总部设立VI管理工作领导小组，指导整个集团VI系统的日常管理、规范应用和监督检查。二是明晰组织职责，国家电投党建部作为VI系统的主管部门，负责集团公司VI系统的管理工作；国家电投办公厅作为主要实施部门，负责集团总部VI的应用工作；所属各单位党群部门负责本单位VI系统的管理工作，行政办公部门负责应用工作。三是明确责任时限，各单位党委（党组）对落实VI系统应用工作负领导责任，确保在规定的时间内完成本单位视觉识别系统主要方面的更换和应用。四是加快推进实施，各单位抓紧制订VI系统应用实施工作方案，其中，国家核电、各二级单位的工作方案报集团公司党群工作部审核；国家核电所属单位工作方案报国家核电党群工作部审核；三级单位工作方案报二级单位主管部门审核。五是规范统一形象，国家电投全系统统一规范使用集团公司的新标识，打造国家电投统一的、崭新的企业品牌形象。

国家电投挂牌成立的第一时间对外发布品牌形象，成为国家电投母品牌形象的唯一标志。企业标识的发布，对内呈现合并重组后的新形象，统一了品牌视觉，提升了品牌凝聚力；对外展现了国家电投发展清洁能源的国家使命，传递了团结合作、和合共赢、和谐共生的企业信念；与此同时，结合企业文化落地，总结提炼了“中国红、能量橙、梦想绿、创新蓝”的国家电投专属企业性格色彩，并在系统各单位环境文化建设中广泛运用。

全面推动VI建设　打造统一的品牌形象

国家电投统一VI实施标准后，确定合格供应商名单，制定并下发《国家电投视觉识别系统手册》以及《国家电投二三级单位分册与产业分册》、《国家电投境外机构独立分册》等系列品牌形象落地指导手册，对火电、核电、水电、风电、光伏等国内产业以及太平洋水电等境外企业的视觉应用进行系统设计，通过标准化文本和系统化视觉符号，强化品牌形象作用，确保全系统VI建设落实到位；利用国家电投门户网站、微信公众号、《和》杂志等传媒载体，以及国家电投“三好一秀”等文化品牌，强化企业视觉品牌应用与传播，提高了企业品牌的社会认知度。经过国家电投四年多的建设，企业品牌形象更加统一化、系统化、国际化。

努力打造国际一流的品牌影响力

在自由竞争的国际大舞台上，只有强者，才能生存。建设世界一流企业，本质是全球市场上的核心竞争能力打造和建设。国家电投海外公司在太平洋水电平台基础上，已基本建设完成一套国际业务管理体系，形成一定规模优质资产，锻炼了一支国际化、市场化、专业化的人才队伍。目前，海外公司已成为澳大利亚第二大风电运营商，智利市场的最大中资企业，巴西第九大独立发电商。已形成并逐步优化在国际市场上开展投资并购、绿地开发、资产运营、融资财务、商务法律、风险管控等六个方面核心竞争力。

占据国际化发展高地。2016 年 1 月 6 日，国家电投海外公司正式成立，并成功收购总部设于澳大利亚维多利亚州首府墨尔本的太平洋水电公司。国家电投海外公司精准发力，提出“三个适应”：适应当地法律法规，适应所在地商业惯例，适应所在国语言文化；处理“三大关系”：处理好“管”与“放”的关系，处理好国资监管要求与当地经营的关系，处理好近期投入与远期收益之间的关系；坚持“五大优势”：加大新建绿地项目资本金投入，做实境外公司董事会，提升电力资产运营管理能力，推进工程技术能力建设，促进管理和文化融合。经过三年多的发展，借力国家电投集团公司强大的电站开发运营和设备供应链整合能力，太平洋水电公司在企业经营和发展上实现了较快增长，充分发挥了并购带来的协同效应。

以专业和国际化创建品牌。面对新形势，国家电投海外公司立足更高起点，对标世界一流企业谋划海外运装机容量不断做强、做大，建设国际化人才队伍，建成完善的国际化经营体系和市场网络，树立良好的国际化品牌，力图成为管理卓越、盈利能力显著的集团公司国际化发展核心企业，成为杰出的国际清洁能源投资商和供应商。

推动品牌建设　持续强化品牌管理

在深入推进国家电投品牌战略规划落地、落实品牌管理和体系化品牌建设的进程中，发布《国家电投品牌建设“十三五”规划》，重点明确完善品牌体系、做好品牌传播、加强品牌管理三项主要任务；设计谋划了启动布局、深化提升、评估总结三个品牌建设阶段。目前，品牌定义落地、品牌架构梳理、管理组织机构搭建等启动布局阶段的各项工作正在有序推进。开展了覆盖总部 9 个部门的品牌工作专项调研，进行深度访谈，为品牌定义分析和架构树立提供了依据。2018 年已完成对所属二三级单位的品牌资产统计，根据行业、产品、技术、服务、人文五大类品牌分类，共梳理出 49 项子品牌，形成了《国家电投品牌架构方案》，制定发布了《国家电投品牌建设管理办法》，按照企业品牌工作计划，联合相关单位，研究提出 CAP1400 品牌建议方案，经征求意见后提交集团公司党组审定，确定“国和一号”方案，配合做好后续注册、品牌形象设计及传播工作；对“氢能”系列技术产品开展品牌命名工作，全面提升企业品牌知名度和国际影响力。

通过微信、网站、杂志等载体向所属单位全面宣贯《国家电投品牌定义手册》。2018 年 10 月受国资委综合局委派，作为中央电力企业品牌战略研究的牵头单位，协同五大发电集团等电力企业，起草了《中央电力企业品牌战略研究报告》（讨论稿），2018 年 12 月召开了“中央电力企业品牌战略研究报告专题研讨会”，对品牌报告进行研讨，国资委综合局、中国质量协会给予高度评价。国家电投（国家核电）总部实施一体化管理以来，根据集团公司“四个统一”的“形象统一”原则，按照集团公司 VI 手册规范，在全系统开展集团公司 VI 系统应用自查及整改工作，进一步统一集团公司品牌形象。

面向未来，国家电投在建设创新型国家中将更好地发挥国家队形象作用，在实现我国经济高质量发展中发挥主力军作用，在打好三大攻坚战中发挥先行者作用，在推动形成全面开放新格局中发挥排头兵作用。

（国家电力投资集团有限公司）

以高势位文化引领改革发展

经过66的发展，一汽解放已经成为中国商用车行业处于领先地位的卡车制造企业。2018年，在最新公布的企业品牌价值排行榜中，解放品牌价值达607亿元，领跑商用车领域。一汽解放的企业使命是致力于成为“中国第一，世界一流”的智慧交通运输解决方案提供者，为用户创造财富，为社会创造价值，为员工创造幸福。发展愿景是要成为最值得骄傲的商用车企业，最值得信赖的商用车品牌。一汽解放坚持通过特色企业文化建设为一汽解放改革发展、持续领航提供思想保证和精神力量。思想是行动的先导，知之愈明，行之愈笃。一汽解放在企业文化建设过程中，一直注重思想引领。

加强思想文化引领　推动解放持续领航

2018年，面对一年来市场需求持续旺盛、整车订单供不应求的局面，各级党组织围绕中心、服务大局，积极加强主题引领和舆论宣传，提振士气、鼓舞干劲、凝聚人心，为公司高产大干营造了氛围浓厚的思想舆论环境。

聚焦经营重点，凝聚发展合力。年初制定并下发宣讲提纲，开展形式多样的形势任务教育宣讲活动。各季度根据经营重点，分别制作不同主题宣传海报并广为粘贴，统一全员思想。分别组织开展“我心中的红旗”、“我为一汽做什么”大讨论活动，累计2.5万人次员工参加讨论或参与活动。围绕公司重点任务，两级班子、高级经理带头开展立项攻关，确立重点攻关项目28项，支部确立项目248项，班组确立项目1147项，立项率均为100%，党员参与率100%。群众性改进改善活动累计收到员工提案10.3万条，采纳9.5万条，创造价值5千余万元。通过技能比武打造工匠精神，近800名职工报名参加解放及集团10个工种大赛并取得优异成绩。统战人士开展“爱献做”活动，完成立项攻关85项。

强化舆论引导，营造良好环境。聚焦公司经营中心和党建重点，持续加强宣传报道，策划出版《解放报》21期。建立“解放e家”微信订阅号，新媒体影响力显著增强。及时更新公司形象介绍片、简介PPT等媒体材料，提升对外展示形象。中央电视台、新华社等中央媒体数次以特别节目、专栏报道的形式对公司改革发展情况和经营业绩进行专题报道，解放品牌知名度、美誉度得到了极大提升。

聚焦大局大势，抓好学习宣传。牢牢掌握意识形态领域的领导权和主动权，切实维护好意识形态领域安全，为实现解放持续领航提供了有力的思想保障。以高度政治责任感组织党的十九大精神学习宣传贯彻工作。各级党组织以“五年回顾”专题宣传、充分利用报纸、网络、电视、微信、支部目视板等媒体平台，对十九大精神连续进行专题专栏报道。开展微信答题活动，吸引员工参与。引导广大党员和全体员工积极作为，将十九大以来各项各项精神迅速落实到推动企业发展的各项工作中去。

文化活动丰富多彩　认知认同显著加强

组织开展各类文化体育活动，营造张弛有度的和谐氛围。持续开展企业文化宣贯，员工认知度认同度均有所提高，文化理念对行为实践的指导作用日益显现。

大力开展特色活动，打造解放品牌文化。以“全民健身与解放同行”为主题组织开展徒步活动和秋季小型运动会，近700名职工参加了活动。开展常规文体活动，满足更多职工的文化需求。以“关爱企业、关爱社会、关爱他人”为重点，建立志愿者服务队并开展活动。

丰富活动载体形式，吸引参与提升效果。将传统宣传方式与新媒体相互结合，丰富载体、拓展平台。

成立新媒体工作室，探索宣传新模式。成功举办解放公司首届微电影大赛，《为谁守候》等一批参赛作品在员工中广为传播，传递了解放正能量。

推进文化认知认同，深化行为实践引领。在企业改革进程中，积极推进企业文化变革。解放事业本部成立后，着手对公司企业文化核心理念体系进行重新梳理，对企业文化手册进行换版修订，补充增加员工十大基本意识解读及相关内容。制定发布《企业文化评估管理规定》，进一步强化制度支撑。围绕“用户第一”基本意识，组织开展故事大赛、微电影大赛等活动。组织评选“最美解放劳动者”，公司领导班子成员亲自到生产一线为优秀员工颁奖。进一步规范管理 VI 标准的应用，组织开展自查整改，提升企业形象标准化。销售公司开展企业文化墙建设工作，结合企业文化、大客户参观等方面需求，对企业文化墙进行重新规划设计，并策划招募成立青年志愿者讲解员队伍。

坚守主阵地，当好排头兵

深厚的历史积淀，让一汽解放常常扮演出思想、出经验的角色。新时代的文化建设更要有所作为。

加强思想引领，激发全员干劲。严格落实党管意识形态工作责任，维护各单位、各领域的意识形态安全。强化宣传攻势，牢牢把握舆论引导的主动权，激发队伍昂扬向上的精气神。定期下发宣讲提纲、印发主题海报，层层做好形势任务教育，确保上下同欲。加强宣传阵地管理，对企业网站、报纸等平台进行更新和改版，提升内容传播力和平台影响力。

加强主题引领，搭建实践平台。借助“研产供销”一体运作及合力发挥，聚焦市场占有率和利润率提升目标的实现，开展“提质降本造精品，双率增长我行动”主题实践活动，树立全员质量制胜、成本领先理念。加强部门合作，强化职能协同，直击痛点、接通断点、宣传亮点。

加强文化引领，实现体系融合。以集团公司新版文化理念体系为依据，对解放企业文化核心理念进行必要调整，印发新版企业文化手册，做好培训解读并加强宣贯，引领全员形成一致向上的思想和行为。强化企业文化统一性建设，促进本部各单位之间由“整合”到“融合”的转化。

加强品牌引领，展示良好形象。以名称更改、标识更换、办公楼搬迁等重点工作为拉动，在员工衣着、文明礼仪、环境布置、企业 VI 等多个方面强化系统管理，做好本部及各单位的企业形象建设。加强解放品牌的建设与维护，对外发布中长期品牌战略，抓住 J7 重卡市场投放、智能网联平台发布等重点事件，做好对外宣传，打造“国内第一、国际一流”的高端卡车新形象。

（一汽解放汽车有限公司）

红色传承　文化筑梦

大元建业集团股份有限公司（以下简称大元集团）位于素有武术之乡、好人之城美誉的河北省沧州市。前身为沧州市第一建筑工程公司，成立于1952年，1998年完成改制，2005年组建集团公司。集团员工5000余人，本科以上学历占90%，中高级职称人员800余名，注册建造师队伍1000余名。大元集团实行跨行业、跨区域发展，主要业务涉及地产、金融、建筑、市政路桥、钢结构、酒店、物业服务等多个模块领域，经营疆域覆盖全国30个省市自治区。大元集团以“政治成熟是立企之本”为标准，倾力打造“以人为本”为核心理念，以“敬、信、仁、和”为核心价值观，使践行社会主义核心价值观成为员工的自觉意识。

紧抓党建文化，引领跨越发展

大元集团牢牢坚持把党建作为中国特色现代企业管理制度铸魂的基础来巩固、引领企业发展的根本保障来加强，将现代企业法人治理结构与党组织紧密融合，实行董事会与党委交叉任职制度，并规定董事会党员人数不低于80%，在二级单位设专职党支部书记主管党务工作，行使“政委”职能，项目党支部（党小组）书记全部由项目经理担任，形成具有大元特色的组织体系。

针对大元集团分支机构、项目建设单位分散性强、流动性大实情，继承发扬“将支部建在连上”的光荣传统，将支部建在项目上（53个），实施机构设在哪里，项目拓展到哪里，党组织就建到哪里；党员流动到哪里，党组织就管理到哪里，实现党组织建设全覆盖，构建起“纵向到底，横向到边”多层次、立体化集团内的党组织体系。

2017年，大元集团通过ISO9001党建质量管理体系认证，成为河北省首个通过党建质量认证的民营企业，使集团党建工作更加全面化、系统化、规范化。《大元集团党建工作标准化手册》实时修改至第三版，实现了民营企业党建工作“靠制度管人、按程序办事”，解决了党建工作落实不到位、党建工作与企业经营工作“两张皮”的问题，用机制确保了党建工作能够落到实处。更创造性的建立了对党支部和党员的双考核制度。即对党支部的“十星评定制”和党员的“五星”考核制。通过双考核举措，使党建工作与二级单位生产经营、人才建设等各方面紧密结合，促进了大元集团的全面发展。

连续开展10年的大元特色党建文化——“省·思·行”活动，即反省、思考、行动，自2009年起，每年7月份组织中高层领导干部开展的思想建设活动，通过回顾半年工作，对下半年工作进行部署，迅速行动。2013年，100名党员徒步35公里穿越内蒙古库布齐沙漠，提出“超越自我，实现幸福企业”；2015年大元党委带领党员干部走进兰考，“弘扬焦裕禄精神，推进新常态新发展”；2017年，86人团队徒步60公里重走长征路，总结了“走的是路，强的是体，练的是心，悟的是道，追的是梦”的长征感悟；“学习中国共产党百年成功经验、谋划大元百年发展之路”是2018年西柏坡活动主题，2019年，集团党委组织90余名党员干部前往革命圣地延安，“弘扬延安精神，牢记为人民服务，创造伟大企业”，学习党中央在延安的13年宝贵经验，从延安精神中汲取力量。通过红色教育，不断磨练党员干部意志，锻炼出了一支政治过硬、业务精通、素质较高的红色队伍。

坚持以人为本，实现幸福大元人

人才是大元发展的红利，大元坚持以人为本的核心理念，将人才视为赢得国际竞争的战略资源，坚持党管人才原则，聚天下英才而用之。在大元不讲关系和背景，只讲品德和能力，为广大员工创造了一个公开、公正、公平竞技的平台。每年选派优秀中高管进入清华、北大等高校进修深造；推进一带十、十带百的导师带徒制；建立“董事长培训班”、“未来之星培训班”、“百家讲坛”，选聘集团专业权威人士建立常态化业务讲评机制；开设大元商学院，针对不同层面员工选用不同培训内容和方式，确保每人每年理论、技术培训时间不少于10日，不断打造“会学习、会谋事、会干事、会成事”的企业家队伍。贯彻“树梯子、压担子、给位子”精神，公开竞聘、大胆启用有潜力的青年干部，不断为集团快速发展注入新鲜血液。

在大元工作的员工都用“最有人情味”来形容集团。大元不仅关心员工工作问题，更关注个人生活中困难，为异地员工组织婚礼，帮扶困难职工家庭，建设职工经济房等。通过信息化交流圈，建立体系群、专业群、女工群、单身员工群等加强了员工之间的沟通和交流，提倡集团管理层与员工交朋友，了解员工的所思、所想、所盼，发自内心地去关爱每一个员工，有时以公交车当婚车，施工现场作礼堂，为新人举办“爱在大元”集体婚礼，倡导健康、文明、节俭的生活理念。同时，每年组织“单身青年联谊会”、“文艺汇演”、“三八红旗手表彰”、“礼仪培训”等活动，打造温暖人心的“家人文化”。

员工对美好幸福生活的向往，就是大元集团的奋斗目标。2013年大元集团提出“幸福企业”——承担社会责任，致力企业富强，满足员工愿景，弘扬家人文化；2016年提出“幸福时代”——实现员工年薪达到全省同行业最高水平和打造年薪超百万、千万管理精英团队的大元人的幸福时代目标；2017年提出“幸福项目部”——以人为本，在项目预控的基础上，打造年收入超50万、100万元的项目团队，实现项目部的幸福时代；2018年通过学习十九大精神系列活动，提出“幸福大元人”——实现“不忘初心的梦想、志同道合的团队、价值体现的薪酬、社会认可的尊重”的幸福大元人。

弘扬奉献精神，践行社会主义核心价值观

虽然说追求利润最大化是企业目的之一，但大元始终认为企业的最终使命是为人类创造幸福，助力社会经济发展，承担更大的社会责任。汶川地震、雅安地震，大元都是行动的先锋。2008年四川援建，大元施工进度和质量在近百名队伍中获得七项第一，援建项目成为观摩示范点，被全国总工会授予“抗震救灾工人先锋号”，并总结提炼了“事不过时，人的潜能无限，不讲过程讲成果”的抗震救援精神。

善行若水多义举，大爱无疆溢真情。大元集团将承担社会责任作为打造幸福企业的第一要务与历史使命，为把公益事业纳入一种科学、规范、持久的轨道中，把企业的慈善义举变成常态行为，大元集团成立志愿者服务队、设立了“大元善基金”，多年来员工自发捐款和企业税后利润注资善款超2000万元，全部用于扶危济贫、修路铺桥、捐资助学等各类公益事业。2015年注入百万元为沧州师范学院设立“大元创业创新基金”；参加微心愿活动，为百余名求助者实现了微心愿，中央电视台《焦点访谈》栏目组对此进行采访报道。沧州市国富市场发生火灾后，集团第一时间成立抢险队，并向受灾群众捐款218万元。2016年投入200万元为改造了307国道岭庄至西白庄路段。助力沧州“好人之城”建设，积极为好人后援会捐款。2017年为海兴、南皮、盐山三个贫困县的1023名困难群众缴纳了商业补充医疗保险。2018年积极响应党中央精准扶贫号召，在沧州市率先开展“百企帮百村”活动，先后为沧县、盐山、青县等县的贫困户实施“公益岗位”帮扶工程，进行捐资修路，危房改造等捐助善款200万元等等。这在河北省“千企帮千村”行动中获得就业与技术扶贫奖。

弘扬正气，浇铸政治成熟之魂。在大元集团，正气文化集中体现在“爱”和“公”两字。大元集团制定的第一个规范就是《员工家庭美德行为规范》，倡导爱岗、爱企、爱党和爱国统一，不爱家庭、不孝顺父母的员工在大元是得不到发展。同时，借助《大元人》内刊、《大元志》、信息化平台、官方网站、微信公众平台等载体，通过企业文化培训、先进事迹报告会、千人表彰大会等形式，进一步扩大正气文化的影响，引导员工树立正确的人生观、价值观。

风雨沧桑，人间正道。乘着新时代的东风，大元将盛装再起航。

（大元建业集团股份有限公司）

打造新时代企业文化品牌“升级版”

大唐灞桥热电厂隶属于中国大唐集团有限公司，是新中国成立后西北地区建成的第一座现代化火力发电厂。大唐灞桥热电厂深入践行“价值思维，效益导向”核心理念和“务实，奉献，创新，奋进”的大唐精神，积极传播“中国大唐”品牌，实施文化强企战略，将文化的凝聚力、创新力转化为企业发展的攻坚力、创效力，树立了中国大唐“负责任、有实力、可信赖”的企业品牌形象。

播种 “五色花” 融合促发展

铸牢安全堤坝。大唐灞桥热电厂重视安全文化建设，突出以人为本，倡导安全发展，以创建本质型安全企业为着力点，强化各级干部和职工的安全责任意识。一是打造企业特色安全文化景观。在生产车间，重要操作现场、楼梯、平台、走廊等建设安全文化墙，安装安全教育图板、紧急救护知识图版，制作生产厂区灯杆旗；通过安全文化景观图文并茂，富教于乐，警钟长鸣的宣传，实现职工“要我安全”到“我要安全”到“我会安全”的转变。二是“安全生产月”活动丰富。以“安全生产月”活动为契机，组织开展“安全 e 家”主题文化活动。组织、引导员工拍摄企业生产、生活场所中存在的安全隐患，用人人参与的方式，提高员工的安全意识和安全技能。

全力培才育人。大唐灞桥热电厂实施“人才森林”计划，提升职工素质，多渠道搭建职工成长平台。一是建立人才带头人制度。以专业专家、专业技术带头人，形成技术人才梯队，并在生产技术管理、科技攻关、技术创新中发挥带头作用，有力地推进安全生产。扩充高技能人才队伍，打通人才培养的新通道。二是创新实施青年骨干人才培养计划。连续四年实施青年骨干人才培养计划，通过资格审查、笔试、演讲竞聘等环节比拼，多名青年骨干脱颖而出走向领导岗位和中层后备力量，为广大青工进步成才铺就了“快车道”。

创新廉洁教育。一是打造党支部廉政“教育角”。以党支部园地、支部活动室等阵地为平台，开辟党风廉政“教育角”，宣贯党章党规党纪、明确宣教月活动内容要求，展示党支部党风廉政建设动态，引导党员干部增强廉洁自律意识。二是廉洁朗读对话清廉思辨人生。举行廉洁朗读思辨会，围绕宣教月主题，以文字的力量和声音的魅力，弘扬清风正气。朗读会在对廉洁诗歌、廉政小故事、反腐案例等的朗读—聆听—感悟—反思中，达到潜移默化、润物无声的宣教效果。三是廉政“好声音”扩大受教育范围。巧借新媒体，在“灞电 E 闻”公众号推出廉政诵读栏目。选取精心挑选的廉政小文章邀请关键岗位人员进行音频录制。借助文字的力量和声音的魅力，通过诵读、聆听、感悟，传播廉洁文化“好声音”，教育引导党员干部“崇廉、敬廉、守廉”，为清廉灞电建设注入了正能量。

积淀学习文化。大唐灞桥热电厂以提升企业核心竞争力为目标，逐步积淀形成以“倡学、勤学、善学”为核心的“三学”文化。以“倡学”为先，树立了先进的学习文化理念。灞电着眼于激发职工的学习动力，大力倡导“学习就是生存和发展”的理念；一是着力于强化职工的学习毅力，大力倡导“终身学习”的理念：从提升职工的学习能力入手，大力倡导“学习工作化，工作学习化”的理念，以理念引导职工关注学习、参与学习、主动学习、持续学习；二是以“勤学”为基，搭建宽阔的学习培训平台：健全《职工政治学习制度》，每年制定学习计划，每季明确学习重点，每月下发学习内容，每周部门、班组组织一次集中理论学习；三是以“善学”为本，建立科学的学习考评机制：建立以目标为导向的“五考、双评”机制。“五考”即：上岗前进行持证上岗考试，每年一次规程考试，春、秋季安规考试，每年一次技术比武竞赛，每季度至少对一线职工进行一轮现场技术考问。

构建和谐企业。一是“六最项目”为职工办好事。对职工活动中心各场馆进行功能性修缮，更新健身器材，修缮瑜伽馆、健身房建成了一座集休闲、娱乐、健身的多功能职工活动场所。将改造职工餐厅、生活区路灯点亮工程等职工关心的热点问题列入“六最项目”严格落实；二是文化慰问精彩纷呈鼓干劲，将慰问、鼓舞、动员贯穿于丰富多彩的文体活动中，举办灞电体育文化艺术节，“灞电好声音”歌唱比赛等活动，让“健康生活，快乐工作”的理念传递到企业的各项工作中。坚持“逢节、逢修必问”，开展的特色慰问送清凉，文化慰问鼓干劲，温情服务添动力等活动，在生产一线引起极大反响。

探索“支部搭台、党员唱戏”新模式

搭建党员学习新平台。为强化党员作用，使党员学习教育逐步实现规范化、制度化、常态化，灞电结合“月讲月报”活动，率先在全厂开展“党员微讲坛”活动，让党员有新的用武之地。一是“党员微讲坛”汇聚“大能量”。要求各党支部每月组织一次、每次一个主题、内容不拘一格。党员讲师专业丰富化，可以是技术骨干、班组长、党小组长，也可以是老党员、年轻党员，充分锻炼和调动基层广大党员参与活动、自主学习的积极性，发挥党员的引领和示范作用。“讲坛”不受时间和地点限制，只要有利于党建工作，利于企业发展，便可开设“讲坛”。让党员的思想在“讲坛”上升华，作用在“讲坛”上发挥，形象在“讲坛”上展示。二是“问卷＋评选＋汇编”发挥党员的引领和示范作用。每季度思政部在组织党支部间相互学习观摩“党员微讲坛”的基础上，在全厂范围内评选“最佳支部讲坛”“最佳党员讲师”“最佳讲坛教材”，入选年底思政部编制的“党员微讲坛”风采录汇编集。在党组织和党员间、党员和职工间建立一条基础学习纽带，搭建互动的平台，引导广大党员和职工学习掌握相关的信息和知识，不断增强党员队伍的战斗力，提升职工队伍的综合素质。

拓展时代先锋激励机制。每一代人都有特定的使命。灞电围绕大唐精神“务实，奉献，创新，奋进”四个层面，先从党员做起，从党性教育入手，逐步延申到挖掘60、70、80、90年代的先进人物，突出大唐精神在不同年代的传承，从运行、检修、机关、后勤等各层面，提炼有感动、有温度的“小人物，大精神”故事，为不同年代先锋制作海报。一是文化景观让“大唐精神”落地开花。在厂区绿化带周边布置富有“大唐精神”元素设计的景观，打造“年代先锋路”，创新形式使“大唐精神”在基层落地。创新评价方式，采取个人、班组申报、支部推荐、政工例会投票选拔、创先争优评选等方式，自上而下层层推举。在评选中把每个“候选人”的先进事迹“亮”出来，把最具代表性、最有影响力的典型选出来。二是丰富激励载体让“先锋故事”广为传播。开展“向年代先锋学习”活动，用身边人的典型事例和价值观感召身边人。在全厂形成“人人争当先锋”的“明星效应”，打造展示企业文化的新名片。

塑造文化品牌　凝聚企业正能量

打造融媒体传播矩阵，弘扬文化树品牌。灞电对宣传媒体平台、进行深度调整融合，呈现网站、微信、视频多点开花的“智慧融媒体”传播矩阵，开辟弘扬文化、树立品牌的新形态、新格局。一是多媒体展现企业文化内涵。及时总结提炼工作亮点及成效，拍摄《梦想天空分外蓝》等10余部专题片、微电影、沙画短片及创意广告片，用生动的画面展现灞电党建、环保、生产经营等各项工作亮点。编印《创先争优看灞电》《百天征程路》《党建工作看基层》等主题画册记录灞电人践行“务实，奉献，创新，奋进”大唐精神的片片缩影。二是推动文化落地凝聚精气神。将每期优秀“月报”故事汇总成“故事集”，在网站、微信等平台进行宣传，通过“说出你的故事”分享会、“大修年代秀”和“大修风采录”等形式，立体化、多维度展现生产一线的先进人物、先进班组风采，达到聚焦正能量、凝聚精气神的效果。

班组文化样板间“内外兼修”促管理。灞电坚持“一把手”主抓、“一条线”贯穿、“一体化”推进的三步走战略，推进“班组文化样板间”创建活动。一是科学调研，把脉问诊。灞电自上而下对各部门班组展开调研，通过问卷调查、一对一深度访谈、案头分析、工作现场巡视等方式分析班组现状，为班组遴选提供科学依据。二是选树示范，内外兼修。灞电以整改工作环境作为样板间创建的切入点，以提升设备的治理水平为落脚点，通过整改班容班貌提升职工的凝聚力和向心力。率先在班组内实施“平台+智能终端+APP”的智能管控系统，通过将成熟的视频、语音识别、人脸识别等技术引入管理工作中，为系统内置大量数据，实现用手机对班组信息实时更新、落实情况实时跟踪、上级单位实时查看的功能，达到班组管理“减负、提效”的效果。三是创新载体展示班组风貌。线下，突出安全、学习、创新特色，立体树立样板典型，将“大唐精神落地班组清单”上墙展示，设计制作班组文化样板间手册。线上，开发“灞电 Home”微信小程序，通过微信实时读取工会最新资讯，领略各班组的风采。

新时代为建立央企文化品牌提供了更好的机遇，灞桥热电将继续以改革创新的勇气探索符合时代要求和国有企业发展实际的企业文化建设模式，推动企业文化建设与“中国大唐”品牌传播再上新高度。

（大唐灞桥热电厂）

以高尚文化的打造引领企业创新发展

九三粮油工业集团有限公司（简称：九三集团）是中国大豆行业唯一荣获中国工业领域最高奖“中国工业大奖”的北大荒集团全资子公司。“九三”品牌连续11次入围“中国500最具价值品牌”排行榜，品牌价值超过376亿元，被评为“中国十大放心食品品牌”“中国十佳粮油品牌特别奖”“最具市场竞争力品牌”“中国食用油领袖品牌”。

九三集团成立于1985年，历经以技术为主的加工型发展阶段、以扩张为主的管控型发展阶段、以战略和文化引领的系统性成长阶段，从1个小油厂裂变为14个大型油脂企业，产能由6万吨扩增至1200万吨，业务从国内辐射到境外，团队也由100人壮大到3000人。

如何让这支快速行进的大军步调一致、同心同德？如何让这些分散多地的队伍牢记使命、坚定目标？如何让这群征战沙场的将士斗志不减、锐气不降？九三人解决这一系列问题的答案就是企业文化。

九三集团生在北大荒，长在黑土地，凭借着“艰苦奋斗、勇于开拓、顾全大局、无私奉献”的北大荒精神，在外资垄断、弱肉强食的中国大豆行业奋力拼杀，抢占一席之地。2014年以来，九三集团对企业文化进行总结复盘、系统梳理、提炼升华，以“高尚文化”为中心内核，构建起具有九三集团特色的企业文化体系。

一、以“诚信、责任、敬业、忠诚”为核心的企业价值观体系成为九三集团奋勇挺进国际大粮商的“号令大旗”

无论是在大洋彼岸的美国芝加哥，还是在国内任何一家九三集团的工厂、公司、门店，你都会在最醒目的位置看到“诚信、责任、敬业、忠诚”八个红色大字。这就是九三集团的核心价值观，是指导全体九三人每一天、每一件事的最高精神指导原则和行为准则。

2014年3月2日，在九三集团第二届职工代表大会第二次会议上，九三集团首次明确了企业的发展愿景，即把九三集团建设成为基础坚实、运营高效、赢利超强、品牌伟大、文化高尚、诚信正义的国际化企业集团。

企业愿景所定义的是企业将要成为什么样子，而企业核心价值观则指出通往未来要怎么做。九三集团正是以‘诚信、责任、敬业、忠诚’为‘号令大旗’，保障企业不断向国际大粮商的伟大目标迈进。

作为食品企业，九三集团以“为社会提供健康食品”为使命和担当，将诚信融入良心产品，将责任刻进企业发展。多年来，九三集团始终坚持应用高于国家标准的企业标准，保证“九三”产品所代表的就是安全、可信赖。2015年12月28日，全国粮油标准化技术委员会为九三集团颁发了“大豆系列国家标准制修订基地”的认证，这既是对企业在质量标准上的鼓励褒奖，更是对九三集团“讲诚信、重责任”企业文化的高度认可。

在九三集团，“诚信、责任、敬业、忠诚”绝不仅仅是贴在墙上、挂在嘴上的文化，在企业倡导的“十提倡、十反对”中，对每一个词都进行了执行层的分解，化解为行动的准则。

“完成计划是守信，完不成任务即失信”是践行“诚信”的标准之一。九三集团实施内部“市场化”机制，各经营单元均独立核算，自负盈亏。每年年初，集团与各经营单元的负责人分别签订目标任务“军令状”，完成年初计划就是对企业核心价值观的最好践行，而完不成任务的人员，将为“失信”行为承担责任，付出代价。2016年以来，集团先后对10余位经营业绩不佳的单位负责人进行降职、调岗、劝退处理。

“种自己的田，也不荒别人的地。”这是一句九三人口中常说的话。既通俗易理解，又深刻揭示何为“责任”。企业在快速发展过程中，任何科学的岗位职责划定都不可能实现全覆盖，这种情况下，就需要‘责任’来填补。

2018 年 1 月 21 日公司已下班，九三集团惠康接到一批 2 万箱食用油的紧急大订单，要求 2 月 5 日配送到位。由于春节临近，原料、包材的采购运输都需要较长的周期，按照常规时间计算，完成订单需要 40 天。而九三人打破岗位界限，采购、生产、质检、运营、配送各个环节联动起来，其它职能部门没有袖手旁观，“九三的事儿，就是我们每个人的事儿”，他们组成“突击队”冲在装箱、搬运的一线。仅仅 15 天就完成订单任务，在这 50 年不遇的寒冬中，上演了一支“高尚文化”的热曲。

二、以“理性精神、长征精神、亮剑精神”为内涵的企业精神是九三人革故鼎新、开疆辟土的“制胜法宝”

农业、工业、市场、资本是产业发展的四个阶段。作为黑土地成长起来的农业企业，九三集团从农业时代进入工业时代，现在迈入市场化时代，又面临着资本化时代的冲击。如何抢抓产业迭代升级的新机遇？又如何在资本化时代勇立潮头？九三集团用“理性精神”作答。2014 年以来，企业正视在快速扩张时期形成的“生长痛”，按照病症“开方抓药”，实施“三个转变”的转型战略“刮骨疗毒”。由“数量向质量、规模向效益、生产推动向营销和资本的双向拉动”转变，个个一针见血，击中要害。

理性精神就要清醒地认识到与四大跨国粮商 ABCD 间的巨大差距，以及自身存在的“小农意识”的狭隘思维和“国有化”的落后思想；号召全员忘掉国有身份，摒弃计划经济体制下的“官本位”思想，去除“大锅饭”“等靠要”“铁饭碗”的“国有化”落后思维，向发展质量要效益，向市场规律要效益，向改革创新要效益。

2017 年 1 月和 4 月，九三集团完成了企业发展史上的里程碑性质的战略转型，引进战略投资者，实施混合所有制改造，建立“九三食品”“九三压榨”两大支柱板块，并在 2017 年年底启动大湾区项目，九三集团“北中南”战略布局正在形成。成绩面前，必须要保持清醒；竞争面前，必须要保持冷静。九三人清楚地认识到，企业虽然已经走在正确的道路上，但中国油脂行业仍处于整合时期和优胜劣汰时期，要更好地活下去必须要有长征精神和马拉松精神，坚忍不拔、百折不挠。

行百里者半九十，只有坚定的信念才能支撑奋进者到达彼岸，这是九三人对“长征精神”的理解。企业竞争的胜利拼的是能力，更是耐力。有耐力才能笑到最后，有信仰才能执着追求，有热爱才能把事情做好。35 年来，九三人历经创业期、成长期，现在进入战略发展期，更需要在市场化时代和资本化时代开辟新的“根据地”。

2014 年年初，九三集团向全国市场发力，巩固东北、提升华北、强化西南，拓展华南，渗透华东华中，布局全国，建立 11 个大区，33 个省区。九三人远离故土，征战他乡，他们弘扬“亮剑精神”，剑锋所指，所向披靡；他们在市场开拓中常常是半夜赶飞机、挤火车去到一个又一个陌生的市场；他们冒着大雨、台风走在与客户见面的路中；他们为了拿下一个订单甚至累得坐在电梯门口睡着……在九三集团“革故鼎新、开疆辟土”的路上，理性、长征、亮剑这“三种精神”是九三人占领一个个高地，拿下一次次战斗的精神力量，堪称是“制胜法宝”。

三、以“简单成为性格、学习成为习惯、奋斗成为信仰”为标志的成长文化是九三企业家团队骁勇善战、所向披靡的“弹粮补给”

在“劳动者、生产资料、劳动对象”三个生产力要素中，人是最为活跃的要素。九三不仅要生产出最健康的产品，还要培养出最优秀的人才；要把更多的年轻人培养成企业家，成为九三事业生生不息的动力和源泉。

九三集团积极打造企业家团队，在人才战略上实现突破和创新。率先提出并实施打造1975－1985年龄段的企业家团队，这在黑龙江和行业应属首创。有朝气、有正气，有活力、有能力，有激情、有热情，有思想、有理想，有领导力、有执行力，年轻化、专业化是九三打造企业家团队的标准。在企业内部，严格摈弃论资排辈的用人机制，对待人才秉持当用则用、用当其时的原则，让80后、90后快速成长。目前，1975－1985年龄段的中高管已达到员工总数的8%。1985－1995年龄段的企业家团队不断充实，一些优秀的90后已经崭露头角。

“简单成为性格，学习成为习惯，奋斗成为信仰”是企业的成长文化理念，也是每一位九三青年的座右铭。2017年12月，在一年一度的职工大代表大会上，被确定为九三集团的成长文化。

大道至简，简单才能恒久。2016年以来，九三集团从人才培养、人际关系、工作流程等多方面进行一系列的“去复杂化”的变革。在九三集团，有一个人才培养方面的“萝卜理论”，就是要把“六成熟萝卜”放到“坑里”，不要等到“十成熟”，反对论资排辈，多给年轻人提供锻炼成长的机会和平台，不浪费青年的最好年华，不消耗青年的创业激情，让更多的九三青年在九三舞台上展露头脚，得到了快速成长。在九三集团“十提倡、十反对”行为准则中，特别针对“简单文化”而说明何为“复杂”，如何反对“复杂”，企业旗帜鲜明地提出反对简单问题复杂化，反对人际关系和工作关系复杂化，反对繁文缛节；大力提倡工作要直截了当，提倡制度流程简洁易用好操作。

学习成为一种习惯，九三集团从硬件建设到软件配备，从文化引领到活动推动，全方位地培养全体九三人的学习习惯。2015年，九三集团创办九三商学院，这也是中国大豆加工行业首个企业商学院。五年来，九三商学院已经举办各类培训220余场，参训人员12000余人次。为适应互联网移动化学习模式，九三集团还建立网络学习中心，设置管理、财务、研发、生产等多序列的3000多门课程。2016年，企业利用公众号“文化九三”开展“我与董事长共读一本书”活动，每年推荐10本共读书籍，并以读后感推送和分享会的形式进行定期总结。九三集团还通过内部培训、外派学习、轮岗交流等多种方式，源源不断地为团队提供“弹粮补给”。

奋斗的状态是一个人最美的状态。在九三人身上，人们会感觉到一种不一样的气质。他们九三人说起话来铿锵有力，掷地有声，充满着锐气和霸气；他们走路带风，虎虎生威，保持一步两个台阶的速度；他们常常是公休日出差，并且选择晚上不占用工作时间出行；他们像上满发条似的，保持着夜以继日、24小时的工作状态。

九三是奋斗者的乐园，在九三集团有这样几个“特殊”的办公室，走入室内一定会看见一条红底白色大字的条幅，有的写着“资金管理团队要成为银行家、资本家”，有的写着“国际贸易团队要成为采购专家、期货专家”，有的写着“营销团队要成为营销大师、品牌大师”。这是九三集团为三大核心团队制定的成长目标。没有艰苦卓绝的努力，梦想就是幻想。“时刻保持和企业的发展同向而行，让自己的能力与九三的成长相匹配”也成为全体九三人的共识。

（作者牟欣伦系九三粮油工业集团有限公司党委委员、副总裁）

以文化凝心聚力　以文化引领发展
用行动肩负起大国重器的使命担当

上海电气，一个清晰投影在中国工业胶片上的名字，是新中国第一个动力制造基地的摇篮。作为诞生于上海这座工业摇篮城市的民族工业企业，上海电气正与这座城市一起站在新起点，挺进一场脱胎换骨式的跨越之征。扩大开放合作，对标全球顶尖，参与国际合作与竞争，正成为上海电气肩负时代新使命的发展目标。新征程上，上海电气以企业文化为引领，以“能动全球工业，智创美好生活”为使命，以“成为世界级的高端装备新航母”为愿景，不忘“实业报国”初心、牢记“大国重器”使命，努力把“上海电气”品牌打造成为“中国制造”的标志性名片，为中国制造的技术更加先进、生产更加智能、产品更加高端、品牌更加响亮贡献更大的力量，用实际行动切实肩负起国有企业的政治责任、经济责任和社会责任。

服务国家战略，牢记光荣使命

上海电气亘古不变的使命，就是服务国家战略。历史上，老一辈电气人不忘实业报国初心，聚焦国家工业发展战略需要，见证和支撑了新中国工业的起步和成长。当代电气人接过接力棒，牢记大国重器使命，积极对接国家宏观战略，全力争当“中国制造”排头兵。

立足长三角更高质量一体化，形成竞争新优势。加快推进“两头在沪，中间在外”的发展模式，通过整合长三角产业链，实现产业和产能新布局，不断降低生产成本，提高产业和产品竞争力，同时借助产能合作，拓展长三角市场。近年来，通过主机厂与核心供应商互相参股的合作模式，实现了非核心制造部分转移。同时，通过兼并收购符合企业战略协同和自身产业延伸或互补的第一梯队企业，实现产业结构转型和升级，并在产能“走出去”的过程中，为当地经济和社会发展作出新贡献。

沿着“一带一路”走向纵深，实现全球布局、跨国经营。上海电气进一步加速产业布局的全球化和资源配置的国际化，争当中国企业“走出去”的“领头羊”。海外工程业务带动装备“走出去”。上海电气海外工程遍布全球30多个国家和地区，累计承接电站EPC项目90余个，对进一步开拓海外高端市场，加强装备技术能力建设、转型发展和国际化能力提升等具有重大的战略意义。海外兼并收购实现资本“走出去”。通过海外收购，上海电气快速进入高端汽车紧固件、薄膜太阳能电池、高端储能装备制造、高端航空装备制造等新兴产业领域，其中收购意大利安萨尔多40%股权，使国内燃机装备价格和长协服务价格平均降低近50%，为国家燃机事业做出重大贡献。海外当地建厂实现产能“走出去”。根据资源效益最优化原则配置全球资源，我们推动更多的工厂建在全球市场高地和成本洼地，加速了全球化进程。整合全球资源加速研发“走出去”。我们坚持“择全球英才而用之，人才不求为我所有、但求为我所用”，进行开放式、契约式合作，加强与国外科研机构的合作，推动在海外设立更多研发机构。

改革体制机制，提升活力动力

上海电气遵循现代企业治理体系的要求，按照有利于提高和解放生产力、有利于集团和企业发展、有利于股东和员工利益的原则，在充分尊重国际惯例、市场规则和企业规律的基础上，深入推进国企改革，加快体制机制创新，集团上下呈现出“精神不断振奋、信心不断增强、思想不断解放、作风不断转变”的良好局面。

大力推进核心员工激励。按照市国资委改革部署，我们主动作为，积极推动试点。上海电气国轩新能源科技有限公司、上海自动化仪表有限公司分别作为集团新产业和传统企业的代表，开展核心员工持股试点，并成功纳入本市国有控股混合所有制企业员工持股试点名单。通过核心员工持股、限制性A股股票激励，根本上解决员工激励问题，使核心骨干和企业成为利益共同体。另外，按照“企业拿大头，员工拿小头”的原则，实施超额利润分享机制，激发企业活力与动力。

试点“干部能上能下”。旗下集优股份、环保集团试点有限任期制契约化管理，按照业绩表现决定其去留。3年任期结束，企业主要经营者和领导班子自动解聘，主要经营者是否续聘由集团党委根据经营者任期业绩表现作出决定，班子成员是否续聘由集团党委听取主要经营者意见后决定。

深化“放管服”改革。推动充分放权，将在主业范围内的经营自主权、内部用人权、内部分配权、投资建议权、内部管理权等权利都放给企业，让企业在市场上能自由地、最大程度地发挥和发展自己。在内外部环境较为严峻的情况下，继2018年营业收入破千亿后，2019年实现营业收入1417亿元、净利润62.44亿元、新接订单1863亿元，同比分别增长23.7%、19.2%、40.7%，三者均再创历史新高。

创新发展模式，提升运行质量

对接上海具有全球影响力的科创中心建设要求，上海电气坚持装备主业和技术先导，持续加大科技投入力度，不断提高研发投入集中度，在发展新动能上跑出“加速度”，打造真正具有核心技术的高端装备产业，持续推动集团发展的质量更高、结构更优、效益更好。

提升传统产业技术能级。能源装备是上海电气的核心主业。在高效清洁能源煤电领域，上海电气是全球最大的煤电设备供应商，在新一轮去煤电化的环境政策约束下，上海电气的煤电产品技术正在往更高效、更清洁、更绿色、更环保方向发展，性能指标已经非常接近天然气发电水平。在国家两机专项的燃气轮机技术方面，通过收购安萨尔多、间接收购原阿尔斯通GT26和GT36燃机技术，使企业快速掌握最新的重型燃气轮机技术，弥补了中国与国外重型燃机30年的技术空白，缩短了技术差距，称为目前中国唯一具备燃气轮机完整技术，能够为用户提供设备及全套检修维护服务的设备制造企业。在燃气轮机设备领域，将实现重型燃机技术自主化，完成轻型燃机产业化布局，充分利用与安萨尔多合资契机，制订燃气轮机产业发展的全球化研发平台、制造基地、销售网络和服务团队战略，跻身国际舞台。在核电设备的关键技术领域，通过实施掌握一代、研制一代、跟踪开发一代的技术开发策略，目前已完成了全球首台四代高温气冷堆压力容器的全部交付工作，继续巩固了国内核电产品技术领先地位。2018年顺利发运了全球首台“华龙一号”核岛主设备福清5号机组堆内构件，2019年完成了CAP1400湿绕组电机主泵样机的全部鉴定试验项目，解决了关键设备的“瓶颈”问题。

聚焦新兴产业技术策源。上海电气秉承“技术不求为我所有、但求为我所用”理念，依靠兼并收购、合资合作、风险投资等多途径解决技术来源问题。在合资合作方面，已经与德国西门子、日本三菱电机等国际第一梯队企业开展合资合作，以开放合作、公平对等的市场化方式，获取新的技术来源。在产业孵化方面，通过风险投资，重点瞄准需长期培育的新兴产业，获取黑色科技、颠覆性技术、战略性技术、新兴技术，将在美国硅谷、以色列、日本开展风投工作；另一方面通过自主研发创业、自建社会孵化器等手段，培育一批种子企业、初创企业。

李克强总理视察上海电气临港基地时，对集团取得的成绩给予高度肯定，赞扬“上海电气，创造奇迹”！勉励上海电气要保持竞争状态，瞄准世界一流，更积极地到国际市场竞争，展现更强雄风，为提升我国重大装备制造水平，助力经济发展和民生改善多作贡献。总理的考察讲话极大地鼓舞了上海电气全体干部职工的士气，在集团上下产生了强大的感召力。

虽然疫情对集团完成全年预算目标带来空前的困难，但是我们积极发挥国企主力军作用，在继续抓好常态化疫情防控工作的同时，坚持“全年目标不下降、全年指标不下降、全年经济运行与发展质量不下降”，确保两位数以上的发展增速，确保完成既定目标，用实际行动切实肩负起特殊时期国有企业的政治责任、经济责任和社会责任。

（作者曾伽系上海电气集团企业文化部干部）

求索至善　精益求精

上海医药集团股份有限公司（以下简称上药）属于大型国有控股企业。对于医药制造企业来说，恪守匠心精益求精，为民众生产出放心好药尤为重要，因而精益文化一直是上海医药企业文化建设体系中不可或缺的重要部分。通过在全公司、全产业链的持续推进，精益已从一种先进的管理工具，逐渐凝结为一系列管理理念，逐步形成有理念、成体系、全员参与、持续改善的精益文化体系。

精益文化的内涵

上药积极对标国务院、国资委对中央企业推进精益管理、打好提质增效攻坚战的要求，经缜密的调查研究，自2013年起，破冰启动以“精益六西格玛”实践为主体的精益文化建设，将持续改善、追求卓越纳入公司制造、运营、销售各环节。

经过6年深耕细作，公司在运营效率、精益人才培养、精益理念培塑、精益文化体系建设等方面取得较大进展和收获，先后在中国质量协会（CAQ）组织的各类竞赛和奖项评比中荣获“刘源张”质量技术个人奖、全国六西格玛项目发表赛（黑带、绿带）一等奖、全国精益管理项目发表赛一等奖、全国医药质量协会质量小组（QC）成果发表交流会一等奖，为公司从精益走向卓越打下扎实基础。

精益强调持续改善，追求卓越制造和运营，是精益理念在全员身上体现的价值观，突出人的主动性，如润物细无声般感召、激励员工，规范员工行为，以调动人、实现人的价值为主要追求目标，以有限的资源创造最大的人的价值。“精益”鼓励员工解放思想，大胆摒弃惯性思维，树立问题意识和创新意识，从源头上解决问题，促进企业改进、革新；“持续改善、追求卓越”的本质是追求不断创新，帮助企业适应不断变化的发展环境。

以点及线，推动精益文化体系建设

自上而下，确立组织架构与总体规划。在管理体系上，上药自上而下分搭建起三层次精益推进组织架构。顶层为集团精益六西格玛领导小组，负责整体战略、推进方法、年度工作目标审批，资源调配及整体绩效考评；中间层为集团专项推进小组，负责集团精益体系建设，年度工作计划制定及日常工作推进；第三层为各直属企业专项推进小组，主要负责各直属企业精益活动推广执行，并积极配合集团完成整体精益工作推进。上药明确精益体系建设总体推进分为精益工具推广与使用、精益系统构建与运营、自主持续改善三个阶段。

立规建制，推进精益文化体系建设

2014年，上海医药结合实际、立足实践，制订相关规章制度，相继出台《上海医药精益六西格玛工作管理制度》《上海医药精益带级人才管理制度》，切实使精益工作做到有章可循、有据可依。同时，公司坚持召开年度精益大会，总结精益文化工作，表彰优秀团队和个人，为新取得精益六西格玛认证的人员授证，对新年度精益文化开展进行深入部署和层层动员，推进精益文化成体系化建设。

依托实践，各业务板块互相融合

项目实践，是精益文化建设最有效的平台和抓手。6年来，通过组织开展各层级的精益推进改善，精益文化已融入到集团工业、商业各条线和板块。各板块通过依托实践精益六西格玛项目、精益运营系统、最佳运营实践和对标改善，切实实现从精益理念导入、项目实践到运营能力的体系化提升。同时不断探索实践“持续改善”精益推进理念，在工厂现场管理、生产质量稳定、生产效率提升、业务流程改善、营销策略优化等方面不断取得成效，有效帮助企业降本增效、快速提升产品盈利能力。

生产制造聚焦“提质、降本、增效”。在生产制造板块，随着国家带量采购政策落地推广，国内药品价格持续下行压力显著。上药对标丰田管理体系，从5S、TPM等基础精益活动起步，紧紧围绕“提质、降本、增效”的核心目标，从管理改善、设备设施、节能降耗、质量管控、工艺技术等方面，持续推动精益制造。如，某精益项目通过对工艺过程、杂质产生的机理及相关性的详尽分析，寻找到最佳工艺参数组合，使生产线的化药原料药总杂质含量大幅降低；又如，某项目建立中成药制造效率评价体系，通过生产流程分析，关键工序优化和技术改进，产品平均生产周期下降35%，平均成品率提升至96%，全面提升整体制造效率，帮助企业更准确的控制成本波动。在某条生产线上，通过改进操作方法、提升材料标准、实验设计方法分析找到设备最佳运行状态，降低故障率发生，有效提升车间设备时间稼动率、性能稼动率，有效提高设备资产利用率。

市场营销聚焦优化销售效率。在市场营销板块，对标一流外资市场营销体系，开展以优化销售效率为核心的精益改善工作，帮助营销团队优化市场目标、合理配置资源，准确分解指标、有效激励团队。集团商业成员企业对重点产品终端市场进行潜力评估，优化营销资源投入和费用结构，提升上药营销业务的运营质量。某销售公司加强营销会员体系建设，通过线上、线下多营销渠道中的有效会员数据分析，对购买行为、动机及影响因子进行精准分析，精准锁定客户会员，提升会员粘度，提升了重复购买率和销售额。某销售团队通过“销售队伍效力（SFE）”体建设，完成对重点产品线终端市场的潜力评估，优化营销资源投入、费用结构，以及相应的激励政策，建立起一支高绩效的销售队伍，最大化销售队伍的效率和生产力，有效提升上药营销业务的运营质量。

商业流通聚焦业务创新与流程优化。在商业流通板块，在行业政策多变的背景下，针对“网络深度领先、特色创新服务、高效整合协同、持续提效降本”的要求，上药以业务改善创新、流程优化为核心开展精益六西格玛，核心是供应链管理与物流管理，夯实全国各控股子公司的管理能力，同时支持并加速新并购企业的运营整合；通过精益管理运用，对现有采购压货、采购风险控制、库存监控等制度流程进行全面修订，有效降低滞销库存占比近50%。同时着力提升社区处方配送效率，对社区综合改造延伸处方配送业务进行全流程分析，找出造成配送周期延长的主要原因，对物流备货、处方信息核对、品种库存管理等核心环节针对性地设计改善方案，提升了处方配送效率。

持续改善，将精益融入企业生产经营全过程

结合实际，构建精益文化建设机制。上海医药结合下属企业实际，对接专业管理，把精益文化建设要求和规范融入企业生产经营全过程，建立了以项目化管理为抓手，以企业文化培训为牵引，以全程量化评价为驱动的精益文化建设机制。同时公司高度重视精益文化在各层级子公司中的培育、落地，始终坚持“全员参与、持续改善”理念，指导并推动精益管理理念和方法全面融入企业生产经营全过程，激发企业内在经营活力。

在实践中，开展复合型人才培养。通过多年持续建设，精益文化不仅提升了产品质量、设备效率、供应链管理水平，也培养了一批既懂业务又懂运营改善的精益管理复合型人才。目前，公司先后有上千人通过集团精益绿带考试、上百人通过集团精益黑带考试，培养精益项目绿带432名、精益黑带13名，每年参加精益项目活动开展达上万人次，共完成425个精益项目，精益项目展开收益达到1.42亿元。

精益是一场与自己赛跑的马拉松，上药人执着追求，精益文化已经与企业运营管理深度融合，并不断转化为推动集团走向卓越的内在基因与核心动力。站在历史新起点，上药文化建设将继续承接提升民众健康生活品质的光荣使命，在医药制造上秉持追求卓越、精益求精、用户至上的工匠精神，不断求索至善，全力推动公司转型升级发展，努力开创新时代高品质发展的新篇章。

（上海医药集团股份有限公司）

鹰文化：上锅腾飞的力量

上海锅炉厂有限公司（以下简称上锅），共和国电站锅炉的摇篮，中国第一台40t/h电站锅炉诞生于此。从那一刻开始，上锅伴随中国的发展变迁，肩负起开拓者的使命，在全国能源装备制造业中创下了几十个“中国第一”。从慎昌洋行到浦江机器厂、到国营上海锅炉厂、再到上海锅炉厂有限公司，历经百年，上锅从民族企业走向国际舞台，发展成为世界最大的电站锅炉及锅炉岛、大型重化工设备、电站环保设备及特种锅炉、锅炉改造、建筑钢结构等产品和服务的提供商，同时，上锅在百年历史的沿革中，也形成了相得益彰的企业“鹰文化”，引领上锅人在百年巨变中无惧无畏，开拓领航。

鹰文化引领企业实现转型

上锅的企业文化孕育于新中国创业发展期，形成于改革开放期，诞生发展在新世纪，并逐渐被广大员工和社会各界认可。上锅的企业文化建设用“鹰文化”冠名，其核心要义是昭示“鹰”的习性和生存方式是上锅员工拼搏奋进的缩影，也是与企业百年发展革新的真实写照。在构建企业文化理念体系的总体框架中，上锅进一步挖掘“鹰文化”内涵，以鹰“脱胎换骨、浴火重生”的精神锤炼品格，凝聚共识。

2011年，随着国内火电市场订单总量的快速下降，竞争进入白热化，上锅在经历了十年的井喷行情之后，发展速度显现出下降趋势。为适应企业创新驱动、转型升级的发展要求，上锅首次提炼“鹰文化”，用鹰“涅槃重生”的历练过程教育启发公司员工要敢于挑战，主动革新，力图打造适应企业转型发展的具有上锅特色的人才队伍。

近年来，上锅确立了“三个转变”的战略目标，设计“1+7+X”的产业布局。为了给企业的腾飞积蓄改革力量、提升发展后劲，上锅再次梳理完善“鹰文化”内涵，提倡迅猛、敏锐、果敢、顽强的雄鹰特质，引领员工进一步解放思想、转变观念，主动改革、主动转型。

主动求变，实现核心竞争力提升

雄鹰勇猛顽强、挑战自我的生存品格与上锅“百年老店”的金字招牌相契合，是上锅历经沧桑、风雨无阻精神的象征。面对市场挑战，上锅以鹰的姿态引领技术的革新和转变，为企业转型突破打造坚实根基。同时，上锅以鹰“迅猛、敏锐、果敢、顽强”的特质激发转型攻坚的冲劲和干劲。“迅猛”，是雄鹰与生俱来的能量，总是把握时机，主动出击。上锅人同样目标明确，把转型战略作为共同努力的方向。任何时刻，面对变局，永葆主动出击，勇猛开拓的精神；“敏锐”，是雄鹰在严苛环境中必备的生存技能。上锅人同样能够敏锐的感知内外部形势的压力和挑战，通过自我加压，主动突破，实现发展。“果敢”，鹰击长空，与天比高，雄鹰不断挑战高度与领域的极限。华丽转身的上锅，以高瞻远瞩的战略思维，果敢的向新领域、新产业、新业务拓展，为企业的腾飞积蓄能量；“顽强”，雄鹰必须经历脱胎换骨的生命过渡，最终蜕变成为更强大的个体。上锅在主动转型，革新蜕变中，获得更强大的发展生命力。

将雄鹰的四个特质全放为渗透到企业发展中。身处高速变化的时代，上锅主动出击，从专注火电，向以化工技术和工程、可再生能源为重要支撑的方向转变；从重视国内市场，向以国内外市场并重的方向转变；从掌控设备制造，兼向核心技术、核心设备、系统方案和工程承包提供商的方向转变。在新的产业格局下，上锅以智慧凝聚科技精华，不断完善科技研发体系，在新能源领域已经实现了多项技术的突破。同时，上锅以匠心锻造企业名牌，面对客户千变万化的项目需求打造全流程高效服务体系，结合全生命周期的服务理念，全力支持上锅市场角色的转变。今天的上锅，产品遍及全国各地，行销世界20多个国家和地区，年销售产值超百亿，占比高达全国三分之一，有力支持中国经济的腾飞。

强化人才建设，实现企业员工共成长

上锅文化浸润了几代人的智慧与结晶，引领企业形象和员工素质“双提升”，初步实现了上锅人才强企、员工成长的“双战略”目标。

以“鹰系列”锻铸人才队伍：推出“鹰系列人才培养计划”，分别针对技术和管理人员、技术工人、后备人才设定“海鹰”“山鹰”“雄鹰”计划，通过不同的培养方式，拓宽员工职业发展道路，实现员工与企业共同发展。

针对技术和管理岗位的青年员工实施“海鹰计划”。“走向国际化，打造世界级工厂”是上锅企业实现转型的目标，“海鹰计划”立足于国际市场，赋予了青年员工展翅高飞的强大动力，通过培养外语、文化、技术等各方面素质，开拓员工的国际视野，树立世界理念，真正实现企业与最新科技文化的接轨，走出国门，冲向世界。

针对技术工人队伍实施“山鹰计划”。通过培养员工的专业技术知识、技能，在不断实现自我价值的同时，确保产品一流的质量、确保企业一流的口碑，为树立行业标杆做出贡献。

针对后备（核心）人才实施“雄鹰计划”。结合“海鹰计划”的广度和“山鹰计划”高度，重在培养具备理论实践知识和管理能力的综合人才，为引领企业的发展积蓄能量。企业结合“1+3+5”大学生培养计划、高师带徒、首席技师工作室、导师制、项目制等形式，搭建人才增长才干的培养平台；通过技能比武、攻关项目揭榜、专项劳动竞赛等活动，搭建人才脱颖而出的竞争平台；借助岗位轮岗锻炼、Y型发展通道等载体，搭建人才施展才华的实践平台，让各类人才获得相应的发展空间。

以“三大工程”助推员工成长。“精品”工程助推企业转型，打造展现作为、创造价值的舞台；“熔炉”工程打造优秀团队、建积蓄力量，提升价值的平台；“卓越”工程增强文化凝聚，营造目标认同、奉献价值的氛围。企业以读书论坛、领导力培训班、党务工作者“走出去”等活动为抓手，提升团队综合素质；以“学习型组织演练中心”为依托，改善员工心智模式，提升员工整体素质；培育弘扬“工匠精神”，通过推荐评比、技能对抗、先进操作法推广等，挖掘深耕细作、做到极致的技能型人才，通过传、帮、带传承“绝技绝活”，通过职业道德建设标兵评选、精神文明好人好事、上锅明星员工、星级文明部门、星级文明班组评定等“星系列”评选机制，培养先进典型。如，上海市劳模、闵行工匠赵黎明以一手绝活演绎“钢管上绣花”故事。在上锅承接德国分包项目、启用全新抗高温高压钢T23时，德国派了7名焊接专家前来“指导”，赵黎明等上锅工匠每天烧15个焊口，是德国专家工作量的4倍，合格率比德国专家提升20%，得到德国专家赞誉。在生产实践中，更多的上锅人正通过自身努力，自我突破，在锅炉行业尽显大国工匠风采。

（上海锅炉厂有限公司）

百年五征　文化兴企

山东五征集团（以下简称五征）是一个拥有汽车、农用车、农业装备和现代农业四大主导产业、员工 14000 人的国家重点骨干机械制造企业。五征集团致力文化兴企，促进了企业健康发展。企业先后荣获“全国五一劳动奖状”“全国机械工业现代化管理企业”等多项奖。

创建理念文化　引导员工爱岗敬业

五征有 50 余年的发展历史，积累总结了一整套企业理念文化，用以引导员工以厂为家，爱岗敬业。用“诚信、协同、创新、卓越”的企业精神，引导规范员工遵循规律，诚信经营，创新工作，创新产品，追求崇高境界，促进企业的健康协调发展；用“打造百年五征，振兴民族工业”的企业愿景，激励员工主动承担起振兴民族工业的社会重任，把五征做大做强；用“为社会和用户创造最大的价值”作为企业的核心价值观，为社会和用户创造最大的价值；将“服务社会，造福大众”作为企业的经营宗旨，致力于为用户创造质量一流的产品，助推现代农业发展。

强化用人文化　增强企业竞争力

五征推行人才兴企战略，通过引才、育才、用才并举，让各类人才学有所用，施展才华，推动企业发展。1992 年前后，企业发展还比较困难，五征通过各种途经说服大学毕业生加盟五征，如今他们成为了五征各部门领导或骨干。2000 年改制以来，五征每年招收的本科以上毕业生超过 200 人，从美国福特公司引进 3 位有 20 多年汽车研发经验的博士，建立起了由专家博士领军的研发团队；从日本丰田等公司引进精益管理、质量管理专家近 10 人，推动企业推行精益管理。如今五征科研人员已过千人，其中：博士 6 人、硕士 108 人，本科生 1000 余人，拥有国务院特殊津贴专家 2 人、泰山学者 3 人，高级工程师 139 人。

营造学习文化　全力提高员工的综合素质

五征将学习培训作为给予员工最好福利，努力构建全方位、立体化的学习格局，力图实现企业与员工的共同进步。公司被省经贸委评为“职业教育培训先进单位”和“省级职业教育示范企业”。先后与吉林大学、山东大学联合举办工程硕士班、机械工程研究生课程班、汽车专业本科教育五征班，着重培养具有独立开发能力的高层次专业人才。建成五征精益学院，专门培养生产管理人员。选派优秀管理人员和工程技术人员赴美国、德国、日本等发达国家考察学习，参与国际合作、国内高校及科研院所合作项目，锻炼人才。

与省内多所技工学校开展合作，建立培养、实习、就业一体化的校企合作关系，依托学校的教育资源，为企业培养具有专业技能的技术人才。在公司成立了员工培训中心，对一线员工进行轮流培训，提高员工理论水平与操作技能。每两年组织一届技术比武活动，通过理论考试与技能比赛评聘首席技师，集团、分厂和车间技术能手，每月分别享受 400 到 100 元技术补贴，激发员工学技能、比贡献的热情。

经过不断的培训教育，大批青年工人迅速成长为技术工人。职工张念利在第五届全国青年职工职业职能大赛中获得第一名。

五征创造性的开展星级党员选拔活动，在 700 多名企业党员中，通过考试、民主评议、组织审查等程序，评选出123名星级党员，设1—5星，5星级别最高，享有不同等级的红色补贴和责任。让星级党员有待遇有荣耀，让非星级党员和员工干有标杆、学有榜样。

弘扬创新文化　营造全员创新氛围

五征鼓励人人创新、事事创新，把创新融入到企业的每项工作，使创新成果层出不穷。公司被山东省经贸委评为“山东省十佳管理创新企业”。五征设立创新奖、项目奖，将技术人员待遇与科研成果挂钩，凡是有重大科研成果的一律给予重奖，公司连续10年发放创新奖在100万元以上。五征聘请日本专家指导员工开展自主调研与改善、QC小组活动，营造了浓厚的创新氛围，每年都有一千余项创新成果。2003年日照市总工会组织评选职工优秀经济技术创新成果，五征有25项获奖，名列全市企业榜首。

倡导共享文化　构建人企共进的和谐发展环境

五征坚持“以人为本”，遵循人性化管理原则，提高生产自动化程度，降低工人劳动强度，对一些特殊的工作岗位和工作环节，像喷漆、组焊由原来的人工操作，改为现在的机器人操作和机械手操作。

2000年以来，五征员工的工资逐年增长，一直保持在全市较高水平。

五征在五莲县城、五征汽车城、日照市区规划建设了五处高标准的员工生活区，让员工安居乐业。五征通过职代会，员工民主管理委员会，让员工参与企业管理，促进企业与员工的和谐发展。

履行责任文化　服务社会造福大众

五征热心社会公益慈善事业，践行企业公民的社会责任。出资2000万元，分别在日照市慈善总会和五莲县慈善总会设立慈善基金，用于救助困难百姓、出资1000万协办水运会、出资500万兴建育才楼内、出资100万抗震救灾等，公司累计向社会捐款捐物超过亿元；通过信息、技术和资金帮扶，发展带动县内配套企业200多家，整个产业链条上的工人达4万多人，连续10年获得县工业经济“功勋奖”。

实施文化五进，增强员工向心力

五征积极实施文化进车间、进班组、进走廊、进食堂和进宿舍“五进”工程，让员工时刻感受企业文化，认同企业核心价值观，提高向心力和凝聚力。一是文化进车间。在车间张贴企业文化理念、5S管理等宣传挂图，将五征文化映植入员工心中。开展“安全生产，快乐工作，团结协作”为主题的宣传活动，举办消防演练、设置车间安全门和安全生产宣传栏，宣传安全生产知识，提高安全意识，促进安全生产。每个车间都制作管理看板，介绍车间基本信息、组织架构、生产目标、动态生产信息，让员工对生产、管理工作一目了然，提升员工对车间及文化的认同感。二是文化进班组。每个班组都有自己的管理看板，用于宣传班组理念、质量改善、学习培训、技术革新、合理化建议等内容，引导班组成员树立学习意识、竞争意识和创新意识。

班组定期评选改善典型和工作标兵，鼓励班组成员练绝活、强素质，争创一流业绩。三是文化进走廊。把“走廊文化”建设作为企业文化建设的一个重要载体，充分利用大厅、走廊、路边等空间资源，安装大屏幕电视，宣传栏、展板，向员工宣传五征大事要事，增强员工关爱企业意识。四是文化进食堂。开展“文明餐厅”健康食堂创建活动，倡导“安全、营养、健康”的餐饮理念，并大力提倡光盘行动。在食堂举办企业发展史，职工书画摄影展，播放五征新闻，树立员工自豪感。五是文化进宿舍。在职工宿舍区设立小型图书馆、开通网络、有线电视供员工学习，丰富员工业余生活；开展文明近公寓活动，倡导文明生活；组织文艺晚会、员工交流会等活动，增进员工交流，构筑和谐的人际关系，营造“爱舍如家，温馨如归”的良好氛围。

建设文化阵地培育员工高尚的理想情操

建设文化阵地，让员工时刻感受五征文化，融入五征文化。建成了集展览、会议、培训等多功能于一体的五征会展中心。让员工感受五征发展的艰难历程，感悟未来光明的发展前景，珍惜机会，岗位奉献。

在总部、各分厂、生活区都建成高标准的网球场、篮球场、乒乓球室、阅览室等文体活动场所，组织开展健康向上的文体活动。充分利用五征厂报、五征网站等开展文化宣传，引导员工树立积极向上、弘扬正气、敢为人先、爱岗敬业的精神风貌。在五莲县电视台开设了《今日五征》视频新闻栏目，让五征家属和社会了解五征、关心五征、支持五征事业发展。

在新的历史起点，五征将继续引导员工爱岗敬业，树立员工主人翁意识，以强大的发展合力，打造百年五征。

（山东五征集团）

实施文化管理　打造方大品牌

山东方大工程有限公司（简称方大）权属山东能源淄矿集团，是新中国煤矿基本建设单位的摇篮。公司地处“齐”文化的发源地淄博。独特厚重的文化底蕴和“创新发展方兴未艾、搏击市场大展宏图”的方大人，通过十几年的不懈努力，创造性的塑造了以“山东方大”文化为特色的企业文化管理体系。在全国煤炭行业经历“寒冬”的特殊时期，方大人凭借“方方大大做事”“大大方方做人”的文化定力，成功实现企业战略转型。

传承红色基因　强化党建引领

提炼红色精神，打造党建教育新品牌。方大人作为淄博煤矿矿工的血脉，解放前，因长期受三座大山压迫剥削，具有敢于反抗、敢于斗争的革命精神。党的一大代表王尽美、邓恩铭多次深入矿区传播马克思主义，点燃矿区革命火种。方大人在淄博煤矿个人运动翻身得解放的革命斗争中，建立矿区党的秘密联络站玉来饭店等许多蕴含着“红色精神”的革命故事。

汲取红色力量，形成党建教育必修课。方大公司自始以来，持续坚持将红色故事列为党组织教育规定动作。将其编入《方大公司党建教育课题汇编》，列入每月党支部党员教育教育重点内容，利用“三会一课”等平台，认真组织党员干部诵读红色故事，畅谈红色故事，分享学习心得，汲取红色养分。

弘扬红色基因，强化党建教育源动力。提炼、汲取红色精神，为的是让后人继续弘扬红色精神。方大在67年的发展历程中，坚持用红色精神教育引导广大干部职工勇于担当、敢于负责，练就弘扬“红色基因，走在前列”的胆魄。从抗日战争时期，到国外援助，从“九五”时期自救解困，到现今的“双跳”举措、“4433”战略和“家”园建设，体现着一种“咬定青山”后的敢想敢试、锐意进取的精神风貌，体现着勇立时代潮头、善开风气之先、敢于争创一流的胆识魄力，是一个人、一个团队、一个企业活力的集中体现。

实施文化强企　建设卓越团队

引入6力标准，赋予团队建设新内涵。一是学习力：通过加强政治理论学习，切实提高政治理论水平，用政治理论武装头脑、指导实践。通过加强业务知识学习，增强发现问题、解决问题的能力，更好地开展工作。通过加强先进理念学习，进一步开阔视野，为更好地推动企业转型发展储备“能量”；二是创新力：通过强化技术创新，借助其科研力量，尽快掌握一些关键技术、核心技术和前沿技术。努力形成一批技术创新成果。通过强化管理创新。对现有的管理体制机制、管理流程、管理模式进行大胆创新实践，进一步提升管理水平和管理效率。通过强化商业模式创新。努力在借势、借智、借资谋求发展上做文章、求突破，提高转型发展的速度和质量；三是凝聚力：通过加强职工服务建设，积极为职工办实事、办好事，最大限度地挖掘和调动职工的积极性、智慧和创造力，推动企业不断向前发展。通过加强领导班子建设，统一思想认识，加强团结协作，努力建设一个和谐的、团结的、凝聚力强的领导班子，为广大干部职工做好表率；四是执行力：对公司的各项决策部署、制度必须坚决贯彻到位，必须做到坚决执行。对公司作出的决策、部署的工作、定下的事情，要坚持第一时间、第一速度，高效、快速地推进落实，做到立即执行，确保各项决策部署和制度规定的有效落实；五是战斗力：通过提升队伍素质。结合自身实际，围绕打造一批技术过硬、素质较高、人员稳定的施工队伍，积极组织开展岗位练兵、技术比武、技能大赛等活动，以活动为载体，调动职工主动学本领、练技能的积极性，切实促进一线职工队伍素质的提升。在困难和挑战面前，要始终保持雷厉风行、敢打必胜的“干劲”，迎难而上、不畏艰险的“韧劲”，劈波斩浪、越障排险的“闯劲”，全力以赴完成各项“急、难、险、重”任务；六是竞争力：坚持升资质、上装备、树品牌多措并举，做到软件不软、硬件更硬。通过积极申报省部级以上奖项特别是“鲁班奖”等国家级建筑奖项，不断提升品牌影响力，以品牌创造价值，以品牌换取空间，以品牌铸就未来。

导入竞争机制。方大一如既往的主动营造公平的竞争环境和渠道，吸引员工积极参与竞争选拔。由组织人力资源部门牵头，组织财务、党群等部门，制定严肃科学的选拔程序，通过全员竞聘上岗、项目部自由组阁、“双推双考”等公开、公平的竞争机制，严格选拔出人才，分为三个层面组建优秀团队。

分工明确，职责清晰。班子团队做到根据企业发展需要，组织规定要求和有利于个人成长，从板块区域、层次分管、职责所在入手，适时进行多次调整和完善、优化，各职能团队按照管控现代国有企业的特点、目的、要求，进行理顺，优化职能，提高效率和针对性，增强了团队的参谋助手作用发挥，促进了大团队的良好运转。

健全体系，强化执行。公司先后建立安全保障体系，综合系统地强化安全管理，安全发展水平明显提高；建立管理人员履职考核考评体系，建立多维度、多要素动态考核体系，管理人员履职管理效率大大提高；建立人才引进培养使用体系，通过搭建平台、政策支持、落实奖励，促进了职工素质提升和人才价值的增值；建立了薪酬分配考核体系，形成以绩效决定薪酬的科学分配机制；建立工程质量管理考核体系，施工组织管理和质量管理明显增强；建立成本效益考核体系，强化成本管控意识和内涵发展理念等六大体系建设。

业绩考核，奖优罚劣。每年，公司根据各单位的创建情况，结合年度考核情况，进行综合考评，最终确定“优秀团队”，分三个层次进行考评，授予前列的为“优秀团队”称号，分别兑现奖金。

融入团队文化。一是推进团队文化落地拓展。坚持上下结合、协同发力、创新提升的原则，深入落实《优秀团队文化建设规划》与《企业文化建设工作要点》集合，充分发挥企业文化统领、辐射、凝聚、整合作用。二是做好团队文化文化融合。以全国企业文化先进成果推广和先进单位创建为契机，让团队文化建设引导团队建设，成为凝聚职工“心”力量、汇聚企业发展新动能的有效载体。三是加强优秀团队典型宣传。对于评选出的“优秀团队”，通过多种宣传媒体，广泛宣传优秀团队的新思路、新做法、新举措、新经验、新成果，通过典型引领，激发各单位比学赶超的劲头。

传播方大故事　塑造品牌形象

多角度反映，全面展示企业形象。一是通过请离退休老同志讲述方大故事。挖掘出友好援助蒙古国建设、非洲阿尔巴尼亚大军的故事，入京参建“十大建筑”的故事和受到国家领导人高度赞扬北大井恢复生产的故事。二是通过向在职干部群众征集，挖掘出农民军团、工地幼儿园、一面打响彬长矿区、夜战毛乌素沙漠、架起亚洲第一高顺电线路等创业故事。三是通过客户反馈方大印象。挖掘出施工建设、产品销售、竞标夺杯、研发创新等多个感人故事。

多渠道宣传，凝聚企业力量。一是发挥报纸、电视、电台等“传统媒体”优势，形成全方位、全覆盖、立体化宣传常态格局。二是依托微信、网站、手机等“新兴媒体”优势，不断拓宽山东方大线上宣传渠道，做到让“数据多跑路、客户少跑腿”。三是发挥会议活动的优势，增强内部团结意识、奋斗意识、奉献意识，凝聚企业发展的正能量，不断扩大山东方大的影响。

多层面践行，塑建方大品牌。党员干部带头践行。“火车跑得快，全靠车头带。”一名党员就是一面旗帜，面对战线长、项目部分散的实情，公司党委要求每名党员务必按照“四个合格”担当践行塑造方大品牌的带头人，结合争创“合格党员、标准党员、明星党员”和党员先锋示范岗、党员责任区考核等工作，把塑建方大品牌，指标化、制度化、常态化的进行考核、公示、奖罚。每年定期开展阶段性塑建方大品牌全员争创活动，结合“我为方大做贡献”、“方大为我做后盾”、“企业发展靠大家”等内容大讨论、大摆查等活动，切实增强员工与企业的联系，增强主人翁意识。

坚持以人为本　共享美好家园

突出人本理念，员工与企业共成长。方大将坚持为职工群众办实事，切实维护职工合法权益，持续加强职工队伍建设，构建责任共担、成果共享的良好机制，切实实现好、维护好、发展好职工群众的根本利益，凝聚起攻坚克难、干事创业的强大合力。

突出服务理念，客户与企业共发展。“双赢”是方大人一个最为重要的词汇，也是“方大”始终如一的价值观。在经营中，“方大”处处体现和贯彻为客户着想，尽心竭力为客户创造价值的理念；处处体现和贯彻合作共赢、恪守承诺、诚信的鲁商之道。以吃苦耐劳的精神、热情周到的服务，追求设计完美方案、建设优质工程；以施工管理的标准化、规范化、精益化，突出项目、企业“品牌建设”，努力打造“技术方案解决商、施工运行服务商”，提升团队美誉度。

突出共享理念，共建美好家园。面对复杂多变的市场形势，方大注重优化发展方式，切实摒弃过去单纯依靠规模扩张来促进企业发展的传统思维，把工作重心和着力点转移到增内涵、挖内潜上来，依靠内生动力抵御外部市场冲击，与客户共享成果，保持经济的健康平稳运行。可以说，文化激活企业活力，品牌成就团队竞争力，方大文化与企业综合实力同步提升。

（山东方大工程有限责任公司）

弘扬“大家”文化　构筑幸福+

山东齐鲁制药集团有限公司（简称“齐鲁制药”）始建于1958年，目前建有以山东济南为中心，北达内蒙古呼市，南至海口药谷的九大生产研发基地，主要从事治疗肿瘤、心脑血管、感染、精神神经系统、呼吸系统、消化系统、眼科疾病的制剂及其原料药的研制、生产与销售。历经半个世纪的发展，齐鲁制药人团结拼搏、求实进取，勇争一流，实现了连续30多年的持续、健康、快速发展。公司被国家发展和改革委员会等五部委联合认定为“国家级企业技术中心”“国家工程实验室”，被国家科技部认定为“全国高新技术百强企业”，被国家统计局评为“首届中国大企业集团竞争力500强企业”等称号。

“大家”文化，培育幸福+初心

齐鲁制药高度重视企业文化建设，始终坚持精神文明和物质文明、经济建设和文化建设两手一起抓，两手都要硬，并逐步凝练形成了以“大医精诚，家国天下，有国有厂才有我们幸福的家”为核心价值观的“大家”文化体系，五湖四海齐鲁人，团结奋斗建家园，正是因为心怀家国，干事创业，齐鲁制药始终专注做药，为振兴民族医药工业不遗余力。

四十年发展历程，浓缩着齐鲁的发展成就，是全体齐鲁人独有做事风格和行为习惯形成的过程，更是“大家”文化孕育、成长的过程。家是齐鲁，有来自五湖四海的兄弟姐妹；家是国家，致力产业报国，有国有厂才有我们幸福的家；家是全世界，呵护人类健康，人类共同的福祉不分种族地域，大医精诚，家国天下。家代表责任，因为责任，我们努力奋斗，家代表大爱，因为真爱，我们全情奉献，因为对家的责任与大爱，我们勇争第一，追求卓越，我们不断夯实企业基础，用卓越品质缔造基业长青，建设我们幸福的家。一路走来，“大家”文化为我们指明了方向，宛如一把精神利剑，让齐鲁制药人“不忘初心，牢记使命”“剑锋所指，所向披靡”。

践行“大家”文化，传递幸福+大爱

“做最好的药表达我们的爱”是公司使命，现已成为齐鲁人一切行动的自觉标准。这一文化内涵体现在一方面是公司在生产质量管理方面的根本准则，另一方面也是企业战略方向，成为齐鲁人认真对待工作、不断进行创新提升的内心愿望和自觉行动。持续创新产品、保证产品质量不但是制度管理和激励的产物，更是企业文化的精髓深入到员工心中的外在体现。无论是研发、生产，还是销售、管理，一切从对患者的爱出发，为构筑幸福而努力，认真履行自己的工作职责，默默奉献所有的能力和智慧。公司现有上市产品达300余种，其中30多个产品为国内首家或独家上市，20多个制剂产品及原料药销往欧洲、北美、日本、澳大利亚、俄罗斯、南非、南美、印度等70个国家和地区，多个产品被国家认定为标准品制造单位。

公司大力推行清洁生产，生产过程中选用无毒、无害或低毒、低害的原辅材料，并不断进行工艺改进革新，采用先进的、高效的生产工艺和高效低噪声设备，从源头减少污染物的排放，节能降耗。公司严格贯彻实施EHS（环保、健康、安全）管理体系，顺利通过GB/T24001环境管理体系、GB/T28001职业健康安全管理体系认证。

不忘初心，牢记使命，扛起幸福+担当

公司建立了与国际接轨的GMP质量管理和控制体系，严格质量管理，从起始原料供货商的选择直至售后质量服务，全过程严格按照GMP要求进行管理和控制，被评为“全国质量管理先进企业”，通过中国SFDA的GMP认证，多个产品零缺陷通过美国FDA现场认证、通过英国MHRA认证、获得欧洲EDQM

认证、通过澳大利亚 TGA 认证等。

在生产与产品层面，齐鲁制药精真务实，缔造精品，为消费者提供安全可靠的产品，齐鲁制药精敏思变，不断创新，造最好的药，呵护人类健康。健康是幸福的源泉，为让百姓用得上、用得起好药，齐鲁制药精进不止，努力成为中国最强的制药企业。实施创新发展战略，不断开发临床亟需药物，通过持续开发新工艺和新的制剂技术，为临床提供更多质优价廉的药品，齐鲁制药先后开发新药三百多个，其中三十多个药物为国内首家或独家上市。近年来，承担国家重大科技专项近 30 项，获得国家科技进步二等奖 4 项。

2016 年 12 月底抗癌药物吉非替尼成功研发上市，彻底打破此前一直由国外医药巨头独家垄断的市场格局。基于国家宏观层面的调控和药企为振兴民族医药工业的共同努力，实现了吉非替尼从“天花板到地板”式的降价，而吉非替尼降价背后的“齐鲁力量”，就是齐鲁人用行动对“大家”文化的践行，对幸福担当的诠释。

承载责任与爱，营造幸福 + 美丽

齐鲁制药人以振兴民族工业为己任，以“有国有厂才有我们幸福的家”为核心理念，以国家之事为首要之事，弘扬齐鲁大爱精神，将援手伸向祖国四面八方。

作为医药企业，齐鲁制药默默践行着自己的社会责任，持续开展“希望工程救助”、组织学雷锋志愿服务献爱心活动、城乡牵手帮扶活动、助学助老公益行等；积极参与救灾援助，在历次的自然灾害中，公司全体员工心系灾区、在第一时间内捐款捐物，树立了良好的企业品牌形象。多次获得山东省“红十字会”颁发的博爱助人奖、捐款工作先进单位；公司设立“齐心爱”爱心基金，对病困职工、社会弱势群体表达爱心，先后救助伤残孤寡老人，长期结对救助贫困学生；开展“阳光工程”，在四川、甘肃、青海等偏远地区援建多所小学；组织了全国产品救助行动，提供药品用于贫困患者，减轻了患者治疗负担，“善行团”“红马甲”志愿者，在祖国各方绽放异彩。

同心同欲，构筑幸福 + 温暖

公司重视人文关怀，高度关注员工发展，着力使企业发展与员工发展并轨同步，使员工在工作中实现自我价值。注重培养员工的主人翁责任感和齐鲁大家庭亲情感，切实为职工解决生活和工作中的实际困难，使得每一位在齐鲁制药工作的员工都有家的温暖，增强了企业的凝聚力和向心力。

公司注重开发员工潜力，帮助提升员工的职业安全感和工作能力，通过全方位的培训机制建立学习型组织，打造一支高素质的管理、研发、销售、岗位操作等优秀人才队伍，将员工的个人成长与企业发展相结合，帮助员工制定正确的职业生涯规划。

完善公休假、年度体检等各项管理制度，创设各级“职工之家”，按时为员工缴纳各类社保，发放节假日福利以及高温补贴等，为员工权益护航，每年组织全体员工（包括离退休员工）免费健康查体，使员工及时了解自身的健康状况。

班车、餐厅、公寓具备，穿梭的蓝白色调班车，都成为所经之处的一道靓丽风景线。优越的就餐环境和餐补，从舌尖得享家的味道。早在 20 多年前，董事长用自己获得科技奖励作为启动基金，在每个员工过生日时制作赠送一个生日蛋糕，一直到现在，蛋糕代表着来自家的爱，沁入心田，润物无声。

“为祖国培养好人才，为员工教育好子女”，幼儿园、小学，切实解决着员工家庭的后顾之忧，2014 年翻新了校舍，增加了塑胶体育场等硬件设施，建设职工图书馆，被全国总工会授予“全国职工书屋”荣誉称号。这都成为构筑幸福的最强力量。每个人在齐鲁收获快乐，收获圆满，收获着出彩的幸福人生。

企业的健康发展是幸福的依托，而企业文化建设是企业发展的不竭动力。齐鲁制药是一个有着美丽梦想和宏伟愿景的企业，齐鲁人将恪守“大医精诚，家国天下，有国有厂才有我们幸福的家”的核心价值观，立足国内，放眼世界，专注做药，为振兴民族医药工业，发出中国医药最强音，为全人类的健康保驾护航。

（山东齐鲁制药集团有限公司）

学习型企业文化的深化与升级

山东钢铁股份有限公司莱芜分公司（简称莱钢）持续深化学习型组织创建，在国内产生了广泛影响。国务院发展研究中心、上海明德学习型组织研究所、山东省经贸委等部门先后在莱钢召开学习型组织创建研讨会、现场会，中宣部《党建》杂志刊发文章、中国社科院出版专著《学习的伟大力量》推广公司创建学习型组织经验。公司被中央八部委评为全国学习型组织标兵单位。

一、持续推进学习型组织创建 促进企业与员工双元发展

自1999年开始创建学习型企业以来，莱钢咬定青山不放松，持续推进学习型组织创建，逐渐形成“以组织推动为保障，以问题为导向，以创新为核心，以双元发展为目的”的创建特色。

（一）以组织推动为保障，把握创建的支撑点

领导示范引领。公司领导层带头加强理论学习，自觉用学习型组织理论指导企业管理、决策，真信、真学、真做。在创建中发挥倡导者、引领者、推动者的作用。

营造团队学习氛围。结合实际拓展团队学习的内容和形式，打破部门、单位限制，搭建产销研供一体化平台、铁区共享平台、钢区共赢论坛、公司机关无边界学习等共享平台，建立关键绩效团队、改善项目团队等无边界学习团队，促进成果共享。建立知识管理体系，形成信息与知识的收集、交流、整合、流转、分享的管理机制。

建立考评机制。先后制定《创建学习型企业评价体系》、《学习型党组织建设考评体系》、《学习型班组创建评价体系》，形成较为完整的考评控制体系。2014年，下发《全面深化学习型组织建设实施意见》，对各层面各类学习型组织建设进行整合，形成“通则＋特色”的统一考评标准，建立统一评审表彰的机制。

（二）把握创建的着力点—以问题为导向

改善心智模式，以新的眼光看问题。一是树立“问题就是资源”的理念，将每一个问题、矛盾都视作“学”和“习”的对象，视作挖潜和提升的空间。二是倡导“将镜子转向自己”，强化“不归罪于外”的理念，有了问题，首先从自身找原因，主动承担责任，积极进行整改。三是强调自我超越。将解决问题的过程变成自我超越的过程，并通过成果共享实现组织创新超越能力的提升。

建立问题管理模式，围绕问题学习修炼。推行“紧逼问题管理”，构建问题管理机制，以发现问题、诊断问题、研究措施、解决问题、评估效果、固化解决方案等环节构成一个闭环的管理流程。在日常工作中，莱钢要求员工上班做好三件事：工作、学习和研究，研究就是发现和解决问题。鼓励员工组成自我指导团队，主动查找、发现问题，以分布在现场的学习实验室、创新工作室为依托，自主研究解决问题，将“学习工作化，工作学习化”的理念落到实处。目前，公司共拥有班组学习实验室232个，高技能人才创新工作室7个，省级以上劳模创新工作室3个。

坚持系统思考，寻求问题的“根本解”。各级管理人员由习惯于找“症状解”，转变为寻求“根本解”，学会从复杂的现象中分析事物的内在联系，找准系统链条中的关键环节，掌握解决问题最有效的方法。《炼铁系统赶超全国一流水平优化大纲》、成本系统优化、产销研一体化等一系列管理创新方案，都是学习运用系统思考的结果。

（三）把握创建的关键点—以创新为核心

培育创新精神。打破创新的神秘感，营造人人创新、事事创新、时时创新的良好环境。广泛开展群众性的创新活动，表彰奖励群众性创新成果、员工优秀合理化建议、班组管理创新成果，用员工名字命名表彰优秀操作法。

建立激励创新的机制。实施首席工程师负责制，实行“专家、学科带头人、优秀科技人才”三级评价奖励政策。建立以成果为主的评价机制，打破学历、身份限制，实行动态管理。加大对技术、管理、思想政治工作创新成果的奖励力度，其中科技成果最高奖金达到50万元。

推动各层面创新。激发各层面的创新积极性，将创新贯穿于技术、管理、党建思想政治工作的全过程。两项自主创新项目获得国家科学技术进步二等奖，参与承担国家“十三五”科技重大专项子项目，近三年来，公司获得授权专利1300多件，表彰党建、思想政治工作创新成果200余项；莱钢“三型”党组织建设、“互联网+党建思想政治工作”、“主题系列活动”、清风正气、和谐建设、过硬支部建设等党建思想政治工作“六大品牌”，在全国产生广泛影响。

（四）把握创建的落脚点—以双元发展为目的

秉承“共创 共进 共赢”的企业核心价值观，坚持“双层双元”原则开展创建，致力于企业与员工共同发展。通过创建改善管理层和广大员工的心智模式和行为模式，提升个人和组织的学习力、创新力，为实施动能转换、做强做优提供强大动力。企业成功应对金融危机挑战，加快转型发展，企业发展质量和效益大幅提升，生产经营保持稳中向好、持续突破的强劲态势，钢产量实现历史性突破，利润指标创历史最好水平。在推动企业发展的同时，以价值实现为中心促进员工全面发展，让员工把握更多“出彩”机会。构筑适应企业发展的培训体系，开展多层次多方面的培训，全面提高员工的综合素质，获得国家技能人才培育突出贡献奖。积极开展职业生涯设计，打通管理、技术、操作三条成长路径，为员工脱颖而出创造条件。注重人文关怀，建立五条保障线，设立“职工快线”和职工服务中心，构建大帮扶机制，获得“全国劳动关系和谐企业”称号，在全国介绍经验。

二、培育精益文化 推动学习型企业文化深化升级

公司加强精益文化建设顶层设计，自2014年起，制定下发《关于加强精益文化建设的意见》，明确精益文化建设的内容、原则、目标及途径，推动精益文化建设向纵深开展。

倡树精益理念。高度重视理念引领，启动精益管理之初就提出“管理架构、运营系统、理念能力”“三圈联动”理论，将理念能力作为精益转型变革的核心。公司先后提出“五大理念”（每时每处都存在浪费，需要我们去识别和消除；运营改善既要领导重视，更要员工参与；精益从“心”开始，改善从我做起；运营改善永无终点，我们永远走在精益的路上；绩效完不成，先进不能评）以及“四大转变”、“六种能力”、“五种意识”等，构建公司精益文化理念框架的核心内容，并不断丰富发展。

培育精益行为。公司注重员工精益行为养成，细化精心管理、精准操作、精细管控、“细实严”等要求，把精益文化转化为工作标准、工作流程、工作方法，开展专题教育，引导员工养成良好的行为习惯，上标准岗、干标准活、出标准产品，将精益意识、精益理念转化为员工的自觉行为，融入工作实践，融入岗位操作，形成符合精益文化要求的工作作风。

提升精益能力。公司制定《员工精益管理能力提升培训实施方案》《精益管理全员能力提升培训推进手册》，构建起公司、二级单位、车间三级培训管理模式，组织实施分层次系统培训，提升全员运用精益管理工具、方法的能力。培养一批懂精益、能诊断、会管理的运营骨干，在课程开发、现场问题诊断和精益项目评审等方面发挥作用。

完善精益制度。将精益文化融入制度，实现固化于制。一方面，对照精益文化要求，梳理、修正、完善有关制度和流程，更好地在制度中体现和强化精益文化的要求。另一方面，将推进精益管理和建设精益文化过程中形成的成果以管理制度的形式固化下来。

推动精益文化落地。按照“五深化、五支撑”的总体思路，推进产线对标、现场诊断、项目管控、专业模块建设、内部市场化、标准化作业、星级现场评选等重点工作，持续向深层次推进运营转型、精益管理。以精益为主题设计载体平台，通过开展主题系列活动、党性实践活动、专项效能监察、精益管理进班组、劳动竞赛、合理化建议、改善项目攻关等富有特色和成效的活动，带动广大员工践行精益理念、参与精益管理，推动“运营转型、精益管理”向纵深发展。

三、强化文化管理 将企业文化战略落实到位

完善企业文化体系。2001 年，制定实施企业文化战略，2002 年，成立企业文化部，逐步建立完善了理念识别、行为识别、视觉识别三大系统。2008 年，山钢重组成立，公司导入山钢文化，深入开展文化深度融合实践活动，促进山钢文化与公司学习型企业文化的有机融合。2014 年以来，着力培育精益文化，使企业文化内涵得到丰富拓展。建立健全《企业文化建设管理办法》、《企业文化建设考评体系》等一系列规章制度，形成相对完整的考评控制体系，实现对企业文化的量化考评，促进企业文化建设的制度化、科学化。

创新企业文化建设载体。积极创新拓展富有时代特点的新方式、新途径和新渠道。注重发挥“互联网 +”优势，打造网上管理平台（“党群信息管理系统”）、网上诉求反映平台（“职工快线”）、网上学习培训平台（“职工网上学习系统”）、网上职工服务平台（“工惠在线”、“网上帮扶救助信息系统”），为企业文化建设注入新动能。在中央网信办、中华全国总工会组织的“网上练兵、网上劳动和技能竞赛”项目评选中，莱芜分公司职工网上学习系统荣获优秀技术平台一等奖。充分运用微博、微信、手机 APP 等新媒体平台，提高企业文化宣传教育的及时性、有效性，扩大覆盖面和参与度。自 2014 年以来，公司组织开展“最美莱钢人”微电影大赛，让企业文化故事化、人格化、具体化，增强吸引力和感染力。

（山东钢铁股份有限公司莱芜分公司）

创新发展汾酒精神　文化铸就名酒辉煌

汾酒是我国第一历史文化名酒，具有6000年的酿造史、1500年的名酒史、1300年的蒸馏酒史、300年的品牌史。在6000年的发展中，汾酒人形成了“专注、创新、开放、诚信”的汾酒精神。1948年在党中央的领导下成立杏花村汾酒厂，70余年来，汾酒人坚守汾酒精神，铸就了中国第一历史文化名酒的辉煌。

专注

杏花村一直是中国美酒的代名词。1982年国家文物局和山西省考古研究所组成的“晋中考古队”在这里发掘出大量的酒器具，其中最具有代表性的小口尖底瓮—仰韶中期的酿酒器具，使得杏花村的酿酒史上溯到6000年前的仰韶文化时期。6000年前，杏花村先民们就开始酿酒，并专注于酿造美酒，延续至今。1500年前，汾清酒受到武成帝的厚爱，作为宫廷御酒载入《二十四史》；1300年前，杏花村率先领导酒业变革，开启中国白酒固态发酵的先河；100多年前汾酒漂洋过海，夺得巴拿马万国博览会甲等大奖章，开启中国白酒最早国际化道路，建国后，曾作为共和国第一国宴用酒。环顾全球，没有任何一个品牌如汾酒一样，能够延绵6000年而不中断，正是一份专注和坚守让汾酒延绵6000年从未间断。汾酒从诞生至今，在工艺上始终坚守“清蒸二次清”“固态地缸分离发酵”，直到今天依然秉承古法，汾酒始终将自己的主业放在白酒上，只为酿出一瓶中国好酒。从水源到原粮、从制曲到酿酒、从勾调到检验，汾酒人把每一个环节都做到了极致，将酿酒上升到了一门艺术。打造白酒行业最优质的产品，打造其他同行无法匹敌的卓越产品，这是汾酒人始终如一坚守的目标。正是不断传承的工匠精神和传统技艺，奠定了汾酒的自信。

创新

汾酒从不随波逐流，总是在历史的转折关头不断探索，创新发展，领跑中国白酒。早在龙山文化时期，杏花村人就发明了“甗”（中国最早的“甑桶”）。南北朝时期，在中国酿造酒还处于浊酒水平的时代，杏花村人大胆变革，使用了复杂的“清酒”工艺，生产出“汾清酒”；同时期，开创了酒与动植物结合泡制的先河，将酒于动物结合泡制出中国最早的保健酒——羊羔酒；将酒与植物结合泡制，生产出中国最早的果露酒——竹叶青酒。唐代，在中国酿造酒大多是液态发酵的时候，杏花村领导变革，使用固态发酵的生产工艺，并将蒸馏技术用于酿酒，创造出了卓越的杏花村白酒生产工艺，成为中国白酒的祖庭，开中国白酒之先河。1875年，汾酒生产进入作坊时代，当时不仅仅生产销售白酒，已经开始以白酒为基酒生产配制酒。以老白汾酒为基酒，先后试制成功“葡萄”“茵陈”“五加皮”“玫瑰”“白玉”等十余种低度配制露酒，形成了中国白酒业第一个以白酒为主、配制酒为辅的完整的品牌体系。20世纪30年代，方心芳的到访，开始了中国白酒业第一次系统的实用性科学研究，也是“微生物学对中国白酒酿造”的首次应用，方心芳写出了我国制曲酿酒的第一批科学论文《汾酒酿造情形报告》。60年代初，汾酒厂组建汾酒科研所，在全国首次提出“质量是企业的生命线”，形成班组五大管理体系。1963年国家轻工业部成立了“总结提高汾酒生产经验试点工作组”，由轻工业部发酵研究所所长的秦含章主持，试点期间提出了汾酒生产工艺和成品汾酒质量标准，分析了汾酒的各项理化指标，并形成了系统的科研成果。在1978年的科学大会上，汾酒获得“国家科技贡献奖”。从20世纪60年代开始，汾酒集团就开始群众性的技术革新和技术改造，“七五”期间，汾酒集团员工先后设计研制了曲块成型机、冷散机、搅拌机、活甑桶、行车等设备，率先走上现代化发展的道路，引领行业的变革。汾酒在新中国成立后的五届全国评酒会上，汾酒均名列前茅。2015 年，汾酒集团宣布执行“与国际接轨的食品安全内控标准”。可以说“中国名酒”进程史，就是一部以汾酒为主导的“中国名酒与现代科学的应用、创新与改革史”，也是一部“中国名酒与全面质量管理体系的构建、进步与改革史”。2017 年，汾酒集团作为山西省国资国企改革的试点，开启了混改之路，三年的探索期间，在营销领域创新了“组阁制”，让营销队伍焕发了新活力，引入华润作为股东，创新股权结构，汾酒集团成为中国国有企业新一轮改革的“全国样板”。

开放

唐代时期，我国以“开放”的政策屹立于世界之首。而杏花村的汾酒，从诞生以来，就向全国各地传播酿酒技术，奠定了中国白酒业的基本格局。明代洪武年间，全国实行大移民，大量的山西人走向五湖四海，研究并掌握了中国白酒酿造技艺的山西杏花村人在所到之处，因地制宜，把汾酒生产的一般规律跟当地的水土、环境相结合，酿造出来“各地汾酒”。“移民”到全国的各地的酿酒师傅们以开放的心态，将汾酒酿造技术传播开来，汾酒酿造技艺传播到了全国的二十多个省、市、自治区，创造出了不同工艺特色的各种白酒，奠定了当今中国白酒产业的基本格局。明清时期，也正是晋商的辉煌时期，诚信的晋商将汾酒、做酒必备的大曲带到全国各地，晋商在全国拥有最多的会馆，在国内各大市场、多个行业都拥有庞大的势力，当时民间流传的一句话就是“学会山西酒，腰无半文天下走”。汾酒技艺跟随晋商的脚步走进旅蒙商、旅俄商和关东商、西路商的队伍中，并逐渐走向海外。丝绸之路是山西汾酒外销的通道之一，大英博物馆馆藏元代汾酒方瓶就是汾酒走向海外的证据。晋商文化和汾酒文化交相辉映，共同缔造了中国白酒的产业版图。1915 年汾酒荣获巴拿马万国博览会白酒品牌唯一最高大奖，并形成了全国销售网络。1964 年，“汾酒试点”获得认可后，“四方结队学汾珍”汾酒人将制曲技术、酿酒技术传授给其他的企业。2015 年，国家级非营利组织，中清酒业酿造技艺发展中心成立。中清酒业的成立意味着有专业的组织共同研究清香型白酒酿造技术，汾酒作为清香型白酒的代表，以开阔的胸怀与其他清香型白酒企业一起推广应用新工艺，新技术、新装备、调整产品结构、提高产品安全度、提高产品质量、节约粮食、降低能耗、不断提高技术水平、推动行业技术进步；进行白酒酿造人才的教育和培养；研究开发白酒科技相关产品。

诚信；汾酒千百年来的岁月更迭，矢志不渝的坚守“诚信”，使汾酒今天依然熠熠生辉、历久弥新、不断壮大，体现的就是“用心酿造，诚信天下”的企业核心理念，将引领汾酒集团在新时期改革大潮中不断前行。诚信的内涵很丰富，其中包括：

品质诚信，质量过硬。早在 100 多年前，义泉泳大掌柜杨得龄，就代表中国酒业提出了“振兴国酒，品优价廉，信誉至上，优质为本，绝不用劣货欺世盗名”的企业经营理念；著名微生物学家方心芳在上世纪 30 年代就对传统汾酒酿造进行了实用性科学研究，总结出著名的汾酒“七必秘诀”即“人必得其精，水必得其甘，曲必得其时，高粱必得其真实，陶具必得其洁，缸必得其湿，火必得其缓”；1963 年秦含章主持的“汾酒试点”，提出了汾酒是最干净、最卫生、最纯正、指标最好的白酒；并提出“质量是企业生命线”的口号，牵头引进和推行全面质量管理体系，汾酒因此获得了白酒业第一个“国家质量管理奖”，成为全行业学习的范本；从田间到餐桌，汾酒严守质量关卡，2011 年汾酒集团作出一个高瞻远瞩的战略性决议，在全国范围内建设汾酒原粮基地的规划，先后在东北、内蒙和山西本地建立了三大高粱种植基地。一颗高粱谷粒从田间到一瓶瓶汾酒走进消费者餐桌，一共要历经 36 个大环节监控、183 个质量控制点检测，满足 2000 多个既定标准；汾酒的“安全可追溯体系”，实施了“一瓶一码制”，每一瓶汾酒都有一个二维码，扫描二维码就可以查到产品的来龙去脉，包括这瓶酒的生产车间、存储罐号、勾调、生产流水线、成装时间、操作者及检验者的姓名、出库、流通等所有后台生产信息和这瓶酒的市场行踪。几百年、几代人的质量坚守，是汾酒人傲立于世界烈酒之林的卓越品质，同样也是汾酒用心酿造、诚信经营的写照。

文化诚信。6000多年来，汾酒把悠久的历史、深厚的文化底蕴传递给消费者，确立了历史文化第一名酒的权威地位，并以期客观性、权威性，得到全国消费者的认可，同时也促使中国白酒业形成独特的的产业文化。专注、创新、开放、诚信，浓缩了汾酒6000年的文化精神，最终提炼为“中国酒魂”，由“中国酒魂”具体为四大汾酒精神和“三个第一”：汾酒成为世界第一文化名酒，竹叶青酒成为世界第一养生名酒，杏花村酒成为最受大众喜欢的第一“民酒”的战略目标，最终形成汾酒集团独特的企业文化体系。

（山西杏花村汾酒集团有限责任公司）

倾力打造和·合文化　为企业跨越发展助力领航

山西建工集团（简称集团）坚持与时代同步伐，以职工为中心，积极探索企业文化引领强企之路，培育形成了"和·合"企业文化，并持续推动企业文化理念入脑入心入行，为企业砥砺前行汇聚了磅礴力量。

构建"和·合"文化，引文化活水

在中国传统文化中，"和·合"最能体现中国精神文化的核心和精髓。集团和·合文化，既根植于深厚的中华优秀传统文化，又体现了融合创新、兼容并蓄的时代气息，具有旺盛的生命力。

"和"，指和谐、平稳、协调，主要源自于内在；"合"是结合、合作、融合，主要是外在的合作关系。内在的"和"是根本的，而外在的"合"是对于内在的"和"的最佳体现。"和·合"构成了一种由内而外的融合统一，最终实现大"和"，成为可持续的生产力，努力实现企业与合作伙伴之间 1 加 1 大于 2 的共建共享新格局，助力企业快速转型、跨越发展。在传承弘扬"和·合"文化的基础上，走进新时代，山西建工集团深入挖掘"和·合"文化的当代价值，延伸深化出"两个基础"和"三个内涵"的价值观认同。

"两个基础"：一是把依法依规按程序，作为一切工作的总遵循。其规则意识，党纪国法、规章制度、标准规范、秩序流程既是企业和所有员工必须坚守的底线，也是与他人合作不可触碰的底线。另一个是契约精神和履约意识，言必行，行必果，做到诚实守信，一诺千金。

"三个内涵"：一是懂得并践行舍得之道。尤其是学会先舍，让别人多赢一些，自己吃点亏，眼前看是成全了别人，长远看其实是成就了自己。二是站在对方角度考虑问题。即换位思考，求大同存小异，己所不欲勿施于人，彼此之间的宽容理解才能使合作走的更长。三是有互利共赢意识。摒弃零和游戏、你输我赢的旧思维，树立双赢、共赢的新理念，在确保自身利益的同时，以宽广的胸怀真诚地希望企业客户、合作对象能多赢。

以人文关怀为抓手，让文化入心

集团把职工所需所想作为群团工作的出发点和落脚点，作为践行和·合文化，深化价值认同的着力点。以"人文关怀"为抓手，从"思想、活动、服务"三大层面发力，打造企业与职工命运共同体，构建和谐劳动关系，以强有力的文化支撑，凝聚全体职工智慧和力量，推动企业转型发展。

搭建平台集聚智慧，引领职工创先争优。为大力弘扬新时期劳模精神、劳动精神和工匠精神，全面搭建职工成长平台。举办"安康杯"竞赛暨安全生产月活动、使安全理念内化于心、外化于行；深入开展"五小"竞赛活动，为企业的发展提供源源不断的创新成果；持续开展同业务岗位竞赛……各具特色、形式多样的竞赛，引导职工投身山西建工转型发展的主战场，形成全面覆盖、全员参与的工作态势，助推集团公司迈向高质量发展的道路。

推进暖心工程深入人心，和谐效应充分显现。冬送温暖、夏送清凉、金秋助学、爱心一日捐、节日慰问、生日祝福、健康体检、婚丧慰问……山西建工把关爱职工生产生活条件作为打造企业与职工命运共同体最直接、最有力的抓手，努力为职工提供个性化服务和普惠性服务，广大职工的认同感和归属感不断增强。

丰富活动活跃文化，助力幸福企业建设。繁荣职工文化生活，用先进的职工文化引领人、鼓舞人，不断提升全体职工的凝聚力向心力，一直是集团助力幸福企业建设的重要举措。

举办太极拳等传统健身和各类健康丰富的文体活动，恰当释放职工“剩余精力”，增强集体凝聚力、荣誉感，在润物细无声中将和·合文化，根植于心，为企业发展壮大注入强大动能。

以转化运用为目标，让文化落地

在抓好“和·合”文化内涵运用、入脑入心的基础上，山西建工集团通过传播引领、品牌创建、制度践行，强力推进“和·合”文化落地生根、开花结果，使之外化于企业产品和行为，固化于企业制度。

从企业文化的四个层次，即精神文化、物质文化、行为文化、制度文化等方面着手，打造企业内部的“和”，加强重点及薄弱环节的建设；强化企业形象，加大宣传力度。通过优化环境等载体的建设，增强员工对企业理念的认同；依托企业“一刊、一网、一平台”，积极开展宣传工作，发动员工参与有一定影响力的研讨会、洽谈会、行业年会等开拓视野。

将合作精神融入企业文化

集团坚持以“依法依规按程序”作为与客户合作的基本原则，强化履约意识、创品牌和荣誉意识、风险防控和服务意识，把“三种意识”作为合作精神的重要指引，创造相互信任、彼此信赖的营商环境。在此基础上，培育核心竞争力，打造企业全产业链优势，围绕企业发展战略开展四类合作。即：相同业务上的合作，主要包含建筑施工主营业务及配套业务上的强强联合；产融结合，与金融企业深度融合，拓展融资渠道；延伸产业的合作，补齐公司在建筑施工上下游产业链上的短板；新领域的战略合作，培养新的优势业务，寻求新的利润增长点。

集团扎实推进“和·合”文化在企业的创造性转化、创新性发展，推进和·合文化在企业落地生根，激励了全体职工将高度的文化自觉和文化担当转化为企业高质量发展的内生动力。

（山西建筑工程集团有限公司）

以跨文化管理助推企业“走出去”

早在本世纪初，柳工提出“建设开放的、国际化的柳工”战略发展愿景。目前，柳工已构建形成全球性的战略业务布局，海外业务贡献率跃升到35%左右；在柳工近万名员工中，外籍员工的比例达20%；海外资产从无到有，现占柳工全部资产近20%；并荣获2016年度广西“走出去”十佳企业的荣誉称号。

柳工跨文化管理实践

柳工在“走出去”的过程中，坚持把“文化同行、领导表率、求同存异、循序渐进、充分沟通、以人为本”作为跨文化整合的六项核心原则。在兼并、重组或新建海外子公司时，柳工提前对当地的文化背景、企业文化特征及员工行为模式等文化特性展开调研、分析，为文化整合方案的拟定提供参考。

建立跨文化管理流程和机制，规范跨文化管理。通过跨文化整合分析，从外在显性文化去挖掘隐藏其背后的组织哲学、价值观、组织风气、不成文的行为准则等这些隐性文化，成立跨文化整合小组，同时对其职责权力范围给予明确界定，便于开展工作。制定跨文化整合计划。根据柳工并购的战略，首先判断跨文化的属性和文化差异类型，选择适宜的整合策略。新公司依据整合计划，借助沟通机制，制定跨文化人力资源政策，建立跨文化整合反馈机制，对跨文化整合循环过程的主要环节进行有效监控，随时发现问题，及时纠正偏差，使跨文化整合顺利进行。

发挥文化理念引领作用，助推跨文化融合。在国际化战略实施的初期，柳工就明确告知合作方为全球客户提供卓越工业装备与服务的使命；成为世界级的工业装备与服务产业集团是愿景，倡导客户导向，品质成就未来，以人为本，合作创造价值的核心价值观：力图对内形成共识，产生凝聚力和向心力，对外发挥着影响力，在贯彻中，被称为“柔性国际化”的“包容”也是柳工人的遵循。

培养优秀的跨文化管理人才，提升跨文化管理能力

打造国际化管理团队。柳工人真正是来自五湖四海。在国内，柳工吸引了跨国公司、咨询机构、业内同行等不同来源的高端人才加盟，员工覆盖了除台湾省以外的全部省份。在国外，外籍员工分别来自于美国、印度、加拿大、新加坡、巴西、阿根廷、哥伦比亚、委内瑞拉、叙利亚、南非、荷兰、波兰、墨西哥等超过20个国家。外籍管理人员承担的职能从总部的研发管理到品牌管理，再到海外子公司销售、制造、售后服务、财务、人力资源管理等多个关键领域，这些团队都是柳工实现国际化梦想的依托。

培养跨文化管理人才。当一些企业跨文化管理工作的员工都是身兼多职。柳工坚持用专业的人做专业的事。因为跨文化管理工作需要具备全球视野、协同学习、快速适应、跨文化交往、对经营现状作出快速反应等素质，是一个专业含金量很高的工作。为此，柳工培养出了一批管理人才。如今，柳工内部能用外语开展工作的员工有1，000多人。在全球的各大分公司里，80%以上的高管，如柳工副总裁、国际业务负责人，海外各区域的营销负责人等都是从柳工本土生产经营一线奔赴国际前线历练成长起来的。

柳工在对外派员工的甄选上，把认同柳工文化作为首要的衡量指标，并持续进行跨文化管理培训，提升外派员工的跨文化管理意识、跨文化沟通能力，通过外派人员以身作则发挥典范带头作用，以柳工文化的星星之火，在全球的各个子公司和生产基地实现燎原之势。

引进跨文化管理外籍高管。为争取合作共赢，不遗余力地引进高端人才。如：招聘中国国际广播电台波兰语播音员曾光安，为成功收购波兰企业发挥独特的作用，现已成为柳工锐斯塔机械有限责任公司副总

经理。柳工还吸引了国际知名工程机械专家美国人闭同葆，成为正式加盟柳工的第一位外籍高管，其出色的工作，彻底改变了柳工的研发系统和理念。目前，在柳工总部工作的外籍中高级经理还包括品牌公关部部长，股份公司副总裁，工业设计专家等等。独树一帜的柳工国际化人才策略，立足培养领导力梯队、坚持海外员工的本地化，把一批外籍高级管理人才招聘到中国本部，促进了海外业务发展。

全面开展跨文化管理知识培训。跨文化培训柳工解决文化冲突极为有效的措施之一。通过对中国文化精髓及柳工文化的介绍，缩小可能遇到的文化距离；通过跨文化交流沟通技巧的培训，训练不同文化背景的柳工员工相互间沟通和理解，打通固有文化的壁垒，避免彼此形成偏见；通过跨文化冲突处理能力的培训，建立各种正式的、非正式的、有形的、无形的跨文化沟通组织与渠道，积极处理冲突；通过文化的敏感性培训，训练柳工员工对当地文化特征的分析能力，弄清当地文化是如何决定当地人的行为的，掌握当地文化的精髓，使员工更好地应付不同文化的冲击，减轻他们在不同文化环境中的苦恼、不适应或挫败感。柳工注重对每一位外派经理人员的跨文化培训工作，逐步培养具有跨文化沟通、跨文化团队建设等能力的全球化经理人。各海外子公司也能积极地践行“文化同行、领导表率、求同存异、循序渐进、充分沟通、以人为本”的工作原则，致力于推进跨文化融合和更好地“走出去”。

跨文化管理成效显著

柳工印度公司是本土化跨文化管理模式的典范。在新中国的70年，柳工的第一家海外制造基地，柳工印度公司的成功运营，堪称跨文化本土化管理模式实践的成功典范。当时，柳工印度公司雇用了一部分当地员工，不仅可节省部分开支，迅速打开当地市场，让柳工与当地市场环境相融合，逐步站稳脚跟。柳工对印度当地的情况、环境进行了充分的研究分析，并尊重和包容多样性的文化，在管理或相关流程制度制定时，避免了相应的冲突，取得了成效。柳工也获得了印度市场的认可，相继获得“中印十大知名品牌”“中印榜样”等荣誉。

柳工波兰公司通过文化创新模式与文化融合形成强大的凝聚力和战斗力。柳工波兰公司创建之初，当地员工心理上的文化排斥和抗拒表现突出。如，中国人吃饭喜欢聚在一起聊天，当地员工就不习惯。经过良好沟通，尊重差异，充分尊重当地的风俗习惯，在逐步扭转局面。此外，柳工波兰公司对新员工提供一套从入职培训、岗位技能培训、企业文化培训等培训体系，通过组织茶话会、文体活动使新员工能够很快把自己的思想、行为与柳工核心价值观有机结合起来，减少文化冲突，迅速提高工作技能，适应新的工作岗位，形成强大的凝聚力和战斗力，促进柳工波兰公司快速发展。

柳工北美公司、柳工拉美公司、柳工南非公司的文化渗透模式。柳工派往北美、拉美、南非公司工作的管理人员，基于母国文化和东道国文化的巨大不同，并不试图在短时间内迫使当地员工服从母国的人力资源管理模式。而是对当地员工进行逐步的文化渗透，使母国文化在不知不觉中深入人心，使东道国员工逐渐适应了这种母国文化并慢慢地成为该文化的执行者和维护者。柳工通过对北美、拉美、南非三家子公司近100名外籍员工进行跨文化调查，了解到外籍员工对柳工文化的认知及评价、基本价值观倾向、工作环境及工作感受、团队合作情况等。调查结果为海外子公司的跨文化建设提供了充分、有效的依据和指导。

在中国企业国际化的宏篇巨制中，柳工作为中国最早涉足海外的民族工程机械品牌，依靠60余年的深厚文化底蕴，跨文化管理实践也为中国企业“走出去”提供了宝贵的实战经验借鉴与参考。

（广西柳工集团有限公司）

打造山海相融的金融文化　建设高质量现代商业银行

2008 年 10 月，顺应国家实施北部湾经济区开放开发战略，广西北部湾银行承接历史上“广西银行”的百年传统，在中国—东盟博览会永久举办地中国南宁应运而生。截至 2018 年末，与世界 30 个主要国家和地区 215 家银行建立了代理行关系。在英国《银行家》（THE BANKER）杂志“2018 全球银行 1000 强”中，排名升至全球银行第 501 位，位列中国银行业第 82 位。

山海相融 孕育特色金融文化

独具特色的文化渊源。广西山水相连、依山傍海，溪流纵横，飞瀑悬川，流入一衣带水的东南亚，交融血脉、和合共生。作为广西唯一省级商业银行，广西北部湾银行汲取广西独特地理文化精神，构建了“山海相融”的企业文化理念体系。

“五个相统一”的企业文化理念体系。山之厚重、稳健、担当、传承，海之包容、开放、创新、现代，在北部湾银行文化体系中互通、互动、互补、互融，形成了“五个相统一”：山之绵延传承与海之开拓创新相统一，山之稳健务实与海之灵动万变相统一，山之温柔哺育与海之蹈厉奋发相统一，山之深沉坚守与海之包容开放相统一，山之扎根八桂与海之向海而生相统一。基于此，北部湾银行重点打造了承启相生的企业文化。围绕传承与创新、坚守与开拓、个性与共性、立足广西与面向东盟的相统一，北部湾银行在萃取传统文化精髓、接轨现代先进文化的基础上，突出了国企特色、银行特色、广西特色：承接历史上“广西银行”服务广西经济社会发展的百年传统，融入新时代北部湾经济区开放开发洪流，强化广西重要金融国企、地方骨干商业银行服务国家和自治区经济供给侧结构性改革的责任担当，确立了“立足广西、立足中小、立足社区，面向东盟、服务三南、融通全球”的企业定位；以“面向东盟的金融开放门户的排头兵”为企业目标，以“打造中国—东盟自贸区内一流区域性银行”为愿景，以“至诚至善、日新致远”为核心价值观，奋力开拓，奋勇争先，努力在自身高质量发展的同时，与广西、与东盟经济社会发展共生共荣。

突出打造刚柔并济的企业文化。围绕稳健与效率、合规与创新、以人为本与金融“三铁”精神（铁规章、铁算盘、铁账本）的相统一，确立了“效益、质量、速度和规模协调发展”的经营理念，不盲目扩张、片面求速，坚持走内涵式高质量发展之路；明确“风险是生命线也是高压线，风险管理要注重实质也要注重效率”，兼顾风险防范与效率提升的风险理念；固化“以人为本、客户至上”的服务理念，“因您而升、富桂相伴”的品牌理念，“响应政府、造福社会、服务客户、回报股东、成就员工”的企业使命和“德能并举纳贤举才、人尽其才才适其用”的人才理念，确立以人为本，全心服务政府、社会、客户、股东，携手员工成长的文化导向；强调“团结与务实、责任与担当、风控与合规、创新与稳健”的企业行为准则，树立“党建为先、员工为本、合规为基、奋斗为荣、改革为力、发展为要、效益为纲、创新为魂”的企业发展纲要，打造严柔并济、张弛有度的“韧性”管理。

多维立体 打造特色文化建设模式

一是遵循“愿景与现实相结合”，将文化建设纳入发展战略规划高位谋划、高位推动；建立多层次、全覆盖的文化建设责任体系和组织保障，推动愿景成为现实。二是遵循“标准与特色相结合”，在统一全行企业文化价值导向、视觉系统、实践活动标准动作的同时，鼓励各分支机构、各条线因地制宜细化行为规范、制定考核细则、组织文化活动，涵养特色子文化。三是遵循“外形与内在相结合”，“宣传+制度”、“宣贯+考核”、“宣导+整改”多措并举，既让文化内涵具象化；又将文化制度化、规范化、常态化，融入中心工作。四是遵循“活动与业务相结合”，在“实用、实际、实效”上下功夫，避免文化活动流于表面。

“三位一体”做宣贯。一是打造一批精品宣传工程。注重内容创新，围绕企业文化做好主题宣传、政策宣传、成就宣传、典型宣传，以成就故事化、故事情感化、人物细节化的话语方式创新讲好文化内涵；注重形式创新，制作北部湾银行改制历史文化宣传片及“为爱‘贷’言”系列微电影，开发线上文化阵地“富桂先锋”掌上APP，加快多渠道媒体融合，近10种“视+听+互动”形式让企业文化更贴近员工、贴近基层、贴近生活；注重成果固化，将重要管理经验、发展事件、文化故事、历史文献编纂成册；二是打造一批精品文化活动。坚持学习竞赛、文体活动、公益活动、合规建设等活动常态化，打造“万朵鲜花致敬时代奋斗者”等精品活动，比作风、比协作、比贡献，展服务、展品行、展风采，形成推进企业高质量发展、共建壮美广西的良好氛围。三是打造一批久久为功的优质社会责任项目。将农村脱贫攻坚战场作为锻炼青年骨干、锤炼队伍作风、弘扬企业精神的重要基地，连年选派德才兼备、具有发展潜力的干部员工驻村服务；将学雷锋日活动、无偿献血活动成为每年“固定动作”；将社会责任管理作为牢记使命、强化担当的重要抓手，企业文化与社会责任有机统一，纳入战略及考核持续走深做实，不断夯实负责担当的企业精神。

“三大建设”促落地。一是强化基层党组织建设，让文化力成为战斗力。“党建入章程”工作走在全国城商行和全区直属国企前列，在广西区直企业中率先探索开发“富桂先锋”智慧党建平台，着力打造业务营销、安全运营、改革创新、风险防控、优质服务、廉政监督“六个标兵”，积极创建学习型、堡垒型、创新型、效能型、服务型、廉洁型“六型党组织”。以党建工程深化文化铸魂、引航、强基、正气实效；二是强化制度考核建设，让文化力成为执行力。探索推进文化建设与经营管理责任制同向发力，在全国城商行中创新打造中国银行业要塞式资产负债表、首家建立全面拨备体系，完成了包括风险治理、业务治理、公司治理在内的全面治理整顿；将文化导向融入制度规章，开展“合规建设年”“合规管理提升行动”，发挥督察“利剑”作用；紧扣国家“一带一路”和自治区“南向、北联、东融、西合”战略，强化绩效综合考评，持续做优做强九大业务条线，加快提升服务效能。三是强化人才梯队建设，让文化力成为人才支撑力。坚持以文化导向选人、育人、留人，探索人员能进能退、职务能上能下、收入可高可低的市场化管理模式；连年引进重点、急需、专业人才；贯彻“德能并举”、“才适其用”人才理念，着力推进高管、核心骨干人才、服务能手三支队伍建设，全行人才结构不断优化，创新性采取不对称的绩效考核模式，实行自律与他律并重的常态化管理，建立容错纠错机制，以“员工为本”、“奋斗为荣”的企业理念充分发挥各方面人力资本的积极效用。

文化领航 擘画高质量发展新蓝图

文化为魂，开拓改革发展新征程。面对行业重大风险事件连续冲击、监管评级下调、同业收停授信、业务大幅下滑等严峻形势，北部湾银行迎难而上、励精图治，全行铸牢责任之魂、进取之魂、服务之魂、团结之魂、合规之魂，推动各项经营业绩屡创新高，经营改进度均位居全国城商行前8位；实现“三升一降”（服务实体经济力度、服务广西契合度和贡献率有效提升，自身经营管理水平大幅提升，改革创新力度和美誉度明显提升，风险隐患大幅下降）高质量发展的凤凰涅槃。

文化为纲，夯实行稳致远新定力。一是发展定力进一步增强，全行目标明确、路径明晰、政策持续，坚定不移抓好治理整顿，妥善化解风险隐患，加快推进改革创新。大部分历史包袱有效化解，新增资产质量处于同业领先水平，核心资本充足率等指标优于监管要求；创新动能显著增强，在广西法人金融机构中率先取得多项业务资格、首家推出多类创新产品、金融科技持续升级，成为广西业务资格最多、影响最大的城商行。二是战略定力更加稳固，从长远战略权衡当前措施，从全局高度平衡长短期利益，有效抓机遇、调结构、稳增长。全行资产、负债、客户、区域、行业结构显著优化。三是文化定力更加夯实，有效匹配战略、凝心聚力，人才队伍活力焕发，创造才智充分涌流。全新编印了新版企业文化手册，将企业文化规划列入 2019－2022 年战略规划重要内容，深入推进“企业文化年”建设，努力推进企业文化落地生根，成为促进员工成长的不竭动力。

文化为脉，谱写地方银行新作为。延续广西银行服务广西百年血脉，服务实体奋发有为，五年来累计向全区实体经济投放各类资金逾 7000 亿元，累计上缴税金 41.21 亿元，实现广西重要国企、所有设区市、重点县域业务全覆盖，服务实体经济力度、服务广西契合度和贡献率大幅提升；紧扣国家“一带一路”战略脉络，面向东盟担当有为，率先成为广西唯一具备区域性跨境人民币业务平台中间代理行资格的城商行，与越南、柬埔寨、泰国等东盟国家 10 家同业机构开展深度合作，累计国际结算量连续多年在广西股份制银行和地方性银行中位居首位；把握北部湾经济区开放开发发展脉动，聚合共赢积极有为，与广西 60 多个市、县政府及企事业单位签订战略合作协议，主办、协办、承办中国—东盟金融合作与发展领袖论坛、中国—东盟市长论坛、全国金融合作同业峰会等大型金融活动，持续搭建广西地方银行与泛北部湾经济区、境内外金融监管部门、金融同业合作桥梁，奏响开放融通、互利共赢的合作乐章。

（广西北部湾银行股份有限公司）

坚定文化自信　践行和越之道

广西柳州钢铁集团有限公司（简称“柳钢集团”）始建于1958年，如今正在推进跨区域、多基地、多领域、多产业链的整合布局和转型发展，企业文化作为柳钢生存、竞争、发展的灵魂，一直伴随着企业改革发展不断进行传承与创新，实现以文化人，以文铸企，以文兴业，引领柳钢持续发展。特别是党的十九大以来，柳钢集团在深化改革与创新的实践中形成了独具柳钢特色的企业文化体系——《和越之道》，提升了企业高质量发展的软实力。柳钢集团跻身全球钢企50强（位列第29位）和中国企业500强（位列第220位）；先后获评“广西企业文化示范基地”“广西社会主义核心价值观示范点”。

回顾发展历程，增强文化强企的自豪感

回顾柳钢创建、发展、壮大的历程，从艰苦创业到锐意改革，从跨越发展到调整转型，经过历史积淀而成的“自力更生、艰苦奋斗、创新超越”的优秀文化传统不断引领和激励着一代又一代柳钢人，为之奋斗，引以为豪，续写传奇。尤其是2014年以来，面对国际形势风云变幻、国际金融危机深层次影响不断扩大的复杂环境，面对国内钢铁行业形势给柳钢生产经营和改革发展带来前所未有的困难和挑战，柳钢集团党委特别是调整后的新党委班子审时度势，坚定不移地推进文化强企战略，紧紧围绕企业的发展战略和目标，完善企业文化建设体系，积极培育开放合作、包容共享、担当作为的新理念新思想，进一步激发起员工团结奋斗二次创业的精神动力；坚持以社会主义核心价值观为主旋律，弘扬社会新风正气，大力提升员工文明素质；加快推进文化阵地建设，打造形成了“一所一线一馆一院”（即新时代国企讲习所、钢铁先锋党员淬炼线、柳钢展览馆、国企书院）企业文化带。

把握新时代要求，增强文化强企的使命感

柳钢集团始终以文化强企的坚定姿态，坚守着为员工谋幸福的文化初心。2017年，柳钢集团党委认真贯彻落实党的十九大精神，在召开改制后的第一次党代会上，提出“一个千亿、两大基地、一个产业群、三个推进”的“1213”奋斗目标，大手笔实施沿海战略，加快发展向海经济，与十一冶集团实施战略重组，接手广西中金公司，并将广钢集团纳入柳钢集团，全面推进防城港千万吨钢铁项目建设，初步形成以柳州本部生产基地为中心，防城港钢铁基地和玉林不锈钢基地为两翼的“一体两翼”柳钢集团发展新版图。这一新格局给集团公司企业文化建设带来了一系列新情况新挑战，如何适应柳钢由单一的国有钢铁企业转变为大型综合发展集团，实现柳钢本部与重组并购企业之间的文化融合，打造成为“百年老店”进入了重要议事日程。

传承创新文化，增强企业发展的新动力

柳钢集团始终以文化强企的奋进姿态，传承实现柳钢梦的文化担当。按照集团公司党委提出的新时代柳钢企业文化建设方向，从2018年开始，党委文化新闻中心与中国企业文化研究会开展企业文化建设项目合作，从专题调研入手，全面摸清柳钢本部与重组并购企业的文化发展状况，先后组织中高层领导、科级干部、职工代表6000多人参与问卷调查，及单独访谈、群体访谈等，在调研的基础上，分别从集团本部、十一冶公司、中金公司的历史文化梳理、现状文化优势、转型中的文化问题等展开分析，发现共性，识别差异，理清思路，初步提炼出体现新时代柳钢优秀企业文化特征的《和越之道》文化手册初稿。文

化手册初稿经过集团公司领导修改、班子成员专题研讨、集团公司党委会研究，并征求集团公司企业文化建设委员会成员单位意见，八易其稿后，形成了《和越之道》文化手册。“和”与“越”既涵盖了柳钢集团优秀文化传统，又注入了新时代柳钢集团文化鲜明特征，因此，《和越之道》是柳钢集团企业文化建设取得的最新理论和实践成果，是柳钢集团“十三五”企业文化体系建设的基础。

加快宣贯融入，推动《和越之道》文化落地生根

为了凝聚全体干部员工，坚信《和越之道》的文化方向，奉行《和越之道》的文化倡导，柳钢集团党委开展“不忘初心、牢记使命，践行和越之道、建设红蓝文化”系列宣贯活动，旨在以红色党建文化为引领，团结广大干部员工朝着“建一流集团、做世界强企、创领先价值、铸百年品牌”的愿景目标，向海图强，逐梦深蓝，助推构建柳钢集团“一体两翼”新版图，奋力打造柳钢集团发展新基业。首先，开展大培训大学习。分两期举办柳钢企业文化手册《和越之道》专题解读培训班，公司中高层领导干部、科级干部、员工代表共1200多人参加了培训。各子公司要利用党组织理论中心组集中学习、党支部上党课、党员政治生活馆研讨交流等方式开展学习教育，向员工讲解《和越之道》，切实将柳钢文化理念内化于心，外化于行，确保全员参与学习率达100%。组织开展中层领导干部、科级管理干部读好《落实责任没有任何借口》《你的工资来自哪里》两本书籍和学习柳钢企业文化手册《和越之道》活动，要求大家结合自身岗位实际，就如何践行“包容 创新 超越 共享”核心理念，扎实推进沿海项目建设，打造柳钢发展新基业这一主题撰写读书心得体会文章，公司党委组织对文章进行评比、表彰、刊登，进一步提升学习成效。其次，做好《和越之道》宣传推广。柳钢报及微信公众号、《柳钢文化》等主流媒体开设专栏专版，统一设计文化宣传海报图，定制文化宣传标语，制作短视频和钢花铁仔文化表情包，将更多的镜头、笔头对准基层一线，唱好发展曲、讲好新故事，坚定文化自信、满足职工群众新期待。在对外宣传方面，与区内外知名媒体合作，推出好文，着重展示柳钢在创新开展党建文化、生态文化等品牌文化建设的亮点，树立文化强企新形象，为推进柳钢高质量发展提供强劲的精神动力。再次，将《和越之道》融入生产管理中。制定下发《柳钢集团视觉识别系统手册》管理办法，要求公司机关职能部室负责做好本专业口视觉应用要素的规范使用与推广，指导和督查各单位在公司产品、物品的包装，厂区、生活区的绿化美化环境，以及对外宣传和传播活动中，规范使用企业标识和产品商标。统一设计、更新柳钢集团公司劳保工作服，颁发柳钢新司旗，设计柳钢大型主题雕塑和文创伴手礼，新的企业标志和生动活泼的文化符号，确实起到凝聚员工精气神，提升企业形象作用。

（广西柳州钢铁集团有限公司）

实施轮值班组长管理　全面落实安全文化

开滦集团针对新时代安全工作新特点，结合企业安全管理现状，不断推进安全文化建设创新发展，着力在提升全员安全文化素质这一基础性、战略性工作上下大力气，在解决让员工听得进去、说得出来、做得到位这一关键问题上下功夫，构建实施轮值班组长管理模式，切实将安全文化落实到基层工作岗位。

深刻认识构建轮值班组长管理模式的意义

纵观安全文化建设走过的艰辛历程，从“培塑”课题研究与实践，到“三基五力”安全文化管理模式的构建与实施，到班组安全文化建设的推进与深化，再到轮值班组长管理模式的试点与推广，开滦集团安全文化建设已走过了十几个春秋。而构建轮值班组长管理模式，对于全面加强企业安全生产工作，意义重大。

构建轮值班组长管理模式是深化培塑工作的有效载体．十多年来，不断被坚持深化企业安全文化建设，夯实安全管理基础，企业上下的安全观念、安全行为、安全机制等方面发生了重大变革。在思想观念上，逐步形成了“安全第一、生产第二”“以人为本、生命至上、规程至尊”等理念共识；在管理行为上，实现了由重生产向重安全、由重结果向重过程、由以“事”和“物”为中心向以“人”为中心的转变；在管理机制上，将安全文化纳入安全生产标准化进行考核，形成了“零目标、正激励”的工作导向。十几年的安全生产实践启示我们：人是安全管理的核心，员工素质的高低是安全成败的关键，推行轮值班组长管理模式，能够有效推动班组员工由被动接受管理向主动参与管理转变，提升全员安全素质，塑造本质安全型员工，既是企业安全生产的迫切需要，又是建设本质安全型企业的治本之举。

构建轮值班组长管理模式是实现安全生产的重要途径。开滦集团始终把安全生产摆在突出位置，采取一系列有力措施，确保了企业安全平稳健康发展。针对现存的安全发展不平衡、安全管理不严细、安全基础不扎实、安全责任不到位等一些不容忽视的问题。班组是安全生产的前沿阵地，先进的管理制度、科学的施工方法、合理的劳动组织、完善的安全措施，都要靠班组去贯彻、去落实。同时，班组是事故发生之源，通过对开滦集团近几年来的安全事故进行综合分析，绝大多数事故发生在工作岗位和生产现场，构建实施轮值班组长管理模式，加强班组安全文化建设，提高现场安全管理水平，是控制和减少各类工伤事故，实现安全生产的重要途径。

构建轮值班组长管理模式是提升区队管理水平的需要。过去区队安全管理的方法由于缺少创新管理思路的方式和手段，不能将安全工作的制度、规定，通过具体的方式让全体员工接受，并变成全体员工的自觉意识和行动，属于粗放型、经验型、简单型管理，虽然用了不少办法，但成效不明显。构建轮值班组长管理模式，让职工主动参与班组管理、区科管理，发挥动车组效应，人人都是动车源，形成团队合力，真正把员工塑造成想安全、会安全、能安全的本质安全人，全面提升区队安全管理水平。

构建形成“12315”轮值班组长管理模式

通过试点推进、摸索实践、改进提升，构建形成了“12315”轮值班组长管理模式。

“1”就是围绕一个核心。以建立轮值模式为核心，建立“双轨轮值”模式。一是小组全员轮值，每个作业小组的组员轮流担任本小组的轮值组长参与本组安全管理；二是在轮值组长中选取潜力大、能力强的员工，在班长岗位上进行重点轮值。一个月为一个轮值周期，每月进行轮流任职，赋予轮值组长、轮值班长安全管理权利，并给予相应的待遇，做到责权利相统一。

“2”就是建立两个支撑。一是理念支撑，本着由自下而上到自上而下的原则，组织基层各班组、岗位提炼安全理念、安全信条，作为安全生产的根本遵循。如，提炼形成“我的安全我负责、你的安全我有责”的班组安全理念，“听得进去、说得出来、做得到位”的班组执行理念等。二是制度支撑，建立轮值班组长管理、班组自控考评、班组三重三特管理、班组准军事化班前会和井下现场小班前会管理、班组安全风险管控、班组隐患排查等10项管理制度，确保轮值班组长管理模式规范运行、实效运转。

“3”就是搭建三个平台。一是搭建井上准军事化班前会平台，轮值班组长负责组织召开井上班前会，对上一班工作进行总结，对本班工作可能遇见的安全重点进行预想。二是搭建井下集体安全确认小班前会平台，到达井下现场后，轮值班组长带领本班组成员进行现场集体安全确认，排除安全隐患。三是搭建现场实时监控平台，在生产过程中，赋予轮值班组长制止违章和不规范行为，监督质量标准化工作的权力和义务，让其参与班组安全管理。

“15”就是十五项保障措施。即每班一次血压排查、每班轮值班组长上台安全预想、每周事故案例教育播放、每周进行岗位员工标准细查、每月一次事故案例现身说法、每月一次安全形势任务教育、每月一次巡回讲演、每月规程措施现场对号、每月两次包保座谈会、每月一次讲评考核、每季岗位描述竞赛、每季优秀轮值班组长评选、每季血压全面排查、每半年一次轮值班组长法律法规考试、每半年一次家属进班组演讲，让安全保障入脑入心、落在实处。

轮值班组长管理模式好用且好管

轮值班组长管理模式的构建与实施，促进了班组安全文化延伸拓展和做实落地，使其向更高层次、更高领域、更高境界迈进，有力地推进了本质安全型企业建设，员工安全素养明显提升，安全管理基础更加坚实，安全工作保障更加突出。

*一是员工安全素养明显提升。*通过构建实施“12315”管理模式，促进了班组安全文化理念、班组安全管理制度、班组安全文化素质、班组自主安全管理、班组现场安全管理、班组安全文化活动6大建设的落实，多维度、多层面地对员工进行塑造，使理念的引领力、制度的约束力、行为的规范力、亲情的感染力、环境的影响力相互交融，共同发挥作用，进一步提升了班组员工自主管理意识、相互保安意识、换位思考意识和素质提升意识，促进班组安全管理由被动管理向自主管理、团队管理迈进。

*二是安全管理基础更加坚实。*通过构建实施轮值班组长管理模式，建立轮值班组长管理机制，使班组三重三特管理、班组安全风险管控、班组隐患排查等管理制度和安全管理重心的真正下移，安全文化真正做到了班组、做到了岗位、做到了现场，安全质量标准化全面达标升级，各项安全基础全面规范精细，企业安全管理朝着标准化、规范化、精细化的方向迈进。

*三是安全工作保障更加突出。*通过轮值班组长管理模式的构建与实施，推进了安全理念向生产班组、岗位工种延伸覆盖，特别是为班组员工搭建准军事化班前会、井下集体安全确认小班前会、现场实时监控3个平台，将班组员工推向安全管理的前沿，促进了员工由被动接受管理向主动参与管理转变，安全工作形成了动车效应，人人都是安全管理者的理念不断深入人心，并逐步形成安全管理合力，企业安全工作保障更加突出。

（作者贯顺仓系开滦（集团）有限责任公司文化工作者）

培育特色安全文化　打造行业领军型矿井

面对严峻的煤炭行业形势和激烈的市场竞争环境，开滦（集团）有限责任公司钱家营矿业分公司（简称钱矿）以党和国家“五大发展理念”、安全生产方针为引领，通过理念引领，机制导向，载体推动，公司上下形成了以安全为主导、以素质为支撑、以管控为重点、以创新为动力、全员重视安全、全员参与安全的良好局面。

培育全员“四种思维”　以先进理念引领安全直线发展

钱矿以追求“零事故、零伤害、零三违”为目标，把加强安全文化引领作为推进新常态下企业安全发展的重要抓手，坚持以“安全统领”、“安全归零”、“主责主业”、“自主自律”四种思维凝聚全员思想共识、引领安全文化向纵深发展。一是以“安全统领”思维引领全员，坚守安全红线不动摇。将安全工作视为确保公司稳定健康发展的定盘星和压舱石，不改变、不动摇。通过各级会议，依托各种活动，开展“安全形势大宣讲”，以“安全绝对统领”为主旨，向广大员工传递“安全重于一切、安全压倒一切、安全高于一切、安全否定一切”的明确信号。真正把安全这条红线深深刻在全员脑海中，坚决落实到行动上，用安全这把尺去衡量工作中的每一项决策、每一个环节、每一步操作，坚持不懈地践行安全责任，守住安全红线，把住安全底线，为公司经济发展创造更加安全、更加稳定的发展环境。二是以“安全归零”思维引领全员，时时刻刻抓安全。要求广大员工在安全工作中要看淡成绩、反骄破满，认真总结经验、深入查找不足，保持“安全工作零起点，时时处于起跑线”的状态；坚持问题导向，追求卓越管理，及时查找薄弱环节和管理漏洞，补齐短板，持续改进提升，追求安全直线发展，跳出以往“出事故、整改、好转、松懈、再出事故”的循环，打造安全工作持续巩固、梯次升级的良好态势。三是以“主责主业”思维引领全员，落实主体责任促安全。要求各职能部门找准安全薄弱点，在提升安全教育的实效性、感召力和感染力上下力量，营造更为浓厚的安全氛围。基层单位重点在“培育安全理念抓教育、提升安全素养抓培训、解决安全问题抓管理、消除不安全行为抓纠偏、杜绝安全事故抓整改”五方面谋求新突破。班组以本质安全型班组建设和诚信管理为重点，以“我的安全我负责，他人安全我有责，区科安全我尽责”为己任，真正抓好身边的事，管好身边的人，筑牢班组“安全堤坝”。四是以“自主自律”思维引领全员，立足本职岗位保安全。要求广大员工深刻认识“自己的岗位操作是安全生产的最后一道关口”，本着对自己高度负责的态度，做到安全自主管理、自我管理，不断提升自身技术业务能力，培养强烈自主的安全意识、安全预判能力、分析能力；做到安全自我教育，坚持岗前“一分钟思考”，把“安全隐患想在前、事故危害想在前、安全措施想在前”，以规范的行为完成每一环节的操作，实现真正意义上的本质安全。

创新“四位一体”宣教模式　丰富安全文化建设内涵

以构建特色教育模式为突破口，推进安全教育向“人本化、诚信化、亲情化、实效化”提升。一是打造“道德讲堂·安全教育专场”文化阵地。以安全道德文化建设和感化自省为切入点，吸取借鉴道德讲堂的经验做法，谋划“自省式”、“感受式”、“影响式”教育新渠道，深入开展“道德讲堂·安全教育专场”、“基层联合安全讲堂”营造“明形势、强规范、讲道德、聚能量”的安全文化氛围。二是拓宽违章员工家属进矿山“三同时”管理新渠道。把诚信教育作为推进安全文化建设的有力抓手，建立严重

“三违”员工家属进矿山座谈机制，组织违章员工家属进矿山，一同参加事故分析、一同找出事故责任者、一同接受教育和吸取教训，组织员工及家属签订《家庭助推安全承诺书》，制定整改措施，并提出劝诫和嘱托，共同做好受处罚员工思想转化工作，将考核罚款的50%用于鼓励员工积极改正错误，视情节予以返还，增强“三违”教育的针对性，促进员工由他律向自律的转变。三是创新“亲情话安全视频”宣教新模式。将亲情理念与安全教育管控有机融合，创新实施“亲情话安全视频”宣教模式，以点班、车间为单位，层层发动广大员工，利用DV或手机等工具，在家中拍摄安全寄语和亲情嘱托视频，将剪辑成型的视频短片，利用班前会、周一安全活动定期组织员工观看，送上员工家属的嘱托和希望，使员工真切地感受到“安全为天，家庭幸福”的深刻内涵，有效激发员工家属协管教育和共同参与安全管理的积极性。四是建立小班前会岗前预警新机制。积极探索强化班前教育、推进岗前预警、促进“知行统一”的有效机制，着力推进安全教育由整体灌输、被动约束向个体互动、自主管控延伸。在井上召开大班会的基础上，分班组在井下作业现场召开岗位安全班前预警专项会议，推进“三项确认”、加强现场互动、细化工作布置，通过岗前预警机制的有效运行，班组自主保安能力和员工岗位危险预知能力明显增强。

推行“三按五精”优势载体　打造安全文化特色亮点

一是以高标准、高起点、高品位的原则，构建“五个一”的安全文化阵地。以一个广场、一个长廊、一条街、一条巷道、一个中心为主要架构，在员工上下班人员集中区域、主要道路、会议室及井下主要巷道建设了系列安全文化板块，打造了文化中心“安全文化展室”、“大师工作室”、上下井口“安全文化走廊”等公司级企业文化宣讲阵地，购置了巨幅LED显示屏、语音广播系统和视频监控系统，形成了集视、听一体的立体式安全文化宣传体系，通过直观、形象、生动的宣教和环境的熏染，强化安全理念的灌输，使员工在耳濡目染中形成一种强烈的安全共识。在基层阵地建设上，完善硬件设施，统一安设宣教投影设备和安全教育视频监控系统，打造精美的“区科安全文化宣传区”。二是持续推进素质攀升，倾力打造专家型、本质安全型员工队伍。重点突出“实教、实操、实训、实练”，自主研发设计集“3D动画、视频录像、专业题库”等多种形式的三十五大类“网培在线”培训系统，开辟“大师在线答疑”网页，让员工与国家级、煤炭行业级技能大师面对面、零距离，系统制定高技能人才培养晋升规划，立足重点岗位、重点人群，把“安管人员、特殊工种和班队长”三项岗位人员作为安全技术培训的重中之重，探索实施以班组为特色的“实战化、互助化、日常化、竞赛化”岗位描述新模式，认真组织岗位描述集中培训和达标验收，实现全员大学习、班组大自培、岗位大练兵、素质大攀升，有效提升员工规范操作意识和危害辨识能力、推进员工安全素养的全面升级。三是多渠道导入管理要素，持续推进精品创建工作。确立整理整顿、编码定制、色彩管理等导入要素。以工程设计、掘进、安装、回采、回撤“五位一体”的管理模式为抓手，从开拓和掘进入手，优化顶层设计，保证科学、合理，符合安全质量标准化标准要求，先后打造主井绞车房、七采回风山、-600十采新回风山上部平巷、-850暗立井等30余个精品工程和亮点部位，打造“无缝衔接8种工作法”、“五位一体”生产精益化管理新模式等典型精优作业法，提升安全质量标准化和安全文化建设品味，先后召开省、市、集团公司现场会20余场次，特色安全文化建设先后得到省委和国家级领导的高度评价。

深化安全“自主管理”　推进安全文化建设进档升级

安全自主管理是安全发展旅程的必然阶段，是从初级、低级走向中级和高端的必然旅程。钱矿深入学习杜邦公司安全管理四个阶段理论，确立“由依赖严格监管向自主管理迈进”的安全文化建设努力方向，推进公司安全管理格局由安全受控型管理向主导自控型管理转变；由依赖行政监管、严罚重管向自管为主、监管为辅转变；由他律向自律、习惯随意向标准规范转变；粗放随机管理向层次精细管理转变；由经验型管理向规律预控型管理转变，在推进安全文化建设持续进档升级的同时，安全管理水平和整体效果明显提升。一是科学分析，准确定位，确定自主安全科学体系。坚持“重心下移、关口前移”，激发基层单位安全管理主体责任落实、塑造本质型安全人；确立“顶层设计、基层自管、部门监管、全员参与”的主体框架，并根据管理层、操作层、监督层确定“三定、四自、五管”管理模式。二是优化载体，循序渐进，全面深化自主管理。下发安排意见和《区科安全自主管理星级单位评定管理办法》，成立公司安全自主管理评定机构。按“月考核、季度评定、动态检查、定期调研，择优推广”的模式，加强对基层单位自主管理差异化指导及标准化验收，引导各区科探索建立切合本单位实际的班组诚信运行机制，推行班组安全承诺和诚实守信、班队长管理对标等系列活动，在员工中开展“四知四会”素质提升活动，以提升岗位危害辨识能力为基础，制定各工种规范作业流程、行为禁忌和手指口述内容，引导各单位贯标学习和模拟演练，加强对“技能偏差型”和“习惯违章型”人员的纠正和帮教，最终实现现场的“精细确认、精确表述、精准作业”。三是创新管理，释放安全自管巨大潜能。鼓励基层在执行公司原有规定动作的同时，大胆创新符合自身文化传承、自身管理特色的自主管理模式，先后对综采四队、掘进二区等11家先进单位进行考核验收、挂牌命名。涌现出综采四队班组安全绩效排序激励法、开拓项目一队员工自律“四化”管理法、洗煤厂“三纵层次管理、安全行为层次分析”管理等各具特色的行为管控新模式、新做法，推进安全文化建设不断进档升级。

（开滦（集团）有限责任公司钱家营矿业分公司）

实施文化铸魂工程
为推动企业高质量发展提供文化支撑

开滦股份吕家坨矿业（以下简称吕矿）分公司坚持把培育特色企业文化作为企业发展之魂，秉承百年开滦文化底蕴，借鉴先进企业工作经验，大力实施文化铸魂工程，持续推进“安全文化、落实文化、创新文化、家文化、学习文化”“五个文化”建设，积极构建与公司发展战略相适应、具有吕矿特色的战略支持型企业文化体系，努力打造有思想的企业，为建设本安高效生态文明的经济强矿、推动企业高质量发展提供了强有力的精神动力支撑。

培育安全文化，提升本安保障力

强化安全理念引领。经过长期摸索，吕矿提炼形成了以“安全决定成败”统领观为核心的安全理念系统，制作下发了安全理念卡片、创建井上下安全文化长廊、班前诵读以及广播、网络、灯箱宣传等形式加强理念宣贯，促进了安全理念认知内化。常态化开展了“历史上的今天”、轮值事故案例讲解、“差一点儿事故案例”征集、安全访谈等安全教育活动，引导广大员工深刻吸取事故教训，不断筑牢安全思想防线。

加大现场行为管控力度。聚焦现场管理和操作行为短板问题，强力推进“三个关键环节”、“一序一标”现场实操培训，大力开展不规范行为“摘帽”行动，狠抓“上岗危险预知、过程做实确认、动态防范操作”“重复确认、双人确认、互保确认”等制度落实，狠刹各类“三违”“三惯”行为，努力让时时、处处、事事确认、规范操作成为员工自觉行动，不断提高了员工规范操作水平。

深化班组安全文化建设。以“六化”班组安全文化建设为载体，不断探索班组安全文化建设的好载体、好办法、好机制。开展征集班组安全信条、奋斗目标、悬挂班组全家福活动，建立班组小班前会、班末验收、员工互保联保等工作机制，推广班组“四诺”诚信管理、安全目标管理法、班组安全立项、安全把关人评选等典型经验做法，不断提高班组安全自主管理水平。

培育落实文化，提升工作执行力

加强责任意识教育。吕矿广泛组织开展了“敬业精神”“责任理念”“服从美德”和“诚实品格”教育，引导各级人员转变工作作风，点燃工作激情。采取理念释义、专题培训、班前会宣讲、道德模范事迹展等方式，引导广大员工认真学习岗位责任制，明确岗位工作职责标准，自觉践行“说了算、定了干、落实责任抓兑现”的执行文化理念。

健全完善规章制度。围绕强化责任抓落实、选准关键抓落实、转变作风抓落实、持之以恒抓落实四个重点，健全完善落实文化“六有”考核管理制度，推动责任向基层、向现场、向岗位延伸，实行系统追问、精准问责，防止出现中间梗塞、管理效率递减，确保政令畅通、执行有力、落实到位。

加强先进典型选树。采取设立“红黑榜”、曝光台、光荣榜、设立履职尽责宣传栏等形式，开展正反两方面典型案例教育，用失职失责案例警醒员工，牢固树立“尽责光荣、失职可耻”的思想，使“我来落实、马上落实、主动落实、创新落实”成为一种追求和文化。

培育创新文化，提升发展内在动力

培育员工首创精神。公司坚持把解决员工对创新的认识问题，作为深植创新文化的一项首要任务来抓，采取组织开展创新设计大赛、创新项目擂台赛、请进来授课、走出去学习等方式，激发员工自主创新的意识，发挥员工主人翁作用和首创精神，不断增强员工创新意识。

搭建创新创效平台。积极开展“为公司发展献计献策”、创新创效大讨论、合理化建议等活动，为员工搭建创新平台，鼓励员工开动脑筋，出实招、献良策、攻难关，努力实现个人价值。本着“全员纳入、全面覆盖”原则，广泛深入开展了“百千万”全员创效活动和群众性创新创效活动，努力做到全员参与、人人立项、人人创效、指标分解到人头、精准考核到人、收入挂钩到人，努力营造人人创新、全员创效的良好环境。

健全创新工作机制。建立创新激励机制和创新推广应用机制，以项目负责制、应用性立项攻关、“五小”创新等为载体，健全周推进、月通报、季考评、即评即奖等创新项目评审、奖励工作制度，加大创新创效激励力度，统筹创新资源，推广创新应用项目，让积极投身创新、为企业发展做贡献的员工受到尊重、得到实惠。

培育家文化，提升企业亲和力

培育企业核心价值观，做到真心爱家。采取党政正职祝福寄语、座谈交流、家访慰问以及下发宣传提纲、主题宣讲、举办道德讲堂等多种途径和载体，广泛开展主人翁、命运共同体、爱岗爱企教育，引导广大员工正确认识个人与企业、小家与大家的关系，大力培育和弘扬“我的吕矿我的家、我与吕矿共发展”共同价值观。

实施提效降本增收工程，做到节俭持家。采取悬挂标语、制作公益牌板、组织全员承诺签字等多种形式，广泛宣传了“节约就是效益”、“人人都是经营者、个个都在经营中”等理念，引导员工牢固树立节俭创效意识和投入产出意识，推进成本管控进班组、到岗位、到个人，引导员工深挖内潜、苦练内功、精打细算，使勤俭节俭成为吕矿“新常态”。

推行精细化管理，做到精心管家。借助信息化手段，运用“互联网＋”思维，整合公司生产管理、物资管控、内部市场、人力资源、安全监测、党建管理、群安信息、安防等信息管理系统，推行授权管理，平台共享，提高了管理效率。采取项目化管理、独立经营核算、班组承包、计件工资等形式，细化分解生产任务指标，强化现场经营管理、成本管控，不断提高精细化管理程度和工作效能。

推进和谐企业建设，做到勤劳建家。不断深化导师带徒、高端人才培养、全员攻关创新、青年素质提升“四项工程”建设，为员工学技能、圆梦想搭建平台。以职工服务网建设为依托，做实项目式、订单式服务、精准式帮扶，打造“上下联动、多元扶助”的立体化帮扶工作模式，使员工切实感受到“家”的温暖。

培育学习文化，提升员工队伍综合素质

开展大学习活动。采取“走出去、请进来”学习交流、师带徒、脱产培训、区科自主辅助培训、班组自主培训、专题精准培训的形式，不断激发和调动全员学技术、增本领、强素质的积极性、主动性，努力提升全员安全技能和综合素质。

开展大讲堂活动。以提高管理人员管控能力、现场指挥组织能力、技术人员专业技术水平、解决技术难题、员工操作技能水平，精一门、会两门、懂三门为重点，通过专题讲座、主题座谈交流、青年沙龙、专题化学习、课题式研讨、现场观摩、理论剖析、操作示范、经验交流、案例反思等形式，加大培训力度，有针对性地解决生产中出现的设备、技术、安全等实际问题，努力培养复合型人才。

开展大练兵活动。制定专项活动计划，通过开展创意发明大赛、创新成果转化实际效益等方式，倾全员之力，汇全员之智，聚全员之能，围绕制约公司安全、生产、经营等重点难点和瓶颈问题，组织全体员工开展课题立项、技术创新和攻关活动，对推广应用的成果予以命名和奖励，来激发员工的创造潜能和创新活力，提升员工队伍的创新能力。

开展大比武活动。坚持形式简单化、内容多样化、比武常态化、技能实效化的原则，按照工程技术人员、政工人员、操作人员三个层次，采取开展管技人员编制规程措施、制定应急预案、设备故障处理、政工人员调研月、技能比武、操作技能理论知识和实践操作竞技比武活动的形式，大力营造“学技术你追我赶、提技能争先恐后”的浓厚氛围，有效激发了员工学技提素的热情。

（作者王坤峰系开滦股份吕家坨矿业分公司党委宣传部部长）

科技创新促文化繁荣

天津翔盛新材料有限公司创立于2000年，是一家大型的粉末涂料生产型企业。公司坚持为客户提供质量稳定可靠的产品。严格的质量控制流程，完善的技术支持和售后服务体系以及具有国际先进水平的化验中心，已成为业界有影响力的企业。公司注重企业文化建设，坚持诚信经营、质量第一、客户至上的经营理念。以科技创新促文化繁荣，与客户和供应商建立了良好合作伙伴关系，形成了企业、员工、合作伙伴同进步、共发展的良好局面。

强化企业文化精神："新起点、再跨越、齐携手、共圆梦"

"新起点、再跨越、齐携手、共圆梦"是天津翔盛新材料有限公司的企业文化精神。这种精神具有鲜明的时代特点，体现了公司艰苦奋斗的创业精神和勇于进取的拼搏精神，公司自创办以来，经历了20多年风风雨雨。企业文化对公司员工产生具有很强大的感召力、引导力和约束力，能增强员工对公司的信任感、自豪感、归属感和荣誉感。

特别是关注科技进步，让科技创新助推企业文化繁荣。因为在业界，科技因素越来越成为企业参与市场竞争的核心，技术创新也是决定企业生死存亡的关键。企业将参与世界范围内的国际竞争，如果没有技术创新，就将受制于人，甚至会被无情的市场抛弃。为此，通过不断强化技术创新实践，将企业的核心理念渗透、传达给每一位职工。

加强渗透企业文化，提高技术水平

时代在进步，企业技术需创新。随着公司日益壮大发展，公司成为散热器市场的佼佼者。2018年企业提出"科技创新，永无止境"新的使命及愿景。为渗透员工对新的企业理念的共识，公司开展了各类培训。结合企业粉末涂料生产及职业安全等生产特点，为降低生产环境的污染及美化生产环境，车间自上而下开展"我为美化环境献一策"活动，把班组作为技术创新的"试验田"，鼓励班组成员开展小发明、小革新、小窍门、小改造、小设计等竞赛、QC课题研究、技术会诊和课题攻关等活动，以班组为基础，配合技术人员研发"粉末粒径可筛选旋风分离器及配套装置"，在天津市建材协会技术革新评选中获奖。通过技术改造技术革新，控制了粉尘的飞扬，通过精细化管理改变了生产环境的面貌，使生产环境干净、整洁、有序。

公司通过开展各类活动向员工进行宣传企业核心价值观和中长期规划，培养员工的信心和企业责任感，让员工的思想和行动都统一到共同的事业上来。

贯彻以人为本方针，努力实现员工利益最大化

公司从员工的需求和发展出发，在对员工高度关心的基础上，创造和谐、友善、亲切、融洽的氛围。作为最基层的组织，班组关爱至关重要，通过它可以将各级领导的关心、关爱传递给每位员工，使员工能够切身体会到关心和帮助。如：生日公告栏、员工生日，赠送生日礼物，同时在幸福公告栏写上祝福问候；建立"六必访、七必谈"制度。即：会员家庭遇到特殊困难必访，会员生病住院必访，会员结婚、生育子女必访，会员家庭发生亡故必访、会员生日必访（生日蛋糕券）、会员合法权益受到伤害必访；员工思想波动要必谈，员工受到批评要必谈，员工人际关系紧张要必谈，员工工作变动要必谈，新员工进班

组要必谈，员工完不成工作任务要必谈，员工发生“三违”要必谈，

通过以上的关爱，使员工能够安心工作，思想稳定，为安全生产打下良好的基础。

关爱员工、回报社会，将企业文化建设工作落到实处

公司把关爱员工，履行社会责任作为企业文化建设工作的着力点，深入推进企业形象良好发展。良好的企业内外部形象，极大地增强了企业的向心力和凝聚力，在发挥员工的积极性、创造性的同时，让企业发展充满活力。

公司结合进行的安全生产标准化工作，以班组作为基层单位，开展“我为达标做贡献”活动。通过安全标准化管理的完善，使班组建立健全了各类档案、台账，规范各项制度、操作规程等。强化落实民主生活会制度。在奖金分配，评选先进、人员调整等较为重大的事项上进行监督意见反馈；积极组织班组员工生活互助、文体活动，定期召开班组民主生活会，统一思想，提高认识，化解矛盾，使班组形成了坚强的工作合力；对考上二本上员工的子女鼓励金1000元；每年组织员工旅行一次，员工的凝聚力显著增强。常态化的文体活动，都由员工“一手操办”，满足员工爱好，舞台上尽显风采；为困难员工和外地打工员工提供优质的住宿环境，解决员工实际需求；

优化生产环境布局，营造舒适温馨的工作学习环境（班组小药箱、图书角、宣传栏）；开展“传绝活、练技能”、“操作技术交流”活动，发挥老员工、技术骨干在传授技艺和名师带徒方面的重要作用；公司每年组织员工参与捐款活动，经营不忘回报社会，赢得多方赞誉。

（天津翔盛新材料有限公司）

以党建示范引领企业文化融合发展

云天化集团以党建工作引领企业文化建设，以企业文化建设巩固党建工作成果为重点。结合实际，实施了党建示范区建设，以区片建设更好地发挥示范党组织引导、带动和辐射作用，推进企业在日益激烈的市场竞争中健康发展。

奔着问题去，高站位规划党建示范区

随着党的建设伟大工程的深入推进，集团党建助推企业文化建设进一步夯实，为建设党建示范区提供了良好的基础。同时，集团党委也发现还有一些深层次的矛盾和问题需要认真解决：一是融合度不够强。许多基层党组织对党建工作存在重形式、轻内容，作用落实不全面、不充分的现象。有的把政治领导概念化，曲解为传达上级文件、叫响政治口号；有的把思想领导简单化，曲解为组织学习、听取意见；有的把组织领导模糊化，曲解为设立组织、完成规定动作，这样就导致党建政治优势不能有效发挥，进一步融合企业文化建设也不断弱化。二是组织执行力不够高。一些基层组织对党建及企业文化建设缺乏深度思考和研究，核心与中心的关系认识不清，要求与标准把握不准，有的在一片加强声中流于形式、敷衍应付；有的党建工作与企业文化建设、以及生产中心工作脱节，各弹各唱、各行其是；有的上级过问紧一阵，上级不问松一阵。三是党员作用发挥不足。在基层中普遍存在党员数量多、作用难显现的问题，重物质轻思想、重名利轻奉献、重自身轻组织的现象在部分党员中客观存在。在改革过程中产生的内退职工、离职职工群体，其中的党员普遍存在难教育、难管理、难收缴党费、难开展活动的“四难”现象。四是党建创新办法不多。基层党建存在方法固化的倾向，党建工作仍满足于把常规工作做好，结合企业文化建设实际创造性地开展工作方面探索研究不够。五是组织聚合、聚变不够。党支部作为一级组织，一般是相对独立的开展工作，具有封闭特性，横向联系不多、开放度不够，缺乏深度的交流合作，协同作用很难发挥。

建设云天化党建示范区，最主要的就是抓典型示范引领，推进企业文化建设。通过成方连片树立党建示范点，聚合力量形成党建示范区，形成具有更大控制力、覆盖力、影响力的典型示范群体，解决单个典型带动作用弱、辐射覆盖范围小、区域特色不突出等问题。具体规划上，通过“科学的理论、标准、制度、方法、路径”，全面构建“集团党委总抓、二级党委主抓、基层支部实抓、党务部门专抓、各党小组细抓、党员认真执行、职工积极参与”的工作体系，努力形成“思想筑牢、根基夯实、活力四射、争创一流”的党建工作新气象；凝聚“攻坚克难、创新创效、勇于担当、敢于拼搏”的新力量；开创“深化改革、提质增效、助推发展、和谐开放”的新局面；打造“做得实、叫得响、立得住、推得开”的国企基层党建新标杆。

立足大平台，高起点设立党建示范区

集团党委有所属党组织 345 个，其中党委 25 个、党总支 28 个、党支部 292 个；党员总数 10114 人，在岗党员 5906 人。

坚持“融入中心抓党建、抓好党建促发展”的总体工作思路。云天化党建示范区是集“党建品牌示范、党建创新研究、党员教育培训、企业文化教育、企业形象展示”于一体的综合性示范平台，总体呈“一轴两翼”布局，覆盖 3 家大型实体企业，有 6 个特色鲜明的示范党支部作内涵支撑。示范区内有云天化职工 5000 余人，党员 3000 余人，党组织近 100 个。

云天化石化是党建示范区的主载体，体现一轴的核心承载作用。云天化石化设有党建工作展示区，责任型党支部、创新攻关型党支部、生产服务型党支部展示区，数字工厂展示区，集中反映云天化石化立足新公司、新平台、新机制，创新开展党建工作的情况。天安化工是党建示范区的主要支撑点之一，体现着一翼的支撑作用；设有天安化工合成氨厂党支部展示点，主要反映党支部围绕绿色工厂创建，发挥支部战斗堡垒作用的情况，磷化集团是党建示范区的主要支撑点之一，体现着另一翼的辐射作用；设有磷化集团昆阳磷矿产品加工运输中心党支部、磷都小区离退休第三党支部两个展示点，主要反映“红色劳模精神”党支部建设情况；全省首批离退休示范党支部“离退休特色党建”工作情况。

云天化党建示范区历经一年的探索建设，2019 年 3 月正式转入运行。示范区以全新的思路、创新的方法、新颖的载体，提供了基层党建创新提质与企业文化互通互融互促的典型范例，受到广泛好评。

探索新方法，高质量建设党建示范区

在云南省委组织部、云南省国资委党委的精心指导下，云天化集团党委成立专项工作组负责具体推进落实，高质量完成建设工作。

理念落地阶段：重点是理念成型，基本方法是充分论证、系统规划。党建示范区是一个区域的概念，相比单个示范点有更丰富的层次、更多元的构成，要求有整体较高的党建水平，又要求各基层党支部有个性化、差异化。这一阶段的工作，通过广泛调研，召开专项研讨会等，借鉴经验、提炼内容、科学布局，逐步清晰了党建示范区的概念，明确了三项核心工作，一是理念体系建设工作，编制《云天化党建示范区指导手册》《云天化党建示范区制度体系》，为示范区打牢理念基础。二是示范区各功能区的定位。6 个支部的确定找准了核心载体。三是示范区呈现方式。根据定位制定“一揽子方案”，示范区既要完整的展现党建工作情况，也要充分反映企业的管理情况，企业文化建设情况。

工作落地阶段：重点是内涵提升，基本方法是边改进边推进。这一阶段的工作，一是完成理念体系编制。《云天化党建示范区指导手册》对“示范区核心理念体系、建设内容及措施、示范区机制建设”等核心内涵，主要工作内容等进行规范设置；《云天化党建示范区制度体系》共梳理、健全完善党建制度 78 份，新建《云天化集团党建示范区建设总体规划》《云天化集团示范党支部管理办法》《云天化集团党委基层党支部“三会一课”制度》等，为示范区管理提供制度依据。二是对选定的 6 个功能型党支部作重点提升。严格按照《国有企业党支部规范化建设标准（试行）》38 项标准、《贯彻落实全国全省国有企业党的建设工作会议精神重点任务》37 项要求，完成支部规范化达标创建，对“空中微课党”、“劳模讲党课”、“党员周五行动”等一批鲜活生动的基层党建特色方法、载体进行内涵优化和成果提炼。三是深入开展理念宣讲活动。通过“三会一课”，领导干部讲党课等载体，对建设党建示范区的目的意义、目标要求、方法措施等进行持续深入宣贯，统一大家的思想认识，增强参与的积极性。

功能落地阶段：工作重点抓视听功能呈现，基本方法是内外脑结合实现功能落地。这一阶段的工作，紧扣党建示范区 5 个定位暨“党建品牌示范、党建创新研究、党员教育培训、企业文化教育、企业形象展示”的功能定位，完成集团党校功能区、党建文化长廊、6 个支部功能区的系统建设，制作“初心正道”党建示范区宣传，完成讲解员的培训工作。结合现场高质量的细节设计，使党建参观学习功能充分融入到实际工作场所中，较好的实现“可听、可看、可借鉴”的意图。

发挥新优势，高标准深化党建示范区

一是较好的政治功能优势。党建示范区的集中呈现功能，充分反映了云天化集团抓基层党建的思路、方法、成果，对内是重要的基层党建学习教育基地和党建创新研究基地；对外通过广泛交流，相互学习探讨，在提升基层党务人员专业素养方面产生了很好的价值。二是较好的品牌功能优势。依托党建示范区深度推介、展示云天化的生产经营建设情况、发展情况，让同行有机会认识云天化、了解云天化，对塑造企业良好社会形象，扩大品牌影响力具有很好的价值。三是较好的合作功能优势。依托党建示范区，与业务相关方，友好单位开展党建共联共建，对促进党建、文化、管理交流，实现多方共赢具有很好的价值。四是较好的文化融合优势。依托党建示范区，在加强党建创新提质研究探索过程中，较好的发挥出国有企业的党建与企业文化建设的融合优势，各级党员、干部职工勇推生产经营、改革发展的思想更加统一，求新求变、干事创业的精气神十足，对助推中心工作产生了很好的作用。集团连续多年入选中国企业500强，2019年名列中国企业500强第283位、制造业企业500强第126位。

（云天化集团有限责任公司）

依托船舶星级管理　打造特色船舶文化

中交疏浚（集团）股份有限公司（以下简称“中交疏浚”），是全球领先的特大型基础设施综合服务商——中国交通建设股份有限公司通过业务整合而设立的首个专业化子集团。旗下各航道局都历史悠久，如：天津航道局拥有122年历史，上海航道局拥有114年历史，广州航道局拥有65年历史。目前，中交疏浚拥有员工10000余人，为全球规模最大的疏浚公司。中交疏浚以船舶星级管理为核心抓手，不断推进船舶文化建设，提升管理水平、创效能力和企业品牌影响力。

立足发展实际，找准企业文化的着力点落脚点

船舶文化是一项系统工程，是船员和船舶相互作用产生的整体形象、氛围、核心价值等，是船舶在长期生产运营过程中所创造的具有特色的物质财富和精神财富的总和，体现在生产管理的各个环节。在120多年的发展历程中，船舶文化是企业文化的重心，发挥着特殊作用。

*一是人文关怀的关键举措。*中交疏浚以船立身兴业，船员占据疏浚企业员工的大多数。从衣食住行、工作条件，到技能水平、思想动态，船员的成长直接关系着船舶的管理运行、关系着疏浚企业的发展和命运。从船员实际的工作状态看，一艘船舶作为一个施工单元，船员们要始终吃住在船上，活动区域狭小、生活枯燥、工作压力大，思想和心理状态很容易受到影响。所以，从企业可持续发展的角度和以人为本的原则，我们需要不断创新文化活动载体，丰富船员的精神文化生活，提升船员素质。

*二是船舶管理的文化保障。*疏浚企业以船舶为资产主体，船舶是其最主要的效益来源，打造船舶文化有助于提升船舶管理水平，进而提升效益水平。中交疏浚拥有当今中国最大、最先进的疏浚船队，船舶总量近200艘，年疏浚能力逾8亿立方米，绞吸挖泥船总装机功率和耙吸挖泥船总舱容目前均居全球首位。在拥有庞大船队资产的同时，也承担着庞大的折旧费、管理费等支出，面临着提升毛利率的压力，加强船舶综合管理，推进提质增效是企业和船舶面对的重要问题。船舶文化是船舶的灵魂，指引着发展方向。“中交疏浚”充分利用船舶文化来指导船舶运营管理，合理地将船员管理、部门协作、安全运营、增收节支等有机统一起来，形成合力。

*三是企业发展的助推力量。*近年来，国际、国内疏浚市场风云变幻，疏浚行业既面临着转型升级的机遇，又面临着前所未有的挑战。同国际四大疏浚企业相比，中交疏浚在全球市场布局、业务结构、高端装备和总部后台支撑能力等方面与之仍有不小差距。但是，作为央企，“中交疏浚”通过开展宣传思想工作，在船员作风、船员素质，以及组织能力等方面形成了独特优势，在海南工程、港珠澳大桥等国家重点工程建设中，做到“召之即来、来则能战、战之必胜”。

依托星级管理，凝聚企业发展的内在动力

2016年，在天津航道局先行先试的基础上，中交疏浚在集团所有有船单位推广了船舶星级管理制度（2.0版），对推动船舶文化建设提供了政策保障。

*一是以强化考核为抓手，突出规范建设。*中交疏浚船舶文化建设以星级管理为政策保障，星级管理又以制度落实考核为抓手，层层深入、全面着力，将庞大的文化课题“大题小做”，使文化看得见、可量化、能考核。船舶星级管理纳入管理标准及考核体系的船舶包括了各单位各类型船舶，星级评定分为一星至五星5个等级，考核采取打分制，按船舶规模和考核项目多少，分为满分1000分和600分两种分制。

以1000分制为例，970分以上为五星级船舶，考核内容包含安全、船机、施工、党群及文明创建、信息化、船员队伍等6大部分，同企业文化有关的考核项目是党群及文明创建工作部分（200分），船员管理部分（60分），占有相当重要的比重。五星级船舶有效期为三年，直接给予奖励，每年进行复核，激发了各船舶管理者的积极性和主动性，让各船舶重视包括船舶文化在内的各项重点工作，更好地推动船舶管理工作各项制度落实。

二是以整顿船容为切入，筑牢管理基础。船容是一个船舶对外展现最直观的窗口，是衡量船舶基础管理是否扎实的重要标志，也是船舶文化的基础内容。中交疏浚星级考核关注船风船貌，从船舶标识统一清晰，到船员仪表仪容到文明礼仪，再到对各地风俗、外事纪律、法律法规的遵守都严格进行考核。特别是针对容易存在的脏乱差等问题，中交疏浚增加考评分值比重，增设四星级最低分数线，提出“船容船貌是船舶管理的基本门坎”“船容船貌是船长履行船舶管理最基本的职责。”船舶星级检查考评小组坚持“全覆盖”“零死角”，查遍船舶所有角落，绞吸船船容船貌的检查时间在2个小时，耙吸船的检查时间长达4个小时。通过整顿船风船貌，进一步提振了广大船员的精神面貌，更好地锤炼船员意志，增强了凝聚力和向心力。

三是以提升素质为核心，增强综合实力。船员是船舶和疏浚企业的重中之重。推行星级管理制度、打造船舶文化，加强船员培养是工作核心。星级管理考核指标既是对船舶的考核，也是对船员的考核，这就要求船员在施工质量、安全运行等各方面都要达到标准。同时，对船员管理的考核涉及船员证书管理、船舶后备人员培养、船员培训工作等，直接关系船员能力提升、晋升和长远发展，倒逼船员不断学习、锻造和提升自身能力。通过星级考核，船员在竞争中实现自身发展，各方面实力不断提升，也推动船舶综合实力不断增强。

四是以文化建设为引领，提振精神状态。在实施船舶星级管理过程中，通过在每条船上建立船舶文化建设领导小组，制定《船舶文化建设工作计划》，加强对各船舶文化建设的统筹领导。一方面，对视觉识别系统、道德讲堂、图书角等等硬件文化设施进行建设并列入考核范围；另一方面，积极引导船舶领导班子带头宣讲文化理念，工会委员会做好保障，推动船舶文化载体更加多元。通过文化建设的进一步完善，不少船舶如“天鲸号”“天麟号”“通旭”轮、“新海豚2”轮、“浚洋1”轮总结自身的安全文化、质量文化、效益文化、执行文化、廉洁文化等，逐步建立健全船舶文化理念下的子文化体系建设，船员的整体精神状态得到显著提升。

突出亮点标杆，强化船舶文化成果运用

一是提高团队水平。在提升船员个人能力素质的基础上，星级管理提升了船员队伍的战斗力。船员们将自己所在的船舶看成情感共同体、利益共同体、命运共同体，凝心聚力、拼搏奉献，争创共同的荣誉。2016年，中交疏浚有13名船员在中国交建技术能手比赛中获奖；有2名船员荣获第13届“全国技术能手”称号。天津航道局“天鲸号”船舶秉持“困难面前有天鲸，天鲸面前没困难”的信念，在海南工程施工中攻坚克难，被誉为“开路先锋”，指挥部授予其“天津天航有天鲸，南海南沙建奇功”的锦旗。

二是打造船舶典型。实施船舶星级管理后，船舶整体形象明显提升。船舶标识清晰，船体整体干净，感觉是一种享受。物资备件库整洁明亮，船舶档案资料全面完善、规范统一，船舶管理责任更加明晰。同时，除完成船舶星级管理标准的“规定动作”外，还根据自身船舶实际情况制定“自选动作”。“浚洋1”轮充分发挥设备优势，进一步发掘设备潜力，发生的燃润料费和临修费只占到年度计划的34%和37.5%。“新海凤”轮注重每个船员实际技能的提升，与相近规格的兄弟船舶对标，查找施工生产差距，首次参评便获得五星级船舶称号。“天骅”船创编了如《自强天骅》等文化手册、故事集、展示片以及《百尺竿头更进一步——“天骅”船的五星之路》等多篇展现攻坚克难精神的文章，培养了一大批优秀骨干船员。“津航浚406”船自加压力，充分发挥年轻团队的优势，追求管理的“常态化”，杜绝“加班加点”“临时

突击”，全员禁酒，展现“青年突击队”的精神，自主完成变矩器的修理，打破了日本SKK公司的技术垄断。

三是扩大企业品牌影响。通过实施船舶星级管理，船舶施工能力不断提升，中交疏浚出色地实施了国内外一系列重大工程，展现了央企的实力和责任担当，不断巩固行业领先优势。中交疏浚的船舶和工程动态常吸引国内外媒体主动报道，如凤凰网、新华网、人民网等经常进行报道转载，形成了中交疏浚良好的品牌信誉度与美誉度。

作为中国疏浚企业的开创者和领航者，一部中交疏浚“百年疏浚”文化的核心就是船舶文化，而船舶星级管理为打造中交疏浚新时代的船舶文化，打造中交疏浚世界一流船队，助推中交疏浚朝着世界一流疏浚企业目标不断前行提供了充沛动力。

（中交疏浚（集团）股份有限公司）

“同舟共济”扬帆“航运强国”

“同舟共济”打造“国家船队”

航运是“强国”难以复制的动力要素。强国的路有多条，但通过一个产业的发展带动国家地位的提升，航运业具有这样的特点。中国的航运业在经历了古代的发展和繁荣之后，于晚清时期开始衰败。从1840年中英鸦片战争到1949年中华人民共和国成立的109年间，东西方列强控制了中国的各个对外通商口岸，掠夺了中国沿海和内河的航行权，中国航运业在帝国主义的压迫下无自主权。新中国成立后，经过70多年努力，中国航运业在一穷二白的基础上顽强发展壮大；航运业事关民族安危、国家命脉，政局变化、军事冲突、外交事件、经济波动等，都牵动着国际航运的敏感神经；航运业是应对国际突发事件的重要后备力量。

航运是“强国”不可或缺的经济要素。“强国”的基础是经济，经济的增长离不开贸易，而贸易的最重要载体就是航运。航运作为全球贸易最主要的载体，它的地位和角色始终不可替代。由于航运业的成本优势、网络优势、适货性、与贸易的关联度等，航运业是国际贸易的主要载体；航运业是预判国际市场的“晴雨表”，航运业始终处于国际市场的前沿；航运业是市场充分竞争的标杆，面对的竞争对手始终是欧、美、日等发达国家的老牌大型国际航运企业，中国航运业以“同舟共济”的行业特质，打造了坚不可摧的“大国船队”。

“同舟共济”构筑“航海精神”

新中国70年航运史就是一部“同舟共济”的奋斗史。中远、中海是在一穷二白中开始拓荒，虽然当时与欧美航运强国无法抗衡，但正是在与国际强者的同台竞争中，我们熟悉了国际规则、深化了全球思维、学到了先进管理；伴随新中国的成长，从孤舟远征，到百舸争流，中远中海历经风雨征程、不断改革发展，到2016年2月，整合重组成为全球最大航运公司。目前，中国已经是名副其实的航运大国：年造船产能达到全球第一；海运量世界占比全球第一；注册运力全球第二；全球前20大货物吞吐量的港口，中国占14个；全球前十大集装箱港口，中国占7个；全球最大的航运公司在中国，运力超过1亿载重吨，占国内总运力的56%，就是中远海运集团。

“同舟共济”的航海精神深厚内涵

“同舟共济”体现在报国图强的崇高理想。1949年9月19日，“海辽”轮在从香港赴汕头航行途中，船长方枕流率领全体船员庄严起义，掀开了新中国海运事业的崭新篇章。1950年6月，朝鲜战争爆发。上海海运船员积极投入“抗美援朝，保家卫国”运动。在鸭绿江运送志愿军渡江和运输物资的任务过程中，船员们不顾生命安危，提出“鸭绿江水炸不干，运输线就炸不断”的口号，不分昼夜，保证了前线有足够的粮食和弹药。

“同舟共济”体现在振兴海运的雄心壮志。1961年4月28日，第一艘悬挂中华人民共和国国旗航行国外的中远“光华”轮启航。“光华”意为“光我中华”，她的开航标志着新中国远洋运输事业的开端。

“同舟共济”体现在敢为人先的开拓进取。新中国成立以来，特别是改革开放以来，远洋海运人勇立时代潮头，创造了多个时代第一。1950年，在上海成立国营轮船总公司，统一经营全国国营轮船运输业务；1961 年，“光华”轮首航，中国远洋运输公司成立；1978 年，“平乡城”轮装载 162 个集装箱从上海港起航赴澳大利亚，开辟了中国第一条国际集装箱班轮航线；1979 年，“柳林海”轮由上海启航，横跨太平洋，于 4 月 18 日首次抵达美国西雅图港，正式开通中美海上航线；1988 年，成立了集团第一家海外独资公司中远（英国）有限公司；1993 年，中远投资（新加坡）成为进入海外资本市场的第一家中国国企；1997 年，中国海运集团成立；2016 年，世界最大航运企业中国远洋海运集团成立，中国航运业以领航者的姿态驶向新航程。

“同舟共济”体现在不畏艰险的斗争精神。中远海运在关系国计民生的重大工作中，勇于担当，完成了一系列重要任务。1968 年 4 月 25 日，“黎明”轮由湛江港启航，航行 12 昼夜，完成新中国成立后首次南北航行。中远“银河轮”1993 年 7 月在执行定期班轮运输任务中，被美国无端指责载有制造化学武器的前体硫二甘醇和亚硫酰氯。美国派遣军舰监视、飞机骚扰，致使该轮被迫在公海上中止正常航运 33 天之久，全体船员不畏强权和围追堵截，敢于斗争，维护国家利益，树立了良好形象。

“同舟共济”体现在关键时刻的主动担当。20 世纪 80 年代末，我国华东、华南等地因电力需求变化，出现煤炭运输供应不足的局面，上海海运担负上海地区 80% 的煤炭运输任务，公司树立“多运煤就是保上海，保上海就是保全国”的大局意识，为改变上海煤炭紧缺局面做出了重要贡献。中远海运集团在历次海外撤侨接侨工作中都扮演着重要的角色。上世纪 60 年代“光华”轮、“新华”轮等一直活跃在新中国撤侨战线上；70 年代“明华”轮等赴越南、柬埔寨撤侨；90 年代“富清山”轮赴刚果撤侨；2011 年 2 月，在新中国历史上最大规模的利比亚撤侨行动中，“天福河”轮等 16 艘商船待命，其中“天福河”轮成功撤离 559 名同胞。

中远海运弘扬“同舟共济”文化实践

中远海运集团于 2016 年重组后，继承和发展“同舟共济”的航海精神，以“同舟共济”为核心，建立了延续历史基因、符合行业特质、引领时代风采的新的企业文化核心价值理念体系，对内让集团员工形成理念共识，对外让企业形象凸显精神标识。

集团“四个一”文化目标中贯穿“同舟共济”精神。中远海运集团党组在实施改革重组初期提出“坚持同根同源、同心同德、同行同向、同舟共济，号召干部职工把复兴梦、强国梦、发展梦、强企梦和个人梦想结合起来，树立伟大卓越的共同理想追求，一起绘制新蓝图，一道成就新梦想”。

集团企业使命将“同舟共济”升华到全球领航。中远海运集团向着打造“更规模化、更全球化、更有竞争力、更具价值”的优秀企业前行，致力于货通天下、物畅其流，提出了为国家、为社会、为客户、为员工“创造价值、连接梦想”的企业使命。其中，第一条就是成为世界航运卓越的领航者：打造具有国际竞争力、品牌影响力和客户美誉度的世界一流航运物流企业，形成完整的全球业务链，更优的配置全球资源、服务全球贸易，传递商业文明，促进全球互联互通，为人类生活带来便捷、创造幸福。

集团以“同舟共济”作为企业精神。将“同舟共济”的航海精神具体定义为三种精神：一是领航精神。开放的视野、宽广的胸襟，领先的气魄、稳健的前行，勇立潮头、敢为人先，忠于职守、临危不惧，永远坚定目标，永远坚守责任，永不迷失方向；二是奋斗精神：坚定的信念、顽强的意志，严明的纪律、务实的作风，脚踏实地、真抓实干，知难而进、不辱使命，全力创效、合力创业、大力创新，敢于打硬战、善于攻难关，不轻言放弃、不屈服失败；三是协同精神：以大局为重、以团队为荣，以合作为赢、以和谐为贵，精诚团结、风雨同舟，荣辱与共、众志成城，协同团队攻克难关，协同社会优化资源，协同客户共谋发展。

在实践中丰富“同舟共济”文化理念

2018 年 12 月 3 日，习近平总书记在访问巴拿马期间，听取了集团有关情况汇报，同“中远海运玫瑰”轮船长通话，对广大船员给予亲切慰问，对中远海运事业发展提出殷切期望，并祝愿中远海运“一帆风顺”。习近平总书记的重要论述和殷切嘱托，对中远海运全体干部职工是莫大的鼓舞。中远海运将遵循习近平总书记关于“海运强国”的思想，传承好“同舟共济”的精神基因。

弘扬“三舱精神”。工作责任落实“满舱”，聚焦世界一流的愿景目标，全力担当，实干兴企，促进企业提质增效、做强做优。精神状态迸发“爆舱”，砥砺领航全球的壮志豪情，只争朝夕，砥砺奋进，引领企业跑赢未来、驶向卓越。

做到“四个坚守”。把稳舵，坚守航运强国的理想信念。将“航运强国”作为中远海运人的初心使命，着力打造“6＋1”产业集群，积极参与“一带一路”建设，建设世界一流的综合物流供应链服务企业，加快实现“航运强国”的美好梦想。定好锚，坚守脚踏实地的实干精神。面对世界百年未有之大变局，国际经贸形势风云变幻，航运市场波动起伏等复杂局面，保持政治定力、战略定力、发展定力，继承发扬老一辈航海人坚守星辰大海的敬业精神、劳模精神、工匠精神，脚踏实地，真抓实干，埋头苦干，一步一个脚印、一棒接一棒地持续做好工作。扬起帆，坚守战风斗浪的奋斗精神。在风云激荡的时代大潮中，既要心怀忧患，又要坚定从容，展现“乱云飞渡仍从容”的气度，磨砺奋进者的意志与能力，激发出开创新局、扬帆远航的磅礴力量，敢于斗争，善于斗争，攻坚克难，战风斗浪，切实把保增长稳增长的各项应对措施做实做细，切实发挥央企顶梁柱和主力军作用。拧成绳，坚守同舟共济的团队精神。大力弘扬同舟共济的企业精神和“务实、高效、协调、融合、智慧”的钻石团队精神，心往一处想，劲往一处使，以大局为重、以团队为荣、以合作为赢、以和谐为贵，同舟共济、众志成城，汇聚千里奔涌、万壑归流的洪荒伟力，驶向世界一流、领航全球的光辉彼岸。

推出“同舟共济”文化产品。其一是历史文化产品：通过传播《中远海运发展史》，用历史教育干部职工，激发自豪感、使命感。搞好《中远海运名船录》、《中国海员》、《中远海运撤侨史》、《破冰北极》、《比雷埃夫斯港》、《支部建在船上》等专题教育。其二是航海文化产品：在展现企业标示度上下功夫，用航运资源、海洋资源等爱国主义题材、航海题材、船舶工业题材的作品，展示航运风采、展现船员群体在国家层面、央企层面、集团层面的海员典型，通过展览、图书、纪录片、微电影、电影电视剧，体现航海情怀，凝聚中远人。

（中远海运集团）

熔铸改革之魂 塑造腾飞之翼
探析转型重组中企业文化落地实践

2018年，中远海运发展股份有限公司（以下简称“中远海运发展”）根据自身改革重组实际和所处的航运金融产业定位，提炼并搭建了以“追求卓越，务求实效”为核心理念的“卓·实”企业文化体系。据此，中远海运发展积极围绕企业文化，持续开展形式新颖、丰富多彩的深植落地活动，打造富有行业特色的企业文化品牌，推动了企业文化体系在全系统范围内的落实落地、入脑入心。总结和分析中远海运发展在企业文化建设的成功经验与做法，能够给同行以启迪。

一、“卓实”企业文化体系产生的背景

（一）中远海运发展历史沿革

中远海运发展是中国远洋海运集团所属的专门从事供应链综合金融服务的公司，前身为成立于1997年的中海集装箱运输股份有限公司。2016年，在中国海运集团和中国远洋海运集团合并重组的大背景下，公司通过重组交易，实现战略转型：由集装箱班轮运营商转型成为以船舶租赁、集装箱租赁和非航运租赁等租赁业务为核心，以航运金融为特色，同时涵盖产业基金、股权投资、保险、集装箱制造等多层次业务领域的综合性金融服务平台，是中远海运集团三大核心产业集群之一，担负着为集团增收创效、平抑航运市场波动的重要使命。公司总部设在上海，并在香港、上海两地上市。

虽然在转型重组的过程中，上级中远海运集团给中远海运发展提供了充分的支持，在产业资源、人力资源、市场资源上给予了很多帮助，但毕竟整个公司的主营业务发生了彻底的调整和改变，经营管理团队也经过全面的换血和重组，所以在转型成立之初，中远海运发展深化体制机制创新过程中面临诸多困难和挑战，集中体现在：

1. 战略规划层面

航运业是资金密集、投资额大、回收周期长、风险系数高的行业，航运产业链必须要有强大航运金融业作为支撑和保障。但受起步较晚、金融牌照制约等因素的影响，转型初期的中远海运发展成本与竞争优势不明显，转型发展压力较大。战略规划的不清晰以及战略沟通的不足，导致有些基层员工方向迷茫，发展信心不足，企业亟需深化战略规划，凝聚战略共识，增强战略信心。

2. 组织结构层面

公司的管理体系部分承接了中海集运的管理模式，基础管理相对规范，但与金融业务的发展需要相比还不适应，亟待建构以市场为导向的现代金融服务公司体制机制。当时，由于企业成立时间不长，从领导分工到部门和岗位设置尚不清晰，存在多头管理职责交叉、权限不明等情况。同时，作为正向市场化转型的中远海运发展与集团传统的组织管理体制之间，还存在着一定的差异，影响了组织决策效率。

3. 队伍融合方面

在企业成立初期，中远海运发展员工队伍构成极为复杂，既有原有两大集团内部的老员工，也有市场化招聘的有着外资、民企、其他国资背景以及公务员系统的员工。这就造成了“体制内”与“市场化”、“前台”与“后台”、“境内”与“境外”、“正式编制”与“劳务派遣”等贴着不同身份标签的员工之间，存在着不同程度的利益隔阂与文化差异。特别是在组织内部强势主导文化尚未形成的情况下，造成了企业内部多种亚文化并存，文化融合不够，队伍凝聚力不强。同时，由于公司发展较快，新员工不断加

入，部门分工越来越专业，业务压力较大，不同团队间普遍存在沟通不够，导致组织认同感、归属感较弱。

4. 宣传引导层面

经历转型后的中远海运发展，缺乏全员认同的共同的使命和愿景。老员工虽然都是精挑细选的精英，素质很高，但市场化意识不强，新进社会化招聘的员工专业水平较强，但对企业的认同感和忠诚度有待加强。在促进理念互通，情感共融上，缺乏典型的文化载体、丰富的文化活动以及有效的宣传手段。

以上这些问题，需要一套科学、务实、统一的企业文化体系在管理运营上、在价值导向上为中远海运发展这样处在转型初期的企业提供战略指引。

（二）“卓实”企业文化体系的形成

中远海运发展成立后，深入分析制约企业改革发展的问题和因素，高度重视文化引领和团队融合工作，将企业文化搭建列为重组后的重点项目，按照上级中远海运集团“一个团队、一个文化、一个目标、一个梦想”的“四个一”文化理念，针对重组后人员结构复杂、业务板块分散的特点，开展了一系列活动积极构建内部交流与融合的互通桥梁。此后，中远海运发展积极借助外脑，推动企业文化理论体系建设，先后在上海、香港两地进行调研，组织“沙龙式”企业文化共识工作坊，对公司现状进行分析。2018 年，经过近一年的调研、访谈和筹备，中远海运发展正式对外发布了“卓实”企业文化价值理念体系。凝练出“金融助力实业，发展创造价值”的企业使命、“打造卓越产业金融服务商”的企业愿景以及“诚信、高效、进取、共赢”的企业核心价值观。应该说，“卓实”体系的建立，让企业明确了使命愿景，强化了价值引领，加强了人本导向，凝聚了团队合力，体系既是对企业发展和经营管理的梳理总结，也是全体员工干事创业的智慧结晶和情怀写照。

二、企业文化落地的主要举措

两年来，中远海运发展围绕企业文化体系，开展一系列宣讲、培训和相关主题活动，对内加深了员工对企业文化要素的理解和认识，对外增强了公司企业文化品牌的形象和价值，收获了积极成效。

（一）广泛培训动员，促进全面宣贯

在中远海运发展企业文化建设过程中，公司党政主要领导率先垂范，将企业文化的内容纳入中心组学习范围，积极组织班子内部研讨，研究制定全系统企业文化落地方案，成为企业文化的首批倡导者和宣讲员。公司邀请全程参与企业文化体系搭建的外部培训师，组织开展企业文化全员培训，详细解读体系所包含的具体内容和丰富内涵，并从专业角度提供了下一步中远海运发展践行与深植企业文化理念的思路，提升员工对企业文化的基本认知。中远海运发展顺势而为，结合“不忘初心牢记使命主题教育”，组织举办了“传承红色基因　从古田再出发”企业党建文化创新培训班，以党建为纽带，以文化为感召，推进公司党建与企业文化工作深度融合，精心组织企业文化训练营，让参加培训的党员干部在生动活泼的教学方式中更加明确培育企业文化的重要意义。

（二）丰富活动载体，提升理解认识

中远海运发展在企业文化落地过程中，积极探索更加丰富多彩、形式新颖的活动，提高活动吸引力和感染力。在企业文化落地实施的初期，就举办“企业文化主题嘉年华”，百余名干部职工齐聚一堂参加了精心设计的企业文化特色的主题游戏，达到了破冰融合、提振士气的效果。在公司体制机制改革进入攻坚时期，举办“卓实”企业文化全员拓展，旨在以“卓实”文化为切入点，打破部门界限，为员工之间构筑交流协作的桥梁，进一步凝聚共识，激发热情，汇集力量。几次活动中，“确认过眼神，咱们都是海发人”的“心里契约”，让大家增强了集体归属感、认同感和获得感。

（三）建立宣传阵地，营造文化氛围

公司积极调动宣传资源，利用传统媒体平台和新媒体渠道，多管齐下，持续推进企业文化主题宣传，精心策划宣传内容和形式。在公司内部网站开辟企业文化“卓实专区”，定期分享员工对企业文化的感悟和体会；利用企业微信、微信公众号，开展企业文化知识竞赛答题，掀起从机关部门到基层单位、从经营一线到生产一线全域范围内学习企业文化体系的热潮；编制企业文化宣传手册，分发到各部门、各单位的每一名员工手中，实现内容全覆盖、人员全覆盖、学习全覆盖；公司总部还利用办公地址搬迁后装修改造的机会，设立“企业文化墙”，统一设计企业文化理念、企业大事记、企业荣誉墙等专题框面，营造浓厚的企业文化氛围，使企业文化精髓在日常的潜移默化中深植于员工心中。

（四）融入工团活动，带动全员参与

中远海运发展的企业文化落地工作还积极发挥工会、团委的桥梁纽带作用，在活动开展上同频共振、出新出彩，在力量组织上协调统一、全员辐射，进一步使企业文化体系的宣贯过程，成为一个全员广泛参与、文化理念深入人心的过程。公司工会积极将企业文化元素融入日常活动开展，组织“卓实杯”职工羽毛球赛，利用六一儿童节、三八妇女节等节日，举办“卓实缤纷童年派”“卓实女神节”等活动，不仅让员工在工作中自己对企业文化产生共鸣，也提升了员工在业余生活中以及员工的家人对企业文化的认同。公司团委利用自身“青年大讲堂”品牌，邀请企业文化负责人开展主题宣讲；就是在抗击疫情期间，公司团委还组织“有‘智’青年”争霸赛线上脑力答题活动，将企业文化方面的知识同党史、团史、企业发展史等方面内容一起加入到题库，青年热情参与，取得良好反响。

（五）培育基层文化，助力体系延伸

中远海运发展在做好自身企业文化搭建、宣传、贯彻、落实的同时，也积极指导下属单位，在“卓实”体系框架下，建立符合基层单位实际的子文化。下属集装箱制造板块的上海寰宇构建了“卓越共享”的企业文化体系，并制定了“三二一”发展战略。下属多元化租赁板块的中远海运租赁也正在积极打造属于自己的企业文化。同时，中远海运发展还将企业文化建设纳入每年度的党建考核责任制评分体系中，将落实贯彻企业文化理念的工作表现，与分管负责人的绩效考核甚至奖金挂钩，完善了企业文化建设的全流程管控机制，层层压实了企业文化落地实施责任，进一步推动了企业文化建设向基层延伸，向全员覆盖。

（作者王皓系中远海运发展股份有限公司）

推动文化融合 助力改革发展

中远海运散货运输公司（以下简称中远海运散运）是由原中远集团旗下的中远散货运输集团有限公司和原中海集团旗下的中海散货运输有限公司整合重组而成的国有大型干散货航运企业。自2016年6月成立以来，公司始终把企业文化建设与融合作为改革重组的核心要素，紧紧围绕“一个团队、一个文化、一个目标、一个梦想”的“四个一”目标，大力推进文化建设，促进文化融合，逐步培育了独特的文化基因，为改革顺利推进和企业经营发展提供了澎湃的精神动力和坚实的文化支撑。本文旨在总结提炼中远海运散运在企业文化融合上取得的实践成效，研究提出持续完善的思路措施，以文化的深度融合促进企业管理整合，将企业文化软实力转化成改革发展硬实力。

一、文化融合的实践成效

（一）突出战略引领，加强顶层设计

战略与文化相辅相成，战略的实施需要文化与之匹配并一体化协调推进。中远海运散运在成立之初就将“文化强企”作为“四大战略”之一，把建设一流文化融入“建设世界一流干散货航运企业”的愿景目标。以中远海运集团企业文化核心价值理念纲要为根本遵循，编制了《中远海运散运企业文化建设“十三五”规划》，明确了企业文化建设的总体目标和实施路径。公司党委每年召开文化建设推进会，把企业文化纳入经营业绩考核和党建工作责任考核，做到同部署、同落实、同检查、同考核，形成党政合力、上下联动、齐抓共管的工作格局和长效机制。

（二）突出核心价值，体现文化特质

中远海运散运坚持同根同源，传承重组前两大航运集团务实笃行、开拓创新的文化基因，延续航运报国、艰苦奋斗的共同血脉，客观历史地看待和对待文化差异，积极构建以核心价值观为主体的理念体系。在战略理念层、价值理念层和执行理念层三个层面，提炼形成了“领航干散货运输、营造共享型生态”的企业使命、“建设世界一流干散货航运企业”的企业愿景、“客户为上、人才为本、安全为基、创新为魂”的核心价值观、“同舟共济”的企业精神和“务实、稳健、专业、担当”的企业作风，以及经营、管理、人才、服务、安全等一系列富有特色的文化理念，以共同的目标追求和价值取向为纽带，把员工的价值追求与企业的发展目标有机统一起来，使重组后企业的凝聚力和向心力明显增强。

（三）突出典型引路，把牢文化导向

坚持胸中有全局、手中有典型，选树和培育了散货板块改革重组工作组、散运几内亚项目组、船舶管理体制改革实施小组，以及在第四届中国海员技能大比武中勇夺团体冠军的新散运代表队等“钻石团队”，大力弘扬钻石团队精神。开展特色党支部创建活动，评选党员先锋岗、青年先锋岗，营造了比、学、赶、超氛围。近三年，中远海运散运先后荣获全国五一劳动奖状、广东省五一劳动奖状、全国交通运输行业文明单位、新中国70年企业文化建设优秀单位、全国交通企业文化建设卓越单位等荣誉称号，进一步提振了全体干部员工的信心和士气，为改革发展注入了新动力。

（四）突出载体创新，打造特色品牌

建立包括《远航》月刊、新闻展播机、官网、官微、企业文化展厅、企业文化墙在内的“十位一体”宣传文化阵地。制作企业宣传画册和形象宣传片，编印《党建思想政治工作研究优秀成果集》等文化丛书，传播文化理念，讲好企业故事。将每年6月份确定为“企业文化月”，开展职工文艺展演、书画摄影作品展、十大歌手大赛、羽毛球和气排球比赛、青年英语技能大赛等系列文化活动，打造特色文化品牌。精心组织员工创作音乐剧、歌曲等优秀文艺作品，参加中央企业经典爱国主义歌曲歌咏展演，展现了员工良好的精神风貌。

（五）突出关心关爱，促进团队融合

在散货板块改革重组、船员船管体制改革、地区公司转型等各项改革中，涉及员工大规模异地迁徙和岗位调整，维持员工队伍思想稳定任务艰巨。中远海运散运注重发挥思想政治工作优势，有针对性地做好员工思想稳定和关心关爱工作。比如，为异地到穗工作员工精心准备“暖心礼包”，开展健康咨询讲座，帮助员工尽快适应新环境；精心组织举办职工运动会，开展“进百家门，暖百家心”慰问活动等，在潜移默化中促进员工间思想上的沟通、密切情感上的交流，以文化融合促进了工作融合、团队融合、感情融合。

（六）突出服务中心，助力价值创造

始终坚持融入中心、服务大局，发挥文化创造价值的作用。强化“以客户为中心”的价值导向，倡导践行“大客户、大营销”、“全员营销”等经营理念，推动商业模式和服务产品创新，以优质服务融入客户价值链，以文化为纽带密切客户关系，以情感共融实现合作共赢。聚焦安全管理，着力打造以船舶为根基的安全文化。开展“安全生产承诺”签名、安全生产知识竞赛和主题征文、安全技能比武、应急演习演练等安全文化宣传和实践活动，建设特色安全文化，促进船舶管理水平显著提高，安全生产形势持续稳定。

二、文化融合的实践体会

（一）文化融合重在“融心”，价值观融合是文化融合的根本

企业价值观的融合，形式上是文化的整合，本质上是文化再造，其核心就是提炼与确立企业新的文化价值理念体系。要努力构建符合企业发展战略，具有时代气息、行业特色、健康向上并为广大员工普遍认同的企业文化体系，统一员工的思想，激励员工的斗志，形成共同奋斗的思想基础。

（二）文化融合重在“融制”，制度融合是文化融合的保证

对于重组企业来说，只有企业的制度融合了，才会政令统一，步调一致。要将文化理念融入新的组织结构、新的管理制度和新的激励机制，并使规章制度渗透到企业经营管理的各个环节，转化为广大员工的工作动力和自觉行为，使企业步入决策科学化、管理制度化和流程规范化的良性轨道。

（三）文化融合重在“融人”，队伍融合是文化融合的核心

人是生产力中最活跃的因素，文化融合的核心是人，关键在于团队建设和队伍融合。要坚持用共同的事业凝聚员工，用崇高的精神鼓励员工，用真挚的感情关心员工，努力营造有利于员工自身成长发展的工作环境，筑牢“责任、利益、命运”共同体，从而最大限度地调动员工为企业贡献智慧力量的积极性。

（四）文化融合重在“融行”，行为融合是文化融合的关键

文化贵在知行合一，企业价值、领导意识、员工行为的融合才是真正意义上的文化融合。要从领导集体的思想融合、文化融合入手，通过打造强有力的领导团队，加强文化融合的高层推动，团结带领各级领导班子和广大员工，形成“上下一条心、拧成一股绳、下好一盘棋、共同拼效益”的良好局面。

三、企业文化深度融合的对策思考

企业文化的系统整合和深度融合是一个长期的内化过程。面对航运市场新常态的严峻挑战和改革发展的繁重任务，中远海运散运企业文化建设也面临着新挑战。要进一步加大力度，促进文化深度融合，提升文化建设质量，更好地发挥企业文化的优势作用。

（一）坚持高层引领与全员参与相结合，进一步夯实文化融合的思想基础

要坚持领导层率先垂范，积极倡导、践行企业文化核心价值理念，大力引领、推动企业文化建设实

践。同时，要坚持依靠职工，增强各级干部员工参与企业文化建设和文化融合的主体意识和能动性，实现全员参与，群策群力，夯实文化建设的群众基础，使文化理念转化为员工的自觉行动。

（二）坚持系统构建与宣贯引领相结合，进一步强化文化理念的普遍认同

要在已经构建中远海运散运企业文化理念体系的基础上，紧密结合企业发展实际，不断丰富企业文化的内涵，加强“子文化”建设，形成上下一致、理念统一、价值一体的文化系统。在此基础上，通过理论研讨、灌输宣讲、典型培育、考评奖惩等多种方式和途径，不断强化文化认同，促进文化融合。

（三）坚持发扬传统与持续创新相结合，进一步凸显文化融合的企业特色

发扬在船舶文化建设方面的好传统，进一步加强船岸协同，制定船舶文化建设推进方案，抓好特色船舶文化培育，推进船舶文化建设标准化实践，着力打造一批“海味”鲜明的文化建设先进船舶。进一步创新活动形式、丰富活动内容，打造“企业文化月”等特色文化品牌，推动文化在船岸落地生根。

（四）坚持文化融合与管理整合相结合，进一步发挥文化建设的价值作用

将文化建设切实纳入企业综合管理体系，下大力气加强具有中远海运散运特色的营销文化、服务文化、管理文化、创新文化等职能文化的构建，不断丰富企业文化管理体系，拓展文化的覆盖面，避免文化建设和生产经营的两张皮现象，促进企业核心价值观全面转化，提升企业生产经营和科学管理水平。

（作者杨静系中远海运散货运输有限公司党委工作部综合室经理）

坚守姓军　为战初心　勇担保障　打赢使命

中国人民解放军第五七一九工厂（简称5719厂）主要承担我军主战飞机航空发动机基地级维修保障任务。50多年来，始终牢记姓军为战、保障打赢的使命任务，历经几代人不断实践，锻造了“开拓创新，昂扬向上”的企业精神，为空军发展、国防建设和民族复兴贡献力量。工厂先后荣获全国五一劳动奖状等千余项荣誉。

聚力战训，涵养文化底蕴，凝聚姓军为战共识共为

一是突出“姓军”属性，明确文化定位。上世纪70年代初，正逢三线建设的峥嵘岁月，5719厂以解决军用航空发动机修理零备件短缺问题应运而生，自此，工厂的命运跟人民空军建设、空军装备发展紧密联系起来。几年后，军用航空发动机失修矛盾十分突出，按上级命令，工厂职能转为航空发动机修理保障，集中解决修理能力严重不足的问题。面对国内工业基础薄、技术实力低，以及国外封锁严等现实环境，唯有以“开拓创新”解决难题，以“昂扬向上”直面困难，才能担当起国家赋予的使命责任，才能在确保部队战斗力持续生成中有所作为、有力作为、有效作为。

二是深耕主责主业，完善核心理念。“服务部队、服务战斗力”是工厂的主责，“干好航空维修保障事业”是工厂的主业。结合不同历史时期的特征，经过多次迭代，基于“开拓创新，昂扬向上”的企业精神，大力构建以“诚、新、快、实、和”为核心价值观的理念体系。在近半个世纪的历程中，“姓军为战”的角色定位，“不穿军装的军人，不拿枪的战士”的光荣感、自豪感，服务空军、献身国防的使命感和神圣感，始终为一代代五七一九人所坚守、传承、弘扬、践行。

三是宣扬企业特性，丰富价值内涵。5719厂突出“航空”“科技”“和谐”的价值内涵，以一架军用飞机不同的构造点，宣示文化理念，在形式上强化全员强装兴军的责任担当；同时将企业比作“医院”，将员工比作给飞机“心脏”（即航空发动机）创造新生命的“手术师”，将发动机维修过程比喻给“心脏”作手术。企业精神位于动力构造点，激励全员坚持开拓创新、昂扬向上，致力成为解决发动机问题的“全科医生”，建设好工厂这座“三甲医院”，以精湛的技艺、精心的呵护、精密的配合、精准的服务，满足保障部队打赢的战训需求，让战鹰“心脏”重获新生，为航空发展贡献不竭动力。

创新驱动，勇担强装重任，坚定保障打赢的行为自觉

一是上下结合、全员共建，增强文化管理力。强化“三维治理”。结合工厂“产品牵引、业务支撑、行政保障”的治理模式，分别从产品、业务、行政三个维度，分别明确文化建设工作职责、计划与实施要求、奖惩标准，网络式推进企业文化建设。同时成立由工厂党委班子成员组成的领导小组，全面负责文化建设的组织领导、把关定向、布置任务、资源保障、成效评价；成立文化建设办公室，具体负责落实文化建设和管理，促进全员习惯养成和行为自觉，形成良好的文化氛围。弘扬“三种精神”。上世纪90年代开始承修引进三代机发动机，历尽千难万苦，破除国外封锁，形成自主维修保障能力，总结提炼“不等不靠、精益求精、团结和谐、甘于奉献”的新机精神，并深度体现在后续型号修理保障能力建设中；先后完成建国50周年阅兵、建国60周年阅兵、9·3阅兵、建国70周年阅兵等重大保障任务，形成“顾全大局、勇于担当、精诚保障、崇尚荣誉”的阅兵精神，成为全厂员工共同的精神财富；面对5·12地震骤然来袭，同步打响人员大疏散、装备大转移、筑坝大突击（抵挡上游水库溃堤的危险）三场战役，

全员众志成城，打赢了保家园、保装备的硬仗，形成“不畏艰险，众志成城，勇于胜利；以人为本，尊重科学，自强不息”的抗震救灾精神，激励全员在灾难面前挺起不屈的脊梁。着力“三化融入”。将文化理念全面渗透发展战略和业务工作，同时通过“三化”融入党建工作：理念感化，将企业精神的践行与思想政治教育结合起来，融入新机试修、阅兵保障等重大专项任务过程中；制度强化，以重大节庆为契机，开展升挂国旗、员工取手模等专项活动，丰富双向融入的形式和内涵；榜样教化，制定企业明星选塑工作办法，利用厂史馆、道德讲堂等载体平台，讲述企业故事、弘扬企业精神、传递正能量。

二是精准对焦、突出重点，增强装备保障力。将企业精神全方面灌入主责主业工作中，始终聚焦部队实战化演训，统筹厂内维修和外场保障，将服务延伸到机翼下、阵地上，展示工厂开拓创新、昂扬向上的整体风貌。特别进入新时代以来，主动适应部队战训模式变化，实施集质量控制、外场保障、生产管理、修理技术和科研标准“五位一体”的服务保障模式，精准服务部队。质量控制突出“产品如人品，质量不好就是人品不好”；外场保障突出“情系蓝天，星级服务”；生产管理突出“深修、精修、保质、保量”；修理技术和科研标准突出“以研强修、以研兴造、以研促改、以研带教”。确保做到“联系部队最紧密、完成任务最坚决、修理质量最可靠、服务保障最及时”，成为“部队最可信赖的现代化修理保障依靠力量”。

三是内聚实力、外树形象，增强价值传播力。牢牢把握内部宣传、军内宣传、军外宣传“三大阵地”，不断提升企业精神的内在凝聚力、感召力，外在知名度、美誉度。内部宣传，主要以“校、网、馆、墙、报”为载体，全方位宣贯企业文化。通过建设企业党校、局域网、厂史馆、文化风采墙和质量警示墙、企业报等，以专题讲座、典型选塑、厂史教育、质量警示等形式，促进文化理念在全员中入脑入心。

铸魂增效，凸显品牌效应，释放行稳致远的发展动能

一是“诚”信固本。诚信成为企业的一种习惯，倡导诚实修理，强化精品意识，夯筑质量根基。产品质量和服务质量逐年提高，维修后的军用航空发动机故障率、提前返修率明显低于新机，参与起草的《企业质量文化建设》国家标准获准发布，两次荣获“中国质量奖提名奖”。数十项 QC 成果在国家、军队及省部级获奖。

二是创“新”图强。以创新驱动企业发展，着力盘活一切有利于创新的要素资源，涵养基于解决问题的创新文化，持续推进技术创新、手段创新和管理创新。自主研发的修理技术标准覆盖我军歼强机全部动力装置，获得百余项国家、军队科技进步奖及专利，多项技术填补国际国内空白，积累的数据经验、提出的改建建议反馈支撑新装备预研；创新提出并力行实施的航空发动机维修线建设工程管理成熟度模型、三维魔方式组织结构等管理方法和工具，在工程领域、教育领域、科研领域等分享推广，管理模式入选国防大学教学案例库；驻地政府依托工厂，打造航空动力小镇；组建航模协会，赴全国各地开展国防科普活动，传播航空知识，弘扬爱国主义精神；“航空军工研学”项目入选全国“优秀科普研学品牌”。

三是“快”速制胜。提出“全天候·零距离”全新的外场服务理念，构建起“一站式跟踪服务、遥控式会诊服务、分忧式担当服务、流动式培训服务、预防式售前服务”的服务保障模式，建立的数十个外场服务站，覆盖空、海军所有部队，全天 24 小时人员驻站保障，荣获全国首家服务业“全国现场管理星级评价五星级现场”称号。近年来，还及时、圆满保障了北京奥运、上海世博、国际航展、中外联训、边防轮战等一系列重大国事活动和军事任务。

四是务“实”强基。经过数十年建设发展，成为具备在役歼击机发动机所有型号，所有部附件、全部工序集成修理的先进维修基地，是空、海军航空兵部队的首选首用单位，维修周期平均仅为用户规定周期的三分之一，为我军部队提供数百万发动机小时，总计修复的发动机数量，相当于为国家和军队节约装备经费逾 20 亿元。工业营业收入年均增长近 10%，全员劳动生产率近 30 万元。

五是“和”谐共享。坚持对内和谐、对外和谐、上下和谐、自身和谐，实现员工与企业共建共享，形象面貌和影响力不断提升，得到行业内外认同。涌现出中国工程院院士、中国杰出质量人、全国青年岗位能手、全国最美青工、全国及省市劳动模范、全国技术能手、金牌蓝天工匠及全国践行企业文化先进班组等一批优秀员工和先进集体。

奋飞新时代，工厂将一如既往姓军为战、保障打赢，坚决听党指挥、能打胜仗、作风优良，在开拓创新，昂扬向上中展现新面貌、迸发新活力、做出新贡献，助力实现中国梦、强军梦。

（中国人民解放军第五七一九工厂）

凝奋进之力　铸工行之魂

中国工商银行秉持“奋斗＋落实”的工行精神，以“抓铁有痕、踏石留印”的作风，守土尽责、求真务实、担当作为、久久为功，以务实的精神、扎实的作风践行着“提供卓越金融服务、回报股东、成就员工、奉献社会”的企业文化。

“奋斗＋落实”精神一脉相承、代代赓续

奋斗，是推动时代前进的动力，更是共产党人一脉相承的精神特质。作为党领导下的国有金融企业，中国工商银行自成立之日起，“奋斗＋落实”的工行精神就带着历史的体温，在工行文化中烙下了深深的印记，成为工行人内心最深处的情结。36 年来，与工商银行波澜壮阔、追求卓越的改革发展历程同步，工行精神也经历了萌芽期、成长期、提升期三个阶段。从国家专业银行时期倡导的“求实创新、吃苦耐劳、顾全大局、团结奋进”工行精神，到国有商业银行时期提出的“效益、质量、发展、管理、创新”十字方针，“团结一心、顾全大局、无私奉献、严谨务实、勇于创新”股改精神，到股份制商业银行时期正式发布的“工于至诚　行以致远”核心价值观，涵盖“诚信、人本、稳健、创新、卓越”等五个基本价值取向，再到新时期打造“打造具有全球竞争力的世界一流现代金融企业”的愿景目标，工行精神不断延伸、不断丰富，而“奋斗＋落实”作为精神内核始终一脉相承，如同 DNA 一般在一代代工行人中不断复制延续，持续激励全行和衷共济、奋发进取，实现了从小到大、从本土到全球、从技术性破产边缘到世界金融舞台中央、从国际竞争赛场上的追赶者到并行者甚至某些领域的领跑者、从经营发展和公司治理方面的学习者到创造者和弄潮者的“五个历史性跨越”。

“奋斗＋落实”精神引领发展、铸就辉煌

习近平总书记深刻指出，当前我们面临两个大局，一个是中华民族伟大复兴的战略全局，一个是世界百年未有之大变局。两个大局同步交织、相互激荡，标注了我国发展新的历史方位，也构建了工商银行新时期改革发展的宏大背景。工商银行认清大势，把握态势，以习近平新时代中国特色社会主义思想为引领，弘扬与时代共命运、与工行共发展的奋斗观，坚持从严治理，客户至上、服务实体，科技驱动、价值创造，国际视野、全球经营，转型务实、改革图强，风控强基、人才兴业”的工作思路，将“奋斗＋落实”的工行精神贯穿融入到改革发展的方方面面，把工商银行建设成为具有全球竞争力的世界一流现代金融企业。

奋斗＋落实，为中华民族金融之振兴。加强党的建设，是国有企业的“根”和“魂”。办金融是党执政的要事。习近平总书记强调，“金融是国家重要的核心竞争力，金融安全是国家安全的重要组成部分，金融制度是经济社会发展中重要的基础性制度”。作为国有金融企业，工商银行不忘初心、牢记使命，秉持“奋斗＋落实”的工行精神，积极履行大行职责，致力于使金融成为“国之重器”，使国有金融企业成为“六个力量”。

一是当好服务实体经济的“国家队”。“金融是实体经济的血脉，为实体经济服务是金融的天职”。工商银行将服务实体经济作为一切经营管理工作的出发点和落脚点，主动适应供给侧结构性改革要求，支持“三去一降一补”，完善投融资一体化服务机制和业务布局，支持产业结构优化升级。主动对接“四大板块”“三个支撑带”，优先满足国家重大战略项目和重大工程资金需求。牵头筹建中东欧金融公司和推动

银行间常态化合作机制落地，为“一带一路”建设提供工行方案。聚焦小微、“三农”、“双创”、精准扶贫等群体，推进普惠金融、科技金融、绿色金融等创新发展，充分彰显了大行担当。

*二是当好为民服务的“主力军”。*围绕“以客户为中心”的经营观和文化精髓，工商银行以“客户为尊、服务如意、员工为本、诚信如一”服务文化理念为引领，实施全新的客户战略工程，完善服务组织架构、工作机制与业务流程，搭建起业务响应全球化、线上线下一体化、7＊24 小时全时化的服务网络，推动形成“管理者为员工服务，二线为一线服务，全员为客户服务”大服务格局，潜心笃志提升随时、随地、随心的卓越服务体验，持之以恒塑造效率高、体验佳、口碑好的人民满意银行。

*三是当好大型银行市场“稳定器”。*工商银行从“总体国家安全观”高度出发，围绕打好风险防控攻坚战，凝练、发布“合规为本、全员有责、风险可控、稳健高效”合规文化，并以此为统领，坚持从严治行、铁腕治行和专家治行，通过发布“十大禁令”、完善全链条、全品种、全覆盖的风险管理体系，持续开展对重点领域风险的排查整治，构建与新常态相适应的信贷管理新机制等措施，惩防并举，引导全员树立正确的发展观、业绩观和风险观，做好依法合规和稳健经营的行业表率，着力打造“最安全银行”。

奋斗＋落实，为工商银行百年老店之基业。金融是经济的“寒暑表”。站在新起点上，工商银行提出“打造具有全球竞争力的世界一流现代金融企业”的愿景，进而做基业长青的百年老店。这是工商银行不断开启改革发展新征程的根本出发点。为此，工商银行始终保持创业时艰苦奋斗的姿态，保持战略定力和执行力，坚持传承创新和守正出新，跑好历史交给我们的这一棒。

*一是坚持创新领跑。*工商银行在竞争发展的主战场、面向市场和客户需求、面向金融科技前沿，大力培育“聚焦本源、因势革故、协同鼎新、永葆生机”的创新文化，深化体制机制创新，全面推进智慧银行建设，推动金融科技赋能经营发展，在因需而变、以变应变中开启了科技兴行的新篇章，在互联网金融发展的棋局中刻下了鲜明的“工行印记”，力求为股东、客户、员工和社会创造卓越价值。

*二是加快国际化发展。*工商银行坚持把国际化经营放到国家对外开放大格局中去把握和推动，根据市场环境、监管政策、客户需求的变化，加快实施国际化 4.0 战略，不断强化跨境跨市场服务能力建设，着力推进各境外机构本地化、特色化、专业化发展与境内外一体化联动相对接，有效提升“一点接入、全集团响应、全球化服务”能力，切实加强对境外合规管理的统筹规划，持续提升在境内外两个市场的经营实力、价值贡献度和全球影响力。

*三是强化以人为本。*工商银行始终视员工为最宝贵的财富和战略资源，笃信“建设世界一流现代金融企业，必须要有世界一流人才”，持续优化完善选人、用人、育人、留人的平台和机制，把党管干部、党管人才与建立人力资源管理新体系相结合，把践行以人为本和严管厚爱相结合，把抓好思想政治工作与企业文化建设相结合，不断增强员工的向心力、凝聚力、战斗力、感召力，在聚才、聚心、聚势中，为打造基业长青的百年老店厚植人才基石和文化基因。

工商银行 36 余年波澜壮阔、追求卓越的改革发展历程，正是“奋斗＋落实”这一精神生生不息、深深熔铸在工行文化的肌体中，如骨似血，贯穿始今。在新的长征路上，工商银行将用奋斗赋予的新内涵，担起历史使命，为建设具有全球竞争力的世界一流现代金融企业砥砺前行。

（中国工商银行股份有限公司）

打造行业龙头品牌　助力国人品质生活

中国中铁电气化局集团公司以引领行业发展、打造享誉世界的“中国中铁电化”品牌为己任，以“推动中国制造向中国创造转变、中国速度向中国质量转变、中国产品向中国品牌转变”为指引，持续提升核心竞争力，持续引领行业发展。

六十年砥砺奋进，铸就“中国中铁电化”品牌

1958 年首条电气化铁路宝成线开工建设，拉开了中国电气化铁路建设的序幕。62 年来，中国中铁电气化局作为行业的开拓者和主力军，建设了我国第一条电气化铁路宝成线、第一条双线电气化铁路石太线、第一条开行万吨单元列车的重载电气化铁路大秦线、第一条时速达 200 公里的电气化铁路广深线、第一条实行总承包在既有线进行电气化改造并一年建成开通的京沪线等，参与建设了我国 70% 以上电气化铁路、60% 以上的高速铁路和 70% 以上的城市轨道站后系统工程，推动我国电气化铁路技术从无到有、从常速到高速、从低吨位到重载、从国内走向国外的不断跨越，铸就了享誉行业的“中国中铁电化”品牌。62 年来，中铁电气化局艰苦创业，改革创新，形成了“特别能吃苦、特别能战斗、特别能攻坚、特别能奉献”的电气化传统，用自己的心血、汗水乃至生命，孕育了“宝成精神”、“南昆精神”、“京九精神”，锤炼了“哈大精神”、“大秦精神”、“青藏精神”和“艰难困苦冲在前，舍生忘死我来干”的抢险精神；经历过无数次艰难困苦的考验和血与火的洗礼，传承红色基因和文化传统，赢得了“钢班子，铁队伍”的称号，极大地提升和丰富了“中国中铁电化”的品牌价值。

提升核心竞争力，打造“中国中铁电化”品牌

以科技创新做强品牌。坚持把科技创新作为做强品牌的重要内核，努力构建精干高效的技术创新体系，提高设计研发能力，实现行业技术引领。通过引进、消化、吸收再创新，构建“重载、长大干线、高铁”三种制式技术体系，全面掌握电气化铁路设计施工技术体系、系统集成管理体系、高铁牵引供电系统关键产品研发和生产技术；构筑起了具有完全自主知识产权的中国高速铁路牵引供电技术平台；积累高质量、高效率推进既有铁路大规模电气化改造的丰厚经验和技术；掌握了高铁的通信、信号、防灾等系统的专业技术和路基、桥梁、隧道、轨道等专业的施工技术；掌握多种制式城轨牵引供电系统设计施工技术；实施“轨行设备 +”研发规划，形成研发一代、储备一代、生产一代的科研成果，保持“中铁电化装备领先”的独特优势。主持参与制定 27 项国家标准、212 项行业标准。获得国家科技进步奖 17 项，其中京沪高铁获得国家科学技术进步奖特等奖，获得省部级科学技术奖 47 项。开发施工工法 320 项，获得有效专利授权 245 项。特别是在建设“智能京张”中，应用智能物联、BIM、北斗星定位等技术，推动了传统施工向“智能建造”迈进。

以精品工程做强品牌。坚持把精品工程作为做优品牌的重要基石，把“提供绿色智能轨道交通产品和服务，为品质生活提速”作为电气化使命和最高追求。中铁电气化局承建了很多标志性工程，从白手起家建成我国第一条电气化铁路——宝成线，到引进国外先进技术建成第一条单元重载运煤专线——大秦线；从建成时速 160 公里的准高速——广深线，到建成我国第一条客运专线——秦沈客专；从建成我国第一条高速铁路——京津城际，到建成世界最高水平高速铁路——京沪高铁，从建成世界首条高寒地区高铁——哈大高铁，到建成世界第一条穿越高原和风区的高铁—兰新高铁、建成世界地质环境最复杂的沪昆高铁，从建设第一条高速铁路精品示范工程京沈高铁，到目前正在建设我国第一条智能高速铁路京张高铁，中国中铁电气化局以追求卓越的非凡努力创造了诸多中国第一，为我国电气化铁路和高速铁路跃居世界第

一做出了巨大贡献，在“中国速度”向“中国质量”转变中发挥了关键作用，也极大提升了“中国中铁电化”品牌的价值和美誉度。截止2018年底，荣获国家级省部级优质工程奖近400项。

以海外建造做强品牌。抓住中国高铁“走出去”和“一带一路”倡议的机遇，打造“国内一流、国际知名”的品牌形象，实现从“借船出海”到“驾船出海”的发展目标，提升集团公司国际化水平。

积极推进海外发展战略，从专业分包到系统总包再到EPC总承包，从工业产品输出到技术标准输出，参建印度尼西亚等国家和地区二十多项铁路工程，形成以中东等四大区域为依托的国际市场开发新格局，“中国中铁电化”国际品牌影响力持续提升。以色列NTA公司总裁犹大对电化局完整的产业链条及创新能力大加赞扬，期望拓展合作领域。

这些海外工程既为企业创造了经济效益，又树立了中国央企的良好形象，在“中国产品”向“中国品牌”转变中做出积极贡献。

以工业制造做强品牌。以“高铁电气”在新三板挂牌为契机，加快工业制造基地建设，全面提升工业产品制造水平。依托宝鸡、保定、西安产业园，大力发展轨道交通相关工业制造产业。高速接触网配件、高强高导接触网导线等核心部件生产制造，居于世界领先水平。承担全国电气化铁路和城市轨道交通80%以上的接触网专业器材生产供应任务，研发应用了高铁防灾安全监控系统，极大提高了牵引供电系统的可靠性、安全性、稳定性及可维护性。

2018年9月，中铁电气化局实现对富欣智控战略控股，并与中国华信共同以富欣智控为平台，进一步形成战略合作，将中铁电气化局强大的品牌资源、市场资源和四电系统集成能力与富欣智控的轨道交通领域信号通信技术能力对接，实现双方优势资源的互补和共享，打造国内领先、并具有国际竞争力的智能交通控制企业。

以运营维管做强品牌。坚持把运营维管作为做大品牌的重要资源，着力培育综合运营维管专业化能力，提高电气化铁路运营维护管理水平。抓住铁路改革的机遇，拓展轨道、路桥、隧道、通信信号、牵引供电等领域的运营维管业务，在国铁领域推行综合维管服务模式，同时积极进攻地铁运营维护管理领域，从而实现由铁路维管商向轨道交通运营商转变。

引领行业标准的制定和执行，并通过市场经济的契约关系为运营维管市场注入新活力，建立有利于市场趋势和运管长远发展的合同价格模式，形成“合作双赢”的经营模式。充分发挥协同效应，实现电气化领域设计、施工、产品、维管相结合的四电系统大集成，为客户提供全过程、全方位的整体服务方案。

提升企业文化软实力，塑造“中国中铁电化”品牌

坚持把“做企业就是做品牌，一流企业要有一流品牌”、“品牌也是生产力，自主品牌是企业的核心竞争力”和“品牌是企业的无形资产，是实现保值增值的重要途径”三大理念作为企业文化建设的重要内容，把企业的核心价值观全面融入企业品牌建设，全面提升“中国中铁电化”品牌形象，凝练形成了具有电气化文化特色的核心价值体系《中铁电气化之道》。全面实施文化兴企、文化强企战略，推进企业管理模式向文化管理转变，企业发展模式向创新驱动、文化引领转变，提升企业文化软实力竞争力，提升了国人的生活品质。

坚持把文化传播作为做亮做强品牌的重要手段，把“中铁电气化之道”植入“中国中铁电化”品牌。通过对内外宣传，使“中国中铁电化”品牌更形象化；通过对“抢险救灾、奉献社会”宣传，使“中国中铁电化”品牌更社会化；通过对“改革先锋”重大典型的宣传，使“中国中铁电化”品牌更人格化；通过举办庆祝中国电气化铁路60周年系列活动，提升“中国中铁电化”品牌的美誉度和影响力。

中国中铁电气化局将以更高的追求、更博大的胸怀、更宽广的视野，不断超越自我，坚定地向国内领先、国际一流的科技创新型企业迈进，继续唱响“中国中铁电化”品牌，为社会提供绿色智能轨道交通产品和服务，为品质生活提速。

（中国中铁电气化局集团公司）

实施价值引领战略　推动油田高质量发展

中国石化胜利油田是在20世纪50年代华北地区地质普查和石油勘探的基础上发展起来的，主要从事石油天然气勘探开发、石油工程技术服务、地面工程建设、油气深加工、矿区服务与协调等业务；秉承“我为祖国献石油”的初心，坚决扛起“保障能源安全、建设一流企业”的政治担当，为促进国民经济建设、推动石油石化工业发展和带动区域经济社会进步做出了应有贡献。截至2019年底，已找到不同类型油气田81个，累计生产原油12.22亿吨，保障了国家能源安全。凝结形成了“从创业走向创新，从胜利走向胜利”的胜利精神。

实施“价值引领”战略，深植厚培价值理念

价值是衡量企业发展的最佳标准。随着国有企业改革深化推进，胜利油田把“一切工作向价值创造聚焦、一切资源向价值创造流动”固化为企业价值观，聚焦价值创造最大化，引领全员干事创业、创新创效，用价值引领破解发展难题，推动油田提质增效转型发展。

瞄准世界一流，强化价值引领。党中央发出了“培育具有全球竞争力的世界一流企业”的号召，集团公司确定了建设基业长青的世界一流能源化工公司的愿景目标，胜利油田聚焦价值引领，破除不符合生产力发展要求的体制机制障碍，构建起专业化发展、市场化运营、社会化创效的格局，不断增强企业活力、市场竞争力、发展引领力。

构建现代化企业管理体系。企业作为经济实体，搞经营就必须有价值。经过50多年勘探开发建设，胜利油田客观存在着管理层级多、管理链条长、社会负担重等问题，需要紧跟社会进步和时代发展，以价值引领战略为牵引，突出高效勘探、效益开发，以变革性的思维、前所未有的力度加强内部管理、明晰制度流程、统筹优化资源配置、提高运行效率，全力推进现代化企业管理体系和运营机制建设，形成与高质量发展相适应的现代企业管理制度和科学高效的管理模式。

为推动企业高质量发展提供保障。当前，胜利油田已经进入了高质量发展的新阶段，实施价值引领战略、创新驱动战略、资源优化战略、绿色低碳战略、合作双赢战略等“五大战略”，价值引领战略是重中之重。作为第一战略长期坚持，推动结构围绕价值调整，就是工作围绕价值优化，业绩围绕价值评价，让一切工作都围绕价值创造聚焦，让每个单位都成为利润中心，每个班组都成为创效单元，每名员工都能创造价值。需要用先进的价值理念引领改革发展，用强大精神力量推动管理创新，把价值思维、效益观念贯穿生产经营全过程，推进油田全面可持续高质量发展。

突出价值导向，强化组织实施，增添前进动力

强化观念引导。坚持党群部门出题目、行政部门作解释，加强价值理念宣贯宣讲引导，对照中央和中国石化集团公司党组、油田改革发展需要强化的观念理念进行梳理，形成转变观念更新理念“160条”和机关职能优化“76条”，通过观念引导巡回宣讲、形势任务报告等形式，讲清当前面临的问题与挑战，增强价值创造的责任感和紧迫感。注重新兴媒体与传统媒体融合，发挥报纸、电视、手机报、企业局域网、微博微信等媒体阵地作用，开设专题专栏，采取编写文化手册、张贴宣传图片、悬挂创新理念等方式，广泛组织开展丰富多样的观念引导和文化宣贯活动，提出了“左右不了油价，可以左右成本”“一切向质量效益聚焦”“挣一分钱比花一分钱更有价值”“算清效益账，多干效益活，多产效益油”等新理念，把价

值思维、效益观念贯穿生产经营管理全过程，积极营造“一切工作向价值创造聚焦、一切资源向价值创造流动”的环境氛围，推进价值理念入脑入心。

丰富培育载体。坚持“理念故事化，故事理念化”，围绕价值引领主题，深入挖掘身边人的鲜活事迹，采写故事、创作故事、演绎故事，积极开展“班前小故事”“每周新故事”“讲故事比赛”等丰富多彩的活动，引导大家多讲价值创造的故事，总结创新心得，让小故事反映创效大主题，分享创效经验，交流创效成果。加大 EAP（员工帮助计划）推广应用力度，强化“快乐工作，幸福生活”理念，培养知心辅导员，常态化开展“EAP 服务一线行”，帮助员工调试心态管理情绪，保持主动创造价值的积极心态。

变革管理模式。聚焦油藏经营价值最大化，对传统石油企业管理模式进行现代化改造，做强做大油气主业，实现动能转换、提质增效。建立油公司管理模式。厘清分公司、开发单位、采油管理区职能定位，分公司层面着重建立投资决策、人力资源管理等“六大机制”，开发单位层面着重建立市场化运营、生产协调及风险防控等“七大体系”，管理区层面着重建立一体化技术分析决策、经营决策优化等“五项机制”。油田把管理区作为油藏经营独立核算单元，下放主营业务优化权、资源优化权、内部考核自主权、组织架构优化权、服务队伍选择权、生产物资优选权、投资优化权等“七项经营优化权”，让管理区真正成为油气生产存量业务的经营管理者。转变机关传统行政管理模式，明确“统筹引领、指导服务、监督监控”的职能定位，突出业务流、管理流、监督流，优化机构设置、实施流程再造，推进“大办公室”改革。优化资源资产配置。强化“轻资产”运营理念，建立完善资产共享优化平台，创新放开土地、房屋、车辆等资产流动，促进各类资产资源高效流动、合理配置、创造价值。推进人力资源优化配置。强化“能挣钱就是好岗位”等创效观念，使人员统筹配置“动起来”、培育优势“走出去”、政策鼓励“退下来”，用薪酬分配的市场化撬动劳动用工的市场化，形成勇闯市场、争创效益的浓厚氛围。

改进绩效考核。油田突出价值引领和效益导向，建立“经营绩效 + 风险管控责任”绩效考核办法，配套完善了“1 +2 +2”绩效考核体系（即 1 个绩效考核办法，经营业绩和风险管控责任 2 个考核细则，人力资源和存量资产优化配置 2 个指导意见）。经营绩效考核就是将经营效益与员工绩效工资完全挂钩，完成目标保基本薪酬、多创效益挣绩效工资。打破“人均奖励”的概念，按单位创效增效额度进行总量考核、兑现绩效奖励；风险管控责任绩效考核包括生产过程、经营管理、领导班子建设和领导干部管理、“三基”工作和基础管理等风险管控，均与单位领导班子考核挂钩，单位员工考核主要与生产过程风险管控挂钩。按照新的考核办法，经营绩效 + 风险管控责任绩效才是绩效工资。要求各单位不仅做好经营工作，而且要完成安全、质量、环保等考核指标，充分激发创造力、培育新动能，促进企业管理提质增效升级。

推进专业化发展。剥离开发单位非注采输核心业务，推进油田层面专业化整合，全面完成 15 项业务的专业化重组，把井下作业、注汽技术展务、油藏动态监测、地面工程维修、技术检测、生产用车等业务，打造成为油藏经营管理的专业支撑力量；把发供电、天然气销售物业服务、房产管理维修等业务，培育成为技术服务一流的效益增长点；把职工培训、宣传文化等业务，打造成为上游板块一流的培训中心和文化引领高地；把油区护卫、应急救援、老年服务管理等业务，打造成为保障油田生产生活的重要力量。

推进市场化运营。油田内部由原来的垂直管理、行政指挥变为市场主体关系，由上级对下级的大调度、大统筹变为市场化运行，建立完善钻井、供电、生产用车等 11 项业务专业化运行流程和市场平台，配套完善市场定额、合同管理、争议仲裁、有效竞争比选、优质优价风险结算等机制，采油管理区与专业化单位之间是甲乙方市场关系，管理区可以根据质量、价格择优选择专业化队伍，倒逼专业化队伍提质量、提效率、提水平，实现了甲方强管理降成本与乙方重服务创效益的良性互动。同时，通过招投标、竞价谈判等形式确立外部市场关系，细化落实负面清单、积分管理、末位淘汰等措施，以经济合同为纽带维护油田权益。

推进社会化创效。立足油田、东营地区、山东省，开展多层次、全方位、内外联动的社会化服务，大力拓展勘探开发、油气工程等油气服务市场，积极承揽热力、水务、物业、检测检验、危化品运输等业务，培育新能源、绿色高效农业等新兴业态，在服务主业的同时更好地服务区域发展。

续写从胜利走向胜利的英雄史诗

凝聚改革发展共识。通过强化观念引导，广大干部员工主动适应新变化、新模式、新机制，自觉在责任、需求、能力匹配上提素质，在多创效益、多挣绩效、体现价值上下功夫，积极投身油田改革发展，“让能创效就是好岗位”“完成目标保基本薪酬、多创效益挣绩效工资”等新理念深入人心。强势的观念引导，着力破除不合时宜的思维定式、固有模式、路径依赖，凝聚了改革发展共识，进一步解放思想、解放资源、解放生产力。

激发基层创效活力。构建的“经营绩效 + 管理绩效”价值考核引领机制，推动价值理念真正在考核中体现、在实践中增强，有效发挥了价值引领和绩效考核激励作用。建立的“1 + 2 + 2”绩效考核体系，向基层贯穿延伸，划小核算单位，考核激励到班站、到岗位、到个人，激发了全员价值创造、挖潜增效的积极性。

增强企业竞争实力。油田坚持聚焦价值引领，低成本发展，推动一切工作向价值创造聚焦，推动实现资源消耗最小化、环境损害最低化、经济效益最大化。油田油公司体制架构基本形成，16 家开发单位共117 个新型采油管理区建设全面完成，主业单位用工下降 34.7%，劳动生产率提高 58%，凝心聚力“为美好生活加油”，努力走出一条可持续、高质量发展之路。

（中国石化胜利油田）

打造“心田文化”优势　推动企业高质量发展

中国石化胜利油田分公司东辛采油厂（简称东辛采油厂）成立于1986年1月，是胜利油田从事石油天然气勘探开发的二级单位。主力油田是胜利油田的发祥地。采油厂在一片盐碱荒滩上建起一个现代化的“城中油田”，培育形成了具有鲜明时代特色的“心田文化”。

坚持传承创新，突出以文导人，增强企业软实力

弘扬传统，实现文化塑魂。采油厂辖区内的华八井、营二井，既是胜利油田的发祥地，也是东辛文化孕育的源泉。采油厂结合现有文化资源，高点定位整合传统文化，提炼总结出“以国为重、为国奉献的爱国精神；艰苦创业、执着找油的奉献精神；锲而不舍、锐意进取的开拓精神；永不言败、敢于胜利的奋斗精神”的华八井精神，赋予华八井精神新的时代内涵，开展“党在我心中”“寻访身边的老石油”“忆传统、讲变化、比贡献”“华八井精神大讨论”等系列活动，引领基层单位以华八井为依托，先后组织“华八井上重温入党誓词”“华八井上找初心”“华八井故事汇”“指导员实时讲话”等灵活多样的活动，让华八井精神进一线、进班组、进讲堂，塑造了东辛人爱国、奋斗、科学、奉献的品格，为应对复杂挑战提供了文化给养、精神动力。坚持发挥华八井作用，用华八井蕴含的“苦干实干”“三老四严”为核心的石油精神感召凝聚员工队伍，组织开展华八井前“亮承诺”活动，引导全员聚焦提质增效，推进转方式调结构，营造出“价值创造看我们，越是困难越向前”的浓厚氛围。坚持以营二井精神激励全员攻坚啃硬、亮剑破难，发扬“有条件上，没有条件创造条件也要上”的光荣传统，大力推进油公司体制机制建设，大力推进新型采油管理区五项机制建设，增强了采油厂改革发展实力。

深化管理，增强文化实力。采油厂坚持把企业文化柔性管理和规章制度刚性约束有机结合，引导员工提升精细管理水平和岗位执行力。采油厂以绿色企业创建为契机，开展“勠力抓三标，打造油田风景线”达标升级活动，全力塑造“城中油田”良好形象，将班站、设备及井场划为“ABCD”四大类，通过等级考核打分逐级进行整治，实现中心城区全部达到A类标准，全部消灭D、C类标准，整体上实现“三标”管理科学规范，现场设备设施完整可靠，岗位员工规范操作，油水井、班站、设备成为城中油田的靓丽风景线；把绿色文化延伸到生产经营各个环节，与安全“三基”建设、“五型班组”建设、“夺杯争旗”劳动竞赛、“查保促”安全隐患“随手拍”等活动有机融合，“奉献清洁能源，践行绿色发展”“让绿色成为习惯，让习惯更加绿色”“安全面前没有借口，工作执行不打折扣”成为员工的不懈追求；按照标准做事、注重过程管理、实行标准化操作蔚然成风，全厂打造形成景中有井、井在景中、生态和谐、社企共融的新格局。

价值引领，促进文化自觉。坚持以“一切工作向价值创造聚焦，一切资源向价值创造流动”理念为引领，在全厂建立实施立体化、分层次、全覆盖的形势任务教育长效机制。细化学习内容，做到区分层次、因人而宜，杜绝上下一般粗，把“希望大家知道的”和“大家希望知道的”，以定期召开宣传联席会，让基层员工“点餐”等形式开展宣传教育，确保形势政策传到基层、送到身边，增强了文化渗透力。开展“宣讲一线行”、“金句”征集、“实时直播”等活动，编撰优秀典型故事开展宣讲，以群众熟悉的话语方式，将形势任务讲深、讲透、讲到心坎上，“算清效益账、多干效益活、多产效益油”“资源共享、风险共担、合作双赢”等理念更加深入人心，增强文化引领感染力。突出考评实效，实行“每日一题、每周一考、每月一评”运行机制，基层单位每周组织班子成员、“三室一中心”人员和班站员工，进行形

势任务考试，持续推进观念引领、做到以文导人；不定期对机关人员进行自测，对基层人员进行抽查，让考查常态化、讲评日常化，引领不同层次的干部员工在理论素养上再提升、在作风形象上再提升、在政策水平上再提升，为新时代新征程提供思想文化保障。

坚持以人为本，突出以文泽人，筑牢企业凝聚力

东辛采油厂紧紧围绕改革发展稳定实际，以“心系员工，服务基层”主导价值取向为引领，坚持以人为本，以文泽人，温润心田，营造出心齐气顺劲足家和的良好局面。

凝神聚力，推进文化引领。采油厂不断加强以人为本，深化管理、教育和服务“三位一体”机制建设，突出“三性”教育，实现一人一事思想政治工作更加规范。以落实“不忘初心、牢记使命”主题教育为契机，采油厂以弘扬石油精神、石化优良传统为主题，到华八井现场分层次开展主题教育活动，探寻胜利找油初心，重温勘探开发历程，通过丰富多彩的集中宣誓、参观、研讨、签名等活动，为采油厂持续发展提供了丰厚的精神文化底蕴。在基层班站，采油厂倡导深化针对性教育，强化“班长听我讲心事，我听班长讲形势”活动运行，着力解决班组员工的思想问题和实际问题，把影响班组建设的因素控制在上岗前、解决在工作中。

心系员工，深化文化辐射。强调文化引领的前瞻性、规划性，一以贯之地推进，把管长远和解决现实问题结合，在增强文化认同感上下工夫，以滋润“员工心田”为切入点，靠人性化管理、亲情般关爱、家庭式温暖，凝聚人心，提升感情聚合力。坚持推进心田文化建设与民生建设结合，深入开展“价值提升工程”，完善员工服务机制，整合困难帮扶、互助保障、扶残助残、慈善救助等多种救助资源，把为员工办实事、解难事、做好事落到实处，温润了员工心田。

典型引领，厚植文化力量。以推进全员全要素价值创造为目标，探索实施以“优选、培育、推介”为主要内容的典型发现选树培养模式，坚持在优选上狠下工夫，做到秉承传统选典型，层层摸排筛典型，营造氛围找典型；坚持在培养上精耕细作，按照深入挖掘、点亮典型，联手培养、塑造典型，提档升级、成就典型的工作思路，持续积淀典型影响力；坚持做到做实内宣强基础，积极助力“走出去”和集中宣传塑品牌的阶梯式推介，实现典型的常抓常新和典型优势转化，从而有效推动全员岗位创效，让每名员工都能创造价值，为推进油田提质增效持续发展作贡献、创佳绩。

坚持创新发展，突出以文化人，提升企业竞争力

创新机制，开创新境界。采油厂以“五级八法”为手段，细化完善心田文化发展机制，促进心田文化制度化运行、规范化运作，形成了心田文化建设的长效机制。“五级”，就是五级联动，从采油厂到三级党委、基层支部、生产班组、员工个人，上下结合，一体联动；“八法”，就是八法链接，分别是学习教育引导法、重点人员心理跟踪调解法、年度总结评比法等八种方法。通过“五级八法”的优化运行，进一步增强了全员文化自觉，“心田文化”真正融化到员工血液中、落实到行为习惯上，“心田文化”渗透力全面提升。

创新载体，汇集新力量。采油厂创新完善《东辛文化手册》、制作了《东辛文化台历》，开展“油言油语”文化理念征集活动，营造出了浓厚的文化氛围。突出“每个单位都是文化窗口”“每名员工都是形象代言人”理念宣贯以及文化传承和基层文化环境的规范，持续强化“四有”要素，强化文化重塑，推进基层文化建设示范点建设，打造形成独具东辛特色的文化品牌集群。在专业技术层面，打造钻研攻关、挑战极限的科研文化品牌；在生产经营层面，打造精益求精、止于至善的精细文化品牌；在基层基础层面，打造质量过硬、操作精准的标杆文化品牌；在思想政治层面，打造心系员工、服务基层的为民文化品牌，实现了“心田文化”的再提升。

创新引领，实现新跨越。采油厂实施文化强企战略，发挥企业文化在转方式、调结构、提质量中的作

用，用“一体化、精细化、人本化、信息化”等理念进行文化塑造，做到拓展资源不停步，引导技术人员开发创新不停步、坚持转变观念不停步、些寻找问题线索不停步：

对传统滚动勘探的定位、思路、模式和流程进行再认识、再优化、再创新，由“怕出现问题，问题就是麻烦”转变为问题就是潜力”，形成“动静结合、全员滚动”新模式，逐步确立“低品位不等于难动用”“整体难动用不等于局部难开发”“独立开发风险大不等于合作开发没办法”的理念，为深层砂砾岩有效动用做出了东辛贡献。

（中国石化胜利油田东辛采油厂）

石化传统教育的新媒体实践

石化企业作为国有企业的代表、国有经济的支柱，要切实“在经济领域为党工作”，必须努力做好形势任务教育、革命传统教育等思想政治工作，凝炼员工意志，锤炼队伍作风。长期以来，石化企业积极开展这些教育活动，引导员工继承优良传统、传承企业文化，保证了企业始终保持鲜明的政治底色。

习近平总书记致大庆油田发现60周年的贺信发表后，中国石化掀起了“传承石油精神、弘扬石化传统”教育活动的热潮。长岭炼化充分发挥新媒体优势开展相关宣传教育活动，为新形势下开展好传统教育进行了积极的尝试。

正视传统教育面临的困境

石化传统教育对于石化企业传承优良传统，弘扬时代精神，有着重要的积极意义。但是，随着形势发展，传统教育所面临的一些不适应性问题越来越凸显。

一是形式老化，往往是通过参观、座谈、宣讲、展览等形式进行，缺乏新鲜感、吸引力。二是受众有限，这些活动往往需要组织人员集中参与，气候、场地、时间等方方面面的限制因素很多，难以实现全员覆盖。三是互动性差，多数传统教育活动越来越多地采用了声光电等新技术以提升表现技巧、增强吸引力，但没有从根本上解决“灌输式”的教育方式问题，信息单向传递问题始终突出，受众的主动参与受到先天限制，体验感、互动性难以提升。座谈会形式虽然能一定程度互动，但参与人员、时间空间受限更为严重，且参与程度受现场气氛影响较大，实际效果同样难以保证。特别是进入信息时代以来，社会资讯海量增长，员工接触的信息量大，信息渠道极度丰富，形式手段易于接受，对传统的教育方式形成更大冲击。员工对传统教育的主动参与意愿、主观接受程度出现较明显下降。新形势下，要提升传统教育实效，必须突破传统模式，创新方式方法，增强员工的主动性、参与感和接受度。

新媒体的传播优势与开发必要

新媒体的传播优势正日渐凸显，主要体现在以下几个方面：一是得益于移动通讯技术的发展，信息传播的快捷性、方便性极大提升，传播的时效性更好；二是改变了传统媒体“静态传播”的僵化方式，打破了时间空间限制，解决了信息传播单向、线性、反馈差的问题，受众摆脱了被动接受的处境，减少了抗拒心理；三是打破了传统平面媒体的传播手段限制，文字、图片、声音、视频等内容可以集成传播，实现了传播的多元化、融合化，提高了信息量；四是扩大了传播的参与面，提升了传播动力，受众既是信息的接受者，也是信息的传播者，甚至是加工者、生产者，信息传播的交互性强，受众具有更强的参与兴趣，因而具有更强的传播意愿，使得传播更加顺畅、更具活力。

新形势下，新媒体已经成为企业员工特别是青年员工接受和传播信息的主渠道，长岭炼化员工思想动态调查数据显示，员工通过手机、电脑等新媒体工具接受的信息，已经占接受信息总量的80%左右。据此可以判断，相比传统宣传教育模式和手段，员工对新媒体传播更易接受，意愿更强。用好用足新媒体手段和途径，减少员工对传统教育的距离感、抵触感，已经成为开展好传统教育的必要和必然选择。

利用新媒体开展传统教育的实践探索

中国石化关于开展“传承石油精神、弘扬石化传统”教育的通知下发后，长岭炼化迅速制定了活动方案，在第一阶段的宣传教育、氛围营造工作中，新媒体担负起了主阵地的重任。企业官方微信公众号“长岭炼化”开辟《传承》栏目，分批展示长岭炼化艰苦创业时期的一些老故事，受到广大员工的欢迎，系列推送文章的阅读量保持了较高热度，以反映化验员工精细严谨作风的文章——《我们的承诺终生不忘》为例，阅读量近4000人次，超过长岭炼化在岗员工总数，员工主动参与热情较高，留言及回复数百条，为弘扬企业精神和传统作风，发挥了较好的宣传教育作用。工保持较高关注热情和参与程度，折射出活动具有的特点：

一是打破了时间空间限制，扩大了员工的参与度。与座谈会、宣讲会等形式不同，微信公众号推送文章不需要官方对受众群体进行组织，减少了员工的被约束感，使其更易于接受这种宣传教育的形式。企业微信公众号较广的员工覆盖面、文章阅读自主权的方便性，使得员工可以更自由地参与其中，扫除了员工的参与障碍，给予了员工更多的参与选择和自由，激发了员工的参与积极性。

二是题材贴近员工自身，更加具有亲切感、真实感。系列文章选取企业自身历史事件，员工身边典型人物，拉近了与受众的距离。员工对这些事件、人物既有一定了解，但又不完全熟悉，在感觉亲切、真实的同时，也内生出较强的探秘历史、了解人物的冲动。与此同时，与典型人物直接接触的员工群体，在传播过程中形成小型虚拟社群，社群的互动通过媒体公开展示，形成二次传播，提升了宣传教育效果。

三是素材征集、留言互动等形式，提升了员工的参与热情。系列文章组稿阶段，通过广泛发动员工寻找线索题材，征集相关图片等历史资料，调动了员工的参与热情。文章推送后，又有意识地组织人员在文章下留言以抛砖引玉，小编及时回复读者，并主动引流读者与小编回复、读者留言进行互动，通过提升员工参与，扩大互动的广度和深度，强化了活动的宣传效果。

四是图文并茂活跃宣传教育形式，提升了员工的传播兴趣。《传承》系列宣传活动，以内容故事化传播的手段，活跃了宣传教育的内容。通过征集一批历史资料图片，在进一步丰富和整理历史资料的同时，也丰富了传统教育的内容和表现手段，一批资料图片首次与读者见面，提升了受众的阅读兴趣，更好地展示了企业的历史风貌，使得传统教育更加形象、生动。

长岭炼化通过新媒体《传承》系列宣传开展“传承石油精神，弘扬石化传统”教育，提升了宣传教育活动的效果，并反向促进了长岭炼化官方微信公众号影响力的提升，实现了传统教育与新媒体建设相互促进的双赢。类似活动为传统教育的新媒体实践探索了经验：

一是适度移交主动权争取工作的主动性

传统的教育方式组织是教育主体，企业员工处于接受教育的客体地位，因而参与活动的兴趣较低，往往需要活动主办单位采取指令式的组织行为，容易导致员工产生抵触心理，进而影响到员工对教育活动、教育内容的接受程度。通过新媒体方式开展传统教育，极大地解放了员工的积极性，充分赋予其参加教育活动、进行交流互动的自主权、对内容信息相对自由的评判权，增强了员工的“主角”意识与主导权力，使得员工更好地融入到教育活动中，更深入了解教育内容这种主客转换激活了员工的内生动力，利于工作开展。

二是全方位提升员工参与感，增强了教育活动实效

剖析传统教育模式不难发现，教育活动很大程度上局限于会场等单一场所、宣讲等单一环节，难以激发员工主动意识，提升参与度。所以，要通盘考虑传统教育活动的流程环节，组织引导员工全流程参与，如寻找教育题材、制作教育资料、评估活动效果等各个环节，打破“少数人员关起门来设计、组织、总结”的局面，引导更多人当主角，营造人人都是活动组织者、工作参与者、教育受益者、问题查找者的良好局面，真正形成全员参与传统教育的良好态势。

三是贴近化找准结合点增强活动的融入性

宣传工作注重贴近基层、贴近员工、贴近生活，石化传统教育同样如此，要增强教育活动实效，必须在载体、内容上找准结合点，提升员工的接受度、融入度。日常工作中，企业一般能坚持选树员工身边典

型以引导激励队伍。这些典型人物、事迹在具有较强时代性、现实性的同时，也反映了石化传统的传承和弘扬。但从教育效果来看，其体现的历史的厚重感、沉淀感还是略有欠缺。与此同时，一些历史典型的宣传，又在一定程度上与员工存在较大的距离感。从长岭炼化石化传统教育的新媒体实践来看，挖掘员工身边的历史，寻找未被发现的典型，让与员工同处一个组织、团队的典型人物现身说法，将石化传统、石油精神传承的宏观话题在微观的小团体中落地，能够更好地增加员工的亲切感、归属感，从而更好地激发员工的荣誉感、自豪感，增强其自觉传承的内原动力。

（作者谢小飞系中国石化长岭炼化党委工作处文化工作者）

吉林石化“四种精神”传承与创新

企业是人的集合，而人是有精神的。一群人有什么样的精神，决定了一个企业有什么样的精神。反过来，当一个企业形成某种标志性精神之后，就等于建造起了一座精神的殿堂。这种精神不但可以激励特定时代、特定环境里的人们发挥积极进取的主观能动性，而且具备了可传承性，能够穿越时空。

“登天精神”的文化内涵

上世纪六七十年代，合成树脂厂（原吉化试剂厂）女工程师桂纯带领科研人员克服难以想象的困难，生产出国家急需的“201”和“741”产品，为我国国防和航空航天事业做出了杰出贡献。吉化把以桂纯为代表的科研人员的先进事迹总结提炼为“登天精神”。登天精神是吉化四种精神之一，其内涵是“敢为人先、忘我奉献、不畏艰难、合力攻坚”，与大庆精神铁人精神具有同根性和一致性，既具有石油化工企业的本质特点，又体现了新中国化工长子的文化特色，是石油精神、大庆精神铁人精神在工厂的具体化、人格化。登天精神在工厂代代传承，融入员工血脉，成为指引“做中国最好的 ABS”的一面旗帜。

从历史地位看：合成树脂厂是我国第一座“201”和“741”产品工业化试验、研究及技术培训中心，堪称中国重水和液氢产品工业化生产的策源地和摇篮。从建厂以来，先后有朱德、董必武、邓小平、薄一波、李先念等中央领导来工厂视察，亲临试验现场。田纪云为工厂题词：“发扬吉化优良传统，建好国家重点工程”。国家原化工部领导孙敬文、谭竹洲、陶涛、贾庆礼，以及中国石油领导来工厂视察、指导工作。

从科技价值看：军工生产时期，四种工艺生产“201”（重水）产品，为确定我国“201”产品生产的发展方向和建设大型“201”产品工厂，提供了必要的技术条件和物质条件。六大改造生产“741”（液氢）产品，为我国“741”产品生产和低温工程技术的发展，积累了丰富的实践经验。

从经济贡献看：军转民时期，工厂设计的氧化塔用筛板代替填料，结构最新，规模最大，技术水平世界领先。开展高效钯触媒的研制，触媒活性达到国内先进水平。1995 年 10 月，工厂与外国公司正式签订了双氧水技术出口合同，实现了吉化技术出口“零”的突破。ABS 生产时期，成功开发具有自主知识产权的“20 万吨/年 ABS 成套技术”，实现了 ABS 生产技术的国产化；成功开发出白色家电料 0215H、喷涂料 PT－151、电镀料 EP－161、高流动 HT－681 等十余个 ABS 特色专用料新产品，实现了产品多样化，满足了市场对 ABS 的差异化需求。十六年总创产值 15450.4 万元，为国家上缴税金 474.4 万元。完成“741”生产任务，九年总创产值 1802.7 万元，为国家上缴税金 146.2 万元。

从教育传承看：登天精神作为吉化的“传家宝”，深深融入员工血脉，代代传承。在登天精神的感召下，工厂涌现出一大批先进集体和个人。如：中国石油“铁人奖章”、中国石油青年科技立业英才等层出不穷；现出吉林石化公司模范车间 6 个、模范科室 3 个、模范班组 26 个。

“背山精神”代代传

1965 年末，化肥厂合成氨系统经过改造，年生产能力刚刚达到 28 万吨。国家下达了 1966 年生产 30 万吨合成氨的指标。为了为国家分忧，王芝牛从北京开会领回了任务，以“头拱地也要背起这座山”的坚毅，带领全厂职工革命加拼命，先抓“龙头”一造气，再抓“心脏”压缩机，牵住“合成”不撒手，爬上高塔改“造粒”，战胜了设备能力不足、技术瓶颈突出等困难，提前完成了生产任务，创造了闻名东北老工业基地的“背山精神”。

“背山精神”是大庆精神、铁人精神在吉林石化的传承和延伸，是中国石油集团公司“爱国、创业、求实、奉献”企业精神的再现，是吉化人为国分忧、勇于担当、牢记责任、埋头苦干的精神写照。

依托“背山精神”，“一五”期间兴建的156项重点工程之一的“老化肥”记录了吉化创业史。从上世纪60年代集中力量研制我国战略导弹、原子弹发射的重要原料任务，到70年代起，我国东方红一号卫星、长征系列火箭、神州系列飞船的成功发射，无不凝聚着化肥人的汗水和心血。“老化肥”先后得到党和国家的高度关注，周恩来、朱德、邓小平、江泽民、李鹏、朱镕基等党和国家领导人的赞誉

在“背山精神”的感召下，化肥厂先后涌现出吉林省劳动模范、公司劳动模范、新时期“背山精神”代表，员工勤于学习，做技术精湛的先锋，守住底线，做安全生产的先锋，抠出效益，做节能降耗的先锋，赋予了“背山精神”时代内涵。

最轻不过麻袋毛，蔚为精神力千钧

“麻袋毛精神”起源于染料厂老工人于德泉的“于老仓库”。1952年，染料厂老工人于德泉来到厂材料仓库。每天天刚放亮，他顾不上自己年老体弱，到处去捡那些废旧的零件和被人扔掉的破铜烂铁，有时竟然忘记了吃饭。库里装不下了，他就用捡来的板头钉了一个木板库，支上一张床住到了里面。日复一日地捡，年复一年地修，修好后整齐地摆放在架子上，几年下来，共补好麻袋5000余条，不能再缝补的便铡成麻刀用于和泥，共积攒麻袋毛4000余斤，回收废铁80吨，修复各种部件1600多件，铜质阀门60个，水暖器材100件，回收铜料1.5吨，铅料1吨。从此，人们缺啥少啥，许多东西在这都可以找到，人们开始离不开它了。人们把这个仓库和主人合在一起，起了个名字叫“于老仓库”。“麻袋毛精神”在此形成了雏形。“麻袋毛精神”，是延安精神、大庆精神、铁人精神在吉化的传承与发展，是吉化人勤俭创业、艰苦奋斗、爱厂如家、从我做起的精神写照，具有深厚的历史内涵和恒久的传承价值。

上世纪五六十年代的创业时期，需要种自力更生、艰苦奋斗的精神，需要一种勤俭节约、当家理财的光荣传统，就此，于德泉和“于老仓库”应运而生，教育和感染着全厂广大职工，节约一钉一木、一砖一瓦成为当时的一种时尚。几代传人，在继承中发展，在发展中丰富，修旧利废，挖潜节约，不断扩大“麻袋毛精神”的外延。

“麻袋毛精神”从上世纪70年代开始被提炼升华，“麻袋毛精神”的创作者之一李云山出席了全国物质战线劳模会，领回了“红色管家人”的锦旗，“麻袋毛精神”在公司生根开花，升华为企业全面质量管理理念。

1990年5月，《人民日报》头版头条，发表了称赞吉林石化“麻袋毛精神”的专题报道《“麻袋毛精神”的连锁反应……》，“麻袋毛精神”从此随着“全国学吉化”活动名扬全国。而“吉化”人无论在创业之初，还是兴业之时；无论在计划经济体制下，还是步入市场经济，都以“轻如鸿毛、却重于泰山”诠释企业六十多年的发展。“麻袋毛精神”不仅仅是一个名号，一种标志，更以其强大的精神动力，在染料厂发展史的不同时期发挥着重要作用。正是在“麻袋毛精神”典型事迹的感召下，几代吉染人在继承、发展、光大着“麻袋毛精神”，也激励了几代吉化人，感召了几代吉化人，成为教育人，感召人，推动公司发展的法宝。

“矛盾乐”——吉化人永不磨灭的精神之光

“矛盾乐精神”是全国劳动模范，技术革新能手，原化工部副部长李国才在担任吉化建设公司管道加工班班长时创造的，是吉化优良传统和作风的重要组成部分，是中国石油精神宝库中的一笔重要财富。它深刻反映了吉化人直面矛盾，解放思想，勇于探索的辩证思想，是吉化人乐观进取，大胆实践，求实创新，敢于突破的精神写照。“

上世纪60年代，苏联撕毁合同，撤走专家，使我国正在大规模进行的社会主义建设面临着严峻考验，李国才管道加工班职工直面困难，在没有设备、没有现成图纸的情况下，白手起家，利旧利废，搞技术革新，先后发明创造了合金钢高压弯头、冷压不锈钢弯头、1500吨油压机等。成功地实现了188项技术革新，取得10项重大科研成果，有两项获得了全国科技大会的奖励，有多项成果填补了国内空白。《人民日报》发表文章《革命就是解决矛盾》。中央人民广播电视台转播了李国才的讲话录音，中央新闻电影制片厂将他的事迹拍成电影，在全国引起了很大反响，李国才和他的班组为中国工人阶级树立了一个自力更生艰苦奋斗，不怕困难敢想敢干的榜样。李国才从此享有了“矛盾乐”的美誉。“矛盾乐”透射着吉化人的精神之光，在那个年代的吉化，到处闪烁着革新创造，敢于突破的智慧异彩。

斗转星移。“矛盾乐精神”在吉化这片热土上枝繁叶茂，造就了一大批自强不息，大胆实践，大胆创新的革新能手，有的成为全国劳模。“矛盾乐精神”展现了吉化克难求进、生生不息的发展动力。吉化人发扬“矛盾乐精神”，积极应对困难和矛盾，闯过了一道道难关，征服了一个个险境，一路自信、一路自强、一路拼搏走来。时至今日，“矛盾乐精神”仍弥足珍贵，是吉化人实现高质量发展的不竭动力。

（中国石油吉林石化公司）

打造“以员工为中心”的人文油田

在“安下心，扎下根，不出油，不死心”的创业精神激励下，新疆油田始终秉承“奉献能源　创造和谐”企业宗旨，弘扬以“三老四严”“苦干实干”为核心的石油精神，努力践行“我为祖国献石油”的企业核心价值观，着力打造“具有鲜明时代特征、行业特点和富有西部民族特色”的人文油田，促进了新疆油田的和谐稳健发展。

靠文化熏陶人　让员工有精神皈依

新疆油田公司高度重视并充分发挥企业文化在现代化大油气田建设进程中的示范引领作用。按照中国石油企业文化战略和“六统一”（企业宗旨、企业精神、企业核心价值观、经营管理理念、企业标识、司旗司徽司歌）要求，结合自身实际，不断丰富完善企业文化理念体系。一是编制指导性文本。制定企业文化建设规划，编制《企业文化手册》、《员工行为准则图文本》、《视觉形象手册》《格言警句选编与点评》等一系列指导性文本，形成包含各专业系统及管理层面的企业文化网络体系。二是提炼专项文化理念。组织各族员工集思广益，提炼了“一心想油、奉献为油、敬岗爱油、力争上油”的团队精神理念、“好环境、好身体、好心情、好精神”的健康理念、“精心、恒心、爱心”的安全文化理念、“对尽一份责任、多享一片绿色”的环保理念等一批专项文化理念。三是推进基层文化建设。各单位实施“五个一”文化工程（一册、一书、一片、一报、一基地）、“面对面、心贴心、实打实，服务员工在基层”的暖心工程、“五重”安全文化、和谐环保文化、沙漠奉献文化等，形成各具特色的企业文化。四是打造企业精神教育基地。先后建成克一号井、101 窑洞遗址等 9 个中国石油企业精神教育基地，建成集团公司级的廉政教育基地，初步打造出“新中国油气储运第一站”。这些见证历史、体现传统、承载文化的景区式教育示范基地，成为传承石油精神的重要载体和文化品牌。五是组织群众性文化活动。抓住中华民族传统节庆的契机，开展千幅春联送祝福、红歌会等“我们的节日”主题活动和道德讲堂等精神文明创建活动，既营造欢乐祥和的节日气氛，又增强各族员工对中华民族、中华文化的认同感。举办中国石油“准噶尔之声新年音乐会”“中国梦·劳动美·一家亲”职工大合唱、运动会、全国东西南北中羽毛球大赛、国际马拉松赛等大型文化体育活动，使各族员工受到良好的文化熏陶。

靠典型感染人　让员工有学习目标

先进典型是企业基本精神和核心价值观的人格化，是企业文化品牌的重要构成要素，也是弘扬企业精神、展示企业形象的重要名片。长期以来，新疆油田高度重视先进典型的培育选树和宣传推广，把先进典型的选树推广过程作为诠释、弘扬石油精神的过程。一是开展“10 个一百”典型选树活动。通过“基层挖典型、组织育典型、高位推典型、媒体颂典型”的方式，逐步培育百个示范党支部、百名优秀党员、百名专家人才、百名石油工匠、百名民族团结模范、百名青年典型、百名最美员工、百名优秀班组长等“10 个一百”的英模群体。二是重点培育全国重大典型。40 多年来，新疆油田陆续培育了铁人式共产党员、义务植树 30 年的道德模范等一批具有较大影响的英模人物。特别是少数民族技能专家肉孜麦麦提·巴克，是中国石油继“新时期铁人李新明”之后又一全国重大典型，三次受到习近平总书记的亲切接见，他爱岗敬业、自强不息的事迹深深地感染了全国各族人民，激励了油田各族员工。

靠形象鼓舞人　让员工有荣誉情感

改革开放40多年来，新疆油田广大员工艰苦创业、无私奉献，用心血和汗水创造了巨大成就、历史贡献和良好声誉。随着社会发展，评价企业形象的视角和标准发生了变化，对石油企业的管理服务、创新创效、安全环保、维稳处突等能力更加关注。公司面临的风险挑战日益增多，迫切需要转观念、强素质、树形象。公司通过各种形式和途径，充分展示企业的良好形象。一是开展新闻外宣活动。组织国内外媒体走进油田，全方位、多角度宣传油田的勘探开发成就和重视履行经济、政治、社会“三大责任”的情况，先后在人民日报、新华社、中央电视台等中央主流媒体刊播大量报道，特别是在央视《新闻联播》播发深度报道，在《中国新闻》推出专题直播节目，在《见证》栏目推出七集纪录片《岁月山河——走进克拉玛依》。二是制作外宣品。组织拍摄系列宣传片，先后拍摄百集文献纪录片《油城记忆》、百集劳模新闻片《油城群英谱》、以及企业形象片、企业文化专题片，刻录成外宣光盘，并制作画册、吉祥物等特色外宣品。三是策划实施“弘扬石油精神　重塑良好形象”系列活动。先后组织大讨论，开展升国旗唱国歌、全员发声亮剑、石油精神大宣讲、“一元捐”石油助学、“使命担当·荣耀岁月”成就巡展、“红细胞”志愿服务、“主题党日+践行‘四个诠释’”“感知责任油田行”等系列主题活动，较好塑造了公司“忠诚担当、风清气正、守法合规、稳健和谐”的良好形象。

靠文化留住人　让员工有美丽家园

新疆油田长期在13万平方公里的准噶尔盆地从事油气勘探开发工作，荒凉的戈壁沙漠，冬冷夏热的气候条件，使不少员工得了沙漠综合症。为了稳定员工队伍，公司积极想办法、定措施，把环境建设纳入文化发展战略，用心打造生产生活环境。一是建设“沙漠绿岛”。公司鼓励沙漠油田作业区积极开展植树造林、绿化油区工作。经过多年持续建设，准噶尔盆地腹部出现了石西油田、陆梁油田等一串“沙漠绿岛”。二是开展“绿色油气田”创建活动。自2007年以来，公司连续组织全员参加创绿活动，加大环境整治力度。各单位党、政、工、团齐抓共管，开展治理污油（水）坑、清理油区垃圾以及回收各类工业固体废弃物等活动，促进沙漠生态环境和生产生活环境的持续改善上。公司所属23个二级单位全部通过自治区清洁生产审核验收，实现油区地貌自然环保、生产设施整齐规范以及建立环境保护长效机制的活动目标。三是开展“美丽场站”建设。2018年5月，公司按照“工作区规范、生活区温馨、休闲区舒心”的要求，全面启动“美丽场站”创建活动，对现场生产区、室内办公区、员工公寓、食堂等场所进行规范化、标准化和美化。目前，公司初步建成10个“美丽场站”示范点，各单位自评一类场站176个，二类场站294个，三类场站36个。按照“三美九好”目标同步推进“美丽场站文化”建设，即建设员工美丽（学习好、思想好、形象好）、生活美丽（风气好、团结好、文娱好）、工作美丽（精神好、能力好、业绩好）的标准化、规范化的基层站场，不断改善生产一线员工的工作学习生活环境，进一步增强员工的归属感。

靠团结稳住人　让员工有家国情怀

抓好民族团结事关驻疆企业的和谐稳定和稳健发展。没有稳定的环境、稳定的队伍，一切工作将无从谈起，一切目标将无法实现。新疆油田公司是由33个民族组成的和谐大家庭，少数民族员工占25%，是全国民族团结进步模范集体。从某种意义上说，新疆油田的发展史，也是一部民族团结史。早在上世纪五十年代，由8个民族36名员工组成的1219钻井队团结协作，顽强拼搏，成功钻探了克一号井，从而发现了新中国第一个大油田——克拉玛依油田。1981年，在全疆率先开展民族团结进步教育月活动，并在全疆推广。近年来，由于境内外“三股势力”的渗透，新疆意识形态领域“去极端化”和反分裂斗争形势异常严峻，员工间出现了“吃不到一起，玩不到一起，想不到一起”的苗头，公司改革发展稳定承受较大压力。作为驻疆央企，公司认真贯彻落实习近平总书记“要像珍视自己的生命一样珍视民族团结”的要求，积极探索新形势下民族团结融情教育方式，引导各族员工投身到改革创新稳健发展上来。一是开展“去极端化”主题教育。公司连续38年开展“民族团结进步教育月”活动，2015年提升为“民族团结进步年”活动，不断强化“去极端化”主题教育。通过专家讲座、张贴漫画、现身说法、重点人员教育转化等多种形式，讲深讲透民族团结的奋斗历史，讲深讲透中国石油建设新疆的光辉历程，讲深讲透各族员工携手共创美好生活的和谐故事；深入揭批民族分裂、暴力恐怖、宗教极端势力的反动本质。2016年，公司积极响应自治区维稳工作要求，组织少数民族党员干部带头发声亮剑、签名承诺、集体宣誓，凝聚起“坚决抵制‘三股势力’、坚决维护和谐稳定”的思想共识。二是开展“同吃、同住、同劳动、同学习”活动。公司结合油田作业区野外吃住的特点关心员工，让各族员工统一入住标准配置的公寓、将餐厅统一调整成清真餐厅。针对一些员工因风俗习惯和观念不同而产生的心理情绪，基层党组织做大量耐心细致的工作，党员干部带头，渐渐形成“围坐一张桌，同吃一锅饭”的局面；采取“学+考”、“练+赛”、“传+帮”的形式，帮助员工成长进步。三是开展“民族团结一家亲”结亲周活动。民汉“结对子”是开展民族团结融情教育的有效载体，员工之间广泛结成“语言”、“技术”、“帮扶”等各种“对子”。2016年，公司又把“结对子”延伸到家庭、到八小时外，开展结对认亲活动。各种形式的“走亲戚”活动，让各族兄弟姐妹的心贴得更近了，畅通了由岗位到家庭的“最后一公里”。四是开展驻村帮扶活动。公司把社会政治责任落实到“访汇聚”工作中，连续五年共选派100余名干部投身南疆住村工作。

新疆油田公司以“员工为中心”的人文油田建设，增强了各族员工的自豪感、使命感和归属感，提升了企业的文化软实力，有效助推了企业的高质量稳健发展。特别是近年来，新疆油田陆续发现玛湖、吉木萨尔致密油两个10亿吨储量的大油田，为保障国家能源安全供应、推动新疆经济社会发展做出了重要贡献。

（中国石油新疆油田分公司）

融合母子文化　助力企业成长

中国电子科技集团公司第二十七研究所（简称27所）企业文化建设是以集团公司企业文化建设为引领，以27所发展历史为基础，经过半个多世纪的沉淀和升华，形成了以“中国电科企业文化”的落地深植和以“三种文化”为引领的“精诚”子文化相融合的企业文化体系。

以三种文化为引领的27所“精诚”子文化

27所子文化是以“中华民族的传统文化、共产党人的奉献文化、高技术研究所的创新文化”为基础的三种文化融合发展的精诚文化体系。具体来说，主要体现在与中华民族的传统文化相结合，提升员工队伍素质，培育企业核心价值观；与中国共产党的奉献文化相结合，彰显党员队伍先进性，提升企业核心战斗力；与高技术研究所的创新文化相结合，提升技术研发水平，夯实企业核心竞争能力。

在企业文化推进过程中，27所坚持“四有四新”工作模式（即要有机制，在常态化机制建设上出新招；要有组合拳，在提升软实力上出新样；要有载体，在活动载体上常创新；要有诚心，在凝聚人心上送新意），不断加强员工意识，浓厚文化氛围，从而提升我所文化软实力。

融合“两省三地”的发展历程，用心提炼精神。27所有53年的发展历程，是我国最早组建的外弹道测量系统工程研究所，历经“两省三地四次”搬迁，定址郑东新区。半个多世纪的精诚奉献，半个多世纪的积累沉淀，27所结合传统文化对诚信的重视，结合高技术研究所对前端科技精心研究、精确把控的要求，通过全员参与、广泛征集提炼形成“精诚”子文化；精心设计以“精诚”为核心要素、以国之重器——鼎为表现形式的所标，形成“做事精，做人诚”的基本治所理念，以传统文化与企业文化结合寻找结合点。经过近十来年的不断宣贯解读，“精诚”子文化体系已经得到27所人的广泛认同，并成为广大27所人为人处事的行为准则。

打造特色鲜明的文化景观营造氛围

走进过27所都会被浓厚的传统文化氛围和特色鲜明的文化景观所感染。不管是入所即见的文化墙，还是紫鼎广场上矗立着的精诚大鼎；不管是彰显东风灵韵的成城钟，还是体现预警机精神的国防教育基地；不管是所区道路的精心命名，还是细致考究的环境绿化，都充分体现了东方文化的内在神韵和27所对奉献与创新的无畏与追求。作为企业文化建设的有机组成部分，文化景观以其鲜明特色受到27所足够重视，充分体现27所的人文追求和精心布局，同时让员工在上下班路上及工作之余，均能感受到浓厚的文化氛围。

开展形式多样的文化活动　培养员工习惯。27所通过开展“文化大讲堂”“文化大讲坛之宣讲吧”等并结合“三会一课”，分批次、有侧重地开展各种培训，从文明礼仪、社会公德、精诚文化，到职业规划、团队建设，内容广泛、深入而具体，使职工养成一个爱岗敬业的习惯，形成企业长远发展的动力源泉；结合国家重大活动、传统节日及所内项目进展、重大关键节点等，适时开展“烈士纪念”“读书活动”“演讲比赛”“广场舞大赛”等形式多样的文化文体活动，以此引领舆论导向，增强职工的凝聚力和向心力。

积极宣贯推进中国电科企业文化在27所落地深植

27所按照“11432”企业文化落地深植管理模式（即1个目的：提升我所文化软实力；1个原则：坚持以人为本的原则；4个平台：发挥《二十七所报》、“27所微声”、综合资讯、电子宣传屏4个平台的统筹优势；3个故事：讲好我所发展理念、改革进程、奋斗精神的故事；2个效果：大力提振职工士气，凝聚全所职工干劲），秉持“抓主线、抓导向、抓制度、抓载体、抓队伍”的整体思路，坚持“贴近身边人、贴近身边事”，从而提升全所员工凝聚力，使全所一心一意谋发展的氛围更浓、干劲更足。

加强宣传力度，营造视觉冲击。27所利用橱窗、宣传展板展示集团公司企业文化体系，并通过《二十七所报》以及“27所微声”微信公众号开辟专栏，以“身边人 身边事”解读、诠释集团公司企业文化理念，在宣贯的同时，以情感人，讲述27所人践行“责任 创新 卓越 共享”的故事，多举措并行，营造了知、学集团公司企业文化的良好氛围。

分层多次培训，增强员工认可。27所将企业文化学习列入党委中心组、党员、干部、职工的2017年度学习中，利用党务、行政两条线，进行企业文化培训。各党总支、直属党支部充分结合三会一课、专题学习、专题研讨、部门例会、文化大讲坛等形式，通过多形式的培训，增强员工的认可度，确保集团公司企业文化入脑入心。

特别是对刚入职的年轻人，通过文化大讲坛的形式，全面贯彻集团公司企业文化理念。同时，27所采用走进去的形式，由党群工作部深入各个部门进行逐一讲解，确保企业文化在27所的落地。

加强宣传推广，扩大文化影响。27所充分利用所内综合资讯、电子宣传屏等平台讲述“27所故事”，同时，积极与地方媒体结合，利用重大工程、重大事件等，进一步树立电科形象，发出电科声音。

选定落地载体，推进落地深植。27所选定S频段800W固态高功放、电磁XX项目、XX2舰坞修分别作为在科研生产、市场开拓、服务保障三个方面的落地载体，并指导其指定了适合三个落地载体实际情况的实施方案，目前正在按照实施方案逐步推进。通过落地载体的推进，三个项目的成员对“五大工程”与项目有机结合有了更深入的认识，也起到企业文化与项目推进甚至企业发展相辅相成的作用。

（中国电子科技集团公司第二十七研究所）

“五贤文化”凝聚企业转型新力量

中国电信股份有限公司上海奉贤电信局是中国电信股份有限公司上海分公司的直属企业，负责奉贤区733平方公里区域市场的移动、宽带、固网语音、增值业务、ICT、云、物联网及大数据等电信业务，服务人口100多万。多年来，奉贤电信局紧紧围绕“以客户为中心，以奋斗者为本”核心价值观，锻造企业“五贤文化”品牌，致力于实现“建设网络强国、打造一流企业、共筑美好生活”的战略目标。

“贤眼看势”

首先，看清国家大势。奉贤电信局深入学习习近平新时代中国特色社会主义思想和党的十九大精神，以思想武装头脑，理论指导实践。全面开展“党团书记大巡礼”活动，党支部带领团支部走访中共一大会址、上海知青博物馆等教育基地，通过“大书记讲故事，小书记听”、重温入党誓词等形式，在红色传承中深化理想信念教育。其次，看透上海趋势。组织员工参观上海城市规划馆、奉贤区“十三五规划”之重点区域规划及项目展示，参观东方美谷核心园区，增进员工对区域发展形势、企业转型3.0落地的思考与理解。第三，看准企业形势。组织企业文化月活动，党委班子作为首席宣贯员，全覆盖开展形势任务宣贯。并制定《奉贤电信局企业转型3.0宣贯材料》，由企业转型小教员分批为员工开展企业转型3.0战略目标宣贯，进一步统一思想。同时，打造信息大楼企业文化廊、经营单位文化墙，营造目标清晰、创新发展、勇于奋斗的良好氛围。第四，看懂员工心势。党委班子等通过下沉一线、大调研活动了解思想动态看懂员工心势，由此达到统一认识，统一声音，从而统一行动的目标。

“贤耳闻道”

首先，打造“道德讲堂”，连续开展32届精神文明事迹发布会，挖掘企业在全面深化改革、通信保障、精神文明创建等方面涌现出的一系列先进员工及典型事迹，通过“道德讲堂”以身边人讲身边事、以身边事教身边人，实现以德育人、以文化人。其次，创建“贤学社”品牌，开设十九大、销售、建维、管理、人文等课程，包括积极心理学和国学课程，如《音乐艺术和人文素养》《周易的应用和智慧》等，将积极心理学和国学知识应用于企业转型发展，提升职场正能量。第三，积极搭建“请进来、走出去”平台，包括邀请兄弟单位新兴业务领域专家、行业先进达人来传经送宝、切磋交流。积极走出去，前往松江区、青浦区学习社区街镇网格化建设、智慧社区建设等先进经验。通过寻找更有效的方法论，实现企业与员工成长、共进步。

“贤势聚力”

一是发挥区域信息化主力军作用，认真落实上海电信与奉贤区政府签订的“互联网+”战略合作协议，全方位推进平安城市、智慧政务、智慧民生、智慧教育、智慧医疗、智慧美谷等信息化建设，助推“智慧城市”建设。二是助力奉贤区创建全国文明城区，运营云计算、大数据、物联网等技术，打造南桥镇江海村、杨王村等全市智慧农村样板，形成“实时感知、智能研判、闭环处理”的乡村平安建设模型和乡村创新治理模式，助力“美丽乡村”建设。三是彰显企业社会责任，积极与属地化街镇社区联动，开展“创美丽家园”主题实践活动，如开展实名制志愿者服务，智能机辅导及终端维修志愿服务，社区防通信诈骗宣传志愿服务，通信线乱拖乱拉“黑色污染”治理活动，关爱环卫工人–替班1小时活动，文明交通执勤志愿活动等，积极承担作为中央国有企业的一份责任和上海市文明单位的一份担当。

“贤人领航”

积极倡导勇于担当的奋斗者精神。首先，党委领导班子争做领导干部的典范。党委领导班子每人认领挂钩2项年度区局攻坚项目，包括雪亮工程、智能安防项目、高质量党建建设、员工活力激发等，发挥示范引领作用。并以“一把手”协同客户经理模式，连续多年开展“百日访百企”高层拜访活动，探讨以信息化助推企业转型升级的方法，以及征询对电信服务满意度。第二，党员领导干部争做最具价值员工的典范。支撑部门党员干部全覆盖与一线24个小CEO结对挂钩开展“五贤在线”活动，通过下沉一线更好助力一线找准企业经营发展的发力点，以快速有效的倒三角支撑为一线提供更好的服务。第三，党员争做最具价值的员工。由公司劳模、优秀共产党员、示范岗党员等带领开展党员攻坚项目，包括平安城市建设、千兆光网建设、化工区大数据云计算中心建设等攻坚项目。多年来，奉贤电信孕育了多名不同层级的劳模和标兵，这些引领者带领大家不断前进。

“贤心关爱”

企业高度重视为员工办实事解难事，关心关爱员工，打造“翼家人”的电信文化。包括积极打造员工荣誉积分体系，员工积分可用于岗位升等、工资升档、个性化福利及培训等，包括与领导共进下午茶、鲜花直送、迪士尼门票等个性化福利。打造信息大楼员工文体活动中心、活动场馆，设置“爱心妈咪小屋”，为一线员工打造“小食堂”“小活动室”“小卫生间”“小浴室”。在员工办公场所配置空气净化器，洗手间加装暖水宝等，不断改善员工工作环境，提升获得感知。探索以“互联网+关爱员工”的新模式，打造“爱心集享格”，提供贴心、自助、免费的应急物品，致力打造成为关爱员工的新平台。在做好关爱员工的基础上，把企业大爱面向社会贡献力量。包括连续14年结对扶贫奉贤区庄行镇芦泾村，以及助力四川木里县产业扶贫等。连续4年参加奉贤区“东方美谷·风雨彩虹——圆梦行动在贤城”活动，共计为67个困难家庭圆一个梦，献一份爱心。

在新时代，奉贤电信局将持续打造“五贤文化”品牌，通过转型增能激发创造活力，通过创新有为促进高质量发展，为助力上海市成为卓越的全球城市、具有世界影响力的社会主义现代化国际大都市作出应有的贡献。

（本文摘自中国文明网《思想政治工作研究》2019-6-10，中国电信股份有限公司上海奉贤电信局供稿）

并购重组中的跨文化管理

跨文化管理理论是20世纪70年代后期在美国逐渐形成和发展起来的一种管理理论。2016年，我国企业共实施对外投资并购项目742起，涉及73个国家和地区的18个行业大类；2017年，中国企业海外投资仍然有旺盛需求，同时中资在境外设立了众多企业，跨文化经营和管理成为热门话题。

跨文化管理遇到的困难

跨国公司在母国环境下形成自身的文化价值观相对容易，因为民族文化、商业文化、企业文化以及员工个体文化都是相融或一致的，但在异文化环境中建立一种新文化，由于境外部环境的不确定性，以及企业并购交易本身的复杂性，无论采取何种模式，都将面临在价值理念、思维模式、行为方式、沟通方式等方面的重新适应或者改变。文化的冲突会使被并购方在与并购方合作时产生不信任感及对前途的不确定性。这会导致其对个人事务的关注程度的提高，从而降低工作效率；文化冲突也会直接导致员工对企业缺乏认同感和敬业精神。在与并购方进行合作时，在帮助并购方解决问题、提供信息及共同工作方面，员工的合作程度也会降低。这就使实施海外并购后的企业必然处于一种多元文化并存的状态，加大了文化整合的难度。就目前世界上多起中国企业并购案来看，解决这些问题的能力依旧是中国企业的短板，管理模式固化、跨文化能力不高以及企业文化建设不完善，造成了中国企业的跨国投资问题颇多且收效甚微。为此，跨国公司就要研究跨文化管理的实践，为实现全球化战略奠定基础。

企业跨文化管理的原则

因地制宜原则：跨国公司在跨文化管理过程中，必须根据不同国家和地区的具体条件，制定相应的妥善措施。显然，不考虑东道国的宏观环境、企业的微观特征和员工的接受适应能力，而将本企业的管理模式和管理文化强加给东道国企业经营管理过程的做法是愚蠢的。这就要求跨国公司实施适合本企业、具有文化包容性的共同管理方法。

平等协调原则：跨国公司在跨文化管理过程中，平等看待和对待东道国文化，积极借鉴不同文化因素的优秀品质，协调文化中的冲突部分，进而构建新的文化共识和文化范式，建立新的文化群体。这一原则要求跨国公司应该本着相互信任的原则，以建立新的企业文化为宗旨。

包容差异原则：跨国公司在跨文化管理过程中，自觉尊重、包容彼此文化的差异，由此实现不同质文化之中的优秀要素之间相互吸引、相互作用和相互提升。管理学大师彼得·德鲁克就曾说过，跨国公司是“一种多文化的机构”，其经营管理“基本上就是一个把政治上、文化上的多样性结合起来而进行统一管理的问题”。按照包容差异原则的要求，跨国公司将多元文化进行融合，由此建立起一种合作、共享文化，就能突破市场空间和社会结构的限制，实现双赢甚至多赢的商业运作。

价值共享原则：跨国公司在跨文化管理过程中，通过彼此文化的融合发展和共识文化的建设推行，由此实现企业供应链和企业员工的价值观共享、荣誉共享和利益共享。从某种意义上说，现代经济越来越像“共享经济”。在企业外部，跨国公司要想获得更宽松的发展环境，必然要采取同客户、合作伙伴、上下游产业链实现普遍的“价值共享”的策略。同样，跨国公司要获得更多的员工支持，实现长久的发展，其内部员工的“价值共享”就显得更为重要。事实上，目前许多跨国公司所能实现的“共享”还是一种狭义上的“共享”，更多的只是信息和资源的共享，而在经济全球化条件下的共享应该是全面的共享，包括资本的共享、资源的共享、能力的共享，最后实现价值的共享。

企业跨文化管理的模式

本国中心模式：跨国公司将母公司的管理模式和企业文化直接植入到东道国所在的分公司的一种做法和方式。这种模式的显著特征是，公司在组织形式上通常表现为总部大、分部小，其主要职能参谋部门均集中在母公司总部，主要决策也均由母公司可做出，分公司一般只是下属执行部门。采用这种跨文化模式的跨国公司有一个隐含的逻辑前提，即认为本民族的文化优越于东道国的文化，因而脱胎于本民族文化的管理模式自然也就比东道国的管理模式先进。因此，在跨国经营中，这类跨国公司常常以本国文化凌越东道国文化，以母公司的管理模式和规章制度来完全代替分公司的管理模式和规章制度，强迫东道国的员工接受母国文化的价值标准和管理模式。这种模式的优势在于，母公司对其子公司有很大的控制权，分公司与母公司在决策上能够保持高度的一致；由于东道国员工只占据较低的职位，所以容易在本地招聘到合适的员工；分公司运作可以在最短的时间内进入正常轨道。其不足在于，由于受东道国文化的影响，在分公司将存在巨大的文化冲突风险；东道国员工在事业发展中会受到很大限制，不利于调动东道国员工的积极性；同时分公司外籍管理者海外职业发展通道受限，往往难以吸引海外高端人才。虽然这种管理思路有其有效的方面，但在越来越重视人性化的今天，一般认为是不合理的。

客国中心模式：跨国公司在东道国分公司建立有自己特色的管理模式和企业文化的一种做法和方式。这种模式的逻辑前提是，承认、尊重本民族文化同东道国文化的差异，认为本国的先进管理模式未必适合于东道国。采用这种跨文化管理模式的跨国公司，基本特征表现为，总部权力相对有限，总公司对分公司的具体业务和管理活动一般不直接干预，而只从目标上要求其利润、销售额等指标达到总公司的计划指标，海外分公司一般业务自主。从组织形态上来看，这类公司的组织结构相对松散，除去资本运作、技术研发等某些关键职能部门外，其海外分公司各类职能部门齐全，基本上是一个完整的独立程度相当高的公司。这种模式的优势在于，母公司对子公司有一定的监控能力，充分发挥子公司的积极性和主动性，以更好地适应东道国市场的特点和需求；更多地使用东道国员工，能够有效调动当地雇员的积极性，吸引优秀的人才加盟：实行东道国薪酬标准，比外派人员费用低得多，从而大大减少了财务费用的支出。总的说来，采用客国中心模式是最为灵活的一种经营策略，而且易于获得东道国政府的支持。其劣势在于，长期使用这种策略恐会导致海外子公司各自为政，增加跨国企业统一管理的难度。

区域中心模式：跨国公司按照业务的全球分布状况，而在具有业务辐射力的中心地区国建立分公司，并以此区域为中心和纽带建立有自身特色的管理模式和企业文化的一种做法和方式。采用这种跨文化管理模式的逻辑前提是，认为区域总部战略和效益是企业组织和文化的基本出发点。采用这种跨文化管理模式的跨国公司基本特征表现为，不同区域总部之间的经营理念、制度规范和管理模式可以有所不同，但在同一区域总部内的各个分公司之间则是一种基本相似、相互协调、相互包容的关系，公司的各项基本准则都由区域总部做出。跨文化管理的区域中心模式可以被看作是全球中心模式的初级阶段。区域中心模式的优势在于，既有原则性又有灵活性，其前提是同一个区域在文化上必须具有相当的相似性和关联性，比如东南亚地区形成了以中国儒家文化为纽带的商业圈。其不足主要表现在，其对区域公司总部的决策能力和管控能力有很强的依赖，特别是由于区域集团与集团总部组织联系比较松散，所以要取得成功须以母公司的主体企业文化和著名品牌为后盾。

全球中心模式：跨国公司按照业务的全球分布状况，而采用融合了不同国家、不同民族文化特点的超越于本国文化和东道国文化的一种做法和方式。采用这种跨文化管理模式的逻辑前提是，认为最好的管理方式应该是没有民族文化色彩的。采用这种跨文化管理模式的跨国公司，基本特征表现为，既不主张像本国中心模式那样全盘照搬本民族文化而要求全面贯彻落实母公司的管理模式、规章制度，也不主张像客国中心模式那样充分接受东道国的文化而实施本土化战略。它主张在海外公司管理模式的选择上，应坚持国际化和实用化的标准，完全超越本国模式和客国模式的限制，而根据实际管理需要选择最合适的管理模式和规章制度。

企业跨文化管理的实施路径：文化导入

植入式文化导入：企业在对外投资时，直接将母公司的企业文化强行注入国外的分公司，对国外分公司的当地文化进行消灭，国外分公司只保留母公司的企业文化。当被并购方的企业文化很弱，企业管理人员和雇员感到他们的文化和实践不仅无效并且已成为业绩改善的障碍，同时，并购方的企业文化非常强大且极其优秀，该企业的员工就会较容易接受或欢迎并购方的企业文化。因此，整个文化导入的过程就有一个强力型的核心文化起主导和推动作用。而且，这种模式产生的冲突就会比较少，对于并购企业来说，这是最容易的一种文化整合模式。如果被并购企业并不接受并购方的企业文化，则这种模式具有很高风险。因为这种模式意味着被并购方完全放弃自己文化个性，必然会遭到被并购方企业员工的抵制。植入式文化导入是并购方企业强制执行的，并不是被并购企业所愿意接纳的方式，就会因为存在抵制和冲突而产生风险。

升华式文化导入：对国外分公司原有企业文化的扬弃、重构、创新、提高，使重组后的企业文化能够在不断调整自身经营管理过程中，与母公司的企业文化由不协调到逐渐协调，由疏远趋于接近，最后达到融通，适用于并购企业。

嫁接式文化导入：将母公司的企业文化与国外分公司当地的文化进行有效的整合，通过各种渠道促进不同的文化相互了解、适应、融合，从而在母公司文化和当地文化的基础之上构建一种新型的企业文化，以这种新型文化作为国外分公司的管理基础。这种模式的一个重要特征是双方组织间会出现某些文化要素的相互渗透和共享，兼并重组双方都将改变自己的部分文化，同时又从对方吸取一定的文化要素。在这种模式下，双方必须在共同可以接受的文化基础上，充分理解和让步，并为建立能够跨越文化差异的新企业文化而努力。

重塑式文化导入：对兼并重组后的企业进行企业文化的重塑和改造，形成一种全新的企业文化，使双方原有的企业文化完全消失的一种文化导入模式，同时，新的企业文化更适用于企业的经营实际。这种模式适合于兼并重组双方企业文化较弱且文化上均存在很大缺陷，同时双方都想放弃原有企业文化，但又不愿接受对方文化的情况。

文化融合跨文化管理的根本目的就是实现不同文化的融合

融入战略体系。境外子公司应从母公司战略角度出发，结合子公司经营特点，审定子公司的愿景、目标，使子公司的整体发展方向始终与母公司保持高度一致，从而实现文化上的融合。华电香港公司以“开发国际能源、提供发展动力”为使命，以“建设国内同业先进、国外同行知名的跨国能源企业”为愿景，以全球化视野谋划发展，优化业务布局，以实践成果进一步促进文化融合，如：柬埔寨、俄罗斯各界对中国企业和文化的认同度高，良好的大环境有利于额勒赛公司、捷宁公司开展跨文化管理工作。

融入组织体系。公司建立较为完善的人力资源管理架构，针对境外项目公司薪酬受汇率波动的影响，引入汇率变动核定和分析机制，使薪酬管理更加科学合理；强化干部规范化管理，着力提升干部整体素质，加强后备干部培养选拔，拓展干部成长成才空间，使更多优秀干部走向重要岗位；根据境外业务发展特点，实现境外所属公司用工市场化，人才引进更加灵活，例如，额勒赛公司积极为当地人提供就业机会、良好工作条件和技能培训，减少当地居民对外来资本的危机情绪；采用培养柬籍管理人才对柬籍普通员工进行直接管理的方式，减少文化冲突。解决了境外公司人员尤其是骨干人才、本地人才招聘难的问题，为实现人才国际化、属地化创造了条件。

融入制度体系。以母公司制度为导向，建立一整套新的制度体系。这些制度是企业价值观的具体贯彻，同时从硬约束的角度与其他各种软约束的因素共同强化了新文化在员工思想上的积淀。如：捷宁公司是中俄合资公司，两国员工拥有截然不同的语言和文化，从集团公司“走出去”大局出发，捷宁公司在企业管理中注重兼顾中俄文化差异，求同存异，推进合作。捷宁公司在创立初期，在组织结构设置以及建立财务、行政、后勤、劳动保护等各项制度时，就充分考虑中俄不同的文化和管理习惯，多方沟通、协调，在取得中俄双方一致意见后才组织实施。中俄员工在项目建设的初期存在很多语言障碍、文化冲突，经过长期文化磨合、融合，中俄双方逐渐找到平衡点，各项管理工作得以有效实施。

融入文化体系。境外子公司开展一系列文化交流活动，增进员工对两国文化的了解，促进了文化融合。如：额勒赛公司利用中国“国庆节”及柬方重要节日，每年组织中柬员工进行各种球类比赛。为中柬员工在公司营地建设体育健身场地和设施，平时组织中柬员工健身交流。额勒赛公司组织中柬员工过中国节日、外出烧烤等，和柬籍员工分享中国文化和美食。开展国际礼仪培训、柬法规政策研究、语言培训、植树等，增进中方员工对柬埔寨文化的了解。

融入行为体系。根据子公司实际，将母公司企业文化和行为识别体系融入子公司规章制度里，以先进的文化感召人、积极的行动激励人，促进企业文化在海外班组的落地生根。如：额勒赛公司鉴于柬埔寨社会物资供应配套性差、治安环境复杂、热带雨林区疫病易发、人员安全意识欠缺等情况，额勒赛公司以安全文化建设为切入点，建立起涵盖安全生产、治安、保卫等多方面的安全管理制度及应急预案，采取营地配置空调、定期组织员工体检、开展环境卫生整治、现场设立医务室、购置救护车、配置必要医疗设施等措施保障中柬籍员工卫生健康。通过配置安全帽及劳保鞋、观看安全警示录像、在营区张贴安全漫画、定期学习安全案例、加强安全监管等方式改变柬籍员工穿拖鞋、戴遮阳帽等不安全作业习惯。通过强化车辆检查维护修理管理、组织柬籍驾驶员安全驾驶教育及山路驾驶技巧培训等方式提升安全驾驶意识，保障交通安全。邀请柬方设立戈公宪兵司令部额勒赛分部，行使治安管辖权，增进柬方对中国华电管理和文化的认同。

融入培训体系。将企业文化的内涵融入境外子公司的培训中。“精神人格化”“理念故事化”“认同具体化”加深行为规范的指引力度。即：用身边的人和事诠释企业道德和企业精神，并在公司内部和相关媒体进行广泛的宣传，让全体员工都知道他们为什么是先进，他们做的哪些事是符合公司的企业文化的；将企业文化宗旨和理念故事化，替身传播力；通过开展形式多样的文体活动，寓思想教育于企业文化培训中，使之入脑入心。

（本文摘自《企业文明》2018年第12期，中国华电集团公司香港有限公司供稿）

鲁班故里的工匠精神传承

华电滕州公司有着驻地文化优势。公司坐落在科圣墨子、百工鼻祖鲁班的故里，传承和发展中华优秀传统文化，有着得天独厚的文化资源优势。千年工匠精神是滕州的历史名片。公司秉承“以墨子兼爱精神做人，以鲁班创新精神做事”的理念，积极推进优秀传统文化在企业创造性发展和创新性转化。

华电滕州公司有过硬的职工队伍。公司1958年建厂，现有职工530人，克服技术力量薄弱、创新能力不足、传统的企业经营管理与新型工业化时代发展要求有落差等实情，肩负起滕州城区95%的供热任务。

为实施“人才强企”战略，营造人才开发、培养、成长的良好环境，有效发挥高素质人才的引领和激励作用，华电滕州公司一方面思考拓宽技术人才成长和晋升通道，培育匠心人才，盘活人力资源，打造创新型人才队伍；另一方面，从员工素质提升的要求出发，探索“企业应该培养什么样的职工”“工匠必须具备什么样的素质”，研究专业技术人才的培养、选拔、使用、评价和激励机制的途径。

营造培育工匠精神的管理环境

华电滕州公司将工匠精神融入企业生产经营管理全过程、全方位，内化融入企业标准化AAAA良好企业管理制度体系，推进工匠精神与现代企业管理深度融合，营造企业内部协调管理的良好环境。

改革企业薪酬制度。培养工匠精神，制度激励至关重要，而工匠精神土壤的培植和激励导向是前提和基础。公司在广泛调研的基础上，坚持倾斜生产一线，坚持业绩导向，坚持精益化差异化管理，强化价值贡献激励导向。特别是通过绩效制度改革，拉开了生产运行一线与管理、后勤人员的薪酬差距，贯彻了新的分配制度。

加强全员绩效管理。公司建立了以经济效益为中心、以激励先进为导向的绩效管理体系，将安全、效益、发展、党建、创新管理等各项工作落实到部门绩效、岗位绩效之中，每月一次综合考核评价，突出过程管控，强化激励约束，让工匠精神融入管理全流程、全过程，促进公司管理全方位、各环节协调运转。

拓宽人才成长通道。公司培育匠心人才，盘活人力资源，打破原有的传统单一行政职务晋升模式，全面创新用才机制、评才方法、育才方式，积极打造创新型人才队伍。

一是定期评选“鲁班工匠”“鲁班工匠院院士”。根据公司制定的《鲁班工匠评选管理办法》《鲁班工匠院院士评选管理办法》，对优秀技能人才按照季度、半年、年度分别命名为三星、四星、五星级工匠，获得集团公司系统和省市更高级别荣誉的技术人才命名为六星、七星工匠，对应星级工匠，分别给予不同奖励。近年来，华电滕州公司评选“鲁班工匠”50余名、“鲁班工匠院院士”6名。通过岗位竞聘和锻炼培养，已有多名班组职工走上更高岗位、青工迈入中层干部行列、青工在华电集团大赛中获奖的年轻干部走上处级领导岗位。

二是固化“导师带徒”活动日。公司把每年农历6月13日（鲁班诞辰日）定为企业尊师重道、导师带徒活动日，以“九个一”形式（一坐一站一鞠躬，一赠一送一句话，一聘一照一公开）举办充满传统色彩的拜师仪式，签订师徒协议；创新实施导师带徒“学时制管理”“学分制评价”培训模式，每年对优秀导师和徒弟分别进行评选奖励，激励师徒勤学善思，传承匠心技艺，提高素质能力，拓宽青年职工岗位成才的“快车道”。

三是积极建设创新型团队。建立了《职工创新创效活动管理办法》《创新流程管理体系》，给想创新的人以机会，给能创新的人以舞台，给干成事的人以激励。近年来，公司取得创新成果70余项，其中20余项获得电力行业及国家级荣誉表彰；成功解决“4#机组C氧化风机频繁故障”等多项技术难题，获得

"一种城市污泥无害化资源化处置工艺"等发明专利3项、实用新型专利15项，为改善环境质量、推进企业提质增效、转型发展做出了积极贡献。

建设"鲁班工匠院"，搭建企业"双创"平台

公司借用滕州古代"鲁班'智人'学教模式"，建设了全国首家"鲁班工匠院"。创新创效提供平台和载体，让职工工作有激情、有责任感、有荣誉感。"鲁班工匠院"设有"鲁班演练堂""鲁班讲堂""鲁班创新工作室""青年鲁班众创空间"，为员工搭建了多功能、全方位的"教、学、练、研"一体化多维体系。

鲁班演练堂侧重职工实物培训、技能训练，按照火电企业机、电、炉、化、热工、脱硫不同专业，分别设置识别区、演练区、实训区，集专业认知、培训演练、实操训练为一体，由各专业自拟培训计划组织实施。"鲁班演练堂"每年组织开展职工技能运动会、专业技术比武、挑战60秒等相关练技、传艺活动，以赛促学，以教促学，以练促学，成为提升员工技术技能的实训场所。

鲁班讲堂是为生产系统职工量身定做的培训阵地。讲堂拥有专业讲师，年初制定培训计划，每月组织实施，季度考评，直接纳入部门绩效管理。人力资源管理部门组织对讲师定期督导评价，评选金牌讲师；根据学习考勤、竞赛活动等情况，每季度评选优秀学员，并予以表彰奖励；邀请系统内知名讲师、设备厂家专家进行授课，分享工作经验，提升职工专业技能。

鲁班创新工作室采用一室两用模式，进行课题攻关和技术研究，推进企业创新创效。一是建立"华电工匠"劳模创新工作室，负责组织应用先进技术、管理方法，开展技术攻关、技术革新，攻克难题。二是建立"青年技术人才"创新工作室，吸纳各专业青年人才进行创新创效课题研究，加强设备技改，改进工器具，优化工作流程和检修技术工艺。

以"引领创新观念、激发创新热情、推广创新成果、培育创新人才"为宗旨，集路演平台、创新办公、微视频制作、咖啡书吧等功能于一体，为广大青工创意交流进行开放式服务。青年众创空间定期开展创新沙龙、活动竞赛，用年轻人喜欢和愿意接受的方式，让创新思维竞相迸发。公司微视频微电影的编辑场所、"职工心灵花园"EAP心理辅导室，成为青年职工舒缓工作压力的"心灵氧吧"。

传承工匠文化，让工匠精神在企业植根铸魂

华电滕州公司把弘扬工匠精神作为新时代提升技术技能、增强业务本领、持续提升管理、推进公司发展的神圣职责，形成了具有企业特色的匠心文化。

提炼匠心文化。公司总结提炼了"匠人匠心，创以至创"的鲁班工匠院精神、"匠人精神十四条"、容错试错鼓励创新的"工匠五不责""敬业精益专注创新"的工匠理念、"精益求精"的匠人信念，树立了"匠心筑梦，勇攀高峰"的企业形象，通过召开传统文化座谈会、开展"攀登者论坛"等系列活动，推进了工匠精神入脑入心。

制作文化具象。公司汲取传统文化思想精髓，将地域文化、传统文化、行业文化、华电文化等理念，嵌入紫铜浮雕图腾文化之中，建起了"华电梦""众创情"紫铜浮雕文化屏廊，形成了企业传统文化的图腾具象。同时，公司还建成了电力行业全国首家墨子书院、企业"攀登者文化励志展厅"、安全文化长廊、廉洁文化园"清心源"等文化阵地。

形成匠心群像。在匠心文化的引领下，"匠心精神"渗入企业每一个角落，形成了匠心专项子文化。其中，运行部形成"运行争先，虚怀若谷"的"峰谷文化"；维护部提炼形成了"一次干成功，越干越轻松"的"匠心文化"；热力公司形成"你的温暖，我的责任"的"新热文化"；燃料管理部形成"诚信公平，精益创效"的"创佳文化"；后勤服务部形成"和谐团队，幸福家园"的"家和文化"。滕州千年的工匠精神在企业植根铸魂，全员怀匠心、践匠行、做匠人，深化弘扬工匠精神蔚然成风，营造起了企业尊重劳动、崇尚实干、鼓励创造的氛围。

（本文摘自《企业文明》2018.12，作者李云涛华系电滕州公司干部）

加强“三色公司”品牌建设
争做发电行业高质量发展的名片

中国华能集团有限公司党组坚决贯彻习近平新时代中国特色社会主义思想和党中央决策部署，认真履行中央企业的政治责任、经济责任和社会责任，践行华能“三色文化”，努力建设服务国家战略、保障能源安全、为中国特色社会主义服务的“红色”公司，践行能源革命、助力生态文明、为满足人民美好生活需要提供清洁能源电力的“绿色”公司，参与全球能源治理、服务“一带一路”建设、为构建人类命运共同体作出积极贡献的“蓝色”公司，为保障国家能源安全、促进国民经济发展做出了应有贡献。

一、坚持党对国有企业的全面领导，打造华能为中国特色社会主义服务的“红色”品牌

“红色”是华能本色，打造“红色”品牌，是华能的根本态度和精神境界，是华能为国民经济发展、社会进步和人民生活水平提高而努力的历史使命的集中体现。

（一）加强党的政治建设，保证企业政治本色

华能坚定正确的政治方向，坚持不懈用习近平新时代中国特色社会主义思想武装头脑、指导实践、推动工作，进一步增强“四个意识”、坚定“四个自信”、做到“两个维护”。加强理想信念宗旨教育，将讲政治贯穿到思想组织、作风纪律、生产经营各环节、各方面，拧紧广大党员干部的世界观人生观价值观这个“总开关”，把红色传统发扬好、把红色基因传承好，永远保持国有企业的政治属性和政治本色。

（二）融入企业管理机制，引领企业发展方向

按照国有企业“三个有利于”的标准和“六个重要力量”的定位，把加强党的领导与完善公司治理统一起来，把方向、管大局、保落实，研究谋划公司改革发展思路和举措，确保公司始终沿着正确方向发展。发挥好党的领导和公司治理两个优势，把党组织职责权限、机构设置、运行机制、基础保障纳入公司章程，领导体制和组织架构不断完善，党的领导、党的建设从根本上得到加强。

（三）助力精准脱贫攻坚，树立良好社会形象

充分发挥能源电力央企优势，不断探索具有华能特色的扶贫模式，以电力扶贫带动产业扶贫，实现从“输血”向“造血”转变，使电力扶贫成为改善贫困地区生产生活条件的关键举措，得到社会各界一致好评。制定《精准脱贫攻坚战“红色行动计划”工作方案》，按照“产业拉动和扶贫援助同步、促进发展和改善民生并重”的基本思路，制订实施三年规划，推进扶贫助困工作制度化、常态化、长效化。

二、大力实施绿色发展行动计划，打造华能可持续发展的“绿色”品牌

“绿色”，寓意人与自然协同发展、和谐共进，打造“绿色”品牌，表明华能崇尚科学、注重科技、保护环境、促进社会可持续发展的人文观念和科学态度。

（一）贯彻新发展理念，为落实供给侧结构性改革明确实践路径

贯彻“四个革命、一个合作”能源安全新战略，把绿色发展理念融入改革发展各方面，积极构建清洁低碳、安全高效的能源体系。在我国发电行业率先启动“绿色发展行动计划”，转变发展方式、发展清洁能源。坚持做优增量、盘活存量、主动减量，优化发展火电、大力发展水电、加快发展风电、积极开发核电，低碳能源发电技术形成了应用推广一批、示范试验一批、集中攻关一批的创新滚动机制。

（二）大力实施创新驱动，为打造“绿色”品牌提供技术支撑

聚焦能源革命重大需求，强化关键核心技术研发，在火电 DCS 控制系统、新能源控制系统等方面加大研发力度，集中攻关了一批具有应用前景的关键技术，以重大工程为依托，在国家“863”、支撑计划

以及重大科技专项中扮演重要角色，五年来，承担国家级科技项目48项，获国家科技进步奖5项、专利900余项。通过实施一批示范工程，突破一批关键技术，培育一批高端人才，形成了一套自主知识产权体系。

（三）致力污染防治攻坚，为“美丽中国”建设贡献华能力量

对存量燃煤机组实施超低排放改造，针对不同煤种、不同地区机组，坚持一厂一议、一炉一策，按照燃气发电机组的排放标准进行技术改造，清洁化水平逐年提高。制定《污染防治攻坚实施方案》，对大气污染防治、废水治理改造、建设项目环保“三同时”管理、煤矿环保治理等各个方面做出详细规划部署，将重点任务逐一分解，明确责任单位、时间节点，确保各项目标任务有序推进。

三、积极践行走出去和“一带一路”倡议，打造华能争创一流的“蓝色”品牌

“蓝色”寓意坚持与时俱进、学习创新、面向世界，吸纳世界上一切先进技术和先进文化来壮大华能事业，打造“蓝色”品牌，表现了华能跻身世界强企的雄心壮志。

（一）树立领先意识，加强对标管理

制定创建世界一流企业总体规划，确定“七大战略”和“三大保障”，提出加快建设“三色三强三优”世界一流能源企业目标，推动领先精神深入人心。从2012年起，选取德国意昂公司、意大利国家电力公司、法国电力公司等7家进入世界500强的电力能源企业，从规模类指标、经营性指标、国际化发展、清洁能源占比等方面开展对标，每季度编制《世界同类能源企业动态跟踪报告》，掌握世界同类企业发展动态。

（二）弘扬开拓精神，全面深化改革

加强顶层设计和谋划部署，先后制定43项国企改革文件，形成了华能的“1+N”文件体系。坚持试点先行、重点突破，明确电力、金融、科技、物流等板块所属5家二级单位开展改革试点工作，提供示范、建立标杆，为全面深化改革破局开路。重点在中国特色现代企业制度建设、完善市场化经营机制、供给侧结构性改革、适应电力市场化改革四个方面狠下功夫，着力推动质量变革、效率变革、动力变革。

（三）坚持面向世界，积极“走出去”

积极参与“一带一路”建设，稳步实施国际化发展战略，不断开拓海外市场，形成了“机制平台逐步完善、重大项目有序推进、人文交流合作有声有色”的格局，在海外7个国家拥有电力装机1100余万千瓦，境外技术服务和技术出口超过20个国家和地区。巴基斯坦萨希瓦尔电站建成投产，是中巴经济走廊首个投产的大型火电项目；建成投产亚洲第一长坝、柬埔寨境内最大的水电工程——桑河二级水电工程，得到柬埔寨首相洪森高度肯定。

四、效益及效果

多年来，在以习近平同志为核心的党中央坚强领导下，华能深入践行“三色公司”企业使命，把品牌建设融入生产经营、改革发展和党的建设各方面，引导全体干部职工形成共同愿景和价值追求。经过多年不懈努力，“三色文化”已经成为华能14万干部职工共同的精神指南和行动纲领，“中国华能”品牌不断深入人心，有力凝聚了广大干部职工的智慧和力量，有效提升了“中国华能”的品牌形象，有效增强了公司盈利能力、竞争能力和可持续发展能力，持续推动华能做强做优做大。

综合实力显著增强。电力项目实现全国31个省区市全覆盖，装机容量突破1.8亿千瓦，资产总额超过1万亿元，主要经营指标保持行业领先。转型升级步伐加快。清洁发展取得良好成效，低碳清洁能源装机大幅增加，96%的煤机实现超低排放，排放指标保持行业最优。企业活力和竞争力明显增强。中国特色现代企业制度不断完善，混合所有制改革稳妥实施，三项制度改革不断深化，瘦身健体取得阶段性成果。党的领导、党的建设得到全面加强。学习宣传贯彻习近平新时代中国特色社会主义思想不断深入；全面从严治党向纵深发展，基层党组织的创造力、凝聚力、战斗力明显增强，为推进企业高质量发展、创建“三色三强三优”世界一流能源企业提供了坚强保证。

（中国华能集团有限公司党组宣传部）

培育员工“四自”意识　推动企业文化创新发展

华亭煤业公司（简称华亭）成立于2002年4月，2009年6月入组中国华能集团公司，是中国华能集团控股的以煤为主，煤电、煤化工和建材为延伸发展，集煤炭生产销售和洗选加工、建筑安装、机械制造、科研设计、多种经营、矿山救护、铁路运输等多元发展的大型能源化工企业。华亭培育形成了员工文化自觉、自醒、自律、自信意识，切实增强了企业的凝聚力、向心力和推动力。

突出文化融合，提升员工文化自觉

华亭遵循“企业并购重组到哪里，文化就跟进融合到哪里”、坚持融入融合的原则，为企业植入优秀文化基因，转化深植员工思想深处的文化自觉。一是加强文化融入融合。华亭历经三次重组、三次并购，在企业每一次重组并购中，都是以文化融合为前提，从最初三家企业联合重组实施的“同心圆”文化到文化资源整合的“聚力”企业文化，再到入组华能集团的“电煤”文化，发展到如今具有鲜明时代特征、丰富管理内涵的“开拓”文化，其中蕴含着“聚众多文化之精华，铸企业发展之根基”融合聚力思想，进而培育了企业的创造力、亲和力、向心力、凝聚力、吸引力、思维力、影响力、竞争力、和谐力、安全力和永恒力，为企业发展提供了动力。二是实现无缝对接。在每次文化融合中，坚持以人为本，实现人合、心合为目标，做到立足实际、正视差距、有机融合、传承创新。特别在入组华能集团以来，认真学习领会华能“三色文化”的内涵和精神实质，准确理解把握华能企业文化的基本特征和文化溯源，在理念上融通、情感上融合、制度上融入、管理上对接，坚持全面融入，基本建成了以华能母文化为统领、以华煤“开拓”文化为展开的文化体系，实现了母文化共性与子文化个性、文化统一性与文化差异性的和谐统一，实现了深度融合。三是推动融合发展。通过全体员工对华能“三色”文化和公司“开拓”文化的认知认同，形成健康向上的主流文化意识，实现了文化育人、转化应用、融会贯通，推动公司企业文化建设不断向纵深发展，切实增强了企业的核心竞争力和文化的“软实力”。

突出文化创新，增强员工文化自律

在认真宣贯践行华能“三色”文化的基础上，结合煤炭行业实际，构建华煤特色的“开拓”文化体系。一是用“开拓”品牌文化再塑企业核心优势。华亭把企业文化命名为“开拓”文化，其内涵突出“开采优质煤炭、开发清洁能源、开辟新的市场、开创新的业绩、开拓新的希望”。“开拓”体现在煤矿人身上就是在开采滚滚乌金过程中煤矿人自立自强、坚韧执着、积极进取、无私奉献的高尚情怀；承压奋进、不畏艰难、直面挑战、创新求强的宝贵品质；敢于突破、敢为人先、超越自我、实现梦想的奋斗精神。“开拓”文化包涵着华煤人深厚的文化底蕴和矿工情怀。以“开拓”文化教育引导员工立足企业实际，着眼未来发展，开拓眼界、开拓思路、开拓创新、开拓进取，开拓奉献，发扬开拓精神，培育开拓勇气，锤炼开拓作风，以“开拓”品牌文化再塑企业核心优势，推动企业高质量发展。二是用“开拓”文化引领企业发展。“开拓”文化内涵从六个开拓提出了公司安全发展、科学发展、创新发展、协调发展、绿色发展、和谐发展，这是贯彻“五大发展”理念的生动体现，内容上突出与践行“五大发展”理念相对应，与加强国有企业党建工作相匹配，与培育和践行社会主义核心价值观相融合，与华能集团“三色”文化相一致，与企业“十三五”发展规划相衔接，保持了文化建设前进方向的正确性、思想引领的先进性、精神动力的支撑性，从内涵到外延都有较大的丰富和提升。把握“开拓”文化的内涵，引导党员干部和员工提升文化修养和整体素质，营造心齐、气顺、劲足的良好氛围。三是用“开拓”文化规范员工的行为。在长期的管理实践中，凝练形成了“务实、创新、进取、严细、坚韧、诚信、奉献、和谐”八个方面的特质，体现了公司党政顺应新时代新思想新要求，凝聚了广大干部员工的智慧，融入“开拓”文化的内涵中，展现在“开拓”文化的行为中，成为干部员工价值判断的基本依据和行为规范的基本指引，激励员工在工作实践中，发扬务实作风、创新意识、进取精神、精细标准、坚韧毅力、敢于担当、团结奉献、以和为贵，致力于打造良好的发展环境，实现企业与员工和谐共生，使文化融入管理，赋予管理思想和内涵。

突出文化宣贯，激发员工文化自省

一是规划企业共同目标和愿景。成立公司企业文化建设领导小组和办公室，总结提炼出符合华煤特点的价值理念体系，形成具有华煤特色的《企业文化手册》《安全文化手册》《廉洁文化手册》《员工行为规范手册》等文化成果，引领员工的思想、观念和行为。二是强化文化理念宣贯渗透。充分发挥“一刊一台一网一微信”等宣传阵地的作用，以不同的形式向广大员工宣传华能和公司“开拓”文化价值理念体系，提高广大职工对企业文化建塑的思想认识，使文化理念入脑入耳入心。不断加大文化视角冲击力度，建成从地面文化理念广场、井下文化牌板、井口安全文化长廊等全方位渗透平台，通过组织开展企业文化演讲赛、企业文化理念故事征集、感动华煤十大道德模范人物评选、最美华煤人系列宣传等活动，营造“人人学习文化、人人宣传文化、人人践行文化”的浓厚氛围。三是重视发挥典型示范作用。常规化培育典型、发现典型，适时宣传典型，用典型示范推动公司的企业文化建设，同时把爱国主义教育贯穿干部职工教育和精神文明建设全过程，推进社会主义核心价值观和“人知人晓”“人信人守”工程，实现爱党、爱国、爱社会主义和爱华能、爱华煤、爱岗位的有机统一，使企业文化逐步成为员工自觉，成为企业发展的核心竞争力。

突出文化落地，增强员工文化自信

一是强化精细文化引领。通过大力宣贯“人本化、精细化、标准化、军事化”的管理理念，不断探索精严管理制度、精准管理行为，引导职工开展上标准岗、干标准活、做文化人的实践活动，使精细化管理的理念逐步深入到管理者和员工的心里，成为一种长期坚守的理念和追求。二是推行精细化管理。坚持在推行精细化管理上，突出文化落地，突出管理创新，构建工作机制，实施规范考核，建立了“4E7S”精细化管理标准，形成了“五精五细三无”达标，“定标、认标、贯标、兑标、调标、对标、升标”七步岗位流程和“计划、执行、检查、总结”过程控制和闭环管理，“七步流程”班前会模式、“五个一”素质提升工程和“一体化”考核等精细管理举措，使企业管理从靠人管理到靠制度、文化管理，提升了管理水平。三是加强班组核算管理。坚持把精细化管理理念融入渗透到班组核算管理之中，狠抓现场管理，夯实基层基础，完善、整合单位内部各项管理制度，制定《班组核算管理办法》《实施方案》《班组管理手册》，层层签订目标管理责任书，实现了矿（厂）级、区队、班组、个人“四级”目标责任分解，真正使精细化管理成为企业开源节流、降低成本、提高效益的主要抓手，不断提升管理标准，优化管理流程，改进管理手段，突出精细效果，实现管理领先，产业结构、发展空间、资本运作都不断取得新的突破，生产经营保持全国同行业先进水平，职工对企业的认同感、归属感、自豪感、凝聚力、向心力、文化自信显著增强。

（华亭煤业公司）

“三色”使命为企业增辉　明珠文化为企业铸魂

华能伊敏煤电公司（简称伊敏煤电）立足企业生产实践，根植企业文化沃土，在集团公司“三色”文化的统领下，形成个性鲜明的“明珠文化”，为提升企业核心竞争力提供了强有力的精神动力。

深厚积淀，蕴育璀璨明珠文化

因煤而生、因电而兴，强基固本、科学发展，是伊敏煤电可持续发展的生动写照。从开发创业到生产建设，从改革创新到科学发展，浸润着伊敏煤电人“敢为人先”的企业精神，凭借“三色使命托举草原明珠，明珠文化铸就品牌企业”的集团文化理念引领，经过38年的发展，伴随着公司从艰苦创业、生产建设、科学发展三个阶段，伊敏煤电人靠着“创业、献身、进取、实干、友爱”的“伊敏精神”，战胜艰难险阻，创造出托举草原明珠的物质基础，按照集团公司企业文化建设三级定位，努力建设与“三色”文化基因相同、深度融合，具有时代特征、行业特点、企业特色的个性文化，逐步形成以弘扬“三色文化”为宗旨，以服务企业发展战略、推动可持续发展、创建一流煤电企业为目的，形成以践行“三色”企业使命为基本特征，以树行业典范、塑草原明珠、铸绿色品牌、创一流企业为科学内涵，个性鲜明、富有明珠色彩的企业“明珠”文化理念，为公司可持续发展提供了强有力的文化软实力。

机制保障，大力推动企业文化建设

伊敏煤电公司高度重视企业文化建设的战略地位，成立企业文化建设领导小组，全面负责企业文化建设组织、策划和实施工作，制定公司企业文化建设实施方案，确立“融合认同、协调统一，服务经营、引领发展，统筹兼顾、相互拉动，与时俱进、勇于创新，以人为本、全员参与”的建设原则，形成党政工团齐抓共建，广大职工共同推进的良好氛围。牢牢把握集团公司“三色”文化主基调，遵照集团公司《关于进一步加强企业文化建设的指导意见》和《企业文化理念手册》要求，以宣贯集团公司《视觉识别系统手册》为抓手，延续“三色”使命托举草原明珠，明珠文化铸就企业品牌”的文化脉络，实现母子文化一脉相承。近几年来，公司致力于构建和创新多姿多彩的文化宣贯载体，营造浓厚的文化氛围，让“三色”企业使命、明珠文化理念入心入脑。在南北两大界门建立起文化擎天柱，以“三色文化”音符为基准、以创建一流煤电企业为主题格调对穿区海伊公路、企业核心街道、工业重点场区进行形象装饰；以自营电视新闻、自编《伊敏煤电》、自创文艺书画、自导宣传短片为形式的文化传媒载体，打造企业特色文化平台。开通华能集团首家“党建宣传手机信息平台”，自编自导自演的多部微电影，荣获中组部和电力行业多项奖项。按照构建社会主义核心价值体系要求，开设公司道德讲堂，启动“全员学习、终身学习”价值理念提升工程和以“六创六树”为内容的文明创建工程，把群众性精神文明创建活动作为培育核心价值的重要渠道开疆扩土，予以引导。

突出特色，企业文化实践活动扎实开展

伊敏煤电在深入学习贯彻党的十八大精神和开展党的群众路线教育活动的基础上，开展“十个一”主题实践活动，即：每年召开一次建党纪念会议、一次专题民主生活会、一次党员走访慰问活动、一次评先选优和命名表彰活动、一次党的基本知识竞赛或演讲比赛，每月召开一次中心组专题学习会，上一堂专题党课，开展一次形式任务教育。突出体系特色。把建设社会主义核心价值体系提升到“文化强企”的

战略地位，按照目标化、系统化、品牌化的要求，依托企业党组织机构，形成了公司、厂矿、车间、班组四位一体的活动架构。通过开展大讲堂活动，组织专题讲座，观看学习影片，撰写心得体会，开展演讲评比等方式不断提高干部职工的认知度、参与度和凝聚度。同时强化社会公益宣传，在厂区道路，社区广场、公交车站等公共场所，设立公益广告牌，利用电子屏幕、建筑围挡、宣传栏、路灯广告牌等重要载体进行社会主义核心价值观宣传，目前公益宣传广告在各类宣传载体中比重已达50%以上。突出中心特色。紧紧围绕公司战略部署，广泛开展主题劳动竞赛活动，着力创新活动内容和形式。围绕开展群众性“技术攻关、技术革新、发明创造、合理化建议”等项目，积极开展职工创新工作室创建活动，大力开展职工技能比赛和岗位练兵，培养造就企业技能人才，更好地激发职工群众的创新潜能和创造活力。突出主题特色。开展“中国梦·劳动美”主题实践活动，用“中国梦”凝聚共识，用“劳动美”弘扬精神，通过组织召开演讲比赛、征文、诗歌朗诵等活动，在全公司营造尊重劳动，造福劳动者的氛围，进一步引导职工把梦想的追求落脚和聚焦到投身煤电事业上来，引导广大青年切实增强实现民族复兴“中国梦”的历史使命感和奋斗精神，激发热爱华能、奉献华能的工作热情和活力。

展示内涵，辐射明珠文化光芒

在先进文化理念引领下，伊敏煤电公司创造了、国内外领先的标志性项目多项第一：成功实施国家重点科技攻关计划引导项目“数字化电厂关键技术开发”，顺利通过华能集团无渗漏达标验收和安全性评价验收，成为华能集团节能环保燃煤发电厂；作为国内首家数字化露天矿连续11次被评为全国安全高效露天矿，成功签署跨省区发电权交易“第一单”，首开发电企业与用户直供电先例。公司先后获得中央企业先进集体、全国五一劳动奖状、全国文明单位等国家级荣誉和一系列省部级荣誉表彰，彰显了草原明珠企业卓越风范。

伊敏煤电积极履行社会责任，在足额上缴税费的同时，对周边牧民群众的定点帮扶、赈灾救援实现常态化。通过社会化协作，解决员工子女就业近2000人。实施公共交通、广播电视、休闲健身等惠民工程，增进民族团结，爱心奉献社会；全面实施集团“绿色发展行动计划”，通过营建生态植被恢复“示范区”，建设生态防护林带，美化亮化街区格局，形成工业场区园林化、行政街区广场化、生活小区公园化“三位一体”景观；建立起文体活动中心等标志性文化活动阵地和陶然园等体现民族风格和企业特色的休闲文化公园，一座拥有时代潮流、明珠气息的煤电新城，成为呼伦贝尔草原“美丽发展、科学崛起、共享繁荣”的一枝独秀。

公司的明珠文化在积淀中日渐成熟、在成熟中力推创新、在创新中打造特色，不断赋予煤电一体化“伊敏模式”全新的文化内涵，得到了党和国家亲切关怀、各大知名媒体的一致赞誉、社会各界的广泛认同。党和国家领导人曾在不同时期多次来公司视察。《新华社内参》、《人民日报》、《工人日报》、《光明日报》、《科技日报》、《中国电力报》、中央电视台、中央人民广播电台等国内各大媒体都对伊敏煤电工程做了重点报道。中国作家协会等知名团体专家学者纷纷闻名而至，实地采风，抒发对草原明珠的情怀。

伊敏煤电公司实施企业文化管理是一次全方位企业文化战略重构，实现了企业文化与发展战略的和谐统一，公司发展与员工发展的和谐统一，文化优势与竞争优势的和谐统一，为企业可持续发展构筑了一道崭新的“文化景观”，开辟出一条煤电企业文化管理的“时代通道”，并正在续写“三色炫明珠，明珠映三色”的精彩画卷。

（作者王猛系华能伊敏煤电公司党建部干部）

做服务“三农”事业的坚定践行者

中国农业银行成立于1951年7月。“服务‘三农’责任担当精神”是农业银行企业精神之表述。它符合并反映了时代要求，具有鲜明的行业特色、独有的企业个性，并被农业银行全体员工所认同。

情系三农，不辱使命

新中国成立初期，适应土地改革和农村经济不断发展的需要，经政务院批准，农业合作银行（即第一次农业银行）于1951年7月成立。在执行农业水利林垦合作社的投资拨款工作，办理农牧水利林垦合作社的长期贷款以及在组织领导信用合作社工作等方面，做了大量工作，促进了农村经济和互助合作运动的健康发展。农业银行1955年3月第二次成立，组织办理贫农合作基金贷款、极贫户贷款以及农田水利、国营农业、牧业贷款等，受到中央的肯定。1963年11月，中央批准农业银行第三次建立。农业银行第三次成立后，按照中共中央、国务院的《决定》精神，在统一管理支农资金、建立贫下中农无息专项贷款、对农贷资金实行基金制以及接办投资拨款监督工作等方面，取得了很大成绩，对促进农业生产的发展起了积极作用。1979年2月，国务院发出《关于恢复中国农业银行的通知》，第四次恢复成立的农业银行，服务“三农”农业银行与历史风雨相伴。在商业化改革时期，致力完成专业银行向商业银行重大转轨。按照国务院《关于金融体制改革的决定》，中国农业银行完成“一分一脱一剥”等一系列重大金融体制改革，迈开了向国有商业银行转变的步伐。2007年1月，全国金融工作会议确定了农业银行“面向‘三农’，整体改制，商业运作，择机上市”的股份制改革总体原则，为农业银行股改指明了方向，推动各项改革措施有序实施。2008年10月，时任国务院总理温家宝同志主持召开国务院常务会议指出：中国农业银行作为大型国有商业银行多年来在服务“三农”、服务经济社会发展中作出了重要贡献。2009年1月，农业银行股份公司正式成立。2010年7月，农业银行在上海、香港同步上市，肩负服务“三农”伟大使命，努力将自身打造成一家具有高成长性和显著竞争力的优秀大型上市银行。到2018年末，农业银行机构23682个，从业人员47万人。进入新时代，农业银行秉承“责任为先、兼善天下、勇于担当、造福社会”的责任理念，用智慧和毅力谱写服务“三农”的动人旋律，开启了农行改革发展的新局面。

勇担责任，同舟共济

农业银行始终把服务三农、助力脱贫攻坚作为重大政治责任，站在金融扶贫前沿，当好金融扶贫国家队、主力军。截至2018年底，农业银行物理网点覆盖全部贫困县，“金穗惠农通”服务网点覆盖70%的贫困地区行政村。针对全国832个国家级扶贫重点县，农业银行积极探索创新措施更精准、结构更优化、业态更合理的“十大”扶贫模式，因地制宜延伸金融服务触角，支持解决贫困农户分散、贫困地区偏远、物力网点不足等问题，以点带面从“输血式”转向“造血式”扶贫，增强精准扶贫可持续性。实施差异化信贷支持政策，精准帮扶建档立卡贫困户增收脱贫，将产业精准扶贫作为治本之策，深入挖潜贫困地区资源产业禀赋，以特色产业链条上的骨干企业为抓手，打造专属产品、提供综合服务，批量带动贫困农户增收致富，实现“支持一个产业、繁荣一片区域、带富一方百姓”。

在雪域高原，西藏分行67%的人员常年坚守在环境恶劣、条件最为艰苦、海拔3500米以上的452个网点。其中17个网点设在海拔4800米以上的“生命禁区”，这些网点也成为农行扶贫的触角。在宁夏回族自治区泾源县杨岭村，建档立卡贫困户马克俊通过农业银行提供的5万元“脱贫致富贷”，购入5头安格斯母牛进行养殖，变成了“脱贫光荣户”。

2018 年，农业银行 4 个定点扶贫县河北武强、饶阳、重庆秀山、贵州黄平县共有 2.97 万人脱贫，贫困人口较年初下降 43.5%，重庆秀山县、河北饶阳县实现脱贫摘帽。2018 年，农业银行主动增加河北阜平、贵州雷山、台江，甘肃渭源、舟曲和江西石城等五个重点帮扶县，与四个定点扶贫县享受同样的帮扶政策，带动建档立卡贫困人口 15184 人。

农业银行把服务乡村振兴作为新时代“三农”金融服务的总纲领和根本遵循，围绕中央实施乡村振兴战略重大部署、重点任务、重要工作，全面实施启动服务乡村振兴“七大行动”，创新构建农村基础设施建设、农村产业融合、农村产权制度改革、县域幸福产业、“三农”绿色金融、农村普惠金融等“六大系列”产品线，出台专项信贷政策，确保乡村振兴每个重点领域都有产品对接，都有服务方案；立足推动形成服务乡村振兴合力，加强与农村农业部、工业和信息化部、文化和旅游部、国家农担公司等合作，创新合作支农模式，发挥各自优势进一步做好服务乡村振兴工作。为农户、专业大户、农业产业化龙头企业应贷尽贷，为服务乡村振兴提供了有力保障。

风雨兼程，润物无声

笃行不倦，利农为本。中国农业银行 60 多年的历史是一个与“三农”风雨相伴的光荣史、奋斗史。2017 年 7 月正式推出了“惠农 e 通”平台。“惠农 e 通”平台依托“惠农 e 贷”、“惠农 e 付”、“惠农 e 商”三大板块，运用移动互联网、区块链、大数据等科技手段，为涉农生产企业、县域批发商、农村超市、农户等产业链上下游客户提供进销存管理、线上线下一体化支付结算、普惠金融、网络融资等四位一体的“电商 + 金融”综合服务解决方案。

2019 年初，农业银行在全行范围内启动了“推进数字化转型再造一个农业银行”的全行性战略，目标是以互联网化、智能化、开放化为方向，打造一个客户体验一流的智慧银行，打造一个“三农”普惠领域最佳的数字生态银行。启动相关重点项目，共梳理 93 个重点项目，部分项目已经投产见效。加强场景建设打造“农银智慧 +”的场景品牌，重点围绕消费零售、政务民生、产业链这三大领域，专门推出了智慧出行、智慧政务、智慧社区、智慧医院、智慧学校系列的服务场景，上半年各项场景项目增量达到 2634 个；专门研发了金穗惠农卡，成功探索了“以惠农卡为载体，以农户小额贷款为驱动”服务“三农”新模式有力地支持了农民增收致富。

心系民生，大爱无疆

农业银行紧跟国家“一带一路”倡议，持续推动京津冀协同发展，助力长江经济带发展，服务雄安新区建设，支持粤港澳大湾区建设，为国家区域协调发展战略落地提供全方位支持。2018 年，共办理涉及“一带一路”沿线国家的国际业务，覆盖 62 个国家。在“丝绸之路经济带”涉及的西北 6 省区，涉及西南 4 省区，在“21 世纪海上丝绸之路”涉及的 5 省区截至 2018 年底，长江经济带涉及的 11 省份本外币法人贷款，真正做到以服务“三农”为已任，守土有责！

农业银行，因农而生，因农而兴，因农而强。进入新时代，农业银行将继续秉承服务“三农”责任担当精神，突出竭诚为民、客户至上的核心，将想问题、办事情的人民立场贯彻到文化体系中，持续提升服务“三农”质效，在互联网金融服务“三农”“一号工程”提质扩面上下功夫；下大力气解决业务经营面临的突出问题，加大信贷结构调整力度，加快推动智能化、数字化转型落地。

（中国农业银行股份有限公司）

抓好思想引领　践行普惠金融　履行大行担当

中国农业银行福建省分行（以下简称福建农行）下辖10个二级分行，90个一级支行，670个营业网点。全行63.3%的支行、66.3%的营业网点、53.8%的员工分布在县及县以下。福建农行党委以党建为统领，以发展为第一要务，牢记党和国家赋予的服务“三农”的历史使命，围绕服务实体经济、服务民企、互联网服务“三农”“一号工程”、精准扶贫、助力乡村振兴等党中央关心、社会关注，总行党委重点部署的中心工作，着力提升普惠金融服务能力和水平，为全行经营管理和改革发展注入了强劲的思想动力。

高举旗帜，全面加强思想政治建设

福建农行坚持用习近平新时代中国特色社会主义思想武装头脑、指导实践、推动工作，不断提升党委班子的政治理论水平。结合福建红色文化基因，努力学习和汲取古田会议精神、谷文昌精神、饶才富精神等发源于福建的宝贵精神财富和力量，在学思践悟中提升指导实践、推动工作的能力。在分行2018年、2019年年中党建和经营工作会议期间，举办辅导报告会，专门邀请专家讲授古田会议精神、谷文昌精神，让各级行领导干部进一步接受红色革命思想的教育，坚定信心和决心，增强大局和责任意识。通过开展集中培训、知识竞赛等多种形式，持续推进学习宣传贯彻工作往深里走，往实里走，往心里走，把旗帜鲜明讲政治融入党员干部政治血脉，融入改革发展各项工作，严格落实意识形态工作责任制，形成齐抓共管的工作格局，确保主体责任落实到位。持续加强对各类互联网信息传播渠道的管理、审核和引导，把握正确的舆论导向，着力打造舆论引导的新阵地，自觉维护中央权威。福建农行已实现全辖营业网点独立党支部全覆盖，建立示范党支部、党员示范岗、党员责任区、党员先锋队等共计2300多个。

责任担当，持续深化普惠金融服务

福建农行明确自身的目标和定位，经过调查研究，做好顶层设计，拿出切合实际的思路措施，先试点再推广，重点推进实施“一县一快农贷、一特色产业一快农贷”、提升小微企业金融服务、深化老区苏区金融服务、深化台创园金融服务、“创服务品牌”工程等普惠金融工作，通过层层培训和宣传发动，使全行充分认识到做好这些重点工作不仅是中央要求，也是国有大行的政治责任和社会责任，更是福建农行自身业务发展的需要。在工作推进中，坚持“一级带一级”，各级领导干部将工作重心下沉到基层，深入农村、深入农民、深入客户，围绕为什么做、怎么做、怎么做好等内容，和基层行干部员工谈心、做思想工作，一起理思路、定目标、鼓士气，解决实际问题，真正让员工认可和接受，自觉主动抓好贯彻落实，坚定发展信心。

福建属于丘陵地貌，受地形限制，农业生产比较分散，发展特色农业是农民实现增收的重要渠道，也是福建乡村振兴的重要抓手。由于农户单户种养殖规模多数不大，普遍存在规模小、散，缺乏抵押物，金融需求额度小、季节性强的特点，按传统方式农户很难获得信贷支持。

为解决农户贷款“融资难、融资贵”问题，福建农行紧紧围绕福建特色农业产业特点，主动探索，创新推出“快农贷”，通过“线上+线下”双验证的方式确保数据真实，对获得的数据进行分析，根据特色农业产业发展情况，测算出相关产业平均投入成本和经营收入水平，同时考虑农户信用状况、资产状况、经营行业年限等因素，针对不同特色农业产业设计不同的信贷模型，制订金融服务方案。提出“一县一快农贷、一特色产业一快农贷”，在试点基础上，向全省推广实施。

为做好推广工作，福建农行对内开展业务培训，统一编制操作手册和学习手册，注重向各级党政、监管部门汇报，主动对接村两委，通过村两委向农户广泛宣传，扩大影响，组织人员赴60多个县开展现场培训200多场次；在较短时间内将快农贷做出特色、做出规模、做出影响。

福建农行“快农贷”以其“准、快、广”的特点，一经推出就获得了广大农户欢迎。“准”，即“定位准”，服务对象以真正从事农业生产经营的农户为重点，通过严格产业准入和数据收集，科学设计信贷授信模型，满足农户开展农业生产经营的资金需求。“快”，即“办理快”，操作方式坚持以线上系统审批为主，依托大数据技术，通过系统对接做好数据采集，辅以实地调查确认，提高效率。“广”，即“服务广”，主要采用信用方式，根据调研情况，授信额度一般掌握在10万元以内，基本能满足大多数农户的种养殖资金需求。对种养规模大、投入大、价值高的农产品，如鲍鱼、武夷岩茶等，单户授信额度适当提高到10万－30万元，对超过10万元的一般采用担保方式，由农户家庭财产抵押或省农担公司提供担保。同时，实行利率优惠，利率上浮0－30%，一般掌握在20%，有的还实行基准利率，利率水平明显低于同业，真正体现普惠金融特点和国有大行担当。目前，福建农行“快农贷”实现全省县域全覆盖，乡镇覆盖率达94%。

同样的做法和良好的成效也体现在提升小微企业金融服务、深化老区苏区金融服务、台创园金融服务等普惠工作上。福建农行按照“一产业一方案、一行业一方案、一区域一方案”，为不同类型、不同需求的小微企业量身定制了42个差异化的金融服务方案，共走访小微企业2.8万户，对接有融资意向企业5000多户；通过放宽准入条件、创新小微特色产品体系、灵活运用担保组合方式、降低利率和服务费用、简化业务办理流程等措施，全力解决小微企业“融资难、融资贵”问题。为做好老区苏区金融服务，福建农行专门出台深化老区苏区金融服务助力乡村振兴的“十条意见”，计划在未来5年内，对老区苏区新增信贷投放2000亿元以上，新增“快农贷”投放500亿元，支持农户超50万户。福建农行还派出台胞金融服务团队，全部走访全省6个国家级台创园中所有正常经营的台企台农，走访率达到100%。基于此，许多主流媒体进行了广泛深入报道，取得了良好的社会反响。

创服务品牌，争做福建人民最认可的银行

福建农行党委提出“创服务品牌”发展战略，着力打造最好的服务环境、最好的服务流程、最好的获客渠道、最好的服务产品、最好的服务团队，争做“福建人民最认可的银行”，服务认可、价值认可、文化认可正在不断被广大客户所认同。通过网点“微改造”，网点环境大幅靓化，营业厅堂呈现“宽敞、明亮、整洁”，最大限度“把空间留给客户”；融合福建“茶”文化等特色文化元素，在财富中心、理财中心及网点贵宾区统一配置品茗区、会客区、沙龙区和品香区，设置本地文化灯箱墙，悬挂书画作品，陈设有人文内涵的物件、员工作品等，为服务客户提供环境优雅的平台等，得到客户广泛好评。

通过梳理制度办法、优化业务流程，提高业务办理的效率。在福州创新推出“E码通”，实现了交通罚没款扫码缴费，客户等候时间大幅缩减；在泉州分行试点上线“一号通”系统，同号换卡时间由原来的2－4周缩短为1－2天；在宁德创新“三保合一”全渠道缴费项目，单笔缴费时间由3分钟压降到30秒，客户体验明显提升，客户对农行的服务越来越肯定。

以人为本，营造良好家园文化

通过网点工作环境改造、流程优化，为广大员工创造良好的工作环境，改造洗手间，改善通风除臭条件，增加饮水机和新风系统等。班子成员深入基层，与员工交谈交心，争取理解，倾听员工声音，主动了解、解决员工在工作和生活中遇到的困难，为所有员工提供好的工作环境，让员工心情舒畅地工作，把农行当成自己的家。同时，积极创造良好的发展平台，让每位优秀员工都有用武之地，都能贡献聪明才智，从而增强全行干部员工的凝聚力、向心力、战斗力。推进“职工之家建设工程”“职工温暖工程”“职工精神关怀工程”“三大工程”建设，有3个单位被全国总工会授予“模范职工之家（小家）”荣誉。

（中国农业银行福建省分行）

深耕企业文化　创新品牌传播

在农总行的统一部署下，中国农业银行深圳分行（简称深圳分行）积极探索企业文化与品牌建设的创新思路，企业文化案例多次在农总行及系统内培训进行经验分享。在首届深圳企业社会责任评价中获评三星级最高荣誉。连续五年荣获中国企业文化研究会颁发的年度品牌文化建设标杆企业。

系统内率先建立企业文化体系

中国农业银行深圳分行恢复建制的近40年来，不断在实践中探索企业文化的建设，两次在全行范围内开展企业文化体系的梳理和建立，用企业文化的力量驱动业务发展。2006年，第一次提出“建设深圳地区最好的银行——主流的银行、现代的银行、员工的银行”的企业愿景、“打造百年老店，成就恒基伟业”的使命、“责任成就未来”的核心价值观，并在核心理念体系下提出“一个家园，一起成长”人本理念、“恪守诚信、审慎经营”的经营理念、“制度是基础，执行是关键”的管理理念、“宽厚、务实、创新、卓越”的企业精神。其时，是分行发展史上非凡而重要的时期，第一次形成了系统化的企业文化理念体系，发布《关于加强企业文化建设的指导意见》，并在全行完成了导入、推进、传播的过程。

2014年，深圳分行在立足业务发展，探索在新时期企业文化的传承与发展，第二次系统化梳理提升企业文化体系。在总行“建设一流现代商业银行”的愿景引领下，围绕“诚信立业、稳健行远”的核心价值观，持续推进企业文化的落地深植。面对新形势，分行提炼出具有特色的“五种精神”、“五种理念”。深圳分行举办“企业文化季”，围绕“绿色改变生活·文化提升品质”主题开展十项30余场系列活动，在行内外营造浓厚的企业文化氛围。

2015年，分行新一届党委结合党风建设和工作实际，提出反对形式主义，要提倡严谨、简洁，务实、高效；反对享乐主义，要勇于担当、敢于作为。在全行范围营造风清气正的文化氛围。

在金融系统内首创“绿色农行”社会责任品牌

结合深圳城市特质和主流人群特点，深圳分行积极探索推广社会责任和企业文化的有效方式，于2010年在金融系统首创“n绿色农行”社会责任品牌，将社会责任品牌化、清晰化、特色化。这一时期，分行坚持以人为本，深化机制改革，以建设主流银行为目标，把企业文化建设融入各项业务经营和管理活动，经营成果显著，盈利能力持续提升，“绿色农行”品牌形象日益突显。品牌建设和企业文化建设工作得到总行肯定，多次作经验交流。在分行统一规划下，各支行也陆续开展了企业文化的推广和深植活动，形成各具特色的企业文化。以企业文化促进业务发展，将业务办出文化影响力，推动企业文化工作创新，实现将优秀文化理念植入行为、融入管理、引领发展的目标。

2018年6月，农行全国首家“绿色农行”营业网点正式投入使用，标志着“绿色农行”从理念落地到实体网点。当下，随着FinTech快速发展，客户金融需求和支付习惯发生改变。商业银行提效能、降成本、促转型的内在需求更为迫切，银行网点转型亟需新的方向和动能。深圳分行紧紧围绕提升客户体验、改进管理和降本增效，依托智能设备升级和环境优化，创新试点“轻型银行”运营模式，积极推进经营转型，为客户带来更为舒适、高效的金融服务体验。

持续深植企业文化理念

深圳分行每年围绕一个主题开展系列品牌文化推广活动，持续地深植企业文化理念。2010年以来，持续举办不同品类影响力、冲击力强的活动，其中很多活动已成为农行的招牌、城市文化活动的经典。

一是开展系列慈善公益活动。如连续举办五届“一本书的意义”公益活动，连续多年支持“深圳读书月”活动，在2015年“一本书的意义”活动中，短短三个小时便筹集到2048本图书，活动后期，与客户一起，分行将整理好的图书以及购置的学习用品等送往河源和平县利源镇山下村山下小学。

二是倡导低碳环保理念。如连续九年支持“地球一小时”活动，并通过报纸、电台、地铁、户外楼宇广告等行内外多种宣传渠道号召更多的市民加入到该活动中；组织员工参与“磨房百公里”，以徒步百公里的形式，身体力行地倡导绿色出行、低碳乐活生活方式；开展观鸟季系列活动和“我做绿V客”等，倡导市民节能环保，爱护自然；连续五年举办“绿色音乐会”，成立“绿色农行青年志愿者”组织等。

三是支持文化活动，推动业务营销。如连续五年开展“农行邀您看演出”文化活动，推行“8元购书”打造书香社会，推出“小小系列”亲子活动，树立了深圳分行良好的企业形象。

创新企业文化传播方式

深圳分行通过组织一系列活动，将企业文化、品牌建设进行内外推广传播，以文化引导和激励全行员工。

一是办好一本内刊。创办于2010年的深圳分行内刊《绿色农行》以企业文化理念为指导方针，倡导生活新理念，彰显企业文化责任，及时播报企业文化成果，搭建企业内部沟通和分享的平台。内刊秉承员工原创的宗旨，适时推出专刊特刊，如以“比学赶超”为主题，推出《献礼十九大——榜样的力量》、行庆65周年等特刊，集中展示各单位取得的业务成就、优秀典型风采和丰富多彩的企业文化活动。特刊发行后，以其考究的设计风格和贴近生活的原创内容广受好评，成为金融行业领先的企业文化传播杂志。

二是做好自媒体传播运维。除“中国农业银行深圳分行”、“深圳农行信用卡”公众号外，深圳分行招募自媒体运营小编团队，对“GoGreen绿色农行”内部企业文化公众号进行专业运维，力求让内容更加新颖，形式更加创新，互动更加有趣，传播更加有效。榜样的力量、读享会、周五见、心理频道等栏目受广大员工欢迎。

三是开设“班后小讲堂”企业文化系列讲座。结合员工对办公技能、文化生活等的需求，努力打造企业文化特色系列品牌，利用工作之余的时间开设“班后小讲堂”，选取员工感兴趣的办公或生活类主题，邀请专业老师或有经验的员工进行讲授。该系列讲堂在行内推出后获得员工的普遍认可与好评。深圳分行自1979年改革建制以来与特区创想与共、成长同行，深圳分行通过撰写纪念文章、拍摄宣传片、开展系列人物采访、举办摄影书画展等形式做好企业文化导入与对外品牌展示，激励全行上下不忘初心、牢记使命，为推动深圳分行持续稳健发展贡献力量。

树立典型人物传播企业精神

2018年6月8日9时30分，深圳分行持续宣传分行员工、登山家张梁登顶北美洲最高峰迪纳利峰，实现“14+7+2”人类登山探险终极梦想，成为中国第一人，创造中国登山探险新的历史。早在张梁出发往北美前，深圳分行便针对“14+7+2”宣传工作进行了全面部署。收到张梁登顶迪纳利峰的消息后，在第一时间铺开宣传。伴随着中央电视台多个频道新华网、中央人民广播电台等多家“国”字头媒体对张梁的登山探险故事进行报道，重要的是透过对员工登顶报道，传播农业银行人“不畏艰险、勇攀高峰”企业精神

只有独特的文化才能使基业常青，只有卓越的文化才能成为发展的永恒动力。深圳分行在实践中不断探索，形成独具特色的企业文化。在银行竞争激烈、产品同质化日益严重的背景下，深圳分行将继续学习探索、开拓创新，为广大金融消费者提供更加高效、便捷、安全、优质服务。

（中国农业银行股份有限公司深圳市分行）

厚植工匠精神土壤　培育“蓝领创新”文化

中国宝武钢铁集团有限公司（以下简称“中国宝武”）1978 年开始建设，到 2016 年实施宝钢与武钢重组，走过了 42 年赶超一流、追求卓越的跨越式发展道路。自 2004 年起，中国宝武连续 15 年进入世界 500 强，2017 年位列第 162 位，位列全球钢铁企业第二。中国宝武长期坚持将一线工人作为创新主体，厚植工匠精神土壤，培育“蓝领创新”文化，成为中国宝武不可复制的核心竞争力。中国宝武先后有 7 名一线工人获得上海市科技进步二等奖；4 名一线工人的 5 项创新成果荣获国家科技进步二等奖；有 2 人获得“当代工人发明家”殊荣、4 人荣获中华技能大奖、9 人被授予省部级工匠荣誉称号；有 22 名一线工人享受国务院特殊津贴。近年来，中国宝武申报的专利中，发明专利的比例已上升到 50% 以上，平均每天产生 7 件专利，七成由一线工人创造，企业技术秘密六成由一线工人完成。根植于工匠精神土壤的“蓝领创新”已经成为中国宝武的一张“亮丽名片”，正有力地助推企业创新驱动、转型发展。

理念引领打造独具特色的工匠精神和创新文化

传统国企曾经普遍存在“重学历、轻技能；重理论、轻操作”的倾向，在对一线职工的评价上存在着一定程度的偏颇。为破除这种观念上的束缚，中国宝武抓住价值观“总开关”，用企业文化凝聚共识、引领发展。

一是“育匠心”，传承和弘扬优秀企业文化。40 多年前，在党的十一届三中全会公报发布的第二天，宝钢打下了建设的第一根桩。所以说，宝钢是改革开放的产物；在推动供给侧结构性改革、做强做优做大国有资本背景下联合重组的中国宝武，则是深化改革的产物。因此，改革创新是贯穿于公司成长发展的优秀文化基因。在培育企业创新文化的过程中，中国宝武坚持“人人都可以创新”的理念，从建成投产开始就广泛开展职工自主管理活动，鼓励职工消化吸收引进技术，将岗位作为“蓝领创新”的最好舞台，在每一位职工心中播下了一颗立足岗位、精益求精、追求卓越的匠心。目前，中国宝武共有 7177 个自主管理小组，为一线职工搭建了施展才华和岗位成才的广阔舞台，涌现出一大批明星职工。其中，被誉为“首席金牌工人”的孔利明，截至退休前获得了国家专利授权数达 427 项，其“上海职务发明第一人”的地位至今无人能撼动。工匠精神在中国宝武人看来是一种职业信仰，争当当代工人发明家、全国劳模、“人人皆可成才”“人人皆可创新”的理念已得到广大职工的价值认同，“蓝领创新”成为宝武式创新的最大亮点。二是“话匠心”，凝聚新时代工匠精神的共识。时代需要工匠精神，企业要转型升级、创新发展更离不开工匠精神。自李克强总理在 2016 年政府工作报告中提出“培育精益求精的工匠精神”后，中国宝武持续在全体职工中组织发起了“中国宝武需要怎样的工匠精神”网络大讨论。观点色彩纷呈：如：“用手做事，那是工人；用手和脑做事，是工程师；只有手、脑、心并用，才是工匠”；“产能已经过剩，产品必须在个性化、品质和档次上下功夫，追求精益求精的工匠精神，才能塑造更加持久的竞争优势”；“一辈子把一件事做到极致，从无差错，就是工匠精神”；“新时代要继承老工匠的执着，弘扬新工匠的求新”——大讨论赋予了工匠精神丰满的立体的接地气的宝武式定义。集团公司趁热打铁，每年策划组织工匠精神主题论坛，邀请王康健、王军、龚九宏、宋俊等不同年代的“蓝领创新”骨干，围绕“今天这个时代谈工匠精神是不是太落伍”“年轻人不喜欢在现场工作怎么办”“一辈子在现场重复同样的工作，是不是很失败”等职工普遍存在的困惑，分享各自的理解和体会。共话匠心，凝聚起广大职工对新时代工匠精神的共识，点燃职工提升创新创造能力的渴望，激发了员工立足岗位、共同担当的使命感。三是

"敬匠心"，让劳模精神、劳动精神、工匠精神成为时代主旋律。公司上下通过各种传播渠道，营造尊重劳动、尊重知识、尊重人才、尊重创新的浓厚氛围。利用企业内外、线上线下的媒体平台，广泛传播"宝武工匠""蓝领创新"的典型人物和最佳实践。通过事迹宣讲、颁奖典礼等活动，使工匠和劳模获得最大的尊重和认可。

将"宝武工匠"的故事编成册、拍成片，让工匠和劳模成为中国宝武的形象代言人；制作"致匠心"系列微视频；集团层面连续两年策划开展"宝武匠心"故事征集和宣传活动，挖掘宝武匠心故事，通过微视频、海报、电子书等在各类平台传播，邀请员工参与评论，集结编纂《宝武匠心》文化故事集，作为传播、传承工匠精神的培训教材。

制度保障培育工匠精神和创新文化

培育工匠精神和创新文化，不能光喊口号，需要从内部管理入手，营造良好的土壤环境，实现职工价值与企业价值的高度融合。

一是健全管理制度。为支撑"蓝领创新"活动深入持久和有效开展，中国宝武确立了党委领导、行政运作、工会主推、团委参与及各部门协同配合的管理体制，成立了宝武集团技术创新委员会、职工经济技术创新活动领导小组，并对相关部门的管理职能作出了明确规定。同时，中国宝武从规范和提高入手，把"蓝领创新"活动融入企业科技创新大平台，建立了一系列配套的岗位创新活动管理制度及操作流程，将职工岗位创新活动引入专业化、规范化的管理轨道，成为企业管理的重要组成部分。二是拓宽成长空间。人力资源是第一资源。中国宝武与时俱进推进职工素质工程建设，不断推出育人新模式。中国宝武核心企业宝钢股份建立起了横向分类合理、纵向层次清晰的柔性岗位体系，创造性地推出了技术、产品、设备三大工程师岗位系列，首席、主任、区域、协理4个层次的技术业务人才培养机制以及从初级工到技能专家的技能型人才成长机制。2006年出台"首席操作维护"制度，打开了"蓝领"职业发展的"天花板"，拓宽了蓝领们的成长空间。结合"智慧制造"与"互联网+"，通过在线学习与离线培训相结合、"网上练兵"与岗位练兵相结合、劳动竞赛与技能大赛相融合的方式，促进职工素质与技能同步提升。为加快打造"未来钢铁"竞争优势，培育高技能的"工匠"群体，在《2018~2020年智慧制造行动方案》中又明确提出，加速培育包括各层次专业技术人才、技能队伍在内的智慧制造人才队伍，夯实智能制造根基。三是实施精准激励。中国宝武已经建立起了多维度、全覆盖的岗位创新评价激励体系。物质奖励从"合理化建议采纳奖"10元到"技术创新重大成果奖"10万元~100万元，形成了由低到高的系列奖项；宝钢股份等企业设立职工创新排行榜，将创新积分与岗位工资晋升挂钩，将岗位创新成果作为职工晋级的重要依据，激发了广大职工立足岗位、创新创造的积极性。精神激励方面，形成了较为完善的、多层次的、自下而上的荣誉激励体系，给予每一位敬业专注、创新创效的职工出彩、展示的机会；公司每年还挑选一线职工的岗位创新成果参加国内国际发明展，让普通职工也能跨出国门，站到国际舞台上亮相。充分展示宝武一线职工的钻研精神和创新能力。

体系支撑齐心协力厚植传承工匠精神和创新文化

经过近10年来的重组整合，中国宝武成为跨地域、多基地、多产业的大型企业集团。要自上而下、由点及面地培育和践行工匠精神和创新文化，需要齐心协力、多策并举、协同共赢。

一是实施多层次、梯度化的平台建设。遵循夯实基础、循序渐进、螺旋上升的客观规律，中国宝武"蓝领创新"形成了以开放式的岗位责任制为基础，从合理化建议、自主管理（JK）到职工创新小组、职工创新工作室、职工创新活动基地的多层次、梯度化创新平台，以及跨岗位、跨区域、跨专业的协同机制，形成了由个人到团队、由低端到高端的创新格局。目前，中国宝武已组建起2312个创新小组、232个创新工作室，还有一支由178名高技能人才为主体的"职工创新活动指导志愿者"队伍，形成了以

“50后”为示范、“60后”为引领、“70后”为骨干、“80后”为未来中坚、“90后”为后备的梯次结构，工匠精神在传承中得以弘扬和创新。近3年职工提出并实施合理化建议47.3万条，产生经济效益43.53亿元，通过开展劳动竞赛创造经济效益213.86亿元。二是搭建多样化、纵深化的活动载体。进入本世纪的第二个10年，公司创办了“职工创新日”系列活动，以论坛发布、头脑风暴、成果分享、多媒体展示等形式宣传“蓝领创新”中涌现出的典型事例、成功做法等。同时，由工人发明家、创新志愿者组成咨询团队，与基层单位岗位创新积极分子共同探讨创新路径，解决技术攻关中所遇到的疑难杂症。“创新大篷车”又将工匠精神、创新文化向基层一线进一步延伸。“大篷车”载着专家团队、成果展板等走基层、下现场，就地普及、随车指导、随时开讲。随着互联网平台的运用，不同地域、不同基地的职工可以从平台上随时随地获取“创新思维与技法”“岗位创新点捕捉”等理念，提升工具与方法。三是建立需求对接、成果共享的协同机制。“蓝领创新”成果只有应用在现场才能发挥更大价值。2017年以来，中国宝武开展了职工岗位创新成果推介及共享推广应用活动。首批试点推介的53个“蓝领创新”成果反响热烈。其中，36个创新成果收到了来自武钢集团、宝钢股份、八一钢铁、韶关钢铁等集团下属单位的90条需求意向，发挥了“蓝领创新”成果共享应用的叠加协同效应。

作为中国钢铁领域的龙头企业，中国宝武承担着中国钢铁工业供给侧结构性改革和创新引领的责任。中国宝武将继续用文化的力量推动“宝武制造”迈向“宝武绿色智慧制造”，培育并凝聚一大批工匠型、智能型职工扎根现场、持续改善、创新攻关，为早日实现“成为全球钢铁业引领者和具有国际竞争力的世界级企业集团”的愿景而不懈努力。

（本文摘自《企业文明》2018.11期，中国宝武钢铁集团有限公司供稿）

红色基因 蓝色力量 中国建筑的文化之路

经过38年的历练，中国建筑集团有限公司不断强“根”铸“魂”，把政治优势转化为企业的发展优势，把传承于历史文化的“红色基因”转化为企业的“蓝色力量”，走出了一条创业、立业、兴业的发展之路。从2006年首次进入世界500强，如今已排名第21位，实现了“每十年多环比增长10倍”的快速发展目标，刻画出一条不断跨越的绚丽曲线。

传承“红色基因”，形成文化星系

坚持党的领导、加强党的建设，是国有企业的“根”和“魂”。中国建筑六十多年来薪火传承，从企业“红色基因”中汲取先进文化，积累沉淀、融合创新，为企业文化赋予党的优良传统和鲜明的时代特征，走出一条听党指挥、勇当先锋、引领行业的特色文化之路。

第一阶段：一五计划到四五计划，铁军精神，勇当先锋

新中国诞生之初，百废待兴。中国建筑各成员企业按照党和国家的统一指挥和调遣，承担了中国一重、二重、长春汽车厂、大庆油田、燕山石化等国家重点建设工程，被誉为“南征北战的铁军，重点建设的先锋”，为新中国经济发展和工业化进程做出贡献。这一时期，中国建筑主要传承部队文化，形成了以“铁军精神”为核心的文化理念，包括“甘于奉献、艰苦奋斗、敢闯敢拼”等内容，使中国建筑人铮铮铁骨的形象深入人心，成为中国建筑企业文化的强大根系。

第二阶段：五五计划到十一五规划，文化引领，跨越发展

1982年，中国建筑工程总公司正式组建，提出“对外发展总承包、对内实行项目法”的改革思路，逐渐转变为适应市场发展变化的现代企业，并在深圳国贸大厦项目建设中创造了闻名遐迩的“深圳速度”。上世纪90年代初，公司以中国海外发展有限公司在香港联交所挂牌上市，成为第一家以香港本地业务在港上市的国有资本控股红筹公司，实现了生产经营与资本经营的有机结合。2007年，中国建筑完成整体重组改制并于2009年成功在A股上市，成为当年世界最大的IPO。随着内部10多家专业公司（集团）相继整合，中建设计、中建钢构等子品牌成为相关领域业主首选，中海地产品牌价值位列行业首位。

这一时期，中国建筑在行业内率先导入CI战略，实施文化整合与品牌统一，通过积极推进产业结构优化和经营布局调整，建立与之匹配的管理制度体系，“铁军精神”、“绩效文化”、“品质文化”等一同构成了中国建筑发展的文化基石。2012年，《中建信条》正式发布，此后又颁布了行为规范手册《十典九章》，标志着中国建筑以“拓展幸福空间”为使命，以“品质保障、价值创造”为核心价值观，以“诚信、创新、超越、共赢”为精神内核的企业文化体系正式确定。2017年，根据习近平新时代中国特色社会主义思想和党的十九大精神，中国建筑对《中建信条》、《十典九章》进行全面修订，使之成为集团的价值倡导与行为规范。各子企业在核心文化上与集团保持高度统一，以此形成“公转轨道”；同时保留特色文化，形成“自转”轨迹。中国建筑逐渐形成了主导文化清晰鲜明，特色文化灵活有序的“文化星系”大系统格局，文化的力量成为推动企业高质量发展的强劲动力。

第三阶段：十二五规划到十三五规划，深化党建，提质增效

十八大以来，中国建筑认真学习贯彻党的各项决策，旗帜鲜明讲政治，不断增强“四个意识”、坚定“四个自信”、做到“两个维护”，把坚持党的领导、加强党的建设贯穿改革发展全过程，融入集团治理各环节、内嵌集团治理结构之中，提升企业治理能力和治理水平。制定《督查督办工作管理办法》，确保贯

彻落实中央精神坚决有力。修订《党组工作规则》，优化完善党组织发挥领导作用的制度机制。落实《中国共产党支部工作条例（试行）》，规范基层党建工作标准，推动基层党组织全面进步、全面过硬。加强支部书记和党务干部队伍建设，打造过硬队伍。最终，以党建系列成果有力支撑中国建筑创建世界一流企业。

这一时期，中国建筑传承红色基因，永葆央企本色，强化价值感召，深化文化建设，努力增强员工自豪感、幸福感、荣誉感，推动员工成为社会主义核心价值观的坚定践行者。加大典型选树培育和学习宣传力度，发挥榜样示范作用，激发广大员工干事创业热情，凝聚团结奋进共谋发展之志。

蓝色力量，拓展幸福空间

中国建筑的发展历程证明，传承“红色基因”是中国建筑永葆基业长青的“发动机”。以文化入战略、驱管理、保落实，推动中国建筑进入更高发展境界。

一是文化定力保证战略定力。企业的战略定力决定未来的发展。面对经全球经济动能减弱，国内经济增速放缓，企业改革进入深水区的客观形势，中国建筑将党的建设作为文化发展的基石，始终把党建工作放在巩固党的执政基础执政地位和推进国有企业改革发展“两个大局”上谋划、推动和落实，坚持“不动摇、不偏离、不能变、不放松”的总要求，强“根”固“魂”，管党治党，从严治企，将党建最新要求和成果融入文化，毫不动摇地坚持正确立场和方向，保持在企业文化问题上的战略清醒。根据集团党组对企业未来发展的总体判断，提出“一创五强”战略目标，以创建具有全球竞争力的世界一流企业为牵引，即致力成为价值创造力强、国际竞争力强、行业引领力强、品牌影响力强、文化软实力强的世界一流企业集团，纳入到企业文化手册的修订中，并开展深植活动，以文化坚定发展理念，保持长期向好势头，保障企业发展目标的实现。二是文化解放激发思想解放。中国建筑以社会主义核心价值观为引领，持续深化文化体系建设，大力弘扬铁军精神、工匠精神，不断研讨、发掘和提炼具有中建精神元素的文化和标识，推动制度创新、管理创新、技术创新、商业模式创新，突破发展“瓶颈”。一体推进集团创建世界一流企业和深化国企改革，参与国企混改，推进“双百行动”，开展第二批职业经理人试点，保持发展活力，把科技创新作为企业发展的强大动力，致力建立以企业为主体、市场为导向、产学研深度融合的技术创新体系，引领绿色、智慧、工业化等前沿建造技术发展，做“中国建造”技术的引领者。截至到 2019 年底，公司累计获得国家科学技术奖励 75 项，土木工程詹天佑奖 84 项，国家级工法 244 项，主编国家/行业标准 88 项，获专利授权 24904 项。三是文化成熟驱动管理成熟。直面激烈市场竞争的企业必然具备市场化、商业化的文化。中国建筑结合国家战略的发展和市场环境的变化，不断调整经济结构和经营方式，推动管理提升和转型升级，实现由生产经营向生产经营与资本经营相结合的转型升级，从单纯的建造商，转变为投资商和运营商；房建业务由“建房”向“建城”的转型升级，海外业务由国际工程承包向经营跨国公司的转型升级，经济结构从“一房独大”向基础设施、城镇化、投资开发协调发展的转型升级。新时代，中国建筑紧跟国家战略，聚焦民生领域，服务城镇建设，充分发挥“投资、建设、运营”全产业链业务优势，努力当好地方政府的“城市合伙人”；全力将各项专业业务做到极致，打造专业细分领域的特色品牌，提升综合竞争力；聚焦价值创造，突出资源配置导向，推动产业经营和资本运作相结合，发挥资本的纽带作用和放大效应。引导子企业加强合作，打造利益共同体，更好实现协同发展。四是文化自信保障发展自信。企业腾飞发端于高度的发展自信。中国建筑组建以来，一直以“行业排头、央企一流”为目标。进入新时代，中国建筑按照“培育具有全球竞争力的世界一流企业”的要求，对标世界一流企业、对标行业先进企业，赋予企业愿景“成为世界投资建设领域的第一品牌，中国建筑业改革发展与推动我国城镇化建设旗帜”的新内涵。推动中国建筑勇于先行先试，锐意改革创新，树立起中央企业“创一流”的标杆样板，展现中国建筑夯实“两个基础”、践行“六个力量”的使命担当。在当前加快“新基建”、推进智慧城市发展的趋势下，中国建筑勇站 C 位，发力“新基建”，培育新动能，助力“新基建”与产业化应用“新融合”，打通城市交通“脉络”，打造“新融合智慧大脑”，多维跟进融合基础设施建设，为城市生态文明发展注入新活力。深化“海外优先”，强化属地经营，加强资源整合构建产业链、供应链、服务链、价值链，高质量推进国际化经营，持续增强国际竞争力。截至目前，中国建筑已累计在海外130个国家和地区承建了近7000项工程。同时也以此为契机，努力增强企业文化的包容性，探索文化融合的工具与方法，围绕“建证幸福”主题做好文化践行，积极推进跨文化融合，凝聚全球中建人共同建设世界一流企业的磅礴力量。五是文化担当诠释担当有为。担当时代责任，服务国家战略，是国有企业的天职。中国建筑始终与国家战略同频共振，将自身发展融入国家战略之中，投放优势资源，优化业务布局，承担重大任务，努力成为经济社会发展可以依靠的坚实力量。中国建筑融入京津冀区域协同发展，投资建设运营雄安市民服务中心，建设北京城市副中心、北京大兴国际机场、冬奥会场馆等项目，助推“一核两翼”，为转型发展的京津冀注入新活力、新动能。践行长江经济带发展战略，参与长江经济带生态环境治理，建设现代化的场馆和交通保障工程，助推长江经济带综合立体交通走廊建设。与上海市政府、临港新片区管委会签订战略合作协议，共同推进上海“五个中心”、上海自贸区临港新片区、长三角生态绿色一体化发展示范区建设。深耕粤港澳大湾区，建设深圳地铁13号线、深圳国际会展中心、深圳光明科学城、深圳前海国际会议中心等项目，助力将粤港澳大湾区打造为国际一流湾区和世界级城市群。打造精准扶贫“中建模式”，实现3个定点扶贫县全部脱贫摘帽，为全面建成小康社会贡献“中建力量”。接收应届毕业生1.9万人，创造就业岗位约170万个，为稳就业作出贡献。承接包括火神山医院、雷神山医院在内的疫情防控应急项目共100项，以实际行动彰显中国建筑在非常时期的非常担当。

文化是企业永续发展的灵魂。2020年中国建筑在“红色基因”和“蓝色力量”的文化谱系中增添了和创造了“火神山雷神山医院建设精神”。为以优异成绩向党成立100年献礼，中国建筑将继续聚焦“一创五强”战略目标，胸怀“拓展幸福空间”的使命情怀，建立“品质保障、价值创造”的价值取向，激发员工“诚信、创新、超越、共赢”的精神状态，为构建与世界一流企业相匹配的文化软实力，“建证”人民幸福、民族复兴！

（中国建筑集团有限公司）

以“品牌兴企”战略为魂 在“一带一路”代言中国品质

中建一局成立于1953年，是新中国第一支建筑“国家队”，2018年世界500强第23位、是世界最大投资建设集团。中建集团旗下有国际竞争力的核心子企业、和控股企业30余家，员工逾2万，具有AAA级资信等级。中建一局深耕国内外两个市场，通过投资建造一体化、设计施工一体化、国内国外一体化，为客户提供全产业链的高品质产品和全生命周期的超值服务。2017年以来中建一局海外布局实现爆发式增长，将版图扩展到16个国（德国、瑞士、西班牙、俄罗斯、美国关岛、巴哈马、玻利维亚、菲律宾、埃及、赤道几内亚、印尼、伊拉克、科威特、阿联酋、缅甸）。

强化海外品牌文化建设，展示大国形象

*一是以“品牌兴企”战略为魂，将海外品牌文化建设提升至发展战略。*2012年中建一局提出“品牌兴企”战略，将品牌建设工作提升到企业发展战略的高度，旨在打造企业的差异化竞争优势，将品牌建设渗透企业运营管理全过程、覆盖全员。2016年中建一局发布十三五规划，提出“品牌建设和文化建设两翼齐飞”，将“品牌美誉领先”和“企业文化领先”确定为“十三五”愿景目标。为紧跟一带一路倡议，中建一局确定了多家优先走出去的子企业，大力发展海外业务，打造中建一局海外联合舰队，共同出海创业。

*二是党的领导为海外品牌文化建设把方向、管大局、保落实。*中建一局将海外党支部作为提升海外形象的先锋战斗堡垒，明确海外项目支部书记为品牌传播工作第一责任人，引导广大海外党员讲好中国故事，传播好中国声音。目前中建一局共有海外员工178人，其中海外党员75人，占海外员工总数的43%；海外党组织12个，做到海外党组织100%全覆盖。2017年中建一局组织俄罗斯全体党员在中共“六大”常设展览馆开展“两学一做”专题教育，激励海外党员争做“一带一路”上的创业先锋。党的十九大闭幕当天，中建一局发布自发编辑制作的六国语言学习十九大精神口袋书，来自加纳的外籍员工麦克说：“这是我第一次详细了解中国共产党的发展战略，从中能看到中国正在发生很多变化。我很喜欢中国，也爱现在的工作，希望中国和世界的明天都能更加美好！”

*三是实现“四个统一”，构建全员、全渠道、全生命周期海外品牌传播工作大格局。*中建一局在海外品牌传播实现统一管理、统一声音、统一策划、统一形象，持续构建全员、全渠道、全生命周期的海外品牌传播工作大格局。

推进基于人人代言的全员传播。中建一局搭建起品牌传播“金字塔”，从董事长、总经理到每位员工，都有各自的角色责任。集团两级领导人员是“塔尖”，负有政治责任和领导责任，是品牌传播工作的权威定调者、严格把关者、自觉转发者和坚强后盾。集团两级品牌管理部门专职人员是“金字塔”第二层，是品牌传播的内容策划与生产者、渠道开发与推广者、形象展示与提升者、舆论引导与发动者。集团两级总部、大项目核心担当体和项目通联员是“金字塔”第三层，要做好本部门、海外项目的品牌传播工作，为品牌传播提供第一时间爆料，做好组织协同并执行到位。全体员工是“金字塔”“塔基”，每位员工在岗位上时时、处处、事事为中建一局品牌代言。

2016年中建一局党委书记、董事长罗世威亲赴中共“六大”会址修复工程现场，讲授“三严三实”专题党课。科威特大学城项目创作的《海外长征路上的一株骆驼刺》都成为了海外形象建设的创新成果。

推进基于全触点体验的全渠道传播。中建一局坚持充分用好内外媒体、工程现场、行业观摩、高端论坛、专题发布、社会公益、办公空间和办公用品、品牌营销产品，构建覆盖空间、影像、平面全媒介、全触点体验式传播。坚持所有施工现场都是品牌传播的第一现场，工程项目在哪里，品牌传播就覆盖到哪里。把

品牌传播覆盖到有形品牌、无形品牌的全界面，通过全触点体验、全渠道发声，持续提升海外品牌形象。

2018 年 7 月 8 日，中共“六大”会址常设展览馆和莫斯科中国贸易中心项目组织了“建证 40 年——中国建筑奇迹之旅”大型主题传播活动，邀请中国驻俄大使馆公参李波、中共“六大”代表李立三同志的后人李英男、莫斯科中共“六大”会址常设展馆副馆长马先军以及俄罗斯最大周刊《论据和事实》、历史最长的专业刊物《劳动》、互联网刊物 NEWSru 和新华社驻俄记者走进中国两个工程项目现场体验，《劳动》记者刊文赞誉中建一局工程项目是中俄两国进行商务合作交流的平台和俄罗斯民众了解中国的窗口。通过故事化传播、形象化解读、人性化展示赋予品牌温度和人格化魅力。

构建“海外职工之家”，促进中外文化融合

中建一局以“海外职工之家”建设为抓手，开展形式多样的对外籍员工的关爱活动，尽所能帮助解决外籍员工工作和生活上的困难，努力将不同文化差异带来的冲击降至最低。

在中俄两国传统节日，中共“六大”项目部举办中外员工联欢活动，不仅在“三八节”为俄籍女员工过节。2 月 21 日至 23 日是法定俄罗斯“男人节”，项目又为俄籍男员工送礼物。“六大”项目党支部为全体员工建立生日台账，在每位员工生日为员工送贺卡和生日礼物，让外籍员工时刻感受到中国企业对员工的关爱。

科威特大学城项目员工来自 8 个不同的国家，有多达 6 种不同的宗教信仰：有不吃牛肉的印度教徒，有一天要做 5 次祷告的穆斯林等，是典型的“联合国”项目部。根据各国信仰和饮食文化不同，项目食堂提供不同国家的饮食，满足员工需要，比如有印度的咖喱饭、阿拉伯的青菜沙拉和烤肉、朝鲜的辣白菜等。在穆斯林斋月期间，中建一局项目部充分尊重穆斯林风俗习惯，合理安排施工作业时间，保证穆斯林工人祷告需要，并不允许非穆斯林员工在穆斯林员工面前喝水和进食。安排不同国籍的外籍员工分开居住，每天还安排巴士接送外籍员工上下班。

品牌不仅是口碑，更重要的是深植于中外员工的心碑

*一是以中国品质赢得世界认可。*中建一局在海外“一带一路”沿线国家的工程建设中，输出“中国标准”和“中国智慧”，在俄首创的冬季施工“搭暖棚”技术，赢得俄罗斯建筑行业广泛关注和认可，被多家俄企广泛采用。2017 年莫斯科中国贸易中心项目作为唯一一家被莫斯科国家建筑监督委员会推荐的中国项目，在 200 多家涵盖工业与民用建筑、道路、桥梁、地铁等领域建筑企业的 1000 多个项目中脱颖而出，荣获莫斯科市建筑行业质量最高奖——“2017 年度莫斯科市优质工程奖”第一名，中国建筑成为荣获该奖项的第一家中国企业。中共“六大”会址修复工程荣获莫斯科古建修复“最佳施工组织奖”和“最佳项目奖”以及“文化遗产修复及现代化使用特别奖”。工程项目团队荣获了“全国工人先锋号”。

*二是以中国效率带动俄罗斯效率。*中建一局创造了俄罗斯古建修复“第一速度”，仅用 293 天完成了正常工期需要 3－4 年才能完成的中共六大的全部修复任务。创造了莫斯科同类工程建设最快速度，在俄罗斯再次延续了“中国效率”的神话。2016 年 7 月 4 日中共六大展览馆建成开馆，习近平总书记和普京总统共致贺辞，刘延东副总理说：“你们做得很好！”莫斯科市文物局局长阿列克谢·叶梅利亚诺夫也赞叹中国速度和中建人良好的素质！

*三是海外品牌传播达到新的高度。*2018 年 1 月 13 日，人民日报要闻版头条以《中国建筑在俄罗斯“圈粉”》为题进行深度报道，盛赞“以中国品质占领市场，以中国标准带动同行”。3 月 23 日，人民日报国际版专版重磅推出《跨越 90 年的友谊传承—探秘中共六大会址的前世今生》。环球时报以《中国建筑，在俄上演经典示范》为题深度讲述了六大项目和莫斯科中国国际贸易中心项目为“中国速度”和“中国质量”代言的故事。中国国际电视台 CGTN 俄语频道、环球网英语频道、人民网俄语频道都进行了深度报道，实现了中建一局海外品牌工程传播的多语种突破。

2018 年莫斯科中国国际贸易中心项目实现三上央视——央视财经频道的“国际财经报道”两次深入传播莫斯科中国贸易中心项目；央视国际频道“远方的家”深入传播莫斯科中国贸易中心项目，提升中建一局海外品牌影响力。

（中国建筑一局（集团）有限公司）

解析中建七局发展壮大的文化密码

世界500强第21位的中建集团旗下骨干成员，连续五年蝉联河南百强企业第四位，荣获百余项鲁班（国优）、詹天佑大奖，成为河南乃至中建系统首家“三特三甲”企业，中国建筑第七工程局有限公司（下文简称中建七局）身上的耀眼光环数不胜数。

振业寻根，纵观中建七局近70年的发展历程，历经工改兵、兵改工、成为上市企业三次身份转变，始终保有一颗赤子之心，孕育提炼出“砺进争卓越，共赢创一流”为企业品格的砺进·共赢文化。她是中建七局发展实践的经验总结，是在传承中不断创新的产物，是在融合中不断升华的气质，也是中建七局与时俱进、追求发展的真实写照，是企业永葆活力、长盛不衰的内生滋养。

正如中建七局党委书记、董事长方胜利所说：“砺进·共赢激励着七局人紧跟国家建设需要，开疆拓土，走出一条立足中原、辐射全国、走向世界的战略升级之路。”

卓越文化根植发展基因，凝聚发展动力

回首过往，从渤海之滨的红色施工队到西南边陲的飒爽军姿，从千里转移、建设大小三线到走向市场、变革体制机制，从探索融投资模式、领跑行业到迈进千亿平台、追求基业长青，“砺进·共赢”文化与中建七局的发展壮大历程一脉相承，从点点滴滴中，润物细无声地融入每一位员工的DNA中。

企业成立早期，中建七局前身各施工队轰轰烈烈加入到新中国大建设征程中，搭席蓬、迎寒风、喝泥水、卧雪冰，出色完成渤海造船厂、四川汽车厂等一大批“一五”、“二五”重点项目。

工改兵后，中建七局人力承军魂，他们穿军装、奔西南、进鄂豫、赴冀中、援唐山，承建了一大批大小三线建设工程，被誉为“英雄的部队钢铁的兵，穿云的海燕破雾的鹰”。

1983年集体转业，含泪挥别军旅生涯，在红海搏击中不断深化改革创新。2008年，中建七局拉开了从传统施工总承包商向城市建设与投资综合服务商转型升级的大幕。先后投资建设了郑州滨河国际新城、河南首条城市综合管廊、福州海峡奥林匹克体育中心、海峡文化艺术中心等经典工程。以“利众共享，赢在创新”为时代特征的“砺进·共赢”文化逐渐走向成熟。

2016年至今，中建七局将企业发展融入国家重大战略中，紧跟国家“一带一路”倡议，将海外业务拓展至12个国别；积极融入地方，服务郑州国家中心城市建设，助力中原更加出彩。截止2019年底，中建七局更是完成合同额超3000亿元，完成施工产值破千亿元。企业跨越式发展进一步丰富“砺进·共赢”文化内涵，这一时期，中建七局启动文化升级工程，历时4个月，搭建起以“砺进·共赢”为核心理念的企业文化框架，中建七局企业文化得到新的升华。

卓越文化引领管理创新，助推打造一流

创新是企业不断突破瓶颈、保持旺盛生机与活力的核心动力。中建七局抓住企业管理的重点、难点，将企业文化融入企业管理创新的实践中，持续强化顶层设计、制度体系、人才管理、商业模式，助推企业规范运营、创新致胜。

明确顶层设计，中建七局强化“不忘初心、牢记使命”主题教育，迅速掀起党的十九届四中全会精神宣贯热潮，对标对表《决定》要求，推进企业治理体系和治理能力现代化。确定“三商一体、平台发展；创新驱动、品质争先”的发展理念，加速转型升级，不断扩大在中原经济区、海西经济区等核心经

营区域市场占有率，致力打造品质七局、创新七局、幸福七局，夯实和扩大“建设专家、城建伙伴、共赢典范”的品牌影响力。

完善制度体系，明确局、公司、分公司三级机构管理职能，开展三级体系建设；加强三级分公司建设，将管理重心下移至面向市场的一线；压减、整合部分公司，为企业“瘦身健体”；梳理全局367项管理制度，建立规范的制度管理体系；推进标准化与信息化融合，在集团内率先开展财务一体化系统试点，打造智慧工地；实施差异化授权，做到“能授尽授、能放尽放”；建立精准考核体系，实施“差异化考核”，创新经营者年薪兑现体系，实施“明晰化激励”。

优化人才管理。坚持党管干部、党管人才与健全现代公司治理结构相结合。优化人才队伍结构，重点倾斜基础设施、海外等转型人才及高端人才，大力培养优秀年轻干部，加大干部交流与轮岗力度，培养具备党政复合经历的领导干部。确立“凭德才、重业绩、看经历、听公论”“出资人认可、职工群众认可、市场认可”的用人原则和“五力”用人标准，优先选拔基层一线、条件艰苦地区的优秀人才。

创新商业模式，中建七局灵活运用融资建造、快速BT、PPP、F+EPC等模式。在滨河国际新城一级开发上创新采用EPO模式，得到政府肯定；在阿根廷中标中国建筑首个海外PPP项目；在肯尼亚采用“FEPC”模式受到业主青睐；以工程总承包模式在尼泊尔拿下首个基础设施项目。

文化彰显浩然担当，成就企业品牌

“砺进·共赢”，既强调开拓胆识和奋斗意志，又强调为国家创造价值，为社会建造精品，让员工共享发展。中建七局以建筑为荣，在急难险重任务上显身手，在经济社会发展中勇作为，用实际行动践行着央企使命担当。

兵改工以来，中建七局资产增长5415倍，年均增长28.77%，近五年上缴利税突破百亿元，带动了上下游20万人的就业岗位；年均合同额、营业收入、利润总额均保持两位数增长，进入河南省盈利及纳税“双十佳”企业榜单，实现国有资产的保值增值。

对国家，中建七局不忘“共和国长子”的光荣使命。2008年5月12日，汶川地震，中建七局人义不容辞奔赴灾区，抢修抢建中突发泥石流，28位同志壮烈牺牲。但中建七局人顶着巨大悲痛，如期完成援建房屋交付。2020年春节，新冠肺炎肆虐全国，中建七局勇担使命，组织8000余人，10天建成郑州岐伯山医；同时，在湖北、河南、福建、陕西和广东先后牵头和参与建设了10所应急防控医院，为打赢疫情防控阻击战筑起坚强堡垒。

对社会，中建七局不忘造福民众。每年承建200多万平米安置房项目，将政府的“民生工程”建成老百姓的“放心工程”；在海外实行属地化管理，大量安置当地人员就业，为当地捐建学校；连续10年爱心助考，2020年，在全国17省40余个城市设立爱心车队及爱心助考点，投入送考车500余辆、志愿者1300余人，累计帮助考生超7000余人，为广大学子保驾护航；协同共青团河南省委、河南省民政厅开展“情暖童心”关爱农村留守儿童“六个一”工程，对全省130个贫困县“儿童之家”进行结对帮扶，受到省委相关领导高度赞扬。

对员工，中建七局倡导“环境吸引人，文化塑造人，机制激励人，事业凝聚人”的理念，实行“专业化、职业化、国际化”的人才建设策略，广泛吸纳集聚行业英才；不断提高员工薪酬待遇，使员工收入增长与企业发展同步；打造“菁英人才”培养计划，畅通员工发展渠道。

从立业为国到利众共享，再到砺剑谋变，中建七局“砺进·共赢”企业文化已如烙印般，刻在每一位中建七局人的人生态度和行事准则里，转化成生产力，树立了七局响当当的品牌形象。

（中国建筑第七工程局有限公司）

中国核建跨文化管理实践研究

自“一带一路”倡议实施以来，中国核工业建设集团公司（简称“中国核建”）全面制定和提升集团全球化战略，提出形成“大核建、大业务”的发展格局，实现国际经营大跨越、业务规模大发展、品牌形象大提升，不断向具有竞争力的跨国企业迈进。

主动学习，深化对跨文化的理解

中国核建各海外项目部针对项目所处的社会、政治、经济环境，组织员工学习所在国法律法规、民风民俗，根据所在国家、地区政治文化环境和宗教习俗，采取有效措施，加强文化融合与交流。跨文化是跨越了不同国家与民族界限的文化。对跨文化的理解包括两层基本含义：一是要清楚自己的文化。对自己的文化模式，包括其优缺点的演变的理解，都能促使文化关联态度的形成。这种文化的自我意识，使得在跨文化交往中能够识别自己的文化教育和它文化之间存在的文化上的类同和差异的参照系。二是对异文化的理解、尊重。它要求人们不仅摆脱本文化的约束，从另一个不同的参照系反观原来的文化，而且要对它文化采取一种超然独立的立场，给予足够的重视和认识。

中国核建重视对跨文化的理解，不仅看到不同文化差异带来的误解、矛盾和冲突，还要看到不同文化差异带来的优势，发挥文化互补优势，提高国际竞争力。以中国核建在巴基斯坦多个项目为例：

首先，树立文化平等观。中国与巴基斯坦有着各自不同文化背景，但双方在文化地位上是平等的；既要尊重巴方当地实情，又要顾及自身利益，在树立文化平等观的基础上，不断进行文化的碰撞、磨合，最终获得对问题理解以及解决上达成共识。如：巴基斯坦恰希玛核电、法蒂玛电站、卡拉奇电站项目部员工出国前在接受岗位培训时，被反复强调“我们可以因自己的文化而自信，却不能轻视和蔑视他国文化，相互尊重是项目顺利实施的基础”。中方员工入场后，各项目部要求中方人员了解当地习性，坚持向员工宣传平等对待巴工，友好交往，共建中巴友谊的思想和理念。

其次，尊重当地宗教与风俗习惯。在认识宗教与风俗习惯差异的前提下，进行施工组织设计与进度、劳务安排时考虑这些差异因素，根据宗教与风俗习惯合理安排当地员工的休假制度等，以保障工程正常运行。根据实际编制巴方宗教培训课件并发回国内，供即将出国人员学习，要求员工不得做出违反巴方宗教禁忌的行为。

学习借鉴他国文化先进因素。项目部要求中方人员必须虚心学习巴方文化中的先进因素，克服中国传统文化中的落后性、保守性，利用其文化中的先进因素，调动员工的积极性，助推项目管理创新。

系统研究，识别文化之间的差异

总部层面做好顶层设计。成立企业文化建设领导小组，专门负责企业文化建设工作和跨文化管理的决策、指导和协调工作，领导小组下设办公室，具体负责企业文化宣传贯彻的规划、检查等日常工作，把跨文化管理纳入中国核建国际化经营战略。针对不同国家的文化背景，采取相对应的文化融合策略，利用和依托各海外分支机构、国际大型咨询公司、国内外知名律所、中国驻外大使馆等资源，全面了解和诊断不同国家和地域的文化冲突问题，梳理各类风险，制订对应策略，做到有预案、有举措、有评估、有保障。

现场管理层面系统研究差异，实行一国一策。在进驻目标国之前，提前在该国设立临时办公地点，选派专人对该国的文化、政治等方面的情况展开调查、研究、分析，确定避免和消除文化差异冲突的方法途径。如巴基斯坦项目，由于该国社会不稳定，加上该国独特的法律法规、典型的宗教习惯，守旧的性别歧视，以及当地劳务人员的素质问题，公司从实际出发，采取一系列有针对性的跨文化管理举措。

持续互动，促进不同文化的融合

尊重文化差异，是促进文化融合的基本前提。中国核建在境外项目中，对当地风俗的尊重、对当地雇员的关怀，对当地群众的帮助，得到了当地政府和广大民众的信任，为本土化发展创造了良好的人文环境和施工环境，不仅打造了中国核建负责任的品牌形象，也营造了多方共赢的局面。

东帝汶分公司注重尊重和遵守当地的民风民俗和劳动法规，以此制定合理的用工协议。东帝汶当地员工受教育程度低，双方文化背景不同使管理变得异常困难，分公司积极了解东帝汶的民风民俗，如当地工作节奏轻松，企业实行双休，居民大都信仰宗教，有星期天去教堂集会的习俗，分公司便规定当地员工每周工作六天，星期天、节假日以及宗教节日休息，而中国员工按照正常的中方作息时间，既尊重了当地员工，也保证了工作的正常开展。

在用工过程中，由于村长在当地较有威信，分公司在招聘和解聘当地工人时，都通过村长来和他们沟通，尤其是在人员解聘时由村长来决定谁留谁走。选择合适的当地人来协助带班，并由分公司自己的班组长加以监督，通过这样的途径，一定程度上淡化了分公司和当地工人之间的劳资矛盾，能更加有效地传递指令，避免因沟通不畅引起的矛盾，使企业利益得到了保护。

编制《突发事件应急预案》，对可能发生在施工现场的事件进行研判，并根据事件的影响度、紧急度的不同，采取分级别、分层级的处理办法；联合巴方安保部队，开展安全应急演练，增强中巴双方员工对突发事件的认识，提高自身的应对能力；设立现场投诉办公室，处理在日常工作或交往中，中巴方员工产生的矛盾、纠纷等问题；与各劳务分包商建立了定期会议沟通机制，主要沟通双方在人员管理方面的经验，相互通报中巴方员工的工作状态、精神面貌等情况，并针对可能存在的问题，讨论应对措施，同时，积极支持所在国各种公共事业的发展，积极参与当地的公益活动，认真履行社会责任开展多种形式的跨文化培训，是促进文化融合的重要手段。跨文化培训是应对文化冲突、防止文化冲突最基本、最有效的手段。泰国子公司和乌兹别克斯坦项目部实施专门对员工进行岗前培训，讲解所在国国情、文化习俗，当地人的习性，工作特点和管理中需注意的事项；员工入职后，一方面通过定期召开会议，制定计划、安排任务，沟通交流研讨施工中出现的各类问题，提升中方人员对项目所在国文化的整体认知和管理水平。另一方面邀请所在国大学、培训机构、孔子学院的老师进行语言学习、跨文化沟通及冲突的处理等培训，加强中方人员与外籍员工的沟通能力，减少因语言沟通带来的误解和冲突，提升员工跨文化冲突的解决能力。

巴基斯坦当地工人泥瓦技术差，但是涂料粉刷技术好，巴基斯坦法蒂玛电站项目部有的放矢，开展技能比武、举办各类培训班、签订“师带徒”协议，培养出一批泥瓦技术好的外籍工人，再由这些外籍工人教外籍工人，不断强化“传、帮、带”，在有效快速地提高外籍工人技能水平的同时，提高了他们的经济收入，增加了他们对企业的归属感。各项目部顺应当地民俗，致力于维护和谐、稳定的工作环境，积极为员工创造便利条件，在施工现场设立巴工休息区、巴工祈祷区、巴工食堂等，同时每逢重大节日，如宰牲节、独立日、开斋节、巴基斯坦日等，各项目部均为巴方员工、部队及警察等送去问候，与他们共庆佳节。

东帝汶分公司向马纳图托变电站所在地的凯·纳纳中学进行定点帮扶，向该学校捐赠教学用电脑、书架、铁丝网围墙等设施，改善该学校的教学环境，为东帝汶教育事业的发展尽绵薄之力；组织青年员工开展“清理海滩垃圾，净化海洋环境”为主题的环保公益活动，以实际行动践行雷锋精神，将雷锋精神延伸到海外，获得了当地居民的赞许；缅甸仰光项目部组织员工前往缅甸收容所开展“牵手夕阳，共筑温情”爱心活动，利用休息时间去看望照料孤寡老人，为他们打扫卫生并送去生活用品。

多措并举，积累融合创新经验

跨文化管理的主体和客体都是人。中国核建在文化交流过程中，注重发挥海外员工的积极性和创造性，激发他们的潜能，在开展一些员工真正喜欢的业余文化活动的同时，通过专项课题研究等途径，鼓励员工积极参与工法工艺的创新变革及其他国家工法工艺的对接融合，助推海外工程业务快速发展。东帝汶分公司承接的《150kV 电网的稳定运行和电力系统的维护》《中国标准与 AASHTO 在道路建设项目中施工技术和材料验收的对比分析》课题，既推进了工艺工法的改进完善，又促进了中方员工与外籍员工之间的沟通交流。在缅甸、蒙古、东帝汶、马来西亚等海外各项目部，通过开展 BIM 技术学习、QC 小组建设、五型班组建设、良好实践、职工之家建设等活动，搭建了中外员工互相交流、彼此提高的平台。

中国核建在运用网站、报刊、OA 工作平台对海外文化进行宣传报道的同时，积极寻求新的载体，通过电子杂志、微信平台、QQ 群、远程视频系统等加强与境外人员沟通交流。中国核建微信公众平台针对海外文化开辟专题板块，进行实时跟踪报道与宣传。巴基斯坦滨佳胜项目部通过编制巴基斯坦工程之声电子杂志作为媒介与各单位进行交流。此外，中国核建海外各项目部还通过加强与当地媒体和华文报纸联系，宣传项目经营状况、工程动态、企业文化。

突出特色，创新文化传播方式。加强文化创新，建立以共同价值观为双方共事和合作原则的第三文化管理理念，发挥两种文化的优势，提高员工的凝聚力、向心力，找到两种文化的结合点；发挥两种文化的优势，这样能有效消除民族优越感，尊重和理解对方的文化，以平等的态度进行合作与共事。

中国核建通过特色文化建设，积极创建“海内外一家亲”的“家”文化建设。在中秋“十一”国庆都开展图片征集活动，用镜头记录故事和心情；期间，配合文化品牌建设工作，开展“带着国旗司旗去旅行”等活动；围绕工程现场，展示海外员工的喜怒哀乐与工作生活细节；开展以“核建情海外韵”为主题的“青春诗会”，彰显海外员工的精神风貌和文化涵养，征集“‘一带一路’上的核建人”故事，展示中方员工与外籍员工在项目实施过程中能够理解包容、奋勇拼搏、团结协作的精神增进了海外员工与当地员工的文化交流。

注重关怀，强化海外员工认识。一是对海外员工进行心理疏导，与当地中资机构等建立良好的合作关系，通过开展员工心理健康调适讲座等活动，强化员工心理健康调适意识，帮助员工学会使用心理调适方法调整心态，为维护心理健康，塑造阳光心态，更好地工作和生活起到积极作用。二是利用传统节假日，公司领导对海外员工家庭进行走访慰问，召开家属座谈会，拍摄、制作家属慰问祝福视频传到海外，使在海外工作的员工能够安心、放心、舒心。三是建立与员工的沟通机制，消除顾虑。对参建职工进行形势和民俗文化教育，帮助职工认清海外项目施工的有利条件和不利因素，消除畏难情绪和各种思想障碍，增强战胜困难、完成项目建设任务的信心和勇气。四是海外项目部党支部成员通过与员工谈心谈话的方式，在积极了解中国员工的心理和思想动态的同时，注重加强与外籍员工的交流，关注他们的日常生活；在业余时间，积极组织各类职工开展喜闻乐见的文化娱乐活动，增进员工的归属感和不同文化间的传播交流。

注重阶段性总结，讲好海外文化故事。中国核建经常组织开展企业海外文化案例征集活动。通过一件件普通而平常的真实案例折射企业核心文化理念的指导作用，展现海外团队、员工在包容和理解各国不同文化中好的做法和经验，以及企业深厚的文化底蕴，为进一步展现中国核建的海外文化，讲好海外故事及积累跨文化管理经验打下了基础。也使中国核建跨文化管理已经实现了从“被动式”向“主动式”的转变、从“碎片化”向“系统化”的转变、从“中国化”向“本土化”的转变，为中国核建的海外发展提供“软实力”。

（本文摘自《企业文明》2018 年第 12 期，中国核工业建设集团公司供稿）

创建“五位一体”安全文化体系为铁路运输提供文化支撑

北京铁路局成立于1953年，2017年11月变更名为中国铁路北京局集团有限公司。改革开放40多年来，北京局集团公司始终将确保铁路运输安全持续稳定，作为企业坚守的政治红线和职业底线，坚持以我为主，兼收并蓄的安全文化建设原则，着力创建理念、形成一套具有行业特色、地域特色的安全文化体系，为铁路运输安全提供了文化支撑。

注重传承创新　打造“五位一体”京铁安全文化体系

坚持继承与创新、传承与发展，突出引领、促进认同，建设安全理念文化体系；坚持科学优化，体现严爱相济，建设安全制度文化体系；坚持提高能力水平、适应发展要求，建设素质文化体系；坚持立得住、叫得响，建设典型文化体系；坚持氛围和谐、格调鲜明，建设安全环境文化体系，“五位一体”的安全文化体系日益完善和发展。我们紧紧抓住安全文化的核心因素，在提炼“毛泽东号”精神的基础上，将“报效祖国、忠于职守、艰苦奋斗、永当先锋”确定为京铁精神。组织创作并广为传唱局歌——《京铁之歌》，拍摄集团公司形象宣传片，制作企业形象画册，确定以“路徽”和“天坛”为主要造型的企业标识，较好地展示集团公司的企业形象。京铁精神、局标局歌以及段标段歌，再到车间班组层面的微文化、微理念、微作风、微标识，从上到下，从无到有，使京铁安全文化五大体系在京铁精神的统领下全面升华，构筑建设“首善之局”的共同思想基础。各基层单位按照社会主义核心价值观和京铁精神的价值导向，结合系统、地域、历史、文化等特征，通过广泛发动职工，深入挖掘提炼，精心组织设计，基本建成符合本单位特色的包含核心价值理念、企业精神、形象标识、企业歌曲、职工行为准则等元素的安全文化体系，并在“十三五”期间得到进一步诠释和升华。形成北京站“牢记使命、传承创新、团结奋进、勇攀高峰”的企业精神；丰台车辆段“打造中国铁路一流货车车辆段”的发展愿景；衡水供电段“务实、落实、朴实、求实”的价值理念；北京大机运检段“修路人想着行路人，修车人想着用车人”的企业价值观；以及北京高铁工务段永乐线路车间“一盘棋、一条心、一个家”、南仓站运转一车间“从小事做起，从点滴做起，建小家，保大家”、石家庄工务段娘子关线路车间“勇于吃苦、敢打硬仗”等一批先进价值理念。

注重示范　引领推进京铁安全文化创新性发展　创造性转化

加强顶层设计。以健全完善理念、制度、素质、典型、环境“五位一体”的京铁企业文化体系为主要抓手，按照以人为本、传承创新、合力共为、因地制宜的原则，制定集团公司安全文化建设“三年基础工程”、安全文化发展规划，明确全局各系统的安全文化建设重点任务，突出抓好安全理念、安全管理、安全行为和安全环境建设。坚持每年制定安全文化建设重点任务推进计划，细化集团公司各处室、各单位在安全文化建设中的具体任务，循序渐进推进安全文化建设。

深化创建活动。开展示范创建是集团公司安全文化建设的主要推动载体，也是确保安全文化建设学有目标、层层推进、保持活力的有效抓手。在“三年文化引领工程”的基础上，“十三五”期间，把创建活动升级向车间、班组层面延伸，按照有年度规划、有系统理念、有制度规范、有优秀队伍、有优质环境的“五有”创建基本要求，开展安全文化建设“优秀单位”“示范车间”的创建活动，近两年，连续命名表彰了36个安全文化建设“优秀单位”和341个“示范车间”，创造出一批各具特色、成效明显的安全文化建设经验做法。北京南站大力培育具有高铁客站特色的客运车间“爱”文化、售票车间“心”文化、信息化车间“智”文化，有效促进服务质量提升和品牌优化。沧州车务段选树唐官屯、静海等9个车站、车间作为“示范创建点”，组织召开安全文化推进会，典型引领效果突出。

形成推进合力。集团公司各级组织面对公司制改革和经济结构转型发展的新形势，始终坚持把安全文化建设作为铸魂育人、凝聚队伍、推进发展的系统工程摆上重要日程，加强领导，统筹规划，系统安排，确定了党政共同负责，各级组织合力共为，各部门系统推进的工作格局。每年都对安全文化工作进行部署，制定年度推进计划，举办安全文化知识培训，交流经验做法，并通过评选表彰安全文化建设“优秀单位”、“示范车间”，举行新媒体设计大赛等文化展示活动，有序推进安全文化建设。各业务部门结合系统实际，用文化建设推进安全风险管理和标准化建设，推进“客运提质”计划和“货运增量”行动，提升服务品质，促进经营管理。各级工会和共青团组织发挥优势，利用多种形式展示文化魅力，展现发展成果，营造健康向上的安全文化环境。各基层单位高度重视安全文化建设，从实际出发，加大创建和宣传力度，确保安全文化建设各项任务有效落实。

注重共享发展　巩固和运用京铁安全文化成果

北京局集团公司通过开展安全文化建设，进一步坚定了文化自信、文化自觉、文化自强，征集形成以“路徽”和“天坛”为主要造型，体现行业特征和首都元素的企业LOGO；制作企业文化形象册，编辑“文化引领工程”成果集，展示北京局的企业形象。

打造“最美京铁人”道德模范、“毛泽东号司机”等文化品牌，丰台机务段“毛泽东号”机车组、秦皇岛车务段“立存示范调车组”、北京供电段“赵大坪技能大师工作室”等安全品牌，客运“九朵金花”、天津货运中心“志武营销队”、“康之旅”、“天佑”、“京点”等京铁品牌，都以独特方式扩大了品牌影响力。

安全文化有效促进了安全、服务、经营、建设等中心工作。安全持续稳定，北京局连续实现第6个安全年。公司制改革、企业管理得到了明显提升，安全文化建设硕果累累。北京南站、丰台西站、天津客运段荣获第五届“全国文明单位”称号。北京局集团公司连续6年保持了北京市和全国“安全文化建设示范企业”光荣称号，连续两年获得“全国质量诚信先进单位”。

（中国铁路北京局集团有限公司）

打造“铁军志”文化品牌　助力企业高质量发展

中国铁建的前身是中国人民解放军铁道兵，曾经创造了名垂史册的辉煌业绩，形成了“逢山凿路，遇水架桥，铁道兵前无险阻；风餐露宿，沐雨栉风，铁道兵前无困难”的铁道兵精神，具有光荣的铁军文化传统。中铁建设集团华中分公司（以下简称分公司）作为中国铁建大家庭的一员，以中国铁建文化为统领，在传承铁军精神，弘扬铁军文化方面，形成了独具特色的“铁军志”系列文化品牌，使企业形成强大的凝聚力、执行力和战斗力，为企业高质量发展和战略目标的实现提供了强有力的思想保证和文化支撑。

中铁建设集团华中分公司“铁军志”文化品牌的构建是以“铁军志”微信刊、“铁军志”送文化下工地慰问演出、“铁军志杯”文体联赛为主要载体的“铁军志”系列文化品牌体系。形成了企业独特鲜明的核心竞争力。

起步期——创办“铁军志”微信刊

在互联网迅猛发展的今天，新媒体以其独具优势的创新性、便捷性和交互性，在建设企业文化中起到不可替代的作用。2018 年是中国人民解放军铁道兵组建七十周年，为庆祝中国铁建 70 华诞，在 2018 年“七一”党的生日之际，中铁建设集团华中分公司创办并发布第一期《铁军志》微信半月刊，用微信半月刊的创新形式传承铁道兵精神，弘扬铁军文化，激励新一代铁军在新时代为祖国建设做贡献。《铁军志》发布以来，以中国铁建系统震撼人心的铁军奋斗故事为题材，以鲜活生动饱含情怀的叙事方式和优质可读的编排效果，成为鼓舞士气促生产，凝心聚力谋发展的有力文化载体，赢得中国铁建公司领导的肯定、国内知名文化专家的好评和广大职工的欢迎，被中国铁建公司网站连期转载，形成“铁军志”文化现象。其中，“京原铁路的香雪”等文章更是以其深邃的文字力量和新颖的主播播读方式广受赞誉，“铁粉”纷纷留言“铁军志，报国志”、“传承铁道兵精神，做在当下”、“期待更多的铁军故事”。

成长期——“铁军志”文化迸发

随着“铁军志”微信刊广受欢迎，中铁建设集团华中分公司开始尝试进一步丰富“铁军志”文化内涵。“铁军志杯”篮球联赛，通过体育竞技锻造铁军队伍锤炼铁军意志，打造精诚团结、敢打硬仗、使命必达的铁军团队；“铁军志”送文化下工地慰问演出，以文艺汇演形式走到农民工工友中间，提升劳动者的幸福指数，助力打造有尊严受尊敬有温度的一流企业。

新中国 70 年的辉煌成就，凝聚着千千万万城市建设者的辛勤汗水。中铁建设 40 年的凯歌高奏，离不开万千农民工兄弟的一路相随。当前，广大农民工工友物质生活得以改善的同时，精神文化生活却依然匮乏，对文化生活充满渴望。为丰富一线工友的精神文化生活，提高劳动者的幸福指数，打造有温度的一流企业，华中分公司开展“铁军志”下工地慰问演出活动，传播铁军精神，鼓舞职工士气，促进施工生产，凝聚发展合力。

慰问演出活动的所有节目均是中铁建分公司自编自导自演，热情讴歌广大一线工友的敬业奉献精神，拉进了与农民工兄弟的距离，使农民工兄弟有尊严受尊敬，共享企业发展成果，形成较为和谐的劳动关系和关爱民工机制，企业在全社会形成具有高度社会责任感的良好形象，厚植了企业发展沃土。企业发展品质进一步提升，助力打造有尊严受尊敬有温度的一流企业。

在新中国成立 70 周年之际，怀着对祖国母亲的祝福和对万千城市建设者的敬意，2019 年 4 月，华中分公司“铁军志”文艺汇演走进滑县一中工地慰问演出；2019 年 6 月，走进濮阳工地慰问演出；2019 年 6 月，走进宁津县工地慰问演出。“铁军志”送文化下工地慰问演出受到所在地农民工工友、职工群众和当地政府热烈欢迎，每次活动都座无虚席，好评如潮，吸引 40 余家媒体纷纷采访报道，成为一道文化大餐。三次演出共吸引约数千余名民工兄弟现场观看，数万名观众通过其他形式观看；国内知名的音乐家、艺术家和中铁建设的原铁道兵战士、青年职工同台献艺，为广大工友送文化，表达对新中国成立 70 周年的深深祝福。

“铁军志”送文化下工地慰问演出取得巨大成功，被国务院国资委职业经理研究中心 - 中铁建设集团党委联合课题组归纳为“项目现场文艺汇演工作法”，专家组表示：“项目现场文艺汇演热情讴歌敬业奉献精神，拉进了与农民工工友的距离，使农民工工友有尊严受尊敬，共享企业发展成果，形成较为和谐的劳动关系和关爱民工机制，在全社会树立起具有高度社会责任感的良好企业形象。慰问演出厚植了企业发展沃土，成为行走的良好企业形象。”

融合期——“铁军志”内嵌企业治理

把“铁军志”文化品牌所承载的“雷厉风行、严谨高效、敢打硬仗、使命必达”的铁军精神，内嵌到企业治理之中，与企业管理工作有机融合，增强企业核心竞争力。

与推进“三基”工作相结合。做到抓基层建设，形成坚强有力、勇于创新的管理团队；抓基础工作，使文化理念在各项制度、规范、标准中找到落脚根基；抓基本素质，使管理者、协作者和执行者三支队伍不断提升技能，使全体干部员工自觉将铁军精神融汇于生活、工作的行为之中，以此激发员工的主动性、提高自觉性、增强责任感、激发工作的积极热情。

与公司重点工作相结合。以创先争优活动为动力，以创建“共产党员先锋岗”及“党员突击队”争优竞赛为载体，有的放矢地开展党性教育、组织创新活动，党员带头攻坚克难，顺利完成一大批工期紧、任务重的重点工程施工生产任务。坚持向管理要效益，积极推进精细化管理和全天候有效沟通，分公司机关部门之间，部门与项目部之间实现横向到边，纵向到底的 360 度无缝衔接，极大的提升公司内部的工作效率和管理效能

与企业发展战略目标相结合。在打造一流企业的实践中，以“铁军志”文化为支撑，作为软实力，打造一流的文化，建设一流的队伍，使文化建设与企业发展同频共振，切实把文化优势转化为新的发展优势，让企业文化之树在实践的沃土上根深叶茂。

升华期——“铁军志”文化让企业“富且贵”

企业发展，三年靠机遇，十年靠管理，百年靠文化。“铁军志”文化品牌在中铁建设集团华中分公司已落地生根，并产生强大的精神动力，化为全体职工的自觉行动，从根本上实现了“两个转变”——职工思想观念发生根本转变、管理方式发生根本转变，“两个提高”——职工爱岗敬业意识得到明显提高、人本管理思想得到明显提高。在中国铁建股份有限公司打造“品质铁建”和中铁建设集团有限公司谋求“高质量发展”的框架下，打造“品质华中”，助力建设有温度有尊严受尊敬的一流企业。

“铁军志”文化品牌获得社会高度认可，2019 年，“铁军志”被中国建筑业协会评选为“建国七十周年·全国建筑业企业文化经典案例”。2019 年 11 月，中铁建设集团华中分公司被中国企业文化研究会授予“新中国 70 年企业文化建设优秀单位”荣誉称号。

以文强企，以文化人，以一流文化引领企业高质量发展。“铁军志”已成为深入人心的文化品牌，在文化引领和滋养下，中铁建设集团华中分公司发展势头良好，近年来在全集团综合体系评审中连年取得优异成绩，为企业高质量再发展注入了活力。

（作者吴彪系中铁建设集团华中分公司党委委员、党群办公室主任）

培育一流文化　建设航天强国

航天科技集团第六研究院（以下简称六院）是我国唯一的集导弹武器和运载火箭主动力系统、上面级动力系统、轨姿控动力系统以及空间飞行器推进系统研究、设计、生产、试验于一体的航天液体动力技术专业研究院，被誉为中国航天液体动力的摇篮和航天液体动力“国家队”。半个多世纪以来，六院坚持不懈地把培育和践行社会主义核心价值观融入到企业文化建设全过程，全面推进动力文化、创新文化和诚信文化建设，培育了践行爱国奋斗精神的一流职工队伍，打造了享誉海内外的一流航天动力，为航天强国建设、国防现代化建设和国民经济发展做出了突出贡献。

持续培育动力文化，彰显金牌动力风采

航天六院地处文化大省的陕西，有着长达28年的三线创业历程，是航天精神的重要发源地。院党委深刻认识到，只有真正把企业文化建设融入到继承中华民族传统美德、弘扬延安精神的点滴行动，融入到践行航天精神的具体实践，融入到全院改革发展的全过程，才能真正发挥企业文化以文化人、凝聚力量的作用，才能使文化理念变成广大干部职工自觉的思维方式、工作方式和工作习惯。为此，六院下大力气，精心培育富有时代特征、航天特点、发动机特质的六院动力文化体系，结合航天液体动力的发展历史、发展现状和未来发展目标，总结提炼出了六院动力文化理念。“汇聚能量、推举梦想”、“先行一步、领先一路”、“踏实务实、纳新创新”、“图新图强、领先领航”、“严格严谨、精益精品”、“求真求稳、测准测全”、“创新创造、做优做强”、“至诚至信、满分满意”等，都是六院文化的重要元素，也是六院人坚持打造一流航天动力精气神的集中体现。同时，六院通过编撰《六院三线旧址文化地图》，《六院文化地图》、举办《六院动力文化手册》发布会、开展动力文化主题实践活动等多种方式，广泛宣贯六院动力文化理念，自觉践行六院动力文化理念，真正使动力文化理念内化于心，外化于行。

一个新型号火箭发动机的研制，需要少则五六年，多则二十几年的艰辛付出。一台发动机成功上天，更要经历设计、生产、试验等重重考验，需要上百个部门上千个岗位上万道工序的共同努力，是规模宏大、高度集成的系统工程。六院坚持把践行动力文化理念融入科研生产和经营管理等各个环节，实现从行为传承，到精神传承，再到产品传承，烙印在每一个干部职工的心里，传递到每一个干部职工的手上，融化进每一个发动机产品和军民融合的成果中，先后成功研制了近百种液体火箭发动机和空间推进系统，应用于导弹、火箭、卫星、飞船和各种用途的航天器，彰显了航天金牌动力的风采，使中国的航天动力技术水平跻身国际一流水平，为我们中华民族在世界航天领域赢得了尊严，为三秦儿女赢得了荣光。

不断建设创新文化，夯实技术领先基石

火箭发动机，是人类航天活动的核心装置，既是航天器问鼎太空的力量之源，又是一个国家进驻空间能力的重要标志，被誉为火箭的心脏。然而，越是尖端技术，就越受到国际封锁。必须坚持自主创新，才能研制出具有我国自主知识产权的一流火箭动力，才能在探索太空的征程中与世界航天强国一争高低。

多年来，六院坚持把创新文化建设作为企业文化建设的重要内容，把增强自主创新能力，作为支撑引领六院发展的战略基点和调整产业结构、转变增长方式的中心环节。把创新文化建设全面融入到构建体系完善、布局合理、结构优化、资源集约、核心突出的液体动力技术创新和研发管理体系，形成人人参与创新，个个勇于创新的浓厚氛围。

在为“嫦娥三号”“嫦娥四号”打造飞天登月动力系统的日子里，六院研制团队瞄准世界航天动力技术前沿，对设计方案潜心雕琢，运用新的设计手段和方法，将设计理念和设计思想转化为技术方案和设计图纸，把好设计源头关，确保“嫦娥三号”“嫦娥四号”全系列动力系统真正做到机理清晰、方案最优、质量可靠，不断满足和适应我国月球探测工程对动力系统的新需求，攀登一座座动力技术高峰，使动力系统既能做到“推的精，飞的稳”，又能实现“变的妙，落的准”，分别于2013年、2018年，完美实现了中国月球探测器和“玉兔”号月球车成功软着陆，“玉兔二号”月球车实现人类首次月背软着陆的梦想。

在我国新一代大推力液氧煤油火箭发动机研制过程中，六院坚持推动创新文化建设，深化创新驱动战略。广大科研人员披荆斩棘，攻坚克难，以极大的创新勇气和攻坚毅力，克服了研制过程中难以想象的困难，攻克了研制道路上的重重难关，突破了液氧煤油发动机一系列关键和核心技术，填补了具有自主知识产权的多项技术空白，为我国成功进入空间领域提供了强大的动力支撑。由航天六院研制的动力系统助推我国新一代运载火箭长征六号、长征七号、长征五号先后首飞成功，并表现完美，为我国由航天大国迈向航天强国的征程中提供了强大可靠的动力保证。液氧煤油发动机也因此荣获了2018年国家科技进步一等奖。

坚持打造诚信文化，建设一流航天队伍

对于从事液体火箭发动机这一尖端产品研制的六院干部职工来说，讲诚信，就意味着发动机研制的每一个人都必须做到对事业忠诚老实，每一道工序都必须恪守严慎细实，每一项工作都必须做到踏实务实，每一个步骤都必须做到严格严谨。否则，地面上任何一个细小的失误，都会导致上天产品箭毁星坠，给国家造成巨大的政治影响和经济损失。多年来，六院在持续加强动力文化体系建设的基础上，培育提炼具有液体火箭发动机研制特点的诚信理念：“踏实务实，严格严谨”，用诚实守信筑牢航天动力事业的发展基石，以人的素养全面提升推进航天动力产品质量的全面提升。

发动机是火箭的心脏，其可靠性决定航天发射的成败。发动机启动瞬间，温度变化极端，压力陡增130多倍，上万个零部件同时工作，一个小失误就会导致不可想象的严重后果。针对发动机高温、超低温、高压、高速、强振动、单点失效等特点，六院在发动机设计、生产、制造、试验、交付等各阶段的检查、测试要求做到“严上加严”、“细上加细”，对每一个零件、部件、组件、整机都必须达到零缺陷和百分之百可靠。这些近乎苛刻的做法，对六院科研人员来说则是最基本的要求，因为只有百分之百的诚实守信，才能使上天产品实现“万无一失”的预期目标。

如今，走进六院发动机研制一线车间厂房，很多具有岗位特点的诚信格言随处可见：“错、漏、多、混，时时警惕，配、领、装、检，环环把关”、“刀刀精准，锉平神舟通天路；台台完美，搭起天地往返桥”。从事航天液体火箭发动机研制的每一名职工，都自觉把六院“踏实务实，严格严谨”的诚信理念融入到了本职工作中。

航天精神为六院企业文化建设奠定了雄厚基础：一是提供了丰富的滋养：六院企业文化建设，在大力弘扬航天精神的伟大实践中不断培育，在新中国成立70周年的风雨洗礼中不断锤炼、完善；二是倾注了奉献的血脉：院动力文化，之所以凝心聚力，摄人心魄，正是因为它具有国家利益高于一切，自力更生、自主创新、永远先行、持续领先这一特殊气质，正是因为它有国家的事业、民族的骄傲这一独特气场，正是因为它有源自苦难、根植梦想、艰苦奋斗、航天报国这一肥沃土壤；三是注入了成功的基因：诚信文化的支撑点之一就是质量文化。它把“质量是政治”阐释到了关系国家形象、民族精神的高度；它把“质量是生命”融入到了进入太空的每一次飞行、镌刻到了每一个部件、每一颗螺钉。诚信文化的重要内核是成功文化。它把做人做事的可靠性与成败的结果一起锻打，把“万无一失”的价值追求融进每个航天人的心灵。

（中国航天科技集团第六研究院）

凝铸“固体”魂　助推中国梦

中国航天科技集团第四研究院（简称四院）组建于1962年，是中国规模最大、专业最齐全、技术实力最雄厚的固体火箭发动机专业研究院，主要承担着国家导弹和宇航工程型号固体发动机研制、生产、试验及该领域内国家重大预先研究任务。自组建以来，四院以成功报效祖国、以实力问鼎长天，形成了覆盖运载火箭、战略战术武器、防空、宇航等全领域、多尺寸、系列化的航天固体动力产品体系，为国家战略安全体系建设和航天事业发展做出了突出贡献。

新时代，在我国“发展航天事业、建设航天强国”的进军中，航天人承担的任务越来越艰巨，责任越来越重大。四院党委以航天三大精神为根基、以目标为牵引、以活动为载体，将特色文化理念落细、落小、落实，使之成为员工共同的价值追求、行为习惯和基本文化素养，为事业发展注入了强大动力。四院先后被授予全国文明单位、国家重大工程突出贡献奖、载人航天工程突出贡献单位、全国五一劳动奖状、全国先进基层党组织、国家军工文化建设示范单位等多项荣誉。

营造浓厚的讲政治氛围，引领职工的价值追求

航天事业是强国的事业，是当今高新科技中极具前沿和挑战性的领域，尖端、庞大、复杂，讲政治顾大局是航天企业的第一要求，也是航天科技四院“责任、创新、精诚、感恩”文化的根基和航标。四院党委坚定把政治建设放在首位，认真学习党的十九大精神和习近平新时代中国特色社会主义思想，扎实开展“中国梦、航天梦”教育实践活动，引导广大党员职工坚定理想信念，矢志不渝为中国特色社会主义共同理想奋斗；在执行国家重大任务时，都要发布任务动员令，重大飞行任务前坚持举行试验队出征仪式，党政主要领导主持，为试验队员授“出征旗帜”，试验队员在旗帜上郑重签名，面向国旗党旗庄严宣誓，签字后的“出征旗帜”在试验基地醒目悬挂，激发队员圆满完成任务的决心斗志；利用“七一”“十一”“航天日”等重要节日和重大飞行任务成功契机，举办纪念活动，开展“热爱事业、报效祖国”教育；每年新员工入院第一课即是航天传统文化和爱国爱院教育，走进科研生产一线车间厂房，随处可见“用成功报效祖国，以实力问鼎长天”等格言警句，“以国为重、以人为本、以质取信、以新图强”的航天核心价值观已融入四院人的骨血，成为不变的政治底色。

打造丰富立体的教育平台，传播共同的价值理念

四院党委坚持牢牢掌握意识形态阵地建设和管理工作的领导权、主动权，注重发挥传播社会主流价值导向的主渠道作用，构建育人、化人的立体传播平台，不断巩固壮大积极向上的主流思想舆论。编印了《四院文化手册》，万余名职工人手一册，每个职工都按要求在专页上认真填写“我的责任”“我的创新设想”“我的精诚档案”“我的感恩行动”，随时对照反思、改进提高；编印《四院班组安全质量口袋书》，拍摄《安全的誓言》《保密的红线》《质量的承诺》专题电视片，用身边的事例、极具感染力的画面，警醒广大职工树牢安全质量保密意识；注重发挥不同媒体的特色和优势，把握时、度、效，发挥综合宣传效应，凝聚团结奋进的力量。

开展丰富多彩的主题活动，感知文化的价值魅力

四院党委注重开展特色鲜明、形式灵活的主题文化活动，不断提升教育的吸引力和感染力。党委坚持

每年确定开展一个文化活动主题，如将2013年确定为“感恩”文化年，开展“感恩人物”评选活动，评选并表彰10名“敬业奉献、孝老爱亲”模范，营造出了尚德向善的良好风气。2014、2015年，结合形势和任务需要，开展“责任”“创新”文化年主题活动，火箭军政治部文工团两次专程来院慰问演出，增强了广大职工国家至上的责任感和荣誉感。

在四院特色文化的引领带动下，四院各专项和基层单位的文化活力勃发：领导干部开展“守土有责，守土负责，守土尽责”主题教育活动；党支部开展争创“红旗党支部”和“用行动叫响我是共产党员”“一个党员一面旗”等主题活动；团员青年开展“奋斗的青春最美丽”活动；离退休职工开展“老有所为”“传承好家风正能量”活动。院属41所打造“党史实景课堂”，42所创新开讲“道德讲堂”，7414厂坚持每月开展“模范职工”评选，最基层的一线班组，积极打造班组特色文化，形成了“一班一品”，丰富多彩的文化活动，使职工在亲身参与中、在潜移默化中加深了对核心价值理念的理解和认同，身体力行并自觉践行。

选树可感可学的鲜活典型，诠释文化的价值内涵

榜样的力量是无穷的，四院党委坚持把大力选树、宣传典型作为弘扬社会主义核心价值观、加强思想政治工作的重要抓手，发挥示范效应，将榜样的力量不断转化为全院职工助推梦想实现和履行使命的强大动力。一方面组织职工学习新时期国家推出的“时代楷模”先进事迹，学习钱学森、孙家栋等老一辈航天人的先进事迹，另一方面不断发现、推出、表彰院内身边的先进典型，开展“航天功勋奖”“重大贡献团队”“一线骨干突出贡献奖”“金牌班组”“感动四院人物”“责任四院人”等评选活动。同时大力向上级组织和社会宣传推荐四院典型，扩大影响力，传播正能量。四院7416厂三车间整形组一线技能工人、共产党员徐立平被选树为感动中国人物、时代楷模、最美奋斗者，徐立平的先进事迹在全省、全国巡回报告在航天系统乃至全国都引起了强烈反响。四院党委在全院、全行业扎实开展向徐立平同志学习活动，开展徐立平同志事迹精神大讨论，广大职工在各自岗位上勇担当、比贡献、创标杆，有力促进了各项任务的圆满完成。

（中国航天科技集团第四研究院）

弘扬航天军工文化　建设军民融合高端装备企业

中国航天三江集团有限公司（以下简称“航天三江”）于1969年8月经周恩来总理亲自批准成立，其前身是066基地，1992年组建中国三江航天集团，是中国首批56家试点大型企业集团之一；2017年11月完成公司制改制。航天三江隶属于中国航天科工集团有限公司，是中国固体运载火箭研制生产的主体与技术抓总单位、国防科技工业的骨干力量，依托军工文化跻身于军民融合高端装备品牌企业。

传承军工基因，创新产业发展

回顾历史，航天三江研制的多个型号装备及特种车底盘曾参加过国庆35周年、50周年、60周年，以及纪念中国人民抗日战争暨世界反法西斯战争胜利70周年、庆祝中国人民解放军建军90周年阅兵盛典，为我国国防和军队现代化建设做出了重大贡献。

伴随改革开放成长起来的不同年代不同工作岗位的航天三江人有一个共同的体会：正是依靠党中央和上级单位的正确领导，以及团结争气和实干拼搏，才使得航天三江牢牢抓住改革开放带来的一次次难得机遇，在改革大潮中始终劈波斩浪、挺立潮头，走出一条别具特色的军民融合发展道路。特别是党的十八大以来，航天三江经济效益呈现高速增长态势，利润总额和经济增加值得到大幅提升，国有资产保值增值率年均达110.3%。在国家军民融合发展战略的牵引下，航天三江在巩固提升航天防务产业战略地位的同时，调整优化产业结构，实施战略性新兴产业和军民融合产业发展的新布局，以打造产业发展新动能和新支柱为出发点，商业航天、激光装备、能源装备、特车及重工装备重点产业步入发展快车道，信息技术、现代服务业产业自身发展提速，对重点产业的支撑作用也逐步放大。依托航天防务产业的技术优势和人才储备，航天三江现已形成“4+3+N”的军民融合产业新格局。“4”是指重点聚焦商业航天、激光产业领域，积极发展特车及重工装备、能源装备产业；“3”是指不断拓展信息产业、微电子与微系统、金融租赁等领域；“N”是指推进N个军民融合技术转化及应用，推进重点专业技术发展，巩固并提升核心竞争力，推进中长期发展战略实施落地。

拓展新领域，开发新品牌

航天三江聚焦卫星服务业、卫星制造业、发射服务业和地面设备制造业四大领域，打造卫星发射与运用技术全产业链企业集群；2016年注册成立国内首家商业火箭公司——航天科工火箭技术有限公司，2017年1月快舟一号甲火箭成功实施国内首次“一箭三星”商业发射任务，2018年9月快舟一号甲火箭成功实施第二次商业发射任务，将微厘空间一号试验卫星送入轨道。

航天三江抢占激光装备发展制高点，通过成熟管理模式输入、智力输入和产业支持，迅速将锐科公司发展成为全球第二家具备万瓦级光纤激光器研发能力的企业，于2018年6月18日在深圳证券交易所成功挂牌上市。充分运用在超重型特种越野车及底盘研发生40余年技术积累，航天三江研发出重型平板运输车、重型矿用车，以及系列井工矿运输装备，经过技术鉴定达到国内领先水平；加快发展能源装备产业发展，成功研制出微型移动液化装置，撬装加注站、LNG气瓶、加气机、低温阀件等系列产品。

文化建设与时俱进

航天三江承担着关系国家安全、在重要行业和关键领域占主导地位的重要任务。作为中央企业二级国有军工科研单位，航天三江忠诚于党，忠诚于人民，与祖国的命运休戚相关，使其企业文化精髓中有着先天的“红色”血脉，并全放为贯穿于国有军工科研单位经营管理。航天三江在三线创业时期总结提炼出的“团结争气、艰苦创业、求实自强、改革创新”，是经历筚路蓝缕、创业图存总结出的“三江精神”，更是航天三江人矢志强军、至诚报国的写照。

一是“十大理念”深入人心。航天三江在近50年的改革发展中，不断实践总结出了以“国家利益高于一切”为企业核心价值观、“团结争气、开放包容、创新求实、同创共享”为传统精神等“十大理念”为核心的带有军工背景和三线企业的特色文化。二是组织机制健全完善。航天三江成立由公司党委书记、董事长为组长，党委副书记、总经理和专职党委副书记为副组长，本部各部部长为成员的企业文化建设工作领导小组，领导小组办公室设在党群工作部（宣传部）。同时，把企业文化建设纳入企业发展战略一同研究部署，在总体发展规划中对企业文化建设提出工作目标，宣传部门制定出台企业文化建设工作规划，系统地提出建设目标、工作载体、落实举措；每年制定印发企业文化建设工作计划，并将企业文化建设工作经费纳入航天三江全面预算管理；制定了党建工作量化考评体系，将企业文化建设工作纳入其中，考评结果与各单位的年度经营业绩挂钩，从制度体系上保证了推进企业文化建设的力度；航天三江拥有一支企业文化建设队伍，除本部配备专职工作人员外，所属成员单位均设立了企业文化部或相应的工作机构，根据需要配备专兼职工作人员。三是坚持正确的舆论引导。面对社会思潮多元，多变、多样的实情，航天三江坚持在引领发展上下功夫，凝聚共识，统一思想，把航天三江倡导的先进性的思想与理念与企业可持续发展相结合，坚持“三个不能变”：思想政治工作在党的全部工作中的地位不能变、任务不能变、提高党员干部的思想政治工作的质量和水平不能变，持续深化社会主义核心价值观和航天传统文化宣传教育、“四个主义”（爱国主义、集体主义、社会主义、共产主义）、“三观”（世界观、人生观、价值观）思想舆论教育与引导，开展“四德”（社会公德、职业道德、家庭美德、个人品德）、“四科”（科学思想、科学精神、科学知识、科学方法）教育和培养。四是理想教育常抓不懈。思想教育培训作为航天三江党员干部教育管理的主要载体，催生出了优秀的党员政治素质，实现党员思想的塑造与行动的统一，推动文化理念落地生根，形成规范性思想培训教育体系，即对干部党员，重点抓端正党风党纪的教育与党的宗旨理念教育；对普通党员，重点抓党员发挥先锋模范作用的教育；对老职工，重点抓好经济体制改革形势下的责任意识教育；对青年团员，广泛强化理想、纪律和奉献精神的教育；对入党积极分子，重点抓理想信念教育和党性教育。以航天三江党校为依托，通过开展内涵丰富、形式多样的理论教育和业务培训，展现颇具特色的思想教育，加强战略传导与文化传承，以思想创新助推改革、以理论创新促进发展。五是先模人物典型引路。航天三江以推树典型为助推器，以开展战线有标兵、岗位有模范、学习有榜样等活动为载体，促进了航天三江向高目标、高标准冲刺与发展。其主要是以“用户满意为最高质量标准”目标，推树质量、职业道德标兵，提升党员的社会责任意识；以谋求航天三江科技进步为目标，推树“能工巧匠”及企业各条战线领军人物，提升企业的核心竞争力；以强化企业以人为本为目标，推树职工明星及优秀党组织，以提升航天三江的凝聚力、向心力与企业的竞争力。六是专项文化推进有力。航天三江在推进企业文化建设的过程中，特别注重专项文化建设，并将其纳入企业文化建设工作年度考评体系。航天三江各专业部门均按职责分工建立了质量文化、安全文化、廉洁文化、法治文化、保密文化等专项文化核心理念体系，除日常持续宣贯践行之外，还充分利用“3.22航天质量日”“全国质量月”“全国安全生产月”以及重要节庆日，加强国家法律法规和企业制度规章的宣传，使其文化理念直达心灵深处，进一步增强干部员工的文化认同和行为自觉。航天三江的政治地位和社会影响得到显著提升。

进入新时代，航天三江将更加自觉筑牢信仰之基、补足精神之钙、把稳思想之舵，传承“团结争气、开放包容、创新求实、同创共享”的优良传统，按照“一个目标两个阶段四步走”中长期发展战略，努力建设一流企业文化，加速推进军民融合产业高质量发展。

（中国航天三江集团有限公司）

塑造东安魂　铸就强国剑

中国航发哈尔滨东安发动机有限公司（简称东安）始建于1948年，建国后被列为国家“一五”期间156项重点建设工程之一，也是新中国首批六大航空企业之一。在72年优秀文化的传承和发扬中，东安创造了第一台涡轮轴航空发动机、第一台涡轮螺旋桨航空发动机等多个军用、民用新产品，是中国轻型航空动力、航空机械传动系统的专业化研制生产基地，是中国航空工业骨干企业之一。新时期，东安始终坚持用文化助推发展、让文化成为东安新一轮发展的“发动机”。

传承军工精神　构建特色文化体系

在东安72年成长、发展过程中，优秀的文化为企业积淀了深厚的历史文化底蕴，形成一种富有拼搏、创新精神的企业文化体系，支撑着企业生生不息，始终焕发出勃勃生机．建厂初期，老一辈东安建设者心系国防，积极响应国家号召，在废墟上建设军工厂，将“一不怕死、二不怕苦”革命精神和“自力更生、艰苦奋斗”的创业精神根植在这里，成就了东安文化的优秀基因，并支撑企业完成了不同历史时期国家赋予的军工事业和航空工业的建设任务，成为共和国的航空骄子。上个世纪八十年代初，在“军转民”二次创业的关键时期，东安第一次提炼了“艰苦拼搏、严格求实、争创一流、兴我东安”的企业精神，引领企业干部职工成功走出一条“军民结合、以民养军”的发展之路。

随着企业改革的不断深入，东安对企业文化建设进行了新的思考，本世纪初，开始探索构建企业文化体系工作，公司第一次进行了视觉识别系统的建设；2003年，公司将军工文化体系和东安文化进行充分融合，对原企业精神进行了二次提炼，形成“创新务实、追求卓越”的新东安精神，奠定了企业文化建设的基础。“十二五”以来，东安重新确立了包括“严谨、高效、团结、创新”的企业精神以及“科技唯先、管理精益、人才经心、诚信致远”的经营方针等十余个要素的理念文化体系，并形成具有东安特色的质量文化、班组文化、安全文化、保密文化、廉洁文化等一系列子文化。

创新工作机制　加速理念文化融合

东安以聚焦航空发动机主业、献身国防建设为使命，以提高职工素养、再造东安人魂魄为根本，以塑造品牌价值、提升文化软实力为重点，创新工作机制，努力建设特征鲜明、内涵丰富和个性突出的东安文化。在组织保障上，东安建立健全企业文化建设的领导体制，成立企业文化建设指导委员会，明确和落实工作责任，公司董事长、党委书记、总经理是企业文化建设的第一倡导者和责任者；各基层单位党政领导为主要负责人，行政领导要对企业文化建设提供必要的支持和资金投入，党组织领导要具体做好企业文化建设的贯彻落实工作。

东安还加强教育培训工作，定期组织开展企业经营管理者和企业文化建设专兼职人员的培训，充分利用报纸、电视、园区网、电子屏、文化长廊和文化视板、文化墙各种媒介对理念文化内涵进行广泛地宣传和推广，组织开展企业文化知识竞赛、践行文化理念征文、演讲比赛等主题实践活动，并通过调查问卷了解广大干部职工对理念的认知与认同情况，通过一系列有组织、有实效的宣贯活动，培育职工对文化理念的认同感。注重企业文化建设的资金投入，为企业文化建设提供与企业发展阶段相适应的物质基础。

在工作指导和载体支撑上，东安通过建立走访制度，加强对基层单位企业文化建设工作的走访指导工作，及时总结和推广基层文化建设的先进经验，发现和选树典型，用丰富鲜活的案例启发引导企业文化的推进工作。东安已经连续开展文化节活动，打造“榜样·力量”劳模故事会、“传承文化　一站到底”的企业文化知识竞赛、东安好声音、东安文化讲堂、东安文化广场等特色文化品牌。其中，公司精心策划的

“榜样·力量”劳模故事会、“东安文化大讲堂”等品牌文化活动，用生动的表演和言传身教，对职工进行使命责任和奉献意识教育。在考核评价机制上，东安将企业文化建设纳入企业考核评价体系的总体部署，与其他工作同部署、同检查、同考核、同激励；将文化建设的贯彻落实情况以及单位职工的知行情况作为单位和干部考核的重要内容之一，确保文化建设的推进工作执行有效。

在文化建设的推进中，东安制定企业文化建设纲要，并结合实际对企业文化进行了架构设计，完善了理念识别系统、视觉识别系统和行为识别系统，先后编制了视觉识别系统（VI）标准执行管理制度》、《职工工作着装管理办法》、《文化载体制作及使用管理办法》等多项制度，形成完善的企业文化建设制度体系。

融入中心工作　大力推进文化实践

东安找准企业文化建设与企业其他各项工作的结合点，切实有效地将企业文化理念融入到企业生产、经营、管理等各项工作中，让企业文化理念“活”起来，真正在企业的各项工作中生根发芽发挥作用。

文化建设与生产经营相融互动。东安围绕生产经营中心工作，推行“精益东安”工程，逐步形成东安特色的精益文化。公司通过加强班组文化建设、“双争”竞赛（争当先进集体、争当先进个人）、青年创新创效、青年文明号等群众性的创建活动，形成全员参与的良好局面。

积极推进安全文化建设。东安在基层单位和班组持续开展“创建无违章班组”活动，使公司整体安全管理中心下移和关口前移，促进职工对安全观的实践；培养职工自觉遵章守纪的好习惯，推动安全生产精细化管理。

持续推进质量文化建设。东安以“零超差”控制为抓手，贯彻落实“持续改进，创优质产品，让用户满意”的质量方针，连续多年开展并实施“批产产品杜绝超差　科研产品减少超差”质量专项行动和“东安品质”质量提升工程、狠抓党建“质量双放心”工作，不断提高产品质量，全面提升公司质量管理水平，塑造东安品牌。

全面着眼“民生工程”建设。东安始终倡导“企业发展、职工富裕”，努力实现职工与企业双赢发展。公司不断加大环境建设投入力度，为职工营造安全环保的工作环境；持续开展“送温暖”工程，完善定期走访、慰问工作机制，以及帮扶救助动态管理机制，为职工办理安康保险、设立爱心医疗基金、组织健康体检，实施取暖费明补、全员午餐补贴、新职工购房专项基金、住房分配货币化等政策，使干部职工在奉献东安的同时，共享企业发展的成果。

在企业文化建设实践中，东安打造出一批文化精品力作，先后编印并发放了企业文化建设丛书《职工话与画》、《东安故事》、《岁月如歌》系列、《流金岁月》、《敬业榜样》等多部书籍；策划摄制的微电影《东安爱人》、《新生》在全国职工微影视大赛中斩获铜奖、银奖，以新媒体手段提升了东安文化的影响力。

策划特色主题活动　促进文化凝心聚力

抓住庆祝建厂日等契机，发挥员工主人翁精神。广泛征集员工建议，精心策划系列活动，吸引职工参与。公司相继开展“不忘初心　走好新长征路，为航空发动机再立新功”环厂徒步走活动，磨炼意志，以心铸“心”；走进密山东北老航校旧址，以“寻根”之旅追溯“东安”名称的由来，感悟老一辈军工人的初心，汲取建设今日东安的精神力量；组织离退休及在职干部职工上万人次参观展馆，将公司发展与爱国主义教育、党建教育紧密结合，让大家接受生动的历史教育。公司利用文化长廊以图文并茂形式进行厂史展览，让东安人充满自豪感。

在和谐文化氛围的影响下，东安的广大干部职工培养了严谨务实、诚信创新、爱岗敬业、无私奉献的优秀品质，各项工作取得丰硕成果，公司的管理水平、经营效率、科研生产能力不断增强，企业应变能力及核心竞争力不断提升。如今的东安正处于进一步积蓄后劲、提升优势、转型发展的重要时期。东安将继续以勇于创新的精神、敢于超越的智慧，塑造东安魂魄，铸就强国利剑，助推航空强国梦的实现。

（中国航发哈尔滨东安发动机有限公司）

航空工业昌飞法治文化管理实践

航空工业昌河飞机工业（集团）有限责任公司（以下简称“公司”）始建于1969年，是我国直升机科研生产基地和航空工业骨干企业。公司贯彻军工产品质量管理系列条例和民航法律法规体系要求，以“法治文化”引领企业规范管理，以“法治文化管理”引领企业向高质量发展转变，企业法治建设由原来的保驾护航向创造价值并行转变、由原先的保障控制向源头治理并行转变。

以“诚”为基，打造精神高地，从思想上培育“法治文化”

精神领航，常态化引导昌飞法治文化入脑入心。公司法治文化管理体系以“诚信·敬畏”为基石，2016年发布《昌飞诚信体系建设实施方案（试行）》（以下简称“方案”）。公司从忠诚于岗位、忠诚于企业、取信于同事、取信于客户和员工岗位行为底线五个方面确定了诚信与否的表现；建立全员（含短期用工人员）和各单位诚信档案，促进“不伤人，不烦人，服务人”的员工价值观、“说老实话、办老实事、做老实人”诚信观落地，常态化引导“法治昌飞”入脑入心，为推动公司全面协调可持续发展奠定了坚实的职业道德基础。

以上率下，纵向化带领昌飞法治文化入脑入心。公司坚持党委中心组每年学法、公司普法办及各部门每年学法考试考核的学时；每年度对风险预警岗位领导干部法治谈话制度、每月干部互动式学法制度、党支部“三会一课”学法制度、坚持法治管理督促检查，强化奖惩制度等，强化表单推进，用表单显性管理学习的过程，推动学法用法工作制度化。

业务驱动，专业化培育昌飞法治文化入脑入心。公司各职能部门与本职业务结合，利用各种主题“月”“周”“日”等活动方式，组织专业法律特色宣传活动，包括“保密教育宣传月”、“安全生产月”、“科技月”、“质量月”、“档案周”、“消防日”等多种形式，开展丰富多样的法治宣传教育活动，

丰富形式，立体化传播昌飞法治文化入脑入心。2015年以来，每年“12.4”国家宪法日期间，公司普法办均按详细活动方案落实活动，利用标识、标语、口号、手册、《昌飞》报、昌飞有线电视台、《昌飞企业文化》杂志、宣传橱窗、看板、电子屏等媒介，以及OA网、微信、微电影、客户端等新媒体宣传阵地，在广大职工群众中持续营造学法用法的氛围，构建法治文化传播立体格局。

以“行”落地，落实行为制度，行动上聚焦“合规经营”

行为管控，强化职业操守和道德规范的遵守。“行”就是以“行为准则、行为底线”。公司制定《员工岗位行为准则推进办法》《员工岗位行为底线管理规定》，确立“执行第一、表单办事、问题透明、日清日毕、数据说话、持续改善”24字行为准则，告诉员工怎么做，以及怎么做是对的，从文化与管理交融的切入点和员工行为底线层面推进法治文化落实落地；通过7个禁止、20条细则的行为底线，从人与人、人与事、人与企业、人与社会四种关系，规范企业员工不能触碰、践踏的禁区和红线，保证其可衡量和可考核，通过行为强化，形成昌飞特色法治文化体系。

强化责任，加强法治文化培育的管控。公司下发《昌飞第七个五年法治宣传教育依法治理规划（2016年－2020年）》，同时制定下发《普法依法治理工作管理办法》《普法依法治理工作奖励管理办法》等制度，强化表单推进，显性展示法治文化落地的过程。2017年，落实业务主管部门负责专业领域法治宣传教育责任制，以公司CPS系统下达年度任务的方式，对各业务主管部门负责专业领域法治宣传教育

提出了任务要求。2018 年以来，将法治工作纳入子（分）企业考核评价体系，设立相关考核指标。将普法专项经费预算纳入公司年度预算体系，进行预算考核。

建章立制，行动上聚焦合规经营的落地。昌飞的法治文化培育基础是聚焦合规经营。2019 年 1 月，公司发布《合规管理规定》，合规管理包括六个工作层面：一是强化规章制度法律审核顶层管理。公司下发《昌飞公司规章制度法律审核管理办法》，规定规章制度法律审核为必经流程。法律部门依据职能发挥牵头抓总职能，从顶层上保障公司各项制度和管理标准内容满足国家法律法规、行业监管等的要求。

二是制度、流程、表单的制定必须符合“法治”。公司组织开展“业务工作表单化”管理，要求各项规章制度的制定必须依法合规、符合“法治”要求，并将制度中涉及的业务活动均通过表单实现，设计表单时必须将办事程序、规则要求纳入表单，促进制度与流程好操作、可执行。通过制度管人、流程管事，法在前、情在后，管事有章可循、管人有法可依，每一位昌飞人工作更加注重“法治思维和法治方式”。三是公司全面风险和法律风险体系有机结合。公司将风险评估嵌入重大决策事项管理，从业务源头防范风险，进行重大专项风险细化管理，注重业务环节合规性管控；发布《昌飞公司法律风险管理办法》，设立法律风险管理办公室，组织识别并形成公司法律风险事件库，并按年度更新；将法律风险防范责任落实到岗、落实到人。四是加强对各重点领域的合规管理。公司在劳动用工领域、财务税收领域、产品质量领域、安全环保领域、保密安全领域、知识产权领域、监督监察领域等的合规管理，严格遵守专业领域法律，防止违规风险。五是加强对重点环节的合规管理。根据《航空工业昌飞进一步完善“三重一大”决策制度实施细则（修订)》严格落实“三重一大”决策制度，细化各层级决策事项和权限，加强对决策事项的合规论证把关；在生产运营环节，制定并严格执行系列合规制度，加强对重点流程的监督检查，确保生产经营过程中照章办事、按章操作；在涉外合作环节，建立系列涉外管理相关制度，包括涉外谈判制度、指南、重大项目保障、年度涉外法律风险报告制度等，从涉外贸易、涉外项目合同、涉外投资等环节加强风险把控。六是加强对重点人员的合规管理。对管理人员，要求认真履行承担的合规管理职责，强化考核与监督问责；对重要风险岗位人员，有针对性加大培训力度，使重要风险岗位人员熟悉并严格遵守业务涉及的各项规定，加强监督检查和违规行为追责。

以“法”为术，物化效果能力，能力上强化“问题导向”

能力上强化“问题导向”，曝露问题，解决问题。公司制定《问题管理规定》，倡导和执行“敢于曝露问题是员工的一种诚信品格”，是践行“问题透明”行为准则的最直接体现。公司围绕战略目标，从执行、监察、分析、管控、考核五个维度进行提炼，搭建了公司运营管控体系框架。基于问题导向，以 KPI 考核体系为手段，以“法”（制度、流程、表单）建立秩序和工作程序，进行综合管控，保证了公司科研生产任务的有效执行，各项管理的有效落实。

以“法”为术，物化效果能力。一是建立机构独立的法律事务机构，加强企业法律顾问队伍建设，对法律顾问进行系统法律知识专业培训，有力地强化了企业法律顾问队伍建设。二是全面保障公司依法决策。公司下发《重要决策法律审核管理办法》，对公司对外合资合作业务等重要决策法律审核程序进行了明确和规范，明确规定重要决策必须经法律审核。公司《章程》明确了依法治企和建设法治昌飞相关条款，增加了公司董事会等决策机构推进法治建设等相关职责内容。

三是健全总法律顾问履职配套制度，强化总法律顾问在重大决策把关、法治管理等全方位的职能；将建立总法律顾问制度以及总法律顾问参与决策职能列入公司《章程》；进一步建立《航空工业昌飞总法律顾问履职管理办法》，进一步落实总法律顾问由董事会等决策机构聘任的相关规定。公司总法律顾问全面负责公司的法律事务，对公司法律事务机构实施领导，参加公司总经理办公会、党委会、董事会等所有涉及法律问题的重大决策会议。四是健全重大项目法律参与机制，降低重要决策法律风险；建立《公司重大项目法律保障实施办法》，确保法律顾问全程参与重大项目，从源头上防范法律风险。五是落实合同精细化管理要求，强化合同从签订到履行的全流程化管控。修订公司《合同管理办法》，编制了标准合同文本约45类，明确公司所有合同必须经法律部门审核后才能加盖合同章，实现法治建设创造价值。六是建立内容全面的法务信息系统。集中建立法律业务域流程专业模块，涵盖纠纷案件管理、重大决策法律审核、法人授权管理、合规管理等模块的法务管理流程系统。七是规范法律纠纷案件管控，提高纠纷应对能力。公司修订下发《法律纠纷处理办法》，对法律纠纷案件的预防、应对、报备、整改、问责、奖惩等进行了规范，建立纠纷案件评估机制和纠纷案件信息系统，强化对分、子公司重大纠纷案件进行督办的工作机制，建立法律中介机构资源库，提高纠纷应对能力。

以“达”为要，推动目标达成，结果上坚守“以法护航”

强化“以人为本”，做到“四个着力”一是着力推进领导干部学法用法规范化建设，提高各级领导干部和重点对象学法、懂法、用法的针对性和实效性。二是着力提高企业经营管理人员、技术人员的风险防范意识和依法经营管理能力，形成一支熟练运用各专业法律法规的“专家”队伍。三要着力加强以总法律顾问制度为核心的企业法律顾问制度建设，着力提高企业法律顾问执业能力和水平。四是着力引导职工群众积极参加法治实践，提高企业普法依法治理工作的实效性。

强化组织保障，做到“五个落实”。一是落实领导体制和运行机制，保证普法依法治理工作的组织领导和管理落地。二是做好年度计划、总结，确保目标落实。三是完善激励监督机制，确保责任落实。四是加强法治宣传教育阵地建设，确保效果落实。五是完善经费保障机制，确保经费落实。

强化顶层设计，做到“六个坚持”。一是坚持用法治力、道德力提升战略执行力，全面推进企业向高质量发展转变。二是坚持围绕中心、服务大局，法治宣传教育要着力实现价值创造。三是坚持法治教育和法治实践相结合，建立长效机制。四是坚持以人为本，着力提升全员的法律道德新高度。五是坚持求实创新、分类指导，形成各部门、各层面齐抓共管的新格局。六是坚持注重探索创新，以强化法治实践为出发点和立足点。

2015年以来，公司全面贯彻落实依法治国战略，着力营造富有昌飞特色的法治文化，构建“法在前、情在后”的工作氛围，有力地保障了企业依法合规、科学健康运行。

（航空工业昌河飞机工业（集团）有限责任公司成果主创人：周忠发、余建华，参创人：俞林、曹智英、熊正友、崔连军、徐伟、何水莲）

坚持“四个长期” 打造中国大飞机新名片

2017 年 5 月 5 日下午 14 时，中国自主研制的喷气式大型客机 C919 在上海浦东机场一跃而起，直上云霄。经历 79 分钟飞行后稳稳落地。这次飞行航程虽短，但却翻开了中国民用航空事业史册的崭新一页，是中华民族百年“大飞机梦”的历史性突破。

大飞机的腾飞让人们对它的创造者充满了好奇。确实有一群不畏艰险、勇于创新、担当实干的大飞机人。中国商飞上海飞机设计研究院实验验证中心墙上那面巨大的、红彤彤的国旗，和“长期奋斗、长期攻关、长期吃苦、长期奉献”的标语，国旗让商飞人时刻牢记使命至上、航空报国，“四个长期”时刻提醒商飞人在创业期始终保持共识与坚守，激励商飞人实现一次次的突破。

“四个长期”的内涵

实施大型客机项目，必须紧紧依靠广大干部职工，坚持“长期奋斗、长期攻关、长期吃苦、长期奉献”，这是大飞机人创新、创业、创造历程中的企业文化建设共识和实践经验总结。

一是坚持“长期奋斗”，牢记使命，坚决贯彻落实中央实施大型客机项目的重大战略决策。党的十八大提出“实施创新驱动发展战略”，《国家创新驱动发展战略纲要》提出要发展大飞机、航空发动机等高端装备和产品。根据国家战略和国际民机发展规律，对标国际一流，中国商飞公司确定了“把商用飞机项目建设成为新时代改革开放的标志性工程，创新型国家和制造强国的标志性工程，把公司建设成为世界一流航空企业”的奋斗目标。

实现目标是一项异常艰巨的任务，每一步都需要付出很多艰辛。要拥有自主知识产权，势必要全面提升核心能力，大力推进技术创新，健全民用飞机技术创新体系。“打造国际一流航空企业”，要大力推进管理创新，建立健全有着 COMAC 独特基因的管理体系。这些不是一朝一夕的工作，长期奋斗，要的是钉钉子的精神，要的是坚持一张蓝图绘到底的韧性。

二是坚持“长期攻关”，坚定信念，全力以赴打好型号研制和科学发展建设的攻坚战。大型客机是航空制造的“高端产品”，被誉为“现代工业皇冠上的明珠”，是检验一个国家综合国力和科技水平的“试金石”。我国民机产业起步晚、基础差、力量弱、对手强。历史和现实告诉我们，核心技术是花钱买不来的，如果不坚持自主创新，就无法突破壁垒，掌握核心竞争力，结果是永远受制于人、仰人鼻息。我们必须加大力度，在新材料、新技术、新工艺等方面集中力量开展关键技术攻关，突破飞控控制律、总体技术、构型控制、系统集成、材料应用、试验试飞、适航取证等一系列重大关键技术。长期攻关，要的是具有国际化的视野、全心投入的状态和砥砺奋进的锐气。

三是坚持“长期吃苦”，勇挑重担，以“创新、创业、创造”理念建设国际一流航空企业。如：ARJ21－700 飞机 2002 年立项，2008 年首飞，2014 年获得型号合格证，2015 年首架机交付运营，这个过程绝不是一帆风顺的，经历了各种各样的困难，诸如：大侧风试验、高温高湿试验环境都极为恶略，失速试验、自然结冰试验又都是高风险项目，期间还有 2.5g 极限载荷试验失败等一系列研制不顺利的打击，这个过程中，参研人员从精神到身体都会感觉到很苦。男儿有泪不轻弹，长期吃苦，并不是自虐，是为国为民为事业的担当，是爱国主义的深厚情怀，是对事业理想的坚守，更是一种境界，一种血性和品节的彰显。

四是坚持“长期奉献”，顽强拼搏，以大飞机精神铸大国重器、树大国名片。大飞机是一个大国的“国家名片”。设计并制造出具有自主知识产权和国际竞争力的大飞机，这是国家的意志、民族的梦想和人民的期盼，是实现中华民族伟大复兴“中国梦”的组成部分。航空高科技企业发展及其核心技术辐射到相关产业，可以达到 1：15 的带动效益，对我国经济发展具有巨大带动作用。

作为一项极其复杂的系统工程，大飞机研制距离国际一流，还是长路漫漫、雄关如铁。实现研制成功、市场成功、商业成功需要再接再厉、继续奋进、撸起袖子加油干。长期奉献，需要全体干部职工一心一意，以钢铁般的意志和百折不挠的精神不断创造“大飞机速度”、树立“大飞机形象”、演绎“大飞机精神”，在大飞机这个广阔的事业舞台上谱写“人生能有几回搏”的精彩新篇章。

坚持“四个长期”，在大飞机事业中建功立业

习近平总书记高度关注大型客机研制和中国商飞公司发展建设情况，多次作出重要指示，对广大航空人寄予殷切期望，对中国商飞公司全体干部职工的送去亲切关怀。2014 年 5 月 23 日，习近平总书记亲临公司视察并发表重要讲话。2017 年 4 月 29 日，在 C919 大型客机首飞前夕，习近平总书记就确保首飞圆满成功作出重要指示。2017 年 5 月 5 日，C919 大型客机首飞成功后，中共中央、国务院发来贺电。2016 年、2018 年新年贺词中为 C919 大型客机总装下线、飞上蓝天点赞。

中国商飞全体党员干部职工把思想和行动统一到习近平总书记重要指示精神上来，把智慧和力量凝聚到推动公司创新发展上来，把发展大飞机事业放到实现中华民族伟大复兴中国梦的大局中去推进，在坚持“四个长期”中攻坚克难、砥砺奋进，大飞机梦想拾阶而上、渐行渐近。

*一是在推进创新发展中坚持“四个长期”。*在创新实践中，中国商飞公司走出了一条我国民机产业创新发展之路。确定了非常清晰的奋斗目标和阶段性目标，明确了发展战略、发展原则、发展模式、发展路线，解决了发展路线图的问题。初步掌握了大飞机研制规律、研制方法和关键核心技术，初步形成了从支线飞机到中短程窄体客机到中远程宽体客机的产品谱系，初步奠定了公司长远发展所需的人才、技术、管理等能力基础，带动了相关基础学科、航空工业和相关产业发展，实现了我国商用飞机从无到有的历史性跨越，开启了我国民机产业从弱到强的新征程。

*二是在坚决打赢“三大战役”中坚持“四个长期”。*在艰苦奋斗中，型号研制取得重大突破。公司进入了 ARJ21、C919、远程宽体三个型号并举，研制、生产、运营三种状态并存的新的发展阶段，正逐步凸显出综合发展的优势。中国商飞公司内部把三个型号称为“三大战役”，用坚决打赢战役的面貌和状态去开展攻坚。这种状态也确实激发起党员干部职工攻坚克难的昂扬斗志，取得了丰硕成果。

ARJ21 飞机项目严格按照国际通用的适航管理条例对设计、试制、试验、试飞、生产、销售和产品支援服务的全过程进行管理，真正实践了民机研制的全过程。C919 大型客机开始立项研制以来，已经陆续攻克上百项核心技术、关键技术，推动了新材料、现代制造、先进动力、电子信息、自动控制、计算机等领域关键技术实现群体突破。

*三是在建设高素质干部人才队伍中坚持“四个长期”。*在新中国成立 70 周年之际，中宣部等组织开展了“最美奋斗者”评选表彰，原上海飞机设计研究所所长、新中国第一架大型喷气客机运 10 总设计师马凤山当选。在马凤山诞辰 90 周年之际，商飞人在园区内竖起了马凤山的铜像，激励年轻一代大飞机设计师传承老一辈航空人的精神。以马凤山同志为代表的老一辈航空人给我们留下的最为宝贵、最有价值、最具影响力的是永不放弃的精神，这也成为今天大飞机创业精神的重要内容。精神的传承需要一代又一代人的接续奋斗。历经十年的队伍建设，以“广纳天下英才，共创民机伟业，成就精彩人生”的人才观和“依靠人才发展项目，依托项目培养人才”的人才理念，商飞已经凝聚并锻炼出了一支信念坚定、甘于奉献、勇于攻关、敢打硬仗、具有国际视野的民机人才队伍，培养了一批具有行业特色的品牌人物、品牌集体，塑造了一支打不垮、打不散、知难而进、迎难而上、忠诚于大飞机事业的铁杆核心队伍。

伟大的事业需要伟大的精神，伟大的精神推动伟大的事业。“长期奋斗、长期攻关、长期吃苦、长期奉献”的精神力量是一笔宝贵财富，将激励更多的人们在各自岗位上敬业奉献、精益求精，也激励更多有志为实现中华民族伟大复兴“中国梦”做贡献的人们矢志创新、勇攀高峰。

（中国商飞上海飞机设计研究院）

“五色光”文化色彩助推企业品质发展

源于西北野战军和基建工程兵部队的中建八局二公司（简称公司），始终致力于文化的深化打造，逐步形成了以“中建信条·铁军文化”为核心，以“品质文化、诚信文化”为内涵，蕴含“红色基因、蓝色力量、绿色发展、青色肃纪、橙色暖心”五种色彩的特色企业文化体系，为企业的高质量发展提供了强大动力和无尽源泉。

“令行禁止、使命必达”的红色基因

公司经历过新中国诞生的百废待兴，辗转过祖国“大三线”建设，完成过一大批国防军工项目和国家重点工程，被誉为“南征北战的铁军、重点建设的先锋”。作为兵改工企业，“为国家担当、为人民奉献、为民族争光”的红色基因与生俱来、代代传承，并逐渐形成了“令行禁止、使命必达”的铁军精神。

红色基因即传承铁军精神，时刻听党指挥、对党忠诚，在党和人民需要时冲锋在前。一是严格落实全面从严治党要求。公司坚持“引领、凝聚、创新、融入”的工作主线，狠抓“两个责任”落实，深入开展“不忘初心、牢记使命”主题教育，不断探索党建工作新路径，充分发挥党组织的领导核心作用和党支部的战斗堡垒作用，以“红色基因”打造企业改革发展的“红色竞争力”；二是抓强战斗主力。为让党员时刻牢记第一身份，积极开展“亮身份、亮形象、亮承诺，比学习、比技能、比创新”的“三亮三比”活动。并通过党员网格化管理、党员积分制管理等方式，不断强化党员责任意识，激发党员积极性；三是严格军事管理。公司在项目推行准军事化管理模式，通过定军规、肃军容、搞军训、讲军魂、严军纪等措施，培养“行动军事化、工作标准化、作风严谨化、管理精细化”的铁军团队。

在海拔4000米的青海玉树援建中，公司援建团队培育和发扬了“更高更强，追求卓越”的玉树精神，用3年时间让玉树走出伤痛，成功跨越二十年。在创造了“济南速度”的济南超算中心，项目党支部建立效率督查组并组织“党员突击队”，发挥堡垒作用、攻坚、优势。为项目履约注入强劲动力。

“攻坚克难、转型创新”的蓝色力量

从“橄榄绿”到“中建蓝”，公司从嘹亮的军号声中走来，应对重大挑战、抵御重大风险、克服重重困难，不断转型升级。蓝色力量即践行“品质保障，价值创造”的核心价值观，以“攻坚克难、转型创新”的精神品格，追求更高更快可持续发展。发展之道，改革为先。公司坚持市场化的改革方向，在市场竞争中强化核心竞争力，赢得宝贵的发展机遇和广阔的发展空间。市场营销策略从“三大”“三高”向“三优”转变，巩固大型文体场馆、会展中心等核心优势；推进结构调整，拓展基础设施高端市场，形成高速、轨道交通等先发优势；整合成立装饰、安装、智能等专业公司，为发挥全产业链优势提供专业支持。公司是最早一批“走出国门”的建筑企业，经历过利比亚动乱、亚洲金融危机等各种动荡与风险，但始终坚守阵地，如今埃及新首都等“一带一路”工程，在国际舞台上熠熠生辉。唯改革者进，唯创新者强。公司始终深入推进科技创新、管理创新、商业模式创新等，为持续发展注入强劲动力。从项目法施工到项目承包、到法人管项目、到风险抵押管理模式、再到项目目标责任制，项目班组精细化、标准化管理水平不断提升。用科技创新驱动业务开展，成立创新工作室、劳模工作室、创新创效团队大力推进创新，相关成果荣获2项“国家科技进步奖”、8项“华夏奖”、6项国家级工法、650余项国家专利。

“智慧建造、节能环保”的绿色发展

望得见山水，记得住乡愁。公司落实“建设美丽中国”的治国方略，坚持“走绿色路、算绿色账、打绿色牌”。绿色发展即从“智慧建造、绿色建造、建筑工业化”等领域破题，抢抓可持续发展的先行优势、先发优势。一是深化转型升级行动，打造智慧工地。公司自主研发“智慧工地系统”，通过对人、机、料、法、环各关键要素全面感知、互通互联、智能协同，有效提高施工现场生产效率、管理水平和决策能力，逐步实现智慧建造和生态建造；二是开展工地美颜行动，推进绿色施工。以绿色低碳循环为原则，围绕“四节一环保”绿色理念，率先开展绿色施工探索，积极推广建筑废料综合处理、建筑垃圾“零排放”，应用雨水收集系统、喷淋降尘系统、建筑渣土制砖等新举措，形成了一整套绿色施工的操作工艺、技术标准、评价机制，绿色建造引领行业。山东黄金国际广场、绿地山东国际金融中心、国家健康医疗大数据北方中心等诸多项目因绿色施工成绩突出，被列为示范标杆。

“激浊扬清、保驾护航”的青色肃纪

青色肃纪即强化不敢腐的震慑，扎牢不能腐的笼子，增强不想腐的自觉，营造风清气正的良好氛围。公司通过“廉洁文化进项目、进班子、进岗位、进家庭”四大载体，将清廉之风吹进每个角落。一是进项目，面上全覆盖。项目CI融入廉洁文化并做到“三进三上”，即廉洁标语和廉洁承诺进现场、进会议室、进办公区，廉洁标语和从业守则上墙面、上桌面、上电脑桌面。项目班组还通过信访举报信箱、廉洁宣传橱窗、廉洁主题教育等，营造浓厚氛围；二是进班子，点上抓关键。公司各级领导班子、关键岗位人员签订《廉洁从业承诺书》并自觉接受群众监督，不定期接受廉政谈话和警示教育，时刻保持对权力的清醒认识和对自身的严格自律；三是进岗位，线上有落实。将业主方、分供方等关联单位纳入共建范畴并签订廉政合同。利用各种大会、例会等深入学习党章党规党纪、中央八项规定精神等，让各岗位人员清楚认识廉洁风险点。四是进家庭，内里有延伸。积极与员工家属联合开展主题教育并选树了一批“廉洁家庭”、“优秀廉内助”，现在，家属已成为干部员工清正廉洁的有效助力。

“青春聚爱、五福关怀”的橙色暖心

橙色暖心即通过发挥工团作用，关心关爱员工及工友，让他们感受大家庭的温暖，共享发展成果。一方面通过落实“五福工程”，让员工暖心。“五福工程”即薪酬增福、培训谋福、快乐添福、健康助福、爱心送福。公司各项目不仅活动室、学习室、篮球场等文体场所一应俱全，而且经常组织篮球赛、心理辅导、员工体检、集体生日会等活动，让员工充分感受企业的关怀、家庭的温暖；另一方面通过打造“村站校家”四位一体产业工人服务平台，让工友暖心。通过综合打造工友村、五福工会工作站、“工地板房党校”和“工友党员驿家”，为工友兄弟提供了全方位、立体化、一站式的服务。工友可以在工友村享受良好的居住条件，在五福工会工作站享受医疗、生活的各种服务，在“工地板房党校”和“工友党员驿家”接受综合教育，真心换真心，公司把工友当兄弟，工友也把项目当小家，大家没有后顾之忧，就把更多精力投入到了项目建设。

（中建八局二公司）

铁骨仁心引领企业走向一流

中建科工集团有限公司（以下简称中建科工）是中国最大的建筑钢结构产业集团、国家高新技术企业，隶属于世界500强第21位的中国建筑集团有限公司。中建科工准确定位发展战略目标，使中建科工人有共同的理想追求；用制度创新和流程再造，使中建科工焕发出生机和活力；用高度的文化自觉和文化担当，精心培育了企业健康成长的肥沃土壤，把小树苗滋养成参天大树。

立足主业建设，奠定企业文化基础

自上世纪八十年代开始，中建科工扎根深圳这片改革开放热土，立足国内，放眼世界，创造了国内钢结构施工史上“最早”“最高”“最大”“最快”的业绩，用精益求精的品质浇筑了中建科工的金字招牌。北京中国尊、上海环球金融中心、广州周大福金融中心、深圳平安金融中心、香港环球贸易广场、马来西亚标志塔……中建科工用23座400米以上超高层标注中国钢结构的高度；北京新机场、港珠澳大桥珠海口岸、武汉火车站、重庆鼎山长江大桥……中建科工用20余机场航站楼、10余座跨海跨江跨河大桥、10余座高铁站房、口岸助力人类连通世界的梦想；厦门国际会议中心、深圳国际会展中心、北京奥林匹克体育馆、深圳大运中心、敦煌大剧院、广州歌剧院……中建科工用20余座会展中心、10余座国际赛事体育场馆、10余座经典文化场馆拓展人类幸福空间。一座座经典地标，竖起中国建筑业的脊梁，成为中建科工品牌的最佳代言。

坚持传承创新，升华企业文化理念

在长期的实践进程中，中建科工总结提炼，建立了铁骨仁心文化体系。即：以“拓展幸福空间”为使命，以“成为最具国际竞争力的投资建设集团”为愿景，以“诚信、创新、超越、共赢”为核心价值观，以“铁骨仁心，钢构未来”为企业品格。中建科工人认为：以践行铁骨仁心的文化，足慰平生。

中建科工的价值观形成历经“敢为人先、勇往直前”，以承建“高、大、新、尖、特、重”工程为目标，不断突破建筑高度、跨度纪录的一元铁骨；以“铁的意志”为主要内涵的铁骨文化被注入“铁的纪律”元素的二元铁骨；以形成《中建科工企业文化大纲》“发展之魂”为标志的体系初创；以及发布《中建信条－铁骨仁心文化手册》的母子融合发展期，进一步明确了中建科工的使命、愿景、核心价值观、企业精神和企业品格，成为中建科工的行动纲领。

规范制度流程，支撑企业文化落地

文化纲领发布后，需要制度和方法保障落实。中建科工注重实施顶层设计和底线管理，对外坚守契约精神，严格履约，切实树立诚信形象，赢得各市场主体的尊重；对内讲求流程精神，靠制度管人，按流程办事，充分发挥集体智慧，力求公开透明，由点到面、由粗到细、建立健全、不断优化，为企业跨越式发展提供了强有力支撑。早在2006年，中建科工前身就正式编发较为系统、完整的《管理工作手册》，2009年，面临中建科工新组建、打造钢构旗舰的重任，经过修订、增补、优化，正式出台了中建科工1.0版管理制度。2013年，中建科工正式升级为中建股份二级子企业，内部也完成了区域化整合，由过去单一做安装的单体公司发展为集研发、设计、制造、安装和检测“五位一体”的集团公司，基于内外部环境的变化，中建科工按照分级分类分层的原则，编发中建科工管理制度2.0版。2019年，中建科工加快推进组织机构、激励机制、IT、流程四项变革，致力于实现企业形态由以职能为中心的职能导向型向以流程为中心的流程导向型的根本转变。

丰富活动载体，营造企业文化氛围

活动是企业文化建设最外在、最直接的一种表现形式，这种形式具备其他形式所没有的灵活多样又直接高效的优势，并在企业文化建设中起着“融会贯通”的作用。中建科工以丰富多彩的文体活动为载体，通过有计划、有目的地开展各种文体活动全面地推进企业文化建设，构建规模化、系列化、多层次的文化活动体系，打造了文化活动品牌。活动主要包括专题竞赛类（安康杯知识竞赛、技能大赛等）、沟通类（企业文化论坛、民主生活会、座谈会、“下午茶”等）、文艺类（书画摄影展等）、体育竞技类（田径运动会、登山比赛等）、出行类（红色行等）、公益活动（山区支教、植树、献血等）、祝福祝贺类（婚庆祝福等）、节庆类（司庆等）、仪式类（工程开封顶仪式、新员工入职仪式、晨会仪式等），共八个类型。

单就文化活动，中建科工构建了“六化”模式，即活动定量化、编排集成化、参与扩大化、过程精细化、流程标准化、效果最大化，向员工传递乐观、向上、激情、活力的快乐因子，营造平等、和谐、共创、共享的团队氛围，使广大员工心相依、情更浓。同时，通过科技表彰，传递劳动光荣的职业美德，鼓舞员工为司建功。

坚持以人为本，提升企业文化品质

中建科工恪守以人为本的管理思想，尊重人、关心人、成就人，依据员工的不同需求搭建发展平台，促进员工与企业共同发展。

提升素质。“中建科工是制造人才的地方，兼而建造建筑产品。”中建科工构建全覆盖的人才培养体系，从新员工的四阶培养，到入职3－5年的青年骨干锤炼营，到公司中上层领导的中高管培训班，从工人的焊接培训，到项目经理培训班，中建科工人的每一阶段，都有为之量身定做的赋能平台。实施上垂下炼的人才培养模式，从纵向上提升培养厚度，挑选一批经过基层历练且发展潜力大的青年员工送到公司总部，实施战略激励、文化熏陶、制度流程塑造，再把他们放到基层去，把好的经验和做法带下去，敢于给他们压担子，在盘活人力资源的同时，实现公司理念、制度的上下传达、落地生根。

科学用人。英雄不问出处。以业绩论英雄。公司坚持“重业绩、评德才、听公论”的用人导向，把青年人才用当其时、用其所长，大胆启用一批肯干事、能干事、干成事的青年员工。经过几年的实践，中建科工青年人才的创造活力竞相迸发、聪明才智充分涌流，青年人才已经成为中建科工转型升级的强大生力军。中建科工用行动在社会、合作伙伴心中树立起作风过硬、能打胜仗，良好的铁军形象。承建了一大批工期紧、任务重、难度高的急难险重项目。项目的成功履约，核心在人，关键在选拔一批年轻干部去拼搏奋斗。企业发展为年轻干部搭建干事创业的舞台，年轻干部拼搏奋斗为企业发展提供了强劲动力，形成了企业发展和干部成长的良性循环。

选树先进典型人物。经过多年深耕，中建科工挖掘选树了以“央企楷模”“国企敬业好员工”、“全国最美职工”、中国工会十七大代表等大国工匠为代表的一大批优秀员工典型作为企业文化和企业品牌的代言人；开展“我身边的榜样”“十周年十大功勋人物”主题巡讲活动。2019年，陆建新成为深圳市和广东省“南粤楷模”，当选第七届“全国道德模范”，并受邀赴京参加国庆彩车巡游。

履行责任。中建科工把做优秀的企业公民作为立身基础，勇于承担社会责任，回报社会。对内，在中国改革开放最前沿深圳南山兴建了国家绿色三星的高端写字楼，提升员工自豪感和办公舒适度；坚持每年为员工进行免费体检；设立帮扶基金，帮助公司困难群体，确保公司不出现一例“吃不饱饭、看不起病、上不起学”的情况；每天开展工间操和下午茶，呵护员工身心。公司的真情实意换来了员工的真心实意，激发了企业发展的内在动力。对外，中建科工坚持企业助学（捐建、支教），自2010年以来捐建了多所希望小学，并选派优秀员工进行支教，组织支教志愿者事迹巡讲，打造捐资与捐智相结合的“织梦行动”社会责任品牌。连续5年在全国5大区域组织蓝领工人子女夏令营，关爱、关心留守儿童问题，被《工人日报》、人民网、新华网等重要媒体报道。投资建设运营中国首个也是目前唯一以建筑钢结构和桥梁钢结构为主题的专业博物馆，获评最佳创新科普基地等荣誉。

（中建科工有限公司）

以优秀文化推进企业变革创新发展

作为中国最早成立的合资寿险企业，中信保诚人寿秉承中信和保诚的文化血脉，以优异的市场表现、杰出的专业化运作活跃在中国寿险市场。

持续深化企业文化建设对公司发展重要作用的认识

公司党委班子始终站在全局的高度明晰企业文化在公司发展中的地位。一是培育健康的保险市场必须把企业文化建设作为重要抓手。中国保险行业面临着严峻的文化冲突是不争的事实：一方面是保险业发展比较晚，全民保险意识薄弱，对保险行业理解多元；另一方面，近几年中国保险市场迎来爆发式成长，伴随着保险体制改革的不断深入，保险企业、品牌和产品不断涌现，保险业在经营过程中的文化障碍日益明显。因此，必须进一步研究和宣传好保险文化，才能增强客户的保险认同感，提高风险防范意识，支持中国保险事业的发展。二是公司形象的树立和传播必须依托企业文化建设的大力助推。作为最早进入中国市场的合资寿险公司，压力和挑战并存，想要在众多国险公司中抢占一席之地，必须架设好连接公司发展和市场的企业文化建设桥梁，进而达到提升公司知名度，获得信任度的目的。三是全面提升保险从业人员素质必须强化企业文化建设的常抓不懈。中国保险行业终端从业人员门槛低、背景经历各异、素质层次不齐。同时作为合资寿险公司，必须面对公司管理职能由外方向中方转变过程中产生的保险从业人员的文化意识扭转和认同问题，只有依托企业文化建设，持续对保险从业人员灌输包括行业规范、职业道德在内的文化宣导，才能切实把合资公司保险人的心气凝聚起来，真正引导广大保险从业人员依法合规开展保险营销活动。

企业文化理念体系顺应公司创新发展持续完善

伴随着近年来保险市场发生的深刻变化，中信保诚人寿以成为最好的保险方案的提供者为目标，着眼于通过持续推动保险保障型业务发展、稳健提升投资管理能力，为客户提供全生命周期综合保险解决方案，全力打造“以客户需求为核心”的全方位产品体系，对公司企业文化理念进行梳理和完善，确立了中信保诚人寿企业文化的核心要素，即，愿景：成为中国最好的保险及理财方案提供者和最具价值创造力的综合性寿险公司；使命：为大众的安康、幸福和成长保驾护航，追求客户、员工、股东和社会价值的最大化；核心价值观：诚信经营、互利共赢、精业进取、聚合创新、价值领先、快速稳健；并逐步构建起中信保诚人寿的经营理念、风格、企业精神，以及中信保诚人寿的行为规范，成为员工干事从业的行动纲领。

多措并举注重实效推动企业文化建设落地生根

公司在持续推进企业文化建设的进程中，以理念引领人、以制度约束人、以载体凝聚人、以情怀感染人，全方位构建企业文化建设新体系。

宣导沟通多元化。向全员发布《中信保诚人寿企业文化手册》，自内勤到外勤逐级开展宣导，并将文化元素渗透至文化角、文化衫等细微之处；通过产品推介、网络营销等宣传公司文化，通过电话礼仪、客户服务等体现中信保诚文化内涵和精神风貌；成立中信保诚大学、银保学院把企业文化列入培训课程，引导员工建立共同价值认同，发挥党建工作职能，通过调研访谈、信息摸底、数据统计等途径积极探索发挥外勤党员在企业文化建设进程中发挥先锋带头作用的新途径。

产品服务亲民化。践行中信保诚人寿企业文化愿景和价值观，铭记保险业服务宗旨，切实落实到终端产品。通过举办业务讲座、育儿新概念讲座等，把保险文化理念推向社会。中信保诚在业内率先启用通俗化保单，在客户生日、重大节日时，用短信送上公司的问候，让客户随时都能感受到中信保诚的贴心关怀。

知识培训专业化。每年邀请行业专家学者来公司，围绕国际国内宏观政策、行业形势等内容开展培训研讨；公司与北大等知名院校共同举办领导干部轮训班；将党建、企业管理、文化建设等读物在全员范围内发布，推动企业党建、文化建设常态化实施，基础管理及专业知识线上线下学习活动，探寻领导者的自我变革与企业文化管理之道。

评估反馈实效化。公司从团队精神、管理效率、能力素质、企业品牌、经济效益等五个维度和凝聚力、执行力、成长力、竞争力、生产力等方面对企业文化建设的效果进行评估，围绕员工“对公司文化的看法”“公司文化与制度落实”“公司文化与作风”“公司文化产生的效益”等问题的总体满意度进行调查，及时对调研中发现的问题进行分析和完善，持续调整企业文化建设策略，积极打造更适应企业发展实际的文化体系。

围绕中心以优秀企业文化提升公司综合竞争实力

企业文化推动公司发展战略落地。公司以战略为导向，以文化为引领，制定未来五年发展战略规划和企业文化建设策略。公司以快速发展为主线，坚持发展与创新同步、规模与效益兼顾、共创与共享结合，坚持高质量发展负债与资产结构持续优化，坚持高效益发展盈利水平持续提升，坚持高效率发展、低资本消耗下快速增长，坚持合规经营全面风险管理行业领先，从企业文化建设的推进力和辐射力具体落实在质量、增长、效率、合规等公司发展的各个关键环节，全力打造“以客户需求为核心”的全方位产品体系，向着“成为最好的保险方案的提供者”的方向不断迈进。

企业文化激发全员创新创业热情。公司充分发挥企业文化建设的纽带和引领作用，在领导班子的带领下，广大员工积极应对行业和市场挑战，团结一心、求新谋变，攻坚克难，公司业务再创新高。

企业文化提升人才管理效率效能。公司围绕人才理念积极推进人力资本管理改革，建立以绩效为导向的人力管理模式和考核评价机制，形成绩效挂钩的岗位薪酬体系；通过绩效 +360 度评估 + 性向测试，全面实施领导人员任期考核和年度考核，实现“能者上，平者让，庸者下”。

企业文化彰显中信保诚人寿品牌形象。中信保诚人寿倾心聆听客户心声，凭借专业的业务运作经验、成熟的管理机制，以及客户为尊的服务理念，不断推出符合客户需求的产品和服务。

企业文化强化公司社会责任担当。作为负责任的企业公民，中信保诚人寿一直用心聆听社会需求，主动承担社会责任，倡导“聆听·关怀”的公益主题，并设立“中信保诚关怀基金”，积极支持中国教育、儿童安全、健康以及环保事业的发展。

（中信保诚人寿保险有限公司）

打造卓越“桥文化” 筑梦建桥国家队

中铁大桥局集团有限公司（简称公司）前身为1953年4月为修建万里长江第一桥武汉长江大桥经政务院批准成立的铁道部大桥工程局（2001年改制为现名），是中国唯一一家集桥梁科学研究、工程设计、土建施工、装备研发四位于一体的大型工程公司，被誉为“中国桥梁建设国家队”。67年来，积淀了丰厚的文化底蕴，形成了独具特色的企业文化“桥文化”。

突出特色 健全文化体系 引领企业发展

“桥文化”来源于历史、创新于实践，贯通于未来，紧扣桥梁“跨越”和“超越”的特征，是中铁大桥局发展历史的高度凝聚。

理念先行，重塑文化价值。公司历经“建成学会、发奋图强、融入市场、追赶世界、领先世界”五个发展阶段，铺就新中国桥梁建设从学习追赶到领先世界的腾飞之路。形成“坚守质量，传承创新”的优良传统、“不忘初心，奋发图强、传承创新、坚守质量、逐梦速度”的五大里程碑桥梁精神，构建了以“跨越天堑，超越自我”为企业精神、“以人为本、诚信经营、精益求精、持续创新”为核心价值观，“建桥铺路、造福人类”为使命、“精雕细琢，百年品质”为质量理念、“安全建桥，建安全桥”为安全理念、“绿色建桥，建绿色桥”为环保理念等在内的特色价值理念体系，确立了“打造世界一流建桥国家队”的宏伟愿景。

战略引领，规范行为准则。树立战略思维，凝聚发展共识，公司把企业文化建设上升到战略高度，每五年制订发展规划，把建设优秀企业文化同提升企业核心竞争力、建立健全现代企业制度、实施“走出去”战略紧密结合，为实现企业发展战略提供强有力的文化支撑和动力支持。迈进“十三五”，提出“135”发展战略。即围绕“打造世界一流建桥国家队”一个愿景，紧盯“做强、做优、做大”三大目标，落实“强经营、强管理、强创新、强创效、强党建”五强举措，将大桥局发展成为主业突出、多元发展、核心竞争力强，具有桥梁特色的工程综合服务商。

铸魂育人，推动文化落地生根。以重点工程项目为阵地，不断探索创新，推动企业文化在工程项目落地生根，不断巩固“桥文化”建设发展的根基。实施“铸魂、育人、塑形”三项工程，开展“总结桥历史、树立桥英模、传播桥故事、继承桥传统、创作桥对联、展示桥文艺、举办桥展览、繁荣桥创作、编辑桥丛书、编撰桥文献、开发桥产品、培育桥人才，树立桥诚信、搞活桥经营、建造桥精品、统一桥识别、发展桥科技”等一系列以“桥”命名的活动。实施新上项目“三个一”工程（建造一个会展厅、摄制一部宣传片、制作一个桥梁模型）、收尾项目“五个一”工程（一本画册、一本文集、一批新闻稿件、一部录像片）以及“十二项文化”等，不断丰富企业文化建设载体，推动文化在职工群众中落地生根。

围绕主业 壮大文化优势 厚植文化根基

培育文化品牌，打造企业核心竞争力。公司在世界一流桥梁建设比拼中，打造出技术、人才、装备、管理、文化等“五大”优势，形成特有的文化品牌，成为企业不可复制的核心竞争力。拥有“国家企业技术中心”和“桥梁结构健康与安全国家重点实验室”两个国家级科研平台，将核心技术牢牢掌握；以双导师带徒、内部研究生教育、重点工程重点培养科技领军人才等，培育院士、大师、国家级专家在内的人才团队；自主研发一大批技术性能指标达到或接近国际先进水平的机械装备；聚焦企业高质量发展目标，持续开展提质增效活动，走规模与效益并重的“内涵式发展”道路，形成“天堑变通途‘四位一体’”质量管理模式，荣获中国质量奖；坚定文化自信、盘活文化资源，挖掘文化商业价值，推动企业文化建设转型升级，构建与时代要求和企业发展相适应的先进文化。

讲好桥梁故事，掌握桥梁行业话语权。近年来，全球过半的大跨度桥梁出现在中国，“最长、最高、最大、最快”的纪录不断被写进世界桥梁史。公司承建或参建过国内90%以上的大跨度现代化桥梁，如世界上最长的跨海大桥港珠澳大桥，世界上最长跨海峡公铁大桥平潭海峡大桥、世界上最大跨度的公铁两用斜拉桥沪通铁路长江大桥、世界上跨度最大的双层悬索桥武汉杨泗港长江大桥、世界上首座公铁两用高速铁路悬索桥五峰山长江大桥等一大批举世瞩目的桥梁工程，项目的难度和规模历史上前所未有。结合“世界级”桥梁建设的重要节点、重大活动，公司通过事先策划选题，精心开展成就主题宣传，讲好桥梁故事，让“中国桥梁”成为展示中国形象的新品牌，让“中铁大桥局”成为中国桥梁建设的先行军。在大跨度高速公铁两用桥、悬索桥、多塔斜拉桥成套建造技术，海上长桥整孔预制架设、山区大跨度桥梁建造技术等方面达到世界领先水平。

实施文化融合，拓展桥梁国际市场。响应国家“一带一路”倡议，积极参与国际竞争，在南亚、非洲地区发出“中国声音”，强化“中国桥梁”“中铁大桥局”海外知名度和形象美誉度。推行海外市场属地化建设，以属地化分公司为依托深耕孟加拉、坦桑尼亚等地市场，增强海外市场经营能力。国外建桥过程中，开展跨文化融合管理，严格按照合同条款，确保安全、质量、工期，用卓越的工程品质，成就“中国桥梁”的海外口碑。通过邀请业主到中国实地参观考察、访问交流等让国外了解中国桥梁建设成就，将中国标准采纳到新的基础设施建设国际标准中去，进一步拓宽国际市场。深耕孟加拉国市场十余年，中标中国企业在海外承接的最大单体桥梁工程帕德玛大桥，合同额近百亿元人民币。2016年7月建成通车的非洲大陆最大跨径斜拉桥摩洛哥穆罕默德六世大桥和2016年4月建成的南非最大的斜拉式跨海大桥坦桑尼亚尼雷尔大桥均已成为所在国的地标性建筑。

融汇传承　整合传播资源　提升品牌形象

构建多维度融媒体传播矩阵。公司整合报刊、网站、OA、微博、微信等媒介资源，推动媒体深度融合，做强融媒体新闻矩阵，拓展今日头条、斗鱼等自媒体宣传平台。推进组织重构和采、编、发、管流程再造，打造新闻信息生产“中央厨房”。

锻造全媒体亟需的人才队伍。吸收引进外部人才、加强内部人才培训，发现、挖掘、培养全媒体人才。开办无人机航拍取证培训，取证飞手56人；培养职工网络直播人才，让桥工成为企业发展成就的解读人、桥梁建设成就的讲述者。

现象级传播企业行业大事件。整体策划具有重大新闻价值题材的事件、集中力量打好重大品牌传播战役。强化“中国桥梁名片”“建桥国家队”“世界最‘牛’建桥企业”“中国桥梁十宗‘最’”等话题关注度。坚持每年评选“十大桥梁新闻”，开展“万里长江大桥行”活动，独家采集、发布200座长江大桥的图文、影像资料。2017年升级国际桥梁科技论坛规格，打响“中国桥博会”品牌，吸引中、美、德、法、日、俄等十余个国家400余名桥梁专家、千余名业内人员参加。

聚焦产业　坚定文化自信　打造国家名片

创新模式，创造文化传播源动力。借助国家政策，创新文化传播新模式，将具有全国统一刊号的“一报两刊”（《桥梁建设报》《桥梁建设》《世界桥梁》）整合成立桥梁传媒公司，以市场化的产业运作，推进桥文化传播。建造“中国桥梁博物馆”，打造桥文化旅游精品线，让桥文化走向大众。

研发文创，增强文化传播吸引力。深入挖掘“桥文化”资源的经济价值，把文化与“市场”“产业”结合，研发桥梁模型、桥梁瓷器等“乔公子”系列文创产品，最大程度展现桥梁的经典元素和精神文化内涵，通过文创产品传播企业文化和产品品牌，增强桥文化辐射力。

搭台唱戏，提升文化传播影响力。与中央电视台联合开展大型文化文艺活动进工地，传播企业文化，形成“品牌声浪”。在京张高铁官厅水库大桥，开展“放歌京张高铁”慰问演出，让职工与明星同台演出，增强职工自豪感，实现文化品牌传播“口口相传”“有口皆碑”。

中铁大桥局通过打造卓越“桥文化”，企业发展成果与企业员工共享，企业凝聚力不断增强，呈现出持续、快速、协调发展的良好态势；通过不断创新新产品、新技术、新材料、新装备，填补了国内建桥技术空白，拥有572项国内外专利技术及具有自主知识产权的600余项核心技术，行业领军者地位得以巩固。新华网评选中国大桥十宗“最”，“中铁大桥局”成为世界最“牛”建桥企业。“中国桥梁”与“建桥国家队”“中铁大桥局”等在网络媒体中关联度高度契合，公司的品牌形象得以全面推广。

（中铁大桥局集团有限公司）

创新开展“党建+” 文化引领促发展

呼和浩特供电局（以下简称供电局）从电灯公司起步，有近百年的发展史，现已跻身全国特大型供电企业，隶属于内蒙古电力（集团）有限责任公司。供电局以服务地区政治经济社会发展为己任，创新开展“党建+”，促进以文化人、以文治企、以文兴企。

创新开展“党建+”，构建“大党建”工作格局，提升软实力

呼和浩特供电局党委以强化基层党组织建设为基础，以深入推进党风廉政建设为重点，切实加强领导班子建设，突出抓好党员队伍建设，促进企业和谐稳定发展提供了有力的政治保障和组织保证。

坚持抓班子带队伍，认真履行管党治党职责，形成党建班子文化体系。一是始终把建强领导班子、干部队伍作为推动企业全面建设的重要基础。以建设学习型领导班子为目标，坚持将个人自学与集中学习、专题研讨、讲座辅导、观看专题片、重点发言相结合，规范学习流程、学习研讨、学习记录，扎实抓牢领导班子理论学习。中心组每月学习两次；坚持贯彻执行民主集中制，每月保证一次党委会，集体研究基层党组织设置、干部管理、党风廉政建设、作风建设等党内重大事项。二是持续深化三级示范引领作用。领导班子成员严格按照联系点制度，深入基层调查研究，做到调研指导全覆盖，真正做到为基层解难题、办实事。三是认真落实从严治党主体责任。坚持将党建工作与中心工作同谋划、同部署、同检查、同考核。对党的最新理论学习教育、基层党组织建设、党风廉政建设等重点工作做出安排部署，确保了企业党的建设各项工作的落实。

持续提升基层党组织建设水平，形成基层党建文化服务体系

一是强化机制保障，压紧责任落实。召开党的建设暨党风廉政建设工作会，对党建工作进行安排部署。利用政工例会定期听取基层党建工作汇报，传导压力。召开基层党组织书记述职评议会，全面检验党组织书记履行基层党建责任情况，向基层各级党组织传递了“抓好党建是本职、不抓党建是失职、抓不好党建是不称职”的强烈信号。二是强化阵地保障，拓展服务功能。合理党团经费使用，同比例增长基层支部活动费用。制定《创建幸福企业党群活动阵地建设实施办法》，党、政、工、团联合打造“多维一体”党群活动阵地，先后建成新城分局、旧城分局、计量中心、变运一处等5个支部活动阵地，确保了基层党群活动有形式、有载体、有场所。三是强化力量保障，提升工作水平。结合“两学一做”学习教育，抓好公司“三训三赛”活动，组织参加公司党务工作者知识竞赛及延安、井冈山红色教育培训，举办我局党务工作者培训班，基层支部书记、党群专责素质能力和业务水平不断提升。四是强化党员管理，发挥先锋模范作用。严格落实党小组学习制度，定期开展党员、入党积极分子培训，着力抓好党员经常性教育；开展“党员先锋岗”、“党员示范岗”等活动，全面提高党员队伍政治素质水平，先锋模范作用日益突显。严把发展党员入口关，确保新发展党员的质量。五是加强基层示范群体创建力度。召开党建现场交流会，交流基层党建经验，发挥典型示范，带动基层党组织建设水平整体提升。各级基层党组织积极创新载体，丰富形式，深入开展基层服务型党组织建设、“蒙电示范群体创建”活动，成效显著。

不断深化党风廉政建设，形成风清气正的廉政文化体系。2017年是供电局确立的党风廉政建设深化年。局党委以“两个责任”示范单位创建为抓手，深入推进党风廉政建设和反腐败斗争。一是落实党委主体责任，做到守土有责、尽责。制定出台《党委落实党风廉政建设主体责任分解》、《党风廉政建设考

核实施办法》、《党风廉政建设和反腐倡廉工作年度考核任务表》和《纪委监督检查实施办法》等一系列制度办法，健全党风廉政建设考核检查制度，将供电局党风廉政建设工作层层分解、逐级考核，以点带面、整体推进。开展廉政提醒谈话，注重抓早抓小。强化监督执纪问责、履行“一岗双责”、营销审计整改等方面开展监督检查，加大纪律审查力度。二是持续深化“两个责任”示范单位创建工作，创建落实“两个责任”推进会，推进党风廉政建设。实现责任落实条理化、清单化，基本构建起“纵向到底、横向到边、分级管理、上下联动以及责任边界清晰”的责任体系框架。三是着力强化廉政教育。坚持将纪律挺在前面，全面加强对《中国共产党章程》、《廉洁自律准则》、《纪律处分条例》、《问责条例》、《党内监督条例》及《关于新形势下党内政治生活的若干准则》等党内法规的学习贯彻；采取举办预防职务犯罪知识讲座、领导干部讲廉政党课、参观警示教育基地等多种形式，开展反腐倡廉宣传教育月活动。各级党员干部纪律规矩意识不断牢固，廉洁从业认识不断深刻，进一步提升了落实党风廉政建设责任的思想自觉和行动自觉，形成风清气正的廉政文化体系。

党建牵引促发展，文化引领做贡献

供电局坚持“党建 + 基建”：将临时支部建在施工配套电源工程现场，推动党建工作与重要任务深入融合；“党建 + 创新”：调度、修试等支部党员带头开展技术工艺创新，调度管理处的创新课题荣获全区一等奖、全国优胜奖。“党建 + 扶贫”：引导党员积极参与到脱贫攻坚战中来，充分发挥了先锋模范作用，促进文化发展，文化引领促使供电局电力业务和精神文明建设全面开花。如：全面推开“新时代讲习团”和“学习讲堂”工作，160 余名优秀宣讲员定期在“学习讲堂”授课；推进道德讲堂建设，结合先进典型推选树工作，开展“传承好家训、弘扬好家风”系列活动，让员工当好自己充当的各种角色。围绕落实新思想、深化改革、庆祝新中国成立 70 周年等主题，讲好呼和浩特供电故事，展示企业发展成就，凝心聚力促发展。依托各级主流媒体做好对外宣传的同时，推动新媒体运用，便捷使用短视频产品、微传播等手段宣传企业形象，加快企业文化建设提升工程。以标准化建设为契机，构建与现代企业相匹配的文化管理体系，实施基层文化建设工程，大力发展班组文化，培育班组文化活动品牌，厚植文化沃土，凝聚队伍“精、气、神”。落实习近平总书记“建设亮丽内蒙古”的殷切希望，大力开展“亮丽首府供电 · 先锋”主题教育，集中体现首府供电强大的执行力和战斗力，草原儿女心向党的凝聚力和向心力。可以说，无论是平时还是战时，保供电蕴含着供电人服从大局、勇挑重担、吃苦耐劳的履责精神；保供电就是维稳，保供电就是为保民生做贡献。

（内蒙古电力（集团）有限责任公司呼和浩特供电局）

当好标杆　做好示范　用百吨井铸就辉煌

风城油田作业区是新疆油田的主力采油厂，其一号采油站（简称采油站）依靠国内领先的SAGD技术，成为风城油田产量最高的采油站，建站8年，创效54.12亿元，成为风城超稠油开发的“新工艺、新技术、新模式、高效率、高效益”“三新两高”示范站队。采油站以党的政治建设为统领，凝聚理想信念、明确目标任务、强化责任担当，认真贯彻采油厂要求：“当好标杆、做好示范”，积极落实国资委党建局要求：“把党员培养成骨干、把骨干培养成党员，做生产、学习、团结、发挥作用的模范”，以创建“百吨井”为抓手，将每一名员工培养成优秀的管井人，将每一名党员培养成“党员百吨井”。

创建自主化管理模式

通过实施“三精管理”，形成一套自主化管理模式，提升生产管理水平。实施精确配产——把产量分解到班组、落实到岗位、明确到个人，让人人肩上有指标，千斤重担大家挑，产量完成好坏与效益挂钩、用奖金兑现，让工作有方向、员工有劲头；实施精准调控——通过创建“党员百吨井”，“分类分治、一井一策”，组建“党员攻关队”，积极探索油井生产规律，做到“全”、“准”、“细”、“实”，让问题井不过夜，让高效油井发挥高产效果，让油井产量实现了百吨目标，为全体员工做出表率；实施精细管理——自主编制《SAGD管理制度汇编》，依靠制度实现规范化管理，让员工由“听安排”、“等分配”转变为“提前干”、“找活干”，使员工由属地操作者向自我管理者转变，使采油站顺利实现了自主化管理目标。

打造智能化示范平台

应用智能手段，建成SAGD八大配套自动化系统，形成以“站为中心、辐射到井、实时监屏、动态调控”的新型生产组织方式，实现SAGD工艺从井下到地面全过程自动监控、网上远程管理，率先完成SAGD工艺从井下到地面的全面数字化，一方面为精准调控奠定坚实的技术基础，另一方面有效提高工作效率、大幅降低员工的劳动强度，采油站日产油由建站之初的180t/d提高至1702t/d，人均劳动生产率高达13.6t/d，人均创效120万元/年。信息化建设给风城油田高质量发展插上“腾飞的翅膀”，随着SAGD开发水平的不断提高、技术含量也不断提升，采油站共获得科技创新成果13项，其中省部级创新成果三等奖1项，油田公司创新成果一等奖1项。累计开展QC活动29项，其中荣获国优3项、省优5项、集团公司一等奖3项。

培养专业化员工队伍

SAGD项目是股份公司十大试验项目之首。该项目工艺新、技术高、标准严，试验成功之后，没有现成的操作规程和教材可用，为满足员工技能培训的要求，确保安全生产、规范作业。采油站组织力量深入研究、集中攻关，编写完成了《SAGD培训教材》、《SAGD操作规程》两本手册，覆盖SAGD生产全流程、全领域，填补SAGD开发和管理的空白，每年进行一次修订，确保教材和规程与时俱进。创新开展“四个一”培训法，即“每日一题、每周一练、每月一考、每季一赛”，实现全方位、全时段、学用结合的培训，帮助员工尽快掌握SAGD生产知识、提高技能水平，做到学以致用、解决生产难题，油田公司技能专家曾志强带领团队研制接油盒、改造注胶枪、革新敲击扳手，提高了工作效率，打造出一支高素质、专业化员工队伍。采油站先后荣获作业区培训先进单位等荣誉12项，其中获得油田公司采油工个人一等奖 1 个、油田公司级油水井动态分析一等奖 1 个。

建设标准化美丽场站

落实“绿水青山就是金山银山”的发展理念，人人自觉维护环保，人人争当环保卫士，做到绿色出行、绿色生产、绿色生活。开展“绿色油田”创建活动，建立《绿色油田考核细则》，对完成好的班组给予加分及奖励，使清洁生产理念深入人心。积极开展井场规范建设工作，建成标准化井场 84 个；站区绿化实施专人管理，打造“团结林”、“品果园”、“育苗园”，实现“春有花、夏有绿、秋有果、冬有景”的美丽景象。在建设优美环境的同时，党支部注重文化建设，培育员工美好心灵，班班设立读书角，引导员工制定个人读书计划，开展“四个一”读书活动，每天学一篇文章、每周记党建和时事政治笔记、每月读一本好书、每季写一篇心得，营造良好的读书氛围。在创造生态美的基础上，打造出人文美、和谐美、创造美的大美风城，展示出新疆油田的示范窗口形象。

风城 SAGD 一号采油站党支部提出的“党员百吨井”创新载体，通过党建创新、科技创效、实干创优、管理创景，坚持“服务油田、服务生产、服务员工”理念，以高产井培植为核心，百吨井创建为目标，不断深化“SAGD 模式”的丰富内涵，通过锻造铁军队伍、创新生产管理、加强科技攻关、构建和谐站队等有效措施，不断强化站队文化示范引领，实现了党建工作与生产经营一体化，活动的持续深入和常规实施，实现了 SAGD 单井产量和管理水平“双提升”，为打造风城油田“稠油开发的典范、科技创新的先锋、优秀团队的标杆、企地和谐的示范”发挥了积极作用。

（风城油田作业区 SAGD 一号采油站）

七彩共筑金融桥　文化融创新江南

新时代孕育新思想，新思想指导新实践。企业的发展，需要有富有鲜明特征的文化支撑。江南农村商业银行历来重视科学、规范、系统的企业文化建设，将企业文化作为长期以来重点培养的一项“软实力”，做探索追求文化驱动核心竞争力的先行者。在多年的企业文化建设中，先后荣获中华全国总工会授予的“模范职工之家”荣誉称号、全国金融系统思想政治工作先进单位、全国金融系统企业文化建设先进单位、中国地方金融十佳竞争力银行、全国十佳普惠金融农商银行、江苏省银行业金融机构小企业金融服务工作先进单位、江苏省文明单位、“为常州改革开放作出突出贡献的先进集体”，以及连续多年获得中共常州市委、常州市人民政府颁发的“特别重大贡献奖”，在中国银行业协会发布的“2019 年中国银行业 100 强榜单”，江南农村商业银行位列全国第 53 位，也是该榜单中排名前 10 的农商行；主体长期信用等级为 AAA，江苏省农信系统首家存款突破千亿元的法人机构。

一、传承江南人文精髓 创建金桥文化体系

万物有所生，而独知守其根。江南，从古到今一直是个不断变化、富有伸缩性的地域概念，代表着繁荣发达的经济和美丽富庶的水乡景象，素有“鱼米之乡”的美称。这里山清水秀、人杰地灵、文明悠远，古今中外才子佳人在这片土地上留下了无数动人故事。江南农村商业银行就诞生在这片神奇的土地上，在朴实无华中超凡脱俗，在超凡脱俗中返璞归真，“小桥、流水、人家”作为最具江南气质的象征，孕育出“以人为本、以水养德、以桥立行”为信念基石的江南农村商业银行企业文化——金桥文化。

“以桥立行”是“金桥文化”的信念基石，是江南银行企业文化建设的终极目标。在过去的发展实践中，江南农村商业银行以“金桥”为核心，以沟通为纽带，对社会、对客户、对员工拓展、升华出江南“七彩金融桥”，每座桥都是江南发展中针对不同问题的解决之道。同时，构建了较完整的江南企业文化核心理念体系——“立足县域，服务三农，助推城乡一体化经济”的银行使命；“打造中国农村商业银行一流品牌”的银行愿景；“精耕细作，立己利他”的企业精神；“沟通、担当、利他、人本、宽容、创新”的银行核心价值观。

“金桥文化”、“七彩金融桥”以及核心理念体系的创建，是江南农村商业银行原有文化基因的萃取、重组与再创，是江南农村商业银行与时俱进、文化创新的集中体现，开启了江南农村商业银行更快、更好发展的新篇章，既符合时代发展的要求，又契合江南农村商业银行资源整合、转型发展、传承创新的实际。

二、创新完善文化品牌　推动业务高质量发展

坚持党建引领，坚决维护以习近平同志为核心的党中央权威和集中统一领导，以全面从严治党带动全面从严治行，将党建优势转化为业务发展优势；探索党建新模式，打造党建示范基地和基层党建活动室，为党建文化落地提供必备的硬件、软件设施；充实党员活动内容，开展党建主题月、登高宣誓仪式、文化传承仪式等活动，不断增强党组织的凝聚力和战斗力；创建江南特色党建品牌，有效发挥基层党委、各党支部力量，做好党建宣传工作，将党建工作中的思想建设与企业文化建设相结合，推出江南特色党建文化品牌。

江南农村商业银行作为全国地市级农村金融改革的先行者，重视打造独特的企业文化品牌，通过聘请专业的文化咨询专家，进行严谨科学的调研，根据企业经营现状和未来规划，以及市场发展趋势，先后制

定了两次企业文化发展规划。积极响应乡村振兴战略，顺应农村产业融合发展趋势，优化金融支持和服务手段，把金融资源更有效地配置到“三农”和小微领域。紧紧围绕战略目标，回归本源、植根实体、主动担责，加快新旧动能转换，寻找新的增长点，努力用金融的手段和力量解决发展不平衡、不充分问题，为高质量发展奠定基础。

三、文化融入管理 全方位助力强企

（一）构筑道德底线 塑造良好人格

著名经济学家于光远说：“国家富强靠经济，经济繁荣靠企业，企业兴旺靠管理，管理关键在文化。”企业文化能强化理念、凝聚人心、鼓舞士气、激发精神、展示形象。因此，江南农村商业银行在不断提升业务水平、加快业务扩展的同时，不忘物质和精神建设两手抓。在导入“金桥文化”的核心文化品牌后，紧紧围绕“以水养德”的精神文化脉络，以“五德”“五格”为精神指引，通过道德文化培训、企业文化研习营等形式进行系统化宣贯，陶冶江南人的个性、气质、品行，从而达到洗涤灵魂、塑造人格之目的，最终成为员工指导思想、行动准则，为企业发展提供不竭动力。

（二）完善制度文化 保障有效实施

企业要走得快，又要走得远，还要走得稳，制度和流程是关键。江南农村商业银行对企业文化建设制度、流程进行“回头看”，通过梳理、完善制度流程，向员工明示提倡什么？反对什么？如何运行？新制度涉及战略、合规、产品、营销、服务、环境、培训、激励、考核等多个纬度，对决策、运营、操作三个层次进行全覆盖，并借助信息化等手段对制度流程固化，总行 OA 平台的“制度库”可实现对每条制度的快速检索，包括对每条流程的准确追溯。同时，成立企业文化建设领导、执行和督查小组，通过制度宣贯、监督检查、机制考核等方式保障制度落实到位，实现文化软管理和制度硬管理相辅相成、相得益彰。

（三）固化习俗仪式，规范物质文化

物质文化是以看得见、摸得着、体会得到的物质形态来反映银行的精神面貌，是银行价值观的外在表现。江南农村商业银行对于在过去几年实行的、被实践证明为行之有效的、领导接受的、员工喜闻乐见的系列企业文化工作和各种企业文化活动，坚持每年定期开展，并加以固化，如：道德讲堂进社区、彩虹服务征文、服务礼仪大赛、业务技能大赛、头脑风暴、金点子、警示教育、全民服务满意度调查与测评等规定动作。同时，为确保企业文化永续发展、代代相传，近年来，又顺应时代要求，相继推出了新晋员工入职仪式、中层领导入职宣誓仪式、退休职工欢送仪式等，进一步增强员工自豪感、责任感和幸福感；同时，科学地对一些传统节日（春节、元宵节、中秋节等）、24 节气、各类纪念日（建党、建军、建国）进行创新包装，加强文化与业务、文化与党建的深度融合，进一步增加企业的核心竞争力。

（四）整合行为识别 传播品牌文化

互联网时代思维的核心在于客户体验。江南农村商业银行从组织结构、人事制度、行为规范、活动仪式等角度出发，从场景化、即时化、智能化切入，通过对产品、服务、机具的极致体验，实现企业文化对客户的感性突破；对外：通过开展各类公益活动和客户交流活动，实现企业文化精神扩张，对内：通过深挖具有社会影响力的先进事迹和模范故事，再通过组织策划、包装，在“道德讲堂”宣讲、传播，与社会、民众产生共鸣。通过内外联动，不断“刷新”江南农村商业银行“颜值”，从而为品牌带来丰富的外延。

企业文化建设不是“时点”，而是“日均”；不只有“高度”和“速度”，更要有“温度”。完善企业文化长效运营机制，积极倡导新时代江南农村商业银行核心价值观，紧紧围绕“沟通、担当、利他、人本、宽容、创新”，着力向上市企业的高度靠拢，将独具特色的“金桥文化”和“彩虹服务”理念有机地渗透到经营管理的全过程，真正使江南农村商业银行成为一个有质量、有实力、有活力、有底线、有担当的银行。

（作者陆向阳、张蓓芳系江南农村商业银行文化工作者）

中泰零距离文化融合的正泰示范

文化对一个民族而言，是血脉的传承、复兴的源泉；对一个企业而言，是价值的引领、精神的纽带，是重要的软实力与核心竞争力。

在互联网时代，企业员工群体发生了很大变化，企业员工队伍的主体是“80后”和“90后”，企业文化建设需满足新生代员工的需求，创新形式、方法。为使集团战略及企业文化在内部员工得到认同，延续文化生命力，增强与员工的互动性和参与感，创新企业文化活动载体和传播方式。正泰自1984年创立以来，坚持创业、创新精神，由一家开关厂，发展成为业务遍及140多个国家和地区，在全球拥有超过3万名员工，位列中国民营企业100强的全球知名的智慧能源解决方案提供商。近年来，正泰集团在企业文化建设中尝试让企业文化当形象大使，以“企业文化大使“传承和联结为纽带，链接全球正泰人。凭借新战略下正泰文化建设契机，将正泰泰国工厂作为跨文化交流的第一站，与泰国员工共度一场中国、泰国和正泰的“文化融合之旅”，开启正泰在泰国的跨文化管理的实践。

跨文化融合的正泰示范

随着正泰集团国际化战略的纵深推进，能否适应当地文化、有效推进文化融合成为制约企业在海外持续发展的重要因素。作为“走出去”的先行者，正泰集团坚持开放发展理念，积极响应“一带一路”倡议，抢抓历史机遇，融入世界经济大潮。泰国是“一带一路”重要支点国家，近年来持续重点发展东部经济走廊。2016年，结合当地政府的发展规划，正泰在距离曼谷100多公里的北柳府，建成光伏电池工厂，成为当地第一家获得政府支持的光伏企业。正泰通过开放合作，以企业文化为驱动力，以文化建设和融合为支撑，在互联互通中与全球各国市场主体共享发展成果，与当地文化不断交流融合中实现长期可持续发展，真正惠及当地民生，获得了泰籍员工、当地居民对正泰文化的认同与尊重，成为当地一张靓丽的名片。

尊重差异，促进文化融合。海外建厂不仅需要产权纽带，还需要精神、道德方面的纽带。只有形成共同的价值观、企业精神和行为规范，才能把每个人的力量凝聚起来，齐心协力做好工厂管理和生产。面对文化、思维方式与管理模式等的差异，正泰尊重当地文化、风俗习惯等，推出不同的文化融合措施。在尊重泰籍员工工作模式的基础上，让泰籍员工了解并逐渐认同中国企业的管理方式和工作方式，要求他们主动及时汇报，合理安排工作进度。公司上线中文和泰文版的信息系统和管理系统，解决两国员工因语言沟通问题产生的系统操作问题。定期开设培训班，学习当地的语言文字，明晰当地的文化风俗，增强员工对不同文化的适应能力，让员工学会有效应对异域文化中的孤独感。培养一批公司内部的“翻译官”，让熟悉中泰文化的员工为团队交流服务，增进员工相互了解、促进文化相融。

加强文化交流，提升文化认同。在尊重当地习俗的基础上，在办公室、车间等设置中泰文化墙，展示两国各具特色的文化知识，深化双方的文化认同。策划丰富的文化活动，营造和谐、以人为本的工作氛围，让双方员工切身体验不同文化，进一步增强文化的融合。迄今为止，策划过迎新晚会、中秋节包饺子、泰国泼水节及各类文体活动。针对泰国员工出勤率不高的情况，专门设置全勤奖等激励措施；尊重饮食习惯差异，为中泰员工提供中泰结合的餐饮环境。

授人以渔，培育当地人才。正泰集团董事长南存辉告诫员工：中国企业走向全球，要在当地站稳脚跟，关键是要建立牢固的“根据地”，而“本土化”经营是建立海外“根据地”的重要法宝，也是促进与当地互利共赢，实现“一带一路”高质量发展的重要方式。人才本土化是企业扎根当地的重要因素。为此，要培养当地人才，实现人才本土化。正泰在“走出去”的过程中注重培育当地人才，推行属地化管理。正泰在关键技术岗位培养泰籍人才，不断提升泰籍员工的管理和技术，推进公司管理人员的融合，实现属地化管理。目前，泰国工厂的泰籍员工占员工总数的86%。同时，培养了一批优秀的泰籍工程师，选拔优秀的一线员工晋升为车间工段长、班组长等，原材料、供应商开发等都以泰国本土为主，真正做到高度本土化。

“导师带徒”，共同成长。正泰实行中泰员工互助成长的人才培养机制，1V1“导师带徒”共同成长的模式。同时，注重发挥中泰籍员工的各自优势，取长补短：中方员工重效率、积极主动，在工作中以身作则、树立榜样，激发泰国员工的创造性和积极性；泰籍员工在细节的控制上、耐心方面，在精细化岗位上可发挥优势。通过合乎中泰模式培养，使员工成长为配合默契、高效统一的作战队伍。

不拘一格，优化人才配置。在人才培养上，正泰针对性地开展员工专业技能培训，确保员工能够胜任本职工作，并帮助员工实现自我价值。2016年，选拔20名优秀泰籍员工在正泰新能源智能制造基地（杭州）进行为期一个月的工艺培训。他们已经陆续成为生产线上的班组长，并能够帮带其他泰籍员工。同时，不拘一格，让泰籍员工开启新的职业道路，例如，让熟悉中泰文化和泰国法规政策的生产部员工接棒人事行政工作，构建中泰文化沟通“桥梁”；培养多面手，实行部门间的人才调配，建立人才梯队，提升员工队伍的职业素质。

夯实文化软实力，勇担海外社会责任

正泰在泰国的建设与管理中注重履行企业的海外社会责任，与当地共享发展成果，让当地人民真正受益，给当地人民带来福祉。

增加社会就业，提高当地生活水平。正泰为当地提供就业岗位，提升当地员工的技能素质，促进当地员工的收入水平和生活水平的提高。“这份工作让我收获了很多，不仅收入增加了不少，还得到了培训提升的机会。”据了解，在泰国当地普通工人每月的最低工资标准是9240泰铢（折合人民币月2160元），绝大部分在当地从事服务业的工人基本收入在12000泰铢左右，而在正泰泰国工厂，员工平均薪资约20000泰铢（人民币约4700元），提升了当地居民的生活水平。

增进民生福祉，勇担海外社会责任。泰国电力设施较为薄弱，电力供应不稳定，遇到暴雨，许多城镇地区频频停电。考虑到当地用电紧张，正泰为沿线的村庄提供用水用电等便利；给当地的贫困优秀学生颁发助学金，构筑良好的社区关系，实现与社区居民的和谐共处，获得了当地政府和民众的赞赏……“感谢正泰的有效投资，让我们的民众无需再出远门打工，家庭团聚，其乐融融。”

共享发展果实　实现共赢

目前，正泰与80%以上的“一带一路”沿线国家建立了不同程度的合作关系，在“一带一路”沿线，如埃及、泰国、新加坡、马来西亚、越南等多个国家布局光伏智能制造工厂以及输变电设备区域工厂和研发机构。随着正泰国际化战略的纵深推进，正泰希望与海外合作伙伴一道，走互惠互利之路，在业务模式创新、要素集聚、资源整合、价值分享等方面积极作为，与当地共享发展成果，打造新形势下合作共赢的新范式。将中国企业的管理方式和技术技能传授给当地员工，实现共赢。正泰泰国工厂不仅向泰国输出先进技术，也输出一系列先进的建设、运营和管理经验，不仅有效带动了当地的就业，而且也促进了泰国经济向着更加智能的模式转变。2017年，时任泰国工业部部长 Uttama Savanayana 表示，正泰在新能源产业领域形成了优势产能，积累的经验、技术，可以和泰国实现互补，正泰泰国工厂正成为中泰两国产能合作互补的一个重要平台。

展望未来，正泰将依托能源全产业链竞争优势，继续推行本土化管理，尊重所在国、合作伙伴的文化，实现共赢，为“一带一路”沿线国家建设拓展幸福空间、创造价值、贡献“正泰力量”，不断向“全球领先的智慧能源解决方案提供商”的目标迈进。

（正泰集团股份有限公司）

弘扬东风“马灯精神” 开启世界一流企业新征程

东风“马灯精神”是东风文化的重要基因，是东风发展的重要精神力量，是老一辈东风人艰苦创业期间不可磨灭的记忆，代表东风人立足自我、敢拼敢打、勇于创新的基因性格。它和大庆精神等企业精神一样，是新中国成立后，国家在发展民族工业艰苦创业期间自发培育起的时代精神，影响了一代又一代东风人的精神风貌。

“马灯精神”是历史上二汽人“艰苦创业、奋勇拼搏、为国分忧、顾全大局”精神的真实写照，也是对当今东风人“永不言败、勇攀高峰、与时俱进、坚持改革、做强做大”的信念的真实反映。“马灯精神”已深深地融入东风人的血脉，是东风文化的重要基因，是东风发展的重要精神力量，是得到东风创业者、历代建设者和广大干部职工广泛认同的精神旗帜。

“马灯精神”是在振兴我国民族汽车工业的历史时期产生的，是东风人艰苦创业实践中显现出的精神品质的升华。

新时代东风“马灯精神”的新内涵是“坚定信念、追求梦想的激情创业精神，同甘共苦、无私奉献的艰苦奋斗精神，深入群众、心系职工的为民服务精神，求真务实、敢做善为的责任担当精神”。

东风“马灯精神”是一个博大精深的精神体系，蕴含着极其丰富的内容。坚定信念、追求梦想的激情创业精神是新时期“马灯精神”的核心。东风是共和国汽车工业的骄子，东风的命运、东风人的命运始终与国家紧紧相连不可分割。自成立起，东风人就怀着“中国汽车工业要打翻身仗”的坚定信念，秉承让汽车驱动梦想、建设汽车强国的初心和使命，怀着工业强国梦、汽车强国梦、产业报国梦，开启了东风发展的梦想旅程。建厂初期，十数万建设者舍小家为大家来到这里，立志把个人献给党、献给国家的汽车工业，硬是在一片荒山里成功建起一座大型汽车厂。改革开放以来，东风人以敢为天下先的胆识和勇气，成功让“双飞燕”飞出大山，飞入千家万户，飞向了海外。党的十八大以来，公司奋力推进事业阔步前进，规模效益迈上新台阶。进入“十三五”，东风公司把握行业新趋势，坚持以新发展理念为统领，从形成“好规划、好管理、好能力、好队伍、好生态”入手，确立“致力于成为为用户提供全方位优质汽车产品和服务的卓越企业”的战略定位，坚持“创新驱动、开放合作、主动主导、做强做优、共赢发展”的发展方针，以破解“打造商用车领先新优势、提升自主乘用车核心能力、抢占新能源车制高点、突破改革创新瓶颈”四大挑战为先手棋，构建企业核心能力。可以说，坚定信念、追求梦想的激情创业精神就是东风漫漫创业发展史上东风人的精神支柱和力量源泉。

同甘共苦、无私奉献的艰苦奋斗精神是新时期“马灯精神”的精髓。50多年来，东风人沉淀下一种极具东风特质的宝贵财富，就是以艰苦奋斗为灵魂的“马灯精神”。当年，老一辈创业者告别大城市的舒适生活，在一穷二白基础上建起大型汽车厂，靠的是艰苦奋斗精神；敢于破除制约发展的各种障碍，持续改革，始终站在时代潮头，靠的也是艰苦奋斗精神；超越自我，开拓前进，成功完成“三级跳”，靠的还是艰苦奋斗精神；自主创新，开放合作，转型升级，靠的依然是艰苦奋斗精神。正是因为有了这种强大的精神支柱，东风人才凝聚起排山倒海的无穷力量，东风航船才搏击风浪，克服一个又一个困难，在一次又一次的艰难险阻中行稳致远。在这个过程中，“马灯精神”所蕴含的同甘共苦、无私奉献的艰苦奋斗精神再次发挥了突出的作用，自发的奠定了百年东风立业发展的精神基础，成为孕育东风“出车育人”的优秀文化传统，成就了东风的一份宝贵精神财富。它贯穿于东风发展的不同时期、各个方面，所以成为“马灯精神”的精髓。

深入群众、心系职工的为民服务精神是新时期“马灯精神”的重要特征。“马灯精神”孕育于东风创业初期，体现着党组织与职工群众之间的血肉联系，在同一盏马灯下，广大干部职工以厂为家、朝夕相处、亲密无间，领导对职工的工作、生活状况了然于胸，职工对干部的所思所为感同身受，建设者们以高度的主人翁责任感、强烈的历史使命感，心往建好二汽想，劲往早日出车使，无私无畏，拼搏奉献，为一代代东风人树立了榜样。改革开放年代，广大员工主动拥抱新生事物，创新创造活力竞相迸发，绘就了东风的辉煌。艰难的改革调整期，广大员工甘于牺牲个人利益，与企业同甘共苦，无怨无悔，想在一起，干在一起，体现了东风人与东风共兴共荣的精神风貌。进入新时期，东风全心全意依靠职工办企业得到进一步巩固和发展，工会民主管理“四项制度”等一系列制度的建立和一系列惠民工程的实施，是“马灯精神”是东风公司在践行党的群众路线上的新实践、新成就。正是由于充分相信职工，依靠职工群众，才使东风凝聚力、感召力不断增强，实现了大东风空前团结的局面，为共同推动卓越东风建设、开启世界一流企业新征程，奠定了深厚的职工基础。

求真务实、敢做善为的责任担当精神是新时期“马灯精神”的精神品质。东风的发展历尽艰辛，一路走来，东风人闯关无数，面对困难，东风人求真务实、敢做善为，以强烈的主人翁精神和责任担当精神，勇于改革，大胆创新，创造了上世纪整个八十年代的辉煌。进入新世纪，东风公司继续发扬敢做善为、勇于担当的优良作风，大破大立，进行深度国际合作，率先走向国际资本市场构建规范的法人治理结构，逐步把自己建成一个生机盎然的具有超强创新能力的现代化企业，强力带领东风走出发展困境，创造了新的辉煌。50 年间，累计纳税超过4800 亿元，是国家投资16.7 亿元的287 倍多，为国家经济建设和人民享有汽车生活做出了巨大的贡献。今天的东风事业分布在全国各地，天南海北都有忙碌的东风人、都有行驶的东风车；东风是行业价值链最全、产品最齐全的企业，主要产品涵盖商用车、乘用车、军车和新能源汽车等，全国卖出 10 辆车，就有 1.4 辆是东风车。东风广大员工也心怀强烈的主人翁精神，各担其责，坚决与企业同呼吸，共命运。这种精神，就是“马灯精神”的精神品质，同样是东风创业、发展最宝贵的财富。

“马灯精神”是东风特有的印记、特有的气质、特有的品格，是东风一笔宝贵的精神财富。她不断感召我们、激励我们、鞭策我们，创造新的辉煌。“马灯精神”在老一辈东风创业者战天斗地的奋斗中孕育，在一代代东风人开拓创新的实践中不断丰富发展，必将在新一代东风人的手中发扬光大。当前，东风事业正处于改革发展的关键时期，既有重大机遇，也有重大挑战。东风确立了“建设卓越东风、开启世界一流企业发展新征程”的新阶段使命，提出了“三个领先、一个率先”的奋斗目标。在新时代新征程上，弘扬“马灯精神”，就是要胸怀理想、产业报国。把东风命运与国家命运紧紧地联系在一起，以振兴民族汽车工业、实现汽车强国为己任，加快建设卓越东风和世界一流企业；就是要改革创新、勇立潮头。始终站在山巅看世界，坚持创新驱动，深化改革攻坚，激发强劲发展动力与活力，让创新创造的源泉充分涌流，使东风始终走在时代前列；就是要海纳百川、开放包容。以更宽视野推进开放发展，增强主动主导能力，全面提升东风国际化发展水平，不断拓展东风事业更为广阔的发展天地；就是要不屈不挠、砥砺前行。时刻保持如履薄冰的危机感、紧迫感，勇于战胜困难，敢于挑战自我，以奋发有为的精神状态，推动东风在高质量发展道路上行稳致远。

（东风汽车集团有限公司）

坚定推动航天强国建设的文化自信

北京卫星环境工程研究所（以下简称研究所）隶属于中国航天科技集团有限公司第五研究院，经过几代人的努力，研究所建成了集航天器总装及专业测试、航天器环境研究、环境工程以及航天器研制设备与设施建设为一体的完整的技术体系和服务体系，是我国航天器总装、试验及环境模拟试验设备研制的核心单位，是国家级航天器环境工程与可靠性专业研究机构，是世界上规模最大的航天器 AIT 中心。

使命为先，坚定文化自信筑成功之基

1958 年，毛主席发出了“我们也要搞人造地球卫星”的号召，这是党中央在国内一穷二白、基础薄弱的环境中为实现经济、国防和科技建设而做出的重大决策。中国自此开启了“东方红一号”卫星研制的征程。为了满足中国航天器研制的需要，空间环境工程事业应运而生，1968 年，北京卫星环境工程研究所正式成立，开启了半世纪逐梦苍穹的征程。从中国第一颗人造卫星“东方红一号”，到举世瞩目的神舟飞船、将嫦娥奔月的神话变为现实的嫦娥系列探测器，研究所完成了绝大部分中国航天器系统级总装与试验任务，承担了中国载人航天、北斗导航、深空探测、通信广播、对地观测、空间科学与技术试验六大类航天器的总装、环境试验和专业测试等工作，为中国航天事业从无到有、从弱到强的发展历程做出了重要贡献。

内化于心为动力。在发展历程中，研究所坚持弘扬和传承航天“三大精神”和航天文化，研究所坚持价值导向、使命导向、荣耀导向、榜样导向，凝炼自身特色文化，迭代形成融核心文化理念、鲜活专项文化、基层特色文化为一体的充盈文化体系。

研究所秉承航天人航天报国的初心、航天强国的使命，牢记五院人“航天强国建设引领者、空间事业发展领导者”的新定位，牢记总环人“一流总装、一流环境”的初心、勇担“建设世界一流 AIT 中心、引领探索未知空间环境”的使命，形成了包括企业宗旨“筑就系统集成基石　引领环境工程发展”、发展方针“技术立所　人才强所”等为代表的核心文化理念；注重专项文化建设，形成质量文化“忠诚融入使命，质量铸造尊严”、安全文化“安全为天，平安发展”、廉政文化“廉明于心践于行”、保密文化“保障国家安全，护航总环发展”的创新文化，“探索求实，开放创新”、员工关爱文化“以人为本建和谐　精耕细作传温暖”等结合业务特点和研究所实际情况的专项文化，有效融入各项业务管理工作，促进文化建设优化管理作用的发挥；结合自身业务领域特点，研究室形成了“慧眼识真知　巧手成大器”、“瞄准星空坐标　探索寰宇路径”、“稳打稳扎求一振　精益求精为一声”等特色文化理念，孕育出“以地为天　以水为榜”、“尖茅草”、“七星”等班组特色文化品牌。

外化于形入人心。研究所固化了在职工中广为流传、既经典深入人心而又朗朗上口的语言作为文化格言，如特级技师田占敏大师的“手托上亿资产　肩负国家使命　工作一分钟　敬业六十秒”、五院十大杰出青年张萍提出的“产品在我手中　质量在我心中”、现场管理组广为流传的“忠诚融入使命　质量铸造尊严”等，将这些朗朗上口、契合研究所工作实际的文化理念融入中心工作，让航天文化在基层一线落地生根、鲜活丰满，助力确保工作零缺陷，为保证中心任务完成、推动发展提供强大的精神文化动力。

通过自下而上的征集和梳理研究所将具有自身特色的文化理念体系设计制作出《我们的信念》企业文化手册，在广大员工中传播、推广，并不断完善、更新。文化理念外化于形、内化于心，已经成为研究所员工秉承的信念和坚定的文化自信，为每一项工作的圆满完成、为国家任务的成功，为航天强国建设奠定了坚实的基础。

科学推进，规范文化工作稳航行之向

顶层设计有方向。在所党委和企业文化建设领导小组的带领下，研究所结合国家方针政策组织专题学习研讨和宣贯；结合集团和五院要求，全面部署文化建设；结合研究所战略发展规划，积极开展企业文化建设工作规划和机制建设，为企业文化建设工作“布好局”、“把准向”。

严格落实有机制。成立由党政主要领导组成的企业文化建设领导小组，成立了各业务部门领导、党政工团主要领导组成的企业文化工作小组，明确职责，建立企业文化建设领导体制及执行机制；设立企业文化主管部门，配备专职工作人员，确保各项工作有效推进。

日常推进有抓手。制定企业文化规划、年度计划等顶层设计，部署落实、层层推进；结合航天科技集团和五院的有关要求，制定符合研究所实际的企业文化专项制度；将企业文化相关理念融入其他业务的管理工作中，确保文化建设在实际工作中能够切实有效推进。

以文化人，创新文化载体铸精神之魂

化阵地有重点、广覆盖。在研究所成立50周年、新中国成立70周年之际，以怀柔园区获批国家航天局卫星总装集成测试中心为契机，开展研究所发源地——怀柔园区专项文化建设，展示从万户飞天到今日中国航天的文化浮雕墙等，寻找研究所发展源头，展示历史文化积淀，聚集未来发展力量；建设空间环模事业创始人黄本诚的从业珍藏展，传承航天文化；建成空间环模事业发展专题文化展，展示专业技术发展和团队文化，在北京航天城、怀柔园区、天津大型航天器AIT中心同步展出；持续推进天津AIT中心文化建设，将天津园区的发展规划与实现“中国梦　航天梦”的战略文化紧密相连。

变多地办公的困难为优势，将文化阵地建设到各个办公区，将文化的力量传递到员工身边；研究所在唐家岭、怀柔、北郊、天津多地的各个工作区全面建设处室文化橱窗和宣传展板，全面展示各项业务工作、团队精神面貌和员工风采；建成办公楼主题文化浮雕墙和主题文化区；建设AIT大厅文化长廊、“群星闪耀”文化墙；在工作区全面进行文化氛围营造并动态更新，开展怀柔新厂房文化氛围营造、智能装配中心文化氛围营造等，文化宣传阵地日益丰富；建有“日新书社”、“悦读书苑”、“职工之家”活动中心、党员书架、班组图书角等，为职工提供文化娱乐与体育健身活动的场所，企业文化阵地建设全面覆盖到各地各个工作区的角落。

文化研究有平台、重成果。以课题形式开展文化研究，形成工作经验方向明确有牵引、组织规范有方法、管理相融有合力、机制完善有推力、平台多元有格局、成果推广有应用的“政研六经”；举办研究所级政研、管理成果交流会，形成《新时期航天企业“家”文化建设的实践与探索》《产品保证文化建设在型号AIT过程中的探索与实践》等文化研究成果上百项并在日常工作中应用；获10余项科研奖。

文化活动有主题、有实效。以班组建设为契机，征集班组文化LOGO，建设“班组文化家园”并开展形式多样的各项活动，如“航天摄影展”、“办公室微博”、“星瞳园地”等促进班组文化交流；“I创品牌”团支部特色活动充分结合研究所青年工作遇到的现实问题，从青年思想、搭建青年成长成才平台、关爱青年、推进团支部建设等方面开展文化品牌活动；开展研究所各项主营业务相关的专业技术标识设计展示活动，增强专业人员融入文化建设的主动性和自豪感；开展试验队接送、重点型号成功的欢迎仪式，增加员工文化认同感和自豪感。

塑品牌，展形象，扬航天之名。研究所通过多渠道、多层级宣传和展示，拓展研究所各项工作、榜样典型的知名度，提高员工对文化的认同感，对外塑文化形象，激发员工荣誉感。

内鼓士气，助力中心任务。传承航天精神和文化，开展“最美总环人”、“文明总环人”专题宣传，传播好声音；积极参加五院“敬业奉献五院人”、“创新五院人”、“严慎细实五院人”、“攻关建功五院人”、“实干担当五院人”的推荐和评选；展示研究所各项业务工作和员工事迹；围绕中心任务积极开展型号研制、技术攻关、专项工作、质量月等主题宣传，结合热点主动牵引；开设“榜样”和“光荣榜”专栏，开展“先锋示范”、“环聚能量”、“直击一线”专题宣传，加大对优秀事迹和先进典型的宣传，弘扬正能量。形成特色文化产品员工原创作品集《半百印记》《寰宇文思》《我的航天生活文集》《文明总环人文集》《政研管理论文汇编》等；拍摄微电影《追梦人》，纪录片《揭秘中国航天环境模拟设备研制历程》等，增强自豪感。

外塑形象，展示雄厚实力。研究所聚焦重大成果，充分利用新媒体，形成“掌握国际舞台上的话语权”、“年轻的大国工匠　雕琢飞天梦想”、“驻扎渤海之滨建设空间家园”等一系列高质量宣传作品，让重大宣传高频涌现，形成宣传的集群效应和造势效果，为航天强国建设凝聚强大的内生力量！

（北京卫星环境工程研究所）

坚持守正创新　优化传播环境　提升文化实力

北京建工集团（简称建工集团）成立于1953年，是北京市成立最早、规模最大的国有建筑企业。北京建工集团集投资、设计、科研、施工、房地产开发、物业管理、环保节能、物流、工业产品生产等于一体。先后荣获鲁班奖69项、国家优质工程奖53项、詹天佑大奖40项，跻身中国企业500强、全球225家最大国际工程承包商。北京建工集团坚持以守正创新作为企业文化建设工作的新方位和主基调，不断增强企业文化的传播力、引导力、影响力、公信力。

构建“融媒体”平台，在文化传播中坚守匠心

北京建工集团员工队伍年轻化、知识化趋势更加明显，八零后、九零后成为员工队伍的重要组成部分，员工的思想更加活跃，文化诉求更加多元。建工集团主动适应新常态，积极应对新挑战，着力探索构建了“全媒体”集成的企业文化传播体系。

一是搭建“融媒体”传播平台。建工集团在报纸、官网、电视记者站基础上，开通微信平台和楼宇视频播放平台，整合搭建“一报、一网、一站、两平台”的“融媒体”传播平台。建立集团企业文化传播的“中央厨房”，注重强化资源共享，实现文化传播内容的一次性采集、多媒体呈现、多渠道发布；在内容交互上，注重各类媒体介质的互融互通，实现广播电视内容、微视频与微信的协同联动，实现纸质版《北京建工》报与微阅读的互动，实现各个媒体与楼宇电视滚动播放的实时互动。依托集团企业文化“融媒体”传播体系，加大集团“一书、两手册”（一书：《集团企业文化故事集》，两手册：《集团企业文化手册》、《集团VI手册》）的传播力度，通过《北京建工》报连载解读集团企业文化，夯实应知、应会、应为基础。

二是构建“大文化”工作格局。建工集团制定实施了企业文化管控办法》，建立企业文化内容的生产、共享和传播机制，明确各处室设置专兼职企业文化管理员岗位，负责“融媒体”文化传播内容，传达总部机关生产决策部署，加强总部对基层的文化指导与服务，推动实现集团文化理念入脑入心、文化管理覆盖系统、文化形象规范落地。

三是打通“矩阵式”传播路径。以《北京建工》报为核心，辐射延伸出二十余份二级单位企业报刊；以建工集团官微为核心，辐射延伸出二级、三级企业和业务系统官微，搭建涵盖各业务板块、各区域市场、各系统、各单位的“矩阵式”企业文化传播路径，逐步建立机制联动、内容对接、人员互补的工作格局，推动建工集团的企业文化建设不断向最基层延伸。

推动理念“交互式”导入，在文化宣贯中共筑同心

建工集团积极适应分众化、差异化传播趋势，企业文化建设逐步实现从单向灌输向双向互动的转变，从单一宣贯向多元化活动的转变，有效推动了文化理念的入脑入心入行。

一是坚持文化引领，构建改革发展“同心圆”。思想是行动的先导，建工集团党委着眼文化引领，开展全方位理念宣贯。通过企业报、局域网、外网、新媒体、楼宇电视等多种载体开展全方位文化理念宣贯，强化“建德立业、工于品质”价值理念和“学习、合作、创新、领先”发展理念的团结凝聚作用，实现企业文化理念“进头脑、进课堂、进现场、进媒介”的“四进”目标，着眼发展引领，开展全方位战略动员。

二是坚持融入日常，传播建德立业“主基调”。建工集团坚持线上线下相结合，融入主题活动。与“融媒体”文化宣贯相呼应，组织开展企业文化专题培训、新员工入职教育、企业文化宣讲等主题宣贯活动，编辑了30余万字的《北京建工企业文化故事集》，组织制作佩戴集团徽章，组织职工集体创作、传唱《北京建工之歌》，开展“文化进工地”等活动，通过“融媒体”平台进行互动，确保宣贯效果。

三是坚持开放创新，打造建工特色“文化群”。建工集团鼓励在“一主多元”框架下开展企业文化创新，通过“融媒体”传播体系，对企业文化独特的文化特质进行发掘、沉淀、提炼，使集团公司和各单位的特色文化得以酝酿、培育和放大。

开展“全方位”融合，在推动发展中融入中心

一是规范视觉形象，推动母子文化融合。集团公司严格贯彻执行《母子文化管理办法》，实现官微标识、纸媒报头、纸媒版式的“三统一”。以“融媒体”形象展示为基础，延伸开展了以VI系统为先导的母子文化对接，积极推进母子文化的“整合—磨合—融合”，逐步消除与集团文化体系相矛盾、相抵触的现象，在文化理念、对外发声和形象展示方面实现了有机统一。

二是强化工作执行，推动管理水平提升。建工集团连续5年将“强化执行”“赢在执行”写入年度工作总要求，在集团纸媒设立“曝光台”，在楼宇电视设立“表扬台”，发挥“矩阵式”管理网络中相关部门和系统的监督执行作用，对执行不力的单位点名批评，对集团各单位的发展业绩进行表扬，宣传三建公司“做好了才叫做”、四建公司“千道理万道理，不能亏损是硬道理”等理念做法，提升全集团的工作执行力，推动集团重要战略部署，以及质量、安全、绩效、企业形象、劳务等各项管理有效落地，促进柔性与刚性制度有机结合。

三是弘扬工匠精神，服务国家战略实施。建工集团秉承“传承鲁班薪火　建造时代精品”企业使命，将工匠精神融入党员干部职工血液之中，成为最高标准和行为规范。在服务国家战略实施的无数“超级工程”建设中，弘扬工匠精神，顺利保障了重大工程建设。

四是推动跨文化管理，形成中外职工合力。建工集团工程项目遍布国内30多个省（自治区、直辖市），在全球31个国家（地区）设立区域分公司或办事机构。集团公司坚持将“融媒体”体系传播快、受众广的特点与集团京外、境外点多面广的特点结合起来，依托“融媒体”平台广泛向京外员工、境外员工、外籍员工传播企业的战略定位和价值观念，加强跨地域文化管理，推动实现了“本土人才企业化”，促进实现了文化认同和管理对接的深度融合。

实施“立体化”传播，在品牌宣传中提振信心

一是拓宽传播渠道，提高品牌知名度。建工集团依托“融媒体”更加多元、精准地开展“北京建工”品牌营销提升。对内，坚持用《北京建工》报传递集团声音，凝聚智慧和共识；对外，着力打造值得信赖的媒体圈，依托电视、报纸、电台等各类社会媒体，推出《为了“凤凰”早日展翅翱翔》等重点报道，引发公众关注，辐射影响力。

二是制作精品内容，提升品牌认知度。通过“融媒体”平台制作有高度、有深度、有温度的精品内容，讲好北京建工故事，宣传集团绿色发展理念，展示集团“绿色+智慧”全产业链发展业绩，展示集团深化改革发展，推动高质量发展取得的成绩。

三是注重日常维护，维护品牌美誉度。建工集团秉承“品牌烁金、见微知著”的品牌观，坚持通过“融媒体”文化平台开展品牌日常维护。对公众、股东和客户彰显北京建工建造的金字招牌，偶遇突发事件，通过新媒体发表正面声音。

（北京建工集团党委）

以文化融合聚心力　促发展

金隅集团（以下简称集团）创始于1955成立的北京市建筑材料工业局，在北京市委市政府的正确领导下，历经企业化、集团化、股份化、证券化等重大改革改制，已由当初传统单一的建材产品生产企业发展成以“新型绿色环保建材制造、贸易及服务，房地产开发经营、物业管理”为主业的市属大型国有控股产业集团和A+H整体上市公司。本着以人为本、兼收并蓄、共同提高、注重实效的原则，持续构建充满生机活力的金隅“母子文化”体系，增强了金隅文化的辐射力、感召力和影响力，促进了集团高质量跨越式发展。

构建特色组织运行体系，加速文化融合

文化融合是企业重组整合的重要内容，也是重组成功的重要保证。

一是健全工作机制，强化组织管理体系。集团建立健全组织领导和运行机制，统筹协调金隅文化建设、管理与运行工作；制定企业文化建设总体指导意见，建立起一套适应中国特色现代国有企业制度要求、符合中长期发展战略、体现员工根本利益和价值追求的金隅文化体系，努力实现企业文化与发展战略的和谐统一，集团发展与员工发展的和谐统一，文化优势与竞争优势的和谐统一。

二是构建共同基因，健全母子文化体系。集团在企业文化建设中做好总体规划和顶层设计，规范核心理念，加强理念宣贯，加速文化融合。通过上下共同努力，构建起兼容并蓄、优势互补的“母子文化”体系，做到基因相同、一脉相承，深度融合、特色鲜明，持续提升金隅文化的战略性、主导性，实现集团文化共性与子公司文化个性、文化统一性与文化差异性的和谐统一。

三是坚持与时俱进，丰富核心理念体系。以“信用、责任、尊重”核心价值观、和“想干事、会干事、干成事、不出事、好共事”的金隅干事文化，是金隅60多年改革发展实践的哲学总结。集团总部层面结合核心主业特点，不断总结提炼安全环保、科技创新、干部人才、党风廉政、管理服务等理念，使其内涵更加丰富，结构更加完整，表述更加凝练。

四是提升职业素养，完善行为规范体系。在集团层面推动下，集团核心价值理念内化为开展生产经营活动和处理内外关系的职业道德规范，形成文化自信与行动自觉。各重组企业结合实际建立健全岗位职责和行为规范，寓文化理念于制度之中，规范员工行为；同时进一步加强制度文化建设，使制度文化形成一种能够自我管理、自我约束的习惯意识。

五是突出金隅标识，优化形象识别体系。集团不断完善和规范集团标识、徽标、旗帜、标准色、标准字体、辅助图形、环境设计、员工服装等，规范使用“BBMG金隅集团”标识，提升金隅整体品牌形象。

六是注重凝心聚力，创新文化宣贯体系。集团坚持把企业文化工作与思想政治工作、生产经营管理、人力资源开发等工作有机结合，在落小落细落实上下功夫。集团层面精心打造“四位一体”宣传平台，坚持定期编辑印发《金隅文化》内刊，宣传先进典型，讲好金隅故事，传播正能量，提振精气神。

七是强化考核评价，优化成果转化体系。集团建立健全企业文化建设考核体系，完善工作机制，制定考核标准，把企业文化建设纳入党建目标管理考核内容，不断向系统化、标准化、规范化发展。集团层面积极组织开展企业文化研讨活动、课题研究，申报企业文化优秀成果，加强对企业文化建设的引领示范和深入推进。

以文化之力，铸金隅之魂

在重组整合过程中，金隅集团始终以一脉相承而又与时俱进的优秀企业文化凝聚全系统干部职工精诚

团结与和谐奋进。

*一是融入集团发展战略。*从战略高度谋划文化融合工作，这是金隅核心价值体系落地的方向。集团坚持把文化融合与体制机制创新、资源整合、管理流程再造工作结合起来，用核心价值体系保证和引领集团发展战略的实施与推进。

*二是融入经济发展中心。*坚持发展第一要务，坚持以文化人，这是金隅核心价值体系落地的目标。围绕集团“十三五”发展目标和“打造一流产业集团、进入世界500强”发展愿景，进一步激励、引领、规范企业核心价值体系的创建和执行。

*三是融入企业经营管理。*文化管理是最高层次的管理，这是金隅核心价值体系落地的主要任务。集团采取了一系列有效措施消化吸收和巩固扩大重组成果，逐步建立起更加适应经济新常态和发展新要求的新机制、新模式，重组红利和整合效应不断彰显。

*四是融入员工行为规范。*具有共同的行为特点和工作准则，这是金隅核心价值体系落地的标准。集团强化领导干部示范，成风化人、久久为功，变无形的文化理念为有形的自我行为调控，形成对金隅文化核心价值体系的思想认同、情感认同、价值认同。

*五是融入员工素质提升。*人力资源是企业第一资源，这是金隅核心价值体系落地的根本。集团加强职工教育培训，注重人文关怀，促进职工全面发展，使文化融合的过程成为不断提高职工队伍素质的过程，使文化融合与企业发展建立在职工队伍整体素质提高的基础之上。

文化融合促进集团高质量发展

在多年的重组整合过程中，集团深入贯彻落实新发展理念，通过加强文化融合工作，促进集团上下目标同向、思想同心、行动同步，助推集团高质量发展。

*一是经济总量快速扩大，经营效益大幅提升。*集团大力发展经济效益好、技术含量高、市场前景广阔的产业和产品，各项经济指标持续快速增长，经济运行质量稳步提高，国有资产资本大幅增值。2018年，集团营业收入首次进入“千亿俱乐部”行列；2019年上半年，集团收入同比增长23.5%，主要经济指标再创历史同期新高。

*二是主营业务更加突出，综合实力显著增强。*集团通过重组整合、开放融合、转型升级，战略布局更加科学，事业发展更具后劲。各产业板块快速发展的同时，板块之间的递延性、协同性、集成性进一步增强，其所形成的核心产业链优势成为金隅最为显著的竞争力。2018年8月，金隅集团以51.87亿元成功竞拍毗邻鸟巢、水立方的盘古大观“龙首”，引发新闻轰动效应。金隅集团荣登2019中国企业500强第183位，“金隅”品牌位列2019年“中国最具价值品牌”66位，品牌价值大幅增值。

*三是深化改革成效显著，整体管控更加科学。*集团按照“突出主业、强化专业”的发展思路和“扁平化、专业化、区域化、信息化”的管控原则，通过优化重组、股权调整、业务整合等方式设立组建金隅冀东水泥公司、金隅冀东混凝土集团、金隅地产开发集团、新材产业化集团和投资物业管理集团5个二级产业平台公司以及冀东发展集团和天津建材集团2个综合管理公司，构建“1+7+X”整体管控架构，并逐步建立分类授权的管控体系，使权责利更加匹配，整体管控更加科学有效。

*四是服务“四个中心”建设，形成创新驱动格局。*集团注重提高政治站位，提前谋划，强力推进，紧抓疏解非首都功能“牛鼻子”，利用疏解腾退出的土地等资源发展培育符合首都功能定位的新业态，努力构建“高精尖”产业结构，服务北京“四个中心”建设。深入构建“1+N”科技创新体系，推动主业向产业链和价值链高端攀升。

*五是发挥国企独特优势，党的领导全面加强。*在重组整合过程中，集团党委坚持把方向、管大局、保落实，实现加强党的领导和完善公司治理有机统一，全面加强党的建设，牢牢把握正确的政治方向，坚持民主集中制，强化思想政治教育，构建全面从严治党责任体系和党建工作“组织、运行、考核”体系，严格责任制落实。按照首善标准抓党建，坚持同一站位、同一步调、同一标准、同一要求，确保集团上下“一盘棋”，不断提高党的建设质量。

（北京金隅集团）

同心同力创未来

打造家文化，凝聚正能量

北京热能鸿业投资开发有限公司（以下简称公司）是一家以供热为主业的民营企业，多年来，以董事长侯志敏为首的管理团队，深知供热行业既是民生工程，更是民心工程。在十几年的创业历程中，把惠民生、聚民心作为神圣的使命，勇于担当，努力践行先进文化，为供热行业暖心工程提供精神动力与队伍支撑。

公司首先带好队伍，清晰企业“同心万事成，万事和为贵”理念的深刻内涵。明确提出，企业要坚守“同心”之路，即：共同的事业心，践行在供热中送温暖、送幸福，全面提升企业服务水平，为打造和谐社区做贡献；共同的责任心，利用好身边的资源，保供热，强环保，爱岗敬业，尽职尽责，为企业的发展壮大做贡献；共同的专注心，发扬工匠精神，精通业务，精心操作，精细管理，为企业从粗放型管理向精细化管理的转型提升做贡献。企业要坚持“万事和为贵”的理念，就要重点理解“和”的含义，公司动员全体员工为企业发展人人献计献策，通过打造“家文化”，让每位员工在企业这个大家庭里，扮演好家庭成员的角色，担当好家庭成员的责任与义务，分享大家庭的温暖与幸福。实现共创共享。

公司投入人力物力建设“家文化”。每年在供暖结束之际，都要召开总结表彰大会，一大批先进集体和先进个人典型，披红挂彩领取奖金和证书，各公司还要 PK 赶排的歌舞、小品、三句半等文艺节目，暖人心，树正气。公司遵循“管理的工具、沟通的平台、企业文化建设的窗口”宗旨定期出版《鸿业人》内刊，至今已经出刊近 10 年；集团各公司还在醒目处设立许愿树，让员工把对企业的祝愿、对岗位的承诺、对家人的祝福写在卡片里，挂在许愿树上；侯志敏总裁还号召员工下载“懒人听书”软件，利用工余时间听《领导之道》、《与公司同成长》系列讲座，定期组织读书交流，让高管们学会用心管理，让员工理解与企业共同成长的重要性。一系列措施调动了全体员工的积极性，他们不仅在供热主业上学技术，学管理，提高供热服务水平，还顺应集团拓展发展空间的战略，在新的价值创造中大显身手。

构筑供热 + 模式强身健体

2007 年创业之初，热能鸿业接管灵秀山庄第一个供热项目。当年，公司召开庆祝仪式会标就是“北京热能鸿业灵秀山庄社区成立暨心连心、送温暖启动仪式”。从那时开始，公司就把企业“在供热中送温暖、送幸福”的理念清晰地展现在项目上。项目经理维修工随身携带百变工具包，帮助独居老人和急需者解决生活上的问题；收费员会陪着老人院里散步，听老人家的心里话，拉近与业主的距离；收费经理还会在节日里带着米面走进困难的业主家里慰问。

金杯银杯不如老百姓的口碑，公司声誉好了，管理的项目逐渐增多。企业关注国家供热行业发展趋势，围绕提高集中供热水平、实现可持续发展目标，认真选好企业自己的发展路径。

公司以资本运营、技术管理输出整合供热资源。先后采用了 BOT、TOT、收购并购、托管运营等供热商业模式，使供热服务项目不仅在居民住宅小区范围迅速发展，还很快扩大到机关院校、部队、医院、机场、商场、写字楼宇。在集团技术管理团队的积极努力下，供热服务得到业主的欢迎，核心企业各项经济指标在同行业处于领先水平，连续多年荣获北京市供热先进单位荣誉称号。

10 多年前，公司技术团队应邀走进革命老区河北张家口市东源热力中心和赤城县大型集中供热项目，为老区的供热工程提供技术、管理的咨询服务。经过一段时间的面对面，心贴心，这支队伍得到了当地有关部门和战略合作者的信任与支持，使公司的管理触角进一步得到延伸，张家口东环供热公司、赤城日新环宇供热公司、天津华津鸿业公司先后成立。集团供热服务项目覆盖京津冀三大区域，达到数千万平方米。成为北京供热行业旗舰企业。

公司在供热主业深耕细作的同时，还根据社区居民希望吃到绿色环保蔬菜的需求，在河北赤城县后城镇建立了龙和农业科技示范园区。经过一段时间的探索实践，示范区几十个农业大棚生长的绿色、天然蔬菜、草莓，开始通过“在供热中送温暖、送幸福”的服务网络，经常不断的走进了赤城县、北京部分社区的千家万户。

牢记使命当好企业公民

侯志敏总裁和公司部分员工来自河北赤城县革命老区，一直具有“服务首都，服务家乡”的情怀。他们在供热民营企业中率先成立党支部，让党员人才在民企平台上体现价值，2016 年党支部被北京市工商联评为非公党建示范单位；主动做好张家口驻北京的农民工管理，2012 年以来，中共赤城县驻北京司炉工流动党总支和赤城县驻北京司炉工工会在热能鸿业公司揭牌成立，定期出版流动党员刊物，使张家口司炉之乡走出的党员，在流动岗位上能正常过上党组织生活；集团在通过主业解决农民就业问题的基础上，还搭建了让农民工增长才干的大平台，2015 年，与赤城县委组织部共同谋划“千名农民工成才工程”年年推进，定期请专家组织培训，让走进城市的农民获得国家颁发的司炉工证。有的还成长为企业的项目经理、高级管理人才。实现了企业成长与员工人生出彩相结合。

公司瞄准国家节能减排工程，成立能源科技管理公司推进能源科技升级，为驱散雾霾做贡献，被国家发改委、财政部列为第五批节能服务公司，取得北京高新技术产业证书。创立北京龙腾鸿业安装工程公司，向设备改造升级要效益。自筹资金，主动完成了老旧管网改造数万延长米，进行煤改气、低氮锅炉改造数十项工程；2016 年，面对房山区治理污染的高标准，在没有天然气管道的严峻形势下，经过一番论证、苦战，在不到两个月的时间内，使房山区所管项目全部采用 LNG 系能源、新工艺。受到房山区供暖办的高度评价。

在十几年的艰苦创业历程，热能鸿业与国家发展的大环境同心，与战略合作者和全体员工同力，走出了一条持续健康发展之路。

（北京热能鸿业投资开发有限公司）

做强做优改制企业　提升员工的幸福感

北京燕山嘉恒电力工程有限公司（以下简称嘉恒电力），前身为北京燕山动力工程安装公司，成立于1984年，为中石化集团燕山石化公司的第三产业，2006年响应中石化集团公司号召改制分流，于同年9月揭牌组建成立了有限责任公司，主要营业范围包括石油化工工程施工总承包、建筑机电安装工程施工总承包、输变电工程专业承包、锅炉设备安装等。

从国企到民营，员工身份变了，但石油石化光荣传统、优良作风不能丢。面对繁重的市场压力，经营团队一手抓企业经营工作，一手抓企业文化建设，在继承、发展、创新中逐渐形成自己企业宗旨：自立自强、发展企业、奉献社会、造福员工。

顽强拼搏求生存，落实企业员工物质利益和保障

嘉恒电力参与改制的员工分别来自三个不同的检维修及后勤单位，此前编制相对独立、业务各自为战，为加快改制后职工队伍的融合，嘉恒电力从加强领导班子建设入手，通过开展支部活动，如组织党员、积极分子到井冈山参观学习，重温入党誓词，参观《没有共产党就没有新中国》词曲创作旧址，加强理想信念教育。在日常工作中，主要领导带头讲团结、顾大局，讲民主、勤通气，董事长主动上台讲党课，主动与大家交流思想、讨论工作，领导班子很快形成思想统一，决心：自立自强做优改制企业，为改制员工谋生路。

政治路线确定之后，干部就是决定的因素。面对改制初期企业巨大的生存压力，嘉恒电力党员领导充分发挥先锋模范作用，在工作中知奋斗、讲奉献、勇担当。石油化工装置的检维修作业突出特点就是急难险重，企业领导以“宁可少活二十年，拼命也要拿下大油田”的劲头盯在现场。改制后的嘉恒电力打的第一场攻坚战——铺设跨公路主干线管廊架，因为承载管线直径大，作业环境恶劣，对焊接工艺要求高，对嘉恒电力的技术实力是个严峻考验。董事长徐刚及班子主要成员守着工程作业车，连续在现场奋战两天两夜，对每一道程序、每一个焊口现场把关，充分展现了领导干部“困难面前有我们、我们手下无困难”的精神风貌。受客观环境的影响，有时企业财务资金异常紧缺，领导层主动暂停数月发放薪金，中层缓发奖金，保证一线员工工资按月足额发放，关键时刻，嘉恒电力领导干部自觉吃苦在前、享受在后，以自己的无私奉献维持了企业各项工作正常运行。

党员领导干部自强不息的志气，充满激情的锐气，不屈不挠的勇气，厚积薄发的底气，破解难题的才气，极大激发了员工工作积极性。刚刚改制后的嘉恒电力规模小、人员少，几乎没有竞争力，广大员工勇于直面现实，主动摒弃等、靠、要的思想，放下身段甘于从承接打扫现场卫生、搭建施工脚手架、清理锅炉炉灰这些小活、脏活、累活干起。改制企业最大的竞争优势是与母体的贴合度，嘉恒电力没有利用这个贴合度找母体讲条件，要优惠，而是千方百计满足甲方需要，以高度的主人翁责任感主动沟通、主动了解，做到想服务对象所想，急服务对象所急，帮服务对象所需，以服务对象满意作为自己工作的最高标准。正是凭借这种顽强拼搏精神、主动服务意识，嘉恒电力以崭新的形象赢得了燕山石化以及其它用工单位的尊重，从零散简单的拆装施工、到承接技术含量高的维修作业，他们用自己辛勤的汗水让服务对象感到信得过、靠得住、离不开，企业的生存有了希望，改制员工物质利益也有了根本的保障。

脚踏实地谋发展，拓展企业职工成长成才空间

市场如战场，面对外部强大的竞争对手和内部严峻成本压力，嘉恒电力头脑冷静，秉承石油石化人“老老实实做人、踏踏实实做事”工作作风，以对社会、对企业、对员工、对自己高度负责的精神，坚守以诚信守法、求同谐异、合作共赢为经营理念，弘扬石油石化“三老四严”优良传统，对待事业，当老实人、说老实话、办老实事；对待工作，有严格的要求，严密的组织，严肃的态度，严明的纪律，加强过程管控，自觉抵制各种诱惑，做到不走捷径、不挣快钱，保证企业健康、平稳、可持续性发展。

一个从建立健全各项规章制度入手，嘉恒电力共修订5类40余项制度。领导干部带头执行，层层落实进行痕迹化管理，定期召开专项会议，进行内控评估、内控管理，本着务实的态度和持续改进的工作方法，及时修订，确保制度的延续性、高效性。

安全是企业的生命。嘉恒电力明确提出没有安全的进度一米不要，没有安全的效益一分不拿，没有安全的项目一个不争；完善HES监管体系，落实HSE管理责任，强化安全教育培训，提高员工整体应急能力，设立安全特别奖励资金，确保了企业安全工作形势长期向好。

管理现代化，是提高效率的捷径，实现办公自动化，把企业工作流程搬到了网上，不仅方便公文流转，提高工作效率，也促进了企业公开透明操作和民主管理。积极推进企业的服务扩容升级，作为劳动密集型企业，不仅只是按图作业，还要细化施工设计，实现劳动力、智力双输出；完善设备档案，开展施工预先评估，提供最佳检维修方案，变被动维修为主动维保，为甲方降低检维修成本。质量是企业的根本。嘉恒电力以“干工作要经得起子孙万代的检查”的工作标准严格把关，通过不断改进完善质量管理体系和流程，认真落实技术交底并签字，确保焊接作业合格率达到免检级，电力施工基本实现免检，承接检修项目均实现一次开车成功，在检维修行业塑造了形象、赢得了口碑，为企业稳步发展奠定了坚实的基础。

人才战略是企业一切战略的战略。为培养青年技能操作人员，他接硬仗、打呆仗，扎实开展师带徒、举办技术大比武等系列活动，通过搭平台、压担子，实现三支人才队伍共同成长。

真心实意落实关心关爱措施，让企业员工享受家一样的温暖

嘉恒电力挂牌伊始，领导班子就形成了一个普遍共识：员工是企业宝贵的资源，而不是包袱，员工是企业改革的主体，而不是被改革的对象，改革的成本不能仅仅让员工承担，改革的发展成果要让全体员工共享。他们怀着对员工深厚的感情，以对历史负责、对组织负责、对自己负责的高度带队伍。面对参与改制员工的担心和忧虑，他们表示最大的理解，同时也郑重表态：改制后，市场必将逼着我们眼睛会紧盯效益，但我们心里更得想着员工在这里工作会不会感到幸福，能不能够得到成长。

嘉恒电力致力以健全规章制度，落实职工福利待遇保障。公司按规守法经营，保证按月及时发放职工工资，足额缴纳社会保险，领导合同兑现率达到100%，员工带薪年假、暑期员工休假疗养保证组织到位。定期召开职工代表大会，汇报经营情况，虚心听取职工代表意见，集体商议劳动报酬、职工福利发放方案。此外他们还邀请友谊医院老专家为员工上门体检，组织每年一次职工体检、女员工专项检查，实施节日慰问退休员工、慰问一线在岗员工，召开春节联欢会，千方百计丰富员工文化生活，嘉恒电力从大处着眼、小处着手，以实打实的工作切实提升了企业向心力、凝聚力。

关心关爱员工，在真诚上下功夫。嘉恒电力开办自己的员工食堂，食堂实现成本核算，不参与效益考核，从根本上保证了食堂采购的是真材实料。食堂严格卫生检查，主动邀请防疫站进行工作指导，领导干部坚持和员工一桌子吃饭，一口锅舀菜，真正让饭碗里出了积极性，菜盘里出了凝聚力。特别值得一提的是，根据企业劳动密集程度高特点，率先在本部安装了心脏除颤仪，同时组织员工进行实操培训，切实体现了对生命的尊重，对职工的关心和爱护。

投身公益弘扬社会正能量，满足企业员工精神需要

嘉恒电力改制员工当年平均年龄43岁，这些员工曾用了自己整个青春守望眼前的燕山石化装置和脚下的这片热土，他们有权利为自己的曾经而骄傲自豪。改制前，他们用行动践行大企业要为国家作大贡献的历史使命，改制后，他们虽然不是国企职工了，但他们骨血里依然浸透着浓厚的家国情怀，企业干部员工自觉践行着爱心不分大小，奉献不分先后的理念，从参与社区公益每一件小事做起，从身边的每一个实事做起，让这份荣誉感在爱心中继续和传承。

嘉恒电力组织职工积极参与公益活动，为完成社区布置的除冰扫雪工作，他们拿出自己的专业工具，发挥自己专业特长，以精心的工作圆满完成街道交给的任务；从2016年起，嘉恒电力连续组织员工参加北京国际长走大会活动，集体沿途捡拾垃圾，引领了健康生活新时尚，弘扬了社会正能量。在连续两年的全国助残日，嘉恒电力联合本地残联组织，出资投入爱心基金冠名启动仪式，组织100多名残疾者开展嘉恒邀你来寻宝活动。通过设置智取钥匙、互动寻宝、共筑爱巢等娱乐环节，帮助融洽爱心团成员关系；在火灾逃生环节，通过实习演练，帮助大家掌握逃生本领；在包扎止血环节，通过教学互动，普及了自救互救知识。从2013年开始，嘉恒电力持续开展为边远山区的贫困儿童捐资助学活动，每年都是领导带头，职工参与为边远山区贫困学生捐资购买学习用品，六年来已捐资上百万元。当他们攀山越岭，先后来到吉安县登龙乡高源小学等多所乡村学校，亲自发放学习用具、体育用品，看到孩子闪闪发光的眼睛，他们再一次感到自己与国家的发展、民族的命运紧紧联系到了一起。

中国经济已经由高速发展转入高质量发展的轨道，岁月如梭如白马过隙，嘉恒电力在企业经营实践中，越来越深刻地体会到市场对管理的要求越来越严格，服务对象的需求越来越高，挑战面前，只有刻苦学习、刻苦思考，不断突破自我，勇于解放思想理念，努力创新工作思路，唯此才能跟上时代发展的步伐，在国家经济转型的大潮中掌握主动性、打好主动仗。

（北京燕山嘉恒电力工程有限公司）

强抓文化建设　打造幸福企业

辽宁远大诺康生物制药有限公司（以下简称：远大诺康）成立于1997年，目前是一家集研发、生产、营销、管理于一体的全价值链医药集团企业。自2006年起连续多年进入中国制药工业百强榜，并先后创建了省级企业技术中心、辽宁省博士后工作基地、沈阳市博士后工作站和沈阳市院士科研工作站，是国家级高新技术企业。同时担任中国生化制药工业协会副会长单位、中国化学制药工业协会常务理事单位。远大诺康坚持强抓企业文化建设，铸就企业发展之魂，文化引领企业进步，推动企业变革、实现跨越发展。

凝炼企业文化精髓，构筑精神文化体系

远大诺康企业文化建设着眼于提高企业核心竞争力，着力于增强员工凝聚力和向心力，积极推进符合自身发展特色的企业文化建设模式，以“专业、力行、承诺健康”为企业使命，“人本、责任、卓越、包容”为核心价值观，以“打造具有生命力的时代前沿医药企业”为愿景，形成了鲜明的、具有诺康特色的企业文化核心内容，构建了完善的企业文化体系，为企业的发展壮大提供了强有力的支持和动力。

远大诺康坚持把企业文化理念，融入、转化、落实到各项工作中，在研发、营销、生产、管理各个环节渗透，发挥企业文化的推动力、牵引力、凝聚力。通过全体员工的艰苦拼搏，公司在大力抓好经济发展的同时，坚持以人为本，致力于实施文化管理战略，在循道而为的发展征途上不断超越，先后荣获“企业文化建设典范企业”等诸多殊荣，展示了民营企业的形象，在行业内外得到一致肯定。

远大诺康在立足公司章程的基础上，先后修订十六版、制定能够全面指导公司经营管理活动的纲领性文件——《诺康宪法》。这部企业纲领标志着诺康的企业文化已经全面渗透到企业哲学、管理、经营、人力资源和行为等多方面，用于指导企业的发展并开展具体的业务实践。员工通过学习企业宪法，能够充分了解公司的行为、信念、价值观和内外部环境，指导各项工作。

在纪念远大诺康成立20周年之际，启动《诺康发展白皮书》写作。各部门、组织和系统通过全面梳理自己的工作，探求企业成长的脉络，深入理解诺康的从无到有、从弱到强的发展过程。这既是向企业献礼，更是员工对自我和企业生存之道的提炼与再设计，从文化的角度衡量，诺康更有责任总结发展历程，传承先进文化。

落实文化保障举措，促进企业文化落地生根

公司通过企业培训体系建设学习型组织，为企业的可持续发展夯实基础。即：以学习力促进文化力，以学习力推动创新力，以学习力提升竞争力。通过深入学习，促使全体员工初步认知、认同和确立企业核心价值观和行为规范；也使职工的思想素质和精神面貌在企业文化的熏陶下不断提高和升华，企业的凝聚力、形象力、创造力、竞争力得以增强。

公司组织构架中设置企业文化模块，安置专职专岗人员负责企业文化建设工作，要求各基层部门设置兼职“企业文化代表，每季度召开企业文化代表大会，专项部署企业文化建设工作，切实将文化建设根植于基层，确保企业文化落地生根。借助辽宁省企业文化学会、沈阳市企业文化研究会平台，向企业文化建设先进单位、示范单位学习，不断优化企业文化建设工作质量和水平。

高素质的职工队伍既是推动企业健康和谐、又好又快发展的基础。远大诺康大力实施人才强企战略，

将职工素质融入到企业和谐发展中。引进高水平人才，建立学习型企业的知识管理机制，构建和谐、融洽的内部员工关系，围绕公司长期发展战略完善培训制度，促进内部优秀人才脱颖而出。建立对内公平、对外具有竞争力的薪酬体系和激励政策，实施绩效管理和绩效考评，打造具有创新、协作精神的高素质管理团队和技术团队。保持公司核心管理人员和技术人员队伍的稳定，个人成长目标与公司发展的协调一致。

自 2018 年，远大诺康全面深化企业改革，文化建设紧紧围绕“革故鼎新”、“精耕砺行”等核心主题，全面推动打造“聚变新诺康”，强调企业文化内在升华，和由内而外改革共识极引领作用。

抓好文化阵地建设，持续建设幸福和谐企业

远大诺康通过文化的发展提升，不断创新、积极完善，建立了深受广大员工喜爱与支持的多种文化阵地和活动载体。

在常态化的建设中，保持企业内部刊物《诺康人》的季度性定期出版，企业门户网站的适时更新，党委工会活动的定期组织年度晚会，集体旅游、各类节日即各类特色文化活动。丰富广大员工的文化生活，2019 年成立了“羽毛球俱乐部”、“乒乓球俱乐部”、“户外俱乐部”、“读书俱乐部”、“插花品茗”等五大俱乐部，满足员工参与活动需求。结合近年来企业人才结构的进化，创新推出微信摄影大赛、每日工间操、英语角等，各类有明晰目标、有详细计划、有协同的分工落地及考核标准的活动开展，坚持不懈营造积极、健康、向上的工作氛围，调动员工的积极性、主动性、创造性，使企业不断焕发发展新活力。

远大诺康积极组织一系列学习活动，不断提升大家对企业精神的认知和践行。自 2018 年开启以“青山论剑鼎革天下——奔跑吧，诺康”为主题的文化活动延续至今。此类活动将公司企业文化的“核心价值观”融入活动项目中，形式新颖，参与性强，采取随机分组形式，打破部门间的界限，加深了各系统、各部门间的融合与交流。活动让大家通过完成“责任柱”、“包容圈”、“人本协作链”、“卓越节拍”等项目，给大家带来别具一格的文化体验，深刻理解企业文化理念精髓。2019 年的“铁军入关，诺康山海行”主题旅游文化活动，再次让员工持续体验和感悟到诺康企业文化的深刻内涵。

诺康企业文化建设不断呈现结果，更确切地说是共同的探索。诺康人在理论上探索、学习；在实践中感受体验；在确立正确的人生观、价值观、贡献社会和改造自然服务人类的探索，也是诺康人的人生体验。远大诺康人甘愿在实践“品味、感受、接受”这种体验中，努力实现“具有生命力的时代前沿医药企业”的企业愿景。

（辽宁远大诺康生物制药有限公司）

用文化聚力打造一流物业企业

辽宁裕峰物业管理有限公司（以下简称公司）是具有三级资质的股份制物业企业。具有中高级职称人员20名，在沈北新区是一个颇具影响的物业管理企业。裕峰物业秉承“物业无小事，事事放心尖，辛苦我一人，幸福千万家”的使命，管理工作规范，连续多年被评为辽宁省物业学会先进单位和企业文化建设先进集体，相关事迹多次在媒体上进行了宣传和报道。

文化管理再上新台阶

每年年初，公司总是与各园区项目经理、物管员、维修人员签定年度《经济责任状》，明晰职责，明确指标，明白“责、权、利”三者统一关系和“敬业、勤业、爱业”，服务理念，最大限度调动起广大员工的积极性。裕峰内部从项目经理到普通员工，大家团结一致，同心同德，经常放弃节假日休息，不辞辛苦，以忘我工作热情，解决诸多园区内“难点”和“热点”问题，赢得园区业主好评。同时，公司上下积极倡导勤俭节约之风，严把材料关和费用关，所有采购的物品必有计划及报告，把维修资金用在刀刃上，强化内部管理，收旧利废，在办公费和维修材料费上下功夫，充分利用现有资源，全体员工从节约身边的每一张纸、每一支笔、每一度电及每一滴水做起，勤俭持家，为公司创造最大的经济效益；在管理人员队伍建设上形成了以老代新，新老园区齐头并进的良好态势；以关爱员工为基点，实现双赢，使员工共享企业发展成果，打造企业利益共同体。强调员工把服务理念转化为关爱企业，珍惜岗位的具体行动，真正做到企兴有责、有责必守，使员工从自己工作业绩中得到成就感，发挥员工的潜能，不断从工作的不足之中找到差距以求改进。为企业发展争做贡献。公司制订百分考核制度，工作细化到每名员工，奖惩分明，落实责任；在全员范围内推行文明用语，使员工逐步养成与业主见面使用问候语，离开使用告别语，适时使用道歉语的习惯；提倡和鼓励员工“献计献策”，在全公司范围内形成“态度和蔼，用语规范，耐心热情”的工作风气；公司常规性地组织开展夏季一日游、演讲、歌唱、摄影等多种形式的活动丰富员工文化生活，陶冶情操，凝聚力量，强化团队意识，使员工感受到尊重和快乐。

特别是注重协调物业与业主的关系。因为二者的良好关系是通过物业管理人员为业主提供优质服务为纽带而产生的，良好的业主关系有助于保持业主的忠诚，改进业主满意的程度，公司要求各管理处主动征询业主对我们管理中的意见和建议，定期召开联欢会、座谈会与业主进行有效的联络与沟通，及时获得需求信息，为公司持续改进提供保障。

员工精神面貌再现新变化

公司秉承“以人为本”的管理理念，在企业文化建设上，突出以“以理念教育人、以制度约束人、以目标激励人、以氛围感染人”的办企方针，激发员工“求新、求进、求变”的积极性，形成了公司上下迎难而上、携手并进的和谐局面。几年来，公司领导层综合能力和领导艺术有了很大提升，增强了能干事、会干事、能管人、会管人的素养；各园区在经理带领下，想事、干事的人多了，违规违纪的事少了，广大员工处处维护企业利益，恪尽职守、知难而进、倾情服务、为业主排忧解难；讲团结、讲协作、有活大家抢着干，有事大家一齐做，不拖不推，各显其能，团结互让，互帮互助，显现了良好的协作氛围；“一方有难、八方支援”，增强了企业的凝聚力和影响力；公司不仅造就了一支高素质的管理团队，也培养了一支吃苦耐劳、争先恐后的过硬员工队伍；彰显了企业亲和力和正能量。

党群建设谋和谐　选贤荐能树典型

2011年公司率先在沈北地区成立了首个民营物业企业党支部，开创了沈北地区创建党组织的先河。党支部在企业中发挥着越来越重要的作用。2016年公司党支部认真贯彻学习习总书记系列讲话，广泛开展“两学一做”活动，严格落实“三会一课”学习制度。公司将“向身边星级党员学习”活动延伸为“说身边人讲身边事”，引导全员党员和广大员工立足本岗位，争创先进，争当优秀，有力推进企业发展。通过对身边人榜样的学习与宣传，公司广大员工认识到哪怕岗位再平凡，只要摆正心态，用心工作，努力打拼，同样会有不平凡的收获。“榜样的力量是无穷的”，党员和党外积极分子在“急、难、险”任务中，迎难而上，不计得失，勇于担当的精神风貌，在员工中产生了巨大的感召力。

亲民　惠民　为民再创新成果

展现“先服务后收费”的经营理念，公司所辖7个园区全部实施封闭管理，安装监控和巡视打点系统；尽可能为业主提供更多车位，使园区车辆管理更加有秩和规范化；公司严格实行来访人员登记制，并且进行不定期的巡查打点，确保园区内业主的生命财产的安全，为业主创造了一个安全、安静、和谐的居住环境。保安人员经内训上岗，整体素质有所提升；管理人员配发工装，从业人员佩戴胸牌上岗，展现良好的企业形象；公司通过网络、电话微信、投诉来访、回访、业主意见征询等方式多方收集业主的需求。配合“创建国家卫生城市、国家健康城市、国家食品安全示范城市“三城联创工作，公司对每一个物管处都建立24小时值班制度，设立服务电话，建立《回访记录》，接受业主和物业使用人对物业管理服务的报修、求助、建议、问询、质疑、投诉等各类信息的收集反馈，并及时处理。定期对信息进行汇总分析，提出纠正预防措施，实现业主满意，助力沈阳文明城市建设。

公司重视自然资源的保护和合理利用，全员开展节能降耗活动，通过环保宣传、资源节约、循环利用等方式减少日常工作、日常生活所产生的废物。对所管辖的小区进行设施设备方面的改造，节水节电效果显著，物管处设立废旧电池、衣服回收处，有毒有害的垃圾分类处理，垃圾日产日清，降低对环境的污染。秉承“业主至上”的经营理念，公司将为打造品牌物业继续努力奋斗。

（辽宁裕峰物业管理有限公司）

以大陈岛垦荒精神引领青年创业文化

大陈岛垦荒精神既是一种地域文化，也是一种民族精神。所谓地域文化，是指“在一定自然地理范围内经过长期历史发展形成的、为当地人民所熟知和认同、带有地域文化符号的物质文化和非物质文化”。在延绵的中华大地上，由多种多样的优秀地域文化一同构成了中华文化。2016 年 6 月习近平总书记给大陈岛垦荒员后代回信：“继承大陈岛垦荒精神，为实现中国梦贡献力量”，之后伴随着国家主流媒体对大陈岛垦荒精神的挖掘和宣传，人们对大陈岛垦荒精神的了解逐步深入。如今，老垦荒员“艰苦创业、奋发图强、无私奉献、开拓创新”的垦荒精神已成为台州的文化“名片”和人文优势。台州是民营企业的发祥地，也是大陈岛垦荒精神的诞生地。在大陈岛垦荒精神的引领下，台州更是青年人的创业乐园和实践基地，台州中小企业的成长史，就是台州企业在从无到有、从小到大、走向市场的创业史。

大陈岛垦荒精神是青年创业的文化基因

60 多年前的垦荒人面对解放战争时期国民党制造的残垣断壁、地雷和铁丝网、物品惨遭掠夺、以及岛上建材几乎被破坏殆尽、青蒿杂草、废墟遍野的严酷实情，凭借自强不息、奋斗进取的力量和自信，以建设新大陈岛的坚定信仰、以“一勤天下无难事”的顽强信念，以“坚忍、学习、团结、斗争”坚毅信心、“以战天斗地的赤子之心”，敢为人先，不畏艰难、毅然决然地奔赴垦荒前线。他们扎根大陈荒岛，吃大苦、耐大劳，频繁接受繁重劳动引发的生理极限挑战，化压力为动力，把困难当机遇，历克千难万险，历经千辛万苦，一切从头越，开启信仰之旅、奋斗之旅、创业之旅，铸就了具有独特的群体性、鲜明的时代性，以及生命力、感召力的“艰苦创业、奋发图强、无私奉献、开拓创新”的大陈岛垦荒精神。他们垦生态之荒，建设绿水青山美丽家园；垦技能之荒，用新思路、新办法、新措施打开新局面；垦精神之荒，舍小家顾大家，将青春和汗水挥洒在大陈岛的面貌改变和发展中，在奉献社会中实现了人生价值。60 多年接续的创业奋斗，使大陈岛从满目疮痍转变为山清水秀；推动大陈岛从短缺经济过渡到过剩经济，助力地区从靠天吃饭转型为旅游强岛；为青年创业打下了基础，是台州城市特有的精神标志，并启迪后人靠艰苦奋斗书写绚丽青春，创造幸福生活。

大陈岛垦荒精神为青年创业提供精神动力

从历史和现实看：老一代拓荒者创造的大陈岛垦荒精神对青年创业引领作用的重要体现表现为：一是以爱国主义为核心的民族精神。大陈岛垦荒精神是中华民族优秀传统与人文精神在和平建设年代的彰显，它展示了为国家发展、为民族复兴而奋斗的爱国主义信念和豪情，就像“抗战精神”、“红旗渠精神”一样，是中华民族宝贵精神财富的重要组成部分，能够汇聚起亿万人民实现伟大梦想的正能量，因而，对不同行业、包括台州在内的不同地域的青年创业具有普遍指导意义。二是以改革创新为核心的时代精神。改革开放精神是民族精神的鲜明标识。大陈岛垦荒精神包含着在实践中探索前进、永不自满、永不懈怠、自强不息的时代烙印。在大事、难事面前敢于迎难而上，在攻克一个个难以想象的困难、解决一个个光怪陆离的问题中不断创造行业佳绩、产品业绩，解决民生难题。如今，改革创新永远在路上的基本国策，昭示青年只有与改革创新同行，才能无悔青春。三是社会主义核心价值观的现实彰显。大陈岛垦荒精神是对正确处理国家、集体、个人三者利益的完美诠释。特别是在社会转型、利益分化、价值多元的新背景下，将大陈岛垦荒精神融入行业和百姓日常生产生活，融入青年创业、创新、创造实践，利于找到推动社会主义核心价值观本土化落地、落细、落小、落实、有效、有形、有力的载体，这对家庭、社会、各级组织践行社会主义核心价值观极具现实指导价值。

大陈岛垦荒精神与青年创业息息相关

创业是一种冒险。创业者需要不断追求新机遇，但常常面临更多风险。诸如，需求风险：消费者对创新产品或服务是否认同；技术风险：创新方案能否得到技术支持是青年创业遇到的最普遍问题；执行风险：创业者能否聚拢执行力强的团队，形成上下同欲、凝心聚力的文化；融资风险：能否合理引入外部资金等。审视创业文化的内涵与特质，台州中小企业创业文化：其一是创业精神文化：即，众多创业者在创业过程中形成的精神产品，包括对创业的意义思考，随着企业的发展和规模扩大、运营走上正轨，可能上升为企业的核心价值观；其二是创业物质文化：即，社会（主要是地方政府）为创业者提供可能的物质性支持与帮助；其三是创业行为文化：即，创业者在创业中依据自身主客观条件做出的创业项目选择与具体行为方式；其四是创业制度文化：即，创业者在遵守社会管理规范的前提下，逐步开始自觉制定内部行为规范，以期让自己的企业基业长青，更多体现“小企业大作为”。从经济学视角分析，创业文化伴随着市场经济的发展而产生并不断发展，是在面向市场获取利润的经济活动中形成的特殊文化，需要创业者在创业过程中不断形成符合市场规律、符合地区发展要求，乃至符合社会发展要求的观念意识，以及能够接受挑战、克服困难的心理素质。透析创业的社会学意义：创业是人们（特别是青年）在特定社会生产力水平下通过创业实践形成的具有时代特征的整体创业氛围，在创业过程中，创业者理念不断创新、知识不断创新、手段不断创新、方式不断创新，所以说，创业是主体不断实现自我超越、创新的社会生产活动。创业文化是创业人超越个性本质、有时是超越人的抗压极限的表现形式，与大陈岛垦荒精神的内容内涵高度吻合。

青年创业体现了垦荒精神的生动实践

上世纪 50 年代以来，经受过大陈岛垦荒精神滋养的第一代、第二代垦荒人，他们谋台州发展，成了新中国最早的企业家和创业者。而今的台州，全市存续市场主体 55. 8 万家，就是说，每 14 个台州人中，就有一个是由创业者晋升为“老板”。

在创业中，以浙江吉利控股集团为代表的一批企业遵循着国家“站起来”、“富起来”、“强起来”的发展逻辑，沿着创业者开拓的发展路径在创新中前行，从开疆扩土到建设美好家园，创立了辉煌业绩。吉利集团以“人才交付、文化赋能、组织发展”为宗旨，坚持以奋斗者为本的价值分配导向，以高目标、高绩效、高回报为原则，培养创业创新人才。通过实施星级奋斗者激励计划、奋斗者追赶计划、阳光工程等一系列人才评价项目，将集团的优势资源向奋斗者倾斜，最大程度地激发员工的积极性、创造性，用李书福的话说，就是“专注实业，专注技术创新和人才培养”，吉利集团已成为典型的国家“创业创新型企业”。在台州靠创业起家知名度较高的企业数不胜数。

如：中马集团：创业初期仅凭简单的社会经验、单薄的人脉资源、15 平方米的家庭作坊，但物质的艰辛没有磨灭创业者的决心。早在上世纪 80 年代，中马集团作为年轻的大众齿轮厂，初进市场就敏锐地提出“以法治为基础，以德治为核心”的治企理念，树立制度的权威性，避免“人治”，突显人性化管理，体现仁德之风，弘扬优秀传统文化，如今的“中马”已成长为中国齿轮产业中拥有汽车传动、园林机器、环保新材料三大业务板块的集团化企业。高端精密汽车传动零部件远销美国，便携式园林机器备受欧美客户赞誉，高效节能轻量化汽车变速器在 SUV、MPV 等领域创造了市场占有率连续多年保持全国第一的佳绩。2017 年中马传动股份公司成为温岭首家上交所主板上市企业。又如：浙江卓驰机械有限公司自 1993 年创业至今，历经坎坷艰辛，走过了用心血和汗水铺就的奋斗之路。创业之初，就把吸纳当地青年劳动力作为动因之一，历经 27 年磨砺，秉持“卓越品质，驰骋天下”的企业精神，已锻造成人们有口皆碑和谐的创业团队、创业家园！再如：长鹰信质科技股份有限公司以自主创新、产品研发、模具开发为基础，实现电机及核心零部件供应的上市公司，获国家高新技术企业、中国汽车电子电器行业十强企业、浙江省绿色企业、海关高级认证企业等资质。还有：

飞洲集团历经多年风雨历程，凭着艰苦创业的精神，励精图治，团结奋斗，铸就了飞洲电缆品牌，2018 年度启动主板上市工作，公司拥有国家级电缆实验室和检测中心，通过了国家强制性产品认证

（CCC 认证）、质量管理体系认证（ISO9001）、环境管理体系认证（ISO14001），多年卓越运营为飞洲集团赢得无上荣耀，先后获得“国家级高新技术企业”等称号。

利欧集团浙江泵业有限公司是利欧集团股份有限公司的全资子公司，是专业从事各类泵与系统研发、生产、销售、服务的高新技术企业。经过 20 多年的创业发展，“LEO”现已经成为了全球知名品牌，“LEO”商标被国家工商总局认定为“中国驰名商标”，公司拥有了泵行业首家国家认定企业技术中心。公司在美国、俄罗斯、迪拜、印尼、泰国、匈牙利、孟加拉等地设立子公司。产品远销欧洲、北美洲、中南美洲、东南亚、中东、非洲、大洋洲等世界 150 多个国家和地区，以其优良的品质广受市场赞誉，并与世界知名的水泵制造商、经销商及大型连锁超市建立了长期稳定的合作关系。公司秉承“德以立事、精以求成、速以得胜、行以致远”的核心价值观；为所有利益相关者创造价值；立志成为可持续发展的行业领跑者。绿佳集团秉承“做人、做车、做天下”的企业精神，筚路蓝缕、励精图治，经过多年拼搏，业务布局全国，已在浙江、天津、河南、江苏无锡、四川成都、广州设有六家生产基地，产品覆盖豪华电动摩托车、电动轻便摩托车、电动自行车、电动三轮车、电动四轮车，逐步发展成为国内电动车行业领域的佼佼者。2010 年以来迅速占领国际市场，在海外销量高递增。集团先后荣获“全国售后服务行业十佳单位”、首批符合新国标电动自行车生产企业”、“电动车国家标准示范企业”等诸多荣誉称号。产品通过欧盟 CE、中国 CCC 等一系列认证。

浙江亿利达风机股份有限公司是国内规模最大的中央空调风机生产企业，国家级高新技术企业，2012 年 7 月在深圳中小板上市；浙江永宁药业股份有限公司获高新技术企业国家知识产权优势企业等各类奖项 30 余项大奖；台州远洲凤凰山庄有限公司获“全国诚信兴商双优示范单位”、全国商业服务业巾帼建功“巾帼文明岗”、“中国饭店金星奖”等。

在台州，既有坚守 150 多年、致力于民用水处理产品的研发和生产的柯诗达；也有成立于本世纪初的浙江福林国润汽车零部件有限公司以及人们耳熟能详的东港集团、公元集团、飞跃集团、司太立制药、海正药业、双马塑业、联化集团、西格迈集团、同康酒业、浙江家得宝科技股份有限公司等不胜枚举的优秀企业，其创始人都是秉持融于血液、渗透在骨子里的“垦荒意志”，传承垦荒者攻坚莫为难的气质，经过时代的洗礼和升华，敢于涉猎别人未曾尝试或不敢涉足的领域，实现了创业、敬业、守业、助力社会进步的完美结合。这些企业共同的特点是掌门人都是从创业起家、更多地吸纳年轻人一起创业起步，都是聚焦实业、做精主业，坚持创新，他们对社会最直接的贡献是“发展经济，保障供给”，同时主动参与国家重大战略，在推动浙江经济发展中发挥了独特作用。即便是面对经济下行的压力，创业者依然恪守“寂寞”“发奋”“创新”理念，度过难关。据媒体报道：2017 中国民营企业 500 强台州 7 家企业上榜，2018 年中国民营企业 500 强台州 6 家企业入榜，2019 中国民营企业 500 强发布，5 家台州企业入围，这都是大陈岛精神的对象化成果，凸显出台州创业人艰苦奋斗的历程。

新时代青年创业实践依然需要大陈岛精神滋养

早在 2007 年中共浙江省委就提出了“创业富民、创新强省”的总战略，2013 年习近平总书记在致全球创业周中国站活动组委会的贺信中提到：“创新是社会进步的灵魂，创业是推动经济社会发展、改善民生的重要途径。”创业是时代赋予青年的光荣使命，也为广大青年施展才华、实现抱负提供了机遇。今天的台州，创业者和投资者逐渐向年轻化、多元化、知识化的态势转变，70、80、90 后成为创业主力军，女性比例持续走高，外地投资人与创业者比重明显上升，科研类行业对外地投资人的吸引力最高。台州市民营企业发展质量优于浙江省，台州市企业的社会贡献率 5.6%，比全省平均社会贡献率高出 1.5 个百分点，位居首位。当年的大陈岛精神孕育了台州创业者的家国情怀、民族责任感、历史使命感。在制造业和批发零售业是主要产业的背景下，青年创业将继续弘扬“讨海人”“开放、灵活”的禀性和垦荒人开拓、创新的品格、以及一丝不苟的“工匠精神”，促动新时代的创业者善于治业，促使海岛朝着“小康大陈、现代化的大陈”迈进。

（本文为台州市社科联立项课题（20YA01）子课题成果，作者包丽琴系台州市企业文化协会常务副会长兼秘书长）

创建“五品”先进企业

扬州日模邗沟装饰工程有限公司（以下简称公司）成立于1985年，现为国家建筑装饰、建筑幕墙设计甲级、施工一级企业，ISO9001、ISO14000、ISO18000国际体系认证通过企业，是中国建筑装饰行业协会常务理事单位、江苏省装饰行业协会副会长单位，江南大学董事单位。公司历来注重企业文化建设，不断提炼完善有特色的企业文化，将企业文化作为推动企业持续发展的重要保障。公司于2011年成立以法人代表为组长，党委书记为副组长的企业文化建设领导小组。在企业发展实践中，逐步确立了“团结奋进、务实求精、开拓创新、永续辉煌”的企业精神，“让全体员工充满自豪，让日模邗沟拥有未来”的企业价值观，“务实、团结、拼搏、勤奋”的企业作风等一系列系统的企业文化。并将企业文化建设作为提高员工素质、凝聚企业合力、树立企业良好形象、增强企业核心竞争力的重要手段。公司在企业文化的引导下，着力建“五品”先进企业。

企业有品牌

公司历经35年的发展进取，也是中国建筑装饰行业内仅存的十几家经营30年以上的企业代表之一，在行业内有较高的知名度。知名度一定程度上是企业美誉度和正能量的体现，鉴于此，公司在具体工作中一贯注重企业品牌建设，“江苏省著名商标”、“江苏省重合同守信用二十年以上企业”、“‘十二五’企业文化建设优秀单位”、“全国专业化百强企业”，这些都是我们企业品牌建设的丰硕成果，也是我们今后提升企业文化建设层次的基础。

工程有品质

建筑施工企业，最终要赢得市场，在现实条件下资质、资金、人脉关系有一定作用，但归根结底还是靠企业工程品质。在近几年的工作中，公司屡创佳绩。2016年，公司获得国家“鲁班奖”优质工程项目一项，国家优质工程奖六项。公司始终信奉—品质是企业的生命，品质也是诚信的重要表现，工程品质建设与企业文化建设殊途同归，讲诚信、守承诺、重品质是企业在大浪淘沙中生存的不二法则。

管理有品位

管理是企业亘古不变的主题。随着经济的发展、社会的进步，要求人们制定和完善相应的企业管理制度并保证其落实执行，这是企业决胜千里的根本。在企业管理的道路上，公司始终追求管理的特色化并使之有效执行，这里所说的特色就是借鉴与自我完善的融合，公司在行业内率先引用“阿米巴”管理理念，施行“项目部制”管理方式，将管理的单元深入到每一个班组、每一个人员，形成“细胞式”自我监督、自我约束机制，通过特色化管理，提高了企业管理内涵，有效地保证了企业制度的执行力，同时也有效地提高了企业管理品位。

领导有品德

一个企业的成功与否与企业“一把手”个人素质、道德水准有重要的关系，企业领导的品德关乎到企业的成长。领导的品德主要体现在个人修养、个人素质。作为一个从改革开放初期成长起来的建筑装饰企业，历届公司领导都深受中国传统文化熏陶，强调“礼义廉耻孝”。公司现任“带头人”作为其中杰出代表之一更是注重自身素质、品德的修养，在三十多年的企业管理生涯中从未发生任何作风失信、违纪违规等不良行为，业内有口皆碑，积攒了较好人气。领导的品德也体现在对员工、对企业、对社会的责任感与使命感。公司一方面努力改善员工的待遇，另一方面在尽可能的条件下积极回馈社会，共享共赢，做一个有良心、有责任感的企业。

队伍有品格

扬州建筑能够驰聘祖国大江南北，凭借的是优良的工程品质，依靠的是扬州手艺人精湛的工艺和淳朴厚重的品格。在装饰行业屹立35年，公司不仅有优良的文化积淀，跟培养了一批手工精细、作风顽强、品德优良的一线技术人员和施工队伍，有别于市场上的散兵游勇、皮包公司，更以务实的远景目标、优厚的福利待遇，和谐的企业氛围留住了真正的人才。有技术保障、有品格担当的人才队伍，才是企业长盛不衰的秘诀所在。

公司重视媒体对“五品”宣传塑形作用，并采取多种方式和途径，不断强化舆论攻势，塑造出企业诚实守信的市场形象，塑造出企业奉献社会、服务大众的社会形象，使“日模邗沟”成为社会广泛认可的品质保障和价值创造的品牌符号，为争创“百年日模邗沟”注入新内涵和新动力。

（扬州日模邗沟装饰工程有限公司）

用文化驱动企业　创百年和谐

西安银桥乳业集团（以下简称银桥）始建于1978年，经过42年的顽强拼搏和不懈努力，已发展成为中国西北地区产销量最大的乳制品专业生产企业、农业产业化国家重点龙头企业、中国学生饮用奶定点生产企业，中国奶业D20企业联盟和国际乳制品IDF成员之一。

银桥在创业之初就曾这样定义自己：银桥是一座桥，是一座带领千家万户奶农增收的致富之桥；是一座为广大消费者提供营养乳制品的健康之桥；是一座全面建设小康社会的和谐之桥。42年来，“桥”文化引领银桥实现快速发展。一流的企业文化能够锻造一流的核心竞争力，一流的核心竞争力才能铸就一流的企业。银桥把“桥”文化建设，当作一个长期的系统工程，作为企业发展的基础和核心竞争力来建设。

独具银桥特色的先进文化体系

银桥坚持推进以“诚信、品质、卓越、创新”的企业核心价值观，以诚信为灵魂的“桥”文化体系建设。“奶品就是人品，质量就是生命”、“以质量求发展，靠诚信铸品牌”、“100－1＝0”的质量公式等等已经成为全体员工的座右铭，“兴办一个企业，带动多种产业，发展区域经济，富裕八方群众”已经成为全体员工共同的事业追求。奶源是乳制品质量的第一道关口，优质奶源基地建设就是乳制品企业的“第一生产车间”。银桥对奶源基地实行了“集中饲养、集中挤奶、统一防疫、统一管理”的现代化管理理念，给每个鲜奶收购站配备了专职收购员和化验员，实行鲜奶质量“四查承包制”：一是由收购员和化验员在奶站对鲜奶进行第一次检验；二是公司冷藏鲜奶运输车跟车监督员二次检验；三是由集团收购部门进行第三次检验；四是集团公司检测中心对收购的鲜奶进行各项指标的全面检测。检验人员层层把关，凡不符合标准要求的鲜奶，一滴不收，从而杜绝了劣质奶输入生产线。这种“环环相扣，亲历亲为，层层把关”的奶源管理模式，得到了国家相关部门和农业部领导的高度肯定和赞扬。

上下同欲，增强企业的凝聚力

人才是企业发展中最宝贵的财富。银桥发展靠员工、发展为员工。一是用待遇留人，兴建住宅楼给为企业做出贡献的职工、管理人员和技术人员每人一套住房，解除员工后顾之忧。二是用激励机制留人。集团制定年薪制度，明确规定对具有特殊贡献的人员实行高年薪制；对新品开发、技术改造等方面做出贡献的科技人员按创造价值的比例进行重金奖励；同时注重知识激励，先后有多位职工分别被送到国内各大专院校、成人高校进修学习。三是用事业留人。集团在对企业现有职工情况进行调查摸底的基础上，根据每个人的专长进行排队分类，结合实际需要，制定岗位人才竞争标准和岗位薪金标准，通过公平竞争，做到量才使用，使企业在较短时间内，取得了规模不断扩张、效益高速增长的良好效果。

在集团内塑造“诚信为先”的企业文化，通过制定企业的诚信准则，开展企业诚信培训，树立员工“诚信至上”的理念，有效地激发广大员工的积极性、主动性和责任感。尊重员工意愿，诚信对待员工，积极创造良好的工作生活、学习培训环境，真正把企业的发展目标落实到满足职工需要、提高职工生活质量上。开展“幸福银桥工程”，每月举行一个主题活动，丰富员工的业余文化生活；设立困难职工救助基金帮扶困难职工和子女上学等活动，解决职工的实际困难和问题；提高工资待遇，为职工提供发挥个人才华的舞台，最大限度地调动全员的积极性和创造性；重视员工自我价值的实现和发展，努力实现员工职业生涯目标与企业目标的磨合；通过文化引领和熏陶，营造员工与企业“思想上同心、目标上同向、行动上同步”的良好氛围，实现员工和企业共同价值的融合，增强职工之间的感情交流和企业的凝聚力，极大地激发了员工的工作热情和积极性。

银桥集团时常组织员工开展有意义的活动与讨论，利用企业内刊《银桥报》建立了正式的和非正式的沟通渠道。利用各种机会传播企业理念，向员工灌输企业文化知识，而使企业理念更好地传达给内部员工，落实到员工的行为层面，真正让银桥的诚信文化内化于心、外化于形，保证企业文化建设不断深入发展。

以诚信为前提，塑造银桥企业品牌

银桥把诚信文化渗透并凝结于企业理念之中，贯穿奶源、产品定位、采购、生产、销售和服务的产业链全过程，成为企业的行为方式和员工的自觉行动，形成了一切以诚信为前提，一切以企业社会责任为前提，一切以消费者的健康为前提。在生产环节，银桥建立健全了一整套严格的质量管理体系，严格执行“5S”管理、GMP、ISO9001、HACCP和ISO14001标准体系，在每个生产环节、每道关键工序均设立了CCP点，实行严格的监管和控制，形成了质量控制、质量保证和质量管理“三位一体”的食品安全管理体系；从车间工艺员、班组长、车间主任到总经理，每月须参加质量分析例会，传达交流近期质量工作情况和信息外，查漏补缺，自曝问题，防微杜渐，研究对策。

为了更好地与市场和消费者沟通，银桥还专门设立企业生产基地开放日。每月固定一天邀请消费者到企业参观，在参观的同时留下消费者真诚的建议。每年的“3·15”消费者权益保护日，公司都安排技术人员走上街头为消费者讲解产品生产、检验、出厂的全过程。靠着一丝不苟、重诺守信的精神，赢得了广大消费者的信赖和尊重。

对于银桥来说，奶农是供应商，是集团产业链的前端。银桥在与奶农的交往中，自觉恪守承诺，以诚相待，与奶农之间结成了利益共同体。同时认真履行所应承担的义务和责任，从不拖欠奶农鲜奶款，创造了一个和谐有序的合作环境，实现了双方的“共赢”。

增强持续发展的生命力

银桥将企业文化塑造和企业发展战略有机结合，对内锻造了富有挑战性的企业团队精神，增强了执行力、凝聚力；对外迸发出无穷的整体创新力和公信力。“桥”文化成为企业发展的强大动力，面对全球金融危机和行业信任危机的双重影响，银桥集团克难攻坚、逆势而上，各项经济指标均实现了两位数的增长，为“保增长、保民生、保稳定”做出了应有的贡献。

银桥高扬创新发展的大旗，根据流行趋势和市场形势，每年推出新品，同时淘汰销售不佳和市场反应不好的产品，推进精品战略，通过打造“拳头产品”带动公司的销售和品牌形象，用这些精品、明星产品回馈消费者。“桥文化”已经成为企业持续发展的强劲扩张力。

银桥乳业集团立足现实、着眼未来，围绕打造“健康之桥、致富之桥、和谐之桥”的思路，制定了“百亿企业，百年银桥”的经营目标。如今，诚信已经成为银桥系列品牌的核心与灵魂，诚信文化体现在银桥集团经营活动的各个领域，体现于每一位员工的言行上、也体现在银桥的制度、产品和环境等诸多方面，是银桥的一笔难以估价的无形资产和“金字招牌”。此外，银桥热心公益事业，追求企业利益和社会利益的统一。无论是抗震救灾、帮助贫困儿童、孤寡老人，还是支持教育事业、资助困难学生，银桥总是第一时间积极捐款捐物，奉献爱心，以实际行动自觉承担着一个企业公民应尽的责任和义务。

“桥”文化体现了银桥集团是一个自然和谐的整体，代表着员工、企业与社会三者共生、共创、共享、共荣，体现了银桥人和衷共济、超越自我、服务社会、奉献价值的境界和胸怀。银桥的“桥”是企业与社会、企业与奶农、企业与消费者的沟通之桥，合作之桥；更是全体银桥人精神与智慧的化身，是一座观念之桥、发展之桥、战略之桥、文化之桥、和谐之桥，更是银桥集团打造百年企业实现全面跨越的腾飞之桥。

（西安银桥乳业集团）

打造“大爱”文化体系　助推川力跨越发展

成都川力智能流体设备股份有限公司（以下简称川力）成立于2001年，是集流体控制设备的研发、生产、贸易、投资运营为一体的国家高新技术企业。近20年来精心打造“大爱”文化体系，让“川力”文化引领企业实现跨越式发展，彰显出川力文化特征。

员工为本的“礼下庶人”文化

川力人秉承“进化员工”的核心价值观，重视员工的工作技能提升和个人素养提高，始终坚信培训是企业为员工提供的最好福利，充分运用各种形式，强化员工培训。2015年与时代光华学院合作设立川力网络商学院，为员工培训搭建了一个提升和进步的学习平台。2016年，公司结合业务需要和员工发展规划，与新的供应商合作，全面更新了商学院平台。新的平台更加满足了员工多样化学习的需求；同时，面向业务体系的学习理念也更加契合公司战略目标的需求。2015年，公司积极联系与成都广播电视大学建立合作关系，为员工的继续深造、攻读更高学历提供尽可能的便利。

川力十分重视提高员工收入。2015年年初，公司将“全面升华员工幸福指数”列入公司战略目标，并为此确立了“全面实施转型升级、全面贯彻规则治企、全面提升组织能力”三个方面的战略举措。之后又以多种形式强调，员工的幸福指数应包括物质层面、精神层面和制度层面。物质层面包括“制定员工5年收入倍增计划、实行基层员工身股分红制度、扩大爱心基金（清水回归联盟慈善基金）规模”等三个方面；精神层面包括“进一步改善生产和办公环境、举办多种形式的文体活动、加大培训投入”等三个方面，强调荣誉向基层员工倾斜；制度层面，规定了国家法定节假日干部值班，员工休息。2016年，公司进一步完善员工福利体系，加大了对员工“五险一金”的缴费力度。同时，在推进公司升级转型新业务“小区水厂”直饮水项目的实施时，新业务拓展困难，公司对从事新业务的员工收入进行兜底，极大地激发了员工的主动性和积极性。

价值交换为分配机制的“结果文化”

川力文化基石之一“请给结果”以及“十大价值”，强调以结果交换价值，在绩效考核和激励机制设计方面，均突出了价值贡献相关指标的权重，公司全体员工绩效考核均与经济指标挂钩，每年营销大会、年终总结会上，各省区业务代表、高管均要述职汇报。公司要求要高管在做好本职常规工作的同时，要在业务开拓、技术创新、供应链管理、体系建设、思想教育、团队打造、处理危机、政策支持、开源节流、整合资源十个层面作出积极的贡献，作为高管成员年终奖和晋升考评的依据。每年干部调整前，各子公司（事业部）和总公司职能部门按要求推荐储备干部，由董事长牵头，董办和人力行政部组成干部考察组，分别对储备干部进行价值观、领导力专题考察，对干部年度创造价值进行客观公正的评价，评价结果上报公司高层及董事会，作为干部任用晋升和调整依据。

客户为中心为其创造独特价值的“敬畏文化”

“敬畏客户”：川力人始终把客户当成父母和师长一样尊敬和畏惧，精心伺候，为其创造独特的价值。企业无论产品质量、服务水平、员工业绩等均由客户评判；秉承“敬畏客户”的核心价值观，提出“靠质量生存、靠创新发展、靠服务取胜”等三条“敬畏客户”的具体方法，坚持“请进来·走出去”的方式。每年都安排专人走访客户、调研市场，第一时间了解市场的变化，了解客户的需求；组织各种技术交流活动，邀请上下游客户造访川力，共同改良产品性能，保障产品质量。每年均有200多批次政商嘉宾、客户到川力考察商务和交流企业文化建设工作，同时还多次接待法国、德国、丹麦、日本等国外客户来访，为公司更好地开展客户服务工作打下了良好的情感基础。

尽责社会公益和慈善事业的“担当文化”

川力人将“尽责社会”作为自己义不容辞的责任。自2009年-2018年，川力通过成都市残疾人福利基金会，坚持赡养羊安仁和社区50余名残疾人，每人每年捐赠3000元；同时与邛崃市真心志愿者协会一并多次走进泉水、桑园等邛崃周边的敬老院，慰问老人，为他们送去川力和川力爱心人士捐赠的物资。2009-2018年，川力向地震、火灾、水灾等自然灾害，赡养残疾人，社会公益活动等社会捐赠物资、设备和现金计1300余万元。

立足实际说到做到的“落地文化”

结合公司发展，川力进一步丰富了文化内涵，提出了“六条警句”和“八个不准”，进一步规范、指导川力人的行为。公司为了资助帮扶困难员工，号召发起了早期的内部爱心组织——川力爱心基金。2011年6月16日正式成立川力爱心基金，遵循“以公司出资为主，员工自愿出资为辅”的原则，公司每年将可分配利润的2%-3%注入爱心基金，高管会员每年按工资3%出资，中干会员按工资2%出资，基层会员按工资1%出资。使用范围为30%用于社会捐赠，70%用于内部会员爱心资助：公司也始终注意保持活动的公益性。

公司为一线员工及住厂员工提供餐费补贴，为员工提供了舒适满意的住宿条件，支持员工的各项文体娱乐活动，员工生活会所、健身中心、足球场等各种文体娱乐活动场所和器材一应俱全。生活会所内设的休闲茶室和图书室，则更为员工提供了一个清幽闲适的空间。

善于发现问题和解决问题的“问题文化”

川力六条警句中提出了“公司请你来是为了解决问题，否则你立刻失去价值；遇到问题就说别人的原因，你永远不会成长。有意见不公开提，私下讲公司不好就是在出卖自己的身体和灵魂。”通过定期召开民主生活会、自我批判等形式，对“问题文化”进行讨论，要求全员结合本职工作，实事求是地查找自己的问题，真诚感谢别人帮自己找问题，且深挖思想根源，提出解决方案并实施。将问题文化融入制度之中，建立评价和激励机制，鼓励员工发现本单位工作上的问题和提出解决问题的方案，促进问题的解决，设立考核激励奖，以此助推经营和管理工作的进一步改进。自公司成立以来就设立了“合理化建议奖”，鼓励员工自动自发，发现经营管理上的问题并提出解决方案，并根据解决方案实施后创造的价值，在年终总结会上给予隆重的表彰奖励。2019年初，公司又增设了“不同意见奖”，提倡“逆向思维”和“批判思维”，鼓励员工发出“不一样的声音”，引导员工敢于直言、谏言，通过思维的碰撞，提出新观点、新思路、新想法，促进管理、业务、经营等各项工作的改善。“不同意见奖”一经采用即给予即时现金奖励，并在年终总结时视其创造的价值给予不同程度的表彰和奖励。

只准上级给下级贺拜，不准下级给上级送礼的“廉洁文化”

川力规定：逢年过节只准上级给下级贺拜（含微信红包等），不准下级给上级送礼。非公聚会，职务最高或薪资最高者埋单。八条不准中也明确规定：不准收受下级的礼品或礼金。非工作原因，同事小型聚会均由职务最高的领导或薪资最高的同事埋单，已形成一种约定和惯例。川力还出台了《川力员工喜事宴请的若干规定》，规定中明确要求仅红白喜事可以宴请，上级对下级送礼金金额不限，但同级或下级送上级礼金有明确的限额。确需宴请时，不得收受内部员工礼金。同时，员工在宴请的7日前，向公司行政部报备。

紧跟市场趋势和公司发展战略不断完善“创新文化”

在企业发展的各个时期，公司的文化理念也各有差异。在创业之初，公司的文化理念侧重“求生存”；在高速发展时期，公司的文化理念侧重“求发展”；在稳中求进时期，公司的文化理念侧重“求尽责”。由此，公司的主导文化也经历了“厂训——愿景——使命”三个阶段的演变。在早期，公司致力于解决长期困扰供排水行业的计量问题而研发了相关专利产品；之后，公司再提出“整体产销差解决方案”；现在积极响应“智慧城市”建设，探索企业新作为。

川力企业文化始终注重在变化中求稳定，在稳定中求改进。川力奉行“规则至上·基业长青”，但绝不等同于墨守陈规，刻板教条，而是在规则体系下，不断调整策略，致力于寻求最佳解决方案。在直饮水项目早期提出了“建管营”一体化的商业模式；之后升级为“建管投营”一体化的商业模式；现在进一步开放商业模式体系。不断嬗变的是商业模式，而始终未变的则是“致力于让中国老百姓喝上低成本、高品质的健康好水”这一奋斗目标。

川力密切关注国计民生，从企业的层面切切实实为国分忧，为民立身，上承国家战略，下惠百姓民生。公司的产业也随之进行补充调整，公司的研发也随之进行补充调整，公司的经营理念也随之进行补充调整，不断推进创新文化，佑护着企业基业长青。

（成都川力智能流体设备股份有限公司）

在文化传承与创新中砥砺前行

华电国际电力股份有限公司十里泉发电厂（以下简称“十电”）始建于1977年12月，隶属于中国华电集团有限公司，是华电国际电力股份有限公司的全资电厂。如今的“十电”正以火电为基础、供热为助力，两翼并举立体推进发展战略，以“做行业领先者”的企业精神，向国际一流的绿色能源创造者和服务供应商迈进。

在实践中形成鲜明文化特色

在长期的改革发展中，十电不断创造物质和精神财富，积淀文化底蕴。1990年10月30日，乘着全国发电企业开展安全文明生产双达标的东风，自觉树起“达标我所求，不达誓不休”的旗帜。全厂干部职工及家属，没有双休日，没有节假日，甚至学校里的孩子都投入到那场马拉松式的战役。历时一年半，十电人克服难以想象的困难，付出了难以置信的努力，完成了难以计算的工作量。1992年5月，十里泉电厂以七项指标全优的考评结果被首批命名为全国“双达标”单位，原能源部长史大桢特地提写了“向社会主义一流企业迈进的排头兵”“全国火电厂学习的榜样”。1999年7月，又被命名为“全国一流火力发电厂”。2006年，十电广泛征集职工意见和建议，经过13次研讨，形成“为家立身、为企立业、为国立本”的“三立”文化理念体系，后又丰富了廉洁文化、部室文化、安全文化、责任文化等子理念。

在创新中不断丰富文化内涵

在2007年至2017年，十电响应国家节能减排的号召，实施“上大压小”工作，先后推进超临界机组工程建设项目和高效型超临界抽凝供热机组“安家”，2014年12月破土动工，2017年7月竣工投产。在此期间，十电提出“持续推进企业文化提档升级，进一步发挥企业文化的引领与凝聚作用”的部署。

2016年，企业文化升级工作全面启动。十电组织职能部室成立专题调研组，按照领导班子、中层干部、基层管理人员、普通职工四个层次，分三次对企业文化四个层面展开多次有针对性的文化调研，最终形成以“做行业领先者”为企业精神的“三立创新”文化体系。

“三立创新”新体系的升级版秉承企业在历史发展中形成的“为家立身、为企立业、为国立本”的好传统、好作风，提出了市场经济形势下企业的“国际一流的绿色能源创造者和服务供应商”的发展愿景，包含四大层面二十一项内容，对上，与华电集团公司《华电文化纲要》保持一致，实现有效对接；对下，从职工中来，到职工中去，体现广泛的群众基础，成为企业和职工共同遵守的基本信念、道德准则和行为规范。

以文化为引领，助推企业提档升级

十电以宣贯文化体系升级为契机，提升内部驱动力，汇聚职工创新力，打造核心竞争力，使文化在与资产、观念、管理、形象升级的融合中起到引领作用。

资产升级方面，十电审时度势，提出“火电为基础、供热为助力、新能源为方向，多元并举立体推进”的企业战略。在“上大压小”扩建项目全面施工建设的关键时期，十电围绕66万千瓦机组扩建工程项目建设工期、安全、质量、效益等目标，大力开展基建文化建设，挖掘提炼了以“优质、和谐、廉洁”为核心的“3H”基建文化，并制作宣传册和专题片，召开基建文化发布暨宣贯会，引导全体参建人员认同和遵循基建文化，不断提升参建各方的凝聚力和向心力。组织开展“企业发展我发展，我为企业做贡献”大讨论、征文等活动，广大干部职工积极参与，职工在思想交流碰撞中坚定信心、鼓舞干劲。

观念升级方面，围绕企业当前亟需转变的“市场观念、法纪观念、创新观念、发展观念”等四个观念和“责任意识、争先意识、奉献意识”等三个意识，组织开展全员思想观念大提升活动；通过“请进来”进行电力体制改革等专题辅导，“走出去”向兄弟单位学习优秀管理理念、管理经验，提高站位，开拓视野；党员通过组织学习、党性教育和精准联服等方式，把握形势，提高觉悟；全体职工集中开展了“转观念、凝共识、促升级”思想大讨论，在思想碰撞中提高了认识，思想观念进一步转变。

管理升级方面，十电倡导“组织扁平化、制度标准化、作风军事化、过程精细化、方法现代化”的管理理念，在企业文化和管理有效对接上进行积极的探索。严格执行《党委会议事规则》《厂长办公会议事规则》，进一步细化议事程序和决策范围，并将两个议事规则的有关要求，内嵌到相关管理制度中，修订配套制度16项，保证了“三重一大”等决策制度的落实。完善选人用人机制，推行干部日常履职情况跟踪反馈和量化考评。创新评先推优办法，实行部门公开述职，现场打分评定，提高公信力。全面推行精益管理，优化业务流程，清理交叉职责18项。深化科技和管理创新，在扩建项目建设中，创新打造31项亮点工程，有的在国内同类型机组中处于领先水平。

形象升级方面，厂区规划建设、部门班组环境得到明显改善，职工精神面貌焕然一新，初步展现了一个规模电厂的新气象。6人入选市、区党代表、人大代表、政协委员，1人当选市委候补委员，成为企业参与地方发展与建设的“代言人”。积极借助枣庄市科学发展观现场观摩会、枣庄市“转型发展看枣企”、公众开放日等平台，邀请地方领导、政府部门、媒体记者等到厂指导参观，全方位展示企业在供电、供热、节能环保、社会责任等方面做出的成绩和贡献。

彰显央企本色，在履行社会责任中唱响十电品牌

十电认真研习习近平新时代中国特色社会主义思想，落实新时代党的建设总要求，扎实开展“示范党研习支部”创建工作，以“红色先锋”主题实践活动为抓手，推进党的建设与生产经营发展深度融合。提出并实施立足全员的党员精准联系服务群众工作机制。700余名在职党员实施与结对群众“一对一”式互动沟通帮扶活动；严格落实全面从严治党责任，深入推进“三清”企业创建和新“四项治理”，形成十电特色鲜明的党建工作品牌。

在保障国家与地方电力供应的同时，十电积极承担建设供热热源的任务。自2009年以来，多次升级新机组，循环水供热改造，供热稳定性、安全性、环保性不断提升，开创国内135MW等级机组“低压缸双背压双转子互换”供热改造的先河，为国内亚临界以下机组供热方式产生良好的示范作用，并获得国家发明专利，成为十电技术创新的“新名片”。近两年的机组再升级，为十电抢滩供热市场打下了坚实的基础。十电以能够满足地方城市住宅、商业以及企业所需的供暖需求，企业美誉度不断攀升。

社会公益方面，十电先后选派3名政治素质高、业务能力强的同志担任市直派驻“第一书记”，帮保困难村4个，投资45.5万元对贫困村实施“屋顶光伏”扶贫项目建设，硬化村内主干道路，开挖灌溉排水渠，维修文化广场健身器材等，极大促进村“乡村文明建设”工作的开展。积极开展“爱心助学”活动，先后与枣庄台儿庄试验小学、齐村镇郭村小学、永安乡西山阴小学等学校学生结对子，捐款捐物近10万元。捐资助建2所华电“七彩小屋”，开展“学雷锋、树新风”便民志愿服务、维修家电、义务体检等都产生了良好的社会效应。

（华电国际电力股份有限公司十里泉发电厂）

金融“佳”服务　创造“新”价值

交通银行作为一家拥有百十年悠久历史的国有大型商业银行，自创立伊始便担负起了“偿债赎路、实业兴邦”的重任；在企业内，构建企业文化、民主管理、员工福利、员工荣誉和职业成长等五大体系，推动员工与交行共成长，打造员工和交行命运共同体。

对接国家战略，打造发展新格局

交行以“两化一行”战略为引领，以“效益优先、兼顾规模”为原则，持续优化资产结构，“以亚太为中心，欧美为两翼、拓展全球布局”的覆盖面，积极服务“走出去”的中国企业，对接“一带一路”沿线国家政府和企业在基础设施、对外贸易、跨境金融等多方面需求，不断提高跨境、跨业、跨市场经营能力和服务水平，推动全面开放新格局。在“一带一路”沿线64个国家当中，交行与51个国家的422家境外银行总部建立了代理行关系，在10个国家的银行开立了其本币账户，为13个国家的38家银行开立了跨境人民币往来账户，对5个国家的16家银行设立了同业授信额度，与17个国家的57家银行签订产品类及全面合作类协议。

交行积极对接京津冀、长三角、雄安新区、粤港澳大湾区等国家重大战略机遇，推进区域协同和集团一体化对接，完善对接机制及资源配置，提高重大项目落地成效，助力区域经济发展。

支持实体经济，引领产业升级。一是深入贯彻落实党中央支持民营企业的工作要求，将民营企业作为重点服务对象。下发《交通银行关于进一步加强民营企业金融服务的指导意见》，优化业务流程，制定专属金融服务方案，组建专业服务团队，精准对接民营企业金融需求。有效降低企业融资成本，助力民营企业可持续发展。二是持续创新智慧金融发展，为提供优质服务做好保障。在产品创新方面，推出业内首个区块链资产证券化平台“聚财链”，实现信息和单据的端到端传输，减少单证邮寄的中间环节，大幅降低交易成本；在内生系统，启动集团信息系统智慧化转型工程（“新531”工程），以保持先进IT架构体系，打造数字化、智慧型服务模式，持续提升集团的服务能力、管理能力以及综合竞争能力。

脱贫攻坚，打通乡村振兴“最后一公里”。交行从战略高度入手，加大政策、资金、人力、技术方面的帮扶力度，坚持“输血”、“造血”相结合，发挥金融优势，认识到位、领导到位、指导到位、措施到位、资金到位，以改善贫困地区生产生活条件、增加贫困户收入为目标，打造“大扶贫”格局，不断增强贫困地区和贫困人口自我发展能力。

强化金融扶贫，激发造血功能。交行制定交通银行信贷计划，积极落实《关于坚决打赢脱贫攻坚战的决定》中金融扶贫相关政策，精准对接，按需配置，重点关注产业扶贫、助学贷款及贫困地区金融支持基础设施建设项目贷款等领域多元化融资需求，阶段性完成“扶贫贷款增速总体高于各项贷款平均增速”的要求，以金融杠杆撬动资金流入扶贫领域。

践行普惠金融，打实实体根基

交行制定《关于贯彻落实监管要求进一步加强普惠金融服务的通知》《关于进一步加强小微企业金融服务的通知》，从业务拓展、产品创新、渠道建设、资源配套等方面明确针对性的推进措施，降低小微企业融资成本，主动减费让利，简化流程，创新产品和服务模式。

专设职能部门，聚焦服务重点。交行持续优化普惠金融体制机制，总分行增设岗位及人员编制，有效支撑普惠金融业务发展。目前全行专职小微客户经理1，749人，组建小微专营团队156家。连续三年举办小微专营团队负责人培训班，来自37家省直分行小微专营团队负责人、小微重点支行负责人参加培训，加深条线员工对小微业务发展规划、客户拓展、重点产品、风险管控等要点的认识，提升服务水平。

研判行业导向，扶持科创企业。交行率先在大型银行中提出“搭建专营机构、专门服务科技型小微企业”的总体思路，积极推进政策制度、机构建设、产品服务等方面创新。在国家知识产权局的大力支持下，北京市分行发布新版“智融通”知识产权质押贷款，将专利价值和风险评价体系、反向许可操作融入其中，与北京市中小信用再担保有限公司开展合作，重点服务于轻资产科技型、创新型企业，着力解决拥有核心知识产权的科技小微企业“融资难、融资贵”的现实困难，对构建小微企业知识产权金融服务体系、促进科技与金融的有效融合起到了良好的示范作用。

关注三农发展，服务乡村振兴。交行积极创新农业金融产品，帮助推动农村金融市场发展，支持特色农业产业的发展，提高金融资源在农村的覆盖率。其中，黑龙江省分行创新实施“粮食服务商+粮食收储商+金融机构+担保公司”的“三农”服务模式，既缓解农户卖粮难的问题，降低农户售粮运输成本，又帮助粮食收储企业缓解资金压力，实现扶农、助农、富农的共赢目标；内蒙古区分行为解决牧民贷款资质不足，无有效、合规的抵质押物，深入著名畜牧养殖地区锡林郭勒盟开展调研，确定以扶持当地肉类屠宰加工业反哺畜牧养殖业的方针政策。在锡林郭勒盟地区，内蒙古区分行积极与当地各类政府工作平台、肉类加工产业协会等第三方公共平台展开合作，为地区畜牧、肉类加工企业提供贷款支持，帮助农牧民发展产业致富。

坚持以人为本，持续渠道升级。交行坚持以客户为中心，通过改革创新改善服务，联通客户与金融资源，提升金融资源可得性和便利性，目前，交行已实现手机银行、个人网银、智易通、ATM、电话银行等零售业务渠道的对接，初步形成营销信息统一推送和个性化展现的新机制。交行先后下发《关于进一步做好特殊客户金融服务工作的通知》《关于重申做好老弱病残等特殊客户银行服务工作的通知》等文件，保障客户利益。在网点统一设立便民服务区，提供盲文服务、手语服务、残疾通道、盲人键盘、老花镜等便民设施。同时，以制度和流程为切入点，对涉及客服业务运营、管理各环节的权限和行为加以规范，保障金融消费者合法权益。

关注员工发展，建设幸福家园

员工是交行的根基，是交行最宝贵的财富。交行出台《关于进一步加强幸福交行家园建设的意见》，系统推进幸福交行家园建设。

全面保障员工权益，保障员工安居乐业。交行严格按照国家法律法规执行用工管理，依据国家法律法规，结合实际制定《交通银行劳动合同办法》《交通银行员工招聘与录用管理办法》《交通银行员工请休假规定》《交通银行加班工资管理暂行办法》，杜绝强制员工劳动，不因性别、相貌、信仰等因素歧视员工，提供公平、适合的就业岗位和待遇，做到同工同酬。各级工会100%建立职工代表大会制度和全覆盖的行务公开制度，形成“党委统一领导，行政总体负责，工会组织实施，职工积极参与，各方齐抓共管”的民主管理工作格局，充分保障员工的知情权、表达权、参与权和监督权。

重视职业发展，为员工搭建成长平台。交行设定高效的职业成长体系，为员工提供快速成长的发展平台，打造员工和交行命运共同体，让员工依托交行实现个人成长、交行依靠员工实现企业愿景。根据业务发展需要和岗位履职要求，搭建包括入行培训、上岗培训、持续培训、证书培训等在内的全流程人才培训体系，为人才的持续成长和发展创造了良好环境。

加强队伍建设。一是大力推进专家型人才队伍建设，加快培养“70、80、90后”优秀专家人才，坚持高素质专业化导向，二是持续做强管理培训生、领航计划、英才计划、总行储备生、海外交流人才等重点人才项目，强化基层导向、实践导向，鼓励优秀青年员工到基层一线中实践和成长，三是实施专业技能型人才培养工程，着力打造“专业深、技能精、素质高”的工匠型人才队伍。

加强人才培养通道建设。交行完善“管理+专业”双序列设置上升通道，延展专业、专家职级跨度，通过“纵向晋升、横向转换、交叉兼任”等多种途径，搭建职业发展的“立交桥”，让员工在合适岗位上高质发展。

加强培训体系建设。交行遵循干部人才成长规律，根据业务发展需要和岗位履职要求，按照管理干部、专家人才、AB职等员工、新员工四大类，构建分类分层、布局合理、梯次有序的干部人才培养体系，实施“需求调研、计划制定、组织实施、效果评估”全流程管理，注重在基层实战岗位上发现和培养优秀人才，为干部人才的持续成长和发展创造良好环境。

新时期，交行将以“创造共同价值、提供最好服务”为目标，全面提升跨境跨业跨市场跨界跨线的协同服务能力，全力为中国经济高质量发展贡献“交行力量”！

（交通银行股份有限公司）

文化引领业务发展　积极服务地方经济

交通银行广东省分行（简称分行）是交行系统内规模最大的省级分行之一。分行坚持“企业文化先行引领”的发展战略，为持续保持在系统和同业的领先与竞争优势，提供了强大的精神动力和文化支撑。

坚持党建引领　确保企业文化发展方向

贯彻新时代加强党建文化宣传工作提出的新要求：“落实意识形态工作责任制，加强阵地建设和管理，注意区分政治原则问题、思想认识问题、学术观点问题，旗帜鲜明反对和抵制各种错误观点”。

*一是坚持党建引领企业文化建设。*多渠道打造党建宣传平台窗口，建设“党员之家”，成立读书会，开展专题学习，重走红军路、重温入党誓词，编制应知应会手册、搭建党建交流微信群，打造内容丰富的党建阵地；创新开展线上党员思想状况问卷调查，分行机关建立“大堂＋会议楼层＋食堂楼层＋各层活动区”的党建立体宣传体系。搭建党建宣传和企业文化资料共享平台，将分行制作的宣传画面、视频、学习资料等统一发布，各基层党组织在省分行规范化资料的基础上，结合一线工作实际，分别打造出特色化的宣传阵地；优化省分行公众号“交响粤”的党建宣传功能，通过公众号开展系列党的治国理政学习，全行党组织书记“听原声、读原文、悟原理”，通过视频、录音、摘抄等多种方式展示学习成果；向全行党务干部征集党的知识考题，通过署名调动参与出题的积极性，建立起庞大的知识题库；向广大党员员工收集学习体会，以漫画、动图等方式生动展现学习成果；把节日打造成党建文化宣传的利器，日常宣传稿“大家一起写、大家一起转”，建党日以对对联抒发爱党爱行情怀。让“交响粤”成为党员们了解党建宣传信息、进行党建知识学习的重要窗口。

*二是党建入魂带动业务发展。*分行始终把党建作为一种内生动力。行内成立多个“党员攻坚队”攻克业务困难，开展“银企共建”促进业务发展，在各部门、各经营单位设置党员先锋岗，每位党员佩戴党徽，评选先进党员、优秀党务工作者、先进党组织，通过“线上＋线下”多种渠道宣传、弘扬先进人物、事迹、精神，用真实鲜活的内容、生动感人的事例来增强宣传的感召力，充分发挥党员的先锋模范带头作用和基层组织战斗堡垒作用。“531”系统、全员全产品计价系统陆续成功上线，有党员同志带头攻坚；“百佳”、“千佳”、“星级”网点屡次榜上有名，有党员先锋岗带头创建；银政、银企、银校合作关系不断破冰深入，有党员攻坚队持续迎难而上。

*三是严把合规经营观。*党组织始终把坚守不发生系统性金融风险作为分行不可动摇的底线，坚决执行“合规先行、稳健经营”的发展战略，坚持审慎稳健的风险偏好，坚决贯彻“五个第一”，即“依法合规第一、稳健审慎第一、制度和流程第一、人的因素第一、风险文化第一”。通过完善制度建设、召开风险例会等方式，堵住“风险”的口子；举行“加强系统建设，防控安全风险”平安创建劳动竞赛，提升安保整体工作水平，打好防范化解重大金融安全风险攻坚战，推动全辖安全保卫工作再上新台阶；编发《交通银行广东省分行安保类突发事件总体应急预案》，抓好案件类、事故类、维稳类和灾害类突发事件预案演练，提升员工应急处置能力和水平，确保不发生重大安全责任事故；带领全行员工宣传学习风险文化知识，筑牢合规经营基础。

坚持围绕大局　培育卓越金融服务

坚持“分行为基层服务、中后台为前台服务、全行为客户服务”的大服务理念，形成全方位、全流程、全员化的“大服务”格局。

一是不断优化我行服务水平，努力打造“最佳服务银行”。在全行创建“五星级网点”、“千佳示范网点”和“百佳示范网点”，通过打造多个硬件、软件俱佳的网点带动全行整体服务水平的提升，设立“服务办”专职管理服务工作，通过“微笑服务”、“三声服务”等多项暖心服务使客户宾至如归。优化网点设备配套，减少客户等待和办理业务时间，提升客户体验感，以“一个交行一个客户”为经营理念，完善服务细节，改善服务质量，使客户满意度和社会美誉度不断提升，客户满意度长期居同业之首。

二是紧跟中央战略布局，积极服务地方实体经济。分行在服务实体经济和供给侧结构性改革上下功夫，把服务现代化经济体系建设作为工作的出发点和落脚点，主动融入实体经济与民生事业。倾力支持轨道交通、现代服务等领域；为粤企“走出去”提供金融方案；致力于解决中小微企业融资难题并实现“三个不低于”；回归本源、植根实体，促进经济发展质量变革、效率变革、动力变革及全要素生产率提高，在增强我国经济创新力和竞争力中，发挥国有银行支持经济发展的主力军作用，服务好实体经济；主动对接重大战略和重点项目，将金融服务的重心聚焦到提高服务实体经济质量和效率上来。

三十是持续认真落实“去产能、去库存、去杠杆、降成本、补短板”五大任务。助力供给侧结构性改革，以创新的金融产品服务、开放的金融共享平台、普惠的金融发展模式，推动金融改革创新和经济转型升级深度融合互促共进。

坚持作风建设　营造风清气正的廉洁氛围

分行坚决贯彻执行中央中央八项规定精神决策部署，强化监督、正风肃纪、惩治腐败，不断优化党内政治生态，落实全面从严治党要求，落实主体责任。通过开展“两学一做”常态化制度化建设，加强纪律和党风廉政建设；通过不断完善从严治党责任体系，建立作风建设长效机制，开展各项专项治理活动，强化监督管理；组织全体党员、干部召开警示教育大会，用身边事教育身边人，通过典型案例形成震慑，让党员干部知敬畏、存戒惧、守底线，发挥先进典型的引领作用，树立正确的价值导向，让党员、干部有示范、有榜样、有目标。在全行范围内开展廉洁宣传教育，编印合规手册，制作宣传标语，在内部网站设立“反腐倡廉”专栏供全行员工学习，不断向全行释放从严从紧的信号，不断唤醒党员干部遵守党章党规意识。培养员工诚实守信的职业操守和合规从业意识，树立业务发展与案件防控不可偏废的正确理念，使中央规定精神在全行落实生根，形成风清气正、绿色发展的廉洁文化，打造“廉洁交行”。

坚持幸福驱动　打造全行员工的幸福家园

分行通过多项管理办法、制度建设、举措实施，举办丰富多样活动，在契合员工实现自我价值的同时，有效满足员工多层次的文化需求，打造员工可感知、团队全覆盖、组织有活力的共享发展平台，构建一个全员设计、全员参与、全员分享、全员认同、全员受益的员工职业家园和成长家园文化体系。

一是落地新时代企业文化体系。通过“共创”，让想干事、能干事、干成事的员工在交行事业平台上尽显其才，为企业、客户和投资者创造价值。通过“共荣”，增强员工主人翁的自豪感和荣誉感，让员工更好履职尽责。通过“共享”，让员工分享交行改革发展成果，提高员工获得感和幸福感。通过“共发展”，打造员工和交行命运共同体，让员工依托交行实现个人成长、交行依靠员工实现企业愿景。全面深入宣传“激情、智慧＋钉子精神”、“亮剑精神”两种精神，增强广大员工文化认同、价值认同、责任认同和使命认同，实现员工个人价值与交行价值有机融合。

二是构建新时代员工福利体系。通过开展喜闻乐见的文化艺术体育活动，动静结合开展提升员工身心素养、陶冶情操的各类活动；通过举办“青年联谊活动”，为青年员工搭建交友平台；打造“书香交行”，通过配送书籍、开展朗读、读书交流活动等形式，为员工创造良好的阅读环境，愉悦身心；通过完善员工体检制度，充分发挥“健康交行”、“健康小屋”、员工重大疾病就医辅助等平台服务功能，为员工提供健康医疗服务；开展员工关爱季（月）活动，通过健康讲座等活动向员工普及健康保健知识。

三是完善新时代职业成长体系。推进人才队伍建设，构建清晰的人才发展蓝图，形成布局合理、梯次有序的人才培养体系，拓宽人才选拔方式和渠道，注重在基层实战岗位上发现和培养优秀人才，不断激发人才创新创造活力，促进优秀人才脱颖而出，使各类人才各尽其能，各展其才；畅通职业发展通道，完善职业发展相关制度建设，进一步畅通一线基础岗位晋升路径及规划路线，为默默奉献的基层员工打开职业发展道路，夯实基础管理力量；举办各类职业技能竞赛。以劳动精神、劳模精神、工匠精神为引领，组织开展好各类职业技能竞赛。以职业技能竞赛为载体，引导员工在本职岗位上、在日常工作中勤学苦练、追求卓越，成为各自领域的行家里手，把劳动竞赛打造为培育员工的课堂、提高才干的赛场、崭露头角的舞台，发现和培育一支知识型、技能型、创新型、工匠型的高素质员工队伍；明确基层行特色文化建设的指导原则：一是坚持共性与个性相结合原则。即，既体现法人文化的共性，又要突出本行特色文化的个性；二是坚持企业变革文化先行原则，努力使企业文化成为引领新时期企业改革发展的重要指南；三是坚持以人为本原则，始终将员工作为企业文化建设的主体；四是坚持领导示范原则，要求每个领导干部尤其是“一把手”自觉做企业文化的传播者、组织者、实践者；五是坚持与经营管理相结合原则，要紧紧围绕全行中心工作开展企业文化建设；六是坚持百年文化原则，正确处理好传承与发展之间的关系，既要立足当前，更要着眼长远；七是坚持整体推进原则，自觉将企业文化建设与各项工作同布置、同落实、同检查、同考核。

长期以来，分行始终坚持“文化强行”的发展战略，围绕“以文化凝聚力量，以文化引领发展”这一目标，培育、构建、践行真具有本行特色的企业文化，为企业可持续发展提供了文化支撑。

（交通银行股份有限公司广东省分行）

以人文力量用心构建幸福企业

江苏沙钢集团有限公司（以下简称沙钢）1975年靠自筹资金起家，现已拥有职工4万余名的中国最大的民营钢铁企业，连续十年进入世界500强。沙钢发展到今天，得益于改革开放的政策，离不开社会各界的关心支持，更得益于坚持以人为本的人文企业建设。

正确引导，汇聚正气，建设积极向上的阳光生态文化，打造幸福沙钢精神支柱

万物生长需要阳光，心灵滋养也需要阳光。沙钢在发展过程中积淀形成了自有特色的文化体系，结合时代的特点在不断拓展和提升文化内涵，实施全方位、多层次的企业文化培育工程，使沙钢文化精髓得到传承和发扬。公司党政工团全面开展宣传思想教育工作，大力开展企业文化教育，持续对员工进行企业文化、沙钢精神的熏陶，全方位做好正向宣传，凝聚积极向上的正能量，成功为企业发展注入强大文化精神动力。

一是注重加强对员工的常规教育。将企业文化教育贯穿于日常，对每一名新入职员工，都上好企业文化第一课，帮助他们了解沙钢厂史、发展历程；每次公司大型会议、活动，都组织开展职工宣誓、唱厂歌。“认真做事、领先一步、创新思维”是沙钢多年成功发展的经验，要求员工平常言行中须身体力行。

二是充分发挥舆论先导作用。充分利用企业内部报纸、电视、广播、微信等宣传平台，开展公司重要精神宣贯，讲企业目标任务、讲市场形势等宣传，把加强宣传发动作为推进各项工作的基础和前提；开展讲先进典型、讲企业文化等宣传，传递沙钢好声音、讲好沙钢好故事，弘扬正气，宣传工匠劳模精神。汇编《身边的感动》，记录沙钢各条线60位普通职工真实的感人事迹，展示沙钢人特别能吃苦、特别能战斗、特别能奉献的精神面貌；汇编《创新风采》收录20位奋战在生产经营一线的科技精英，用真实的事例激发广大职工干部积极投身企业发展大目标上来；还收集汇编了《钢花璀璨》《沙钢抒怀》《降本增效小故事》等书籍资料。通过这些宣传，进一步统一职工干部的思想行动，增强职工干部对企业发展成就的荣誉感，对企业发展任务的紧迫感，对企业文化建设的认同感。

三是积极发挥公司两级党政工团的力量，整合群团资源，多方联动，不断探索新时代文化建设新方法，增强文化凝聚力。以职工之家作为文化活动主阵地，通过形式多样的文体活动，把职工文化活动与提高职工素质结合起来，积极组织富有特色的文化体育活动，把思想教育同文化建设紧密结合起来，增强思想教育工作感染力与号召力。如积极响应公司深化“降本节支，创新挖潜增效”中心工作要求，组织开展贯穿全年的“降本节支、创新挖潜增效”和“沙钢精神再教育”两大系列的主题教育活动，活动涵盖了感言征集、小故事评选、主题演讲比赛、专家专题讲座、电影观后感、征集《沈文荣的钢铁梦》读后感征文等活动。

以人为本，凝聚力量，建设求实奋进的进取生态文化，打造幸福沙钢力量源泉

围绕公司中长期发展规划、年度目标和阶段中心工作，重点通过三个平台的完善建设，引导职工投身于技能比武，对标挖潜等劳动竞赛，开展群众性的科技创新活动，在全公司中形成了钻研业务、勇于创新、岗位成才的浓厚氛围。

一是搭建小改小革、“四新”应用活动申报平台。坚持骨干带头与全员参与相结合、坚持引进吸收和重视原创相结合、坚持项目过程管理和目标实效导向相结合，引导小改小革项目的组织申报方向，让全体员工更多关注降本增效，创新挖潜工作；增加评定获奖项目等级比例，提升职工的工作热情，为创造和壮

大企业竞争优势，增强抵御市场变化的能力起到促进和推动作用。每年评审小改小革近500项，创造经济效益近2亿元；累计开发超高强度系列船板钢、抗震钢筋等中高端产品860余项，创效670多亿元。

二是搭建员工技能比武活动平台。沙钢把“岗位练兵强素质，提升效率促发展”的技能比武，作为年年开展、常规性工作。在公司每届“沙钢杯”职工技能比武活动中，分厂级比赛涉及15个大工种、206个工种，参赛人员占60%；通过比武实现了岗位练兵、技术交流、素质提升。技能比武特点是逐级选拔，以赛促练、以赛促培。各层级实行先培训、后比武，先基层班组、后车间、总（分）厂，在各级培训中，围绕生产实际，采取岗位演练和操作比武紧密结合的职工培训，不仅使生产一线广大职工的岗位技能得到锻炼，岗位标准化作业水平得到提升，更帮助大批员工脱颖而出，成长成为各战线的骨干。部分优秀选手通过这个平台走上了中基层管理岗位。基层员工顾卫东，被推荐为中国工会十七大代表。

三是搭建员工公平考评的平台。每年组织开展总结评比工作，动员全员参与，使总结的过程成为梳理工作思路的过程，学习提高的过程，激发正能量，形成创新力和推动力，确保下一年度的工作思路更加清晰，方向更加明确，工作更有成效，成为企业与员工共同学习提升的文化生态。每年的职工考核、评先评优与公司内部职称评定、个人发展充分结合起来，激励广大职工争先进，赶先进，更好的提升岗位技能，提高工作能力。

四是打造高层次的创新工作平台。通过不断完善激励机制，激发广大职工参与科技创新和管理创新热情，立足岗位建功立业，为沙钢品牌增辉添色。沙钢被科技部、国资委、全国总工会联合授予“创新型企业”；转炉炼钢厂、炼铁厂各有一个班组被全国总工会授予“工人先锋号”，沙钢职工培训中心荣获全国总工会“职工教育培训示范点”称号。“钢板总厂机电液技能推广工作室”和“钢铁研究院先进钢铁材料及焊接技术研究工作室”被命名为“全国机械冶金建材系统职工创新工作室”荣誉称号等。

深化服务，抓好实事，建设和谐友爱的温暖生态文化，打造幸福沙钢美好之家

进一步深化和谐企业建设，党委和工会形成一体化职工服务体系，实施“两个关心”、“三个结合”零距离服务工作，即关心职工生活、关心职工发展；雪中送碳和锦上添花结合、普惠和重点帮扶结合、传统和创新结合，不断提升全体职工的幸福指数，努力打造和谐友爱的温暖生态文化，沙钢工会还被中华全国总工会、江苏省总工会分别授予“模范职工之家”称号。

一是群策群力，始终扎实开展好实事工程。党政工团齐心协力，始终坚持把职工实事当成重要工作来抓，全体职工每年轮流开展健康体检，为未婚青年开展专场交友会，解决外地职工住房、子女就学问题以及为低龄子女放学实施延时服务、女职工服务网格化等等。

二是心系职工，扎实开展好送温暖工程。党政工团二级组织始终坚持开展好“民情家访”走进困难职工家庭活动，为困难职工排忧解难。还组织举办婚姻知识、职工健康知识、如何与青春期子女沟通等讲座。开展夏季送温暖活动等等。

三是积极开展社会公益活动，奉献爱心。沙钢坚持开展扶贫济困、修桥铺路等公益活动，到目前，累计捐款捐物约6亿元；发起成立沙钢公益基金会，为推进社会公益事业建设贡献力量；每年联合张家港市红十字血站，组织广大干部职工开展无偿献血活动，每次都有近1000名职工参与无偿献血。其中2014年电炉炼钢厂一名同志为一名外国白血病患者成功捐献造血干细胞的事迹在社会上引起强烈反响，这份“异国髓缘”已成为沙钢又一次超越国界、意义深远的爱心大行动，演绎了沙钢人热心公益事业的铁骨柔情。

走进新时代，沙钢将围绕“建设精品基地，打造百年沙钢”的战略目标，不断完善提升企业人文建设，持续深入积极为员工提供更好、更有效、更高效的服务，增强员工、企业、社会内外部各方之间的良性互动，建设发展好幸福沙钢、和谐沙钢、人文沙钢，不断增强企业的凝聚力与向心力，壮大企业的核心竞争力。

（江苏沙钢集团有限公司）

践行“三品一精”金融文化　打造个性银行竞争优势

江苏昆山农商银行（简称农商行）植根昆山大地，沐浴吴越水土，融合区域形势，不断探索精致银行的差异化发展模式。

坚持“客户至上”的服务品质

民惟邦本，本固邦宁。农商行作为立足地方的金融机构，维系经营发展的缘由是赢得客户认可和支持。为此，农商行从客户的角度考虑最好的创造体验，从自身的服务提供好产品，创造价值。

“新貌上”再塑竞争优势。改制之初，农商行先对营业网点门面实行改造，统一标识布局，提高整体服务形象。2015 年，建立新的形象视觉识别体系（简称“VI”）、空间设计规范（简称“SI”），统一全行 VI 和 SI 标准，实施网点更新改造，并对厅堂进行客户等待区、电子银行体验区、自助设备服务区、填单区、产品宣传区、大众教育区、贵宾区等几大功能区进行了有效划分，网点呈现出“新面貌”，最大程度地让客户在享受服务的过程中舒心惬意。

“内心处”聆听客户之声。服务贵在用心。农商行重视客户之声，逐步建立“四大”工作机制，收集客户的感受、客户的反馈、客户的需求。即：建立“客户回访机制”，每月对贷款客户进行满意度回访，实现对服务的有效监督；建立“同业体验机制”，通过组建同业体验员队伍，以客户的身份到其他银行体验服务，身临其境体会客户感受，吸取同业服务优点；建立“合理化建议机制”，打造“客户之声”从网点上达总行的“直通车”，针对每一条建议有回复、有处理，帮助客户解决了实际问题，不断促进了服务能力和水平的提升；建立“分层走访机制”，针对不同层次客户，明确总行、支行不同的走访频率和要求，面对面了解客户的困难、疑问、需求，让客户真正感受到该行的重视。

“行动中”提升服务品质。服务品质决定客户体验，客户体验决定客户去留。农商行坚持“客户至上”的服务理念，加强“总行 + 支行”的服务联动，服务竞争力和执行力得到明显提升。自 2017 年以来，手机银行签约客户在全省农商行系统名列前茅。

打造“责无旁贷”的普惠文化

服务地方经济，是银行业应尽之责。农商行以“服务三农、服务小微、服务居民”为己任，围绕“惠众”理念，做好“三惠”：惠农、惠小、惠民。

不忘初心，“惠农”方式不断创新。因农而生、随农而变、为农转型、助农富强，作为昆山人自己的银行，农商行时刻不忘自己的担当。改制初，农商行就组织 20 多个调查小组，深入农村、农户家中，开展农户和种养业信贷需求的调查，对当地有服务需求的农户建立经济档案。2005 年推出农民创业贷款这一支农新举措，成为昆山市经济社会发展中的一个亮点工程；近五年帮助一大批家庭走上创业致富之路。

牢记使命，“惠小”力度持续增加。在组织架构上，2010 年成立专门的小额贷款服务中心，以浓厚的本土情感和扎实的群众基础，运用扫街、上门、进村入社区等方式，发挥管理半径小、层级少、决策效率快、市场反应灵敏、服务模式简单等机制优势，让“亲民”形象更具吸引力。在贷款结构上，以“抓小、抓散”为贷款营销导向，细分市场，与各大乡镇、部委办局加强联系沟通，收集分析客户信息，大力发展个人经营性贷款、消费类贷款。在产品建设上，注重从企业横向联系与产业链纵向关系上，陆续推出仓单质押、应收账款质押等产品，为广大中小微客户拓宽融资渠道，逐步形成较为完善的贷款产品体系。与微众银行合作“微粒贷”项目，实现普惠金融的线上化。

担起责任，“惠民”平台逐步完善。农商行致力于回报社会，搭建便捷高效的服务平台，把提升昆山老百姓的生活质量摆在首位。围绕“全新市民卡”重点做文章，打造集金融、交通、借阅图书、看病、缴纳水电费、燃气费、话费等生活费用等功能于一体的市民卡，惠及当地百姓；建立“银校通”线上服务平台，全市141所学校加入平台，实现了30余万家长在手机上能为孩子交学费等，在全市35家医疗机构铺设297台“银医通”自助挂号缴费机，方便市民就医看病。

打造“共同成长”的人本文化

农商行强调企业的业务经营和文化建设同发展，打造昂扬向上、奋发有为的“精融人”文化队伍。

文化引导战略，打造精融团队。转型发展离不开人才建设实战市场。农商行按照“融商惠众，精融至品”的使命，“打造有品质、有品位、有品牌的精致银行”愿景，实施“人才强行”战略，坚持用人唯贤，不断健全员工招聘、选拔、晋升机制，实现“能者上、庸者下”；建设网络学院，成立企业大学，强化人才培养体系建设；实行员工等级管理，疏通员工职业发展通道。

文化外塑形象，打造爱心团队。农商行人明晰：成就离不开客户的支持、百姓的认同。因此，坚持取之于社会，用之于社会，积极开展各类慈善公益活动，真情回馈社会。每年开展扶贫帮困、捐款助学等活动。成立爱心小组，定期看望孤儿院、养老院孤儿孤老。建立“心·行”志愿者团队，员工自行组织开展图书馆义工、交通执勤、公共自行车摆放等活动，为建设文明社会贡献自己绵薄之力。

文化内聚人心，打造激情团队。农商行长期致力于成为一家让员工安心、员工生活有品位的优秀雇主，让员工在农商行找到成就事业的动力和家园的温馨感。在企业愿景中明确强调员工品位，表达农商行对员工生活品位、职业素养和氛围环境的关注；从员工诉求出发，为员工提供丰富的文化传播渠道和文化活动。

建设“一刊一微一集一馆一墙”即“精融”行刊。农商行巧用微信订阅号、文化案例分享集、文化展览馆等员工文化互动阵地，开展新员工入职宣誓仪式、老员工受勋仪式等，让员工融入氛围，感受集体关爱。提供阅读共享区供员工自主表达和抒发自我，组建舞蹈、足球等多彩多样的员工社团，修建员工健身娱乐的休闲区，鼓励员工积极参与、表达自我、释放压力，评选董事长特别奖“十大精融人”奖争先进、树标杆，学典范，取得良好效果。

打造“创新求精”的经营文化

农商行围绕“打造一流的、精致的商业银行经营管理模型”奋斗目标，推进“五大创新求精工程”，迎来新气象，带来新发展。

“公司治理”创新求精工程。按照现代企业制度要求，建立股东大会、董事会、监事会和高级管理层“三会一层”的组织架构，持续强化职责运作和沟通，形成较完善的“权责分明、合理有效”的公司治理体系。立足开放型发展战略，以上市银行标准“锻造”自己，通过上市制度规范，中介机构合作，市场有效监督，不断完善公司治理。

“流程银行”创新求精工程。管理出效益，流程出品质。围绕前中后台的架构思路，横向细化分工，纵向合理授权，增设或调整部门，逐步完善组织架构，构建比较合理的管理体系。2012年始，联合苏南8家农商行，积极推进新资本协议，包括非零售评级项目建设；2014年，调整中后台架构，实现授信审批和贷后管理的有效分离等，建立集中授权中心、集中作业中心、集中放款中心、招标中心，进一步增强流程管控的有效性；2016年，引入“精益六西格玛”管理工具，加强对招标采购、企业网银开户等流程的优化，为全行稳健可持续发展提供保障。

“风险防控”创新求精工程。面对经营环境、市场结构和发展模式的深刻变化，农商行坚持“稳”字当头，将风险防控作为首要工作来抓。自2014年初以来，共清收处置不良及瑕疵贷款近45亿元；作为风险重灾板块的担保公司担保贷款，累计下降近33亿元，有效扭转信贷风险严峻局面。

“党的建设”创新求精工程。农商行始终坚持在党的组织建设、制度建设和作风建设上求真务实。将“加强党的建设”写入公司章程，突出党的领导地位；落实“党员先进性教育”“党的群众路线教育实践”“三严三实”“两学一做”等主题教育经常化、制度化要求，将党建和经营管理有效融合，以党建统筹共建的方式，加强基层支行党支部与地方支部、社区支部的沟通和交流，促进金融服务的深化，实现了党建工作与业务经营“两手抓、双促进”。

农商行“三品一精”的文化实践，体现了农商行人对银行可持续发展的系统思考，通过品质、品位和品牌全方位持续打造，也使农商行在中小地方银行差异化竞争中显现出优势。

（江苏昆山农村商业银行股份有限公司）

打造新时代特色文化　引领企业高质量发展

江苏省连云港市烟草专卖局（简称连云港烟草）成立于1983年，随着不断改革发展，企业文化建设从自发逐渐走向自觉自信，秉承江苏烟草“同心”文化精髓，和“两个至上”行业共同价值观，形成了以“远航同心”为形象品牌，以“事业至上、规则同行、和衷共济、开放务实”为企业愿景，以“大局、担当、合作、表率”为企业精神，底蕴深厚、体系完备、独具特色的框架体系，有效发挥文化管理作用，持续推动三个文明建设取得丰硕成果。

坚持与时俱进，不断优化特色文化系统

连云港烟草着力于丰富文化内容，提升文化内涵，以党建品牌为抓手，加强党建领航，项目化实施推进企业文化建设工作，有效塑造发展目标明确、行为素养高尚、富有活力和责任意识强的卓越团队，构建健康快乐、积极向上的和谐内部环境和关心、理解、支持烟草行业发展的和谐社会环境。

一是融合打造“一个品牌”。打造“一县一优”、“一部一特”党建工作品牌，深化“一个支部一个堡垒，一名党员一面旗帜”理念，充分发挥党支部的战斗堡垒作用和党员的先锋模范作用，实现党对一切工作的领导，营造内外部和谐环境，推动企业发展转型升级。

二是积极推动“四维创优”。坚持项目化实施，着力推动“一县一优”、“一部一特”创优落地，实现党的建设、文化建设、工会群团和精神文明建设工作“四维创优”。如：实施“一县一优”。所属四个县（区）局分别着力在党的建设、文化建设、工会群团和精神文明建设等方面的工作，落细落小，做精做优，各显优势，成为标杆。

三是大力弘扬“四种精神”。通过连烟讲堂、企业门户、宣传栏等载体和媒介，大力弘扬“大局、担当、合作、表率”四种精神，在全市烟草系统营造浓厚的“赶超”氛围。弘扬大局精神，坚持一切在大局下思考、一切在大局下行动，思维角度、做事方式从整体、全局出发对事件、任务进行综合考量和谋划，紧跟大局、服务大局、贡献大局。弘扬担当精神，强调干部员工要有更多担当、更多奉献，遇事不能瞻前顾后、绕道侧行，更不能推诿扯皮、敷衍了事，干事创业敢于担当，坚定不移干。弘扬合作精神，高度重视内部团队建设，既需要内部员工团队协作，也需要外部力量鼎力支持，以实现合作共赢目标，推动企业高质量发展。弘扬表率精神，发挥“头雁”效应和“雁鸣”作用，特别发挥“领导干部”的带头示范作用，一级带着一级干，一级做给一级看，并发扬“雁阵”精神，共同进步、共同成长。

坚持载体创新，不断优化文化传播平台

连云港烟草注重多维度活动载体建设，进一步优化宣贯、育化、服务、责任“四个平台”，以载体创新、平台优化推动企业文化建设。

一是优化“连烟讲堂”宣贯平台建设。促进“连烟讲堂”构建为优化提升，推进深化“连烟讲堂”宣贯。在内容上，突出习近平新时代中国特色社会主义思想、十九大以来的高层精神、行业发展战略和市局（公司）新发展思路及弘扬“四种精神”、提升基层团队素质能力等方面。在形式上，体现灵活开放精神，探索引入文艺、科技、互联网+等形式，形成干部员工喜闻乐见、生动活泼的新形式。在推动上，落实“多层双线”推动，市局和县（区）局、条线、支部、班组分别组织开展“连烟讲堂”专题活动。

二是优化“团队文化”育化平台建设。进一步落实《“学习型”团队建设标准化手册》，推进市、县

（区）局文化中心功能提升建设，完善落实管理制度，提升服务员工、服务客户水平；深入落实基层团队“五有”（有名称、有理念、有内涵、有图版、有活力）标准化基础建设。制定落实《年度教育培训计划》，完善和提升员工读书阅览室建设。开展“读书日”“读书会”“读书沙龙”等读书交流活动。

三是优化“客户体验”服务平台建设。进一步提升市、县（区）局文化中心基本功能，完善制度，落实管理，为条线、部门更好地组织员工、客户和消费者，开展学习、交流和体验提供平台。充分应用企业文化、客户体验、党性培育中心基本功能，组织开展读书交流会、青年沙龙、新品推介会、座谈会等工、商、零沟通交流活动。

四是优化“远航同心”责任平台建设。大力推进责任烟草建设，扎实落实《企业民主管理条例》，推动企业民主管理和服务员工不断取得新质效。完善落实工会工作制度体系，维护职工参与企业民主管理权利；完善落实《工会经费管理规定》，实施全面预算管理，落实困难职工救助，救助面达100%。

坚持基层落地，不断优化团队学习文化

连云港烟草坚持促进企业文化落地生根的落脚点在一线基层的原则，以着力抓好“学习型”文化建设为重点，积极构建“三维三层”大教育格局，深入开展团队“思”、“学”、“悟”、“习”实践，努力实现“工作学习化、学习工作化”，炼造为实现共同目标主动求变的团队特质，让学习称为习惯，全面提升团队学习力、执行力、创新力。

一是落实班组标准化基础建设。班组是“学习型”企业建设的关键团队和落脚点。积极加强有形、有文、有矩、有序“四有”班组建设。即有形：班组有必需的办公、学习、健身、生活等场所和设施，展示图版规范统一，装饰布置协调、洁净、雅致。有文：班组有目标愿景、行为准则等完善的特色鲜明的文化体系，且为员工认同；有矩：班组有较完善的管理、工作和学习制度、流程。有序：班组日常现场（7S）管理、制度流程执行良好，令行禁止，团队综合素养优良。

二是深化完善载体规范化建设。按照项目化运作、品牌化塑造，建立“精益大讲堂”——条线、班组和业务、专题系列讲堂，企业保障财力、组织需求，条线发挥组织作用，坚持计划性和日常性相结合，开展实践和创新交流、故事会、辩论会（沙龙）等系列活动，为员工拓展学习、加强交流、共同提高搭建平台。

三是培育团队“思学悟习”能力。把培育和提升团队“思、学、悟、习”四种能力，作为“学习型”企业建设实践的重点，在条线、班组等团队内部，营造“人人为我师，以同事为师，以标杆为师、以问题为师”和“在团队中学习、在互动中学习、在思考中学习”的互学、互敬氛围。通过班组早（晚）会等形式，开展日常性的读书心得、工作感悟、身边感动等团队分享活动；开展“一进一高”（每天进步一点、提高一点）、“人人为师”活动等，培育员工学习转化、技能提升能力，培养团队共同学习习惯，克服知与行的障碍，增强自信、活力、激情、融合力。

四是提升基层班组长执行能力。重点围绕精益管理和PDCA应用，开展现场管理、执行管控、团队建设、自我管理、评价激励等8个方面能力培育，提高各级班组长和管理岗位员工的管理力、执行力、创新力。不断提升一线员工素养和技能。有计划地组织一线员工，开展共同价值观、行为规范等脱产轮训，提升行为素养，增强行为自觉；细分岗位、贴近实务，发挥内训师作用，开展职业技能操作（现场）培训，提高各岗位员工的操作技能和创新能力。

（江苏省连云港市烟草专卖局）

构建南极特色的幸福文化新体系

江苏南极机械有限责任公司（简称“南极公司”）创建于1968年，是专业从事舰、船装备制造的生产企业，现已成为国家火炬计划重点高新技术企业、江苏省高新技术企业、全国环保百强企业。“南极”牌产品常年供应各大、中型船厂以及南极长城站、中山站、“极地号”考察船、远望号测量船、赴索马里护航编队和“辽宁”号航空母舰等重点船舶和工程，并配套出口到美国、俄罗斯、希腊、日本、新加坡等20多个国家和地区。在发展中，南极公司不断探索企业先进管理模式，特别是构建了以“幸福”文化为载体的文化品牌，其个性突出，效果明显，聚集了强大的正能量，展示了企业核心价值观。

从心出发，构建南极特色文化

南极公司创办初期，是为了解决当时泰兴县渔业社劳动力转移和渔民温饱问题而创办的工厂，当时属于大集体企业。创业初期无数的困苦、磨难、委屈乃至无望形成的困境不期而来。公司负责人及时确定发展思路：坚持党的领导，坚持企业核心价值观，迈开自己的腿，走自己的路——深植环保领域，服务国防事业。坚持“稳步发展、稳中求进”发展方针。围绕：“稳、精、强、大”四大目标。让“团结、勤奋、开拓、创新”作为全体员工精神追求，让“追求利润、但不唯利是图，勇于竞争、但不伤天害理，等价交换、但不斤斤计较”作为经商三原则。自主研发产品，打入南极洲，申报“南极商标”，接轨国际市场，从而为构建南极特色的企业文化打好基础。

从1988开始，企业注重于主产品WCB系列污水处理装置的研制，1989一次性通过了江苏省机械工业厅的鉴定审核验收．公司随即向国家商标局申报了“南极”商标，自此，一个响亮的中国“南极”品牌被点亮，不仅在国内产生影响，而且聚焦世界的目光。

1990年，中国南极考察站配套了南极公司生产的两套WCB——60型生活污水处理装置，有效保护了南极洲的生态环境，也换来众多国家站和赴南极洲观光旅游的国际友人赞评。

精准发力，构建南极幸福文化

1998年，南极公司率先进行企业改制，成为民营股份制企业。在市场竞争加剧的大背景下，困难与挑战步步逼进。南极公司经过全面调研认为：最好的企业不是利润最大化，而是幸福最大化。所以，南极公司坚持精准定位“幸福文化”，即：以文化经营人心，按照“团结友爱、快乐工作、共同富裕、共同发展、健康长寿、受人尊敬”6大标准，向着幸福的目标不断进取，努力实现每个员工和家庭幸福的梦想。

幸福不是苍天恩赐，必须付出辛勤的劳动。2010年以来，南极公司倾力打造幸福企业。技术团队聚焦世界尖端水平，对照《国际标准》和《国际公约》，发挥工匠精神和劳模精神，致力于科技开发和产品创新，侧重根据产品生命周期理论，不断开发新产品，先后对船舶生活污水处理装置产品进行了多次技术升级。如今，产品已发展到第六代，达到国内外先进水平，获得美国海岸警卫队USCG和欧盟EC证书，被列为国家高新技术扶持项目和江苏省科技成果转化专项资金项目。

2015年，南极公司组织研发了第六代产品——WCMBR（B十G）型生活污水处理装置，产品设计符合国际公约最高标准脱氮除磷的要求，并适用于波罗的海地区客船使用，在国内第一家通过中国船级社的CCS型式认可。

军工文化是南极企业文化的重要组成部分。将军工文化的核心理念渗透到军品生产流程。围绕“军民融合、协同发展、和谐共赢”的发展目标，将研发、科技、制造、销售、服务、安全等管理环节进行优化调整，侧重推行以人为本的军品质量管理，在员工队伍中倡导军人意志、提升军人气质、培养军人精神，体现军工作风，强化军工责任，服务国家战略，不断锤炼员工的敬业爱国之心。抗洪救灾，南极人责无旁贷，在一个月不到的时间内完成三个多月的工作量，将研发的医疗模块由船用改为民用，在功能模块线路上进行调整、在技术工艺上进行创新、在材料选择上进行把关，成功组建陆上野战医院，参加抗洪抢险，为抢救人民的生命财产作出特别贡献，受到国家经济动员办公室表彰。

2015 年 6 月，南极公司获悉：船舶某动力设备受国外技术的卡压，提出了需要国产化配件。为了让国产产品替代进口，南极公司派员两上北京、四下武汉申请研发，并用最短的时间，拿出了研制方案，经过专题评审委员会评审后，经过 8 个月夜以继日的奋战，终于奇迹般一次性通过了鉴定。填补了国内空白，完全可以替代进口，为国防建设作出了积极贡献。

2016 年，工业和信息化部、国防科工局、全国工商联联合举办（首届）中国军民两用技术创新应用大赛，南极公司自主研发的“倪氏压载水管理系统”独树一帜，获得首届军民两用技术创新应用大赛金奖，这是全国海洋工程装备和高技术船舶领域唯一的金奖。通过构建幸福文化载体，南极公司的综合实力进一步增强。据微机信息统计：南极公司船用治污产品销量世界第一。

对员工真情、真心、真爱。南极公司推行工资集体协商制度，努力解决员工最关心、最直接的利益问题，确保员工工资与企业发展同步增长。经过连续几年的工资调整，现今的南极公司员工月收入已达到地区同行业最高水平。南极公司公开承诺：对员工的现在负责，对员工的将来负责，对员工的家庭负责。无论企业面临多大的压力和挑战，决不会辞退一名员工，决不会将任何一个员工推向社会不管。并做到每年为员工办 20 件实事、好事。其中关爱行动是平安的保障，培训机制是成长成才的沃土，“知音卡”是心灵沟通的桥梁，“职工之家”是温馨的港湾，业余生活成为员工施展才艺的舞台。企业董事会把员工健康作为第一件大事抓，把员工平安作为加大投入的大事抓，把提高员工生活质量作为提升幸福指数的大事抓。同时承诺：对退休员工的关爱一如既往，家中有什么困难，尽最大努力解决，让所有南极人分享发展的成果。

如今的南极公司，90% 的年轻员工在城市购买了商品房，95% 的 40 岁以下的员工实现了“轿车梦”，广大员工在南极公司感受着集体大家庭温暖，凝聚了创建幸福企业的精气神，焕发了创建幸福家园的心智力。

习总书记指出：“只有富有爱心的财富才是最有意义的财富，只有承担社会责任的企业才是最有竞争力和生命力的企业。”南极人明晰：民营企业是社会的重要成员，其决策和活动无时无刻不在影响着经济和社会的环境，在实现自身发展的过程中，要更好地回馈利益相关方和整个社会。这是时代的要求，也是企业的责任。因此，在经济新常态下，南极公司除了创新驱动谋发展以外，积极支援地方建设和扶贫帮困工作，多次捐款捐物为政府排忧解难。多年来，南极公司一直成为泰兴市“明星慈善企业”和“黄金纳税大户”。在企业的四次创业中，当地政府和人民也给予南极公司多方位支持，使得企业与政府之间的关系更加融洽、更加和谐，为构建幸福企业提供了有力保障。

青蓝工程，传承幸福南极百年奋斗目标

传承幸福南极百年目标。近几年，南极公司推出了“青蓝工程”实施计划。具体措施分三步走——激情成长、从容成熟、淡定传承，从感性引领走向理性回归。主要方法是：让年轻管理者到一线历练、给他们压担子、教他们学管理、扶上马再送一程。董事会已经改选了 6 次，前任传给后任的不仅是企业的物质财富，更重要的是精神财富。企业负责人“传承”不是针对一个人，而是整个团队和全体员工。在用人问题上坚持有德有才提拔重用，有德无才培养使用，有才无德谨慎使用，无才无德坚决不用。公司要求所有员工，传承而不守旧，坚守而不保守，创新而不蛮干，以服务诠释责任，以实绩书写辉煌。坚持绿色

发展不动摇，坚持稳中求进不动摇，坚持改革创新不动摇，坚持军民融合不动摇、坚持企业文化不动摇，坚信幸福都是奋斗出来的！

传承红色基因，敲响“新长征”战鼓。为让传承幸福百年企业落到实处，南极公司在青蓝工程上早谋划早投资，新建“南极机械党建馆”，为企业广大党员、干部、职工搭建了强基固本、充“氧”补“钙”的素质教育平台，引领南极员工同心同德面向未来50年发展目标拼搏、进取。通过开展党建馆开馆仪式和建厂庆典、启动“青蓝工程”等活动，激发了南极公司全体员工的工作积极性，赢得社会各界赞誉，中央电视台已多次录制和播放《幸福南极机械》的专题片，国内各大主流媒体也竞相报道南极幸福文化体系的成功经验和创新成果。

（江苏南极机械有限责任公司）

培育“信成文化” 推进强企战略落地

江苏信成交通工程有限公司（以下简称“信成公司”）创建于1977年1月，是长三角地区从事公路、航道、桥梁、市政工程总承包施工企业，拥有国家交通工程和市政工程施工总承包二级资质。

确立文化强企战略

本着“诚于信、敏于行”的企业经营理念，信成公司重视企业文化建设工作。2012年以来，通过企业文化理论培训和专业学习，公司上下形成共识，打造幸福企业，提高全员素质，是知识形态的生产力转化为物质形态生产力的源泉。同时，制定了《企业文化建设实施纲要》和《幸福文化手册》，在完善内部管理机制的基础上，确立了“信成公司文化强企战略”即：以企业文化融入经营管理，弘扬企业精神，塑造企业灵魂，增强企业核心竞争力。

实施文化强企战略着力于三大举措：一是建立企业文化建设领导小组，由信成公司董事长任组长，副总经理任副组长，各部室和项目部负责人任领导小组成员，整个企业文化考核工作由分管副组长负责，组长把关；二是营造幸福企业特色的信成文化新氛围，从员工的幸福观入手，组织召开文化强企战略座谈会，进行“我为幸福企业献一策”思想交流，通过民主讨论，集思广益，增强员工对信成文化融入发展战略的认知；三是充分弘扬企业精神。将“团结、拼搏、诚信、创新”列为企业精神，要求各部室、施工项目部在日常工作中，将企业精神贯穿到生产流程，激发基层员工主人公意识，保质保量完成各项生产指标和经济指标。

培育与实施信成幸福文化

信成公司把打造幸福企业作为追求目标，培育和实施了以文化强企战略为主导的幸福文化载体，侧重通过专题讲座和专业培训，加大幸福企业的宣贯力度，加快创建幸福企业步伐。通过开展形式多样的企业文化建设活动，使得全体员工形成共识：幸福是奋斗出来的。承建“泰兴大桥”工程期间，员工们深知：这是一项城市形象工程，需要建成巴塞罗那奥运会展现的桥型，员工为能承担这样的工程而自豪，施工人员也为打造幸福企业的理想得到升华。面对大雪封路，运输车无法运送物资的困境，项目部全体人员自发性拿出工具冲向路面，一瞬间铁锹与冻土撞击，雪花与汗水交融，其劳动场面焕发出施工团队特别能战斗的精神。经过13个月的艰苦奋战，这座造价为6100万元的立交桥项目如期竣工，谱写了泰州交通史上一曲奉献者之歌。

将幸福文化与生产经营有机结合。信成公司进一步深化内部改革，由过去的“大锅饭”改变为“责任灶”，过去的“小工程”改变为“统筹包”，过去的施工技术改进为集成化智慧工艺。尤其是通过采用“互联网+设计信息化+机械操作工艺，承揽了一大批交通建设工程，打造了沪宁、宁通、宁靖盐、淮江、广靖、杭徽、沿江、泰常及浙江杭嘉湖疏峻工程等重点样板项目，为构建幸福企业夯实了发展基础。

安全文化为强企战略提供保障

信成公司注重安全文化的培育与运用，企业文化领导小组要求各项目部和施工队将安全文化作为文化强企的生命线。

加强安全文化学习和培训。除了定期组织员工们学习《安全生产法》、《安全生产强制性标准》等法律法规以外，还制定了11个工种的企业安全生产操作规程，举办了16期安全教育培训班，杜绝盲目指挥和违章施工现象。

认真落实安全文化和防范措施。在承建公路和桥梁工程施工过程中，从“三感”教育入手，将安全文化理念灌输到基层班组。一是要求每个员工树立创建样板的光荣感、责任感和使命感，鼓足干劲，精心施工；二是利用工余时间，邀请技术专家到生产现场传授安全防范知识和风险识别技巧，三是开展“1+3”互助活动，按照安全操作和施工进度进行公开考核，在安全设施，安全保障等七个方面获得高分者将在季度表彰会上批红戴花，接受表彰。

安全文化与科技协同推进。信成公司的所有科技人员，包括工程师、一二级建造师均做到将安全文化知识渗透到工作实践之中，确保每相工程安全无事故。

幸福文化在创先争优中发挥引领作用

幸福文化融入交通工程施工是企业发展大计。信成公司自改制后始终把幸福文化理念贯穿到质量创优项目，在承接每一项路桥工程后的第一件工作，就是组织项目负责人对工程质量要求进行分析和专业技术配置，在开工后通过班前短会将《工程质量监管细则》传达到每个施工人员，让每个员工对每道生产工序、施工细节的质量指标胸有成竹，按图施工。分管质量文化的项目经理，除了经常宣传专项技术标准以外，做到对每天的质量检查有记录，有月度总结，年度评比。作业班组长同样按工程质量要求和施工进度，进行现场质检，质检流程从机械设备的使用与维护，项目部件的钢筋笼、混凝土垂直度、保护层及预埋件等各个环节。信成公司有许多承建的工程项目都是从当地人文风情角度，按照历史沿革、文化渊源、建筑美学的要求建设，使其成为优质样板工程，各分公司涌现出40多名“创新标兵”和30多名“技术能手”，他们均在培育幸福文化实践中发挥出“排头兵”作用。特别是优秀项目经理已成为幸福文化的引领者，他们为信成公司打造幸福企业增添了强劲的活力

文化强企战略促进六项机制一体化

2012年至今，信成公司通过落实《企业文化实施纲要》，催生了以文化强企战略为目标的安全文化、质量文化、道德文化、员工文化，班组文化新载体，并通过文化管理促进了“六项机制一体化”，即：项目经理责任制、项目招标制、项目安全检查制、项目质量验收、项目人才预备制和项目党建考核制。“一体化”即：统一规划、统一管理、统一流程。值得一提的是，信成公司在落实人才预备制中，注重企业内部选拔人才和外部引进人才。将一批思想政治觉悟高、懂得经营管理的专业人才和技术骨干进行内培和送培，再通过基层锻炼和组织考核合格后，充实到管理岗位或领导班子任职，如今，信成公司已先后与南京交通职业技术学院、泰州高等职校等院校合作，建立了学生实习基地，并根据专业人才的双向选择，将有志向立足信成公司的人才安排到适当的岗位，让他们发挥自身特长，展现青春才华。

信成公司党组织把打造幸福企业的追求目标渗透到项目党建考核制，要求每个党员树立“我为工程多贡献”的使命感，充分发挥党员先锋模范作用，积极把创建“平安工地”和“样板工程”列入党小组中心工作，带头执行“一岗双责”，既要完成自己的份内工作，又要带好身边的人创先争优，配合企业文化领导小组抓好政治学习和技术创新、业务开拓和增收节支等工作。由于项目党建工作卓有成效，使得“支部建在项目上，党旗插在工地上”的创新做法广受好评，已成为长三角地区交通工程施工经验交流的亮点。

幸福文化助推工程建设信誉提升

公司注重于幸福最大化经营理念，即使在企业经济处于下行的困难时期，也不把一个员工推向社会不管，做到不辞退一个员工，不放弃一个中层以上干部的培养，形成幸福企业同创共建的运营格局，也激发

全体员工敬业爱岗、努力进取的精神理念，并以实际行动投入施工一线。通过文化强企战略的实施和管理创新多措并举，信成公司已成长三角地区同类企业中“项目最多、效益最好、纳税最多”的民营企业。

让员工分享幸福企业发展成果

企业经济效益稳步增长，为打造幸福企业提供了丰厚的经济物质保障。信成公司为了提升员工幸福指数，让员工分享企业发展成果，实行了工资集体协商制，着力解决员工最关切的收益问题。近几年，公司员工的工资以每年20%以上的增幅调整，项目科技人才和承包负责人的年薪比五年前翻了一番，达到苏中地区同类企业最高水平。

此外，信成公司把员工的健康作为幸福企业的重要大事，除了为全员办理了规定的社会保险外，还为施工人员办理意外伤害等险种，并专门为员工大病住院或子女入学等事项设立了救助基金，员工家庭遇到特殊困难，也得到企业捐助。

信成公司的所有员工家庭大多数购买了轿车，拥有了新的住房，企业“员工之家”硬件设施和文体设施、综合大楼已经建成。在职员工除了拥有和谐而幸福的工作生活环境外，还享受外出旅游机会，其幸福指数不断提升，多次受到地方政府表彰。

（江苏信成交通工程有限公司）

打造特色企业文化体系　构建幸福红运

红运集团是2000年成立的一家现代化、综合性企业集团。投资产业涉及物流、旅游度假、星级酒店、汽车4S店、地产开发、建设工程、传媒广告、工业、金融投资、农业、矿产及冶炼等多行业，多领域。红运集团构建了符合时代要求，符合红运实际，满足员工需求的特色企业文化体系，实现了企业经营业绩一流，取得了极高的员工满意度，幸福之光在红运集团绽放。

践行企业价值观，为幸福红运领航

价值观指引。红运针对企业的发展的不同阶段，从初创期、发展期、成熟期、转型期等，提出了“艰苦奋斗　吃苦耐劳”的创业论、“认清得失，相信因果”的因果论、“管理及效益的绝对值”的辩证论、“监管、服务、宽放、严惩”的管放论、“多绸缪，勿用尽；上等愿，下等福；高处立，平处坐；宽待人，严律已。”的24字箴言论。

价值观落地。为了让管理思想入口、入心，落实到行动上，反映到经营业绩当中，公司采取将“24字箴言”做成牌匾悬挂在集团总部和各个公司的显著位置加强宣贯，召开落实企业价值观思想交流会大家互相学习，撰写学习企业核心价值观心得体会自我提高，召开全体员工演讲比赛自我学习，把“24字箴言”编排成诗朗诵利用集团联欢会的大舞台等多钟方式来宣传推广企业价值观，使全体红运人思想统一的到集团的安排部署上，在做人上达到光明磊落、堂堂正正，做事上尽职履职、兢兢业业。

建立现代企业制度，为幸福红运护航

打造团队。在企业价值观的指引下，红运建立了一套完整的现代企业制度，摆脱民营企业家族管理的短板，做到目标明确、锲而不舍；分工协作、听从指挥；百折不挠、勇往直前。

落实董事会领导下的总经理负责制。实行“块状发展、条形管理、条块结合”的管理模式。激发各个经营单位的自主性和活力，充分激发各个经营单位的创造性和进取意识增强，保证单位的经济效益和员工的收入同比例增长，运用按绩取酬，目标管理等现代企业管理工具，为红运更大发展、更快发展提供了动力。

采用现代信息技术。运用各类经营管理信息系统，开展工作，规避人为因素，一切让数据说话。做到客观、公正、透明、人性。这些技术的运用，使红运的多元化经营和走出去战略得到了有效的拓展，并取得了很好的成绩。

党建与经营双促进，为幸福红运加油

交叉任职。2004年成立党委以来，以党建带动企业文化建设。党委委员，分别担任所在集团的董事长或总经理，党委下设总支部和支部，支部书记、委员，全部是所在公司的行政负责人，在党员中培养选拔生产经营骨干，把经营骨干发展成为党员，党员骨干在集团的经营管理中已成为中坚力量，红运集团中层以上干部全部是党员。这样的体系构建，为党建工作融入经营管理提供了平台，为党建工作有针对性的开展各项工作，提升经营业绩的提供了条件。实现了双向融合发展，严丝合缝，使党建工作的方向性和指引性，和经营工作的目的性和获利性有机统一。

党员发挥作用。企业党员队伍的壮大、党员整体素质的提升、党员骨干作用的发挥，党员干部充分发挥先锋模范带头作用，都能做到“平时看得出，关键时站得出，危难时豁得出”！为企业转型升级和健康快速发展，提供了强有力的人才保证和智力支持。

丰富各种活动，为幸福红运锤炼凝聚力

员工是企业的未来，更是企业发展的主力军，集团以“红运再出发”、春游、拓展训练、技能大赛、知识竞赛等载体开展各类活动，加强企业文化宣传，凝聚意志，统一思想，给员工物质激励的同时，也给他们提供精神文化方面的培养教育，让他们身心健康成长，增强归属感。

考察学习增才干。组织优秀员工到美国、欧洲、东南亚等地旅游学习开眼界，组织党员到井冈山学习艰苦奋斗的革命精神，组织青年干部到丹东大梨树学习“干”字精神，使我们深刻领会了“苦干、实干、巧干”等精神实质。“七一”组织青年党员干部职工在山海广场举办“庆党建 红运情”晚会、沙滩拔河万人呐喊，海边捡拾垃圾的爱心之举等，为二次创业提供精神动力。

关爱企业员工，为幸福红运增强归属感

向困难的职工开展帮扶活动。帮扶活动分为日常重大疾病、自然灾害帮扶和重大节日（如春节等）帮扶慰问。

走访慰问一线职工。有的青年职工，在生产建设一线，环境艰苦、工作辛劳，他们需要特别的关爱，关心。公司在重大节日及严寒酷暑季节走访慰问一线职工，为他们送去集团的祝福和劳保用品、保暖用品和降暑用品。春节前夕，向红运物业公司的青年职工送去了米、面、油等生活用品。

组织青年女职工开展“两癌”筛查。用实际行动向员工诠释“家”的温暖，建立归宿感。

建设员工活动室和员工书屋。为职工提供了休闲、交流、交友、释放压力的活动场所。员工书屋的书籍涵盖政治、文学、历史、科技、人工智能、互联网、法律、经济、管理等，为职工创建学习空间，让青年职工积极“充电”，使他们跟上社会和企业的发展步伐，更好的提高素质，实现理想。

保护员工合法权益，为幸福红运注入发展后劲

让员工有知情权。集团重大安排、重大活动、重大事项，通过“云之家”向全员通告。

让员工有建议权。开设董事长信箱及微信群。为青年搭建和企业出资人的沟通的渠道。为职工建言献策搭建渠道，设立奖励基金5万余元。为红运集团的“二次创业”提供精神动力和智力支持。

让员工有保障权。保证员工“五险”应保尽保，工资不押不扣，按绩效发放奖励，按业绩晋级加薪。

承担企业社会责任，彰显幸福红运的家国情怀

创立红运“温心工程。”该工程是红运冠名捐赠，鲅鱼圈区慈善总会组织实施，定向使用在地区先天性心脏病儿童的救助治疗上，项目期限10年，总基金1000万。

回报社会。在过去的10年间，红运帮扶社会公益事业、慈善救助累计达到1000余万元。

脱贫攻坚，助力乡村振兴。为大石桥市黄土岭镇白家村，投资100多万兴建空巢老人之家、留守儿童之家、建设红运白家村山野菜示范园；为鲅鱼圈区杨屯村，投资70多万为村民们修村路并安装50盏路灯。定点包扶贫困户。每年春节前夕斗都走访慰问该村贫困家庭。

为盖州市达子堡村修村路1万米，架设桥梁1座。打通了村民进城务工的通道和村民种植苹果等农产品进城销售的通道。

可以说，红运特色企业文化体系打造出的幸福红运是企业的发展之魂。它是以企业核心价值观为统领开展各项工作，取得了很好的经营业绩；以党建作为企业文化和幸福红运建设的平台，促进了经营工作的飞速发展；勇于承担社会公益和慈善捐赠等企业社会责任；把员工视为企业的资产，舍得为员工投资，和员工实现双赢。员工获得实惠，企业获得发展。

（红运集团）

交运集团的情感文化管理

青岛交运集团（以下简称交运）是交通运输部重点联系的国有大型交通产业集团。从 1907 年开通中国最早的公交线，到现在形成完善的交通产业生态圈。交运传承创新百年文化，孕育了以“情感”为灵魂的企业文化，并将其融入企业经营管理的各个环节，打造了独具交运特色的情感文化管理模式。

以人为本，让幸福浸润员工心田

交运从人性管理出发，把情感文化融入企业管理，使员工发自内心地爱护企业，聚集企业发展的动力。

筑牢员工成长的幸福基础。交运倡导并践行“幸福生活，快乐工作”理念，切实维护员工合法权益，为员工更好地投入学习、生活与工作解除后顾之忧；生活品质完善多元化薪酬标准，并向关键岗位、一线岗位和艰苦岗位倾斜；休闲保障利用工作闲余时间给员工用于强身健体、学习培训和文体活动；创新实施温馨之旅健康旅游假制度，女职工每月一天“生理期特殊休假”制度，为哺乳期女员工开辟“爱心妈妈小屋”等。这些实事好事，赢得了民心，在员工中培育和传播了以“情”为核心的企业文化，夯实了企业管理的基础。

打造全员参与的文体模式。交运打造“娱乐、健身、竞技”共融文体休闲模式。创新文体赛事形式，在文体活动中设定领导干部必须参加的项目，用制度和规则促使各级领导干部带头参与文体活动。增强比赛的参与性和趣味性。全面落实“全民健身”战略，在各单位均建有员工健身场所，同时“常流水、不断线”地组织开展演讲、书法、摄影、即各种球类比赛，为企业发展注入活力和恒久能量，集团被授予“全国群众体育先进单位”。

培育员工共有的精神家园。把社会主义核心价值观融入文化建设，使以情为核心的交运文化成为员工的共同信仰。交运深入实施争创百个星级班组和百名星级员工的“双百”争创工作，经济上建立“双百”奖励基金，政治上为表现突出、特别优秀的员工设立职业发展通道，体制上开展“全员大培训、岗位大练兵、技能大比武、素质大提升”劳动技能竞赛，形成了物质、精神、事业“三位一体”的“双百”创建机制，培养和选树了一批技术过硬、服务优秀、能担重任、爱岗敬业的星级班组和星级员工，引领交运员工打造了全新的交运形象。有 5 名员工获“感动青岛”十大人物殊荣。交运集团被授予“全国文明单位”“全国五一劳动奖状”和“全国创先争优先进基层党组织”。

以情为魂，用温情丰富服务内涵

以情塑形，实现品牌集群化。情感是交运文化的灵魂，情感是交通服务的本质。从“情满旅途”到“温馨巴士”再到“品牌集群”，交运情感文化始终贯穿品牌创建的全过程。早在 1995 年，交运就发起了影响全行业的“情满旅途联手大行动”，打造了中国道路交通第一个服务品牌“情满旅途”，“情感”文化建设从自发走向自觉。2000 年，情感文化延伸到城市公交领域，诞生了“温馨巴士”品牌。如今，交运“情感”文化覆盖了集团所有经营产业和公益领域，打造了“交运之情”“温馨校车”“温馨之旅”“交运地产”“汽车医院”“交运家家送”等知名品牌，首创了国内“品牌集群”模式。

2009 年、2012 年、2015 年“情满旅途”“温馨巴士”“交运”先后被认定为“中国驰名商标”，集团成为国内唯一拥有三例驰名商标的服务业企业。交运品牌跻身“亚洲品牌 500 强”，品牌价值已高居行业榜首。

以情动人，推进服务标准化。立足于顾客不断提升的服务需求，集团把特色服务作为创新点，在汽车站为旅客提供“女士专属化妆室”“哺乳室”“邮寄儿童”“出行指南”“免费 WIFI”等贴心服务；在公交车内提供零币兑换、纸巾帕、爱心伞、报纸袋、医药箱等便利服务，让群众出行便捷舒心。把安全服务作为基准线，构建“360”安全管理体系，建设两级安全生产指挥中心，配套营运客车“七个一”安全工程，实现了对车辆、场站和驾驶员的实时监管，让群众出行安心放心。集团成为全国“交通运输安全生产标准化一级达标企业”和“山东省本质安全建设金奖企业”。把文化服务作为体验面，统一员工工装、行为规范和车体标识，实施文化进车厢，将车厢打造成为传播精神文明的流动窗口和道德讲堂，让群众出行接受优秀民族文化的熏陶。

以情担当，彰显责任社会化。交运把“社会需要交运，交运奉献社会”的承诺落实到具体行动中，悉心填补社会公益不足的缝隙。在汽车站设立了“爱心基金”，用于资助特需旅客回家；在临街场所建立了“爱心驿站”——环卫之家、的士之家和市民之家，为环卫工人提供免费早餐，为出租车驾驶员和广大市民提供休息场所；在办公经营区开放了“爱心公厕”，成为有效缓解城市如厕难的文明之举；与青岛一中联合打造“交运创新班”，支持教育事业发展；组织“爱心义捐”、发起“爱心支教”，帮贫困学子圆他们的求学梦；推出“爱心送考”，免费接送高考中考学生；设置“爱心陪伴”，用温情服务空巢老人；建立“爱心招领”平台，给失主带来了失而复得的惊喜；通过跨越式发展开辟“爱心岗位”，近三年创造了 8000 多个工作岗位，用真情诠释了“大爱交运”。正像“微尘公益之星”所授予的颁奖词说的那样：“铁肩担道义，公益写华章。交运之爱，不仅情满旅途，更情满社会。”2014 年起“情满旅途”连续成为全国春运常态化主题，并入选交通运输部历时 5 年评定的“全国十大交通运输文化品牌”，“交运服务”上升到了行业标准的新高度。

以变为法，用技术提升管理层级

变革创新是发展的永恒主题，是管理提升的根本动力，也是交运文化的核心价值元素。

以市场配置资源，让经营更有活力。交运紧跟时代发展步伐，以市场优化资源配置，打破 30 多个公司的原有经营界限，实施经营结构调整的“大手术”，使优势资源向核心业务集聚，形成了在市场竞争中的拳头效应和规模优势。交运在国内率先进军专业校车客运市场，当前以 2200 部专业校车保有量位居全国第一，构建起了城乡全域覆盖发展格局；首创国内城乡公交“即墨模式”，在青岛各区市全面复制推广，当前已使青岛成为全国第一个实现城乡公交一体化的副省级城市；以公路旅游港为载体，积极搭建“一主多辅”的旅游集散体系，首创国内交通与旅游融合发展的“运游集合服务”新模式，实现运输网与旅游网的“两网互通”；全力推进无缝衔接的大交通网络，当前在交运汽车站已经形成了“入港、出港、到港”服务客运、“城际、城区、城乡”公交客运、“长途、旅游、公交”车站客运“三位一体”的汽车站商业新模式；在国内首推公交定制服务，在全国率先开通第一条定制公交线路，相继推出了摆渡公交、就医公交、观光公交、学子公交等数十个定制公交品种，让乘客“行有所乘”，“乘有所选”。

以技术创新模式，让出行更加智能。交运将“互联网 + 便捷交通”上升为重要的发展战略，成为转型升级的战略性工程。联手腾讯打造“智慧出行 + 智慧旅游平台”，“米图出行”定制客运平台上线运行，逐步完成青岛主城区与周边各区市的全覆盖，实现“门到门”服务。研发网络、手机购票平台和自助售（取）票机，试点无纸化电子客票和无纸化检票；“交运蓝狐”智慧交通管理系统，全面评价和纠正驾驶人的安全操作行为，降低运营成本；车辆“一卡通”智慧管控系统，向车辆购置、维修、运营、报废等贯穿车辆“一生”的管理系统迈进；公交智能调度和专业校车信息远程查询系统，让乘客提前掌控出行计划；“叨叨巴士”公交导盲系统，便捷视障人士出行。

以低碳促进环保，让发展更可持续。交运着力优化运力结构，在 9000 余辆营运车辆中，以天然气和电力为能源的新能源车已占到集团车辆总数的近 50%，涉及长途客运、公交、校车、出租、旅游、物流等集团所有经营板块，新能源车辆能源消耗结构显著优化。加快推进新能源基础设施的全域布局，规划建设青岛大规模新能源汽车加气站、充（换）电站、充电桩群，构筑起低碳公交绿色交通体系。

（青岛交运集团）

增强文化自信　构建和谐企业

招金矿业股份有限公司（简称招金）位于中国山东省胶东半岛的招远市，是一家集勘探、开采、选矿及冶炼营运于一体，专注于开发黄金产业的综合性大型企业，是中国领先的黄金生产商和中国最大的黄金冶炼企业之一。企业秉承“金脉承千年，仁义结天下”的发展理念，加速跻身中国顶尖、世界领先的黄金生产企业行列，以优异的业绩回报公司股东及回报社会，为构建和谐社会做出了积极贡献。

坚持企业文化建设“三力”指导思想不动摇

招金矿业以增强软实力、执行力、核心竞争力为导向。一是坚持以人为本的原则：企业坚持把人作为企业管理的决定因素，把做人的工作、充分调动人的积极性作为企业生存、发展的关键因素；充分重视人、正确看待人、有效激励人；二是坚持发展创新的原则；通过不断提升职工综合素质，对职工进行知识更新、智力投资，充分发挥每个人的聪明才智，把知识转化为先进生产力；三是坚持突出全员合力原则：企业文化建设重在共识，组织的所有人员都是企业文化建设的主体，需要组织成员自觉内化企业价值观，增强员工积极践行企业文化建设的主动性。

正确把握新时期企业文化建设的四大总目标

重塑招金企业核心价值观。公司坚持把正知、正念、正能量作为新时期公司核心文化价值观的灵魂主线，引导干部职工牢牢掌握企业文化引领的主动权，构建积极向上、努力奋进的舆论氛围，切实让重实干、重奉献、重付出、重学习、重创新成为广大干部职工的行动自觉，努力让爱招金、爱企业、爱岗位的职业素养回归为广大干部职工的文化信仰，真正把“招金”打造成为广大干部职工的事业平台、精神家园、命运共同体。

增强干部职工的凝聚力、向心力、战斗力。公司坚持“抓班子、带队伍”，高度重视民心、民智、民力的挖掘，先后开展多种形式的职业培训、技术比武、劳动竞赛、创先争优等活动，增强干部职工的主人翁责任感，提高干部职工的安全感、幸福感、获得感、自豪感，努力让企业发展的内生动力充分涌动。

建立百花齐放、相得益彰的企业文化阵地。公司搭建全员学习的创新平台，严格落实年度学习培训计划，在全公司范围内形成比学赶帮超的浓厚学习氛围。坚持开展典型带动和评先树优活动，引领广大干部职工学有榜样、赶有目标；开展丰富多彩的文化活动，丰富职工的精神文化生活，把职工的思想品德和实践能力的培养寓于各种文化活动之中，使职工在文化与知识的分享中潜移默化地受到正确思想的陶冶，以积极的态度对待工作和人生。

传承良好企业家风。企业坚持把优良风气的培育和引导，作为企业文化建设的主攻方向。坚持清风正气，强化各级干部队伍的廉政教育，推进各级管理人员作风转变；挖掘招金传统文化的深厚内涵，引导干部职工重温艰苦创业历史，重拾精神文化信仰，弘扬招金好传统、好习惯、好品质，讲好招金企业家风的“好故事”。

纵深开展企业文化建设“五个一”工程

一是“干群关系连心桥建设”工程。公司各级干部大走访，深入职工中，心连心、面对面重点开展职工思想动态调研，听取职工意见和建议，形成调研专题报告，帮助职工解决实际困难问题；强化“转作风、提素质，精英总部创建”工作，每年伊始，以新一年全面加强各项工作纪律、劳动纪律建设为引领，以提高工作质量、提升工作效能为重点，持之以恒地推进精英总部建设，引导各企业加强对各级管理人员、技术人员和基层员工的综合能力与作风建设，提高企业生产作业文明环境和员工精神文明建设新内涵；开展招金文化走基层，深化精神文明创建：通过开展选树优秀员工家属进企业的形式，让员工家属实地了解招金、认识招金，让正能量发扬光大。

二是学习平台创建工程，推进全员综合素质能力提升。开展分层次、分批次、分类别全员培训活动，公司每年借鉴互联网+学习的思维，重新恢复企业课堂、企业夜校、领导干部上讲台、技术骨干传帮带、引进来、送出去、订单式培养等形式多样的培训培养方式，真正让公司干部职工学起来，练起来。开展“大兴学习之风，谱写时代芳华”知识竞赛活动。每年年初，重点围绕年会精神的学习贯彻，按照“学懂、弄通、做实”的总要求，对全员学习年会情况进行随机抽考。通过以赛促学、以学促练的方式，引导广大员工进一步认清公司发展形势任务，充分激发增长知识水平，增强本领才干的积极性、主动性，提高广大干部职工真学、真懂、真会的意识和能力。开展“我是招金朗读者”学习型干部员工队伍创建活动。结合企业实际举办了管理人员读书心得讨论，引导干部职工在实践中学，在学习中提升，倡导各级管理人员既要当教练、当裁判，又要当教授、当老师。

三是先进典型模范引领工程，引导干部职工掀起创先争优热潮。实施岗位技能竞赛，寻找最美招金工匠活动，择优向上级部门推荐“最美招金工匠”、“金都工匠”等荣誉的评比，每月至少组织一项竞赛。组织全员创新创效、劳动竞赛，充分激发干部员工的聪明才智，以创新工作室、经验交流、技术攻关、小改小革、金点子评选等活动，旗帜鲜明地保护干部职工的创新积极性，鼓励各种形式的“精英创新”、“大众创新”、“草根创新”、“工匠创新”，打造招金内部的“创客工场”。开展先进典型选树活动，强化“社会公德、职业道德、家庭美德、个人品德”四德工程建设，并深入培育和挖掘一批“经得起群众考验、经得起实践考验、经得起时间考验”的先进典型。

四是党建提升优化工程，全面落实从严治党一岗双责。严抓“党建提升年”落实，“树党员形象、做廉洁典范”，通过“正面引导、反面警示”，“树正、反典型”、家庭助廉教育、发挥“一个党员、一面旗帜”的引领作用，“党员亮身份”、戴党徽、亮责任，通过模范党员、党员文明岗、示范岗、服务标兵等历练，增强党性锻炼。

五是品牌创建工程，树立招金良好内外形象。全面创新内外部宣传工作。对企业内部宣传资源进行整合，搭建学习交流、经验分享的宣传平台，保持与主流媒体的沟通联系，加大重要媒介、资源大省的宣传力度，树立企业良好的社会形象。

不断增强员工的获得感、幸福感

结合企业工作实际，在职工中广泛开展“转变观念，谋求发展”、“强化管理，提高效益”等主题大讨论，引导职工树立正确的价值观、利益观和效益观，顺应改革潮流，投身企业发展。通过设立“董事长直通车”、公开领导电子邮箱、微信公众号、建立公司领导接待日制度等，建立起有效的沟通交流渠道，真正掌握职工所思所想，切实解决职工关心问题，公司建立“送温暖工程”基金，设立专门账户，努力营造亲情氛围。凡红白喜事、生病住院等，我们坚持做到“五必访、五必探”。每年的“五一”、“六一”、父亲节、母亲节、重阳节、中秋节等重要节点，工会组织自编演文艺节目，以祝福的形式通过微信传递给每位员工，展示企业大家庭的温馨与祥和，把工作做到了职工心坎上，把好事做好。

招金矿业在抓好企业文化建设的过程中，充分体会到企业文化强大的力量，也必将坚持不解地去努力，去追求，不断为企业蓬勃发展注入前进动力。

（招金矿业股份有限公司）

戈壁建家园　文化促发展

国电电力酒泉发电有限公司（简称酒泉公司）地处甘肃河西走廊西端，生长于“风吹石头跑，遍地骆驼草”的茫茫戈壁上。在多年的管理实践中，酒泉公司总结秉承胡杨精神，彰显出公司鲜明的地域特点和企业个性，推动企业不断迈上新台阶，取得新辉煌。

人才强企　打造青工成才之路

国电酒泉公司坚持“企业发展与员工发展相协调”的战略思想，把教育作为最大投资，把培训作为最大福利，使精益培训成为促进青年员工成长成才的重要举措。面对设备新、人员新和新老员工技术水平参差不齐的现状，自2008年公司以来连续12年招收大学毕业以上的高学历员工，精心为青年员工铺设快速成才通道。

酒泉公司在传统常规培训的基础上，创新生产准备人员培训模式，制定《培训卡》培训方式，把全厂系统分为58个子系统，每个子系统编制1张培训卡，所有人员必须达到通过率方可上岗；做一件事很简单，但是一件事坚持做12年就不简单了。酒泉公司每天编辑一条“知识窗”短信，12年累计向学员发送培训学习知识点及现场情况短信近4000条；坚持常年开展“夜课堂”、PPT课件培训，人人当老师，日积月累提升员工理论水平。

为尽快提高学员的实际操作水平，酒泉公司在机组试运前半年配置两套仿真机系统，一方面加强仿真训练，把事故处理、规范操作、团队协作作为培训重点，规范操盘，提高事故处理能力；另一方面，采取修学分方法，上机1学时可积累1学分，把上机操作140学分作为值班员上岗的必备条件，每位学员根据自己实际情况预约上机，极大地提高了学员的上机积极性，并安排仿真教师全天指导，每月定期组织理论和实操考试，以考代练。

安全第一，预防为主。公司定期进行反事故演习、应急处理预案演练等，强化反事故意识，做好事故预案，提高处理事故的应急操作能力；组织专业人员编写运行规程，理论联系实际、深入浅出全面解读，按章节制定授课计划，并录像录音便于学员消化理解；整理汇总工程设备安装和调试的验收标准，组织青工提前学习，深入安装现场开展质量监督，做到系统、设备、原理、流程“一图清”。

精益培训为国电酒泉公司青年员工带来“福利”。在国电电力300MW等级生产人员调考中，公司连续5次取得团体第一的优异成绩，在燃料采制和热控、电气专业调考中个人成绩也名列前茅。2018年公司四名选手通过选拔代表国电电力出战集团公司运行人员技能大赛。选送高亚洲等“国电劳模”，竖起青年标杆，带动一批青年岗位能手。

以人为本　推进安全文化落地

强化安全意识养成。国电酒泉公司自成立以来，就将安全管理工作与企业文化建设紧密联系。安全文化建设的第一步是借助网络平台、微信和LED屏等媒介，及时宣传安全生产法律法规、方针政策和集团公司有关工作要求，形成良好的舆论氛围。借助“两会一活动”，将各级单位的安全要求具体化、数字化、项目化，逐项落实，形成闭环，不断巩固安全管理成果，提炼精华，形成理论成果。

推进安全文化制度建设。建设以人为本的安全生产机制和规章制度体系，构筑和完善以安全性评价动态管理及安全生产健康环境质量体系为中心的安全生产保障体系、监督体系和制度体系，将各项生产、技术、经营、管理活动，按照标准化理论和方法，分专业、分岗位编制作业指导书，全面推行现场标准化作业，深化作业标准化指导书的应用，全面提高现场作业工作安全水平和工作质量。每年在“春秋”安全大检查期间统一组织职工参加安规考试，规定安规考试成绩在90分以上才能上岗，增强职工按规律办事、按制度办事的自觉性，将遵章守纪化为职工的自觉行动。

积极开展主题教育。结合“25项反措”、“三反四保”等要求，积极开展各项特色主题活动，确保安全教育取得实效。组织公司领导、中层干部参加安全知识考试，倡导领导干部“带头、先学、多学”。开展“安全生产宣传咨询日”活动；组织开展安全漫画、征文活动，调动员工参与热情，挑选精品在公司网页和展板展出。每年组织开展安全知识竞赛活动，现场观众积极互动，达到以赛促学的目的。

培养良好安全习惯。强化现场安全管理，加大巡查监督及处罚力度，及时纠正不良安全习惯。整理汇编不良安全习惯反面案例及典型事故，警示广大职工引以为戒、对照反思，纠正不安全行为。经常性的开展座谈交流，大到部门，小到班组，邀请经验丰富的老职工讲述亲身经历的“安全故事”，现身说法，使全员树立“注重安全就是对生命爱惜、对亲人爱护、对家庭保护”的安全爱护理念。

本质廉洁　打造风清气正氛围

公司党委、纪委认真落实党风廉政建设主体责任和监督责任，不断深化“本质廉洁型”企业创建，努力引导广大党员干部提高拒腐防变和抵御风险的能力，增强反腐倡廉意识，促进全公司尊廉崇廉，遵纪守法良好风气的形成，为构建廉洁酒电提供思想保证。

积极探索建立能见实效的廉政教育谈话制度，开展“走进去，讲出来，谈风险”廉洁巡讲活动，把握重大人事变动时机，与新任职干部展开谈，与同一岗位任职时间较长的干部深入谈；把握好改革方案出台时机，与重要职能部门干部提前谈；把握好违纪苗头出现时机，与信访反映较多的干部重点谈。将各类谈话情况记入干部廉洁档案，保证党员干部在党风廉政建设方面思想不疲、劲头不松。

以“讲案例、学法规、明底线、知敬畏”为主题，以“反腐倡廉宣讲”和“廉洁教育日活动”为主要载体，面向公司全体干部员工深入开展党风党纪和廉洁自律教育，引导全员廉洁从业，干净做事。总经理、党委书记和纪委书记带头讲廉课，开展“送廉进班组、讲廉在现场”宣讲活动。组织领导班子成员、中层干部、关键岗位人员前往酒泉市反腐倡廉警示教育基地接受警示教育，参加预防职务犯罪专题讲座；充分运用“真人真事”的正反典型案例进行党风廉政教育，提高全员拒腐防变能力。

大力推行“干部下基层”，变“坐等受理”为“主动扫描”，深入生产一线、走进员工生活，着力发现各部门党员干部执行纪律、权力运行以及干部队伍作风、勤政廉洁等方面的突出问题，了解掌握员工的需求和思想动态，及时排查解决员工反映的“热点、难点”问题。纪检人员不定期检查，纠正个别人员工作纪律涣散的行为，有效转变工作作风，提高工作效率。从德、能、勤、绩、廉五个方面对干部年度工作进行考核，针对监督检查中发现的问题，限期整改，考核到位。

文化惠民　打造凝心聚力基石

公司党委坚持精神文明和企业文化双实施、双建设、双丰收，深入开展精神文明创建活动。开办“道德讲堂”，着力提升公司员工的社会公德、家庭美德、职业道德和个人品德。鼓励员工讲身边人、身边事，发掘“小人物”身上的闪光点，凝聚正能量，选树先进典型，发挥劳模的示范作用；开展“争当学习型职工读书活动”、“读书让梦想成真”等主题征文活动，为员工购买图书1200余册，打造长效学习平台。倡导“健康生活、快乐工作”理念，以公司活动中心为载体，搭建娱乐平台，成立阳光互助会，为员工购买住院医疗互助金，组织“冬送温暖、夏送清凉”关怀活动，不断改善生产生活环境，充分体现了企业大家庭的温暖。

按照党组织属地化管理要求，酒泉公司常规性开展大型公益活动和“联村联户、为民富民”行动，公司党员干部捐赠衣物、捐助改良土地炉渣、集中帮扶移民村特困户摆脱贫困，走上富裕之路；组织开展团员青年“热电联产”知识进社区、参加义务劳动、向市民普及供热知识活动；同酒泉市残疾学校和社会福利院建立长期联谊；开展“美化家园、厉行节俭”、“光盘行动、弘扬美德”等活动，塑造员工积极向上的心态，继而积极主动为公司的发展无私奉献。

（国电电力酒泉发电有限公司）

打造有品格的幸福企业

北雁商城（以下简称北雁）历经32年的发展历程和诚信文明经营，从一个几千元小店，发展为今日文化强大，模式先进，内部管理规范，外部美誉度较高的零售服务连锁集团。

以“五德”理念为石，打牢幸福根基

“五德”即“和、智、毅、仁、信”，这是大雁的品格和特点和核心价值观，也是北雁企业文化的种子；与中国传统文化精髓“仁、义、礼、智、信”有效对接，由此派生出核心理念是“经商育人，创造满意；关爱社会，追求和谐”。员工是幸福企业的主体，是幸福的缔造者和传递者，所以让员工幸福是基础，而“和、智、毅、仁、信”的核心价值观则从多个维度为员工的幸福打牢了根基。

和——员工的归属感。王立东董事长从研究易经入手，多年如一日研究中国传统文化。在他看来，“和”是国学之魂，将“和”作为北雁追求的最高目标与最佳境界，是北雁构筑幸福企业必不可少的元素。“和”是和谐，包括太和、中和、保和，即人与自然、人与他人、人与自己的和谐关系，强调个人身、心、灵和谐，团队和衷共济，内外部关系和谐共赢。员工进入企业后，会得到组织的关怀，上级的爱护，师傅的教给，团队的带动，从而会迅速融入，成为幸福的一分子。

智——员工的价值感。“智”包括四种能力，即认知力、技能力、沟通力、协作力，体现在北雁团队中，就是集中个体智慧、发挥群体智慧的团结创新精神。北雁通过教化、培养、训练，提升员工的综合能力，再将员工的能力与团队相融，发挥出最大价值，让员工在团队中找到“我很有用”的幸福感。

毅——员工的成就感。“毅”是坚韧执著，聚焦专注，是雁阵精神的最大特点。由此派生的辅助理念“好心态，好习惯，成功已过半”“今天的事情今天做，每天进步一点点”等引导着员工们找好定位，学会坚持，立足本职岗位，做出色的自己，与企业共同成长，由取得得成就而产生幸福感。

仁——员工的神圣感。“仁”是仁爱，仁爱是推已及人，修已安人，由近及远，有情有义，互助互爱。北雁在经营管理上，不偏离“爱”字，以“爱家乡，爱顾客，爱员工”“用爱心服务，为百姓造福”等理念为引领，对内用爱凝聚，对外以爱辐射，让员工心中有爱，眼里有活、提升品格，找到工作的原动力，在有爱的氛围中，生发出传递爱、回报爱的神圣感和幸福感。

信——员工的使命感。“信”是北雁人的底线，是信念坚定，始终如一，忠于信守，讲求信誉。文明诚信是北雁多年来发扬的店风，是北雁成功的最大秘诀，是被铸在北雁图腾馆中宝鼎之上的“镇店之宝”。北雁员工们因为坚守底线，在日常行为中用心践行，得到了顾客与社会的良好回馈，受到认可与尊重，内心油然而生感。

以“三一”定位搭梯，提升幸福指数

北雁是一支军队。军队的特点是秩序井然，士气高昂，令行禁止，纪律严明。北雁的女员工占95%以上，这个特点决定了团队必然就倡导阳刚之气与力量之美。管理中发挥与价值观相符的富有人文精神的制度与机制作用，帮助员工养成好习惯，锻造好品格，让员工收获健康身心和快乐美好人生。同时，总部每年都组织店间的球类友谊赛、广场舞大赛等，使员工平时因文明健体而拥有健康、幸福。

以2015年的“戒烟行动”为例，从员工到家人，北雁总部在各分店发起了严厉却充满爱意的戒烟令，对戒烟成功者给予双倍年终奖，对不成功者则给予降职甚至除名的处罚，以座谈、家访等方式检查验收，员工们在企业的硬性要求下戒掉了多年的坏习惯，使自己和家人深深获益，他们因此受到企业的重奖，幸福之情溢于言表。

北雁是一所学校。在核心理念“经商育人”和“打造一所世人向往尊重的‘企业商学院’”共同愿景的指引下，北雁商城以“为家长培养懂事的孩子，为社会造就实用人才”为己任，为员工搭建成才平台，实施多元化的系列培训和文化熏陶；成立了包括200余名专、兼职讲师的讲师团，设置了“北雁大讲堂”课程，制定了严格的教学计划，对员工进行企业文化、服务技能、意识心态、潜能开发、职业修炼等方面的系列培训。并要求管理者“把80%的命令变成培训”、“人人培养接班人，为员工营造持续学习的环境”，持之以恒地提高员工整体素质。员工们因为成长成材，收获最有价值的自我而幸福。

北雁是一个家庭。以“和”为基点，以“事缘”为连接，北雁倡导“视员工为兄弟姐妹，视顾客为亲朋好友”、北雁爱我，我爱北雁，北雁是我家”。在管理者的“定海神针”——“管理八字方针”和“沟通三步曲”的引导下，员工们享受着充满关心与理解的“母爱”，也接受着严格、智慧的父爱。

2014年，北雁总部推出“关心关爱”工作，管理人员工作更加深入细致，用心用情，他们从关注员工心理、工作、生活切入，想方设法帮助员工解决实际困难，帮助员工成长进步。他们让自己“时刻在员工身边”，让员工不孤独，有依靠；他们对员工情绪观察入微，及时给予员工鼓励与帮助；他们努力为员工创造充分表达的环境，提供各种锻炼的机会，充分调动员工的工作积极性，让员工日渐出色，员工们在充满爱的环境中幸福成长。

以“四向”目标为辅射，拓展幸福空间

向真——简单真实，文明诚信，福泽顾客和社会。自2004始，北雁开始探讨服务理念与营销理念的改革，发起声势浩大的“文明信誉工程”，一直持续至今，可谓“向真”的典型实例。

“文明信誉工程”的发起初衷是造福消费者，带动社会的商业文明，核心内容是“明码实价，合理退换”。具体操作是，业务人员在各经营管理环节上努力降低商品的成本，将更大的实惠让给了消费者，有专门的管理部门严格控制加价率，使每一件商品的售价透明合理，这样消费者就不用再劳神费心地砍价，也不用担心价格不公正。若是对商品买后有任何不满意，可以在不影响二次销售的情况下拿来退换，有专门的“退换货接待处”本着“可换可不换的以换为主，可修可不修的以修为主，可退可不退的以退为主”的原则来解决退换货问题。

服务人员实现“三个转变”。首先是定位转变，由售货员转变为导购员，由“卖什么的”转变为“帮顾客买什么的”；其次是立场改变，从站在卖方的立场上，转变为站在买方的立场上想顾客所想；然后是职责的改变，从“卖货收钱”转变为“当好参谋”，广大顾客因为这项伟大的工程而幸福。

“向上”——积极进取，提升服务，创造美好生活。基于“教学型组织”的定位，北雁的员工只要愿意追随企业，就会得到成长，不同特长，不同兴趣，不同现状的人都会满足职业需求，成就职业梦想。如：星导是在导购员的岗位上将服务做到极致，做出精彩的那群人。他们视客为友、用情服务、苦练技能、乐于助人，带动着周围的同事们成为顾客的好参谋，好朋友。

将某项技术练到极致，成为企业专业能手的一些员工，他们同样是北雁的明星人物，因为将点钞、叠衣服、系鞋带、服装搭配这些技能练习的娴熟自如、炉火纯青而平凡却不平庸。他们为顾客提供着快捷、高质量、富有技术含量的服务，是北雁“向上”的代言人。他们立足本岗，创造精彩，成就自我的同时，为人们创造着美好生活。

向善——立足本职，行善积德，以爱心善举关爱社会。在积极纳税，参与社会公益活动的前提下，北雁人深信“文明诚信就是善，日日行善积成德”，在本职岗位上坚守“文明诚信”的底线，同时将爱心善举带到社会的角角落落，为更多的人带去温暖与幸福。如：看望生病的家人时，同时为陌生生病老人带饭；捡到钱包，站在冷风中寻找失主，类似的善行在北雁不胜枚举，切实为社会带来福祉。

向美——学雷锋，做“最美”，传播正能量。坚守“用爱心服务，为百姓造福”、“文明诚信有情有义”等有格局的理念，持续开展学雷锋活动。如：学雷锋爱岗敬业的螺丝钉精神、学习创新的钉子精神、服务奉献的助人为乐精神。员工们立足本职，钻研技能，比学赶帮，视客为友，乐于助人，他们轮流记录雷锋日记，共享经验与感悟，企业的每一个角落都是满满的正能量。这股巨大的能量就像一个磁场，吸引着顾客纷至沓来，再通过员工与顾客的真情连接、顾客的体验与触动向社会辐射，北雁人的幸福不仅在人们的口碑，更在人们的心碑。

（承德北雁商城）

打造幸福家园是企业可持续发展的原动力

有人曾对企业文化有一个形象的比喻："企业就像一个人，利润是血肉、机制是骨骼、品牌是名望、文化是灵魂"，企业文化就是企业的灵魂，有魂的企业可以走的长久，企业文化决定着企业的生命力。哈尔滨中央红集团股份公司原是一家传统型商业企业，创立于1994年开业的中央商城；2006年实施企业发展战略转型，由传统型商业企业向生态农业、食品加工业延伸发展。以农兴商、以商带农；以农业产业链为基础，打造城市健康生活供应链；以食品超市、电子商务网站为平台，每一步发展都不开职业道德，重要的是企业核心价值观的确立。

诚信经营，成就信誉之城

"诚信"是中央红的经营宗旨，中央红人把诚信作为信仰融入了二十多年的经营发展中。1994年，中央商城开业就提出了"不满意就退货，中央商城，信誉之城"的理念，虽然一年遭受退货上百万的损失，但诚信践诺让"信誉之城"成为中央商城的代名词，牢牢扎根在消费者的心中，信誉之城从此名扬龙江内外，许多外地游客更是慕名来中央商城购物，感受信誉之城的贴心服务。同时，中央商城对员工、对供应商同样做到了有诺必践，得到了员工与供应商的忠诚跟随。

"德正业兴"是企业创业之初一位书法家送给董事长的，中央红把它作为座右铭，并将"道德正，企业兴"的思想落实到企业文化建设中，将"德正业兴"作为企业的价值观，补充为"三爱为德，德正业兴"，三爱即"爱员工兴旺发达、爱企业富民兴家、爱顾客财源滚滚"，要求所有卖场经理办公室都要将这条理念挂到墙上，时时提醒经理人要恪守职业道德与操守。企业的德就是企业的"诚信文化"，在"德正业兴"企业价值观的指导下，企业又先后提出了"诚信为本，诚实经商"的经营理念、"诚信是生命，诚信是未来"的发展理念；"永远的诚信，永远的中央红"的价值追求理念。

"九和思维"，塑造商业灵魂

"九和文化"体系的理论来源是中国传统文化中的精髓——"易道"管理学。"易道"管理学的核心价值是"和谐世界""和合共生"，其主要理论原理是整体论、过程论、关系论。这三大理论中蕴含着三种不同的思维模式，即整体论的系统思维模式，过程论的动态思维模式，关系论的辩证思维模式。依据三大理论原理，在三种不同的思维模式指导下，利用"易道"管理学中的"三三见九"、"九九归一"管理法，创建出了《九和文化》体系。包括：在整体思维模式下，提出和谐进取的组织文化、和而不同的管理文化、和合共赢的竞争文化；在过程论的动态思维模式下，提出了和气生财的营销文化、和顺通达的流程文化、和（合）法守规的核算文化；在关系论的辩证思维模式下，提出了和睦相交的外事文化、和衷共济的协作文化、和和美美的家庭文化。"九和思维"体现了企业各管理流程所遵循的准则和规范。在"九和思维"中，体现了东方管理思想与西方管理思想的借鉴。如和合共赢的竞争文化的观点，充分体现了中国传统文化的管理思想，中国讲和谐、和平、和合，和谐社会、和平世界、和合共赢也是人类社会共同的追求。商业竞争的一贯说法是，商场就是战场，战场就是你死我活。而中央红认为，商场不是战场，商场是生态系统，赢一时的企业不一定赢一世，赢在今天的企业不一定赢在明天，和谐、健康、持续，企业才能长久发展。

“九德文化”，打造健康新农业

“九德文化”体系的来源是中国传统文化中的道德精髓。无论是以孔子思想为核心的儒家，还是以老子思想为核心的道家，都注重了道德精神。中国历史文化中的《尚书》，也直接而鲜明地提出了“九德”文化。中央红集团创建了自己的“九德文化”，关系企业运营中的九个方面，共计九九八十一条。八十一是中国易数中的最大极数，具有深刻的内涵。中央红集团“九德文化”的内容包括：德教为先的育人文化，德信为本的信誉文化，德行为律的行为文化，德治为法的管理文化，德责为守的职业文化，德星为荣的榜样文化，德音为传的语境文化，德恩为心的感恩文化，德望为尊的战略文化。其中“德治为法的管理文化”是企业在管理实践中实施的最有效的文化。治国要有国法，治家要有家规家法，治理企业就必须有严明的企业制度、规章、规范，这是任何人不能逾越的道德底线。在“德治为法”的管理思想指导下，中央红更是提出了像法家一样“无情管理”、像儒家一样“友情关怀”的倡导。无情与有情，管理与关怀同是企业管理的方法和手段。在中央红集团的循环经济产业链中，旗下的新农业公司团队恪守“九德文化”，将“顺天时、量地力”、“天地人三才合一”等和谐理念融入到有机生态种植和养殖的各个环节中，深入研究探索出了一套适合黑龙江流域的农耕法、农牧法、农食法。在中央红的农场里，种植、养殖及科学治理形成了自给自足、自我循环、良性发展的闭合链条，构建了有机的、可持续发展的自然生态圈。同时中央红建立了自己的绿色食品工业园，创立了音译自英语“健康”的产业链品牌“哈尔信”，囊括了从农产品、食品到渠道终端的整个产业链，真正实现了将健康的食品由田间地头送上百姓餐桌的目标。

潜心育人，创建现代管理大学

“九德文化”的第一条是“德教为先”的育人文化。中央红集团早在成立之初就提出了“像办学校一样办企业”的发展理念，企业就是社会实践大学，企业培养的是社会实践者，企业有了品德优秀、技能优秀的员工，企业就有了可持续发展的希望。中央商城开业即创办了企业内刊，给予员工与管理者学习、展示、交流的平台；建立由企业高层团队参加的“企业研究院”、由企业中层管理者参加的“企业经营管理学院”、由基层员工参加的“职业培训学校”，倡导网上学习、微信交流，每一名员工都有参加教育培训的机会，开办《周易》管理大学，将中国古典智慧融入现代企业管理中。

学习力是企业文化建设的基础条件。企业学习力的提高，增强了企业的文化力，企业文化力提高了企业的竞争力。

建设幸福家园，推动企业持续发展

企业公开、公平的人才选拔机制，造就了一大批热爱企业、忠诚企业、奉献企业的员工，在企业人人都有机会，企业更为人人创造机会。员工自觉提高自我素质，强化学习能力，把公司的事业当做自己的事业，在平凡的岗位中做出不平凡的事。在企业的重大发展战略中，公司开设了员工网站，员工信箱，微信平台，广泛征求员工意见，员工提出建议只要被采纳，给予一定的表扬和奖励。企业鼓励员工创新、创业，倡导人人争当创业小老板。

企业组建艺术团、模特队、创办了文化大讲堂，员工和家属都可参与，展示她们的特长，丰富员工及家庭的业余生活，在参与中认同企业文化，为企业的发展，共建家园奠定了基础。

企业实施关爱工程。由员工自发成立了四项基金：“爱心基金”、“爱心希望助学工程”和“爱心互助银行”“药费资助资金”。“爱心基金”对于特困、患病、困难员工给予资金和实物上的帮助；“爱心希望助学工程”是帮助因家庭有困难的员工子女圆大学梦的工程；“爱心互助银行”对生活发生重大困难需要帮助的员工给予无息贷款；“药费资助资金”是对企业困难员工患重病时给予用药资金支持，使员工感受到家的温暖、团队的力量。企业每年都为女员工体检，及早发现女工健康隐患，提高广大女职工的健康意识。企业每年组织员工及家属春游，每年年底，集团领导带队慰问困难员工。企业为员工每月发放福利资金和福利实物，使员工在追求健康、优选、乐活的生活中感受企业的关爱，也为自已是企业的一员感到自豪。

传承传统，助推企业基业常青

中央红集团积极倡导学习中国的传统文化，在中国传统文化的精髓中找到治企的良药，在全集团范围开展了学哲学、学国学的读书活动，《弟子规》、《道德经》、《论语》、《易经》等改变了员工的言行举止，开阔了中央红人的思维方式，收到好的效果。

“企业因文化而卓越。”有文化的企业是有生命力的企业，有文化的企业是有着美好理想和愿景的企业。企业文化约束着中央红，企业价值观提醒着中央红，中央红就是要创建一个有文化、有道德的诚信企业，为人类、为社会多做有意义、有价值的事。因为中央红的企业信仰的就是：尊天道 行大德 奉天理 做善业！

（哈尔滨中央红集团）

传承少云精神 锻造重行真金

重庆市铜梁区是革命烈士邱少云的故里，重庆银行股份有限公司铜梁支行（以下简称铜梁支行）成立于2005年10月，铜梁支行在邱少云烈士精神感召下流淌红色血液不断前行，将少云精神转化为银行发展的内生动力，逐步构建起特色企业文化。

加强领导，落实责任

铜梁支行把构建特色企业文化摆在突出位置来抓，将其作为坚定文化自信，能够有效激发企业发展的内生动力的战略工作加以落实。支行班子不断探索和研究构建企业文化的新路子新方法，把构建企业文化与支行发展有机地结合起来，形成党、工、团、妇齐心协力共筑特色企业文化的格局。

一是切实加强构建特色企业文化的组织领导，出台专门的企业文化领导分工文件，成立由行领导担任组长，各部门经理作为主要成员的企业文化领导小组，领导小组下设办公室。二是每年固定时间召开企业文化工作会议，研究部署相关工作，明确工作任务和目标，以问题为导向，实行目标管理，把企业文化构建工作与业务工作相结合，做到同部署、同检查、同考核、同总结。三是建立企业文化考核措施及奖惩机制。支行出台专门企业文化考核措施，将企业文化考核与绩效考核挂钩，同时结合总行相关要求，将企业文化考核与等级行评定相结合，对于执行不到位的部门和个人实行扣分机制。

严抓纪律，打造“亮剑”式团队

为推进先进文化在银行落地生根，铜梁支行积极弘扬主旋律，让红色血液流淌在支行发展的血管里命脉中。支行组织员工赴邱少云烈士馆参观学习，感受少云精神，深植报国情怀，支行在团队打造中浇灌纪律和荣誉意识，把纪律和荣誉作为支行精神指引。在激烈的市场竞争中锻造一支敢打敢拼、风清气正的“亮剑”式优秀团队。

创设载体，关注员工成长成才。铜梁支行积极宣贯少云精神，引导员工认同企业文化，在日常工作中自觉践行企业文化，以银行为家，关键时刻发挥先锋模范作用。支行先后荣获区、市级“模范职工之家”、“工人先锋号”和“巾帼文明岗”称号等多项荣誉。

重点关注员工的成长成才，形成有序的人才梯队。支行团结引导员工用实际行动放飞梦想。一是积极组织员工到总行参加信贷管理、理财营销、综合管理、会计结算、内部案防等业务培训，提升能力；二是积极鼓励员工参加学历学位提升及各类专业资格证书考试，全方位提升素质，促使支行形成业务培训常规化、业余学习常态化取得各类从业资格。三是广泛开展业务学习，利用周会、晨会进行业务交流学习。学习内容从基础的员工行为规范到各种业务的办理流程，做到所有员工随缺随上，未雨绸缪。

畅通职业发展通道，让员工有干劲有奔头。支行致力建立“新进员工注重培养、骨干员工重点提拔、资深员工加强关怀”的员工发展通道。通过重点培养、轮岗交流、引入人才等方式，多管齐下增强团队实力。以创建国家级“青年文明号”为载体，引领青年员工传承红色基因。铜梁支行把企业文化的前后传承作为打造“百年老店”的关键一环。

积极开展企业文化建设活动，引导员工强身健体。一是持续开展员工家属进重行活动；持续邀请员工家属走进银行，身临其境感受员工工作环境和氛围，由支行领导亲自作向导作讲解，让家属放心员工安心。二是关注员工身体健康，支行每年定期为员工安排专业医疗机构进行体检，借助科学手段保障员工身体健康，引领广大员工积极参与日常健身运动。三是有计划开展文化渗透活动，增强文化自信，在支行办公环境较为紧张情况下，支行为员工建立了专门的职工阅览室，购买各类书籍，每年为员工订阅各类报刊杂志10余种，支行班子带头荐书读书，和员工一道学习文化知识。

企业文化推动经营业绩提升

创星级网点，将特色企业文化全方位融入金融服务。铜梁支行把搞好服务工作作为核心生产力来抓，提升服务水准，创新开展文明规范服务。支行在提升服务工作上狠下功夫，练好内功，打造一流的服务团队，直接将服务与日常考核挂钩，固化服务“七步曲”和“九句话”，服务培训考核常态化。

普惠金融心系民生，发挥金融助推区域经济新动能。一是认真做好涉及民生的惠民宣传。铜梁支行不仅经常深入社区街头、工厂院校进行惠民宣传，还特别针对拆迁农户的实际需要走进农家院坝，第一时间将通俗实用的金融知识送到农户手中。二是积极参与社会公益活动。支行不但常年资助太平镇乡村小学留守儿童家庭，数年春节坚持为留守少年送上精心准备的“新春福包”，支行员工还与贫困农户结成一对一的帮扶对子，展示负责任银行的社会形象，扩大特色企业文化的社会影响力。三是支行积极支持民营企业发展，深入走访民营企业六十余户，组织开展“服务民企金融服务推介会”，为企业做好传统业务服务的基础上，量身定做全方位的金融服务，支持民营企业做大做强。四是努力践行乡村振兴战略，勇于担当，支行“助农贷”客户不断扩大，有力支持乡村振兴和精准扶贫工作。

支行将特色企业文化作为各项业务发展的内生动力，全员凝心聚力，遵循团队纪律步调一致，推动支行业绩和市场占比不断攀升，在铜梁区存款规模超过工、中、建等传统国有大行，在12家金融机构中位居第四位。

企业文化是一项长期的系统工程，铜梁支行将继续深植少云精神，发挥特色企业文化的重要作用，让先进文化在企业薪火相传！

（重庆银行股份有限公司铜梁支行）

文化铸魂　改革筑梦

重庆化医控股（集团）公司（简称化医集团）把企业文化建设融入到企业管理、思想政治工作和精神文明建设的全过程，逐步形成具有时代气息、健康向上、独具特色的企业文化。

“一本大纲”确立企业文化建设行动指南

化医集团在继承和发扬原有体制下形成的企业文化的基础上，深入挖掘集团民族工业、浴血抗战、三线建设、改革开放四个时期的文化基因，传承集团“爱国、奉献、诚信、自强”的历史文化，把集团各级全资、控股、参股200多家企业，涉及医药、盐业、精细化工、基础化工、工业服务、金融服务六大板块共18个行业的不同层级、不同领域文化进行了深度融合、打磨提炼，形成并发布《企业文化大纲》，提炼了“砥砺前行、锲而不舍”的企业精神，以“引领和谐美好生活，守护健康美丽生命”为企业使命，以“构建生命健康产业生态圈”为企业愿景，凸显“诚信、至善、奉献、共赢”的企业核心价值观和“一个中心、双轮驱动、三个坚持、四个导向、五个原则”的企业经营管理之道。

“两个融合”促进企业文化服务功能发挥

化医集团党委坚持把企业文化宣贯与党建工作、企业生产经营结合起来，在结合上做文章，在融合上下功夫，让文化、党建、管理三者深度融合，使企业文化真正发挥顶层设计的引领作用、促进战略有效实施的支撑作用、提高执行和协调效率的积极作用、打造高效团队的激励作用，为企业走上持续快速发展之路注入了再生动力。“化医”注重企业文化和党建工作有机融合，促进企业文化宣贯落地，生根开花。把党组织生活与企业文化传播、渗透有机结合，在基层党组织“三会一课”，党建活动中融入企业文化建设内容，开展弘扬化医文化等主题党日活动，重温三线历史，深入挖掘企业文化的红色“基因”和“灵魂”，加强员工之间的相互交流，在潜移默化的过程中理解党的方针、政策和促进企业文化宣贯落地、入脑入心。同时，抓好党群共建活动，注重企业核心价值观的培养，把企业的核心价值观与员工的个人价值观有机结合，在全集团干部职工中形成“企业发展我发展，我为企业作贡献”的核心理念，引导广大员工把思想统一到企业发展上来，在企业内部形成“比、学、赶、帮、超”的良好风尚，传递健康、积极、向上的“正能量”；注重将企业文化和生产经营有机融合，以企业文化促生产经营，全力推动企业扭亏脱困转盈。围绕生产经营目标任务，全方位融入企业文化要素，有针对性地创新形式开展“党员示范岗”“岗位练兵”等活动，广泛动员员工振奋精神、鼓足干劲、发扬成绩、改进工作，集团上下涌现出一批劳动楷模，带动全体员工争先创优，在全集团形成“人人争先”“人人创先”的良好氛围，助力集团经营管理水平大力提升。

“三个坚持”提升企业文化创新质量

一是坚持对标。严格执行中央精神，落实企业文化建设相关工作。核心价值观“对表”，以社会主义核心价值观为企业文化重塑和文化落地的最高标准；制度建设“对标”，在制定“规则”“规定”“办法”“细则”时坚持原则，跟上步伐，在完善配套措施的同时，推动问责制度。宣贯上“对标”，与中央保持一致，不偏不离，真抓实干，推动各项工作实现新发展。二是坚持以人为本。结合企业发展实际，充分调动人的主观能动性、积极性和创造性，强化员工的主人翁意识，有效提升其参与文化建设的主动性，同时服务于人，服务员工职业发展、服务员工精神寄托。三是坚持创新驱动。在严格执行中央相关规定的前提下，不拘形式，大胆创新，尝试新的工作方法；不惧挑战，不回避困难，敢于解决企业文化建设面临的问题，为企业经济建设提供动力。

“四条主线”统筹推进企业文化宣贯落地

一是章法有度推进企业文化内化于心。《企业文化大纲》形成后，召开集团公司企业文化工作会，邀请专家解读《企业文化大纲》，在全集团进一步统一思想，提高站位，在充分认识和准确把握集团文化理念体系的同时，真抓实干，整体推进，有效保障了企业文化建设工作成效；与下属企业签订企业文化承诺书，引导和促进各级企业管理者参与企业文化的建设和宣贯，实现企业文化环境的持续改善，并不断使其细化与深化，保证其有效地落到实处。二是形象传播推进企业文化外化于形。集全集团干部职工智慧凝结，创作铿锵有力、激情澎湃的《化医之歌》和展现团结奋进、迎难而上的《化医集团宣传片》，组织开展“新时代的号角—畅响化医企业文化大纲发布暨职工文艺展演晚会”和“春天与梦想：唱响化医、协同奋进”歌咏比赛晚会，充分展示化医集团的历史传承和新时代的创新发展，讴歌化医人开拓进取、奋发向上的澎湃激情；抒发化医人对祖国的无限热爱、对建设和谐企业、美好家园的无限憧憬与期盼，提高化医人的精气神，传播了化医人团结奋进、迎难而上、热血担当的正能量。同时，充分发挥集团官网、官微及在《重庆化医》报设立专栏等自有媒体平台作用，对集团企业文化的全面内涵和组成要素进行全方位的推广和扩散，将理念转化为认识与行动，从而确保企业文化有效地宣贯落地。三是氛围营造推进企业文化体化于物。认真总结提炼化医集团百年发展过程中形成的优良传统、作风和文化，精心设计编印《和谐美好　健康美丽》企业文化手册，在集团本部大楼建设企业文化展厅和大型LED电子显示屏滚动播放集团文化宣传片，宣传展示集团企业文化精髓，采取企业文化上墙等方式，建设独具特色的楼道企业文化走廊，全方位使集团企业文化体化于物，内固于心，让员工能够更好地了解、认知和掌握集团企业精神、使命、愿景、核心价值观以及经营管理之道等一系列企业文化内涵。四是以人为本推进企业文化融合同化。结合企业文化宣贯，组织开展“大三线”精神、民族工业崛起、企业扭亏脱困等各类先进事迹人物宣讲，丰富员工的精神世界，增强精神力量，员工队伍的整体素质得到提高，企业经营管理水平走上新台阶。坚持“以人为本，人企合一”，强化“文化力”的支撑，把“以人为本”的亲情文化融入企业文化建设中，创新各类人才培养和管理机制，切实把肯干事、能干事、干成事、不出事的优秀人才选拔到各级领导岗位和重要管理岗位上来，让一批德才兼备的年轻技术人才担当重任，做到人尽其才，才尽其用，打造出一支“想干事、能干事、干成事”的干部队伍，从员工内心深处唤起对企业的归属感、自豪感和使命感，从而增强企业员工的主人翁意识，激发职工自觉行为，齐心协力、众志成城地推动企业发展。

“五个到位”健全企业文化建设机制

一是思想认识到位。紧紧围绕企业文化开展宣传，使大家形成“企业文化不是做不做，而是必须做好，抓不好企业文化不仅是态度和执行力问题，更是能力素质问题”的共识，统一思想认识，促进行动自觉。二是组织机构到位。健全完善“党委为主导、行政为主体、各方齐抓共管”的领导机制，设立企业文化办公室，配备专职人员，有效发挥了规划协调、检查考核、服务指导的职能。三是理论指导到位。不断总结经验，积极借鉴兄弟公司和其他单位好的做法，定期开展研讨交流。四是考核评价到位。建立《公司企业文化考核评价体系》，将企业文化与绩效考核、评先创优、奖惩激励挂钩，强化各级抓企业文化的责任意识。五是资金支持到位。公司每年预算专项资金用于企业文化建设，设立文化展览室、荣誉室职工学习活动室，建立企业文化走廊、文化墙，企业文化宣展中心，厚植公司企业文化氛围。

随着以砥砺前行、锲而不舍精神为核心内容的集团企业文化不断在广大干部职工形成共识，企业文化建设与党建工作的深度有机融合，把广大干部职工凝聚在集团周围，把个人的行为统一于集团行为的共同方向上，使员工更具有使命感和责任感，自觉把自己的智慧和力量汇聚到集团生产经营发展的目标上；聚焦生产经营，围绕产品、市场、质量、成本、管理、创新六条主线开展企业文化建设工作，着力将“文化力”转化为“生产力”，不断把在企业文化建设过程中形成的向心力、凝聚力、战斗力凝结转化成推动集团扭亏脱困转盈、实现高质量发展变革的动力；践行“诚信、至善、奉献、共赢”的企业核心价值观，公司产品、服务质量，企业知名度、信誉度和美誉度显著提升，品牌影响力不断深化，推动集团全面推进深化改革、协调健康发展。

（重庆化医控股（集团）公司）

“敢为天下先”铸就首钢魂

首钢始建于1919年，现已发展成为跨行业、跨地区、跨所有制、跨国经营的综合性企业集团，全资、控股、参股企业600余家，职工近9万人，2011年以来七次跻身美国《财富》杂志公布的世界500强企业。

首钢百年，走过的是一条从无到有、从小到大、从弱到强的持续发展之路，是中国民族工业发展的历史缩影，是走中国特色工业化道路的真实写照，是建设社会主义工业化强国的生动实践，是一部中华民族走向伟大复兴的创业史诗。百年首钢砥砺奋进，其生生不息的文化基因是首钢人身体里流淌着“敢为天下先”的血液。

从废墟到新生，率先恢复生产献礼新中国

早在首钢初建之际，一批投身实业，立志救国的有识之士壮志难酬，抱憾终生。1948年12月，石景山钢铁厂解放，首钢人脱离苦难获得新生，“没有共产党就没有新中国”扎根心田。厂区闲置满目疮痍，恢复生产困难重重，石钢职工顶着困难上，自行修复的1号炼焦炉、105号机车、1号高炉，分别于1949年4月和6月投入生产，是全国解放区率先恢复生产的炼铁企业，成为新中国工业化起步的典型例证。

面对日本投降时铸死、美国人宣判死刑的2号高炉，石钢人用大锤砸、錾子冲、肩扛人抬，清除了炉内囤积的铁山，于1950年12月起死回生。在实施第一个五年计划中，石钢掀起劳动竞赛热潮，到1956年8月，提前一年零四个月完成国家“一五”计划生产指标，为新中国复苏国民经济、推进工业化建设献上了一份厚礼。

从起步到扩建，率先基建投资包干探新路

在完成“一五”计划基础上，石钢开始酝酿新发展的扩建工程。1958年3月，冶金工业部批准石钢提出的基本建设投资大包干办法，扩建工程总投资2.4亿元。这个创举首次在全国实现了工程建设投资、设计、施工的统一指挥、协同高效，避免了当时体制下投资方、设计方、施工方三权分立，工程建设难于统筹协同的弊端。7月，冶金部和财务部在石刚召开全国基本建设投资大包干现场会。在激情燃烧的岁月，首钢人以“顶破天花板、才能见青天”的创业豪情、排除万难、日夜奋战，到1959年5月3号焦炉出焦、3号高炉出铁，6月烧结厂投产，一年内建成三大工程，创造了冶金建设史上的奇迹。

1958年8月，中央在北戴河召开会议，提出全年生产1070万吨钢。北京市委指示石钢，要在1958年生产2万吨钢。当时石钢没有炼钢设备，按常规至少半年时间，可到年底只剩下4个月。首钢人变不可能为可能，全厂总动员、展开社会大协作，各工序分秒必争，在庄稼地里迎战风雨，昼夜拼搏14天就建成了10万吨转炉车间，随后三个月产钢2.4万吨，超额完成计划任务，创纪录的壮举载入了中国冶金建设史册。

为建成集采矿、焦化、烧结、炼铁、炼钢、轧钢为一体的钢铁联合企业，老一代首钢人钻进冀东深山，骑着毛驴冒着严寒，翻山越岭风餐露宿，1960年建成迁安大石河铁矿，1961年又建成30万吨中小型生产线。至此，石钢生产结束有铁无钢无矿无材历史，成为中国钢铁生产十大基地之一。

从计划到市场，率先改革发展实现新腾飞

农村改革看凤阳，工业改革看首钢。1979 年首钢成为国家第一批经济改革试点单位，1981 年首钢率先实行承包制，包死上缴 2.7 亿元利润基数，每年递增 7.2%，15 年不变。其核心是全员承包、只有完成任务才有所得，“责权利”相结合形成了动力，“包保核”到人创新了管理，“全、高、时、协、核”明确了岗位职责，“三个百分之百”锻造了过硬作风，成为了我国工业企业改革的一面旗帜。

1985 年，首钢 300 多人踏上跨国旅程，仅用 7 个多月比计划提前 10 个月将比利时赛兰钢厂拆除落地。《赛兰日报》惊叹地说：“中国人工作如此神速，实为罕见，不知注入了什么伟大的灵魂。”此后，首钢创举性地组建远洋船队完成拆迁设备自行运输，1987 年第二炼钢建成投产，首钢购买二手设备拆得快建得好，走出了一条投资少见效快的新路。

1992 年 5 月，邓小平同志到首钢视察，他高兴地说：“解放思想换脑筋，首钢走得快、走得好“。沐浴改革开放春风，首钢拥有了投资立项权、外贸自主权和资金融通权，迎来了又一个大发展。1992 年 10 月首钢华夏银行成立，为我国金融体制改革探索了一条新路。1992 年底首钢成功购买秘鲁铁矿，成为了中国海外第一矿。1994 年首钢钢产量达到 824 万吨，列全国第一位。

从都市到沿海，率先搬迁调整实现新跨越

进入 21 世纪，首钢坚决贯彻中央和北京市的指示精神，遵循可持续发展的经济规律，顺应首都发展的客观要求，毅然决然地进行史无先例的搬迁调整，成为我国钢铁生产第一个由中心城市向沿海转移的大型钢铁企业。吹沙造陆地，沧海变桑田，建成大海上的首钢京唐公司，被誉为中国钢铁梦工厂。首钢京唐公司主体工艺装备采用国内外先进技术 220 项，集成自主创新占三分之二以上。第一次自我设计、自主集成、自己建设我国首座 5500 立方米高炉；第一次自主研发、拥有了自主知识产权的无料钟炉顶技术，全干法除尘技术，顶燃式热风炉技术；第一次按高纯净度钢生产模式设计的炼钢厂，是世界第一个单体生产能力达到 1000 万吨的炼钢厂；第一次在大型高炉和转炉之间，采用铁钢联合运输铁水在线脱硫等技术，大幅减少热损失和环境污染；海水淡化、余热余汽回收等实现工业生产零排放。

首钢搬迁里外一新，实现了产品结构向高端板材为主转变，“制造加服务”竞争力不断增强，形成了汽车板、电工钢、镀锡板等十大高端产品系列，硅钢产品跻身世界第一梯队。首钢成为了疏解首都城市功能、实施京津冀发展战略的示范者、先行者。2014 年 2 月，习近平总书记在视察北京讲话中提到的唯一企业就是首钢，他指出“首钢搬迁到曹妃甸就是具体行动。要继续坚定不移地做下去”。

从钢铁业到城市综合服务商，开启转型发展新征程

在首钢即将进入第二个百年之际，首钢成为国家技术创新示范企业、国务院国企改革“双百企业”和北京市国有企业深化改革综合试点。首钢将通过打造全新的资本运营平台，实现钢铁业和城市综合服务商两大主导产业并重和协同发展。2016 年北京冬奥组委会入驻首钢园区，首钢紧紧抓住服务保障冬奥这一历史性机遇加快企业转型发展。2018 年首钢成为首个也是唯一一家 2022 年冬奥会和冬残奥会官方城市更新服务合作伙伴，荣膺了国际奥委会“奥林匹克主义在行动”奖杯。新首钢地区打造新时代首都城市复兴新地标。高炉改造成大型活动秀场，炼铁原料西十筒仓改造成现代化的冬奥组委办公区，精煤车间变身国家冬训中心建成冰壶、速滑、花滑、冰球冬训场馆的“四块冰”，用首钢自有钢材建成冬奥滑雪大跳台，“新首钢大桥”开通打开了首都西大门，国家体育产业示范区、中国第 1 个全球第 19 个 C40 正气候项目、世界侨商创新中心、星巴克、铁狮门等相继落户。工业遗址华丽转身成为网红打卡地，国际奥委会主席巴赫称赞说：“首钢北京园区是一个让人惊艳的城市规划和更新范例。”

曹妃甸园区打造首都战略功能协同发展示范区。首钢基金以“PPP + 管理合作”模式投资建成曹妃甸

工人医院，引进北京优质医疗教育资源建成友谊医院曹妃甸合作医院、安贞医院曹妃甸诊疗中心、景山学校曹妃甸分校、全国首座零能耗被动式幼儿园。在推进京津冀协同发展示范区绿色建筑小镇、引入战略合作方和协同招商疏解非首都功能等方面取得了新进展。

首秦园区打造秦皇岛首钢赛车谷。为服务秦皇岛市打造国际化旅游城市的定位，2018 年 7 月，首秦公司先后举行钢铁全流程停产仪式和秦皇岛首钢赛车谷启动仪式，实现了当年停产、当年转型、当年运营，成为了传统工业产业转型的标杆和秦皇岛市发展的新磁极。

近两年，首钢紧紧围绕城市发展、政府所急、百姓所需积极寻找机遇，强化市场和服务意识，多产业联动打造城市综合服务商。建成世界单体一次投运规模最大垃圾焚烧发电厂，承揽北京大兴国际机场、上海虹桥、贵阳龙洞堡国际机场停车楼运营业务和秘铁和日照海水淡化工程，成为住建部第一批示范“国家装配式建筑产业基地”、北京城市副中心行政办公区综合管理服务平台，金融服务、城市基建、医疗健康、文化体育、国际化经营等加快发展，不断催生新业态、培育新动能。

2019 年 2 月 1 日，习近平总书记来到首钢园区，视察北京冬奥筹办工作，看望首钢干部职工。亲切关怀，巨大鼓舞，为全体首钢人站在新的历史节点上续写新的传奇注入强大动力。到 2035 年，首钢将全面建成新时代首都城市复兴新地标，打造世界一流的综合性大型企业集团。咬定目标不放松，砥砺奋进新时代。“敢为天下先”的首钢人将再度书写百年传奇，为中华民族伟大复兴做出新的贡献。

（首钢集团有限公司）

厚植“铁源文化” 谱写时代新篇

首钢集团有限公司矿业公司（以下简称首矿）始建于1959年，是首钢重要的原料基地，经过六十多年的建设，已发展成为以采矿、选矿为主业，发展资源综合利用、运输物流等新产业、矿山装备制造和技术服务等相关产业、公益事业的特大型现代化矿山企业。首矿以习近平新时代中国特色社会主义思想和党的十九大精神为指引，传承发扬首钢精神，厚植具有矿山特色的“铁源文化”，打造新时代弘扬和传承优良传统的实践样本，为高质量发展积蓄了强大动能。

一、沧桑巨变六十载，“铁源文化”底蕴深

（一）*首矿发展历程及文化孕育*

艰苦创业（1958－1965年）。上世纪50年代末，新中国百废待兴，老一辈首矿人扎根深山开发“钢铁粮仓”，建成首钢自有矿山，结束了首钢有铁无矿的历史，实现了艰难起步。“建矿初期住农户，薯面窝头玉米糊，艰苦奋斗搞三通（通水、通路、通电），扁担大筐修铁矿，秸秆模板来建筑”是建矿初期的真实写照。埋下了艰苦奋斗、服务大局的种子。

砥砺崛起（1966－1976年）。文革时期，首矿破除干扰建成水厂铁矿，拥有了大石河和水厂南北两个矿区，实现了首钢矿石自给。以水厂铁矿建成为标志，实现了建矿后第一次大发展。“万人会战”开发水厂铁矿，“铁燕子”、三八女子凿岩班等一批攻坚故事流传至今。艰苦奋斗、自强不息、服务大局的精神文化内涵进一步丰富。

承包巨变（1977－1995年）。这一时期，首钢率先探索国企改革之路，首矿实施“纵向考核到底、横向考核到边”“三档五线”的“承包制”，进入全面高速发展新阶段。以球团大修改造、水厂选矿扩建等“四大工程”为标志，实现了冷线和热线规模双提升，迎来首矿第二次大发展。

转型发展（1996－2015年）。上世纪90年代开始，首矿历经市场浪潮洗礼，抓住矿业“黄金十年”机遇，伴随首钢搬迁调整，内强管理挖潜力，外拓市场保大局，加快转型发展步伐。“小球团烧结新技术”“链蓖机－回转窑－环冷机法生产球团矿新工艺”“大型深凹露天矿高效运输系统及强化开采技术研究”“数字矿山建设”、ERP工程等一批科技创新成果，使首矿发展续航能力进一步增强。同时，培育了“三查发布”“皮带管理创一流”等一批具有首矿特色的管理品牌。严格管理、自强不息的基因进一步固化。

开新图强（“十三·五”以来）。“十三·五”以来，根据首钢集团战略定位，首矿以打造“首钢战略性资源保障基地、钢铁板块协同服务基地、区域性绿色运输物流基地、资源型企业行业转型示范基地”为目标，全力发展“四大产业”，开启第三次大发展新征程。建设马城地采新矿山，强力推动资源综合利用和铁路运输物流新产业，培育“首钢建材”品牌，企业核心竞争力显著增强。“百元选厂工程”、“三年班组建设”“铁路提速精神”“二马攻坚精神”等新实践为“铁源文化”增添了新注脚。

（二）*“铁源文化”的体系和内涵*

“艰苦奋斗、严格管理，自强不息、服务大局”的矿山传统，源自于中华优秀传统文化、革命文化和社会主义先进文化，传承于“敢闯敢坚持敢于苦干硬干、敢担当敢创新敢为天下先”的首钢精神，根植于首矿六十多年来开发矿业、服务钢铁的实践，赋予了鲜明的时代特色和企业特质，是“铁源文化”的根和魂，体现着矿山人无私的品格、过硬的作风、科学的方法和不懈的追求，是属于首矿人的文化自信。

“愚公移山”的精神文化。60多年来，首矿从露采到地采，从单一矿产主业，到资源综合利用、铁路运输物流等几大产业协同并进，始终以愚公移山精神为源头活水，创造了“现代版”的愚公移山。精神文化核心是敢于担当的责任精神、久久为功的笃实坚韧和服务大局的使命情怀。

自强不息的物质文化。从全国优质产品金质奖章，到国家科技进步一等奖，再到露天矿半连续排岩系

统、电机车无人驾驶等填补国内技术空白的创新探索，以及ERP、皮带管理创一流等特色管理，“自强不息”一直是首矿发展的灵魂，也是首矿致力于为客户提供一流的产品、技术和服务的宗旨。

艰苦奋斗的行为文化。这是矿山企业的优良传统和作风，是矿山职工必备的、最基础的行为特质，是长期必须面对和适应的环境需要。正常经营时期，坚持艰苦奋斗，意味着保持良好的工作作风和永不懈怠的精神状态，乃至追求更高的奋斗目标，才能保证企业旺盛的生机与活力。经营困难时期，更需有攻坚克难、谋划长远的决心和能力，保持“幸福都是奋斗出来的”初心本色。

严格管理的制度文化。“三查发布”“禁酒令”“皮带管理创一流”、向“学子宴”亮红牌，是首矿严格管理的生动案例。新时期，首矿坚持守正创新，“1+1+N”预算体系、管理费一支笔、“一切费用皆可降”等管理手段和理念不断赋予严格管理新内涵。

和谐美丽的“家”文化。核心在和谐。职工和衷共济，社区居民互相理解、帮助、支持，使企业变成一个温暖的大家庭。“美丽”是“家”文化内涵的丰富，旨在建设美丽“小家”、美丽社区、美丽矿山，体现职工与企业共享发展成果。

二、新实践为“铁源文化”注入新内涵

“十三·五”以来，首矿将“铁源文化”融入发展战略、经营管理、深化改革等全过程，在新实践中为“铁源文化”注入时代新内涵。

（一）危中求进转观念，凝心聚力克时艰

在2014年－2016年的困难时期，国际铁矿石价格断崖式下跌，矿山行业进入“寒冬期”。首矿全体干部职工秉持艰苦奋斗这一“传家宝”，坚持“市场向好不懈怠、市场低迷不悲观、波折面前有定力”，破除惯性思维，用更高的工作标准克服矿石自然禀赋的先天不足，不断推进体制机制变革、优化经营管理、深入降本增效，在应对困难和挑战中强筋骨、练内功、创效益。

以思想破冰引领行动突围。自2015年开始，连续六年以“破除惯性思维”“三个彻底改变”“转观念、转作风、提能力”“三推三做一提升”“强基起步促发展”“提质蓄势勇担当”为主题，开展全员解放思想大讨论活动。共查找5000多个案例，解决具体问题取得直接经济效益上亿元，促进了效益提升和经营指标的完成。

一切费用皆可控，精细管理出效益。从管理精细化入手，引导职工在“紧日子”里练内功，提升经营管理水平。按照“项目核算、能分必分”原则，打开财务报表，实现全要素精细化管控。通过打开对比，查找经营生产中非增值作业行为，“打开见差距，打开见效益”成为普遍共识。推进核算型财务向管理型财务转变、专业工作由业务型向效益型转变，压紧压实逐级费用管控责任。

“百元选厂”齐冲关，吨精成本进前三。2017年开始，首矿以选矿加工成本为突破口，深挖成本潜力，连续三年实施了“百元选厂”工程，按照一年一个阶梯、一年多项举措的工作思路，决心将南北两矿选矿加工成本降至100元以内。首矿构建了管理网络全覆盖、指标体系全方位、实施过程全评价的管理体系。

（二）敢于求变谋发展，自强不息创新业

“十三五”以来，首矿抢抓机遇主动作为，在加快推进资源接替项目建设，夯实首钢战略性资源保障基地地位基础上，大力发展资源综合利用和铁路运输物流新产业，打造新的经济增长极。

发展资源综合利用产业，铸就先行官精神。利用丰富的排土场废石、尾矿砂存量，发展资源综合利用新产业，打造京津冀区域工业固废综合利用示范基地。按照“整体布局、分步实施、突出效益、多渠道开发”的原则，以资源综合利用产业规模化发展、深化发展为中心，统筹推进运输物流产业、土地高效利用产业发展，延伸绿色产业链，扩大服务范围，全力打造资源企业行业转型范例和构建京津冀绿色建材服务商，提升首矿绿色产业规模、发展质量和效益水平。积极推动海运，“首钢建材”打入长三角。2019年销售收入同比上年增长208%，“首钢建材”成为首矿服务城市建设的闪亮名片。

发展铁路运输物流产业，重塑火车头精神。实施区域提速，释放运输潜能。实现了行车速度由平均速度17.5公里/小时提高并稳定在30公里/小时以上，运输能力提升41.66%。启动“百厘物流”工程，构建起以吨公里成本为纲，以人工费、修理费、能源费、非生产性支出四项费用为目，以成本要素为弦，以

技术经济指标为支撑的“百厘物流”管控网络。2020年一季度运量达到5000万吨水平。运输总量较“十三五”初期增长60%。

（三）守正创新勇争先，科技管理双驱动

落实新发展理念，坚持管理和技术“双轮”驱动，推动技术指标进步、产品和服务升级。先后获得首钢级以上科技、管理创新成果奖85项。

创新管理模式，打造高效矿山。创新目标管理，执行一贯到底。健全完善全面预算管理体系，按照“自上而下定方针，自下而上定措施”原则，实施“1+1+N”预算体系、“3+1”绩效管理体系、“5+4+2”法人子公司治理体系等管理举措，使逐级责任具体化、明确化，提升企业整体执行力。创新活力管理，激活最小单元，开展三年班组建设，以生产经营、成本核算、考核分配、人才培养、安全管理、班组文化“六要素”为主要内容，通过选取试点、以点带面推进400个班组达标。水厂铁矿汽运作业区运转班被评为“中国企业文化建设与管理标杆班组”。

矢志技术创新，建设智能矿山。露采生产高效化。在国内率先应用第一套半连续胶带排岩系统，自主研发露天采矿GPS矿车智能调度系统、穿孔爆破工艺数字化系统，引进SURPAC三维大型矿山工程软件，《大型深凹露天矿高效运输系统及强化开采技术研究》成果获国家科技进步二等奖。地采生产智能化。“十大自动化系统”“六大安全系统”，实现采矿机械化自动化、有轨运输及提升自动化、大型固定系统及设施无人值守。杏山铁矿被确定为“国家地下金属矿山数字化建设示范工程”，成为“机械化换人，自动化减人”全国十家试点矿山之一。上线ERP系统，自主研发MES系统、生产信息管理系统、物资终身管理与核算系统、水电平衡管理系统、远程智能集中计量系统等，实现全过程精细化管控。先后涌现出1名“全国百姓学习之星”、4名“首都市民学习之星”、10名“全国技术能手”、2名“全国钢铁行业技术能手”、16名“全国冶金矿山行业技术能手”。“首钢工匠”马著的创新事迹登上“学习强国”平台。

三、甲子矿业展风华，擘画高质量发展蓝图

（一）新时期催生新使命，新目标引领新征程

“十三·五”以来，首矿坚持前瞻性思维，做出符合自身优势和时代潮流的发展规划，确立发展“矿产主业、资源综合利用产业、铁路运输物流产业、相关产业”四大产业格局，协同发挥资源禀赋优势、地理区位优势、生产要素优势、区域政策优势、产业链长、供应链稳的优势，形成首矿独特的核心竞争力，建设首钢战略性资源保障基地、钢铁板块协同服务基地、区域性绿色综合运输物流基地、资源型企业行业转型示范基地“四大基地”，实现第三次大发展新目标，感召鼓舞全体职工再创新辉煌。

（二）弘扬优良传统，共筑百年梦想

组织开展纪念建矿60周年“十个一”系列活动，编写一本矿业发展史、一本矿山工匠志，建立一个纪念建矿60周年主题网站，编撰一本企业文化手册，制作一部主题宣传片，筹建一个矿山文化馆，召开一次纪念大会，组织一场由职工自编自演的大型文艺节目，举办一系列文体活动，组织一次主题摄影、书画展等，唤起记忆蹉跎、激励当下奋进、希冀未来发展。开展“铁源文化”进车间、进班组、进校园系列活动，在全体职工中掀起“铁源文化”学习热潮。“铁源文化”系列产品成为弘扬优良传统、增强文化自信的生动教材。建成以“甲子风华·筑梦百年”为主题的文化馆，对首矿发展历程、产业转型升级成果、装备技术实力、产品技术创新、企业党建、文化建设等进行全面展示，成为“铁源文化”传播的主阵地。

四、赓续“铁源文化”根脉，面向未来“六注重”

面向新时代，首矿将坚持弘扬“艰苦奋斗、严格管理，自强不息、服务大局”的优良传统，不断赋予“铁源文化”体现时代特质的新内涵。以更加注重敬业奉献、更加注重增强活力、更加注重科学管理、更加注重守正创新、更加注重服务意识、更加注重以人为本的“六个更加注重”指导第三次大发展实践。进一步坚定文化自信，推动企业高质量发展。

久有凌云志，百年路犹长。首矿将积极践行新发展理念，在改革发展实践中践行“铁源文化”，不断丰富文化内涵，谱写新时代篇章。

（作者任淑娟、刘媛系首钢集团有限公司矿业公司）

创新培训模式，激发全员学习新动能

人才是煤矿生产和发展的第一要素，起主导和决定性作用，再先进的设备和科学的工艺，都需要技能高超、技术精湛的人员去操控和执行，方能发挥其最佳效能。神东煤炭集团寸草塔二矿（简称二矿）专注员工培训，全力打造一支高素质、精技术、强战斗的矿工队伍，为煤矿发展贡献智慧和力量，为企业持续发展创造更大的价值。

坚持培训全员化，努力打造“安全二矿”

寸草塔二矿坚持党建引领安全培训工作，将安全培训作为硬指标和“一把手”工程，明确了各层级管理责任，将培训惠及到每位员工。

“三级格局”保障安全培训。矿层级年初下达培训计划，区队细化月度指标，按月跟踪考核、奖励，形成“矿长亲自抓、区队自主管、员工主动学”的安全培训格局。建立了符合企业实际和完善的安全培训管理制度，每年按比例提取和使用安全教育培训经费，实现煤矿安全培训管理制度化、规范化。

“三个方法”助力全员培训。依托“矿井－区队－班组”三级培训体系，开展全员培训工作。利用班前、班后会时间，组织员工开展集中学习培训，采取每日一题、每周一课、每月一考等方式，将培训渗透到员工日常工作中。

“取证培训”提升员工素质。狠抓“三项岗位”和其他从业人员持证上岗，着力提升煤矿一把手的安全工作领导和指导能力、各层级管理人员的现场安全管理能力、现场岗位工和特种作业人员的设备操作能力。坚持“走出去”接受高水平、专业培训，委派人员到内蒙古煤矿安全培训中心等国家二级培训单位进行取证培训，确保所有从业人员持证率100%。

坚持培训精准化，努力打造“标准二矿”

寸草塔二矿摒弃传统煤矿“大水漫灌”式的培训做法，将岗位技能需要和职工培训需求相结合，开展精准化培训，提高培训的针对性和科学性。

普及专业知识。按照国家和两级公司培训要求，及时开展安全规程、操作规程、管理制度和事故案例的理论学习，普及法律法规、企业文化、职业健康以及劳动保护知识，提高广大员工自保、互保、联保意识和能力。

创新传导方式。将危险源辨识、事故案例、精益化管理等理念及相关知识纵横融合、上下贯通，制成标准作业流程表单，员工通过菜单式、“一对一”学习，提高学习和掌握能力。

打造立体平台。应用岗位标准作业流程系统、班组日常管理办公系统等平台，将2149个岗位标准作业流程网络共享，营造了“人人皆学、处处能学、时时可学”的良好环境，保证流程的学习和应用传达到每位职工。

坚持培训数字化，努力打造“智慧二矿”

寸草塔二矿坚持理论、实操培训“两手抓”，利用“基地＋互联网”手段助推培训工作向信息化、数字化发展。

创新工作室激发学习热情。二矿投资1300余万元，建成720平米的实操培训与科技创新综合工作室，配备涵盖井下采、掘、机、运、通、电6个专业15个工种的实操材料和设备。借助信息化手段，将平面式实操培训向数字时代、智能时代不懈迈进，利用3D技术，仿真模拟制作设备教学动漫，平面化、纸质版教学向三维立体化转变，使“每一个零件动起来”；利用“VR”虚拟现实技术，开发煤矿井下实景虚拟培训系统，百分百演示复杂的设备、场景，让职工在真实情节回放、亲身角色扮演和互动演练中，培养职工学习兴趣、掌握操作技能，实现员工培训真正“入脑、入心、入行”。

智慧网络实现信息共享。建设煤矿井下“信息高速公路”－矿井智慧线网络，应用“互联网＋”科技，为井下每一台设备配置二维码，植入设备规格、技术参数、操作说明等数据，职工只需手机扫一扫，自动接收、呈现检修步骤和故障处理流程等信息，即可学习相关知识，有针对性地操作设备和处理故障，实现井上下互联互通和按标准作业。

“掌上游戏”做到寓教于乐。二矿专门制作了透明平面教学用具及电气接线连连看、流程缺项填空、异常找茬等趣味化游戏软件，改单调的手指口述培训为“趣味手游培训”，让职工在“掌上游戏”的过程中，巩固、增长专业知识。

坚持培训共享化，努力打造“活力二矿”

全员参与，丰富资源。二矿积极拓展书本式培训教材范围，实行课件制作内部市场化，鼓励职工全员参与课件制作，集全矿职工智慧建成了课件资源共享库。按照三维动画类、二维动画类钟、PPT类（、视频类、交互操作类实行明码标价，通过审核验收纳入课件库。目前课件库已存课件2463个，实现单位资源与个人价值共享共赢。

自主研发，整合资源。应用“互联网＋”手段，矿里自主开发远程教育学习管理平台，将全矿学习课件资源共享。通过系统功能和选择单元，帮助职工在网上自主搜寻、拥有更多学习资源，并自主选择、学习感兴趣的课程或课程章节，提高学习针对性和可重复性，帮助职工更细、更有效消化吸收所学内容。

积分兑换，共享资源。开通“指尖微课堂”，职工可通过工号在电脑、手机终端随时随地登录学习。同时，系统可以全周期跟踪、记录员工的学习课时及积分，职工最终积分可兑换奖品或奖金，促进职工学习由“要我学习”向“我想学习”、“我要学习”自觉转变。

坚持培训定制化，努力打造“工匠二矿”

二矿把“比、学、赶、帮、超”作为培育“工匠”的一把利剑，以培养高精尖技能人才为重点，为有志于成为技术专家的员工提供定制化、个性化培训，激发员工的创新热情，着力打造技能人才生力军。

开展拓展训练。在矿内实操培训的基础上，延伸培训阵地，选派人员到专业化维修中心，开展任务驱动的模块式培训，接受岗位任务指标训练，执行完整的作业流程，提高职工的“工匠”水平。定期组织安全知识竞赛、技术比武等活动，为广大职工成长成才搭建平台，铺设快速成长通道。

开启惠民通道。通过采取技能鉴定、选聘技能专家、创建创新创效工作室、评选二矿“善学好思”模范、提高技能人才待遇等一系列行之有效的措施，让广大职工深切体会到高技能所带来的获得感和荣誉感，争做“二矿工匠”。

优化运营机制。建立系统的定期考核、积分排名制度，完善“寸二工匠”的运营机制，促动更多职工将“工匠精神”融入到岗位实践中，挖掘创新潜力，汇聚正能量，促进企业安全高效健康发展。

坚持培训主题化，努力打造“文化二矿”

寸草塔二矿多年来始终秉承书香育人、文化铸魂的理念，坚持实行并健全“党委搭台、支部唱戏、书记导演、干部示范、党员主演”的学习教育基本工作机制，用书香浸润心灵，用智慧点亮人生。

多样课堂丰富培训内容。每周选取一个主题，开展“周二大课堂”、“周五小课堂”、“指尖微课堂”

等活动，使全矿班组长以上管理人员接受集中教育培训，提升职工思想境界，丰富头脑。

多样活动凝聚道德力量。在安全专业培训的基础上，将学习践行社会主义核心价值观作为永恒主题，外聘专家教师开办综合素质提升班，定期组织拓展训练，引导全体员工树立“四个自信”，增强团队协作合作意识，凝聚发展合力。在区队班前会上开展“我为工友讲故事”、“分享正能量”活动，通过讲述“身边好人好事”，唱响“中国好声音”，带动广大职工学模范、崇道德、讲文明、扬正气，以道德力量推动矿井持续健康稳定发展。

多样阅读开启智慧人生。开发专用图书借阅管理软件，为各科队共配置图书4300余册，在全矿开展“日读十页书”和“读书分享会”活动，引导员工开阔眼界、增长知识，树立正确的三观，提升职工的综合素养。近年来，二矿有1人被授予“全国五一劳动奖章”；3人获得省部级劳动模范称号；矿职工创新工作室被属地工会授予“十大职工创新工作室”称号。

新培训模式实施以来，矿内自行设计制作的仿真教学装置获得了4项国家实用新型专利；自主开发的电气实操培训系统荣获“神华集团第二届职工技术创新成果二等奖”；由员工自主编写出版的2本煤矿安全培训教材在行业内广泛运用；其独具特色的培训模式已成为二矿的闪亮名片和品牌。享誉公司内外，培训工作取得了显著成效。多次接待外部单位的参观学习。二矿自创的“基础理论培训 + 仿真设备实操 + 娱乐化教学”三位一体培训新模式在内蒙古自治区安全教育培训现场会上受到一致好评。

（神东煤炭集团寸草塔二矿）

打造华友特色文化　为钴业发展提供动力

浙江华友钴业股份有限公司（简称华友钴业）始建于2002年，是一家专业从事钴金属化学品及新材料制造的高科技型企业。面向国内国际两大市场，致力锂电正极材料前驱体、钴的化学品以及铜镍金属等业务领域。华友钴业贯彻上控资源、下拓市场、中提能力的战略思想，依托新能源、新材料的产业定位，遵循产品高端化、产业一体化、经营国际化的战略路径，上下同欲，不断提升驾驭发展的能力。

强化企业文化建设　形成主流文化体系

华友钴业是生长在盛产毛衫和杭白菊的桐乡的本土企业，历经18年艰苦创业，现已成为国内最大的钴化学品生产商、LG、三星、TDG等知名企业的供应商。华友钴业抓住企业文化建设，从村庄来到城市、从国内走到国外、从桐乡落地衢州，在快速发展中把自己打造成专业从事钴金属化学品及新材料制造的高科技企业，成为国内钴行业的领先者。华友钴业一经诞生，就按照现代企业制度的要求，推进战略管理和绩效管理，谋求扩大市场份额和经营转型，积极探索国际业务，谋划“两新三化”的发展战略。在董事长陈雪华大力倡导和全体员工的参与下，本着以生产经营为中心、以人为本与可持续发展的原则，确定了“诚信、创新、责任、学习、激情”的华友钴业价值观，提炼出丰富的华友钴业企业文化，形成主流文化体系。

华友钴业经历过无数次历史性变迁：刚果（金）CDM公司、衢州华友钴新材料有限公司的成立，公司股份制改造成功、沪市A股市场上市，历经长足发展、多元创新，华友钴业凭借自身的企业文化“越挫越勇”，逐步探索确立具有自身特色的企业文化体系。在危机中积蓄力量、在困难中稳步成长。

明确华友价值观的内涵　立华友文化之本

诚信是立业之本，是华友人永恒不变的共同操守。华友钴业以诚待人，依信立业，力图成就百年华友；将诚信作为自身基本的道德要求，作为永恒的品格修炼；诚实正直，实事求是。信守承诺，言必信，行必果。廉洁自律，利出一孔；创新是领先之道，是华友事业不断开拓、引领发展的关键，抓创新就是抓发展，谋创新就是谋未来，华友钴业将培育开拓创新思维和持续改进的精神，铸就华友持续领先优势；华友钴业人敢于打破常规，敢为天下先，发挥创造力，开放包容、整合智慧，创造新价值，倡导惟创新者进、惟创新者强、惟创新者胜，创新驱动是华友发展的不竭动力；责任是成就之源，是华友打造高素质团队、赢得社会尊重的前提，华友钴业人有担当才有作为，相信有作为就能成就华友的理想事业。华友钴业人以专业的精神，敬业、执著、严谨的态度，干一行、爱一行、钻一行、精一行，敢啃硬骨头，敢闯难关，做到平常看的出来，关键时刻站得出来，危急关头豁得出来；真正做到敢于负责、勇于担当、善于作为；学习是长青之基，是不断改进提升、增强组织活力的有效途径，华友钴业人笃信惟有不断学习才能与时俱进、自我超越，惟有依靠学习，华友才能赢得未来！华友钴业人以开放的姿态拥抱变化，以变应变，以空杯心态，虚心接纳异见，自我反思、自我批判，不断自我超越、自我完善。在工作中学习，在总结中提升，在岗位上成长；激情是奋进之要，是华友人必备的素质，是团队的动力源泉，唯有激情不息才能披荆斩棘、迎难而上、奋勇向前、永不止步，唯有饱满的事业激情，才能推动华友事业永攀新高。华友钴业人不断激发自我潜能，合理释放个性，全心投入、全情付出，持续保持激活状态，积极迎接新挑战，不断开创新业绩，以强烈的事业心，将华友发展推向新高度、取得新成就！

勇担社会责任，积极服务地方清洁能源事业

坚持绿色发展。华友钴业践行“生产与生态和谐、经济效益与社会效益统一”的责任理念，每年编发《社会责任报告》，大力推进节能降耗、清洁生产、循环经济、绿色制造，打造资源节约、环境友好、效益领先的行业标杆；坚持共享发展，关爱员工，全面保障员工权益，实现企业健康发展与员工价值提升的互相促进；关注民生，积极投身公益事业，在履行社会责任中积极推动企业与社会的共同进步。

参与慈善与公益，回报社会。华友钴业秉持“在哪里投资，就要为哪里的经济发展作出贡献”的投资哲学，在开放发展中彰显华友的行业责任和国际义务。在国内，华友衢州基地已经成为国内钴行业的现金制造基地，关注社区发展，紧密联系社区居民，为当地社区的发展贡献自己的力量。社区活动有：华友慰问麻风病院、华友参加市“金秋助学”活动，向困难学子发放助学金等；志愿者活动有：敬老院义务劳动、“学雷锋”活动，清洁公共自行车站点等，成为当地锂电新能源材料产业集群化的龙头企业；护航G20峰会，确保维稳安保工作获得全胜，华友钴业通过广泛的宣传，开展系列举措，发动员工参与到护航行动中，如：安全隐患大排查、加强门岗出入管理、参与平安共建等活动；公司通过资助困难大学生就读、资助大病职工就医、与困难家庭结对帮扶、慰问困难职工等方式，资助困难家庭；子公司华友衢州公司积极帮扶救困，帮助解决当地农村家庭困难户生活实际困难。华友在全球多个国家和地区运营，尊重当地风俗，以促进所在地的发展为己任，支持社区基础设施建设、捐赠活动资金、开展植树活动等帮助当地社区改善各项条件。华友与NGO合作，开展当地儿童保护计划，华友CDM公司更是积极参加刚果（金）植树节活动，为社区捐建健身设施；在非洲，华友履行国际义务，捐资助学、社区共建，改善当地医疗卫生条件，参与当地基础设施建设，公司在刚果（金）的农业项目被列入联合国粮农组织对非援助项目，树立了中资企业的良好形象。

关爱员工，共建家园。来自五湖四海的华友人，缘于同一个梦想，相约华友，需要精诚合作，共同成长。华友文化是一种精神，是一种信仰，精神力量给予我们不竭的动力，信仰坚定了我们前进的航向。华友坚持做好员工保障和构建和谐稳定的劳动关系，2016年12月发布华友钴业《劳工实践与人权政策》，规范和执行国内外用工制度。保证常规化的工会活动，坚持开展丰富多彩的文体活动，每年组织多项文体活动，活跃员工生活。

开好国际年会，展示华友形象。自2016年以来华友开始举办国际年会，常常有来自全球二十多个国家和地区的500多位中外嘉宾欢聚一堂，共商大计，齐谋发展；2017年华友钴业举办的国际年会盛况空前，受到国内外媒体关注，特别是国外参会者感受到华友的感恩情怀与奋进精神，领略到华友大家庭的温暖与热情、激情与梦想，向世人展示了华友成为全球锂电新能源材料行业领导者的信心与决心！更助推了行业的进步与发展。

构建多媒体平台，传播华友好声音。继2016年华友制作完成《根在中国　友遍天下》为主题的华友企业形象宣传片，又创作了华友企业歌曲《华友在路上》，提升华友员工的向心力与凝聚力，为公司二次创业提供思想财富和精神支柱。近几年，在继续办好《华友报》、传递华友追求经济社会与自然环境和谐发展的价值理念的同时，2014年成功申请华友钴业微信公众号，每天及时更新新闻内容；都成为企业微信公众号的典范；2017年3月增添华友微信订阅号：《奋斗的华友人》，让基层员工第一时间了解和掌握公司的最新动态。

发布思想文化建设纲要，深度凝心聚力。企业思想文化建设是一项系统工程，文化建设纲要指导企业文化建设导向的行动指南，一个没有企业文化建设方向的企业是没有前途的企业，一个没有信念的企业是没有希望的企业。华友钴业每年都会发布思想文化建设纲要，对全年思想文化工作进行总结，并对下一年思想文化工作进行定位，引导人们专注与坚持自身的先进文化，这种专注与坚持体现在对业务发展的不懈追求中，对未来的不断探索中，对企业和团队的默默奉献中。

（浙江华友钴业股份有限公司）

文化引领实施幸福工程　以人为本提升员工福祉

盘锦北方沥青燃料有限公司（以下简称“公司”）成立于2003年11月，属于燃料－润滑油－化工－沥青型综合性炼厂。公司自组建以来，不断鼎故革新，通过管理变革推动企业走上了高质量的可持续发展道路，通过文化创建，公司上下整体形成了“共同富裕发展、快乐健康工作”的良好工作氛围。

以发展为本源，夯实幸福基石

一路走来，公司始终将“发展才是硬道理”视为一切之本源，做优图强的目标也一直坚定不移。2009年，公司紧紧抓住辽宁沿海经济带开发开放机遇，借助土地、港口、物流运输等方面优势，按照扩能改造、转型升级、产业接续的战略发展目标，整体迁址于辽东湾新区开始二次创业实施石化产业项目建设。经过十年的“蜕壳”成长，公司年加工原油能力从起步时的30万吨，发展到了1，500万吨；总资产从5，000万元，积累到了420多亿元；营业收入从10多亿元，增长到了600亿元。目前，公司生产装置达到了四十余套，并于2015年成功获批国家发改委700万吨/年进口原油使用权及商务部原油非国营贸易进口资质，企业已经形成了生产装置“规模化”、工艺路线“多元化”、终端产品“差异化”、经营管理“智能化”、产业延伸“一体化”、合作发展“国际化”的发展格局。2018年，公司首次入围“中国企业500强”；首次入围中国民营企业制造业百强，也是辽宁省唯一一家入围的民营企业；首次入围“中国石油化工民营企业十强”。2018年，公司经营业绩再度提高，实现营业收入600亿元，实现利税61.1亿元。在为地方经济发展做出突出贡献的同时，也为创造员工幸福夯实了经济基石。

以文化为引领，构建幸福平台

文化既是统一员工价值观念的血脉，也是一个企业的核心竞争力。公司结合新时期民营企业机制灵活的特点，以“共同富裕、安全健康、快乐工作、认可尊重、共同发展”员工五大幸福目标为导向，总结提炼出了“正德、耕心、创变、致远”的企业精神。通过齐抓共管、内外兼修、点面结合等多样方式，使公司文化建设别开生面，幸福平台节节提升。

齐抓共管。2011年，公司先后成立了工会、党委及共青团组织。公司将各党支部书记确定为部门企业文化建设第一责任人，每个支部都设立一名兼职文化干事，以大力培育企业精神为主线，以落实《企业文化建设实施方案》为准绳，以党建目标考核为手段，通过党、政、工、青齐抓共管，各支部均形成了文化建设不松懈、业务工作不掉队的良好态势。

内外兼修。公司党委采取集中与分散、网上与网下、讲授与自学相结合的方式，广泛开展十九大报告、不忘初心等主题学习教育活动。组织党员干部先后参观了抗美援朝纪念馆、辽沈战役纪念馆、大连旅顺口日俄监狱旧址等爱国主义教育基地，以及大梨树“毛丰美”教育基地，以思想道德、爱国主义和文化传统教育。加强党员党性锻炼，砥砺党员品质。通过内化于心，培养绝对忠诚的干部队伍。进而外化于形，打造特色化企业品牌。

点面结合。公司文化建设坚持立足于点，典型示范；着眼于面，深化拓展的宗旨，努力达到“点燃一盏灯，照亮一大片”的目的。公司党委、工会连年开展评先选优活动，并对“先进集体”、“劳动模范”、“优秀党务工作者”、“工作标兵”给予表彰与物质奖励。几年来，公司累计发放表彰奖金额超过300万元，优先解决35名先进典型家属就业。先后有28名受奖员工被选拔到中层管理岗位。企业内部形成了浓郁的比、学、赶、帮、超氛围。

以权益为保障，建设幸福高地

公司一直将员工视为企业最为宝贵的财富，以充分保障职工权益为工作的出发点和落脚点，时刻彰显对员工的尊重和认可。公司充分发挥职工代表大会的决策、监督职能，在调整薪酬、劳动防护、奖惩办法等重大方案和管理规定出台前，均通过职工代表大会进行审议。保证职工在企业生产经营中的参与权、知情权与决策权，

截至目前，公司安置就业近3500人，员工劳动合同签订率均达到100%。免费为员工办理了“雇主责任险”。2016年，公司在执行带薪休假管理规定的基础上，又出台了年度满勤和获奖职工增加2－3天假期的福利待遇，推出了父母于外省市的中层干部年度享受7－14天探亲假期政策，推出了独生子女父母护理假的制度。高度重视员工的职业健康，为员工足量配备专业劳动防护用品。累计出资800余万元年度定期组织员工开展职业健康体检，先后对100余名岗位禁忌员工及时进行了工作调整。结合气候特点，夏季为员工及时发放消暑降温品和驱蚊用品，为员工创造良好的工作条件。为普及安全健康知识，连续举办了四届“安康杯”竞赛。生产现场的重点区域和关键部位，公司均设立了安全风险告知牌；专门设立了母婴关爱室。结合节假日广泛开展文体活动并发放福利品。

公司先后通过了“安全生产标准化三级企业认证”以及“环境管理体系认证”和“职业健康安全管理体系认证”。使企业安全健康屏障坚如磐石，职工权益也得到了充分保障。

以和谐为目标，提升幸福指数

2013年，公司被评为“辽宁省模范和谐劳动关系民营企业”，这是公司坚持追求“做一个有温度的企业”，多年来在创建和谐劳动关系工作中“一砖一瓦绵绵用力，一针一线久久为功”的真实回报。

随着公司不断的发展壮大，企业员工收入也逐年实现提高，近三年，员工的年人均增薪幅度都超过10%。在员工经济收入连年稳步提升的同时，公司下大力气改善设施环境，开展健康活动，努力提高员工生活工作质量。2012年，公司以高标准建设了员工文体活动中心，成为体育爱好者和员工休闲的乐园。高规格配置可容纳近2000人的职工公寓。生活区内设立了平价超市、休闲吧，以及图书阅览室。公司先后购置27台空调大巴，作为员工上下班通勤用车。

结合“五一”、“五四”、“七一”、“十一”等传统节日和重大纪念性节日，公司文艺、书法、绘画、写作、摄影竞赛，歌咏等常态化“文化节”，致力于陶冶职工情操，培养员工的团队意识和拼搏精神。

各级工会组织充分发挥了职工之家的作用，企业的温暖与关怀，使职工幸福感和归宿感大幅度提升，公司的凝聚力、向心力、创造力全面增强，助推动了企业健康发展，实现了经济效益与社会效益双丰收。

（盘锦北方沥青燃料有限公司）

整合创新促发展　融合共生增活力

康臣药业集团（HK. 01681）（以下简称康臣），1997 年，在第一军医大学的校办企业基础上创立，主要从事现代中成药及医用成像对比剂研发、生产及营销的现代化制药；2013 年康臣药业集团在香港联合交易所主板挂牌上市；旗下拥有广州康臣药业有限公司、康臣药业（内蒙古）有限责任公司、广西玉林制药集团有限责任公司、广州康臣药物研究有限公司等从事药品生产和研发的企业，运营康臣、玉林等知名医药品牌，在国内建有广州、通辽、玉林等 3 个生产基地，员工逾 2000 人。2018 年度位列中国医药工业百强、2019 年度中国中药企业百强。康臣一路砥砺奋进，企业文化是企业持续成长的关键。

“心术”：结合发展，整合创新企业文化理念体系

康臣的其前身为南方科研药厂（第一军医大学校办企业），有着浓厚的军队传统。改制后成为中外合资企业公司。企业转型迫使康臣文化必须融合创新，逐步形成了“康臣之光”理念体系。即：以“红、绿、蓝”三原色作为溯源，用光的简单、纯粹，寓意康臣文化“阳光、平衡、简单”的 DNA。“人本、精诚、担当、共享”的价值观“打造肾科旗舰，成为多专科领先的一流医药企业”为愿景，“以道为本，以德为基，以义为上，义利共生”的经营哲学，根据康臣价值观和经营哲学，形成了发展、人才、团队、分配、产品、服务等六个方面的经营管理理念。康臣延续定期对公司企业文化理念体系的宣贯，通过“微光课堂”等形式传播“火种”；定期对《企业文化理念手册》更新，公司发展历程编辑成册，公司大事年表更新、典型案例汇编、先进人物如康臣老兵”“康臣好青年”等点滴积累整理，让员工在潜移默化中认知、认同企业文化，直至践行。

“体术”：塑造行为规范，完善规章制度，打造康臣人风貌

员工对企业文化的感知是最直接、最敏感的。员工的行为代表着公司的精神风貌，也是企业文化力度的试金石。而公司的各项规章制度的完善，对公司各项工作的规范运作，规范员工的日常行为，推动着公司朝着正规的轨道运作有着重要作用。诸如：顺畅内部沟通、激发员工创新意识、员工工作高效、领导垂范等等，通过一系列制度落实检视。公司在责权体系、管控体系、制度体系、管理者行为、员工行为等方面不断完善，制定了《康臣员工行为规范》《企业文化管理制度》《安全生产管理制度》《技改工作管理体系》《客户管理制度》《实验室安全管理制度》等等，完善公司各项制度、规范，为公司的稳步发展提供保障。公司自上而下强化自身意识导向，领导督导管理层，牵引企业文化；管理层上承下接，践行文化；文化部门担当文化传播主力军，推动文化落地；公司员工呵护文化，通过制作企业文化故事手册等物态文化，营造良好氛围；开展文化培训与各类文化活动，让康臣员工加深了对文化的认同感，进一步影响和规范员工的行为。

“形术”：塑造视觉形象，加强文化宣传

视觉形象是企业文化的显性表达方式。公司现有的宣传阵地分为线上和线下两大块。线上有公司的 OA、官网、微信公众号、康臣大学 APP 等阵地，线下包含公司文化展厅、内刊、宣传栏、形象墙、洗手间文化墙。在 VI 形象识别系统上，公司形成了一套完整，具有企业特色的 VIS 系统，规范公司形象视觉系统，为公司树立对内对外形象奠定了强势的基础，包含公司名称、公司标志、企业标准色、辅助图形、

办公室事务系统、企业服饰、指示系统等，统一公司文化衫、工作证、公司班车车身广告、公司 LED 滚动显示公司理念等等。公司每两月发行一期内刊《康臣人》，每期根据特定的主题，将集团近期发生的事件进行综合或延展性报道，让员工了解公司重要事件及文化导向。宣传栏包含集团每一层楼的楼梯间、饭堂以及洗手间，定期进行板报设计更新，结合热点或节日或标杆人物，以图文的形式进行文化宣传，使员工精神文化上得到提升。此外，公司在产品的外部形象上根据产品特点、式样，对产品外观和包装进行整体形象规范，多角度、多层面，让企业文化细化到员工工作各项细节中去。

文化与组织建设通向同行

企业最重要的资产是人，是团队的能力，思想，文化。随着时代发展，仅仅依靠物质奖励来激励员工，已经变得越来越不适宜。企业员工都可以享有充分的选择自由，员工意识开始由“指挥”转向“共识”。这就要求企业文化能将个人发展与组织发展高度融合，文化建设与人才建设相统一。公司坚持“尊重人，培养人，成就人”的人才理念，坚持“同心同德，共生共创”的团队理念，坚持“价值为尊，事业众享”的分配理念。以平等的心态与言行尊重和关怀每一位员工，识人之能，用人之长，容人之短。建立清晰的职业发展通道、完善的培养体系和便捷的学习平台，实现员工的个人价值，提供与贡献相匹配的回报，最终帮助员工成为其期望成为的人。为加强公司人才培养，康臣建立了人才观的三个标准：一是自我学习：保证自身不掉队，向“T”字形人才靠拢。二是队伍建设：用优秀的人，培养更优秀的人，并团结一心、众志成城。要有康臣为我，我为康臣，康臣发达我发家的观念。三是结果导向：一切看贡献和能力，按价值定薪，你有多大雄心、有多大能力、有多大潜力，公司就给多大薪酬和分红。通过人岗匹配的调研和测评，在薪酬与绩效匹配，薪酬与岗位价值匹配，公司内部和行业外部都进行充分的比对，针对所有人员的薪酬与奖励，建立更加贴切实际、适合未来发展需要的薪资体系，做到个人发展与公司目标相统一。

管理者注重选人，培育人，用有奉献精神、有责任心、有专业能力的人，用符合当下和未来发展需要的人，不断优化队伍建设。强调学习，突破自我，每条业务线和中心部门负责人要做好专业培训和辅导输出。公司逐步完善培训体系，培养内训师，组织多方面的技能培训，搭建上线“康臣大学”app，整合资源，为员工提供免费高质量的学习平台，打造学习型组织。公司鼓励员工考取各类资格证书，发布《员工考取职称、职业资格证书奖励规定》，明确奖励标准和激励体系，确保组织目标与员工目标统一

积极推进主文化与亚文化的融合

康臣集团自 1998 年改制为港资独资企业，2005 年至 2015 分别收购了国内不同地域的公司。康臣人深知：比使命更重要的是行动。面对市场的激烈竞争，康臣不断深化改革，熔炼团队，推进母文化与子文化的融合。母文化是子文化的源头和基础，要坚持集团母文化的权威性、指导性与统一性。康臣坚持企业文化理念体系的高度统一，统一企业愿景、统一企业使命、统一企业价值观、统一战略目标、统一企业精神等。对于子文化，正确把握其与母文化的共性，结合实际，尊重其个性，形成相生相融的良性互动。企业文化的打造不是一蹴而就的，它根植于企业并伴随企业发展而发展。

（康臣药业集团）

走文化兴企之路　打造员工幸福家园

上世纪六十年代，一场保卫祖国的自卫反击战使“珍宝岛”成为国人心中的丰碑；而今，珍宝岛药业作为一家以“为民众提供优质健康产品与服务”为使命的大健康产业集群式企业，再次让珍宝岛这个名字走进人们的心中，跃入推进中国医药行业现代化队伍的前列，更凭借走文化兴企之路让珍宝岛文化在企业的各类经营活动中发挥着至关重要的作用。同时，以“建成珍宝岛和谐家园”的企业发展目标更是将打造员工幸福和谐家园作为企业奋斗的目标与文化追求。

珍宝岛药业的文化追求

传承、积淀与创新相互交织的珍宝岛文化形成之路。在企业最初的发展阶段，珍宝岛药业因珍宝岛战役震惊中外，珍宝岛这座岛屿也因此承载了中华民族百折不挠的民族气节。而珍宝岛药业继承了这样的珍宝岛精神，有利于传承不怕吃苦，敢打硬仗的战斗精神，有利于培养企业员工艰苦创业，勇于奉献的人生价值观。同时在困难重重的建厂初期，珍宝岛药业上下传承发扬“珍宝岛精神”和黑龙江这块黑土地所独有的“北大荒精神”。特殊的地域文化，对一个群体产生极强的影响力，约束力和价值认同感。因而，珍宝岛药业的员工自然而然也就培养一种忠诚企业的责任感和向心力。在创业过程中，珍宝岛人艰苦奋斗，自强不息，不怕吃苦，不怕困难，以一种超乎寻常的精神支撑他们无怨无悔、风雨兼程一路走来。这种自强不息的精神是珍宝岛药业的优良传统，也成了企业一笔宝贵的财富，追根溯源，它就是珍宝岛企业文化的根，就是珍宝岛企业文化的源。

进入稳步提升阶段的珍宝岛人在始终秉承“务实”的企业精神之余，在发展建设中历经了革新生产品种、GMP 标准改造及借鉴优化先进企业管理模式等一系列创新性举措，逐渐让“创新”的理念深入到企业发展的每一个环节，“务实创新，追求卓越”成为了珍宝岛发展历程中极为重要的企业文化理念内容。

企业文化体系逐渐完善，文化氛围逐渐增强。经过二十余年跨越式发展，珍宝岛药业现已形成以中药材种植、生产、研发、销售高端中药制剂产品为特色，以治疗大病种领域国内外领先的新品种为重点，以科技创新、绿色发展为根本，以资本运营为纽带，以互联网平台、金融平台、物流仓储平台为支撑，规模化、产业化、现代化、国际化的全产业链大健康产业集群企业和医疗服务平台。珍宝岛药业的企业文化建设体系也进一步完善起来，此时的珍宝岛药业，在充分秉承珍宝岛精神与北大荒精神之余，将企业文化建设视为发展的强劲动力。企业肩负“为民众提供优质健康产品与服务”的企业使命，以“法治、诚信、科技、品牌、创新”核心价值观作为精神指引。构建了以系统、完善的企业文化理念内容为文化纲领，全系统员工广泛参与并积极拓展多媒介传播渠道的企业文化体系。2018 年度完善了企业文化理念内容并进行深入解读。形成了契合珍宝岛新时期发展的理念体系。在珍宝岛文化的持续影响及感染下，企业内部形成了卓越的文化氛围，员工文化共识及凝聚力得到有效增强。

企业文化建设与企业经营管理有机融合

企业文化匹配战略目标，制度行为经营策略匹配企业文化。珍宝岛药业将企业文化列为一把手工程。其核心点将把文化建设同企业战略相匹配，提出文化引领的战略目标，具有鲜明的文化特征；将企业战略规划高度凝练成为文化理念，让文化理念成为所有生产经营工作的“解决方案”。同时，各分支子公司、部门依照核心层文化理念（即凝练的经营方式、目标），结合自身工作情况，将工作方式、思路转化为相关工作的子文化理念体系。

珍宝岛药业建立了由“制度、流程、方法”三个子体系组成的文化体系，设立文化品牌中心，其主要职能是企业文化传播、宣贯，并借此建立了务实高效的文化传播渠道。通过企业文化宣导，让全体员工了解企业当前战略目标，同时对不同子文化的宣贯让各单位、各级人员明确工作基调、工作任务及工作方式。继而形成了由文化指导、引领企业各项工作开展的良好环境。更以此形成主文化同亚文化相呼应的局面。

建立完善的企业文化工作体制。在珍宝岛药业形成的自上而下共同参与企业文化建设的工作体系中，由董事长方同华作为企业文化建设的总负责人，各板块分管领导均有明确的企业文化工作指标与分工，同时由宣传部门牵头，其他部门参与配合的企业文化建设工作机制。

注重企业内外宣传。除《珍宝岛药业报》、官方微信平台及《珍药播报》电视节目于一体的企业媒体宣传平台外，建立完善的企业文化工作通讯员体系，各单位、部门也相应明确主要领导为第一责任人，形成以各公司通讯员为骨干，其它基层单位兼职企业文化工作活跃分子为辅的企业媒体宣传报道框架，为宣传工作提供强有力的组织保证。

公司要求各板块分公司及其下属部门积极推进“珍宝岛文化”向各系统（各销售分公司、车间、班组等）的拓展和延伸，构建起自身的特色文化体系，以及安全文化、营销文化、合规文化、创新文化、团队文化、学习型组织等系列专项文化体系。

将实效管理充分融入到各类活动中。采用举办“文化管理活动”的模式。将开展管理类活动作为各项经营指标同企业文化融合的有力手段。围绕企业发展目标和发展愿景，通过将各类绩效指标转化为持续性竞赛活动。如销售系统开展比业绩、比开发率、比上量的相关活动；生产系统开展比节约、比技术创新的相关活动；行政系统开展比规范、比服务的相关活动。在全司上下形成“比学赶超”的劳动竞赛氛围，推动企业发展，队伍的“凝聚力、号召力、战斗力”得以增强。

强化考核，与绩效管理挂钩，落实长效机制。摒弃“企业文化看不见、摸不着，宣传活动形式大于意义”的“无用论”思想。为真正把企业文化建设落到实处，致力把企业文化建设工作同各级单位的绩效考核相挂钩，将文化工作与经济发展同计划、同部署、同考核、同奖惩。珍宝岛药业每年制定的企业年度文化建设计划中，都将企业文化宣传、宣贯指标及文化活动指标列入各部门考核体系中。并按月按季度进行考核，真正让文化建设工作由“软任务”变成“硬指标”。

为社会、为员工创造价值，打造员工幸福和谐家园

公司拥有星级标准的员工公寓，内设置健身房、咖啡厅、网吧、KTV、电影院等丰富员工业余生活的设施，通过丰富多彩的文化娱乐活动如各种运动赛事、拓展训练、文艺联欢晚会等形式将企业文化逐步渗透到其中，提升员工的精神境界和归属感，增进企业凝聚力。

在企业发展中，不断向各慈善事业、社会公益活动、希望工程、新农村医疗合作事业、灾区捐款、捐药。企业积极投身教育事业，为新疆地区及黑龙江地区学校捐助图书室，为高校捐助教育资金，助力贫困大学生顺利完成学业。充分拓展珍宝岛药业企业文化价值与内涵。

在建厂初期，珍宝岛的文化总领内容口号为“让珍宝岛家园充满阳光”。随着企业发展，宣传口号逐渐发展为“务实创新，追求卓越，共建和谐珍宝岛”，更加切合实际的珍宝岛企业文化的精髓。新理念既包含了以人为本，建设珍宝岛和谐家园的企业目标，更完美地诠释了珍宝岛药业历来所贯彻的“务实创新，追求卓越”的企业精神。按照“建成珍宝岛和谐家园”的目标，企业的大健康产业将成为珍宝岛药业的崭新增长点。在拥有完备的专业化人才队伍和高效管控模式的情况下，珍宝岛药业将会成为具有高度凝聚力，全体员工共享企业经济发展成果的和谐家园。

（黑龙江珍宝岛药业股份有限公司）

用心编制大三湘的幸福文化——心联网

湖南大三湘茶油股份有限公司（以下简称大三湘）是一家专注于油茶产业的新型农林高科技企业，2008年12月成立，是农业产业化国家重点龙头企业，国家林业重点龙头企业，国家油茶加工技术研发专业中心，全国“万企帮万村”精准扶贫行动100家先进民营企业之一。在移动互联网时代，所有商业都表现为人与人之间的多种关系，而大三湘人认同：最稳固、最可靠的方式只有心与心的联通，只有结成互动、互惠、互信的命运共同体，才能彼此信任，合作才最有价值和意义。大三湘人将这种关系叫做“心联网”。

以农民心为心，建立命运共同体

《道德经》里有一句话，“圣人常无心，以百姓之心为心”，是说圣人常常是没有私心的，以百姓的心为自己的心，想老百姓之所想。

以百姓心为心也是大三湘的企业幸福文化的核心。

2008年，大三湘创业时，大三湘人带着一腔热血、满怀希望和几百万资金回家乡投资茶油，但发展的路走得很艰难。因为缺乏技术、管理不善，加上天气旱情，2010年初栽下的近1000亩茶树几乎全部死掉，200万株油茶苗成活率不到15%！初始投入的几百万万资金几乎打了水漂，又逢某企业苯并芘事件对油茶行业影响巨大，市场价格狂跌四成，同时，公司征地建厂，需大笔建设资金，各种压力接踵而至。最困难的时候，大三湘人不甘心，创始人在春节前用2万元包了100个红包，到太和堂基地农户家了解情况。几十户农家走访后，家乡父老生活的窘迫，破旧的土砖房、孤苦的老人、留守的儿童等穷困景象，让领头人心里很不是滋味。“带着乡亲们致富”的强烈的使命感驱使大三湘人无数次幻想着将满目荒山变成绿油油的茶林，下定决心把茶油坚持做下来。

如果说是初心，大三湘人认为做好这件事，真正帮助农民摆脱贫困，从根本上改变农村的面貌，这就是创业的初心。掌门人与员工商量后，提出了很贴切的宣传语：“百亩茶山万斤油，又讨老婆又盖楼”，现在当地政府都将其当成地方扶贫的宣传语了。

以农民心为心的第一个目标是建设幸福乡村。随着企业发展，成立了大三湘幸福基金，通过助学、养老院慰问、慈善一日捐、授渔计划、为孤困、留守儿童送棉衣等。同时，由衡阳市大三湘公益基金会发起的“千校千企千乐团”公益项目将在全国实现1000所乡村小学推广艺术教育，通过艺术力量让孩子们变得更加自信、阳光、快乐！大三湘参与中国社会福利基金会发起的“授渔计划”，成立“授渔计划—大三湘班”，首批捐赠助学资金300万余元，资助困难家庭的子女300余名；用行动带动更多有良知的人们促进社会和谐，关心留守儿童，帮助农民致富，建设幸福乡村。

当然，大三湘人也遇到困惑：当茶果丰收时，当地农民严重的偷抢茶果现象屡禁不止，让企业茶果损失严重。于是，企业人不断反思，我们为当地做好事，为什么费力不讨好？我们帮助了农民，为什么他们会偷抢茶果？分析的结论是：偷抢问题的背后是农民还不富裕！这也是突破油茶企业发展瓶颈的关键。无论是企业与农户的矛盾，还是偷茶果现象，本质上是企业与农户之间没有形成良性的利益分享机制，与其谴责偷摘茶果的行为，不如去探索一条在农户、企业、客户之间良性发展的模式，形成共建共赢共享的发展格局。所以说，以农民心为心，心系农民，才能读懂农村和农业！我们不与民争利，从实践出发，从模式上找出路，带领农民致富！

经多年摸索，探索出一条种植效益高、管理成本低、可复制推广的利国利民的油茶种植新模式，建立互动互惠互信的共同体，实现共建共赢共享的目的。

如，“666”油茶庄园模式：以公司建设的示范庄园模式为样板，对油茶种植基地进行规划，按每100－300亩划分成一个庄园适度规模经营，由大三湘公司按照“六化”建设、“六项”配置、“六统一分”

的庄园建设管理模式提供托管服务。大三湘统一提供技术、管理、模式、品牌、销售等平台资源，通过招募庄主的方式实现社会资源的参与，让能人的智慧和资金回乡带动千家万户农民脱贫致富。“666”油茶庄园模式把企业，农户、政府，银行，社会资源组建成一个平台来支持农民自主创业。大大降低了油茶的管理成本，杜绝了以往偷摘茶果的现象，改善了生产关系和以往突出的因土地流转带来的人地矛盾，调动了农民的积极性，提高了整个产业的生产效益。

同时，“666”庄园模式得到了当地党委、政府和省直部门领导的高度重视。油茶庄园依托特色自然、人文资源、旅游观光、休闲度假、健康养老、教育文化等多种功能，满足消费者多元化需求的一种新型现代农业发展模式和旅游消费形态，促进一二三产业的融合发展，滋生了林下经济的发展。如：一个100亩的油茶庄园，油茶林下可养殖土鸡土鸭、种植药材等。催生了乡村旅游、休闲观光的发展，带来各种经营性收入，增加了农民就业，推进农民职业化，将他们的心留在家乡，留在故乡的土地上，实现了“庄园、花园、家园”的一体化，拉动了农村经济，打造了“平安油茶小镇”，改变了农民过去单一的收入结构，扩宽了农民的收益渠道，真正帮助农民建立起幸福乡村。

以员工心为心，物心双幸福

员工是企业的根本，是企业最宝贵的财富。大三湘的首要责任就是让员工在物质和精神上得到幸福！

大三湘幸福企业体系源于实践中八大模块：人文关怀、人文教育、慈善公益、绿色环保、人文记录、志工拓展、健康促进、敦伦尽分。让员工实现物心双幸福，成立专门的推进小组，公司领导、高管作为第一责任人负责某一板块。

持续学习稻盛和夫经营哲学“以心为本”，把“利他之心”、关爱之心、慈悲之心放在经营的中心位置，将“追求全体员工物质和精神两方面的幸福”写在经营理念之首。周六幸福大学堂是全员学习日；线下家书传递；读书计划；每日晨读；幸福读书室；坚持学习《活法》《六项精进》《阿米巴经营》《经营十二条》等内容，并将其运用到工作中去，坚持“利他”原则。每一个大三湘人都以明确事业的目的意义，设立具体的目标，保持乐观向上的态度等践行稻盛和夫的经营哲学。为实现油茶花开的梦想，追求员工物质与精神双层幸福，大三湘采取员工购房免息贷款；为员工每月生日聚会，食堂由公司补贴吃茶油；给员工父母每月一斤孝心油；暑期开设员工子女托管班；幸福大学堂家书传递与圣贤文化学习等幸福措施，受到普遍赞同。

以用户心为心，为幸福和谐社会

大三湘的经营理念是：循天道，益健康！做食品就是做良心，所谓头上三尺有神明，做食品的企业和员工只有循天道、凭良心，才能永远做有益于人类健康的好产品，才能成为受人尊敬的企业。

茶行业鱼龙混杂，有的企业为追求短期利益，通过销售调和茶油降低经营成本，获取短期利益。大三湘本着“良心、良知、责任”“办良心企业，做放心茶油”，坚守底线，绝不作假！坚持宁愿不做大，也要坚守良知底线！

大三湘十年来的发展成果令人欣慰。实现纯茶油的销售全国第一；加工技术水平全国第一；产品技术产品质量均排在行业第一，大三湘原香山茶油生产加工工艺，荣获“国家科学技术进步奖二等奖”。“鲜果鲜榨”工艺技术生产线成功试机，实现茶油工艺划时代的重大变革；深加工产品的销量排名全国第一；2018年销售达到4亿元，其中深加工销量产值占到30%以上；种植管理模式创新第一；第一个创新并实践油茶庄园模式的企业；130多项专利技术在同行业全国第一；场油茶产品出口贸易金额全国第一。

大三湘通过心联网模式在企业、客户、农户、政府、平台资源上等建立起去中心化、公开透明、供需一体的供给端、需求端与产业资源平台，通过整合行业技术资源、银行与金融力量、政府政策支持等，通过互惠互利互信的纽带与机制激发农民心动力，让会员、农户、员工成为利益与命运共同体！

大三湘通过产业互联平台发起成立油茶产业联盟，通过技术、品牌、模式、渠道、加工合作、供应链服务等资源的输出，推动湖南湘西、广西百色、江西井冈山、安徽大别山、贵州黔东南等油茶主产等革命老区油茶产业的发展，带动农民脱贫致富，振兴老区乡村经济，做出了努力。

（作者周新平系湖南大三湘茶油股份有限公司董事长）

理论铸魂谋发展　文化引领树品牌

集翔投资控股集团（以下简称集团）从互联网业务起步，历经十七年，现已发展成以“科技驱动＋健康先行＋资本赋能”三大核心版块协同发展的多元化投资控股集团。

一、坚持党建领航，牢牢把握集团发展的“方向盘”

（一）组织建设筑基

集翔集团党支部成立于2009年8月，历经10年的发展壮大，已从成立初期的7名党员成长为拥有近百名党员的优秀党组织。集团党支部能够充分发挥领导作用，研究制定出台了“三个一、三定一选、三同三优”党建工作法。即每个党小组每月最少组织一次小组会议，党支部每季度组织一次全体党员大会，党支部每年组织一次创先争优党员评选；推选一名党支部书记，定下党员活动时间、地点，定下党员活动主题，定下党员活动经费；社会招聘同一岗位，候选人同等条件下，党员优先录用；内部选拔同一职位竞聘，竞聘人同等条件下，党员优先提拔；集团多元化储备干部，同一类型人才，党员优先储备培养。通过完善的工作机制，使党支部持续保持了生机活力。

（二）理论学习铸魂

集团党支部不断完善学习制度，通过组织“联系改革成就谈变化”和“讲话助力民企发展谈感受”主题讨论会，促进讲话精神的落地。严格落实组织生活制度，坚持贯彻执行民主集中制原则，班子成员间精诚团结、相互信任、相互支持、更好的发挥党支部的整体效能。注重党员的教育管理，以“强素质、带队伍”为切入点，提出“用心干事、留意做事、倾力成事”的工作理念，强化工作责任。在各子公司设立党员示范岗，建立党员和群众的帮扶对子；每月表彰1名优秀党员，不断增强党员干部的工作积极性和主动性，更好发挥党员示范作用，树牢“四个意识”，坚定“四个自信”，坚决做到“两个维护”。

（三）优异成绩励人

将党支部参与公司经营率先将党建写入集团董事会章程，确保企业经营的正确方向和话语权，实现党建工作与业务工作同频共振。党支部2015年被评为“市级先进党组织”，2019年被评为南开区“党建示范点”。天津市市委书记李鸿忠和原市委书记张高丽曾先后到集团视察指导工作，对集团党组织建设给予充分肯定，更加坚定了集团把牢方向盘前进的决心和信心。

二、突出人才驱动，深度储备集团发展的“动力源”

围绕集团《2018－2022》的五年战略规划，实施“领头雁工程”，以实现营收3个100亿为目标，全力打造人才梯队和后备干部队伍，先后成立“集翔商学院”、“预提干部培训班”，为企业持续发展积聚力量。

（一）志同道合选才

“志同道合、忠诚可靠、担当投入、专业协作”的集团选人用人的文化理念。强调“其身正，不令则行；其身不正，虽令不从”。董事长在创业过程中不断吸引“志同道合”的伙伴加入，现任集团高层领导大都是“从公司最基层的商务顾问开始做起，历经部门经理、大区经理、商务总监、运营副总，直至经理、再至合伙人，商场的残酷，职场的磨炼，董事长的言传身教激励各级管理人员勇敢向前，员工笃信：只要是‘志同道合’的伙伴，集团都会给一个成就梦想的舞台，“集思广议、共建共享、共担共享”的广为推行，形成了集团公司与合作伙伴一起展翅飞翔的发展文化。

（二）文化引领育才

通过各类学习考察、培训交流活动，增强了企业经营管理者对文化建设的认识和理念，并着力在区域发展大环境中积极营造企业文化建设的良好氛围和积极导向，提升企业文化建设的战略地位。

通过企业文化战略的引领，明确企业发展的基本信念、总体目标、精神理念和价值观导向，增强了员工对企业的荣誉感、归属感，团结凝聚发展合力；增强了企业创新发展活力和动力。

（三）科学管理成才

集团注重加强制度文化建设，着眼于人才流、技术流、信息流，大力加强文化对人才开发、吸引、留住、成长、发展等各方面的驱动机制建设。把“尊重员工”放在核心价值观中的重要一条，员工为公司奉献青春，公司为员工搭建舞台，为员工制定职业生涯规划，提供完善的专业技能培训，先后成立了集翔商学院，鲲鹏社等学习提高平台，着眼于人才的培养，使各级各类人员通过各领域的管理案例学习、思考、复盘等获得提升。在员工中选拔管理人员、专业人员，同时，建立暖心留人的人文环境。统筹实施本企业重点人才工程，建立完善企业人才培养支持体系，广泛吸纳各类创新人才特别急需紧缺的人才，重点在集聚、吸引、培养、发展高层次、创新型、科研类人才上下功夫，形成以产业集聚人才、以人才促进产业发展的新格局。

三、注重文化聚魂，不断提升集团发展的“加速度”

（一）共建共享创业

人文关怀是企业文化建设的起点与归宿。也是集团进行战略布局、广泛开拓新业务、加速人才梯队建设、为了确保实现3个100亿的目标，集团成立了文化活动领导小组与落地领导小组。一是围绕标杆人物的树立，先进个人优秀事迹评选、典型案例征集评选等形式开展各类评优表彰，二是采取生日会、员工恳谈会、新人交流会等形式实施员工关怀；三是如组织开展的“集翔好声音”、“集翔篮球杯”等各项球类对抗赛、大型趣味运动会和团队激励活动，以及季度会和年会等形式活跃员工生活；四是在各类传统节日为员工送去特殊关爱；五是利于社区服务、知识传播、社会救助、环境保护等形式落实社会公益；六是择优选派中基层员工进行质量体系和BMP等培训、派选高层外出参加清华大学EMBA研修班等，或是委托教育培训机构量身定制开展培训以及各项拓展训练等拓宽员工视野；七是以落地集团和子分公司文化为核心，开展知识竞赛、专题考试、体会交流、建言献策等形式深度落地文化。这些活动为员工提供了学习提升、展示才艺、展现风采的机会，激发了员工的创业热情，提升了员工的整体素质，增强了员工的向心力与协作意识，形成了个人价值升华与企业蓬勃发展的良性互动。

（二）齐头并进创新

自2015年，集团开始布局“两康服务平台”，关注企业的发展健康，为微小创业企业提供行业诊断和资金，扶持大众创业者，为微小企业提供行业诊断300余次，提供资金帮扶4千余万元；关注企业家的身体健康，紧跟“健康中国”国家战略，以大健康产业布局未来，以弘扬中医传统文化为己任，致力于推动中医中药科学发展，实施“名医战略”和“名药战略”，业务涵盖中医中药、智慧医疗、健康管理、生物科技、医疗设备、文旅康养等领域。目前已拥有包括软件著作权、商标、发明专利、实用新型等自主知识产权计137件。引进国家顶级专家院士，推进中医传统文化教育产业化，提供一站式智慧型中医健康管理服务，打造医疗设备研发、制造产业；针对民众看病挂号难等问题，打造互联网医院，提供一站式服务，助力产业扶贫，发展文旅康养产业，拉动地方经济发展。

（三）审时度势布局

目前集团已形成互联网科技、大健康产业、资产管理为三大核心引擎的业务布局。互联网科技板块以天津集翔企商、广西集翔网大、天津星源科技、北京纵横时光科技等品牌承载，致力于研发拥有自主知识产权的互联网科技产品。大健康产业是集翔控股集团紧跟“健康中国”国家战略深度布局未来的核心战略板块。大健康产业集团旗下品牌主要包括好脉中医健康管理、畅咽生物科技、乐善集医药、灵知文化、御海堂生物科技、买嘢平台等。涉及中医中药、健康管理、医疗机构、生物科技、互联网医疗、文旅康养等多个方面。集翔资本是集翔控股集团重点培育的资产管理板块，重点聚焦医疗大健康、文旅康养、互联网科技等相关领域。通过多种组合式资本手段不断完善集团产业链，打通上下游产业闭环。

集团在发展壮大中，主动承担社会责任，投身于天津希望工程、阳光义工手拉手、光彩事业、儿童福利机构、敬老院扶助等各类公益慈善事业等活动中，组织党员先锋队为全运会义务宣传，资助困难大学生，主动给社区困难居民送温暖，为西湖村小区更换了新一代的 LED 路灯。2018 年起，主动助力天津市南开区委、政府“万企帮万村”结对帮扶任务，向甘肃环城和庆城两个县，一次性捐款一百万元，在扶贫攻坚上做到精准、帮扶脱贫上助力造血、脱贫致富上资源融合。

自身综合实力显著增强，正朝着“受人尊敬的世界 500 强”的愿景砥砺前行。

（集翔投资控股集团）

“快文化”助推播恩快速发展

播恩集团（以下简称播恩）以“让全球消费者享用健康美味的农产品”作为愿景，以“传播农业智慧，提升生命品质”作为使命，以“理想、行动、担当”作为核心价值观，以“快文化”作为自己的文化特征。“天下武功，唯快不破”！随着社会节奏以及变化频率越来越快，跟不上形势发展的企业势必会被逐步淘汰，“与时俱进”方是永恒，播恩集团的“快文化”体现出独特的个性特征。

“快文化”内涵

“快文化”首先要“快反应”，其次是“快学习”，接着是“快研发”，再接着是“快执行”，最后则是“快成长”。具体解释是：当行业内发生一个新变化时，企业要快速做出反应，随之快速学习分析该变化，再研发出针对性的应对方案（甚至新产品）出来，接着快速把该方案或者新产品投放到实际应用中去，从而获得企业与员工的快速成长。具体到播恩集团的日常工作中时，首先在企业队伍建设方面：建设队伍要快；队伍成长速度要快；其次在产品研发方面：当发现客户需求发生变化时，要快速作出反应，研发出满足客户新需求的下一代产品出来。播恩推行“快文化”，播恩发展始终保持“快节奏”。

2001 年，播恩集团从 5 个人、20 万元起步，依托产品和技术优势，稳步发展成为以预混料、教槽料、母猪料为主营业务，以添加剂、动物保健品、农业自动化为辅助业务的新型现代化农业企业。公司现有 12 家生产企业，20 多家分（子）公司，200 多个分支机构、服务站及研发机构。播恩的主营业务收入和市场净增长远高于行业平均水平，始终保持着独有的“快节奏”发展。播恩集团销售业绩在 2015、2016 年分别实现了 80%、60% 的高复合增长；2017 年的业绩增量达到 40%；2018 年以教槽料、保育料、预混料为核心的产品销量达 30 万吨以上；2019 年播恩相继启动了梧州临港经济区年产 24 万吨播恩生物科技项目、lysoform 消毒剂项目、总研发经费 2000 万的微生物发酵饲料关键技术研究与应用项目、中科院桂建芳院士鳙鱼优质化和人工配合饲料开发项目，并正式揭牌成立播恩博士后科研工作站。

2016 年，在北京会议中心召开的中国饲料工业协会第七次会员代表大会上，播恩凭借产品、技术优势和快速增长的品牌影响力，被评为“2016 全国三十强饲料企业”。

播恩的组织快速成长密码

2015 年初期，播恩营销人员只有 300 余人，发展到今天已经有 1500 多人，未来两年的发展计划是 2500 人左右。2016 年底，播恩集团邹新华总裁提出“万马奔腾计划”和“500 个千万富翁培养计划”。

一是明确播恩使命，增加员工荣誉感。播恩集团的使命就是“传播农业智慧、提升生命品质”，这种伟大的使命让播恩的员工工作有荣耀感、使命感、高尚感。

二是实现员工价值，营造播恩大家庭的良好氛围。播恩要求所有加盟播恩的人，都要实现 3 个价值：幸福价值、成长价值、财富价值。这也是集团全员践行“播恩三修”（修身、修行、修心）和“500 个千万富翁培养计划”的初衷。

三是播恩的产品能让营销人员有成就感、尊严感、荣誉感。作为播恩的员工，最大的希望是自己的产品能为用户兑现承诺、实现价值，这样播恩人在客户面前、用户面前就有成就感、尊严感、荣誉感。因为只有产品有竞争力，才能真正让员工热爱、尊重。所以，播恩笃信的产品格言是：不是一流产品就是废品；播恩的品牌承诺是：滋养生命、播恩天下。

四是良好的培训体制是队伍成长、实现量变到质变的根本。播恩愿意在培养队伍上花本钱、做大投入，建立一支“能扛枪、能打仗、打胜仗”的子弟兵队伍，播恩集团推行“导师制计划”，要求每个上级每年对口培养两个下级，为员工创设成长空间增强适应能力。

播恩集团飞速发展的基因

第一，播恩集团的快速发展是企业综合实力的发展到一定阶段的结果。冰冻三尺，非一日之功。播恩集团是一家高度重视科技创新的公司，通过19年的发展与沉淀，具备技术储备、专业化程度、产品质量、资源优势以及技术服务优势，在广大养户中有良好的口碑；播恩具有自身的系统力，包括供应链、制造低成本、产品稳定等等。

第二，是“价值营销”在时代发展趋势里胜出的结果。价值营销需要长期坚持和积累，需要毅力和沉得住气。特别是在养殖业快速实现着专业化、规模化的背景下，播恩集团并没有因为很多企业的价格营销、资本营销而改变自己，而是一直坚持价值营销，坚持以为客户实现价值为集团营销本质，用户对产品价值的理解和需求实现了理性化和科学化评价，于是价值营销就有了巨大的市场和认可度，这是天道酬勤的结果。

第三，这是产品研发与人才建设的一种结果。任何时代的竞争本质上还是产品、人才的竞争。播恩集团的产品与人才都按照“快速更新、快速发展、快速领先”的理念进行研发和建设。

产品创新：播恩以建立在用户的需求上进行研发、生产，并以客户实现价值为导向，相继推出引发行业广泛关注和认可的匠心爆品。播恩 TTT 教槽料自 2014 年上市以来，以“特能吃、特能长、特健康”的产品效能特点深受广大养殖户的喜爱，成为市场最受追捧的教槽料产品之一。2017 年，在集团研发团队的努力下，依托在生物工程版块大量的技术储备和解决方案，正式推出播恩双酸四驱发酵饲料；2018 年在全国几十家千头母猪场进行示范，市场反应非常好，很快就得到了广大客户的认可，2019 年全面投放市场，播恩率先进入以生物技术为核心的饲料 4.0 时代，同年，播恩四驱双酸发酵料被中国畜牧生物科技大会组委会评为中国畜牧科技替抗先锋产品。

人才建设：播恩引进一批青年知识分子，结合国内外知名技术专家，组建了一支年轻的专业技术人才队伍，为生物技术领域打下基础。

平台建设：采用“1 室 2 站 3 中心 4 基地（一室是指农业农村部生物饲料国家重点实验室；两站是指一个博士后科研工作站、一个院士工作站；三个企业研发中心是广东省企业技术工程中心、江西省企业技术工程中心、赣州市企业技术工程中心；四大研发基地是指赣州生物技术研发基地、欧洲研发基地、东南亚研发基地、动物实验基地）”的策略，用这个体系的科研平台建设来支撑起整个生物技术工程。资金支持方面，播恩每年都拿出销售额的3%以上的资金来作为研发费用，投入到生物技术的研发上。

播恩集团立志通过公司的技术和产品，让全球消费者享用健康美味的农产品，并建设成为世界一流的农牧企业。

（播恩生物技术股份有限公司）

鞍钢宪法精神引领企业创新发展

鞍钢宪法产生的背景及核心内涵

1956 年我国基本完成了社会主义改造，从 1957 年开始转入全面社会主义建设。中国的经济建设怎样搞，确定什么样的指导方针，成为摆在全党面前迫切需要解决的问题。当时我们党对于搞工业建设由于缺乏经验，照搬苏联的管理模式，对于建国初期的经济建设发挥过积极作用。但也产生了官僚主义、脱离群众、个人说了算以及僵化、机械，影响职工积极性发挥等问题，暴露出苏联管理模式不能适应我国生产发展的弊端，中国需要总结经验、摸索规律，形成适合自己的管理办法。1958 年以后，毛泽东主席更加坚定了破除迷信、解放思想、自力更生、走自己的发展道路的信念。鞍钢具有技术革新和技术革命的优良传统，建国初期就涌现出张明山、王崇伦等轰动全国的革新能手，1953 年鞍钢的经验在全国推广，技术革新成果在北京和上海巡回展出。中央对科技进步予以高度重视，鞍钢的经验为指导全局工作提供了重要的实践依据。1958 年 9 月，邓小平同志视察鞍钢时就明确要求，鞍钢应大搞技术革新和技术革命。1958 年到 1959 年，鞍钢群众性的技术革新、技术革命活动取得了丰硕成果。把群众高度的建设热情引导到提高技术装备水平上来，符合中央的要求，对于指导全局工作具有重要意义。

鞍钢宪法的产生及核心内涵：自 1948 成立以来，充分发挥职工群众力量、无私奉献精神及伟大的创造精神，迅速恢复生产。1958 年到 1959 年，按照中央的要求，鞍钢在广大职工群众中开展了轰轰烈烈的技术革新和技术革命活动。围绕生产关键广泛开展技术表演赛，提高技术水平；引导群众大搞小改小革，逐步配套成龙，努力实现机械化、半机械化，自动化、半自动化；不断增加品种，提高产品质量，并努力向高、精、尖的方向发展。群众性的“双革”活动收到了很好的效果。1960 年 3 月 11 日，鞍山市委形成《鞍山市委关于工业战线的技术革新和技术革命运动开展情况的报告》报给省委并转报中央，总结了鞍钢技术革新和技术革命实践情况，也涉及了不断解放思想，破除迷信，大鼓干劲等。1960 年 3 月 22 日，毛泽东对高度评价和肯定了鞍钢的做法和经验，宣告“鞍钢宪法在远东、在中国出现了”。按照毛主席的批示精神，鞍钢宪法的核心内容被概括为五项原则，即：坚持政治挂帅，加强党的领导，大搞群众运动，实行两参一改三结合，大搞技术革新和技术革命。

在上世纪六十年代和七十年代，鞍钢宪法被誉为办好社会主义企业的根本大法，在国内外产生了巨大的影响。直到今天，鞍钢宪法所蕴含的管理理念、管理法则和改革创新精神、团队精神、劳模精神，一直是鞍钢优秀的文化传统，引领鞍钢持续创新发展。

鞍钢宪法精神引领鞍钢创新发展

鞍钢宪法源于鞍钢，体现了鞍钢人伟大的创造精神，它不仅是国家的财富，是国有工业企业的财富，更是鞍钢的宝贵精神财富。

坚持党的领导，为鞍钢改革发展提供坚强的政治保证。鞍钢宪法最基本、最核心的内容之一就是明确了国有企业党的领导地位。多年来，鞍钢始终坚持和贯彻党对企业的全面领导，严格贯彻落实党中央重大决策部署，确保改革发展的正确方向，使企业的生产经营、改革改造、企业管理等各方面工作在不同的历史时期都呈现出新局面。党的十八大以来，鞍钢坚持党要管党、全面从严治党，落实两个“一以贯之”要求，使党建工作“融入中心、进入管理、嵌入治理、发挥作用”，把党建工作成效转化为企业发展优势、竞争优势，确保鞍钢在行业处于低谷时期打胜扭亏增效、转型升级攻坚战，2017 年实现了扭亏为盈、2018 年创造了历史最优业绩。

弘扬创新精神，推进鞍钢实现跨越式发展。60年代中期，鞍钢提出“三个第一流”、“四朵大红花”的奋斗目标，使十几项经济技术指标进入了世界先进行列。改革开放以来，鞍钢不断依靠技术进步，走自我改造、自我发展的道路，“九五”“十五”期间，探索出“高起点、少投入、快产出、高效益”的老企业技术改造新路，使鞍钢旧貌换新颜，建成世界一流的鲅鱼圈钢铁新区，实现了跨越式发展。2008年，鞍钢被命名为国家首批“创新型企业”。

进入新时代，鞍钢坚持以创新为第一动力，以国家科技重大专项、重大工程、军工重点型号和关键领域、卡脖子技术等为方向，坚持制造更优材料，成功研发了系列高端用钢，广泛应用于国产航母、“蓝鲸一号”、港珠澳大桥等国家大国重器。建立一揽子促进创新发展的新机制，建成“钒钛资源综合利用国家重点实验室”和“海洋装备用金属材料及其应用国家重点实验室”两个国家级重点实验室。探索攀西国家级战略资源综合利用道路，形成一批国际国内领先、拥有自主知识产权的专有技术，走上了新时代高质量发展新征程。

弘扬改革精神，激活内生动力、释放发展活力。鞍钢宪法本身就是变革创新的产物，鞍钢宪法中“改革不合理的规章制度”使鞍钢成为产生和传承改革精神的沃土。改革开放初，鞍钢从扩大企业经营自主权起步，不断推动管理体制从高度统一的计划经济向市场经济转变。“九五”以后，鞍钢在国家宏观政策指导下，坚持“三改一加强”方针，精干主体、分离辅助，实施资产重组，推进股权多元化改革，构建母子公司体制，完善法人治理结构，建立现代企业制度。

党的十八大以来，鞍钢进一步加大了改革的力度，完成从产线管理向集团管控转变和公司制改制，鞍钢把改革牵动作为高质量发展的“三大动力”之一，重塑管控架构、干部人事制度改革、劳动用工制度改革、混合所有制改革、改制企业深化改革、打造微观市场主体等一系列改革举措正在逐步展开。

赋予文化建设新内涵，激发推动鞍钢发展的强大正能量

弘扬劳模精神，劳模精神是融入鞍钢人血液的光荣文化传统。多年来，鞍钢党委牢记毛泽东主席对鞍钢“既出钢材又出人才”的要求，在不同时期，选树培育符合企业发展阶段、具有鲜明时代特色、拥有丰富精神内涵和强大引领力量的劳动模范，用先进典型打造鞍钢不同时期的精神高地。据统计，鞍钢涌现出“全国劳动模范”、“全国五一劳动奖章”获得者等各级劳模6601人，各级道德模范、精神文明建设标兵3813人。持续50多年开展“学孟泰，爱鞍钢，做主人，创一流”主题教育活动，开展“跟着郭明义学雷锋”、“做李超式好员工”等系列活动，强化正面宣传教育，不断弘扬劳模精神，形成了具有鲜明特色的英模文化，积聚形成了鞍钢振兴发展的强大正能量。

弘扬团队精神，激发全员创新活力。鞍钢宪法所倡导的“两参”“三结合”等群众性活动理念，是企业团队精神的源头。多年来，鞍钢始终积极组织职工开展劳动竞赛、大搞技术革新，积极推行导师带徒活动，广泛开展技术表演赛、技术选拔赛，以职工的名字命名先进操作法。党的十八大以来，积极开展职工创新工作室创建活动，目前鞍钢厂级以上职工创新工作室已发展到205个；建立职工创新工作室联盟和“蓝领创客空间”网络平台，组建跨区域、跨厂际、跨工种、多功能、多层次的职工创新团体，交流创新经验、共享创新资源，形成规模效应。深入开展职工先进操作法推广活动，把先进操作法转化为新的效益增长点。至今已累计命名鞍钢先进操作法325项，创效7.26亿元。在全集团启动“弘扬‘鞍钢宪法’精神，实名制‘网络问企’”活动，已有效解决和答复职工各类意见建议37.54万条。

在新的历史起点，鞍钢宪法所涵盖的“永葆高举党的旗帜的国有企业本色，用好联系群众、依靠群众办好企业的法宝，把握科技创新这一赢得竞争力的关键，探索企业改革发展的路径，坚持把开放变革视为高质量发展的先导”等精神，在企业转型升级、高质量发展中，提供精神标识、力量源泉、管理法则优质时代价值和指导意义。

（鞍钢集团有限公司党委）

责任文化的培育和发展

1986年，鞍钢集团为安置鞍钢职工残疾子女就业，勇于承担社会责任，组建了民政企业集团（以下简称民企集团）。鞍钢民企集团是全国最大的国有大型福利企业集团，下属法人企业71个，拥有职工7400余人，其中残疾职工2000余人。坚持“为鞍钢职工解忧，为社会解难，为残疾人解困”的宗旨，为鞍钢社会稳定做出了贡献。

责任文化植根于国有福利企业的初心和使命

残疾人这一弱势群体的生活水平与社会平均水平差距较大。一是收入偏少，生活困难。半数以上的贫困残疾人依赖父母的供给和亲友的接济。二是住房简陋，条件艰苦，许多人甚至没有住房。三是身体状况较差，往往是残上加病。四是缺少人照顾，其中很多人孤立无助。五是文化生活单调，心理问题突出。基于此，民企集团党委以“责任”担当围绕扶贫解困展开帮扶和思想工作，保证了一方和谐稳定。

中国共产党人的初心和使命，就是为中国人民谋幸福，为中华民族谋复兴。延伸到鞍钢民企集团，形成的共识是：民企的初心就是健残职工共同实现“更有自信、更有尊严、更有地位、富裕起来、快乐起来、幸福起来”的民企梦；民企人的使命就是“为员工造福、为鞍钢服务、为社会尽责”，坚持改革创新，赢得美好未来。

民企集团践行“自强、务实、团结、创新”的集团精神，培育以责任之心、事业之心和慈爱之心为基石的责任文化。

2016年，民企集团在总结前期文化建设成果的基础上，推出第三版的《鞍钢民企文化宣言》。形成助推企业经营发展的精神动力。2018年，民企集团以手机微信美篇的形式制作第四版《鞍钢民企集团企业文化手册》涵盖理念篇、行为篇、形象篇、创新篇、精英篇、工匠篇、荣誉篇、未来篇等12篇，59条理念。确立核心价值理念：“把公司做大做强做优做久，回报家人，回报鞍钢，回报社会，回报朋友。高效工作，以好的心情做好每件事；快乐生活，以好的心态迎送每一天。”

责任文化建设的组织保障和人才基础

2000年起民企集团就设立企业文化部。所属企业随后也纷纷设立企业文化部或配备负责企业文化工作的专职文化干事。民企集团坚持“思考、交流、实践、成果”八字方针，将企业文化建设融入到生产经营的各项活动中。每年都设立研究课题，每年召开企业文化研究成果发布会，现已汇集成5本《企业文化论文集》并出版发行。文化干事致力于企业文化的推广和促进，负责与集团企业文化部在日常工作中的沟通与联系，组织本单位的投稿、QQ群讨论、微信群讨论。系统的企业文化人才群使民企集团有能力组织内外部各种文化活动。

搭建多种文化平台，全方位传播责任文化

民企集团把企业文化工作与党建工作、思想政治工作、宣传工作、精神文明工作等多种职能融为一体，用创新的思维调动企业各级组织的积极性，全方位推进企业文化建设，形成全体职工共同参与的大文化格局。自2008年开始，民企集团网站增设多个与广大员工进行沟通的栏目，包括展示职工艺术作品的“文化长廊”栏目、登载各级干部撰写的管理心得的“管理新论”栏目、表现共青团员精神风采的“青春

之歌”栏目等；创办双月刊《鞍钢民企报》已经出版160多期，该杂志设立“企业风采”、“理论研讨”、“创新管理”、“文化长廊”、“青春风采”等栏目，是集团企业文化建设的重要载体。

民企集团于2013年成立机关QQ群，其宗旨是“记载工作经历，交流管理创新，热议企业发展，探讨人生哲理。”通过交流互动，员工们与决策层工作中形成共鸣、共振。民企集团将自己的微信群建设成培育先进企业文化、宣传身边的先进事迹和先进人物、塑造良好的企业形象和员工形象、传导正能量的最前沿的文化阵地，已编撰成两本《QQ闪光》并正式出版发行。

责任文化为残疾职工营造幸福家园

民企集团坚持开展“认千家门、记千家名、知千家情、解千家难、暖千家心”，真正做到“有贫必包、有难必帮、有困必解、有难必扶、有诉必答”，把和谐理念和慈爱之心化为无数次感动残疾职工心灵的具体行动，努力让广大残疾职工共享企业改革发展的成果。

2019年，民企集团开展“小康路上一个不能少，衣食住行，急难隐情”百日普查行动，各所属企业党政班子带队深入困难职工家中，对上千户职工家庭进行调研走访，全面、准确、真实地掌握困难职工特别是残疾职工的生活状况，努力做到“困难职工身份清、家庭人员结构清、家庭收入来源清、居住联系方式清、身体健康状况清、职工诉求愿望清”等“六清”。通过全面走访、调查，民企集团评定出100户困难程度较大的职工家庭，造册建档，便于长期实施定向救助。同时，确定出100户“准特困户”，准备随时跟进救助。“到残疾职工家里去，站上五分钟，心灵会得到净化。走访活动激发的是同情心，增强的是责任心，点燃的是慈爱之心”在民企集团形成共识。如：残疾职工家庭的孩子在教育水平和就业能力方面通常来说存在弱势。子女就业问题是残疾职工和集团最大的牵挂。民企集团以“残疾职工的孩子，都是自己的后辈子弟，是民企集团大家庭的成员”的同理心对待下一代，凡是在社会上找不到工作的孩子，民企集团负责兜底。民企集团提出“子女就业双确保”，“确保符合就业条件的残疾职工子女就业，确保符合就业条件的职工残疾子女就业”。仅在2019年，民企集团共安置114名职工子女，其中职工残疾子女42名、残疾职工健全子女72名。

民企集团在职工中倡导“六尽”理念：“对老人尽孝，对家庭尽责，对工作尽心，对社会尽义，对朋友尽情，对事业尽忠”，要求各义工队制作队旗标识，主动开展义务奉献活动。有的义工队组织队员到当地特殊教育学校参加劳动，给孩子们送去书籍等；有的义工队到康复医院看望住院残疾职工，帮助其洗澡、洗衣服、理发，让其感受到企业大家庭的温暖。新华社经济参考网以《鞍钢民企集团努力培育慈爱文化惠及残疾职工》为题，报道了民企集团践行“小康路上不落下一名残疾职工”理念的事迹。

民企集团的福利事业得到社会各界的关注与支持。2018年至今，辽宁省残疾人福利基金会向民企集团捐赠三万株食用玫瑰树苗，用于支持残疾职工就业，发放3000袋蜜儿餐以及1000张网络学习卡，1429份免费视力检查单，提升残疾职工幸福指数。

“小康路上不能落下残疾职工”，是鞍钢民企集团做出的有力承诺。民企集团通过改革创新来扩大经营规模，提高企业效益，从而提高职工收入，让残疾职工分享企业发展成果。2018年，营业收入超预算、超上年、超历史；2019年全面完成收入、利润计划，在第六次全国自强模范暨助残先进表彰大会上，集团董事长孙志国获得“全国助残先进个人”的荣誉。

（鞍钢民企集团）

综合篇

新时代公民道德建设实施纲要

中共中央 国务院

(2019年10月印发实施)

中华文明源远流长,孕育了中华民族的宝贵精神品格,培育了中国人民的崇高价值追求。中国共产党领导人民在革命、建设和改革历史进程中,坚持马克思主义对人类美好社会的理想,继承发扬中华传统美德,创造形成了引领中国社会发展进步的社会主义道德体系。坚持和发展中国特色社会主义,需要物质文明和精神文明全面发展、人民物质生活和精神生活水平全面提升。中国特色社会主义进入新时代,加强公民道德建设、提高全社会道德水平,是全面建成小康社会、全面建设社会主义现代化强国的战略任务,是适应社会主要矛盾变化、满足人民对美好生活向往的迫切需要,是促进社会全面进步、人的全面发展的必然要求。

2001年,党中央颁布《公民道德建设实施纲要》,对在社会主义市场经济条件下加强公民道德建设提供了重要指导,有力促进了社会主义精神文明建设。党的十八大以来,以习近平同志为核心的党中央高度重视公民道德建设,立根塑魂、正本清源,作出一系列重要部署,推动思想道德建设取得显著成效。中国特色社会主义和中国梦深入人心,践行社会主义核心价值观、传承中华优秀传统文化的自觉性不断提升,爱国主义、集体主义、社会主义思想广为弘扬,崇尚英雄、尊重模范、学习先进成为风尚,民族自信心、自豪感大大增强,人民思想觉悟、道德水准、文明素养不断提高,道德领域呈现积极健康向上的良好态势。

同时也要看到,在国际国内形势深刻变化、我国经济社会深刻变革的大背景下,由于市场经济规则、政策法规、社会治理还不够健全,受不良思想文化侵蚀和网络有害信息影响,道德领域依然存在不少问题。一些地方、一些领域不同程度存在道德失范现象,拜金主义、享乐主义、极端个人主义仍然比较突出;一些社会成员道德观念模糊甚至缺失,是非、善恶、美丑不分,见利忘义、唯利是图,损人利己、损公肥私;造假欺诈、不讲信用的现象久治不绝,突破公序良俗底线、妨害人民幸福生活、伤害国家尊严和民族感情的事件时有发生。这些问题必须引起全党全社会高度重视,采取有力措施切实加以解决。

加强公民道德建设是一项长期而紧迫、艰巨而复杂的任务,要适应新时代新要求,坚持目标导向和问题导向相统一,进一步加大工作力度,把握规律、积极创新,持之以恒、久久为功,推动全民道德素质和社会文明程度达到一个新高度。

一、总体要求

要以习近平新时代中国特色社会主义思想为指导,紧紧围绕进行伟大斗争、建设伟大工程、推进伟大事业、实现伟大梦想,着眼构筑中国精神、中国价值、中国力量,促进全体人民在理想信念、价值理念、道德观念上紧密团结在一起,在全民族牢固树立中国特色社会主义共同理想,在全社会大力弘扬社会主义核心价值观,积极倡导富强民主文明和谐、自由平等公正法治、爱国敬业诚信友善,全面推进社会公德、职业道德、家庭美德、个人品德建设,持续强化教育引导、实践养成、制度保障,不断提升公民道德素质,促进人的全面发展,培养和造就担当民族复兴大任的时代新人。

——坚持马克思主义道德观、社会主义道德观,倡导共产主义道德,以为人民服务为核心,以集体主义为原则,以爱祖国、爱人民、爱劳动、爱科学、爱社会主义为基本要求,始终保持公民道德建设的社会主义方向。

——坚持以社会主义核心价值观为引领，将国家、社会、个人层面的价值要求贯穿到道德建设各方面，以主流价值建构道德规范、强化道德认同、指引道德实践，引导人们明大德、守公德、严私德。

——坚持在继承传统中创新发展，自觉传承中华传统美德，继承我们党领导人民在长期实践中形成的优良传统和革命道德，适应新时代改革开放和社会主义市场经济发展要求，积极推动创造性转化、创新性发展，不断增强道德建设的时代性实效性。

——坚持提升道德认知与推动道德实践相结合，尊重人民群众的主体地位，激发人们形成善良的道德意愿、道德情感，培育正确的道德判断和道德责任，提高道德实践能力尤其是自觉实践能力，引导人们向往和追求讲道德、尊道德、守道德的生活。

——坚持发挥社会主义法治的促进和保障作用，以法治承载道德理念、鲜明道德导向、弘扬美德义行，把社会主义道德要求体现到立法、执法、司法、守法之中，以法治的力量引导人们向上向善。

——坚持积极倡导与有效治理并举，遵循道德建设规律，把先进性要求与广泛性要求结合起来，坚持重在建设、立破并举，发挥榜样示范引领作用，加大突出问题整治力度，树立新风正气、祛除歪风邪气。

要把社会公德、职业道德、家庭美德、个人品德建设作为着力点。推动践行以文明礼貌、助人为乐、爱护公物、保护环境、遵纪守法为主要内容的社会公德，鼓励人们在社会上做一个好公民；推动践行以爱岗敬业、诚实守信、办事公道、热情服务、奉献社会为主要内容的职业道德，鼓励人们在工作中做一个好建设者；推动践行以尊老爱幼、男女平等、夫妻和睦、勤俭持家、邻里互助为主要内容的家庭美德，鼓励人们在家庭里做一个好成员；推动践行以爱国奉献、明礼遵规、勤劳善良、宽厚正直、自强自律为主要内容的个人品德，鼓励人们在日常生活中养成好品行。

二、重点任务

1. *筑牢理想信念之基*。人民有信仰，国家有力量，民族有希望。信仰信念指引人生方向，引领道德追求。要坚持不懈用习近平新时代中国特色社会主义思想武装全党、教育人民，引导人们把握丰富内涵、精神实质、实践要求，打牢信仰信念的思想理论根基。在全社会广泛开展理想信念教育，深化社会主义和共产主义宣传教育，深化中国特色社会主义和中国梦宣传教育，引导人们不断增强道路自信、理论自信、制度自信、文化自信，把共产主义远大理想与中国特色社会主义共同理想统一起来，把实现个人理想融入实现国家富强、民族振兴、人民幸福的伟大梦想之中。

2. *培育和践行社会主义核心价值观*。社会主义核心价值观是当代中国精神的集中体现，是凝聚中国力量的思想道德基础。要持续深化社会主义核心价值观宣传教育，增进认知认同、树立鲜明导向、强化示范带动，引导人们把社会主义核心价值观作为明德修身、立德树人的根本遵循。坚持贯穿结合融入、落细落小落实，把社会主义核心价值观要求融入日常生活，使之成为人们日用而不觉的道德规范和行为准则。坚持德法兼治，以道德滋养法治精神，以法治体现道德理念，全面贯彻实施宪法，推动社会主义核心价值观融入法治建设，将社会主义核心价值观要求全面体现到中国特色社会主义法律体系中，体现到法律法规立改废释、公共政策制定修订、社会治理改进完善中，为弘扬主流价值提供良好社会环境和制度保障。

3. *传承中华传统美德*。中华传统美德是中华文化精髓，是道德建设的不竭源泉。要以礼敬自豪的态度对待中华优秀传统文化，充分发掘文化经典、历史遗存、文物古迹承载的丰厚道德资源，弘扬古圣先贤、民族英雄、志士仁人的嘉言懿行，让中华文化基因更好植根于人们的思想意识和道德观念。深入阐发中华优秀传统文化蕴含的讲仁爱、重民本、守诚信、崇正义、尚和合、求大同等思想理念，深入挖掘自强不息、敬业乐群、扶正扬善、扶危济困、见义勇为、孝老爱亲等传统美德，并结合新的时代条件和实践要求继承创新，充分彰显其时代价值和永恒魅力，使之与现代文化、现实生活相融相通，成为全体人民精神生活、道德实践的鲜明标识。

4. *弘扬民族精神和时代精神。*以爱国主义为核心的民族精神和以改革创新为核心的时代精神，是中华民族生生不息、发展壮大的坚实精神支撑和强大道德力量。要深化改革开放史、新中国历史、中国共产党历史、中华民族近代史、中华文明史教育，弘扬中国人民伟大创造精神、伟大奋斗精神、伟大团结精神、伟大梦想精神，倡导一切有利于团结统一、爱好和平、勤劳勇敢、自强不息的思想和观念，构筑中华民族共有精神家园。要继承和发扬党领导人民创造的优良传统，传承红色基因，赓续精神谱系。要紧紧围绕全面深化改革开放、深入推进社会主义现代化建设，大力倡导解放思想、实事求是、与时俱进、求真务实的理念，倡导“幸福源自奋斗”、“成功在于奉献”、“平凡孕育伟大”的理念，弘扬改革开放精神、劳动精神、劳模精神、工匠精神、优秀企业家精神、科学家精神，使全体人民保持昂扬向上、奋发有为的精神状态。

三、深化道德教育引导

1. *把立德树人贯穿学校教育全过程。*学校是公民道德建设的重要阵地。要全面贯彻党的教育方针，坚持社会主义办学方向，坚持育人为本、德育为先，把思想品德作为学生核心素养、纳入学业质量标准，构建德智体美劳全面培养的教育体系。加强思想品德教育，遵循不同年龄阶段的道德认知规律，结合基础教育、职业教育、高等教育的不同特点，把社会主义核心价值观和道德规范有效传授给学生。注重融入贯穿，把公民道德建设的内容和要求体现到各学科教育中，体现到学科体系、教学体系、教材体系、管理体系建设中，使传授知识过程成为道德教化过程。开展社会实践活动，强化劳动精神、劳动观念教育，引导学生热爱劳动、尊重劳动，懂得劳动最光荣、劳动最崇高、劳动最伟大、劳动最美丽的道理，更好认识社会、了解国情，增强社会责任感。加强师德师风建设，引导教师以德立身、以德立学、以德施教、以德育德，做有理想信念、有道德情操、有扎实学识、有仁爱之心的好老师。建设优良校风，用校训励志，丰富校园文化生活，营造有利于学生修德立身的良好氛围。

2. *用良好家教家风涵育道德品行。*家庭是社会的基本细胞，是道德养成的起点。要弘扬中华民族传统家庭美德，倡导现代家庭文明观念，推动形成爱国爱家、相亲相爱、向上向善、共建共享的社会主义家庭文明新风尚，让美德在家庭中生根、在亲情中升华。通过多种方式，引导广大家庭重言传、重身教，教知识、育品德，以身作则、耳濡目染，用正确道德观念塑造孩子美好心灵；自觉传承中华孝道，感念父母养育之恩、感念长辈关爱之情，养成孝敬父母、尊敬长辈的良好品质；倡导忠诚、责任、亲情、学习、公益的理念，让家庭成员相互影响、共同提高，在为家庭谋幸福、为他人送温暖、为社会作贡献过程中提高精神境界、培育文明风尚。

3. *以先进模范引领道德风尚。*伟大时代呼唤伟大精神，崇高事业需要榜样引领。要精心选树时代楷模、道德模范等先进典型，综合运用宣讲报告、事迹报道、专题节目、文艺作品、公益广告等形式，广泛宣传他们的先进事迹和突出贡献，树立鲜明时代价值取向，彰显社会道德高度。持续推出各行各业先进人物，广泛推荐宣传最美人物、身边好人，让不同行业、不同群体都能学有榜样、行有示范，形成见贤思齐、争当先进的生动局面。尊崇褒扬、关心关爱先进人物和英雄模范，建立健全关爱关怀机制，维护先进人物和英雄模范的荣誉和形象，形成德者有得、好人好报的价值导向。

4. *以正确舆论营造良好道德环境。*舆论具有成风化人、敦风化俗的重要作用。要坚持以正确的舆论引导人，把正确价值导向和道德要求体现到经济、社会、文化等各领域的新闻报道中，体现到娱乐、体育、广告等各类节目栏目中。加强对道德领域热点问题的引导，以事说理、以案明德，着力增强人们的法治意识、公共意识、规则意识、责任意识。发挥舆论监督作用，对违反社会道德、背离公序良俗的言行和现象，及时进行批评、驳斥，激浊扬清、弘扬正气。传媒和相关业务从业人员要加强道德修养、强化道德自律，自觉履行社会责任。

5. *以优秀文艺作品陶冶道德情操。*文以载道，文以传情，文以植德。要把培育和弘扬社会主义核心价值观作为根本任务，坚持以人民为中心的创作导向，推出更多讴歌党、讴歌祖国，讴歌人民、讴歌英雄，讴歌劳动、讴歌奉献的精品力作，润物无声传播真善美，弘扬崇高的道德理想和道德追求。坚持把社会效益放在首位，倡导讲品位、讲格调、讲责任，抵制低俗、庸俗、媚俗，用健康向上的文艺作品温润心灵、启迪心智、引领风尚。要把社会主义道德作为文艺评论、评介、评奖的重要标准，更好地引导文艺创作生产传播坚守正道、弘扬正气。文艺工作者要把崇德尚艺作为一生的功课，把为人、做事、从艺统一起来，加强思想积累、知识储备、艺术训练，提高学养、涵养、修养，努力追求真才学、好德行、高品位，做到德艺双馨。

6. 发挥各类阵地道德教育作用。各类阵地是面向广大群众开展道德教育的基本依托。要加强新时代文明实践中心建设，大力推进媒体融合发展，抓好县级融媒体中心建设，推动基层广泛开展中国特色社会主义文化、社会主义思想道德学习教育实践，引导人们提高思想觉悟、道德水准、文明素养。加强爱国主义教育基地和革命纪念设施建设保护利用，充实展陈内容，丰富思想内涵，提升教育功能。民族团结、科普、国防等教育基地，图书馆、文化馆、博物馆、纪念馆、科技馆、青少年活动中心等公共文化设施，都要结合各自功能特点有针对性地开展道德教育。用好宣传栏、显示屏、广告牌等户外媒介，营造明德守礼的浓厚氛围。

7. 抓好重点群体的教育引导。公民道德建设既要面向全体社会成员开展，也要聚焦重点、抓住关键。党员干部的道德操守直接影响着全社会道德风尚，要落实全面从严治党要求，加强理想信念教育，补足精神之钙；要加强政德修养，坚持法律红线不可逾越、道德底线不可触碰，在严肃规范的党内政治生活中锤炼党性、改进作风、砥砺品质，践行忠诚老实、公道正派、艰苦奋斗、清正廉洁等品格，正心修身、慎独慎微，严以律己、廉洁齐家，在道德建设中为全社会作出表率。青少年是国家的希望、民族的未来，要坚持从娃娃抓起，引导青少年把正确的道德认知、自觉的道德养成、积极的道德实践紧密结合起来，善于从中华民族传统美德中汲取道德滋养，从英雄人物和时代楷模身上感受道德风范，从自身内省中提升道德修为，不断修身立德，打牢道德根基。全社会都要关心帮助支持青少年成长发展，完善家庭、学校、政府、社会相结合的思想道德教育体系，引导青少年树立远大志向，热爱党、热爱祖国、热爱人民，形成好思想、好品行、好习惯，扣好人生第一粒扣子。社会公众人物知名度高、影响力大，要加强思想政治引领，引导他们承担社会责任，加强道德修养，注重道德自律，自觉接受社会和舆论监督，树立良好社会形象。

四、推动道德实践养成

1. 广泛开展弘扬时代新风行动。良好社会风尚是社会文明程度的重要标志，涵育着公民美德善行，推动着社会和谐有序运转。要紧密结合社会发展实际，广泛开展文明出行、文明交通、文明旅游、文明就餐、文明观赛等活动，引导人们自觉遵守社会交往、公共场所中的文明规范。着眼完善社会治理、规范社会秩序，推动街道社区、交通设施、医疗场所、景区景点、文体场馆等的精细管理、规范运营，优化公共空间、提升服务水平，为人们增强公共意识、规则意识创造良好环境。

2. 深化群众性创建活动。各类群众性创建活动是人民群众自我教育、自我提高的生动实践。群众性精神文明创建活动要突出道德要求，充实道德内容，将社会公德、职业道德、家庭美德、个人品德建设贯穿创建全过程。文明城市、文明村镇创建要坚持为民利民惠民，突出文明和谐、宜居宜业，不断提升基层社会治理水平和群众文明素质。文明单位创建要立足行业特色、职业特点，突出涵养职业操守、培育职业精神、树立行业新风，引导从业者精益求精、追求卓越，为社会提供优质产品和服务。文明家庭创建要聚焦涵育家庭美德，弘扬优良家风。文明校园创建要聚焦立德树人，培养德智体美劳全面发展的社会主义建设者和接班人。各级党政机关、各行业各系统开展的创建活动，要把公民道德建设摆在更加重要的位置，以扎实有效的创建工作推动全民道德素质提升。

3. 持续推进诚信建设。诚信是社会和谐的基石和重要特征。要继承发扬中华民族重信守诺的传统美德，弘扬与社会主义市场经济相适应的诚信理念、诚信文化、契约精神，推动各行业各领域制定诚信公约，加快个人诚信、政务诚信、商务诚信、社会诚信和司法公信建设，构建覆盖全社会的征信体系，健全守信联合激励和失信联合惩戒机制，开展诚信缺失突出问题专项治理，提高全社会诚信水平。重视学术、科研诚信建设，严肃查处违背学术科研诚信要求的行为。深入开展“诚信建设万里行”、“诚信兴商宣传月”等活动，评选发布“诚信之星”，宣传推介诚信先进集体，激励人们更好地讲诚实、守信用。

4. *深入推进学雷锋志愿服务。*学雷锋和志愿服务是践行社会主义道德的重要途径。要弘扬雷锋精神和奉献、友爱、互助、进步的志愿精神，围绕重大活动、扶贫救灾、敬老救孤、恤病助残、法律援助、文化支教、环境保护、健康指导等，广泛开展学雷锋和志愿服务活动，引导人们把学雷锋和志愿服务作为生活方式、生活习惯。推动志愿服务组织发展，完善激励褒奖制度，推进学雷锋志愿服务制度化常态化，使“我为人人、人人为我”蔚然成风。

5. *广泛开展移风易俗行动。*摒弃陈规陋习、倡导文明新风是道德建设的重要任务。要围绕实施乡村振兴战略，培育文明乡风、淳朴民风，倡导科学文明生活方式，挖掘创新乡土文化，不断焕发乡村文明新气象。充分发挥村规民约、道德评议会、红白理事会等作用，破除铺张浪费、薄养厚葬、人情攀比等不良习俗。要提倡科学精神，普及科学知识，抵制迷信和腐朽落后文化，防范极端宗教思想和非法宗教势力渗透。

6. *充分发挥礼仪礼节的教化作用。*礼仪礼节是道德素养的体现，也是道德实践的载体。要制定国家礼仪规程，完善党和国家功勋荣誉表彰制度，规范开展升国旗、奏唱国歌、入党入团入队等仪式，强化仪式感、参与感、现代感，增强人们对党和国家、对组织集体的认同感和归属感。充分利用重要传统节日、重大节庆和纪念日，组织开展群众性主题实践活动，丰富道德体验、增进道德情感。研究制定继承中华优秀传统、适应现代文明要求的社会礼仪、服装服饰、文明用语规范，引导人们重礼节、讲礼貌。

7. *积极践行绿色生产生活方式。*绿色发展、生态道德是现代文明的重要标志，是美好生活的基础、人民群众的期盼。要推动全社会共建美丽中国，围绕世界地球日、世界环境日、世界森林日、世界水日、世界海洋日和全国节能宣传周等，广泛开展多种形式的主题宣传实践活动，坚持人与自然和谐共生，引导人们树立尊重自然、顺应自然、保护自然的理念，树立绿水青山就是金山银山的理念，增强节约意识、环保意识和生态意识。开展创建节约型机关、绿色家庭、绿色学校、绿色社区、绿色出行和垃圾分类等行动，倡导简约适度、绿色低碳的生活方式，拒绝奢华和浪费，引导人们做生态环境的保护者、建设者。

8. *在对外交流交往中展示文明素养。*公民道德风貌关系国家形象。实施中国公民旅游文明素质行动计划，推动出入境管理机构、海关、驻外机构、旅行社、网络旅游平台等，加强文明宣传教育，引导中国公民在境外旅游、求学、经商、探亲中，尊重当地法律法规和文化习俗，展现中华美德，维护国家荣誉和利益。培育健康理性的国民心态，引导人们在各种国际场合、涉外活动和交流交往中，树立自尊自信、开放包容、积极向上的良好形象。

五、抓好网络空间道德建设

1. *加强网络内容建设。*网络信息内容广泛影响着人们的思想观念和道德行为。要深入实施网络内容建设工程，弘扬主旋律，激发正能量，让科学理论、正确舆论、优秀文化充盈网络空间。发展积极向上的网络文化，引导互联网企业和网民创作生产传播格调健康的网络文学、网络音乐、网络表演、网络电影、网络剧、网络音视频、网络动漫、网络游戏等。加强网上热点话题和突发事件的正确引导、有效引导，明辨是非、分清善恶，让正确道德取向成为网络空间的主流。

2. *培养文明自律网络行为。*网上行为主体的文明自律是网络空间道德建设的基础。要建立和完善网络行为规范，明确网络是非观念，培育符合互联网发展规律、体现社会主义精神文明建设要求的网络伦理、网络道德。倡导文明办网，推动互联网企业自觉履行主体责任、主动承担社会责任，依法依规经营，加强网络从业人员教育培训，坚决打击网上有害信息传播行为，依法规范管理传播渠道。倡导文明上网，广泛开展争做中国好网民活动，推进网民网络素养教育，引导广大网民尊德守法、文明互动、理性表达，远离不良网站，防止网络沉迷，自觉维护良好网络秩序。

3. 丰富网上道德实践。互联网为道德实践提供了新的空间、新的载体。要积极培育和引导互联网公益力量，壮大网络公益队伍，形成线上线下踊跃参与公益事业的生动局面。加强网络公益宣传，引导人们随时、随地、随手做公益，推动形成关爱他人、奉献社会的良好风尚。拓展“互联网＋公益”、“互联网＋慈善”模式，广泛开展形式多样的网络公益、网络慈善活动，激发全社会热心公益、参与慈善的热情。加强网络公益规范化运行和管理，完善相关法规制度，促进网络公益健康有序发展。

4. 营造良好网络道德环境。加强互联网管理，正能量是总要求，管得住是硬道理，用得好是真本事。要严格依法管网治网，加强互联网领域立法执法，强化网络综合治理，加强网络社交平台、各类公众账号等管理，重视个人信息安全，建立完善新技术新应用道德评估制度，维护网络道德秩序。开展网络治理专项行动，加大对网上突出问题的整治力度，清理网络欺诈、造谣、诽谤、谩骂、歧视、色情、低俗等内容，反对网络暴力行为，依法惩治网络违法犯罪，促进网络空间日益清朗。

六、发挥制度保障作用

1. 强化法律法规保障。法律是成文的道德，道德是内心的法律。要发挥法治对道德建设的保障和促进作用，把道德导向贯穿法治建设全过程，立法、执法、司法、守法各环节都要体现社会主义道德要求。及时把实践中广泛认同、较为成熟、操作性强的道德要求转化为法律规范，推动社会诚信、见义勇为、志愿服务、勤劳节俭、孝老爱亲、保护生态等方面的立法工作。坚持严格执法，加大关系群众切身利益重点领域的执法力度，以法治的力量维护道德、凝聚人心。坚持公正司法，发挥司法裁判定分止争、惩恶扬善功能，定期发布道德领域典型指导性司法案例，让人们从中感受到公平正义。推进全民守法普法，加强社会主义法治文化建设，营造全社会讲法治、重道德的良好环境，引导人们增强法治意识、坚守道德底线。

2. 彰显公共政策价值导向。公共政策与人们生产生活和现实利益密切相关，直接影响着人们的价值取向和道德判断。各项公共政策制度从设计制定到实施执行，都要充分体现道德要求，符合人们道德期待，实现政策目标和道德导向有机统一。科学制定经济社会政策和改革举措，在涉及就业、就学、住房、医疗、收入分配、社会保障等重大民生问题上，妥善处理各方面利益关系，充分体现维护社会公平正义的要求。加强对公共政策的道德风险和道德效果评估，及时纠正与社会主义道德相背离的突出问题，促进公共政策与道德建设良性互动。

3. 发挥社会规范的引导约束作用。各类社会规范有效调节着人们在共同生产生活中的关系和行为。要按照社会主义核心价值观的基本要求，健全各行各业规章制度，修订完善市民公约、乡规民约、学生守则等行为准则，突出体现自身特点的道德规范，更好发挥规范、调节、评价人们言行举止的作用。要发挥各类群众性组织的自我教育、自我管理、自我服务功能，推动落实各项社会规范，共建共享与新时代相匹配的社会文明。

4. 深化道德领域突出问题治理。道德建设既要靠教育倡导，也要靠有效治理。要综合施策、标本兼治，运用经济、法律、技术、行政和社会管理、舆论监督等各种手段，有力惩治失德败德、突破道德底线的行为。要组织开展道德领域突出问题专项治理，不断净化社会文化环境。针对污蔑诋毁英雄、伤害民族感情的恶劣言行，特别是对于损害国家尊严、出卖国家利益的媚外分子，要依法依规严肃惩戒，发挥警示教育作用。针对食品药品安全、产品质量安全、生态环境、社会服务、公共秩序等领域群众反映强烈的突出问题，要逐一进行整治，让败德违法者受到惩治、付出代价。建立惩戒失德行为常态化机制，形成扶正祛邪、惩恶扬善的社会风气。

七、加强组织领导

加强新时代公民道德建设，是推进中国特色社会主义事业的一项基础性、战略性工程。要坚持和加强党的领导，增强“四个意识”，坚定“四个自信”，做到“两个维护”，确保公民道德建设的正确方向。各级党委和政府要担负起公民道德建设的领导责任，将其摆上重要议事日程，纳入全局工作谋划推进，有机融入经济社会发展各方面。纪检监察机关和组织、统战、政法、网信、经济、外交、教育、科技、卫生健康、交通运输、民政、文化和旅游、民族宗教、农业农村、自然资源、生态环境等党政部门，要紧密结合工作职能，积极履行公民道德建设责任。发挥基层党组织和党员在新时代公民道德建设中的战斗堡垒作用和先锋模范作用。工会、共青团、妇联等群团组织，各民主党派和工商联，要积极发挥自身优势，共同推动公民道德建设。

各级文明委和党委宣传部要切实履行指导、协调、组织职能，统筹力量、精心实施、加强督查，抓好工作任务落实。注重分析评估公民道德建设的进展和成效，及时总结推广成功经验和创新做法，加强道德领域重大理论和实践问题研究，推动形成公民道德建设蓬勃开展、深入发展的良好局面。

新时代爱国主义教育实施纲要

中共中央 国务院

（2019 年 11 月印发实施）

爱国主义是中华民族的民族心、民族魂，是中华民族最重要的精神财富，是中国人民和中华民族维护民族独立和民族尊严的强大精神动力。爱国主义精神深深植根于中华民族心中，维系着中华大地上各个民族的团结统一，激励着一代又一代中华儿女为祖国发展繁荣而自强不息、不懈奋斗。中国共产党是爱国主义精神最坚定的弘扬者和实践者，90 多年来，中国共产党团结带领全国各族人民进行的革命、建设、改革实践是爱国主义的伟大实践，写下了中华民族爱国主义精神的辉煌篇章。党的十八大以来，以习近平同志为核心的党中央高度重视爱国主义教育，固本培元、凝心铸魂，作出一系列重要部署，推动爱国主义教育取得显著成效。当前，中国特色社会主义进入新时代，中华民族伟大复兴正处于关键时期。新时代加强爱国主义教育，对于振奋民族精神、凝聚全民族力量，决胜全面建成小康社会，夺取新时代中国特色社会主义伟大胜利，实现中华民族伟大复兴的中国梦，具有重大而深远的意义。

一、总体要求

1. *指导思想。*坚持以马克思列宁主义、毛泽东思想、邓小平理论、“三个代表”重要思想、科学发展观、习近平新时代中国特色社会主义思想为指导，增强“四个意识”，坚定“四个自信”，做到“两个维护”，着眼培养担当民族复兴大任的时代新人，始终高扬爱国主义旗帜，着力培养爱国之情、砥砺强国之志、实践报国之行，使爱国主义成为全体中国人民的坚定信念、精神力量和自觉行动。

2. *坚持把实现中华民族伟大复兴的中国梦作为鲜明主题。*伟大事业需要伟大精神，伟大精神铸就伟大梦想。要把国家富强、民族振兴、人民幸福作为不懈追求，着力扎紧全国各族人民团结奋斗的精神纽带，厚植家国情怀，培育精神家园，引导人们坚持中国道路、弘扬中国精神、凝聚中国力量，为实现中华民族伟大复兴的中国梦提供强大精神动力。

3. *坚持爱党爱国爱社会主义相统一。*新中国是中国共产党领导的社会主义国家，祖国的命运与党的命运、社会主义的命运密不可分。当代中国，爱国主义的本质就是坚持爱国和爱党、爱社会主义高度统一。要区分层次、区别对象，引导人们深刻认识党的领导是中国特色社会主义最本质特征和最大制度优势，坚持党的领导、坚持走中国特色社会主义道路是实现国家富强的根本保障和必由之路，以坚定的信念、真挚的情感把新时代中国特色社会主义一以贯之进行下去。

4. *坚持以维护祖国统一和民族团结为着力点。*国家统一和民族团结是中华民族根本利益所在。要始终不渝坚持民族团结是各族人民的生命线，巩固和发展平等团结互助和谐的社会主义民族关系，引导全国各族人民像爱护自己的眼睛一样珍惜民族团结，维护全国各族人民大团结的政治局面，巩固和发展最广泛的爱国统一战线，不断增强对伟大祖国、中华民族、中华文化、中国共产党、中国特色社会主义的认同，坚决维护国家主权、安全、发展利益，旗帜鲜明反对分裂国家图谋、破坏民族团结的言行，筑牢国家统一、民族团结、社会稳定的铜墙铁壁。

5. *坚持以立为本、重在建设。*爱国主义是中华儿女最自然、最朴素的情感。要坚持从娃娃抓起，着眼固本培元、凝心铸魂，突出思想内涵，强化思想引领，做到润物无声，把基本要求和具体实际结合起来，把全面覆盖和突出重点结合起来，遵循规律、创新发展，注重落细落小落实、日常经常平常，强化教育引导、实践养成、制度保障，推动爱国主义教育融入贯穿国民教育和精神文明建设全过程。

6. 坚持立足中国又面向世界。一个国家、一个民族，只有开放兼容，才能富强兴盛。要把弘扬爱国主义精神与扩大对外开放结合起来，尊重各国历史特点、文化传统，尊重各国人民选择的发展道路，善于从不同文明中寻求智慧、汲取营养，促进人类和平与发展的崇高事业，共同推动人类文明发展进步。

二、基本内容

7. 坚持用习近平新时代中国特色社会主义思想武装全党、教育人民。习近平新时代中国特色社会主义思想是马克思主义中国化最新成果，是党和人民实践经验和集体智慧的结晶，是中国特色社会主义理论体系的重要组成部分，是全党全国人民为实现中华民族伟大复兴而奋斗的行动指南，必须长期坚持并不断发展。要深刻理解习近平新时代中国特色社会主义思想的核心要义、精神实质、丰富内涵、实践要求，不断增强干部群众的政治意识、大局意识、核心意识、看齐意识，坚决维护习近平总书记党中央的核心、全党的核心地位，坚决维护党中央权威和集中统一领导。要紧密结合人们生产生活实际，推动习近平新时代中国特色社会主义思想进企业、进农村、进机关、进校园、进社区、进军营、进网络，真正使党的创新理论落地生根、开花结果。要在知行合一、学以致用上下功夫，引导干部群众坚持以习近平新时代中国特色社会主义思想为指导，展现新气象、激发新作为，把学习教育成果转化为爱国报国的实际行动。

8. 深入开展中国特色社会主义和中国梦教育。中国特色社会主义集中体现着国家、民族、人民根本利益。要高举中国特色社会主义伟大旗帜，广泛开展理想信念教育，用党领导人民进行伟大社会革命的成果说话，用改革开放以来社会主义现代化建设的伟大成就说话，用新时代坚持和发展中国特色社会主义的生动实践说话，用中国特色社会主义制度的优势说话，在历史与现实、国际与国内的对比中，引导人们深刻认识中国共产党为什么“能”、马克思主义为什么“行”、中国特色社会主义为什么“好”，牢记红色政权是从哪里来的、新中国是怎么建立起来的，倍加珍惜我们党开创的中国特色社会主义，不断增强道路自信、理论自信、制度自信、文化自信。要深入开展中国梦教育，引导人们深刻认识中国梦是国家的梦、民族的梦，也是每个中国人的梦，深刻认识中华民族伟大复兴绝不是轻轻松松、敲锣打鼓就能实现的，要付出更为艰巨、更为艰苦的努力，争做新时代的奋斗者、追梦人。

9. 深入开展国情教育和形势政策教育。要深入开展国情教育，帮助人们了解我国发展新的历史方位、社会主要矛盾的变化，引导人们深刻认识到，我国仍处于并将长期处于社会主义初级阶段的基本国情没有变，我国是世界上最大发展中国家的国际地位没有变，始终准确把握基本国情，既不落后于时代，也不脱离实际、超越阶段。要深入开展形势政策教育，帮助人们树立正确的历史观、大局观、角色观，了解世界正经历百年未有之大变局，我国仍处于发展的重要战略机遇期，引导人们清醒认识国际国内形势发展变化，做好我们自己的事情。要发扬斗争精神，增强斗争本领，引导人们充分认识伟大斗争的长期性、复杂性、艰巨性，敢于直面风险挑战，以坚忍不拔的意志和无私无畏的勇气战胜前进道路上的一切艰难险阻，在进行伟大斗争中更好弘扬爱国主义精神。

10. 大力弘扬民族精神和时代精神。以爱国主义为核心的民族精神和以改革创新为核心的时代精神，是凝心聚力的兴国之魂、强国之魂。要聚焦培养担当民族复兴大任的时代新人，培育和践行社会主义核心价值观，广泛开展爱国主义、集体主义、社会主义教育，提高人们的思想觉悟、道德水准和文明素养。要唱响人民赞歌、展现人民风貌，大力弘扬中国人民在长期奋斗中形成的伟大创造精神、伟大奋斗精神、伟大团结精神、伟大梦想精神，生动展示人民群众在新时代的新实践、新业绩、新作为。

11. 广泛开展党史、国史、改革开放史教育。历史是最好的教科书，也是最好的清醒剂。要结合中华民族从站起来、富起来到强起来的伟大飞跃，引导人们深刻认识历史和人民选择中国共产党、选择马克思主义、选择社会主义道路、选择改革开放的历史必然性，深刻认识我们国家和民族从哪里来、到哪里去，坚决反对历史虚无主义。要继承革命传统，弘扬革命精神，传承红色基因，结合新的时代特点赋予新的内涵，使之转化为激励人民群众进行伟大斗争的强大动力。要加强改革开放教育，引导人们深刻认识改革开放是党和人民大踏步赶上时代的重要法宝，是坚持和发展中国特色社会主义的必由之路，是决定当代中国命运的关键一招，也是决定实现“两个一百年”奋斗目标、实现中华民族伟大复兴的关键一招，凝聚起将改革开放进行到底的强大力量。

12. *传承和弘扬中华优秀传统文化。*对祖国悠久历史、深厚文化的理解和接受，是爱国主义情感培育和发展的重要条件。要引导人们了解中华民族的悠久历史和灿烂文化，从历史中汲取营养和智慧，自觉延续文化基因，增强民族自尊心、自信心和自豪感。要坚持古为今用、推陈出新，不忘本来、辩证取舍，深入实施中华优秀传统文化传承发展工程，推动中华文化创造性转化、创新性发展。要坚守正道、弘扬大道，反对文化虚无主义，引导人们树立和坚持正确的历史观、民族观、国家观、文化观，不断增强中华民族的归属感、认同感、尊严感、荣誉感。

13. *强化祖国统一和民族团结进步教育。*实现祖国统一、维护民族团结，是中华民族的不懈追求。要加强祖国统一教育，深刻揭示维护国家主权和领土完整、实现祖国完全统一是大势所趋、大义所在、民心所向，增进广大同胞心灵契合、互信认同，与分裂祖国的言行开展坚决斗争，引导全体中华儿女为实现民族伟大复兴、推进祖国和平统一而共同奋斗。深化民族团结进步教育，铸牢中华民族共同体意识，加强各民族交往交流交融，引导各族群众牢固树立“三个离不开”思想，不断增强“五个认同”，使各民族同呼吸、共命运、心连心的光荣传统代代相传。

14. *加强国家安全教育和国防教育。*国家安全是安邦定国的重要基石。要加强国家安全教育，深入学习宣传总体国家安全观，增强全党全国人民国家安全意识，自觉维护政治安全、国土安全、经济安全、社会安全、网络安全和外部安全。要加强国防教育，增强全民国防观念，使关心国防、热爱国防、建设国防、保卫国防成为全社会的思想共识和自觉行动。要深入开展增强忧患意识、防范化解重大风险的宣传教育，引导广大干部群众强化风险意识，科学辨识风险、有效应对风险，做到居安思危、防患未然。

三、新时代爱国主义教育要面向全体人民、聚焦青少年

15. *充分发挥课堂教学的主渠道作用。*培养社会主义建设者和接班人，首先要培养学生的爱国情怀。要把青少年作为爱国主义教育的重中之重，将爱国主义精神贯穿于学校教育全过程，推动爱国主义教育进课堂、进教材、进头脑。在普通中小学、中职学校，将爱国主义教育内容融入语文、道德与法治、历史等学科教材编写和教育教学中，在普通高校将爱国主义教育与哲学社会科学相关专业课程有机结合，加大爱国主义教育内容的比重。创新爱国主义教育的形式，丰富和优化课程资源，支持和鼓励多种形式开发微课、微视频等教育资源和在线课程，开发体现爱国主义教育要求的音乐、美术、书法、舞蹈、戏剧作品等，进一步增强吸引力感染力。

16. *办好学校思想政治理论课。*思想政治理论课是爱国主义教育的主阵地。要紧紧抓住青少年阶段的“拔节孕穗期”，理直气壮开好思想政治理论课，引导学生把爱国情、强国志、报国行自觉融入坚持和发展中国特色社会主义事业、建设社会主义现代化强国、实现中华民族伟大复兴的奋斗之中。按照政治强、情怀深、思维新、视野广、自律严、人格正的要求，加强思想政治理论课教师队伍建设，让有信仰的人讲信仰，让有爱国情怀的人讲爱国。推动思想政治理论课改革创新，发挥学生主体作用，采取互动式、启发式、交流式教学，增强思想性理论性和亲和力针对性，在教育灌输和潜移默化中，引导学生树立国家意识、增进爱国情感。

17. *组织推出爱国主义精品出版物。*针对不同年龄、不同成长阶段，坚持精品标准，加大创作力度，推出反映爱国主义内容的高质量儿童读物、教辅读物，让广大青少年自觉接受爱国主义熏陶。积极推荐爱国主义主题出版物，大力开展爱国主义教育读书活动。结合青少年兴趣点和接受习惯，大力开发并积极推介体现中华文化精髓、富有爱国主义气息的网络文学、动漫、有声读物、网络游戏、手机游戏、短视频

等。

18. *广泛组织开展实践活动*。大中小学的党组织、共青团、少先队、学生会、学生社团等，要把爱国主义内容融入党日团日、主题班会、班队会以及各类主题教育活动之中。广泛开展文明校园创建，强化校训校歌校史的爱国主义教育功能，组织开展丰富多彩的校园文化活动。组织大中小学生参观纪念馆、展览馆、博物馆、烈士纪念设施，参加军事训练、冬令营夏令营、文化科技卫生“三下乡”、学雷锋志愿服务、创新创业、公益活动等，更好地了解国情民情，强化责任担当。密切与城市社区、农村、企业、部队、社会机构等的联系，丰富拓展爱国主义教育校外实践领域。

19. *在广大知识分子中弘扬爱国奋斗精神*。我国知识分子历来有浓厚的家国情怀和强烈的社会责任感。深入开展“弘扬爱国奋斗精神、建功立业新时代”活动，弘扬“两弹一星”精神、载人航天精神等，大力组织优秀知识分子学习宣传，引导新时代知识分子把自己的理想同祖国的前途、把自己的人生同民族的命运紧密联系在一起，立足本职、拼搏奋斗、创新创造，在新时代作出应有的贡献。广泛动员和组织知识分子深入改革开放前沿、经济发展一线和革命老区、民族地区、边疆地区、贫困地区，开展调研考察和咨询服务，深入了解国情，坚定爱国追求。

20. *激发社会各界人士的爱国热情*。社会各界的代表性人士具有较强示范效应。要坚持信任尊重团结引导，增进和凝聚政治共识，夯实共同思想政治基础，不断扩大团结面，充分调动社会各界人士的爱国热情和社会担当。通过开展职业精神职业道德教育、建立健全相关制度规范、发挥行业和舆论监督作用等，引导社会各界人士增强道德自律、履行社会责任。坚持我国宗教的中国化方向，加强宗教界人士和信教群众的爱国主义教育，引导他们热爱祖国、拥护社会主义制度、拥护中国共产党的领导，遵守国家法律法规和方针政策。加强“一国两制”实践教育，引导人们包括香港特别行政区同胞、澳门特别行政区同胞、台湾同胞和海外侨胞增强对国家的认同，自觉维护国家统一和民族团结。

四、丰富新时代爱国主义教育的实践载体

21. *建好用好爱国主义教育基地和国防教育基地*。各级各类爱国主义教育基地，是激发爱国热情、凝聚人民力量、培育民族精神的重要场所。要加强内容建设，改进展陈方式，着力打造主题突出、导向鲜明、内涵丰富的精品陈列，强化爱国主义教育和红色教育功能，为社会各界群众参观学习提供更好服务。健全全国爱国主义教育示范基地动态管理机制，进一步完善落实免费开放政策和保障机制，根据实际情况，对爱国主义教育基地免费开放财政补助进行重新核定。依托军地资源，优化结构布局，提升质量水平，建设一批国防特色鲜明、功能设施配套、作用发挥明显的国防教育基地。

22. *注重运用仪式礼仪*。认真贯彻执行国旗法、国徽法、国歌法，学习宣传基本知识和国旗升挂、国徽使用、国歌奏唱礼仪。在全社会广泛开展“同升国旗、同唱国歌”活动，让人们充分表达爱国情感。各级广播电台、电视台每天定时在主频率、主频道播放国歌。国庆期间，各级党政机关、人民团体、大型企事业单位、全国城乡社区和爱国主义教育基地等，要组织升国旗仪式并悬挂国旗。鼓励居民家庭在家门前适当位置悬挂国旗。认真组织宪法宣誓仪式、入党入团入队仪式等，通过公开宣誓、重温誓词等形式，强化国家意识和集体观念。

23. *组织重大纪念活动*。充分挖掘重大纪念日、重大历史事件蕴含的爱国主义教育资源，组织开展系列庆祝或纪念活动和群众性主题教育。抓住国庆节这一重要时间节点，广泛开展“我和我的祖国”系列主题活动，通过主题宣讲、大合唱、共和国故事汇、快闪、灯光秀、游园活动等形式，引导人们歌唱祖国、致敬祖国、祝福祖国，使国庆黄金周成为爱国活动周。充分运用“七一”党的生日、“八一”建军节等时间节点，广泛深入组织各种纪念活动，唱响共产党好、人民军队好的主旋律。在中国人民抗日战争胜利纪念日、烈士纪念日、南京大屠杀死难者国家公祭日期间，精心组织公祭、瞻仰纪念碑、祭扫烈士墓等，引导人们牢记历史、不忘过去，缅怀先烈、面向未来，激发爱国热情、凝聚奋进力量。

24. 发挥传统和现代节日的涵育功能。大力实施中国传统节日振兴工程，深化“我们的节日”主题活动，利用春节、元宵、清明、端午、七夕、中秋、重阳等重要传统节日，开展丰富多彩、积极健康、富有价值内涵的民俗文化活动，引导人们感悟中华文化、增进家国情怀。结合元旦、“三八”国际妇女节、“五一”国际劳动节、“五四”青年节、“六一”国际儿童节和中国农民丰收节等，开展各具特色的庆祝活动，激发人们的爱国主义和集体主义精神。

25. 依托自然人文景观和重大工程开展教育。寓爱国主义教育于游览观光之中，通过宣传展示、体验感受等多种方式，引导人们领略壮美河山，投身美丽中国建设。系统梳理传统文化资源，加强考古发掘和整理研究，保护好文物古迹、传统村落、民族村寨、传统建筑、农业遗迹、灌溉工程遗产、工业遗迹，推动遗产资源合理利用，健全非物质文化遗产保护制度，推进国家文化公园建设。推动文化和旅游融合发展，提升旅游质量水平和文化内涵，深入挖掘旅游资源中蕴含的爱国主义内容，防止过度商业行为和破坏性开发。推动红色旅游内涵式发展，完善全国红色旅游经典景区体系，凸显教育功能，加强对讲解员、导游等从业人员的管理培训，加强对解说词、旅游项目等的规范，坚持正确的历史观和历史标准。依托国家重大建设工程、科学工程等，建设一批展现新时代风采的主题教育基地。

五、营造新时代爱国主义教育的浓厚氛围

26. 用好报刊广播影视等大众传媒。各级各类媒体要聚焦爱国主义主题，创新方法手段，适应分众化、差异化传播趋势，使爱国主义宣传报道接地气、有生气、聚人气，有情感、有深度、有温度。把爱国主义主题融入贯穿媒体融合发展，打通网上网下、版面页面，推出系列专题专栏、新闻报道、言论评论以及融媒体产品，加强县级融媒体中心建设，生动讲好爱国故事、大力传播主流价值观。制作刊播爱国主义优秀公益广告作品，在街头户外张贴悬挂展示标语口号、宣传挂图，生动形象做好宣传。坚持正确舆论导向，对虚无历史、消解主流价值的错误思想言论，及时进行批驳和辨析引导。

27. 发挥先进典型的引领作用。大力宣传为中华民族和中国人民作出贡献的英雄，宣传革命、建设、改革时期涌现出的英雄烈士和模范人物，宣传时代楷模、道德模范、最美人物和身边好人，宣传具有爱国情怀的地方先贤、知名人物，以榜样的力量激励人、鼓舞人。广泛开展向先进典型学习活动，引导人们把敬仰和感动转化为干事创业、精忠报国的实际行动。做好先进模范人物的关心帮扶工作，落实相关待遇和礼遇，在全社会大力营造崇尚英雄、学习英雄、捍卫英雄、关爱英雄的浓厚氛围。

28. 创作生产优秀文艺作品。把爱国主义作为常写常新的主题，加大现实题材创作力度，为时代画像、为时代立传、为时代明德，不断推出讴歌党、讴歌祖国、讴歌人民、讴歌劳动、讴歌英雄的精品力作。深入实施中国当代文学艺术创作工程、重大历史题材创作工程等，加大对爱国主义题材文学创作、影视创作、词曲创作等的支持力度，加强对经典爱国歌曲、爱国影片的深入挖掘和创新传播，唱响爱国主义正气歌。文艺创作和评论评奖要具有鲜明爱国主义导向，倡导讲品位、讲格调、讲责任，抵制低俗、庸俗、媚俗，坚决反对亵渎祖先、亵渎经典、亵渎英雄，始终保持社会主义文艺的爱国底色。

29. 唱响互联网爱国主义主旋律。加强爱国主义网络内容建设，广泛开展网上主题教育活动，制作推介体现爱国主义内容、适合网络传播的音频、短视频、网络文章、纪录片、微电影等，让爱国主义充盈网络空间。实施爱国主义数字建设工程，推动爱国主义教育基地、红色旅游与网络传播有机结合。创新传播载体手段，积极运用微博微信、社交媒体、视频网站、手机客户端等传播平台，运用虚拟现实、增强现实、混合现实等新技术新产品，生动活泼开展网上爱国主义教育。充分发挥“学习强国”学习平台在爱国主义宣传教育中的作用。加强网上舆论引导，依法依规进行综合治理，引导网民自觉抵制损害国家荣誉、否定中华优秀传统文化的错误言行，汇聚网上正能量。

30. 涵养积极进取开放包容理性平和的国民心态。加强宣传教育，引导人们正确把握中国与世界的发展大势，正确认识中国与世界的关系，既不妄自尊大也不妄自菲薄，做到自尊自信、理性平和。爱国主义

是世界各国人民共有的情感，实现世界和平与发展是各国人民共同的愿望。一方面要弘扬爱国主义精神，另一方面要培养海纳百川、开放包容的胸襟，大力宣传坚持和平发展合作共赢、构建人类命运共同体、共建“一带一路”等重要理念和倡议，激励广大人民同各国人民一道共同创造美好未来。对每一个中国人来说，爱国是本分，也是职责，是心之所系、情之所归。倡导知行合一，推动爱国之情转化为实际行动，使人们理性表达爱国情感，反对极端行为。

31. 强化制度和法治保障。把爱国主义精神融入相关法律法规和政策制度，体现到市民公约、村规民约、学生守则、行业规范、团体章程等的制定完善中，发挥指引、约束和规范作用。在全社会深入学习宣传宪法、英雄烈士保护法、文物保护法等，广泛开展法治文化活动，使普法过程成为爱国主义教育过程。严格执法司法、推进依法治理，综合运用行政、法律等手段，对不尊重国歌国旗国徽等国家象征与标志，对侵害英雄烈士姓名、肖像、名誉、荣誉等行为，对破坏污损爱国主义教育场所设施，对宣扬、美化侵略战争和侵略行为等，依法依规进行严肃处理。依法严惩暴力恐怖、民族分裂等危害国家安全和社会稳定的犯罪行为。

六、加强对新时代爱国主义教育的组织领导

32. 各级党委和政府要承担起主体责任。各级党委和政府要负起政治责任和领导责任，把爱国主义教育摆上重要日程，纳入意识形态工作责任制，加强阵地建设和管理，抓好各项任务落实。进一步健全党委统一领导、党政齐抓共管、宣传部门统筹协调、有关部门各负其责的工作格局，建立爱国主义教育联席会议制度，加强工作指导和沟通协调，及时研究解决工作中的重要事项和存在问题。广大党员干部要以身作则，牢记初心使命，勇于担当作为，发挥模范带头作用，做爱国主义的坚定弘扬者和实践者，同违背爱国主义的言行作坚决斗争。

33. 调动广大人民群众的积极性主动性。爱国主义教育是全民教育，必须突出教育的群众性。各级工会、共青团、妇联和文联、作协、科协、侨联、残联以及关工委等人民团体和群众组织，要发挥各自优势，面向所联系的领域和群体广泛开展爱国主义教育。组织动员老干部、老战士、老专家、老教师、老模范等到广大群众特别是青少年中讲述亲身经历，弘扬爱国传统。坚持热在基层、热在群众，结合人们生产生活，把爱国主义教育融入到新时代文明实践中心建设、学雷锋志愿服务、精神文明创建之中，体现到百姓宣讲、广场舞、文艺演出、邻居节等群众性活动之中，引导人们自我宣传、自我教育、自我提高。

34. 求真务实注重实效。爱国主义教育是思想的洗礼、精神的熏陶。要坚持目标导向、问题导向、效果导向，坚持虚功实做、久久为功，在深化、转化上下功夫，在具象化、细微处下功夫，更好地体现时代性、把握规律性、富于创造性。坚持从实际出发，务实节俭开展教育、组织活动，杜绝铺张浪费，不给基层和群众增加负担，坚决反对形式主义、官僚主义。

各地区各部门要根据本纲要制定贯彻落实的具体措施，确保爱国主义教育各项任务要求落到实处。

中国人民解放军和中国人民武装警察部队按照本纲要总的要求，结合部队实际制定具体规划、作出安排部署。

关于新时代繁荣兴盛首都文化的意见

中共北京市委

（2020 年 4 月 10 日）

党的十八大以来，市委立足“四个中心”功能定位，贯彻落实习近平总书记关于文化建设的重要论述，传承发展源远流长的古都文化、丰富厚重的红色文化、特色鲜明的京味文化、蓬勃兴起的创新文化，推动中华优秀传统文化、革命文化、社会主义先进文化在京华大地形成生动实践，取得丰硕成果。为深入贯彻落实习近平新时代中国特色社会主义思想和习近平总书记对北京重要讲话精神，进一步繁荣兴盛首都文化，做好首都文化这篇大文章，现提出如下意见。

一、高举中国特色社会主义伟大旗帜，建设社会主义意识形态思想高地

北京作为首都，是党的重大理论创新的策源地、哲学社会科学前沿思想的发端地、各种观点思潮激荡的交汇地。要牢牢抓住学习宣传贯彻习近平新时代中国特色社会主义思想这一根本任务，以建设具有强大凝聚力和引领力的社会主义意识形态为目标，以繁荣中国特色哲学社会科学为重点，以做强主流舆论为保障，以提升理论素养和理论自信为基础，把广大干部群众紧紧凝聚在新时代的思想旗帜下。

（一）实施思想理论建设培根工程

用习近平新时代中国特色社会主义思想武装头脑、教育人民、指导工作。构建以党委（党组）理论学习中心组为龙头、覆盖党的各级组织的全方位学习体系，始终在学思用贯通、知信行统一上走在前列。以北京市习近平新时代中国特色社会主义思想研究中心为尖兵，巩固拓展理论宣传主阵地，建好用好“学习强国”平台，完善多层次宣讲体系，让党的创新理论“飞入寻常百姓家”。

（二）推进哲学社会科学基础工程

加强马克思主义理论研究和建设，打造马克思主义研究传播中心。建设中国特色哲学社会科学学科体系、学术体系、话语体系，打造具有中国特色、中国风格、中国气派的标识性概念、基础性范畴，为社会主义意识形态构筑坚实学理支撑。加强中国特色新型智库和首都高端智库建设。

（三）抓好壮大主流思想聚力工程

坚持以社会主义核心价值观引领文化建设制度，强化教育引导、舆论宣传、文化熏陶、实践养成、制度保障，将社会主义核心价值观建设融入经济社会发展各行业、各领域。坚持党管媒体原则，完善坚持正确导向的舆论引导工作机制，改进和创新正面宣传，推动媒体深度融合，构建具有首都特色的全媒体传播体系。坚持正能量是总要求、管得住是硬道理、用得好是真本事，加强和创新网络内容建设管理，建立健全网络综合治理体系，营造清朗的网络空间。

（四）夯实思想理论素养铸魂工程

将党的创新理论和哲学社会科学知识作为社科普及的重要内容，创新普及工作体制机制。加强改进学校思想政治工作，办好学校思想政治理论课，建设有利于立德树人的校园文化。完善服务全民终身学习的教育体系，建设学习型社会，打造“书香北京”，在全市营造崇尚学习、持续深化学习的氛围。

二、传承源远流长的古都文化，彰显中华优秀传统文化的时代价值

古都文化是北京作为国家首都和历史文化名城凝聚融汇、传承积淀的文化宝藏，是中华文明源远流长

的伟大见证。新时代传承发展古都文化，要坚持城市保护和有机更新相衔接、内涵挖掘和活化利用相统一、保护传统和融入时代相协调，不断强化“首都风范、古都风韵、时代风貌”的城市特色，擦亮北京历史文化金名片。

（一）推动老城整体保护与复兴

坚决落实“老城不能再拆”的要求，处理好历史文化和现实生活、保护和利用的关系。推动老城整体保护，加大文物腾退力度，加强城市设计和风貌管控，传承城市历史文脉。做好中轴线申遗工作，让古老的中轴线彰显独一无二的壮美空间秩序。保护好两轴与四重城廓、棋盘路网与六海八水形塑成的老城空间格局。科学划定历史文化街区，有序推进胡同和历史建筑的保护利用。

（二）建设国家历史文化保护传承利用的典范地区

构建历史文化名城保护体系，统筹推进大运河文化带、长城文化带、西山永定河文化带建设。建好大运河国家文化公园（北京段）、长城国家文化公园（北京段）。保护传承好世界文化遗产，加强“三山五园”地区整体保护。保护利用好周口店北京人遗址、上宅遗址、琉璃河西周燕都遗址、金中都遗址等，加强对近现代重要史迹及代表性建筑的保护与认定，重视对名镇名村、古桥古闸、古树名木等文化资源的保护。

（三）抓好内涵挖掘和活化利用

加大文物保护力度，把凝结着中华民族传统文化精髓的历史文物保护好、利用好，把文物背后的历史价值和时代意义发掘好、阐释好。系统梳理和活化利用首都历史文化资源，让收藏在博物馆里的文物、陈列在广阔大地上的遗产、书写在古籍里的文字都活起来，展现古都北京的历史文化风貌和独特城市魅力。

三、弘扬丰富厚重的红色文化，培育全市人民爱党爱国爱社会主义的深厚情怀

北京是党的重要孕育地之一和新中国诞生地，拥有丰富的红色文化资源。新时代弘扬红色文化，要以赓续红色基因为主线，以革命文物集中连片保护为重点，以重大时间节点为坐标，挖掘红色内涵，讲好红色故事，推动红色文化薪火相传、与时俱进。

（一）用红色基因筑牢理想信念

推动理想信念教育制度化、常态化，深化中国特色社会主义和中国梦学习教育，加强党史、新中国史、改革开放史教育，开展国情市情教育和形势政策教育，引导人们不断坚定中国特色社会主义共同理想和共产主义远大理想。落实不忘初心、牢记使命的制度，引导党员干部永葆革命精神、勇于自我革命，锤炼忠诚干净担当的政治品格。完善青少年理想信念教育齐抓共管机制，坚持全员、全程、全方位育人。

（二）用红色资源凝聚奋斗力量

加强红色文化保护系统规划，健全首都红色文化保护传承利用体系。突出革命文物集中连片主题保护，着力保护利用以北大红楼及周边革命旧址为代表的建党文化资源，以卢沟桥和宛平城、中国人民抗日战争纪念馆为代表的抗战文化资源，以香山革命纪念地为代表的创建新中国文化资源，推进对原平西、平北等革命旧址的传承保护，加强对革命文物史料的研究阐释。培育红色文化建设重点品牌，打造一批爱国主义教育示范基地、党性教育基地、廉洁文化教育基地、青少年教育基地和红色旅游胜地。

（三）用红色传统滋养时代新人

推进红色精神代代传工程，加强新时代思想政治工作，培育担当民族复兴大任的时代新人。挖掘重大纪念日、革命历史事件蕴含的红色文化价值，发挥首都通过重大活动激发爱国热情的独特优势，组织好国庆等重大节庆和纪念活动，开展“爱国活动周”等群众性主题教育活动，让爱国主义在首都奏响最强音。维护英雄荣誉和形象，营造崇尚英雄、捍卫英雄、关爱英雄的浓厚氛围。

四、发掘特色鲜明的京味文化，塑造和谐宜居的城市人文品格

京味文化是北京地区人们在长期生产生活中形成的有利于社会进步的风俗习惯、礼仪礼节、道德规

范，承载着市民群众的乡愁。新时代传承发展京味文化，要立足首善之区建设，坚持辩证扬弃、开放包容、推陈出新，着力涵养历史与现代、传统与时尚、质朴与绚丽兼具的城市文化韵味，温润人们的精神世界和心灵空间。

（一）留住北京独特的城市记忆

加强非物质文化遗产保护，传承具有北京特色的技艺、医药、饮食、地名等，把更多富有价值的老字号、老物件留住。支持京剧、北京曲剧、京韵大鼓等发展，加强京味文学素材的挖掘和转化，办好“我们的节日”系列文化活动，鼓励开展民间体育活动。梳理北京杰出人物、特色风物，保护好北京方言、北京雨燕等城市文化符号，做好史、志、文化档案等编纂，推进文化典籍、口述史、民间传说等整理出版和视听化呈现，丰富城市记忆表达。

（二）弘扬北京市民的优秀品质

传承北京市民讲政治、顾大局优良传统，发扬热情开朗、大气开放、积极向上、乐于助人的优秀品质。以社会公德、职业道德、家庭美德、个人品德为着力点，加强新时代公民道德建设。深化群众性精神文明创建，持续推进文明行为法规建设。加强典型选树，做优做强“北京榜样”品牌，壮大可亲可敬可学的榜样人物库。充分发挥“西城大妈”“朝阳群众”“平安红”“志愿蓝”“柠檬黄”等社会群体作用，推动志愿服务规范化常态化。

（三）推动发展京味文化新形态

坚持多元包容，鼓励发展群众喜闻乐见的文化生活新形态。制定公共艺术百分比政策，提升城市建筑和城市环境的艺术品质。实施“漫步北京”计划，加强地理要素与文化内涵的关联表达。鼓励时尚文化活动开展和艺术区建设，打造特色小镇，引导礼仪、饮食、休闲等各类文化健康发展。加强老旧厂房保护利用，延展交通枢纽、商圈、园区、乡村等文化功能，打造多元复合文化空间，建设综合型文化商业聚集区，彰显国际一流的和谐宜居之都文化魅力。

五、繁荣蓬勃兴起的创新文化，培育首都文化发展的核心动能

首都北京涵养了敢于开拓、奋勇争先的创新基因，孕育着各得其所、人人出彩的创新机会，塑造出勇于创造、锐意进取的创新精神。新时代繁荣发展创新文化，要坚持创意为先、人才为本、机制为要，让勇于创新成为风尚、支持创新形成氛围，推动创新活力竞相迸发、创新成果不断涌现，为经济社会发展提供不竭动力。

（一）健全激发创新创意的体制机制

完善竞争、开放、激励等方面的机制，健全激发创新意识、鼓励创新实践、推广创新成果的制度体系。发挥政府、企业、高校、科研机构、社会组织等创新主体协同共享的制度优势，推动政策、人才、技术、资本、市场等创新要素聚集聚合，构建创新创业生态。尊重原创，加强知识产权保护。

（二）厚培创新精神的文化沃土

用创新文化激励创新精神，将创新文化融入国民教育和干部培训全过程，把创新精神融入文化创作、生产、传播全过程。大力宣传广大科技工作者爱国奉献、永攀高峰的感人事迹和崇高精神，弘扬工匠精神、优秀企业家精神等，鼓励创新创意创业。抓好各类有利于创新的文化品牌活动，激发全社会创造活力。

（三）汇聚文化创新的强大力量

实施“文化＋”融合发展战略，推动文化与科技、旅游、体育、金融等深度融合发展。布局基于大数据、区块链、人工智能等技术的全媒体建设，加强数字内容供给。打造融精品路线、文化精华区为一体的文化景观网络，以文塑旅、以旅彰文。发挥“双奥之城”独特优势，打造国际体育赛事集聚地，推动文化和体育互融互促。发挥国家文化和科技融合示范基地、国家文化产业创新实验区以及各类文化产业园

区作用。健全完善文化产业投融资服务体系，建设首都文化金融生态圈。

六、丰富高品质文化供给，增强人民群众文化获得感幸福感

始终坚持以人民为中心的工作导向，健全人民群众文化权益保障制度，解放和发展文化生产力，不断增进人民文化福祉。

（一）为人民提供更多更好的精神食粮

坚持思想精深、艺术精湛、制作精良相统一，创作更多讴歌党、讴歌祖国、讴歌人民、讴歌英雄的精品力作。实施文化精品创作生产工程、艺术名家名作推介工程、中国当代文学艺术创作工程、记录新时代精品视听工程等，推出代表首都水准的优秀作品，在国家各类评奖中始终走在前列。以重大革命题材、重大历史题材、重大现实题材和青少年题材、北京题材等为重点，提高文艺创作生产的组织化程度。活跃网络文艺创作，推动网络文艺健康有序发展。加强文艺评论，改进文艺评奖，引领创作方向。

（二）建设现代公共文化服务体系

提升公共文化服务水平，完善全覆盖、高品质的市、区、街道（乡镇）、社区（村）四级公共文化服务体系。强化国家地标性文化设施影响力，健全区域性公共文化设施体系。优化博物馆、文化馆、图书馆、美术馆、影剧院、实体书店等文化设施的布局，融合贯通新时代文明实践中心、区级融媒体中心、区级政务服务中心。办好各类品牌性文化活动和市民系列文化活动，构建首都文化服务品牌体系。

（三）满足群众多样化精神文化需求

深化文化领域供给侧结构性改革，提升北京在设计、版权、影视、演艺、音乐、网络游戏、网络视听、图书、旅游、会展、艺术品交易等领域的国际竞争力，提升文化产业对首都经济社会发展的贡献度。培育新型文化业态，促进文化消费，整体提升城市文化软实力。

七、推动中华文化走出去，建设展示大国文化自信的首要窗口

北京是对外展示中华文化的首要窗口。必须坚持主场外宣、主流外宣、主力外宣齐头并进，坚持走出去和引进来双向发力，讲好中国故事，展现国际一流的和谐宜居之都良好形象。服务国家外宣战略，区分对象、精准施策，提升对外传播能力。用好各种传播渠道，做强权威发布、定制推送、合作交流，让中国声音在国际上越来越响亮。用好国家重大外事活动平台，服务保障高层访问，深化友好城市交往，办好品牌文化活动。精心设置议题，做好对外发布。高标准实施对外文化重点工程项目，打造文化走出去核心产品，推动首都成为国内优秀作品走出去的首要出发地。坚持以企业为主体的市场化运营方式，促进优秀文化产品和服务进入国际市场。推进国家文化出口基地、国家对外文化贸易基地等建设，支持版权交易平台和版权代理机构发展。

八、加强党对首都文化建设的全面领导

强化北京市推进全国文化中心建设领导小组的统筹功能，坚持和完善党委统一领导、党政齐抓共管、宣传部门组织协调、相关部门分工负责、社会力量积极参与的工作体制和工作格局。建立健全京津冀文化协同发展工作机制。严格落实意识形态工作责任制，加强阵地建设和管理，加强“扫黄打非”工作，筑牢首都意识形态和文化安全防线。加强对文化产品创作生产的引导，倡导讲品味、讲格调、讲责任，坚决抵制庸俗、低俗、媚俗之风。实施一流文化人才特色涵养计划，培养一批高层次人才，加强基层宣传文化人才队伍建设，做好文化领域知识分子和新文艺群体工作。加强文化领域地方立法，完善以高质量发展为导向的文化经济政策，优化发展改革、规划、财税金融、市场监管等领域支持文化建设的政策，为首都文化繁荣兴盛提供良好政策环境。

新时代企业党组织引领推进企业文化建设的指导意见

中国企业文化研究会

（2019 年 11 月）

文化兴国运兴，文化强民族强。伴随着中国改革开放和现代化建设的进程，中国广大企业在中国共产党各级党组织的领导下，积极开展企业文化建设，取得了显著成绩：企业领导和经营管理者不断增强文化自觉，坚定文化自信；构建以价值理念为核心的企业文化体系，大力传承培育弘扬先进企业精神，形成企业高质量发展的不竭动力；把价值理念融入企业规章制度、工作流程和行为规范之中，推动企业核心价值观全面转化，实施有效的文化管理；以品牌文化引领品牌建设，打造世界一流企业；积极开展群众性文化活动和文化产品创造，提高员工素质，满足员工日益增长的精神文化需求；推动企业文化融合，促进企业改革顺利实施，搞好国际化经营；广泛开展企业文化传播，讲好中国企业故事，树立良好的企业形象。站在新时代的历史起点上，面对日益激烈的国际竞争和深化改革、转型升级的巨大挑战，广大企业要在党组织的坚强领导下，筑牢“为中国人民谋幸福，为中华民族谋复兴”的初心和使命，扎实深入地推进先进企业文化建设，努力形成中国特色企业管理理论和管理模式，为建设社会主义文化强国做出企业的贡献。为此，提出以下意见。

一、重要意义

新时代企业党组织积极主动地引领推进企业文化建设具有重大而深远的意义。

（一）是贯彻落实习近平新时代中国特色社会主义思想，加强党组织对企业全面领导的需要

党的十九大作出了中国特色社会主义进入新时代的重要论断，把习近平新时代中国特色社会主义思想确立为我们党必须长期坚持的指导思想，提出了新时代党的建设的总要求。新时代中国特色社会主义基本方略之一就是“坚持党对一切工作的领导”。习近平总书记在 2016 年 10 月召开的全国国有企业党的建设工作会议讲话中，提出了一系列国有企业党的建设新理念新思想新战略，形成了习近平总书记关于新时代企业党的建设的重要思想，对中国企业具有普遍指导意义，党组织引领推进企业文化建设是贯彻落实这一思想，对企业进行全面领导的需要。

（二）是企业党组织履行党建工作职责，完成使命任务的需要

在全国宣传思想工作会议上，习近平总书记提出了“举旗帜、聚民心、育新人、兴文化、展形象”的使命任务，要求企业党组织要通过卓有成效的工作更好地强信心、聚民心、暖人心、筑同心。对企业党组织来说，兴文化就要团结带领全体员工精心构建价值理念体系，引领推进企业内生的、独具个性的文化建设朝着正确的方向发展，举好现代企业精神大旗、立好现代企业精神支柱、建好现代企业精神家园。

（三）是打造具有全球竞争力的世界一流企业，引领中国企业高质量发展的需要

推进高质量发展，争创具有全球竞争力的世界一流企业，是党和国家对中国企业发展的殷切期望，是中国企业发展进步的时代要求。2018 年已有 120 家中国企业进入世界 500 强，但在人才、品牌、文化、商业模式等方面，特别是创新能力、标准话语权、国际公认度等方面，真正成为世界一流企业的还不多。在新的经济形势下，企业之间的竞争已逐步由企业的品牌、产品、服务、渠道、技术等等硬件竞争趋向企业文化和企业价值观的软性竞争，企业文化已经成为提升企业竞争力的关键。一个企业的实力不是数量的叠加，而是企业共同价值观下的凝聚力、创新力、积极性的竞相迸发。企业党组织引领推进企业文化建

设，着力提高企业的软实力是推进企业高质量发展，打造世界一流企业的迫切需要。

（四）是党的领导融入公司治理，打造中国特色现代企业制度的需要

公司治理结构是建设现代企业制度的核心。中国特色现代企业制度，“特”就特在把企业党组织内嵌到公司治理结构之中，把党的领导融入公司治理各环节。企业文化建设是持续推动党的领导与完善公司治理深度融合，加快推动中国特色现代国有企业制度建设实现更大突破的重要载体和有效途径，党组织引领推动企业文化建设有利于形成企业发展的强大动力。通过企业党组织前置研究讨论重大事项提升决策的科学性，通过发挥基层党组织的战斗堡垒作用和共产党员的先锋模范作用，上下同欲推进企业各项战略、决策落实落地，通过发挥思想政治工作和群众工作优势，最大限度地凝聚职工群众的智慧和力量，通过党的监督体系有效防控风险，推动企业合规经营，通过全面实施文化管理，提高员工素质和企业现代化管理水平。

（五）是企业推进混合所有制改革，参与“一带一路”建设的需要

随着混合所有制改革的逐步深入，我国大部分企业将成为混合所有制企业，这些企业具有企业股权结构和利益主体多元化、价值取向差异化、经营方式市场化的特点。在混合所有制改革中，价值认同是合作的基础，“混合”不仅是资本力量的混合，更是思想文化的融合。加强党的建设，党组织引领推进重组企业的文化融合创新是混合所有制改革取得成效的根本保证。随着国家“走出去”战略的实施和“一带一路”建设的开展，中国境外企业越来越多。这些企业在参与国际竞争中，面临着复杂的政治环境、动荡的社会环境、多元的文化形态、激烈的竞争形势和多重廉洁风险的挑战，迫切需要党组织的坚强领导，迫切需要党组织引领推进企业文化建设。坚持履行文化责任，强化文化担当，推动文化融合，凝聚发展动能，讲好中国企业故事，树立中国企业良好的形象。

（六）是以人为本，满足员工日益增长的新需求和实现全面发展的需要

当前，中国特色社会主义新时代的主要矛盾是人民日益增长的美好生活需要和不平衡不充分的发展之间的矛盾。满足文化需求是满足人民日益增长的美好生活需要的重要内容。企业文化建设要满足人的精神需求，包括员工的需求、企业家的需求、客户的需求、消费者的需求等等。企业党组织通过引领推进企业文化建设，实施文化管理，不断提升产品和服务的文化含量和文化品位，让消费者通过感知体验物质产品和服务方式的同时，享受到其中的文化之美，提高幸福指数。通过感情、价值观的作用，充分发挥职工的主观能动性，打造以企业精神和价值观为核心的独特文化。文化管理始终坚持以人为本，依靠人、提高人、尊重人、为了人，始终坚持共建共享共赢，促进企业和员工共同发展、全面发展。

二、总体要求

（七）指导思想

以习近平新时代中国特色社会主义思想为指导，全面贯彻落实党的十九大精神，充分发挥党组织在企业的全面领导作用，始终坚持文化自觉、文化自信和文化引领，始终坚持将博大精深的优秀传统文化、奋发向上的革命文化和继往开来的社会主义先进文化融入企业文化之中，以社会主义核心价值观为引领，以推进企业高质量发展、持续经营、永续发展为目标，构建企业价值理念体系，培育具有鲜明特征的精神文化，满足员工精神文化需求，为促进中国企业现代管理水平和国际竞争力的提高，促进企业科学发展和员工全面发展提供坚强的文化支撑。

（八）遵循原则

——坚持正确方向，强根铸魂。坚持党的领导，加强党的建设，是中国企业的“根”和“魂”，是中国企业的独特优势。要确保党的领导、党的建设在企业文化建设中得到体现和加强，防止以任何借口把党的领导当成建立现代企业制度的障碍；防止以企业文化是管理理论为由，弱化党组织对企业文化建设的领导责任。企业党组织要充分履行好领导企业文化建设的职责，把方向，管大局、保落实。

——坚持价值主导，服务发展。在企业文化建设体系中，企业价值理念体系是灵魂。在价值理念体系构建中，要努力实现企业价值、员工价值与党的价值、国家价值的统一，为个人实现自我价值搭建平台，使员工能够在企业文化价值体系引导下为实现个人价值而努力。企业文化建设的各项工作都要从服务发展出发，通过企业文化建设，不断提高中国企业的管理水平，增强中国企业的创新力、竞争力和影响力。

——坚持以人为本，遵循规律。员工是企业文化建设的主体和动力，企业文化建设要贯彻落实以员工群众为中心的指导思想，坚持以人为本，以文化人，积极尊重员工、关心员工、理解员工、培养员工的工作理念，满足员工需求，实现企业和员工素质不断完善、共同发展、全面发展。企业文化建设要遵循企业成长的规律、企业文化形成和发展的规律和文化育人的规律。

——坚持继承创新，突出特色。推进企业文化建设要尊重历史，继承优秀传统文化、革命文化、中国特色社会主义先进文化的基因。创新是文化的本质特征，要大力推进企业文化创新。把创新作为一种信念、一种追求，对企业的文化资源和国内外企业优秀文化成果进行创造性的借鉴和利用。企业文化一定要有鲜明的个性，体现行业特点、企业特色，使员工感到这种文化既是本行业经营所特有的精神状态的真实写照，又是本组织所唯一具有的独特表述，从而起到鼓舞士气、激励斗志，形成良好的精神氛围的作用。建设个性化充满活力的中国企业文化，在市场经济和国际化竞争中彰显中国特色、中国品格和中国气派。

——坚持统筹兼顾，务求实效。企业文化建设是企业全局性、综合性的工作，要与企业其他各项工作统筹兼顾。企业党组织要从企业发展的实际情况出发，科学制定规划，合理安排投入，体系化策划，项目化推进。在企业文化体系建设中，在注重系统、完整的同时，要力求简明、实用、可操作。提出的理念要符合企业实际，被职工广泛认同，能够系统传播推广，全面转化、切实“落地”。

——坚持融合发展，互促互进。企业党组织对企业思想政治工作、精神文明和企业文化建设、群团工作承担着领导责任。在落实党建工作责任制中要与党建工作统一部署，明确责任，各负其责；要形成推进融合的工作机制、工作方式，并用制度固定下来。要优势互补，形成合力，推进各项工作融合发展。企业党组织要着力搞好企业调整重组和混合所有制改革中的文化融合，着力搞好企业国际化经营中的跨文化管理。

（九）工作目标

发挥企业党组织具有先进的理论指导和价值追求、健全的组织体系和工作机制、严明的组织纪律和优良作风、广泛的群众基础和影响力的优势，引领推动企业建立以价值理念体系为核心，与我国经济发展新常态相适应，与现代企业制度、国际化经营战略相符合，与企业和员工共同发展需求相一致的企业文化体系。管理者和广大员工的文化素养得到较大提升，企业向文化管理不断迈进。企业文化建设领导体制、工作机制更加完善，企业文化资产得到保值增值，企业文化创新能力和产品、服务的文化含量明显提高，企业文化设施更加完备，企业文化产品、文化活动更加丰富，更好地满足员工的精神文化需求，企业文化的引领力、创造力、传播力、服务力普遍提升，企业的凝聚力和社会影响力不断提升。企业文化普遍成为新时代中国特色社会主义文化的生长点和重要组成部分。

三、重点任务

党组织引领推进企业文化建设主要有六项重点任务。

（十）着眼战略，做好企业文化建设规划

企业发展战略是企业文化建设的前提和依据。企业文化建设的首要任务是着眼战略做好规划，使企业文化与企业发展战略高度匹配、一体化运行。企业文化建设着眼于解决影响制约企业高质量发展最突出的问题，做好总体规划和顶层设计。企业文化建设要着眼国家、部门、行业制定的有关发展战略，着眼企业的发展战略，着眼企业文化建设自身的战略思考作出系统规划。在企业文化建设中要根据企业发展战略的要求，提出能够促进战略目标实现的价值理念，进而把这些理念转化为各级管理者和职工的行为方式、促进战略目标实现的内在动力。在企业发展战略的实施过程中，要坚持文化建设先行，以发挥强大的号召力和凝聚力，为企业战略的执行创造良好的环境和条件。在企业战略转型时，要按照新的战略需要创新企业文化，使企业文化建设与企业发展战略相适应。企业文化不但要支撑企业的发展战略而且要引领企业的发展战略。

（十一）把握本质，提炼构建企业文化体系

构建与社会主义核心价值体系相一致、能够有效发挥引领和整合作用、符合企业发展要求、全体员工认同的价值理念体系是企业文化建设的根本任务。在企业文化建设中一定要牢牢把握企业文化的本质和企业文化建设的主要任务，着力进行精神文化建设，围绕构建价值理念体系开展工作，包括明确使命、规划愿景、提炼企业精神、确立核心价值观和提出与企业行业特征和业务职能相匹配的相关理念等，形成并不断巩固全体员工为企业科学发展团结奋斗的共同思想基础。落实习近平总书记关于“生活在我们伟大祖国和伟大时代的中国人民，共同享有人生出彩的机会，共同享有梦想成真的机会，共同享有同祖国和时代一起成长与进步的机会”的精神，把中国梦、企业愿景与员工个人价值的实现和成长联系起来。企业文化体系主要包括精神、制度、行为、物质等四个层面和组织保障机制、工作指导与载体支撑机制、教育培训机制、考核评价与激励机制。在企业文化建设体系中，以价值理念为主体的精神层面是核心，对制度和行为物质文化起着统领作用，是企业经营发展的灵魂；制度是精神的固化，规范着企业和员工的行为；行为、物质文化是精神文化的外化，是展示精神文化、提升企业形象的物质载体。组织实施机制、工作指导机制、载体转化机制、考核评价与激励机制是保障与条件。

企业文化体系特别是价值理念体系的构建要以自身历史文化为基础，以企业发展中的现实问题为导向，以未来发展战略为依据，要有相应广为流传的故事和确实有威信的典型人物支撑。要把构建企业文化体系作为文化融合的过程。在价值理念体系构建的过程中，企业所属单位之间要采取多种形式进行充分的文化沟通，理性地面对文化差异，整合各种优秀文化因素，找到文化共识，形成企业科学发展的文化基因。要动员所有职工参与，使价值理念体系的创立过程成为全员揭示问题、研讨问题、达成共识、提升观念、寻求解决问题方案、改进行为的过程，成为企业所属单位和所有员工文化融合、文化创新的过程。

（十二）注重实效，推动企业文化管理实践

企业基于传统、现实和未来构建的以核心价值观为主体的企业文化体系只是企业文化建设的起点，企业文化建设更重要的任务是实现企业文化的全面转化，推进企业文化管理实践。企业党组织要积极引导，有效推动。企业文化与发展战略对接，定期开展企业文化现状调研分析及战略适应性评估、调适；有效推动与企业领导者、管理者群体对接，持续提升企业文化领导力；有效推动企业文化与各项管理制度、管理流程对接，以专项文化提升企业各项专业管理水平；有效推动企业文化与人力资源对接，以人为本，鼓励核心人才、中坚人才、各级管理者成为文化管理的自觉推动者。要以企业核心价值观统领企业的各项业务活动和管理职能，形成核心价值观统领下的、与业务工作和管理职能相对应的经营管理理念、规章制度和行为规范。要以核心价值观支撑和引领企业的发展战略，使其真正成为企业发展的精神动力和灵魂，以其调整企业的组织结构，配置企业的人力资源，完善企业的管理制度，再造企业的管理流程，优化企业形象，打造企业品牌，评价企业的业绩，并以其为指导丰富职工的精神文化生活。真正使企业文化理念“内化于思想”、“固化于制度”、“外化于行为”、“物化于产品”、“转化于素质”、“美化于形象”，落地生根。文化管理既是企业以核心价值观为纽带的文化融合的过程，也是以核心价值观为指导完善形成一套企业内部价值链，优化人力资源管理，形成各方面的工作标准和行为规范的过程。

（十三）以人为本，引领促进员工全面发展

中国特色企业文化是超越企业狭隘的利益观，坚持以人为本、不断创新、解放思想、改革开放的文化，是促进企业和利益相关者共享共赢的文化，是实现企业和员工素质不断完善、共同发展、全面发展的文化，是推动企业高质量发展的文化。建设以人为本为核心的企业文化要树立一系列与之相适的价值理念。要树立

"依靠人"是企业发展根本前提的理念。做到政治上保证，制度上落实，权益上维护，尊重职工主体地位，不断完善和创新民主管理的实现形式，特别是企业员工在企业改革、企业管理过程中的知情权、参与权、表达权和监督权，给职工提供一个参与民主决策、民主管理的广阔舞台。通过建立明确的价值体系，实现企业目标与员工目标的有效结合，促使员工自我发展，自我完善，自觉、积极、主动地开展工作，依靠全体职工的智慧和力量，实现企业经济效益与社会效益的最大化。要树立"提高人"是企业发展根本途径的理念。把人才工作纳入企业发展的总体规划，大力实施"人才强企"战略，为企业的改革发展提供人才保证。高度重视人才培养，把全员培训放在战略地位，努力建设学习型企业，促进学习型企业、创新型企业的形成。要树立"尊重人"是企业发展根本要求的理念。不断满足员工日益增长的精神文化需求，使广大员工有尊严地生活，实现体面劳动。把尊重人的生命、尊重人的劳动、尊重人的创造、尊重人的价值体现在企业的各项制度中，贯彻和落实到各项具体工作中。树立"为了人"是企业发展根本目的的理念。在企业发展中把人，包括员工、客户、股东、出资人等企业相关者的利益作为一切工作的出发点和落脚点，实现好、维护好、发展好，使企业和企业相关者共享发展成果，实现企业与人的共同发展。

（十四）遵循规律，增强企业文化建设的科学性

为避免、克服企业文化建设中存在的形式主义倾向和短期行为、急功近利、急于求成的现象，党组织要引领推动企业文化建设自身实现科学发展。企业文化建设要遵循企业文化形成和发展的基本规律。认清文化建设的长期性，做到统筹规划、分步实施，注重文化积淀，不断推动价值观的转化。遵循企业成长的规律。认清文化建设与企业发展的内在统一性，做到从企业发展的阶段性特点和内在要求出发，去推进企业文化建设，既不能过于超前，又不能严重滞后，必须具有一定的前瞻性，同企业的组织结构、产业结构和发展战略的调整保持协调一致。遵循文化育人的规律。坚持价值理念推行的系统性和长期性，潜移默化、润物无声，因人因群体不同而采取相应的方法和措施，推进价值理念的转化，实现员工对企业价值理念认知、认可、认同的转化过程。企业文化建设还要努力与社会文化、行业文化的协调发展。

（十五）强化融合，不断推进企业文化创新

一是要强化集团文化与所属企业文化的融合，实现集团文化本质的统一和所属企业文化个性化发展。要加强集团内不同成员单位与员工文化的融合。理性地面对文化差异，进行充分的文化沟通，使企业文化建设的过程成为企业和所属单位、所有职工文化融合、文化创新的过程。二是要强化调整重组企业、混合所有制企业的文化融合。在企业调整重组、改制过程中要坚持文化先行，促进文化融合、形成文化共识，建立以核心价值观为基础的坚韧的精神文化纽带。企业文化融合不仅要解决调整重组、改制企业之间因文化传统、文化思维、文化实践的不同而引发的文化冲突，更重要的是通过文化的有效碰撞和深度融合实现文化的提升与创新，以引领和保证调整重组、改制后的企业沿着既定的战略目标高质量发展。三是要强化"走出去"企业国际化经营中的跨文化管理。境外企业在国际化经营和"一带一路"建设中，要通过与各国、各民族的文化融合、文化创新，形成一种既坚持自己的核心价值观，又体现与各种异质文化融合的灵活性与有效性，适应所在国特点的"本土文化"。中国企业要向全球展示我国和平、发展、合作、共赢的理念，突出"一带一路"打造命运共同体、责任共同体和利益共同体的时代精神，在服务国家战略，推进"一带一路"建设，融入和惠及当地民生等方面做出应有的贡献。

四、基本路径

企业党组织可以通过以下路径引领推进企业文化建设。

（十六）在决策中引领推动企业发展战略制定和完善

企业发展战略是一定时期内对企业发展方向、发展速度与质量、发展点及发展能力的重大选择、规划及策略。是对企业发展的整体性、长期性、基本性的谋划，决定企业中长期干什么、靠什么和怎么干等重大问题，是企业发展中长期计划的灵魂与纲领。党组织可以通过研究讨论企业重大决策引领推动企业发展

战略的制定完善和科学决策，从而发挥企业文化在战略制定和实践中的作用，为企业文化建设提供可靠的前提和依据。

（十七）在法人治理结构中引领推动董事会文化建设

随着现代企业制度的建立和企业改革的不断深化，企业法人治理结构将日趋完善。公司治理的有效性取决于公司治理结构核心董事会的有效运作，而董事会的有效运作又取决于董事会的文化。董事会文化属于公司治理文化的范畴，更是企业文化建设的重要内容。在法人治理结构中，党组织要引领推动董事会文化建设，积极倡导民主、包容、开放、责任、绩效的理念，强调和践行契约精神，努力形成一套适合现代化社会要求的规范文化。混合所有制企业要通过对不同股东文化的整合与提炼，形成股东对企业文化的高度认可。根据党组织的统一部署，董事会在搞好自身文化建设的前提下，要加强对企业文化建设的推动。在决策、审议企业发展战略规划时，同时审议企业文化发展战略规划，阶段性地推动战略适应性的文化创新，督促经理层积极贯彻落实企业的文化发展战略规划，不断推进企业文化创新。

（十八）在理论武装思想教育中引领推动企业核心价值观的建立

构建体现先进企业精神的价值体系是企业文化建设的根本任务。在企业价值理念体系特别是核心价值观的形成过程中，企业党组织要着力从以下几方面进行引领。一是加强理想信念教育。教育引导员工树立正确的世界观、人生观、价值观，树立共产主义远大理想和中国社会主义共同理想。二是加强社会主义核心价值观教育，培养担当民族复兴大业的时代新人。用社会主义核心价值观厚植道德基础，引导广大员工树立与社会主义核心价值观相一致的人生目标。三是建立广大员工认同的企业价值观，培育优秀企业精神，夯实促进企业高质量发展的共同思想基础，凝聚员工的智慧和力量，履行企业的使命担当，实现企业发展愿景。

（十九）在党管干部、党管人才中引领形成企业家文化，弘扬工匠精神

企业特别是国有企业的领导人员是党在经济领域的执政骨干，是治国理政复合型人才的重要来源。企业主要负责人和领导者群体在企业文化建设中具有重要地位和作用，是企业文化建设、发展的关键角色，他们的价值取向、人格、个性、偏好及行为选择是企业文化的重要影响因素。他们在企业文化建设中不仅要发挥倡导、传播、激励的作用，更重要的是在价值观的转化过程中率先垂范。党组织通过落实党管干部、管人才工作，培育形成企业家文化，要积极引导企业家树立崇高的理想信念，弘扬爱国敬业遵纪守法艰苦奋斗、创新发展专注品质追求卓越、履行责任敢于担当服务社会等优秀企业家精神。培养企业家国家使命感和民族自豪感，引导企业家正确处理国家利益、企业利益、员工利益和个人利益的关系，把个人理想融入民族复兴的伟大实践。

党的十九大报告提出“建设知识型、技能型、创新型劳动者大军，弘扬劳模精神和工匠精神，营造劳动光荣的社会风尚和精益求精的敬业风气”。新时代“工匠精神”的基本内涵是爱岗敬业的职业精神、精益求精的品质精神、协作共进的团队精神、追求卓越的创新精神。其中，爱岗敬业是根本，精益求精是核心，协作共进是要义，追求卓越是灵魂。当前，我国正处在从工业大国向工业强国迈进的关键时期，党组织要引领推动培育和弘扬严谨认真、精益求精、追求完美的工匠精神，树匠心、育匠人，为推进中国制造的“品质革命”提供源源不断的动力。

（二十）在融入中心做工作、进入管理起作用中引领推动专项文化建设

要提升企业基层党组织推动发展的能力，坚持融入中心，服务大局，把组织资源转化为推动发展的资源，组织优势转化为推动发展的优势，组织活力转化为推动发展的活力，实现党建工作与生产经营深度融合，做到“两手抓”，“两促进”。企业基层党组织在“在融入中心做工作，进入管理起作用”过程中，要积极引领推动与企业专项业务、管理职能相对应的专项文化建设，如创新文化、安全文化、质量文化、诚信文化、营销文化、服务文化、品牌文化、合规文化、廉洁文化、人力资源管理文化、风险管理文化、保密文化、责任文化等。在企业核心价值观的统领下，提出关于企业生产经营管理各方面的文化理念，把

核心价值观体现在企业生产经营管理各项活动中。通过专项文化建设，推进企业价值理念的转化、具体化，促进企业各项业务和管理水平不断提升。

（二十一）在服务基层中引领推动特色文化建设

企业基层党支部、党小组要把推进基层特色文化建设作为一项重要任务来完成。基层特色文化是相对于横向专项文化、企业集团（总公司）文化的各基层单位的文化，如公司文化、厂矿文化、院所文化、场站文化、车间文化、项目文化、班组文化等等。基层特色文化是在集团（总公司）文化基础上形成的具有本企业、本单位特点的文化，是所属企业在遵循、服从、体现集团主导价值观和文化本质的前提下，根据自身在集团中的定位、核心业务等对本组织的使命、愿景、价值观和经营管理理念细化、具体化，创造性地进行富有活力的丰富多彩的个性文化建设。企业党组织在引导推进企业文化建设中，要尊重基层文化的个性差异，积极支持基层文化实践，将富有个性的基层文化做为集团文化不断发展的源泉，引导所属单位自觉地以集团（总公司）文化的基因凸显各自文化个性，用各单位个性文化丰富集团（总公司）文化的内涵，做到基因相同、个性不同，形成集团文化为主导的百花齐放的局面。

（二十二）在发挥党员先锋模范作用中引领推动行为文化建设

企业行为文化属于企业文化体系的行为层面，是企业作风、经营目标、员工素质、精神风貌、人际关系的动态体现，也是企业精神、企业价值观的折射。企业行为文化建设的好坏，直接关系到企业职工工作积极性的发挥，关系到企业经营生产活动的开展，关系到整个企业未来的发展方向。企业党组织要通过多种形式引导推进行为文化：利用先进理念引导员工行为；领导者、共产党员率先垂范，引领员工行为；以行为规范体系培养良好的行为习惯；以制度约束为保障优化行为文化建设环境；注重人性化管理，加强内部沟通，有效激励员工等。党员队伍是企业中具有坚定信念和严密组织的先进人力资源。新时代企业共产党员应进一步在不断提高自身党性修养综合素质的前提下，充分发挥先锋模范作用，以良好的党员形象影响、带动企业全体员工进行文化建设。共产党员应以坚定的理想信念、优秀的道德品质、勤奋的学习精神、敬业的工作态度、超强的业务能力、良好的工作作风、严格的法律意识、美好的人格魅力、无私的奉献精神，发挥模范带头作用，示范引领推动企业行为文化和一流员工队伍建设。

（二十三）在领导群众性工作中引领推动文化活动开展、文化产品生产、文化产业发展

企业党组织要通过抓好群众性文化工作，引领推动企业文化建设。注重发挥工会、共青团和其他群众组织在企业文化建设中的作用。充分发挥职工群众的积极性、创造性，推动企业开展群众性文化活动和企业优质文化产品创造。一是通过开展丰富多彩的群众性文化活动，激发引导员工在文化建设中自我表现、自我教育、自我服务。积极创建文明单位，开展创建学习型组织、争做知识型员工、科技知识普及、岗位练兵、劳动竞赛等活动，利用各种活动增强员工对企业的归属感。要大力选树先进典型，宣传先进模范事迹，激励广大员工在企业改革发展中建功立业。要充分利用文化体育场所等各种企业文化设施，发挥摄影、书法、美术、文学、体育等各种业余文化社团的作用，组织开展丰富多彩、群众喜闻乐见、健康向上的业余文体活动，陶冶员工情操，提高员工文化素养。二是创造更多的优质企业文化产品。在企业文化建设中，要把建设的成果转化为文化产品，通过演艺、出版、广播、电视、网络、手机等载体更好地传播企业文化，最大限度发挥企业文化引导、教育、凝聚及推动发展的功能。要适时发展文化创意产业，强化企业品牌的传播力、影响力。探索开发企业精神教育基地、企业文化建设示范基地、企业主题博物馆、纪念馆、典型遗址、公共休憩空间、文化创意园等工业文化旅游产品。形成更多的优质文化产品，打造既有较高文化境界，又有较深文化意味和较浓文化情趣的文化品牌，满足企业员工基本的、多样化、多层次、多方面、日益增长的文化需求。同时为推进社会文化的繁荣发展作出企业应有的贡献。

（二十四）在推进全媒体宣传工作中引领推动企业文化传播

企业媒体是企业文化重要的载体形式，也是传播企业文化的手段。企业党组织要主动适应信息化要求，强化互联网思维，善于学习和运用互联网。积极推进媒体融合发展，进行企业文化全媒体传播。要以

内容为核心，坚持正确的价值取向，坚持正确的工作导向，讲好企业故事。以网络为基础，加强信息基础设施建设，加强网络伦理、网络文明建设。以终端为重点，积极掌握信息传播的主导权和话语权。以技术为先导，坚定奉行“技术先行”的理念，加大对技术的投入，大力提高整个业务体系的技术含量。以受众为上帝，企业员工在企业文化传播中既是信息产品的消费者和传播符号的“译码者”，又是传播活动的参与者和传播效果的反馈者。以人才为根本，为企业媒体融合发展提供有力的人才支撑和智力支持。打造“全媒型”团队，积极吸纳先进传播理念，善于提供有思想深度、有独到见解的内容，不断满足员工群众日益增长的精神文化需求。

（二十五）引领推动企业搞好优秀历史文化传承和工业文化遗产的保护利用

企业党组织要引领推动企业建立文化传承机制，积极推进优秀历史文化传承。倡导准确记载企业历史，编写好厂史、厂志、大事记。抓好厂史教育，使新职工了解企业历史、光荣传统、优良作风、英雄模范事迹。搞好厂史纪念活动，深化厂史事件、人物的研究，搞好纪念场馆建设，使之作为教育基地。厂史、遗址、有历史价值的设备、技术、最初产品等是中华民族物质和非物质文化遗产的重要组成部分，必须对其进行精心抢救和保护，使企业的优良文化资产得以代代相传并保值增值。

五、组织保障

（二十六）增强文化自觉

企业党组织履行领导企业文化建设的职责，首先要不断增强企业领导层的文化自觉，这是引领推进企业文化建设的重要前提保障。企业主要负责人要具有理论思考力、理性洞察力和实践创新力。高度的文化自觉，包括对企业文化在企业发展中地位作用的深刻认识，对企业文化发展规律的正确把握，对传承、建设、创新企业文化历史责任的主动担当。要增强文化领导力，提升文化构建能力和开拓能力。要像担当政治、经济、社会、生态责任那样，自觉担当起企业文化建设的责任、企业优秀历史文化传承的责任、企业文化资产保值增值的责任。

（二十七）加强组织领导

企业党组织要把加强企业文化建设作为提高企业软实力和国际竞争力的战略任务来抓。上下一条线，分层管到底，总体上把握本单位企业文化建设的方向和时代脉搏。要成立企业文化建设领导机构和工作机构，明确职责，把企业文化建设作为评价所属企业发展水平、发展质量和负责人业绩的重要内容。

（二十八）完善推进体制

要使企业文化建设落到实处，取得成效，就必须建立党组织统一领导、党政齐抓共管、主管部门组织协调、有关部门分工负责、所属单位和全体员工积极参与的工作体制和工作格局，形成企业文化建设的强大合力。

（二十九）健全制度机制

以党的制度建设为引领，推进企业制度文化建设，将企业精神文化转化体现在企业组织制度、人事制度、财务制度等系列规章制度中。建立完善党委会、董事会、经理办公会等定期研究企业文化建设重大问题的机制，建立完善组织保障机制、工作指导与载体支撑机制、考核评价与激励机制，把企业文化建设经费纳入预算，把企业文化建设考核评价纳入企业阶段和全年工作考核体系。

（三十）提高队伍素质

企业宣传思想文化工作者不但要学习掌握马克思主义理论，做到政治正确，还要系统学习企业文化理论知识，了解熟悉企业发展战略、生产经营管理情况。按照习近平总书记的要求，不断掌握新知识、熟悉新领域、开拓新视野，不断增强脚力、眼力、脑力、笔力，努力成为政治过硬、本领高强、求实创新、能打胜仗的专业干部。努力培养造就一支具有清醒的政治头脑、深厚的企业文化专业底蕴、丰富的企业工作经验、较强的策划组织能力、求真务实的作风并充满文化自信的企业文化建设工作者队伍。

关于推进企业价值观转化的指导意见

中国企业文化研究会

（2019 年 11 月）

企业价值观转化是企业价值观共建、传播、塑造和共享的过程，其内在机制表现为企业人对企业目标、价值、情感及身份的认同、内化并外显，因而成为企业文化建设和软实力化为硬实力的中心环节关键步骤。为贯彻落实习近平新时代中国文化建设的思想，深入践行社会主义核心价值观，充分发挥企业文化在深化企业各项改革、转变企业发展方式、提高企业管理水平、激发企业创新活力、树立企业社会品牌、推动企业高质量发展，着力培育具有全球竞争力的世界一流企业等方面的凝心聚力、价值引领作用，现就推进企业价值观转化提出如下意见。

一、重要意义

（一）推进企业价值观转化是转变企业发展方式，履行企业社会责任的迫切需要

我国经济已由高速增长阶段转向高质量发展阶段，正处在转变发展方式、优化经济结构、转换增长动力的攻关期。必须坚持质量第一、效益优先，以供给侧结构性改革为主线，推动经济发展质量变革、效率变革、动力变革，提高全要素生产率。显然，深入贯彻落实“创新、协调、绿色、开放、共享”的新发展理念，并将其作为“十三五”乃至更长时期我国企业的发展思路、发展方向和发展着力点，是加快转变企业发展方式，促进企业履行社会责任，推动企业高质量发展的必然要求。事实上，企业价值观是推动企业发展的不竭动力，是支撑企业长久发展的基础，有什么样的价值观，就会有什么样的企业管理制度和企业行为以及外在形象和表现。在企业发展中，越是面对复杂、多变的商业竞争环境，就越需要企业推进价值观转化。通过转变发展理念、思想观念、明确价值导向和调整员工行为方式，促进企业增长方式、市场布局、产品结构、资源配置和管理模式的转变，从而推动企业的战略转型与升级。特别是，近年来我国企业履行社会责任的意愿和水平有了明显提高，企业社会责任管理实践有了快速发展，但是还存在着许多诸如行动能力较弱、效能表现不够、治理机制缺失等不容忽视的问题，严重制约着我国企业社会责任实践的健康发展。毫无疑问，实现企业价值观同“创新、协调、绿色、开放、共享”新发展理念的对接和转化，有力于推进企业发展质量变革、效率变革、动力变革，进而促进企业超越把利润作为唯一目标的传统理念，在创造利润、对股东和员工承担法律责任的同时，更加注重在生产过程中对人的价值的关注，更好地承担起对消费者、社区和环境的责任和贡献。

（二）推进企业价值观转化是提升企业管理水平，激发企业创新活力的必然要求

当前，我国经济发展进入新常态，是国际经济发展周期变化下我国经济结构重大调整和发展环境深刻变化的必然结果，而企业创新能力不足、产业结构不合理、发展环境待优化、国际竞争激烈等问题严重制约了我国企业的进一步发展。这就迫切要求企业必须把增长动力更多放在提高企业管理水平、激发企业创新活力上来，不断推进企业制度创新、管理创新、科技创新等各方面创新，把适应新常态、把握新常态、引领新常态作为贯穿发展全局和全过程的大逻辑。事实上，企业文化是一个企业发展中更基本、更深沉、更持久的力量。企业管理水平、创新活力的提升必然依赖、依靠于企业文化的创新。一个真正能够长久存在和发展的企业必定是文化根基深厚的企业。其核心价值观所彰显的精神境界、愿景追求的引领作用，是企业任何科技、管理方法等都无法超越和替代的。企业活力最终来源于人，也就是来自于人的积极性，只

有人的积极性被调动起来了，才能使企业充满活力。而人的积极性的调动，往往又要受到人们的价值理念的影响和支配，显然，崇尚创新、敢于创新、善于创新的企业文化一旦养成，企业人的思维方式、行为方式就会随之发生改变，从而成为推动企业发展理念、发展方式、发展动力变革的重要力量。可见，推进企业价值观转化，正是激发企业人的热情，统一企业人意志的重要手段，是提升企业管理水平、激发企业创新活力、形成企业管理风格、增强核心竞争力的重要因素和重要途径。

（三）推进企业价值观转化是打造企业品牌实力，树立企业社会形象的有效途径

企业品牌形象是企业竞争力和自主创新能力的标志，是企业高品质发展的重要象征，也是企业知名度、美誉度的集中体现，更是企业社会形象的主要体现。世界一流企业不仅要有一流的产品和一流的服务，更要有一流的品牌。近年来，我国企业虽然进入世界500强企业的数量逐年增多，但“大而不强”的问题一直存在，尤其是缺少在全球叫得响的知名品牌。事实上，在今天一个国家拥有知名品牌的多少已经成为衡量一个国家经济实力和文化软实力的重要指标。加强品牌形象的建设，对提高企业核心竞争力至关重要。企业要赢得新的竞争优势，就必须由规模速度向质量效益转变，由价值链低端向价值链高端转变，尤其是由模仿制造向品牌名牌转变。然而，品牌始于人心。品牌，特别是名牌，不仅代表着物质产品中的精品，也代表着凝聚于精品中的文化。真正的品牌背后是文化的综合，文化提升了品牌的意蕴和理念，同时也塑造了品牌的特征和个性。文化含量高的产品不仅能满足顾客的物质需求，而且能超越顾客的“有效需求”，带给消费者愉悦的心理体验。从根本上说，企业品牌本就是一种特定的文化现象。一种品牌，文化内涵越丰富，其文化张力就越大。正是由于许多企业家将永恒的文化内涵注入到产品之中，才赋予了品牌永久的魅力和生命，才使这些产品登上了世界名牌的殿堂。这就需要充分发挥企业文化的功能作用，将企业全体员工所共同信奉的企业价值观转化为自主品牌创造的内生动力，把企业宗旨、理念、目标利益融入到员工的思想体系之中，并自觉地付诸行动推进企业高质量发展，不断丰富企业品牌内涵，打造企业品牌实力，树立企业社会良好形象。特别是中央企业作为参与国际竞争的主力军，要积极打造国际知名品牌，努力构建与经济实力相匹配的品牌实力，以品牌实力树立企业良好社会形象。

（四）推进企业价值观转化是建设企业精神家园，培育企业员工队伍的重要举措

文化是民族的血脉，是人们的精神家园。精神文化需求是人的高层次需求。按照行为科学的观点，在人们的衣食住行、安全、就业等需求得到充分满足之后，精神文化需求就会强烈地表现出来。企业文化建设的重要任务之一就是给企业人提供精神食粮，满足他们的精神文化需求，为他们提供正确的价值指引，不断增强他们的获得感、幸福感和安全感。优秀的企业文化是中国特色社会主义文化的重要组成部分，是企业发展不可或缺的精神力量和道德规范，对推进企业发展、建设企业精神家园具有强大的导向、规范、凝聚和激励作用。推进企业价值观转化，坚持用先进的文化凝聚人心、鼓舞士气，广泛开展系列企业文化建设实践活动，丰富精神文化生活，为职工提供精神指引、行为向导，潜移默化地引导教育职工，感化和激励员工自觉按照企业价值观来塑造自我，从而以企业价值观转化建立起企业员工的精神家园。企业价值观转化的意义还在于，不仅可以消解企业目标与员工目标的冲突，使员工对企业产生更多的认同感、使命感、归属感和自豪感，而且还可以增强企业与员工的双向责任感和使命感，使员工与企业不仅仅是法律契约意义上的“利益共同体”，更是“心理契约”意义上的“命运共同体”。在企业价值观转化的实施和推进中，培育符合本企业价值观要求的员工，规范和指导员工的思想和行动，使每一个员工自觉把个人职业规划和实现个人价值融入到企业发展、企业愿景中来，使企业价值观内化于心、外化于行，努力建设一支忠诚企业、开拓创新、敢于担当、奋发作为的员工队伍，是企业走向未来的必然需要，也是企业价值观转化的重要功能之一。

二、总体要求

（五）指导思想

坚持以习近平新时代中国特色社会主义思想为指导，认真贯彻落实党的路线、方针、政策，大力弘扬

社会主义核心价值观、中华民族优秀传统文化，以建设符合中国特色社会主义先进文化前进方向，具有鲜明时代特征、丰富管理内涵和各具特色的21世纪企业文化为导向，以共建、共享为中心环节，以目标、价值、身份认同、内化和外显为主要过程，努力实现企业价值观的转化与实践，大力促进企业的持续快速高质量发展，着力培育具有全球竞争力的世界一流企业，为实现中华民族伟大复兴的中国梦做出新贡献。

（六）总体目标

通过企业价值观转化，内强企业素质，外塑企业形象，增强企业凝聚力和创新力，提高企业品牌影响力和核心竞争力，实现企业文化与企业发展战略的和谐统一，企业发展与员工发展的和谐统一，企业组织价值导向一元化和员工价值取向多元化的和谐统一，企业文化优势与竞争优势的和谐统一，实现企业价值观的整体可视的效果，为企业的改革、发展、稳定提供重要的价值引领和强有力的文化支撑。

（七）基本原则

——坚持顶层设计。制订中长期规划，确定阶段性目标和行动方案，持之以恒，分步实施，扎实推进。坚持以人为本、统筹谋划，实现从企业战略定位、经营理念、人才培养、品牌形象等方面相互协同，形成合力。

——坚持问题导向。从企业实际出发，查问题促整改，切实解决好价值观转化“结合不紧”的问题、“贯穿不透”的问题、“覆盖不广”的问题及“效果不佳”的问题，有效打通主流价值思想到达基层员工的“最后一公里”。

——坚持继承创新。继承中华民族优秀传统文化、党的优良作风、企业优良传统，加大价值观转化的创新力度，深入挖掘价值理念、创新管理方式，将企业价值观融入社会主义核心价值观的培育和践行中。

——坚持有机融合。遵循企业文化建设规律，结合企业中心任务，找准价值观转化的突破口和着力点，突出抓好“生产、经营、创新、管理、服务”等重点环节，大力发挥企业价值观在企业生产经营发展中引导、激励、辐射作用。

——坚持以人为本。要牢固树立以人为本的思想，坚持全心全意依靠职工群众办企业的方针，尊重劳动、尊重知识、尊重人才、尊重创造，把企业价值观转化为员工的自觉行动，做到激励与约束并举，充分发挥员工的积极性和创造性，凝聚起企业员工共同奋进的思想基础和价值追求。

三、主要途径

（八）精心谋划，提高覆盖，增强企业价值观的传播力

增强企业价值观的传播力，提高企业价值观传播的覆盖面，提高广大员工对企业价值观的知晓度和辨识度，是实现企业价值观转化和实践的前提条件。为此，要精心谋划，充分运用各种传播手段和文化样式，扩大企业价值观的传播广度和深度，特别是要善于运用新媒体，因为新媒体的出现为企业价值观的传播开辟了更为广阔的途径。

加强人际传播。也就是要加强企业内外个人与个人之间的信息传播活动，也是由两个个体系统相互连接组成的信息传播系统。企业员工在共同生产、生活的交往活动中，通过彼此交流、传递和交换着知识、意见、情感、愿望、观念等信息，从而产生了人与人之间的互相认知、互相吸引、互相作用，进而达到实现物质性自我、社会性自我、精神性自我的价值观传播。

加强组织传播。组织传播也叫内部传播，也就是要在大力借助社会新闻媒体传播的同时，有效完善企业内部报刊、广播、电视台、橱窗、宣传栏、电子邮箱、微信平台、微博、QQ群等媒介渠道，大力开展职工喜闻乐见的征文比赛、文艺晚会、企业文化演讲、评先创优进等文化活动，潜移默化地传播企业信息和企业价值观。企业价值观的组织传播具有辅助企业文化形成的功能，又兼有使企业文化得到传承和发扬，从而激发员工战斗力的功能。

加强网络传播。也就是要以互联网为重要阵地，广泛进行信息传递、交流和利用，从而达到企业社会

文化传播的目的。为此，我们要适应互联网快速发展形势，善于运用网络传播规律，把企业价值观体现到网络宣传、网络文化、网络服务中，依托新媒体开设价值观专题、专栏、讨论专区和网上大讲堂，用正面声音和先进文化占领企业网络传播阵地。

（九）优化载体，实现融入，增强企业价值观的渗透力

文化自信是“更基础、更广泛、更深厚”的自信，文化力量是“更基本、更深沉、更持久”的力量。企业价值观的转化是企业文化力的形成基础和必然要求。而企业价值观的转化和形成需要运用“软”“硬”结合的管理方式，更需要不断优化设计企业价值观转化的活动载体，不断增强企业价值观融入生产生活过程的渗透力。

要融入企业战略。企业价值观的转化必须顺应现代市场经济发展和企业自身发展，与企业战略相协同，推进企业战略与文化发展相统一。也就是说，企业在制定发展战略、进行重大决策过程中，要充分体现企业的价值观将企业价值追求作为战略思维要求融入战略制定、战略实施和战略评价中，实现对战略管理的全面优化；同时要将企业价值观转化工作纳入公司整体战略规划，并制定企业文化战略子规划。

要融入组织体系。要加强领导，建立健全由企业主要负责人担任第一责任人的企业文化建设领导机构，真正发挥领导在推进企业价值观转化工作中的决策作用。要明确企业文化建设的归口管理部门并完善相应的职责，同时要清晰界定各部门、各层级、各岗位在推进价值观转化工作中的职责职能，配备专职专岗人员负责价值观转化推进工作，具备条件的企业要组建专门的企业价值观转化推进机构，使其成为企业整体组织体系的一部分。

要融入企业制度。要建立、健全和完善必要的规章制度和员工行为规范，加强企业价值观传播、治理、融合、绩效、沟通机制建设，进一步理顺流程，与企业日常经营决策、运营、考评的闭环全面融合，逐步实现企业价值观转化与管理制度化，特别是制定相应的激励约束机制，使员工行为既有价值观的导向，又有制度化的规范，从而达到企业价值观的制度固化效果。

要融入人资管理。也就是要把企业价值观转化融入到企业人力资源管理当中，根据企业员工在企业价值观履行方面的表现，来决定员工的晋升、选用以及薪酬待遇的高低。并以此为主要抓手，将企业价值观转化融入到企业的研发、设计、采购、生产、销售和售后服务等生产运营全过程，融入到财务管理、市场营销、风险管理、绩效管理等企业职能管理各板块，确保企业实现“价值观管理”的业务运营。由此不断修正员工原有的价值观和思维方式，凝聚和发挥员工的潜能，持续提升企业管理水平。

要融入员工生活。企业价值观来源于企业人的价值实践，同时也只有回到企业人的工作生活中经验人的价值实践。企业价值观要真正发挥作用，必须融入企业班组文化、融入企业员工生活，让人们在实践中感知、领悟、践行，引领企业风尚，使企业价值观入耳入脑入心，扎根到广大员工的思想道德意识之中，使得践行企业价值观成为每位员工的自觉行动。

（十）营造氛围，创新方式，增强企业价值观的凝聚力

营造良好的工作氛围和文化氛围是形成共建、共享价值观的基础，也是承载和传播企业价值观的有效载体，是实现企业价值观内化于心、外化于行的必不可少的途径。因此，必须通过加强和创新企业人文环境建设、品牌宣传、礼仪培训、公关活动等方式，着力营造良好的企业环境，不断增强企业价值观的吸引力和凝聚力，努力为企业价值观的转化和实践创造良好文化氛围。

要加强人文环境建设。马克思曾经指出：“人创造环境、环境也创造人”。加强企业人文环境建设，就要进一步完善企业的文化设施和工作环境，加强和改进员工思想政治工作，注重人文关怀和心理疏导，不断增强员工荣誉感、自豪感和归属感，使企业不仅仅是生产经营的场所，同时成为员工学习、实践，获取知识、本领和技能的课堂，成为一个充满人情味、理性化、愉悦、温馨的家园，从而促进企业价值观的转化和实践。

要加强企业品牌宣传。也就是要通过大众媒介宣传、社会公益等方式，使广大消费者广泛认同企业品

牌和文化的系列活动过程，从而树立良好的企业和产品形象，提高企业品牌知名度、美誉度和特色度。真正的品牌背后是文化的综合，文化提升了品牌的意蕴和理念，同时也塑造了品牌的特征和个性。文化含量高的产品不仅能满足、而且能超越顾客的“有效需求”，带给消费者愉悦的心理体验。可见，加强企业品牌宣传是增强企业价值观的吸引力和凝聚力，实现企业价值观有效转化的重要手段。

要加强企业礼仪建设。企业礼仪，是企业礼节与仪式的合称，常见的企业礼仪有工作仪式、慰问仪式、走访仪式、升旗仪式、表彰仪式、团拜仪式以及企业的庆功会、表彰会、誓师会、厂（店）庆、开业（工）典礼等活动。加强企业礼仪建设，把企业中的某些工作和生活片段戏剧化、固定化、程式化，从而使企业价值观由那些抽象的、口号式的企业语言变成了生动的活动、具体的行为，这就进一步使得企业的价值观逐渐向个人的价值观转化，对广大员工的心理和行为产生潜移默化的作用。

要加强企业公关活动。企业公关活动是企业价值观的重要呈现方式，也是企业价值观的重要传播渠道，与此同时企业价值观又是企业公关活动的核心和灵魂，因此两者必须紧密结合、深度融入。大力开展正面的、积极的、与时俱进、符合时代精神、遵守国家法律和社会公德、有利社会物质文明和精神文明建设的企业公关活动，可以迅速提升企业形象，扩大影响，树立良好的口碑，维系企业健康的利益相关者关系，为企业的生存和发展创造有利环境，同时能够有效提升企业价值观的吸引力和凝聚力，积极引导员工将企业价值观内化于心、外化于行。

（十一）以上率下，加大考核，增强企业价值观的感召力

企业价值观是决定企业文化性质和方向的最深沉、最根本、最持久的要素和力量，是企业文化软实力的灵魂、建设重点。构建具有强大感召力的企业价值观，就要按照企业价值观基本要求，采用领导带头、典型引领、纳入考核等方法，利用各种时机场合，推动企业员工提高精神境界、培育文明风尚，形成有利于企业价值观培育、弘扬和转化的生活情景与企业氛围，使企业价值观内化为人们的精神追求、外化为人们的自觉行动。

强化领导示范。企业领导是企业价值观转化的倡导者、组织者和推动者，所以必须坚持领导率先垂范。因此，企业领导要站在促进企业长远发展的战略高度对企业价值观转化进行系统思考，出思想、出思路、出对策，确定本企业价值观转化的目标和内容。要身体力行，率先垂范，发挥好带头作用，要求员工做到的自己首先要做到，要求员工不做的自己坚决不做，自觉接受群众监督，用自身良好形象带动广大员工自觉践行企业价值观。

坚持典型引领。先进典型代表企业风尚、道德高地和精神坐标，也是一个企业先进文化的缩影。积极培养、选树、宣扬先进典型，发动群众、鼓舞群众、引导群众投身伟大事业，是推动企业价值观的转化和实践行之有效的工作方法。因此，我们要大力培育有影响力、生命力的经典故事和英雄人物，着力营造学先进、赶先进、当先进的企业风尚，引领广大企业员工从先进典型中汲取正能量，并积极投身于企业改革发展、建设世界一流企业的伟大实践。

纳入考核评价。把企业价值观转化作为一项重要的工作纳入议事日程，与其他工作同部署、同检查、同考核、同奖惩，加强业绩考核和表彰奖励。有条件的企业可以积极探索将企业价值观转化工作纳入业绩考核体系，采取相应的激励约束措施，通过定性评价与定量评价相结合的方法，进行客观而准确地测评和诊断，及时掌握员工价值观状况，针对问题采取有效措施，确保企业的最佳工作绩效，形成企业价值观转化绩效考评的长效机制。

四、基本方法

（十二）刚性宣贯法

就是将企业价值观融入职工思想教育，通过正面灌输，正面教育、情感带动、理念渗透，对员工观念和行为不断牵引和强化，直接性、主动性、明指性地把企业价值观的思想、观点、信息刚性宣传灌输给职工，

植入员工心中，让其理解、认可、接受并积极践行价值理念，转变为员工的自觉的思想操守和职场行为。

（十三）柔性传播法

通常采取“抛砖引玉”、“他山之石”、“求同存异”等变通、灵活的软传播策略，以柔和内敛、平等友善的态度，通过文字、图片、动画、音乐、电影等表现形式，加强企业价值观宣传、管理，潜移默化中讲好企业故事、塑造企业形象，让员工在寓教于乐、主动参与的氛围中，身体力行、主动践行企业价值观，推进企业文化有效落地。

（十四）环境熏陶法

就是通过选择或有意创设积极向上的环境，如物质环境、文化环境、人际交往环境等要素，使企业员工置身其中，耳濡目染，在不知不觉中潜移默化地影企业员工的思想观念与道德情操，从而促进企业核心价值观的转化实践。在环境熏陶法实施过程中，需要吸纳红色文化、优秀传统文化以及社会主义先进文化的有益营养，对员工施以强烈的信息反馈，引起其内在的思想和行为的变化，以环境熏陶的方式实现员工自我激励。

（十五）行为养成法

就是通过引导企业员工在日常生活和工作实践中，培养员工形成良好的行为习惯，不断强化、引导和约束员工的行为，不断内化、认同与自觉践行企业价值观，并养成行为习惯，长期固化践行。也就是要从企业员工的日常工作与生活的细微处着手，既促进对企业核心价值观的内化，也加强对企业行为规范与职业操守的认同，通过思维方式与行为习惯的养成，促使企业价值观入心、入脑，并深深融入全体员工的工作与生活，进而成为员工生产生活的行为指南。

（十六）制度固化法

就是将企业的价值观的原则精神转化为企业内部各项制度的具体规范和要求，同时把价值观转化实践活动的好经验、好做法，固化为制度保障。在企业管理中，企业提倡的价值观不能只停留在观念价值之上，还必须转化为机制价值和制度价值，这样才能被全体员工去执行和坚守。在管理实践中，我们并不能完全通过教育与倡导，使每一名员工理解企业的价值观和管理理念，而通过制度的设计进行固化，久久为功就可以把企业价值观内化为企业人的精神品格和自觉行动。

（十七）典型示范法

就是通过发挥典型事例中典型人物的高尚思想、模范行为和卓越成就的示范教育作用，来提高人们的思想认识，推动企业价值观的转化实践。也就是通过彰显先进典型正面教育的感召力量，促进企业价值观的不断深化与发展。任何一种先进思想，最先总是为少数先进分子所认识与实践。只有经过他们的榜样示范，才逐渐推广开来。通常以具有代表性的先进单位、人物作为学习典范，实事求是地宣传推广先进事迹，随时随地发现和培养新的典型，让典型示范充满生机和活力，从而宣传群众、组织群众，调动群众的积极性，形成学先进、帮先进、赶先进，不甘落后的竞赛局面。

五、保障措施

（十八）切实加强组织领导

要建立组织机构，明确企业价值观转化的主管部门，安排专（兼）职人员负责此项工作，形成企业文化主管部门负责组织、各职能部门分工落实、员工广泛参与的组织体系。企业主要负责人要切实认识到企业价值观转化的重要性和紧迫性，统筹谋划，精心组织，加强调研，重点工作要亲自过问、亲自督促落实。注意发挥基层党组织和群众组织的作用，发挥广大党员干部带头表率作用，带领全体员工积极投身企业价值观转化。

（十九）形成有效工作机制

要建立企业价值观转化的长效管理机制，明确工作职责，建立分工负责、关系协调的企业价值观转化责任体系，保证企业价值观转化的顺畅运行。要建立考核评价和激励机制，定期对企业价值观转化的成效进行考评和奖惩。要建立保障机制，加大企业价值观转化的软硬件投入，设立企业价值观转化专项经费，纳入企业年度预算，为企业文化建设提供必要的资金支持和物质保障。

（二十）深化理论研究交流

要加强企业价值观的理论研究与实践研究，认真探索企业价值观管理与转化的理论体系、操作方法和客观规律，搞好价值观转化分类指导。要加强与世界一流企业的交流合作，有针对性地学习借鉴先进企业的文化管理理念和价值观转化的方法，充分发挥专业机构、行业组织和媒体的作用，凝聚企业价值观转化的内外合力。要针对企业的不同情况进行专题调研，不断总结和推广企业开展价值观转化的工作经验，交流先进做法，用丰富鲜活的案例启发、引导，推动企业价值观转化工作深入开展。

（二十一）加强人才队伍建设

要尽快建立一支素质高、专业精、能力强、负责任的企业价值观转化的专业队伍，充分发挥他们在企业价值观转化中的骨干带头作用。要定期组织企业文化建设专职人员的培训，提高企业文化专业人员的理论水平、文化素养和管理能力。要扩大企业价值观转化的有效覆盖面，调动全员参与的积极性，持续提升服务职工、服务发展的能力，发挥企业文化的辐射作用，保持企业价值观转化的生机与活力。

关于强化党内政治文化引领建设优秀企业文化的实施意见

中共国家电网有限公司党组

（2019 年 8 月）

为深入学习贯彻习近平新时代中国特色社会主义思想和党的十九大精神，落实全国国有企业党的建设工作会议和全国宣传思想工作会议精神，深化公司党的建设“旗帜领航·三年登高”计划，强化党内政治文化引领，建设优秀企业文化，为加快建设“三型两网”世界一流能源互联网企业提供精神动力和文化支撑，根据《中共中央关于加强党的政治建设的意见》和《中国共产党支部工作条例（试行）》，结合公司实际，提出如下实施意见。

一、深刻认识重要意义

（一）加强党内政治文化建设是深化全面从严治党的治本之举

党的十九大明确要求，要发展积极健康的党内政治文化。习近平总书记多次指出，党内政治文化是党内政治生活的灵魂，强调要让党的理想信念、价值理念、优良传统深入党员干部思想和心灵。加强党内政治文化建设，是新形势下坚定推进全面从严治党、推进党的建设新的伟大工程的重要内容，是自觉增强“四个意识”、坚定“四个自信”、坚决做到“两个维护”的必然要求，对保持党的先进性、纯洁性，不断增强党员干部的政治定力、纪律定力、道德定力、拒腐定力具有重要意义。

（二）强化党内政治文化引领是发挥国有企业“六个力量”作用的根本要求

坚持党的领导、加强党的建设，是国有企业的“根”和“魂”，是我国国有企业的独特优势。传承红色基因是强根铸魂的精神源泉，是国有企业的重大责任和光荣使命。公司作为关系国民经济命脉和国家能源安全的国有重点骨干企业，必须不忘初心、牢记使命，充分发挥党内政治文化的引领作用，把红色传统发扬好，把红色基因传承好，确保国家电网的事业始终是党和人民的事业，真正成为保障国家能源安全、参与全球市场竞争的“国家队”，党和人民信赖依靠的“大国重器”。

（三）建设优秀企业文化是公司实施“三型两网”战略的重要保障

企业文化是企业的灵魂，是推动战略实施的持久动力。进入新时代，公司确立并实施“三型两网”战略，迫切需要建设优秀企业文化，以文化人，凝心聚力，将公司战略转化为广大职工的情感认同和行为自觉，充分调动干事创业的积极性、主动性、创造性；迫切需要紧紧抓住 2019－2021 年战略突破期，以党内政治文化引领企业文化建设，以党建工作优势激发企业文化建设优势，将党建优势和文化优势转化为公司的创新优势、竞争优势和发展优势，加快推进和全面保障公司改革发展。

二、强化党内政治文化引领

（一）准确把握党内政治文化内涵，强化“四个引领”

党内政治文化是以马克思主义为指导、以中华优秀传统文化为基础、以革命文化为源头、以社会主义先进文化为主体、充分体现中国共产党党性的文化。弘扬党内政治文化，就是要推动中华优秀传统文化创造性转化、创新性发展，培育党员干部政治气节、政治风骨；就是要发扬革命文化，传承红色基因，弘扬革命精神，教育党员干部正确处理公和私、义和利、是和非、正和邪、苦和乐的关系；就是要弘扬社会主义先进文化，引导党员干部带头做社会主义核心价值观的坚定信仰者、积极传播者、模范践行者；就是要在公司深化全面从严治党的实践中，不断强化政治引领、思想引领、组织引领、价值引领，推动积极健康的党内政治文化深入发展。

（二）强化政治引领，把准党内政治文化方向

将政治立场、政治纪律和政治要求贯穿于党内政治文化建设的全过程，始终做到旗帜鲜明讲政治。深刻认识树牢“四个意识”关键是树牢“核心意识”，坚定“四个自信”最根本是坚定对习近平总书记和党中央的信赖，自觉在心灵上向总书记看齐，发自内心地维护习近平总书记党中央的核心、全党的核心地位，维护党中央权威和集中统一领导。严明党的政治纪律和政治规矩，把坚决做到“两个维护”作为首要政治纪律，持续深入开展忠诚教育，开展“守纪律、讲规矩”先进评选活动，教育督促党员干部始终对党忠诚老实，始终在思想上政治上行动上同以习近平同志为核心的党中央保持高度一致。

（三）强化思想引领，筑牢党内政治文化根基

将理想信念教育作为党内政治文化建设的核心任务，突出抓好学习贯彻习近平新时代中国特色社会主义思想，挺直共产党人的精神脊梁。充分发挥党的思想政治工作优势，把党的先进思想和价值追求转化为公司宗旨、使命愿景和发展理念。深入开展党史、国史、革命传统教育，引导党员干部坚定政治信仰，解决好世界观、人生观、价值观这个“总开关”问题。运用好公司编纂的《中国共产党红色足迹寻根与传承》《中国共产党革命精神探源与践行》，充分利用各类爱国主义教育基地和党性教育基地，广泛开展红色文化教育活动，在“不忘初心、牢记使命”主题教育中打造特色鲜明的文化名片。

（四）强化组织引领，夯实党内政治文化阵地

树立党的一切工作到支部的鲜明导向，落实《中国共产党支部工作条例（试行）》，推动支部承担好企业文化建设任务。研究建立党支部企业文化建设标准化体系，细化明确职责分工、管理流程、工作标准，切实把党支部建设成为企业文化的战斗堡垒。深化共产党员服务队等实践载体建设，将党员责任区、党员示范岗同时建设成为企业文化示范区和示范岗，使广大党员当好践行企业文化的先锋模范。突出抓好关键少数，开设“书记谈文化”网络论坛，发动各级党组织书记带头学习文化、研究文化、宣讲文化、践行文化。各级机关党支部要发挥示范带头作用，在弘扬党内政治文化、建设优秀企业文化上走在前、作表率。

（五）强化价值引领，厚植党内政治文化土壤

政治文化是政治生活的灵魂，对政治生态具有潜移默化的影响。要大力弘扬共产党人忠诚老实、公道正派、实事求是、清正廉洁等价值观，严格执行《关于新形势下党内政治生活的若干准则》，着力提高党内政治生活质量，推动形成良好政治生态。增强党内政治生活的政治性，让党员干部经常接受政治体检，净化政治灵魂。增强党内政治生活的时代性，创新党组织活动内容方式，使党内政治生活始终充满活力。增强党内政治生活的原则性，严格执行党的组织生活制度，坚持和完善重温入党誓词、党员过“政治生日”等政治仪式，使党内生活庄重、严肃、规范。增强党内政治生活的战斗性，坚持以整风精神开展批评和自我批评，旗帜鲜明坚持真理、修正错误，统一意志、增进团结。公司开展支部组织生活创新联评联展，遴选推广一批优秀组织生活创新案例，带动形成又有集中又有民主、又有纪律又有自由、又有统一意志又有个人心情舒畅生动活泼的政治局面。

三、建设优秀企业文化

（一）紧密围绕“三型两网”战略，强化“四个提升”

深刻领会“三型两网”战略内涵，准确理解枢纽型、平台型、共享型是能源互联网企业的基本特征；建设世界一流能源互联网企业，打造“三型”企业是重要抓手，建设运营好“两网”（坚强智能电网和泛在电力物联网）是重要物质基础，瞄准世界一流是中心目标。文化是更基本、更深沉、更持久的力量。

推动“三型两网”建设，要充分激发文化动力，加快建设与公司战略相契合、相适应的一流企业文化，提升公司价值理念体系，提升企业文化传播格局，提升企业文化实践成效，提升企业文化管理水平。

（二）提升公司价值理念体系

将习近平总书记视察公司时“做好电力先行官、架起党群连心桥”的嘱托，内化为公司最宝贵的文化基因和精神内核。牢记“构建能源互联网、保障国家能源安全、服务人民美好生活”的公司使命，坚持“人民电业为人民”的公司宗旨，践行“以客户为中心、专业专注、持续改善”的企业核心价值观，弘扬“努力超越、追求卓越”的企业精神，营造敬业专注、精益求精的良好风尚，全面建设优秀企业文化。紧密结合“三型两网”战略，研究诠释公司使命、宗旨、核心价值观等价值理念的时代内涵，发布《企业文化建设工作指引（2019）》，进一步明确公司企业文化建设的体制机制、方法载体、落地路径，全面开创企业文化建设新局面。

（三）提升企业文化传播格局

积极运用泛在电力物联网建设成果，全面构建传统与创新、分众与全员、线上与线下相融合的文化传播格局。广泛开展集训轮训、专题学习、宣讲辅导、竞赛调考等多种形式的宣贯传播；利用办公场所、文化长廊、宣传栏板等载体，加强文化阵地、环境和氛围建设，开展可视化传播；运用大云物移智新技术和新媒体自媒体，开展“互联网＋文化”传播，实现线上线下、全员全覆盖。充分发挥职工文化优势和作用，繁荣职工文艺创作和职工文化生活，广泛开展职工乐于参与、便于参与的活动。编制公司企业文化通用讲稿，使公司要求直达基层。研究实施分众传播策略，针对各类群体的不同需求，制定差异化培训内容和模式。创新开展藏汉、蒙汉等双语企业文化传播，增强少数民族员工对公司价值理念的认知认同。加强企业文化的人格化承载、故事化诠释，评选表彰“国网楷模”和“最美国网人”，广泛开展先进事迹学习宣传活动。

（四）提升企业文化实践成效

持续深化“旗帜领航·文化登高”行动计划，利用2019－2021三年时间，推动公司企业文化实践不断取得新成效。紧密结合业务工作开展“文化＋安全”“文化＋服务”等“文化＋”系列活动，推进安全、质量、服务、廉洁、法治等专项文化建设，推动企业文化融入专业管理。深化“百千万”工程，利用2019－2021三年时间，创建300个公司级、2000个省公司（直属单位）级、15000个地市公司级企业文化建设示范点，推动企业文化融入基层工作。组织开展专项整治，激浊扬清，正本清源，力戒企业文化建设形式化、随意化、娱乐化。制定员工行为准则，构建岗位行为规范，推动企业文化融入员工行为，促进情感认同。服务“一带一路”建设，加强跨文化管理和文化融合，在海外全资公司推行“文化移植＋文化创新”，在非全资公司推行“文化并存＋文化融合”，推动企业文化融入国际化发展。

（五）提升企业文化管理水平

进一步强化党建部门抓文化传播，业务部门抓文化承载，各单位党组织抓文化实践，全员共建企业文化的工作格局。健全企业文化建设“五年规划”“年度计划”与“项目化推进”有机衔接的管理体系。落实“放管服”要求，深化“示范项目、重点项目、储备项目”三级项目管控模式。实施量化计划管理，采取定性与定量相结合、动态评估与年终考核相结合的办法，完善年度考核评价体系。加强社会主义核心价值观学习教育和精神文明建设工作，探索建立文明单位创建和志愿服务常态化管理机制。

四、强化组织实施

（一）加强组织领导

各单位党委要进一步提高认识，加强对企业文化建设的领导，定期听取汇报、研究部署企业文化建设工作，确保工作机构、人员、经费等保障措施落实到位。各级企业文化建设领导小组要积极发挥作用，加强谋划推动、检查指导和督促落实。各级党组织书记要自觉扛起第一责任人职责，各级领导干部要抓好分管领域的企业文化建设任务，推动工作落地见效。

（二）严格责任落实

要强化党组织政治功能，突出各级党组织抓企业文化建设的政治责任；压实各级党组织书记、领导班子成员和业务部门、党建部门负责人抓企业文化建设的岗位责任；对照年度重点工作任务，细化企业文化建设的工作责任。要把企业文化建设纳入党建工作责任制和领导班子党建工作责任清单，作为各级党组织书记抓党建述职评议的重要内容，与党建工作同部署、同落实、同检查、同考核。

（三）统筹协调推进

各单位党委要根据本意见，研究制定实施方案，精心策划、周密部署、扎实推进。要将企业文化建设与改革发展、生产经营等各项工作有机结合，与“不忘初心、牢记使命”主题教育有机结合，做到“两不误、两促进”。要坚持边实践、边研究、边总结，及时把实践经验上升为制度成果，建立健全长效机制，为“三型两网”世界一流能源互联网企业建设提供不竭的精神文化动力。

·会议交流·

中国企业文化研究会第六次会员代表大会

2018年6月23日至24日，中国企业文化研究会第六次会员代表大会在北京国谊宾馆隆重召开。根据《中国企业文化研究会章程》的规定，在上届理事会领导的指导和全体会员单位的推荐下，举行了本次换届选举大会。中国企业文化研究会原理事长、原福建省省长、商业部部长、国务院特区办主任胡平，中国企业文化研究会原常务副理事长、秘书长孟凡驰，原常务副理事长华锐，原副理事长李世华、吴建明、王鲁阳出席会议，到会会员代表127人，会议由原常务副理事长华锐主持。

会议安排的沙龙“新时代企业文化沙龙”由华锐同志主持。会上，会议代表踊跃发言，对于新时代企业文化的发展提出了很多具有建设性的建议。

李世华同志受胡平同志委托，宣读题为《开拓进取，奋发有为，开创新时代中国企业文化建设新局面》工作报告，吴建明同志作了《财务工作报告》，王鲁阳同志作了《选举办法》的说明。经过讨论，大会审议通过了《工作报告》、《财务报告》、《选举办法》及监票人、计票人名单。会上，按照《选举办法》的流程，通过无记名投票的方式，最终选举出由孟凡驰同志任新一届理事长，李世华、吴建明、王鲁阳三位同志为新一届副理事长，王迎春（王建）为新一届秘书长的领导班子。大会一致通过胡平同志担任新一届名誉理事长。会上，理事长孟凡驰代表新一届理事会领导班子发表讲话，他强调，“新一届理事会的当选，既意味着光荣的使命，也担负着沉甸甸的责任。研究会将以习近平新时代中国特色社会主义理论为引领，进一步增强企业文化研究的历史担当；以‘方向正确、学术领先、行为规范’的事业宗旨为遵循，深入开展新时代中国企业文化理论研究；坚持‘规范化、程序化、精细化’的工作准则，大力提升指导实践、服务企业的能力；以‘中国最具影响力的企业文化机构’为目标，不断加强内部建设。为中国企业的可持续发展，为新时代中国特色社会主义，为‘两个一百年’中国梦的实现，做出应有的贡献”。

名誉理事长胡平发表了重要讲话，他指出，“今年是研究会成立30周年，多年来各会员单位给予研究会大力支持和帮助，这次换届希望各会员单位一如既往地支持研究会工作，维护新一届理事会和领导班子，与大家一起推动中国企业文化事业的发展”。特别是他为大会精心准备了《工作报告》纲要，包括：

工作回顾：积极推动中国企业文化建设的理论研究和建设实践，在中国企业文化建设中发挥独特作用，不断提高能力建设和管理水平。

工作建议：以党的十九大精神为指导，明确企业文化建设的新思路；以问题为导向，深入搞好企业文化建设重大课题研究；以增强本领为重点，提高为企业文化建设服务的水平。

中国企业文化研究会十几年来的工作成果：积极推动中国特色社会主义企业文化建设理论体系和建设路径的探索；积极推动唤起企业主要负责人和领导群体高度的文化自觉，提高企业的文化领导力；积极推动以价值理念为核心的企业文化体系建设；积极推动遵循企业文化的管理属性，以企业先进文化建设促进企业管理升级，实施有效的文化管理；积极推动加强集团文化建设，打造世界一流企业；积极推动与企业专项管理职能相对应的专项文化建设；积极推动加强企业基层特殊文化建设；积极推动民营企业和中小企业文化建设；积极推动企业文化传承机制和文化载体，积极推动优秀历史文化传承；积极推动企业开展群众性文化活动，推动企业优质文化产品创造；积极推动企业文化融合和国际化经营中的跨文化管理；积极推动学习型企业建设。积极推动互联网+企业文化建设行动；积极推动建立并完善企业文化考评体系；积极推动企业文化建设领导体系的建立和完善等，让与会者备受鼓舞。

（中国企业文化研究会秘书处供稿）

中外企业文化深圳峰会

由中国企业文化研究会主办的“回顾与展望，开启企业文化新时代——中外企业文化第十六届峰会”于2018年11月17日至20日，在改革开放的最前沿城市—深圳举行。来自石油、化工、金融、钢铁、煤碳、建筑、军工、铁路、汽车、新能源、医药、电力、港口、航空、航天等行业的600多名企业代表出席会议。

开幕式由中国企业文化研究会秘书长王建主持。中国企业文化研究会理事长孟凡驰代表主办方致开幕词。他指出企业作为国民经济最具活力的经济细胞，企业文化的繁荣兴盛影响国民经济发展的速度和增长的质量，是实现中华民族伟大复兴不可或缺的力量。如何开启企业文化新时代，应对经济发展的新常态、新机遇、新挑战，是我们企业文化理论工作者、实践工作者共同思索探讨的课题。

中国企业文化研究会副理事长李世华做了中国企业文化研究会成立30周年工作报告。原福建省省长、商业部部长、国务院特区办主任、中国企业文化研究会名誉理事长胡平做了题为《继承 融合 创新 超越》的书面主旨报告。

工业和信息化部产业政策司副司长钱航就产业经济发展与文化融合问题进行了阐述。中国著名经济学家、国家发改委原副秘书长范恒山做了“全面深化改革背景下物质与精神关系的把握及企业文化建设”的学术报告。国务院国资委新闻中心毛一翔主任应邀，分享了改革开放以来国有企业的文化创新、发展趋势的独到见解。从事国际商务研究的专家——商务部中国服务外包研究中心副主任（副司级）邢厚媛对国际商务中的跨文化管理做一个全面系统、视野广阔的介绍。

在典型经验分享环节，中国中铁四局集团有限公司党委书记、董事长张河川以“铁军文化助力企业高质量发展”为题分享他们的铁军文化理念；腾讯公司人力资源部总经理方慧玲以“走进腾讯与腾讯文化”为题介绍了腾讯的使命、愿景、价值观、经理理念和管理理念；中建钢构有限公司党委书记、董事长王宏以“铁骨仁心引领中建钢构”为题分享了中建钢构“铁骨人心，钢构未来”文化体系及其内涵。

中国航天科技集团有限公司第六研究院党委书记黄亮以“培育一流动力文化，助推航天强国建设”为题介绍了他们的动力文化理念。太原钢铁（集团）有限公司专职党委副书记、副董事长韩瑞平以“创新文化积聚创新力量”为题介绍了他们的创新文化。中国铁路北京局集团有限公司党委副书记、副董事长白铭以“打造‘五位一体’高铁服务文化体系，努力提升服务品质，让旅客出行体验更美好”为题介绍了他们的服务文化。

中国企业文化研究会原常务副理事长华锐对嘉宾发言进行了精彩点评。

在部长论坛中，中国石油天然气集团有限公司思想政治工作部（企业文化部）总经理曲广学以坚定“四个自信”，弘扬“石油精神”为中国石油高质量发展提供文化支撑为题，阐述了中国石油的文化理念。国家电力投资集团有限公司企业文化总监、党建部（党组办公室）主任荆玉成以“思想治理时代”为题分享了企业文化发展的六种趋势。东风汽车集团有限公司党委工作部（企业文化部）部长李平安以“坚定文化自信，坚持文化强企，打造世界一流企业的文化软实力”为题介绍了东风的“和”文化理念。

跨文化管理是本次峰会重点内容。中国企业在建设“一带一路”过程中，如何发挥文化作用？如何克服文化障碍？如何实现国内企业走出国门与当地文化融合？河钢集团有限公司党委常委、工会主席齐跃章以“坚定文化自信，引领建设世界河钢”为题讲述跨文化管理中的“三个本地化”原则。同时，中国企业文化研究会专家杜胜熙将分享铁路、金融、制造、服务四个行业的四个典型案例，再现跨国经营中如何化解文化冲突、重构企业文化。

欧盟驻华代表团公使衔参赞马君泽（Günther Wolfgang Marten）有针对性地介绍了欧盟国家的公司如何用企业文化经营企业生产产品。来自德国 CPC 公司董事乔治·霍谢（GeorgHeuchert）讲述了德企如何利用企业文化使公司在管理和产品方面受益。

北京市行政学院原副院长、教授赵春福将以“企业跨国经营中的文化冲突与整合”为题做对比分析。

中国企业文化研究会企业专家委员——中石油集团原副总经济师关晓红，对中国企业文化研究会工作和峰会价值给予了高度评价。

中国企业文化研究会理事长、教授孟凡驰将做题为“回眸改革开放 40 年，开启企业文化新时代”的总结报告，在代表中产生了强烈反响和共鸣。

依据会议议程，峰会组织代表参观了“大潮起珠江——广东改革开放 40 周年展览”、观多次成功实施跨国并购的比亚迪股份有限公司，参观学习让代表们受益匪浅。

（中国企业文化研究会秘书处供稿）

第六届中国企业传媒与品牌传播年会

2019年5月15日至18日，由中国企业文化研究会主办、中国建筑第八工程局有限公司协办的“构建全媒体传播体系，提升企业品牌传播力——第六届中国企业传媒与品牌传播年会”在济南市隆重开幕。来自全国各地的400多位企业代表及传媒从业者、知名学者齐聚一堂，共同探讨在信息化与大数据时代，如何构建全媒体传播体系，提升品牌传播力，助推企业健康有序发展。

开幕式由中国企业文化研究会秘书长王建主持。中国企业文化研究会理事长孟凡驰，山东省委宣传部二级巡视员张卫华，国务院国资委新闻中心主任毛一翔，中国建筑第八工程局有限公司党委书记、董事长校荣春，中国企业文化研究会副理事长、鲁泰纺织股份有限公司党委书记、董事长、总经理刘子斌，山西省国资委原副巡视员、山西省企业文化研究会理事长康楣生等领导出席会议并致辞。

中国企业文化研究会理事长、教授孟凡驰在致辞中强调，在全媒体时代，企业在文化品牌传播上，要紧跟时代大势，把握住新媒体的三大特点，从企业内部和外部两个方面，提升企业形象，凝聚品牌的忠诚度，实现品牌有效传播。

国务院国资委新闻中心主任毛一翔在讲话中指出：在信息化与大数据时代，媒体格局、传播方式、舆论生态都在发生着深刻变化，重组着内容生产与信息传播的链条，“四全媒体时代”渐行渐近……这对我们的企业文化建设、企业文化品牌传播也发生着深刻的影响。面对“信息无处不在、无所不及、无人不用”的全媒体时代，要汇聚资源，抢抓机遇，实现企业文化品牌传播，就应对全媒体有个整体认识的过程中，把握住全媒体的显著特征，把握住品牌传播规律。

山西省国资委原副巡视员、山西省企业文化研究会理事长康楣生表示，用好新媒体新技术是企业面临的新挑战、新课题，只有建立健全企业的全媒体传播体系，才能使品牌传播更久远，企业更美好。

发言专家和与会者在一些观点形成了共识。如：当下，以互联网为代表的新媒体正在广泛而深刻地影响着社会生活的各个方面，显示出不容小觑的传播力和渗透力。网络、手机等即时交流平台，使得传统的宣传媒体已经无法满足员工和客户对企业文化信息的立体需求。

中国建筑第八工程局有限公司党委书记、董事长校荣春的致辞突出强调了企业文化建设如何推动中国企业参与四全媒体生态建设，这不仅仅是一场技术革命，更是一次深刻的文化理念和价值观的革命。中国建筑第八工程局有限公司党委书记、董事长校荣春认为，习近平总书记对全媒体时代的深刻洞察，对媒体融合发展的科学谋划，为我们企业构建全媒体生态传播体系，实现品牌传播指明了发展方向。我们要运用信息革命成果，推动媒体融合向纵深发展，“使互联网这个最大变量变成事业发展的最大增量”。因此，广大企业要与时俱进，顺应技术发展带来的传播格局变化，在转变宣传方式、创新宣传载体上下功夫，切实运用好新媒体，通过媒体融合为内容产品、品牌传播获得更多与用户相通的接口，更是在内容产品的专业化水平上下功夫，为企业文化品牌传播注入了生机和活力！中国企业文化研究会副理事长、鲁泰纺织股份有限公司党委书记、董事长、总经理刘子斌表示，全媒体时代，媒体融合是篇大文章，企业文化建设载体更加丰富多彩，为媒体融合发展，提升品牌传播起到切实的推动作用。

中国建筑第八工程局有限公司党委副书记、工会主席于金伟作题为“构建全媒体传播体系，唱响铁军八局新传奇”的典范报告。从把握时代趋势，重塑品牌传播机制；把握核心要素，营造“四全”媒体传播生态；把握多元维度，提升传播整体效应三个层面，结合实际案例，特别是融合“五讲”模式，构建品牌传播矩阵，生动形象地讲述铁军八局的全媒体品牌传播故事，反响非常强烈。

在大会的不同板块和分论坛，与会代表们各抒己见，认为这次年会召开得非常及时，受益匪浅，对本单位今后全媒体传播体系的构建，品牌传播力的提高，提供了有益借鉴与思考。

与会者一致认同，今后将更加坚定文化自信，加强企业传播手段建设和创新，打造“四全媒体”，以建立全媒体传播体系为己任，打造新时代具有传播力的品牌企业，为不断提高企业品牌的传播力、影响力努力奋进。

会议期间，还进行了中建八局“全国企业文化与品牌传播示范基地”揭牌仪式，让与会者更多地了解了示范基地的权利和义务。

新故相推，日生不滞。“新”是媒体的基因，也是传播的力量所在。坚信我们的企业将继续把握时代大势，坚持守正创新，坚定不移推进媒体深度融合，实现企业文化品牌传播，助力中华民族实现伟大复兴的中国梦！会议期间，还进行了中建八局“全国企业文化与品牌传播示范基地”揭牌仪式，让与会者更多地了解了示范基地的权利和义务。

（信息来源：人民数字 任民湘）

2019 全国班组管理论坛

2019 年 8 月 8、9 日，由中国企业文化研究会主办的“班组建设与班组文化管理——2019 全国班组管理论坛”在西安召开。中国企业文化研究会理事长孟凡驰教授、全国总工会兼职副主席、中国航空科技集团第一研究院首都航天机械公司高凤林、陕西省总工会党组成员、经费审查委员会主任刘伟、陕西省企业文化建设协会会长张培合、中国石油集团川庆钻探长庆井下技术作业公司党委书记、副总经理刘贵喜、总经理、党委副书记孙虎等领导和来自全国企业代表 350 余名参加了会议。开幕式由中国企业文化研究会秘书长王建主持。论坛从引领者、组织者、建设者、践行者、研究者的角度呈现了班组建设和班组文化管理的思想、设计、组织、践行的成果。

引领者：精神引路　思想导航

全国总工会兼职副主席、中国航天科技集团有限公司第一研究院首都航天机械公司高凤林在讲话中指出，习近平总书记在与中华全国总工会第十七届领导班子成员集体谈话时说：“工会要协同各个方面为劳动模范、大国工匠发挥作用搭建平台、提供舞台，培养造就更多劳动模范、大国工匠。”班组建设与班组文化管理的论坛就是总书记所指的平台之一。

高凤林对班组文化管理提出自己的独到观点，他说班组建设的出发点是以人为本凝神聚力，打造和谐高效的团队；它的落脚点则是建立快乐成长充满活力的工作单元，提高学习和认识水平。心能想多远人就能够走多远，认识有多高素质就能提多高，把每位班组员工的关注点最大限度地引领到班组建设上来。

中国企业文化研究会理事长孟凡驰教授在题为《班组文化建设的意义和任务》的主旨报告中指出，班组文化建设具有四方面意义：

*一是班组文化是引领凝聚职工之魂，释放职工潜智潜能的本质力量。*人在本质上是文化动物，文化基因是人的本质规定性，文化主体性的实现是最高价值境界。文化具有与生俱来的育人功能和创造功能。作为班组长，开发员工的文化潜质，调动员工自觉性，让员工明白工作的价值和意义，建立职业奋斗目标，就会化压力为动力，化消极为积极，化腐朽为神奇。

*二是变革班组管理方式，提升班组管理品味和层次。*班组文化管理和制度管理相辅相成，制度是永远的不完全合约。班组工作就像爬山，前面一个动力拉，后面一个动力推，前面这个负责引领，它就相当于文化，后边这个防止汽车下滑，它就是制度，二者的功能是不能相互替代的。文化引导制度，制度支撑文化，又能够促进文化的发展。

*三是丰富员工文化素养，培育新时代文明职工。*文化是塑造文明的方式和过程，文明是文化发展的成果和目标。培育新时代文明职工是班组文化建设的目标。新时代文明职工有四个特征：坚定鲜明的政治方向、坚韧不拔的职业精神、积极丰富的内心世界和优雅文明的言行举止。

*四是班组文化践行落地公司文化，保障公司文化功效到位。*公司企业文化真正落地必须落在班组的最后三公里，所以公司文化是顶层设计，班组文化是企业文化在基层践行的落地点。质量、品牌、营销、服务都掌握在班组员工手里，如果班组文化不能个性化、创造性的践行，公司企业文化就落不了地。

孟凡驰教授讲到班组文化建设的六大任务时指出，第一是分解。根据本班组专业特点，确定哪些是全面落实公司文化，哪些是适应本班组文化特点重点践行。第二是内化。采取讲解、讨论、考试等各种形式宣贯企业文化，达到一入耳、二入脑、三入心、四入血液化成 DNA，这才叫内化。第三是外化。利用一切可视化方式，宣传文化形象。比如各种文化活动、理念上墙、主题竞赛、营造环境等。第四是转化。将公司文化内容转化成分项行为动作和具体标准要求。通过班组制度、流程、表格实现班组文化的可操作、可执行。第五是融入。融入岗位做到具体规范；融入产品提升文化含量，打造精品；融入流程实现管理有序、严谨、科学；融入服务提升服务的品质；融入管理提升文化自觉和文化素养；融入经营实现个性鲜明的差异化竞争优势。第六是创新。班组文化要保持与公司文化的高度一致，并根据本班组业务特征和长期积累，提出具有鲜明个性的文化理念，丰富班组文化内涵，力争使其发展为公司文化元素。班组文化既要与公司文化一脉相承，又要有班组文化的个性特点，这二者要高度统一。公司文化重点在于整体体系的制定，班组文化重点在于执行和具体化，在于丰富化在于细节创新执行。

组织者：顶层设计　基层贯通

中国石油集团川庆钻探长庆井下技术作业公司党委书记、副总经理刘贵喜在致辞时讲到，近年来，面对国际油价低位震荡带来的严峻经营压力，面对全面从严治党、全面深化改革、全面依法治企的艰巨任务，我们公司党委站在战略和全局的高度，坚持把加强“三基”建设作为稳健发展的重要基石，坚持不懈带领员工苦练基本技能，抓典型、树标杆，持续开展“五型”班组和“三标一规范”系列创先争优活动，培育打造创新示范平台、创新示范团队、劳模先进工作室，涌现出了一大批技术能手、技术标兵、能工巧匠。培育和打造了更多的基层党建示范点、安全生产示范点、精细管理示范点，充分发挥示范引领作用和辐射带动作用，推进整体水平不断提升。

中国石油集团川庆钻探长庆井下技术作业公司总经理、党委副书记孙虎在分享“以企业文化实践激发班组建设活力”经验时讲到，培育具有时代特征的文化理念，用精神文化凝聚员工士气；打造具有企业特色的文化品牌，用创新文化激发队伍活力；开展具有鲜明主题的文化活动，用行为文化展示良好形象；实施富于人文关怀的文化工程，用和谐文化营造发展环境。

云天化集团公司工会常务副主席施佳慧在分享“六型六星六步”创建体系时讲到，“六型”是指：学习型、创新型、环保型、安康型、效益型、和谐型。“六型”是一个有机整体，学习是基础，创新是动力，环保是前提，安康是保障，效益是核心，和谐是目的。“六星”是按照“示范引领、动态晋级、持续提升”的原则，把“六型”班组设置为六星等级，制定了每一星级的标准和晋级标准，逐级晋升，设置了一条动态上升通道。“六步”创建法是指统一思想、梳理分类、明确目标、落地实施、考核评价、总结提升。

上海寰宇物流装备有限公司总经理李前敏在分享铸造卓越班组感悟时说，目前“卓越·共享”的文化体系已经深入到每一个上海寰宇人心中，以“爱心安全”、“卓越品质”、“素质关爱”为“人文科学管理”工具，坚持精益生产，将生产管理与文化建设深度融合，实现了以人为本的文化管理。以人为本的四个标志：一是让员工有认同感；二是让员工有价值感；三是让员工有责任感；四是让员工有幸福感。

中建八局第二建设有限公司党委副书记张慧在“五色光”故事中呈现了文化的多色多彩多维度。“令行禁止、使命必达”的红色基因。红色基因即传承铁军精神，时刻听党指挥、对党忠诚，在党和人民需要时冲锋在前。“攻坚克难、转型创新”的蓝色力量。蓝色力量即践行“品质保障，价值创造”的核心价值观，以“攻坚克难、转型创新”的精神品格，追求更高更快可持续发展。“绿色施工、智慧建造”的绿色发展。绿色发展即从“智慧建造、绿色建造、建筑工业化”等领域破题，抢抓可持续发展的先行优势、先发优势。“工程优质、团队优秀”的青色肃纪。“廉洁是一根红线、一个底线、一条高压线”，二公司常抓不懈廉政建设，为企业发展、员工幸福保驾护航。“五福工程、拓展幸福”的橙色暖心。坚持企业发展成果与员工共享，充分发挥项目工团组织作用，全面构建和谐项目、暖心工程。

国家能源集团神东煤炭集团公司榆家梁煤矿生产矿长冯晓斌在对话中讲到：“三自赋能”，即以“区队自治、班组自主、员工自律”三自理念为指导，以分级赋能为手段，采取“矿井搭台、基层唱戏”的方式，让矿井“智”起来，让区队“强”起来，让班组“活”起来，激发班组的活力，自我超越，良性竞争，发挥优秀班组的群体效应。区队赋能“六措”包括赋予组织、执行、学习、管理、心力、文化之能；班组自主“四抓四激活”包括：抓班长、抓团队、抓标杆、抓方法、激活进取心、激活责任心、激活自尊心、激活自信心。

山东中烟公司济南卷烟厂副厂长袁朝辉在对话中讲到文化提升班组管理的经验：一是以制度文化为基础，构建班组组织力。建立“一拉一推”工作机制，“一拉”即厂领导联系班组，通过“定向联系、定时交流、定位现场、定事督办、定期改进”直通机制，为班组提供政策解读、资源支持。二是以管理文化为抓手，提高班组执行力。着力构建班组自主管理体系，形成了班组例会、月度计划、现场检查、问题处置、技能提升、文化宣传六项工作机制增强了班组执行力。三是以尚学文化为导向，培育班组学习力。建立厂级年度交流、车间季度交流、班组内部月度交流、班组间自主交流四级学习交流平台。四是以创新文化为驱动，激发班组创造力。以发现问题为改进与创新的基础，引导班组逐步建立起问题清单，鼓励班组主动发现问题、分析问题、解决问题。五是以育才文化为牵引，增强班组竞争力。建立班组激励机制，对优秀班组和优秀个人进行激励。六是以质量文化为导向，提升班组制造力。根据企业年度工作目标，建立起班组制造力指标体系，并通过每年定期更新、每月定时追踪、每季度定时评价、分析改进，确保了连年提高，为企业生产经营指标的提升奠定基础。

国投云南大朝山水电有限公司党委副书记杨登华在对话中介绍：国投大朝山实现了班组文化建设与企业文化的“四个结合”。一是理念上结合。各班组根据企业文化的要求以及班组特点，制定了班组特色文化理念系统，包括班组的个性化名称、班组理念、班组价值观等，对班组的日常行为起到了切实的引导作用。二是管理上结合。班组将文化理念嵌入到班组管理模式中，以文化引领管理，以管理促进文化落地。三是活动上结合。将文化理念要求融入到班组各项管理活动、文体活动、小课分享活动、公益活动、节日活动和仪式中。四是形象上结合。与班组环境设计、公用模板设计等结合，将文化显性化、目视化，让文化的感觉无处不在，以达到润物细无声的潜移默化作用。

建设者：身体力行　绽放班组

中建八局二公司、党总支书记、孙光明分享了他们的项目文化建设经验。中建八局郑州奥林匹克体育中心项目班组曾荣获“全国青年文明号”、中国建筑“工人先锋号”，他们在郑州奥体项目采用的大开口车辐式索承、网格结构荣获国内钢结构最高奖——中国建筑工程钢结构金奖。建一项工程，树一座丰碑，育一批工匠。河南公司以工匠精神干出精品工程，精品工程磨练出“匠心、慧骨、钢铁筋”的铁军作风。

呼石化第二联合车间党支部书记、安全总监王爱兵分享了呼石化第二联合车间运行四班的成长故事：2018 年度，被内蒙古自治区评为“工人先锋号”。高温高压、易燃易爆、资金密集、技术密集的石化生产装置，被一群平均年龄只有 27 岁的年轻人娴熟驾驭，背后是“四句班训”的力量。运行四班、用四句“班训”凝聚了 26 颗年轻的心。形成了一个立德、精业、团结的明星团队。为员工搭建了一个精神的乐园、心灵的港湾和事业的平台。

鞍钢股份冷轧厂二分厂设备作业区联合机组电气点检组姜长虹在分享班组文化的特点是说，一是深化自学、带徒、研讨，打造班组学习特色；二是开展民主、自主、模块化管理、增强班组管理特色；三是突出学习、对标、改进，打造班组创新特色；四是强化制度、能力、技防，夯实班组安全特色；五是倡导团结、包容、关怀，培育班组和谐特色。

国投中煤同煤京唐港口有限公司生产保障部技术组组长白洁在分享通过打造“心德文化”创建卓越班组时说，“心德文化”是指恒心、精心、信心、爱心与品德，诚信、担当、勤俭、团结，形成了共同的愿景和职业道德。立足岗位，树工匠精神；系统管理，努力实现本质安全；提高认识，践行绿色环保理念；创新引领，着力推进提质增效；搭建平台，在实干中强化人才发展。

践行者：传承精神　铸就匠心

陕西宏远航空锻造压力成型厂班长蔡松是陕西省劳动模范，航空工业集团首席锻造技能专家，2018年入围全国“大国工匠”前50名入围名单。蔡松班组被国务院国资委授予“中央企业学习型红旗班组”。蔡松班长在分享了他的人生感悟和带班经验。择一业，终一生。一业精致，足以动人。蔡松班组践行“铁三角”文化，以一生精于一业的工匠精神，托举起了岗位报国的伟大梦想。

中国航天科技六院7103厂25车间机加二组班长杨峰是全国劳动模范、国家特级技师。班组被国防邮电工会和集团公司联合命名为“杨峰班组”杨峰班组，先后有20人次获得国家、省部级荣誉称号。他在分享班组建设经验时提到，近三年来，班组为企业贡献了78项技术创新成果，用科学量化的数据解读、践行、呈现了“智造”文化。将班组文化转化为可操作、可考核的管理行为和方案。

中国电子科技集团29所潘玉华大师工作室、带头人潘玉华曾获“全国巾帼建功标兵”。入选中央宣传部、中央文明办、中华全国总工会共同发布的全国“最美职工”。她在分享时讲到，她曾用两个多小时，在一元硬币大的电子板上，焊接上千根铅柱；她对工作室人员的要求是学习、专注、有担当、讲奉献。学习才能跟上行业发展的步伐；专注才能达到心、手、眼的高度一致；有担当，才能急、难、险、重不退缩；讲奉献，才能利国利企，成人达已。

中国航天科工二院二八三厂马景来班组高级技师冀晓渊是“首都劳动奖章”获得者。他在分享时讲到，他所在的马景来班组，以大国工匠马景来的名字命名，曾获得“中央企业红旗班组标杆”荣誉称号。班组先后培养出了1名“大国工匠”、7名“五一劳动奖章”获得者、21名“全国技术能手”。马景来班组用质量、创新、和谐、执行力四项文化，打造出了“雕刻”国之利器的班组作风。

研究者：宏观思考，班组聚焦

陕西工运学院教授薛丁齐以陕西煤化集团陕北矿业公司为案例分享了“三小一练”班组文化建设活动。“三小一练”即弘扬英模文化讲小故事、践行创客文化创小成果、创新班组文化编小案例、打造匠心文化苦练三绝（绝技、绝招、绝活）。“三小一练”班组文化建设活动是班组文化管理的抓手、推手，平台和载体。同时，他讲到本次论坛首开国内班组文化建设之先河，具有首创的重要意义。

中国企业文化研究会学术部班组文化管理研究组专家王树华在分享时讲到，班组管理存在80%现象。80%的业务增长离不开班组的推动，80%的质量提升离不开班组长的推动，80%的成本控制离不开班组长的推动，80%的安全防范离不开班组长的推动，80%的员工士气帮助了的提振等。任正非提出：未来的战争是班长的战争，要让听到炮火的人指挥炮火。班组长大多是从优秀的员工中提拔：宰相起于州郡，猛将发于卒伍。优秀班组长需要具备全方位能力，即：4项基本管控能力、2分钟微培训能力、24小时激励能力、团队文化建设6步推动能力、5个角色转换能力、一线583早会能力、降本增效管理推动能力、目标6R推动和53复盘能力、质量/安全问题4步解决能力、5S现场管理能力、绩效管理能力、6V管理看板设计能力等。

陕西省企业文化建设协会会长张培合指出：企业文化是企业的核心竞争力、软实力也是企业的灵魂。一个高度重视企业文化的企业也是令人尊重的企业，也是一个阳光明媚的企业。中国企业文化研究会把全国性的论坛放在陕西西安举办有重要意义。因为陕西西安是中国文化中华文明的重要发祥地。中华5000年的优秀传统文化植入到企业的文化中效果非常明显，比如陕西重汽用德文化书写历史。陕鼓集团贯彻向上向善的班组文化。陕西能源积极倡导君子文化。

《班组天地》杂志主编夏晓凌：企业班组文化建设和班组管理在进行顶层设计时，要重视班组员工的意见和体验，要广泛征求和听取他们的意见，只有让他们认同了、接纳了，企业文化在班组才能真正落地，才能真正走到员工心里。

（中国企业文化研究会秘书处供稿）

第三届中国民营企业文化论坛

2019年8月22－23日，由中国企业文化研究会主办、成都企业文化协会承办的第三届中国民营企业文化论坛“从心出发，构建幸福企业”在成都召开，中国企业文化研究会理事长孟凡驰，第十一届全国工商联副主席、中国民营经济研究会会长庄聪生，成都市委宣传部副部长扬晓阳，成都市政协原副主席、成都市工商联原主席郑吉光，成都市工商联巡视员韩路贤，成都企业文化协会许晓舟会长，成都企业文化协会副会长周永章等领导，来自全国各行业的企业代表和新闻媒体410多人参加了论坛。

开幕式由中国企业文化研究会副秘书长张艳涛主持。

开幕式上，中国企业文化研究会理事长孟凡驰、成都企业文化协会会长许晓舟、天津市企业文化研究会会长郑炜分别致辞。成都市政协原副主席、成都市工商联原主席郑吉光讲话。第十一届全国工商联副主席、中国民营经济研究会会长庄聪生，作了题为《新时代民营企业发展新思路》的专题报告。

中国企业文化研究会理事长孟凡驰在致词中指出，民营经济不仅是国家发展的重要力量，也是解决员工就业的主要领域。民营经济、民营企业不仅要承担经济强国的重担，还担负着文化强国、幸福员工的重任。民营企业的发展活力，关乎国家的兴衰，民营企业员工的幸福指数关乎企业发展和社会和谐。以人为本，创造幸福企业，点燃员工奋力拼搏追求幸福的激情，这是未来民营企业文化发展的重要方向。企业不仅是员工获取生存物质的场所，更是员工实现自我追求幸福获得精神满足的事业平台。

成都企业文化协会会长许晓舟在致辞中讲到：企业的兴衰成败不仅取决于经营、管理、科技创新等硬实力，同样取决于价值理念和精神力量等软实力。推动企业文化建设，就是要以新的发展理念为遵循，构建与企业战略谋划相匹配，与创新发展相衔接，与员工全面发展相融合的企业文化体系，凝聚新动能，发展新优势，使之在促进企业健康发展的进程中发挥更大作用。

成都市政协原副主席、成都市工商联原主席郑吉光讲话中指出，新时代，企业发展面临新挑战、新问题，需要企业体现新担当，展现新作为，应对新挑战，引领新发展，升级新文化。着力建设具有新时代的特征，体现企业个性的企业文化，以文兴企，以文强企，引领广大企业员工努力奋进，推进企业新发展，打造高质量发展的企业群体。

第十一届全国工商联副主席、中国民营经济研究会会长庄聪生在专题报告中，用“六个痛点”分析民营企业面临的严峻形势：一是市场需求低迷带来的痛点；二是生产要素成本上涨比较快带来的痛点；三是融资难、融资贵的痛点；四是转型升级带来的痛点；五是少数干部不作为带来的痛点；六是产权得不到有效保护带来的痛点。同时，他也为民营企业坚定信心克服困难支招：一是党中央、国务院高度重视民营经济发展，要用好政策。二是我国的经济仍然具有韧性强、潜力足、回旋余地大的基本特征，要敢于攻坚。三是全面改革不断推进释放的红利，激发了民营企业的活力，要抓住机遇。四是各级党委政府正在积极跟企业沟通，要争取支持，构建亲清政商关系，建立健全良性的沟通联系机制。

苏州固锝电子股份有限公司副总裁古媚君作了幸福企业典型报告，介绍了固锝电子的企业文化建设、构建幸福企业八大模块以及践行幸福理念，分享了让员工幸福和创造客户感动的初心，展示了为地方经济发展、履行社会责任、抒写幸福企业爱的力量特别是案例分享、高峰对话、思想力量三个板块精彩呈现。

娃哈哈集团工会副主席陈美飞、四川邦泰投资集团副总裁何流、德胜（苏州）洋楼有限公司文化中心总经理赵雷分别作了企业文化案例的精彩分享。

中国企业文化研究会原常务副理事长华锐和江苏南极机械有限公司董事长倪治忠、成都川力智能流体设备股份有限公司创始人兼商学院院长闵汝贤、天津重钢机械装备股份有限公司董事长李坤三人以“以文化的力量构建幸福企业”为主题进行了一场高峰对话。

“北雁南松”定格发布，承德北雁商城董事长王立东和江苏黑松林粘合剂厂有限公司董事长刘鹏凯介绍了“以文兴商”和“心力管理”的做法经验，呈现了思想的力量。

以“稻盛哲学与幸福企业”为主题的专题论稻版块和大会总结。稻盛和夫（北京）管理顾问有限公司总经理赵君豪、湖南大三湘茶油股份有限公司董事长周新平、成都康福肾脏病医院总经理明霞、内蒙古方鼎金荣企业服务有限责任公司董事长布拉格，四位演讲嘉宾分别讲述他们践行日本经营之圣稻盛和夫先生的感悟，分享稻盛哲学共建幸福企业的文化实践。

中国企业文化研究会理事长孟凡驰作了论坛会议总结。他用幸福文化三要素对论坛的内容进行了概括：一是共识共奉的文化。包含在企业中确立一套共同的核心理念、把握处理好道和术的关系。二是共创共享的财富。包含以义为上、义利共享地创造财富，与客户、员工、政府、社会、竞争对手等利益相关者共享财富。三是共立共守的制度。包含文化引领制度，制度支持文化，共立共守积极的制度。

大会还安排参会代表参观中国光伏行业的领军企业——通威太阳能有限公司，这家企业短短5年时间，一跃成为全球电池片领域出货量最大、利润最高、成本最低的光伏企业。支撑企业经营突飞猛进的背后是厚积薄发的文化力量。

与会代表表示，本次论坛，通过与会领导、专家学者、企业家的精彩分享，明晰了未来民营企业文化发展的方向，共识了幸福企业的内涵和价值，借鉴了优秀企业的典型经验和精彩案例，提升了企业文化建设与管理的意识和水平。

（中国企业文化研究会秘书处供稿）

中外企业文化合肥峰会

文化是民族的血脉，精神是民族的灵魂

中华五千年文明是中国企业精神的文化沃土，是中国企业共同的DNA。以坚定的文化自信建设新时代企业文明在新中国成立70年和全党深入学习贯彻落实党的十九届四中全会精神之际，11月16日至18日，由中国企业文化研究会主办、中国中铁四局集团协办的“文化自强·铸就70年工业基础，文化自信·构建新时代企业文明——中外企业文化2019合肥峰会”在安徽省合肥市成功召开。会议以“文化自强·铸就70年工业基础，文化自信·构建新时代企业文明”为主题，回顾中国企业文化发展从自发走向自觉、自强、自信的历程，盘点新中国70年工业发展中积累的宝贵文化财富，分享各个时期体现中国企业精神、中国企业智慧、中国企业力量的典型案例，交流中国企业文化建设的先进经验，探寻中国企业文化建设的基本规律，明确新时代中国企业文化发展的方向与思路，增强了中国特色社会主义文化自信，明确了新时代中国企业文化建设的目标任务。

自强·自信：构建新时代企业文化

坚定文化自信是党的十九大报告中的高频词，习近平总书记在阐述“四个自信”中强调，文化自信是更基础、更广泛、更深厚的自信。70年来，中国企业历经经验管理、制度管理及现在的文化管理，文化管理是最人性、最长效的管理。文化兴则企业兴，文化强则企业强。

峰会开幕式上，国家工业和信息化部工业文化发展中心主任罗民在讲话中指出，文化自信在我国工业领域具有深厚的基础，工业领域的文化自信根植于中华民族文化之中，传承自党的红色基因来源于我国工业化的伟大实践。我们要坚持文化自信，紧密围绕制造强国和网络强国建设，以发展工业文化和提高工业软实力为主线，通过强化政策指导、开展理论研究、加强工业遗产保护利用、推动工业文化业态发展、强化质量品牌工作、加大宣传推广力度等工作，大力推进工业文化建设，推动制造业高质量发展。他强调，企业是工业经济的细胞，企业文化是工业文化的重要基础，我们要广泛交流、群策群力，为培育新时代企业文化、弘扬优秀工业文化、提升中国工业软实力、加快建设制造强国而共同努力。

国务院国资委新闻中心原主任毛一翔在“迈向‘两个一百年’的中国企业文化”的讲话中指出，70年来，中国企业文化始终坚持工人阶级主体地位，崇尚劳模精神、工匠精神；始终高扬爱国主义、集体主义、社会主义旗帜，践行社会主义核心价值观；始终保持着创造、创新、奋斗的旺盛动力，推动着中国社会走向进步；始终与时代同步伐，与时俱进，守正创新，引领中国企业健康发展。面向“两个一百年”，中国企业文化应当更加自觉、更加开放、更加坚定。我们应该更加自觉地在党的领导下，为实现中华民族的伟大复兴而努力奋斗；应该更加突出以人民为中心的思想，坚持职工主体地位，充分发挥经营者的首创精神和职工的主人翁精神；应该更加尊重科学、尊重人才、尊重创造；应该更加开放包容、海纳百川、自强不息；应该更加体现社会主义公平正义的价值追求；应该更加关心职工健康幸福。

传承·创新：企业精神丰富文化内涵

新中国成立70年来，中国企业秉承艰苦奋斗精神，锻造并涌现出了“两弹一星精神”“铁人精神”“两参一改三结合”等优秀的企业精神，在成功推进工业化过程中诞生了“鞍钢宪法”“两弹一星”“大

庆精神”“特别能战斗精神”等企业精神，不仅凝聚起了建设社会主义的磅礴力量，也为今天的“改革创新精神”“高铁精神”“航天精神”“和谐协作精神”等谱写了壮丽的序曲，丰富了企业文化内涵，成为当代中国企业最鲜明的精神标志。中铁四局集团的实践报告，开滦集团、鞍钢集团、汾酒集团的典范报告，对此进行了充分的诠释。

峰会上，中铁四局集团总经理王传霖作了题为《企业文化的传承与创新》的实践报告。王传霖总经理介绍了中铁四局集团发展现状，阐释了中铁四局集团从20世纪50年代的“抗美援朝精神”、60到80年代的“钢人铁马精神”、90年代的“京九精神”、21世纪初的“青藏铁路精神”以及2010年左右的“高铁建设精神”，到新时代的企业精神等企业文化建设发展历程，并从为企业文化注入幸福元素、为什么要建设幸福企业、幸福企业建设的探索三个方面分享了中铁四局集团新时期企业文化建设的成功做法和宝贵经验。

开滦矿工曾被毛泽东主席称赞为“特别能战斗”的队伍，“特别能战斗”精神成为了开滦集团各个历史时期和重大历史时刻的精神支柱。开滦集团党委副书记张雨良在会上分享“培育弘扬特别能战斗精神，引领推进开滦全面发展”主题发言时说，在产业报国和勇于抗争中孕育诞生的特别能战斗精神，形成的现代工业文化和革命文化，是开滦生存发展的文化根脉；在新中国成立初期凝结缔造的特别能战斗精神，形成的中国特色社会主义先进文化，是开滦基业长青的文化泉源；在新时期继承弘扬的特别能战斗精神，形成的勇于开拓、锐意进取的创新文化，是开滦永续发展的文化力量。站在新时代的历史起点，百年开滦正高举“特别能战斗”精神的旗帜，在企业高质量发展之路上开拓创新、奋勇前进。

1960年3月22日，毛泽东代表中共中央起草的关于《鞍钢宪法》的批示发表。鞍钢宪法总结了新中国成立以来鞍山钢铁公司企业管理的基本经验，倡导充分发挥劳动者个人主观能动性、创造性，这充分体现了以人为本的企业管理文化本质。在峰会上，鞍钢集团工会主席林大庆就“弘扬鞍钢宪法精神　推进企业高质量发展”主题与大家进行了交流。鞍钢集团把鞍钢宪法精神与时代进步、企业发展相结合，并将其转化为改革精神、创新精神、团队精神和劳模精神，激发了全员活力，释放了发展动力，实现了跨越式发展。

汾酒具有6000年酿造史、1500年名酒史、1300年蒸馏酒史、300年品牌史。70年来，汾酒集团将这些深厚的精神积淀转化为丰富的物质财富，实现了年销售收入135亿元的辉煌业绩。汾酒集团董事、副总经理杨建峰说，“专注、创新、开放、诚信”的汾酒精神铸就了汾酒集团70年新辉煌，辉煌的足迹浸透着厚重的文化，体现在：专注酿造让汾酒人把每一个环节都做到了极致，将酿酒上升到了一门艺术；技术创新让汾酒集团获得“国家科技贡献奖”；开放合作促使汾酒集团成立国家级非营利组织推广制曲技术、酿酒技术；品质诚信让汾酒荣获巴拿马万国博览会白酒品牌唯一最高大奖；获得了白酒业第一个“国家质量管理奖”。

峰会还邀请了相关学者就中国企业文化基因溯源。复旦大学历史系原副主任、教授张海英就“中国古代文化对当代企业文化的启示”主题，从古代诸子百家主要思想与当代企业文化、古代经济和经营思想与当代企业文化两个方面进行了演讲。北京大学经济学院经济史学系主任、教授周建波在峰会上以“中国近现代工业文化对当代企业文化的影响”为题进行了演讲，简述从洋务运动、晚清时期到民国时期的实业家精神对当代企业家家国情怀、社会责任的重要启示。

变革·融合：企业文化创造源泉充分涌流

改革开放不仅创造了经济奇迹，也积累了宝贵的企业精神。时代变革的落脚点是企业变革，企业变革的前提和本质是文化变革。峰会邀请了3家改革开放的典型企业和2家外资企业，分享文化变革、融合和跨文化经营的成功经验。

中国工商银行企业文化部副总经理邵光华以“‘奋斗＋落实’精神谱写金融服务新篇章”为题进行了

分享。工商银行牢牢把握“服务”这一立行之本，凝聚形成了“奋斗＋落实”的工行精神，其主要体现在：一是在经营实践中传承，在改革创新中发展；二是引领新时代金融服务高质量发展。中国工商银行把“奋斗＋落实”作为精神内核始终一脉相承，改革服务理念和服务方式，实现了由小到大、由本土到全球、由技术性破产边缘至世界金融舞台中央、由国际竞赛场上的追赶者到并行者甚至某些领域的领跑者、由经营发展和公司治理方面的学习者到创造者和弄潮者“五个历史性跨越”。2019 年工商银行位列世界 500 强第 26 位。

重组整合是企业做强做优做大的有效途径。北京金隅集团持续推进战略重组整合工作，成功实施了包括北京建材经贸集团、河北冀东发展集团等在内的 60 多次重组并购，重组并购后资产总额达到 2820 亿元，荣登 2019 中国企业 500 强第 183 位。该公司党委副书记吴东在交流发言中说，金隅集团尊重历史、尊重差异，以人为本、兼收并蓄，共同提高、注重实效，集中文化共性、融合提升金隅文化，持续构建充满生机活力的金隅“母子文化”体系，丰富了金隅文化新时代内涵，增强了金隅文化的辐射力、感召力和影响力，促进了企业高质量发展。

跨国并购是实现资源全球配置、促进企业快速发展的有效途径。吉利控股集团自 2010 年成功收购沃尔沃后，陆续收购了马来西亚宝腾、英国路特斯、戴姆勒等国际品牌，至今已连续 8 年进入世界 500 强。吉利控股集团资深副总裁张爱群介绍说，吉利的文化主题是认准一个方向、坚定一个信念、凝聚一股力量、提炼一种精神、完成一个使命。今天的吉利已经是一家全球化公司，集团对分布在全球各地的所属公司更多的是依靠文化进行管理。吉利控股集团在国际并购中，主张“尊重、适应、包容、融合”的文化理念，建立“各美其美、美人之美、美美与共、天下大同”的命运共同体，坚持全球型企业文化建设，较好地实现了技术融合、文化融合、人才融合，为中国汽车自主品牌成为世界知名品牌开辟了一条可持续发展的道路。

来自德国的专家麦克托·本巴赫作了“文化：助力者还是变革的阻碍?”的主题分享，从中德合作失败的原因切入，引出文化在中德合作中的重要作用和作用方式，对企业合资中的文化管理有很借鉴价值。来自英国的专家郭德凯就“中西方企业文化的不同及合作方式”主题进行了分享，从 6 个方面分享了营商及工作环境中的中西方主要文化差异，从 4 个方面分析了中西方文化融合策略，对“走出去”和“引进来”的企业在文化融合上具有一定的启迪。

路径·成果：深度启发文化建设思路

不同时代、不同行业、不同企业、不同发展阶段，企业文化的建设路径与方法会有所不同。峰会还分享了在创新超越文化、精益文化、自立自强文化等方面具有鲜明特色的企业文化建设成果。

伟大的精神推动伟大的事业。2017 年 5 月 5 日 14 时，中国自主研制的喷气式大型客机 C919 首飞成功，实现了中华民族百年“大飞机梦”的历史性突破，中共中央、国务院为此发来贺电。这项伟大事业背后的伟大精神是什么？中国商飞上海飞机设计研究院党委书记刘丹在分享该公司“坚持‘四个长期’打造中国大飞机新片”的经典案例时介绍，上海飞机设计研究院坚持“长期奋斗”，勇担大型客机战略项目；坚持“长期攻关”，摘取“现代工业皇冠上的明珠”；坚持“长期吃苦”，经历多种挫折和风险考验；坚持“长期奉献”，铸成大国重器，树起大国名片。“四个长期”精神圆梦中国大飞机。

上海医药年营业收入由 2012 年的 680 亿元跃升至 2018 年的 1590 亿元，位列中国医药集团综合实力排名第 3 位，这与实施“精益文化”管理密不可分。上海医药集团党委副书记赵勇在分享以求索至善、追求卓越为核心的“精益文化”建设案例时介绍说，上海医药在改革发展中，通过采取规划先行——坚持与发展战略融合、上下联动——凝聚全员有效共识、加强保障——持续完善体系建设、迭代优化——复制推广建设成果等多项措施，推动了精益文化建设落地，使精益文化真正成为公司集约化与创新战略落地的助推器、成为企业管理的有效抓手、成为企业成员的共同价值追求、成为全体员工的行为自觉，真正达到了文化建设“内化于心、外化于行”的效果。

铜陵有色金属集团是生产出新中国第一炉铜水、第一块铜锭的企业。2018 年，铜陵有色金属集团跻身世界 500 强第 116 位。铜陵有色经济的飞速发展得益于文化的持续创新。铜陵有色金属集团控股有限公司党委副书记陈明勇分享了“自立自强‘铜’创未来”的企业文化建设案例。他说，“创造成就了铜陵有色的过去，也必将成就铜陵有色的未来”，这是铜陵有色阐述企业价值观要义之语，也是铜陵有色人的坚定信念。过去，铜陵有色传承千年历史文明，弘扬时代企业精神，凭借艰苦奋斗、无私奉献的“箩筐精神”奠定了行业地位；今天，铜陵有色坚持文化引领企业，高举创新文化大旗，把企业价值观、使命、愿景变成具体的战略方向与目标，依靠“求实、创新、合作、自强”的企业精神，走出困局，为我国有色金属转型期的发展开辟了一条全新的道路，成为行业的典范，成为世界铜冶炼的样板工厂。

趋势·规律：建设新时代企业文明

中国企业文化研究会理事长孟凡驰作了题为《立足未来与世界：弘扬中国企业精神　建设新时代企业文化》的总结报告，总结了70 年工业发展历程、文化发展脉络，概括了文化自强铸就70 年工业基础的历史价值，指明了新时代文化创新发展的新趋势、新模式、新作为。孟凡驰理事长指出，文化自强，筑就70 年工业基础；新中国企业精神和企业文化支持中国从贫穷走向富强。新中国成立之初，基础薄弱，百废待兴，但依靠独立自主、艰苦奋斗的精神，初步建立了工业基础；依靠不怕艰难、一往直前的精神，开创了新中国建设的速度；依靠主人翁的精神，一砖一瓦建起新中国强大的工业体系；依靠“两参一改三结合”的精神，使管理理念走在世界前列；依靠“大庆精神”，甩掉了贫油帽子；依靠勇于争先、挑战极限的精神，使中国有了“两弹一星”、高铁、青藏铁路和珠港澳大桥。他提出，以人为中心，落实以人为本，让一切文化创造源泉充分涌流，创造家文化，建设幸福企业。他从中国企业文化建设的现状、源与流、文化与文明、文化自发与文化自觉、企业文化的变与不变及快变和慢变、企业文化建设与企业文化管理、组织管理的结构协调和文化协调、大数据及人工智能的发展对文化的需求等8 个方面提出了未来企业文化建设的任务和方向。

北京大学光华管理学院教授、行为科学研究中心主任张志学在题为《文化自信·构建新时代企业文明》的学术交流中，分析了新时代企业所面临的形势，用案例佐证了文化是变革的原动力，不利环境与强大使命倒逼形成企业的强大精神；明确了新时代企业文化发展的方向，提出了重塑商业文明、重构企业文明的路径和方法。

中国企业文化研究会副理事长、国务院国资委宣传局原副巡视员李世华在峰会上发布了研究会在2017 年至 2019 年间研究的《新时代企业党组织引领推进企业文化建设的指导意见》《关于推进企业价值观转化的指导意见》《“一带一路”建设中企业跨文化管理案例研究》三项成果。中国企业文化研究会副理事长、山西省企业文化研究会理事长康楣生在致辞中，结合山西省企业文化研究，从国家治理与企业治理、企业文化于中国特色、“武化”与文化三个方面在会上进行了分享。会议组织与会嘉宾和代表参观了全国企业文化建设优秀单位中铁四局集团承建的全国爱国主义教育示范基地——渡江战役纪念馆和在建的合安高铁庐江轨道板场，并进行了现场交流学习。

来自国家有关部委领导、专家、学者、全国各行业的企业代表及媒体记者共计600 余人参加了会议。

（信息来源：王晓彦、赵欣、李文治提供）

中央企业党建思想政治工作研究会第四次会员大会

2018 年 12 月 27 日，中央企业党建思想政治工作研究会在京召开第四次会员大会。国资委副主任、党委委员、中央企业党建政研会会长翁杰明出席会议并讲话，中国政研会副秘书长袁祥出席会议。

翁杰明充分肯定了第三届理事会以来中央企业党建政研会为服务中央企业改革发展和党的建设大局作出的积极贡献，并就中央企业党建政研会下一步工作提出明确要求。一是以习近平新时代中国特色社会主义思想为指导，着力加强党的政治建设。要把讲政治作为第一位的要求，树牢“四个意识”，坚定“四个自信”，坚决做到“两个维护”，自觉在深入学习贯彻习近平新时代中国特色社会主义思想上作表率。二是以机制建设为保障，着力建设优秀政研社团组织。按照“提高素质、健全制度、完善服务”的要求，不断加强中央企业党建政研会的自身建设，合理配置研究机构和专职人员，强化工作力量，把政研会建设成为优秀研究社团。三是以研究成果转化应用为目的，着力发挥政研会“参谋”“智囊”作用。围绕学习贯彻习近平新时代中国特色社会主义思想、围绕学习贯彻党中央关于国有企业党建思想政治工作新要求新部署新规定，开展理论性、政策性、对策性的调查研究，充分反映党中央精神在中央企业落地落实的具体实践，为国资委党委及有关部门提供理论参考和对策建议。要加大研究成果的转化应用力度，促进优秀课题研究成果的学习借鉴和实际应用。

会议选举翁杰明为中央企业党建政研会第四届理事会会长，选举产生第四届理事会领导机构。会上，为 2018 年度课题研究优秀组织单位和优秀课题成果获奖单位代表颁发了奖牌和证书，为中央企业文学艺术专委会专家代表颁发了聘书。

中国政研会有关负责同志、中央企业党建政研会理事单位代表、部分获奖代表参加了会议。

（信息源于：国资委宣传局，发布时间：2018. 12. 29）

2019 全国企业文化年会

由中国企业联合会、中国企业家协会主办的全国企业文化年会于2019年8月5日至6日在北京召开。会议以“把握新时代文化脉搏促进企业高质量发展”为主题，深入探讨新形势下企业牢固树立文化自信，总结我国企业文化建设的成功经验，研究企业文化建设的新问题，以推动企业实现更高质量、更高水平的发展；会议对2018—2019年度全国企业文化优秀成果进行了表彰。

中国企业联合会、中国企业家协会会长王忠禹，中国企业联合会、中国企业家协会常务副会长兼理事长朱宏任，工业和信息化部党组成员、总工程师张峰，全国工商联党组成员、副主席李兆前，国家统计局原局长李德水，中国企业联合会、中国企业家协会驻会副会长黄海嵩，国家电力投资集团党组书记、董事长钱智民，中国石油集团党组副书记、副总经理徐文荣，国务院国资委行业协会商会党建局、行业协会商会工作局局长张涛，中国企业联合会、中国企业家协会驻会副会长尹援平，宗庆后一批知名企业家出席了大会并做了本企业文化分享。张峰、李兆前分别致辞，王忠禹作主题报告，尹援平对“2018—2019年度全国企业文化优秀成果”进行了点评，钱智民、宗庆后、王民、黄一新、蒋琳发表了演讲。北京大学光华管理学院教授、博导张志学做了题为“实业报国百年使命”的专家演讲。中国企联常务副理事长于吉宣读了表彰决定。开幕大会由朱宏任主持。

王忠禹在报告中指出，企业首先要坚持文化自信，勇于担当作为。第二，要坚持改革创新，提高供给质量。第三，要坚持以人为本，厚植优秀文化。第四，要坚持开放包容，实现融合发展（全文在本“年鉴”特载篇领导谈刊发）。

张峰在开幕致辞中表示，要注重企业文化软实力对企业发展的柔性支撑，在我国制造强国建设过程中，企业不仅需要资金、设备、技术等的硬实力来保证，还需要使命、精神、品牌、商誉等文化软实力来支撑；要注重企业文化与经营管理紧密结合，立足于基层文化、岗位文化和团队文化建设，把企业文化逐渐内化到员工的思想和行动中；要注重企业文化与工业文化相互促进，一方面，推进工业文化有利于企业文化作用的发挥，工业文化倡导的创新、诚信、工匠等工业精神，正是先进企业文化所追求的、努力使全体员工认同和践行的核心理念；另一方面，企业文化有助于工业文化在企业层面的落地和深植。

李兆前在致辞中说，总结我国广大企业特别是民营企业改革开放四十年来企业文化建设的成功案例，有三个方面的特点：一是始终以社会主义核心价值观引领企业文化建设，使之成为企业文化的硬核；二是企业文化和企业经营管理深度融合，将企业的经营理念和价值追求融入、体现到企业发展战略中，与企业的组织、流程相匹配，与企业的产品、品牌、服务等相融合，与加快自主创新突破核心技术结合起来，与建立健全现代企业制度等结合起来，做到内化于心、外化于行；三是坚持党建引领企业文化，一方面，以企业党建“带”企业文化建设，用党的科学理论引领企业文化建设的正确方向；另一方面，以企业文化建设“促”企业党建，通过企业文化活动宣传党的方针政策，展示党建成果，增强党建工作的感染力和实效性。

钱智民分析了世界能源绿色化和创新化发展的大趋势，以及我国推动节约能源、清洁能源和能源技术革命的发展方向，国家电投作为全国唯一的一家拥有风、光、核、水、火、气齐全发电品种的电力企业，顺应世界能源发展趋势，以创新文化推动企业打造先进能源技术开发商、清洁能源供应商和能源生态系统集成商。今年5月份开始，国家电投清洁能源比重超过了传统化石能源。

宗庆后介绍了娃哈哈以党建为核心、“党、政、工、团、纪”五位一体的大党建文化体系，他说，娃哈哈的成长发展充分充分证明我们党提出的“四个自信”是有实践基础的。同时也更加充分认识到，企业要走可持续发展道路，就必须持续关注企业文化建设，有效推进企业文化创新。

王民说，徐工的魂是恪守“担大任、行大道、成大器”的大器文化，徐工的情怀是矢志实现全球产业珠峰登顶的产业报国情怀。大器文化有三大理念精神内核：一是高端、高附加值、高可靠性、大吨位的“三高一大”产品战略；二是有质量、有效益、有规模、可持续的“三有一可”高质量发展理念；三是一根筋、一种激情、一份清醒的勇毅坚韧奋斗精神。徐工只有打造世界一流的文化，才能成为具有全球竞争力的世界一流企业。

黄一新说，南钢作为2003年全国特大型首家进行混合所有制改革的企业，重点培育党建文化、创新文化、责任文化、共享文化，打造了以共创共享为核心的特色文化，为企业融合发展、提质增效提供了有力支撑。企业连续多年蝉联行业“竞争力极强”的A+最高评级。

蒋琳介绍到，五粮液坚守和传承自身历史悠久的文化遗产，融入“和美、和谐、和合”的新时代文化内涵，弘扬精益求精的工匠精神，坚持党建文化引领，涵养了“美美与共，和而不同”的企业文化内核和精髓。

尹援平在点评中说，本届全国企业文化优秀成果发布活动申报数量多、覆盖范围广、整体水平高，显示出广大优秀企业坚定文化自信，坚持文化与管理深度融合，始终围绕企业中心工作开展企业文化建设，取得了明显成效。本届全国企业文化优秀成果的主要特点是：企业党建全面覆盖，党建文化各具特色；创新创造成为自觉，创新文化更加深入；理念落地形成机制，文化管理更加有效；开放包容促进和谐，文化融合更加成熟；沟通方法持续创新，文化传播更加丰富。她希望广大企业研究当前企业文化建设面临的新形势、新任务，注重新时代企业文化理论的探索研究、企业文化管理的创新实践和企业文化传播中新媒体的融合运用。

张志学回顾分析了百年以来民族企业家卢作孚创办民生公司产业报国、任正非创办华为公司等案例，指出企业要想在复杂多变的市场环境中做到持续发展，必须具有强大的组织能力，实现目标的共享性、人员的多样性、结构的严密性，而要培育强大的组织能力，唯有创建优秀的企业文化才能实现。这就需要我国企业家树立使命驱动的企业家精神，怀着对产业报国使命强烈的身份认同，体会到事业的意义，倾心提升组织能力，专注地追求目标；需要开发新人口红利，培养专业化、组织化、社会化的企业人；需要企业有自我学习、自我革新的创新创业精神。最后，他希望当代企业界人士怀鲜明的身份认同，具有强烈的使命感，以振兴实业为己任，助力民族伟大复兴。

与会专家、企业家代表还围绕“企业党建文化”、“企业创新文化”、“新时代企业文化传播与落地”等主题探讨了新形势下企业文化建设的热点问题，并对中国航天科技集团第一研究院的企业文化建设进行了实地考察和互动交流。

来自国务院国资委、工业和信息化部、全国工商联、全国总工会的有关领导，地方企联和行业协会的有关领导，以及来自全国的企业家、专家学者、企业代表、媒体代表、各地企联和行业协会代表500多人参加了本次年会。

（信息来源：中国企业网2019-8-5，记者：梁隽妤）

中央企业弘扬劳模精神和工匠精神研讨交流会

为了进一步推动劳模精神工匠精神发扬光大，国资委宣传局于2018年9月13日在中国商飞上海飞机制造有限公司组织召开了以“唱响弘扬劳模精神工匠精神的时代赞歌”为主题的中央企业弘扬劳模精神和工匠精神研讨交流会。

新中国建立以来，国有企业尤其是中央企业肩负国家使命和社会责任，主动从战略高度、产业深度、发展速度、品牌美誉度上厚植劳模精神和工匠精神，在不同时期创造出了“两弹一星精神”“大庆精神”“铁人精神”“载人航天精神”“青藏铁路建设精神”“大飞机精神”“载人深潜精神”“高铁精神”等。这些精神是劳模精神工匠精神的生动展现，是“劳动光荣、创造伟大”的时代强音，是促进中国经济社会高质量发展的强大正能量，是实现中华民族伟大复兴中国梦的宝贵精神财富。与会中央企业从不同领域不同角度介绍了他们在担当国家工程中锻造劳模精神工匠精神、在建设大国重器中融入劳模精神工匠精神、在服务民生中彰显劳模精神工匠精神的生动实践。

会议由国资委宣传局宣传处处长熊卫松主持，中国商飞公司党委副书记刘林宗致辞，中国商飞上海飞机制造有限公司党委书记、董事长魏应彪作介绍发言，中国航天科技集团有限公司等13家中央企业进行了经验交流。

建立健全创新激励机制，推动优秀人才脱颖而出

中国航天科技集团有限公司依托航天重大工程和战略性新兴产业，大力培养高端人才，实行津贴向一线倾斜向科技骨干倾斜，对贡献突出的科技骨干实行政治待遇、荣誉奖励、推举专家、培训深造、职称评聘“五优先”，极大地激发了科研人员和一线工人的创新热情，圆满完成了一项项国家重大航天工程任务，铸就了一个又一个的航天里程碑。

中国航天科工集团第三研究院以技能人才引进、培养、评价、激励四个机制为抓手，建立高技能人才技术技能创新成果和绝技绝活代际传承机制，并将技术技能革新成果和绝技绝活加以推广，推动“三助一推”工程蓬勃开展、富有成效。

航空工业长风公司坚持党委引领与行政推动两手抓，通过开展“报国·航空”“责任·航空”“创新·航空”“风采·航空”四大专项文化建设活动，推动工匠精神落实到具体部门、班组、岗位、人员，让工匠精神成为推动企业增效、创新发展的文化基因。

国网成都供电公司创建“三传三创”（传承劳模工匠精神，创新培育路径；传承精益管理，创新培育平台；传承卓越文化，创新培育激励）机制，为推动劳模精神工匠精神落地提供了新的管理思路与管理方法。

哈尔滨电气集团有限公司健全体制机制，以重点项目、重点工程为依托，为劳模工匠建功立业创造良好条件，有力地推动了企业技术进步、科技开发能力增强、市场竞争能力和抗风险能力提升。

中国中铁高新工业股份有限公司全方位营造高技能人才成长的制度体系，形成了高技能“有钱途”、高技术“很吃香”、高水平“高收益”、高质量“高收入”的积极导向，极大地激发了广大职工干事创业的热情和干劲。

搭建创新转化平台，推动优秀成果异彩纷呈

中国商飞上海飞机制造有限公司“突出三大引领，熔铸‘工匠魂’”“构建三大平台，炼就‘工匠术’”“打造三个高地，凝聚‘工匠力’”“扭住三个关键，亮出‘工匠事’”，树立了一批叫得响、立得住的标杆人物，铸就了响当当的大飞机品牌。

中国一重集团有限公司整合资源，搭建有利于劳模、工匠和优秀人物发挥作用的转型创新平台、管理创新平台、科技创新平台、党建创新平台，让劳模形象工匠形象在企业树立起来，让劳模精神工匠精神在基层落地生根。

东方电气集团东方锅炉股份有限公司以“五坚持”“四结合”持续开展劳模创新工作室创建活动，确保规范有序、名副其实、取得成效，促进了公司自主创新能力不断提升。

中国宝武钢铁集团有限公司建立了以开放式的岗位责任制为基础、从合理化建议、自主管理到职工创新小组、职工创新工作室、职工创新活动基地的多层次、梯度化的创新平台，以及跨岗位、跨区域、跨专业的协同机制，形成了由个人到团队、由低端到高端的创新格局。

文化滋养典型引领，推动“比学赶帮超”蔚然成风

华电滕州新源热电有限公司建立了全国首家“鲁班工匠院”，为员工搭建了多功能、全方位的“教、学、练、研”一体化多维体系，让古老而神奇的鲁班工匠精神在当代国企中焕发青春。

中国电信上海公司发挥劳模以点带面的作用，通过思想指引、工作室带动、专利保护、形成辐射，实现劳模价值的有形化和最大化。

东航“金雯”空中服务创新工作室充分发挥“传、帮、带”作用，推动工作室成为技能攻关的基地、技能展示交流的平台、高技能带头人的孵化基地，有效提升了空中服务质量，培育出了不少具有敬业、精益、专注、创新精神的时代工匠。

中国能源建设集团有限公司聚焦潜力、能力、活力、动力“四个力”，做好“相马”“赛马”“驯马”“养马”四篇文章，努力打造知识型、技术型、创新型“三型”产业工人队伍，让“尊重劳动、崇尚技能、技能成长”在全集团蔚然成风。

成效流光溢彩，做法可圈可点。他们的鲜活经验正成为推动中央企业大力弘扬劳模精神工匠精神的有益借鉴，他们的喜人成果已成为推动中央企业迈向世界一流企业的有力支撑。

国资委宣传局副局长刘福广在讲话强调：大力弘扬劳模精神工匠精神，是深入学习贯彻习近平新时代中国特色社会主义思想和党的十九大精神的需要，是中央企业培育具有全球竞争力的世界一流企业的需要，是新时代中央企业加强党建思想政治工作的需要。习近平总书记多次强调要大力弘扬劳模精神工匠精神，特别是在党的十九大专门对弘扬劳模精神工匠精神提出了新要求。会议的召开，是贯彻落实中央有关精神和要求的具体举措。各中央企业要在会后进一步开展弘扬劳模精神工匠精神的经验交流。对劳模精神工匠精神的研究是无止境的，中央企业要认真总结实践经验，加强理论研究，不断将实践经验上升为理论成果，推动更多企业宣传和弘扬劳模精神工匠精神。会后要把这次研讨交流会上的好经验带回实践中，更好地指导实践。在劳动模范、大国工匠的选树工作中，企业如果有新的探索成果，国资委宣传局将协助企业在更大范围进行宣传和推广。认真做好弘扬劳模精神工匠精神的宣传工作。一是大力培养选树劳模、工匠等先进典型。特别是对那些具有代表性的先进典型，中央企业要积极推荐申报，包括申报“央企楷模”“时代楷模”“全国道德模范”等，使这些先进典型在更大范围发挥央企劳模和大国工匠的榜样作用。二是大力宣传劳模、工匠的先进事迹。企业党群系统、宣传系统，包括理论宣传和新闻宣传有责任宣传好这些先进典型的事迹，既要利用好传统媒体进行宣传，也要利用好网络新媒体进行宣传，使包括劳动模范、大国工匠在内的中央企业重大先进典型能够在全社会产生更大的影响力。三是大力开展“大国顶梁柱”

宣讲活动，按照中央文明办的要求，国资委宣传局下发了关于开展“大国顶梁柱”系列宣讲活动的通知，组织党的十九大代表、全国劳模、大国工匠到企业一线，进车间、到班组、上工地，宣讲习近平新时代中国特色社会主义思想和党的十九大精神，宣讲中央企业“大国顶梁柱”的地位、作用和成就，激发企业改革发展的强大内生动力。四是大力营造干事创业的浓厚氛围。在加大对劳模、工匠宣传力度的同时，各单位要积极推动相关配套机制的建设，努力为劳模、工匠以及广大员工干事创业、创新创效创造有利条件，引导更多的员工学习劳动模范、争当大国工匠，为推动中央企业改革创新发展做出更大的贡献。

（《企业文明》供稿，作者尹国民、李万全系该杂志社记者）

第四届中国工业文化高峰论坛

2019 年 4 月 19 日，第四届中国工业文化高峰论坛在北京成功举办。本次论坛由工业和信息化部指导，工业和信息化部工业文化发展中心主办，中国航空工业文化中心、中国企业联合会企业文化建设委员会、教育部职业院校文化素质教育指导委员会协办，以“培根铸魂　传承创新”作为主题，探讨工业文化发展的新特点和新趋势，彰显中国工业精神的时代价值，助力制造强国建设。工业和信息化部党组成员、副部长王江平，航空工业党组副书记李本正，中国企业联合会、中国企业家协会常务副会长兼理事长朱宏任出席会议并致辞。

工业和信息化部党组成员、副部长王江平出席会议并致辞。王江平在致辞中指出，纵观近现代制造强国发展史，工业文化对工业化进程和产业变革具有基础性、长期性、关键性的影响。实施制造强国战略，不仅需要技术发展的推动，也需要工业文化的支撑。

王江平强调本届论坛探讨中国特色工业文化发展的新特点新趋势新使命，这对丰富工业文化内涵、提升中国工业软实力具有重要意义，并提出几点意见。一是弘扬中国工业精神，为建设制造强国凝聚强大力量。要大力推动中国工业精神的传播和传承，激发和保护企业家精神，进一步弘扬劳模精神和工匠精神，营造劳动光荣的社会风尚和精益求精的敬业风气，为制造强国建设提供精神动力。二是推动工业文化产业发展，为制造业高质量发展提供新动能。要继续抓好工业遗产保护利用工作；支持工业博物馆体系建设，鼓励企业依托地域和行业特色打造工业旅游精品线路和产品。三是增强工业企业品牌建设和工业设计能力，丰富工业产品的文化内涵。要通过持续推动质量品牌建设、大力发展工业设计，在提高产品质量、丰富产品文化价值等方面下功夫，不断构筑中国品牌新优势，推动制造业迈向中高端水平。四是深化工业文化的理论研究，夯实工业文化发展基础。要加快培育一批专注工业文化研究的专业机构和优秀人才队伍，加强研究成果转化应用。五是讲好中国工业故事，塑造国家工业新形象。要着力加强宣传工作，塑造诚信、质优、创新、绿色的中国工业新形象，提高“中国制造”的美誉度和国际竞争力。

航空工业党组副书记李本正出席会议并致辞。李本正在致辞中表示，航空工业被誉为现代工业之花，是一个国家技术、经济国防实力和工业化水平的重要标志。新中国的航空工业，诞生在抗美援朝的硝烟里，历经艰难创业、自主发展、改革创新和转型升级，形成了相对完备的航空工业技术体系和完整的武器装备研发设计、制造、试验、服务产业链，具备了独立研发制造先进军民用飞机的能力，成为“铸国之重器，扬国之雄威”的重要依靠力量。他强调，在我国航空工业变革发展和不断壮大的历史进程中，以改革先锋罗阳同志为代表的一代代航空人，用青春与热血谱写了一首首投身航空事业的壮歌，以“干惊天动地事，做隐姓埋名人”的精神境界，生动诠释了航空报国精神。这种深植于航空人骨髓的“航空报国”初心和“航空强国”梦想，已经成为辉映时代的工业文化的重要组成部分，必将在中华民族发展史上留下不可磨灭的印记。正是这种磅礴的文化力量，推动中国航空工业实现了从测绘仿制到自主研制再到自主创新的历史性跨越；实现了对世界先进航空工业从望尘莫及到望其项背再到同台竞技的历史性跨越。

国家档案局副局长、中央档案馆副馆长付华，工业和信息化部产业政策司司长许科敏，中国文联理论研究室原主任、中国电影家协会分党组副书记、中国台港电影研究会会长、中国工业文学作品大赛评委会副主任许柏林，工业和信息化部工业文化发展中心副主任孙星，中国工程院院士、神舟号飞船首任总设计师戚发轫，中国航空工业集团有限公司科技委顾问、原航空工业第一集团公司科技部部长张聚恩等各界嘉宾，围绕论坛主题分别作了主题发言与报告。工业和信息化部工业文化发展中心主任罗民主持会议。

中国航空工业集团有限公司科技委顾问、原航空工业第一集团公司科技部部长张聚恩作了主题报告张聚恩带来的《航空强国梦航空报国魂》主题报告，以“航空器是璀璨的现代工业文明之花，航空业是现代社会经济的战略支柱与朝阳产业，航空强国是当代国人共同的历史责任，航空报国是全体航空人爱国情怀的核心，航空文化是实现航空强国梦想的伟大精神力量”五大主题，从时间和历史维度讲述了新中国航空工业的历史和新一代航空人的使命担当，向大家展示了中国航空文化的特质。

来自工业和信息化部有关司局、相关地方工业和信息化主管部门，航空工业总助级高管等领导，以及行业协会、高等院校、职业院校、领军企业和新闻出版等200余名代表参加了会议。论坛同期举行了弘扬中国工业精神、全国职业院校工业文化发展、工业遗产保护利用等三场平行分论坛。

（信息来源：2019.4.20航空工业网，助理编辑 白雪）

山西省企业文化研究会召开第三届会员大会

2019 年 4 月 20 日，山西省企业文化研究会第三届会员大会在山西焦煤集团双创基地召开，来自各会员单位的代表共 90 余人参加了大会。中国企业文化研究会秘书长王建，山西省社会科学界联合会党组书记、常务副主席张云泽，山西省国资委主持党委日常工作的副书记马进到会祝贺并讲话，山西省工信厅副厅长乔丽刚出席会议。第二届理事会理事长、山西省国资委原党委常务副书记郭玉才作工作报告。

大会听取并审议通过了郭玉才理事长所作的《山西省企业文化研究会二届理事会工作报告》，任志侬所作的《山西省企业文化研究会二届理事会财务收支报告》，修订了《山西省企业文化研究会章程》和《会员会籍、会员证及会费管理办法》，选举产生了第三届理事会领导机构。

大会选举出理事 80 人，常务理事 28 人。

康楣生当选为山西省企业文化研究会第三届理事会理事长，王廉敏、王发生、赵历书、石金娥、柳静安、屈启晓、任志侬、郭兴银当选为副理事长。

王原生当选为秘书长。聘请王晋峰、温全贵、赵宇担任副秘书长。第三届理事会聘请郭玉才、孟凡驰、华锐、刘廷明为顾问。

陕西省企业文化建设协会第四届会员大会暨换届大会

2018 年 12 月 14 日，在西安天域凯莱大饭店召开了陕西省企业文化建设协会第四届会员大会暨换届大会。文化学者张培合全票连任新一届陕西省企业文化建设协会会长，王宏科当选该协会常务副会长、秘书长，陕西恒光集团董事长路习恩当选该协会副会长。

近年来，陕西省企业文化建设协会承办了多项大型文化活动，尤其是 2018 年 11 月 5 日承办了中国企业文化建设（西安）峰会，在全国企业文化圈引起了轰动，与会嘉宾纷纷被陕西这个文化高地所产生的思想力量所折服，掀起了一股增强全民文化自信、文化自觉和学习传统文化的高潮，也必将促进陕西省企业文化建设再创新局面。

（陕西省企业文化建设协会供稿）

重庆 2019 企业文化年会

2019 年 12 月 20 日，由重庆市企业文化研究会主办，重庆市城市建设投资（集团）有限公司承办的“新时代、新使命、新文化——2019 重庆企业文化年会”在南坪会展中心召开。

重庆市企业文化研究会常务副会长、秘书长文洪力介绍，重庆市企业文化研究会于 2019 年开展了“新时代党建与企业文化建设创新系列培训班”和“业务与综合素质提升系列培训班”；创立了“重庆市党建与企业文化书院”；着力打造全市学习型企业示范单位。文洪力表示，研究会各项工作在 2019 年均取得了新的进展，致力于为企业转型升级、提质增效提供强有力的精神动力和文化保障。

2017 年由市国资委主办，市企业文化研究会承办的“党建引领国企文化建设研究”课题成果通过评定后，重庆市企业文化研究会与我市十家企业签定了“党建引领国企文化建设研究”课题成果推广落地示范单位协议。通过对这十家单位和其它相关企业持续两年的跟进调研，最终，重庆市城市建设投资（集团）有限公司、重庆机场集团有限公司、重庆机电控股（集团）公司、重庆高速公路集团有限公司、重庆交通运输控股（集团）有限公司、重庆市轨道交通（集团）有限公司、重庆市烟草专卖局（公司）、国网重庆市电力公司、华能重庆珞璜发电有限责任公司、重庆巨能集团公司、重庆重变电器有限责任公司、城投路桥公司、重庆渝运公司、重庆市铁路集团、中电投先融期货股份有限公司 15 家企业和单位被评定为 2019 年“党建引领企业文化建设示范基地”和“企业文化建设先进单位”，并获奖。

重庆市企业文化研究会 2020 年将继续深化学习型企业建设，优化教育培训工作，把“党建引领国企文化建设研究”课题成果进一步落地，把“重庆市企业青年研学中心”，“汉语国际教育硕士研究生联合培养基地”做深做实。

（信息源于光明网 2019－12－21）

第五届全国建材企业文化年会

2019年8月28~29日，以“把握50字行业文化内涵，促进企业高质量发展”为主题的第五届全国建材企业文化年会暨中国建材企业管理协会文化建设分会成立大会在北京召开。“2018~2019年度全国建材企业文化建设典范、突出贡献人物和示范基地”同期发布。

中国建材联合会会长乔龙德应邀出席大会并作重要讲话。中国企业联合会企业文化部部长王建军出席大会，并对全国企业文化建设的经验和成就进行了分享。出席会议的有来自全国各地的企业文化建设成果典范代表、企业文化建设突出人物代表、文化建设示范基地代表等180余人。中国建筑材料企业管理协会执行会长王建国主持大会。

中国建材联合会副会长、中国建筑材料企业管理协会会长张东壮在致辞中向在2018~2019年度全国建材企业文化建设中获得优异成绩的单位和个人表示祝贺，并希望评选能够为建材企业在企业文化建设方面提供崭露头角的机会，使这些优秀成果、成功经验得到交流和推广。他希望广大建材企业在加强自身文化建设的同时，用思想智慧的光芒，用对建设强国的热忱，用文化源远流长、博大精深的魅力，兼收并蓄，创新创造出更多包容、多元、有凝聚力的企业文化。乔龙德在讲话中从行业健康发展的高度出发，指出了业文化对企业和行业发展的重要作用；就文化的定义、文化建设的意义和作用、企业文化的性质，优秀企业文化支撑行业健康发展，统一谋划、做好规划、加强领导、着力推进，制定文化建设目标和纲要等方面作重要阐述，为建材行业企业进一步做好行业和企业文化建设指明了方向；充分肯定了中国建材企业管理协会在企业文化建设中所做的工作，对协会今后的企业文化建设工作寄予厚望，并希望全行业企业全力建设用社会主义核心价值观，用以习近平新时代中国特色社会主义思想为指导和牵引的中国建材行业文化内涵，实践建材联合会向全行业颁布的“举创新提升超越引领纲，铸爱党爱国敬业爱岗魂，立企业强寓行业兴盛本，树诚信和谐公平竞争德，筑美丽建材员工富裕梦”的行业文化。

中国建筑材料企业管理协会副会长张玉祥发布《2018~2019年度全国建材企业文化建设开展情况及发展评述》，对建材企业文化成果案例从基本概况、特点与特色、案例点评、存在的问题四个方面进行了详细说明，并简要介绍了企业文化建设突出贡献人物和全国建材企业文化建设示范基地的概况。来自青岛大学MBA教育中心、北京金隅天坛家具股份有限公司等单位的代表在会上作主题演讲。

中国建筑材料企业管理协会企业文化建设分会同期成立。大会表决通过了《中国建筑材料企业管理协会企业文化建设分会工作规则》和分会领导机构及负责人名单。王建国任分会理事长，王金波、田文等9人任副理事长。新任秘书长李玉水就新成立分会的工作意见作现场报告。大会还为新当选的企业文化建设分会副理事长单位和副理事长、秘书长、副秘书长授牌，并颁发证书。

（信息源于《中国建材》2019年第9期，记者：李媛）

中国电子政研会召开第九次会员代表大会

2018年12月12日，中国电子政研会在北京召开第九次会员代表大会。上级领导中国政研会联络部主任王毅同志，原信息产业部党组副书记、副部长，中国电子政研会名誉会长吕新奎同志，工业和信息化部原直属机关党委副书记、纪委书记蒋艳同志出席会议并就开展企业文化工作提出了希望和要求。王毅同志要求积极运用电子信息新技术加强和创新电子信息行业企业文化工作，推动互联网+党建政研企业文化工作。吕新奎同志要求中国电子政研会、各级政研会要始终坚持以社会主义核心价值观教育引导鼓舞职工，让“国家利益高于一切”为核心的价值理念、“预警机精神”、为军工国防献身精神等电子信息领域的优秀企业文化在行业中发扬光大，成为完成科研生产任务的精神动力。蒋艳同志提出要以召开第九次会员代表大会为契机，推动电子政研会全面从严治党、企业文化建设向纵深发展。中国电子政研会王耀光会长就企业文化工作提出了可行性、指导性具体要求：坚定文化自信，以创新发展不断提升电子信息行业企业文化建设水平。全体代表表示将以这次会议为新起点，在中国电子政研会新一届理事会的领导下，团结协作、开拓进取，积极作为，努力落实中国电子政研会企业文化总体工作目标，以良好的工作业绩和高质量的研究成果把各级政研会企业文化建设提高到一个新水平，开创全行业企业文化工作的新局面。参加大会的有来自电子信息行业各企事业会员单位的代表共计90余人。

（信息源于中国电子政研会秘书处）

2019 中国 EAP 与职业心理健康年度论坛

“2019 中国 EAP 与职业心理健康年度论坛”于 2019 年 4 月 2 日在北京师范大学召开。本届论坛主题为“变革与发展：组织心理健康与社会心理服务”，相关的政府领导、心理学者、管理学专家、EAP 专家、知名企业的代表等，汇聚一堂，共同探讨在变革与发展中，应该如何响应中央号召，积极建设社会心理服务体系，打造积极向上的组织氛围，拓宽职业心理健康服务的道路，促进企业与员工平衡性、包容性和可持续性地发展。

建设心理服务体系，助力企业健康发展

北京师范大学心理部党委书记乔志宏教授代表论坛主办方致辞。他指出职业心理健康的研究一直都跟随时代的变迁在发展，面对新时代中的变革与挑战，职业心理健康服务也必须与时俱进，不断优化升级。不久前，国家十部委发布了《关于印发全国社会心理服务体系建设试点工作方案的通知》，号召“各党政机关和厂矿、企事业单位、新经济组织等通过设立心理健康辅导室或购买服务等形式，为员工提供方便、可及的心理健康服务”。不论是出于自身要求，还是响应国家号召，企业与组织都应该积极培育心理健康服务的队伍，建立规范体系，提升服务质量。

中国首届 EAP 与职业心理健康的论坛发起人、北京师范大学心理部的张西超教授随后提到，如今经济形势和国际形势都在不断变化，企业在进行管理变革的同时，不应忽略对员工心理健康的关注与关爱，但企业建设心理服务体系还存在很多挑战，如经费、人才、政策和社会支持的短缺。各方人士应该共同商讨如何解决这些问题。

北京市民政局副巡视员张青之先生表示，“幼儿园事件”、“保姆纵火”等虐心社会事件的出现都是在提醒我们，必须加快社会心理服务队伍的培养与建设，但不必另起炉灶，可以利用企业组织、社区原有的框架和资源，创新心理健康服务的道路，并且分享了北京社会心理服务体系建设的经验。

企业分享经验宝贵经验，展望美好未来

中国石化宣传工作部主任吕大鹏先生的发言为我们讲述了中石化近 7 年的 EAP 工作经验，并且分享了中石化先进的 HSSE 管理体系，其中的 H 代表大健康，包含了心理健康、职业健康与身体健康。在未来的已来的时代，中石化将对员工提供更优质的心理健康服务，做到广泛化、融合化和虚拟化的嬗变与升级。

国网上海市电力公司也是多年开展 EAP 工作的大型企业，其党委委员、工会主席娄为先生在发言中表示，上海电力一直在打造幸福组织，而且颇见成效。在接受了培训、咨询等 EAP 服务后，员工对自己的工作经历以及职能质量有了较高评价，心理幸福感也有所提升，这些都有助于企业减少人才流失，提高工作业绩。

职业心理服务要与时俱进，才能保持活力

香港岭南大学应用心理学系主任萧爱铃教授指出，全球化的进程让中国企业有了更多机会，但是也面对更多挑战，使得职业心理健康方面的工作也必须要跟上世界趋势。国际上的对工作/家庭冲突，职工心理健康与企业效益等话题，有着广泛和成熟的研究，我们可以借鉴国际经验，结合本土问题，探讨中国职

业心理健康的主要问题，并寻找解决办法。

全国老龄办党组成员、副主任，全国老龄办协会副会长吴玉韶先生在会议上提醒我们，如今中国已经进入了老龄化社会，面对“银发浪潮”的到来，企业不能忽略退休员工的心理健康，需要在职业心理健康服务中增加这部分工作，让退休员工老有所学、老有所为，老有所乐，把养老变成享老。

著名文化学者，于丹教授认为，我们现在正面对社会的转型，民众压力越来越大，所以有必要对公民进行心理建设。除了来自西方的心理学和 EAP 理论，还可以在企业与社会的心理服务中加入中国传统文化中的思想和哲学，让文化有更多的多元性和包容性，从而提高公民的心理韧性，提高员工的心理资本。

北京易普斯咨询有限责任公司公司的总经理马凯华先生总结了职业心理健康服务进入中国 20 年来的历程，并认为，在未来的企业管理中，职业心理健康服务不可缺席。企业关爱员工的心理健康，为其提供心理服务，能够营造积极向上的工作氛围，避免心理危机事件的发生，最终达到节约管理成本、增强核心竞争力的效果。

各界人士热烈讨论，碰撞精彩火花

各位嘉宾的主题演讲发人深思，两场主题对话同样色彩纷呈。中国石化宣传工作部主任吕大鹏先生，北京师范大学心理学部刘嘉教授，中国科学院大学特聘教授、大医美德医学基金会理事长孙玉麟教授，国务院发展研究中心公共管理与人力资源研究所副所长李兰女士，北京易普斯咨询有限责任公司副总经理刘健先生，在著名主持人和学者蒋昌建博士的主持下，共同探讨了在新的时代格局中，心理健康服务的当务之急是什么，又应该如何解决各种冲突。

中国石化经济技术研究院副院长王骏先生，北京师范大学教授和博士生导师郑日昌教授，睡前 Futurelab·CEO 田晓杉先生，北京易普斯咨询有限责任公司董事、倍达美教育科技（北京）有限公司总经理江涛先生，在著名职场情商研究专家张怡筠博士的主持下，一起讨论了，在危机和发展中，如何迎接心理服务时代的到来。

本届 EAP 与职业心理健康论坛深度探讨了，维护组织心理健康和建设、优化企业心理服务体系的问题，让 EAP 的提供者、参与者和使用者有了良好的交流。

（信息来源：中国网 2019.4.4）

2019 全国石油物探企业党建思想政治工作企业文化研究会年会

2019 年 12 月 6 至 7 日，全国石油物探企业党建思想政治工作企业文化研究会 2019 年年会在北京石油科技交流中心召开。会议旨在深入学习贯彻落实习近平新时代中国特色社会主义思想和党的十九届四中全会精神，汇报交流石油物探企业 2019 年主要研究成果，促进国有企业的政治优势转化为竞争优势、发展优势，开创新时代石油物探企业党的建设研究工作新局面。来自中国石油、中国石化、中国海油 29 个会员单位的 90 余名领导和代表参加。

出席会议的领导及特邀专家有：国务院国资委党建局副局长、一级巡视员熊洁，中国思想政治工作研究会联络部主任王毅，中组部党建研究所原副巡视员刘建辉，中国石油集团直属党委常务副书记、人事部副总经理李懂章，中国海洋石油集团党群工作部主任唐代治，中国石化地球物理公司党委书记、总经理周松，河北省国有企业党建研究会会长甄新生，中国石油集团东方地球物理公司党委书记、总经理、全国石油物探企业政研会会长苟量，全国石油物探企业政研会老领导李玉超，中国石油集团思想政治工作部副总经理孙明旭等。会议由公司党委副书记、全国石油物探企业政研会执行副会长王治富主持。

王治富在致辞中表示，进入新时代，全国石油物探企业政研会坚持以习近平新时代中国特色社会主义思想和党的十九大精神为指导，全面贯彻落实新时代党的建设的总要求，坚持“科学、管用、创新”的原则，始终围绕企业发展目标和战略，立足企业和员工的现实需要，不断深化党建思想政治的研究，持续增强研究的创新性、开放性和科学性，已经成为中国石油物探企业党建思想政治工作交流研讨、共同提高的重要平台。在中国石油、中国石化、中国海油的共同领导下，开启了全国石油物探政研会的新纪元。

本届年会共收到 29 家会员单位提交的研究成果 82 篇，包括 2 个大课题成果、3 个推广应用报告、4 个小课题、4 篇领导干部研讨文章、5 篇调查报告、27 篇政研论文、37 篇政研案例，成果数量再创新高。经与会专家和代表量化评审，最终有 35 篇成果获奖。其中，公司《设立执行董事“一肩挑”领导体制下党委发挥领导作用研究》荣获优秀课题研究成果特别奖；公司信息技术中心（中油瑞飞）《党建大数据应用的探索和实践》、研究院《党建工作和科研生产深度融合的探索与实践》获优秀大课题研究成果一等奖；公司青海物探处《青海物探地震项目运作中石油精神的传承与弘扬深化研究与推广》、公司海洋物探处《新时代海洋物探国际化员工队伍建设的探索与实践》获优秀推广应用报告一等奖；中石化地球物理公司胜利分公司《实施党员先锋指数管理的探索与实践》、公司西南物探分公司《“融媒体时代”基层企业宣传力提升的研究与探索》获优秀小课题研究成果一等奖。中石化地球物理公司华东分公司党委书记陈海滨、公司新兴物探开发处党委书记、处长张立欣被授予 2019 年“领导干部工作探索奖”。

王毅、刘建辉、唐代治、周松、甄新生、李玉超等领导专家对此次发布的成果给予高度评价，一致认为研究成果政治站位高，问题研究透，具有很高的理论研究水平和应用实践价值，反映了石油物探人内在的精神追求和长期一贯的坚守和追求，体现了石油精神、石油文化和石油力量。选题紧紧抓住了新时代党的建设重点、热点、难点问题，研究结合实际、突出问题导向，既有理论深度，又有实践深度，具有很强的指导性和针对性。

李懂章表示，此次年会政研成果数量创历届新高，发布了一批优秀成果，具有较高的理论价值和应用价值，充分体现了政研会的思想性和智囊团的作用。进入新时代，要坚持把学习贯彻习近平新时代中国特色社会主义思想作为重大政治任务，全面落实党的十九届四中全会精神，持续强化理论武装，切实增强

“四个意识”，坚定“四个自信”，做到“两个维护”；要坚持把“不忘初心、牢记使命”作为加强党的建设永恒课题和全体党员、干部的终身课题，形成长效机制，坚持不懈锤炼党员、干部忠诚干净担当的政治品格；要坚持抓基层打基础，不断加强基层党建“三基”建设，大力弘扬石油精神，进一步凝聚新时代干事创业的强大合力；要坚持改革创新开展党建研究，聚焦企业党建的重大理论问题、重大实践问题和重大现实问题，开展前瞻性、针对性研究，进一步把研究成果转化为加强企业党的建设、推动高质量发展的深度实践，为建设世界一流企业作出新贡献。

熊洁表示，全国石油物探企业政研会成立 29 年来，实现了从无到有、从小到大，蓬勃发展，走出独具特色的党建政研之路。今年的年会具有三个突出特点：一是政治性强。坚持用习近平新时代中国特色社会主义思想引领研究工作，保证了正确的政治方向。二是时代性强。紧跟时代发展步伐，持续创新党建工作载体，自主研发的石油党建信息化平台，为国有企业智慧党建的发展提供了石油经验和石油模式。三是实践性强。坚持问题导向，把研究的出发点、落脚点放在运用党的最新理论成果破解企业面临的难点热点问题上，重实效、接地气、有特色，彰显了政研工作服务企业发展的价值和作用，课题成果站在了企业政工研究的前沿和高地。

熊洁强调，要用高质量研究成果，助推习近平新时代中国特色社会主义思想在中央企业大学习、大普及、大落实，助力党中央国务院重大决策部署在中央企业落实落地，促进破解企业改革发展和党的建设难点热点问题，在已有优秀成果的基础上取得更大的发展。希望广大党建政研工作者从科学理论中找思路、找方法，在工作实践中探索新经验新举措，紧盯企业的需求，及时跟进工作进展，及时总结成熟经验，及时推广先进典型，充分发挥“思想库”和“智囊团”的价值和作用；加强同全国国企党建研究专委会的沟通和交流，积极承担研究任务，扩大社会影响力，把石油物探企业政研会的金字招牌越擦越亮，金色名片越叫越响；要以更加负责的工作态度，更加科学的研究方法，更加务实的工作作风，打造更有影响力的政研平台，为推进企业高质量发展、加快建设世界一流企业提供坚强保障。

苟量表示，此次会议是以习近平新时代中国特色社会主义思想武装头脑的一次集中教育，是全国石油物探政研工作不忘初心、牢记使命的一次生动实践，对于开创新时期石油物探政研会工作新局面具有重要意义。

苟量就做好新时期石油物探政研工作提出三个方面要求。一是要强化理论武装，始终高举习近平新时代中国特色社会主义思想伟大旗帜。要学深悟透习近平新时代中国特色社会主义思想，全面领会党的十九届四中全会精神，深刻把握习近平总书记关于石油行业一系列重要指示批示精神，始终坚持以党的创新理论武装头脑，指导政研工作。二是要紧扣时代脉搏，着力破解企业改革发展新问题新挑战。要善于把研究工作放到企业的中心工作和发展大局中去思考、去研究，坚持问题导向，聚焦企业党的建设、高质量发展，以宽广的眼界、敏锐的目光、深入的研究，切实为推动企业高质量发展提供智力支撑。三是要勇于变革创新，在加强自身建设上实现新突破新发展。要创新开放联合的研究模式，创新政研工作保障机制，创新政研人才培养模式，勇于担当，主动作为，以更多科学、管用、创新的新成果和新业绩，书写物探政研历史的新篇章。

本届政研会年会由公司信息技术中心（中油瑞飞公司）承办。公司总经理助理、党委组织部部长常学军参加会议并作研究成果展示发布，公司总经理助理、大庆物探一公司党委书记赵秀良代表下届年会承办单位发言。会议邀请了中组部党建研究所原副巡视员刘剑辉老师就“如何做好调查研究”进行了专题授课。聘任了全国石油物探企业政研会 2019 － －2021 年度特约研究员。会议期间与会人员到中油瑞飞“智慧党建活动室”进行了观摩交流。

（信息源于东方地球物理勘探有限责任公司官网 2019. 12. 9）

2019 电力行业企业文化工作交流培训会

由中国电力企业联合会（以下简称中电联）主办、国家电力投资集团有限公司协办、贵州金元股份有限公司承办的“2019 年度电力行业企业文化工作交流培训会暨文化创新成果发布会”于 2019 年 4 月 24－26 日在贵州贵阳举行。中电联专职副理事长王志轩出席会议并讲话，国家电力投资集团有限公司总经理助理郭宏波发表致辞，中电联会员与企业文化建设部主任郭玮主持会议。全国电力行业的企业文化领域专家和骨干力量共计 140 余位代表相聚贵阳。

会议以习近平新时代中国特色社会主义思想为指引，探讨了新时代电力行业企业文化建设新思路，总结交流了电力企业文化建设先进经验，发布推广了文化创新成果，开展了企业文化建设工作培训，实地参观了红色爱国主义教育基地，考察了基层电力企业特色企业文化。

王志轩分析了能源转型背景下电力行业面临的机遇与挑战，以及文化如何在这过程中发挥重要引领作用。他指出，文化建设是电力发展不可或缺的精神力量、思想保障和智力支撑，在电力工业长期发展中发挥了重要的引领、导向、凝聚和激励作用。近些年来，行业上下凝心聚力，开拓创新，紧跟时代步伐，不断激发出强大的行业和企业文化力量，为促进行业和企业共同高质量发展提供源源不断的思想源泉和精神动力。随着我国经济由高速增长转向高质量发展、电力体制改革进一步深化，电力要向更加清洁低碳、安全高效发展，必须发挥文化的作用。一是加强协同协作，构建团结文化；二是加强安全管控，构建安全文化；三是加强普遍服务，构建责任文化；四是加强创新创造，构建创新文化；五是加强以人为本，构建和谐文化。

王志轩强调，电力文化是社会主义核心价值观在行业改革发展中具体实践的产物，是新时代中华优秀传统文化与社会主义先进文化相融合的产物。电力行业文化建设应在中国特色社会主义文化建设总体框架下，结合时代和电力特点，筑起行业共同的精神家园。一要加强党建引领，积极培育并践行中国特色社会主义核心价值观；二要加强文化创新，推动行业文化进步并引领行业高质量发展；三要加强文化传播，树立和营造电力行业良好品牌形象与舆论环境；四要加强责任文化，促进企业社会责任与企业文化的深度融合。

会议交流了新时代企业文化建设的工作思路和经验。南方电网公司党校（培训中心）副校长（副院长）陈敬宁、华电集团公司宣传文化中心主任罗欣、中核工业集团公司党群工作部副主任朱向军、中国电建集团公司党委工作部（企业文化部）副主任魏立军、广东省能源集团公司党委工作部（企业文化部）副部长龚方红等作交流发言，为企业文化战线的同仁们开拓了思路。部分获得“2018 年度电力行业企业文化创新成果”的企业代表在会上作了成果介绍，得到了与会专家和参会代表的一致好评。

会议还组织了电力行业企业文化理论培训。华北电力大学人文与社会科学学院副院长王伟教授讲授了《国学智慧与企业文化塑造》，从国学智慧的总源头、企业文化塑造的途径两部分，阐述了将中国传统文化思想引入现代企业文化建设的思路。国内知名管理咨询机构——仁达方略管理咨询公司王吉鹏董事长讲授了《创建世界一流企业的文化动力》，用风趣幽默、生动形象的语言，从文化建设的角度，很好地将创建世界一流企业的管理路径分享给了参会代表。

会议期间还组织参会代表赴息烽集中营旧址瞻仰先烈遗志，重温革命精神；现场考察了贵州金元黔西电厂特色企业文化建设经验。代表们纷纷表示，本次会议准备充分，内容丰富，亮点纷呈，通过参加这次会议，借鉴了经验，开阔了视野，对今后更好地开展企业文化建设工作很有帮助。

（信息来源：2019.4.28，中国电力新闻网记者冯义军报道）

中纺政研会四届六次理事会暨全国纺织诚信文化建设论坛

2018年10月10日，中国纺织职工思想政治工作研究会四届六次理事会暨全国纺织诚信文化建设论坛在吉林省吉林市召开。

中国纺织工业联合会党委书记兼秘书长高勇，中共吉林市委常委、宣传部长陈强，中国纺织工业联合会副会长、中国纺织职工思想政治工作研究会常务副会长杨纪朝，中国财贸轻纺烟草工会副主席杨冬旭，中国纺织工业联合会原副会长张延恺，工信部工业文化发展中心副主任孙星，中国财贸轻纺烟草工会纺织工作部部长王晓旌，吉林化纤集团有限责任公司党委书记刘宏伟，吉林化纤集团有限责任公司董事长、总经理宋德武，党委副书记刘凤久，以及来自中纺政研会理事单位、各省市纺织行业协会、产业工会负责人，全国纺织企事业单位和新闻媒体代表等200多人出席。

中纺政研会四届六次理事会暨全国纺织诚信文化建设论坛在吉林市召开会议由中国纺织职工思想政治工作研究会秘书长姜国华主持。会上，吉林化纤集团党委书记刘宏伟首先代表企业欢迎来自全国的纺织企业代表，他在致辞中介绍了近年来吉林化纤的发展情况。近年来，吉林化纤集团公司党委始终坚持融入中心抓党建，抓好党建促发展的理念，不断促进企业党建工作、企业文化工作、思想政治工作和企业生产经营工作深度融合，形成了以开展“五小”工作法为活动载体，以发扬吉纤精神、工匠精神、劳模精神为重点，以打造“国际一流化纤企业”为奋斗目标的工作格局，切实加强和创新企业党建、企业文化和思想政治工作，努力把国有企业党的政治优势转化为科学发展优势，促进企业科学快速发展。四年时间，吉林化纤集团公司实现了前50年的发展总量，企业总资产年均增长25.6%，销售收入年均增长24.9%，员工收入翻了一番，幸福指数明显提升，2017年吉林化纤集团公司跨入百亿企业行列。中共吉林市委常委、宣传部长陈强在讲话中指出，习近平总书记视察东北三省后，就深入推进东北振兴，提出了“优化营商环境、培育壮大新动能、科学统筹精准施策、构建协调发展新格局、更好支持生态建设和粮食生产、深度融入共建“一带一路”、建设开放合作高地”等多方面的要求。习总书记对东北发展的最新指示精神，对吉林市和吉林化纤集团来说，正迎来一次新的重大发展机遇。他希望吉林化纤集团用好本次大会的各种资源和宝贵经验，继续发挥国企党建和思想政治工作优势，激发企业的产能优势、品牌优势、人才优势，不断提升技术水平，加快转型升级，在振兴吉林老工业基地、建设纺织强国征途上，实现新跨越，再创新佳绩。

工信部工业文化发展中心副主任孙星首先对纺织行业开展诚信文化建设工作给予了充分的肯定，同时为做好诚信文化建设提出了建议。他认为，一是要汲取传统文化营养，体味传统诚信文化精髓。中华民族几千年文明史积累出一整套诚信文化，这些传统沿袭至今，依旧发挥着巨大作用；二是要在实践中提炼诚信文化，让其进一步发扬光大，成为企业经济活动的价值准则。同时，在迈出国门时，企业也要积极学习和借鉴他国的诚信文化；三是要推广普及“工业伦理”教育，完善企业职业道德和诚信行为规范，通过奖惩机制，约束不道德、不诚信行为。

中国纺织工业联合会副会长、中国纺织职工思想政治工作研究会常务副会长杨纪朝代表中纺政研会以《弘扬劳模精神和工匠精神，推进“软实力”基础建设，全力促进行业高质量发展》为题，作四届六次理事会工作报告。他在《报告》中回顾了去年以来中纺政研会所开展的工作，主要概括为八个方面工作：一是弘扬劳模精神、工匠精神，发挥榜样作用和岗位先锋作用；二是推进行业企业党建工作，抓党建、促和谐、促企业发展；三是落实中央关于构建和谐劳动关系的意见；四是在工业系统中率先开展“中国纺织大工匠”命名工作；五是推进纺织诚信文化建设；六是抓企业文化建设，提升新时期纺织人的社会形象；七是加强班组建设，促进企业基层管理工作提升；八是在全行业全面启动开展“学邓建军科研组·建创新型班组”活动。他指出，中国纺织职工思想政治工作研究会工作出发点和立足点是服务企业、服务行业、服务社会，在广大会员理事的支持下将进一步加强协会自身建设，提升服务功能，继续为纺织强国建设不懈努力。理事会审议通过了《关于中纺政研会理事会新增会员理事的提议》和《关于中纺政研会理事会调整部分理事的提议》，新增石家庄常山纺织集团供销公司等34家理事单位，对因工作调动、退休等5家理事单位的理事进行了人事调整。

为贯彻落实党的十九大精神，促进企业诚信体系建设，激发和保护企业家精神，调动纺织企业和企业家的积极性和创造性，推动纺织经济高质量发展，中纺政研会自2017年以来在行业以推进诚信建设制度为重点，弘扬诚信传统美德，大力推进纺织诚信文化建设工作，让诚信文化理念在企业落地生根。

中纺政研会对20位“全国纺织企业诚信文化建设带头人”的先进事迹进行了推介，并同期举办了以“弘扬纺织诚信文化　建设诚信纺织企业”主题的“全国纺织诚信文化建设论坛”。论坛上，陕西省现代建筑设计研究院院长高乐，吉林化纤董事长、总经理宋德武，即发集团有限公司党委办公室主任陈大伟，长春圣威亚特服装集团有限公司董事长陆小枚分别就“如何在市场经济中坚持诚信文化建设”、“如何通过诚信文化建设塑造品牌”、“如何构建诚信文化建设体系”等。会议代表进行了经验分享，企业管理者以自身为例，介绍了企业以“组织公益活动”、“提高职工福利”等具体措施积极建设企业诚信体系，促进企业可持续发展的做法和体会。

杨纪朝宣布了关于命名“全国纺织企业诚信文化建设带头人”的决定，河南平棉纺织集团股份有限公司党委书记、副董事长付国定等20位同志被授予“全国纺织企业诚信文化建设带头人”荣誉称号。

会议期间，中国财贸轻纺烟草工会副主席杨冬旭向上海新联纺进出口有限公司浦东公司班组颁发了全国“工人先锋号”奖牌；中国纺织工业联合会副会长、中纺政研会常务副会长杨纪朝为黑牡丹集团股份有限公司颁发2017年度“中国政研会优秀研究成果”证书。

（信息摘自《东方企业文化》2018.6）

2019年中国水泥企业文化研讨会暨中国水泥协会企业文化分会第二次会员代表大会

2019年12月10日，以“行业利益至上，创新合作共赢”为主题的中国水泥企业文化研讨会暨中国水泥协会企业文化分会第二次会员代表大会在重庆召开。中国水泥协会秘书长王郁涛，重庆市经济和信息化委员会材料工业处处长张博，中国水泥协会企业文化分会高级顾问、北京水泥行业协会会长段建国，河北省建筑材料工业协会执行会长李怀江，重庆市水泥协会党支部书记、重庆南桐矿业有限责任公司常务副总裁杨明，重庆太富环保科技集团有限公司、重庆市富丰水泥集团特种水泥有限公司董事长刘晓林等领导出席本次会议。会议由中国水泥协会企业文化分会秘书长齐欣主持。

作为会议的主办方和赞助方，重庆市水泥协会党支部书记、重庆南桐矿业有限责任公司常务副总裁杨明，重庆太富环保科技集团有限公司、重庆市富丰水泥集团特种水泥有限公司董事长刘晓林，重庆市经济和信息化委员会材料工业处处长张博分别致欢迎词。中国水泥协会秘书长王郁涛做了重要讲话。王郁涛秘书长指出，如何将企业文化与行业结构调整相结合是当前企业文化建设的重中之重。企业文化是一项灵魂工程，未来需要研讨如何创建具有中国水泥特色的企业文化，践行行业利益高于企业利益的理念，共同创建更加美好的中国水泥的企业文化。

中国水泥协会企业文化分会秘书长齐欣做了《中国水泥协会企业文化分会第一届理事会工作报告》。大会审议通过了《中国水泥协会企业文化分会第一届理事会工作报告》、《中国水泥协会企业文化分会第二次会员代表大会换届选举方案》，《中国水泥协会企业文化分会会费缴纳及管理办法》（2019年修订版）的议案、《关于提名聘任中国水泥协会企业文化分会高级顾问的议案》，表决通过了《中国水泥协会企业文化分会第二次会员代表大会监票人、计票人、唱票人的提名》议案，宣读了中国水泥协会《关于同意中国水泥协会企业文化分会换届的批复》。

会议还投票选举产生了中国水泥协会企业文化分会第二届理事会成员，中国水泥协会执行会长孔祥忠当选中国水泥协会企业文化分会第二届理事会理事长；天山水泥股份有限公司党委书记、董事长赵新军，天瑞集团水泥有限公司总经理丁基峰，亚泰建材集团有限公司总裁翟怀宇，西南水泥有限公司党委书记、执行总裁白彦，北方水泥有限公司党委书记王茂田，唐山冀东水泥股份有限公司党委副书记、纪委书记、工会主席、监事会主席刘宗山，中国葛洲坝集团水泥有限公司副董事长、党委副书记、工会主席李瑞林，宁夏建材集团股份有限公司副董事长李永进，华润水泥控股有限公司党委委员、高级副总裁兼山西大区总经理王军祥，中国联合水泥集团有限公司党委副书记、副总经理、纪委书记庄春来，山东山水水泥集团有限公司党委副书记、副总裁张继武，甘肃祁连山水泥集团股份有限公司党委副书记、纪委书记、工会主席魏士渊，华新水泥股份有限公司总裁办公室主任、公共事务总监、党委宣传部部长刘伟胜，南方水泥有限公司党委委员、工会主席、行政事务部总经理、党群工作部部长潘晓萍当选中国水泥协会企业文化分会第二届理事会副理事长、理事；中国水泥协会企业文化分会秘书长齐欣当选中国水泥协会企业文化分会第二届理事会秘书长；中国联合水泥集团有限公司行政总监赵绪礼，唐山冀东水泥股份有限公司党委组织部部长、党群和纪检监察部部长赵晨光，天瑞集团水泥有限公司董事会办公室副主任马永军，华新水泥股份有限公司公共事务企业传播管理副总监、党委宣传部副部长张力峰，北京金隅北水环保科技有限公司办公室主任、党群工作部部长杨晓丽，河南省钧强水泥有限公司文化顾问王根发，中国水泥协会企业文化分会副秘书长张绍武，中国水泥协会企业文化分会副秘书长韩益春当选中国水泥协会企业文化分会第二届理事会副秘书长。同时，还聘任雷前治、诸葛培智、马泽民、段建国、王爱贞、李谊民为高级顾问。

会议安排河北省建筑材料工业协会执行会长李怀江，晋冀鲁豫协调组织秘书处秘书组组长，中国联合水泥集团有限公司淮海运营管理区营销中心副总经理张海洋，广陵金隅水泥有限公司党委书记马树立，华新水泥股份有限公司公共事务企业传播管理副总监、党委宣传部副部长张力峰，重庆市水泥协会秘书长熊科分别做了《凝聚思想共识，汇聚合作力量，提升行业价值》，《合作共赢，责任担当》，《打造创新型绿色工厂，助推水泥行业高质量发展》，《学习贯彻〈中国共产党宣传工作条例〉，推动企业宣传工作迈上新台阶》，《重庆水泥行业的发展与亮点》的主题报告。大会还安排中国水泥协会企业文化分会副秘书长张绍武为全体参会人员做了一场精彩绝伦的摄影专题讲座。

（信息来源：《中国水泥杂志》天天微报 2019. 12. 11.）

长三角企业文化建设合作交流论坛

2019年5月31日，由沪苏浙皖一市三省思想政治工作研究会联合主办的“活力长三角，奋进新时代”长三角企业文化建设合作交流论坛在上海嘉定举行。中国政研会副巡视员吴祖平，上海市委宣传部副部长、市文明办主任潘敏，上海市嘉定区委副书记、区长陆方舟出席大会并致辞。沪苏浙皖一市三省政研会秘书长，地级市（区）党委宣传部、政研会负责人以及长三角地区百家知名大型企业的领导和企业文化建设先进单位代表参加会议。

长三角一市三省建立企业文化建设合作平台，探索跨地区横向企业文化建设互动合作常态化机制，举办企业文化建设发展论坛，是推动建立长三角企业文化研究的学术共同体，促进企业文化的内涵发展、开放发展和差异发展的重要契机。论坛期间，苏浙皖三省宣传部领导围绕“长三角企业发展思考与愿景”作主旨演讲。上海市嘉定区、江苏省南通市、浙江省温州市、安徽省合肥市宣传部领导作了发言。科大讯飞、红豆集团等长三角13家优秀企业围绕“长三角企业文化品牌品质提升”通过短视频和演讲方式，交流展示企业文化建设成果和品牌形象。

会上，一市三省政研会签署《长三角企业文化建设合作交流框架协议》，发起成立了长三角企业创新文化品牌联盟，并发出倡议书。

上海市委宣传部副部长、市文明办主任潘敏指出：长期以来，特别是改革开放以来，长三角地区以文化交融为根基，以经济交融为重点，各地各类企业之间联系日益紧密，交往日益增多，一体化发展的理念日益成为共识。推进长三角企业文化建设合作交流，就是要以习近平新时代中国特色社会主义思想为指导，着力建设具有时代特征、体现企业个性的企业文化，以文塑企、以文彰企，构筑新时代的企业使命、企业愿景、企业价值、企业精神、企业力量，引领广大企业员工奋进新时代，推动企业成为创新发展的主战场、主力军，打造更高质量发展的企业集群。

近年来，上海从城市历史文化中汲取力量，深入挖掘红色文化、海派文化、江南文化的时代价值，围绕建设“五个中心”、打响“四大品牌”目标任务，以社会主义核心价值观和城市精神为引领，制定出台《上海市企业文化建设三年行动计划》和《新时代上海企业文化建设评估指标体系》，持续开展企业创新文化品牌展评发布，引导企业对标最优标准、看齐最好水平，向最好的学、跟最好的比，营造惟不忘初心者进、惟改革创新者强、惟不懈奋斗者胜的企业文化氛围。

上海市嘉定区委副书记、区长陆方舟指出：决定一个城市的影响力和竞争力的因素很多，最显特质的是文化。我们打造创新活力之城，既要有“财气”又要有“文气”，两者兼备才能有“朝气”，这是我们从容走向未来的动力。文化对于一个国家、一个民族至关重要，对一个城市、一个企业来说也同样重要。我们深入挖掘嘉定的文化特质，以江南文化、红色文化、海派文化涵育企业文化。我们要延续历史文脉、融入现代元素，真正把历史“血脉”和文化“基因”深植于企业文化建设之中，形成现代文明与历史文化交相辉映的城市形态，不断彰显嘉定企业独特的人文魅力，推动企业成为实现高质量发展、创造高品质生活的主战场和生力军。

长三角一市三省，地缘相近、人缘相亲、经济相融、文化相通。共同的文化标识、共通的文化根脉、共有的精神家园，凝炼了长三角地区蓬勃发展的力量。按照中央和市委部署，嘉定正奋力书写“在长三角地区率先构建我国区域协同创新共同体”这篇大文章。与苏州市共同打造“嘉昆太”协同创新核心圈，和温州市合力打造更高质量一体化发展深度融合示范区，争取获得更大的成效。

江苏省委宣传部部务委员张年春指出：在企业文化建设方面，江苏企业认真贯彻落实中央和省委决策部署，勇于探索、注重实践，内容不断丰富、形式不断创新、载体更加多样，在满足职工精神文化需求、提高职工综合素质、推动企业改革发展等方面发挥着积极作用。如江苏农垦集团围绕建设一流现代农业企业集团、打造我国现代农业航母“江苏号”的目标，推进“六大工程”，着力建设与现代农业国家队相适应、具有鲜明时代特征和农垦特色的企业文化；徐工集团始终坚守和传承红色基因、报国情怀，孕育出独具特色的以大器文化为核心的“知信行恒”企业文化；红豆集团积极弘扬优秀民族传统文化，营造和谐创新奋进的企业文化，并以此作为企业持续发展的内生动力和丰富营养，形成以“情文化”为核心的企业文化。

我们要高质量地推进企业文化创新发展，不断提升文化的引领力、凝聚力和服务改革发展的水平。江苏的企业文化建设应当紧密结合江苏文化特色和企业自身特点，主动对接长三角一体化发展国家战略，打造具有地域特色和企业特点的精神文化、制度文化、行为文化、职工文化等文化体系，形成有个性有影响的企业文化标识和品牌。

浙江省委宣传部副巡视员徐勤惠指出：在企业文化建设实践中，我们注重做到“三个融入”：一是融入企业发展战略。实现企业发展与文化建设同部署同检查同考核，既定方向又赋灵魂。如吉利集团在“一带一路”倡议背景下，通过内生和外延型发展双管齐下战略，收购了沃尔沃等国际品牌，成为沃尔沃集团、戴姆勒集团的第一大股东，同时在7个国家建立了公司，不同地域、不同国籍、不同肤色、不同教育和人文背景成为吉利员工团队组成的新特点。为此，吉利发布了适应全球文化传播需要的中英文双语版企业文化纲要。吉利的成功，是靠现代企业制度，更靠吉利文化，把不同梯度的员工都集中到吉利的发展战略上，从而认可并自觉遵循吉利的管理风格。二是融入企业管理。实现管理的制度安排与非制度安排并举，从而达到“人企合一”的境界。方太集团是一家民营企业，其创始人茅理翔先生认为：方太之所以能发展到今天，并在全国具有品牌影响力，关键是方太从成立的第一天开始，就把致力于大家文化的建设作为企业管理的重要切入点，创造了别具特色的“产品、厂品、人品，三品合一”的管理文化。三是融入行为标准。坚持把企业基本价值理念作为制度建设的基本指导原则，使企业价值观落地有制度、有措施、可规范、可考核，通过明星班组、志愿者服务队、劳模工匠工作室、导师带徒等载体和形式，把企业倡导的行为规范融入其中，既潜移默化影响员工、规范员工，又带动企业品牌力和美誉度的进一步提升。

安徽省委宣传部部务委员、省新闻办主任郑明武指出：突出新媒体建设，在“以网兴企”上融合。在互联网时代，自媒体以其开放性、互动性、多样性、灵活性、及时性等特点，越来越深地影响到社会生活的方方面面，成为了企业品牌和形象的展窗、核心价值观传播的桥梁、管理理念传播的通道、提升职工文化素质的平台。搞好新时代的企业文化建设，必须要让“最大变量”成为“最大增量”。要通过建设网络平台，加强栏目设置，拓展企业文化建设的新渠道。内聚合力，构筑企业精神，创造企业价值，为职工提供精神指引；外树形象，强化企业品牌，彰显企业文化，为企业持续健康发展营造良好的舆论环境。在长三角区域一体化发展进程中，安徽高度重视企业自媒体建设。譬如，安徽新华传媒股份有限公司探索文化与互联网融合发展新模式，打造“智慧书房”app，推出全球首家共享书店，实现了人与人之间、书店与读者之间、出版与发行之间的信息共享，提高了文化服务的精准化、专业化水平，破解了传统实体书店的转型难题，获选2018年全国宣传工作创新案例。芜湖作为长三角城市群的一颗新星，吸引了大量外地企业落户，为不断加强外地企业职工特别是青年职工的思想政治工作，该市充分利用微视频、微电影等新媒体技术手段，广泛宣传社会主义核心价值观，持续营造浓厚舆论氛围，为企业凝心聚力搞建设、真抓实干谋发展提供了坚强的思想保证。

上海社会科学院经济研究所研究员尹良富指出：企业文化是取得竞争优势的源泉，左右着企业的生死。好的企业文化可以提高经营效率，可以提高员工的行动力，减少离职率，增加员工的劳动成果。而没有企业文化的公司，会导致员工的行动力低下，对薪水和待遇稍有不满就会辞职走人。优秀的企业文化自身可以抑制人才成本，可以帮助企业在确立竞争优势时产生良好的影响。在互联网特别是移动互联网的知识经济时代，企业文化的重要性也越来越大。过去在以工业为中心的商业社会里，由企业老大进行决策，下面的员工按照要求重复进行单纯的作业，采用“自上而下型”管理模式就足以应付。但在以知识与服务为主流的商业模式下，这种模式就会产生很大的偏差。在服务第一线，面对顾客，在所有的场面上都面临着创造性地进行随机应变的对应模式，需要每个员工具有判断力，发挥知性与感性。因此，需要有计划地构筑战略性的企业文化。

上海市嘉定区委常委、宣传部部长顾惠文指出：以文立企，建设担当重任的企业文化。围绕嘉定发展战略，2018 年嘉定区组织开展“企业创新文化品牌建设”专项调研，制定《嘉定区企业文化品牌建设三年行动计划（2018－2020 年）》，组织实施“同心逐梦”“迈向卓越”“责任担当”“阳光关怀”等四大专项行动、12 项重点任务。推进区域“企业文化品牌”集群建设，举办企业文化创新品牌（示范基地）展评发布，培育形成了一批海派企业文化品牌。

以文兴企，建设活力涌动的企业文化。连续三年举办“嘉定企业文化展”，全区近千家企业、10 余万职工参与其中。举办“艺企秀”嘉定区企业职工才艺大赛，生动展现企业家、企业职工的才艺风采及其背后的人格力量与梦想追求；“两新”组织运动会，100 多家“两新”企业参赛，展现新时代“两新”风貌，企业活力竞相迸发。

以文暖企，建设有情有义的企业文化。探索文化润心、文化安心、文化宽心、文化暖心的多种实现形式，把“百姓系列”“嘉图讲座”“市民修身”等公共文化服务送进企业，丰富职工业余文化生活。加强企业职工人文关怀和心理疏导，引导企业建立心理服务阵地，创新职工心理服务机制，全区形成人文关怀心理疏导示范点 30 多个，其中市级示范点 5 个，使企业文化建设真正得人心、暖人心、稳人心。

江苏省南通市委宣传部副部长黄正平指出：广大通商发扬“包容会通，敢为人先”的南通城市精神和“厚德、崇文、实业、创新”的新通商精神，奉行“强毅力行，通达天下”，在他们身上展现出“通商向上，通商向儒，通商向善，通商向外”的群体形象和精神气象。

企业文化就是企业的信念、理念、观念的实践活动总和，内涵丰富而深刻，不能简而论之。企业生产或服务的产品，说到底是文化的产物，是文化和物质相结合的载体。作为一种组织文化，企业文化对内凝聚力量，对外展示形象，并通过产品或服务给社会提供物质价值和文化价值。企业家是企业的灵魂，企业家精神也是企业文化的灵魂。前行在新时代中国特色社会主义道路上，把企业文化放大，放到大视野中来叙事，更深的意义上来着眼，更高的发展趋势上来看待，建设和繁荣企业文化需要进一步在地方历史进程和文化资源找溯源、找历史文化“基因”，又要引导企业家以广阔的国际视野和未来的长远眼光找创新要素、发展条件，砥砺精神文化力量，奋进奋发，实现文化与经济，个人与民族、国家的紧密结合。

浙江省温州市委宣传部副部长魏平生指出：温州作为全国改革开放的先行区、民营经济的发祥地，全市共有企业 4 万余家，职工近 200 万人，民营企业数量占全市企业总数量的 99.5%、工业产值占全市工业产值的 95.5%、外贸出口占全市外贸出口的 95%、税收占全市总税收的 80% 左右。近年来，温州立足实际，打造“414”企业文化建设模式（4 即队伍培育、载体创新、机制建设、品牌打造四项工程，1 即围绕企业文化俱乐部建设这一主线，4 即实现四方面的提升），不断实现企业文化建设工作的感染力、渗透力和实效性。

我们按照“员工之家、心灵港湾”的功能定位，突出“企业文化俱乐部”建设这一主线，以“6＋8”为建设配置标准，“6”即代表文化俱乐部要有文化标识、文化活动中心、文化讲堂、文化长廊、文化广场、无线网络等硬件设施；“8”是指落实文体活动、教育培训、体育健身、礼仪礼节、展示展览、时政宣传、信息服务、情感交流等 8 个基本功能配置，打造集宣教、展示、活动于一体的企业文化综合体。目前，全市已经高质量建成康奈、永电、伊利康等 68 个企业文化俱乐部，受到企业和员工的高度认可和欢迎。

安徽省合肥市委宣传部副部长魏玉萍指出：坚持从企业发展和职工思想实际出发，注重人文关怀，不断增强企业员工的向心力。一是在典型带动上创新。按照“挖掘典型，寻找‘看点’；弘扬典型，展现‘亮点’；组织开展“最美国企人”“身边好人”“道德模范”等评选活动，选树一批思想好、品德优、作风硬的先进典型，如全国道德模范徐辉、中国好人吴雄飞、全国劳动模范李祥斌和全国诚信十大之星崔万志等全国重大典型，其中身残志坚的崔万志，以“不抱怨、靠自己”的顽强毅力，把中国旗袍推向世界。二是在丰富活动上创新。创新开展“学习日”“教育日”“电影日”“升旗日”“创想日”等主题日活动，不断丰富教育活动内容，通过活动增强企业职工的认同感，如多次入选“中国水业十大影响力企业”的国祯环保节能科技股份有限公司坚持把每周一定为“升旗日”，举办升国旗仪式，激励员工产业报国；联宝科技是联想全球最大的笔记本电脑生产基地和研发基地，每月确定一天为公司“创想日”，支部党员职工汇聚一起，进行头脑风暴和思想碰撞，为工作开展和产品研发出出谋划策；京东方每月开展“电影日”，组织职工观看红色主题教育电影等。三是在激励关怀上创新。始终坚持人本化的理念，坚持把思想政治工作与解决职工关心关注的热点问题相结合，关心关爱广大企业职工，维护职工合法权益，把思想政治工作做到职工心坎上，如市国资委在市属国企开展员工激励关怀制度，实施“春夏秋冬”工程，即“春送文化、夏送清凉、秋送助学、冬送温暖”，增强员工的归属感。

（信息源于思想政治工作研究网 2019. 7. 9）

连云港市企业文化学会换届大会成功举办

2020年8月14日，连云港市企业文化学会发展三十年暨第六届理事（会员）大会在连云港市金陵云台宾馆召开，中国企业文化研究会理事长孟凡驰、连云港市人大常委会原党组书记、副主任董恕娟、连云港市人大常委会原副主任朱泰曾、李国章、连云港市政治协商会议原副主席钮永梁、连云港市社科联原主席张建明、连云港市社科联主席卢伟军、中国船舶集团第716研究所党委书记李卡、连云港市民政局副局长李晗、中国企业文化研究会学术委员、中国人民大学商学院原院长邓荣霖教授，山东省政协常委、企业文化学会副会长兼秘书长朱文秋，海尔集团监事会主席、党委原专职副书记王安喜，广东省企业文化研究会副会长兼秘书长黄禄生、大连市企业文化研究会会长、北德书院院长钟祥斌、江苏黑松林粘合剂公司董事长刘鹏凯、连云港市企业文化学会会长李万来、中国企业文化研究会副秘书长郭刚、连云港市企业文化学会理事会成员和会员代表共计300多人参加了会议。会议由江苏海洋大学文法学院党委书记吴价宝教授主持。

会上，各方来宾分别致贺辞，并对连云港市企业文化学会30年来突出成就表示祝贺。

连云港市社科联主席卢伟军、连云港市民政局副局长李晗在讲话中，对连云港市企业文化学会的工作成就和会长李万来的事业情怀给予充分肯定。

连云港市企业文化学会会长李万来做了《一生只做了两件事》的演讲，受到了大会代表的热烈赞扬。

连云港市企业文化学会副会长王树华代表上一届理事会作了工作报告。会议进行换届选举后，新当选的连云港市企业文化学会会长罗军勇作了就职报告。

江苏泰兴市纪念企业文化研究会成立10周年会议

2020年5月28日，江苏泰兴市文化研究会成立10周年。

泰兴市企业文化研究会成立于2010年5月28日，专门从事企业文化研究、人才培训、职称晋升、业务拓展、学术交流等工作，先后获评泰兴市社会组织先进单位、市先进社科学会、AAAA级社团组织、江苏省示范性社会组织、全国企业文化建设优秀单位等荣誉称号。

10年来，泰兴企业文化研究会与江苏省人社厅、省经信委、省企业联合会合作，在泰兴举办江苏省知识更新高级研修班19期；参培学员累计近2000人次；推荐企业高管申报高级经济师、高级工程师、高级会计师等职称，302人通过；组织企业管理人员参加国家人社部、省人社厅主办的继续教育高研班15期，76家企业派员参加；推荐厂长、经理参加江苏省优秀论文评选，135篇作品获奖；累计编印、免费赠阅《泰兴企业》《泰兴企业家》杂志132期，每期3000份，为传播党的路线、方针、政策和地方信息、企业动态发挥了桥梁纽带作用；连续9年组织泰兴企业参加中外企业文化北京峰会，以及上海、珠海、重庆、长沙、成都、南宁、深圳、合肥等地的峰会，使得地方众多企业分享到中外企业文化卓越成果。

截止目前，由泰兴市企业文化研究会推荐申报的国家级企业文化奖项，企业和个人获奖数累计有78项，其中企业文化先进个人奖项44人次，其中3人获评江苏省优秀企业家，1人获评全国优秀企业家。

（作者曹金云系江苏泰兴市企业文化研究会秘书长）

珠海市企业文化协会第六次会员代表大会

2019 年 11 月 29 日，珠海市企业文化协会在珠海度假村酒店隆重召开了第六次会员代表大会暨 2019 年珠海市企业思想文化建设总结表彰会。珠海市近 200 家企业的领导和嘉宾代表出席了此次会议，共同审议换届大会有关提案并总结 2019 年度珠海企业思想政治工作与文化建设经验，展示 2019 年度珠海企业思想文化建设成果。

在有关部门领导及全体会员的监督下，大会审议通过了协会第五届理事会工作报告、财务报告、新的协会章程等各事项，并按照有关规定，选举产生了珠海市企业文化协会第六届理事会成员。珠海传媒集团董事、总经理韩悦被大会推选为协会第六届理事会会长，原协会秘书长黄禄生被大会推选为协会第六届理事会执行会长，协会原副秘书长张学华被推选为第六届理事会秘书长。

（珠海市企业文化协会供稿）

成都企业文化协会表彰先进推广经验

2019 年 1 月 8 日，成都企业文化协会在成飞宾馆隆重召开了 2017—2018 两年一度的成都市企业文化建设典范单位、先进单位、优秀工作者和经典案例表彰暨经验交流会。

两年一度的成都市企业文化建设系列评选表彰活动受到了全市企业的高度关注，企业申报踊跃。经过专家评审组认真评议、考察、初选后，经成都市企业文化建设评审领导小组最后审议，共评选出成都飞机工业（集团）有限责任公司等 15 个单位为“2016—2017 年度成都市企业文化建设典范单位”；中国重汽集团王牌商用车有限公司等 23 个单位为“2016—2017 年度成都市企业文化建设先进单位”；成都飞机设计研究所党委书记李松等 18 人为“2016—2017 年度成都市企业文化建设优秀工作者”；四川水井坊股份有限公司《企业文化之旅》等 6 个案例为“2016—2017 年度成都市企业文化建设经典案例”

在会上展示的经典案例：四川水井坊公司的《企业文化之旅》和《水井坊酒传统酿造技艺代表性传承人—魏江志》；成都飞机公司的微电影《守望鸟》和《一堂党课》受到与会者一致好评。

（成都企业文化协会秘书长魏林供稿）

鞍山市企业文化研究会开展品牌文化建设活动

2019 年，鞍山市企业文化研究会各会员单位积极开展了品牌文化建设活动。8 月初，召开了“鞍山市企业文化研究会品牌文化建设研讨会”，有 9 家会员单位就如何打造企业品牌、服务品牌、产品名牌等内容在会上交流了 12 篇品牌文化建设经验。研究员王忠伟、卢晓君、杨喜纯分别发表了《品牌文化战略策划》、《探析“鞍商精神”，激发民营企业发展活力》、《企业竞争呼唤品牌创建与战略管理》的论文。积极探索和创造品牌文化，不断提升企业的知名度、信誉度、美誉度，增强企业的核心竞争，在各会员单位已经达成广泛共识。

（信息来源：鞍山市企业文化研究会）

聊城市2019年企业文化协会年会

2019年12月20日，聊城市企业文化协会年会在海源阁宾馆举行，来自全市百余家会员企业及个人出席了年会。

聊城市政协委员、聊城市企业文化协会会长、聊城市通广物流集团董事长孙祥在致辞中首先向市人大、市政协、市文联各级领导，以及政协各专业委员会领导对企业文化协会的全力支持和指导表示感谢。他说，作为一个企业文化的实践者，我认为文化是企业的灵魂，是一个企业能够傲立商海的根本所在，离开了文化的浇灌，企业便像无源之水，无根之木是无法长久的。企业文化发展至今，大家已普遍认识到，它的实质就是企业所有成员共有的思维方式和行为习惯。企业文化建设的真正功效在于以优秀的传统文化教化人、以现代的科学文化转化人。并指出，“创新、互联、利他、共创共赢共享”是协会的宗旨这一共同的核心价值观。

本次会议确定，2020年，该协会计划对会员企业每月搞一次免费培训交流活动，积极开展双月会长交流分享活动；继续开展企业游学活动，计划是走访海尔、一汽、华为、京东四个国内企业，和观摩两家国外企业；协会将根据会员企业的文化建设和规模评出文化协会前20名企业，向市直部门推荐；将走进清华国学院、聊大商学院和专家教授们进行理论和实践的实战操盘演练；另外，继续推进夯实金融委员会的工作内容，积极筹备落实政策委员会、文化委员会等其他委员会的实施和建设。会上，对企业文化方面建设工作出色的企业、积极建言献策的协会成员进行了表彰，为在银企对接工作中为会员单位作出贡献的三位银行专家颁发了金融委员会顾问聘书。

（本信息源于聊城新闻网2019－12－20）

竞争与创新：论美国企业声誉的文化建构

汪帅东

美国企业声誉发展现状

2017年3月，美国波士顿咨询公司声誉研究所（Reputation Institute）发布了“2017年全球企业声誉排行榜”，具体排名的生成主要是基于17万名熟悉入围企业受访者的反馈，使用的数据测量系统包括产品和服务、创新、工作场所、公司管理、公民意识、领导力和执行等因素。在这份百强榜单中，迪士尼、谷歌、英特尔及微软等46家美国知名企业上榜，并以超出次席72%的绝对优势卓荦超伦。调研显示：美国企业在全企业声誉排行榜中的分布相对均衡，每段区间皆有入围者。其中，若以10家为区间单位，61~70区间分布最多，11~20区间次之，二者相差仅为1家。颇为巧合的是，这两个区间均位于前50家和后50家的第2区间。除此之外，位于前50家与后50家的第1区间也同为3家，而且各第4、5区间也处于均衡态势，惟有各第3区间略有波动，相差3家，如果后50家第3区间也为4家，该数据区间走势将会形成完全一致的分布格局。上述几组数据足以说明，美国企业普遍重视声誉建设，因此榜单出现了十个区间均有美国企业入围的均衡格局。此外，若以50家为区间单位，1~50区间分布最多，达到25家，比51~100区间多出4家，这表明美国企业的声誉建设势如阪上走丸，不仅入围全球百强的企业舳舻相继，而且跻身第一集团的企业数量占据了榜单的半壁江山，完全处于一时无两的强势地位。

美国企业声誉的文化建构

对于企业发展而言，声誉建构是一个复杂又漫长的演进过程，各种影响因素错落交并，稍有不慎便可能清誉扫地，然后被市场所抛弃，鉴于此，管理者有必要将声誉建构作为企业管理的有机组成部分给予重视并加以关照．从近年来全球企业声誉排行榜来看，与日本企业声誉的建构路径不同，美国企业之所以表现强势，与其管理机制内部的企业文化不无关系。作为学术概念，“企业文化”一词始现于1980年美国《商业周刊》，是以托马斯·彼得斯（Thomas Peters）为代表的美国管理学专家逐渐意识到企业文化对于企业发展具有不可替代的重要作用，简而言之，优秀的企业文化不仅可为企业发展不断注入活力，而且能给企业带来无形的经济效益。在美国，企业文化被称作“企业生命常青藤”。它是社会文化一定程度上的缩影，是企业在建立和发展过程中逐步形成并日趋稳定下来的文化积淀。作为从属于民族文化的亚文化，企业文化的形成与发展带有深刻的民族文化的胎痕和烙印。如果研究一个国家的企业文化，不把视角投放到民族文化中，则很难把握它的实质和精髓。因此，讨论美国企业声誉的文化建构，必须建立在其民族文化的基础上。在美国文化中，个人主义、英雄主义和理性主义占据着核心地位，这些特征反映到企业文化中就是追求自主与自由，崇尚冒险和竞争。在美国各届总统的就职演讲及国家安全战略报告等各类稿件中，“自由”和“民主”是两个标志性的高频词汇，它们体现出美国人崇尚独立、自由、肯定人的价值及其作为社会主体的重要性，并将这种“以人为本”的精神贯穿于美国企业的经营活动中。

“鼓励”与“激励”并举的管理方式

鼓励式管理。鼓励员工竞争在争取独立的过程中，为摆脱宗主国的控制，追求自由成为美国民众最核心的社会价值取向，即便在企业经营管理中亦是奉行自由竞争。美国企业之所以提倡员工进行合理有序的自由竞争，是因为通过激烈竞争脱颖而出的员工能够激发员工的积极性、主动性和创造性，充分展现自身的特长和才干，实现自我价值的突破。原通用电器公司总裁杰克·韦尔奇（Jack Welch）说过：“美国人天生就是赢家，而不是抱怨者，所以不要纵容、资助或设法保护他们。要鼓励他们去竞争，让他们接受挑战。

鼓励员工冒险。在美国，很多企业愿以重金资助有冒险精神、勇于挑战的员工并为其承担相应的风险，即便员工失败也会被派遣回到原来的岗位，享受原有的待遇。例如，戴尔公司一直鼓励员工要有冒险精神，成功与否无关紧要，而麦当劳连锁店的创始者克罗克更是直言：“成就必须是在战胜了失败的可能、失败的风险后才能获得的东西，没有风险就没有取得成就的骄傲”。此外，明尼苏达矿业及制造公司也有一训条：“你一定要犯一些合乎数量的错误。”在这种提倡冒险精神的鼓励下，该公司极其“热衷于改革，以致那里的基本气氛，与其说像一家大公司，倒不如说像一串松散的实验室，里面聚集着狂热的发明家和无所畏惧的想开创一番事业的实业家，它们任自己的想象海阔天空，纵情翱翔”。

鼓励员工创新。创新是一种具有高度自主自由的创造性活动，美国的《财富》杂志一直将创新精神作为评选美国最受推崇企业的重要标准，这与美国企业推崇“允许失败但不允许不创新”的理念车轨共文。在美国，鼓励员工创新绝非泛泛而谈，相关规章制度会被一一落到实处。例如，IBM 公司的传奇总裁托马斯·沃森（Thomas·Watson）每次巡视企业遇到创新意识和能力突出的员工都会立刻取出支票本给予奖励；为鼓励员工不断创新，柯达公司每年也会拨出 150 万美元作为奖励金，各类优秀提案都会被张榜表奖，这种屡试不爽的鼓励式管理在促使员工竞相献策的同时，也为企业的持续发展提供了智力支持和保障。

鼓励员工自我管理。从企业来说是指企业把一个阶段的工作或一个完整的项目，交给员工个人或一个小组自我管理自我完成，管理部门只提出工作进程、质量、安全等有关要求和应注意避免的问题，从员工来说是指员工个人或工作小组，根据企业的发展战略和目标，自我制定工作计划，实施控制，通过自我管理去实现目标，具体包括弹性工作时间安排计划、员工个人的工作自我管理以及具有充分自我权实行自我指导的团队式工作小组制三种形式。其中，在团队式工作小组内，员工有权来决定雇员、裁员及安排假期等工作，而领导的职责只是鼓励员工自己解决问题。

激励式管理。激励员工获得更高报酬科学管理理论的主要倡导者泰罗（F. W. Taylor）主张应该精确地研究影响人们的动机。在结合当时社会生产力水平考量的基础上，他提出了“胡萝卜加大棒”“差别计件工资制”等一系列激励措施，后来他的助手甘特（H. L. Gantt）又补充提出了利用金钱进行刺激的“奖金制度”。美国拥有成熟的市场经济体系，其劳动力市场接近于完全竞争，这意味着所有企业均可以利用更高的薪资招待优秀人才，所有员工也都能通过跳槽的方式获取更高的报酬，这种体系对企业的绩效影响极大。美国企业员工的报酬由基本工资、刺激性工资与福利金三部分组成。其中，刺激性工资是以高于一般生产率作为基础，与员工个人的业绩紧密联系的报酬形式，如果说基本工资是为留住合格员工的话，那么刺激性工资则是通过增加工资的办法来激发员工的积极性，鼓励他们把工作做得更好。美国企业中实行的刺激性报酬制度种类很多，如计件工资、计时奖励等，从实际效果来看，这种报酬形式在激励员工方面成效最为显著。

激励员工实现自我价值。在双因素理论中，赫茨伯格（Herzberg）通过调查发现能够使员工感到满意的因素都是工作本身或工作内容，而不满的因素则多为工作环境或工作关系，包括公司政策、管理措施、人际关系等。对此，美国企业十分重视能够带来积极态度、发挥激励作用并实现自我价值的因素，惯用做法便是提供具有成就感、充满挑战性、能够获得成长和发展机会的工作岗位。在美国企业中，一方面，员工可以选择自己喜欢的工作内容，也可以跟管理者商量工作调换等问题；另一方面，管理者积极听取员工对工作绩效的自我评价，帮助其分析职业发展前景及未来亟需提升的技能，为他们提供继续教育以助其实现发展途径的多样化，简言之，要使员工既能够在管理层级的阶梯上纵向升迁，又可以在水平相当的职位上横向发展，此外，通过特殊项目把发展员工的绩效与对组织的贡献联系起来，培养员工的大局意识，增强其对企业的归属感和自豪感。

近百年来，从经验管理到科学管理再到文化管理，美国在不断更新和完善企业管理理论的过程中始终扮演着“领路人”的角色。当前，我国正处于经济体制转轨的关键期，国有企业迫切需要从顶层重新设计，吸收和引进美国可资借鉴的企业管理理论，结合我国基本国情做好国有企业声誉管理体系研究，对于改善和提高我国企业声誉的整体管理水平，实现国民经济持续、快速、健康发展意义重大。

（本文摘自《中国商论》2018.8，作者系清华大学新闻与传播学院博士后，本文为中信改革发展研究基金会项目“国企形象建设与声誉传播”子课题成果）

利用企业文化改进传统价值观在 VUCA 世界中的转变

乔治·霍谢特

如何在一个变革的环境当中去适应我们的企业文化

项目管理包括流程改善以及组织发展。在我们做项目管理和流程改善中，很注重强调操作方式，但更重要的是在流程和项目管理中牵涉到的人。麦肯锡公司一直致力于变革管理，同时也是变革管理方面的专家。近两年，德国进行了一个叫做隐形冠军的评比，CPC 公司是这届隐形冠军在变革管理领域的最优质的公司，甚至超过了麦肯锡。CPC 公司开始创立只有 5 个人，现在在全球已有 110 多位咨询的顾问，服务于德国最大的 30 家企业中的 40%，所以，着重介绍德国经验。

一是德国制造对德国工程师而言就是要追求精准、追求核心，这就是德国制造的理念。从德国企业文化视角看，德国企业他去寻找一些非常专注的，以绩效为导向的员工，也就是说，所谓德国制造，它包含了隐形冠军在德国非常著名的一个词，是指说在专业领域有非常好、非常深厚的科技力量，但在全球范围内可能还没有被大家所熟知。

二是德国的企业会给员工在一定自由度和范围之内的自治权。在这个范围内，德国员工可以去行动，并对自己的行动担负一定的责任。

三是德国的沟通方式。德国人沟通追求的是公开、公正的方式，强调三点：第一是它的沟通不是领导的命令式，让员工可以公开、自由地去讨论他们的想法；第二是追求一种诚实的沟通，即便有一方说的话可能会伤害到对方，但为了能够达成更好的预期效果，虽然不是很好听，也愿意把话说出来；第三是沟通是以事实为基础，在德国企业开会需要非常快地找到自己说话的重点，不能绕弯弯，这是德国人沟通方式的特点。对于德国企业，他们非常喜欢专注的员工，特别是以绩效为导向的员工。德国企业会对员工的成就和绩效去奖励。

四是关注流程改善的来源。这个举措是来自于 150 年前一位德国的著名实业家克虏伯提出的流程改善，他鼓励员工将自己对于流程，对产品、对公益的一些改善意见，投到企业设置的信箱中，通过这些流程改善的意见，这家德国企业收集到多达 150 万个提案，同时为企业节省了大量的成本，这种收集提案的做法延续至今。

传统价值观在 VUCA 世界中的转变

现今市场环境正在迅速的变化，所以也诞生了一些新的名词，如：VUCA。“VUCA”代表了新的市场环境：“V”，volatility 代表是高速的变化，也就是说市场的这个变化速度越来越快，包括我们的这个数字化，包括我们的科技；“U”，即 uncertainty 就是不确定性，所以在现在的这个市场环境中，我们很难预测到未来的这个世界的变化，但是德国人又非常喜欢去做一些控制，他只有知道这个事情是确定了以后，他才愿意去从事一些工作，所以这个市场的不确定性也对这个德国企业和企业文化带来了一定挑战；“C”，即 complexity 就是复杂性。我们在研究一个问题的时候，有越来越多的因素在影响它，包括在技术方面，技术与人的连接等，是一个非常复杂的问题；“A”，即 ambiguity，就是模糊性。我们现在所采取的任何措施，其实并不一定能够导致一个非常美好的未来，所以这个事件的结果是不确定的。德国人他们其实不太喜欢这种模糊性的方式，在没有事实基础的时候，他们不愿意去采取进一步的行动。

以汽车行业为例：德国是汽车非常著名的一个制造之乡，但是当我们把目光落在电动汽车行业，我们会发现其实中国走得更加迅速。在全世界的汽车产量中，中国产量已经超过德国四倍。在这个例子中，我们会发现中国公司其实更早就开始从事电动汽车产业的研究和投入。相对于德国而言，中国其实更具有创新的精神。德国同事常会说，我先想一想，然后我在做；但中国同事会说，我们就先干吧。这就意味着德国企业要面临挑战。首先，德国企业要更多的去探索全球化市场。其次，德国企业需要加快响应市场的变化，也就是我们所说的敏捷性。第三，德国企业还要去思考新的业务模式。同时也要将敏捷还有对市场的快速响应纳入到自己的管理范围中。第四，德国企业在快速市场环境中，也要学着去承担更多的风险。在应对这些变化的过程中。作为咨询公司就要迅速设计出一套方法来帮助企业去应对这些变化，这就是所说的变革。企业如果能够积极地将员工纳入变革中，员工的工作效率会大大提升，甚至能够提升三四十倍。它的员工满意度，相对于那些没有被积极纳入变革的员工而言，能提高 2.5 倍。

我们讲变革管理，不单单只是说管理层走到会议室去开会传达一个变革体系，它更多是有一系列的方式和方法，还要将变革落地，倘若变革管理没有很好地去实施，员工在变革中也会拒绝接受这个新的方式和方法，会给企业造成新的挑战。

德国企业的变革做法及经验

在德国有四家大型企业，其中有两家企业的做法有代表性，首先是设立核心实验室或者叫数字化实验室。在数字化实验室中，所有优秀的员工会被集中在一起，然后进行新想法的实验和创作。这个实验室只属于这个企业的高管层团队直接领导。在新实验室中，由于这些年轻人聚集在一起，同时又直接受到高管层的领导，所以他们非常有意愿，有冲劲，打破部门壁垒，进行跨部门之间的协作，快速连接市场，连接高管层，还连接了员工。这些员工不一定是来自本企业内的，但他们接受一些外部的新鲜血液，在此基础上为企业创造价值。其二是建立拆分公司。如：梅赛德斯奔驰在德国有一个即行 car2go，也就是汽车共享项目。消费者可以通过互联网连接，然后租用奔驰汽车，也形成了良好的市场；其三是调整组织架构。主要发生在消费品行业。在消费品行业当中，常见的组织架构是管理层有非常多层级。那多层的管理层会对沟通造成障碍，信息没有办法快速抵达到基层员工，所以现在消费品公司会主张将层级进行扁平化，去除管理层的分级。如：以在人力资源部门和 IT 部门为例：从传统意义看，人力资源部门从事的是人力资源和服务，IT 部门会提供人力资源管理的系统。在新的组织里面，人们将这个人力资源部门和 IT 部门之间的物理界限打破，让这两个部门的员工处在一个环境里面，人力资源部门的员工有任何的问题，可以直接去找 IT 部门的同事去商量，不一样的角色，也能互相的交互，实现有效沟通。第四是管理层的调整改变。传统的管理层是通向高管的职业工作，但目前管理层会把自己的这个角色进行一个变化。它不再去指导和命令他的员工，更多的是一个导师，是一个教练的角色。它给员工一些框架和结构，帮助员工去解决复杂的经济或者商业问题。

为了能够帮助企业更好地进行合作，帮助企业创造价值，我们首先要提供培训。这个培训不仅指一些课堂培训，同时也包括在职培训以及来自管理层的一些指导。有一个术语是 MPM，它是指最最小的一个产品。这个产品并不是一个完美的产品，但这个产品能给大家提供一个想法。所以，我们会利于 MPM 的概念，并不追求立马就能出现一个完美的产品，而是先创造一些小小的模拟展示的产品，然后一步一步深入。德国人需要摆脱自己的完美主义，不是所有的事情都要做到 100% 的完美，在我们这个敏捷管理的模式中，提倡不断的更新迭代，所以只要在每步的过程当中有更多的改进就好，并不一定要追求完美。

在整个 VUCA 的世界中，就是在不断的分析和变化的环境里，我们应当去缩短产品的开发周期，使用敏捷管理理念，就是期望给客户带来了巨大的价值！

（本文是作者在中国企业文化研究会主办的中外企业文化 2018 深圳峰会上的发言，根据录音整理，有删节。作者系 AG 德国 CPC 董事）

欧盟企业如何利用企业文化经营企业生产产品

马君泽

中国有着5000年的优秀历史。在欧洲，我们的历史相对会短一些。如西方的圣经讲述了1700年前发生的一些文化故事，而PPT文化大概也就只有近十年的时间。但不影响分享文化差异的小故事。

企业文化和企业身份是两个不同的问题

企业文化是一个可见的区域，也是企业想要展现给大家的，但是这只是冰山一角，隐藏在水面下面的部分，我们称为文化身份的认同，这是一个公司的信念，一个公司的文化，这个是我们所看不到的部分。企业展现出来的企业文化，多是以企业的产品，或是企业在媒体所做的一些广告来呈现。但是有一些公司的价值是为人所不知的，比如苹果公司每次发布新品之后，就有很多人在门店外等待最新版的苹果产品出售。人们不知道苹果产品的核心理念和信念，看到的是最新款的苹果产品，看到的是很多人等候在门店外很长时间等着拿到最新产品，就像很多人期待着见到那些电影明星一样。

对于不同地域的文化，我们可以把它分成三个不同的理念。这三种理念是相互对立的。比如说内在的和自主化是相互对应的，不同的层次跟平等是对立的，掌控和和平共处是相互对立的。

西欧有着很长的一段战争历史，我们可以将它解释为自主、平等以及和谐共处。当然在斯堪的纳维亚半岛上也有很多其他的一些国家，我们对不同企业有不同的掌控，比如说西班牙就是一个例子。我们还有其他不同的区域，包括美国或者拉美等这样的一些国家。

在东欧，企业文化也至少有17年的历史。不同的阶层在东欧体现的并不明显，包括我们讲的这个内嵌，对于东欧国家来讲，是没有自主权的。而亚洲的儒家文化，与其说儒家的文化有着我们上面提到的三点，不如说儒家文化中它追寻的是平等和和谐。和谐是中国近期所提到的一个观念。

20年前我开始在欧盟工作。那个时候进入欧盟工作是非常不容易的，大概有2万人竞争这个岗位，但是我想进入欧盟，让自己做出一些贡献。当然我们的欧盟项目不是完美的，但是我做了很多的努力。在1993年欧盟成立的时候，我们希望从那个时候开始，我们就没有战争。我们建立欧盟的初衷是为了让欧洲国家的人民有着更好的生活。我们有着统一的货币，有着统一的欧盟区的经济贸易。

虽然说欧盟与公司有很多不同的地方，但还是有一些自己的感悟和大家分享我所体会到的一些欧洲文化。几年前，我给一家中国企业做欧洲法律培训。在这家中国航空公司的飞机上，我尝试了一些中国的米饭以及中国的蔬菜，然后我们也去了很多的中餐厅。这是非常强烈的、比较好的一个文化差异的体验，至少和西班牙的文化体验，差异很大。

如何塑造成功的企业文化

一家公司的企业文化想要得到公司身份的认同，首先公司要有企业愿景，然后建立公司的理念和价值观，这是公司想要传递给员工的。实践，就是我们如何去培训公司的员工。如何使公司的理念和价值观得到人们的认同？需要选择一个点。这个点是否能够感受到公司的身份和公司的文化，就像我之前提到欧盟的时候，感受到的欧盟的文化身份，是我想为之贡献出自己力量的归属感。但在这个过程中，我们个人的成功是渺小的，我们谋求的是整个企业的成功。

如：亚马逊和 Whole Foods。Whole Foods 是美国的一家高端连锁超市品牌，现在这两家公司已经合并。亚马逊从起初的一家书店开始，成长为现在这个科技公司。他们的理念是高效、快速、决策。Whole Foods 这家公司的理念则完全不同，它是分权管理的经营理念。他们起初是做有机食品的连锁超市。他们让下面的子公司有自己的自主权，而不是把所有的权利集中在总公司手中。所以大家可以看到这两家公司的公司文化是有所差异的，但是两家公司依然在很好地运行中。

又如：戴姆勒公司的并购案，也就是奔驰集团，它是德国非常著名的一家公司。克莱斯勒是美国的一家汽车公司，在美国的芝加哥附近。奔驰的 CEO 曾说过，“我们在建立 21 世纪最伟大的一个汽车公司，它将推动 21 纪世纪的汽车行业发展。”但几年后他们失败啦。其原因有两个，其中一个就是文化的原因。在美国，克莱斯勒的 CEO 认为，我有我的私人生活，我不希望工作干涉到我的私人生活，所以在并购中他们出现了一些问题。因为美国的强硬，没法实现平等。当时，梅赛德斯奔驰所具有的汽车有良好的设计和好的质量。梅赛德斯奔驰更注重的是他们公司里面的蓝领员工，也就是他们的工人。奔驰的员工说，我为什么要去克莱斯勒呢？我不会去的，所以德国公司试图把自己的企业文化强加到美国的文化当中，最终的结果就是失败。

（本文系作者在中国企业文化研究会主办的中外企业文化 2018 深圳峰会上的发言，根据录音整理，有删节，作者系欧盟驻华代表团公使衔参赞）

创新来源于企业的原创文化

亚当·格兰特

创新来自于企业的原创性文化和全体员工的原创性思考。如果一家企业的所有员工解决问题的方式趋向一致、固化思维，企业则必定停滞不前。为打破这种惯性，有效驱动公司的创新和变革，领导者需要在组织中培育原创性的思考能力，需要建立打破惯性思维的文化。

创新思维是由量变到质变的过程

很多人认为，少做事情才能把事情做好。但事实却是，多做事情实际上会提高你的原创性，因为工作量越大，找到创新方法的可能性也越大。很多领域的创造性活动都是量变到质变的过程，即使是最伟大的创新者在做最具原创性工作的同时，也会产生大量平庸的想法。例如，爱迪生在5年内发明了电灯泡、留声机、碳精电极麦克风与响铃接收器，同时也提交了100多项不太重要的发明专利，其中包括一种会说话的洋娃娃能把孩子、大人都吓出一身冷汗。

当然，企业面临的问题是不知道收集多少创意才能完成由量变到质变的过程。对于这个问题，大多数企业高管说有20个点子就够他们选择，但这个答案差了一个数量级。有研究显示，通常只有当想出200个以上创意时，量变才能达到质变。

虽然道理很浅显，但很多管理者仍难以付诸实践，他们担心花大量时间思考创新会分散员工精力，降低效率。好在有几种方法可以让员工自由贡献创新想法，同时保证日常工作效率，避免损耗。

像竞争对手一样思考

研究显示，企业的创新力之所以止步不前，常常是因为面对竞争时采取了保守的态度。因此，管理者要让员工提出新想法，要求员工采取积极进取的心态参与到企业的创新中。

面向个体征集想法。相比聚在一起的“头脑风暴”，人们在独立空间中工作时更具创造性。在集体讨论中，有时在相互的争论中、分享中会激发好的想法，但更多的好想法并不会得到分享。少数人主导的讨论，一些人为避免出丑而保持沉默，从众心理会完全占上风。有证据显示，这一问题可以通过“书面头脑风暴（brainwriting）”解决，即只须让每个人独立提出自己的想法，然后把这些想法提交集体讨论，就不会错过任何一个创意。另外，既然员工在集体情境下容易隐藏“离经叛道”的想法，管理者也可以安排一些快速的一对一交流。

重新设置意见箱。如今意见箱越来越少见了，人们更多采用的是网上意见反馈，但研究发现，意见箱其实能提供大量想法，比网上的反馈信息更有用。意见箱的一个重要好处是，它能带来数量更多、类型更多样的创意，开辟更多创新途径，而最大的问题是，从大量建议中找到真正有价值的创意很难。因此，管理者需要建立评估甄选建议机制，奖励最佳创意并深入研究其可行性，让员工感到他们的建议得到了企业的重视。

培养敏锐鉴别力。激发和收集大量创意很重要，但同样重要的是找出最佳建议和解决方案。

领导者怎样才能排除一般的方案、采纳真正的好创意呢？要使用经过实践检验的评估指标。很多领导者使用民主程序遴选创新方案，但并非每个人的意见都有同等价值。遵从大众的意见并非最佳策略，而小众意见可能对有潜力的创意嗅觉更敏锐。为确定每个员工的意见价值性，管理者应留意员工以往表现出的预测判断力。在心理学家菲利普·泰洛克（Philip Tetlock）的研究中，预测行为是基于结果准确性和概率准确度得到的评估。对于预测判断力高的员工，领导者应给予他们意见更多的重视。在企业中，谁的预测能力最强？这个评估者既不是管理者，也不是创新者本人。研究显示，原创理念最适合由其他创新者来评估，由于是评价他人的想法，他们会更公正，同时他们也比一般管理者更愿意考虑先进理念。

营造竞争氛围。为甄选好创意，领导者可以组织竞赛，让员工通过意见箱或竞赛组委会提交创意。如果创新比赛的赛制、流程设计合理，有吸引力，你就能得到大量的原始创意，而且这些创意能够集中在几个主要议题上，范围不会太广。参与者会花费大量时间准备方案，因此可能产生高质量创意，同时创新方案一般会在规定好的时间内一次性完成，不会反复占用员工精力。

经过全面评估，平庸创意将被排除掉。评估工作通常由各领域专家和创新者组成的评委会进行，他们根据新颖性和实用性评价创新方案，并提出改进建议。如果能找到合适的评委并建立奖励机制，创新比赛不仅能激发员工的创新热情，更能提升员工的智慧，提出和评估创意的人也能从他人的成功和失败中学到东西。

经过长期的良性循环，组织文化将发生转变，员工会更自信地贡献观点，并对什么是“质量”有更深的体会。成功的创新者得到认可和奖励，这种激励制度会吸引更多的人参与进来。因此，管理者可以先征集创意，如某个问题的解决方案或某项市场策略，然后引入严格的评估反馈流程，有潜力的方案可以进入下一轮，而最终优胜方案进入实施阶段，并得到相应的人力物力资源。

兼顾“和”与“不同”

为保持企业的原创性文化，领导者需要不断克服保守态度。我们曾把从众心态归咎于企业文化，但事实并非如此。对企业高层决策的研究表明，凝聚力较强的团队并不会强调共识，忽视不同意见或陷入团体困惑。实际上，文化强大的企业决策质量更高，因为成员彼此沟通顺畅，能够提出不同观点。应该看到，统一的企业文化也有制约企业创新的可能，组织容易变得同质化。如果领导者不断吸引、选择、保留相似的员工，组织中观点和价值观的多元性将会受损。在确定性较强的环境下，统一文化是优势，但在快速变化的行业和市场中则是个问题，可能为自身所缚，难以合理应对外界变化。在这样的企业里，领导者将不善于发现变革的需要，进行创新的思考，学习新知以及适应外界环境。为了平衡统一的企业文化，领导者需要保留批判思考的空间，即便是错误的反对意见也非常有用，它能打破不经大脑的共识，激发原创思考，帮助企业找到新的解决方案。简单说，领导者应让创新成为企业的核心价值观，企业的环境也要支持员工公开表达不同的意见，并因此受到尊重。统一和对立似乎是矛盾的，但将二者结合起来才能催生创新理念。

明确价值取向。管理者可以设计一个框架，要求员工在对立的观点中进行选择，最佳的观点将脱颖而出，但领导者提出的价值观不能超过 4 项，超过越多，员工越有可能做出不同解释，或侧重于不同的价值。企业价值观应按重要性排序，这样当面临互相冲突的选择时，员工知道什么更重要。明确价值取向后，管理者应不断审视反思。当新员工不同意现有价值秩序时，应鼓励他们提出不同意见。因为新员工拥有最新鲜的眼光，如果不在熟悉组织文化前及时说出想法，他们恐怕也将逐渐认同主流声音。

征集问题，而非解决方案。领导者都希望得到解决方案，但这无意中会带来一个后果：调查研究不够充分。如果总被要求有一个现成的答案，你就会带着确定的结论参加会议，从而失去从多个视角了解情况的机会。如果团队中不同的人掌握的信息不同，明智的做法是先把问题汇总起来，再寻找解决方案。一般情况下，团队会寻找一些与主流意见相左的信息，真诚的持不同意见者会激励团队创造更多更好的解决方案。

建立真正的创新文化，就要使员工能够毫不拘束地表达想法，管理者可以奖励提出建议的员工，即便他们的建议没有被采纳，而管理者也可以分享自己不成熟的想法。企业也要对不同的意见和创新的思考给与鼓励和宽容度。总而言之，要想在组织内激发高质量的原创性思考，关键是要让更多人说出自己的想法。

（选自《哈佛商业评论》有删节，作者亚当·格兰特（Adam Grant）系宾夕法尼亚大学沃顿商学院管理学和心理学教授。）

情感文化对企业的影响

Sigal Barsade and Olivia A. O' Neill

当人们谈论企业文化时，他们通常指的是认知文化：共同的智慧价值观、道德规范、行为准则和企业愿景，这些都是团队发展的指南。认知文化为员工在工作中如何思考和行为设定了基调——例如，他们如何以客户为中心、如何创新、如何以团队为导向或如何具有竞争力。

不可否认，认知文化对一个组织的成功至关重要，但这只是成功的一部分。另一个关键部分是我们所说的组织情感文化：共同的情感价值观、道德规范、行为准则和企业愿景，这些因素控制着人们在工作中拥有和表达的情感，以及哪些情感更适于压抑。虽然在这里相比于感觉，关键的区别还是思考，但这两种文化类型的传播方式也不同：认知文化通常是通过语言来传达的，然而情感文化往往是通过肢体语言和面部表情等非语言因素来传达的。

尽管研究表明在工作时，情感塑造人们的行为方式上有了改变（被称为“情感革命”），但情感文化很少像认知文化那样被专门管理——而且常常没有被纳入到文化管理中。公司因此受到影响。对应该表现出同情心的员工（例如，在医院）变得冷酷和漠不关心；那些从快乐和骄傲中获益的团队会容忍一种愤怒的文化；缺乏正常畏惧感的人（或者说，在证券公司或投资银行）行事会很鲁莽。这种影响在企业发生变革时期尤其具有破坏性，比如组织重组和金融衰退的时候。

大量的实验研究表明，情绪对人们执行任务的参与性和创造性，对组织的承诺程度以及决策方式有重大影响。积极的情绪总是与更好的表现、质量和客户服务联系在一起，这在不同的角色、行业和不同的组织级别上都是如此。另一方面（某些短期例外），诸如群体愤怒、悲伤、恐惧等负面情绪通常会导致负面结果，包括消极怠工和高离职率。

每个组织都有一种情感文化

当管理者忽视了情感文化时，他们就掩盖使员工和组织运转的关键因素。他们可能明白情感文化在理论上的重要性，但仍然会在工作中回避。领导者希望能影响员工在工作中的想法和行为，但他们觉得自己没有办法理解和主动管理员工在工作中的感受和表达他们的情绪，或者认为这样做与他们无关，这不是他们工作的一部分，或认为他们是不专业的。事实上，每个组织都有一种情感文化，即使它是压抑的。领导者不仅要允许情感文化进入工作中，还要理解并有意识地塑造它们，这样才能更好地激励员工。我们建议创建和维护一种情感文化，这将有助于实现公司的更大目标。

深层因素。一些公司已经开始在他们的管理规范中明确包含了情感因素。例如美国西南航空是民航界廉价航空的鼻祖，目前为美国第二大航空公司、美国全食超市系全美最大天然有机生鲜食品连锁零售商、提供的产品致力于帮助人们简化他们的生活，都在他们的企业价值观中列出了“爱”或“关怀”。类似地，美国思科金融威尔度假村，一家在美国加拿大和澳洲经营连锁滑雪度假村的上市公司，以及许多初创企业都强调了快乐文化对它们成功的重要性。但要全面了解一个企业的情感文化，然后有意识地管理它，必须确保在企业宗旨和企业标识中所规定的内容也在日常组织生活的“微小时刻”中得到体现。这些都是小的举动，而不是明显的情感表现。小小的善举和支持可以累积成一种以关怀和同情为特征的情感文化。

面部表情和肢体语言同样强大。如果一个经理总是带着愤怒的表情来上班（不管他是不是有意的），他可能会培养一种愤怒的文化。这种现象惊人地普遍：在一项研究中，费尔菲尔德大学多兰商学院院长、管理学教授唐·吉布森发现，来自多个组织的职场人士在表达愤怒时，实际上比在工作中表达快乐更自在

（他们表示表达愤怒的频率是快乐的三倍），可以想象连锁反应。

办公室的装饰和家具，也可以暗示什么是期望或适当的情绪。员工在社交活动中开怀大笑的照片，或者在隔间墙上摆放的动作玩偶，都是欢乐文化的标志。带有一系列规则和违反规则后果的标志可以反映出一种敬畏文化。小会议室里舒适的椅子和纸巾传达出这样的信息：如果有必要，可以敞开心扉或放声大哭。

正如麻省理工学院斯隆管理学院名誉教授埃德加·沙因用他广受欢迎的“三个层次的文化”模型所展示的那样，组织文化中最根深蒂固的因素是最不明显的。如：一个潜在因素的假设，让员工互相竞争，可以从中得到最好的结果。这不是管理者宣扬的东西，有时他们甚至没有意识到他们正在培养这种活力，但员工们都能感受到这一点。虽然这可能会导致良性竞争，但也有可能创造出一种强烈的嫉妒文化，这种文化会侵蚀信任，削弱员工的协作能力。

行动中的情感文化

大约30年前，社会心理学家菲尔·沙弗（Phil Shaver）和他的同事们研究发现，人们能够可靠地分辨出135种情绪。但是，对于任何试图管理一种情感文化的领导者来说，理解最基本的情感：快乐、爱、愤怒、恐惧、悲伤是一个很好的起点。下面的例子可说明情绪在组织中发挥的作用。

快乐文化：让我们从一个经常被清晰表达和积极通过管理来强化的问题开始——浮于表面，容易被发现。Vail Resorts 公司认识到，在员工中培养快乐感也能帮助客户获得快乐，这一点在酒店业非常重要。它将使公司在一个竞争激烈的行业中保持顶尖人才的优势。“快乐工作”被列为公司的一项价值观，Vail Resorts 公司的首席执行官罗伯·凯茨（Rob katz）为其树立了榜样。比如，在公司举办的 ALS 冰桶挑战（ALS ice Bucket Challenge）中，凯茨将冰水倒在头上，然后穿着衣服跳进游泳池，约有250名高管和其他员工效仿他的做法。

跟踪情绪。很多公司已经开始使用像 Niko Niko 这样的应用程序来帮助个别员工和团队记录他们对各种活动的情绪反应，并在他们的情绪和工作效率之间建立联系。这种领导层的快乐工作精神弥漫了 Vail Resorts 公司。管理策略、纪念郊游、庆祝活动和各种奖励都是情感文化的表现形式。Vail Resorts 公司的管理者们一直为他们的团队树立快乐的榜样。在工作日，当他们注意到员工自发地开心工作或帮助他人享受工作时，他们会给员工发徽章。他们不是要求员工遵循标准化的客户服务脚本，而是告诉每个人“走出去，享受乐趣”。该公司的首席人力官马克·加斯塔（Mark Gasta）说，他经常看到滑雪电梯操作员跳舞、开玩笑，做“一切能让客人开心和娱乐的事情”，同时确保电梯在滑雪斜坡上的安全体验。在日常工作中，Vail Resorts 公司鼓励员工进行合作，因为正如马克·加斯塔所指出的那样，“把别人排除在外并没有乐趣。”在一年一度的颁奖典礼上，“快乐工作”奖将颁发给当年在工作中倡导“快乐工作”的最佳倡议者。Vail Resorts 公司还通过“第一跑道”（员工第一次进入滑雪场）、冒险旅行和频繁的社交聚会来促进工作之外的乐趣。所有这一切都是为了一种有直觉意义的情感文化服务。

事实证明，快乐是公司员工满意度和敬业度的最强驱动力之一，而保持敬业度需要更多的快乐。因此，管理层把快乐变成了一种明确的文化价值，就像生产力、创造力和其他表现要素一样，整个组织的领导者通过他们自己的行为来支持这种文化价值，如，通过制作幽默视频来展示等。

友爱文化：我们广泛研究的另一种情感是“友爱”，这种情感在生活中很常见，但在组织中却很少被提及。这是员工对彼此的感情、关心和同情的表现。我们对东海岸一家大型医疗护理机构进行了一项为期16个月的研究，结果发现，与其他单位的同事相比，在友爱文化氛围浓厚的单位工作的员工旷工率更低，精力更充沛，团队合作精神更强，工作满意度更高。员工的工作表现也更好，这一点可以从更满意的病人、更好的病人情绪和更少的不必要的急诊室之旅中得到证明。在友爱文化较强的病房中，患者家属对设施的满意度较高。这些结果表明，情感文化与企业业绩之间有着强大的联系。事实上，不光是在“健康护理”行业友爱重要，我们对来自17家公司横跨7个行业的组织展开调查，当员工感受到并表达对彼此的友爱时，人们对工作的满意度、忠诚度和个人对工作表现的责任感都更高。

以 Censeo 为例，这家咨询公司专门营造了一种友爱的文化。联合创始人兼首席执行官 Raj Sharma 想要建立一个与客户建立真正联系的公司。公司文化还鼓励员工通过工作内外的社交互动来培养真正的人际关系。这个信息似乎正在传递：当被要求描述公司同事时，他们可被称为“我的朋友”。“员工也认为自己有责任用同情心对待彼此。”

恐惧文化：当然，情感文化也可以用负面情绪来定义。在《让船掉头!》这本书里，退役海军上校 L·戴维·马凯描述了恐惧文化如何困扰着圣达菲号核潜艇。这艘核潜艇在他接手之前，在暴力的指挥控制下饱受折磨，船员士气低落，留职率在舰队中是最差的。

核潜艇必须在保持安全的同时完成他们的任务，所以任务的完成在很大程度上取决于船员的技能和判断。戴维·马凯认为，船员们对大喊大叫的持续恐惧：犯错、不知道一些事情、挑战权威等等，使得他们很难思考并迅速行动。这个观点是由伯克利名誉教授 Barry Staw 和他的同事们在研究“威胁僵化”症时发现的，由于压力过大对前额皮质的影响：它会损害执行功能，如判断，记忆和冲动控制。

戴维·马凯通过使用经典的“高介入”管理技术改变了这种情绪文化，比如授权给船员让他们做决定，而不是因为他们的每一个失误而惩罚他们。结果，他们变得更有信心、更有责任感，而不是简单地等待指挥官的许可或指示。这种转变得到了回报。马凯带领这艘船从表现不佳到屡获殊荣，他手下的 20 名高级军官中，有 10 人后来成为了潜艇舰长。

多种情感文化交融

很显然，恐惧文化对企业是有害的，但即使是积极的情绪，如果受到恐惧文化的影响，也会产生副作用。在一个充满欢乐的文化中，乐趣可能会妨碍工作；在友爱文化中，每个人都感觉像家人，员工可能很难就问题进行坦诚的对话。人们不想冲突，也不想成为爱的障碍。

有时，公司会避免这些问题，因为多种情绪会相互制衡。例如，在一项关于消防员组织文化的综合研究中有两种情绪非常强烈。参与者描述了一种快乐文化，主要通过精心设计的笑话和恶作剧来表达，这种文化又与友爱文化共存，这是研究人员在一个典型的男性化的职业中没有预料到的。消防员们在情感上相互支持，如，当某人接到一个电话后，情绪经历着苦痛挣扎时，或者正在经历痛苦的离婚时，他们都会给予鼓励的话语。他们还会做出一些非语言的表示爱意的动作，比如给因为个人问题而悲伤的某个人一个拥抱。

两种情绪文化都有强大的理由：快乐有助于团队更好地协调工作，因为所有的戏谑玩笑都磨练了他们对个人弱点的理解（人类学家会把这称为玩耍的进化优势）。在企业快速发展、工作压力加大或危险环境的情况下，监控和管理这些弱点尤为重要。友爱文化帮助消防员们从工作中普遍存在的创伤性事件中恢复过来。和其他情感文化一样，友爱文化也会导致不同的结果，这取决于它与什么文化配对。对于消防员来说，这对他们的快乐和戏谑玩笑起到了缓和作用，如果采取极端措施，可能会变得孤立和有害。

又如：美国一家医疗中心的研究发现情感文化在很大程度上被定义为焦虑和愤怒。医疗中心以惩罚为基础的“积分制”强化了这种焦虑：“如果你打电话请病假，就会得到一分，”一名员工写道。如果你上班迟到一分钟，你就得一分。员工常常会觉得自己是部门的累赘，像纱布一样可以随意丢弃。过度的焦虑导致了许多负面结果，包括糟糕的财务表现、倦怠和工作满意度低。友爱文化在本质上是焦虑文化的解药。它通过抵消对员工态度和行为的不良影响，减少了对公司利润的负面影响，特别是对毛利率的负面影响。尽管员工们表现出了很多焦虑，并且看到了周围的一切，但他们知道同事们在关心他们，这帮助他们解决了问题。

创造一种情感文化

要培养一种特定的情感文化，就需要让人们感受到组织或团队所重视的情感，或者至少让他们表现出重视的样子。

利用人们的感觉。有些员工会很自然地体验到想要的情绪文化。如，可能发生在同情或感激的孤立时刻。当这种感觉经常出现时，那就是你正在建立你想要的文化的标志。如果人们通过周期性地情感需要或帮助来维持这种文化，你可以试着在工作的时候做一些温和的推动。例如，你可以安排员工有时间进行冥想，或者在人们的工作设备上写上一段话，提醒他们简单地呼吸、放松或大笑，又或者创建一个荣誉板，人们可以对其他员工发表善意的评论。

但是对于那些对你所追求的文化有害的情绪，倾听是很重要的，这样他们就会觉得自己的想法被听到了。这并不是说你应该鼓励情绪发泄，或者不尝试解决根本问题的转换情绪。研究表明，长时间的情感发泄会导致糟糕的结果。所以，最好要帮助员工以一种更有建设性的方式思考问题。例如，孤独感会侵蚀员工的态度和表现，最好的解决办法是通过认知重新评估——让人们重新审视自己对他人行为的看法。为同事的行为，思考看似合理的良性的动机，将使他们不太可能专注于导致他们陷入一个无限循环的负面影响。

模仿你想要培养的情绪。一项关于情绪传染的长期研究表明，群体中的人们通过行为模仿和随后大脑功能的变化来“捕捉”他人的情绪。如果你经常带着充满活力的微笑走进房间，你就更有可能创造一种快乐的文化。你的员工也会报以微笑，并开始认真对待。但负面情绪也会像野火一样蔓延。如果你经常表达自己的沮丧，这种情绪就会感染你的团队成员，以及他们的团队成员，从而影响整个组织。在你意识到这个问题前，你就已经创造了一种受挫文化。

人们在群体中“捕捉”他人的感受。有意识地模仿你想要在公司培养的情绪。有些组织会更进一步，明确要求员工传播某些积极情绪。退休储蓄计划公司的情感文化是：用富有感染力的热情来激发快乐。拥有你的快乐并把它传染给别人。酒店的情感文化是：享受你的工作，分享这种富有感染力的精神。

假设这种文化直到人们感觉到它。如果员工没有体验到想要的情绪，他们仍然可以帮助组织保持这种情绪文化，这是因为人们在工作中既会自然而然地，也会有策略地表达情感。长期以来，社会心理学研究一直表明，个人倾向于遵循群体的情感表达规范，模仿他人，希望被喜欢和接受。因此，员工在一个很强的情感文化中，如果不这样做，他们就不会感受到和表达这种宝贵的情感，他们就会开始表现出来，即使他们最初的动机是顺从而不是内化这种文化。这对组织有利，而不仅仅是那些想要在其中茁壮成长的个人。在早期关于群体仪式的人类学研究中，人们发现策略性的情感表达可以通过压倒个人情感和同步人际行为来促进群体凝聚力。

培养一种渴望的情感的一个更好的方法是通过“深层行为”。“有了人们集中精力去感受某种特定情感的这种技术，然后他们就可以做了。”想象一下，会计师事务所的一名员工家里有急事，要求在税务审计旺季休息一周。尽管老板的第一反应是“不”，他可以进行深层的行动，把他当时内心的恐慌变成对他下属的真正关心，“你当然应该和你的家人在一起!”当员工真正感受到他内心的情绪时，会用同样的面部表情、肢体语言和声调，来转换情绪使自己进入真实的世界。老板也会为下属和团队其他成员树立一个理想的行为榜样。

幸运的是，创造一种情感文化的所有方式，无论是真正地感受情感，还是简单地以这种方式行动，都可以强化彼此，并强化文化的规范。人们不需要永远装腔作势。那些出于从众心理而开始表达情感的人，会通过情感感染开始真正地感受到它。他们也会因为遵守规则而得到正面的引导，这将使他们更有可能再次表现出这种情绪。

当然，如果人们真正相信其背后的价值观，这种文化将会更加强大，更有可能延续下去。如果一个人对公司的情感文化感到不舒服，为了成功不得不假装，那么他最好换一个不同的工作环境。公司通常有不止一种情感文化，所以另一个单位或部门可能是合适的。但如果企业文化是同质的，员工可能会想要完全离开公司。

执行在所有级别都很重要

就像组织文化的其他方面一样，情感文化应该在组织的各个层面得到支持。最高管理层的作用是推动它。领导者往往没有充分意识到他们在创造情感文化方面有多大的影响力。如：在一家金融500强的公司，高级员工经常使用短信代码来描述他在会议上的非语言的愤怒情感。“红”的意思是他的脸变红了；“静脉”的意思是他的静脉在向外突出；ACP的意思是“假定碰撞位置”，意思是他要开始扔东西了。这位领导者在创造一种情感文化方面非常有效，但这可能不是他想要的。所以不要低估了日常建模的重要性。大的、象征性的情感手势是强大的，但只有当它们符合日常行为的时候才能起到作用。高级管理人员也可以通过组织实践来塑造一种情感文化。以“富有同情心的解雇”为例，这在建立了一种强大的友爱文化的公司中很常见。如：为减少裁员对员工的影响，精明的管理者让员工有更长的时间向同事告别，并纪念他们在公司共度的时光。甚至高管和他的员工飞到公司在国外的办公地点，与所有即将被解雇的员工以及那些将留在公司的员工进行面对面的交谈。企业选择的情感文化，也让员工说出对企业的期望。

组织有情感脉搏，将情感文化与包括绩效管理系统在内的运营和流程联系起来也很重要。在 Vail Resorts 公司，欢乐文化已被纳入年度考核，考核表明每位员工如何将欢乐融入工作环境，并对每个人的支持行为（如包容、欢迎、平易近人和积极）进行评分。超出预期的人被描述为不仅参与乐趣，而且还提供“改善工作环境，融入乐趣的建议”。情感文化是由所有员工——从最高层到基层——日复一日的表现所塑造的。但是，高层领导需要确定哪些情绪将有助于组织的发展，这样做的公司将会获益良多。

（本文节选自《哈佛商业评论》，有删节，冯迎春编译）

日本企业的文件管理细节

曲　军

一、防止印泥弄脏合同

有些日本员工在合同或文件上盖章后，会在盖章处暂时贴一张报事贴或小纸条。这样做不仅可以让人立即分辨出合同的具体盖章处，还可以防止刚刚盖章处的印泥弄脏合同。

二、加盖骑缝印章

在日本，有些服务机构出具专业报告书时，会在原报告文件的末页或重要页面加盖骑缝印章。这不仅防止报告文件被伪造，还可以获得报告使用者的信任。

三、使用塑料文件夹

有些日本员工存放、传递文件时，习惯将文件装在透明的塑料文件夹内，这样既可以防止文件内容被涂抹受损，还便于文件的整理、存放。这种塑料文件夹，有三个特征：硬度适中。塑料文件夹若太软，无法保护文件；太硬，容易划伤人。文件夹侧面有一个半圆形小孔。通过半圆小孔拿取文件很方便，小孔的位置一般是在塑料文件夹的右侧上方，便于寻找和折合。文件夹下面有一个三角小孔。三角小孔可以把开合文件的空气压力分散，延长文件夹的使用寿命。有些日本企业规定，向外部单位邮寄重要的文件资料，要放入塑料文件夹内。

四、加盖封口印记

在向客户邮寄信件时，有些日本员工会按业务流程规定，在信封的封口处加盖封口印记。封口印记的样式多种多样，有的是汉字“缄”“封缄”，也有“企业名称”加上“封缄”两个汉字。

五、预填附件清单

在需要客户回寄文件资料时，有些日本企业内部规定，不仅要在寄出信封内附加一份文件资料清单，还要把需要客户回寄的文件资料名称，全部预填在回函信封上。寄信人将相关资料装入信封后，可以直接在信封上标注记号，表示已经确认过相关资料。这种办法不仅便于客户在邮寄回函时，检查文件资料是否齐全，也便于企业收到文件资料时，能立即确认其中是否有差错。

六、规定保密措施

一是保密等级：在发放文件前，文件发放人不仅要检查文件内是否夹有应当保密的信息，还要确认文件的保密等级。二是分类等级：文件的编写者必须提前申请文件的保密等级，文件的发放者必须严格按照文件的保密等级进行发放与回收。三是回收记录：所有应当回收的重要文件，传阅后必须立即做好发放、回收的记录。有些日本企业规定了严格的文件回收归档期限，例如，会后立即归档禁止拍照、复印的文件，发放当天必须归档的文件等。四是限制传阅：如果机密文件需在会议上传阅，必须请示业务主管签字批准，并记录传阅时间及人员。五是限制复印：如果复印机密的会议文件，必须请示业务主管签字批准，并记录复印的内容。六是记录打印：很多公司的打印机都有自动记录打印文件情况的功能。任何员工在任何时间打印文件都会被记录在打印机内。七是限制打印：有些公司规定，任何员工不得擅自打印具有严格保密级别的公司文件。若开会时需要阅读机密文件，只能在电脑上阅读。八是废弃管理：员工必须把不需要的会议文件，投入“机密文件箱”或立即用碎纸机处理。九是空壳电脑：员工外出时必须使用空壳电脑。这种电脑内没有任何文件信息，员工只能通过密码上网后，用专用的云端服务器处理文件。十是云端工作：员工外出时，只能通过云端服务器上网收发邮件，及阅读、处理文件，因此不用担心丢失任何工作信息。十一是清理桌面：有些企业明文规定，员工必须把处理中的文件放于自己视野内，离开办公桌就要把文件放进抽屉内或归档存放，“人在文件在，人离文件离”。十二是禁用客户U盘。一些企业明文规定，禁止本企业的员工使用外部单位或个人的U盘。这是为了防止电子文件被病毒感染，或U盘丢失被盗用导致文件内容泄漏。

七、机密文件处理

有些日本企业内部规定，必须把废弃的重要文件投入“机密文件箱”内或用碎纸机进行处理。但也有些企业不相信任何外部服务机构，明确规定所有需要报废的重要文件，必须由本企业员工亲自用碎纸机处理。日本有专门的保密文件回收服务公司，其工作人员会根据签订的回收报废文件日程表，定期在企业总务人员的监督下，从“机密文件箱”内回收文件。这些公司也会在销毁文件后，向企业提交机密文件处理证明书或销毁文件实施报告书。

八、标注盖章位置

很多日本企业在签约重要合同时，会聘请律师或行政书士事先参与审阅。这些顾问专家有很多是经验丰富的合同专家，除了审阅合同内容外，还会指导制定合同文件的注意事项。日本的银行、邮局及不动产中介公司等服务性行业的企业，在与顾客签约时，一般会在服务柜台或签约现场提前摆放好印泥纸巾，供顾客使用。

九、检查、核对印章

日本企业在签订合同书或重要文件时，会仔细检查对方的印章是否正确。例如，印章的公司名称是否正确、清晰；印章加盖的位置是否正确；印章是否与以前的一致；印章是否通过了相关银行的审查；印章是否与印鉴证明书上的一致，等等。

十、获取印鉴证明

与一些日本企业签订重要合同或签署重要文件时，除了盖章、签字外，还要提供由政府部门出具的盖章人的印鉴证明书。通过印鉴证明书上的印鉴影印样本，可以先检查合同或文件上的印章是否有异。

十一、互相粘贴税票

签订合同时，日本企业一般会互相给对方提前粘贴印花税票，并加盖骑缝章。这是一种常见的、表示互相信赖的签约习惯，这样做可以避免漏贴印花税票。当然，也有日本企业通过一些方法合理、合法避税。例如，只签订电子版合同，根据日本税法规定，电子合同属于印花税的免税对象；争取分解合同金额，根据日本税法规定，很多金额未满一万日元的经济类合同属于印花税的免税对象。

十二、禁止饮料上桌

日本企业规定签署、整理资料时，禁止桌子上放置任何饮料，避免出现文件被茶水弄湿、弄脏等小事故。由此可以看出，日本企业文化中的一些细节，往往是从日积月累的经验教训中总结出来的。

十三、文件删除协议

日本企业在委托中介服务咨询机构进行专业服务时，会在委托合同中特别要求增加一项关于文件删除的协议内容。即中介服务机构在完成专业服务后，必须立即删除电脑、云端设备及数据服务器上的该企业提供的所有文件资料。而且，还要向该企业提交一份已经完全删除了所有电子文档的书面证明。

十四、文件更新记录

日本企业内部规定，在文件最后一页，列表记录好文件的所有更新情况。这些记录包括但不限于以下内容：文件编号、更新日期、更新人员、更新页码、更新内容、更新次数等……

十五、文件编号规则

日本企业不仅规定所有文件必须连续编号，还制定了严格的文件

编号规则。这些编号规则多种多样，但有一个共同点：所有的文件编号至少涵盖文件管理单位、文件业务分类、文件编号。明确文件编号的含义，组织编码、业务类别、文件是第几更新版本等。

人们从以上“清规戒律”能够感受到“细节”的重要。

（本文摘自《企业管理》2019 年第 12 期，作者就职于某世界知名会计师事务所北京分所企业的审计专家）

在团队中创建学习文化的 4 种方法

Tomas Chamorro Premuzic and Josh Bersin

数字技术正在进入我们生活中的每一个行业和领域，工作也不例外。数字革命对职业生涯的主要影响之一，是对人类专业技能需求的转变。一项 LinkedIn 的人才调查显示：如今最抢手的技能中，有一半是在三年前没有出现在榜单上的技能。其结果是，现在人们对于新知识的好奇心和学习能力，以及快速成长以便于适应技能，得以长期保持被雇佣的能力有了重视。你所知道的与你可能学到的不太相关，知道问题的答案也不如一开始就有能力提出问题重要。譬如谷歌（google）、美国运通（American Express）和 Bridgewater Associates 等雇主将学习作为他们人才管理系统不可或缺的一部分。正如 Bersin（国外人力资源及企业培训专业研究机构）的一份报告所指出的：”企业影响力的最大驱动力是企业学习文化的力量。”

然而，真正的学习文化，被 CEB 定义为“一种支持开放心态的文化，一种对知识的独立追求，以及针对组织使命和目标的共享学习”。近期研究发现，只有 10% 的公司成功创建了这些组织，有 20% 的员工在工作中展示了有效的学习行为。Bersin 的研究对学习文化的问题进行了详细的研究，发现那些有效培养员工学习欲望的公司在较长一段时间内成为行业领导者的可能性至少要高出 30% 。因此，基于科学的建议，可以帮助你在你的团队或组织中创建一种学习文化：

一是持续学习的奖励。在人们工作的团队或公司文化中，个体不可能有意地引发变化，除非你真的建立了正式的奖励制度来吸引他们。即便如此，也不能保证你会实现变化，除非奖励是有效的。遗憾的是，即使管理者们明白了学习的重要性，至少在理论上是如此，他们往往更关心提高短期绩效，而这可能是学习的敌人。当员工被要求最大化结果、效率和生产力时，他们很难找到必要的时间和空间去学习。Bersin 的一份报告发现，在 700 多家公司中，员工平均每周只有 24 分钟的正式学习时间。要注意，奖励有学习兴趣不仅仅是表扬和激励那些努力学习和发展的人；这也是创造一种培养批判性思维的氛围，鼓励挑战权威和直言不讳，即使这意味着制造不和谐。如果你想让你的团队产生一些创新的东西，这一点尤为重要。

二是给予有意义和建设性的反馈。在一个许多公司都将其发展重点放在“强项”和“自我感觉良好”的管理方式的时代，“机遇”的流行委婉语取代了“缺陷”和“弱点”，使公司很容易忘记负面反馈的价值。然而，当你不知道自己的局限性，对自己的潜力完全满意，或者对自己毫无理由的满意时，你很难在任何事情上有所改进。虽然提高员工绩效的最佳方法之一是告诉他们自己做错了什么，但管理者通常会避免进行这种艰难的对话，因此他们最终会提供更多的正面反馈，而不是负面反馈。这在好奇心和学习上尤其成问题，因为激发好奇心的最好方法就是突出知识的差距。也就是说，让人们意识到他们不知道的东西，尤其是当他们感到不舒服的时候。人们通常不知道他们的无知和局限，尤其是当他们不是很能干的时候，所以来自他人的指导和反馈对于帮助他们改进是至关重要的。然而，负面反馈必须以一种建设性和微妙的方式提供，这是一门真正的艺术。因为人们通常对负面反馈的接受程度低于赞扬和欣赏，尤其是在个人主义（又称自恋）文化中。

三是以身作则。作为管理者或领导者，实际上要做的就是推动员工学习。正如领导力价值链模型所揭示的，领导者的行为，尤其是他们通常所做的事情，对他们团队的行为和绩效有很大的影响。领导级别越高，他们的行为对公司其他成员的影响就越大。因此，如果你想培养你的团队的好奇心或者在你的公司中打开学习的大门，你应该实践你所宣扬的。首先展示你的一些知识，释放你自己的好奇心。这是一种康德式的命令：不要让你的员工做你自己不做的事情。如果你想让人们读得更多，那就多读书，让别人意识到你良好的阅读习惯（和他们分享你最喜欢的书或最近学到的东西）。如果你想让他们承担新的、有挑战性的任务，那么你自己也要承担新的、有挑战性的任务。如：学习新技能，自愿做些无关你主要工作的任务，或管理承担任务的小团队，即使你不擅长，你显示的好奇心和纪律可产生好的结果，这也是激励别人的一个好途径。如果你想让他们对现状提出质疑，对现状持批判和有不墨守成规的态度，那就不要太喜欢秩序和规则！

*四是雇佣有好奇心的员工。*人们往往在遇到重大管理问题时，把重点放在培训和发展上，而忽视了适当选择的重要性。但事实是，预防和预测比修复和改变更容易。当选择起作用时，对培训和开发的需求就会更有针对性，而良好的选择使培训和开发更有效，因为增强潜力比违背某人的天性更容易。学习和好奇心也不例外：如果你雇佣那些天生好奇的人，并最大限度地匹配他们的兴趣和他们所处的角色，你就不用担心他们学习的意愿，也不用担心他们是否愿意为打开他们的好奇心而努力。幸运的是，一家分析研究机构提供了一个详细的特征目录，以及相应的衡量标准，增加了一个人的学习和智力发展的倾向，即使是在成年之后。有一门成熟的科学可以预测人们表现出这些特质的可能性（例如，性格评估可以衡量对新经历的开放程度、对歧义的容忍度、批判性思维和求知欲）。同样，数十年对职业兴趣的研究表明，将人们的动力和兴趣与组织的工作和文化特征结合起来，不仅会增加他们的学习动机，还会提高他们的表现。

总之，在公司必要的学习和发展项目的基础上，培养员工的好奇心和学习能力至关重要。加强积极的学习行为，给予建设性和批判性的反馈，使员工的努力与正确的学习目标一致，展示自己的好奇心，雇佣具有高学习能力和渴望的人，这些都可能在团队和公司创造更强大的学习文化，有利于团队更好地发展。

（本文摘自《哈佛商业评论》，冯迎春编译）

Pure Storage：让学习成为员工的一种精神追求

李　维

成立于2009年的Pure Storage（纯粹的存储）是一家全球化、专注“全闪存”的公司，其业务发展在持续技术创新的同时，注重拓展生态系统，实现与合作伙伴、与客户多赢。秉承以客户服务为先导的创业理念，2018年5月通过与云库新技术联手进入中国大陆市场，实现了中文服务。如今与英迈中国和卫实康科贸（上海）有限公司两家分销商，以及岱凯信息技术（上海）有限公司、上海华讯网络系统有限公司、上海网赢信息系统有限公司等经销商紧密合作，促使中国的全闪存存储市场出现了方兴未艾的局面。特别是在全球抗击疫情的环境下，远程办公应用场景需求突出，以Pure Storage作为基础架构的存储设备运行轻松实现了不中断的微云技术与数据压缩能力处理，为客户提供了更贴合实际使用场景服务，赢得业内数据“存得下、流得动、算得快、用得好”的美名。如果说创新是Pure Storage的DNA，事实上，在Pure Storage创新的深层理念是员工将学习视为一种精神追求，在为客户提供Pure Storage服务的同时，也锻炼了Pure Storage的研发和销售团队。

用学习文化激励人

在Pure Storage完善的企业文化体系中，学习和创新的理念贯穿于核心理念和经营理念的始终。员工入职后的固定教育内容就是要牢记“我们运用资料来改变世界，我们在踏足市场时就开始颠覆储存产业，我们还要乘胜追击向前行，Pure Storage是打造未来的基地，我们在此推动产业变革中成就自己”。在办公区，随处可以看到企业文化的宣传语：“重视我们独一无二的想法和自主性，我们会让勇于创新的你尽情发挥，加入我们助您成长，我们提供无数学习、发展以及延伸到不同角色的机会；在Pure加快您的职涯发展影响力，您可以尽情表达看法，您可以随时提出‘如果’的疑问，然后寻找解答，请到我们新欧盟研发创新中心，查看工作机会”；“为了成长与保持创新能力与热情，别只是袖手旁观世界变化，而要成为全球瞩目的焦点，我们需要的是具有鲜明个人特质和能力的员工；您可以在Pure打造您的未来，请通过学习了解我们的内涵、立场，以及致力推动的变革”。Pure Storage是一家多元、包容的企业，在日常管理中，Pure Storage将包容性措施融入所有人才培训过程，公司领导者与员工都能作为榜样与平权推手，并让员工相信“平权不是单独功能，而是通往成功的必要元素”。为确保公司的文化对新的声音与思想都秉持开放态度，公司鼓励员工做顶尖人才并随时想出的优秀点子，“有话就拿出来商量”，鼓励所有员工争取和获得专利，并通过设立法律团队保护专利发明者。只要团队推出的解决问题方案通过严格的法律与技术审查，就可以成功申请专利，公司上下都承认取得专利者就是发明家，类似于中国大陆的“英雄不问出处”，不论经验、资历或背景，所有在Pure Storage工作的员工都能拥有平等发展、贡献与创新的机会与激励，用学习和创意发声，成为推动公司和员工成长的力量。这种极具感染力的创造氛围，也是公司能够吸引更多专业人才的原因之一。

Pure Storage的愿景就是创造员工、环境与业务永续价值的全球电子企业。公司力图创立领先业界的标准与实践改善工作与环境条件，并公开承诺：不会因为种族、宗教、肤色、国籍、性别（包括怀孕、分娩或相关医疗健康状况）、刻板印象、年龄、受保护的退伍军人身份、身心障碍情形或由法律所保护的其他特征而歧视员工。公司成立PureGood基金会，专注于激励员工进行投资，并在社区分享技术，为员工生活和居住社区的弱势青年提供优良的学习机会，通过志愿者活动、支持创新最佳典范与资助，致力于全球多元化与平等，以能提供平等就业机会、支持平权法案等让雇主感到自豪；透过 Pure Storage 的多元维护女性、自豪（LGBTQ + 族群）、结盟（弱势族群）、兴盛（年轻族群）与荣民的权利，人们能感受到 Pure Storage 的社会责任。

用最新管理文化感召人

Pure Storage 把打造“会学习、会谋事、会干事、会成事”的员工队伍作为管理的重中之重加以落实。贯彻类似中国大陆“树梯子、压担子、给位子”精神，公开竞聘、大胆启用有潜力的青年工程师兼职人力资源管理。每年招聘新人总是让工作一年以上的优秀员工根据岗位需要出面试题、当面试官，体现以“热爱员工”为主旨的人本文化：公司构建起多层次沟通交流机制，让员工能说话、想说话、有话说；建立起包含工作系统设计、员工职业发展规划等职能在内的人力资源管理体系，不断完善多层级教育培训渠道，让员工想发展、能发展、发展好；搭建起包含科研小组、课题攻关、级别晋升的员工成长成才平台，在境内采用同行研讨、外州分公司交流、欧洲合作商交换等多元化方式不断丰富工程师阅历，让员工受尊重、受关注、受激励，进而比提升、拼干劲、齐发展。

重视强化和培训管理理论。不光是管理人员，普通工程师也要达乘顺风车，“近水楼台先得月”旁听公司组织的世界顶级管理专家的讲课。如：对管理专家埃德加·沙因和他的儿子组织专家彼得·沙因，共同阐释的“通过‘谦逊领导力’实现文化革新”、以及《谦逊顾问与谦逊咨询》（Humble Consulting and Humble Inquiry）中的主题，公司都要在工会活动中渗透相关内容“考试”，类似于中国大陆的寓教于乐；凡是沙因父子俩亲临演讲现场，都要求员工和他们对话。特别是小沙因出场，公司都要预先准备问题，有时甚至是比较刁难的话题，诸如：怎样才能让 Pure Storage 的文化赶上邻居苹果的文化，员工在世界管理大师一遍又一遍的阐释中明晰：真正的谦逊式的探询，是以一颗真诚的心为前提，只有怀着一颗真诚的心，抱着一种希望真正了解对方的请教态度，特别是深深懂得自己在对方熟悉的领域有所不及，才可能是谦逊的姿态，没有“诚意”，就不能获得他人的信任。期间，管理人员参与讨论，逐步在公司内部建立起合作和相互信任的文化。公司也很重视沙因父子的建议，常常在会上复述沙因父子的管理理念：“要影响他人的思维过程，就要掌控对话，知道自己的不足和无知，懂得需要别人的帮助才可以有所成就”。所以，在 Pure Storage 员工团队不仅致力于让员工参与永续发展计划，还要学会沟通、支持管理。

让学习成为一种生活习惯

Pure Storage 早在几年前就像员工推荐了彼得·德鲁克在《下一个社会的管理》，强调了该书中揭示的未来社会是一种“知识社会，知识的传播和管理成为一个组织能否成功的关键”。在社会主流文化的传播中，树立人类命运共同体意识是具有国际视野的人才更重视价值观底色，面对多元的文化差异，努力学习先进知识为人类做贡献是一个永恒的主题。特别是要克服本领恐慌，就是倡导“让学习成为一种生活习惯”，成为一种精神追求，不断将知识管理纳入到企业管理的模式中，是现代企业管理提升文化自觉的内在要求。有了好的学习思路，还要有好路径。

如：努力建设学习型的组织文化体系：彼得·圣吉在总结“学习型组织”时提到了学习型组织的文化特点，即：全体成员有共同的愿望和理想，组织中的成员善于不断地学习，组织结构扁平化，组织内部成员沟通顺畅，组织内部的成员能进行自主、自觉的管理，组织内部成员的家庭和事业之间达到平衡状态，管理者的角色转变为设计师、仆人和教师等，今天都没过时，在一定意义上需要企业潜心落实。

又如：突出构建学习亚文化。企业的正式、非正式组织开展的活动都要与学习结合、向学习靠拢，确立良好的学习愿景，让员工憧憬通过学习、个人和企业发展的美好蓝图，调动员工学习研究的主动性。企业文化载体建设、员工兴趣社团、活动小组的建立既要照顾组织成员的个性化发展，也要注入主流文化学习内涵，增加学习的丰富度，实现促进不同亚文化群体之间的交流、增强对学习文化价值认同的双重效果。

再如：引导融合不同思维，提升学习能力。学习型组织理论从微观视角，就单一组织的成长进行论述，其中包含的五因素多数员工早已耳熟能详（创建愿景、团队学习、改变思维、不断超越和系统考虑）；荷兰管理学家吉尔特·霍夫斯泰德的学习理论从宏观视野，从整体层面论述学习的差异性和统一，其中包含了五个文化维度（权力间距离、针对不确定性的规避、个人主义和集体主义、男性化和女性化、长期和短期的追求）。学习型组织的五个因素与文化纬度的五个维度相辅相成，需要现代企业善用、会用，并指导员工在全球文化互鉴包容中为我所用。

（作者系 Pure Storage 工程师）

文化与企业发展

Boris Groysberg, Jeremiah Lee, Jesse Price, J. Yo-Jud Cheng

我们的研究和实践表明，当评估企业文化如何影响企业效益时，企业运作的背景——地理环境、行业、战略、领导力和公司结构，与企业文化一样重要。过去有效的方法可能不再适用于未来，对一家公司起作用的可能对另一家公司就不起作用。

文化、战略和领导力相配合，强大的文化力将推动企业发展

以总部设在美国的一家零售企业为例。该公司将提供一流的客户服务视为企业宗旨。它用一条简单的规则是按客户的意愿行事，鼓励员工在提供服务时，运用自己的判断来完成工作。员工被提醒要从客户的角度来定义服务，不断地向客户提出问题，以理解他们的具体需求和偏好，以便为其提供的服务能超出他们的期望。

在衡量这家公司的文化时，我们发现，与许多其他大型零售企业一样，它的特点主要在于结果和关怀。然而，与许多其他零售企业不同的是，它的文化也非常灵活，以学习为导向，专注于目的。此外，公司的价值观和规则对每个员工来说都很清楚，并在公司中得到一致认同。在新的市场和地理区域，高层管理者努力在继承原有文化的前提下保持对客户的高度关注。尽管该公司一直专注于从内部培养管理人员，这些管理者是源文化的传播者，但随着公司的成长，从外部引进职业经理人成为必然。通过这一变革，公司通过仔细评估新领导者，设计强化核心价值观，规范入职流程，从而维护了自己的文化。文化是这家公司的一大优势，因为它与战略、领导力能紧密结合。提供卓越的客户服务需要一种强调成就、完美服务和通过自主性和创造性解决问题的文化和心态。不足为奇，这些品质为公司带来了各种积极的结果，包括强劲的产值增长和国际扩张，以及众多的客户服务奖。

选择或培养未来管理者需要前瞻性的战略和文化

一家农业公司的首席执行官正计划退休，这激发了有关恶意收购的谣言。这位首席执行官正在积极培养一位曾在该公司工作多年的内部人士作为继任者。内部继任者理解公司的文化，但比其他人更愿意远离冒险（安全）和尊重传统（秩序）。考虑到收购传闻，高管和经理们告诉首席执行官，他们认为公司未来需要采取更积极、更注重行动力的策略。董事会决定将内部候选人与外部候选人放在一起考虑。

企业并购后常常有三位外部候选人：一位与当前文化（目标）保持一致，一位是敢于冒险和创新（学习）的人，一位是刻苦勤奋和具有竞争力（权威）的人。经过深思熟虑，董事会选择了具有高度竞争力的领导者。不久之后，有投资者试图恶意收购公司股票，新的首席执行官采取措施最终渡过了岌岌可危的局面，保持了公司独立，同时开始重组，为公司的经济增长做准备。

企业在合并中，在互补优势的基础上设计一种新的文化可以加速整合，并随着时间的推移创造更多的价值

兼并和收购可以创造或破坏价值。大量研究结果表明，企业文化是合并和整合成功后，对产值影响最大但却常被忽视。如，两家合并的国际食品零售企业的高管在其企业文化中投入了大量资金，希望保留其独特的优势和独特的文化。对文化的评估揭示了两家企业的共同价值观和兼容领域，为整合文化提供了基

础。但管理者必须注意两家公司的差异：两家公司都强调结果、关怀、秩序和重视优质食品以及良好的服务、公平对待员工、保持绿色环境，但其中一个是自上而下的方式运作，并且在竞争力方面得分更高，特别是在领导者的行为方面。因为两家公司都重视团队合作和对当地社区的投资，所以领导者们把关心和目标放在首位。同时，他们的战略要求他们从自上而下的竞争力转变为一种鼓励创新的学习方式，从而鼓励新商店模式和网上零售的创新。正如一位高管在谈到战略目标时说的那样，“我们需要敢于用不同的方式做事，而不是按照旧规则行事。”

一旦他们就一种文化达成一致意见，就要确定一个严格的评估过程，两个企业的管理者的个人风格和价值观是否能够使他们成为整合后公司沟通的桥梁和支持者。然后启动一个项目，重点是明确优先级，建立真正的联系，并发展团队规则，将新的文化带入生活。最后，重新设计新公司的结构要素，并考虑到文化因素。建立包括招聘、人才评估、培训和发展、绩效管理、奖励制度和晋升在内的管理模式。在公司变革过程中，这种设计考虑常常被忽视，但如果系统和结构不符合文化和领导力的要求，那么进展可能会被破坏。

在一个充满活力、不确定的环境中，企业必须更加灵活，学习变得越来越重要

追求结果是我们研究过的所有公司中最常见的文化风格。然而，在帮助领导者设计目标文化的实践中，我们看到了一种明显的趋势，即随着企业对越来越难以预测和越来越复杂的环境做出反应时，都将学习放在了优先地位，以促进创新和灵活。尽管学习在我们更广泛的数据库中排名第四，但小公司（200名或更少的雇员）和新兴行业（如软件、技术和无线设备）的公司给予了它更高的价值。如，在一家硅谷技术公司，尽管该公司已开拓了自己的业务领域，并将大量资金投于技术开发和顶尖的技术人才，但随着新的、更灵活的竞争对手在民用领域中的创新和商业模式取得了进展，其收入增长开始下降。公司领导将文化视为业务的一个差异化因素，并决定对其进行诊断、强化和发展。从企业诊断看，该公司文化是一种注重结果，以团队为基础（关心），并且具有探索性（享受和学习相结合）的文化。在考察了公司整体业务战略并获得员工的意见后，他们就如何强调创新和探索展开了经理和员工之间的对话，虽然改变一种文化需要时间，但对话了解了员工对需求和想法，并付诸实际，公司在一年后取得了显著的进步。即使在竞争和整合日益激烈的情况下，该公司为即将到来的销售做好了准备，而且员工敬业度的分数也在上升。

当文化与企业战略不一致时，文化可能会是一个大的负面因素

如：一家总部位于欧洲的工业服务组织，其行业经历了客户期望、监管要求和竞争动态的快速和前所未有的变化。该公司的战略，过去一直强调成本领先，目前则要转向服务差异化，但其强大的文化为成功设置了障碍。文化诊断为高度注重结果、关心他人和追求秩序，自上而下强调权威。公司的领导们决定使它更有目标，更有能力，更开放，更有团队精神，这就需要在学习和目标的同时增加关爱，减少权威和结果。这种转变特别具有挑战性，因为目前的企业文化多年来为该企业提供了良好的服务。大多数经理人仍将其视为一种优势，并努力保护它，从而威胁到新的战略方向的成功。

任何组织的文化变革都是令人望而生畏的，但只要意识到就能争取好的结果。如：首席执行官推出新的策略，培养和指导团队计划以及增加培训机会，管理者对文化的发展感到更为舒适。当公司会仔细挑选新的经理人继任者，他们会提供支持价值观，如关怀，并加强对共同目标的重视。这一战略和文化转变的好处表现为一系列日益多样化的综合服务产品和强劲的增长，特别是在新兴市场。

发展文化的四个杠杆

与制定和执行商业计划不同，改变公司的文化与公司内部员工的情感、社会动态密不可分。

*一是表达愿望。*就像定义一个新策略一样，创建一个新的文化应该从分析当前的策略开始，使用可以

在整个公司中公开讨论的框架。领导者必须了解文化产生的结果，以及它是如何产生或哪些地方不符合当前和预期的市场和商业条件。例如，公司的主要文化风格是结果和权威，但它存在于一个快速变化的行业，转向学习或享受（同时保持对结果的关注）可能是适当的。一种理想的文化表明了指导企业行动的原则，就像在不断增加的竞争中寻求提高灵敏性和灵活性的技术公司一样。改变可能是建立在现实和当前的商业挑战、机遇以及抱负、趋势上。它指的是有形的问题，如市场压力或增长的挑战，由于文化的模糊性和隐藏性，可以帮助人们更好地理解。

二是选择并培养与目标文化相一致的领导者。领导者是推动变革的重要催化剂，在各个层面鼓励变革，创造一个安全的环境。“候选人应在其与目标一致的情况下对其进行评估”。一个可以评估组织文化的模型和具有管理者个人风格的模型至关重要。那些不支持期望变革的现任管理者可以通过培训和教育来重新获得文化和战略方向之间的重要联系。他们通常会在理解了它的相关性、预期的好处以及他们个人对推动组织实现抱负的影响后，支持变革。然而，文化的改变会导致人员流失：一些人继续前进，因为他们觉得自己不再适合这个组织，一些人被要求离开，因为他们破坏了文化的变革。

三是管理者利用企业对话来强调变革的重要性。为了改变组织内共同准则、信念和潜藏含义的理解，员工之间可以互相交流。我们的整体文化框架可用于讨论当前和期望的文化风格以及高层领导者如何运作的差异。随着员工开始意识到他们的领导者正在谈论新的业务成果，如创新，而非季度收益，他们将开始以不同的方式积极推动，以创造积极的反馈循环。各种方式的谈话，如路演、聆听之旅、结构化的小组讨论，都可以支持文化的变革。社交媒体平台鼓励高级经理和一线员工之间的对话。有影响力的变革拥护者可以通过他们的语言和行动来倡导文化的转变。通过建立一个结构化的对话框架和开展广泛的讨论，在文化和员工参与方面做出有意义的改变。

四是通过组织设计来强化期望的变更。当公司的结构、系统和流程协调一致并支持理想的文化和战略时，鼓动新的文化风格和行为将变得更加容易。例如，绩效管理可以被用来鼓励员工体现他们的文化特质。随着组织的发展和培养新人，培训实践可以强化目标文化。在组织结构中，集中化程度和等级层次的数量可以被调整，以强化目标文化的固有行为。当然，公司文化是变革的最大障碍，而高层管理者是发展文化的最大杠杆。而更广泛的文化是高度协作的，在决策上是扁平化的，领导者被认为是自上而下的，等级森严的，有时是政治上的，这使得承担冒险的风险降低。

咨询实践启示人们：使用简单而强大的模型和方法，通过文化变革提高组织绩效，是可能的。首先，领导者必须意识到企业内部的文化。其次，他们可以定义一个有抱负的目标文化。最后，他们可以掌握对目标、领导一致性、组织对话和组织设计的核心变革实践。以文化为主导是当今企业可持续竞争优势来源之一。成功的领导者将不再沮丧地看待文化，而是将其作为一种基本的管理工具。

（本文摘自《哈佛商业评论》，冯迎春编译）

危机中促进协作的七种策略

Heidi K. Gardner and Ivan Matviak

像新冠肺炎（Covid－19）大流行这样的危机，凸显了有效合作对于公司长期商业成功的重要性。尤其是在危机中，组织需要召集具有独特且具有跨职能视角的专家，以解决快速变化的、具有长期影响的复杂问题。经验的多样性使管理团队可以从不同的角度看待风险和机遇，从而产生新的解决方案并动态地适应不断变化的情况。

研究表明，忧虑、焦虑使人们在危机中更加厌恶风险。这样的结果使他们不太可能寻找出不同的角度观点产生的解决方案。他们倾向于依靠过去有效的行动和解决方案，即研究人员称之为“威胁僵化”（threat rigidity，就是当遇到威胁时，觉得自己做错事或是不再受重视，反而更加无法发挥创意来运用资源）。这种试图掌控事物的欲望也可能导致一种单打独斗的心态。在危机期间，随着资源（财务、工作机会，甚至物资供应）枯竭，人们常常将重点放在自我保护上，结果整个组织的协作可能会破裂。但是，我们对2008年金融危机的研究表明，合作能带来可持续的更好商业表现。

在研究收集数十家企业（包括专业服务公司、金融机构和医疗保健组织）有关协作和财务绩效的十年数据后，并围绕某些主题的访谈中，我们梳理出在危机期间如何处理工作的具有可操作性性措施。

如：一家事务所的项目和财务数据库中的记录显示，合作伙伴在危机发生之前、之中和之后的工作方式及其相对的表现结果。为了控制异常值，研究尽量排除历史上表现最高和最低的合作伙伴，以及那些在经济衰退期间可能蓬勃发展群体（例如破产和正在经历重组）的伙伴，根据他们与其他伙伴合作完成的工作与他们自己完成工作的比例，将其余400多名合作伙伴分成十分位数。然后，我们绘制了它们在此期间产生的各自收入。结果很明显。协作能力最高的员工（前10%）在危机期间发展了业务，并在此后保持了这种上升趋势。而协作能力中间的员工（前20%和前30%）在危机期间的表现略有下降，但他们的收入在一年内开始恢复；第三组（剩下的70%）的人畏缩不前，大大减少了与他人的合作。他们维护着自己的客户，勤恳工作。该企业产生的收入在危机期间收缩，在衰退结束后的五年内仍未复苏。我们在其他类型的组织中也看到了类似模式。

研究表明：在危机期间，随着不确定性和压力增加，高度协作的人们逐渐重视了业务的发展和执行工作的方法。他们扩展了部门职能和行业网络，增加了与之合作的同事数量。他们愿意参与其他人的项目。他们认同：随着危机的发展和压力增加，如何与可信赖的同事合作以发现并寻求新的机会，即使这意味着一个项目会获得更少的个人荣誉和收益。结果，他们最终为各种各样的客户或项目进行工作，基本上是把赌注分散在不同的机会上。并不是说他们只打全垒打；他们有更多的击球手，并且根据需要扮演不同的角色。那些自我关注、不合作的人采取了完全不同的方法。他们在自己的项目周围筑起围墙，赶走同事，密切关注自己的业务和客户。由于他们自私自利的行为，他们的协作网络减少了。他们没有“伙伴”来帮助他们进入现有的机会和发现新的机遇。如，在一个医疗保健机构，当补助资金开始枯竭时，因为他们没有参与到足够多的不同种类的研究项目保证资金流入他们的实验室，独行者们承受了很大的压力，显而易见的结论是：危机期间的协作程度对公司和员工个人的兴旺发展具有重大影响。为此，促进协作旧变得尤为重要。

第一，鼓励对基础性问题和建议的挑战。我们中曾经在麦肯锡工作过的Heidi，她把这种挑战称为“持不同意见的义务”：人们不仅接受而且期望挑战彼此的建议，并提出新的想法。这意味着没有人会觉得她冒着看起来很愚蠢的风险，并且要求为与她有不同职能背景的伙伴解释他们的想法或定义一个技术术语。让具有各种技能的人参与解决新奇复杂的问题，可以帮助团队集体发现潜在的风险或解决方案，而这些风险或解决方案是某些专家无法避免的，尤其是当他们被鼓励追根究底的时候。

第二，注意囤积行为。对可能显示组织内部行为模式的数据源要有想象力：几乎所有与我们合作的领导者都惊讶地发现，他们可以访问各种可以显示协作模式的数据（例如，用于跟踪拨款或产品开发的项目管理数据库，显示销售渠道的 CRM 系统）。如果没有此类数据，可以用意向调查来捕捉人们自我报告式的行为。一个精心设计的三个问题的调查可以在几分钟内完成，并揭示出个人主义行为开始悄悄出现的地方。例如，它可能会问被调查者在多大程度上对团队评估（团队有共同的目标感、团队内部信任度高、同事经常对他人的工作给予赞扬）做出同意或不同意范围（1 = 非常不同意；5 = 非常同意）。

第三，连接前线。直接与高层的人接触，这样你就可以得到关于人们行为和心理状态的未经过滤的信息（当员工在远程办公时，这一点尤为重要）。这种互动可以帮助领导者了解员工的应对方式，确定哪些领域更容易出现单独完成的行为，并在员工之间建立联系，以便他们能够更好地相互支持。美国利宝相互保险公司（Liberty Mutual）的高管阿琳·扎拉耶（Arlene Zalayet）每月通过视频与包括初级员工在内的团队进行 18 次连线沟通。在其中一个市政厅里，一位行政人员分享了新冠肺炎（Covid－19）如何影响她的非裔美国人社区，引发了一场关于公司多元化努力的价值以及如何支持不同类型的员工度过这场危机的重要讨论。

第四，经常强化企业的目的和目标。相信自己的工作能实现更高的目标，这会促使人们以团队的方式思考和行动，从而对合作更加开放。清楚地理解业务目标有助于人们了解他们自己的知识如何有助于（但不能完全满足）业务的复杂需求。领导者需要降低员工的不确定性，增强他们与同事接触的信心。所以，即使你的信息没有改变，你也需要重复一遍，因为世界已经改变了，员工需要知道现有的方向仍然有效。

第五，让团队成员反思他们喜欢的工作方式，也包括领导者。当人处于压力之下时，很有可能退居到舒适区。因此，思考使用什么样的行为沟通是至关重要。当压力越来越大时，你是更愿意拿起电话给同事得到他的抚慰并一起集思广益，还是独自一人躲起来？作为这个过程的一部分，重温你去年完成的行为评估，从别人的角度看问题。如，问问那些和自己躲避的人，他们在人们压力很大的时候做了什么？随着团队成员对自己的典型风格有了更多的了解，他们就可以开始考虑如何利用这些来更有效地作为一个团队来工作。

第六，发挥你的优势。与其试图改变你的习惯（在危机的压力下几乎不可能），不如专注于有意识地运用你的风格来促进合作。如果你天生就喜欢团队合作，那么就用你的热情来培养团队精神——比如，当团队已经达到一个小目标时，就大声的加油鼓劲。提高参与度和士气并不是“软性工作”；它会带来生产力和其他“硬”业务成果的量化收益。如：在高级经理吉利安（Gillian）会计师事务所了解到，她们强调团队成员的专业知识，广泛分享基于团队的成功案例，从而有意建立团队成员对彼此能力的信心和信任。当然，吉利安（Gillian）的团队精神的项目，还要有选择性，把重点放在最优先的项目上。

如果你倾向于独立工作，你可以利用这种倾向来提高团队合作的效率。如：通过对家软件公司的财务总监被称为“团队合作沙皇”Sameer 的研究，对方坦言：当其他人可能陷入寻求共识的困境时，更需要团队合作，当然，当小组讨论导致毫无成效时，更要强调团队专注于任务，也是一种有效对策，其中，需要领导者认识到，促进协作不只需要单一类型的人，而是需要利用员工行为风格的多样性，并指导每个团队成员在促进跨部门工作中发挥自己的作用。

第七，支持协作的领导者和团队。当许多领导者仅将赞誉聚焦于实现销售目标或加班的某个员工时，便破坏了他们对协作重要性的讨论。在承认个人努力的同时，也要感谢团队为提供支持所采取的具体行动以及所有成员共同实现目标的方式，帮助他们成为英雄。尤其是当员工在家工作时，领导者应该强调支持员工的角色，通过提及家庭成员在使员工有可能提高生产力方面的作用。

在某些时候，领导者应该检查并解决组织结构，例如薪酬和激励机制以及聘用方法，以了解他们是否促进或破坏了协作文化，但显然，这可能要等到危机过去。同时，尝试应用这七个策略，通过促进跨部门的协作，组织更有可能在艰难时期中生存并度过难关蓬勃发展。

（本文选自《哈佛商业评论》，冯迎春编译）

中俄企业文化差异分析

Minenko Maksim

在中俄合资企业中，由于两个国家之间存在明显的文化、语言和企业管理方法的差异，因此得到广泛的关注。对于俄罗斯而言，对中国企业文化的研究与研究整个世界的是相关的。中国的基本价值观在古代哲学和文化中，在老子、孔子、孙子的作品中得以体现。

中国企业文化特色

在中国的传统文化中，倡导家庭整体主义，以集体利益为最高目标。在一个相对封闭的系统，如家族企业，它可以被视为“小家庭”。在研究中国企业文化特点时，可以指出几个企业文化最基础的特点：

实业报国、服务社会的理念。新中国成立后这一理念更是让很多企业以及员工极其具有社会责任感，为祖国建设做贡献。

艰苦奋斗、勇争一流的精神。随着社会不断发展，企业与企业之间，国家与国家之间的竞争越来越激烈，中国的传统文化对企业的发展给予了极大推动力。

讲人和、重亲和、以人为本的管理方式。这种文化在今天的企业管理中，慢慢演变为对员工的人和、亲和，因为只有员工感受到企业这样一个社会组织的关爱与温暖。

中国企业员工的价值观。中国企业文化的特色很明显对于企业员工的价值观有影响。企业所有的员工像一家人一样都必须遵守公共规则。比如平衡工作和生活、自我发展、尊重别人、物质回报和保持和谐愉悦的工作方式。在中国受儒家文化影响，强调对整个社会大家庭的奉献，同时大家庭也会保护每个成员，因此在中国，企业这个大家庭更能凝聚中国员工的心，让员工为企业奉献。本文列举以下中国企业员工的特色：

权力距离的趋势。中国员工更容易接受权力分配不均，中国员工可以接受制度和公司的不平等。自古以来，中国一直受到儒家和道教的影响，强调权威和地位。儒家思想强调人治而不是法治。

不确定的事情。在中国，人们对不确定的东西没有太大的抵抗力，但他们安全地对待它们。例如中国人经常可以容忍模糊的语境，而“可能”和“关于”等词语经常被用于生活中。这些特征与强烈的不确定性规避文化相一致，体现在企业文化上也有不确定性。

监管令。中国人更加关注监管秩序对社会行为的监管作用，每个行为都必须按照既定程序进行。每个员工都需要非常仔细地了解工作流程和工作程序。如果在不可抗力的情况下有任何与订单不符的情况，则会使员工感到难过，以及员工无法完成任务的后果。

集体主义。中国企业员工的集体主义非常强烈。孔子的儒家文化是中国集体主义的主要来源。儒家文化道德的第一个标准是“仁”。“仁”指的是人与人之间的友谊和善良，它倡导集体内部的和谐。“仁慈与正义”鼓励人们为了集体目标而牺牲自己。

中国企业领导的风格。企业文化除了对于企业员工有影响，同时在领导者的管理风格上也会留下特殊痕迹。人们耳熟能详的“仁慈的领导”，即“像父亲一样照顾下属”等。中国社会的领导有着强烈的个人倾向，中国公司的领导人在会议上非常正式，但有时领导者会像父亲一样教人们如何表现。他指出，“父母领导”通常具有以下特点：在心态上，下属必须依靠领导者；个性化的忠诚度使下属愿意服从；领导者将审查下属的意见并修改他们自己的随意性；当每个人都认可权威时，不能忽视或忽视权威；层次清晰，社会权力距离大；当没有明确的权力或严格的制度时，领导者的意图没有明确表达；领导者是一个楷模和好老师。

俄罗斯企业文化特色

俄罗斯企业文化在东正教价值观的基础上萌生。从988年弗拉基米尔大公认定基督教始于国教开始。斯拉夫民族的基里尔文字和俄罗斯中央集权国家的形成都与东正教有关。东正教会不仅满足了俄罗斯人民的精神需求，也构造了俄罗斯民族发展的新起点，改善了俄罗斯民族的文化伦理和民族凝聚力。

俄罗斯企业员工的价值观。因为俄罗斯教育形成在东正教的基础上，所以东正教对于俄罗斯企业文化的影响力很大。

权力距离倾向。俄罗斯人的性格特点是非常率直。在俄罗斯低权力距离文化受到推崇。员工很容易参与决策制度过程，在个人或组织利益受到侵犯时，每个人都有权进行抗议。

不确定性的事物。俄罗斯人往往对于不确定性的事物持较为保守的态度，俄罗斯员工不喜欢过多接触陌生事物，在对待问题方面往往十分谨慎。因此俄罗斯员工的不确定性规避倾向要强于中国。人们对不确定性和未来风险的忍耐程度却相对低得多。

规章秩序。俄罗斯员工需要执行任务计划的明细，更喜欢以自己的方式执行。俄罗斯企业的员工需要很明确的明白他负责的范围、他需要做的任务和任务期限，但是俄罗斯企业的员工不需要执行任务的秩序。俄罗斯员工会自己做决定和承担自己做决定所带来的责任。

集体主义。东正教是俄罗斯集体主义倾向的主要思想来源。目前俄罗斯是个人主义文化程度较高的国家。组织重视并鼓励个人成就并将其作为评价员工的标准之一。员工与组织的联系和对组织负的责任相对较少，常常认为个人发展目标高于组织目标。

俄罗斯企业领导的风格。俄罗斯大型企业的管理者会将更多的时间和精力放在传统的事务管理上，如计划、决策、监督和沟通等，而在服务顾客、指令管理和绩效评估上所付出的努力比较少。俄罗斯企业的高层管理者通常具备以下几个特征：

层级分明，社会权力距离不大；没有清晰的权威或严格的制度时，领导者的意图会明确表达出来；领导者是楷模与良师；领导不会很细节地了解公司没争议的事情，他只了解公司大概的情况。

中俄企业文化差异

说起管理中国或俄罗斯企业员工，我们必须重视中国和俄罗斯的企业文化特色。关注中俄企业员工的文化差异、关注中国企业领导和俄罗斯企业的领导的不同：首先，中国企业员工比起俄罗斯企业员工有着更高的权力距离倾向。中国企业员工对于权力分配不平等接纳程度比俄罗斯企业员工更高，更能接受机构和组织中的不平等现象。中国自古受孔子儒家思想的熏陶，比较重视权威、地位等，因此，中国的权力距离较高。其次，俄罗斯企业员工的不确定性规避倾向显著强于中国企业员工。在中国，人们对于不确定性的事物并没有持过多的抵触情绪，反而是安然对待，如中国人常常能容忍模糊的语境，生活中经常使用“大概”“大约”的词汇。而俄罗斯人对于不确定性的事物往往持较为保守的态度，他们不喜欢过多接触陌生事物，在对待问题方面往往十分小心谨慎。因此，俄罗斯的不确定性规避倾向要强于中国。再次，中国企业员工与俄罗斯企业员工之间的集体主义维度存在显著差异。中国企业工人集体主义倾向强于俄罗斯企业员工。从中俄员工的集体主义平均得分来看，他们都是中等程度的，属于集体主义倾向，但中国集体主义的倾向强于俄罗斯。苏联解体后，受西方资本主义国家的影响，更加注重个人价值观，注重个人自由和权利。因此，中国和俄罗斯在集体主义概念上存在着差异。如果在两国公司之间建立合资企业，或者如果您想聘请子公司或地区分支机构的领导者，您必须首先关注两国领导风格的特点：您可以看到中国企业领导研究中俄企业领导风格的特点。父亲对下属的同样关心和理解“对下属的意见很敏感”。俄罗斯公司的领导者是公司的最高管理者。他与下属有很长的距离，只能正式沟通。中国企业的领导者知道公司的每一件事。但俄罗斯业务经理只是指出了员工的发展方向，然后检查实施情况。总的来说，无论是俄罗斯企业来到中国开发市场，或者中国企业去到俄罗斯开发俄罗斯市场，都需要重视两国文化特色。只有尊重入乡随俗的原则，才能建立未来的企业。

（本文摘自现代营销（下旬刊）2019.3，作者系黑龙江大学硕士研究生）

如何改变人们的思想

Laura Huang and Ryan Yu

如果你是一个领导者，很可能不是所有与你共事的人都会同意你所做的决定。领导力是包括在与同事、合作伙伴和客户建立复杂关系的时候，做出不受欢迎的决策，但通常你需要得到这些成员的认同，因此需要你说服他们改变主意。

在说服那些你忠诚的支持者时，几乎没有什么困难，但你试图改变持不同政见者或诋毁者的想法则是另一回事。如何说服那些因为某种原因与自己意见不一致的人或一个直截了当第说“不”的人？

通过研究劳拉的《边缘：将逆境转化为优势》，我们观察并采访了60多位领导者，他们试图说服商业伙伴和其他三方成员改变他们最初不同意的行动方案。在克服别人的怀疑方面，最成功的领导者是那些在试图说服之前就诊断出根本分歧根源的人。他们首先扪心自问：“是什么驱使我的批评者抵制？“这些领导者经常指出，他们争论的哪些方面引起了最强烈的抵触和最情绪化的反应。然后，根据答案，他们采用以下三种有针对性的策略之一来应对这种情况。

认知对话

选择合适的时机：批评者可能因为客观原因而反对你的论点。如果他们清楚地表达了一系列合乎逻辑的反对意见，而且似乎没有隐藏不可告人的动机，那么就用认知对话来解决。当批评者态度严肃，而且很容易在决策过程中抛开情绪时，选择时机尤其有用。

工作原理：成功的认知对话需要两件事：合理的论据和良好的陈述。如：当你正在计划更换供应商时，发现一家供应商的材料和产品都优于目前的供应商，其产品已经造成了许多下游问题，但是你的同事还是坚持与你现有的供应商保持长期合作关系。他指出新供应商的价格较高，以此表示对你建议的抵制。你要准备好合理的论据来反驳批评者的反对意见。在这种情况下，如果考虑到当前供应商造成的所有额外生产成本，你可能会指出，从长远来看，新供应商的成本实际上更低。你还需要使用一个逻辑框架和清晰的故事情节来迫使批评者重新评估他们的想法。例如，你可以强调决策基于成本、质量和服务，但最重要的是成本和质量。

注意不要在讨论中引入情绪，这可能会给人一种你和反对你的人没有共同点的印象。如，你不想让人觉得你的同事与前供应商的关系无关紧要。这样做的目的是让对方明白，在客观和事实的基础上，他们对当前形势的最初立场并不像你的论点那么合理。值得注意的是，这些反对者不会轻易被泛泛的概括所左右。准备好在精神上与他们争论，准备好支持你整体论点各个方面的事实。

关键点：不要以为从这种类型的反对者那里得到一个“是”就意味着他会转变为永远的支持者。在具体问题上，你也许已经说服了他们，他们将来可能会再次不同意你的意见，那就期待寻找时机与那个单独的论点进行另一次认知对话。

支持者转换

选择合适的时机：当批评者不容易通过认知论据说服，或者当他们在你与他们的关系中怀有不满时，进行辩论可能是徒劳的。如，在一项管理决策中，你想提拔一个在你的监督下表现出色的合格人员，但你的同事却认为你的下属往往比她的下属获得了更多的提升机会，即使你的升职候选人在客观上更有资格，其他人仍然会感到不满并拒绝提供支持。

工作原理：请不要试图说服对方。相反，要花时间亲自了解他们并与他们建立融洽的关系。如，你可能会关心公司的团队问题，以及团队成员最有潜力。逐渐地，把反对者转变成你的拥护者或支持者，也许是通过你在员工个人身上所看重的品质，无论是在你的团队中还是在你的对手的团队中，都要表明你如何重视团队领导人的领导风格。试着确保哪些品质对晋升决定很重要以及你已经清楚地阐明了你的候选人是如何体现这些品质的。

关键点：无论对方成为多么强劲的支持者，都不要指望他们会同意一个根本不合逻辑的决定。你不能仅仅依靠关系；你的立场还需要有清晰的逻辑作为后盾。此外，这些类型的反对者很容易察觉到，你试图操纵局势，让他们站在你这边。真实性很关键：让对方看到你是谁，这样他们就能更全面地理解你的观点。

可信的伙伴

选择合适的时机：有时批评者根深蒂固的个人信念使他们从根本上反对你的提议。例如，一位同事可能不同意你对新产品进行必要的临床试验。因为他们认为这项临床试验在某种程度上可能是有害的，或者与他们的价值观背道而驰，所以他们反对这个想法，尽管有证据表明利大于弊。有时很难确定这些个人信仰的来源，但个人的成长背景、个人历史和未说出口的偏见有时会使他们似乎不可能接受一个决定，无论你向他们抛出什么逻辑或情感上的论据。在这种情况下，你无话可说，无能为力。

工作原理：与其试图和一个有抵触情绪的人争论，不如找一个可信的同事。来自组织的那些拥护者们，无论他们是同级别的伙伴还是上级领导，可能更适合说服这个反对者。这迫使反对者从你的论点中分清你是谁，并根据其客观价值来评估这个想法。如果你和反对者陷入僵局，可信的同事可能会给你带来好处。

关键点：召集外部支持者是一把双刃剑。虽然可以达到你想要的结果，但也可能会加剧批评者的反对情绪，尤其是当批评者认为可信的同事迫使他们站在你这一边时。找到合适的同事很关键，他能巧妙地为你的观点辩护，同时又能与批评者保持友好的关系。

要有批评者并不容易，要改变他们的想法就更难。关键是要了解他们反对的根源，并采用有针对性的策略，引起批评者的共鸣，你得到“是”的机会会大得多。

（本文选自《哈佛商业评论》，冯迎春编译）

二零一八年中国企业文化建设大事记

1月22日，中共中央总书记、国家主席、中央军委主席习近平致信全国个体劳动者第五次代表大会指出：广大个体私营企业经营者要认真学习贯彻党的十九大精神，弘扬企业家精神，发挥企业家作用，坚守实体经济，落实高质量发展，在全面建成小康社会、全面建设社会主义现代化国家新征程中作出新的更大贡献。

4月4日，为全面贯彻落实党的十九大精神和习近平新时代中国特色社会主义思想，由国务院国资委宣传工作局指导，国务院国资委新闻中心、中国经济网主办的“中国企业与中国企业家”论坛在经济日报社举行，与会嘉宾围绕“新时代企业家精神”这一主题展开讨论与分享。国务院国资委副秘书长彭华岗，经济日报社副总编辑丁士为论坛致辞，中国建材集团有限公司董事长、党委书记宋志平，上海振华重工（集团）股份有限公司董事长朱连宇，国能中电能源集团有限责任公司董事长、总裁白云峰在论坛上发表主旨演讲，中国企业联合会副会长、国务院国资委研究中心主任李明星，中商惠民（北京）电子商务有限公司董事长张一春，兴宏金融集团董事长戚进东等嘉宾就论坛主题进行了圆桌对话。

4月14日，湖南大学杜钢建教授新著《文明源头与大同世界》研讨会在长沙举行，该书揭示华夏文明是世界文明的源头：华夏上古白人逐渐移民西方，形成后来的古希腊文明和古罗马文明；西王母文化、共工文化以及禹王开启夏朝以后的夏商周三代文化都对西方文明的形成产生了作用；上古湖南地区特别是大湘西地区是中华文明乃至世界文明的发源地之一。

5月2日，纪实文学《梁家河》首发仪式在西安举行。《梁家河》一书由陕西人民出版社出版发行。该书讲述了习近平总书记在梁家河村插队时的工作生活，再现了总书记由一名知青成长为大队党支部书记的历程，真实记录了几十年来梁家河村发生的巨大变化。

5月10日，2018创新中国品牌高峰论坛在北京钓鱼台国宾馆举行。本次论坛由中国互联网新闻中心（双创发展办公室）主办，本次论坛得到了遂宁市人民政府、日照市经济开发区、任县人民政府、光山县人民政府、河北大学、湖南师范大学、北京开放大学、闽南理工学院、大连科技学院、国窖1573、南泥湾、伊人时光、磊鑫建筑、浙江新玺俪食品股份有限公司等的大力支持。

5月11日，中共中央总书记、国家主席、中央军委主席习近平主持召开中央全面深化改革委员会第二次会议，审议通过了《中央企业领导人员管理规定》。

5月25日下午，由国务院国资委综合局、中国社科院企业社会责任研究中心共同指导，中国社会责任百人论坛主办、责任云社会责任机构承办的“中央企业‘一带一路’社会责任论坛暨国资委社会责任课题启动会”在京举办，来自政府部门、行业专家、中央企业、主流媒体等共计120余人出席本次会议。本次会议上发布了《中央企业海外社会责任研究报告》。

按照中共中央办公厅、国务院办公厅印发的《关于实施中华优秀传统文化传承发展工程的意见》和《国家“十三五”时期文化发展改革规划纲要》有关要求，为做好中央企业工业文化遗产保护与利用工作，经系统调研、企业申报和严格评审，国资委于2018年6月28日和11月2日分别举行了中央企业工业文化遗产（核工业）名录发布会和中央企业工业文化遗产（钢铁行业）名录发布会。

6月14日，由广东省企业联合会、广东省企业家协会主办的广东省弘扬优秀企业家精神暨诚信建设大会在广州举行。全国人大原常委、省人民政府原省长黄华华、中国企业联合会常务副会长兼理事长朱宏任、省企联原常务副会长梁灿盛，省企联执行会长孟云娟，省国税局、省总工会、省人力资源和社会保障厅、省商务厅、省工商局、省社科院等有关部门领导等出席大会。广东省弘扬优秀企业家精神系列活动在大会上正式启动，多家企业共同签署了诚信公约，全省各行各业的企业家代表、专家学者900多人参加大会。

6月24日，中国企业文化研究会在北京国谊宾馆召开了第六次会员代表大会，大会通过了中国企业文化研究会《工作报告》、《财务工作报告》、《选举办法》。采取无记名投票方式选举产生了中国企业文化研究会新一届负责人，理事长：孟凡驰，副理事长：李世华、吴建明、王鲁阳，秘书长：王建，名誉理事长：胡平。

7月19日至20日，由中国企业文化研究会主办、贵阳银行股份有限公司协办的第五届中国企业传媒与品牌传播年会在贵阳市成功举办。来自全国各行业企业的460多位代表参加会议。

7月27日，由中国企业文化研究会医药卫生委员会主办，武安市第一人民医院承办的第十三届全国卫生系统走向人文管理高层论坛在武安举行。来自全国16个省（市）的医疗卫生单位从事党建、医院文化、人文医院建设的管理人员和医务人员共计500余人参加了会议。

8月5日，由中国企业联合会、中国企业家协会主办的2018全国企业文化（国家能源集团大渡河公司）现场会在成都召开。会上，国家能源集团大渡河流域水电开发有限公司（简称“大渡河公司”）被授予“全国企业文化建设最佳实践企业”称号。

9月11日，人力资源和社会保障部、全国总工会、全国工商联联合在浙江杭州传化集团召开“深化民营企业民主管理　增强创新发展内生动力”现场会，总结交流民营企业民主管理工作经验做法，引导民营企业践行以人民为中心的发展思想和全心全意依靠工人阶级的根本方针，深化民营企业民主管理，增强创新发展内生动力，促进企业与职工共同发展，努力构建新时代中国特色和谐劳动关系。

9月26日，2018中国（曲阜）国际孔子文化节暨第五届尼山世界文明论坛在山东曲阜开幕。全国人大常委会副委员长张春贤致辞并宣布开幕。

9月28日，山东省企业文化学会第五届会员代表大会暨企业文化建设经验交流会在潍坊滨海开幕。工业和信息化部原部长、党组书记、第十二届全国政协常委、全国政协经济委员会副主任、中国工业经济联合会李毅中，山东省人民政府原副省长、省企业文化学会会长张瑞凤，山东省政协原副主席许立全等出席会议。

9月28日，国务院国资委党委书记郝鹏在《光明日报》发表了署名文章《新时代国有企业党的建设的根本指南》一文。文章从理论维度、历史维度、实践维度对习近平总书记重要讲话思想精髓进行了深刻阐述，不仅对如何进一步旗帜鲜明地坚持和加强党对国有企业全面领导、发展壮大国有企业给出了答案，更进一步对如何全面加强和改进国有企业党的建设提供了思想借鉴。

10月3日，《人民日报》刊登《激发和保护中央企业领导人员企业家精神》。

10月29日，习近平总书记同中华全国总工会第十七届领导班子成员集体谈话时提出：“要坚持以社会主义核心价值观引领职工，深化‘中国梦·劳动美’主题教育，打造健康文明、昂扬向上、全员参与的职工文化。”

11月1日，习近平总书记在民营企业座谈会上的讲话中指出，希望广大民营经济人士加强自我学习、自我教育、自我提升。民营企业家要珍视自身的社会形象，热爱祖国、热爱人民、热爱中国共产党，践行社会主义核心价值观，弘扬企业家精神，做爱国敬业、守法经营、创业创新、回报社会的典范。民营企业家要讲正气、走正道，做到聚精会神办企业、遵纪守法搞经营，在合法合规中提高企业竞争能力。守法经营，这是任何企业都必须遵守的原则，也是长远发展之道。要练好企业内功，特别是要提高经营能力、管理水平，完善法人治理结构，鼓励有条件的民营企业建立现代企业制度。新一代民营企业家要继承和发扬老一辈人艰苦奋斗、敢闯敢干、聚焦实业、做精主业的精神，努力把企业做强做优。民营企业还要拓展国际视野，增强创新能力和核心竞争力，形成更多具有全球竞争力的世界一流企业。

11月2日，国务院国资委在鞍钢集团博物馆举行中央企业工业文化遗产（钢铁行业）名录发布仪式，正式发布了中央企业工业文化遗产（钢铁行业）名录，20个工业文化遗产项目入选。来自国务院国资委、工信部、国家文物局、中国钢铁工业协会等相关部门同志，鞍钢集团、中国宝武等21家中央企业代表出席发布会。发布仪式由鞍钢集团有限公司承办。

11月17日，由中国企业文化研究会主办的“回顾与展望　开启企业文化新时代——中外企业文化峰会”在改革开放的最前沿城市深圳市开幕。来自石油、化工、金融、钢铁、煤碳、建筑、军工、铁路、汽车、新能源、医药、电力、港口、航空、航天等行业的600多名企业代表出席会议。

中国企业文化研究会理事长孟凡驰代表主办方致辞，中国企业文化研究会企业专家委员——中石油集团原副总经济师关晓红致辞，工业和信息化部产业政策司副司长钱航就产业经济发展与文化融合问题进行了阐述。中国著名经济学家、国家发改委原副秘书长范恒山做了“全面深化改革背景下物质与精神关系的把握及企业文化建设”的学术报告。国务院国资委新闻中心毛一翔主任应邀，分享了改革开放以来国有企业的文化创新、发展趋势的独到见解。商务部中国服务外包研究中心副主任（副司级）邢厚媛对国际商务中的跨文化管理做一个全面系统、视野广阔的介绍。中国企业文化研究会副理事长李世华做了中国企业文化研究会成立30周年工作报告。原福建省省长、商业部部长、国务院特区办主任、中国企业文化研究会名誉理事长胡平做了题为《继承 融合 创新 超越》的书面主旨报告。中国企业文化研究会理事长孟凡驰同志做了题为“回眸改革开放40年，开启企业文化新时代”的总结报告。

在会议各论区发言的企业有：中国中铁四局集团有限公司、腾讯公司、中建钢构有限公司、国家电力投资集团有限公司、东风汽车集团有限公司、中国航天科技集团有限公司第六研究院、太原钢铁（集团）有限公司、中国铁路北京局集团有限公司、河钢集团有限公司、欧盟驻华代表团公使衔参赞马君泽（Günther Wolfgang Marten）、德国CPC公司董事乔治·霍谢特（Georg Heuchert）。

12月25日，国务院办公厅发布《关于印发文化体制改革中经营性文化事业单位转制为企业和进一步支持文化企业发展两个规定的通知》（国办发〔2018〕124号）。中央宣传部会同中央网信办、发展改革委、科技部、财政部、人力资源社会保障部、自然资源部、商务部、文化和旅游部、人民银行、税务总局、市场监管总局、广电总局等有关部门和单位拟定的《文化体制改革中经营性文化事业单位转制为企业的规定》和《进一步支持文化企业发展的规定》经国务院同意予以印发。

12月26日，由人民日报社主办的2018中国品牌论坛在北京举行，本届论坛主题为“改革新动力，品牌新未来”。人民日报社总编辑庹震主持开幕式。全国政协副主席辜胜阻、人民日报社社长李宝善、国务院国资委副主任、党委委员徐福顺、国家市场监督管理总局党组成员陈钢出席开幕式并致辞。中车、伊利、格兰仕、蚂蚁金服、五粮液、京东等近百家知名企业负责人，以及中国国际经济交流中心、中国品牌建设促进会等单位的专家学者共300多人齐聚一堂，围绕改革开放40年品牌发展历程，共商品牌建设良策，共绘品牌发展远景，为“品牌大国”向“品牌强国”跨越聚合力、增动力、添活力。本届论坛还启动编制中国品牌发展指数，公布了“新时代品牌强国计划”新入选企业，同时发布了新书《中国品牌强中国》。

12月25日，第六届中国企业新媒体年会在京举行，主题聚焦“创想创见新视界——突破与转型”。32家中央部委和政府机构代表、49家媒体和互联网平台、105家企业代表、高校学者共聚一堂，展开高端对话，探讨可视化时代中国企业新媒体如何突破运营瓶颈，实现创新发展。

本届年会由国务院国资委新闻中心与中央企业媒体联盟主办，中国南方电网有限责任公司与《国资报告》杂志社承办，国网电商协办。年会采用“一会一展”创新办会形式，以“洞见·新趋势”、“对话·新突破”、“合作·新模式”、“聚焦·新成果”、“前沿·新形态”等环节贯穿全程，为300余位嘉宾带来了一场思想的饕餮盛宴。

12月27日，中国社科院、国务院国资委在京发布第二本《中央企业社会责任蓝皮书》（以下简称《蓝皮书》）。在改革开放四十周年之际，双方连续第二年发布《蓝皮书》，旨在全面研究梳理中央企业社会责任工作进展和现状，推动中央企业更加系统科学、持续高效地履行社会责任。

二零一九年中国企业文化建设大事记

1月10日，《国资报告》杂志以“致敬40年　弘扬企业家精神”为主题举办年会，向袁庚等为国企改革作出积极贡献的企业家致敬，原国有重点大型企业监事会主席赵华林为傅成玉、王会生、刘明忠、宋志平、任克雷等企业家代表颁奖。本届年会由国务院国资委新闻中心与《国资报告》杂志社主办。来自90余家企业和政府机构的代表、高校学者共聚一堂。会议分为“向国有企业家致敬”“主旨演讲”“圆桌对话”等环节，纵论观点，思想交锋，为现场150余位嘉宾带来了一场思想盛宴。

4月20日，山西省企业文化研究会第三届会员大会在山西焦煤集团双创基地召开，来自各会员单位的代表共90余人参加了大会。康椙生当选为山西省企业文化研究会第三届理事会理事长，王廉敏、王发生、赵历书、石金娥、柳静安、屈启晓、任志依、郭兴银当选为副理事长。王原生当选为秘书长。

5月9日上午，原中顾委委员、原国家经济委员会主任、中国人民大学原校长、中国企业文化研究会顾问委员会委员袁宝华在北京逝世，享年103岁。十卷本《袁宝华文集》由中国人民大学出版社出版。《袁宝华文集》首次全面总结袁宝华在中国经济建设和改革发展中的实践经验和理论成果，对全面深化经济体制改革具有重要借鉴意义。袁宝华认为管理科学不能停留在西方现代管理理论的圈子内，学习外国的先进经验要采取“以我为主，博采众长，融合提炼，自成一家”的方针。他是我国管理科学的创始人和奠基人之一。他指出“人的研究是一切管理的核心问题”，“企业家的首要任务是学习”，并提出企业家要坚持进行“十大修养”，不断提高自身素质，做清正廉明的企业经营者，要永葆创业青春。

5月9日，2019年工业品牌培育工作交流会在上海召开。本次会议由中国航空综合技术研究所主办，旨在交流分享工业品牌培育经验，研讨推进工业品牌建设新思路新举措。来自全国性行业协会、地方工业和信息化主管部门、产业集群和质量品牌专业机构的100余位代表参加了本次会议。

国务院国资委5月10日发布“我和我的祖国”首届中央企业故事大赛优秀故事，并启动庆祝新中国成立70周年中央企业故事大赛。

5月15日－16日，由中国企业文化研究会主办、中国建筑第八工程局有限公司协办的“构建全媒体传播体系，提升企业品牌传播力——第六届中国企业传媒与品牌传播年会”在济南市隆重开幕。国务院国资委新闻中心领导、北京师范大学新闻传播学院教授、人民日报中央厨房、国资小新、新浪微博、今日头条、清博大数据、梨视频等新媒体运营专家和全国各行业企业代表400多人参加了会议。

5月15日－22日亚洲文明对话大会在京举行，分为开幕式、6个平行分论坛、亚洲文化嘉年华等板块，并联动多地举行亚洲文明周等活动，短短一周时间，110多项精彩活动聚焦亚洲文明交流互鉴与命运共同体的主题，为亚洲不同文明交流互鉴提供了崭新的舞台。当今世界不同文明之间，是冲突还是对话、封闭还是交流，已经成为关乎人类前途命运的重大课题。这场跨越千年的文明邀约，正是回应时代之问、探索文明对话新机制的中国答案。

6月14日，由国家发展改革委指导，中国企业联合会、杭州市人民政府主办的“弘扬优秀企业家精神论坛”在浙江省杭州市成功举办。论坛是2019年全国大众创业万众创新活动周的重要活动之一，以“弘扬优秀企业家精神，推动企业高质量发展”为主题。国家发展改革委相关负责人、各地发展改革委代表、企业联合会、知名企业家代表以及专家学者共计约450人参加了本次论坛。论坛由中国企业联合会驻会副会长黄海嵩主持。

6月25日至28日，按照中央组织部计划安排，中国大连高级经理学院成功举办“弘扬企业家精神，培育世界一流企业”专题研讨班。来自中管企业、中管金融企业和国务院国资委管理企业的29位总经理（行长、总裁）参加了本期研讨班。研讨班学习期间，中组部、国资委领导分别来院与学员座谈和授课。

7 月 26 日，中国电力企业联合会正式发布了《全国电力行业核心价值公约（2019 年修订版）》。《全国电力行业核心价值公约（2019 年修订版）》系全国第一个行业性的核心价值体系，于 2011 年首次发布。8 年来，全国电力行业深入践行公约，凝练了电力行业科学发展的灵魂，锻造出电力行业的价值轴心。行业上下形成了认同公约、弘扬公约精神的良好氛围，有力地推动了电力工业科学发展。

7 月 28 日，由中国商界杂志社、中国商报社、《经济》杂志社、中国流通行业管理政研会信用管理专委会、中国管理科学研究院商业模式研究所、《匠心》栏目组等媒体机构联合主办的“第十五届信用中国年度盛典暨 2019 中国企业诚信与竞争力论坛”活动在北京圆满召开。

8 月 5 日—6 日，中国企业联合会、中国企业家协会主办的全国企业文化年会（2019）在北京召开。会议以“把握新时代文化脉搏，促进企业高质量发展”为主题，深入探讨新形势下企业牢固树立文化自信，总结我国企业文化建设的成功经验，研究企业文化建设的新问题，以推动企业实现更高质量、更高水平的发展。

8 月 8 日—9 日，由中国企业文化研究会主办的“班组建设与班组文化管理——2019 全国班组管理论坛”在西安召开。来自全国的劳动模范、大国工匠、企业班组长等 350 余名代表参加了会议。全国总工会兼职副主席高凤林在讲话中指出，习近平总书记要求：“工会要协同各个方面为劳动模范、大国工匠发挥作用搭建平台、提供舞台，培养造就更多劳动模范、大国工匠。”

8 月 22 日 –23 日，第四届中国民营企业文化论坛在成都召开，本届论坛以“从心出发　构建幸福企业”为主题，由中国企业文化研究会主办，成都企业文化协会承办。与会领导、专家学者、企业家和企业管理人员以及相关媒体，共计 400 余人参加会议。

8 月 21 日 –22 日，2019 年度工程建设行业企业文化交流大会在天津召开。会议围绕工程建设行业企业文化建设和品牌发展等内容进行跨界交流、同行互鉴、成果展示和现场观摩。各关联协会领导、工程建设企业领导、文化部门负责同志 400 余人参加会议。

9 月 20 日，国资委党委在京发布 2019 年第一批“央企楷模”，授予国家电网许启金、建设科技集团陈同滨、中国石油陈建军（追授）3 人“央企楷模”荣誉称号。国资委副主任、党委委员翁杰明出席发布仪式并亲切会见“央企楷模”及其家属，代表国资委党委向他们表示衷心祝贺。

10 月 10 日，中国纺织职工思想政治工作研究会四届六次理事会暨全国纺织诚信文化建设专题交流会在吉林市召开。会议由中国纺织职工思想政治工作研究会主办，得到中国纺织工业联合会指导，由吉林化纤集团有限公司承办。会议总结了中纺政研会的工作；向全行业推介了 20 位“全国纺织行业诚信文化建设带头人”，推广了他们开展企业诚信文化建设的经验。

10 月 18 日，国资委在京举办中央企业工业文化遗产（信息通信行业）名录发布活动，20 个项目入选名录。这是国资委第三次发布中央企业工业文化遗产名录，是促进中央企业工业文化遗产保护利用的重要举措，是推动中央企业工业文化传承创新的积极实践。国资委宣传局、工业和信息化部产业政策司、文物局文物保护司、中国通信企业协会等单位负责同志，中国电信、中国联通、中国移动等 30 家中央企业代表、媒体代表等出席活动。

11 月 3 日，天津市企业文化研究会与天津滨海新区中小企业协会联合举办的“文化引领方向，凝聚奋斗力量“企业文化建设座谈会在天津重钢机械装备股份有限公司会议室举行。天津市企业文化研究会常务副会长张东光、天津滨海新区中小企业协会会长李坤等近 50 人出席了本次座谈会。

11 月 9 日，中国纺织职工思想政治工作研究会第五次会员大会在河南省驻马店市西平县隆重召开。来自各省、自治区、直辖市的代表和中央及行业新闻媒体记者等共计 300 多人出席会议。本次会议由中国纺织工业联合会会指导，中国思想政治工作研究会、中国财贸轻纺烟草工会支持，中国纺织职工思想政治工作研究会主办，中共西平县委、西平县人民政府承办，河南省服装行业协会协办。

11 月 16 日 –18 日，由中国企业文化研究会主办、中国中铁四局协办的“文化自强・铸就七十年工业基础，文化自信・构建新时代企业文明——中外企业文化 2019 合肥峰会”在安徽省合肥市成功举办。来自全国各行业的 650 多名领导、嘉宾、代表参加会议。

中国企业文化研究会理事长孟凡驰、中国中铁四局集团总经理王传霖、山西省企业文化研究会理事长康楣生分别致辞；国家工业和信息化部工业文化发展中心主任罗民、国务院国资委新闻中心原主任毛一翔分别讲话。中国企业文化研究会副理事长、国务院国资委宣传局原副巡视员李世华发布了研究会三项研究成果。协办单位中国中铁四局集团总经理王传霖作了主题为“企业文化的传承与创新”的实践报告。北京大学光华管理学院教授、行为科学研究中心主任张志学教授做了主题为“文化自信、构建新时代企业文明”的学术报告。

会上，北京大学光华管理学院、北京大学经济学院、上海复旦大学等教授学者，以及中国企业文化研究会的专家学者阐述了学术观点。Michael Teubenbacher 麦克托本巴赫（德国）、James Franklin Gathercole 郭德凯（英国）就跨文化管理问题作了演讲。来自鞍钢集团、开滦集团、汾酒集团、吉利控股集团、北京金隅集团、中国工商银行、中国商飞上海飞机设计研究院、上海医药集团、铜陵有色金属集团等企业嘉宾在大会发言。最后，孟凡驰理事长作了题为《立足未来与世界：弘扬中国企业精神　建设新时代企业文化》的总结报告。

11 月 21 日，为引导行业培育健康行业文化，构建资本市场良好生态，中国证券行业文化建设委员会（以下简称“委员会”）正式成立。委员会由中国证监会相关部门、地方证监局、沪深证券交易所、证券业协会、证券公司相关负责人组成。委员会将按照证监会行业文化建设工作纲要的要求，具体负责推动证券行业文化建设的组织、协调、自律、宣传工作。委员会还邀请行业资深专家作为委员会顾问，为委员会开展工作提供指导和咨询。中国证券业协会党委书记、执行副会长安青松任委员会主任委员。

11 月 29 日，珠海市企业文化协会召开第六次会员代表大会暨 2019 年珠海市企业思想文化建设总结表彰会。珠海传媒集团党委书记、董事长，协会第五届理事会会长孙锡炯，协会历届老会长、老领导，以及来自珠海市近 200 家企业的领导和嘉宾代表出席了此次会议，共同审议换届大会有关提案并总结 2019 年度珠海企业思想政治工作与文化建设经验，展示 2019 年度珠海企业思想文化建设成果。

12 月 18 日，国资委在京举办中央企业工业文化遗产（石油石化行业）名录发布活动，15 个项目入选名录。这是继核工业、钢铁行业、通信行业后，国资委第四次发布中央企业工业文化遗产名录，是落实习近平总书记关于大庆油田发现 60 周年的贺信精神，弘扬和发扬大庆精神、铁人精神，促进中央企业工业文化遗产保护利用和工业文化传承创新的重要举措。

12 月 18 日，由人民日报发起编制的“人民日报中国品牌发展指数”正式发布，此次发布的指数包括“人民日报中国品牌发展（宏观）指数”和“人民日报中国品牌发展（企业）指数”。据了解，2019 年第三季度“人民日报中国品牌发展（宏观）指数”为 107.82，居于绿色稳定发展区间，指数已经连续两个季度高于基期标准，接近趋热发展区间。“人民日报中国品牌发展指数”定位于打造公正、科学的国家级、综合性品牌指数体系，反映中国经济品牌化发展的时代特征。

12 月 20 日，国务院国资委、中国社科院联合课题组举行《中央企业海外社会责任蓝皮书（2019）》发布会。此次发布会由国资委科技创新和社会责任局主办，中国华电集团有限公司、中国社会责任百人论坛承办，96 家中央企业代表出席了发布会。该蓝皮书收录了中国华电、国家能源集团、中国建筑、中国节能、中国交建、中国电建等 48 个优秀海外社会责任履责案例，系统研究了央企在“一带一路”沿线国家地区主动履行社会责任，促进东道国经济、环境、社会协调发展的情况。

12 月 31 日，国资委宣传局主办的“我和我的祖国”第二届中央企业故事大赛优秀故事宣传发布活动在京成功举办，公布了第五届中央企业精神文明建设“五个一工程”优秀作品及故事大赛优秀作品获奖名单，集中交流展示了 10 个优秀故事，为中央企业庆祝新中国成立 70 周年营造了良好氛围，也为进一步讲好央企故事、展示央企形象、繁荣中央企业文化文艺创作提供了交流平台。国资委副主任、党委委员翁杰明出席活动并为获奖代表颁奖。

2018 年部分企业文化书目

序号	书名	作　　者	出版社
1	图解国企党建工作实务	编写组	红旗出版社
2	季克良:酒魂匠心	季克良	企业管理出版社
3	问道创新	宋志平	中国财富出版社
4	问道改革	宋志平	中国财富出版社
5	问道管理	宋志平	中国财富出版社
6	足迹	北京工美集团	北京工美出版社
7	阿里巴巴政委体系	陈国海,刘贵鸿,陈祖鑫	企业管理出版社
8	改变世界(三)中国杰出企业家管理思想精粹	苏勇	企业管理出版社
9	改变世界(四)中国杰出企业家管理思想精粹	苏勇	企业管理出版社
10	直觉:我们为什么无从推理,却能决策	[德]格尔德·吉仁泽 译者余莉	北京联合出版公司
11	工匠之国:日本制造如何走向卓越	[日]北康利 译者:徐艺乙	中信出版集团
12	注意力经济:如何把大众的注意力变成生意	[美]吴修铭	中信出版社
13	虚拟现实:万象的新开端	杰伦·拉尼尔	中信出版社
14	并购套利:全球并购投资策略(第 2 版)	[美]托马斯·柯克纳黄海东译	机械工业出版社
15	刷新:重新发现商业与未来	[美]萨提亚·纳德拉	中信出版社
16	从丝绸到硅	[美]杰弗里·加滕张尚莲/史耕山译	中信出版集团
17	以热爱战胜恐惧——中国式领导力发展大纲	肖知兴	人民东方出版社
18	优秀企业的逻辑	赵琦	企业管理出版社
19	合伙人制度顶层设计	张诗信、王学敏著	企业管理出版社
20	管理的实践	[美]彼得·德鲁克	机械工业出版社
21	中国文化企业报告(2018)	陈少峰	浙江工商大学出版社
22	企业科协发展报告(2018)	郑浩俊、于君博、舒志彪	中国科学技术出版社
23	金蜜蜂中国企业社会责任报告研究(2018)	主编:殷格非,于志宏	社会科学文献出版社
24	中国企业全球化报告(2018)	王辉耀、苗绿	社会科学文献出版社
25	中国企业发展报告(2018)	马骏	中国发展出版社
26	中国企业品牌价值评价报告 2018 版	王建功、周君、张聪明	社会科学文献出版社
27	北京非公有制企业社会责任报告 2018	宋贵伦、冯培	社会科学文献出版社
28	中国中小企业发展报告 2018	林汉川、秦志辉、池仁勇	北京大学出版社
29	中国民营企业社会责任报告 2018	高云龙、徐乐江	社会科学文献出版社
30	山东省中小企业发展报告(2018)	孙国茂、张登方	社会科学文献出版社
31	深圳法治发展报告. 2018	罗思	社会科学文献出版社

（续表）

序号	书名	作　者	出版社
32	管理研究 2018 第 1 辑	邓大松、向运华	中国金融出版社
33	企业文化建设实务(第 2 版)	何建湘	中国人民大学出版社
34	传承与创新:企业文化建设路径研究	赵青	科学技术文献出版社
35	全国金融系统思想政治工作和企业文化建设优秀调研成果(2017)	中国金融思想政治工作研究会	中国金融出版社
36	思想文化建设综论	黄钊	中国社会科学出版社
37	中国区域文化力发展指数. 2018	王琪延,王博	中国人民大学出版社
38	上海文化发展报告(2018)	荣跃明	上海书店出版社
39	华为之企业文化:凝聚 18 万华为人,打造员工共同价值观的精髓	陈广	深圳市海天出版
40	中国国际文化贸易发展报告 2018 版	李小牧、李嘉珊	社会科学文献出版社
41	北京文化创意产业发展报告(2018)	张京成、沈晓平、刘光宇王国华	社会科学文献出版社
42	广州文化创意产业发展报告(2018)	徐咏虹	社会科学文献出版社
43	四川文化产业发展报告. 2018	向宝云,张立伟	社会科学文献出版社
44	中国文化产业供需协调检测报告. 2018	王亚南	社会科学文献出版社
45	陕西文化发展报告(2018)	任宗哲、白宽犁、王长寿	社会科学文献出版社
46	全国企业创新调查年鉴 2018	国家统计局社会科技和文化产业统计司	中国统计出版社
47	企业文化管理(第 4 版)	王成荣	中国人民大学出版社
48	中国小微企业金融服务报告(2018)	中国人民银行、中国银行保险监会	中国金融出版社
49	闽台文化发展报告(2018 工业遗产卷)	丁智才、林义斌	厦门大学出版社
50	中国文化国情报告(2018)	黄永林,胡惠林,詹一虹	湖北教育出版社
51	山东文化发展报告(2018:打造中国区域性文化中心)	涂可国	社会科学文献出版社
52	中国优秀企业家 2017 – 2018	朱宏任	企业管理出版社
53	2018 包公廉政文化研讨会文集	李玮	州暨南大学出版社
54	国有企业党建发展报告(2018)	黄群慧、崔建民	社会科学文献出版社
55	中国诚信文化(2018 年. 第 1 辑)	中国社会主义文艺学会诚信文化研究院	群众出版社
56	企业文化建设规范	中国商业联合会	中国标准出版社
57	有效管理的 5 大兵法	孙陶然	中国友谊出版公司
58	企业文化建设:从理念意识到行为习惯	孙法平、贾文慧	人民日报出版社
59	品牌文化	王成荣	高等教育出版社
60	广东中烟企业文化丛书逐梦:广东中烟改革与发展纪述(2003 – 2018 新闻报道集萃)	广东中烟工业有限责任公司	广东南方日报出版社
61	中国管理咨询优秀案例(2018)	中国企业联合会咨询与培训中心	企业管理出版社
62	中国企业管理创新年度报告(2018)	工业和信息化部产业政策司,中国企业联合会	企业管理出版社
63	(2018)国内外企业管理实践典型案例分析报告	国网能源研究院有限公司	中国电力出版社
64	企业文化(第 3 版)	黎群	清华大学出版社

（续表）

序号	书名	作　　者	出版社
65	管理学原理与实务	陈健、吴楠	清华大学出版社
66	人力资源管理	刘静	清华大学出版社
67	企业社会责任信息、企业声誉与利益相关者行为意向研究	廉春慧	企业管理出版社
68	情商:职场驱动力	朱林,毛雨	企业管理出版社
69	文化育人第7辑	本书编委会	商务印书馆
70	高等职业院校文化建设理论与实践	周建松	中国人民大学出版社
71	企业行动学习培训模式	石油化工管理干部学院	中国经济出版社
72	石油华章	王志刚	石油工业出版社
73	石油巨变	王志刚	石油工业出版社
74	可复制的领导力:樊登的9堂商业课	樊登	中信出版社
75	创始人手记	季琦 著	湖南人民出版社

2019 年部分企业文化书目

序号	书名	作　　者	出版社
1	繁荣与衰退	[美]艾伦·格林斯潘	中信出版社
2	《兵工地图》	兵器工业集团人才研究中心编写组	人民出版社
3	《兵工记忆》	兵器工业集团人才研究中心编写组	人民出版社
4	《新时代国有企业党的建设》	本书编写组	中共中央党校出版社
5	国企公开课(第一辑)(上、下)	本书编辑组	人民出版社
6	新时代国有企业基层党组织工作的重要指引	国明理	东方出版社
7	向上管理:赢得高层支持的项目管理之道	[美]迈克尔·坎贝尔 王磊 译	东方出版社
8	原则	雷·达里奥	中信出版社
9	国企改革历程 1978—2018	国务院国资委改革办组织编辑	机械工业出版社
10	改革实践:国资国企改革试点案例集	国务院国资委改革办组织编辑	机械工业出版社
11	老字号品牌文化	王成荣 主编	高等教育出版社
12	湖北文化发展报告(2018)	李荣娟、吴成国	社会科学文献出版社
13	中国制造业企业质量管理蓝皮书(2018)	中国质量协会编	人民出版社
14	论公司	邓荣霖	中国人民大学出版社
15	论企业	邓荣霖	中国人民大学出版社
16	论管理	邓荣霖	中国人民大学出版社
17	文化科技蓝皮书(2019)文化科技创新发展报告	李凤亮、周建新、周志民	社会科学文献出版社
18	新时期企业文化建设与发展研究	胡春森	水利水电出版社
19	网络文化建设导向研究	敖永春、代金平、魏钢	人民出版社
20	河南文化发展报告 以改革创新推动文化建设(2019)	谷健全	社会科学文献出版社
21	文化化制胜:中小银行企业文化重塑之道	贾埃兵	中国金融出版社
22	武汉文化创意产业发展报告(2018)	黄永林、吴天勇	社会科学文献出版社
23	中国文化志愿服务发展报告(2018)	良警宇	社会科学文献出版社
24	高职院校文化建设与实践研究	赵慧	中国纺织出版社
25	“一带一路”文化交流与文化品牌 世界城市文化上海论坛 2018	荣跃明、黄昌勇	上海书店出版社
26	中国制造业企业质量管理蓝皮书(2018)	中国质量协会	人民出版社
27	西北法律文化资源(第 2 辑·2018)	杜睿哲	中国政法大学出版社
28	文化新经济发展报告 2018	段勇、赵也	上海大学出版社
29	解放企业 我的企业文化方法论	蒲坚	中信出版社
30	中国中医药文化与产业发展报告(2017－2018)	毛嘉陵、侯胜田、高新军、潘越	社会科学文献出版社

（续表）

序号	书名	作　　者	出版社
31	2018 全国安全文化优秀论文集（上下册）	应急管理部宣传教育中心 《企业管理》杂志社 著	企业管理出版社
32	守正·创新 再出发:2018:企业文化建设成果选编	国家电网有限公司党组党建部	中国电力出版社
33	守正·创新 再出发:2018:企业文化建设 “百千万”工程示范点风采	国家电网有限公司党组党建部	中国电力出版社
34	中国企业文化 2018～2019	尹援平	企业管理出版社
35	中央企业党建思想政治工作优秀研究成果文集(2019)	中央企业党建思想政治工作研究会	中国经济出版
36	中央企业党建思想政治工作优秀研究成果文集(2018)	中央企业党建思想政治工作研究会	中国经济出版社
37	中央企业党建思想政治工作优秀研究成果文集 (2018 上下)	中央企业党建思想政治工作研究会	中国经济出版
38	企业文化落地本土实践＋企业文化定位落地 一本通 2 册	王明胤	电子工业出版社
39	企业文化（第三版）	张德、潘文君	清华大学出版社
40	2019 中国 500 强企业发展报告	中国企业联合会	企业管理出版社
41	中国企业管理创新年度报告(2019)	中国企业联合会	企业管理出版社
42	事实－用数据思考.避免情绪化决策	汉斯.罗斯林	文汇出版社
43	中国企业年鉴:2018:2018	中国企业年鉴编委	企业管理出版社
44	融合 创新 共享——2018 京津冀公共文化服务协同发展论坛文集	马文,王维波	人民日报出版社
45	公共文化服务理论探索与路径选择:2019 年天津市群文系列论文汇编	天津市群众艺术馆	天津社会科学院出版社
46	2018－2019－中国管理学发展四十年－中国企业管理研究会年度报告	本书编委会	经济管理出版社
47	国内外企业管理实践典型案例分析报告:2019	国网能源研究院有限公司	中国电力出版社
48	航空企业管理发展报告(2019)	本书编写组	航空工业出版社
49	国有企业党建发展报告(2019)	本书编写组	社会科学文献出版社
50	2018－中国企业精准扶贫案例 50 佳	钟宏武	经济管理出版社
51	铁道企业管理创新成果 2018 上下册	本书编写组	中国铁道出版社
52	企业竞争力分析进化论	王家彬	企业管理出版社
53	企业家	于吉	企业管理出版社
54	文化育人－第 8 辑	陈秋明	商务印书馆
55	2019 年文化观察选粹	金浪	北岳文艺出版社
56	企业文化管理（第五版）	王成荣	中国人民大学出版社
57	企业文化建设实务（第二版）	何建湘	中国人民大学出版社
58	组织文化诊断与变革（第三版）	金·卡梅隆 罗伯特·奎因	中国人民大学出版社
59	基业常青:企业文化建设之道	朱坤福	中国物资出版社
60	目标（第 3 版）（企业管理小说成功典例）	［以］艾利·高德拉特 ［美］杰夫·科克斯	电子工业出版社
61	金字塔原理 思考、表达和解决问题的逻辑	［美］芭芭拉·明托	南海出版公司

（续表）

序号	书名	作　者	出版社
62	带团队:不会带团队,只能自己累(5本)	齐川、邱开杰、沈培亮、陆禹萌、陈瑞武	中国纺织出版社
63	创新与企业家精神	[美]彼得·德鲁克	机械工业出版社
64	逆商/我们该如何应对坏事件	保罗·史托兹	中国人民大学出版社
65	管理架构师 如何构建企业管理体系	施炜	中国人民大学出版社
66	中国企业海外发展报告(2019)	张新民、蓝庆新、王分棉	社会科学文献出版社
67	稻盛和夫时间管理手帐 2019	中国大百科全书出版社编	中国大百科出版社
68	细节决定成败(2019 新版)	文德	中国华侨出版社
69	中国劳动关系报告(2019)	乔健	社会科学文献出版社
70	基金法律法规、职业道德与业务规范 2019	基金从业人员资格考试命题研究组	西南财经大学出版社
71	人力资源和社会保障管理实务手册 2019	上海市劳动和社会保障学会	上海社会科学院出版社
72	2019 首届炼化企业创新发展论坛论文集	本书编委会	中国石化出版社
73	文化力研究(2019 年)卷	蓝天	社会科学文献出版社
74	企业合规论丛 2019 年卷总第 3 辑	华东师范大学企业合规研究中心	中国法制出版社

后 记

《中国企业文化年鉴》创刊于2004年，由中国企业文化研究会组织编纂，作为国家图书馆馆藏图书已出版八卷。《中国企业文化年鉴》第九卷（以下简称《年鉴》）在国家"十三五"规划实施的收官之年出版，对企业文化事业的总结和规划具有重要意义。

为更好地指导和推动"十四五"期间企业文化建设工作，《年鉴》对两年来企业文化理论研究和实践创新成果进行了全面、系统的总结。本卷《年鉴》的内容力求突出以下三个方面特点：

一是在文稿选择方面，兼顾不同所有制主体，突出全面性和丰富性。企业文化在不同所有制企业的发展过程中都发挥了积极的促进作用。国有企业特别是中央管理企业和地方骨干国企，在关系国家安全和国民经济命脉的主要行业和关键领域占据支配地位，是国民经济的重要支柱。本年鉴力求更全面覆盖大型央企的典型经验。改革开放40多年来，我国民营经济从小到大、从弱到强，得到了快速发展壮大，已经成为推动我国经济发展不可或缺的力量，成为创业就业的主要领域。很多民营企业的企业文化建设已经从文化自发走向文化自觉，本年鉴选录了许多优秀民营企业的文化成果以飨读者。另外，还有一些高等院校、科研机构、省市企业文化协会等，对企业文化的理论发展和实践推动也做出了不懈努力和积极贡献，他们的一些研究成果和实践案例也收录其中。

二是在文稿归类方面，体现年鉴工具书的特点，突出指导性和便捷性。以2018－2020年为区间，收集梳理了两年来企业文化最前沿的指导政策和信息、优秀的企业文化实践成果，为便于查阅学习将总体内容归类分为特载篇、实践篇和综合篇三部分。特载篇主要刊载近两年相关部委领导关于文化和企业文化的相关讲话、专家和知名企业家谈企业文化的有关文章、企业家谈企业文化；实践篇刊登部分学者、管理者的前沿思考、文化观点，企业文化示范基地经验材料、企业文化建设案例等；综合篇主要刊登部分央企新出台的企业文化十四五规划纲要，全国重要会议信息、近两年企业文化建设的最新著作书目，全国企业文化建设的大事要事，国外最新的企业文化理论和实践信息。

三是在文稿内容方面，体现服务企业的思想，突出实用性和创新性。企业文化的落地实施工作是企业始终关注的重点内容。"班组文化"被称为企业文化落地的最后一公里，为推动班组文化建设，《年鉴》专门设置了"基层班组文化建设"栏目，收录了部分优秀班组文化建设文稿；在融媒体时代，企业文化的传播方式也要与时俱进，报纸、电视、微信、微博、网站、微视频等立体、系统的综合传播，已是当前企业文化传播的重要方式，为此我们收集了众多融媒体传播文化的经典案例，从实践操作层面为企业文化传播提供了借鉴。他山之石栏目是了解国外企业文化动态的窗口，更多采用欧美、日本等近两年企业文化发展的研究成果，涉及跨文化管理、领导力、团队合作、危机中协作等方面内容。规划与纲要栏目收录了中国企业文化研究会发布的两个课题《新时代企业党组织引领推进企业文化建设的指导意见》、《关于推进企业价值观转化的指导意见》，对企业党建与企业文化融合工作、价值观管理工作提供指导性参考。

本卷《年鉴》征稿通知发出后，得到社会各界的积极响应，同时，为反映企业文化研究内容的丰富性，也捕捉了部分在公开刊物上发表的信息，除在文中标注外，在此，对同仁的积极参与和支持，一并表示诚挚的谢意！此外，《年鉴》收录的部分文稿个别章节略有删改，受疫情影响，不能和作者深入详细沟通，在此深表歉意！

本卷《年鉴》在编辑过程中，中国企业文化研究会秘书处李凤坤、刘芳、刘雪萍、冯迎春和相关部门同志参与组稿。同时，《企业文明》杂志社、《企业文化》杂志社、红旗出版社张明林主任和编辑给予了大力支持和帮助，在此表示感谢。

真诚希望有关领导、专家学者、企业家和企事业单位管理者，能够对《年鉴》编辑工作给予批评、指导。

中国企业文化研究会
《中国企业文化年鉴编辑部》
2020年8月30日